Staats-
organisationsrecht

sowie Grundzüge des Verfassungsprozessrechts und des Rechts der Europäischen Union

von

Prof. Dr. jur. Rolf Schmidt

**Hochschule für Angewandte Wissenschaften
Hamburg**

21. Auflage 2020

Schmidt, Rolf: Staatsorganisationsrecht (sowie Grundzüge des Verfassungsprozessrechts und des Rechts der Europäischen Union)
21. völlig neu bearbeitete und aktualisierte Auflage – Grasberg bei Bremen 2020
ISBN: 978-3-86651-238-2; Preis 23,80 EUR

Autor: Prof. Dr. Rolf Schmidt c/o Verlag Dr. Rolf Schmidt GmbH

Druck: Druckhaus Pinkvoss GmbH, 30519 Hannover

Verlag: Dr. Rolf Schmidt GmbH, Wörpedorfer Ring 40, 28879 Grasberg bei Bremen
Tel. (04208) 895 299; Fax (04208) 895 308; www.verlag-rolf-schmidt.de
E-Mail: info@verlag-rolf-schmidt.de

Für Verbraucher erfolgt der deutschlandweite Bezug über den Verlag versandkostenfrei.

Vorwort

Mit der vorliegenden Neuauflage wurde das Buch wieder auf den aktuellen Stand gebracht. Einzupflegen waren v.a. die Entscheidungen des Bundesverfassungsgerichts zu den Persönlichkeitsrechten, zum Konkurrenzverhältnis der Grundrechte der Europäischen Grundrechtecharta zu denen des Grundgesetzes, aber auch andere wichtige Entscheidungen des Europäischen Gerichtshofs, des Europäischen Gerichtshofs für Menschenrechte, des Bundesverfassungsgerichts und des Bundesgerichtshofs wie bspw.:

- EuGH EuZW 2019, 457 (CETA)
- EuGH EuZW 2019, 162 (Anleihenkaufprogramm der EZB)
- BVerfG 14.1.2020 – 2 BvR 1333/17 (Kopftuchverbot ggü Rechtsreferendarinnen)
- BVerfG NJW 2019, 827 (Automatisierte Kennzeichenerfassung)
- BVerfG NJW 2019, 3204 (Europäische Bankenunion)
- BVerfG NJW 2019, 584 (E-Mail-Anbieter muss IP-Adressen temporär speichern und Strafverfolgungsbehörden nennen)
- BVerfG NVwZ-RR 2019, 89 (AfD)
- BVerfG NJW 2019, 1201 (Wahlprüfungsbeschwerde)
- BVerfG NJW 2019, 2761 (Staatsanleihen)
- BVerfG NJW 2019, 1432 (Parteienfinanzierung)
- BVerfG 26.2.2020 – 2 BvR 2347/15 u.a. (Geschäftsmäßige Förderung der Selbsttötung)
- BVerwG NJW 2019, 3096 (Kükentötung)
- BVerfG NVwZ 2020, 63 („Recht auf Vergessenwerden II")
- BVerfG NVwZ 2020, 53 („Recht auf Vergessenwerden I")
- BVerfG NVwZ 2019, 162 (Unzulässigkeit des Einreichens einer Verfassungsbeschwerde per De-Mail)
- BVerfG NJW 2019, 3703 (Leistungsminderungen zur Durchsetzung von Mitwirkungspflichten bei Arbeitslosengeld II – „Hartz-IV-Sanktionen" – teilweise verfassungswidrig)
- BVerfG NJW 2019, 755 (Urheberrechtliche Störerhaftung eines Access-Providers)
- BVerfG NJW 2019, 141 (Begrenzung gerichtlicher Kontrolle durch den Erkenntnisstand der Fachwissenschaft)
- BVerfG NVwZ 2019, 875 (Kompetenzen des Vermittlungsausschusses im Gesetzgebungsverfahren)
- BVerwG NVwZ 2019, 1291 (Regelungen über Haar- und Barttracht bei Soldaten nur durch förmliches Gesetz)
- VerfG Berlin LKV 2019, 120 (Chancengleichheit der politischen Parteien – hier: AfD)
- OVG Berlin-Brandenburg 28.8.2018 – 4 S 36.18 und 1.2.2019 – 4 S 52.18 (Ablehnung von Polizeibewerbern wegen Tätowierung nur aufgrund hinreichend bestimmter gesetzlicher Grundlage)
- VGH Kassel ZUM-RD 2019, 415 (Verpflichtung einer Rundfunkanstalt zur Ausstrahlung eines Hörfunk-Wahlwerbespots der NPD)
- OLG Frankfurt NStZ-RR 2020, 53 (Keine Verkehrsüberwachung durch private Dienstleister)

Das konzeptionelle Prinzip des Buches wurde beibehalten. Leserinnen und Leser sollen nicht nur das notwendige materiell-rechtliche Wissen vermittelt bekommen, sondern auch die Befähigung, das Erlernte im Rahmen einer Prüfungsarbeit gutachtlich umzusetzen.

Mein Mitarbeiter, Herr Marc Bieber, hat zuverlässig Korrektur gelesen. Dafür danke ich ihm sehr herzlich.

Kritik und Verbesserungsvorschläge sind unter *verlagrs@aol.com* willkommen.

Hamburg, im März 2020 *Prof. Dr. jur. Rolf Schmidt*

Gliederung

Abkürzungsverzeichnis

a.A.	anderer Ansicht
a.a.O.	am angegebenen Ort
AbgG	Abgeordnetengesetz
abl.	ablehnend (-e, -er)
ABl.	Amtsblatt
AEUV	Vertrag über die Arbeitsweise der Europäischen Union
a.F.	alte(r) Fassung
AG	Aktiengesellschaft; Ausführungsgesetz
AktG	Aktiengesetz
allg.	allgemein (-e, -er)
AMG	Arzneimittelgesetz
Anm.	Anmerkung
AO oder AO 1977	Abgabenordnung
AöR	Archiv des öffentlichen Rechts (zitiert nach Bänden und Jahrgang)
ArbGG	Arbeitsgerichtsgesetz
Art.	Artikel
ASOG	Allgemeines Sicherheits- und Ordnungsgesetz
AtomG	Atomgesetz
AufenthG	Aufenthaltsgesetz (früher: AuslG)
Aufl.	Auflage
BAG	Bundesarbeitsgericht
BauGB	Baugesetzbuch
BBG	Bundesbeamtengesetz
Bbg.	Brandenburg, brandenburgisch
BeamtStG	Beamtenstatusgesetz
BeamtVG	Beamtenversorgungsgesetz
BEEG	Bundeselterngeld- und Elternzeitgesetz
BFH	Bundesfinanzhof
BFHE	Sammlung der Entscheidungen des Bundesfinanzhofes
BGB	Bürgerliches Gesetzbuch
BGBl	Bundesgesetzblatt
BGH	Bundesgerichtshof
BGHZ	Entscheidungen des Bundesgerichtshofes in Zivilsachen
BGSG	Bundesgrenzschutzgesetz (seit dem 1.7.2005: Bundespolizeigesetz)
BHO	Bundeshaushaltsordnung
BImSchG	Bundesimmissionsschutzgesetz
BJagdG	Bundesjagdgesetz
BKA	Bundeskriminalamt
BKatV	Bußgeldkatalog-Verordnung
BMinG	Bundesministergesetz
BND	Bundesnachrichtendienst
BNotO	Bundesnotarordnung
BPräsWahlG	Gesetz über die Wahl des Bundespräsidenten durch die Bundesversammlung
BR	Bundesrat
BR-Dr.	Bundesratsdrucksache (Nummer und Jahrgang)
BRRG	Beamtenrechtsrahmengesetz
BRS	Baurechtssammlung (zitiert nach Bänden und Nummern)
BSG	Bundessozialgericht
BT-Drs.	Drucksache des Deutschen Bundestags (Wahlperiode und Nummer)
BundesPolG	Bundespolizeigesetz (vor dem 1.7.2005: Bundesgrenzschutzgesetz)
BVerfG	Bundesverfassungsgericht
BVerfGE	Entscheidungssammlung des BVerfG
BVerfGG	Gesetz über das BVerfG
BVerfSchG	Bundesverfassungsschutzgesetz
BVerwG	Bundesverwaltungsgericht
BVerwGE	Entscheidungssammlung des Bundesverwaltungsgerichts
BW	Baden-Württemberg, baden-württembergisch
BWahlG	Bundeswahlgesetz
BWahlO	Bundeswahlordnung
ders.	derselbe
DÖD	Der Öffentliche Dienst (Zeitschrift)
DÖV	Die Öffentliche Verwaltung (Zeitschrift)
DVBl	Deutsches Verwaltungsblatt (Zeitschrift)

EAG	Vertrag zur Gründung der Europäischen Atomgemeinschaft
EDV	Elektronische Datenverarbeitung
EG-FGV	EG-Fahrzeuggenehmigungsverordnung
EGAO	Einführungsgesetz zur Abgabenordnung
EGBGB	Einführungsgesetz zum Bürgerlichen Gesetzbuch
EGMR	Europäischer Gerichtshof für Menschenrechte
EKMR	Europäische Kommission für Menschenrechte
EMRK	Europäische Menschenrechtskonvention
ESchG	Embryonenschutzgesetz
EStG	Einkommensteuergesetz
EU	Europäische Union
EuGH	Gerichtshof der Europäischen Union
EuGRZ	Europäische Grundrechtszeitung
EUV	Vertrag über die Europäische Union
EuWG	Europawahlgesetz
EV	Vertrag zwischen der Bundesrepublik Deutschland und der Deutschen Demokratischen Republik über die Herstellung der Einheit Deutschlands – Einigungsvertrag
EWG	Europäische Wirtschaftsgemeinschaft
EWGV	EWG-Vertrag
f.	folgende(r/s)
FAG	Finanzausgleichsgesetz
FDGO	Freiheitliche demokratische Grundordnung
FeV	Fahrerlaubnis-Verordnung
ff.	fortfolgende
FGO	Finanzgerichtsordnung
FS	Festschrift
FZV	Fahrzeugzulassungsverordnung
G	Gesetz
GastG	Gaststättengesetz
GemO	Gemeindeordnung
GemSOGB	Gemeinsamer Senat der Obersten Gerichtshöfe des Bundes
GentechnikG	Gentechnikgesetz
GewArch	Gewerbearchiv
GewO	Gewerbeordnung
GewStG	Gewerbesteuergesetz
GG	Grundgesetz
GmbH	Gesellschaft mit beschränkter Haftung
GmbHG	Gesetz betreffend die Gesellschaft mit beschränkter Haftung
GO BR	Geschäftsordnung des Bundesrats
GO BReg	Geschäftsordnung der Bundesregierung
GO BT	Geschäftsordnung des Bundestags
GO VermA	Geschäftsordnung des Vermittlungsausschusses
GRC	Grundrechtecharta der Europäischen Union
GSOBG	Gemeinsamer Senat der Obersten Gerichtshöfe des Bundes
GVBl	Gesetz- und Verordnungsblatt
GVG	Gerichtsverfassungsgesetz
Halbs.	Halbsatz
HandwO	Handwerksordnung
HdbStR	Handbuch des Staatsrechts, herausgegeben von Isensee und Kirchhof, 1987 ff.
h.L.	herrschende Lehre
h.M.	herrschende Meinung
HmbPolDVG	Hamburgisches Gesetz über die Datenverarbeitung der Polizei
HRG	Hochschulrahmengesetz
Hrsg.	Herausgeber
i.d.F.	in der Fassung
IHKG	Gesetz zur vorläufigen Regelung des Rechts der Industrie- und Handelskammern
i.S.e.	im Sinne eine (r) oder (s)
i.V.m.	in Verbindung mit
JA	Juristische Arbeitsblätter (Zeitschrift)
JR	Juristische Rundschau (Zeitschrift)
Jura	Juristische Ausbildung (Zeitschrift)
JuS	Juristische Schulung (Zeitschrift)

JZ	Juristenzeitung (Zeitschrift)
KAG	Kommunalabgabengesetz
KommVerf	Kommunalverfassung
KommVerfG	Kommunalverfassungsgesetz
KrWG	Kreislaufwirtschaftsgesetz
KSVG	Kommunalselbstverwaltungsgesetz
LadenschlussG	Gesetz über den Ladenschluss
LastG	Lastentragungsgesetz
LFGB	Lebensmittel-, Bedarfsgegenstände- und Futtermittelgesetzbuch (früher: LMBG)
LKV	Landes- und Kommunalverwaltung (Zeitschrift)
LPartG	Lebenspartnerschaftsgesetz
LStrG	Landesstraßengesetz
LuftSiG	Luftsicherheitsgesetz
LuftVG	Luftverkehrsgesetz
LVwG	Landesverwaltungsgesetz
MDR	Monatsschrift des Deutschen Rechts (Zeitschrift)
MeckVor	Mecklenburg-Vorpommern, mecklenburg-vorpommerisch
MePolG	Musterentwurf eines einheitlichen Polizeigesetzes des Bundes und der Länder
MfS	Ministerium für Staatssicherheit
NJ	Neue Justiz (Zeitschrift)
NJOZ	Neue Juristische Online-Zeitung
NJW	Neue Juristische Wochenschrift (Zeitschrift)
NRW	Nordrhein-Westfalen, nordrhein-westfälisch
NuR	Natur und Recht (Zeitschrift)
NVwZ	Neue Zeitschrift für Verwaltungsrecht
NVwZ-RR	Neue Zeitschrift für Verwaltungsrecht-Rechtsprechungsreport
OVG	Oberverwaltungsgericht
OVGE	Rechtsprechungssammlung der Oberverwaltungsgerichte Münster und Lüneburg
PAG	Polizeiaufgabengesetz
PartG	Parteiengesetz
PassG	Passgesetz
PBefG	Personenbeförderungsgesetz
POG	Polizeiorganisationsgesetz
PolG	Polizeigesetz
ProdSG	Produktsicherheitsgesetz
PUAG	Gesetz über die parlamentarischen Untersuchungsausschüsse
PVDG	Polizeivollzugsdienstgesetz
RelKErzG	Gesetz über die religiöse Kindererziehung
RGBl	Reichsgesetzblatt
Rn	Randnummer
Rspr.	Rechtsprechung
SeeArbG	Seearbeitsgesetz
SG	Sozialgericht
SGB	Sozialgesetzbuch (die römischen Ziffern bezeichnen das jeweilige Buch)
SGG	Sozialgerichtsgesetz
SOG	Gesetz über die öffentliche Sicherheit und Ordnung
SoldatenG	Soldatengesetz
SRÜ	Seerechtsübereinkommen der Vereinten Nationen
StabMechG	Gesetz zur Übernahme von Gewährleistungen im Rahmen eines europäischen Stabilisierungsmechanismus
StAG	Staatsangehörigkeitsgesetz
StGB	Strafgesetzbuch
StGH	Staatsgerichtshof
StPO	Strafprozessordnung
StVG	Straßenverkehrsgesetz
StVO	Straßenverkehrsordnung
StVZO	Straßenverkehrs-Zulassungsordnung
TA	Technische Anleitung (Luft, Lärm)
TierSchG	Tierschutzgesetz
TKG	Telekommunikationsgesetz
TÜV	Technischer Überwachungsverein

u.Ä.	und Ähnliche(s)
UPR	Umwelt- und Planungsrecht (Zeitschrift)
Var.	Variante/Alternative
VereinsG	Gesetz zur Regelung des öffentlichen Vereinsrechts
VerfGH	Verfassungsgerichtshof
VerfR	Verfassungsrecht
VersG	Versammlungsgesetz
VerwArch	Verwaltungsarchiv (zitiert nach Bänden und Jahrgang)
VG	Verwaltungsgericht
VGH	Verwaltungsgerichtshof
VwGO	Verwaltungsgerichtsordnung
VwVfG	Verwaltungsverfahrensgesetz
WaffG	Waffengesetz
WahlprüfG	Wahlprüfungsgesetz
WaStrG	Bundeswasserstraßengesetz
WHG	Wasserhaushaltsgesetz
WRV	Weimarer Reichsverfassung
WÜD	Wiener Übereinkommen über konsularische Beziehungen
ZG	Zeitschrift für Gesetzgebung
ZPO	Zivilprozessordnung
ZRP	Zeitschrift für Rechtspolitik

Lehrbücher, Grundrisse und Kommentare

Benda, Ernst/Maihofer, Werner/Vogel, Hans-Jochen: Handbuch des Verfassungsrechts der Bundesrepublik Deutschland, 2. Auflage 1994

Berliner Kommentar zum Grundgesetz, 4 Bände (Loseblatt), Stand: 2019

Bonner Kommentar zum Grundgesetz, 17 Bände (Loseblatt), Stand: Dezember 2019

Degenhart, Christoph: Staatsrecht I, Staatsorganisationsrecht, 35. Auflage 2019

Dreier, Horst: Grundgesetz, Kommentar, Band I, 3. Auflage 2013, Band II, 3. Auflage 2015, Band III, 3. Auflage 2018

Herdegen, Matthias: Europarecht, 21. Auflage 2019

Hömig, Dieter/Wolff, Heinrich Amadeus: Grundgesetz, Kommentar, 12. Auflage 2018

Ipsen, Jörn: Staatsrecht I, Staatsorganisationsrecht, 31. Auflage 2019

Isensee, Josef/Kirchhof, Paul: Handbuch des Staatsrechts der Bundesrepublik Deutschland, Band I, 3. Auflage 2003; Band II, 3. Auflage 2004; Band III, 3. Auflage 2005; Band IV, 3. Auflage 2006; Band V, 3. Auflage 2007; Band VI, 3. Auflage 2008; Band VII, 3. Auflage 2009; Band VIII, 3. Auflage 2010; Band IX, 3. Auflage 2011; Band X, 3. Auflage 2012; Band XI, 3. Auflage 2013; Band XII, 3. Auflage 2014; Band XIII, 3. Auflage 2015

Jarass, Hans D./Pieroth, Bodo: Grundgesetz für die Bundesrepublik Deutschland, Kommentar, 15. Auflage 2018 (zit.: *Bearbeiter*, in: J/P)

Kloepfer, Michael: Verfassungsrecht, Band I – Grundlagen, Staatsorganisationsrecht, Bezüge zum Völker- und Europarecht, 2011

Mangoldt, Hermann von/Klein, Friedrich/Starck, Christian: Kommentar zum Grundgesetz, 3 Bände, jeweils 7. Auflage 2018

Maunz, Theodor/Dürig, Günter: Grundgesetz, Kommentar, 7 Bände (Loseblatt), Stand: August 2019

Maurer, Hartmut: Staatsrecht I, 6. Auflage 2010

Maurer, Hartmut/Waldhoff, Christian: Allgemeines Verwaltungsrecht, 19. Auflage 2017

Münch, Ingo von/Kunig, Philip: Grundgesetz, Kommentar, 2 Bände, jeweils 6. Auflage 2012

Sachs, Michael: Grundgesetz, Kommentar, 8. Auflage 2018

Schmidt, Rolf: Allgemeines Verwaltungsrecht, 22. Auflage 2020; Grundrechte, 25. Auflage 2020; Öffentliches Baurecht, 17. Auflage 2019; Polizei- und Ordnungsrecht, 21. Auflage 2020; Verwaltungsprozessrecht, 19. Auflage 2019

Schmidt-Bleibtreu, Bruno/Hofmann, Hans/Henneke, Hans-Günter: Kommentar zum Grundgesetz, 14. Auflage 2018

Stern, Klaus: Das Staatsrecht der Bundesrepublik Deutschland, Band I, 2. Auflage 1984; Band II, 1980; Band III/1, 1988; Band III/2, 1994; Band IV/1, 2006; Band IV/2, 2011; Band V, 1999

Umbach, Dieter C./Clemens, Thomas: Grundgesetz, Mitarbeiterkommentar und Handbuch, 2 Bände, 2002

Wassermann, Rudolf: Kommentar zum Grundgesetz für die Bundesrepublik Deutschland (Reihe Alternativkommentare), Loseblatt, Stand: 2002

Zippelius, Reinhold/Würtenberger, Thomas: Deutsches Staatsrecht, 33. Auflage 2018

Weitere Literatur, insbesondere Aufsatzliteratur, ist in den Fußnoten angegeben.

1. Kapitel
Das Grundgesetz als die Verfassung Deutschlands

Wichtige Entscheidungen: BVerfGE 1, 396 (Vertrag über die Beziehungen zwischen der BRD und den drei Mächten); 1, 144 (Geschäftsordnung des Deutschen Bundestags); 36, 1 (Grundlagenvertrag zwischen der BRD und der DDR); 94, 297 (Einigungsvertrag); 123, 267 (Vertrag von Lissabon)

A. Einordnung des Verfassungsrechts

Das vorliegende Buch befasst sich mit dem Staatsorganisationsrecht. Das Staatsorganisationsrecht stellt neben den Grundrechten den zweiten Bestandteil des Staatsrechts dar. Das Staatsrecht wiederum ist ein Teilbereich des Öffentlichen Rechts. In dem hier verstandenen Sinn[1] befasst es sich (bezüglich der Bundesrepublik Deutschland) mit den obersten Staatsorganen und ihren Funktionen, dem Verhältnis von Bund und Ländern, den Grundrechten der Bürger sowie mit sonstigen grundlegenden Aspekten des staatlichen Lebens wie beispielsweise dem Wahlrecht und dem Staatsangehörigkeitsrecht. Das Staatsrecht ist im Wesentlichen in der geschriebenen Verfassung (in der Bundesrepublik Deutschland das Grundgesetz und die Landesverfassungen) normiert. Man spricht insoweit vom **formellen Verfassungsrecht**. 1

In den meisten Staaten besteht eine geschriebene Verfassungsurkunde, die i.d.R. Vorrang vor einfachen Gesetzen und sonstigen staatlichen Akten hat und nur unter erschwerten Voraussetzungen geändert werden kann. Die Verfassungsurkunden westlicher Demokratien normieren insbesondere die Bildung und die Befugnisse der Staatsorgane, vor allem die Aufteilung der Staatsgewalt auf Organe der Legislative, der Exekutive und der Judikative, ggf. die Gliederung des Gesamtstaates in kleinere Einheiten, die Stellung des Militärs, Formen der Sozial- und Wirtschaftsordnung (Ehe und Familie, Berufswahl und -ausübung, Eigentum), die Aufstellung bestimmter Staatsziele und die Grundrechte des Einzelnen.
Es gibt aber auch einige Staaten, die über keine geschriebene Verfassungsurkunde verfügen, so z.B. Großbritannien. Dort setzt sich die Grundordnung aus einzelnen, besonders bedeutsamen Rechtsakten und aus anerkannten Grundsätzen zusammen. Dazu zählen die Magna Charta Libertatum, die Habeas-Corpus-Akte und die Bill of Rights.

Von dem formellen Verfassungsrecht ist das weitergehende, dem formellen Verfassungsrecht begrifflich (nicht hierarchisch!) übergeordnete **materielle Verfassungsrecht** zu unterscheiden. Unter materiellem Verfassungsrecht versteht man alle für die staatliche Ordnung grundlegenden Vorschriften, Grundsätze und Leitideen, die nicht notwendigerweise in die Verfassungsurkunde aufgenommen worden sein müssen.[2] Zum materiellen Verfassungsrecht der Bundesrepublik Deutschland gehören mithin nicht nur die o.g. geschriebenen materiellen Vorschriften des Grundgesetzes und der Landesverfassungen, sondern auch die hieraus entwickelten, wenngleich nicht kodifizierten verfassungsrechtlichen Prinzipien wie der aus dem Rechtsstaatsprinzip (Art. 20 II, III GG) abgeleitete Grundsatz der Verhältnismäßigkeit (Rn 271) und der aus dem Bundesstaatsprinzip (Art. 20 I, 28 III, 79 III GG) abgeleitete Grundsatz des bundesfreundlichen Verhaltens (Rn 72) sowie alle Regeln des einfachen Gesetzesrechts, die Aufbau, Organisation und Funktion des Staates und der obersten Staatsorgane beschreiben und grundlegend für das Verhältnis des Staates zur Gesellschaft sind. Dazu zählen: 2

---

[1] Als Staatsrecht werden auch die Rechtsbeziehungen der Staaten allgemein bezeichnet. Man spricht insoweit vom „Allgemeinen Staatsrecht". Demgegenüber spricht man vom „Besonderen Staatsrecht", wenn die einen bestimmten Staat betreffenden grundlegenden Rechtssätze gemeint sind. Von diesem „Besonderen Staatsrecht" geht die folgende Bearbeitung aus.
[2] Vgl. BVerfGE 2, 380, 403.

3 ▪ die maßgeblichen Vorschriften des **Einigungsvertrags** (EV) vom 31.8.1990 (BGBl II 1990, S. 885), der zwischen der Bundesrepublik Deutschland und der ehemaligen DDR geschlossen wurde und verfassungsrechtlich die Teilung Deutschlands beendete.[3]

4 ▪ **einfache Gesetze**, sofern sie die **verfassungsmäßige Grundordnung** gestalten.

Einfache Gesetze, welche die staatliche Grundordnung gestalten, sind beispielsweise das **Gerichtsverfassungsgesetz** (GVG), das den Aufbau, die Funktion und die Zuständigkeiten der Gerichte und sonstigen Behörden aller Gerichtsbarkeiten (also die Verfassungs-, Zivil-, Straf- und Verwaltungsgerichtsbarkeit) einschließlich der in ihrem Rahmen tätig werdenden Rechtspflegeorgane (Richter, Staatsanwälte, Rechtsanwälte, Rechtspfleger) zum Gegenstand hat. Weitere, materielles Verfassungsrecht darstellende Gesetze sind etwa das Staatsangehörigkeitsgesetz (StAG), das Bundeswahlgesetz (BWahlG), das Bundesverfassungsgerichtsgesetz (BVerfGG) und das Parteiengesetz (PartG)[4]. Im Gegensatz zum formellen Verfassungsrecht können derartige Gesetze unter erleichterten Voraussetzungen geändert werden. In der Regel genügt – wie bei sonstigen einfachen Gesetzen – die einfache Mehrheit.[5]

5 ▪ **Geschäftsordnungen der Verfassungsorgane**, sofern sie den Verfassungstext wiederholen oder das Verfassungsrecht konkretisieren.

Geschäftsordnungen der Verfassungsorgane sind etwa die des Bundestags, des Bundesrats, der Bundesregierung und des Gemeinsamen Ausschusses. Nach der Rechtsquellenlehre handelt es sich bei diesen Regelungswerken um Satzungen, die von juristischen Personen zur Regelung ihrer eigenen Aufgaben erlassen werden können.[6] Ob die Geschäftsordnungen der Verfassungsorgane materielles Verfassungsrecht darstellen, hängt davon ab, ob sie den Verfassungstext wiederholen oder diesen konkretisieren. Wichtig ist diese Erkenntnis für die Beurteilung der Frage, ob ein Verstoß gegen eine Bestimmung der Geschäftsordnung eines Verfassungsorgans die Verfassungswidrigkeit der Maßnahme (z.B. eines Gesetzes) zur Folge hat.

Beispiel: Gemäß Art. 76 I GG werden Gesetzesvorlagen beim Bundestag durch die Bundesregierung, aus der Mitte des Bundestags oder durch den Bundesrat eingebracht. Fraglich ist, ob die Formulierung „aus der Mitte des Bundestags" auch eine Gesetzesinitiative eines einzelnen Bundestagsabgeordneten zulässt. Diese Frage beantwortet die Verfassung nicht. Auch aus dem natürlichen Sprachgebrauch des Begriffs „der Mitte" folgt nicht die Festlegung auf eine Mindestzahl. Von Verfassungs wegen ist daher grundsätzlich jeder einzelne Bundestagsabgeordnete berechtigt, Gesetzentwürfe einzubringen.[7] Etwas anderes statuiert die Geschäftsordnung des Bundestags (GO BT). Gemäß § 76 I GO BT müssen Vorlagen von Mitgliedern des Bundestags (zu denen auch Gesetzentwürfe gehören, vgl. § 75 I lit. a GO BT) von einer Fraktion oder von 5 % der Mitglieder des Bundestags unterzeichnet werden. Ist das nicht der Fall, stellt sich die Frage nach den Auswirkungen, die ein Verstoß gegen diese Regelung mit sich bringt. Diese Frage beantwortet Art. 82 GG: Danach werden die nach den Vorschriften *dieses* Grundgesetzes zustande gekommenen Gesetze vom Bundespräsidenten ausgefertigt. Zu den Vorschriften *dieses* Grundgesetzes gehören eben nicht die Vorschriften der Geschäftsordnungen. Es lässt sich daher sagen, dass **Verstöße gegen die Geschäftsordnungen grundsätzlich nicht zur Nichtigkeit von Gesetzen führen**.

Allerdings ist unbestritten, dass ein Verstoß gegen die Geschäftsordnung in Ausnahmefällen auch die Verfassungswidrigkeit zur Folge haben kann. Für einen gleichzeitigen Verfassungsverstoß wird aber vorausgesetzt, dass die verletzte Vorschrift der Ge-

---

[3] BVerfGE 94, 297, 310.
[4] Zum Letzteren vgl. BVerfG NJW 2005, 126, 127.
[5] Zum Begriff der einfachen Mehrheit vgl. Art. 42 II S. 1 GG sowie Rn 441.
[6] Zur Rechtsquellenlehre vgl. Rn 178 ff.
[7] BVerfGE 1, 144, 153; *Nolte/Tams*, Jura 2000, 158, 159.

schäftsordnung einen „verfassungsrelevanten" Inhalt besitzt, indem sie etwa eine Bestimmung des Grundgesetzes wiederholt oder einen wesentlichen Verfassungsinhalt konkretisiert.[8]

Da das Grundgesetz die „Mitte des Bundestags" nicht definiert, die in der Geschäftsordnung etwa hätte wiederholt werden können, kommt es folglich darauf an, ob § 76 I GO BT einen wesentlichen Verfassungsinhalt konkretisiert. Dies ist zu bejahen. Durch das Erfordernis der Unterzeichnung einer Gesetzesvorlage eines Parlamentariers von einer Fraktion oder von 5 % der Mitglieder des Bundestags wird der Begriff der „Mitte des Bundestags" konkretisiert.[9] Gesetzesvorlagen, die aus der Mitte des Bundestags stammen, müssen demnach also von einer Fraktion oder von 5 % der Mitglieder des Bundestags unterzeichnet sein; anderenfalls ist an eine (mittelbare) Verfassungsverletzung zu denken.

Hierzu gilt wiederum eine Ausnahme: Wird eine aus der Mitte des Bundestags stammende Gesetzesvorlage nicht von der erforderlichen Zahl von Abgeordneten unterschrieben, ist ein gleichwohl beschlossenes Gesetz nicht nichtig. Denn durch die Beschlussfassung des Bundestags hat sich dieser die Vorlage mehrheitlich zu eigen gemacht, sodass der ursprüngliche Formmangel durch den Beschluss des Gesetzes „geheilt" wird.

6

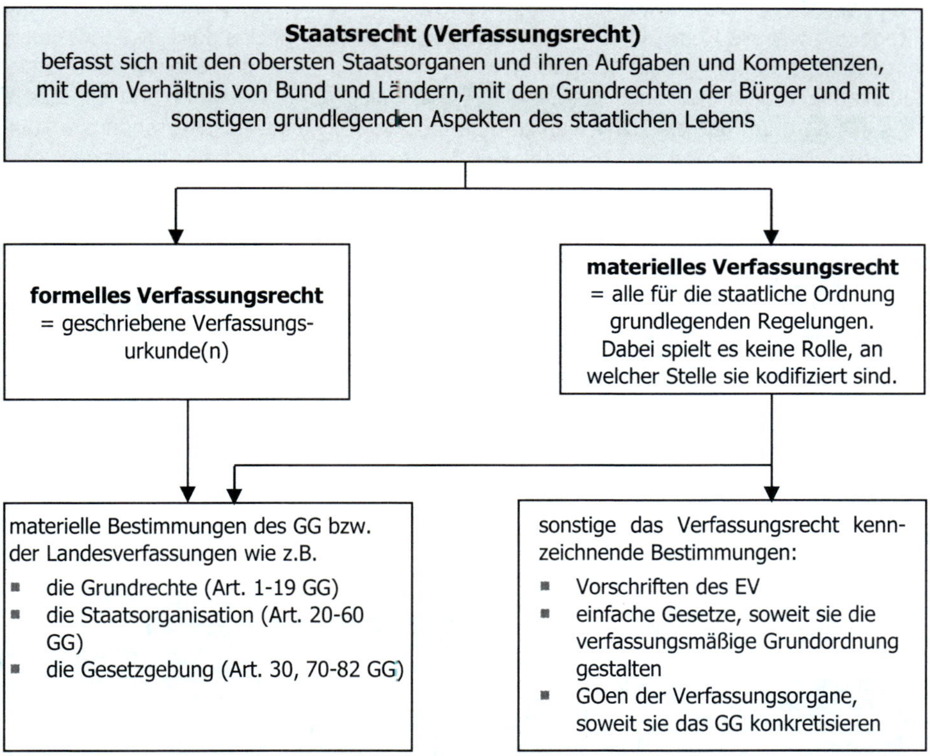

[8] Vgl. *Nolte/Tams*, Jura 2000, 158, 159.

[9] Diese Regelung wird allgemein als verfassungsgemäß betrachtet, da sie von der Geschäftsordnungsautonomie umfasst, und diese durch Art. 40 I S. 2 GG garantiert ist. Vgl. BVerfGE 1, 144, 153; *Pieroth*, in: J/P, GG, Art. 76 Rn 2; *Sannwald*, in: Schmidt-Bleibtreu/Hofmann/Henneke, GG, Art. 76 Rn 31; *Brosius-Gersdorf*, in: Dreier, GG, Art. 76 Rn 57.

B. Die historischen Grundlagen des Grundgesetzes

7 Das heutige Grundgesetz ist durch eine historische Entwicklung gekennzeichnet. Vorläufer waren die Paulskirchenverfassung von 1848, die Reichsverfassung von 1871 und die Weimarer Reichsverfassung von 1919. Die Vorarbeiten zum Grundgesetz vom 23.5.1949 leisteten der Herrenchiemseer Konvent von 1948 und der Parlamentarische Rat 1948/49.

I. Die Frankfurter Nationalversammlung von 1848/49

8 Aufgrund der Märzrevolution 1848 trat am 18.5.1848 in der Paulskirche zu Frankfurt am Main die erste gesamtdeutsche, frei gewählte Volksvertretung zusammen mit der Aufgabe, dem zu errichtenden deutschen Nationalstaat eine Verfassung zu geben. Die Nationalversammlung umfasste 586 Abgeordnete, die zumeist der Schicht des gebildeten Bürgertums angehörten (Juristen, Professoren, Lehrer). Sie verabschiedete im März 1849 die von ihr entworfene Reichsverfassung (RV). Diese Reichsverfassung sah einen Bundesstaat mit einer gewählten Volksvertretung vor. Staatsoberhaupt sollte der preußische König als Erbkaiser sein. Er sollte das Deutsche Reich repräsentieren (§ 75 RV), Chef der Regierung und der Verwaltung im Übrigen (§ 73 RV) und Oberbefehlshaber über die bewaffnete Macht des Reiches (§ 83 RV) sein. Grund für diese Regelung war die Heranziehung des Montesquieu´schen Prinzips der Gewaltenteilung, wonach die Exekutive alle Aufgaben wahrnimmt, die nicht der Legislative und der Judikative zugeordnet sind. Die Gesetzgebung oblag dem Parlament und die Rechtsprechung dem Reichsgericht. Demzufolge musste der Kaiser für alles andere zuständig sein. Diese umfassende Zuständigkeit des Staatsoberhaupts bzw. des Regierungschefs sollte sich im Bismarck´schen Kaiserreich und in der Weimarer Republik als äußerst problematisch erweisen. Erst mit dem Grundgesetz und dem darin enthaltenen konstruktiven Misstrauensvotum (Art. 67 GG) wurde diese Problematik zufrieden stellend gelöst.[10]

Die meisten deutschen Staaten, darunter Preußen und Österreich, äußerten jedoch Vorbehalte gegen die Reichsverfassung und zogen ihre Abgeordneten aus der Frankfurter Nationalversammlung ab. Daher ist sie nie in Kraft getreten. Trotz ihres Scheiterns war die Frankfurter Nationalversammlung jedoch für die späteren Konstitutionen Deutschlands richtungweisend. Ihre konstitutionellen Überlegungen fanden Eingang in die späteren Verfassungen, v.a. in die Weimarer Reichsverfassung und in das Grundgesetz.[11]

II. Die Reichsverfassung von 1871

9 Der Ausgang des Deutsch-Französischen Krieges von 1870/71 und die noch während der Belagerung von Paris am 18.01.1871 im Spiegelsaal von Versailles stattfindende Kaiserproklamation führten zur Reichsgründung. Nach der Verfassung des deutschen Kaiserreichs von 1871-1918 war das Deutsche Reich ein Bundesstaat aus 22 monarchisch geleiteten Einzelstaaten, die durch den Bundesrat repräsentiert wurden. An der Spitze des Reichs stand der Deutsche Kaiser. Dieser ernannte und entließ den Reichskanzler (der wiederum Vorsitzender des Bundesrats war), war Oberbefehlshaber der Streitkräfte und verkündete die Reichsgesetze. Die Volksvertretung war der Reichstag, der sich durch die Wahlberechtigten (Männer über 25 Jahre) in allgemeiner, gleicher und geheimer Wahl konstituierte. Er hatte zusammen mit dem Bundesrat über Gesetze und den Haushalt zu beschließen, die Gesetze bedurften aber stets der Zustimmung des Bundesrats. Der Kanzler war dem Reichstag auskunftspflichtig, jedoch

---

[10] Vgl. *Roellecke*, JZ 2000, 113, 114.
[11] Vgl. dazu ausführlich *Roellecke*, JZ 2000, 113, 114; *Kühne*, NJW 1998, 1513 ff.

konnte er nicht durch ein Misstrauensvotum des Reichstags gestürzt werden. Grundrechte wurden – bis auf Art. 3 (Indigenat) – nicht statuiert.[12]

III. Die Weimarer Reichsverfassung (WRV) von 1919

Die von der Weimarer Nationalversammlung am 31.7.1919 verabschiedete Verfassung der Weimarer Republik bewahrte – im Vergleich zur Verfassung des Deutschen Reichs von 1871 – trotz stärkerer Unitarisierung den bundesstaatlichen Aufbau. Sie galt als eine der modernsten Verfassungen ihrer Zeit. Sie hatte bereits einen umfassenden Grundrechtekatalog (Art. 109 ff. WRV), normierte gleichzeitig aber auch Grundpflichten. Die Grundrechte galten jedoch nicht unmittelbar, sondern als Auftrag des Staates (sog. Programmsätze).[13] Mit besonderem Nachdruck bekannte sich die WRV zu den Grundsätzen des Rechtsstaats und Sozialstaats. Des Weiteren wies sie sich durch das damals als fortschrittlich geltende Verhältniswahlrecht (Art. 22 WRV)[14] und das Wahlrecht auch für Frauen aus. Staatsoberhaupt war der für sieben Jahre direkt vom Volk gewählte Reichspräsident (Art. 43 WRV). Als oberstes Verwaltungsorgan fungierte die vom Reichspräsidenten ernannte Reichsregierung. Diese bestand aus dem Reichskanzler und den Reichsministern (Art. 52 WRV). Das Parlament, der Reichstag, hatte eine zentrale Stellung mit der Möglichkeit, unter bestimmten Voraussetzungen einen Volksentscheid herbeiführen zu können. Die Länder wurden durch den Reichsrat repräsentiert. Allerdings stand dieser dem Bundesrat der Reichsverfassung von 1871 in seinen Kompetenzen weit zurück. So besaß er nur noch ein vom Reichstag grundsätzlich überstimmbares Einspruchsrecht bei der Gesetzgebung (Art. 74 WRV). Wurde dadurch die Stellung des Parlaments gestärkt, wurde sie in anderer Hinsicht wieder beschnitten. Charakteristisch für die WRV war nämlich die Verknüpfung des parlamentarischen Regierungssystems mit dem Präsidialsystem: Nach dem Sturz der Monarchie befürchtete man einen „Parlamentsabsolutismus", dem keine eindämmende Macht mehr gegenüberstand. Daher wurde – gleichsam als „Ersatzmonarch" – die Institution des Reichspräsidenten als Gegengewicht geschaffen. Die eigenartige Situation der WRV bestand nun darin, dass die Reichsregierung zwar vom Reichspräsidenten ernannt wurde, gleichzeitig aber vom Vertrauen des Reichstags abhing, der sie jederzeit durch ein Misstrauensvotum stürzen konnte (Art. 54 WRV). Dadurch blieb zwar grundsätzlich die Möglichkeit einer parlamentarischen Regierungsbildung und Kontrolle gewahrt, allerdings besaß der Reichspräsident die Möglichkeit, das Parlament aufzulösen (Art. 25 WRV) und unter bestimmten Voraussetzungen an dessen Stelle Gesetze (sog. Notverordnungen) zu erlassen (Art. 48 II WRV). Er konnte also eine vom Reichstag nicht gebilligte Regierung einsetzen und dem Reichstag mit der Auflösung drohen, falls dieser der Regierung das Misstrauen aussprechen würde. Auf diese Weise konnte der Reichspräsident von ihm abhängige Regierungen (sog. Präsidialkabinette) einsetzen, ohne ein Misstrauensvotum des Reichstags befürchten zu müssen. Dies geschah gegen Ende der Weimarer Republik zunehmend, wodurch das parlamentarische System der Weimarer Republik weitgehend ausgehöhlt wurde und eine der Schwächen der WRV zutage trat. 10

Eine eklatante – und entscheidende – Schwäche der WRV bestand aber darin, dass der Reichstag aufgrund des zu weit gefassten Art. 68 II WRV Reichsgesetze erlassen konnte, die in Form von „Ermächtigungsgesetzen" der Reichsregierung die Befugnis

[12] Nach Art. 3 bestand für das gesamte Deutsche Reich ein gemeinsames Indigenat. Dies bedeutete, dass die Angehörigen jedes Bundesstaates in jedem anderen Bundesstaat als Inländer behandelt wurden und zu allen öffentlichen Ämtern und bürgerlichen Rechten wie Einheimische zuzulassen waren. Ein Preuße, der in Bayern lebte, besaß also die gleichen Rechte wie ein Bayer. Das Indigenat war gegenüber dem Deutschen Bund also ein wesentlicher Fortschritt.

[13] Unter der WRV galten die Grundrechte nur im Rahmen der Gesetze, während nach dem GG die Gesetze im Rahmen der Grundrechte gelten (vgl. Art. 1 III GG).

[14] Dagegen lassen die RV und das GG die Frage nach dem Wahlsystem offen (vgl. § 94 RV und Art. 38 GG).

zum Erlass von Verordnungen mit Gesetzeskraft (also quasi die Gesetzgebungsbefugnis) übertrugen. Dies nahm seinen Höhepunkt darin, dass der Reichstag mit dem „Gesetz zur Behebung der Not von Volk und Reich" v. 24.3.1933 (RGBl I, S. 141 – im Folgenden „Ermächtigungsgesetz") der Reichsregierung die Befugnis übertrug, Reichsgesetze zu erlassen, und zwar auch jenseits des durch die Verfassung vorgesehenen Verfahrens (Art. 1 Ermächtigungsgesetz). Und gem. Art. 2 S. 1 Ermächtigungsgesetz konnten die von der Reichsregierung beschlossenen Reichsgesetze sogar von der Reichsverfassung abweichen. Zudem wurden gem. Art. 3 S. 1 Ermächtigungsgesetz die von der Reichsregierung beschlossenen Reichsgesetze vom Reichskanzler (und nicht etwa vom Reichspräsidenten) ausgefertigt und im Reichsgesetzblatt verkündet. Schließlich regelte Art. 4 S. 1 Ermächtigungsgesetz, dass Verträge des Reichs mit fremden Staaten, die sich auf Gegenstände der Reichsgesetzgebung beziehen, nicht der Zustimmung der an der Gesetzgebung beteiligten Körperschaften bedurften.
Hierin wird überaus deutlich, dass sich nicht nur das Parlament seiner verfassungsrechtlich berufenen Aufgabe praktisch vollständig begab[15], sondern auch, dass die rechtsstaatlichen Ansätze der WRV weitgehend begraben wurden, was durch das Fehlen von verfassungsrechtlich verankerten Sicherungsmechanismen wie insbesondere einer nur erschwerten Abänderbarkeit der Verfassung und einer nur begrenzten Möglichkeit der Übertragung der Befugnis zum Erlass von Verordnungen auf die Exekutive begünstigt bzw. ermöglicht wurde.

IV. Der Herrenchiemseer Verfassungskonvent von 1948

11 Nachdem das Deutsche Reich im Mai 1945 kapitulierte, übernahmen die vier Alliierten die Staatsgewalt über das Gebiet des Deutschen Reichs. Eine Annexion fand jedoch nicht statt. Vielmehr sollte ein neues, vom Nationalsozialismus befreites Deutschland geschaffen werden. Im Juni 1948 ermächtigten daher die drei westlichen Militärgouverneure die 11 Ministerpräsidenten der neu geschaffenen Länder in den westlichen Besatzungszonen, eine vorläufige Verfassung auszuarbeiten. Auf Beschluss der Ministerpräsidenten wurde ein „Ausschuss von Sachverständigen für Verfassungsfragen" einberufen, der Vorschläge für eine Verfassung erarbeiten sollte. Dieser Verfassungskonvent tagte vom 10. bis 23.8.1948 auf Herrenchiemsee. Neben der Präsentation eines fast vollständigen Verfassungsentwurfs stellte der Konvent auch einen Grundrechtekatalog zur Diskussion. Das in einem Abschlussbericht zusammengefasste Ergebnis der Beratungen bildete die Grundlage für die spätere Arbeit des Parlamentarischen Rates, der am 1.9.1948 in Bonn zusammentrat.

V. Der Parlamentarische Rat von 1948/49

12 Der Parlamentarische Rat bestand aus 65 Abgeordneten, die von den Länderparlamenten ausgewählt wurden. Hinzu kamen fünf Abgeordnete aus Berlin, die allerdings nur eine beratende Funktion besaßen. Zum Präsidenten wählten die Abgeordneten des Parlamentarischen Rates Konrad Adenauer (CDU), zum Vorsitzenden des Hauptausschusses, der die eigentliche Arbeit am Verfassungstext zu leisten hatte, Carlo Schmid (SPD). Die Arbeit des Parlamentarischen Rates erfolgte in Verbindung und Auseinandersetzung mit den Militärgouverneuren. Am 8.5.1949 verabschiedete der Parlamentarische Rat bei 12 Gegenstimmen das Grundgesetz, das anschließend der Zustimmung der Volksvertretungen in den Ländern und der Genehmigung der drei westlichen Militärgouverneure bedurfte.[16] Nach Annahme durch die Parlamente der

[15] Vgl. dazu BVerfGE 6, 132, 198 sowie *Gusy*, JZ 1999, 758 ff. und *Roellecke*, JZ 2000, 113, 114.
[16] Vgl. zum Ganzen *Kröger*, NJW 1989, 1318 ff.

Bundesländer, in denen es zunächst gelten sollte[17], trat das Grundgesetz mit Ablauf des 23.5.1949, also am 24.5.1949, in Kraft (vgl. Art. 145 II GG).[18] Eine Volksabstimmung, die eine breite plebiszitäre Legitimation der Verfassung hätte herbeiführen können, fand nicht statt.

VI. Das Nachkriegsdeutschland bis zur Wiedervereinigung 1989/90

1949 ging nicht nur das Grundgesetz, sondern auch die Verfassung der DDR von dem Fortbestand eines einheitlichen deutschen Staates aus. So hat gem. der Präambel des Grundgesetzes das Deutsche Volk bei der Schaffung des Grundgesetzes auch für jene Deutschen gehandelt, denen mitzuwirken versagt war. Art. 1 I der Verfassung der DDR sprach von Deutschland als eine unteilbare demokratische Republik. In der Bundesrepublik Deutschland entsprach dies der allgemeinen Auffassung, die nicht von einem Untergang des Deutschen Reichs ausging, sondern davon, dass die Bundesrepublik Deutschland als **teilidentischer Staat** des Deutschen Reichs weiter existiere.[19] Die DDR vertrat allerdings seit 1952 unter Einfluss der UdSSR die sog. **Zwei-Staaten-Theorie.** Auf der Genfer Gipfelkonferenz vom 17.-23.7.1955 hieß es: Wenn man über die Wiedervereinigung spreche – so der sowjetische Verteidigungsminister Bulganin –, müsse daran gedacht werden, dass es zwei deutsche Staaten gebe, deren Meinungen zu berücksichtigen seien. Insbesondere müssten bei einer Wiedervereinigung Deutschlands die sozialistischen Errungenschaften in der DDR erhalten bleiben.[20] Daraufhin gab auch die Bundesrepublik die Theorie von der Teilidentität auf. Man vertrat von nun an die sog. **Identitätstheorie**, wonach allein die Bundesrepublik Deutschland mit dem Deutschen Reich identisch galt und die DDR als „lokales de facto Regime" angesehen wurde (sog. **Alleinvertretungsanspruch** oder **Hallsteindoktrin**). 13

VII. Die Wiedervereinigung Deutschlands

Nach dem Mauerbau 1961 wurden in der Bundesrepublik Deutschland die Zweifel an der Wiedervereinigung immer stärker. Gleichwohl leitete die Regierung unter Bundeskanzler Brandt im Zuge ihrer Ostpolitik unter Aufgabe der Hallsteindoktrin eine innenpolitisch sehr umstrittene Neuorientierung ein. Zwar schloss die sozialliberale Bundesregierung eine völkerrechtliche Anerkennung der DDR durch die Bundesrepublik zunächst aus, wollte aber zu einem „geregelten Nebeneinander" der beiden Staaten in Deutschland durch Verhandlungen ohne Diskriminierung auf Regierungsebene kommen. Erst ab 1969 erfolgte die völkerrechtliche Anerkennung der DDR durch die Bundesrepublik Deutschland. So wurden zahlreiche völkerrechtliche Verträge, wie z.B. der Grundvertrag zwischen der Bundesrepublik Deutschland und der DDR vom 21.12.1972, geschlossen.[21] In diesem Vertrag versuchten beide Vertragspartner, ihre gegensätzlichen Vorstellungen zum Tragen zu bringen. In ihrer praktischen Politik verfolgte die DDR aber eine Politik der Abschottung. Mit der Aufnahme beider deutscher Staaten in die UNO 1973 wurde die DDR von den meisten Staaten der Erde als Völkerrechtssubjekt anerkannt. Erst durch den Einfluss der politischen und gesellschaftlichen Reformpläne Gorbatschows begann sich die Bürgerrechtsbewegung in der DDR ab September 1989 zu einer Massenbewegung zu entwickeln. Begleitet 14

---

[17] Vgl. Art. 144 I GG. Lediglich Bayern verweigerte die Zustimmung, bekräftigte aber ausdrücklich seine Zugehörigkeit zur Bundesrepublik Deutschland.

[18] Zur Entstehungsgeschichte des Grundgesetzes vgl. *Leibholz/v. Mangoldt*, Jahrbuch des Öffentlichen Rechts der Gegenwart, Neue Folge Band 1, Tübingen 1951.

[19] Vgl. dazu BVerfGE 36, 1, 16 ff. Hierin wird zugleich deutlich, dass die sog. Reichsbürgerbewegung irrt, wenn sie behauptet, das Deutsche Reich gelte fort und die Bundesrepublik Deutschland existiere als Staat nicht.

[20] Siehe General-Anzeiger der Stadt Wuppertal Nr. 164 v. 19.7.1955, S. 1 f.

[21] Vgl. dazu BVerfGE 36, 1, 16 ff.

durch eine starke Fluchtbewegung erzwang sie in ihrer politischen Wirkung die Öffnung der Grenzen der DDR nach Berlin (West) und zur Bundesrepublik Deutschland (9.11.1989) und führte im November/Dezember 1989 den Sturz des kommunistischen Regierungssystems herbei. Nach den Wahlen zur Volkskammer (18.3.1990), bei denen die für die deutsche Einheit eintretenden Kräfte die überwiegende Mehrheit erhielten, schlossen die Bundesrepublik Deutschland und die DDR einen Staatsvertrag über die Wirtschafts-, Währungs- und Sozialunion vom 18.5.1990 und den **Einigungsvertrag** (EV) vom 31.8.1990. Entsprechend diesem Einigungsvertrag traten die Länder der DDR am 3.10.1990 gem. Art. 23 S. 2 GG a.F.[22] dem Geltungsbereich des Grundgesetzes bei. Seitdem gilt das Grundgesetz für das gesamte deutsche Volk.

15 Mit dem Beitritt zur Bundesrepublik Deutschland ist die DDR staats- und völkerrechtlicher Bestandteil der Bundesrepublik Deutschland geworden und damit gleichzeitig als Völkerrechtssubjekt untergegangen. Die Vorschriften des EV beziehen sich seitdem auf die neuen Bundesländer (vgl. Art. 44 EV). Da – wie bereits beschrieben – die nicht verfassungsändernden Vorschriften des EV (auch soweit sie zum materiellen Verfassungsrecht zählen) nur den Rang von einfachem Bundesrecht (vgl. Art. 45 II EV) haben, können sie jederzeit vom Bundesgesetzgeber durch einfache Mehrheit geändert werden.

16 Im Rahmen des am 12.9.1990 geschlossenen Vertrags über die abschließende Regelung in Bezug auf Deutschland (sog. Souveränitätsvertrag, auch **Zwei-plus-Vier-Vertrag** genannt) mit den vier Siegermächten des Zweiten Weltkriegs erhielt Deutschland, vertreten durch die Bundesrepublik Deutschland und die DDR, seine volle Souveränität zurück.

VIII. Die Verfassungsreform von 1994

17 Die deutsche Wiedervereinigung warf zahlreiche Fragen bezüglich der föderalen Struktur Deutschlands und der (zusätzlichen) Aufnahme von Staatszielbestimmungen auf. Aufgrund des Art. 5 EV wurde 1992 eine **Gemeinsame Verfassungskommission** von Bundestag und Bundesrat eingesetzt, die im Laufe ihres Bestehens insgesamt rund 80 Änderungen und Ergänzungen beriet. Schon während der Beratungen wurde das Grundgesetz durch Gesetz vom 21.12.1992 (BGBl I 1992, S. 2086) wie folgt geändert:

- Einführung eines neuen Art. 23 GG (Mitwirkung bei der Entwicklung der Europäischen Union und Möglichkeit der Übertragung von Hoheitsrechten)
- Ergänzung des Art. 24 GG durch den Absatz 1a (Übertragung von Hoheitsrechten auf grenznachbarschaftliche Einrichtungen)
- Schaffung der Grundlage eines Kommunalwahlrechts für EU-Bürger (Art. 28 I S. 3 GG)

18 Im Übrigen verzögerte sich die Verfassungsreform bis Oktober 1994. Mit Gesetz vom 27.10.1994 (BGBl I 1994, S. 3146) wurden insbesondere folgende Änderungen bzw. Ergänzungen vorgenommen:

- Einfügung der Verpflichtung des Staates, die tatsächliche Durchsetzung der Gleichberechtigung von Frauen und Männern zu fördern sowie auf die Beseitigung bestehender Nachteile hinzuwirken (Art. 3 II S. 2 GG)
- Einführung des Umweltschutzes als Staatszielbestimmung (Art. 20a GG)

[22] Das Grundgesetz eröffnete für die Wiedervereinigung zwei Wege: Zum einen ermöglichte Art. 23 S. 2 GG a.F. („In anderen Teilen Deutschlands ist es (das GG) nach deren Beitritt in Kraft zu setzen") die Wiedervereinigung und zum anderen bestand die Schaffung einer neuen, gesamtdeutschen Verfassung nach Art. 146 GG a.F. Da die Ausarbeitung einer neuen Verfassung geraume Zeit in Anspruch genommen hätte und man aufgrund der großpolitischen Lage zu einer raschen Wiedervereinigung gelangen wollte, wurde der einfachere und schnellere Weg über Art. 23 S. 2 GG a.F. gewählt. Zu Art. 146 GG siehe sogleich.

- Stärkung des Föderalismus durch Stärkung der Gesetzgebungskompetenzen der Länder (Neufassung des Art. 72 GG und Änderung der Art. 74 und 75 GG)
- Straffung des Gesetzgebungsverfahrens (Art. 76 und 77 GG)

Von den gesetzgebenden Körperschaften nicht aufgegriffen wurden etwa die Bera- 19
tungen zur Stärkung der unmittelbaren Bürgerbeteiligungen (insbesondere Volksentscheid) und die Bedeutung und Anwendung des **Art. 146 GG**. Allerdings wurde Art. 146 GG durch den Relativsatz „das nach Vollendung der Einheit und Freiheit Deutschlands für das gesamte deutsche Volk gilt" erweitert.

Mit Blick auf Art. 146 GG stellt sich die Frage, ob das deutsche Volk sich gem. Art. 146 GG 20
eine **neue Verfassung** geben oder ob es beschließen könnte, die (volle) Souveränität der Bundesrepublik aufzugeben und sich einer (dann zu schaffenden) **europäischen Verfassung** zu unterwerfen mit Deutschland als Gliedstaat eines **europäischen Bundesstaats**. Nach Auffassung des BVerfG steht Art. 79 III GG („Ewigkeitsklausel") dem Aufgehen der Bundesrepublik Deutschland in einem europäischen Bundesstaat entgegen.[23] Da Art. 79 III GG aber als Teil einer verfassten Gewalt zur Disposition der jenseits verfasster Staatsgewalt stehenden **verfassungsgebenden Gewalt** (*pouvoir constituant*)[24] stünde, kann Art. 79 III GG nicht als Argument für das Verbot der Aufgabe der verfassten Staatsgewalt herangezogen werden.[25] Ausgangspunkt der Überlegung muss vielmehr sein, dass das Volk als Souverän die *originäre* Macht haben muss, sich jederzeit eine neue Verfassung zu geben (*pouvoir constituant*)[26] oder seine Verfassung aufzugeben und sich einer anderen Verfassung zu unterwerfen. Daran schließt sich die Überlegung an, dass die Ermächtigung dazu nicht aus dem Grundgesetz selbst folgen kann, da dieses nur verfasste Gewalt darstellt, keine verfassungsgebende. Fraglich kann daher allein sein, wie das Verfahren hinsichtlich der Schaffung einer neuen Verfassung (bzw. der Aufgabe der bestehenden und der Eingliederung in eine andere, europäische Verfassung) ausgestaltet sein muss. Art. 146 GG kann darauf keine Antwort geben, da diese Vorschrift nur einen Akt des Volkes innerhalb der bestehenden Verfassung (*pouvoir constitué*)[27] regelt. Nach dem soeben Gesagten wäre eine vom deutschen Volk in freier Entscheidung beschlossene neue Verfassung jedoch auch ohne Anwendung des Art. 146 GG möglich, da die pouvoir constituant jederzeit das *originäre* Recht haben muss, ihre Verfassung zu ändern oder abzuschaffen und sich eine neue Verfassung zu geben. Das verfassungsgebende Volk müsste also jenseits der verfassten Gewalt handeln, d.h. abstimmen. Das soll nach h.M. jedoch nicht ausschließen, zunächst im Wege der Verfassungsänderung die verfahrensmäßigen Voraussetzungen hierfür zu schaffen. Dafür sei insbesondere die Regelung des Art. 79 II GG zu beachten.[28] Teilweise wird auch vertreten, der verfassungsändernde Gesetzgeber müsse eine Bestimmung in das Grundgesetz einfügen, welche die Eingliederung Deutschlands in einen europäischen Bundesstaat vorsieht. Darauf basierend könne dann eine Verfassungsablösung nach Art. 146 GG erfolgen.[29] Das überzeugt schon deshalb nicht, da die Einfügung einer solchen Bestimmung ja nichts an der Geltung der Sperre des Art. 79 III GG ändern würde.

Nach der hier vertretenen Auffassung besteht ein beschreitbarer Weg darin, das **Verfah- 21
ren** einer Volksabstimmung bezüglich der Abschaffung des Grundgesetzes und der Eingliederung Deutschlands in einen europäischen Bundesstaat zunächst mit den für eine Verfassungsänderung erforderlichen Zweidrittelmehrheiten im Bundestag und Bundesrat zu beschließen. Der Beschluss könnte die Einführung einer **Volksabstimmung** zum Gegenstand haben. Die wohl wichtigste Frage in diesem Zusammenhang wäre dann, mit welcher

---

[23] Vgl. BVerfGE 123, 267, 331 f.; vgl. auch *v. Münch/Mager*, Staatsrecht I, Rn 949 ff. m.w.Nachw.
[24] *pouvoir* (franz.) = Kraft, Macht, Herrschaft, Gewalt; *constituant* (franz.) = verfassungsgebend.
[25] So auch *Ipsen*, Rn 39.
[26] Siehe dazu bereits BVerfGE 1, 14, 61 (Südweststaat).
[27] = gebildete, d.h. verfasste Gewalt.
[28] *Jarass*, in: J/P, GG, Art. 146 Rn 4; *Hofmann*, in: Schmidt-Bleibtreu/Hofmann/Henneke, Art. 146 Rn 3; *Isensee*, NJW 1993, 2583, 2584; *Erichsen*, Jura 1992, 52, 55; *Ossenbühl*, DVBl 1992, 468, 471; *Klein*, DVBl 1991, 729, 730.
[29] *Michael*, in: Bonner Kommentar, Art. 146 Rn 754 ff.

Mehrheit das deutsche Volk die Abschaffung des Grundgesetzes und die Eingliederung Deutschlands in einen europäischen Bundesstaat beschließen müsste. Um die Abstimmung auf eine ausreichende demokratische Legitimation zu stützen, bietet sich das Prinzip einer doppelten Mehrheit an, also ein Abstimmungsverfahren, bei dem für eine Beschlussfassung Stimmenmehrheiten nach zwei unterschiedlichen Kriterien notwendig wären: Zum einen müsste eine bestimmte Mehrheit der Stimmberechtigten abstimmen (Vorschlag: 2/3 aller deutschen Staatsbürger, die auch für eine Bundestagswahl wahlberechtigt wären, müssten an der Abstimmung teilnehmen) und zum anderen müsste eine qualifizierte Mehrheit von mindestens 2/3 der abgegebenen gültigen Stimmen i.S. des Referendums stimmen. Zur Frage nach der Möglichkeit einer Sezession eines Bundeslands aus dem Bund siehe Rn 70.

IX. Die Verfassungsreform von 2006 (Föderalismusreform I)

21a Weitaus größer war die Zahl der Umgestaltungen im Rahmen der am 1.9.2006 in Kraft getretenen Föderalismusreform (vgl. BGBl I, S. 2034 ff.), in der insbesondere eine Neuverteilung der Kompetenzen zwischen Bund und Ländern stattfand.

21b Wie noch ausführlich bei Rn 788 ff. zu sehen sein wird, ist die Verteilung der Gesetzgebungskompetenzen zwischen Bund und Ländern durch eine Zuständigkeitsvermutung zugunsten der Länder geregelt (Art. 30, 70 I GG). Das bedeutet, dass grundsätzlich die Länder zur Gesetzgebung befugt sind und der Bund nur dann eine Gesetzgebungskompetenz hat, soweit das Grundgesetz ihm eine solche zuweist (Art. 70 I GG). Eine enumerative Aufzählung der Bundeskompetenzen findet sich insbesondere in Art. 73 I, 74 I GG.[30] Dort ist von ausschließlicher und konkurrierender Gesetzgebung die Rede.

21c
- Auf dem Gebiet der **ausschließlichen** Bundesgesetzgebung ist allein der Bund zur Gesetzgebung befugt; die Länder haben in diesem Bereich die Befugnis zur Gesetzgebung nur dann, wenn und soweit sie hierzu in einem Bundesgesetz ausdrücklich ermächtigt werden (Art. 71 GG), wobei eine solche Ermächtigung bisher nicht stattgefunden hat. An diesem Prinzip hat auch die Föderalismusreform nichts geändert. Allerdings wurde der Zuständigkeitskatalog des Art. 73 I GG um insgesamt sechs Titel erweitert (die teilweise aus weggefallenen Gegenständen der konkurrierenden Gesetzgebungskompetenz des Art. 74 I GG a.F. und der gänzlich weggefallenen Rahmengesetzgebungskompetenz des Art. 75 GG a.F. hervorgegangen sind).

21d
- Auf dem Gebiet der **konkurrierenden** Bundesgesetzgebung musste nach der bisherigen Rechtslage neben einem Kompetenztitel zugunsten des Bundes (Art. 74, 74a GG a.F.) die Bundesgesetzgebung zur Herstellung gleichwertiger Lebensverhältnisse im Bundesgebiet oder zur Wahrung der Rechts- oder Wirtschaftseinheit erforderlich sein (Art. 72 II GG a.F.). Bei der Auslegung des Begriffs „erforderlich“, der erst im Rahmen der Verfassungsreform 1994 in Art. 72 II GG eingefügt wurde und die bis dahin geltende „Bedürfnisklausel“ abgelöst hatte[31], hat das BVerfG zuletzt einen strengen Maßstab aufgestellt und die Erforderlichkeit überwiegend verneint.[32] Nach der Neufassung des Art. 72 II GG ist der Nachweis der Erforderlichkeit nicht mehr stets notwendig; vielmehr hat der verfassungsändernde Gesetzgeber in Art. 72 II GG n.F. einige Materien benannt, bei denen er eine Erforderlichkeit bundesgesetzlicher Regelung verlangt. Daraus folgt umgekehrt, dass alle übrigen Titel konkurrierender Gesetzgebung eine Erforderlichkeit nicht (mehr) voraussetzen.

  Die folgenschwerste Änderung im Bereich der konkurrierenden Bundesgesetzgebung hat der Kompetenzkatalog des Art. 74 I GG erfahren, wonach einige Titel gestrichen bzw. durch Negativformulierungen herausdefiniert wurden. Das betrifft nicht nur den

---

[30] Daneben sind einige ungeschriebene Gesetzgebungskompetenzen des Bundes anerkannt (vgl. Rn 842 ff.).
[31] Vgl. dazu Rn 833 ff.
[32] Vgl. BVerfGE 106, 62, 135 ff. (Altenpflegegesetz); 111, 10, 26 ff. (Ladenschlussgesetz); 111, 226, 246 ff. (Juniorprofessur); 112, 226 ff. (Studiengebührenverbot).

Strafvollzug, das Ladenschlussrecht und das Heimrecht (die aus Art. 74 I Nr. 1, 3 und 18 GG gestrichen wurden), sondern auch Teilbereiche des besonderen Gefahrenabwehrrechts, namentlich das Versammlungsrecht, das Gaststättenrecht, das Spielhallenrecht sowie das Recht der Schaustellung von Personen, der Messen, der Ausstellungen und der Märkte. Diese Teilbereiche, die zugleich dem öffentlichen Wirtschaftsrechts angehören, unterfallen nunmehr (aufgrund der Grundregel des Art. 70 I GG) der Gesetzgebungskompetenz der Länder; das übrige Gewerberecht bleibt hingegen weiterhin von Art. 74 I Nr. 11 GG (Recht der Wirtschaft) erfasst und in der Gewerbeordnung (GewO) geregelt. Ob sich die Herausnahme der genannten Materien aus einem geschlossenen Regelwerk unter gleichzeitiger Überstellung in die Zuständigkeit der Länder bewähren wird, bleibt abzuwarten. Bereits jetzt kann jedoch schon konstatiert werden, dass die Gefahr einer Rechtszersplitterung besteht, wenn die Länder trotz der Verpflichtung zur Bundestreue (vgl. Art. 28 I S. 1 GG) unterschiedliche Regelungen erlassen.

- Die dem Bund bisher zusätzlich zugewiesene **Rahmenkompetenz** (Art. 75 GG a.F.), die einen Unterfall der konkurrierenden Gesetzgebungskompetenz bildete, ist (ebenso wie die konkurrierende Gesetzgebung für Besoldung und Versorgung im öffentlichen Dienst gem. Art. 74a GG a.F.) als Typus der Bundesgesetzgebung dagegen gänzlich weggefallen. **21e**

Durch die soeben genannte Neuordnung der Gesetzgebungskompetenzen erfolgte also eine Erweiterung des Gesetzgebungsrechts der Länder. Hierauf wird im Einzelnen bei Rn 788 ff. eingegangen.

X. Die Verfassungsreform von 2009 (Föderalismusreform II)

Nach dem Inkrafttreten der ersten Stufe der Föderalismusreform im September 2006 **21f** sind in einem zweiten Schritt auch die **Finanzbeziehungen zwischen Bund und Ländern** modernisiert worden.[33] Zentrales Element der Reform ist die Verbesserung der verfassungsrechtlichen Regelungen für eine Begrenzung der staatlichen Kreditaufnahme in Bund und Ländern. Ihr kommt gerade auch vor dem Hintergrund der aktuellen Finanz- und Wirtschaftskrise und der damit auch verbundenen Erhöhung der Kreditaufnahme eine entscheidende Bedeutung für die Gewährleistung einer langfristig tragfähigen Haushaltsentwicklung zu.

Das Grundgesetz schreibt nunmehr in Art. 109, 115 GG für Bund und Länder den **21g** Grundsatz des nicht kreditfinanzierten Haushalts fest. So ist beim Bund eine strukturelle Verschuldung nur noch i.H.v. 0,35 % des Bruttoinlandsproduktes zulässig (Art. 115 II S. 1 GG). Zusätzlich sind bei einer von der Normallage abweichenden konjunkturellen Entwicklung die Auswirkungen auf den Haushalt im Auf- und Abschwung symmetrisch zu berücksichtigen (Art. 115 II S. 2 GG). Wird von der Obergrenze abgewichen, schreibt Art. 115 II S. 3 GG ein Kontrollkonto mit Ausgleichspflicht vor, in dem die Einhaltung der Schuldenregel im Haushaltsvollzug gewährleisten werden soll. Eine Ausnahmeregelung für Naturkatastrophen oder andere außergewöhnliche Notsituationen besteht in der Vorschrift des Art. 115 II S. 6 GG, die die notwendige Handlungsfähigkeit des Staates zur Krisenbewältigung gewährleistet.

Gemäß Art. 143d I GG fand die Neuregelung für Bund und Länder erstmals für das **21h** Haushaltsjahr 2011 Anwendung Im Rahmen einer Übergangsregelung ist festgelegt, dass für den Bund noch bis einschließlich 2015 und für die Länder bis einschließlich 2019 Abweichungen vorgesehen werden können.

---

[33] Vgl. das Änderungsgesetz betreffend Art. 91c, 91d, 104b, 109, 109a, 115, 143d GG (BGBl I 2009, S. 2248 ff.).

21i Weiterer Inhalt der Föderalismusreform ist eine grundgesetzliche Verankerung der **Bund-Länder-Zusammenarbeit in der Informationstechnik**. Der hierzu ins GG eingefügte Art. 91c GG sieht vor, dass Bund und Länder in IT-Angelegenheiten zusammenwirken sollen, gemeinsame Interoperabilitäts- und Sicherheitsstandards für die gesamte deutsche Verwaltung beschließen können und dass der Bund ein Bund-Länder-Verbindungsnetz errichtet und betreibt. Die Einzelheiten werden grundsätzlich in einem zwischen Bund und Ländern in der Föderalismusreform-Kommission ausgehandelten Staatsvertrag geregelt[34]; für das IT-Verbindungsnetz hingegen haben Bundestag und Bundesrat die näheren Einzelheiten durch ein mit der Föderalismusreform verabschiedetes IT-Netz-Gesetz[35] geregelt.[36]

21j Um die Möglichkeit einer erweiterten Kooperation von Bund und Ländern im Wissenschaftsbereich zu schaffen, hat der verfassungsändernde Gesetzgeber Art. 91b GG geändert.[37] Danach können Bund und Länder aufgrund von Vereinbarungen in Fällen überregionaler Bedeutung bei der Förderung von Wissenschaft, Forschung und Lehre zusammenwirken. Vereinbarungen, die im Schwerpunkt Hochschulen betreffen, bedürfen aber der Zustimmung aller Länder. Dies gilt nicht für Vereinbarungen über Forschungsbauten einschließlich Großgeräten.

XI. Die Grundgesetzänderung von 2017

21k Mit dem „Gesetz zur Änderung des Grundgesetzes (Artikel 90, 91c, 104b, 104c, 107, 108, 109a, 114, 125c, 143d, 143e, 143f, 143g)" v. 13.7.2017[38] wurden u.a. die bundesstaatlichen Finanzbeziehungen nach Außerkrafttreten der Regelungen im Maßstäbegesetz und Finanzausgleichsgesetz Ende 2019 neu geregelt. Zudem soll die Erledigung staatlicher Aufgaben in der föderalen Ordnung verbessert werden und das bisher mehrstufige Finanzausgleichssystem soll neu geregelt werden.[39] Ferner wurde die Möglichkeit geschaffen, einen bundesweiten Online-Portalverbund für Verwaltungsleistungen zu planen, zu errichten und zu betreiben (Art. 91c GG)[40], und der Bau und der Betrieb von Bundesautobahnen wurden neu geregelt. So bleibt gem. Art. 90 I S. 1 GG der Bund Eigentümer der Bundesautobahnen und sonstigen Bundesstraßen des Fernverkehrs, und die Verwaltung der Bundesautobahnen wird gem. Art. 90 II S. 1 GG in Bundesverwaltung geführt, wobei sich gem. Art. 90 II S. 2 GG der Bund zur Erledigung seiner Aufgaben einer Gesellschaft privaten Rechts bedienen kann (siehe dazu näher Rn 945). Eine Übergangsregelung hierzu enthält Art. 143e GG.

Gemäß Art. 104c GG kann der Bund den Ländern Finanzhilfen für gesamtstaatlich bedeutsame Investitionen der finanzschwachen Gemeinden (Gemeindeverbände) im Bereich der kommunalen Bildungsinfrastruktur gewähren. Und gem. Art. 107 I S. 4 GG steht den Ländern, vorbehaltlich der Regelungen des Art. 107 II GG, nach Maßgabe ihrer Einwohnerzahl nunmehr auch ein Anteil am Aufkommen der Umsatzsteuer zu. Bei der Steuerverteilung (auch in Bezug auf die Einkommen- und Körperschaftsteuer)

---

[34] Siehe den Vertrag über die Errichtung des IT-Planungsrats und über die Grundlagen der Zusammenarbeit beim Einsatz der Informationstechnologie in den Verwaltungen von Bund und Ländern – Vertrag zur Ausführung von Art. 91c GG v. 27.5.2010 (BGBl I 2010, S. 662) sowie den Ersten Staatsvertrag zur Änderung des Vertrags über die Errichtung des IT-Planungsrats und über die Grundlagen der Zusammenarbeit beim Einsatz der Informationstechnologie in den Verwaltungen von Bund und Ländern – Vertrag zur Ausführung von Art. 91c GG (Erster IT-Änderungsstaatsvertrag) v. 4.8.2019 (BGBl I 2019, S. 1126).

[35] BGBl I 2009, S. 2702 ff.

[36] https://www.bundesfinanzministerium.de/Content/DE/Downloads/Broschueren_Bestellservice/2019-03-07-bund-laender-finanzbeziehungen-2018.pdf?__blob=publicationFile&v=4 – abgerufen am 4.3.2020.

[37] Vgl. BGBl I 2014, S. 2438.

[38] BGBl I 2017, S. 2347 (Nr. 47).

[39] Siehe dazu BT-Drs. 18/11131, S. 1 ff.

[40] Siehe dazu das Gesetz zur Verbesserung des Onlinezugangs zu Verwaltungsleistungen (Onlinezugangsgesetz – OZG) v. 14.8.2017 (BGBl I 2017, S. 3122).

ist gem. Art. 107 II S. 1 GG die unterschiedliche Finanzkraft der Länder angemessen auszugleichen, wobei die Finanzkraft und der Finanzbedarf der Gemeinden (Gemeindeverbände) zu berücksichtigen sind (siehe dazu Rn 994 ff.)

XII. Die Grundgesetzänderung von 2019

Mit dem „Gesetz zur Änderung des Grundgesetzes (Artikel 104c, 104d, 125c, 143e)" v. 21.2.2019 ist es dem Bund zunächst ermöglicht, den Ländern Finanzhilfen für gesamtstaatlich bedeutsame Investitionen sowie für besondere, mit diesen unmittelbar verbundene befristete Ausgaben der Länder und Gemeinden (Gemeindeverbände) zur Steigerung der Leistungsfähigkeit der kommunalen Bildungsinfrastruktur zu gewähren („Digitalpakt Schule"), Art. 104c GG n.F. Damit kann der Bund den Schulen Finanzhilfen zur besseren digitalen Ausstattung gewähren, aber auch die Finanzierung damit unmittelbar verbundener befristeter Aufgaben der Länder und Gemeinden wird ermöglicht. Nach Art. 104b II S. 5 GG n.F. werden die Mittel des Bundes zusätzlich zu eigenen Mitteln der Länder bereitgestellt. Zudem ermöglicht Art. 104d GG n.F. es dem Bund, den Ländern Finanzhilfen für gesamtstaatlich bedeutsame Investitionen der Länder und Gemeinden (Gemeindeverbände) im Bereich des sozialen Wohnungsbaus zu gewähren. Durch Änderung des Art. 125c GG (siehe Art. 125c II S. 4 GG: entsprechende Geltung des Art. 104b II S. 4 GG) wurde darüber hinaus die Möglichkeit einer Erhöhung und Dynamisierung der Mittel nach dem Gemeindeverkehrsfinanzierungsgesetz (Ausbau des regionalen Schienenverkehrs) geschaffen. Schließlich wurde Art. 143e GG um eine Öffnungsklausel im Bereich der Bundesfernstraßenverwaltung hinsichtlich Planfeststellung und Plangenehmigung ergänzt. Nach Art. 143e III GG n.F. kann durch Zustimmungsgesetz geregelt werden, dass ein Land auf Antrag die Aufgabe der Planfeststellung und Plangenehmigung für den Bau und für die Änderung von Bundesautobahnen und von sonstigen Bundesfernstraßen, die der Bund nach Art. 90 IV GG oder Artikel 143e II GG in Bundesverwaltung übernommen hat, im Auftrage des Bundes übernimmt und unter welchen Voraussetzungen eine Rückübertragung erfolgen kann. Mit dieser Regelung wird es also dem Bund ermöglicht, die Aufgabe der Planfeststellung und Plangenehmigung für den Bau oder die Änderung von Bundesautobahnen und sonstigen Bundesfernstraßen sowie der Entscheidung über die Befreiung von diesen Verfahren einem Land in Bundesauftragsverwaltung zu überlassen.[41] 21l

[41] Siehe auch BT-Drs. 19/3440, S. 11.

C. Grundgesetz und Völkerrecht/völkerrechtliche Verträge

21m Aufgrund der europarechtlichen und völkerrechtlichen Dimension des Staats- und Verfassungsrechts sind Kenntnisse der Grundzusammenhänge auch für das juristische Studium unabdingbar. Beim Völkerrecht (ius gentium; „Recht der Völker") handelt es sich nach allgemeiner Auffassung um durch Vertrag oder Gewohnheitsrecht begründete Regeln, die die Rechte und Pflichten, die Beziehungen und den Rechts- und Wirtschaftsverkehr der Staaten und der sonstigen Rechtssubjekte des Völkerrechts untereinander regeln.[42] Völkerrechtliche Verträge können also Staaten (und sonstige Völkerrechtssubjekte wie bspw. die Vereinten Nationen und der Heilige Stuhl) untereinander abschließen, da sie als Völkerrechtssubjekte Rechtsfähigkeit besitzen. Auch die Europäische Union hat Rechtsfähigkeit (siehe Art. 47 EUV), ist Völkerrechtssubjekt und kann völkerrechtliche Abkommen und Verträge schließen.

21n Rechtsquellen des Völkerrechts sind die „allgemeinen" Regeln des Völkerrechts und das Völkervertragsrecht. **„Allgemeine Regeln des Völkerrechts"** sind solche Regeln, die zwar nicht (zwingend) als völkerrechtliche Verträge verabschiedet wurden, aber von einer weitaus größeren Zahl der Staaten – nicht notwendigerweise (auch) von der Bundesrepublik Deutschland – anerkannt werden.[43] Darunter fallen das (universelle) Völkergewohnheitsrecht und die allgemeinen völkerrechtlichen Rechtsgrundsätze wie bspw. die Staatenimmunität, die Achtung der Menschenwürde und das Piraterieverbot.[44] Allgemeine Regeln des Völkerrechts sind gem. Art. 25 GG Bestandteil des Bundesrechts, gehen den Gesetzen vor und erzeugen unmittelbar Rechte und Pflichten für die Bewohner des Bundesgebiets (Art. 25 S. 2 GG). Hierarchisch stehen die allgemeinen Regeln des Völkerrechts damit jedenfalls über dem einfachen Bundesrecht (und damit auch über dem Landesrecht einschließlich Landesverfassungsrecht). Die Frage kann daher nur sein, ob sie auch über dem Grundgesetz stehen. Nach h.M.[45] stehen sie (aufgrund des Satzfragments in Art. 25 S. 2 GG „gehen den Gesetzen vor") im Rang über dem einfachen Bundesrecht (und den Landesverfassungen), jedoch unter dem Grundgesetz. Man spricht von **Zwischenrecht**.[46]

21o Auch die am 10.12.1948 von der Generalversammlung der Vereinten Nationen verkündete **Allgemeine Erklärung der Menschenrechte** (**AEMR**), die auch als UN-Menschenrechtskonvention oder UN-Menschenrechtscharta bezeichnet wird, erlangt völkerrechtliche Bindung über Art. 25 GG, da sie aufgrund ihrer überragenden Bedeutung und allgemeinen Anerkennung als Bestandteil des Völkergewohnheitsrechts angesehen wird.[47]

Zu beachten ist, dass ein Großteil des Völkergewohnheitsrechts durch das Wiener Übereinkommen über das Recht der Verträge („Wiener Vertragsrechtskonvention" – WVK) v. 23.5. 1969 jedoch kodifiziertes Völkervertragsrecht darstellt. In der Bundesrepublik Deutschland gilt das WVK kraft Zustimmungsgesetzes v. 3.8.1985 seit dem 20.8.1987[48], sodass sich in

---

[42] *Ipsen*, Völkerrecht, 7. Aufl. 2018, § 1 Rn 15 ff.
[43] BVerfGE 15, 25, 34; 95, 96, 129; 46, 342, 367 ff.; 118, 124, 134.
[44] Vgl. etwa BVerfG NJW 2016, 1295, 1297 mit Verweis auf BVerfGE 15, 25, 32 ff.; 23, 288, 317; 31, 145, 177; 94, 315, 328; 95, 96, 129; 96, 68, 86; 117, 141, 149; 118, 124, 134. Vgl. auch *Herdegen*, in: Maunz/Dürig, GG, Art. 25 Rn 23.
[45] BVerfG NJW 2016, 1295, 1296 f.; zuvor bereits *Herdegen*, in: Maunz/Dürig, GG, Art. 25 Rn 42; *Hillgruber*, in: Schmidt-Bleibtreu/Hofmann/Henneke, GG, Art. 25 Rn 11; *Tomuschat*, in: Bonner Kommentar, Art. 25 Rn 86; wohl auch BVerfGE 112, 1, 25 f.; a.A. *König*, in: v. Mangoldt/Klein/Starck, GG, Art. 25 Rn 55 (Verfassungsrang); *Wollenschläger*, in: Dreier, GG, Art. 25 Rn 25 f. (Überverfassungsrang bei zwingenden allgemeinen Regeln des Völkerrechts).
[46] Das BVerfG betont den Zwischenrang in BVerfG NJW 2016, 1295, 1296 f. unter Verweis auf BVerfGE 6, 309, 363; 37, 271, 279; 111, 307, 318; 112, 1, 24, 26; *Herdegen*, in: Maunz/Dürig, GG, Art. 25 Rn 42; *Hillgruber*, in: Schmidt-Bleibtreu/Hofmann/Henneke, GG, Art. 25 Rn 11; *Rojahn*, in: v. Münch/Kunig, GG, Art. 25 Rn 55.
[47] Vgl. *R. Schmidt*, Grundrechte, Rn 4.
[48] Art. 3 II des Zustimmungsgesetzes (BGBl II 1985, S. 926).

diesem Zusammenhang der innerstaatliche Rang der von der WVK umfassten allgemeinen Regeln des Völkerrechts nach Art. 59 II S. 1 GG richtet.

Das Völkervertragsrecht unterfällt folglich nicht der Regelung des Art. 25 GG.[49] Daher bedürfen völkerrechtliche Abkommen und Verträge einer speziellen Geltungsanordnung, um innerstaatliche Geltung zu erlangen.[50] Das geschieht in der Bundesrepublik Deutschland durch die in Art. 59 II S. 1 GG vorgeschriebene Zustimmung der gesetzgebenden Körperschaften (Bundestag und Bundesrat).[51] Generell nennt man die völkerrechtlich verbindliche Erklärung über die Anerkennung eines zuvor unterzeichneten völkerrechtlichen Vertrags **Ratifikation**[52]: Nachdem die gesetzgebende Körperschaft des jeweiligen Unterzeichnerstaates dem völkerrechtlichen Vertrag zugestimmt hat, hinterlegt das jeweilige Staatsoberhaupt (oder eine vertretungsberechtigte Person) eine Ratifikationsurkunde (Beitrittsurkunde). Erst wenn eine bestimmte, im Vertrag genannte Zahl an Vertragsstaaten den Vertrag ratifiziert hat, tritt dieser völkervertraglich in Kraft. Jeweilige innerstaatliche Geltung erlangt der Vertrag ohnehin erst durch einen Zustimmungsakt (i.d.R. durch ein Zustimmungsgesetz). **21p**

So ist die 1951 auf der UN-Sonderkonferenz in Genf verabschiedete und (nach entsprechenden Ratifikationen) 1954 in Kraft getretene **Genfer Flüchtlingskonvention (GFK)**, die die Rechte der Flüchtlinge im Asyl regelt, ein völkerrechtlicher Vertrag i.S.d. Art. 59 II S. 1 GG.[53] Auch das **Seerechtsübereinkommen der Vereinten Nationen** v. 10.12.1982 (**SRÜ**), das u.a. die Meereszonen (insb. Küstenmeer, Anschlusszonen, ausschließliche Wirtschaftszone, Festlandsockel und Hohe See) abgrenzt, die Nutzung dieser Gebiete (z.B. durch Schifffahrt, Fischerei, wissenschaftliche Meeresforschung, Installation von Anlagen wie Erdöl- und Erdgasförderungsanlagen, Offshore-Windkraftanlagen) regelt, Vorschriften zur Verhütung, Verringerung und Überwachung der Meeresverschmutzung enthält, den Meeresbodenbergbau reguliert, Rechtsgrundlagen für Territorialfragen, Ressourcennutzung und Umweltschutz in der Arktis enthält und eine Gerichtsbarkeit vorhält (namentlich den Internationalen Seegerichtshof, der über Konflikte und Unklarheiten in der Anwendung und Auslegung des SRÜ entscheidet), ist durch Zustimmungsgesetz v. 2.9.1994[54] innerstaatlich in Kraft gesetzt worden. **21q**

Ebenfalls ein völkerrechtlicher Vertrag stellt die **Europäische Menschenrechtskonvention (EMRK)** dar, die 1950 vom **Europarat**[55] erarbeitet wurde und den Zweck verfolgt, auf dem Vertragsgebiet die Einhaltung der Menschenrechte zu gewährleisten. Ihrer Rechtsnatur als völkerrechtlicher Vertrag folgend, gilt die **EMRK** zunächst nur zwischen den Vertragsstaaten (Konventionsstaaten), d.h. die Vertragsstaaten verpflichten sich nur gegenseitig, die in der EMRK genannten Menschenrechte und Verfahrensbestimmungen umzusetzen. Rechte und Pflichten der jeweiligen Bürger der **21r**

---

[49] Siehe auch BVerfGE 94, 315, 328.

[50] Das schließt jedoch nicht aus, dass auch Völkergewohnheitsrecht transformiert werden kann (BVerfGE 118, 124, 134).

[51] Durch das Erfordernis der Zustimmung der gesetzgebenden Körperschaften soll gewährleistet werden, dass die Exekutive die Legislative nicht durch völkerrechtliche Verträge in ihren Zuständigkeiten beschneidet (vgl. dazu BVerfG NJW 2016, 1295, 1297; BVerfGE 68, 1, 88; 90, 286, 357; 111, 307, 318; 118, 244, 258).

[52] Der Begriff entstammt den lateinischen Begriffen ratus (bestätigt, geltend, gültig, rechtskräftig) und facere (machen, tun), bedeutet mithin etwa: „rechtskräftig machen".

[53] Siehe BGBl II 1954, S. 619. Siehe auch *Schmahl/Jung*, NVwZ 2018, 125 f.

[54] BGBl II 1994, S. 1798.

[55] Bei dem Europarat handelt es sich um eine am 5.5.1949 gegründete supranationale Organisation von heute 47 europäischen Staaten mit Sitz in Straßburg. Gemäß Art. 1 seiner Satzung hat der Europarat die Aufgabe, einen engeren Zusammenschluss unter seinen Mitgliedern zu verwirklichen. Institutionell ist er strikt von der Europäischen Union und damit auch von den Unionsorganen Europäischer Rat und Rat der Europäischen Union (dazu *R. Schmidt*, Staatsorganisationsrecht, Rn 762 ff.) zu unterscheiden. Zu den bedeutendsten Abkommen des Europarats gehört die am 4.11.1950 in Rom unterzeichnete EMRK mit ihren zahlreichen Zusatzprotokollen. Unterzeichnet wurde die EMRK von allen 47 Vertragsstaaten.

Vertragsstaaten im Verhältnis zu ihrem Staat ergeben sich dadurch noch nicht. Darüber, welcher Rang der EMRK im innerstaatlichen Normengefüge der einzelnen Konventionsstaaten zukommt, enthält (wie sich u.a. aus Art. 57 EMRK ergibt) die EMRK keine verbindliche Regelung. Der Rang hängt maßgeblich von der Art der Umsetzung ab. Insoweit haben die Konventionsstaaten einen Gestaltungsspielraum. In Österreich und der Schweiz bspw. hat die EMRK grundsätzlich Vorrang vor dem nationalen Recht einschließlich der Verfassungen.[56] In der Bundesrepublik Deutschland kommt ihr Kraft gesetzlicher Übernahme („Rechtsanwendungsbefehl") gem. Art. 59 II S. 1 GG[57] innerstaatlich der formale Rang eines **einfachen Bundesgesetzes** zu.[58] Daraus folgt, dass die EMRK mit ihren Grund- und Menschenrechten in ihrem Rang *unterhalb* der Grundrechte des Grundgesetzes auf formaler Ebene von Bundesgesetzen steht. Denn ein einfaches Bundesgesetz kann einem völkerrechtlichen Vertrag keinen höheren Rang verleihen, als ihm selbst zukommt.[59] Da Art. 20 III GG eine Gesetzesbindung nur der vollziehenden und der rechtsprechenden Gewalt auferlegt, nicht auch der gesetzgebenden Gewalt (deren Aufgabe besteht ja gerade darin, Gesetze zu erlassen), wäre formale Folge, dass nur die vollziehende und die rechtsprechende Gewalt, nicht auch die gesetzgebende Gewalt an die EMRK gebunden wäre. Allerdings ist es ständige Rspr. des BVerfG, dass aufgrund der Völkerrechtsfreundlichkeit des Grundgesetzes (Art. 1 II GG)[60] sowie der völkervertraglichen Bindung, die die Bundesrepublik mit der Unterzeichnung der EMRK eingegangen ist, Inhalt und Entwicklungsstand der EMRK

- bei der Anwendung von einfachem Recht,
- bei der Bestimmung von Inhalt und Reichweite von Grundrechten und rechtsstaatlichen Grundsätzen des Grundgesetzes
- sowie bei der Ausübung von Ermessen und der Prüfung der Verhältnismäßigkeit[61]

zu berücksichtigen sind.[62] Damit folgt letztlich doch eine Bindung auch der gesetzgebenden Gewalt an die Gewährleistungen der EMRK.

21s Vom Völkerrecht im dargelegten Sinn abzugrenzen ist das **EU-Recht** (Unionsrecht). Dieses ist zwar kein Verfassungsrecht, da der EU in Ermangelung einer umfassenden Hoheitsgewalt keine Staatsqualität zukommt (vgl. dazu Rn 39 sowie Rn 327 ff.), es ist aber mehr als nur Völkervertragsrecht, da die EU über übertragene Einzelermächtigungen verfügt und in diesem Rahmen eine Rechtsetzungskompetenz hat (vgl. dazu Rn 338). Das EU-Recht setzt sich aus dem Primärrecht, d.h. aus den Gründungs- und

---

[56] Vgl. für die Schweiz die Entscheidung des Bundesgerichts BGE 138 II 524 Erwägung 5.1: „Besteht ein echter Normkonflikt zwischen Bundes- und Völkerrecht, so geht nach der Rechtsprechung grundsätzlich die völkerrechtliche Verpflichtung der Schweiz vor".

[57] Vgl. das Gesetz über die Konvention zum Schutze der Menschenrechte und Grundfreiheiten v. 7.8.1952 (BGBl II 1952, S. 685); die EMRK ist gemäß der Bekanntmachung v. 15.12.1953 (BGBl II 1954, S. 14) am 3.9.1953 für die Bundesrepublik Deutschland in Kraft getreten. Vgl. auch die Neubekanntmachung der Konvention i.d.F. des 11. Zusatzprotokolls, BGBl II 2002, S. 1054.

[58] Dieser formale Rang der EMRK lässt sich damit erklären, dass ein Ratifikationsgesetz einem ratifizierten völkerrechtlichen Vertrag maximal den Rang verleihen kann, den es selbst hat. Handelt es sich bei dem Ratifikationsgesetz also um ein einfaches Bundesgesetz, kann es der EMRK auch maximal diesen innerstaatlichen Rang zusprechen. Vgl. zum Rangverhältnis in Bezug auf die EMRK auch BVerfG NVwZ 2016, 1079 f.; BVerfG NJW 2016, 1295, 1297; BVerfG 4.5.2015 - 2 BvR 2169/13; BVerfGE 128, 326, 367; 111, 307, 317; 82, 106, 120; 74, 358, 370; BGH NJW 2016, 91, 95. Vgl. auch *Sachs*, FS Klein 2013, 321, 325; *Masing*, JZ 2015, 477 ff.

[59] Insoweit klarstellend BVerfG NJW 2016, 1295, 1297.

[60] Vgl. dazu BVerfGE 111, 307, 316 f. (Görgülü); BVerfG NVwZ 2018, 1224, 1225 (Stationierung von US-Atomwaffen).

[61] Siehe auch *Spitzlei/Schneider*, JA 2019, 9, 11, die von den drei Arten der Berücksichtigung der EMRK im deutschen Recht sprechen.

[62] Vgl. aus jüngerer Zeit BVerfG NVwZ 2018, 1121, 1132 (Streikverbot für Beamte); BVerfG NVwZ 2018, 1224, 1225 (Stationierung von US-Atomwaffen); BVerfG NJW 2017, 611, 627 ff. (NPD-Parteiverbotsverfahren); BVerfG NJW 2017, 217, 218 (Atomausstieg); BVerfG NJW 2017, 53, 58 f. (ärztliche Zwangsmaßnahmen); BVerfG NVwZ 2016, 1079 f.; NJW 2016, 1295, 1299 f.; BVerfGE 128, 326, 366 ff.; 123, 257, 344 ff.; 113, 273, 296; 112, 1, 26; 111, 307, 317; 92, 26, 48; 83, 119, 128; 74, 358, 370. Vgl. auch BAG NJW 2016, 1034, 1035.

Änderungsverträgen einschließlich der Grundrechtecharta, und dem Sekundärrecht, d.h. den von den Organen erlassenen Rechtsakten zusammen (vgl. dazu ausführlich Rn 341 ff.). Es genießt im Falle einer Kollision mit nationalem Recht **Anwendungsvorrang.**[63] Anwendungsvorrang bedeutet zunächst, dass das höherrangige Recht das entgegenstehende niederrangige suspendiert, d.h. (lediglich) in der Anwendung sperrt, nicht aber derogiert, also nicht dessen Ungültigkeit (Nichtigkeit) herbeiführt.[64] Der Anwendungsvorrang greift auch dann, wenn dem Unionsrecht nicht nationales einfaches Recht, sondern Verfassungsrecht entgegensteht. Das betrifft im Kern die Kollision des EU-Rechts mit den Grundrechten des Grundgesetzes, aber auch mit anderen grundlegenden Verfassungsgütern.[65] Das BVerfG betont diesbezüglich, dass der Integrationsgesetzgeber nicht nur Organe, Einrichtungen und sonstige Stellen der EU, soweit sie in Deutschland öffentliche Gewalt ausübten, von einer umfassenden Bindung an die Gewährleistungen des Grundgesetzes freistellen könne, sondern auch deutsche Stellen, die Recht der EU durchführten.[66] Allerdings stellt das BVerfG auch klar, dass der Anwendungsvorrang des EU-Rechts seine Grenzen in den durch Art. 23 I S. 3 i.V.m. Art. 79 III GG für integrationsfest erklärten Grundsätzen der Verfassung findet, namentlich in den in Art. 1 GG und Art. 20 GG niedergelegten Grundsätzen.[67] Sollte durch eine Maßnahme der EU ein durch Art. 79 III GG für unantastbar erklärter Grundsatz aus Art. 1 GG oder Art. 20 GG berührt werden, muss umgekehrt das EU-Recht für unanwendbar erklärt werden.[68] Vgl. dazu insgesamt ausführlich Rn 357b und 365 ff.

---

[63] Vgl. nur EuGH NVwZ 2000, 497 ff.; BVerfGE 121, 1, 15 ff.; BVerfG NJW 2016, 2473, 2475 ff.; NJW 2010, 833, 835; NJW 2001, 1267; NJW 2016, 1149, 1150; BVerwG NVwZ 2000, 1039; *Safferling*, NStZ 2014, 545 ff.; vgl. auch *F. Kirchhof*, NVwZ 2014, 1537, 1538.

[64] Einen Geltungsvorrang ordnet aber Art. 31 GG an im Falle einer Kollision von Landesrecht mit Bundesrecht. Danach gilt nur das Bundesrecht, das entgegenstehende Landesrecht wird derogiert, d.h. es ist nichtig (dazu Rn 70/233 f.). Zur Abweichungsgesetzgebungskompetenz (Art. 72 III S. 1 GG) vgl. Rn 70/842 ff. Zu Art. 72 III S. 3 GG, der wiederum von einem Anwendungsvorrang (des später erlassenen Gesetzes gleich welchen Rangs) ausgeht, vgl. Rn 819 f.

[65] EuGH Slg. 1964, 1251 ff.; vgl. auch EuGH Slg. 1970, 1125 ff. (Internationale Handelsgesellschaft), aufgegriffen in EuGH NJW 2013, 1215 ff. (Melloni); BVerfGE 89, 155 ff. (Maastricht); bestätigt in BVerfGE 102, 147 ff. (Bananenmarktordnung) und in BVerfGE 126, 286, 302 (Honeywell bzw. Mangold).

[66] BVerfG NJW 2016, 2473, 2475 ff.

[67] BVerfG NJW 2016, 1149, 1150 ff. Vgl. auch BVerfG NJW 2016, 2473, 2475 ff.

[68] BVerfG NJW 2016, 1149, 1151. Vgl. auch BVerfG NJW 2016, 2473, 2475 ff.

2. Kapitel
Grundbegriffe des allgemeinen Staatsrechts

Wichtige Entscheidungen: BVerfGE 1, 322 (Zwangsverleihung deutscher Staatsangehörigkeit); 6, 45 („Grundrechtsverletzung" des Fiskus); 15, 256 (Universitäten und Fakultäten); 19, 1 (Gebührenfreiheit); 21, 362 (Sozialversicherungsträger); 30, 112 (Kirchliche Verfassungsbeschwerde gegen Staatsgerichtshof); 31, 314 (Rundfunkanstalten); 37, 217 (Staatsangehörigkeit eines Kindes); 39, 302 (Grundrechtsfähigkeit der AOK); 45, 63 (Stadtwerke Hameln); 51, 369 (Universitäten II); 59, 231 (Freier Rundfunkmitarbeiter); 61, 82 (Gemeinde Sasbach); 67, 202 (Fachhochschule); 70, 138 (Kirchliches Kündigungsrecht); 75, 192 (Öffentliche Sparkassen); 78, 101 (Rundfunkanstalten); 83, 238 (WDR); 89, 155 (Maastricht); BVerfG DVBl 1990, 1397 (Ausländerwahlrecht); VIZ 1998, 202 (Enteignung während der Besatzungszeit); NJW 1998, 50 (Diplomatische Immunität und Staatennachfolge); BVerwGE 5, 239 (Vertriebene); 9, 231 (Vertriebene Volksdeutsche); 90, 181 (Ehegatte einer Volksdeutschen); BVerwG DVBl 1994, 924 (Deutsche Volkszugehörigkeit); NJW 1990, 1799 (Beweisaufnahme, Verwertungsverbot)

I. Die Drei-Elemente-Lehre

22 Völkerrechtlich ist ein Staat ein Rechtssubjekt, wenn er über ein **Staatsgebiet**, ein **Staatsvolk** und über eine (effektiv ausgeübte) **Staatsgewalt** verfügt (sog. Drei-Elemente-Lehre).[69]

1. Das Staatsgebiet

23 **Staatsgebiet** ist jeder in seinem Kernbestand gesicherte, beherrschbare und zum dauernden Aufenthalt von Menschen geeignete natürliche Teil der Erdoberfläche.[70]

24 Durch die Einschränkung „natürlich" wird verhindert, dass etwa künstlich errichtete Betonfelsen, Bohrinseln etc. als Staatsgebiet bezeichnet werden können.[71] Demgegenüber wäre von einem Staatsgebiet zu sprechen, wenn sich etwa eine Gruppe von Aussteigern auf einem einsamen, keinem Staat gehörenden Atoll mitten in der Südsee niederlassen würde. Das Merkmal „abgegrenzt" führt dazu, dass beispielsweise Palästina (noch) kein Staat ist, da es insoweit an einem abgegrenzten Staatsgebiet fehlt (siehe dazu Rn 38a).

25 Das Staatsgebiet definiert sich durch die Außengrenzen. Wo das Staatsgebiet an keine unmittelbaren Nachbargrenzen stößt, sondern bis an das Meer reicht, gehört auch das sog. **Küstenmeer** zum Staatsgebiet. Das Küstenmeer ist in seiner Ausdehnung durch das Seerechtsübereinkommen der Vereinten Nationen (SRÜ - BGBl II 1994, S. 1799) definiert. Gemäß Art. 3 SRÜ hat jeder Staat das Recht, die Breite seines Küstenmeeres bis zu einer Grenze festzulegen, die höchstens 12 Seemeilen (1 Seemeile = 1,852 km) von der jeweilig festgelegten Basislinie (vgl. dazu Art. 5 SRÜ) entfernt sein darf. Die meisten Staaten haben die maximal zulässige Ausdehnung als Staatsgrenze festgelegt (so auch die Bundesrepublik Deutschland, vgl. BGBl I 1994, S. 3428).[72]

Das Staatsgebiet ist auch vertikal zu bestimmen. Das Völkerrecht stellt hierbei auf die technische Beherrschbarkeit ab. So umfasst das Staatsgebiet der Höhe nach auch den Bereich oberhalb des Festlandes, also den **Luftraum**.[73] Allerdings ist unklar, bis zu welcher

---

[69] *Isensee*, in: HdbStR I, § 13 Rn 30 ff. Die ganz herrschende Drei-Elemente-Lehre geht auf *Georg Jellinek*, Allgemeine Staatslehre, 3. Aufl. 1914, S. 394 zurück (näher erläutert von *Danwerth*, JuS 2011, 406, 407 f.). Zu den abweichenden Erklärungen vgl. die Integrationslehre von *Smend*, Staatsrechtliche Abhandlungen, 1955, S. 136, wonach der Staat als geistige Einheit im Sinne einer ständigen Selbstverwirklichung des Einzelnen zu verstehen ist, sowie die Reine Rechtslehre von *Kelsen*, Der soziologische und der juristische Staatsbegriff, 2. Aufl. 1928, S. 15, der den Staat als normative, das gegenseitige Verhalten einer Vielheit von Menschen regelnde Ordnung definiert.

[70] *Isensee*, in: HdbStR I, § 13 Rn 32; *Graf Vitzthum*, in: HdbStR I, § 16 Rn 7; *Herdegen*, Völkerrecht, § 8 Rn 5. Vgl. auch *Häußler*, JA 2002, 817.

[71] Vgl. VG Köln DVBl 1978, 510 (britische Kanalinsel Sealand, str.). Andere britische Kanalinseln wie Jersey, Guernsey und Isle of Man sind natürliche Inseln und erfüllen somit das Kriterium des Staatsgebiets.

[72] Zu aktuellen Fragen des SRÜ vgl. *Matz-Lück*, Ad Legendum 2013, 237 ff.

[73] Vgl. Art. 2 I, II SRÜ; *Graf Vitzthum*, in: HdbStR I, § 16 Rn 9; *Häußler*, JA 2002, 817; *Schladebach*, JuS 2008, 217, 218; *Matz-Lück*, Ad Legendum 2013, 237, 240.

maximalen Höhe noch von einem Staatsgebiet gesprochen werden kann. Der Weltraumvertrag vom 27.01.1967 (BGBl II 1969, S. 1968) enthält hierzu keine Regelung. Nach allgemeinen Völkerrechtsgrundsätzen wird die Grenze der Beherrschbarkeit bei 80-100 km oberhalb des jeweiligen Staatsgebiets gezogen. Daran schließt sich der keinem Staat gehörende Weltraum an. Zu beachten ist jedoch, dass aufgrund mehrerer völkerrechtlicher Abkommen das Überfliegen von Staatsgebieten nach entsprechender Fluggenehmigung erlaubt ist, ohne dass es zu einer Verletzung des Luftraums kommt.[74]
Unter der Erdoberfläche rechnet der Raum zum Staatsgebiet, in dem er genutzt (etwa durch Tunnel oder Bergwerke) und kontrolliert werden kann.[75]

2. Das Staatsvolk

a. Begriff des Staatsvolkes

Staatsvolk ist die Gesamtheit der Personen, die einem Staat kraft seines Rechts zugeordnet sind und von Völkerrechts wegen zugeordnet werden dürfen.[76] Dabei ist es erforderlich, dass sich der Zusammenschluss auf alle Teilbereiche des gesellschaftlichen Lebens erstreckt; es muss eine Art „Schicksalsgemeinschaft" bestehen.[77] **26**

Wenn sich zum **Beispiel** die o.g. Gruppe von Aussteigern nur deshalb auf dem unbewohnten Atoll in der Südsee niederlässt, um sich der Steuerpflicht ihres Heimatstaates zu entziehen, beschränkt sich der gemeinsame Zweck auf die Vermeidung von Steuern. Von einer Art „Schicksalsgemeinschaft" kann nicht gesprochen werden. **27**

Verkürzt lässt sich sagen, dass das Staatsvolk aus der **Summe der Staatsangehörigen** gebildet wird[78] (zur Besonderheit bezüglich der Bundesrepublik Deutschland siehe Rn 33). Jeder Staat ist berechtigt, sein eigenes **Staatsangehörigkeitsrecht** zu regeln. Dabei unterliegt er – ungeachtet der verfassungsrechtlichen Bestimmungen – bestimmten völkerrechtlichen Vorgaben.[79] Verletzt das nationale Staatsangehörigkeitsrecht Völkerrecht, führt dies aber nicht notwendigerweise zur Nichtigkeit[80], da das Völkerrecht nicht immer höherrangiges Recht darstellt. Ist der Verstoß jedoch schwerwiegend und evident, ist eine Nichtigkeit anzunehmen. Für die Bundesrepublik Deutschland ist Art. 25 GG zu beachten, wonach die allgemeinen Regeln des Völkerrechts Bestandteil des Bundesrechts sind und den (einfachen) Gesetzen vorgehen. Sie genießen also Vorrang vor den Gesetzen. Ein Verstoß einfacher Gesetze gegen allgemeine Regeln des Völkerrechts führt also zur Nichtigkeit.[81] **28**

Das Grundgesetz regelt die deutsche Staatsangehörigkeit nicht. Maßgeblich ist insofern das einfachgesetzliche Regelwerk des Staatsangehörigkeitsgesetzes (StAG).[82] Danach ist **deutscher Staatsangehöriger**, wer der Gebietshoheit und der Personalhoheit der Bundesrepublik Deutschland unterliegt und Inhaber eines deutschen Passes ist, also die deutsche Staatsangehörigkeit nach dem StAG besitzt. **28a**

---

[74] Vgl. näher *Häußler*, JA 2002, 817, 821.
[75] *Graf Vitzthum*, in: HdbStR I, § 16 Rn 9.
[76] *Grawert*, in: HdbStR I, § 14 Rn 11.
[77] Vgl. BVerfG DVBl 1990, 1397, 1398.
[78] So *Herzog*, Allgemeine Staatslehre, 1971, S. 45; BVerfG DVBl 1990, 1397, 1398. Siehe auch BVerfGE 83, 60, 74; 107, 59, 87; 131, 316, 342.
[79] BVerfGE 1, 322, 328 f.; 37, 217, 218; BVerwG DVBl 1994, 924, 925.
[80] Nach der herrschenden Nichtigkeitstheorie ist eine staatliche Maßnahme, wozu auch die Gesetze gehören, grundsätzlich nichtig, wenn sie gegen höherrangiges Recht verstößt.
[81] Zum Rangverhältnis nationales Recht/Völkerrecht vgl. oben Rn 21m ff. sowie *R. Schmidt*, Grundrechte, Rn 4b ff.
[82] Das StAG (früher: RuStAG ⇨ Reichs- und Staatsangehörigkeitsgesetz) ist mit Wirkung zum 1.1.2000 teilweise tiefgreifend modifiziert worden. So sind insbesondere das Abstammungsprinzip (§ 4 I StAG) und die Einbürgerung eines Ausländers (§ 8 StAG) zu nennen. Die doppelte Staatsbürgerschaft wurde mit Wirkung zum 13.11.2014 eingeführt (dazu Rn 32).

29 Die deutsche Staatsangehörigkeit wird grundsätzlich durch Geburt erworben (§ 4 I StAG). In der Bundesrepublik Deutschland gilt damit zunächst das **Abstammungsprinzip** (*ius sanguinis* – „Recht des Blutes").

Dieses vornehmlich im kontinental-europäischen Rechtskreis geltende Abstammungsprinzip besagt, dass sich die Staatsangehörigkeit nach derjenigen der Eltern richtet. In der Bundesrepublik Deutschland erwirbt ein Kind durch Geburt die deutsche Staatsangehörigkeit, wenn mindestens ein Elternteil deutscher Staatsbürger ist (§ 4 I S. 1 Halbs. 2 StAG).[83] Somit ist es denkbar, dass das Kind einer eingewanderten Frau die deutsche Staatsangehörigkeit erwirbt, wenn ein deutscher Mann die Vaterschaft anerkennt, und zwar auch dann, wenn er nicht der Erzeuger ist. Zwar ist am 29.7.2017 mit § 1597a BGB eine Regelung in Kraft getreten (siehe BGBl I 2017, S. 2780), die eine missbräuchliche Anerkennung der Vaterschaft (und damit den Erwerb der deutschen Staatsangehörigkeit des Kindes nach § 4 I oder III S. 1 StAG) verhindern soll.[84] Dies ändert aber nichts daran, dass eine deutsche Staatsangehörigkeit nach erfolgter Beurkundung der Vaterschaftsanerkennung behördlich nicht mehr entzogen werden kann. Insbesondere greift nicht § 35 StAG (da trotz des offenen Wortlauts der Norm bei der Täuschung auf die Person des Einzubürgernden abzustellen ist), sodass es auf die Frage, ob diese Bestimmung mit Art. 16 I S. 1 GG vereinbar ist[85], insoweit nicht ankommt. Lediglich, wenn *der Mann* die Vaterschaft anficht (etwa, weil er plötzlich bemerkt, dass er gem. § 1601 BGB zum Unterhalt verpflichtet ist und auch andere Sorgerechtsverpflichtungen bestehen), besteht die Möglichkeit, dass das Kind die deutsche Staatsangehörigkeit wieder verliert. Denn nach der Rechtsprechung des BVerfG[86] entfällt die Staatsangehörigkeit des Kindes infolge der erfolgreichen Vaterschaftsanfechtung rückwirkend mit dem Zeitpunkt der Geburt, weil damit feststehe, dass das Kind nicht von einem deutschen Staatsangehörigen abstamme (§ 4 I StAG i.V.m. § 1599 I BGB). Der hierdurch herbeigeführte Verlust der deutschen Staatsangehörigkeit verstoße nicht gegen Art. 16 I S. 1 GG. Er stelle keine unzulässige Entziehung der Staatsangehörigkeit dar, weil er auf diskriminierungsfreien Regelungen beruhe. Voraussetzung sei aber, dass der Entzug der deutschen Staatsangehörigkeit das Kind in einem Alter treffe, in dem Kinder noch kein Bewusstsein über ihre Staatsangehörigkeit entwickelt hätten. Der Verlust finde in § 4 I StAG i.V.m. § 1599 I BGB eine hinreichende gesetzliche Grundlage (vgl. Art. 16 I S. 2 GG), jedenfalls, wenn das Kind nicht staatenlos werde.

Stellungnahme: Die Verfassungsgemäßheit des Ablehnungsbescheids (bezüglich des Antrags auf Feststellung der deutschen Staatsangehörigkeit des Kindes) auf das Argument zu stützen, die Entziehung der deutschen Staatsangehörigkeit treffe das Kind in einem Alter, in dem es noch kein Bewusstsein über seine Staatsangehörigkeit entwickelt habe, überzeugt nicht, weil es bei einer solch gewichtigen statusrechtlichen Frage nicht auf die aktuelle Bewusstseinsentwicklung des betroffenen Menschen ankommen kann. Mit der Anerkennung der Vaterschaft durch einen Deutschen ist der Status des Kindes begründet. Wurde also die Vaterschaft anerkannt und beurkundet, kann eine Vaterschaftsanfechtung nicht zulasten des Kindes gehen.

30 Des Weiteren erwirbt ein Kind ausländischer Eltern die deutsche Staatsangehörigkeit, wenn die Voraussetzungen des § 4 III StAG vorliegen. Damit folgt das StAG alternativ dem **Territorialprinzip** (*ius soli* – „Recht des Bodens"), gemeinhin auch als Geburtsortsprinzip bekannt.

Das Territorialprinzip macht die Staatsbürgerschaft davon abhängig, dass man auf dem Territorium des Staates, dessen Staatsangehörigkeit erworben werden soll, geboren wird, unabhängig davon, welcher Nationalität die Eltern sind. Dieses Prinzip gilt v.a. in den USA

[83] Siehe dazu auch BVerwG FamRZ 2018, 1160 (Verlust der durch Vaterschaftsanerkennung erworbenen deutschen Staatsangehörigkeit durch Vaterschaftsanfechtung).
[84] Siehe dazu *R. Schmidt*, FamR, 10. Aufl. 2018, Rn 476.
[85] Siehe dazu *R. Schmidt*, Grundrechte, Rn 968a f.
[86] BVerwG FamRZ 2018, 1160, 1160 f. (vgl. davor auch schon den Fall BVerfG NJW 2007, 425 ff.).

(„Birthright citizenship")[87], aber auch in vielen Staaten Lateinamerikas. Generell ist es in vielen (ehemaligen) Einwanderungsländern anzutreffen. Ursprüngliches Ziel war es, durch ein leicht verifizierbares Ereignis das Staatsvolk zu vergrößern, ohne dass es auf die Nationalität der Eltern angekommen wäre. Gebärt also eine nicht über die amerikanische Staatsbürgerschaft verfügende deutsche Staatsangehörige auf dem Territorium der USA ein Kind, erhält das Kind i.d.R. eine doppelte Staatsbürgerschaft, die der USA und die der deutschen Mutter.

Seit der am 1.1.2000 in Kraft getretenen Neufassung des Staatsangehörigkeitsgesetzes wird allein aufgrund der Geburt im Inland und des rechtmäßigen Aufenthalts eines Elternteils die deutsche Staatsangehörigkeit erworben. Dadurch kann es passieren, dass das in Deutschland geborene Kind ausländischer Eltern zwei Staatsangehörigkeiten hat, was vom deutschen Gesetzgeber nicht als „Dauerzustand" gewünscht war. Daher sah die bisherige Gesetzeslage vor, dass der Betroffene nach Erreichen der Volljährigkeit erklären musste, ob er die deutsche oder die ausländische Staatsangehörigkeit behalten will. 31

In Ausführung der Koalitionsvereinbarung zwischen CDU/CSU und SPD ist mit Änderungsgesetz v. 13.11.2014 (BGBl I 2014, S. 1714) hinsichtlich der bislang nur zeitlich begrenzten doppelten Staatsbürgerschaft ein Optionsmodell geschaffen worden. Während sich nach früherer Gesetzeslage das in Deutschland geborene und aufgewachsene Kind ausländischer Eltern nach Erreichen der Volljährigkeit entscheiden musste, ob es die deutsche oder die ausländische Staatsangehörigkeit behalten will (sog. Optionspflicht, s.o.), hat es gem. § 29 StAG n.F. nunmehr die Möglichkeit, unter den dort genannten Voraussetzungen die doppelte Staatsbürgerschaft zu behalten.[88] 32

b. Besonderheit in Bezug auf Statusdeutsche

In der Bundesrepublik Deutschland besteht die Besonderheit, dass der Begriff des Staatsvolkes nicht nur die deutschen Staatsangehörigen umfasst, sondern auch *Personen deutscher Volkszugehörigkeit*, die im Gebiet des Deutschen Reichs nach dem Stande vom 31.12.1937 als *Flüchtlinge oder Vertriebene Aufnahme gefunden haben* (sog. **Statusdeutsche**, vgl. Art. 116 I Var. 2 GG).[89] 33

Damit eine Person ohne deutsche Staatsangehörigeneigenschaft als Deutscher eingestuft wird, muss sie zunächst Flüchtling oder Vertriebener mit deutscher Volkszugehörigkeit sein. Flüchtling oder Vertriebener ist, wer seinen Wohnsitz außerhalb des Gebietes der heutigen Bundesrepublik Deutschland hatte und diesen Wohnsitz aufgrund des Zweiten Weltkriegs durch Vertreibung (insbesondere durch Ausweisung) verloren hat.[90] Deutscher Volkszugehöriger ist, wer sich in seiner früheren Heimat zum deutschen Volkstum bekannt und dies durch bestimmte Merkmale wie Sprache, Erziehung, Kultur bestätigt hat.[91] Die gleiche Rechtsstellung genießen Ehegatten und Abkömmlinge (Art. 116 I GG). 34
Des Weiteren muss die betreffende Person (trotz des Wortlauts des Art. 116 I GG) Aufnahme in dem Gebiet der heutigen Bundesrepublik Deutschland gefunden haben.

Beispiel: Eine Person, die in einem der Ostgebiete des Deutschen Reichs nach dem Stand vom 31.12.1937 gewohnt und nach dem Rückzug der deutschen Truppen gegen

[87] Vgl. Abschnitt 1 des 14. Zusatzartikels zur Verfassung der Vereinigten Staaten von Amerika, wonach u.a. alle in den Vereinigten Staaten geborene Menschen Bürger der Vereinigten Staaten sind. Ein Kind einer amerikanischen Frau, das außerhalb der USA geboren wird, ist also nicht kraft Geburt amerikanischer Staatsbürger, da insoweit ja nicht das Ius-soli-Prinzip greift. Das Kind hat aber Anspruch auf die amerikanische Staatsbürgerschaft, vorausgesetzt, die Mutter war vor der Geburt des Kindes in den Vereinigten Staaten ansässig.
[88] Vgl. dazu näher etwa *Mosbacher*, NVwZ 2015, 268 ff.
[89] Vgl. BVerwGE 90, 181, 183; *Jarass*, in: J/P, GG, Art. 116 Rn 1; *Hofmann*, in: Schmidt-Bleibtreu/Hofmann/Henneke, Art. 116 Rn 1 f.
[90] *Jarass*, in: J/P, GG, Art. 116 Rn 4.
[91] BVerwGE 5, 239, 240 f.; 9, 231, 232.

Ende des Zweiten Weltkrieges ihre Heimat in den Ländern Osteuropas verlassen hat oder von dort vertrieben worden ist, ist ein sog. Statusdeutscher.

Folgen: Da die sog. Statusdeutschen gem. Art. 116 I GG den Deutschen deutscher Staatsangehörigkeit gleichgestellt sind, stehen ihnen auch diejenigen Grundrechte, die an die Deutscheneigenschaft anknüpfen (z.B. Art. 8, 9, 11, 12, 16 II GG), zu. Ebenso haben sie unter den Voraussetzungen des § 12 I BWahlG das Wahlrecht.

3. Die Staatsgewalt

35 **Staatsgewalt** ist die originäre Herrschaftsmacht des Staates über sein Gebiet und die auf ihm befindlichen Personen (Gebiets- und Personalhoheit).[92]

36 Staatsgewalt bedeutet demnach, dass der Staat auch unter Ausübung körperlichen Zwangs seine Anordnungen und Gesetze durchsetzen kann. Er ist unter bestimmten Voraussetzungen zum Eingriff in die persönliche Sphäre seiner Bürger befugt, insbesondere in Freiheit und Eigentum. Originär ist die Staatsgewalt, wenn sie von keinem anderen Staat oder sonstigen Organisationen abgeleitet ist.

37 Von der Staatsgewalt zu unterscheiden ist die **Souveränität**. Es ist zwischen äußerer und innerer Souveränität zu unterscheiden. Äußere Souveränität bedeutet die Fähigkeit zu ausschließlicher rechtlicher Selbstbestimmung und Selbstbindung im Verkehr mit anderen Staaten und Völkerrechtssubjekten.[93] Innere Souveränität kennzeichnet die Verfügungsgewalt über die inneren Angelegenheiten. In der Regel bedeutet die Ausübung der Staatsgewalt auch die Ausübung der (äußeren und inneren) Souveränität. Am Beispiel der Bundesrepublik Deutschland wird aber deutlich, dass dies nicht stets der Fall sein muss: Nach Inkrafttreten des Grundgesetzes bestand durch die Billigung der Alliierten zunächst die Staatsgewalt. Der Staat Bundesrepublik Deutschland besaß somit zunächst die originäre Herrschaftsmacht über das Staatsgebiet und das Staatsvolk. Gleichwohl bestand keine (volle) Souveränität, da bestimmte Entscheidungen von der Zustimmung der Alliierten abhängig gemacht wurden. So war es der Bundesrepublik Deutschland beispielsweise verwehrt, Atomwaffen zu besitzen. Mit dem Deutschlandvertrag vom 5.5.1955 (BGBl II 1955, S. 301, 305), der das Besatzungsregime für beendet erklärte, erhielt die Bundesrepublik Deutschland dann zunächst eine eingeschränkte Souveränität. Die uneingeschränkte (äußere) Souveränität erhielt die Bundesrepublik erst aufgrund des Vertrags über die abschließende Regelung in Bezug auf Deutschland vom 12.9.1990 (sog. **Souveränitätsvertrag**).[94]

38 Ob allein die Drei-Elemente-Lehre für die Bejahung der Eigenschaft als Staat ausreicht, ist zweifelhaft, wenn es an der **völkerrechtlichen Anerkennung** durch die Staatengemeinschaft fehlt. Virulent wird die Frage etwa dann, wenn sich eine Provinz von einem Staat abspaltet, die Unabhängigkeit erklärt und sie dann lediglich von einem (kleinen) Teil der Völkergemeinschaft anerkannt wird. Das Völkerrecht schließt die Möglichkeit der Sezession nicht generell aus, muss aber selbstverständlich auch das Selbstbestimmungsrecht des Staates beachten, von dem sich die Provinz abtrennt. Wäre die Abtrennung nach dem Recht des Staates, von dem sich die Provinz abtrennt bzw. abgetrennt hat, unzulässig, spricht einiges dafür, die völkerrechtliche Anerkennung zu versagen. Umgekehrt kann das Völkerrecht die Anerkennung geradezu gebieten, wenn das Recht des Staates, von dem sich die Provinz abspaltet bzw. abgespalten hat, mit den Wertemaßstäben der Völkergemeinschaft unvereinbar ist.

---

[92] Vgl. ausführlich *Randelzhofer*, in: HdbStR I, § 15 Rn 1 ff.; *Herdegen*, Völkerrecht, § 8 Rn 8.
[93] *Randelzhofer*, in: HdbStR I, § 15 Rn 27.
[94] Vgl. BVerfG VIZ 1998, 202 und *Kirchhof*, NJW 2001, 1332.

Unbeschadet der aufgezeigten Problematik stellt sich die Frage nach der Staatsqualität bspw. Palästinas. Nach der Staatsgründung Israels 1948 entwickelte sich ein Bürgerkrieg zwischen Juden und Arabern, der schließlich 1988 zur Unabhängigkeitserklärung durch den palästinensischen Nationalrat führte. Ob damit ein Staat im völkerrechtlichen Sinne ausgerufen wurde, ist zweifelhaft. Zwar gibt es ein Staatsvolk der Palästinenser, das auf einem bestimmten Gebiet (den palästinensischen Autonomiegebieten) siedelt, jedoch fehlt es an einer Staatsverfassung und einer Staatsgewalt. Ob die Anerkennung Palästinas als unabhängiger Staat durch ca. 70% der Staaten der Völkergemeinschaft (die meisten EU-Staaten – darunter die Bundesrepublik Deutschland –, die USA und Kanada haben die Anerkennung bislang nicht ausgesprochen) zur Bejahung der Staatsqualität genügt, wird in der völkerrechtlichen Literatur unterschiedlich gesehen.[95] **38a**

Auch bei der Frage nach der Staatsqualität der ehemaligen DDR muss differenziert werden: Die DDR vertrat seit 1952 unter Einfluss der UdSSR die sog. **Zwei-Staaten-Theorie**. Wenn man über die Wiedervereinigung spreche – so der sowjetische Verteidigungsminister Bulganin auf der von den Staats- und Regierungschefs der Siegermächte des Zweiten Weltkriegs abgehaltenen Genfer Gipfelkonferenz 1955 –, müsse daran gedacht werden, dass es zwei deutsche Staaten gebe, deren Meinungen zu berücksichtigen seien. Demgegenüber vertrat die Bundesrepublik Deutschland die sog. **Identitätstheorie**, wonach allein die Bundesrepublik Deutschland als mit dem Deutschen Reich identisch galt und die DDR als „lokales de facto Regime" angesehen wurde (sog. **Alleinvertretungsanspruch** oder **Hallsteindoktrin**). Der früheren DDR wurde also die Anerkennung als Staat durch die Bundesrepublik Deutschland vorenthalten. Erst ab 1969, in der Ära Brandt, erfolgte die völkerrechtliche Anerkennung der DDR durch die Bundesrepublik Deutschland. Mit der Aufnahme beider deutscher Staaten in die UNO 1973 wurde die DDR von den meisten Staaten als Völkerrechtssubjekt anerkannt. **38b**

Die **Europäische Union**, die in Art. 1 EUV als „neue Stufe bei der Verwirklichung einer immer engeren Union der Völker Europas" bezeichnet wird, besitzt keine Staatsqualität (vgl. bereits Rn 21s). Das beruht auf mehreren Gründen: Zunächst werden die Aufgaben der Europäischen Union durch den Unionsvertrag normiert, der – wie der AEU-Vertrag (Art. 2 AEUV) – dem Prinzip der begrenzten Einzelermächtigung folgt: Es besteht lediglich eine abgeleitete demokratische Legitimation der Union, eine enumerative Handlungsermächtigung (sog. Ultra-vires-Lehre, vgl. Art. 5 EUV). Das bedeutet, dass die Organe der EU nur solche Kompetenzen wahrnehmen dürfen, die ihnen durch die Primärverträge (Rn 328 ff.) und die (Änderungs-)Verträge von Maastricht, Amsterdam, Nizza und Lissabon übertragen worden sind. Schon deshalb besitzt die Europäische Union keine eigene Staatsqualität. Es fehlt an der (originären) „Staatsgewalt", deren zentrales Merkmal in der Kompetenz besteht, sich selbstständig neue Kompetenzen zu geben („Kompetenz-Kompetenz" – dazu näher Rn 338). Hinzu kommt, dass es am „Staatsvolk" fehlt. Zwar ist eine Unionsbürgerschaft für alle Staatsangehörigen der Mitgliedstaaten begründet worden (vgl. Art. 9 S. 2, S. 3 EUV, Art. 20 AEUV). Auch sind mit der Unionsbürgerschaft bestimmte Rechte verbunden, insbesondere das Aufenthaltsrecht (vgl. Art. 21 AEUV) und das Kommunalwahlrecht (vgl. Art. 22 AEUV). Diese Rechte besitzen nach der Rechtsprechung des BVerfG aber nicht die erforderliche „Dichte", um die Gesamtheit der Unionsbürger als „Europäisches Staatsvolk" qualifizieren zu können.[96] So hat das BVerfG für die Europäische **39**

[95] Vgl. dazu etwa *Herdegen*, Völkerrecht, § 8 Rn 8-11.
[96] Vgl. BVerfGE 89, 155, 184; 123, 267, 340 ff. Zum **EU-Recht** vgl. ausführlich Rn 327 ff./761 ff.

Union den Begriff *Staatenverbund* geprägt, der von den Mitgliedstaaten getragen wird und deren nationale Identität achtet.[97]

4. Besonderheiten

40 Um in die **Vereinten Nationen** (UNO) aufgenommen zu werden, genügt die Einhaltung der oben aufgezeigten Kriterien nicht. Vielmehr ist gem. Art. 4 I UN-Charta weitere Voraussetzung, dass es sich um einen friedliebenden Staat handelt. Des Weiteren muss der Staat die in der UN-Charta festgelegten Verpflichtungen übernehmen und nach dem Urteil der Organisation fähig und willens sein, diese Verpflichtungen zu erfüllen.

41 Eine Sondersituation ergibt sich gegenüber den Mitgliedern **diplomatischer Vertretungen** im Empfangsstaat. Zwar sind auch diese grundsätzlich der Gebietshoheit des Empfangsstaates unterworfen. Der Empfangsstaat ist aber seinerseits verpflichtet, bestimmte Rechte nicht auszuüben. So unterliegen die Mitglieder diplomatischer Vertretungen i.d.R. nicht der nationalen Gerichtsbarkeit[98] (vgl. für die Bundesrepublik Deutschland Art. 29, 31 WÜD und §§ 18-20 GVG). Man spricht insoweit von „**Immunität**". Bezüglich des Sitzes der Botschaft wird von „**Exterritorialität**" gesprochen.

42 Die in der Staatenpraxis anerkannten Vorrechte und Befreiungen seitens der Mitglieder diplomatischer Vertretungen werden unmittelbar aus dem Zweck der diplomatischen Vertretung abgeleitet. Denn eine effektive Aufgabenerfüllung des Diplomaten wäre – gerade in Zeiten innerstaatlicher Spannungen oder Krisen – ohne weitgehende Befreiung von der Staatsgewalt des Empfangsstaates nicht möglich.[99]

Beispiel: Gemäß Art. 31 II des Wiener Übereinkommens über konsularische Beziehungen dürfen die nationalen Behörden die Diensträume eines Konsulats nicht ohne Zustimmung des Leiters des Konsulats betreten. Daraus folgt, dass etwa strafprozessuale Durchsuchungen (§§ 102, 103 i.V.m. 105 StPO) oder Beschlagnahmen von Sachen (§ 94 i.V.m. § 98 I StPO) unzulässig sind. Unzulässig dürfte auch die Überwachung der Telekommunikation (§§ 100a ff. StPO) sein. Zur zeitlichen Erstreckung der diplomatischen Vorrechte und Befreiungen vgl. Art. 39 WÜD.

---

[97] BVerfGE 89, 155, 188 f.; 123, 267, 376; 129, 78, 96 f.; *Kirchhof*, NJW 2001, 1332. Zu den Begriffen *Staatenverbund*, *Staatenbund* und *Bundesstaat* vgl. Rn 65, 68 und 69.

[98] Vgl. dazu das Wiener Übereinkommen über diplomatische Beziehungen (WÜD) vom 18.4.1961 (BGBl II 1964, S. 957 ff.), insbesondere deren Art. 29 und 31, und das Wiener Übereinkommen über konsularische Beziehungen vom 24.04.1963 (BGBl II 1969, S. 1585 ff.).

[99] Vgl. dazu BVerfG NJW 1998, 50, 51 ff.

II. Zusammenfassung

Nach der Drei-Elemente-Lehre ist Voraussetzung für einen Staat: **Staatsgebiet**, 43
Staatsvolk und (effektiv ausgeübte) **Staatsgewalt**.

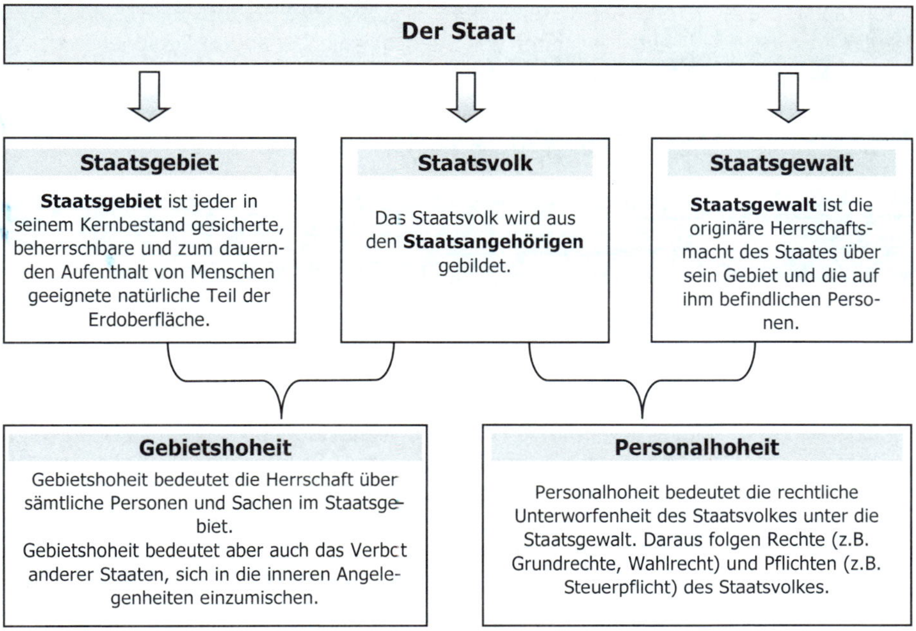

III. Der Staat als juristische Person

Die Anerkennung eines Staates als Völkerrechtssubjekt mit Hilfe der Drei-Elemente- 44
Lehre hilft bei der Frage nach den Rechten und Pflichten im innerstaatlichen Bereich, also im Bereich des Verhältnisses zwischen Staat und Bürger, nicht weiter. Hier bedient man sich der Lehre vom „Staat als juristische Person".[100]

Unter einer **juristischen Person** versteht man eine Personenvereinigung oder ein 45
Zweckvermögen mit vom Gesetz anerkannter rechtlicher Selbstständigkeit (sog. Rechtsfähigkeit). Dazu gehört auch die Fähigkeit, klagen zu können und verklagt zu werden (sog. Partei- oder Beteiligtenfähigkeit).

Beispiele: Juristische Personen des **Privatrechts** sind etwa die Aktiengesellschaft (§ 1 I S. 1 AktG) oder die Gesellschaft mit beschränkter Haftung (§ 13 I GmbHG).

Abgesehen von den nur einer natürlichen Person zustehenden Rechten und möglichen 46
Rechtsgeschäften (z.B. Staatsangehörigkeit, Eheschließung, Testamentserrichtung), kann die juristische Person wie jedes andere Rechtssubjekt im Rechtsverkehr auftreten.

Beispiel: Die A-GmbH kauft (§ 433 BGB) von der B-AG 1.500 Kaffeemaschinen zu einem Preis von je 25,- €. ⇨ Hier werden nicht etwa die hinter den Gesellschaften stehenden natürlichen Personen (die Gesellschafter) rechtlich gebunden, sondern ausschließlich die Gesellschaften selbst. Das ergibt sich aus der Anerkennung der Gesellschaften als juristische Personen (vgl. § 1 I S. 1 AktG, § 13 I GmbHG).

---

[100] *Ipsen*, Rn 9.

47 Von den juristischen Personen des Privatrechts streng zu unterscheiden sind die den Staat ausmachenden juristischen Personen des öffentlichen Rechts. Es ist gedanklich nachvollziehbar, dass die hinter der Staatsgewalt stehenden natürlichen Personen nicht als solche agieren, sondern – gleichsam in den Staatsapparat eingebunden – den Staat repräsentieren. Aus diesem Grund ist die Lehre vom Staat als juristische Person entwickelt worden. Die hinter der Staatsgewalt stehenden Personen werden lediglich als Sachwalter, als Organe tätig, deren Handeln dem Staat zugerechnet wird.

48 Juristische Personen des **öffentlichen Rechts** sind Körperschaften, Stiftungen, Anstalten des öffentlichen Rechts sowie Beliehene.

49 **Körperschaften des öffentlichen Rechts** sind durch staatlichen Hoheitsakt ins Leben gerufene, (teil-)rechtsfähige, mitgliedschaftlich verfasste, aber vom Wechsel der Mitglieder unabhängige Rechtsträger zur Erfüllung hoheitlicher Aufgaben.[101]

Beispiele: Bund, Länder und Gemeinden; Rechtsanwaltskammern (§ 62 BRAO)[102]; Landesärztekammern (z.B. § 1 I Nr. 1, II S. 1 Niedersächsisches Kammergesetz für die Heilberufe); staatliche Hochschulen (Art. 5 III S. 1 GG, § 58 I HRG i.V.m. den Hochschulgesetzen der Länder)[103]; Bundesagentur für Arbeit (§ 367 I SGB III); Handwerksinnungen und -kammern (§§ 53, 90 HandwO); Industrie- und Handelskammern (§ 3 I IHKG); Träger der Sozial- und Rentenversicherung (z.B. AOK oder Deutsche Rentenversicherung Bund, § 29 I SGB IV); Kassenärztliche Vereinigung nach §§ 77 ff. SGB V; Jagdgenossenschaften (§ 9 BJagdG); Landwirtschaftskammern (z.B. § 1 I S. 1 Niedersächsisches Gesetz über die Landwirtschaftskammer); Pflegekammern (z.B. § 1 II S. 1 Niedersächsisches Kammergesetz für die Heilberufe in der Pflege – PflegeKG)[104]; Religionsgesellschaften, soweit sie den Status als Körperschaften des öffentlichen Rechts verliehen bekommen haben (vgl. Art. 140 GG i.V.m. Art. 137 V S. 2 WRV)[105]

50 Eine **öffentliche Anstalt** ist eine Zusammenfassung personeller und sächlicher Mittel in der Hand eines Trägers öffentlicher Verwaltung, die einem besonderen öffentlichen Zweck dauernd zu dienen bestimmt ist.[106]

Beispiele: öffentlich-rechtliche Sparkassen (z.B. § 3 Niedersächsisches Sparkassengesetz); öffentlich-rechtliche Rundfunkanstalten (§ 11 Rundfunkstaatsvertrag) und damit auch der Beitragsservice der 9 Landesrundfunkanstalten, des ZDF und des Deutschlandradios (siehe die Bestimmungen des Rundfunkbeitragsstaatsvertrags); Deutsche Nationalbibliothek (§ 1 II S. 1 des Gesetzes über die Deutsche Nationalbibliothek); Dataport (siehe die Bestimmungen des Dataportstaatsvertrags)

51 **Stiftungen des öffentlichen Rechts** sind organisatorisch verselbstständigte, rechtsfähige Institutionen mit dem Zweck der Verwaltung eines Bestands an öffentlichem Vermögen.[107]

---

[101] Vgl. etwa BVerfG NVwZ 2002, 851 ff. Siehe auch BVerfG NJW 2017, 2744, 2745 (IHK).

[102] Rechtsanwaltskammern sind Personalkörperschaften, da ihre Mitglieder die Rechtsanwälte des betreffenden OLG-Bezirks sind (§ 60 I, II BRAO). Davon zu unterscheiden ist die Bundesrechtsanwaltskammer. Diese ist eine Verbandskörperschaft (des Bundes), da die Mitglieder nicht die einzelnen Rechtsanwälte sind, sondern die Rechtsanwaltskammern (vgl. Art. 74 I Nr. 1 GG, § 176 I BRAO).

[103] Vgl. die Vorschriften der Landeshochschulgesetze, die bestimmen, dass es sich bei den Hochschulen um Körperschaften des öffentlichen Rechts handelt (z.B. § 2 I hmbHochschG). *Allgemeinbildende Schulen* werden dagegen als (nicht rechtsfähige) Anstalten angesehen. Insb. können sie sich nicht auf Art. 5 III S. 1 GG berufen. Bei den Hochschulen ist jedoch zu beachten, dass diese auch als Stiftungen organisiert sein können (vgl. etwa die Universität Göttingen).

[104] Siehe dazu OVG Lüneburg GesR 2020, 30 ff. und GesR 2020, 43 ff.

[105] Zur Verleihung von Körperschaftsrechten an Religionsgemeinschaften vgl. BVerfGE 102, 370 ff. (Zeugen Jehovas); BVerwG NVwZ 2013, 943 ff. (Baha´i); BVerfG NVwZ 2015, 1434 ff. Speziell zur Grundrechtsberechtigung von Religionsgemeinschaften (bzgl. Art. 4 GG) vgl. BVerfG NVwZ 2010, 570 ff. Zu beachten ist aber, dass die Religionsgesellschaften, auch wenn sie den Status als Körperschaften des öffentlichen Rechts verliehen bekommen haben, grds. keine Organe der öffentlichen Gewalt sind. Vgl. näher *R. Schmidt*, Grundrechte, Rn 394.

[106] *Peine*, AllgVerwR, Rn 94 unter Verweis auf *Otto Mayer*, Deutsches Verwaltungsrecht, Bd. 2, 3. Aufl. 1924, S. 318.

[107] Vgl. *Peine*, AllgVerwR, Rn 105.

Beispiele: SfH (Stiftung für Hochschulzulassung, siehe Staatsvertrag über die Hochschulzulassung); Conterganstiftung für behinderte Menschen (§ 1 I S. 1 Gesetz über die Errichtung einer Stiftung „Hilfswerk für behinderte Kinder"); Stiftung Preußischer Kulturbesitz (§ 1 I Gesetz zur Errichtung einer Stiftung „Preußischer Kulturbesitz" und zur Übertragung von Vermögenswerten des ehemaligen Landes Preußen auf die Stiftung); Stiftung Denkmal für die ermordeten Juden Europas (§ 1 S. 1 Gesetz zur Errichtung einer „Stiftung Denkmal für die ermordeten Juden Europas"); Bundeskanzler-Willy-Brandt-Stiftung (§ 1 S. 1 Gesetz über die Errichtung einer Bundeskanzler-Willy-Brandt-Stiftung); Hochschule Osnabrück (§ 1 I Niedersächsische Verordnung über die „Stiftung Fachhochschule Osnabrück"); Stiftung zur Akkreditierung von Studiengängen in Deutschland (Art. 5 Studienakkreditierungsstaatsvertrag)

Ob die genannten juristischen Personen des öffentlichen Rechts voll- oder teilrechtsfähig und auch dienstherrenfähig sind, ist den jeweiligen gesetzlichen Grundlagen zu entnehmen. **51a**

Nicht zu den juristischen Personen im dargelegten Sinne, aber zu den rechtsfähigen Organisationseinheiten, die ebenfalls hoheitliche Aufgaben wahrnehmen, gehören die Beliehenen, soweit sie in Ausübung der ihnen übertragenen Kompetenzen tätig werden. **51b**

Beliehene sind natürliche oder juristische Personen des Privatrechts, denen der Staat durch Gesetz oder aufgrund eines Gesetzes die Kompetenz zur selbstständigen Wahrnehmung einzelner hoheitlicher Aufgaben übertragen hat.[108] **52**

Beispiele: Notare hinsichtlich öffentlicher Beurkundungen und Beglaubigungen (§ 1 BNotO); Seeschiffs- und Flugkapitäne (vgl. §§ 79 I, 50 III, 121 II SeeArbG, § 12 LuftSiG); Luftsicherheitsassistenten (§ 16a I S. 1 Nr. 1 LuftSiG); Jagdaufseher (§ 25 II BJagdG); Deutsche FlugsicherungsGmbH (DFS); Bezirksschornsteinfegermeister hinsichtlich der technischen Brandsicherheit; Sachverständige (z.B. des TÜV, der DEKRA oder der KÜS) für die Untersuchungen bzw. Abnahmen nach §§ 19, 21 ff., 29 StVZO (vgl. § 6 StVG i.V.m. Anlage VIIIb zur StVZO) – dazu Rn 342x, aber auch andere beliehene Sachverständige; Stiftung Zentrale Stelle Verpackungsregister (Stiftung des privaten Rechts als beliehene Behörde gem. § 24 VerpackG die in § 26 VerpackG genannten hoheitlichen Aufgaben wahrnimmt

Grund der Beleihung ist, dass sich der Staat die besondere Fachkunde bestimmter Personen zunutze macht und gleichzeitig den Verwaltungsapparat (kostenmäßig) entlastet.[109] Während die Hinzuziehung von Sachverstand grundsätzlich begrüßenswert ist, darf indes bezweifelt werden, ob eine fiskalisch motivierte Entlastung des Verwaltungsapparats insbesondere mit Blick auf das **Demokratieprinzip** (Art. 20 I, II GG) in allen Bereichen legitim ist. Das gilt insbesondere, wenn die beliehenen Privatrechtssubjekte zu Grundrechtseingriffen befugt werden. Denn das Demokratieprinzip (aber auch das Rechtsstaatsprinzip) verlangt eine demokratische Legitimation von grundrechtsbeeinträchtigenden Maßnahmen. Um daher die demokratische Legitimation einer Beleihung zu wahren, bedarf sie zunächst einer **parlamentarischen Rechtsgrundlage.**[110] In dem Gesetz müssen Art und Umfang der übertragenen Befugnisse geregelt sein.[111] Da Beliehene Verwaltungsträger i.w.S. sind und regelmäßig belastende Maßnahmen treffen dürfen, sind sie auch bei der Ausübung ihrer hoheitlichen **52a**

---

[108] Vgl. BVerfG NJW 2012, 1563, 1564 ff.; BVerwG DVBl 1970, 735; NVwZ-RR 1991, 330; NVwZ 2011, 368, 369 f.
[109] Gerade mit Blick auf die hohen Pensionslasten der öffentlichen Haushalte hat sich der Privatisierungsdruck in den letzten Jahren spürbar erhöht. Daher dürfte die folgende Diskussion in der Zukunft eher an Brisanz gewinnen.
[110] So ausdrücklich BVerwG NVwZ 2011, 368, 370. Vgl. ferner *Kiefer*, NVwZ 2011, 1300 f.
[111] Vgl. BVerfG NJW 2012, 1563, 1564 ff.; BVerwG NVwZ 2011, 368, 370; BGH DVBl 1999, 918, 919; *Burgi*, FS Maurer, 2001, S. 588 f.; *Barthel/Lepczyk*, JA 2008, 436, 437; *Waldhoff*, JuS 2011, 191 f.; *Muckel*, JA 2012, 396, 397 f.

Tätigkeit an die **Grundrechte** gebunden; Art. 1 III GG legt mit der Bezugnahme auf das Dreigewaltenprinzip eine lückenlose Grundrechtsbindung aller Staatsgewalten fest.

Vgl. zur Beleihung *R. Schmidt*, AllgVerwR, Rn 110 ff. Zur Frage, ob und inwieweit für jur. Personen des öffentlichen Rechts die Grundrechte gelten, vgl. *R. Schmidt*, Grundrechte, Rn 71 ff.

53 **Zusammenfassung:** Die Drei-Elemente-Lehre hilft nicht weiter, wenn innerstaatliche Rechte und Pflichten in Frage stehen. Hier bedient man sich der Lehre vom Staat als juristische Person. Durch die Konstruktion als juristische Person wird ein rechtsfähiges Zurechnungssubjekt geschaffen, das unabhängig von den dahinter stehenden natürlichen Personen Träger von Rechten und Pflichten ist. Allerdings sind juristische Personen als solche handlungsunfähig. Sie bedürfen ihrer „Organe", um überhaupt handlungsfähig zu sein. Dabei ist der Organbegriff nicht auf die in der Verfassung genannten „obersten Staatsorgane" beschränkt; vielmehr erstreckt sich der Begriff auf alle öffentlichen Stellen, die Aufgaben des Staates wahrnehmen. So ist die Bundesrepublik Deutschland als Verband eine juristische Person in Form einer Gebietskörperschaft, die Träger von Rechten und Pflichten ist und durch ihre Organe handelt.

3. Kapitel

Staatsformmerkmale und Staatszielbestimmungen

A. Überblick über Staatsformen, Regierungsformen und Staatsziele

I. Staatsformen

Unter **Staatsform** ist die rechtliche Grundordnung eines Staates zu verstehen. Nach dem Träger der Staatsgewalt werden die *Monarchie*, die *Aristokratie*, die *Demokratie*, die *Republik* und die *Diktatur* voneinander unterschieden. 54

Monarchie ist die Staatsform, in der jemand die Position des Staatsoberhaupts auf dynastischer Grundlage auf Lebenszeit ausübt.[112] Es hat in Abhängigkeit vom jeweiligen Staat verschiedene Bezeichnungen: Monarch, König, Kaiser, Zar, Sultan, Schah. Er ist i.d.R. mit Herrschaftsinsignien ausgestattet: Krone, Zepter, Schwert. 55

Historisch haben sich drei Formen der Monarchie herausgebildet, die absolute, die konstitutionelle und die parlamentarische Monarchie.

- In der **absoluten Monarchie** liegt alle Gewalt beim Herrscher, sein Wille ist für die Untertanen Gesetz. Der Herrscher legitimiert seine Gewalt aus „göttlicher Gnade" und ist an keine Verfassung gebunden. Er ist nur „Gott und seinem Gewissen" gegenüber verantwortlich, nicht aber den Gesetzen. Er ist „legibus absolutus" (lat.: „losgelöst von den Gesetzen"). Eine absolute Monarchie in der beschriebenen Form gibt es heute, von einigen wenigen afrikanischen und arabischen Staaten wie z.B. Katar und Saudi-Arabien[113] abgesehen, nicht mehr.
- In der **konstitutionellen Monarchie** ist der Monarch immerhin an eine Verfassung (lat. constitutio) gebunden, die sich mit den Trägern der Staatsgewalt und sonstigen grundlegenden Aspekten des staatlichen Lebens befasst. Die konstitutionelle Monarchie ist historisch in England ausgebildet, wo sie bis 1688/89 (Glorious Revolution; Bill of Rights) vorherrschte. Sie findet sich wieder in den deutschen Länderverfassungen des 19. Jahrhunderts, in der Reichsverfassung von 1871 und ferner in Österreich bis 1918. In der heutigen Zeit kann man bspw. Liechtenstein, Thailand, Kambodscha, Jordanien, Marokko und Bahrain als konstitutionelle Monarchien bezeichnen.
- In der **parlamentarischen Monarchie** ist der Monarch nur noch repräsentatives Oberhaupt eines demokratischen Staates. Er beruft zwar formell den Regierungschef, hat aber nur wenige politische Entscheidungsbefugnisse. Die parlamentarische Monarchie wurde in England mit der „Glorious Revolution" (1688/89) durchgesetzt. Neben dem Vereinigten Königreich zählen bspw. Norwegen, Schweden, Dänemark, Belgien, die Niederlande, die Bahamas, Japan, Australien und Jamaika zu den parlamentarischen Monarchien.

---

[112] Ganz h.M., vgl. nur *Pieroth*, in: J/P, GG, Art. 20 Rn 3; *Sachs*, in: Sachs, GG, Art. 20 Rn 9.

[113] Gerade bei Katar und Saudi-Arabien stellt sich aber die Frage, ob man auch den Standpunkt vertreten kann, es handele sich um konstitutionelle Monarchien, weil diese Staaten immerhin über eine Verfassung bzw. Grundordnung verfügen, die auch Pflichten des Emirs bzw. Königs regeln. Da diese Regelwerke die Macht des Emirs bzw. Königs aber weder effektiv beschränken noch eine Rechtswegmöglichkeit gegen die Entscheidungen des Monarchen eröffnen, wird man letztlich doch jeweils eine absolute Monarchie annehmen müssen.

56 In der **Aristokratie** (griechisch = Herrschaft der Besten) wird die Staatsgewalt von einer bestimmten Personengruppe ausgeübt, nach der Idealvorstellung der Staatsphilosophie von der Elite des Staates. Die Aristokratie ist in der Geschichte nur selten verwirklicht worden (am ehesten noch in der altrömischen Republik).[114]

57 Die **Demokratie**[115] ist dadurch gekennzeichnet, dass die Staatsgewalt beim Volk liegt. Das Volk ist Träger des Staatswillens („Volkssouveränität", vgl. heute etwa Art. 20 II GG). Die antike Demokratie war eine unmittelbare oder direkte Demokratie. Das Volk war am Gesetzgebungsverfahren unmittelbar beteiligt (etwa durch Abstimmungen). In der Neuzeit hat sich dann die mittelbare oder **repräsentative Demokratie** herausgebildet: Die Staatsbürger wählen ihre Repräsentanten (Abgeordnete), die dann in ihrem Auftrag (Mandat) die Gesetze beschließen und ggf. – in Abhängigkeit von den Mehrheitsverhältnissen – die Regierung bilden. Zur Demokratie gehört es, dass die Volksvertretung aus freien Wahlen hervorgeht, an der die Staatsbürger in gleicher Weise teilnehmen können. Zudem muss die Volksvertretung in periodisch wiederkehrenden Abständen durch Wahlen abgelöst und so vom Volk neu legitimiert werden. Man unterscheidet zwei Grundformen der repräsentativen Demokratie, die parlamentarische Demokratie und die Präsidialdemokratie.

- In der **parlamentarischen Demokratie** ist das Parlament sowohl Gesetzgeber als auch entscheidendes Organ bei der Regierungsbildung. Das bedeutet, dass die Regierung (d.h. der Regierungschef) nicht direkt vom Volk, sondern (mittelbar) vom Parlament gewählt wird. Diese Art von Demokratie findet sich z.B. in der Bundesrepublik Deutschland: Das Volk wählt die Abgeordneten des Deutschen Bundestags (Art. 38 GG). Die Abgeordneten wiederum wählen den Bundeskanzler (Art. 63 GG). Dieser schlägt die Bundesminister vor, die sodann vom Bundespräsidenten ernannt werden (Art. 64 I GG).

- In der **Präsidialdemokratie** wird der Regierungschef, der Präsident, vom Volk gewählt und übt die Regierungsgewalt weitgehend unabhängig vom Parlament aus. Die vom Präsidenten gebildete Regierung ist von den jeweiligen Parlamentsmehrheiten kaum abhängig. Diese Art von Demokratie findet sich vornehmlich in den USA und in Frankreich. Aber auch in einigen südamerikanischen Staaten wie Brasilien, Argentinien und Uruguay findet sich eine Präsidialdemokratie, allerdings mit nahezu diktatorischer Stellung des Präsidenten. Die Weimarer Republik hatte zumindest ab 1930 starke präsidiale Züge. Aufgrund der negativen Erfahrung mit dem Präsidialsystem in den Krisenjahren 1930 bis 1932 haben der Herrenchiemseer Konvent und der Parlamentarische Rat die Machtstellung des Präsidenten stark beschnitten.

Zum Prinzip der Demokratie gehört es auch, dass eine Gewaltentrennung stattfindet: Um eine Machtkonzentration eines Organs zu vermeiden, ist die Staatsgewalt in Gesetzgebung (**Legislative**), vollziehende Gewalt (**Exekutive**) und Rechtsprechung (**Judikative**) aufgeteilt. Hierin liegt ein wesentlicher Unterschied der „klassischen" Demokratie („demokratischer Rechtsstaat") zur „Volksdemokratie" kommunistischer Prägung, die auf eine strenge Gewaltenteilung verzichtet und die Staatsgewalt nur durch die Volksvertretung ausübt.

58 Im Gegensatz zur Monarchie steht die **Republik**[116]. Hier wird die Stellung des Staatsoberhaupts nicht von einem (erblichen) Monarchen wahrgenommen.[117] Im Übrigen ist mit der Bezeichnung „Republik" nichts über den Charakter des Staates gesagt. Insbe-

---

[114] Der Aristokratie verwandt bzw. gleichgesetzt ist die Oligarchie, vgl. dazu *Brohm*, NJW 2001, 1 ff.
[115] Der Begriff setzt sich zusammen aus den griechischen Wortbestandteilen *demos* (Volk) und *kratein* bzw. *kratia* (Herrschen). Daher lässt sich der Begriff mit „Herrschaft des Volkes" beschreiben.
[116] Lat. res republica = der Staat; eigentlich: öffentliche Sache.
[117] Siehe etwa *Pieroth*, in: J/P, GG, Art. 20 Rn 3; *Sachs*, in: Sachs, GG Art. 20 Rn 9.

sondere ist der Begriff der Republik nicht mit dem Begriff der Demokratie gleichzusetzen. Auch eine Diktatur kann eine Republik sein, solange nur kein Monarch an der Spitze steht. Vereinfacht lässt sich sagen, dass ein Staat immer dann eine Republik ist, wenn er keine Monarchie ist.

Die **Diktatur** ist die unbeschränkte Macht eines Einzelnen oder einer Gruppe über das Gesamtvolk, gleichsam eine Antithese zur Demokratie. In der neueren Geschichte trat die Diktatur häufig unter Bruch der Verfassung auf (etwa durch gewaltsame Revolutionen durch das Militär). Da es der Diktatur eigentümlich ist, dass eine Gewaltenteilung und damit eine gegenseitige Hemmung und Kontrolle der Staatsgewalten fehlt, neigt sie häufig zum Totalitarismus und zur Willkürherrschaft. 59

II. Regierungsformen und Staatszielbestimmungen

Von der Staatsform sind die Regierungsform (lat. regere = herrschen) und die Staatszielbestimmungen (auch Strukturprinzipien genannt) zu unterscheiden. 60

Die **Regierungsform** beschreibt die Art und Weise, wie der Staat regiert wird, also das tatsächliche Verhältnis zwischen den Regierenden und den Regierten. 61

Beispiel: Die Bundesrepublik Deutschland ist eine Republik, da die Funktion des Staatsoberhaupts nicht durch einen Monarchen wahrgenommen wird. Großbritannien ist eine Monarchie, da an der Spitze des Staates die englische Königin steht. Es bestehen also unterschiedliche Staatsformen. Da beide Staaten aber von einer demokratisch legitimierten, d.h. durch Wahlen (mittelbar) konstituierten Regierung beherrscht werden, besitzen beide Staaten ein **parlamentarisches Regierungssystem**.

Unter **Staatszielbestimmungen** versteht man verfassungsrechtlich verankerte Strukturprinzipien, die dem Staat die Erfüllung bestimmter Aufgaben oder die Verfolgung bestimmter Ziele vorschreiben oder ihm zum Ziel setzen.[118] 62

Verbindlichkeit und Bestimmtheit von Staatszielbestimmungen können sehr unterschiedlich sein. Staatszielbestimmungen geringerer Verbindlichkeit werden als Programmsätze verstanden. Sie enthalten Aufträge an den Gesetzgeber, ohne diesen (direkt und unmittelbar) zu binden, sind jedoch im Rahmen der Auslegung des einfachen Rechts zu berücksichtigen (siehe dazu näher Rn 314 ff.).

Beispiel: Den in der Weimarer Reichsverfassung normierten Grundrechten (Art. 109 ff. WRV) wurde keine absolute Verbindlichkeit beigemessen. Vielmehr galten sie nur im Rahmen der Gesetze.

Eine Staatszielbestimmung wendet sich in erster Linie an den Gesetzgeber, der bei der Erfüllung des Auftrags einen weiten Spielraum hat. Aber auch Gerichte und Behörden müssen bei der Auslegung und Anwendung des Rechts die betreffende Staatszielbestimmung beachten. Im Gegensatz zu den Grundrechten, die dem Einzelnen ausdrücklich ein subjektives Recht einräumen, ist die Einhaltung von Staatszielbestimmungen i.d.R. nicht einklagbar. 62a

Staatszielbestimmungen bzw. Strukturprinzipien des Grundgesetzes sind zunächst in Art. 20 I und 28 I S. 1 GG normiert. Dort sind der Bundesstaat (nur in Art. 20 I GG), die Republik, die Demokratie und der Sozialstaat (in Art. 20 I und in Art. 28 I S. 1 GG) genannt. In Art. 20 III und 28 I S. 1 GG ist das Rechtsstaatsprinzip genannt. Umweltschutz und Tierschutz sind in Art. 20a GG festgelegt, die Förderung der EU in Art. 23 62b

[118] Zu den Begründern des Begriffs und zur historischen Herleitung siehe *Schladebach*, JuS 2018, 118 ff.

GG. Ferner gehören die Pflicht zur Förderung des gesamtwirtschaftlichen Gleichgewichts (Art. 109 II GG) und wohl auch die supranationale Öffnung (Art. 24 I GG) zu den Staatszielbestimmungen.

62c Die in Art. 1 und 20 GG niedergelegten Grundsätze (und damit die Staatsform der Republik, das Bundesstaatsprinzip, das Demokratieprinzip, das Rechtsstaatsprinzip und das Sozialstaatsprinzip) sind durch Art. 79 III GG („**Ewigkeitsgarantie**") abgesichert. Nach dieser gegenüber sonstigem Verfassungsrecht höherrangigen[119] Verfassungsbestimmung ist eine „Berührung" der genannten Strukturprinzipien unzulässig, wobei eine „Berührung" i.S.d. Art. 79 III GG nur bei prinzipieller Preisgabe des betreffenden Strukturprinzips bzw. Unterschreitung eines Mindeststandards angenommen wird.[120]

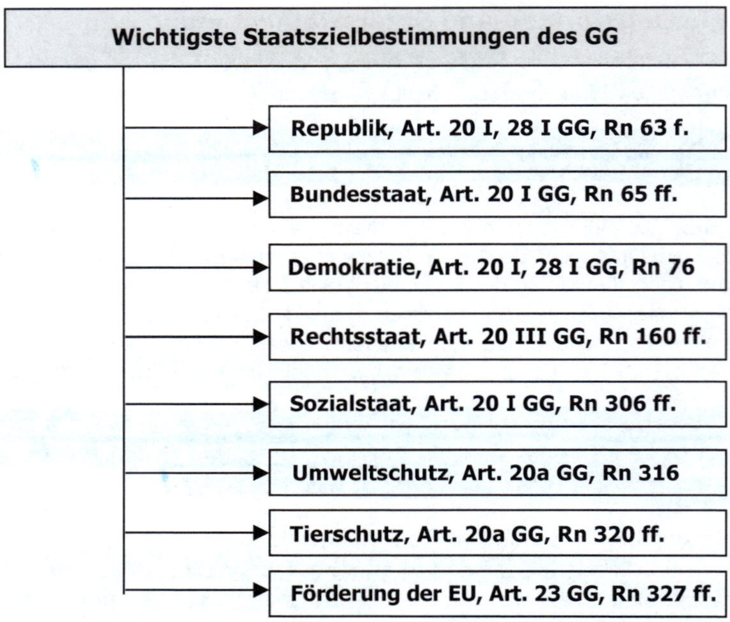

[119] *Pieroth*, in: Jarass/Pieroth, GG, Art. 79 Rn 6; *Dreier*, in: Dreier, GG, Art. 79 Rn 11.
[120] BVerfGE 30, 1, 24; 84, 90, 121; 94, 12, 34; *Pieroth*, in: Jarass/Pieroth, Art. 79 Rn 7.

B. Die Republik

Ein Staat ist eine Republik, wenn das Staatsoberhaupt nicht auf dynastischer Grundlage fußt.[121] Die Stellung des Staatsoberhaupts wird also nicht von einem (erblichen oder auf Lebenszeit gewählten) Monarchen wahrgenommen, sondern von einem anderen Staatsorgan. Dieses andere Staatsorgan wird i.d.R. periodisch neu besetzt. Die Bundesrepublik Deutschland ist – wie bereits die Bezeichnung zeigt – eine Republik, was sich unmittelbar aus Art. 20 I und 28 I S. 1 GG ergibt. Untermauert wird dieser Befund durch die periodisch wiederkehrende Wahl des Staatsoberhaupts: Der Bundespräsident wird von der Bundesversammlung für 5 Jahre gewählt (Art. 54 I S. 1 und II S. 1 GG). Anschließende Wiederwahl ist nur einmal zulässig (Art. 54 II S. 2 GG) **63**

Wie bereits erwähnt, ist (auch) die Staatsform *Republik* in der Bundesrepublik Deutschland durch Art. 79 III GG („Ewigkeitsgarantie") abgesichert. Nach dieser Bestimmung dürfen u.a. die in den Art. 1 und 20 GG niedergelegten Grundsätze, und damit auch die republikanische Staatsform, nicht berührt werden. Es wäre somit auch nicht durch eine Verfassungsänderung, die ja gerade ihre Grenzen in Art. 79 III GG findet, möglich, das Staatsoberhaupt auf dynastischer Grundlage oder auf Lebenszeit zu berufen. Ob die Einführung einer Monarchie auf *Landes*ebene möglich ist, mag unterschiedlich gesehen werden. Unterstellt man die für eine Verfassungsänderung nötigen Mehrheiten (vgl. Art. 79 II GG), ist fraglich, ob Art. 79 III GG i.V.m. Art. 20 I GG der Einführung einer Monarchie auf Landesebene entgegensteht. Der Wortlaut des Art. 20 I GG bezieht sich nur auf den (Gesamt-) Verband *Bundesrepublik Deutschland*. Die Homogenitätsklausel des Art. 28 I 1 GG kann abgeändert werden. Somit scheint die Einführung der Monarchie auf Landesebene möglich. Dem kann jedoch entgegengehalten werden, dass sich Art. 20 I GG zwar auf den Gesamtstaat bezieht, die Bezeichnung der Bundesrepublik Deutschland als „Republik" aber nicht aufrechterhalten werden kann, wenn einzelne Bundesländer die Staatsform der Monarchie einführen. Letztlich kann die Frage nicht eindeutig beantwortet werden. **64**

---

[121] Ganz h.M., vgl. nur *Pieroth*, in: J/P, GG, Art. 20 Rn 3; *Sachs*, in: Sachs, GG, Art. 20 Rn 9.

C. Der Bundesstaat

Wichtige Entscheidungen: Vgl. BVerfGE 1, 264 (Kehrbezirk für Schornsteinfeger); 1, 299 (Sozialer Wohnungsbau); 4, 178 (Einstufung in höhere Besoldungsgruppe); 6, 309 (Öffentliches Schulwesen in Niedersachsen); 6, 376 (Verfassungsbeschwerde gegen ein Kommunalwahlgesetz); 8, 122 (Volksbefragung über Atomwaffen); 12, 205 (1. Rundfunkurteil – Deutschland-Fernsehen GmbH); 13, 54 (Neugliederung des Bundesgebietes); 22, 267 (Unterhaltszahlung); 32, 199 (Hessisches Gesetz über die Amtsbezüge der Richter und Staatsanwälte); 36, 342 (Beamtenbesoldung); 81, 310 (Auftragsverwaltung); 87, 181 (Finanzierung von Rundfunkanstalten); 89, 155 (Maastricht); 92, 203 (EWG-Fernsehrichtlinie); 81, 310 (Atomrechtliches Genehmigungsverfahren; „Schneller Brüter" Kalkar II); 84, 25 (Atomrechtliches Genehmigungsverfahren; „Schacht Konrad"); 101, 158 (Länderfinanzausgleich); 103, 332 (NaturschutzG Schleswig Holstein); 106, 62, 135 (Altenpflegegesetz); 111, 10 (Ladenschlussgesetz); 111, 226 (Juniorprofessur); 112, 226 (Studiengebührenverbot); BVerfG 16.12.2016 – 2 BvR 349/16 (Kein Sezessionsrecht der Bundesländer)

I. Begriff des Bundesstaates

65 **Bundesstaat** ist eine Verbindung mehrerer (Einzel-)Staaten zu einem völkerrechtlich anerkannten Gesamtstaat; dieser entscheidet über alle Fragen, die für die Einheit und den Bestand des Ganzen wesentlich sind, während die Gliedstaaten ihre Staatlichkeit behalten und an der Willensbildung des Ganzen beteiligt sind.[122]

66 Maßgeblich sind also die Gliederung des Bundes in Länder und die grundsätzliche Mitwirkung der Länder bei der Gesetzgebung des Bundes (siehe auch Art. 79 III GG für die Bundesrepublik Deutschland). Die Gliedstaaten (Einzelstaaten) eines Bundesstaates heißen Staaten, Länder, Bundesländer oder Kantone.

Beispiele für Bundesstaaten: Norddeutscher Bund 1867-71, Deutsches Reich 1871-1933, Bundesrepublik Deutschland, Österreich, Schweiz, Vereinigte Staaten von Amerika (seit 1789), Brasilien, Mexiko, Kanada, Nigeria, Venezuela, Australien, Indien

67 In der Bundesrepublik Deutschland ergibt sich die Staatsqualität der einzelnen Bundesländer vornehmlich aus S. 2 der Präambel des Grundgesetzes und aus Art. 30 GG i.V.m. den entsprechenden Vorschriften der Landesverfassungen (vgl. nur Art. 1 I der nordrhein-westfälischen Landesverfassung), ergänzend aus dem Wesen des in Art. 20 GG niedergelegten Bundesstaatsprinzips.[123] Abzugrenzen ist der Bundesstaat zunächst vom (dezentralisierten) **Einheitsstaat**. Bei diesem hat nur der Zentralstaat Staatsqualität, nicht die einzelnen Untergliederungen. Es ist nur eine Staatsgewalt vorhanden. Lediglich untergeordnete Vollzugstätigkeiten sind an regionale Verwaltungskörperschaften delegiert. Regionale Verwaltungskörperschaften sind Departements, Bezirke, Regionen.

Beispiele für dezentralisierte Einheitsstaaten: Frankreich seit der Französischen Revolution, Großbritannien, Italien, Spanien, Deutsches Reich 1933-45, ehemalige DDR bis 1990 und die skandinavischen Staaten

68 Darüber hinaus ist der Bundesstaat vom **Staatenbund** abzugrenzen. Bei diesem handelt es sich um einen losen völkerrechtlichen Zusammenschluss selbstständiger Staaten, die gemeinsame Organe zur Besorgung bestimmter Angelegenheiten haben. Die Gliedstaaten sind Völkerrechtssubjekte; ob es der Gesamtverband auch ist, hängt von der konkreten Ausgestaltung ab, ist i.d.R. aber zu verneinen.

Beispiele für einen Staatenbund: Deutscher Bund 1815-66, dessen gemeinsames Bundesorgan „Bundestag" von den Gesandten der Mitgliedstaaten gebildet wurde; Ver-

---

[122] Vgl. BVerfGE 4, 178, 189; 22, 267, 270; *Stern*, Staatsrecht I, § 19 I 1a. Vgl. auch *Voßkuhle/Kaufhold*, JuS 2010, 873 ff.

[123] Vgl. *Stern*, Staatsrecht I, § 19 III 2; *Hofmann*, in: Schmidt-Bleibtreu/Hofmann/Henneke, GG, Art. 20 Rn 4.

einigte Staaten von Amerika 1777-87; Vereinte Nationen (gegründet 1945 in San Francisco); Benelux; Afrikanische Union (AU)

Bei einer supranational organisierten zwischenstaatlichen Staatengemeinschaft spricht das BVerfG auch von einem **„Staatenverbund"**[124]. Dieser sei dadurch gekennzeichnet, dass zwar eigene Hoheitsbefugnisse der Gemeinschaft bestehen, diese Hoheitsbefugnisse nicht aber originär seien, sondern aus erteilten Einzelermächtigungen abgeleitet werde. Es bestehe eine lediglich derivative, d.h. abgeleitete demokratische Legitimation der Gemeinschaft, eine **enumerative Handlungsermächtigung** („Ultra-vires-Lehre"). In Ermangelung umfassender Hoheitsbefugnisse besteht also kein Bundesstaat. Vereinfacht lässt sich sagen, dass der Staatenverbund zwar nicht das verfassungsrechtliche Gefüge hat wie ein Bundesstaat, aber aufgrund übertragener Einzelermächtigungen mehr Staatlichkeit aufweist als ein bloßer Staatenbund. Gleichwohl besteht keine eigene Staatsqualität. 69

Beispiel für einen Staatenverbund: die **Europäische Union**. Die aus deutscher Sicht übertragene enumerative Einzelermächtigung erfolgt über Art. 23 GG.

II. Verhältnis von Bund und Ländern

1. Gesamtstaat und Gliedstaaten

Wie bereits gesagt, ist das Eigentümliche eines Bundesstaates, dass sowohl der Verband *Bund* als auch die einzelnen Verbände *Länder* jeweils eine eigene (originäre) Staatsqualität besitzen. Es ist daher selbstverständlich, dass die Rechtsbeziehungen zwischen Bund und Ländern geregelt sein müssen. In der Bundesrepublik Deutschland wird das Verhältnis von Bund und Ländern in erster Linie durch das Grundgesetz bestimmt. Soweit das Grundgesetz keine speziellen Regelungen trifft, ergeben sich die Rechtsverhältnisse aus dem in Art. 20 I niedergelegten Bundesstaatsprinzip. Das Grundgesetz geht dabei davon aus, dass die Länder – trotz ihrer Staatsqualität – keine uneingeschränkte Souveränität besitzen.[125] Dieser Gedanke ist einem Bundesstaat immanent, weil sich zumindest die Grundordnung einheitlich über das gesamte Staatsgebiet des Bundes erstrecken muss. 70

- Daraus folgt, dass die Landesverfassungen nicht losgelöst von den Prinzipien des Bundesstaates aufgebaut bzw. ausgestaltet werden können. Art. 28 I S. 1 GG stellt dies klar, indem er das sog. Homogenitätsprinzip formuliert. Danach müssen die Länderverfassungen „den Grundsätzen des republikanischen, demokratischen und sozialen Rechtsstaates im Sinne dieses Grundgesetzes entsprechen". Durch die Formulierung „den Grundsätzen ... entsprechen" wird allerdings deutlich, dass keine Gleichförmlichkeit (Unitarisierung), sondern nur ein **Mindestmaß an Homogenität** verlangt wird.[126]

- Die **Befugnis nach außen**, d.h. die Befugnis, bi- und multilaterale Beziehungen zu anderen Völkerrechtssubjekten zu führen und völkerrechtliche Verträge zu schließen, steht grundsätzlich nur dem Gesamtstaat zu. Nur wenn die Gesetzgebungskompetenz bei den Ländern liegt, können entsprechende Verträge von den Ländern geschlossen werden, allerdings mit der Einschränkung, dass die Bundesregierung zustimmen muss (vgl. Art. 24 Ia und Art. 32 III GG).

- Art. 29 GG bestimmt, dass durch Bundesgesetz, das der Bestätigung durch Volksentscheid in den betroffenen Ländern bedarf, das Bundesgebiet **neu gegliedert** werden

---

[124] So das BVerfG in seinem Maastricht-Urteil (BVerfGE 89, 155, 186, 188) bezüglich der Europäischen Union. Später auch BVerfGE 123, 267, 376 (Lissabon); 129, 78, 96 f. (Anwendungserweiterung); Vgl. dazu bereits Rn 39, aber auch ausführlich Rn 327 ff. und 761 ff.

[125] Das entspricht auch der Rspr. des BVerfG seit BVerfGE 1, 14, 61 ff. (Südweststaat).

[126] BVerfGE 36, 342, 360 ff.; *Hofmann*, in: Schmidt-Bleibtreu/Hofmann/Henneke, GG, Art. 20 Rn 7 f.

kann. Gliederung des Bundes in Länder bedeutet nicht die Bestandsgarantie eines einzelnen Bundeslandes. Entscheidend ist nur, dass überhaupt Bundesländer bestehen (vgl. Art. 79 III GG i.V.m. Art. 20 I GG). Wie viele Bundesländer bestehen müssen, um das wegen Art. 79 III GG i.V.m. Art. 20 I GG als unveränderbar festgeschriebene Bundesstaatsprinzip nicht zu verletzen, wird unterschiedlich gesehen. Teilweise werden zwei für erforderlich gehalten[127], teilweise mindestens drei[128], teilweise aber noch mehr[129]. Darüber hinaus muss den bestehenden Ländern ein Mindestmaß an Eigenständigkeit verbleiben. Dazu gehört ein „Kernbestand eigener Aufgaben und eigenständige Aufgabenerfüllung"[130].

- Dem Bundesstaatsprinzip immanent ist zudem, dass der Gesamtstaat (der Bund) als Inhaber der vollen Souveränität die sog. **Kompetenz-Kompetenz** innehat. Er kann also seine Zuständigkeit (freilich unter Beachtung des Art. 79 III GG) jederzeit erweitern (oder verringern). Die Länderinteressen werden dabei hinreichend über die Mitwirkung des Bundesrats an der Gesetzgebung des Bundes gewährleistet.

- Die bundesstaatliche Grundordnung des Grundgesetzes, die eine nur beschränkte Souveränität der Länder impliziert, verbietet es auch, dass einzelne Gliedstaaten aus dem Gesamtstaat **ausscheiden** und einen eigenen vollsouveränen Staat gründen können. Das gilt selbst dann, wenn der betreffende Gliedstaat dies über eine verfassungsgebende Versammlung beschlösse. Zwar hat das BVerfG schon frühzeitig festgestellt, dass eine verfassungsgebende Versammlung einen höheren Rang hat als die aufgrund der erlassenen Verfassung gewählte Volksvertretung, da sie im Besitz des „pouvoir constituant"[131] sei und daher die neue, für den werdenden Staat verbindliche, mit besonderer Kraft ausgestattete Verfassungsordnung schaffen könne. Zudem stellt das BVerfG fest, dass es mit dieser besonderen Stellung unverträglich sei, wenn ihr von außen Beschränkungen auferlegt werden; sie sei nur gebunden an die jedem geschriebenen Recht vorausliegenden überpositiven Rechtsgrundsätze.[132] Allerdings formuliert das BVerfG sodann die entscheidende Einschränkung: „...und – als verfassungsgebende Versammlung eines werdenden Gliedes des Bundesstaates – an die Schranken, die die Bundesverfassung für den Inhalt der Landesverfassungen enthält (Art. 28 Abs. 1 GG)".[133] In einer aktuellen Entscheidung – es ging um eine Verfassungsbeschwerde gegen die Nichtzulassung einer Volksabstimmung über den Austritt Bayerns aus dem Bund, die nicht zur Entscheidung angenommen wurde – hat das BVerfG seine frühere Rechtsprechung bestätigt und entschieden: „In der Bundesrepublik Deutschland als auf der verfassungsgebenden Gewalt des deutschen Volkes beruhendem Nationalstaat sind die Länder nicht „Herren des Grundgesetzes". Für Sezessionsbestrebungen einzelner Länder ist unter dem Grundgesetz daher kein Raum. Sie verstoßen gegen die verfassungsmäßige Ordnung."[134] Danach ist eine Sezession einzelner Bundesländer vom Grundgesetz also nicht vorgesehen; sie wäre weder mit dem Bundesstaatsprinzip noch mit der verfassungsmäßigen Ordnung (im Übrigen) vereinbar. Möglich wäre ein Ausscheiden allenfalls dann, wenn zuvor das Grundgesetz geändert würde, wobei die Grenzen einer Verfassungsänderung (Art. 79 III GG) zu beachten wären.[135]

- Des Weiteren folgt aus dem Bundesstaatsprinzip, dass der Bund **Aufsichtsbefugnisse** und **Einwirkungsrechte** gegenüber den Ländern hat (vgl. etwa Art. 84 I, III, 85 III GG). Insbesondere steht ihm das Recht zum **Bundeszwang** zu (Art. 37 GG).

---

[127] *Maunz*, in: Maunz/Dürig, GG, Art. 79 Rn 34.
[128] *Evers*, in: Bonner Kommentar, Art. 79 Rn 212; *Bryde*, in: v. Münch/Kunig, GG, Art. 79 Rn 31.
[129] *Isensee*, in: HdbStR IV 671; *Sannwald*, in: Schmidt-Bleibtreu/Hofmann/Henneke, GG, Art. 79 Rn 41.
[130] BVerfGE 87, 181, 196 f.; *Pieroth*, in: J/P, GG, Art. 79 Rn 12; *Sannwald*, in: Schmidt-Bleibtreu/Hofmann/Henneke, GG, Art. 79 Rn 42.
[131] Siehe dazu Rn 20 f.
[132] BVerfGE 1, 14, 61 (Südweststaat).
[133] BVerfGE 1, 14, 61 (Südweststaat).
[134] BVerfG 16.12.2016 – 2 BvR 349/16 (Kein Sezessionsrecht der Bundesländer).
[135] Anders verhält es sich auf EU-Ebene (wobei die EU keine Staatsqualität hat, Rn 39), da der Vertrag von Lissabon ein Recht der Mitgliedstaaten zum Austritt aus der EU ausdrücklich anerkennt (vgl. Art. 50 EUV).

- Im Übrigen ist das Verhältnis von Bund und Ländern in Art. 30 GG geregelt. Diese Vorschrift statuiert die Zuständigkeit der **Länder** zur Ausübung der staatlichen Befugnisse und Erfüllung der staatlichen Aufgaben, insbesondere der **Gesetzgebung** (Art. 70 ff. GG) und der **Verwaltung** (Art. 83 ff. GG), soweit das Grundgesetz keine andere Regelung trifft oder zulässt. Die Formulierung „trifft" bedeutet, dass das Grundgesetz eine entsprechende Regelung zugunsten des Bundes enthält, die Formulierung „zulässt" bedeutet, dass das Grundgesetz eine (Bundes-)Zuständigkeit kraft Natur der Sache, kraft Sachzusammenhangs und eine Annexkompetenz anerkennt.[136]

> **Weiterführender Hinweis:** Bei einem Vergleich zwischen dem Verfassungstext und der Staatspraxis wird deutlich, dass der Verfassungstext bezüglich der Gesetzgebung zwar von der grundsätzlichen Länderzuständigkeit ausgeht, in der Staatspraxis aber das Schwergewicht beim Bund liegt. Demgegenüber liegt bezüglich der Verwaltung sowohl nach dem Grundgesetz als auch nach der Staatspraxis das Schwergewicht bei den Ländern. Das hat den Hintergrund, dass das Grundgesetz die Ausführung der Gesetze durch die Bundesbehörden nur in bestimmten Fällen zulässt: Der Bund soll sich die bereits vorhandenen Landes- bzw. Kommunalbehörden zunutze machen und durch sie die Bundesgesetze ausführen lassen. Dadurch werden eine Mischverwaltung vermieden und die Effektivität gesteigert. Bei der Judikative liegt – zumindest was die Quantität betrifft – das Schwergewicht bei den Ländern. Qualitativ liegt das Schwergewicht aufgrund der Bindungswirkung der höchstrichterlichen Rechtsprechung beim Bund.

- Des Weiteren ist das Verhältnis von Bund und Ländern in der **Kollisionsklausel** des Art. 31 GG („Bundesrecht bricht Landesrecht") geregelt, wonach das gesamte Bundesrecht (im Kollisionsfalle) Vorrang vor dem Landesrecht einschließlich des Landesverfassungsrechts genießt. Ein Kollisionsfall nach Art. 31 GG liegt vor, wenn kompetenzgemäßes und auch sonst verfassungsgemäßes Bundes- und Landesrecht je denselben Regelungsgehalt (Inhalt) aufweisen, jedoch unterschiedliche Normbefehle enthalten (d.h. unterschiedliche Rechtsfolgeanordnungen treffen) und damit zu unterschiedlichen Ergebnissen gelangen.[137] Inhaltsgleiches Landesrecht ist also kein „entgegenstehendes" Recht und daher auch nicht von Art. 31 GG erfasst.[138] Richtigerweise müsste es in Art. 31 GG daher heißen: „Bundesrecht bricht *entgegenstehendes* Landesrecht". Besteht eine Kollision i.S.v. Art. 31 GG, setzt sich das höherrangige Bundesrecht durch; das entgegenstehende niederrangige Landesrecht wird dabei nicht lediglich suspendiert (also nicht nur – vorübergehend – in seiner Anwendung gesperrt), sondern derogiert, d.h. „abgeschafft" i.S.v. „außer Kraft gesetzt", und kann damit keine Geltung beanspruchen (*lex superior derogat legi inferiori*[139]).[140] In der Staatsrechtslehre ist mit Geltungsvorrang gemeint, dass das kollidierende niederrangige Recht ungültig i.S.v. **nichtig** ist.[141] Das aufgrund der Kollision ungültige (d.h. nichtige) Landesrecht lebt auch nicht mehr auf, wenn das brechende Bundesrecht aufgehoben wird.[142]

- Das Grundgesetz kennt Kollisionsregeln aber auch jenseits von Art. 31 GG: Besteht eine **Abweichungsgesetzgebungskompetenz** der Länder nach Art. 72 III S. 1 GG und macht ein Land davon Gebrauch, liegt kein Kollisionsfall vor, der gem. Art. 31 GG die Nichtigkeit des entgegenstehenden Landesrechts zur Folge hätte.[143] Gemäß Art. 72 III S. 3 GG gilt vielmehr, dass im Verhältnis von Bundes- und Landesrecht das jeweils **spätere Gesetz vorgeht** (*lex posterior derogat legi priori*[144]). Anders als Art.

---

[136] Vgl. dazu ausführlich Rn 842 ff.
[137] Siehe BVerfGE 26, 116, 135; 36, 342, 363; 96, 345, 364; 98, 145, 159; 121, 317, 348.
[138] In Betracht kommt dann aber ein Verstoß gegen Kompetenzvorschriften des Grundgesetzes (wie etwa Art. 72 I GG).
[139] = Das höherrangige Gesetz setzt das niederrangige Gesetz außer Kraft.
[140] BVerfG NJW 2018, 361, 377 mit Verweis auf BVerfGE 29, 11, 17.
[141] *Pieroth*, in: J/P, GG, Art. 31 Rn 5.
[142] Vgl. BVerfG NJW 2018, 361, 377: „... nicht lediglich suspendiert, sondern endgültig derogiert ...".
[143] Siehe auch BVerfG NJW 2018, 361, 377 (Zentrale Studienplatzvergabe/Numerus clausus).
[144] = Das jüngere Gesetz setzt das ältere Gesetz außer Kraft.

31 GG bedeutet die Kollisionsregel des Art. 72 III S. 3 GG keinen Geltungs-, sondern einen **Anwendungsvorrang**[145] (insofern ist das Wort „derogat" im Zusammenhang mit der Lex-posterior-Regel unzutreffend).

Beispiel (fiktiv): Ist nach dem Bundesgesetz über die Hochschulzulassung und Hochschulabschlüsse (siehe Art. 74 I Nr. 33 GG) vorgeschrieben, dass Studienabschlüsse ausschließlich mit den Graden Bachelor und Master absolviert werden können, und weicht ein Landeshochschulgesetz davon ab, indem es Diplomstudiengänge vorsieht, liegt kein Fall des Art. 31 GG vor, weil das Landesgesetz die Befugnis zu abweichenden Regelungen aus Art. 72 III S. 1 Nr. 6 GG entnehmen kann.

- Im Rahmen der **Gesetzesausführung** ordnet Art. 84 I S. 4 GG (Abweichungsbefugnis bei der Landeseigenverwaltung) die entsprechende Geltung des Art. 72 III S. 3 GG an.

- Eine gegenüber Art. 31 GG spezielle Regelung findet sich schließlich in Art. 142 GG. Dort ist die Fortgeltung der Grundrechte der Länderverfassungen geregelt. Die Fortgeltung der Grundrechte der Länderverfassungen setzt aber voraus, dass diese mit denen des Grundgesetzes inhaltlich übereinstimmen. Gehen sie inhaltlich über diejenigen des Grundgesetzes hinaus, können sie einer sonst zulässigen bundesrechtlichen Regelung nicht entgegenstehen.[146]

- Da eine Kollision nur zwischen jeweils gültigem Bundesrecht und Landesrecht bestehen kann (s.o.), liegt kein Fall des Art. 31 GG vor, wenn das Landesrecht (bereits aus anderen Gründen) wegen Verstoßes gegen höherrangiges Recht ungültig ist.[147]

- **Inhaltsgleiches Recht** wird von vornherein nicht „gebrochen" i.S.v. Art. 31 GG, da bei inhaltsgleichem Recht **keine Kollision** vorliegt.[148] Jedoch ist bei (inhaltsgleichem) Landesrecht die mögliche **Sperrwirkung** nach Art. 71 GG bzw. Art. 72 I GG zu beachten. So sind gem. Art. 71 GG im Bereich der ausschließlichen Bundesgesetzgebung die Länder zur Gesetzgebung nur dann befugt, wenn und soweit sie hierzu in einem Bundesgesetz ausdrücklich ermächtigt werden. Im Bereich der konkurrierenden Gesetzgebung haben gem. Art. 72 I GG die Länder die Befugnis zur Gesetzgebung, solange und soweit der Bund von seiner Gesetzgebungszuständigkeit nicht durch Gesetz Gebrauch gemacht hat.

  Art. 72 I GG soll anhand der sog. **Strafverfolgungsvorsorge** verdeutlicht werden. Dabei geht es um Maßnahmen der Polizei, die nicht an eine bereits begangene Straftat oder einen Anfangsverdacht i.S.d. § 152 II StPO (Bundesrecht) anknüpfen, sondern die auf „die Verfolgung noch nicht begangener, sondern in ungewisser Zukunft möglicherweise bevorstehender Straftaten" zielen.[149] Geht es also um die Verhinderung von „möglicherweise bevorstehenden Straftaten", handelt es sich der Sache nach um (wegen Art. 30, 70 I GG) landesrechtliche Gefahrenabwehr, die sich gerade durch die Verhinderung der Verletzung von Schutzgütern der öffentlichen Sicherheit kennzeichnet, wozu wiederum die objektive Rechtsordnung und damit die Normen des StGB gehören. Gleichwohl stehen das BVerfG und das BVerwG auf dem Standpunkt, die Strafverfolgungsvorsorge gehöre zum gerichtlichen Verfahren i.S.d. Art. 74 I Nr. 1 GG und betreffe gegenständlich das (bundesrechtlich determinierte) repressiv ausgerichtete Strafverfahren, da sie mit dem gerichtlichen Verfahren in einem untrennbaren funktionalen Zusammenhang stehe.[150] Folgt man dem, kommt es hinsichtlich der

---

[145] So ausdrücklich die Gesetzesbegründung BT-Drs. 16/813, S. 11. Damit übernimmt der verfassungsändernde Gesetzgeber das aus dem europäischen Recht bekannte Prinzip des Anwendungsvorrangs, wonach das untergeordnete Recht (bei einer Kollision mit höherrangigem Recht) nicht seine Gültigkeit verliert, sondern im Verhältnis zum höherrangigen Recht lediglich in seiner Anwendung gesperrt wird (vgl. dazu Rn 354 ff.). Zu Art. 72 I GG vgl. Rn 822.

[146] BVerfGE 1, 264, 281. Vgl. dazu auch *Discher*, NVwZ-Beilage II/2001, 45 ff.

[147] Siehe BVerfGE 98, 145, 159.

[148] *Pieroth*, in: J/P, GG, Art. 31 Rn 4/6; vgl. dazu auch *Jaeschke*, NVwZ 2000, 1142.

[149] BVerfG NJW 2019, 827, 831. Zuvor schon BVerfGE 113, 348, 369 f.

[150] BVerfG NJW 2019, 827, 831 mit Verweis auf BVerfGE 103, 21, 29; 113, 348, 370; BVerwG NVwZ 2012, 757, 760. Siehe dazu auch *R. Schmidt*, POR, Rn 93 ff.

Frage, ob den Ländern eine Gesetzgebungsbefugnis zusteht, entscheidend darauf an, ob der Bundesgesetzgeber von seiner Gesetzgebungskompetenz abschließend Gebrauch gemacht hat (siehe Art. 72 I GG), was durch Auslegung der bundesgesetzlichen Vorschrift zu ermitteln ist. Maßgeblich sind Wortlaut, Zweck, historischer und normgenetischer Hintergrund; bei Unionsrechtsbezug ist auch der Wille des Unionsgesetzgebers zu beachten. Hat danach der Bundesgesetzgeber von seiner Gesetzgebungskompetenz abschließend Gebrauch gemacht, ist gem. Art. 72 I GG die Gesetzgebungskompetenz der Länder gesperrt. Ein gleichwohl erlassenes Landesgesetz ist wegen Art. 72 I GG ungültig; auf Art. 31 GG kommt es nicht an.

Beispiel[151]**:** In Hamburg wird die Reeperbahn mittels 12 Videokameras polizeilich überwacht. Die offen durchgeführte Beobachtung soll potentielle Straftäter von der Begehung einer Straftat abschrecken und diese dadurch verhindern. Das Abschreckungspotential besteht darin, dass potentielle Täter mit der Aufzeichnung ihrer Taten rechnen müssen und damit, die Aufzeichnung werde nicht nur für die Identifizierung, sondern auch als Beweismittel in einem Strafverfahren zur Verfügung stehen. Daneben zielt die offene Videoüberwachung auf die Verfolgung „noch nicht begangener, aber in ungewisser Zukunft möglicherweise bevorstehender Straftaten", soll also der Vorsorge für die Verfolgung von Straftaten dienen.

Da durch die Videoüberwachung ein Eingriff in das durch Art. 2 I i.V.m. Art. 1 I GG geschützte Recht auf informationelle Selbstbestimmung vorliegt[152], bedarf es zur Rechtfertigung zunächst einer Rechtsgrundlage. Diese könnte in § 100h I S. 1 StPO (= Bundesgesetz), aber auch in § 18 III HmbPolDVG (= Landesgesetz) zu sehen sein. Das BVerwG verweist hinsichtlich der Gesetzgebungskompetenz für Maßnahmen der Strafverfolgungsvorsorge auf die Rechtsprechung des BVerfG, wonach diese kompetenzmäßig dem „gerichtlichen Verfahren" i.S.d. Art. 74 I Nr. 1 GG (und damit der konkurrierenden Gesetzgebung des Bundes) zuzuordnen sei, nämlich der Sicherung von Beweismitteln für ein künftiges Strafverfahren.[153] Im Bereich der konkurrierenden Gesetzgebung haben gem. Art. 72 I GG die Länder die Befugnis zur Gesetzgebung, solange und soweit der Bund von seiner Gesetzgebungszuständigkeit nicht durch Gesetz (abschließend) Gebrauch gemacht hat. Sollte also die Videoüberwachung der Reeperbahn als Maßnahme der Strafverfolgungsvorsorge der Bundesgesetzgebungskompetenz unterfallen und sollte der Bundesgesetzgeber mit § 100h I S. 1 StPO abschließend von seiner Gesetzgebungskompetenz Gebrauch gemacht haben, wäre § 18 III HmbPolDVG kompetenzwidrig zustande gekommen.

Daher stellt sich die Frage, ob der Bundesgesetzgeber abschließend von seiner Gesetzgebungskompetenz Gebrauch gemacht hat. Das BVerwG meint – wiederum mit Verweis auf die Rechtsprechung des BVerfG –, der Bundesgesetzgeber habe keine allgemeine abschließende Regelung hinsichtlich der Strafverfolgungsvorsorge getroffen, sodass die Landesgesetzgeber nicht generell gehindert seien, Befugnisse zum Zwecke der Gefahrenvorsorge zu treffen, selbst wenn der Bundesgesetzgeber parallel dazu Regelungen zur Strafverfolgungsvorsorge getroffen habe. Die Frage, inwieweit der Bund von seiner Gesetzgebungskompetenz zur Regelung der Strafverfolgungsvorsorge Gebrauch gemacht habe, lasse sich nur anhand der einschlägigen Bestimmungen und des jeweiligen Sachbereichs feststellen.[154] Entscheidend seien das Gesetz selbst und der hinter diesem stehende Regelungszweck, ferner die Gesetzgebungsgeschichte und die Gesetzesmaterialien.[155] Ein abschließendes Gebrauchmachen könne danach auch dann vorliegen, wenn der Bundesgesetzgeber absichtlich von einer Regelung absehe.[156] Der

---

[151] Nach BVerwG NVwZ 2012, 757 ff.
[152] Siehe dazu *R. Schmidt*, Grundrechte, Rn 266 ff.
[153] BVerwG NVwZ 2012, 757, 760 mit Verweis auf BVerfGE 113, 348, 369. Siehe später auch BVerfG NJW 2019, 827, 831.
[154] BVerwG NVwZ 2012, 757, 760 mit Verweis auf BVerfGE 109, 190, 229.
[155] BVerwG NVwZ 2012, 757, 760 mit Verweis auf BVerfGE 98, 265, 300 f.
[156] BVerwG NVwZ 2012, 757, 760 mit Verweis auf BVerfGE 32, 319, 327 f.

Bundesgesetzgeber habe zwar strafprozessuale Ermächtigungen zur Strafverfolgungsvorsorge geschaffen wie z.B. in § 81b Var. 2 StPO, allerdings keine allgemeine abschließende Regelung hinsichtlich der Strafverfolgungsvorsorge getroffen. Auch § 81b Var. 2 StPO regele nicht abschließend, unter welchen Voraussetzungen Bilder für Zwecke künftiger Strafverfolgung angefertigt werden dürfen. Dasselbe gelte mit Blick auf § 100h StPO.[157]

Daher sei § 8 III HmbPolDVG a.F. (jetzt: § 18 III HmbPolDVG), der die offene Videoüberwachung bspw. der Reeperbahn zum Zwecke der Gefahrenvorsorge und der Strafverfolgungsvorsorge zulasse, kompetenzmäßig zustande gekommen.

Fazit: Hat der Bund von seiner Gesetzgebungskompetenz durch Erlass eines entsprechenden Gesetzes (abschließend) Gebrauch gemacht, dürfen gem. **Art. 72 I GG** die Länder **nicht** tätig werden. Diese Sperrwirkung gilt jedoch **nicht** für die Fälle des **Art. 72 III GG**, weil dort Abweichungsbefugnisse der Länder begründet sind (s.o.). In den dort genannten Fällen (Art. 72 III S. 1 Nrn. 1-7 GG) dürfen die Länder auch dann gesetzgeberisch tätig werden, wenn der Bund zuvor ein entsprechendes Gesetz erlassen hat (Art. 72 III S. 1 GG). Demzufolge kann auch keine Sperrwirkung gegenüber der Landesgesetzgebung i.S.v. Art. 72 I GG eintreten (vgl. dazu Rn 819 ff.).

2. Lehre vom drei- bzw. zweigliedrigen Bundesstaat

71 Die föderale Verfassung der Bundesrepublik Deutschland umfasst verschiedene Rechtskreise: den Rechtskreis zwischen den Organen des Gesamtstaats, den Rechtskreis zwischen dem Gesamtstaat und den Gliedstaaten und den Rechtskreis zwischen den Gliedstaaten. Es könnte daher angenommen werden, es handele sich um einen **dreigliedrigen Bundesstaat**, wonach zwischen dem *Gesamtstaat* (Bundesrepublik Deutschland), dem *Zentralstaat* (Bund) und den *einzelnen Gliedstaaten* (Länder) zu unterscheiden sei.[158] Die heute ganz herrschende Auffassung geht dagegen von einem **zweigliedrigen Bundesstaat** aus: Das Grundgesetz habe eine Aufteilung der Kompetenzen nur zwischen den Organen des Bundes und denen der Länder vorgenommen, wobei unter Bund der durch Zusammenschluss der Länder entstandene Gesamtstaat verstanden wird. Es könne nicht unterschieden werden „zwischen einem Zentralstaat und einem Gesamtstaat als zwei verschiedenen Rechtsträgern und Subjekten gegenseitiger verfassungsrechtlicher Rechte und Pflichten“[159].

3. Pflicht zu bundesfreundlichem Verhalten (Bundestreue)

72 Aus dem Bundesstaatsprinzip (vgl. Art. 20 I, 28 III, 79 III GG) sowie aus sonstigen Verfassungsnormen, die das Verhältnis von Bund und Ländern regeln, wird der Grundsatz der Bundestreue abgeleitet: Im Bundesstaat haben Bund und Länder die gemeinsame Pflicht zur Wahrung und Herstellung der grundgesetzmäßigen Ordnung in allen Teilen und Ebenen des Gesamtstaats.[160] Dieser Verfassungsgrundsatz enthält die Pflicht des Gesamtstaates und aller seiner Gliedstaaten zu bundesfreundlichem Verhalten. Das bedeutet, dass alle an dem verfassungsrechtlichen Bündnis Beteiligten gehalten sind, dem Wesen dieses Bündnisses entsprechend zusammenzuwirken und zu seiner Festigung und zur Wahrung seiner und der Belange seiner Gliedstaaten beizutragen.[161]

---

[157] BVerwG NVwZ 2012, 757, 761.

[158] So die Lehre vom dreigliedrigen Bundesstaat, vgl. *Kelsen*, Allgemeine Staatslehre, 1925, S. 199 ff.; *Nawiasky*, Allgemeine Staatslehre, 3. Teil, 1956, S. 151 ff. Die Gemeinden sind jedenfalls staatsorganisatorisch Teile der Länder und haben keine eigene Staatsqualität.

[159] BVerfGE 92, 203, 234; 13, 54, 77. Vgl. auch *Stern*, Staatsrecht I, § 19 I 3 b, S. 651; *Hesse*, Grundzüge des VerfR, Rn 238 ff.; *Hofmann*, in: Schmidt-Bleibtreu/Hofmann/Henneke, GG, Art. 20 Rn 6.

[160] BVerfGE 8, 122, 138; 12, 205, 255; 104, 238, 245 ff.

[161] BVerfGE 1, 299, 315; *Pieroth*, in: J/P, GG, Art. 20 Rn 27 ff.

Die Pflicht zu bundesfreundlichem Verhalten bedeutet also, dass einerseits die Länder gehalten sind, auf die Belange des Bundes Rücksicht zu nehmen, und dass andererseits der Bund die Pflicht hat, die Belange der Länder zu berücksichtigen.

Beispiele:

(1) Möchte die zuständige oberste Bundesbehörde im Rahmen der Bundesauftragsverwaltung einem Bundesland eine bestimmte Weisung erteilen (vgl. Art. 85 III GG), muss der Bund außer bei Eilbedürftigkeit vor Weisungserlass dem Land Gelegenheit zur Stellungnahme geben, dessen Standpunkt erwägen und dem Land zu erkennen geben, dass der Erlass einer Weisung in Betracht gezogen werde[162]; wird eine Weisung erteilt, darf das Land nicht zu schlechthin unverantwortbarem Verwaltungshandeln veranlasst werden.[163]

(2) Überschreitet eine Kommune ihre Verbandskompetenz durch einen Eingriff in Bundeszuständigkeiten, ist das Land, dem die Kommune angehört, verpflichtet, im Rahmen der Kommunalaufsicht gegen die Kommune einzuschreiten.[164]

(3) Trifft den Bund eine Verpflichtung aus einem völkerrechtlichen Vertrag und kann er diese Pflicht nicht allein, sondern nur unter Mitwirkung der Länder erfüllen, kann das Prinzip der Bundestreue die Länder im Verhältnis zum Bund zum Handeln verpflichten.[165] Praktische Bedeutung erlangt diesbezüglich die Umsetzung von Richtlinien der EU (Art. 288 AEUV), vgl. dazu auch Art. 23 VI GG.

Hinweis für die Fallbearbeitung: In der Fallbearbeitung kann die Pflicht zu bundesfreundlichem Verhalten immer dort auftreten, wo die Zusammenarbeit zwischen Bund und Ländern eine gewisse Abstimmung und Koordination erfordert. Da die Pflicht zu bundesfreundlichem Verhalten Verfassungsrang genießt, sind die fraglichen Normen oder das fragliche Verhalten auf die Vereinbarkeit mit dieser Pflicht zu überprüfen. Freilich ist die Pflicht zu bundesfreundlichem Verhalten recht unbestimmt. Eine Prüfung setzt daher ein geschultes Judiz voraus. Wichtig ist, dass Argumente vorgetragen werden, warum das fragliche Verhalten dem Wesen des Bundesstaates widersprechen könnte. In prozessualer Hinsicht wird die Verletzung der Pflicht zu bundesfreundlichem Verhalten i.d.R. mit Hilfe einer Bund-Länder-Streitigkeit (Art. 93 I Nr. 3 GG, §§ 13 Nr. 7, 68 ff. BVerfGG) gerügt.[166] Vgl. dazu Rn 680 ff.

III. Vor- und Nachteile des Bundesstaats

Der Bundesstaat bringt Vor- und Nachteile mit sich. Als vorteilhaft wird zunächst die **73**
Pluralität der politischen Leitungsgewalt angesehen, und zwar durch Machtaufgliederung und Gebietsaufgliederung. Durch diese Aufgliederung werden eine Machtkonzentration vermieden und das Demokratieprinzip gestärkt.

Beispiele:

(1) Bei der Bundesgesetzgebung ist der Bundestag das Hauptgesetzgebungsorgan (vgl. Art. 76 ff. GG). Damit die föderative Struktur der Bundesrepublik Deutschland und die Länderinteressen bei der Bundesgesetzgebung hinreichend berücksichtigt werden, wirken die Bundesländer über den Bundesrat bei der Bundesgesetzgebung mit (vgl. Art. 50 und 76 GG). Dadurch wird eine Machtkonzentration des Bundes verhindert.

---

[162] Vgl. BVerfG NVwZ 2002, 585, 586 f.; BVerfGE 81, 310, 338; 84, 25, 29; 67, 299, 321; 61, 149, 204; 36, 193, 202 f.; *Winkler*, JA 2002, 643 ff.
[163] BVerfGE 81, 310, 338. Vgl. dazu Rn 942 ff.
[164] BVerfGE 8, 122, 138 bzgl. unzulässiger gemeindlicher Volksbefragungen in Verteidigungsangelegenheiten.
[165] BVerfGE 6, 309, 328, 361; 32, 199, 219.
[166] Vgl. BVerfGE 104, 238, 245 ff.

(2) Durch die Aufteilung des Bundesgebietes in derzeit 16 Bundesländer und die (bundes-)verfassungsrechtliche Anerkennung der Länder als Staaten wird ebenfalls eine Machtkonzentration des Bundes vermieden.

74 Ein weiterer Vorteil des Bundesstaats besteht in der mit der Gewaltengliederung zwischen Bund und Ländern verbundenen Möglichkeit eines Miteinanders und Gegeneinanders politischer Kräfte, sodass eine gewaltenteilende und gewaltenhemmende Wirkung eintritt (sog. **vertikale Gewaltenteilung**).

75 Freilich steht diesen Vorteilen zunächst der Nachteil der **Schwerfälligkeit** des Staatsapparats gegenüber, da eine Vielzahl von staatlichen Institutionen an Gesetzgebung, Verwaltung und Rechtsprechung beteiligt ist. Darüber hinaus wird durch das Bundesstaatsprinzip die Unterschiedlichkeit regionaler Verhältnisse gefördert, was zu einer Inhomogenität des Gesamtstaats führt. Dieser Tendenz tritt Art. 28 I S. 1 GG entgegen. Entscheidend dürfte aber der Nachteil der **Kosten** sein. So braucht jedes souveräne Bundesland ein eigenes Parlament und eine eigene Regierung mit dem jeweiligen gesamten Verwaltungsunterbau eines jeden Ressorts, der nicht nur die Bundesgesetze, sondern auch die Landesgesetze ausführt. Der Kostennachteil trifft insbesondere auf die Stadtstaaten zu. Zwar wäre hier ein Zusammenschluss mit dem jeweiligen Nachbarstaat möglich (vgl. Art. 29 GG), einer solchen Fusion steht aber der ausgeprägte (und emotional veranlagte) Lokalpatriotismus der Entscheidungsträger entgegen.
Schließlich hat sich im Rahmen der zunehmenden Globalisierung und des internationalen Terrorismus herausgestellt, dass die Zusammenarbeit der Gefahrenabwehrbehörden und Nachrichtendienste mehr von Partikularinteressen geprägt ist als von der gemeinsamen Bekämpfung einer Bedrohung, die alle gleichermaßen betrifft. Auch hier wird der Nachteil des Bundesstaatsprinzips besonders deutlich. Immerhin hat dies der verfassungsändernde Gesetzgeber erkannt und im Zuge der Föderalismusreform 2006 eine bundeseinheitliche Regelung geschaffen. So hat der Bund nunmehr die ausschließliche Gesetzgebungskompetenz über die Abwehr von Gefahren des internationalen Terrorismus durch das BKA (Art. 73 I Nr. 9a GG – vgl. dazu Rn 807c).

D. Die parlamentarische Demokratie

Wichtige Entscheidungen: BVerfGE 8, 104 (Volksbefragungen); 20, 56 (Zuschüsse an politische Parteien); 44, 125 (Öffentlichkeitsarbeit der Bundesregierung); 63, 230 (Öffentlichkeitsarbeit der Bundesregierung vor Bundestagswahlen); 66, 369 (Wahlprüfungsbeschwerde; Wahlfreiheit); 73, 40 (Steuerliche Abzugsfähigkeit von Parteispenden); 83, 37 (Ausländerwahlrecht); 89, 155 (Maastricht); 95, 335 (Verfassungsmäßigkeit von Überhangmandaten); 95, 408 (Verfassungsmäßigkeit der Grundmandatsklausel); 113, 268 (Europäischer Haftbefehl); 121, 268 (Negatives Stimmgewicht); 123, 39 (Wahlcomputer); 123, 267 (Lissabon-Vertrag); 132, 195 (ESM); 135, 317 (ESM-Vertrag); BVerfG NVwZ 2002, 851 (Grenzen der Satzungsgewalt); NJW 2011, 2946 (Griechenlandhilfe); NVwZ 2012, 622 (Wahlkreiseinteilung); NVwZ 2012, 1101 (Negatives Stimmgewicht; Überhangmandate); NVwZ 2016, 922 (Rechte von Oppositionsfraktionen); NJW 2016, 2473 (OMT-Programm der EZB); NJW 2017, 611 (NPD-Parteiverbotsverfahren); NJW 2019, 1201 (Wahlprüfungsbeschwerde); NJW 2019, 3204 (Keine Kompetenzwidrigkeit der Regelungen zur Europäischen Bankenunion)

I. Begriff der Demokratie

Demokratie[167] („Herrschaft des Volkes") bedeutet die Regierung des Volkes durch das Volk und für das Volk.[168] **76**

Das Demokratieprinzip ist, wie das BVerfG in ständiger Rechtsprechung klarstellt[169], konstitutiver Bestandteil der freiheitlichen demokratischen Grundordnung des Grundgesetzes. Demokratie sei die Herrschaftsform der Freien und Gleichen. Sie beruhe auf der Idee der freien Selbstbestimmung aller Bürger.[170] In seinem menschenrechtlichen Kern verbürge das Demokratieprinzip das Recht der Bürger, in Freiheit und Gleichheit durch Wahlen und Abstimmungen die sie betreffende öffentliche Gewalt personell und sachlich zu bestimmen.[171] **77**

Man unterscheidet verschiedene Grundtypen der Demokratie: die unmittelbare oder direkte Demokratie und die mittelbare oder repräsentative Demokratie. Die antike Demokratie war eine **direkte Demokratie**: Das Volk war am Gesetzgebungsverfahren unmittelbar beteiligt (etwa durch Abstimmungen). Es gab keine Aufspaltung der Staatsgewalt in verschiedene, voneinander unabhängige Staatsorgane. In der Neuzeit hat sich dann die **repräsentative Demokratie** herausgebildet: Die Staatsbürger wählen ihre Repräsentanten (Abgeordnete), die dann in ihrem Auftrag (Mandat) die Gesetze beschließen und – in Abhängigkeit von den Mehrheitsverhältnissen – die Regierung bilden. Zur (repräsentativen) Demokratie gehört es, dass die Volksvertretung aus freien Wahlen hervorgeht, an der die Staatsbürger in gleicher Weise teilnehmen können. Auf der Grundlage von Verfassungsnormen und Rechtsstaatlichkeit kontrolliert die Volksvertretung die Regierung und beschließt nach dem Mehrheitsprinzip neben den Gesetzen auch andere politische Maßnahmen. **77a**

Hinsichtlich der repräsentativen Demokratie unterscheidet man wiederum zwei Grundformen, die Präsidialdemokratie und die parlamentarische Demokratie. In der **Präsidialdemokratie** besteht eine strenge Gewaltenteilung zwischen Exekutive und Legislative: Die Regierungsmitglieder dürfen nicht gleichzeitig Mitglieder der gesetzgebenden Körperschaft(en) sein. Die Ämter des Staatsoberhaupts (Präsident) und des Regierungschefs sind meist in einer Person vereint. Diese wird vom Volk gewählt und übt die Regierungsgewalt unabhängig vom Parlament aus. Die vom Präsidenten gebil- **77b**

---

[167] Der Begriff setzt sich zusammen aus den griechischen Wortbestandteilen *demos* (Volk) und *kratein* bzw. *kratia* (Herrschen).

[168] So die von Abraham Lincoln in seiner Gettysburg Address v. 19.11.1863 anlässlich der Einweihung des Soldatenfriedhofs auf dem Schlachtfeld von Gettysburg geprägte Kurzformel, die im Original lautet: „Government of the people, by the people, for the people". Vgl. auch *Kirchhof*, NJW 2001, 1332 ff. und später auch *Pieroth*, JuS 2010, 473 ff.

[169] Vgl. etwa BVerfG NJW 2017, 611, 620.

[170] BVerfG NJW 2017, 611, 620 (mit Verweis auf BVerfGE 44, 125, 142).

[171] BVerfG NJW 2017, 611, 620 (mit Verweis u.a. auf BVerfGE 123, 267, 341; 129, 124, 169; 135, 317, 386; BVerfG NJW 2016, 2473).

dete Regierung ist daher von den jeweiligen Parlamentsmehrheiten kaum abhängig. Diese Art von Demokratie findet sich vornehmlich in den USA und in Frankreich. Aber auch in einigen südamerikanischen Staaten wie Brasilien, Argentinien und Uruguay findet sich eine Präsidialdemokratie, allerdings mit nahezu diktatorischer Stellung des Präsidenten. Die Weimarer Republik hatte zumindest ab 1930 starke präsidiale Züge. Aufgrund der negativen Erfahrung mit dem Präsidialsystem in den Krisenjahren 1930 bis 1932 haben der Herrenchiemseer Konvent und der Parlamentarische Rat die Machtstellung des Präsidenten stark beschnitten.

77c In der **parlamentarischen Demokratie** ist das Parlament sowohl Gesetzgeber als auch entscheidendes Organ bei der Regierungsbildung. Das bedeutet, dass die Regierung (d.h. der Regierungschef) nicht direkt vom Volk, sondern vom Parlament gewählt wird. Dadurch besteht typischerweise eine Abhängigkeit des Regierungschefs vom Vertrauen des Parlaments. Diese Art von Demokratie findet sich z.B. in der Bundesrepublik Deutschland. Das Prinzip der repräsentativen Demokratie ergibt sich hier aus Art. 20 II S. 2 GG, wonach die Staatsgewalt vom Volke ausgeht („Volkssouveränität") und durch besondere Organe der Gesetzgebung, der vollziehenden Gewalt und der Rechtsprechung ausgeübt wird.

77d Zum Prinzip einer (parlamentarischen) Demokratie gehört es darüber hinaus, dass die **Volksvertretung** in **periodisch wiederkehrenden Abständen** durch Wahlen abgelöst und so vom Volk neu legitimiert wird. In der Bundesrepublik Deutschland ist dies verfassungsrechtlich durch Art. 39 GG abgesichert, wonach der Bundestag auf vier Jahre gewählt wird. Fraglich ist, ob der verfassungsändernde Gesetzgeber die Bestimmung ändern und so **(1)** die laufende Legislaturperiode und **(2)** künftige Legislaturperioden verlängern kann.

Zu (1): Für eine Verfassungsänderung bedarf es einer Mehrheit von zwei Dritteln der Mitglieder des Bundestags[172] und zwei Dritteln der Stimmen des Bundesrats[173]. Unterstellt man diese Mehrheiten, sind zumindest die formellen Voraussetzungen für die Verlängerung der Legislaturperiode gegeben.
In materieller Hinsicht sind bei einer Verfassungsänderung die Einschränkungen des Art. 79 III GG zu beachten, wonach u.a. die in den Art. 1 und 20 GG niedergelegten Grundsätze nicht berührt werden dürfen. Art. 39 GG ist von Art. 79 III GG nicht erfasst. Insoweit könnte angenommen werden, dass der verfassungsändernde Gesetzgeber die laufende Legislaturperiode durch entsprechende Änderung des Art. 39 GG verlängern kann.
Möglicherweise steht aber das in Art. 20 GG verankerte und daher nicht abänderbare (vgl. Art. 79 III GG) Demokratieprinzip einer solchen Verfassungsänderung entgegen. Konstitutives Element einer Demokratie ist es, dass sich die Volksvertretung in periodisch wiederkehrenden Abständen neu demokratisch legitimieren muss. Könnte das Parlament (unter Beteiligung des Bundesrats) seine nur auf Zeit verliehene Herrschaftsbefugnis aus eigener Macht verlängern, entfiele für diese Zeit die demokratische Legitimation durch das Volk. Das Demokratieprinzip wäre verletzt.[174] Die Verlängerung einer laufenden Legislaturperiode ist demgemäß nicht zulässig. Das würde auch für den Fall gelten, dass zwingende Sachgründe (etwa die Bekämpfung einer wirtschaftlichen oder politischen Krise) für eine Verlängerung sprächen. Eine Verlängerung der laufenden Legislaturperiode ist nur für den Fall des Art. 115h GG zulässig.[175]

---

[172] Zum Begriff der Mehrheit der Mitglieder des Bundestags vgl. Art. 121 GG; zur gesetzlichen Mitgliederzahl vgl. § 1 I S. 1 BWahlG, wonach die Mitgliederzahl 598 Abgeordnete beträgt. Hinzu kommen allerdings die Überhangmandate und die Ausgleichsmandate, da diese ebenfalls gesetzlich entstehen (vgl. dazu Rn 136).
[173] Zu den Stimmen des Bundesrats vgl. Art. 51 I-III GG.
[174] Vgl. BVerfGE 1, 14, 33; nunmehr auch *Pieroth*, JuS 2010, 473, 479.
[175] So auch *Kretschmer*, in: Schmidt-Bleibtreu/Hofmann/Henneke, GG, Art. 39 Rn 12.

Zu (2): Hinsichtlich künftiger Legislaturperioden wird eine allgemeine Verlängerung der Legislaturperiode für mit Art. 79 III i.V.m. Art. 20 II GG vereinbar angesehen, wobei zutreffend eine Höchstgrenze von **5 Jahren** genannt wird.[176] Auf der Ebene der Bundesländer ist bereits jetzt eine Legislaturperiode der Landtage von 5 Jahren die Regel.

II. Elemente der Demokratie

Die Elemente der Demokratie sind vielfältig, treten bei ihrer Verwirklichung aber oft in Konkurrenz zueinander. Zunächst einmal ist in einer Demokratie das Volk der Souverän, d.h. der Inhaber der Staatsgewalt („**Volkssouveränität**"). Parlament und Regierung werden nach dem Prinzip der freien, geheimen, allgemeinen und periodisch wiederkehrenden Wahl – direkt oder indirekt – vom Volk für eine bestimmte Zeit gewählt („**Volkswahl**"). Alle Handlungen des Staates müssen mit der Mehrheit des Volkswillens („**Mehrheitsprinzip**") sowie mit höherrangigem Recht („**Rechtsstaatsprinzip**") übereinstimmen. Staatliche Organe haben die Grundrechte (insbesondere die **Menschen- und Bürgerrechte**) des Einzelnen zu achten und zu schützen. In einer parlamentarischen Demokratie, wie sie für die Bundesrepublik Deutschland Art. 20 I, II GG vorschreibt, ist auch das Vorhandensein einer **wirksamen parlamentarischen Opposition** selbstverständlicher Bestandteil einer Demokratie. Schließlich ist für eine Demokratie kennzeichnend, dass eine (horizontale) **Gewaltenteilung** (Aufteilung der Staatsgewalt in Legislative, Exekutive und Judikative) besteht. Die Gewaltenteilung führt zu einer gegenseitigen Kontrolle und Hemmung der Staatsgewalt (*checks and balances*)[177] und dient damit der Vorbeugung einer Machtkonzentration und eines Machtmissbrauchs. „Volksdemokratien" kommunistischer bzw. sozialistischer Prägung (siehe etwa die Demokratische Volksrepublik Korea), die auf eine strenge Gewaltenteilung verzichten und bei denen die Staatsgewalt nur durch die „Volksvertretung" ausgeübt wird, kennen weder eine (effektive) Gewaltenteilung noch einen (echten) Parlamentarismus einschließlich einer wirksamen Opposition. Auch liegen ihnen rechtsstaatliche Strukturen und die Achtung von Grund- und Menschenrechten fern. **77e**

Außerhalb des Minderheitenschutzes, der der parlamentarischen Opposition zukommt, beinhaltet das Demokratieprinzip einen generellen **Minderheitenschutz**: Zwar ist die Mehrheit demokratisch legitimiert, sie darf ihre Legitimation aber nicht missbrauchen, indem sie Minderheiten bekämpft, um ihre Machtansprüche zu sichern. Der Schutz derjenigen, die die Mehrheitsverhältnisse nicht tragen, wird über die Grundrechte (Art. 1 ff. GG) und grundrechtsgleichen Rechte (Art. 20 IV, 33 I-III, 38 I S. 1, 38 I S. 2, 101, 103 I, 103 II, 103 III, und 104 I S. 2 GG), die Gewaltenteilung (Art. 20 II S. 2 GG), das Rechtsstaatsprinzip (Art. 20 III GG, 28 I S. 1 GG) und das Sozialstaatsprinzip (Art. 20 I, 28 I S. 1 GG) erreicht. Zudem sollen periodisch wiederkehrende Wahlen gewährleisten, dass die Herrschaft der Mehrheit auf Zeit begrenzt bleibt und die Minderheit die Chance hat, zur Mehrheit zu werden (dazu Rn 77d). Zu begrüßen ist daher die Rechtsprechung des BVerfG zur Unzulässigkeit der Nutzung staatlicher Infrastruktur durch Mitglieder der Mehrheit, um politische Gegner (politische Minderheiten) zu bekämpfen (dazu Rn 86 ff.). Andererseits wird das vom BVerfG gebilligte Prinzip der „abgestuften Chancengleichheit" im Rahmen der Wahlwerbung politischer Parteien (vgl. dazu Rn 383 ff.) dem Minderheitenschutz nicht in jeder Hinsicht gerecht. **77f**

---

[176] Vgl. *Magiera*, in: Sachs, GG, Art. 39 Rn 5 und (zwar hinsichtlich Mecklenburg-Vorpommern, was sich aber durchaus auf Art. 39 GG übertragen ließe) MeckVorVerfG NVwZ 2008, 1343 (mit Bespr. v. *Sachs*, JuS 2009, 462). Dem sich anschließend *Pieroth*, JuS 2010, 473, 479.

[177] Zurückgehend auf *John Locke* (1632-1704) und *Charles de Montesquieu* (1689-1755) – insofern lediglich klarstellend BVerfG NVwZ 2018, 51, 52 f. (mit Verweis auf BVerfGE 3, 225, 247; 7, 183, 188; 9, 268, 279; 22, 106, 111; 34, 52, 59; 95, 1, 15; 137, 185, 231; 139, 194, 223 f.; BVerfG NVwZ 2017, 1364, 1365).

77g Zwischen den Elementen der Demokratie besteht oft ein Spannungsverhältnis. Einerseits verlangt das Demokratieprinzip die Durchsetzung des Mehrheitswillens, andererseits versucht es durch Grundrechte, Minderheitenschutz, Gewaltenteilung, Rechts- und Sozialstaatlichkeit die Folgen von Mehrheitsentscheidungen abzuschwächen und den Minderheiten eine Chance einzuräumen, selbst einmal zur Mehrheit zu werden. Zahlreiche Verfassungen versuchen diesen Ausgleich zusätzlich durch Errichtung von Teilgewalten (Föderalismus), Differenzierung der Volkssouveränität (Mehrkammersystem) und mit Hilfe einer unabhängigen Verfassungsgerichtsbarkeit zu erreichen. Solange aber – wie auch in der Bundesrepublik Deutschland – die personelle Besetzung der Verfassungsgerichte von den Mehrheitsverhältnissen in den Parlamenten bzw. Kammern abhängt[178], darf eine völlige Unabhängigkeit bezweifelt werden (zur Kritik vgl. auch Rn 616). Generell zum Minderheitenschutz vgl. Rn 77f, 86 ff., 383 ff.

III. Vorhandensein einer wirksamen Opposition

78 Eine parlamentarische Demokratie impliziert das Vorhandensein einer **parlamentarischen Opposition**[179] als Gegenpol der Regierung (bzw. der Regierungsfraktionen). Sie soll einen politischen Meinungskampf führen und zugleich die Regierungsarbeit kontrollieren, was wiederum nur der Fall sein kann, wenn ihr die Verfassung auch umfassende Rechte einräumt.[180] Das ist so unstreitig wie selbstverständlich. Freilich kann eine Opposition ihre (Kontroll-)Rechte nicht wirksam ausüben, wenn die Verfassung die Ausübung von (bestimmten) Oppositionsrechten vom Erreichen bestimmter Quoren abhängig macht. Fehlt ein erforderliches Quorum, ist eine effektive Kontrolle nicht oder nur stark eingeschränkt möglich.

Beispiele: Die abstrakte Normenkontrolle eignet sich hervorragend, eine Rechtmäßigkeitskontrolle bzgl. von der Bundestagsmehrheit beschlossener Gesetze herbeizuführen. Um bei einer abstrakten Normenkontrolle aber antragsberechtigt zu sein, muss der Antragsteller ein Viertel der Mitglieder des Bundestags umfassen (Art. 93 I Nr. 2 GG; einfachgesetzlich wiederholt in § 76 I BVerfGG), was hinsichtlich der Opposition im 18. Deutschen Bundestag nicht der Fall war.[181] Ähnlich verhält es sich mit dem Recht der Einsetzung eines Untersuchungsausschusses. Gemäß Art. 44 I S. 1 GG (einfachgesetzlich wiederholt in § 1 I PUAG) ist auch hier ein Viertel der Mitglieder des Bundestags erforderlich, damit der Bundestag den Untersuchungsausschuss einsetzen muss (dazu Rn 486). Weitere Beispiele von Quoren, die das Grundgesetz für die Ausübung von parlamentarischen Minderheitenrechten vorsieht, sind Art. 23 Ia S. 2 GG, Art. 39 III S. 3 GG und Art. 45a II S. 2 GG.

78a Verfügt also eine Opposition über weniger Sitze, als sie zur (effektiven) Wahrnehmung von Oppositionsrechten benötigt, ist die damit verbundene Beschneidung oppositioneller Rechte, die mit der Aufrechterhaltung der Funktionstüchtigkeit des Parlaments begründet wird (nicht jede Splitterpartei soll Anträge stellen und Verfahren einleiten können), verfassungsrechtlich problematisch, da eine wirksame Opposition

[178] Vgl. Art. 94 I S. 2 GG, wonach die Richter des BVerfG je zur Hälfte vom Bundestag und vom Bundesrat gewählt werden (vgl. dazu näher Rn 616).
[179] Vgl. auch BVerfG NJW 2018, 928, 929 f.
[180] Zu den Oppositionsrechten siehe sogleich Rn 78a ff.
[181] Der 18. Deutsche Bundestag bestand aus insgesamt 630 Abgeordneten. Darunter fielen 254 Sitze auf die CDU (ursprünglich waren es 255, ein Mandat war aber nachträglich weggefallen), 56 auf die CSU, 193 auf die SPD, 64 auf DIE LINKE und 63 auf Bündnis 90/DIE GRÜNEN. Infolge der Großen Koalition von CDU/CSU und SPD betrug die Zahl der Sitze der beiden Oppositionsfraktionen lediglich 127. Das war weniger als ein Viertel von 630. Der gegenwärtige 19. Deutsche Bundestag besteht aus insgesamt 709 Abgeordneten. Darunter fallen 200 Sitze auf die CDU, 46 auf die CSU, 152 auf die SPD (vor dem Austritt Bülows aus der Fraktion waren es 153 Sitze), 69 auf DIE LINKE, 67 auf Bündnis 90/DIE GRÜNEN, 80 auf die FDP und 89 auf die AfD (vor dem Austritt von Petry, Mieruch, Kamann, Herrmann und Hartmann aus Partei bzw. Fraktion waren es 94 Sitze für die AfD). Da die Koalition von CDU/CSU und SPD über insgesamt 398 Sitze verfügt, beträgt die Gesamtzahl der Sitze der Opposition damit 311 (sofern man die 6 Fraktionsaustritte zur Opposition zählt). Das sind rund 44%, was eine effektive Oppositionsarbeit gewährleistet.

ein konstitutives Merkmal einer Demokratie darstellt und die oppositionellen Rechte auch Oppositionen zustehen müssen, die weniger als ein Viertel der Mitglieder umfassen. Eine teleologische Auslegung der genannten Verfassungsbestimmungen entgegen dem jeweils klaren und damit nicht interpretationsfähigen Wortlaut ist nicht möglich.[182] In der Folge bliebe damit die Annahme von verfassungswidrigem Verfassungsrecht, wenn man davon ausgeht, dass zwischen den Quoren für die Ausübung der parlamentarischen Minderheitenrechte und dem allgemeinen verfassungsrechtlichen Grundsatz effektiver Opposition ein Spannungsverhältnis besteht und Letzterer den Vorrang genießt. Geht man diesen Schritt nicht, bleibt lediglich die Frage nach einer Änderung der genannten grundgesetzlichen Bestimmungen, die wegen Art. 79 II GG jedoch eine Zwei-Drittel-Mehrheit in Bundestag und Bundesrat voraussetzt. Eine bloße Erweiterung von Minderheitenrechten in der Geschäftsordnung, wonach sich der Bundestag auf Antrag von 120 Abgeordneten zur Ergreifung bestimmter Maßnahmen verpflichtet (vgl. § 126a GO BT, der für die 18. Legislaturperiode galt), konnte allenfalls als „Schritt in die richtige Richtung" gewertet werden, aber weder eine formalgesetzlich noch eine verfassungsrechtlich gebotene Verankerung von effektiven Minderheitenrechten ersetzen. Demgegenüber wäre eine Änderung des § 76 I BVerfGG bzw. eine Erweiterung der Minderheitenrechte im PUAG ein Anfang gewesen. Der hierzu in der 18. Legislaturperiode von der Fraktion Bündnis 90/DIE GRÜNEN in den Bundestag eingebrachte Gesetzentwurf (BT-Drs. 18/184) wurde (in wenig überraschender Weise) abgelehnt, was zu einem Organstreitverfahren (2 BvE 4/14) führte. Das BVerfG bewertete den Antrag zwar als zulässig[183], wies ihn aber als unbegründet zurück. Zwar betont das BVerfG den im Demokratieprinzip nach Art. 20 I, II GG und Art. 28 I S. 1 GG wurzelnden verfassungsrechtlichen Schutz der Opposition[184] sowie das im Rechtsstaatsprinzip aus Art. 20 III GG und Art. 28 I S. 1 GG verankerte Recht „auf organisierte politische Opposition"[185], die jeweils wirksam ausgestaltet sein müssten[186]. Allerdings stellt sich das BVerfG – in seiner einstimmig ergangenen Entscheidung – auch auf den Standpunkt, dass weder das Grundgesetz explizit spezifische Oppositions(fraktions)rechte begründe, noch sich aus ihm ein Gebot der Schaffung solcher Rechte ableiten lasse[187]. Im Gegenteil stehe Art. 38 I S. 2 GG einer Einführung spezifischer Oppositions(fraktions)rechte entgegen.[188] Und der Möglichkeit einer Verfassungsänderung in Form einer Absenkung der grundgesetzlich vorgegebenen Quoren eines Drittels (Art. 39 III S. 3 GG) oder Viertels (Art. 23 Ia S. 2, Art. 44 I S. 1, Art. 45a II S. 2 und Art. 93 I Nr. 2 GG) der Mitglieder des Bundestags für die Ausübung parlamentarischer Minderheitenrechte begegnete das BVerfG nicht nur mit dem Argument, dem stehe die bewusste Entscheidung des Verfassungsgebers für die bestehenden Quoren entgegen[189], sondern auch damit, dass eine Absenkung der Quoren sogar verfassungsrechtlich unzulässig sei. Die Quorenregelungen hätten ebenso Verfassungsrang wie der Grundsatz effektiver Opposition. Beide Prinzipien stünden auf derselben hierarchischen Normebene, die kein Kriterium dafür liefern könne, welchem Prinzip Vorrang zukomme. Das Grundgesetz könne nur als Einheit begriffen werden.[190] Aus dem Gesamtinhalt der Verfassung ergäben sich verfassungsrechtliche Grundsätze und Grundentscheidungen, denen die einzelnen Verfassungsbestimmungen untergeordnet seien. Daraus ergebe sich, dass jede Verfassungsbestimmung so ausgelegt werden müsse, dass sie mit jenen elementaren Verfassungs-

---

182 So auch BVerfG NVwZ 2016, 922, 926. Anders wohl *Cancik*, NVwZ 2014, 18, 21 ff.
183 BVerfG 3.5.2016 – 2 BvE 4/14 (insoweit nicht abgedruckt in NVwZ 2016, 922, 923) – siehe dazu Rn 630/636.
184 BVerfG NVwZ 2016, 922, 923 mit Verweis auf BVerfGE 2, 1, 13; 44, 308, 321; 70, 324, 363.
185 BVerfG NVwZ 2016, 922, 924 mit Verweis auf BVerfGE 123, 267, 367.
186 BVerfG NVwZ 2016, 922, 924.
187 BVerfG NVwZ 2016, 922, 924 f.
188 BVerfG NVwZ 2016, 922, 925 f.
189 BVerfG NVwZ 2016, 922, 927 f.
190 BVerfG NVwZ 2016, 922, 927 mit Verweis auf BVerfGE 1, 14, 32 und *Hesse*, VerfR, Rn 20.

grundsätzen und Grundentscheidungen des Verfassungsgesetzgebers vereinbar sei.[191] Daraus folge, dass auf der Ebene der Verfassung ranghöhere und rangniedere Normen in dem Sinne, dass sie aneinander gemessen werden könnten, grundsätzlich nicht denkbar seien.[192] Zudem verbiete sich eine Änderung der bestehenden verfassungsrechtlichen Quoren, weil anderenfalls die verfassungsrechtlichen Grundsätze und Grundentscheidungen des Grundgesetzes missachtet würden.

78b Indem das BVerfG also die innere Einheit der Verfassung betont, geht es davon aus, dass die Quorenregelungen auf derselben hierarchischen Stufe stehen wie der Grundsatz effektiver Opposition. Damit verbietet das BVerfG eine diesbezügliche Verfassungsänderung und erteilt zugleich der Figur vom verfassungswidrigen Verfassungsrecht (abermals) wohl eine Absage. Immerhin räumt das BVerfG ein, dass die Rechtsfigur „umstritten" sei und dass Verfassungsbestimmungen (lediglich) „grundsätzlich" nicht aneinander gemessen werden könnten.[193]

78c Stellungnahme: Dass eine Entscheidung des Verfassungsgebers bewusst getroffen wurde, kann kein Argument gegen eine Verfassungsänderung sein. Denn daraus könnte man ja den Schluss ziehen, dass Verfassungsänderungen nur insoweit möglich wären, als der Verfassungsgeber die zu ändernden Verfassungsbestimmungen unbewusst getroffen hätte. Vielmehr muss allein danach gefragt werden, ob eine Verfassungsänderung nach den gegenwärtigen politischen und gesellschaftlichen Verhältnissen notwendig erscheint. Im vorliegenden Zusammenhang geht es also darum, ob die im Grundgesetz genannten Quoren (noch) den Anforderungen genügen, die das Rechtsstaatsprinzip und das Demokratieprinzip an den Minderheitenschutz und an eine wirksame parlamentarische Opposition stellen. Mögen die im Grundgesetz genannten Quoren unter Berücksichtigung der früheren politischen Mehrheitsverhältnisse vom Verfassungsgeber bedacht sein und ausgereicht haben, um der Opposition wirksame Instrumente an die Hand zu geben, dürfte dies mit Blick auf die zugenommene (und möglicherweise weiter zunehmende) Diversität im politischen Meinungsspektrum und die damit einhergehende Notwendigkeit der Bildung Großer Koalitionen einerseits, aber auch mit Blick auf eine Stärkung von Minderheitenrechten (Oppositions(fraktions)rechten) andererseits zweifelhaft geworden sein. Insofern kann man sich durchaus auf den Standpunkt stellen, der Grundsatz effektiver Opposition, der in der modernen pluralistischen Gesellschaft eine zunehmende Bedeutung erlangt, habe Vorrang vor den Quorenregelungen (jedenfalls in ihren konkreten Höhen), die offenbar (lediglich) der Sicherung der Handlungs- und Entscheidungsfähigkeit des Parlaments dienen. Teilt man diesen Standpunkt, hat die Figur vom verfassungswidrigen Verfassungsrecht durchaus ihre Berechtigung.

78d Schließlich leidet die Argumentation des BVerfG an einer rechtsmethodischen Schwäche: Sind auf der Ebene der Verfassung ranghöhere und rangniedere Normen in dem Sinne, dass sie aneinander gemessen werden könnten, grundsätzlich nicht denkbar, dürfte sich die Frage nach der Auslegung am Maßstab elementarer Verfassungsgrundsätze und Grundentscheidungen des Verfassungsgesetzgebers gar nicht stellen (so aber das BVerfG), weil es vom Standpunkt des BVerfG aus doch gerade keine einander zu messende rangniedere und ranghöhere Verfassungsbestimmungen gibt. Wie ausgeführt, gibt es in der Verfassung elementare Grundentscheidungen, zu denen die in Art. 79 III GG genannten änderungsfesten Materien der in Art. 1 und 20 GG niedergelegten Verfassungsgrundsätze zählen. Alle anderen Verfassungsbestimmungen

---

[191] BVerfG NVwZ 2016, 922, 927 mit Verweis auf BVerfGE 1, 14, 32 f.
[192] BVerfG NVwZ 2016, 922, 927 mit Verweis auf BVerfGE 3, 225, 232.
[193] BVerfG NVwZ 2016, 922, 927 (mit dem „grundsätzlich" hält sich das BVerfG wohl eine „Hintertür" für gegenwärtig noch nicht absehbare abweichende Fälle offen).

müssen sich daran messen lassen. Insofern hat die Figur vom „verfassungswidrigen Verfassungsrecht" durchaus ihre Berechtigung.

Von dem hier vertretenen Standpunkt aus wäre also eine Verfassungsänderung nicht nur möglich, sondern auch geboten. Zu fordern wäre eine Absenkung der verfassungsrechtlichen Quoren, um in einer politisch vielfältig gewordenen Gesellschaft, die sich auch in den Parlamenten widerspiegelt, Minderheitenrechte zu stärken und der (parlamentarischen) Opposition eine wirksame Kontrollfunktion zu ermöglichen, die das insoweit übergeordnete Demokratieprinzip fordert. Dem dürfte dann auch nicht Art. 38 I S. 2 GG entgegenstehen. **78e**

Freilich stellt sich in der gegenwärtigen 19. Legislaturperiode vorstehende Problematik nicht, da die Opposition in ihrer Gesamtheit (und nur darauf bezogen sich obige Ausführungen) über rund 44% der Sitze verfügt (siehe bereits Fußn. 181). **78f**

IV. Demokratische Legitimation staatlichen Handelns

1. Erfordernis einer ununterbrochenen Legitimationskette

Ergibt sich in der **Bundesrepublik Deutschland** das Demokratieprinzip als geltendes und (wegen Art. 79 III GG) unabänderbares Verfassungsrecht aus **Art. 20 I, II GG**, wonach die Bundesrepublik Deutschland ein „demokratischer und sozialer Bundesstaat" ist, „alle Staatsgewalt vom Volke ausgeht" und „vom Volke in Wahlen und Abstimmungen und durch besondere Organe der Gesetzgebung, der vollziehenden Gewalt und der Rechtsprechung ausgeübt" wird, wird überaus deutlich, dass jedenfalls belastendes staatliches Handeln der **demokratischen Legitimation** bedarf. Dabei ist im Wesentlichen zwischen personeller und sachlich-inhaltlicher Legitimation zu unterscheiden: **79**

⇨ In personeller Hinsicht ist eine hoheitliche Entscheidung legitimiert, wenn sich die Bestellung desjenigen, der sie trifft, durch eine **ununterbrochene Legitimationskette**[194] auf das Staatsvolk zurückführen lässt[195]: Unmittelbar demokratisch legitimiert ist das Parlament aufgrund von Wahlen (vgl. Art. 38 GG). Der Kanzler als Exekutivspitze ist mittelbar demokratisch legitimiert, indem er vom Bundestag gewählt wird (Art. 63 GG) und diesem gegenüber verantwortlich ist. Die einzelnen Minister sind demokratisch legitimiert, weil sie vom Bundespräsidenten auf Vorschlag des Kanzlers ernannt und entlassen werden (Art. 64 I GG). Schließlich sind die nachgeordneten Behörden demokratisch legitimiert, weil sie gegenüber der Regierung/dem Minister weisungsgebunden sind.[196] Daraus ergibt sich die personelle demokratische Legitimation einer behördlichen Entscheidung gegenüber dem Bürger, die in ihrer Vereinbarkeit mit Art. 20 I, II GG freilich einbüßt, je länger die Legitimationskette geworden ist. Überträgt der Staat die Kompetenz zur selbstständigen Wahrnehmung einzelner hoheitlicher Aufgaben jedoch auf Private, dürfen die demokratische Legitimation (und der Funktionsvorbehalt nach Art. 33 IV GG) bezweifelt werden.[197] Das gilt im Ansatz bei einer **Beleihung**[198] und erst recht, wenn der Staat hoheitliche Aufgaben auf nicht beliehene **private Dienstleister**[199] oder **zwischenstaatliche Einrichtungen**[200] überträgt.

---

[194] Soweit ersichtlich, geht der Begriff auf *Ernst Wolfgang Böckenförde* zurück.

[195] BVerfG NJW 2012, 1563, 1564 ff. Vgl. auch BVerfG NJW 2017, 611, 620 f., das die Rückführung der Staatsgewalt auf den Willen des Volkes (auch) auf das Prinzip der Volkssouveränität stützt. Und in BVerfG NVwZ 2018, 51, 55 macht das BVerfG deutlich, dass alles amtliche Handeln mit Entscheidungscharakter der demokratischen Legitimation bedarf. Es müsse sich auf den Willen des Volkes zurückführen lassen und ihm gegenüber verantwortet werden.

[196] Vgl. BVerfGE 83, 60, 72; BVerfG NJW 2012, 1563, 1564 ff.

[197] Vgl. dazu ausführlich *R. Schmidt*, AllgVerwR, Rn 113.

[198] Siehe dazu Rn 52 f./80 sowie ausführlich *R. Schmidt*, AllgVerwR, Rn 110 ff.

[199] Siehe dazu sogleich sowie Rn 80 ff.

[200] Siehe dazu Rn 82 ff.

Beispiel[201]**:** Betraut die Ordnungsbehörde private Dienstleister mit der Aufgabe der Verkehrsüberwachung (d.h. mit der Vornahme von Geschwindigkeitsmessungen), muss sie Herrin des durch die Messanlage gewonnenen Beweismittels bleiben. Dazu zählt, dass sie zumindest Umwandlung und Auswertung des Beweismittels selbst durchführen muss, damit Messbild und Messdaten auf die digitalen Messrohdaten bzw. Falldateien zurückführbar sind.[202] Ist das nicht der Fall, verstößt das Verfahren gegen das Demokratieprinzip.

Auch in Bezug auf die mittelbare Staatsverwaltung, die vorliegt, wenn sich der Staat für den Gesetzesvollzug ausgegliederter Verwaltungsträger mit eigener Rechtspersönlichkeit bedient[203], ist zu beachten, dass die demokratische Legitimationskette gewahrt bleiben muss. So sind die Maßnahmen der Industrie- und Handelskammern nur dann hinreichend demokratisch legitimiert, wenn das IHK-Gesetz den Aufgabenbereich vorgibt und auf die Belange der (regionalen) Wirtschaft begrenzt. Die Befugnis zur Erhebung von Beiträgen zur Finanzierung der Kammern und deren Aufgaben ist nach wiederholter Rechtsprechung des BVerfG mit den Grundrechten der Mitglieder und dem Demokratieprinzip vereinbar. Die nach dem Gewerbeertrag gestaffelte Beitragspflicht und die Pflichtmitgliedschaft in der IHK wögen nicht so schwer, um eine Unvereinbarkeit mit Art. 2 I GG[204] zu begründen. Und das Demokratieprinzip sei nicht verletzt, weil hinsichtlich der Beitragspflicht und der Beitragsordnung eine staatliche Rechtsaufsicht bestehe.[205]

Generell bedarf jedes amtliche Handeln mit Entscheidungscharakter der demokratischen Legitimation. Das Erfordernis ununterbrochener demokratischer Legitimation besteht auch dann, wenn sich der Staat bei der Wahrnehmung seiner Aufgaben eines – vollständig oder mehrheitlich – in staatlicher Hand befindlichen Unternehmens in Privatrechtsform bedient. Dabei ist die Verantwortlichkeit der Regierung nicht auf die ihr gesetzlich eingeräumten Einwirkungs- und Kontrollrechte beschränkt; vielmehr hat sie umfassend Sorge zu tragen, dass das von ihr beherrschte Unternehmen grundgesetzlich Vorgaben erfüllt.[206]

⇨ Die sachlich-inhaltliche Legitimation wird durch Gesetzesbindung (Art. 20 III GG) und Bindung an Aufträge und Weisungen der Regierung vermittelt.[207]

79a Geschützt wird die Demokratie auch durch das **Bundesstaatsprinzip** (Art. 20 I, 28 I S. 1 GG): Dadurch, dass die Bundesländer jeweils eine eigene Staatsqualität besitzen und die Länderinteressen über den Bundesrat auch bei der Bundesgesetzgebung Eingang finden (vgl. Art. 50, 76 ff. GG), besteht letztlich eine zweifache demokratische Legitimation der Bundesgesetzgebung. Über die Einhaltung dieser Verfassungsprinzipien wacht das BVerfG (Art. 93 GG). Zur Frage des Demokratieprinzips in der **Europäischen Union** vgl. die zusammenhängende Darstellung bei Rn 327 ff.

2. Parlamentsvorbehalt

79b Aus dem Demokratieprinzip folgt weiterhin, dass Entscheidungen, die von substantiellem Gewicht für das Gemeinwesen sind, vom Parlament selbst getroffen werden müssen (Parlamentsvorbehalt). Das leuchtet ein, wenn man bedenkt, dass allein das Parlament unmittelbar demokratisch legitimiert ist und sich die Exekutive nur mittel-

---

[201] Nach OLG Frankfurt NStZ-RR 2017, 188.
[202] Siehe OLG Frankfurt NStZ-RR 2017, 188.
[203] Zu diesen ausgegliederten Verwaltungsträgern gehören zum einen die juristischen Personen des öffentlichen Rechts (Körperschaften, rechtsfähige Anstalten und Stiftungen des öffentlichen Rechts; nicht Bund und Länder) und zum anderen die Beliehenen. Sie sind gem. § 1 I Nr. 1 oder 2 BundesVwVfG Behörden i.S.v. § 1 IV BundesVwVfG. Siehe dazu *R. Schmidt*, AllgVerwR, Rn 82 ff.
[204] Art. 9 I GG mit seinen strengeren Rechtfertigungsmaßstäben ist nach wiederholter Rechtsprechung des BVerfG nicht einschlägig (siehe zuletzt BVerfG NJW 2017, 2744, 2745 f. – dazu kritisch *R. Schmidt*, Grundrechte, Rn 680/681).
[205] BVerfG NJW 2017, 2744, 2745 f. (IHK).
[206] BVerfG NJW 2018, 51, 53 ff.
[207] BVerfGE 93, 37, 67 f.; 107, 59, 87 f.; BVerfG NJW 2012, 1563, 1564 ff.

bar über das Parlament legitimiert (s.o.).

Der **Parlamentsvorbehalt** besagt, dass bestimmte Angelegenheiten einer Entscheidung des Parlaments bedürfen. 79c

Geht es um Grundrechtseingriffe, spricht man insoweit vom **Vorbehalt des Gesetzes**, der mithin einen Teilaspekt des Parlamentsvorbehalts ausmacht. Mit „Vorbehalt des Gesetzes" ist gemeint, dass Grundrechtseingriffe durch die Exekutive nicht ohne gesetzliche Ermächtigung zulässig sind (siehe näher Rn 239 ff.). Art. 20 III GG i.V.m. den einschlägigen Grundrechten stellt dies klar. 79d

Wenn auch der Parlamentsvorbehalt mit dem Vorbehalt des Gesetzes und der Wesentlichkeitsrechtsprechung (Rn 79j ff.) viele Berührungspunkte hat, darf er nicht mit diesen Prinzipien gleichgesetzt werden.[208] Denn er sagt lediglich, dass bestimmte Angelegenheiten einer Entscheidung des Parlaments bedürfen. Mit „Parlament" sind dabei ausschließlich die Gesetzgebungskörperschaften von Bund und Ländern gemeint (also der Bundestag und die Landtage), nicht dagegen sonstige Vertretungskörperschaften wie z.B. Gemeindevertretungen oder Studierendenvertretungen, die landläufig als „Gemeindeparlament" und „Studierendenparlament" bezeichnet werden. 79e

Aber auch andere wesentliche Entscheidungen dürfen nicht der Exekutive überlassen werden, sondern müssen vom Parlament getroffen werden. Zu nennen ist insbesondere der **wehrverfassungsrechtliche Parlamentsvorbehalt**.[209] So ist der Einsatz bewaffneter Streitkräfte der Bundeswehr im Ausland von solchem Gewicht für das Gemeinwesen, dass das Parlament (hier: der Bundestag) über jeden einzelnen Einsatz entscheiden muss.[210] Ohne vorherige parlamentarische Zustimmung ist ein Einsatz bewaffneter Streitkräfte grds. nicht zulässig.[211] Das BVerfG hat jedoch auch entschieden, dass bei Gefahr im Verzug (was insbesondere bei militärischen Evakuierungsmaßnahmen in Betracht kommt) die Bundesregierung ausnahmsweise berechtigt sei, den Einsatz bewaffneter Streitkräfte im Ausland vorläufig allein zu beschließen. Sie müsse jedoch den Bundestag unverzüglich informieren; dieser müsse dem Einsatz umgehend zustimmen, damit dieser fortgesetzt werden dürfe. Sollte der Bundestag seine nachträgliche Zustimmung verweigern, habe dies nicht zur Folge, dass der Einsatz von Anfang an rechtswidrig wäre. Die Bundesregierung sei in diesem Fall lediglich verpflichtet, den Einsatz zu beenden und die Streitkräfte zurückzurufen. Eine nachträgliche Befassung des Bundestags sei von vornherein nicht erforderlich, wenn der wegen Gefahr im Verzug von der Bundesregierung angeordnete Streitkräfteeinsatz noch vor der Befassung durch den Bundestag abgeschlossen ist. Die Bundesregierung habe den Bundestag aber unverzüglich und qualifiziert über den abgeschlossenen Streitkräfteeinsatz zu unterrichten.[212] 79f

Der Parlamentsvorbehalt wird typischerweise, aber nicht notwendigerweise durch den Erlass eines Gesetzes beachtet. So können auch schlichte Parlamentsbeschlüsse jedenfalls dann dem Parlamentsvorbehalt gerecht werden, wenn sie verbindlich sind. So genügen die Beschlüsse des Bundestags zu Auslandseinsätzen der Bundeswehr dem Parlamentsvorbehalt, auch wenn sie nicht in Form eines Gesetzes erfolgen, solange sie nur verbindlich sind. 79g

---

[208] So aber BVerfGE 108, 282, 311 f. (Kopftuch).
[209] Vgl. dazu BVerfGE 90, 286, 390; 121, 135, 156; BVerfG NVwZ 2015, 1593, 1594 f.
[210] BVerfGE 90, 286, 381 ff. (Bundeswehreinsatz). Vgl. auch BVerfG NVwZ 2015, 1593, 1594 f.
[211] BVerfG NVwZ 2015, 1593, 1594 f. (Zur Reichweite des Parlamentsvorbehalts für Streitkräfteeinsätze bei Gefahr im Verzug).
[212] BVerfG NVwZ 2015, 1593, 1597 f. Vgl. dazu auch *Fischer/Ladiges*, NVwZ 2016, 32 ff.

79h Der Parlamentsvorbehalt hat ein sehr wichtiges Anwendungsfeld auch auf dem Gebiet des **Haushaltsrechts** (vgl. Art. 110 II S. 1 GG).[213] Zu Recht stellt das BVerfG klar, dass zu den unverzichtbaren Entscheidungsbefugnissen des Bundestags das Budgetrecht und die damit verbundenen haushaltsrechtlichen Gestaltungsmöglichkeiten gehören, und dass der Bundestag sich nicht seiner haushaltspolitischen Gesamtverantwortung entledigen darf.[214] Vor diesem Hintergrund ist es selbstverständlich, dass der Haftungsanteil der Bundesrepublik Deutschland aus dem permanenten Europäischen Stabilitätsmechanismus (**ESM**) ohne Zustimmung des Bundestags nicht eine bestimmte Größenordnung überschreiten darf. Die Haftungsobergrenze der Bundesrepublik Deutschland (von derzeit festgelegten 190 Mrd. €) darf also nur mit Zustimmung des Bundestags erhöht werden.[215] Vgl. dazu auch Rn 353a. Zur demokratischen Legitimation der **Europäischen Union** vgl. Rn 327 ff.

Beispiel[216]**:** Im Urteil über die Ratifikation des ESM-Vertrags (Vertrag über die Einführung eines europäischen Stabilitätsmechanismus) führt das BVerfG aus, dass Entscheidungen über Einnahmen und Ausgaben der öffentlichen Hand grundlegender Teil der demokratischen Selbstgestaltungsfähigkeit im Verfassungsstaat seien. Sie müssten daher in der Hand des Deutschen Bundestags verbleiben (Haushaltsrecht bzw. Budgetrecht des Parlaments). Das gelte auch dann, wenn die Exekutive in einem System intergouvernementalen Regierens (hier: europäischer Stabilitätsmechanismus) handele. Daher sei es dem Deutschen Bundestag untersagt, finanzwirksame Mechanismen zu begründen, die zu nicht überschaubaren haushaltsbedeutsamen Belastungen ohne erneute konstitutive Zustimmung des Bundestags führen können. Es sei dem Bundestag verwehrt, dauerhafte völkervertragsrechtliche Mechanismen zu etablieren, die auf eine Haftungsübernahme für Willensentscheidungen anderer Staaten hinausliefen, vor allem, wenn sie mit schwer kalkulierbaren Folgewirkungen verbunden seien. Jede ausgabenwirksame solidarische Hilfsmaßnahme des Bundes größeren Umfangs im internationalen oder unionalen Bereich müsse vom Bundestag im Einzelnen bewilligt werden. Auch bei der Art und Weise des Umgangs mit den zur Verfügung gestellten Mitteln müsse hinreichender parlamentarischer Einfluss gesichert sein.

Das Zustimmungsgesetz zum ESM bzw. zur Einführung von Art. 136 III in den AEUV beeinträchtige das Demokratieprinzip (bzw. den Parlamentsvorbehalt) nicht. Allerdings dürfe der Haftungsanteil der Bundesrepublik Deutschland aus ESM ohne Zustimmung des Bundestags nicht eine bestimmte Größenordnung überschreiten. Die Haftungsobergrenze der Bundesrepublik Deutschland (von derzeit festgelegten 190 Mrd. €) darf also nur mit Zustimmung des Bundestags erhöht werden. Insoweit hat das BVerfG den ESM bzw. das deutsche Zustimmungsgesetz (d.h. § 3 III StabMechG) für mit dem Grundgesetz vereinbar erklärt.[217]

79i Der Parlamentsvorbehalt kann aber nicht weiter reichen als die Zuständigkeit der Legislative, die wiederum durch das Gewaltenteilungsprinzip begrenzt ist. Das Par-

---

[213] Man spricht bei dem Budgetrecht sogar von dem „Königsrecht" des Parlaments bzw. vom „parlamentarischen Hoheitsrecht", da es ein sehr bedeutsames und wirksames Kontrollinstrument der Legislative gegenüber der Exekutive darstellt. Das parlamentarische Budgetrecht ist bereits in der Zeit vor dem 18. Jahrhundert in England zu finden. In der Verfassung der Vereinigten Staaten von Amerika 1788 wurde es dann bedeutsam. Und im Zuge der Französischen Revolution ab 1789 hatte das Parlament Ausgaben für das Militär begrenzt bzw. festgelegt, was letztlich als historisch bedeutsame Etablierung des Budgetrechts im kontinentaleuropäischen Raum verstanden wird. In einem demokratischen Staatssystem ist das Budgetrecht des Parlaments so selbstverständlich wie zwingend (siehe dazu aus der Rechtsprechung des BVerfG bspw. BVerfGE 82, 159, 179; 110, 370, 388; 113, 128, 147), ist das Parlament doch das einzige *unmittelbar* demokratisch legitimierte Verfassungsorgan. Nur im „Notfall", d.h. im Falle eines unvorhergesehenen und unabweisbaren Bedürfnisses, können Ausgaben von der Exekutive ohne parlamentarische Gesetzesgrundlage vorgenommen werden, Art. 112 S. 2 GG.

[214] Siehe etwa BVerfGE 132, 195, 232 ff.; 135, 317, 399 ff.

[215] Vgl. BVerfGE 132, 195, 232 ff.; 135, 317, 399 ff.

[216] BVerfGE 132, 195, 232 ff. (ESM); vgl. auch BVerfGE 135, 317, 399 ff. (ESM); BVerfG NJW 2019, 3204 ff. (Europäische Bankenunion).

[217] BVerfGE 132, 195, 232 ff.; 135, 317, 399 ff. Siehe auch die klausurmäßige Lösung von *Staufer*, JA 2013, 124 ff.

lament kann also nicht Entscheidungen, die nach der Verfassung der Exekutive zustehen, unter Berufung auf den Parlamentsvorbehalt an sich ziehen. Einem solchen Kompetenzübergriff könnte mit einem Organstreitverfahren (Art. 93 I Nr. 1 GG) begegnet werden.[218]

3. Wesentlichkeitsrechtsprechung

Weiterhin folgt aus dem Demokratieprinzip (aber auch aus dem Rechtsstaatsprinzip) die Verpflichtung des parlamentarischen Gesetzgebers, in grundlegenden normativen Bereichen alle wesentlichen Entscheidungen selbst zu treffen und nicht dem Handeln und der Entscheidungsmacht der Exekutive zu überlassen. Geht es um Grundrechtseingriffe, hat er die für die Grundrechtsverwirklichung maßgeblichen Regelungen selbst zu treffen. Lediglich die Befugnis zur Regelung von Einzelheiten und Konkretisierungen darf der Exekutive überlassen werden. Mithin ergibt sich: **79j**

Die vom BVerfG geprägte **Wesentlichkeitsrechtsprechung** besagt, dass der parlamentarische Gesetzgeber die für die Grundrechtsverwirklichung maßgeblichen Regelungen im Wesentlichen selbst zu treffen hat und diese nicht über mehr oder minder globale Ermächtigungen auf die Exekutive delegieren darf.[219] **79k**

Die Reichweite dieser Grundsätze lässt sich nach Auffassung des BVerfG aber nicht allgemein, sondern nur in Ansehung des Einzelfalls mit Blick auf den Sachbereich und die Eigenart des konkreten Regelungsgegenstands bestimmen.[220] So entscheidet das BVerfG etwa bei Auswahlentscheidungen (Personalentscheidungen; Zulassungsentscheidungen), dass der Gesetzgeber selbst die Voraussetzungen bestimmen müsse, unter denen der Zugang zu eröffnen oder zu versagen sei; zudem müsse er ein rechtsstaatliches Verfahren bereitstellen, in dem über die Auswahl zu entscheiden sei.[221] Jedoch müssten sich die erforderlichen Vorgaben nicht zwingend aus dem Wortlaut des Gesetzes ergeben; vielmehr genüge es, dass sie sich mit Hilfe allgemeiner Auslegungsgrundsätze erschließen lassen, insbesondere aus dem Zweck und dem Gesamtzusammenhang (und der Vorgeschichte) der Regelung.[222] Damit relativiert das BVerfG die vermeintlich hohen Anforderungen, die es mit seiner Wesentlichkeitsrechtsprechung aufgestellt hat, in gewisser Weise wieder und erhält sich eine gewisse Flexibilität im Umgang mit Normen, die weniger präzise und detailliert die Eingriffsvoraussetzungen formulieren. Es wird also nicht einfacher für den Rechtsanwender, zu erkennen bzw. einzuschätzen, wie das BVerfG einen bestimmten Sachverhalt entscheiden wird. **79l**

Besonderheiten bestehen auch im Hochschulrecht, da die den Hochschulen zustehende Wissenschaftsfreiheit aus Art. 5 III S. 1 Var. 2 GG Autonomierechte fordert, die den formellen Hochschulgesetzgeber daran hindern, dezidierte Regelungen zu treffen. Das gilt auch und gerade hinsichtlich der durch Art. 5 III S. 1 Var. 2 GG gewährleisteten Befugnis, Studien- und Prüfungsordnungen zu erlassen. Dann aber **79m**

---

[218] Zum Parlamentsvorbehalt vgl. auch ausführlich *Jach*, DVP 2011, 140 ff.

[219] Vgl. nur BVerfGE 33, 125, 158 (Facharzt); 84, 212, 226 (Aussperrung); BVerfG NVwZ 2015, 1279, 1280 (Altershöchstgrenzen für die Einstellung in den öffentlichen Dienst); BVerfG NVwZ 2016, 675, 676 ff. (Akkreditierung von Studiengängen durch Akkreditierungsagenturen); BVerfG NJW 2018, 361, 364 (Zentrale Studienplatzvergabe/Numerus clausus); BVerwG NVwZ 2018, 1140, 1143 (mehrjährige Restdienstzeit als Zulassungsaltersgrenze für die Laufbahn der Offiziere). Siehe auch BVerwG NVwZ 2019, 1291, 1292 (Regelungen über Haar- und Barttracht bei Soldaten dürfen nur durch förmliches Gesetz erfolgen) sowie OVG Berlin-Brandenburg 28.8.2018 – 4 S 36.18 und 1.2.2019 – 4 S 52.18 (Ablehnung von Polizeibewerbern wegen Tätowierung bedarf – hinreichend bestimmter – gesetzlicher Grundlage).

[220] BVerfG NVwZ 2017, 1111, 1123 (Spielhallen) mit Verweis auf BVerfGE 49, 89, 126 (Kalkar I); 98, 218, 251 (Rechtschreibreform); BVerfG NVwZ 2016, 675, 676 f. (Akkreditierung von Studiengängen durch Akkreditierungsagenturen).

[221] BVerfG NVwZ 2017, 1111, 1123 (Spielhallen) mit Verweis auf BVerfGE 57, 295, 327 (Rundfunkstaatsvertrag); 73, 280, 295 f. (Notare); 86, 28, 41 (Sachverständige).

[222] BVerfG NJW 2019, 584, 585 (E-Mail-Anbieter muss IP-Adressen temporär speichern und Strafverfolgungsbehörden nennen); BVerfG NVwZ 2017, 1111, 1123 (Spielhallen) mit Verweis auf BVerfGE 82, 209, 224 f. (Krankenhaus).

müssen die untergesetzlichen Regelwerke dem Bestimmtheitsgrundsatz Rechnung tragen sowie (selbstverständlich) verhältnismäßig sein, was beides zu bezweifeln ist, wenn sie dem einzelnen Dozenten weitgehende Freiräume zubilligen, die dann auch nicht mehr von der Wissenschaftsfreiheit gedeckt sein können.[223] Generell kann man aber sagen: Je bedeutender das staatliche Verhalten für den Betroffenen ist, desto detaillierter muss die gesetzliche Regelung sein.

Beispiele:

(1) Das BVerfG hat entschieden, dass die gegenüber einem Beamten vorgenommene Zuweisung eines neuen Dienstpostens (Umsetzung) an einem anderen Dienstort zwar in die Berufsfreiheit des Beamten aus Art. 12 I GG eingreife und daher gemäß dem Vorbehalt des Gesetzes (hier: Art. 12 I S. 2 GG) einer formell-gesetzlichen Rechtsgrundlage bedürfe. Da aber die Frage, *unter welchen Voraussetzungen* eine derartige Umsetzung erfolgen darf, nicht wesentlich sei, erfordere die Umsetzung keine gesetzliche Regelung der einzelnen Voraussetzungen einer Umsetzung. Vielmehr genüge die gesetzlich geregelte allgemeine beamtenrechtliche Gehorsamspflicht bzw. Folgepflicht (vgl. etwa § 62 I S. 2 BBG, § 35 I S. 2 BeamtStG).[224] Zu beachten ist, dass die organisatorische Folgepflicht (und damit auch die Pflicht, einer Umsetzungsverfügung nachzukommen) nunmehr speziell in § 35 II BeamtStG geregelt ist.

(2) Auch für die Einführung der von der Kultusministerkonferenz am 30.11./1.12.1995 beschlossenen Neuregelung der deutschen Rechtschreibung an Schulen bedurfte es nach Auffassung des BVerfG keiner besonderen, über die allgemeinen Lernzielbestimmungen des Schulgesetzes hinausgehenden gesetzlichen Grundlage.[225]

(3) Geht es um die Frage nach der (Wieder-)Erteilung von Genehmigungen zum Betrieb von Spielhallen, führt nach Auffassung des BVerfG das Fehlen von gesetzlich bestimmten Entscheidungskriterien nicht (zwingend) zur Annahme eines Verstoßes gegen den Grundsatz vom Vorbehalt des Gesetzes bzw. die Wesentlichkeitsrechtsprechung. Zwar seien der Entzug bzw. Verlust der Gewerbeerlaubnis wegen des drohenden völligen oder teilweisen Verlusts der beruflichen Betätigungsmöglichkeit von erheblichem Gewicht. Sei allerdings die Belastung des Eingriffs in die Berufsfreiheit hinreichend abgemildert, liege kein Verstoß gegen die genannten Grundsätze vor.[226] Im vorliegenden Fall war die Grundrechtsbelastung in zweifacher Weise durch die Regelung im Saarländischen Spielhallengesetz abgemildert, und zwar durch die fünfjährige Übergangsfrist und die Möglichkeit einer Härtefallbefreiung bei der Entscheidung über die Wiedererteilung nach Fristablauf, was dem BVerfG genügte.[227]

79n Von noch größerer Bedeutung ist die Wesentlichkeitsrechtsprechung, wenn es um **mehrdimensionale, komplexe Grundrechtskonstellationen** geht, in denen miteinander konkurrierende Freiheitsrechte und andere (widerstreitende) Verfassungsgüter in Einklang gebracht werden müssen.[228]

Beispiele:

(1) Da die Begriffe der „wesentlichen Umwelteinwirkungen", der „Immissionen", der „Emissionen" und der „Luftverunreinigungen" für zahlreiche (umwelt-)behördliche Eingriffsbefugnisse relevant sind und diese wiederum weit reichende Konsequenzen für die betroffenen Betriebe mit sich bringen, muss der parlamentarische Gesetzgeber selbst die genannten Begriffe in einem formellen Gesetz definieren. Dies hat

[223] Siehe dazu das Beispiel bei Rn 195.
[224] BVerwG NVwZ 2012, 1481, 1482; NVwZ-RR 2008, 547, 548 (jeweils Umsetzung eines Beamten).
[225] BVerfGE 98, 218, 252 ff. (Rechtschreibreform).
[226] BVerfG NVwZ 2017, 1111, 1123 (Spielhallen).
[227] BVerfG NVwZ 2017, 1111, 1123 (Spielhallen).
[228] Vgl. dazu auch die zusammenfassende Darstellung bei BVerfG NVwZ 2015, 1279, 1280.

er mit § 3 BImSchG getan.

(2) Zwar ist der Staat aufgrund seines Erziehungsauftrags und Bildungsauftrags (Art. 7 I GG) berechtigt, Sexualerziehung in der Schule durchzuführen, da andererseits aber die (individuelle) Sexualerziehung der Kinder in erster Linie Teil des Erziehungsrechts der Eltern i.S.d. Art. 6 II GG ist, verpflichtet der Vorbehalt des Gesetzes den Gesetzgeber, die Entscheidung über die Einführung einer Sexualerziehung in den Schulen selbst zu treffen. Er darf die Entscheidung über die Einführung einer Sexualerziehung in Schulen nicht der Schulbehörde überlassen.[229]

(3) Geht es um Fragen im (öffentlich-rechtlichen) Berufs(zulassungs)recht, ist die Grundrechtsrelevanz i.d.R. so groß, dass die wesentlichen Kriterien vom parlamentarischen Gesetzgeber selbst zu regeln sind und nicht etwa Verwaltungsvorschriften überlassen werden dürfen. Das betrifft etwa Höchstaltersgrenzen für den Einstieg in einen staatlichen Beruf oder den Verbleib in einem solchen. Aber auch Fragen der Berufsausübung können so grundrechtsrelevant sein, dass es einer formell-gesetzlichen Regelung bedarf.

⇨ So ist zunächst die Festlegung von Altershöchstgrenzen für die Einstellung in den öffentlichen Dienst derart wesentlich für die betroffenen Bewerber, dass sie nur durch formelles Gesetz erfolgen kann. Werden Altersgrenzen lediglich in Laufbahnverordnungen (Rechtsverordnungen) festgelegt, ist dies bereits wegen Verstoßes gegen Art. 80 I S. 2 GG bzw. die Wesentlichkeitsrechtsprechung rechtswidrig, wenn es an einer hinreichend bestimmten Ermächtigungsgrundlage fehlt.[230]

⇨ Auch bestimmte körperliche Anforderungen, die an einen Beruf gestellt werden (etwa Mindestgröße für den Polizeidienst), müssen vom Gesetzgeber selbst geregelt werden und dürfen weder der Regelung durch Laufbahnverordnung (Rechtsverordnung) noch durch Ministeriumserlass (Verwaltungsvorschrift) überlassen werden.[231]

⇨ Des Weiteren ist die **Ablehnung** eines Polizeibewerbers wegen einer (sichtbaren) **Tätowierung** schon allein deshalb rechtswidrig, wenn sich die Kriterien für die Ablehnungsentscheidung nicht auf eine formell-gesetzliche Rechtsgrundlage stützen lassen; keinesfalls genügt eine Verwaltungspraxis.[232] Zudem wäre auch zweifelhaft, ob kollidierende Verfassungsgüter geeignet sind, die mit der Nichtzulassung verbundene Grundrechtsbeeinträchtigung zu rechtfertigen.

⇨ Auch Regelungen, die das „äußere Erscheinungsbild der Soldatinnen und Soldaten der Bundeswehr" betreffen und bspw. Verhaltensweisen in Bezug auf Dienstkleidung, Haarlänge, Tätowierungen, Piercings etc. vorschreiben, müssen in ihren Grundzügen (wegen des Eingriffs in Art. 2 I GG i.V.m. 1 I GG oder zumindest in Art. 2 I GG) auf eine hinreichend bestimmte gesetzliche Grundlage gestellt werden. Vorschriften wie eine „Zentrale Dienstvorschrift" (= Verwaltungsvorschrift) genügen der Wesentlichkeitsrechtsprechung nicht.[233]

---

[229] BVerfGE 47, 46, 69 ff. (Sexualkundeunterricht).

[230] BVerfG NVwZ 2015, 1279, 1280. Zur materiell-rechtlichen Frage (Vereinbarkeit mit Art. 33 II GG und Art. 12 I GG) vgl. *R. Schmidt*, Grundrechte, Rn 361, 775 (Bsp. 6), 798, 805, 806.

[231] Siehe dazu VG Düsseldorf NVwZ 2017, 1396, 1397 (mit Verweis auf BVerfGE 139, 19); OVG Münster NWVBl 2018, 27. Bedenklich ist jedoch die Auffassung des OVG Münster insofern, als es konstatiert, es sei rechtlich nicht zu beanstanden, wenn der Dienstherr (generell) ab einer Größe von 163 cm von einer Polizeidiensttauglichkeit ausgehe, weil er damit lediglich die in Art. 33 II GG festgelegten Kriterien (hier: Eignung) konkretisiere. Bedenklich auch OVG Magdeburg NVwZ-RR 2018, 196, das die Festlegung von Mindestkörpergrößen durch Rechtsverordnung (hier: Laufbahnverordnung) für offenbar völlig unproblematisch hält. Selbst wenn man die Vorgabe einer bestimmten Körpergröße zur Gewährleistung der Durchsetzungsfähigkeit von Polizeibeamten in körperlichen Auseinandersetzungen für berechtigt ansieht, so ist sie für die (abgewiesenen) Bewerber(innen) doch von so hoher Grundrechtsrelevanz, dass zumindest die wesentlichen Voraussetzungen vom parlamentarischen Gesetzgeber selbst festgelegt werden müssen.

[232] OVG Berlin-Brandenburg 28.8.2018 – 4 S 36.18 und 1.2.2019 – 4 S 52.18 (Ablehnung von Polizeibewerbern wegen Tätowierung bedarf – hinreichend bestimmter – gesetzlicher Grundlage).

[233] BVerwG NVwZ 2019, 1291, 1292.

(4) Geht es um die Vergabe von kontingentierten Studienplätzen (etwa im Studienfach der Humanmedizin), muss – mit Blick auf den Grundsatz vom Vorbehalt des Gesetzes und die Wesentlichkeitsrechtsprechung des BVerfG – der parlamentarische Gesetzgeber die bezüglich der Vergabe von Studienplätzen wesentlichen Fragen selbst regeln und die Auswahlkriterien der Art nach selbst festlegen.[234]

V. Übertragung hoheitlicher Aufgaben auf nichtstaatliche Stellen

80 Vor dem Hintergrund, dass in einer parlamentarischen Demokratie, wie sie das Grundgesetz kennt, ausschließlich das Parlament unmittelbar demokratisch legitimiert ist und daher nur das Parlament die Voraussetzungen für grundrechtsbeeinträchtigende Maßnahmen (Eingriffe) schaffen darf, wird zum einen deutlich, dass Maßnahmen der Verwaltung, die mit Grundrechtseingriffen verbunden sind, nur dann ergehen dürfen, wenn sie sich auf eine parlamentarische Rechtsgrundlage stützen lassen. Art. 20 III GG stellt dies klar. Zum anderen wird aber auch klar, dass hoheitliche Aufgaben und Befugnisse grundsätzlich staatlichen Stellen vorbehalten bleiben müssen. Das gilt insbesondere hinsichtlich **Kernaufgaben** des Staates, wozu wiederum insbesondere Justiz und Polizei gehören. Von den (engen) Grenzen der **Beleihung** abgesehen[235], ist die vom Staat zu gewährleistende **Sicherheit** der Bevölkerung grundsätzlich nicht auf private Dienstleister übertragbar. Macht der Staat für sich ein Justiz- und Gewaltmonopol geltend, muss er sich zur Durchsetzung Beamter bedienen.[236] Art. 33 V GG flankiert dieses Postulat. Privaten Sicherheitsdiensten ist es damit verwehrt, hoheitliche Aufgaben jenseits der engen Grenzen der Beleihung wahrzunehmen. Auch die dem Schutz des Lebens und der Gesundheit der am Straßenverkehr teilnehmenden Menschen dienende **Straßenverkehrsüberwachung** (jedenfalls die Überwachung des fließenden Verkehrs) ist eine hoheitliche Kernaufgabe des Staates, die unmittelbar aus dem Gewaltmonopol folgt und deswegen bei Verstößen berechtigt, mit Sanktionen zu reagieren[237]. Sie muss daher ausschließlich Hoheitsträgern, die in einem Treueverhältnis zum Staat stehen, übertragen sein. Somit ist ausgeschlossen, dass der Staat hoheitliche Regelungs- und Sanktionsmacht an „private Dienstleister" abgibt, damit diese für ihn als „Subunternehmer" tätig werden. Bei der Verkehrsüberwachung des fließenden Verkehrs beim Einsatz technischer Verkehrsüberwachungsanlagen ist daher die Übertragung von Aufgaben an private Dienstleister bzw. Personen, die nicht in einem Dienst- und Treueverhältnis zum Staat stehen, ausgeschlossen.[238]

Beispiel[239]: So bedarf eine im hoheitlichen Auftrag von einem privaten Dienstleister durchgeführte Geschwindigkeitsmessung einer parlamentarischen Rechtsgrundlage, die zudem Vorkehrungen trifft, dass die Aufgaben auch von Nichtbeamten ordnungsgemäß ausgeübt werden. Dazu zählt v.a. eine umfassende Rechts- und ggf. auch Fachaufsicht seitens der Aufsichtsbehörden, um die demokratische Legitimation zu wahren. Jedoch muss der Funktionsvorbehalt nach Art. 33 IV GG gewahrt bleiben. Hoheitliche Kernaufgaben, worunter auch die dem Schutz des Lebens und der Gesundheit der am Straßenverkehr teilnehmenden Menschen dienende Straßenverkehrsüberwachung gehört (jedenfalls die Überwachung des fließenden Verkehrs), sind grundsätzlich nicht übertragbar. Ein Verstoß gegen diese Grundsätze führt zur Rechtswidrigkeit der Beweiserhebung und dazu, dass (von der Ordnungsbehörde, der Ortspolizeibehörde, vom Landkreis etc.) auch keine Bußgeldbescheide erlassen werden dürfen. Denn wie aufgezeigt ist die Verkehrsüberwachung eine hoheitliche Aufgabe und darf dementsprechend auch nur von Bediensteten der Hoheitsverwaltung (oder von unter enger

---

[234] BVerfG NJW 2018, 361, 364 (Zentrale Studienplatzvergabe/Numerus clausus) – siehe dazu ausführlich *R. Schmidt*, Grundrechte, Rn 810.
[235] Siehe dazu Rn 52/52a und ausführlich *R. Schmidt*, AllgVerwR, Rn 110 ff.
[236] Siehe BVerfGE 49, 24, 56 f.
[237] OLG Frankfurt/M NStZ-RR 2020, 53, 54.
[238] OLG Frankfurt/M NStZ-RR 2020, 53, 54.
[239] Nach OLG Frankfurt NStZ-RR 2020, 53.

staatlicher Aufsicht stehenden beliehenen Unternehmen) wahrgenommen werden.

Das gilt – allerdings in erster Linie nicht auf den Funktionsvorbehalt gestützt, sondern auf die fehlende Ermächtigungsgrundlage – nach dem OLG Frankfurt/M auch für den ruhenden Verkehr, d.h. für die Sanktionierung von Parkverstößen.[240] 81

Beispiel[241]**:** Der Oberbürgermeister der Stadt F ist als Ortspolizeibehörde auch für die Straßenverkehrsüberwachung (hier: die Überwachung des ruhenden Straßenverkehrs) zuständig. Diese Aufgabe ließ er von einem privaten Dienstleistungsunternehmen durchführen, das er auf privatrechtlicher Basis verpflichtete. Dieses Vorgehen sah er von der Ermächtigungsnorm des § 99 HessSOG gedeckt, weshalb er die „Hilfspolizeibeamten" auch mit einer polizeiähnlichen Uniform ausstatten ließ.
Auf diese Weise wurde auch K des unerlaubten Parkens im eingeschränkten Halteverbot „überführt" und es wurde gegen ihn anschließend (diesmal aber von Bediensteten der Ortspolizeibehörde) ein Verwarnungsgeld von 15 € verhängt (siehe § 56 I OWiG), das K nicht akzeptierte, weshalb ein Bußgeldverfahren eingeleitet wurde (§ 65 OWiG), gegen das K (gem. § 67 OWiG) wiederum Einspruch erhob. Da diesem nicht abgeholfen wurde, kam es zum Gerichtsverfahren (siehe § 68 OWiG). Doch auch das AG half der Sache nicht ab, weshalb K gem. § 79 OWiG Rechtsbeschwerde erhob. Beschwerdegericht war das OLG Frankfurt/M.[242]

Dieses entschied, dass die Feststellungen zu dem Parkverstoß nicht gerichtsverwertbar seien. Auch die Straßenverkehrsüberwachung (einschließlich des ruhenden Verkehrs) sei eine hoheitliche Kernaufgabe des Staates, die unmittelbar aus dem Gewaltmonopol folge. Die Übertragung dieser Aufgabe auf Private bedürfte zumindest einer Ermächtigungsgrundlage, an der es vorliegend fehle. § 99 III HessSOG sei nach Sinn und Zweck der Vorschrift und gemäß der gesetzgeberischen Konstruktion vor dem Hintergrund seines eng auszulegenden Ausnahmecharakters zu Art. 33 IV GG so aufgebaut, dass die jeweilige Behörde für die ihr übertragenen (polizeilichen) Tätigkeiten jeweils eigene Bedienstete und Bedienstete der jeweils nachgeordneten Behörden als „Hilfspolizeibeamte" bestellen könne. Die Stadt F könne daher nach § 99 III HessSOG für die eigene „Stadtpolizei" zwar „eigene Bedienstete" bestellen, nicht aber die Verkehrsüberwachung von privaten Dienstleistern im strafbewehrten Gewand einer Polizeiuniform durchführen lassen.

War damit die Beweiserhebung (mangels Gesetzesgrundlage für die Aufgabenübertragung) gesetzeswidrig, ist nach dem OLG Frankfurt/M das Beweismittel schon nicht geeignet, den notwendigen Beweis zu erbringen (zu der Frage, ob aus der rechtswidrigen Beweiserhebung ein Beweisverwertungsverbot folgt, gelangt man daher schon nicht). Fehlte mithin die Tatsachengrundlage für den Bußgeldbescheid, ist dieser jedenfalls rechtswidrig. Wegen des eklatanten Gesetzesverstoßes wird man sogar eine Nichtigkeit annehmen müssen, da man auch nach den zur Nichtigkeit eines Verwaltungsakts i.S.d. § 35 S. 1 VwVfG entwickelten Grundsätzen (§ 44 I VwVfG) zur Nichtigkeit gelangen würde.[243]

VI. Übertragung von Hoheitsrechten auf zwischenstaatliche Einrichtungen

Auch unter Berücksichtigung der bisherigen Ausführungen zum Demokratieprinzip ist der Bundestag befugt, zwecks Eingliederung Deutschlands in internationale Strukturen Hoheitsrechte, d.h. Befugnisse zur Ausübung öffentlicher Gewalt, zu übertragen. Zentrale Verfassungsnormen sind Art. 23 GG und Art. 24 GG, die eine Übertragung 82

[240] OLG Frankfurt/M NStZ-RR 2020, 56, 57.
[241] Nach OLG Frankfurt/M NStZ-RR 2020, 56.
[242] Zum Ordnungswidrigen- und Bußgeldverfahren siehe *R. Schmidt*, POR, Rn 100 ff.
[243] Zur Orientierung an § 44 VwVfG siehe OLG Oldenburg NZV 1992, 332.

von Hoheitsrechten zulassen, freilich innerhalb der Grenzen des Art. 79 III GG. Die Art. 23 GG und 24 GG gehen davon aus, dass eine Vielzahl von Aufgaben nicht allein auf der Ebene des Einzelstaates bewältigt werden kann, sondern – gerade bei zunehmender internationaler Verflechtung – nur im Zusammenwirken mit anderen Staaten.[244] So ist die Bundesrepublik Deutschland zunächst zu einer **Übertragung von Hoheitsbefugnissen** auf die EU befugt (siehe Art. 23 I S. 2 GG), jedoch muss sie dabei (selbstverständlich) die demokratische Legitimation beachten. Eine **Generalermächtigung**, d.h. die Übertragung der Befugnis, Verfassungsrecht zu setzen und eigene Kompetenzen zu begründen bzw. vorhandene auszuweiten (sog. „Kompetenz-Kompetenz"[245]), wäre trotz der Integrationsermächtigung nach Art. 23 I S. 1 und 2 GG unter der Geltung des Grundgesetzes **nicht möglich**, denn auf ihre staatliche Souveränität kann die Bundesrepublik Deutschland – wie sich aus Art. 79 III GG i.V.m. dem Demokratieprinzip und dem Rechtsstaatsprinzip aus Art. 20 GG ergibt – nicht verzichten. Siehe dazu im Einzelnen Rn 348 ff.

83 Von der Integrationsermächtigung nach Art. 23 I GG in Bezug auf die EU strikt zu unterscheiden ist die Befugnis nach Art. 24 I GG zur Übertragung von **Hoheitsrechten** an **zwischenstaatliche Einrichtungen**. Die Übertragungsbefugnis nach Art. 24 I GG folgt dem Prinzip der „internationalen Zusammenarbeit"[246] und geht von der Konzeption der Bundesrepublik Deutschland als „offener Verfassungsstaat"[247] aus. Die Bundesrepublik Deutschland soll nicht nur an der europäischen Integration mitwirken, sondern sich auch kollektiven Sicherheitssystemen anschließen, die allgemeinen Regeln des Völkerrechts achten sowie eine auf die Bewahrung und Wiederherstellung des Friedens gerichtete Politik betreiben.[248] Um dies zu gewährleisten, gestattet es Art. 24 I GG dem Staat, die nationale Rechtsordnung derart zu öffnen, „dass der ausschließliche Herrschaftsanspruch der Bundesrepublik Deutschland im Geltungsbereich des Grundgesetzes zurückgenommen und der unmittelbaren Geltung und Anwendbarkeit eines Rechts aus anderer Quelle innerhalb des staatlichen Herrschaftsbereichs Raum gelassen werden kann".[249] Rechtstechnisch erfolgt dies durch Abschluss eines völkerrechtlichen Vertrags, in dem eine entsprechende Übertragung von Hoheitsbefugnissen vereinbart wird, und den Erlass eines förmlichen „Hoheitsrechteübertragungsgesetzes", das vom BVerfG als „Integrations- und Zustimmungsgesetz" bezeichnet wird. Da Art. 24 I GG – anders als Art. 23 I GG – keine Zustimmung des Bundesrats fordert, genügt demzufolge also ein Einspruchsgesetz des Bundes.[250] Gleichwohl wird in der Literatur zu Recht darauf hingewiesen, dass ein Zustimmungsgesetz erforderlich sei, wenn der völkerrechtliche Vertrag Bestimmungen enthalte, die (gem. Art. 59 II S. 1 GG) die Zustimmungsbedürftigkeit auslösen.[251] Das wird man annehmen müssen, wenn die Länderinteressen nachhaltig berührt werden, wenn sich also die Übertragung von Hoheitsrechten auf das gesamtstaatliche Gebilde auswirkt.

84 Die Übertragung von Hoheitsrechten auf der Grundlage des Art. 24 I GG kann nur an **zwischenstaatliche Einrichtungen** erfolgen. Eine Legaldefinition liefert das Grundgesetz nicht. Das BVerfG versteht unter zwischenstaatlichen Einrichtungen durch Völ-

---

[244] *Heintschel von Heinegg*, in: BeckOK, GG, Art. 24 Vor Rn 1.
[245] Siehe dazu Rn 338/349.
[246] BVerfGE 58, 1, 41 (Eurocontrol).
[247] BVerfG NJW 2018, 3374, 3375 (Europaschule).
[248] BVerfG NJW 2018, 3374, 3375 mit Verweis auf die Präambel, Art. 23-26, 88 S. 2, 109 II GG und BVerfGE 22, 293, 296 f.; 37, 271, 278 ff.; 58, 1, 28; 73, 339, 374 f.; 89, 155, 174; 123, 267, 344 ff.
[249] BVerfG NJW 2018, 3374, 3375 f. mit Verweis auf BVerfGE 37, 271, 279 f.
[250] Zu Zustimmungs- und Einspruchsgesetzen vgl. unten Rn 872 ff.
[251] *Jarass*, in: J/P, Art. 24 GG Rn 8; *Hillgruber*, in: Schmidt-Bleibtreu/Hofmann/Henneke, GG, Art. 24 Rn 22; *Wollenschläger*, in: Dreier, GG, Art. 24 Rn 36.

kerrechtssubjekte geschaffene Organisationen, die völkerrechtlich als handlungs- und pflichtfähige Rechtspersönlichkeiten anerkannt sind.[252]

Beispiele:

(1) Als zwischenstaatliche Einrichtung ist zunächst die **NATO** zu nennen.[253] Mit dem NATO-Vertrag und dem Zustimmungsgesetz wurde der NATO die Befugnis übertragen, (unter bestimmten Voraussetzungen) Kommandogewalt auch über deutsche Truppen auszuüben. Auch durfte die Bundesrepublik über Art. 24 I GG ihr Hoheitsgebiet zur Stationierung verbündeter Streitkräfte zur Verfügung stellen und dem Verteidigungszweck des Bündnisses dienliche Entscheidungsstrukturen für den Einsatz dieser Streitkräfte zulassen, um den Schutz der Bundesrepublik Deutschland vor Angriffen zu gewährleisten und damit der Integrität ihrer Verfassungsordnung wie ihrer Souveränität zu dienen.[254]

(2) Auch die Europäische Organisation zur Sicherung der Luftfahrt (**Eurocontrol**) ist eine zwischenstaatliche Organisation i.S.d. Art. 24 I GG.[255] Ihr wurden mit dem Eurocontrol-Vertrag und dem Zustimmungsgesetz die Hoheitsrechte zur Wahrnehmung der Luftverkehrssicherheit im oberen Luftraum übertragen.

(3) Der Europäischen Patentorganisation (**EPO**) wurde gemäß dem Europäischen Patentübereinkommen und dem Zustimmungsgesetz das Hoheitsrecht der Prüfung und Erteilung von europäischen Patenten übertragen.

(4) Der zwischenstaatlichen Einrichtung **Europäische Schulen** wurde durch das Zustimmungsgesetz zur Satzung der Europäischen Schulen die hoheitliche Befugnis übertragen, Kindern von Eltern, die in europäischen Institutionen arbeiten, in zurzeit 13 Europäischen Schulen einen Unterricht in der Muttersprache zu ermöglichen.[256]

Die **EU** ist in gewisser Weise ebenfalls eine „zwischenstaatliche Einrichtung", jedoch abschließend von **Art. 23 GG** erfasst. Staaten sind hingegen niemals zwischenstaatliche Einrichtungen. Eine Übertragung von Hoheitsrechten an Staaten wäre auf der Grundlage von Art. 24 I GG also nicht möglich. **85**

Der Übertragung von Hoheitsrechten auf zwischenstaatliche Einrichtungen sind selbstverständlich auch **Grenzen** gesetzt. Insbesondere sind die **„identitätswahrenden Verfassungsgrundsätze"** zu nennen, die einer (unbegrenzten) Übertragung von Hoheitsrechten entgegenstehen. Sie ergeben sich aus Art. 79 III GG i.V.m. Art. 1 und 20 GG. Substantielle Hoheitsbefugnisse zur Wahrung von **Demokratie** und **Rechtsstaatlichkeit** müssen der Bundesrepublik Deutschland verbleiben. Zur Sicherung dieser „übertragungsfesten Kerne" fordert das BVerfG, dass Integrationsgesetze, die den Organen einer zwischenstaatlichen Einrichtung Hoheitsrechte übertragen, die (Grund-)Rechte beschränken oder solche Beschränkungen ermöglichen können, die Einhaltung des vom Grundgesetz geforderten **Minimums an Grundrechtsschutz** zu gewährleisten haben.[257] Insoweit dürfe der Integrationsgesetzgeber Hoheitsrechte auf eine zwischenstaatliche Einrichtung nur übertragen, wenn diese rechtsstaatliche, einen adäquaten Grundrechtsschutz verbürgende Garantien aufweise. Alle Verfassungsorgane seien im Rahmen ihrer Kompetenzen verpflichtet, darauf hinzuwirken, dass die vom Grundgesetz geforderten Mindeststandards nicht unterschritten wer- **85a**

---

[252] BVerfGE 2, 347, 377 f. (Kehler Hafen).
[253] BVerfGE 68, 1, 93 (Atomwaffenstationierung).
[254] BVerfGE 68, 1, 90 ff. (Atomwaffenstationierung).
[255] BVerfGE 58, 1, 26 ff. (Eurocontrol).
[256] BVerfG NJW 2018, 3374, 3375 (Europaschule).
[257] BVerfG NJW 2018, 3374, 3376.

den.[258] Zu diesem zu gewährleistenden Mindestmaß an Grundrechtsschutz gehörten die Beachtung der **Wesensgehaltsgarantie** (Art. 19 II GG)[259] und die Garantie eines **wirkungsvollen Rechtsschutzes**, also das grundlegende Recht (i.S.d. Art. 19 IV GG), sich gegen Maßnahmen der öffentlichen Gewalt vor einem Gericht zur Wehr setzen zu können.[260] Der Zugang zu einer gerichtlichen Entscheidung in der Sache dürfe – vorbehaltlich verfassungsunmittelbarer Schranken – in keinem Fall ausgeschlossen, faktisch unmöglich gemacht oder in unzumutbarer, durch Sachgründe nicht mehr zu rechtfertigender Weise erschwert werden.[261] Ermächtige also der Gesetzgeber zwischenstaatliche Einrichtungen oder internationale Organisationen dazu, öffentliche Gewalt unmittelbar gegenüber den Betroffenen in Deutschland auszuüben, müsse er einen wirkungsvollen Rechtsschutz gewährleisten, der diesen Kriterien Rechnung trägt.[262] Geboten sei ein Individualrechtsschutz durch unabhängige Stellen, die mit hinlänglicher Gerichtsbarkeit, insbesondere mit einer dem Rechtsschutzbegehren angemessenen Prüfungs- und Entscheidungsmacht über tatsächliche und rechtliche Fragen, ausgestattet sind, aufgrund eines Verfahrens entscheiden, das rechtliches Gehör, dem Streitgegenstand angemessene Angriffs- und Verteidigungsmittel und einen frei gewählten, kundigen Beistand ermöglicht, und mit ihren Entscheidungen die Verletzung eines Grundrechts sachgerecht und wirksam sanktionieren.[263]

Beispiel: Ob bei der zwischenstaatlichen Einrichtung **Europäische Schulen** (s.o.) mit der Eröffnung des Rechtswegs zur Beschwerdekammer der Europäischen Schulen ein wirkungsvoller Rechtsschutz besteht, ist fraglich, wenn sich die Beschwerdekammer für einen bestimmten Rechtsstreit (im vorliegenden Fall ging es um die Erhöhung des Schulgelds) nicht zuständig erklärt und ein Instanzenzug im System der Europäischen Schulen nicht existiert. Das Problem wird dadurch noch verstärkt, dass eine internationale Auffangzuständigkeit deutscher Gerichte für den Fall, dass der Rechtsschutz gegen Handlungen zwischenstaatlicher Einrichtungen unzulänglich ist, nicht besteht. Hierin könnte in der Tat ein Verstoß gegen Art. 19 IV GG gesehen werden. Jedoch hat das BVerfG eine Sachentscheidung vermieden und die Verfassungsbeschwerde, die sich gegen eine Verletzung des Art. 19 IV GG richtete, wegen Nichtbeachtung der Begründungsanforderungen, die an eine Verfassungsbeschwerde zu stellen sind, als unzulässig abgewiesen.[264]

85b Überträgt das Integrationsgesetz übertragungsfeste Kerne und **verstößt** damit gegen identitätswahrende Verfassungsgrundsätze, ist es **nichtig**. **Überschreitet** die zwischenstaatliche Einrichtung oder Organisation die Grenzen des (wirksam) übertragenen Hoheitsrechts, sind ihre Akte **nicht gültig**.[265]

VII. Neutralitätspflicht der Staatsorgane

86 Art. 20 II GG bestimmt, dass alle Staatsgewalt vom Volke ausgeht („Volkssouveränität"). Sie wird vom Volk in Wahlen und Abstimmungen und durch besondere Organe der Gesetzgebung, der vollziehenden Gewalt und der Rechtsprechung ausgeübt. Daraus folgt für alle Staatsorgane, insbesondere für die Regierung, dass sie sich partei-

---

[258] BVerfG NJW 2018, 3374, 3376 mit Verweis auf *Wollenschläger*, in: Dreier, GG, Art. 24 Rn 44, und *Walter*, AöR (2004), S. 39, 68.
[259] BVerfG NJW 2018, 3374, 3376. Zur Wesensgehaltsgarantie vgl. Rn 205.
[260] BVerfG NJW 2018, 3374, 3376.
[261] BVerfG NJW 2018, 3374, 3377.
[262] BVerfG NJW 2018, 3374, 3377 mit Verweis auf BVerfGE 58, 1, 40 ff.; 59, 63, 85 ff.; 73, 339, 376.
[263] BVerfG NJW 2018, 3374, 3377 mit Verweis auf BVerfGE 73, 339, 376.
[264] BVerfG NJW 2018, 3374 ff. Kritisch dazu *Gruber*, NVwZ 2018, 1554 f. Zum Begründungserfordernis vgl. *R. Schmidt*, Grundrechte, Rn 1056.
[265] Das BVerfG spricht im Maastricht-Urteil von „nicht verbindlich" (BVerfGE 89, 155, 188). Richtig dürfte jedoch sein, dass von der Übertragung von Hoheitsrechten nicht gedeckte Akte nichtig sind, da ihnen jedwede Grundlage fehlt.

politisch weitgehend neutral verhalten müssen.[266] Allerdings sind Staatsorgane nicht daran gehindert, in ihrer amtlichen Funktion **Öffentlichkeitsarbeit** zu betreiben. Wer eine Staatsaufgabe wahrnimmt, muss auch die Öffentlichkeit über die Aufgabenwahrnehmung informieren und seine Maßnahmen und Vorhaben erläutern dürfen.[267] Das gilt auch und gerade für die Regierung. Die Öffentlichkeitsarbeit ist Ausfluss des Demokratieprinzips und dient der Transparenz des Staatsapparats. Die Bürger sollen einen Einblick in die Tätigkeit der sie regierenden und verwaltenden Institutionen erhalten. Im Rahmen der Öffentlichkeitsarbeit darf die Regierung also getroffene und geplante Maßnahmen darlegen und erläutern.[268] Auch neutrale Hinweise im Hinblick auf eine bevorstehende Wahl und die sachlich gebotene öffentliche Zurückweisung von gegen ihre Politik gerichteten Angriffen sind erlaubt[269], obwohl damit bereits eine gewisse „Wettbewerbsverzerrung" in Bezug auf die Chancengleichheit der politischen Parteien verbunden sein kann, wobei die Grenzen fließend sein können.

Beispiele:

(1) Erklärung einer Bundesministerin im Rahmen eines Wahlkampfs, primäres Ziel müsse es sein, den Einzug der NPD in den Landtag zu verhindern.[270]

(2) Äußerung eines Ministerpräsidenten in einem Radiointerview, er appelliere an alle demokratischen Parteien und ihre Vertreter, dass es wirklich keine Gemeinsamkeiten auf der Basis von NPD-Anträgen geben dürfe, weil die Nazis damit aufgewertet würden.[271]

(3) Veröffentlichung auf der Internetseite einer Bundesministerin mit dem Inhalt: „Die Rote Karte sollte der AfD und nicht der Bundeskanzlerin gezeigt werden. Björn Höcke und andere Sprecher der Partei leisten der Radikalisierung in der Gesellschaft Vorschub. Rechtsextreme, die offen Volksverhetzung betreiben wie der Pegida-Chef Bachmann, erhalten damit unerträgliche Unterstützung".[272]

(4) Veröffentlichung eines Interviews des Bundesinnenministers auf dessen Internetseite, in dem er sich folgendermaßen über die AfD äußert: „Die stellen sich gegen diesen Staat. Da können sie 1000 Mal sagen, sie sind Demokraten. Das haben sie am Dienstag im Bundestag miterleben können mit dem Frontalangriff auf den Bundespräsidenten. Das ist für unseren Staat hochgefährlich. Das muss man scharf verurteilen. Ich kann mich nicht im Bundestag hinstellen und wie auf dem Jahrmarkt den Bundespräsidenten abkanzeln. Das ist staatszersetzend."[273]

Die Regierung darf die Erläuterung ihrer Politik und die Zurückweisung der darauf zielenden Einwände aber nicht zum Anlass nehmen, für Regierungsparteien zu werben oder Oppositionsparteien zu bekämpfen; sie hat sich darauf zu beschränken, ihre politischen Entscheidungen zu erläutern und dagegen vorgebrachte Einwände in der Sache aufzuarbeiten.[274] Daher findet die grundsätzlich zulässige Form der Öffentlichkeitsarbeit ihre **Grenze** dort, wo das (von der Regierungspartei dominierte bzw. getragene) Staatsorgan sich den Regierungsapparat und die ihm zur Verfügung stehende Infrastruktur zunutze machen würde, etwa um Wahlwerbung zu betreiben[275] oder „politische Konkurrenz" zu bekämpfen[276]. Es ist jedem Staatsorgan, gerade aber der 87

---

[266] Siehe nur BVerfG NJW 2018, 928, 929 ff.; VerfG Berlin LKV 2019, 120, 121 ff.
[267] Siehe BVerfG NJW 2018, 928, 930 f.
[268] BVerfG NJW 2018, 928, 930 f.
[269] BVerfG NJW 2018, 928, 930 f.
[270] BVerfG NVwZ 2015, 209 ff. (Fall Schwesig).
[271] VerfGH Thüringen NVwZ 2016, 1408 (Fall Ramelow); vgl. auch VerfGH Thüringen ThürVBl 2016, 281.
[272] BVerfG K&R 2016, 42 f.; BVerfG NJW 2018, 928 (Fall Wanka).
[273] BVerfG NVwZ-RR 2019, 89 f. (AfD).
[274] BVerfG NJW 2018, 928, 929 f. (insb. S. 930 und 931 Rn 54 und 58).
[275] BVerfG NVwZ 2015, 209, 212.
[276] Vgl. dazu BVerfG NJW 2018, 928, 929 ff.; BVerfG K&R 2016, 42 f.; VerfGH Thüringen NVwZ 2016, 1408; VerfGH Thüringen ThürVBl 2016, 281.

Regierung (und Mitgliedern der Regierung), von Verfassungs wegen verwehrt, hauptsächlich im Hinblick auf Wahlen politische Parteien oder Wahlbewerber unter Einsatz öffentlicher Mittel zu unterstützen oder zu bekämpfen, insbesondere Werbung unter Ausnutzung öffentlicher personeller, technischer, medialer und finanzieller Mittel, über die die politischen Wettbewerber nicht verfügen, zu betreiben bzw. politische Gegner zu diskreditieren, um die Entscheidung des Wählers (zugunsten der Mehrheit) zu beeinflussen.[277]

88 Dies schließt allerdings nicht aus, dass bspw. der Inhaber eines Ministeramtes *außerhalb* seiner amtlichen Funktionen am politischen Meinungskampf teilnimmt und in den Wahlkampf eingreift.[278] Man denke etwa an Beiträge in Zeitungen, wissenschaftliche Publikationen oder an die Teilnahme in Talkshows im Fernsehen. Es muss aber auch hier gewährleistet sein, dass ein Rückgriff auf die mit dem Regierungsamt verbundenen Mittel und Möglichkeiten unterbleibt. Nimmt das Regierungsmitglied für sein Handeln daher die Autorität des Amtes oder die damit verbundenen Ressourcen in spezifischer Weise in Anspruch, ist es dem Neutralitätsgebot in gleicher Weise unterworfen, als wenn es offiziell auftritt.[279] Das gilt insbesondere, wenn sich der Amtsinhaber in offiziellen Publikationen, Pressemitteilungen sowie auf der offiziellen Internetseite seines Geschäftsbereichs erklärt oder wenn er Staatssymbole und Hoheitszeichen einsetzt.[280] Dann handelt er in Wahrnehmung seines Regierungsamts.[281]

89 Da beim Handeln des Inhabers eines Ministeramtes eine strikte Trennung der Sphären des „Bundesministers", des „Parteipolitikers" und der politisch handelnden „Privatperson" nicht immer möglich ist, kann im Einzelfall der Übergang von der zulässigen Wahlwerbung bzw. Öffentlichkeitsarbeit oder Teilnahme am politischen Meinungskampf zur unzulässigen Wahlwerbung/Wahlbeeinflussung bzw. Bekämpfung politischer Gegner fließend sein.[282] Es entscheiden daher die Einzelfallumstände. Anhaltspunkte sind etwa Inhalt, Aufmachung und Anlass der Äußerung bzw. der Publikation, die Quantität des verbreiteten Materials, die Hinzuziehung staatlicher Infrastruktur und der Adressatenkreis.[283]

Hinsichtlich **Beispiel 1** von Rn 86 hat das BVerfG entschieden, dass die Äußerung dem (erlaubten) politischen Meinungskampf zuzuordnen sei. Denn die Ministerin habe bezogen auf diese Äußerung im Rahmen ihres Interviews mit der Thüringischen Landeszeitung nicht in spezifischer Weise auf die mit ihrem Regierungsamt verbundene Autorität zurückgegriffen und sei daher auch nicht an die Beachtung des aus dem Recht politischer Parteien auf Chancengleichheit folgenden Neutralitätsgebots gebunden gewesen. Dass die Ministerin die beanstandete Äußerung unter Inanspruchnahme staatlicher Autorität oder Ressourcen ihres Amtes gemacht habe, sei dem Verhalten ebenfalls nicht zu entnehmen.[284]

Demgegenüber hat hinsichtlich **Beispiel 2** von Rn 86 der thüringische Verfassungsgerichtshof entschieden, dass der Ministerpräsident durch den an andere Parteien gerichteten Appell, NPD-Anträge nicht mitzutragen, sowie durch die Bezeichnung der NPD-Anhänger als „Nazis" parteiergreifend zulasten der NPD in den allgemeinen politischen Wettbewerb eingegriffen und damit das Neutralitätsgebot verletzt habe. Denn die NPD könne sich als nicht verbotene Partei auf das aus Art. 21 GG folgende Recht auf Chan-

---

[277] BVerfG NVwZ 2015, 209, 210 mit Verweis auf BVerfGE 44, 125, 146 und BVerfG NJW 2014, 2563, 2564.
[278] BVerfG NVwZ 2015, 209, 211 mit Verweis auf BVerfGE 44, 125, 141.
[279] BVerfG NVwZ 2015, 209, 212 mit Verweis auf BVerfGE 44, 125, 146. Vgl. auch BVerfG K&R 2016, 42 f.
[280] BVerfG NJW 2018, 928, 932 f.; BVerfG K&R 2016, 42 f.
[281] BVerfG NJW 2018, 928, 932 f.
[282] Vgl. BVerfG NVwZ 2015, 209, 212 mit Verweis auf BVerfGE 63, 230, 243. Vgl. auch BVerfG K&R 2016, 42 f.; BVerfG NJW 2018, 928, 929 f.
[283] BVerfGE 44, 125, 151 f.; 63, 230, 241.
[284] BVerfG NVwZ 2015, 209, 214.

cengleichheit der politischen Parteien berufen. Aus diesem Recht folge ein an die Adresse des Staats gerichtetes Neutralitätsgebot für den allgemeinen politischen Wettbewerb, das vorliegend verletzt sei.[285]

Hinsichtlich **Beispiel 3** von Rn 86 hat das BVerfG zunächst dargelegt, dass die Befugnis der Bundesregierung zur Erläuterung ihrer Maßnahmen und Vorhaben das Recht einschließe, sich mit darauf bezogenen kritischen Einwänden sachlich auseinanderzusetzen. Dann aber macht das Gericht deutlich, dass ein „Recht auf Gegenschlag" dergestalt, dass staatliche Organe auf unsachliche oder diffamierende Angriffe in gleicher Weise reagieren dürften, nicht bestehe. Die Äußerung der Ministerin auf der Homepage des von ihr geführten Ministeriums sei zwar erkennbar ohne Bezug zu den mit dem Ministeramt verbundenen Aufgaben erfolgt. Sie habe aber mit der Verbreitung der fraglichen Erklärung über die Homepage des von ihr geführten Ministeriums Ressourcen in Anspruch genommen, die den politischen Wettbewerbern verschlossen seien. Darin liege eine Verletzung des Rechts der AfD auf Chancengleichheit im politischen Wettbewerb, das auch außerhalb von Wahlkampfzeiten bestehe.[286]

Bewertung: Insbesondere der Auffassung des BVerfG im zuletzt genannten Beispiel ist zuzustimmen. Die durch Art. 21 I S. 1 GG verfassungsrechtlich garantierte Chancengleichheit der politischen Parteien gebietet eine Zurückhaltung von Regierungsmitgliedern, insbesondere, wenn sie mit amtlicher Autorität auftreten und staatliche Ressourcen in Anspruch nehmen, die den politischen Wettbewerbern verschlossen sind. Äußerungen, die jemand in nichtamtlicher Funktion, aber unter Inanspruchnahme amtlich zustehender Ressourcen (etwa durch Verwendung des Dienstwappens) tätigt, müssen daher genauso wie Äußerungen, die jemand unmittelbar in seiner amtlichen Funktion als Regierungsmitglied tätigt, insbesondere das Neutralitätsgebot wahren und dürfen nur in sachlich gebotener Weise erfolgen. Das gilt umso mehr, je stärker die Äußerung im Umfeld von Wahlen getätigt wird, weil dann die staatliche Neutralitätspflicht mit der Chancengleichheit der politischen Parteien einhergeht. Vgl. zur in einer Demokratie an sich selbstverständlichen Chancengleichheit bereits Rn 77f, aber auch Rn 383 ff.

Und hinsichtlich **Beispiel 4** von Rn 86 hat das BVerfG offengelassen, ob die Äußerung unter Rückgriff auf die Autorität des Regierungsamtes erfolgt und (daher) rechtswidrig gewesen war, da sie mittlerweile vom Ministerium von der Internetseite entfernt wurde. Überträgt man aber die zu Beispiel 3 erläuterte Rechtsprechung des BVerfG, wird man zur Rechtswidrigkeit der auf der Internetseite veröffentlichten Äußerung gelangen müssen, wenn diese noch online abrufbar wäre. Denn der Bundesinnenminister (bzw. dessen Ministerium) hat mit der Verbreitung der fraglichen Erklärung über die Homepage des von ihm geführten Ministeriums Ressourcen in Anspruch genommen, die den politischen Wettbewerbern verschlossen sind. Darin liegt eine Verletzung des Rechts der AfD auf Chancengleichheit im politischen Wettbewerb, das auch außerhalb von Wahlkampfzeiten besteht (s.o.).[287]

---

[285] VerfGH Thüringen NVwZ 2016, 1408; vgl. auch VerfGH Thüringen ThürVBl 2016, 281.

[286] BVerfG NJW 2018, 928, 932 f.; siehe auch schon BVerfG K&R 2016, 42 f.

[287] Unproblematisch ist es, wenn ein Regierungschef in einem Tweet eine gegen eine AfD-Demonstration mit dem Motto „Zukunft Deutschland" gerichtete Gegendemonstration mit dem Motto „Gegen Rassismus und Fremdenfeindlichkeit" positiv als „eindrucksvolles Signal für Demokratie und Freiheit, gegen Rassismus und menschenfeindliche Hetze" bewertet. Das VerfG Berlin hat hierzu entschieden, dass der Regierungschef zwar in amtlicher Funktion gehandelt, nicht aber das Neutralitätsgebot verletzt habe. Es fehle in seiner Äußerung zum einen der direkte Bezugspunkt zur AfD und zum anderen habe sich der Regierungschef darauf beschränkt, sich mit allgemeinen Wertebekenntnissen von Demonstranten zu solidarisieren. Einer spezifischen Kritik an der AfD habe er sich enthalten. Insofern handele es sich allenfalls um einen Reflex, wenn sich die AfD angesprochen fühle. Zudem habe er mit seiner Äußerung lediglich Grundwerte des Grundgesetzes benannt, die dem Parteienstreit ohnehin entzogen seien (VerfG Berlin LKV 2019, 120, 121 ff.). Anders liegt es nach Auffassung des VG Köln, wenn das Bundesamt für Verfassungsschutz die AfD u.a. in einem Tweet öffentlich als „Prüffall" bezeichnet. Zwar schlössen Programmatik der Partei und Verhalten einiger Mitglieder der Partei die (interne) Einstufung als „Verdachtsfall" nicht aus, sodass der Befugniskatalog nach §§ 8 ff. BVerfSchG grds. greife. Jedoch genüge die Befugnis nach § 16 BVerfSchG, die Öffentlichkeit zu informieren über Bestrebungen und Tätigkeiten, die u.a. gegen die freiheitliche demokratische Grundordnung, den Bestand oder die Sicherheit des Bundes oder eines Landes gerichtet sind, nicht, die AfD öffentlich als „Prüffall" bezeichnen zu dürfen (VG Köln NVwZ 2019, 1060, 1061).

> **Zusammenfassung und Hinweis für die Fallbearbeitung:** Die vorstehenden Ausführungen haben gezeigt, dass die Neutralitätspflicht der Staatsorgane insb. im Vorfeld von Wahlen zur Geltung kommt. Betreiben bspw. eine Bundes- oder Landesregierung oder ein Bürgermeister im zeitlichen und räumlichen Zusammenhang mit einer Wahl Öffentlichkeitsarbeit, ist in der Fallbearbeitung zunächst darzulegen, dass es im Vorfeld von Wahlen jedem Organ der Legislative, der Exekutive und der Judikative verwehrt ist, in seiner amtlichen Funktion offen oder verdeckt für eine bestimmte Partei einzutreten. In einem zweiten Schritt ist auszuführen, dass die Staatsorgane allerdings befugt sind, Öffentlichkeitsarbeit zu betreiben, da die Öffentlichkeitsarbeit Ausfluss aus dem Demokratieprinzip ist und der Transparenz des Staatsapparats dient. Schließlich ist anhand der dargestellten Anhaltspunkte für den konkreten Fall festzustellen, ob der Bereich der grds. erlaubten Öffentlichkeitsarbeit verlassen wurde. Ist dies der Fall, wäre ein Unterlassungsanspruch begründet. 9

VIII. Wahlen und Abstimmungen auf Bundesebene

Wichtige Entscheidungen: BVerfGE 5, 2, 6 (Wählbarkeit zum Deutschen Bundestag); 6, 84 (Sperrklausel); 7, 63 (Verfassungsmäßigkeit des BWG; „Starre Liste"); 8, 104 (Volksbefragungen); 16, 130 (Überhangmandate); 21, 196 (Wahlgeschenke); 21, 200 (Verfassungsmäßigkeit der Briefwahl); 24, 300 (Unterschriftenquorum); 36, 139 (Wahlrecht von Auslandsdeutschen); 40, 296 (Abgeordnetendiäten); 44, 125 (Öffentlichkeitsarbeit der Bundesregierung); 49, 10 (Neugliederung des Bundesgebietes; hier: Oldenburg/Schaumburg-Lippe); 51, 222 (Europawahl); 58, 202 (Wahlrecht von Auslandsdeutschen; Wahlprüfungsbeschwerde); 59, 119 (Verfassungsmäßigkeit der Briefwahl); 68, 1 (Mitwirkung des Bundestags an den auswärtigen Beziehungen); 70, 324 (Recht der Abgeordneten auf Information); 71, 81 (Arbeitnehmerkammerwahl); 78, 350 (Ausschluss der kommunalen Wählervereinigungen von steuerlichen Entlastungen); 79, 161 (Zweitstimmenabzug; Stimmensplitting); 79, 169 (Überhangmandate); 80, 188 (Rechte von Abgeordneten); 81, 310 (Rechte bei Auftragsverwaltung); 82, 322 (Wahlrechtsvertrag zwischen der Bundesrepublik Deutschland und der DDR); 82, 353 (Unterschriftenquorum); 83, 37 (Ausländerwahlrecht); 85, 148 (Umfang der Wahlprüfung); 89, 155 (Maastricht); 89, 243 (Kandidatenaufstellung; Wahlprüfung); 90, 286 (Einsatz bewaffneter Streitkräfte im Ausland); 91, 228 (Selbstverwaltungsgarantie der Kommunen); 91, 262 (Begriff der Partei); 92, 80 (Überhangmandate); 93, 195 (Ausschluss eines Abgeordneten aus dem Untersuchungsausschuss); 94, 351 (Verfassungsrechtlicher Status eines Abgeordneten); 95, 335 (Verfassungsmäßigkeit von Überhangmandaten); 95, 408 (Grundmandatsklausel); 97, 317 (Nachfolge für ausgeschiedenen Wahlkreisabgeordneten; Wahlprüfungsbeschwerde); 103, 111 (Wahlprüfung in Hessen); 121, 266 (negatives Stimmgewicht); 123, 39 (Wahlcomputer); BVerfG NJW 1991, 689 (Wahlrecht von Auslandsdeutschen); NVwZ 1993, 55 (Kommunalwahlrecht); NVwZ 1998, 52 R (Kommunales Wahlrecht für Unionsbürger); DVBl 2001, 188 (Volksinitiative in Schleswig-Holstein); NVwZ 2012, 622 (Wahlkreiseinteilung); NVwZ 2012, 1101 (Negatives Stimmgewicht; Überhangmandate); NVwZ 2012, 1167 (Auslandswahlrecht); NVwZ 2014, 439 (Europawahl); BVerfG NJW 2019, 1201 (Wahlprüfungsbeschwerde); BVerwGE 18, 14 (Hirtenworte)

1. Die Wahlsysteme allgemein

91 Dass in einer Demokratie alle Staatsgewalt vom Volke ausgeht und vom Volke in Wahlen und Abstimmungen und durch besondere Organe der Gesetzgebung, der vollziehenden Gewalt und der Rechtsprechung ausgeübt wird, ist selbstverständlich. Art. 20 II GG stellt dies für die Bundesrepublik Deutschland klar. In einer parlamentarischen Demokratie, in der das Volk das Parlament wählt (Rn 76 ff.), sind also die Parlamentswahlen von entscheidender Bedeutung. Es muss eine ununterbrochene Legitimationskette (Rn 79) bestehen, damit „alle Staatsgewalt vom Volke ausgeht". Hinsichtlich der Wahl zum Parlament, das gemäß dem soeben Gesagten das unmittelbar demokratisch legitimierte Staatsorgan darstellt, stehen die Wahlsysteme **Mehrheitswahl** (Persönlichkeitswahl) und **Verhältniswahl** (Proportionalwahl) sowie Mischformen zur Verfügung.

- Nach dem Grundsatz der **Mehrheitswahl** ist gewählt, wer die Mehrheit der im Wahlkreis abgegebenen Stimmen auf sich vereinigt. Ist dabei die absolute Mehrheit der abgegebenen Stimmen erforderlich, spricht man von absoluter Mehrheitswahl. Genügt die einfache Mehrheit, spricht man von relativer Mehrheitswahl.

- Bei der **Verhältniswahl** richtet sich die Zahl der auf einer Liste aufgestellten Abgeordneten danach, in welchem Verhältnis die für jede Liste abgegebenen Stimmen zur Zahl der insgesamt abgegebenen Stimmen stehen.

a. Das Mehrheitswahlsystem

Bei der Mehrheitswahl ist das gesamte Wahlgebiet in Wahlkreise eingeteilt, aus denen i.d.R. je ein Abgeordneter zu entsenden ist.[288] Als gewählt gilt entweder, wer im betreffenden Wahlkreis die meisten Stimmen erhält (relative Mehrheitswahl) oder wer über 50 % der abgegebenen Stimmen erreicht (absolute Mehrheitswahl). Erreicht bei einer absoluten Mehrheitswahl keiner der Bewerber die absolute Mehrheit, findet i.d.R. ein zweiter Wahlgang statt. Hierbei kann eine Stichwahl zwischen den beiden stimmstärksten Kandidaten des ersten Wahlgangs angeordnet sein (so z.B. in Frankreich) oder aber es entscheidet nunmehr die einfache Mehrheit zwischen den alten und den möglicherweise neu hinzugekommenen Bewerbern. In der Bundesrepublik Deutschland wird die Hälfte der Abgeordneten des Bundestags nach der relativen Mehrheitswahl gewählt (§ 1 II i.V.m. § 5 BWahlG). 92

Das Mehrheitswahlrecht ist in seiner Konzeption eindeutig und schafft klare Mehrheitsverhältnisse. Es bewirkt aber auch Ungleichheiten. Zum einen ist es unmöglich, Wahlkreise mit exakt gleicher Zahl von Wahlberechtigten zuzuschneiden (Problem der Wahlkreisgeometrie und somit der Gleichheit der Wahl), zum anderen kann die Mehrheitswahl dazu führen, dass eine Minderheit, die im gesamten Wahlgebiet eine beträchtliche Stimmenzahl erhält, trotzdem nicht zum Zuge kommt, weil sie in keinem Wahlkreis die Mehrheit erringt, während lokal beschränkte Minderheiten in einigen Wahlkreisen erfolgreich sind. Es kann also zu einer Herrschaft der Minderheit kommen.[289] Die Herrschaft der Minderheit über die Mehrheit ist in einem Mehrheitswahlsystem kein Zufall, sondern in Kauf genommen.[290] 93

Schließlich ist dem Mehrheitswahlsystem immanent, dass bereits geringe Schwankungen des Wählerverhaltens die Stimmenverhältnisse und somit die Mehrheitsverhältnisse im Parlament vollkommen verändern können. Dies gilt insbesondere bei knappen Mehrheitsverhältnissen: Ändern nur wenige Wähler ihr Wahlverhalten, kann dies zu einem Wechsel der Mehrheit im Parlament führen, ohne dass eine Trendwende der Wählerschaft zu verzeichnen wäre. 94

b. Das Verhältniswahlsystem

Bei der Verhältniswahl stellen sich die Kandidaten grundsätzlich im gesamten Wahlgebiet zur Wahl. Sie sind i.d.R. auf Parteilisten vereint (z.B. Landeslisten, Wahlbezirkslisten, Listen für Wahlkreisverbände etc.). Jede Partei bekommt dann Parlamentssitze im Verhältnis zu den für sie abgegebenen Stimmen zugeteilt. Die Verhältniswahl ist also im Gegensatz zur Mehrheitswahl eine Parteien- (= Listen-) und keine Persönlichkeitswahl. Wie viele Sitze auf eine Partei (Liste) genau entfallen, kann durch verschiedene Auszählverfahren ermittelt werden. In der Bundesrepublik Deutschland war auf Bundesebene das **d´Hondtsche Höchstzahlverfahren** das lange Zeit gebräuchlichste. Bis einschließlich der Bundestagswahl 2005 wurde indes das Verfahren von **Hare/Niemeyer** bevorzugt, das die kleineren Parteien begünstigte. Nach einer Änderung des § 6 BWahlG im März 2008 erfolgte die Auszählung der Wählerstimmen für den 17. Deutschen Bundestag 2009 nach dem Divisorverfahren von **Sainte-Laguë/Schepers**. Eine erneute Änderung des § 6 BWahlG im Mai 2013 führte zu 95

[288] Das Gebiet der Bundesrepublik Deutschland besteht aufgrund des Änderungsgesetzes vom 15.11.1996 (BGBl I 1996, S. 1712) nur noch aus 299 Wahlkreisen (vgl. § 1 II BWahlG).
[289] Zur Gleichheit der Wahl vgl. Rn 116.
[290] Vgl. *Ipsen*, Rn 68; *E. R. Huber*, Deutsche Verfassungsgeschichte seit 1789, Bd. 3 (3. Aufl. 1988), S. 877.

einer nochmaligen Änderung des Auszählungsverfahrens unter grundsätzlicher Beibehaltung des Divisorverfahrens nach Sainte-Laguë und fand erstmalige Anwendung bei der Wahl zum 18. Deutschen Bundestag (vgl. Rn 129-136).

96 Im Gegensatz zur Mehrheitswahl haben bei der Verhältniswahl auch kleinere Parteien eine Chance, Abgeordnete ins Parlament zu entsenden. Die Verhältniswahl gibt ein Spiegelbild der in der Bevölkerung bestehenden politischen Richtungen wieder und entspricht in vollem Maße dem Grundsatz der gleichen Wahl (insbesondere besteht der gleiche Erfolgswert aller Stimmen). Die in der Bevölkerung bestehenden politischen Richtungen sind aber sehr vielfältig; dies kann die Mehrheitsbildung im Parlament erschweren. Im parlamentarischen Regierungssystem ist es nicht einfach, in diesem Fall stabile Regierungen zu bilden (wie das Beispiel der Weimarer Republik zeigt). Man hat daher vielfach Klauseln eingeführt, die Splitterparteien bei der Sitzverteilung unberücksichtigt lassen (vgl. für die Bundesrepublik Deutschland die Fünfprozentklausel gem. § 6 III S. 1 BWahlG n.F.).

2. Die Wahlrechtsgrundsätze des Grundgesetzes

97 Im Gegensatz zur Weimarer Reichsverfassung enthält das Grundgesetz keine Vorschriften über das Wahlsystem. Die Art. 38 I S. 1 und 28 I S. 2 GG verlangen nur, dass die Vertretungskörperschaften in Bund, Ländern, Kreisen und Gemeinden nach den Prinzipien der allgemeinen, unmittelbaren, freien, gleichen und geheimen Wahl gewählt werden müssen. Das Wahlsystem selbst und dessen Ausformung obliegen daher der Entscheidung des einfachen Gesetzgebers (vgl. Art. 38 III GG), der hierbei über einen weiten Gestaltungsspielraum verfügt.[291] Auf Bundesebene sind diesbezüglich das BWahlG und die BWahlO erlassen worden. Im Folgenden sollen jedoch zunächst die in Art. 38 I S. 1 GG genannten Wahlrechtsgrundsätze erläutert werden. Diese Verfassungsbestimmung betrifft die Wahl der Abgeordneten des Deutschen Bundestags.

a. Die Allgemeinheit der Wahl

98 Dieser Wahlrechtsgrundsatz betrifft das allgemeine aktive und passive Wahlrecht, d.h. die Frage, wer wählen darf und wer wählbar ist. Die Wahlberechtigung wiederum betrifft zunächst die Frage nach der **Staatsangehörigkeit** und dem **Wahlalter** der Wähler und der zu Wählenden[292], darüber hinaus die Frage nach dem **Ausschluss** Einzelner von der Wahl.

Der Grundsatz der **Allgemeinheit** der Wahl garantiert das Recht aller Wahlberechtigten, aktiv (= wählen) oder passiv (= sich wählen lassen) ohne Rücksicht auf Rasse, Religion, Geschlecht oder politische Anschauung an der betreffenden Wahl teilnehmen zu dürfen.[293]

99 Wie das BVerfG zu Recht in ständiger Rechtsprechung betont, sichert die Allgemeinheit der Wahl, wie die Gleichheit der Wahl, die vom Demokratieprinzip vorausgesetzte **Egalität** der Staatsbürger bei der politischen Selbstbestimmung.[294] Deren Gleichbehandlung bezüglich der Fähigkeit, zu wählen und gewählt zu werden, sei eine der wesentlichen Grundlagen der Staatsordnung.[295] Der Wahlrechtsgrundsatz der Allgemeinheit fordere auf der einen Seite, dass grundsätzlich jeder sein Wahlrecht in

---

[291] Vgl. dazu BVerfGE 97, 317, 327 ff; 95, 335, 349 ff.; BVerfG NVwZ 2012, 1101, 1102 ff.
[292] Hinsichtlich der Staatsangehörigkeit, also der Frage, ob auch Ausländer wählen und gewählt werden dürfen, vgl. Rn 146.).
[293] Siehe nur BVerfG NJW 2019, 1201, 1203 f.; BVerfGE 58, 202, 205; BVerfG NVwZ 2012, 1167 ff. (st. Rspr.).
[294] BVerfG NJW 2019, 1201, 1203 mit Verweis auf BVerfGE 99, 1, 13; 132, 39, 47.
[295] BVerfG NJW 2019, 1201, 1203 mit Verweis auf BVerfGE 6, 84, 91; 11, 351, 360; 132, 39, 47.

möglichst gleicher Weise ausüben kann[296], und untersage auf der anderen Seite den unberechtigten Ausschluss einzelner Staatsbürger von der Teilnahme an der Wahl[297]. Er verbiete den Ausschluss bestimmter Bevölkerungsgruppen aus politischen, wirtschaftlichen oder sozialen Gründen.[298] Er sei – wie der Grundsatz der Wahlrechtsgleichheit – i.S.e. strengen und formalen Gleichheit bei der Zulassung zur Wahl zum Deutschen Bundestag zu verstehen[299] und schließe als spezialgesetzliche Ausprägung des allgemeinen Gleichheitssatzes in seinem Anwendungsbereich einen Rückgriff auf Art. 3 I GG aus.[300]

Wie sich aus diesen Ausführungen ergibt, gilt der Wahlrechtsgrundsatz trotz des Be- 100
strebens der Egalität der Staatsbürger bei der politischen Selbstbestimmung nicht absolut. So knüpft bezüglich des **Wahlalters** zunächst das Grundgesetz selbst das aktive Wahlrecht an die Vollendung des 18. Lebensjahres (Art. 38 II GG), wohingegen es in Art. 38 III GG hinsichtlich des passiven Wahlrechts, also der Wählbarkeit, lediglich die Volljährigkeit nennt und deren Bestimmung dem einfachen Recht überlässt. Danach ist volljährig (und wählbar), wer das 18. Lebensjahr vollendet hat (§ 2 BGB). Auch enthält § 15 I Nr. 2 BWahlG die Bestimmung, dass das passive Wahlrecht mit der Vollendung des 18. Lebensjahres besteht. Diese unterschiedliche Regelungstechnik überzeugt nicht in jeder Hinsicht. So könnte theoretisch der einfache Gesetzgeber durch Änderung des § 2 BGB den Eintritt der allgemeinen Volljährigkeit auf die Vollendung des 17. oder 16. Lebensjahres festlegen und damit mittelbar über Art. 38 III GG das Mindestalter für die Wählbarkeit zum Deutschen Bundestag reduzieren, wohingegen das Mindestalter des aktiven Wahlrechts gem. Art. 38 II GG bei der Vollendung des 18. Lebensjahres festgeschrieben ist. Es könnte dann also jemand in den Bundestag gewählt werden, der selbst nicht wählen darf. Nach der hier vertretenen Auffassung ist die unterschiedliche Regelungstechnik in Art. 38 II, III GG nicht kohärent. Vielmehr sollten – da Fragen des verfassungsrechtlichen Wahlgrundsatzes der Allgemeinheit der Wahl aufgeworfen sind und damit ein wesentlicher Aspekt des Demokratieprinzips betroffen ist – beide Altersgrenzen im Grundsatz festgeschrieben werden, unabhängig von der Frage, ob das Wahlalter in Bezug auf das aktive Wahlrecht nicht generell auf 17 oder 16 Jahre herabgesetzt werden sollte. Die Verknüpfung der für die Ausübung des Wahlrechts erforderlichen Verstandesreife an die Vollendung des 18. Lebensjahres erscheint nicht mehr zeitgemäß. Die Mitwirkung bei der Lösung drängender Fragen, die eine Gesellschaft herausfordern (moderne Gesellschaftsstrukturen, demographischer Wandel, soziale Gerechtigkeit, Umweltschutz, Tierschutz etc.), sollte nicht denjenigen verschlossen bleiben, die diese Gesellschaft künftig ausmachen. Zwar wird hinsichtlich der Herabsetzung des Wahlalters bisweilen vorgebracht, das Wahlalter solle nicht von der allgemeinen Geschäftsfähigkeit, also der Fähigkeit, Rechtsgeschäfte selbstständig voll wirksam vorzunehmen (etwa Verträge zu schließen, die Ehe einzugehen, ein Testament oder eine Patientenverfügung zu verfassen), entkoppelt werden. Diesem Standpunkt ist aber entgegenzuhalten, dass es beim Wahlrecht um die Mitgestaltung gesellschaftlicher Angelegenheiten geht. Daher sollte das Bestehen intellektueller Reife genügen.[301] Im Übrigen ist es auch nicht

[296] BVerfG NJW 2019, 1201, 1203 mit Verweis auf BVerfGE 58, 202, 205; 99, 69, 77 f.
[297] BVerfG NJW 2019, 1201, 1203 mit Verweis auf BVerfGE 36, 139, 141; 58, 202, 205,
[298] BVerfG NJW 2019, 1201, 1203 mit Verweis auf BVerfGE 15, 165, 166 f.; 36, 139, 141; 58, 202, 205.
[299] BVerfG NJW 2019, 1201, 1203 mit Verweis auf BVerfGE 28, 220, 225; 36, 139, 141; 129, 300, 319; 132, 39, 47.
[300] BVerfG NJW 2019, 1201, 1203 mit Verweis auf BVerfGE 99, 1, 8 ff.
[301] In Bezug auf die Wahl der Volksvertretungen in den Ländern, Kreisen und Gemeinden ist auch das BVerwG der Auffassung, dass die Verstandesreife genügt und nicht die Volljährigkeit entscheidet (BVerwG NJW 2018, 3328, 3329 – dazu sogleich). Zwar ist die Bedeutung einer Landtags- bzw. Kommunalwahl nicht so hoch wie die der Bundestagswahl, aber das Argument hinsichtlich der Verstandesreife greift gleichermaßen. Jedenfalls widersprüchlich ist es, wenn man einerseits das Wahlalter an das Alter koppelt, in dem man auch sonst Verträge etc. schließen kann (also an die allgemeine Geschäftsfähigkeit), andererseits aber 16-Jährige an Landtags- und Kommunalwahlen teilnehmen lässt.

so, dass alle Erwachsenen und „mündigen" Bürger die erforderliche „intellektuelle Reife" besitzen, beobachtet man manche Einträge in den sozialen Netzwerken (siehe dazu auch Rn 158).

Wollte man dementsprechend das Wahlalter herabsetzen, bedürfte es (jedenfalls in Bezug auf das aktive Wahlrecht) einer Verfassungsänderung gem. Art. 79 I, II GG. Da hierdurch keine in Art. 1 und 20 GG niedergelegten Grundsätze in negativer Hinsicht berührt würden, stünde Art. 79 III GG dem nicht entgegen.

Im Übrigen gehört die Regelung des Art. 38 II GG nicht zu den Wahlrechtsgrundsätzen, die nach Art. 28 I S. 2 GG auch für die Wahl der Volksvertretungen in den Ländern, Kreisen und Gemeinden bestimmend sind. Die Landesverfassungen können also bezüglich des aktiven und passiven Wahlrechts (auch unter unverändertem Art. 38 II GG) abweichende Regelungen treffen.[302] So haben einige Länder das aktive Wahlrecht mit Vollendung (bereits) des 16. Lebensjahres festgesetzt. Auf Kommunalebene ist dies ohnehin seit Langem anerkannt und in den Kommunalwahlgesetzen verankert. Nach zutreffender Auffassung des BVerwG verstoßen die Kommunalwahlgesetze bzw. Kommunalverfassungsgesetze der Länder auch nicht gegen die Grundsätze der Allgemeinheit und Gleichheit der Wahl (Art. 28 I S. 2 GG), weil die Gesetzgeber in typisierender Weise eine hinreichende Verstandesreife zur Voraussetzung für das aktive Stimmrecht gemacht hätten. Demokratie lebe vom Austausch sachlicher Argumente auf rationaler Ebene. Eine Teilnahme an diesem argumentativen Diskurs setze ein ausreichendes Maß an intellektueller Reife voraus, das die Landesgesetzgeber (im vorliegenden Fall ging es um das baden-württembergische Kommunalwahlgesetz) ohne Verstoß gegen Verfassungsrecht auch bei Bürgern zwischen 16 und 18 Jahren bejaht hätten.[303]

101 Da nach der Terminologie des BVerfG lediglich der „unberechtigte" Ausschluss einzelner Staatsbürger von der Wahl unzulässig ist (s.o.), heißt das, dass Raum für die Annahme „berechtigter" Anliegen ist, die zum Ausschluss Einzelner führen. Eines dieser „berechtigten" Anliegen könnte der Ausschluss von Personen sein, die die Tragweite ihrer Entscheidungen nicht überschauen können, was bei Personen angenommen wird, die unter **gesetzliche Betreuung** gestellt sind. Die bislang geltende gesetzliche Regelung, wonach eine weitere Mindestanforderung an die Wahlberechtigung in dem Nichtvorhandensein einer Betreuung (§ 13 Nr. 2 BWahlG, §§ 1896 ff. BGB) bestand, hat das BVerfG (trotz der Möglichkeit, gem. Art. 38 III GG das Wahlrecht näher auszugestalten) jedoch wegen Verstoßes gegen den Grundsatz der Allgemeinheit der Wahl gem. Art. 38 I S. 1 GG und das Verbot der Benachteiligung wegen einer Behinderung gem. Art. 3 III S. 2 GG für **verfassungswidrig** erklärt.[304] Gleiches gilt hinsichtlich des Ausschlusses gem. § 13 Nr. 3 BWahlG (Untergebrachtsein in einem psychiatrischen Krankenhaus).[305] Zwar gibt das BVerfG (erneut) zu verstehen, dass Beschränkungen des Wahlrechtsgrundsatzes der Allgemeinheit der Wahl nicht von vornherein ausgeschlossen sind, Differenzierungen hinsichtlich der Wahlberechtigung bedürften zu ihrer Rechtfertigung aber stets besonderer (i.S.v. „zwingender") Gründe, die durch die Verfassung legitimiert und von mindestens gleichem Gewicht wie die Allgemeinheit der Wahl seien.[306] Gesetzliche Typisierungstatbestände zum Ausschluss bestimmter Personengruppen könnten zwar durchaus derartig zwingende Gründe zum Ausdruck bringen. Es sei jedoch bereits zweifelhaft, ob Ausschlüsse, wie sie von § 13 Nr. 2 und 3 BWahlG vorgenommen werden, zur Erreichung des mit ihnen verfolgten Zwecks geeignet seien, da infolge unterschiedlicher Ausprägungen der Betreuungsbe-

---

[302] Klarstellend nun auch BVerwG NJW 2018, 3328, 3329.
[303] BVerwG NJW 2018, 3328, 3329.
[304] BVerfG NJW 2019, 1201 ff.
[305] BVerfG NJW 2019, 1201 ff.
[306] BVerfG NJW 2019, 1201, 1203 mit Verweis auf BVerfGE 42, 312, 340 f.; 132, 39, 48.

dürftigkeit Härten und Ungerechtigkeiten nicht ausgeschlossen werden könnten, zumal nicht jede Person, die unter Betreuung gestellt werden könnte, auch unter Betreuung gestellt ist. Jedenfalls verstoße die Regelung wegen ihrer gleichheitswidrigen Ausgestaltung gegen den Wahlrechtsgrundsatz der Allgemeinheit der Wahl und gegen das Differenzierungsverbot des Art. 3 III S. 2 GG.[307] Eine gesetzliche Neuregelung ist mittlerweile in Kraft getreten.[308] Nach der Neufassung des § 13 BWahlG ist vom Wahlrecht nur noch ausgeschlossen, wer infolge Richterspruchs das Wahlrecht nicht besitzt. Unter Betreuung stehende sowie wegen einer Behinderung an der Abgabe der Stimme gehinderte Wahlberechtigte sind nicht mehr ausgeschlossen. Sollte ihnen eine eigene Stimmabgabe nicht möglich sein, können sie zur Stimmabgabe eine Vertrauensperson (Hilfsperson) hinzuziehen, § 14 V BWahlG (dazu Rn 113a).

Hauptanwendungsfall des § 13 BWahlG dürfte eine **strafgerichtliche Verurteilung** sein, die zum Verlust des aktiven und passiven Wahlrechts führen kann (§ 45 StGB). Vgl. dazu §§ 45a, b StGB. Zur Wählbarkeit (d.h. zum passiven Wahlrecht) vgl. § 15 BWahlG.

Deutsche, die ihren ständigen **Wohnsitz im Ausland** haben („*Auslandsdeutsche*"), **102**
sind unter den Voraussetzungen des § 12 II BWahlG wahlberechtigt. Danach ist auch derjenige volljährige deutsche Staatsangehörige wahlberechtigt, der am Wahltag im Ausland lebt, sofern er

- nach Vollendung seines 14. Lebensjahres mindestens drei Monate ununterbrochen in der Bundesrepublik Deutschland eine Wohnung innegehabt oder sich sonst gewöhnlich aufgehalten hat und dieser Aufenthalt nicht länger als 25 Jahre zurückliegt oder
- aus anderen Gründen persönlich und unmittelbar mit den politischen Verhältnissen in der Bundesrepublik Deutschland vertraut ist und von ihnen betroffen ist.[309]

b. Die Unmittelbarkeit der Wahl

Von **unmittelbarer** Wahl spricht man, wenn die Stimmabgabe der Wahlberechtigten **103**
sich auf die zu entsendenden Vertreter selbst ohne Zwischenschaltung von Wahlmännern (oder Stellvertretern) bezieht.[310]

Wählen also die Urwähler nicht direkt die Abgeordneten, sondern Wahlmänner, die ihrerseits die Abgeordneten bestimmen, spricht man von **mittelbarer** Wahl. Eine mittelbare Wahl bestand in Preußen bis 1918, in Finnland bis 1988 und besteht noch jetzt in den USA bei der Präsidentenwahl.

Der Grundsatz der Unmittelbarkeit der Wahl fordert darüber hinaus ein Wahlverfah- **104**
ren, in dem der Wähler vor dem Wahlakt erkennen kann, welche Personen sich um ein Abgeordnetenmandat bewerben und wie sich die eigene Stimmabgabe auf Erfolg oder Misserfolg der Wahlbewerber auswirken kann.[311] Sowohl die in der Bundesrepublik Deutschland bestehende Persönlichkeitswahl als auch die Listenwahl werden dem Grundsatz der unmittelbaren Wahl gerecht. Die nach § 5 BWahlG vorgesehene Persönlichkeitswahl ist unmittelbar, weil der Bewerber unmittelbar durch die Erststimme gewählt wird. Die in § 6 BWahlG vorgeschriebene Listenwahl verstößt nicht gegen den Grundsatz der Unmittelbarkeit, weil die Entscheidung über die Liste im Vorfeld der Wahl getroffen wird (§ 27 BWahlG) und die festgelegte Reihenfolge unab-

---

[307] BVerfG NJW 2019, 1201, 1209 f.
[308] BGBl I 2019, S. 834.
[309] § 12 II BWahlG wurde aufgrund BVerfG NVwZ 2012, 1167 ff. im Jahre 2013 neu gefasst.
[310] BVerfGE 97, 317, 326; 47, 277, 279; 7, 63, 68; *Kunig*, Jura 1994, 554, 556.
[311] BVerfGE 95, 335, 350.

änderlich ist (§ 6 BWahlG). Eine Grenze findet sich aber dort, wo es zu einem „negativen Stimmgewicht" kommt.[312]

105 Auch bei der **Nachfolge für ausgeschiedene Kandidaten** („**Nachrücken in den Bundestag**") muss der Grundsatz der Unmittelbarkeit gewahrt bleiben. Dennoch ist es mit dem Grundsatz der Unmittelbarkeit der Wahl vereinbar, wenn für den Fall, dass ein gewählter Bewerber stirbt oder aus sonstigem Grund aus dem Bundestag ausscheidet, die übrigen Anwärter der Parteiliste nachrücken, und zwar in der in der Liste angegebenen Reihenfolge (§ 48 I S. 1 BWahlG).

106 Problematisch ist es, wenn eine Partei nach dem Ausscheiden eines ihrer Partei angehörigen gewählten Mitglieds des Deutschen Bundestags den Bewerber, der an sich gemäß der Landesliste nachrücken würde, durch **Parteiausschluss** aus der Liste streicht und auf diese Weise erreicht, dass der dahinter aufgestellte „Wunschkandidat" nachrückt. Bedenken gegen die Vereinbarkeit mit dem Grundsatz der Unmittelbarkeit bestehen bei dieser Vorgehensweise deshalb, weil die Entscheidung der Partei *nach* der Wahl getroffen wird und missliebige Parteimitglieder durch gezielten Parteiausschluss vom Parlament ferngehalten werden könnten.

Beispiel: Die ersten 10 Listenbewerber der Partei XY sind aufgrund der Stimmenverhältnisse in den Deutschen Bundestag gewählt worden. C ist die Nr. 11 auf der Liste und somit zunächst nicht in den Bundestag gekommen. Da er in der jüngsten Vergangenheit durch der Parteilinie widersprechende Äußerungen aufgefallen ist, leitet der Parteivorstand ein Ausschlussverfahren ein, das mit dem Parteiausschluss endet (§ 10 IV PartG). Ein Rechtsmittel hat C hiergegen nicht eingelegt. Als ein Bundestagsmandat der Partei XY frei wird, rückt nicht C, sondern der hinter ihm stehende D (die Nr. 12 auf der Liste) nach. C meint, dieser Sachverhalt verstoße gegen den Grundsatz der Unmittelbarkeit der Wahl. Zu Recht?

107 Die Verhältniswahl ist eine Parteienwahl. Dadurch kann bei einer Verhältniswahl nur derjenige in ein Parlament kommen, der einer gewählten Partei angehört. Das Parteiausschlussverfahren ist formalisiert (§ 10 V PartG), gegen den Parteiausschluss können die Zivilgerichte angerufen werden.[313] Wird ein Parteimitglied wirksam aus einer Partei ausgeschlossen, dann hat das seinen sachlichen Grund. Von einem willkürlichen Ausschluss, etwa um bei einem Ausscheiden eines Mitglieds des Deutschen Bundestags nicht den nächsten, sondern den übernächsten Listenbewerber nachrücken zu lassen, kann dann keine Rede sein. Darüber hinaus entspräche es nicht dem Wesen einer Parteienwahl, wenn Personen über die Zweitstimme, d.h. über die Parteiliste, in den Bundestag kämen, wenn ihr Verhalten den Interessen der Partei zuwiderläuft.[314]

Im obigen **Beispiel** sind keine Anhaltspunkte ersichtlich, die die Rechtmäßigkeit des Parteiausschlusses gegenüber C in Frage stellen könnten. Insbesondere hat C kein Rechtsmittel eingelegt. Mit dem wirksamen Parteiausschluss hat C gem. § 48 I S. 2 BWahlG die Listenanwartschaft verloren. Ein Verstoß gegen den Grundsatz der Unmittelbarkeit der Wahl liegt nicht vor.

Weiterführender Hinweis: Bei der Nachfolge bleiben nicht nur diejenigen Listenbewerber unberücksichtigt, die seit dem Zeitpunkt der Aufstellung der Landesliste aus dieser

---

[312] Vgl. BVerfGE 121, 268, 272; zum negativen Stimmgewicht vgl. Rn 126 ff.
[313] Vgl. dazu BVerfG NJW 2002, 2227; zu den Voraussetzungen eines Parteiausschlusses vgl. Bundesparteigericht der CDU NVwZ 2005, 480 ff. Vgl. auch *Lenski*, NVwZ 2015, 1730 ff.
[314] Da das BVerfG a.a.O. die Parteizugehörigkeit den anderen Kriterien gleichgestellt hat, die jemand erfüllen muss, um (passiv) wahlberechtigt zu sein, würde es wohl auch die Nichtberücksichtigung des Bewerbers in diesem Fall als zulässig ansehen; ebenso *v. Münch*, in: v. Münch/Kunig, GG, Art. 38 Rn 29; *Pieroth*, in: J/P, GG, Art. 38 Rn 15.

Partei ausgeschieden sind, sondern auch diejenigen, die Mitglied einer anderen Partei geworden sind (§ 48 I S. 2 BWahlG). Unberücksichtigt bleiben ebenso Listenbewerber, die als gewählte Bewerber im Wahlkreis ihren Mitgliedschaftserwerb abgelehnt oder als Abgeordnete auf ihre Mitgliedschaft im Deutschen Bundestag verzichtet haben (§ 48 I S. 3 BWahlG). Ein Nachrücken des in der Liste folgenden Bewerbers verstieße also ebenfalls nicht gegen den Grundsatz der Unmittelbarkeit der Wahl.

Fraglich ist auch die Verfassungsmäßigkeit des sog. **ruhenden Mandats**, bei dem Mitglieder der Bundes- bzw. Landesregierung ihr Bundestags- bzw. Landtagsmandat ruhen lassen und bei Ausscheiden aus der Regierung unter Verdrängung des inzwischen nachgerückten Listenbewerbers wieder in den Bundes- bzw. Landtag eintreten können. Das Wiedereintreten in das Parlament ist wegen Verletzung der Unmittelbarkeit der Wahl verfassungswidrig. Ein Verstoß gegen die Unmittelbarkeit der Wahl liegt allerdings noch nicht in der Möglichkeit, das Mandat ruhen zu lassen, also noch nicht in der Möglichkeit des Ausscheidens aus dem Parlament und dem Nachrücken des nächsten Listenbewerbers.[315] Ein Verstoß gegen den Grundsatz der Unmittelbarkeit der Wahl liegt dann vor, wenn es im Belieben des Ausgeschiedenen steht, den Nachgerückten durch Wiedereintritt in das Parlament zu verdrängen.[316] **108**

Im Zusammenhang mit der Unmittelbarkeit der Wahl (und anderen Wahlrechtsgrundsätzen) wird vereinzelt auch diskutiert, ob die Einführung eines **Familienwahlrechts** mit Art. 38 I S. 1 GG vereinbar wäre. Familienwahlrecht bedeutet, dass auch Minderjährige ein aktives Wahlrecht besitzen, das Stimmrecht jedoch treuhänderisch von den Sorgerechtsinhabern ausgeübt wird. Bedenken an der Vereinbarkeit mit der Unmittelbarkeit der Wahl bestehen darin, dass das Wahlrecht zu einem Stellvertreterwahlrecht würde, was dem Charakter des Wahlrechts als höchstpersönliches Recht und damit letztlich auch dem Demokratieprinzip widerspräche. Aber auch die Freiheit der Wahl wäre beeinträchtigt, weil die wahlberechtigten Minderjährigen ihre Sorgerechtsinhaber nicht hindern könnten, das Wahlrecht in ihrem Namen auszuüben. Die Gleichheit der Wahl wäre verletzt, weil letztlich die Sorgerechtsinhaber die Wahlentscheidung treffen würden und deren Stimme daher erhöhtes Gewicht hätte. Schließlich läge eine Kollision mit der Geheimheit der Wahl vor, weil der wahlberechtigte Minderjährige seine Wahlentscheidung ja gerade nicht vor dem Stellvertreter geheim halten könnte.[317] Insofern sichert die am 1.7.2019 in Kraft getretene Neuregelung[318] in § 14 IV S. 1 BWahlG („persönlich") und § 14 IV S. 2 BWahlG („kein Vertreter") die genannten Wahlrechtsgrundsätze ab. **109**

c. Die Geheimheit der Wahl

Den wichtigsten institutionellen Schutz der Wahlfreiheit stellt nach ständiger Rechtsprechung die Geheimheit der Wahl dar[319], die unabdingbare Voraussetzung für die demokratische Legitimation der Gewählten ist[320]. Der Grundsatz der Geheimheit der Wahl dient der Absicherung der Wahlfreiheit, da bei Offenbarung der Stimme leicht Druck ausgeübt werden könnte. Zudem soll die Wählerstimme möglichst authentisch sein. Der Wahlgrundsatz der Geheimheit bezieht sich daher nicht nur auf den Wahlvorgang, d.h. die Stimmabgabe, sondern erstreckt sich auch auf die individuelle Wahlvorbereitung.[321] Auf niemanden darf also im Vorfeld der Wahl oder während der Wahl **110**

---

[315] *Kretschmer*, in: Schmidt-Bleibtreu/Hofmann/Henneke, GG, Art. 38 Rn 17.
[316] HessStGH ESVGH 27, 193, 200 ff. zum Ruhen des Mandats in Hessen.
[317] Eine gutachtliche Bearbeitung der Problematik findet sich bei *Otto*, JuS 2009, 925 ff.
[318] BGBl I 2019, S. 834.
[319] Vgl. nur BVerfGE 134, 25, 31 ff.; 99, 1, 13 (mit Verweis auf *Frowein*, AöR 99 [1974], S. 72, 105).
[320] BVerfGE 44, 125, 139; 99, 1, 13.
[321] BVerfGE 4, 375, 386 f.; 12, 33, 35 f.

Druck ausgeübt werden, die Stimme zu offenbaren, eine Tendenz erkennen zu lassen oder einen bestimmten Kandidaten/eine bestimmte Partei zu wählen.

111 Die *Stimmabgabe* ist **geheim**, wenn sie weder offen noch öffentlich, sondern vielmehr in verschlossenem Umschlag und unter weiterer Sicherung der Geheimhaltung erfolgt.[322]

112 *Während* der Stimmabgabe bedeutet das Recht zur geheimen Wahl nach h.M. gleichzeitig die **Pflicht**, die Stimme geheim abzugeben. Der Grundsatz der Geheimheit steht demnach also nicht zur Disposition des Wählers. Der h.M. zufolge dürfen weder mehrere gleichzeitig die Wahlzelle benutzen, noch dürfen Wahlberechtigte ihre Stimme offen abgeben.[323] Vor oder nach der Wahlhandlung außerhalb des Wahllokals könne der Wähler jedoch nicht gehindert werden, seine Stimmabgabe zu offenbaren.[324]

Da nach dieser Interpretation des Wahlgrundsatzes der Geheimheit der Wähler nicht auf die Geheimhaltung seiner Wahlentscheidung verzichten kann, dürfte das Fertigen eines Selfies mit dem ausgefüllten Stimmzettel in der Hand und das anschließende Posten bspw. auf Facebook das Wahlgeheimnis verletzen. Soweit als Begründung angeführt wird, derartiges Verhalten sei mit dem Schutz des Wählers nicht vereinbar, überzeugt dies nicht. Denn wie ausgeführt, dient der Grundsatz der Geheimheit der Wahl der Absicherung der Wahlfreiheit, soll also gewährleisten, dass auf niemanden im Vorfeld der Wahl oder während der Wahl Druck ausgeübt werden darf, die Stimme zu offenbaren, eine Tendenz erkennen zu lassen oder einen bestimmten Kandidaten/eine bestimmte Partei zu wählen. Offenbart aber ein Wähler freiwillig sein Stimmverhalten, bedarf er des Schutzes nicht. Versteht man den Grundsatz der Geheimheit also subjektiv-rechtlich, ist die Geheimheit der Wahl so zu verstehen, dass ein Recht auf, aber keine Pflicht zur Geheimhaltung besteht. Fertigt demnach jemand ein Selfie mit dem ausgefüllten Stimmzettel in der Hand und postet das Foto anschließend bspw. auf Facebook, verzichtet er auf den Schutz des Wahlgeheimnisses und dessen Ratio greift insoweit nicht. Man könnte allenfalls darüber nachdenken, das Selfieverbot damit zu begründen, dass durch das Posten bei Facebook spätere Wähler beeinflusst werden und diese daher nicht „frei von Zwang oder Druck" sind. Doch eine „Beeinflussung" wäre ja auch vor der Wahl möglich, solange sie nur frei von Druck erfolgt.

Gleichwohl wurde § 56 BWahlO mit Änderungsverordnung vom 24.3.2017 geändert. § 56 II BWahlO, der das Verfahren zur Bundestagswahl beschreibt, lautete bislang: „Der Wähler begibt sich in die Wahlkabine, kennzeichnet dort seinen Stimmzettel und faltet ihn dort in der Weise, dass seine Stimmabgabe nicht erkennbar ist. Der Wahlvorstand achtet darauf, dass sich immer nur ein Wähler und dieser nur so lange wie notwendig in der Wahlkabine aufhält". Im Zuge der genannten Änderungsverordnung wurde in die Vorschrift der Zusatz eingefügt, dass in der Wahlkabine nicht fotografiert oder gefilmt werden darf. Und in § 56 VI S. 1 BWahlO wurde Nr. 5a eingefügt, wonach der Wähler zurückzuweisen ist, wenn dieser in der Wahlkabine fotografiert oder gefilmt hat.

Ob diese Regelung angesichts der oben formulierten Argumentation mit höherrangigem Recht vereinbar ist, ist unklar. Der in Art. 38 I S. 1 GG verankerte Wahlrechtsgrundsatz der Geheimheit dürfte auf der Basis der h.M., die ihn trotz seines Individualschutzes für nicht disponibel erachtet, nicht verletzt sein. Und das Grundrecht auf freie Entfaltung der Persönlichkeit (Art. 2 I GG) dürfte nicht gewichtig genug sein, den mit der Regelung des § 56 II BWahlO verfolgten Zweck, Gewährleistung der Ordnungsgemäßheit der Wahl, zu überwinden, zumal der Wähler ja nicht von der Wahl ausgeschlossen wird, sondern ihm auf

---

322 *Kretschmer*, in: Schmidt-Bleibtreu/Hofmann/Henneke, GG, Art. 38 Rn 31.
323 Vgl. nur *v. Münch*, in: v. Münch/Kunig, GG, Art. 38 Rn 57.
324 *Pieroth*, in: J/P, GG, Art. 38 Rn 20; *Klein*, in: Maunz/Dürig, GG, Art. 38 Rn 111.

Verlangen ein neuer Stimmzettel auszuhändigen ist, nachdem er den alten Stimmzettel im Beisein eines Mitglieds des Wahlvorstandes vernichtet hat (§ 56 VIII BWahlO).

Das Fertigen eines Selfies mit dem ausgefüllten Stimmzettel in der Hand und das anschließende Posten bspw. auf Facebook dürfte daher einen Verstoß gegen das in § 56 BWahlO vorgesehene Verfahren darstellen. Der Wahlvorstand hat den Einwurf des Stimmzettels in die Wahlurne zu verweigern, dem Betroffenen aber auf Verlangen einen neuen Stimmzettel auszuhändigen, nachdem dieser den alten Stimmzettel im Beisein eines Mitglieds des Wahlvorstands vernichtet hat.

An dem bereits geposteten Selfie ändert das aber nichts. Eine Verpflichtung zur sofortigen Löschung des Posts oder zur Abgabe des Handys vor der Stimmabgabe wäre nicht umsetzbar, allein schon wegen Kontroll- und Durchsetzungsproblemen in der Praxis, und dürfte auch einer rechtlichen Prüfung nicht standhalten. Die Wahrung des Ansehens einer Parlamentswahl ist nicht an dem Wahlrechtsgrundsatz der Geheimheit festzumachen.

Die *Wahlvorbereitung* ist **geheim**, wenn der Wahlberechtigte sein Verhältnis zu einer politischen Partei in der Öffentlichkeit grundsätzlich nicht darzulegen braucht. **113**

Fraglich ist, ob die in der Bundesrepublik Deutschland praktizierte **Briefwahl** (vgl. § 36 BWahlG) mit dem Grundsatz der geheimen Wahl vereinbar ist, weil eine Kontrolle bzw. Manipulation nicht in gleichem Maße wie bei der Urnenwahl (vgl. § 34 BWahlG) ausgeschlossen werden kann. Das BVerfG hat entschieden, dass die hierfür getroffene Regelung (anonymisierte und verschlossene Briefumschläge) weder die Wahlfreiheit noch das Wahlgeheimnis verletze. Der Briefwähler habe die Möglichkeit, geheim und frei zu wählen; überdies müsse er eidesstattlich versichern, dass er den Stimmzettel persönlich gekennzeichnet habe.[325] Schließlich würde es anderenfalls für einige Wahlberechtigte nicht möglich sein, überhaupt an der Wahl teilzunehmen. Der Grundsatz der Allgemeinheit der Wahl rechtfertige daher die Briefwahl. Fraglich ist dagegen, ob die Wahl mittels **Vertrauensperson**[326] (i.V.m. der Briefwahl) mit dem Grundsatz der geheimen Wahl vereinbar ist. **113a**

Beispiel: Die im Altersheim wohnende und bettlägerige W kann aufgrund ihrer Parkinsonschen Krankheit nicht mehr selbst den Stimmzettel ausfüllen. Aus diesem Grund hat die Leitung des Altersheims einen Wahlhelfer kommen lassen, der für W das Kreuzchen macht. Verstößt diese Vorgehensweise gegen den Grundsatz der Geheimheit der Wahl?

Die Vereinbarkeit einer Stimmabgabe mittels **Vertrauensperson** ist mit dem Grundsatz der geheimen Wahl vereinbar; anderenfalls wäre der Wahlberechtigte überhaupt nicht in der Lage, sein Wahlrecht auszuüben. Der Grundsatz der Allgemeinheit der Wahl genießt hier Vorrang und rechtfertigt den Eingriff in die Geheimheit der Wahl.[327] Der Gesetzgeber hat diesen Aspekt und andere Aspekte (der Wahlberechtigte ist des Lesens unkundig) aufgegriffen und § 14 BWahlG um einen Abs. 5 ergänzt.[328] Danach ist die Hinzuziehung einer Vertrauensperson („Hilfsperson") zulässig, wenn der betroffene Wahlberechtigte des Lesens unkundig oder wegen einer Behinderung an der Abgabe seiner Stimme gehindert ist (§ 14 V S. 1 BWahlG). Gemäß § 14 V S. 2 BWahlG ist die Hilfeleistung aber auf technische Hilfe bei der Kundgabe einer vom Wahlberechtigten selbst getroffenen und geäußerten Wahlentscheidung beschränkt. Unzulässig ist jedoch gem. § 14 V S. 3 BWahlG eine Hilfeleistung, die unter missbräuchlicher Einflussnahme erfolgt, die selbstbestimmte Willensbildung oder Entscheidung des Wahlberechtigten ersetzt oder verändert oder wenn ein Interessenkonflikt der Hilfsperson besteht.

---

[325] BVerfGE 59, 119, 124 u. 127. Vgl. auch BVerfG NVwZ 2013, 1272.
[326] Vgl. dazu § 33 II BWahlG, der sich aufgrund seiner systematischen Stellung hinter § 33 I BWahlG offenbar nur auf die Urnenwahl bezieht, aber auch auf die Briefwahl anwendbar ist.
[327] Vgl. auch BVerfGE 21, 200, 206; *Kretschmer*, in: Schmidt-Bleibtreu/Hofmann/Henneke, GG, Art. 38 Rn 18.
[328] BGBl I 2019, S. 834.

Im Übrigen stellt § 14 IV S. 2 BWahlG fest, dass ein Stellvertreterwahlrecht ausgeschlossen ist.

Zum unzulässigen **Stellvertreterwahlrecht** und zum ebenfalls unzulässigen **Familienwahlrecht** vgl. bereits Rn 109.

d. Die Öffentlichkeit der Wahl

114 Ein weiterer, aus Art. 38 I i.V.m. Art. 20 I und II GG hergeleiteter Wahlgrundsatz ist die **Öffentlichkeit der Wahl.**[329] Mit diesem Wahlgrundsatz ist die öffentliche Kontrolle der Wahl gemeint. Diese sichert die Ordnungsgemäßheit und (die öffentliche) Nachvollziehbarkeit der Wahlvorgänge und ist daher Grundvoraussetzung für eine demokratisch legitimierte Willensbildung.[330] Nach dem zur Geheimheit der Wahl Gesagten scheint vordergründig zweifelhaft, wie die Öffentlichkeit der Wahl mit der Geheimheit der Wahl zu vereinbaren sein soll. Dieses vermeintliche Paradoxon löst sich allerdings auf, wenn man den Grundsatz der Öffentlichkeit der Wahl so versteht, dass alle wesentlichen Schritte der Wahl lediglich einer *öffentlichen Überprüfbarkeit* unterliegen (s.o.). Während also die Stimmabgabe geheim ist, müssen die allgemeine Wahlvorbereitung und die Feststellung des Wahlergebnisses (also die Zählung der Stimmen) öffentlich sein.[331]

114a Im Zusammenhang mit der Geheimheit und der Öffentlichkeit der Wahl war zweifelhaft, inwieweit der Einsatz von rechnergesteuerten Wahlgeräten (sog. **Wahlcomputern**), wie sie bei der Bundestagswahl 2005 eingesetzt wurden, verfassungsgemäß war. Das BVerfG hat entschieden, dass der Einsatz elektronischer Wahlgeräte („**E-Voting**") voraussetze, dass die wesentlichen Schritte der Wahlhandlung und der Ergebnisermittlung vom Bürger zuverlässig und ohne besondere Sachkenntnis überprüft werden könnten. Dies ergebe sich aus dem Grundsatz der Öffentlichkeit der Wahl, der es gebiete, dass alle wesentlichen Schritte der Wahl öffentlicher Überprüfbarkeit unterlägen, soweit nicht andere verfassungsrechtliche Belange eine Ausnahme rechtfertigten. Danach sei es verfassungsrechtlich zwar nicht zu beanstanden, dass § 35 BWahlG den Einsatz von Wahlgeräten zulasse. Die Bundeswahlgeräteverordnung sei jedoch verfassungswidrig, weil sie nicht gewährleiste, dass nur solche Wahlgeräte zugelassen und verwendet würden, die den verfassungsrechtlichen Voraussetzungen des Grundsatzes der Öffentlichkeit genügten. Die bei der Bundestagswahl 2005 eingesetzten rechnergesteuerten Wahlgeräte hätten nicht den Anforderungen, die die Verfassung an die Verwendung elektronischer Wahlgeräte stelle, genügt, weil die Auszählung der Stimmen und die Feststellung des Wahlergebnisses nicht ohne IT-Kenntnisse nachvollziehbar gewesen seien. Dies habe jedoch nicht die Auflösung des Bundestags erforderlich gemacht, weil der Bestandsschutz der gewählten Volksvertretung die festgestellten Wahlfehler mangels irgendwelcher Hinweise darauf, dass Wahlgeräte fehlerhaft funktioniert hätten oder manipuliert worden sein könnten, überwiege.[332]

114b In jüngerer Zeit wird auch diskutiert, ob eine Stimmabgabe via Internet („**Internetwahl**") dem Grundsatz der Geheimheit bzw. der Öffentlichkeit Genüge tun würde. Ganz ähnlich wie beim Einsatz von Wahlcomputern wird man auch hier eine gesetzliche Regelung schaffen und gewährleisten müssen, dass Manipulationen (durch Malware, Trojaner, Spyware, Keylogger etc.) ausgeschlossen sind. Ob sich hier ein Authentifizierungsprogramm, ähnlich wie bspw. „ElsterFormular", das zur verschlüsselten Übermittlung von Steuererklärungen an die Finanzverwaltung eingesetzt wird, eignen würde, bleibt abzuwarten. Jedenfalls wäre die Einhaltung des Grundsatzes der Öffentlichkeit der Wahl zweifelhaft, weil sich die Nachvollziehbarkeit der Stimmauszählung als schwierig gestalten könnte.

---

[329] Vgl. BVerfGE 123, 39, 68: „Grundlage der Öffentlichkeit der Wahl bilden die verfassungsrechtlichen Grundentscheidungen für Demokratie, Republik und Rechtsstaat (Art. 38 i.V.m. Art. 20 Abs. 1 und Abs. 2 GG."

[330] BVerfGE 123, 39, 58 ff.; 134, 24, 31 ff.

[331] BVerfGE 123, 39, 71 ff.

[332] BVerfGE 123, 39, 71 ff.

e. Die Freiheit der Wahl

Der Grundsatz der **freien** Wahl besagt zunächst, dass die Entscheidung für eine bestimmte Partei oder einen bestimmten Kandidaten frei ohne staatlichen, politischen oder wirtschaftlichen Druck möglich sein muss.[333] 115

Dieser Wahlrechtsgrundsatz ist in einer Demokratie eine Selbstverständlichkeit. Gleichwohl gilt er in der Bundesrepublik Deutschland nicht absolut. Unter welchen Voraussetzungen eine staatliche, politische oder wirtschaftliche Druckausübung zulässig ist, beschreiben §§ 108-108b StGB in verfassungsgemäßer Weise. Mit dem Grundsatz der freien Wahl vereinbar sind auch Einflussnahmen von Interessenverbänden und anderen Organisationen (etwa Arbeitgeber- und Arbeitnehmerverbände, Religionsgemeinschaften) jedenfalls dann, wenn diese lediglich ihre Meinung kundtun und Wahlempfehlungen abgeben oder Versprechungen machen, nicht aber, wenn sie Druck ausüben. Daher sind auch Wahlempfehlungen beispielsweise von Kirchen (sog. Hirtenworte bzw. Hirtenbriefe) nicht zu beanstanden.[334]

Fraglich ist, ob auch das „Ob" der Wahl frei sein muss, ob also eine **Wahlpflicht** mit dem Grundsatz der freien Wahl vereinbar wäre. 115a

- Nach einer Auffassung verstößt eine Wahlpflicht (i.S. einer Wahlbeteiligungspflicht) nicht gegen das Gebot der freien Wahl. Dem Wähler müsse zwar die Freiheit bleiben, gegen alle zur Wahl stehenden Kandidaten oder Listen Stellung zu nehmen und daher keinen von ihnen zu wählen (Wahlentscheidungsfreiheit). Solange aber die wirklich geheime Wahl gesichert bleibe und der Wähler daher unausgefüllte oder ungültige Stimmzettel abgeben könne, sei in einem bloßen gesetzlichen Zwang, zur Urne zu gehen, kein Verstoß gegen das Gebot freier Wahlen zu sehen.[335]
- Nach der Gegenauffassung betrifft der Grundsatz der freien Wahl nicht nur das „Wie", sondern auch das „Ob" der Wahl. „Freiheit" bedeute vor dem Hintergrund des in Art. 20 I GG niedergelegten Demokratieprinzips von seinem Wortsinn her auch die Entscheidung, an der Wahl nicht teilzunehmen[336] („negative Wahlbeteiligungsfreiheit"). Auch nach Auffassung des BVerfG ist das Recht auf eine Stimmabgabe „frei von Zwang" unverzichtbare organisatorische Voraussetzung des demokratischen Staates i.S.d. Art. 20 I, II GG.[337]
- Stellungnahme: Der Wortlaut des Art. 38 I S. 1 GG lässt beide Auffassungen zu. Sinn und Zweck des Begriffs „frei" sprechen aber dafür, dass es dem Wahlberechtigten freistehen muss, überhaupt an der Wahl teilzunehmen („negative Wahlbeteiligungsfreiheit"). Auch Art. 38 II GG spricht von Wahlberechtigung und nicht von Wahlverpflichtung. Gerade in der Nichtteilnahme an einer Wahl können zudem auch eine Aussage und damit eine Willensbildung liegen. Bestünde eine Wahlbeteiligungspflicht, wäre ein Wähler zudem verpflichtet, einen ungültigen Wahlzettel abzugeben, wenn er sich für keine der Parteien/keinen der Kandidaten entscheiden möchte. Das hilft niemandem. Andererseits kennen z.B. Belgien, Griechenland, Luxemburg und Italien eine Wahlpflicht, ohne dass die Vereinbarkeit mit dem Demokratieprinzip ernsthaft in Frage gestellt würde. Zum **Familienwahlrecht** vgl. bereits Rn 109.

---

[333] BVerfGE 7, 63, 69; 44, 125, 139; 91, 262, 276; BVerfG NJW 1984, 2001; *Stern*, Staatsrecht I, § 10 II 3d, S. 314; *Kunig*, Jura 1994, 554, 557; *Kretschmer*, in: Schmidt-Bleibtreu/Hofmann/Henneke, GG, Art. 38 Rn 18. Vgl. auch § 32 BWahlG; dazu OVG Lüneburg NVwZ 1994, 589 f.

[334] Vgl. dazu BVerwGE 18, 14 ff.

[335] *Kretschmer*, in: Schmidt-Bleibtreu/Hofmann/Henneke, GG, Art. 38 Rn 20; *Schneider*, in: Alternativkommentar, Art. 38 Rn 48; *Maunz*, in: Maunz/Dürig, GG, Art. 38 Rn 32; *Merten*, in: Festschrift für Broermann, 1982, S. 308 ff.; *Dreier*, Jura 1997, 249, 254.

[336] *Pieroth*, in: J/P, GG, Art. 38 Rn 16; *v. Münch*, in: v. Münch/Kunig, GG, Art. 38 Rn 33; *Erichsen*, Jura 1983, 635, 641; *Kunig*, Jura 1994, 554, 557; *Magiera*, in: Sachs, GG, Art. 38 Rn 85; *Stern*, Staatsrecht I, S. 248 f.

[337] Vgl. BVerfGE 44, 125, 139: „Wahlen vermögen demokratische Legitimation nur zu verleihen, wenn sie frei sind". Vgl. auch BVerfGE 95, 335, 350.

f. Die Gleichheit der Wahl

Die Gleichheit der Wahl ist der dogmatisch schwierigste und zugleich prüfungsrelevanteste Wahlrechtsgrundsatz.

116 **Gleichheit** der Wahl besagt, dass jedermann sein Wahlrecht in formal möglichst gleicher Weise ausüben können soll und dass jede Stimme das gleiche Gewicht hat.[338]

117 Der Grundsatz der gleichen Wahl ist eine spezielle Ausprägung des allgemeinen Gleichheitssatzes des Art. 3 I GG (vgl. BVerfG NJW 1999, 43) und verbietet eine Differenzierung des Stimmengewichts nach Bildung, Religion, Vermögen, Klasse, Rasse oder Geschlecht. Im Übrigen ist bei der Frage nach der Gleichheit der Wahl zwischen Zählwert und Erfolgswert zu unterscheiden.[339] **Zählwert** bedeutet den Wert der einzelnen Stimme bei der Auszählung. Sofern die abgegebene Stimme nicht ungültig ist oder keine Wahlmanipulation stattgefunden hat, bereitet der Zählwert keine Schwierigkeiten: Entweder wurde die Stimme gezählt oder sie wurde es nicht. Insoweit sind Differenzierungen generell unzulässig.[340] Ein Drei-Klassen-Wahlrecht wie bis 1918 in Preußen wäre also mit dem Grundsatz der Gleichheit der Wahl unvereinbar. Problematisch kann aber der **Erfolgswert** sein. Dieser beschreibt den Wert (den Effekt) einer abgegebenen gültigen Stimme im Vergleich zu den anderen abgegebenen gültigen Stimmen. Bei der Frage nach dem Erfolgswert ist wiederum zwischen der Mehrheitswahl und der Verhältniswahl zu unterscheiden.

118 Bei der **Mehrheitswahl** ist – wie bereits gesagt – das gesamte Wahlgebiet in Wahlkreise eingeteilt, aus denen i.d.R. je ein Abgeordneter zu entsenden ist. Als gewählt gilt entweder, wer mehr Stimmen als seine Konkurrenten erhält (relative Mehrheitswahl) oder wer über 50% der abgegebenen Stimmen erreicht (absolute Mehrheitswahl). Die für den unterlegenen Kandidaten abgegebenen Stimmen erlangen keine Bedeutung, ihnen kommt kein Erfolgswert zu. Das Entfallen des Erfolgswertes bei denjenigen Stimmen, die sich für die unterlegenen Kandidaten entschieden haben, ist der Mehrheitswahl also immanent. Gleichwohl würde in der Bundesrepublik Deutschland eine reine Mehrheitswahl nicht gegen den Grundsatz der Gleichheit der Wahl verstoßen, weil das Grundgesetz dem einfachen Gesetzgeber kein bestimmtes Wahlsystem vorschreibt.[341] Der Gesetzgeber könnte also durch Änderung des Wahlrechts eine reine Mehrheitswahl einführen. Zu beachten wäre dann aber, dass alle Wahlkreise annähernd die gleiche Größe haben müssten, denn die Mehrheitswahl erweist sich anfällig für Manipulationen durch die Gestaltung der Wahlkreisgeometrie. Allein durch eine unterschiedliche Größe der Wahlkreise und deren Formgebung (Wahlkreisgeometrie) könnten bei einer Mehrheitswahl die Wahlergebnisse (erheblich) beeinflusst werden, was zu einem Verstoß gegen den Grundsatz der gleichen Wahl führte.[342]

> **Beispiel (fiktiv):** Bei der Wahl zum Deutschen Bundestag im Jahre X bestehen nicht unerhebliche Abweichungen in den Wahlkreisgrößen: Während dem Wahlkreis A 120.000 Wahlberechtigte angehören, sind es im Wahlkreis B 160.000. Dadurch genügen im Wahlkreis A 60.000 Stimmen für einen Sitz im Bundestag und für Wahlkreis B müssen es 80.000 Stimmen sein. Das führt zu erheblichen Verzerrungen des Grundsatzes der Wahlgleichheit, weil der Unterschied im Erfolgswert erheblich ist.

119 Bei der **Verhältniswahl** wie in der Bundesrepublik Deutschland erhält jede Partei Parlamentssitze im Verhältnis zu den für sie abgegebenen Stimmen. Damit scheint die

---

[338] BVerfGE 51, 222, 234; 78, 350, 357 f.; 79, 161, 166; 82, 322, 337.
[339] BVerfGE 38, 81, 100; 51, 222, 236.
[340] BVerfGE 95, 335, 353; 120, 82, 102 f.
[341] Vgl. BVerfGE 6, 84, 90; 95, 335, 349; 97, 317, 323.
[342] BVerfGE 16, 130, 136.

Verhältniswahl den gleichen Erfolgswert aller abgegebenen gültigen Stimmen zu gewährleisten. Da aber diejenigen Stimmen, die für unter der **Fünfprozentklausel** (§ 6 III S. 1 BWahlG n.F.) bleibende Parteien abgegeben werden, im Erfolg unberücksichtigt bleiben, stellt sich die Frage nach der Vereinbarkeit der Fünfprozentklausel mit dem Grundsatz der gleichen Wahl. Wenn man davon ausgeht, dass die Fünfprozentklausel die mit einer Verhältniswahl verbundene Gefahr einer Zersplitterung des Parlaments verhindern soll und somit zur Sicherung der Handlungs- und Entscheidungsfähigkeit des Parlaments und zur Bildung einer stabilen Regierung geboten ist, darf der Gesetzgeber deshalb den Erfolgswert der Stimmen unterschiedlich gewichten.[343] Die Fünfprozentklausel wäre demnach verfassungsgemäß.

Hinsichtlich der Wahl zum **Europäischen Parlament** (EP) hat das BVerfG mit Urteil v. 9.11.2011 den mit der Fünfprozentklausel in § 2 VII EuWG a.F. verbundenen Eingriff in die Grundsätze der Wahlrechtsgleichheit und Chancengleichheit der politischen Parteien mit Verweis auf die gegebenen rechtlichen und tatsächlichen Verhältnisse hingegen als nicht gerechtfertigt angesehen und für verfassungswidrig und nichtig erklärt.[344] Anders als bei der Wahl zum Deutschen Bundestag, bei der die Fünfprozentklausel Grundlage für stabile Mehrheiten sei und mit deren Hilfe die Regierungsfähigkeit erhalten werden könne, gebe es auf europäischer Ebene keine Zersplitterung der Abgeordneten, die eine Sperrklausel rechtfertigen könne.[345] Auch sei eine solche nicht mit einiger Wahrscheinlichkeit zu erwarten. Eine Rechtfertigung für eine Beschränkung der Erfolgswertgleichheit bestehe daher auch aus diesem Grunde nicht. Diese Auffassung überzeugt nicht ohne weiteres. Zwar fehlt es im EP nach wie vor an ein Parlament kennzeichnenden Regierungs- und Oppositionsfraktionen sowie an der Möglichkeit des EP, die Regierung bzw. den Regierungschef der EU zu wählen, dennoch ist die Bedeutung des EP seit dem Vertrag von Lissabon (dazu Rn 336 f.) erheblich gestiegen. Daher kann es durchaus erforderlich sein, der Gefahr einer Zersplitterung mit Hilfe einer Sperrklausel entgegenzuwirken. Da sich die Verfassungswidrigkeit der Sperrklausel laut BVerfG nicht aus ihrer konkreten Höhe ergab, wurde diskutiert, ob der Gesetzgeber noch nicht einmal eine niedrigere Sperrklausel vorsehen dürfte. Dennoch hatte sich eine breite Mehrheit im Bundestag (im Hinblick auf die Europawahl 2014) dafür ausgesprochen, die für verfassungswidrig erklärte Fünfprozentklausel durch eine Dreiprozentklausel zu ersetzen.[346] Ein entsprechendes Gesetz zur Änderung des EuWG wurde am 7.10.2013 (BGBl I 2013, S. 3749) beschlossen. § 2 VII EuWG n.F. normierte daraufhin eine Dreiprozentklausel. Aber auch diese Regelung hat das BVerfG am 26.2.2014 (mit letztlich denselben Erwägungen) für verfassungswidrig erklärt.[347] Davon unbeeindruckt hat das EP – auf Initiative der Bundesregierung – auf der Grundlage des Art. 223 AEUV im Sommer 2018 der Einführung einer Sperrklausel von 2%-5% zugestimmt, die aber nicht schon bei der Wahl zum EP 2019, sondern erst ab der Wahl 2024 gelten wird. Ob der EuGH hierüber entscheiden wird, bleibt abzuwarten. Möglicherweise wird sich auch das BVerfG für zuständig erklären und die Sperrklausel im Rahmen einer „Identitätskontrolle" (Kontrolle der Verfassungsidentität der Bundesrepublik Deutschland)[348] als unanwendbar einstufen[349]. 120

Äußerst interessant dürfte die Frage sein, ob die Rechtsprechung des BVerfG zum Europawahlrecht eine grundsätzliche Neubewertung der Fünfprozentklausel in Bezug auf die Bundestagswahl erforderlich macht. Zwar ist das mit einer Sperrklausel verfolgte Anliegen der Sicherung der Handlungs- und Entscheidungsfähigkeit des Parlaments mit dem Ziel der 121

---

343 BVerfGE 51, 222, 236 f.; 71, 81, 97; 82, 322, 338; vgl. auch BVerfGE 95, 408, 418; 99, 69, 77; 120, 82, 107. Siehe auch BVerfG NVwZ 2018, 648, 654, wo das BVerfG entschieden hat, dass die Einführung einer Eventualstimme für den Fall, dass die über die Hauptstimme mit Priorität gewählte Partei wegen der Fünf-Prozent-Sperrklausel nicht die erforderliche Mindeststimmenzahl erhält, verfassungsrechtlich nicht geboten ist.

344 BVerfGE 129, 300, 322 ff.

345 BVerfGE 129, 300, 322 ff.

346 Vgl. BT-Drs. 17/13705. Vgl. dazu *Frenz*, NVwZ 2013, 1059 ff.

347 BVerfG NVwZ 2014, 439 ff.

348 Vgl. BVerfGE 126, 286, 321. Fortgeführt bspw. in BVerfG NJW 2014, 907, 908 ff. und äußerst deutlich gemacht in BVerfG NJW 2016, 1149, 1150 f. (Identitätskontrolle).

349 BVerfG NJW 2016, 1149, 1151 (Identitätskontrolle) – dazu Rn 365 ff.

Bildung einer stabilen Regierung legitim, allerdings kann eine Sperrklausel immer nur eine eng auszulegende Ausnahme von der Chancengleichheit (der Parteien und der Wählerstimmen) sein. Insbesondere ist zu berücksichtigen, dass durch eine Sperrklausel die integrierende Funktion des Parlaments und auch die Demokratie insgesamt geschwächt werden, wenn ein nicht unerheblicher Teil der Wähler nicht im Parlament vertreten wird. Dieses Phänomen dürfte zukünftig noch deutlicher zutage treten, da durch moderne Kommunikationsmittel wie das Internet und (soziale) Netzwerke die Tendenz einer pluralistischen Meinungsbildung verstärkt wird. Eine parlamentarische Mehrheit muss sich der Herausforderung, die mit der Zunahme von Minoritäten und Splitterparteien verbunden ist, stellen. Mit Demokratie kann nicht das Recht der Mehrheit gemeint sein, sich vor Minderheiten dadurch zu schützen, dass man entsprechende Sperrklauseln in den Wahlgesetzen (oder gar in der Verfassung) verankert.

122 Fraglich ist auch die Verfassungsmäßigkeit der **Überhangmandate** und der **Grundmandatsklausel**. Da diese Regelungen aber Kenntnisse des Wahlsystems des Bundeswahlgesetzes voraussetzen, sei auf Rn 123 ff. verwiesen. Zum **Familienwahlrecht** vgl. bereits Rn 109.

3. Das Wahlsystem des Bundeswahlgesetzes

a. Personalisierte Verhältniswahl

123 Wie bereits beschrieben, ist das Wahlsystem für die Bundestagswahlen nicht im Grundgesetz niedergelegt. Der Gesetzgeber kann unter Beachtung der Vorgaben des Art. 38 I S. 1 GG das Wahlsystem frei wählen (vgl. Art. 38 III GG, wonach das Nähere ein Bundesgesetz regelt). Insbesondere kann er grundsätzlich zwischen einer Mehrheitswahl, einer Verhältniswahl oder einer Verbindung zwischen beiden wählen.[350] Das diesbezüglich vom Bundesgesetzgeber geschaffene Wahlsystem fußt auf einer **Verhältniswahl** (vgl. § 1 I S. 2 BWahlG). Um der Gefahr einer Zersplitterung zu begegnen und um die Funktionsfähigkeit des Parlaments abzusichern, ist es mit einer Sperrklausel versehen (vgl. § 6 III S. 1 BWahlG n.F.). Danach bleiben die Stimmen derjenigen Parteien unberücksichtigt, die weniger als 5% der im Wahlgebiet abgegebenen gültigen Zweitstimmen erhalten (§ 6 III S. 1 Var. 1 BWahlG n.F.). Das Wahlsystem der Bundesrepublik Deutschland enthält darüber hinaus die Besonderheit, dass die Wähler mit der Erststimme eine personelle Auswahlentscheidung der über die Verhältniswahl gewählten Parteien des Deutschen Bundestags treffen können (vgl. § 1 II BWahlG). Das BWahlG spricht von einer „mit der Personenwahl verbundenen Verhältniswahl" (§ 1 I S. 2 BWahlG). Im allgemeinen (juristischen) Sprachgebrauch hat sich der Begriff **„personalisierte Verhältniswahl"** etabliert[351], für die folgende Grundsätze gelten:

124 Ausgangspunkt ist die Regelung in § 1 I S. 1 BWahlG, wonach der Bundestag vorbehaltlich der sich aus dem BWahlG ergebenden Abweichungen (insb. Überhangmandate und Ausgleichsmandate, dazu Rn 130 ff.) aus 598 Abgeordneten besteht. Von den Abgeordneten wird die Hälfte nach den Grundsätzen der Mehrheitswahl in 299 Wahlkreisen, in die das Bundesgebiet aufgeteilt ist, gewählt; die übrigen werden nach Landeswahlvorschlägen (Landeslisten) gewählt (§ 1 II BWahlG). Jeder Wähler hat folgerichtig **zwei Stimmen**, eine Erststimme für die Wahl eines Wahlkreisabgeordneten, eine Zweitstimme für die Wahl einer Landesliste (§ 4 BWahlG). Mit der **Erststimme** wählt er einen Bewerber aus seinem Wahlkreis (§ 5 S. 1 BWahlG). Da das Bundesgebiet in 299 Wahlkreise eingeteilt ist (s.o.), werden auf diese Weise also 299

---

[350] BVerfGE 97, 317, 323; 95, 335, 349; BVerfG NVwZ 2012, 1101, 1102 ff.; a.A. *Dreier*, Jura 1997, 249, 254, wonach die relative Mehrheitswahl nicht mit dem GG vereinbar ist; offen *Nicolaus*, ZRP 1997, 185, 190.
[351] BVerfGE 16, 130, 140 (Überhangmandate).

Bundestagsabgeordnete direkt gewählt. Gewählt ist jeweils der Bewerber, der die meisten Stimmen auf sich vereinigt (relative Mehrheitswahl, Rn 92). Mit der **Zweitstimme** für die Wahl der Bewerber aus der Landesliste wählt der Wähler hingegen Wahlkreiskandidaten aus der Landesliste der Partei (auf dem Stimmzettel sind hinsichtlich der Zweitstimme also Name und Partei aufgeführt), was die Wahl letztlich als Parteienwahl charakterisiert. Das Anrechnungs- und Verteilverfahren erfolgt nach einem sehr komplizierten Verfahren gem. § 6 BWahlG auf der Grundlage des Divisorverfahrens nach Sainte-Laguë, das (in Ermangelung einer Studien- und Prüfungsrelevanz) an dieser Stelle nicht näher erläutert werden soll.

Da nach diesem System der Wähler mit der Erststimme den Direktkandidaten und mit der Zweitstimme die Partei wählt und es ihm dabei überlassen bleibt, mit seiner Zweitstimme z.B. die A-Partei und mit seiner Erststimme einen der B-Partei angehörigen Kandidaten zu wählen (sog. **Stimmensplitting**), ist es denkbar, dass eine Partei mehr Direktmandate erzielt, als ihr nach dem Verhältnis ihrer Zweitstimmen zustehen. Diese bleiben bei der jeweiligen Partei, wodurch sich die gesetzliche Mitgliederzahl des Bundestags erhöht (vgl. § 6 IV S. 2 BWahlG n.F.).[352] Solche „**Überhangmandate**" sind der Entkoppelung von Erst- und Zweitstimme immanent und mit Blick auf den Grundsatz der Gleichheit der Wahl grds. nicht zu beanstanden, können aber erhebliche Probleme verursachen, wenn ihre Zahl so hoch ist, dass der Erfolgswert der Wahlstimmen über eine Toleranzschwelle hinaus beeinträchtigt ist (Rn 130 ff.). 125

b. Problem des negativen Stimmgewichts

Bei einer demokratischen Wahl ist es eine Selbstverständlichkeit, dass eine Wählerstimme der gewählten Partei nicht schaden darf. Eine Partei darf nicht für mehr Stimmen weniger Sitze erhalten und auch nicht für weniger Stimmen mehr Sitze. Dennoch war jenes Phänomen auch im BWahlG vorzufinden. Dies lag an der zweistufigen Berechnung der Zweitstimmenanteile zunächst auf Bundesebene und dann innerhalb jeder Partei auf Landesebene, wie es §§ 6 und 7 BWahlG vorsahen. Gewann eine Partei in einem Bundesland Stimmen hinzu, verschob sich das Kräfteverhältnis zwischen ihren Landeslisten, was dazu führen konnte, dass sie in einem anderen Bundesland einen Sitz verlor. Dies wirkte sich dann negativ aus, wenn die Partei in jenem Bundesland, in dem sie Stimmen hinzugewonnen hatte, Überhangmandate errang: Dann profitierte sie dort nicht vom Stimmzuwachs, verlor aber im anderen Land einen Sitz. Für die Wähler bedeutete dies, dass es in den betroffenen Bundesländern keinen Sinn machte, dieser Partei die Zweitstimme zu geben. Dass dieses Paradoxon nicht nur akademischer Natur ist, belegt das folgende Beispiel: Hätten bei der Bundestagswahl 1998 in Hamburg 20.000 Wähler mehr der SPD ihre Zweitstimme gegeben, hätte dies zu einem Mandat weniger bei der SPD geführt. 126

Das BVerfG hat in seinem Urteil v. 3.7.2008 die zum negativen Stimmgewicht führenden Regelungen des BWahlG wegen Verstoßes gegen die Gleichheit und Unmittelbarkeit der Wahl für verfassungswidrig erklärt und den Gesetzgeber verpflichtet, eine Regelung zu schaffen, die ein negatives Stimmgewicht ausschließt.[353] Mit dem Gesetz zur Änderung des BWahlG vom 25.11.2011 (BGBl I 2011, S. 2313) hat der Gesetzgeber dann durch Aufhebung des bisherigen § 7 BWahlG und Änderung des § 6 I BWahlG versucht, den Effekt des negativen Stimmgewichts zu beseitigen (BT-Drs. 17/6290, S. 9). 127

---

[352] Vgl. dazu (§ 6 V BWahlG a.F.) BVerfGE 95, 335, 356 (Verfassungsmäßigkeit von Überhangmandaten).
[353] BVerfGE 121, 266 ff.

128 Doch tatsächlich blieb das negative Stimmgewicht nicht nur erhalten, sondern wurde sogar noch ausgeweitet, indem es nicht nur bei Parteien mit Überhangmandaten, sondern bei allen Parteien auftreten konnte.[354] Somit war es nicht gerade überraschend, dass das BVerfG auch diese Neuregelung beanstanden würde. Mit Urteil vom 25.7.2012 hat es entschieden, dass das durch das Wahlrechtsänderungsgesetz vom 25.11.2011 neu gestaltete Verfahren der Zuteilung der Abgeordnetensitze des Deutschen Bundestags gegen die Grundsätze der Gleichheit und Unmittelbarkeit der Wahl sowie der Chancengleichheit der Parteien verstoße.[355]

129 Das BVerfG hat die diesbezüglichen Vorschriften des BWahlG nicht nur für verfassungswidrig, sondern auch für nichtig erklärt.[356] Daraufhin hat der Bundestag am 21.2.2013 (erneut) eine gesetzliche Neuregelung des Bundeswahlrechts beschlossen. Festgehalten hat der Gesetzgeber an der „personalisierten Verhältniswahl" (§ 1 I S. 2 BWahlG). Auch die sog. 5%-Klausel wurde beibehalten (§ 6 III S. 1 BWahlG). Die davor geltenden Regelungen, die ein negatives Stimmgewicht ermöglichten, wurden indes ersatzlos gestrichen. Damit ist dieses Phänomen nunmehr beseitigt.

c. Entstehen und Verfassungsmäßigkeit von Überhangmandaten

130 Auch das bereits bei Rn 125 erwähnte Entstehen von **Überhangmandaten** (§ 6 IV S. 2 BWahlG n.F.) ist mit Blick auf den Grundsatz der Gleichheit der Wahl nicht unproblematisch. Denn der Grundsatz der Gleichheit der Wahl bezieht sich sowohl auf den Zählwert als auch auf den Erfolgswert der Wahl. Der Erfolgswert kann bei einem Stimmensplitting aber höher sein, als das bei einem Korrespondieren von Erst- und Zweitstimme der Fall wäre.

131 Das BVerfG hat das Entstehen von Überhangmandaten wegen der Beeinträchtigung des gleichen Erfolgswertes der Stimmen zunächst in engen Grenzen als zulässig angesehen, dabei aber offengelassen, wo die Grenze zur Unzulässigkeit liegt.[357] In einer späteren Entscheidung hat das Gericht Überhangmandate jedenfalls dann als unbedenklich angesehen, wenn sie sich im Rahmen der durch das Sitzverteilungsverfahren ohnehin gegebenen Margen halten.[358] Hinsichtlich der Bundestagswahl von 1994, in deren Folge sich 16 Überhangmandate ergaben, stellte sich erneut die Problematik der Vereinbarkeit von Überhangmandaten mit dem Grundsatz der Gleichheit der Wahl. Das BVerfG hat diese Zahl der Überhangmandate (allerdings nur mit 4 zu 4 Richterstimmen) nicht für verfassungswidrig erklärt.[359] Es sah die Rechtfertigung für Überhangmandate in den Besonderheiten einer personalisierten Verhältniswahl. Die gesetzlich zugelassenen Überhangmandate seien Teil der dem Gesetzgeber nach Art. 38 III GG überlassenen Entscheidung über das Wahlsystem. Die Frage der Wahlgleichheit müsse damit innerhalb des Systems der personalisierten Verhältniswahl beantwortet werden. Die Gleichheit des Erfolgswertes habe im Vergleich zur Gleichheit des Zählwertes nur eine untergeordnete Bedeutung. Gewährleistet sei lediglich, dass jede Stimme die **gleiche rechtliche Erfolgschance** habe. Diese werde auch dann nicht verletzt, wenn Wähler einer Partei, die in einem Land Überhangmandate erreicht hat, im Ergebnis mit ihrer Stimme einen größeren Erfolg erzielten als Wähler

[354] *Holste*, NVwZ 2012, 8, 10.
[355] BVerfG NVwZ 2012, 1101 ff.
[356] BVerfG NVwZ 2012, 1101 ff.
[357] BVerfGE 7, 63, 74 f.; 16, 130, 140.
[358] Vgl. BVerfGE 79, 169, 172.
[359] BVerfGE 95, 335 ff. mit abw. Votum S. 367 ff.; vgl. dazu auch *Lenz*, NJW 1997, 1534 ff.; *Hillgruber*, JA 2010, 911 ff.

anderer Parteien.[360] Allerdings müsse sich die Zahl der Überhangmandate in Grenzen halten. Als Anhaltspunkt für diese Grenze könne das Fünfprozentquorum, das auch für die Sperrklausel für Bundestagsmandate einer Partei Anwendung finde, herangezogen werden.

Der 17. Bundestag (2009-2013) verfügte anfangs sogar über 24 Überhangmandate, was die vom BVerfG festgelegte Toleranzgrenze (5% der Bundestagsabgeordneten als Anhaltspunkt, s.o.) zwar noch nicht überschritten hat, dieser aber bedenklich nahe gekommen ist. 132

So war es angesichts dieser hohen Zahl an Überhangmandaten nicht verwunderlich, dass das BVerfG in seinem Urteil vom 25.7.2012 auch die Regelung des § 6 V BWahlG zu den Überhangmandaten neu bewerten würde. Dabei ist es von seiner im Urteil BVerfGE 95, 335 ff. festgelegten Toleranzgrenze (5% der Bundestagsabgeordneten als Anhaltspunkt) abgewichen. Es verstoße gegen die Grundsätze der Wahlrechtsgleichheit und der Chancengleichheit der Parteien, wenn ausgleichslose Überhangmandate in einem Umfang zugelassen werden, der den Grundcharakter der Bundestagswahl als Verhältniswahl aufheben könne. Dies sei der Fall, wenn die Zahl der Überhangmandate etwa die Hälfte der für die Bildung einer Fraktion erforderlichen Zahl von Abgeordneten überschreite. Da die für die Bildung einer Fraktion erforderliche Zahl bei etwa 30 liegt, liegt damit die maximale Zahl an zulässigen Überhangmandaten bei ca. 15. Damit hat das BVerfG die von ihm in BVerfGE 95, 335 ff. festgelegte Toleranzgrenze (5% der Bundestagsabgeordneten als Anhaltspunkt) praktisch halbiert. 133

Da bezüglich des 17. Bundestags die Zahl an Überhangmandaten von anfangs 24 deutlich darüberlag, hat das BVerfG die Regelung über die ausgleichslose Zuteilung von Überhangmandaten (§ 6 V BWahlG a.F.) für unvereinbar mit dem Grundgesetz erklärt. Der Gesetzgeber war daher auch diesbezüglich gehalten, bis zur Bundestagswahl 2013 Vorkehrungen zu treffen, die ein Überhandnehmen ausgleichsloser Überhangmandate unterbinden, wollte der Gesetzgeber am Wahlsystem der personalisierten Verhältniswahl (Wahlkreise und Direktmandate) festhalten. 134

In seiner bereits erwähnten Wahlrechtsnovelle vom 21.2.2013 (oben Rn 129) hat der Bundestag daher auch das Phänomen der Überhangmandate neu geregelt. Er hat sich für eine Kompensation der Überhangmandate (§ 6 IV S. 2 BWahlG n.F.) durch Schaffung von Ausgleichsmandaten für die anderen Parteien entschieden, damit eine den Proporz abbildende Sitzverteilung im Bundestag erreicht wird (vgl. § 6 V BWahlG n.F.).[361] Ausgleichslosen Überhangmandaten wurde damit für die Zukunft eine Absage erteilt. Jedoch liegt es auf der Hand, dass sich durch die Schaffung von Ausgleichsmandaten die Zahl der Bundestagsabgeordneten nicht nur unwesentlich erhöht. Verfassungsrechtlich ist dies jedoch grundsätzlich unproblematisch.[362] Lediglich, wenn die Zahl von Überhang- und Ausgleichsmandaten ein Ausmaß erreicht, dass wiederum die Funktionstüchtigkeit des Parlaments in Frage gestellt werden muss, dürfte sich die verfassungsrechtliche Dimension dieses Phänomens stellen. 135

Der 18. Deutsche Bundestag bestand zuletzt aus insgesamt 630 Abgeordneten. Darunter fielen 254 (ursprünglich: 255) Sitze auf die CDU, 56 auf die CSU, 193 auf die SPD, 64 auf DIE LINKE und 63 auf Bündnis 90/DIE GRÜNEN. Die Zahl von 630 Mandaten setzte sich 136

[360] BVerfGE 95, 335, 357 ff. Im Ergebnis ebenso *Schreiber*, Kommentar zum BWahlG, 10. Aufl. 2017, § 6 Rn 12 u. § 7 Rn 5 Fn 4; *Mager/Uerpmann*, DVBl 1995, 273, 277; *Papier*, JZ 1996, 265, 270 f.; *Badura*, JZ 1997, 681, 683; *Pieroth*, in: J/P, GG, Art. 38 Rn 38. Vgl. auch *Ipsen*, JZ 2002, 469 ff.
[361] Vgl. dazu im Einzelnen *Holste*, NVwZ 2013, 529, 532; *Ipsen*, iurratio 2013, 60 ff.
[362] So auch *Holste*, NVwZ 2013, 529, 532.

zusammen aus der regulären Mitgliederzahl von 598 Mandaten (abzgl. des einen weggefallenen Mandats), 4 Überhangmandaten (für die CDU) und 29 Ausgleichsmandaten. Von den Ausgleichsmandaten entfielen 13 auf die CDU, 10 auf die SPD, 4 auf DIE LINKE und 2 auf Bündnis 90/DIE GRÜNEN. Die CSU erhielt kein Ausgleichsmandat.[363] Und da aufgrund der zunehmenden Diversifizierung des Wählerverhaltens (auch) in Bezug auf die Bundestagswahl bereits bei der Bundestagswahl am 24.9.2017 mit einer erhöhten Zahl von Überhang- und Ausgleichsmandaten zu rechnen war, damit das o.g. Zweitstimmenverhältnis i.S.d. § 6 V BWahlG gewahrt bleibt, konnte auf der Basis des geltenden Bundestagswahlrechts von 2013 davon ausgegangen werden, dass der 19. Bundestag eine wesentlich höhere Mitgliederzahl umfassen würde, was sich denn auch bestätigt hat. Die Zahl der Überhang- und Ausgleichsmandate beträgt gegenwärtig 111, was zu einer Gesamtmitgliederzahl von 709 führt.[364] Daher werden Modelle diskutiert werden müssen, die Zahl der Mitglieder des Bundestags auf ein bestimmtes Maß zu begrenzen. Verschiedene Vorschläge werden gegenwärtig auf parlamentarischer Ebene mit Blick auf die nächste Bundestagswahl diskutiert. Hier bleibt die weitere Entwicklung abzuwarten.

d. Gleichheit der Wahl und Wahlkreiszuschnitt

137 In Bezug auf die gleiche rechtliche Erfolgschance fordert das BVerfG zusätzlich zu den Kriterien *gleicher Zählwert* und *gleicher Erfolgswert* das Kriterium des möglichst **gleichen Wahlkreiszuschnittes**.[365] Das leuchtet ein, wenn man bedenkt, dass eine zu große Abweichung in der Größe der einzelnen Wahlkreise (d.h. in Bezug auf die Zahl der Wahlberechtigten) dazu führt, dass eine unterschiedliche Zahl von Wählerstimmen erforderlich ist, um den gleichen Erfolg herbeizuführen. Gleichwohl räumt das BVerfG ein, dass ein absolut gleicher Wahlkreiszuschnitt aufgrund der politischen und geographischen Lage nicht möglich sei. Die in § 3 I S. 1 Nr. 2 Ziffer 2 BWahlG a.F. genannte Unterschiedsmarge von 33,33% war nach Auffassung des BVerfG jedenfalls deutlich zu hoch. Der Gesetzgeber hat auf diese Rechtsprechung von 1997 reagiert und den Wahlkreiszuschnitt mehrmals modifiziert. So sieht § 3 I S. 1 Nr. 3 BWahlG nunmehr vor, dass die Bevölkerungszahl eines Wahlkreises von der durchschnittlichen Bevölkerungszahl aller Wahlkreise nicht um mehr als 15% nach oben oder unten abweichen soll. Bei einer Abweichung von mehr als 25% ist eine Neueinteilung der Wahlkreise vorzunehmen. Ob aber diese Anpassung ausreicht, um dem Grundsatz der Gleichheit der Wahl gerecht zu werden, darf bezweifelt werden. Verwandt mit dieser Problematik ist die Regelung des § 3 I S. 1 Nr. 2 BWahlG, wonach die Zahl der Wahlkreise in den einzelnen Ländern deren Bevölkerungsanteil so weit wie möglich entsprechen muss. Die gegenwärtige Einteilung des Bundesgebiets in 299 Wahlkreise unter Berücksichtigung der Bevölkerungsanteile der einzelnen Bundesländer steht daher unter der Notwendigkeit wiederkehrender Evaluation. Sollte sich ergeben, dass sich die Bevölkerungszahlen in den einzelnen Wahlkreisen durch Binnenmigration verändern, muss eine Anpassung (durch Wahlkreisneuzuschnitt bzw. Wahlkreisneueinteilung) vorgenommen werden.[366]

138 Eine weitere Problematik besteht in der Frage, ob bei der Einteilung der Wahlkreise bzw. beim Wahlkreiszuschnitt auch der Anteil der Minderjährigen an der Bevölkerung zu berücksichtigen ist. Dafür spricht, dass selbstverständlich auch Minderjährige Teil der Bevölkerung sind (vgl. auch § 3 I S. 1 Nr. 2 BWahlG: „Bevölkerungsanteil"). Dagegen spricht der Umstand, dass Minderjährige nicht wahlberechtigt sind (vgl. Art. 38

[363] Vgl. https://www.bundeswahlleiter.de/info/presse/mitteilungen/bundestagswahl-2013/2013-10-09-endgueltiges-amtliches-ergebnis-der-bundestagswahl-2013.html – abgerufen am 4.3.2020.
[364] Siehe dazu oben Rn 78.
[365] BVerfGE 95, 335, 365 f. So auch NdsStGH NVwZ 2000, 670 ff.
[366] So hat der 18. Bundestag am 3.5.2016 eine Änderung des BWahlG beschlossen und die Wahlkreiseinteilung (leicht) modifiziert (BGBl I 2016, S. 1062). An der Zahl der Wahlkreise (299) hat er aber nichts geändert.

II Halbs. 1 GG) und nicht wahlberechtigte Personen an sich auch keinen Einfluss auf die Wahl und damit auf den Wahlkreiszuschnitt ausüben sollen. So hat auch das BVerfG entschieden, dass der Wahlrechtsgrundsatz der Gleichheit der Wahl die Einteilung der Wahlkreise an sich lediglich nach der Zahl der Wahlberechtigten fordere, wobei dem Gesetzgeber ein gewisser Gestaltungsspielraum zustehe, wenn er davon abweichen möchte. Berücksichtige er daher auch Minderjährige bei der Bestimmung des Bevölkerungsanteils i.S.v. § 3 I S. 1 Nr. 2 BWahlG und damit bei der Wahlkreiseinteilung, sei dies so lange nicht zu beanstanden, wie die Minderjährigen in Bezug auf Länder und Wahlkreise ungefähr gleich verteilt seien, d.h. die Abweichung des Anteils der Minderjährigen (noch) im unerheblichen Bereich liege.[367] Dem ist zuzustimmen. Ein Wahlkreisneuzuschnitt bzw. eine Wahlkreisneueinteilung wird jedenfalls auch immer dann vorzunehmen sein, wenn sich der Anteil nicht wahlberechtigter Einwohner in den einzelnen Wahlkreisen mehr als nur unerheblich ändert. Mit Blick auf die hohe Zahl an zugewanderten Flüchtlingen dürfte sich die Problematik der Berücksichtigung nicht wahlberechtigter Bevölkerungsteile hinsichtlich einer Wahl bei der nächsten Bundestagswahl 2017 erneut stellen. Das sich hier anbahnende Problem lässt sich bspw. dadurch umgehen, dass der Gesetzgeber die Wahlkreiseinteilung bzw. den Wahlkreiszuschnitt entweder ausschließlich am wahlberechtigten Bevölkerungsanteil und nicht mehr an der Gesamtbevölkerung orientiert[368] oder aber eine entsprechende Anpassung der Wahlkreiseinteilung vornimmt.

e. Nachrücken von Abgeordneten in den Bundestag

Das Bestehen von Überhangmandaten hat auch Auswirkungen auf das **Nachrücken** 139
von Abgeordneten in den Bundestag. Scheidet ein über die Erststimme in den Bundestag gekommener Abgeordneter aus, der lediglich über ein Überhangmandat verfügte, war es bislang wohl einhellige Auffassung, dass das Mandat ersatzlos wegfällt. Beim Ausscheiden eines Abgeordneten aus einem Land, in dem seine Partei Überhangmandate gewonnen hatte, war ebenfalls ein Nachrücken nicht möglich.[369] Dieses Ergebnis war konsequent, da das Überhangmandat nicht von den Mehrheitsverhältnissen der Zweitstimmen getragen war („kein Nachrücken in den Überhang").[370] Da nach der Wahlrechtsnovelle 2013 aber **Ausgleichsmandate** gewährt werden (vgl. Rn 136), stellt sich die Frage nach dem Schicksal eines Ausgleichsmandats, das infolge eines Überhangmandats gewährt wurde, wenn das Überhangmandat entfallen sollte. Denkbar wäre es, auch dieses wegfallen zu lassen, was aber mit Blick auf Art. 38 I S. 2 GG (Grundsatz des freien Mandats, das in seinem Bestand als geschützt angesehen wird[371]) schwierig wäre. Das Belassen von Ausgleichsmandaten bei weggefallenem Überhangmandat würde andererseits aber den Proporz verzerren. Am sachgerechtesten erscheint es daher, ein Nachrücken in den Überhang zuzulassen. Davon ist auch der Gesetzgeber ausgegangen, indem er in § 48 I S. 1 BWahlG n.F. ein Nachrücken von Bewerbern von der Landesliste auch bezüglich eines ausgeschiedenen Überhangmandats zulässt.

Auch der umgekehrte Fall, dass ein lediglich über die Parteiliste (also mit Hilfe der 140
Zweitstimme) in den Bundestag gekommener Abgeordneter aus dem Bundestag

---

[367] BVerfG NVwZ 2012, 622 ff. Vgl. auch die Anlage zu § 2 II BWahlG.
[368] Vgl. auch *Sachs*, JuS 2012, 573, 574.
[369] BVerfGE 97, 317, 328 ff.
[370] Freilich steht dem der Wortlaut des § 48 I BWahlG entgegen, der auf die eben genannte Konstellation nicht eingeht. Damit aber der in Art. 38 I S. 1 GG statuierte Grundsatz von der Gleichheit der Wahl eingehalten werden kann, ist der Wortlaut des § 48 I BWahlG so weit zu modifizieren, dass bei Ausscheiden eines Abgeordneten, der lediglich über ein Überhangmandat verfügt, das Mandat ersatzlos wegfällt. Vgl. dazu BVerfGE 97, 317, 328 ff., das § 48 I BWahlG in diesem Fall für nicht anwendbar erklärt; kritisch *Lenz*, NJW 1998, 2878, 2879; a.A. *Lege*, Jura 1998, 462, 470.
[371] Vgl. dazu Rn 498 ff.

ausscheidet, ist unproblematisch. § 48 I BWahlG sieht für diesen Fall vor, dass der frei gewordene Sitz aus der Landesliste derjenigen Partei besetzt wird, für die der Ausgeschiedene bei der Wahl aufgetreten ist, und zwar in der dort gegebenen Reihenfolge (vgl. bereits Rn 105-108).

141 Fraglich ist indes, ob ein Nachrücken bei Ausscheiden eines Abgeordneten, der über die *Erststimme* (die aber *nicht* zu einem Überhangmandat geführt hat) in den Bundestag gekommen ist, möglich ist. Es geht mithin um die Frage, ob das Nachrücken von Ersatzleuten bei Ausscheiden von direkt gewählten Abgeordneten einer Partei aus dem Bundestag mit dem Grundsatz der Gleichheit der Wahl vereinbar ist, wenn der ausgeschiedene Abgeordnete nicht lediglich ein Überhangmandat innehatte. In Betracht kommt eine Legitimation des Nachrückens durch die Zweitstimmen, denn in der vorliegenden Konstellation wird der einem Wahlkreisabgeordneten zugefallene Sitz auch von dem Ergebnis der Zweitstimmen getragen. Wenn beim Wegfall des in der Wahl persönlich gewählten Wahlkreisabgeordneten die Anrechnung seines Direktmandats auf die Sitzzahl, die der Landesliste nach dem Zweitstimmenergebnis zusteht, erfolgt, lebt ein Listensitz, den ein Wahlkreisabgeordneter zunächst „verdrängt" hatte, gleichsam wieder auf, sodass dieser Sitz nun in der Reihenfolge der Plätze der Listenbewerber einem Nachfolger zufallen kann. Dadurch verliert der Wähler allerdings den mit der Erststimme erzielten Erfolg einer Beeinflussung der personellen Besetzung des Bundestags, was sich vermeiden ließe, wenn in den Wahlkreisen zugleich mit den Kreiswahlvorschlägen jeweils Ersatzkandidaten mit gewählt würden. Eine Wahl eines „Ersatzkandidaten" kennt das geltende Wahlrecht jedoch nicht. Gleichwohl ist das Nachrücken in der hier behandelten Konstellation verfassungsrechtlich unbedenklich, da es im Gestaltungsspielraum des Gesetzgebers liegt, Elementen der Verhältniswahl gegenüber Elementen der Personenwahl den Vorrang einzuräumen (vgl. Art. 38 III GG). Diesen Vorrang hat der Gesetzgeber in § 48 I BWahlG statuiert. Daher hat das BVerfG die demokratische Legitimation von Listenbewerbern, die Nachfolge eines (also über die Erststimme) direkt gewählten Abgeordneten, anzutreten, bejaht, sofern dieser nicht lediglich über ein Überhangmandat verfügte.[372]

f. Problem der Grundmandatsklausel

142 Fraglich ist auch die verfassungsrechtliche Zulässigkeit der sog. **Grundmandatsklausel**. Das geltende Bundeswahlrecht sieht vor, dass Parteien entsprechend dem Anteil ihrer Stimmen bei den Listenplätzen trotz des Nichterreichens der Sperrklausel (5%-Hürde) berücksichtigt werden, wenn sie mindestens **drei Direktmandate** erringen (§ 6 III S. 1 BWahlG n.F.). Das Problem besteht also darin, dass von der an sich geltenden 5%-Hürde, die ja eine Zersplitterung des Bundestags vermeiden soll, wieder abgewichen wird.

143
- Nach h.L.[373] verstößt die Grundmandatsklausel gegen das Demokratieprinzip. Es fehle ein sachlicher Grund dafür, den Einzug von Schwerpunktparteien in den Bundestag eher zuzulassen als denjenigen von (sonstigen) Splitterparteien. Darüber hinaus führe die Grundmandatsklausel zu einer nicht zu tolerierenden systembedingten Ungleichbehandlung. Denn wenn beispielsweise eine Partei, die lediglich über 1,5% der Wählerstimmen verfüge, aber in mindestens drei Wahlkreisen ein Direktmandat errungen habe, komme sie mit mindestens drei Sitzen in den Bundestag. Demgegenüber komme eine Partei, die 4,9% der Wählerstimmen habe auf sich vereinigen können, aber nur über zwei Direktmandate verfüge, nicht in den Bundestag. Die mit der Personenwahl

---

[372] BVerfGE 97, 317, 328 ff.

[373] *Pieroth*, in: J/P, GG, Art. 38 Rn 37; *Morlok*, in: Dreier, GG, Art. 38 Rn 111; *Hobe*, JA 1998, 50, 51; *Frowein*, AöR 99 (1974), 72, 92 f.; *Linck*, Jura 1986, 460, 464; *Wahl*, NJW 1990, 2585, 2590; *Roth*, NJW 1994, 3269; 3271; *Hoppe*, DVBl 1995, 265, 268 ff.; *Heintzen*, DVBl 1997, 744, 748.

verbundene Verhältniswahl rechtfertige es allenfalls, dass *sämtliche* aufgrund der Erststimmen errungenen Direktmandate erhalten blieben, auch wenn die betreffende Partei weniger als 5% der Stimmen erhalte.

- Das BVerfG[374] und ein Teil der Literatur[375] haben trotz der Bedenken die Verfassungsmäßigkeit der Grundmandatsklausel bestätigt. Sie halten sie für eine Abmilderung der Sperrklausel, die ihre Rechtfertigung darin finde, dass in der Erringung von drei Direktmandaten ein besonderes Maß an Zustimmung zu der hinter den Kandidaten stehenden Partei liege. Es bestehe somit ein zwingender Grund für den Eingriff in die Erfolgsgleichheit der Wahl. **144**

g. Zusammenfassung und Bewertung

Das in der Bundesrepublik Deutschland bestehende personalisierte Verhältniswahlrecht ist nicht das Schlechteste unter den Wahlsystemen: Durch die Zweitstimme, die dem Verhältniswahlrecht entspricht, bestimmen die Wähler die Mehrheitsverhältnisse der Parteien im Bundestag. Dadurch werden die einer reinen Mehrheitswahl immanenten Ungleichheiten vermieden. **145**
Durch die Erststimme, die dem relativen Mehrheitswahlrecht entspricht, wird eine personelle Auswahlentscheidung getroffen; es wird bestimmt, welche Personen aus dem der gewählten Partei zur Verfügung stehenden Sitzkontingent in den Bundestag kommen. Dadurch haben es die Wähler in der Hand, bestimmte, regionale politische Persönlichkeiten direkt in den Bundestag zu wählen.
Gleichwohl stößt das personalisierte Verhältniswahlrecht auch auf verfassungsrechtliche Grenzen. Denn dadurch, dass es den Wählern ein Stimmensplitting ermöglicht, kann es vorkommen, dass mehr Abgeordnete einer Partei in den Bundestag kommen, als der betreffenden Partei über die Liste zustehen (sog. Überhangmandate, s.o.). Damit ist insbesondere die Gleichheit der Wahl in Frage gestellt. Das gilt insbesondere dann, wenn in Wahlkämpfen für die Abgabe der Zweitstimme zugunsten einer kleineren Partei und für die Abgabe der Erststimme zugunsten einer größeren Partei geworben wird. Bei diesem sog. „Huckepackverfahren" wird einkalkuliert, dass der Wähler die Bedeutung von Erst- und Zweitstimme verkennt. Zu begrüßen ist es daher, dass der Gesetzgeber – infolge mehrerer BVerfG-Entscheidungen – dieser systemimmanenten Schwäche einen Riegel vorgeschoben hat, indem er nunmehr Ausgleichsmandate zulässt. Der gegenwärtige 19. Deutsche Bundestag verfügt über 111 Überhang- und Ausgleichsmandate, die zusammen mit den regulären 598 Sitzen zu 709 Sitzen geführt haben (vgl. bereits Rn 136).

h. Wahlrecht und Ausländer

Wie bei Rn 99 dargestellt, betrifft der in Art. 38 I S. 1 GG genannte Wahlrechtsgrundsatz der Allgemeinheit der Wahl das allgemeine aktive und passive Wahlrecht. Die Frage, ob nur wählen darf bzw. wählbar ist, wer die deutsche Staatsangehörigkeit besitzt, beantwortet Art. 38 GG nicht. Zieht man den Umkehrschluss aus Art. 20 IV, 33 I, II, 54 I S. 2 GG, wo eine deutsche Staatsangehörigkeit vorausgesetzt wird, könnte man annehmen, dass hinsichtlich des Bundestags auch Ausländer wählen und gewählt werden dürfen. Andererseits spricht § 12 I und II BWahlG von Deutschen i.S.d. Art. 116 I GG. Zwar kann eine einfachgesetzliche Vorschrift keinen verfassungsrechtlichen Begriff verbindlich bestimmen, allerdings enthält zum einen Art. 38 III GG einen Ausgestaltungsauftrag an den Gesetzgeber und zum anderen wird überwiegend vertreten, dass sich der Begriff des Volkes, das i.S.d. Art. 20 II S. 1 GG die Staatsgewalt **146**

---

[374] BVerfGE 95, 335, 337; 95, 408, 420 ff.; 97, 317, 322 ff.; 6, 84, 95 f.
[375] *Schneider*, in: Alternativkommentar, Art. 38 Rn 50; *Badura*, JZ 1997, 681, 684; *Lenz*, NJW 1998, 2878, 2879 und NJW 1997, 1534, 1535; *Degenhart*, Rn 97.

ausübt, lediglich auf das „deutsche Volk" bezieht.[376] Folgt man dem, kann für das aktive und passive Wahlrecht gem. Art. 38 GG nichts anderes gelten, da es dort ja um die Frage nach der aktiven und passiven Wahlberechtigung in Bezug auf die Körperschaft geht, die (gem. Art. 20 II S. 2 GG) unmittelbar die Staatsgewalt ausübt. In Bezug auf den Bundestag wahlberechtigt und wählbar sind demnach nur Deutsche i.S.d. Art. 116 I GG.

Ob diese Auffassung angesichts des zunehmenden Ausländeranteils an der Bevölkerung (noch) überzeugt, erscheint zweifelhaft. Der zunehmende Ausländeranteil könnte zu einem Verfassungswandel geführt haben. So wird denn auch teilweise vertreten, dass zum „Volk" i.S.d. Art. 20 II S. 2 GG nunmehr auch Ausländer gehörten, die ihren Wohnsitz in der Bundesrepublik Deutschland hätten und somit gleichermaßen der deutschen Staatsgewalt unterworfen seien. Da Art. 20 II S. 2 GG insoweit offen sei, könne ein Ausländerwahlrecht durch einfache Gesetzesänderung, namentlich durch eine Änderung des BWahlG, eingeführt werden.[377]

In der Tat erscheint ein Ausschluss von in die Gesellschaft integrierten Nichtdeutschen vom Bundeswahlrecht verfassungsrechtlich problematisch, da sich auch diese ebenso zu den verfassungsrechtlichen Grundsätzen, insbesondere zur freiheitlichen demokratischen Grundordnung, bekennen können wie deutsche Staatsangehörige. Gleichwohl können sich nur Deutsche auch formal durch ihre Staatsangehörigkeit der Staatsgewalt unterwerfen und sich damit in besonderer Weise zur freiheitlichen demokratischen Grundordnung bekennen. Das entspricht dem allgemeinen Verständnis des Staatsrechts, wonach unter Staatsvolk die Staatsbürger, d.h. die Staatsangehörigen zu verstehen sind (s.o.). Auch der Grundgesetzgeber geht von diesem Verständnis aus, indem er mit Art. 28 I S. 3 GG zum Ausdruck bringt, dass er in Bezug auf Wahlen außerhalb der Kommunalebene an der deutschen Staatsangehörigkeit festhält, zumal er mit der verfassungsrechtlichen Verankerung des Kommunalwahlrechts auch für Bürger anderer EU-Staaten ohnehin nur europarechtliche Vorgaben (Art. 22 AEUV) umgesetzt hat. Mithin wird man annehmen müssen, dass nach zutreffender Verfassungsinterpretation auch das Grundgesetz den Begriff des „Volkes" einheitlich i.S.d. *deutschen Staatsvolkes* gebraucht. Unter Zugrundelegung dieses Verständnisses ist es verfassungsrechtlich nicht nur zulässig, sondern auch geboten, Ausländer (auch wenn sie anderen Mitgliedstaaten der EU angehören) vom Bundeswahlrecht auszuschließen. Eine Beteiligung von Ausländern am Bundeswahlrecht wäre folglich nur durch eine Verfassungsänderung denkbar, der man aber ein abweichendes Staatsbürgerverständnis zugrunde legen müsste, da die h.M. unter Einschluss des BVerfG das Bundeswahlrecht als Ausdruck der in Art. 20 II GG niedergelegten Volkssouveränität mit der deutschen Staatsangehörigkeit verknüpft und die in Art. 20 GG niedergelegten Grundsätze wegen der Ewigkeitsgarantie des Art. 79 III GG einer Verfassungsänderung entzogen sind. Art. 79 III GG stünde einer Verfassungsänderung also nur dann nicht entgegen, wenn man die in Art. 20 II GG niedergelegte Volkssouveränität nicht mehr mit der deutschen Staatsangehörigkeit verknüpfte. Der veränderten Bevölkerungszusammensetzung dürfte aber eher durch eine Erleichterung der Einbürgerung, wie das bereits durch die Änderung des Staatsangehörigkeitsrechts nach dem StAG ansatzweise vollzogen worden ist, Rechnung getragen werden, möchte man zugewanderte Menschen am Bundeswahlrecht teilhaben lassen. Im Zuge der notwendigen Flüchtlingsintegration wird es daher eine vordringliche öffentliche Aufgabe sein, den Integrationsprozess dadurch voranzutreiben, den Flüchtlingen Sprache, Kultur und die Elemente der freiheitlichen demokratischen Grundordnung zu vermitteln sowie sie in den Arbeitsmarkt aufzunehmen.

---

[376] Vgl. nur BVerfGE 83, 37, 50 ff.; 83, 60, 71 ff.; 123, 267, 340; *Badura*, in: Bonner Kommentar, Art. 38 Rn 25; *Böckenförde*, in: HdbStR I, § 22 Rn 27 f. und HdbStR II § 24 Rn 26 ff.; *Brockmeyer*, in: Schmidt-Bleibtreu/Hofmann/Henneke, GG, Art. 38 Rn 5. Zum Kommunalwahlrecht von Unionsbürgern vgl. Art. 28 I S. 3 GG – dazu unten Rn 148.

[377] *Zuleeg*, JZ 1980, 425; ZAR 1988, 13, 14; *Rittstieg*, KritVJ 1987, 315, 317; *Roth*, ZRP 1990, 82, 85; *Meyer*, in: HdbStR III, § 46 Rn 7 f.; *Bryde*, in: v. Münch/Kunig, GG, Art. 79 Rn 42.

Unter Zugrundelegung des o.g. Staatsvolksbegriffs ist eine Beteiligung von Ausländern auch bei **Landtagswahlen** ausgeschlossen. Zur Begründung kann man die Homogenitätsklausel (Art. 28 I S. 1 GG) heranziehen oder das Argument, dass der Begriff des Volkes in Art. 28 I S. 2 GG ebenso wie in Art. 20 II S. 2 GG als *deutsches Staatsvolk* auszulegen ist. Darüber hinaus ist der Umstand zu beachten, dass die Landesangehörigen – mittelbar über die Landesparlamente und Landesregierungen – über den Bundesrat auch bei der Bundesgesetzgebung und Bundesverwaltung mitwirken, sodass sich parallel zur Bundesebene auch auf Landesebene eine Beteiligung von Ausländern an den Parlamentswahlen verbietet.[378] **147**

Auch auf **Kommunalebene** ist die Frage nach dem Ausländerwahlrecht differenziert zu beantworten. **148**

- Nach einer Auffassung[379] ist die Beteiligung von Ausländern an Kommunalwahlen ohne weiteres möglich. Der Volksbegriff des Art. 20 II S. 2 GG stehe einer Beteiligung von Ausländern an Kommunalwahlen nicht entgegen, da Art. 28 I S. 2 GG eine abweichende Interpretation zulasse. Art. 28 I S. 2 GG verlange nur ein Mindestmaß an Homogenität, nicht eine Uniformität. Die Kommunen seien selbstverwaltende, nichtstaatliche Körperschaften des öffentlichen Rechts. Ihnen sei verfassungsrechtlich garantiert, sämtliche Belange der örtlichen Gemeinschaft eigenverantwortlich zu regeln (Universalitätsprinzip). Daher obliege es den Gemeinden, auch Ausländer an der politischen Willensbildung teilhaben zu lassen.
- Die h.M.[380] vertritt die gegenteilige Auffassung. Der Begriff des Volkes sei in Art. 28 I S. 2 GG genauso zu verstehen wie in Art. 20 II GG, nämlich als *deutsches Staatsvolk*. Der Grundsatz der Volkssouveränität verlange, dass lediglich die Staatsbürger die politische Willensbildung innehaben. Zudem seien die Kommunen, auch wenn sie nichtstaatliche, also autonome Körperschaften darstellten, keine staatsfremden Gebilde. Auch sie übten bei der Ausführung von Bundes- und Landesrecht Staatsgewalt aus. Die Ausübung von Staatsgewalt sei aber eine Angelegenheit des deutschen Staatsvolkes.

Für Bürger der **Europäischen Union** gilt jedenfalls, dass ihnen das aktive und passive Wahlrecht in den Kreisen und Gemeinden zusteht (vgl. Art. 22 AEUV, Art. 28 I S. 3 GG sowie die Regelungen in den Kommunalwahlgesetzen der Länder). **149**

Durch diese Regelung wird im Umkehrschluss klargestellt, dass auch auf Kommunalebene ein Wahlrecht für Ausländer, die keinem Mitgliedstaat der EU angehören, nicht in Betracht kommt.[381]

4. Wahlprüfung

Das Grundgesetz enthält keine näheren Bestimmungen hinsichtlich einer Wahlprüfung. Vielmehr verweist es in Art. 41 I GG auf den Bundestag, lässt gegen die Entscheidung des Bundestags die Beschwerde zum BVerfG zu (Art. 41 II GG) und unterwirft das Nähere einer bundesgesetzlichen Regelung (Art. 41 III GG). Eine solche Regelung stellt das WahlprüfG dar. Allerdings beschränkt dieses sich im Wesentlichen auf prozedurale Vorschriften über die Wahlprüfung, sodass materielle Wahlprüfvorschriften nicht geregelt sind.[382] Das bedeutet, dass der Bundestag nur prüft, ob das geltende Wahlrecht (in formeller Hinsicht) richtig angewendet wurde. Die Frage, ob **150**

---

[378] Dies hat nun auch der Staatsgerichtshof der Freien Hansestadt Bremen entschieden (NVwZ-RR 2014, 497 ff.).
[379] OVG Lüneburg DÖV 1985, 1067, 1068; *Rittstieg*, NJW 1989, 1018, 1019; *Bryde*, JZ 1989, 257.
[380] BVerfGE 83, 37 ff.; 83, 60 ff.; BremStGH DVBl 1991, 1074; *v. Mutius*, Jura 1991, 410.
[381] *Kunig*, Jura 1994, 554, 555.
[382] Vgl. *Ipsen*, Rn 122; *Kretschmer*, in: H.-P. Schneider/W. Zeh (Hrsg.), Parlamentsrecht und Parlamentspraxis, 1989, § 13 Rn 51.

das Wahlrecht auch verfassungsgemäß ist, wird erst vom BVerfG im nachfolgenden Beschwerdeverfahren entschieden.[383]

151 ▪ Das Wahlprüfverfahren beginnt mit dem Rechtsbehelf **Einspruch**, den jeder Wahlberechtigte, jede Gruppe von Wahlberechtigten und in amtlicher Eigenschaft jeder Landeswahlleiter, der Bundeswahlleiter und der Präsident des Bundestags schriftlich innerhalb von zwei Monaten nach dem Wahltag erheben können (§ 2 WahlprüfG). Der Einspruch muss an den Bundestag adressiert sein (Art. 41 I S. 1 GG, § 1 I WahlprüfG). Die Entscheidung des Bundestags (§ 13 WahlprüfG) wird durch den Wahlprüfungsausschuss vorbereitet (§ 3 I WahlprüfG). Der Bundestag entscheidet mit einfacher Mehrheit (§ 13 I S. 1 WahlprüfG).

152 ▪ Ist der Einspruchsführer mit der Entscheidung des Bundestags nicht einverstanden, kann er binnen einer Frist von zwei Monaten **Beschwerde** beim BVerfG erheben (Art. 41 II GG i.V.m. § 18 WahlprüfG i.V.m. §§ 13 Nr. 3, 48 BVerfGG).[384] Die (übrigen) Zulässigkeitsvoraussetzungen der Beschwerde sind § 48 BVerfGG zu entnehmen.
Bei der Begründetheit der Wahlbeschwerde prüft das BVerfG zunächst, ob die Entscheidung des Bundestags bezüglich des Einspruchs formelle Fehler aufweist. In materieller Hinsicht prüft es insbesondere die Einhaltung der Wahlrechtsgrundsätze des Art. 38 I S. 1 GG und der Vorschriften des BWahlG. Auch die Prüfung der Verfassungsmäßigkeit der eben genannten Gesetze kann – anders als beim Einspruch – Prüfungsgegenstand sein.

Das BVerfG hat festgestellt, dass Wahlfehler nicht nur von amtlichen Wahlorganen, sondern auch von Dritten begangen werden könnten, soweit sie unter Bindung an wahlgesetzliche Anforderungen kraft Gesetzes Aufgaben bei der Organisation einer Wahl erfüllten.[385] Das bedeutet, dass auch Maßnahmen bei der innerparteilichen Kandidatenaufstellung nach §§ 21 und 27 BWahlG durch die Wahlorgane auf Gesetzesverstöße hin überprüft werden können. Im Wahlbeschwerdeverfahren festgestellte Verstöße führen aber nur dann zur Ungültigkeit der Wahl, wenn sie sich auch auf die Sitzverteilung ausgewirkt haben könnten.[386] Unbeachtlich sind Wahlfehler also lediglich dann, wenn eine Beeinflussung auf die Sitzverteilung völlig fernliegt.

153 ▪ Fraglich ist, ob auch eine **Verfassungsbeschwerde** (Art. 93 I Nr. 4a GG, §§ 13 Nr. 8a, 90 ff. BVerfGG) in Betracht kommt. Geht es um die Überprüfung von Entscheidungen und Maßnahmen, die sich *unmittelbar* auf das Wahlverfahren beziehen, stellt das Wahlprüfverfahren (Art. 41 GG i.V.m. § 18 WahlprüfG i.V.m. §§ 13 Nr. 3, 48 BVerfGG) eine abschließende Regelung dar.[387] Eine Verfassungsbeschwerde wäre hier unstatthaft.

Beispiel: Eine Verfassungsbeschwerde wäre unzulässig, wenn es um die Überprüfung von einer Wahl vorgeschalteten Einzelmaßnahmen ginge (etwa die Nichtzulassung eines Wahlvorschlags oder die Festlegung eines Wahltermins) oder um Maßnahmen im Zusammenhang mit der Wahlhandlung als solche (etwa die Verletzung des Wahlgeheimnisses). Auch die Überprüfung von Entscheidungen der Wahlorgane nach der Wahl (etwa die Ermittlung des Wahlergebnisses oder der Sitzverteilung) ist ausschließlich mit der Wahlbeschwerde herbeizuführen.
Etwas anderes gilt aber, wenn etwa das BWahlG oder die BWahlO direkt bezüglich ihrer Verfassungsmäßigkeit in Frage gestellt werden. Hier handelt es sich *nicht* um Akte staatlicher Gewalt, die sich unmittelbar auf eine Wahl beziehen, sondern um Gesetze, die ohne weiteres Gegenstand einer Verfassungsbeschwerde sein können. Allerdings ist die Frist des § 93 III BVerfGG zu beachten (vgl. dazu *Roth*, DVBl 1998, 214 f.).

---

383 Kritisch dazu *Hoppe*, DVBl 1996, 344, 347.
384 Siehe nur das Verfahren BVerfG NJW 2019, 1201 ff. (Wahlprüfungsbeschwerde) – dazu Rn 98 ff.
385 Vgl. BVerfGE 89, 243, 251.
386 BVerfGE 85, 148, 158 f.
387 Vgl. BVerfGE 83, 153, 156; *Magiera*, in: Sachs, GG, Art. 38 Rn 105; *Pieroth*, in: J/P, GG, Art. 41 Rn 5; *Robbers*, JuS 1996, 116, 119; *Roth*, DVBl 1998, 214 ff.

Handelt es sich um eine Überprüfung von Wahlhandlungen in den **Ländern**, kommt eine Verfassungsbeschwerde vor dem BVerfG nicht (mehr) in Betracht. Damit sind Verstöße gegen Wahlrechtsgrundsätze auf Landesebene vor den Landesgerichten (ggf. auch vor den Landesverfassungsgerichten) geltend zu machen.[388] 154

5. Abstimmungen

Gemäß Art. 20 II S. 2 GG finden nicht nur Wahlen, sondern auch Abstimmungen statt. Während eine Wahl eine Personalentscheidung darstellt, handelt es sich bei einer Abstimmung um eine Sachentscheidung.[389] Abstimmungen können in unterschiedlicher Weise vorgenommen werden. Allgemein werden die Volksbefragung, das Volksbegehren und der Volksentscheid voneinander unterschieden. 155

- Bei der **Volksbefragung** (Referendum) findet eine Erkundung der Meinung des Volkes oder eines Volksteiles über einen Gegenstand von allgemeinem Interesse statt.[390] Dabei wird dem Volk oder dem Volksteil in einem formalisierten Verfahren eine bestimmte formulierte Frage vorgelegt. Das Ergebnis der Volksbefragung ist für die Staatsorgane nicht bindend; die Volksbefragung dient vielmehr der *Vorbereitung* einer staatlichen Maßnahme. Man spricht daher von einer „konsultativen Volksbefragung".
- **Volksbegehren** ist die vom Volk ausgehende Initiative zur Erreichung eines Volksentscheids. Für die Annahme eines Volksbegehrens wird die Mitwirkung einer bestimmten Mindestanzahl von Abstimmungsberechtigten gefordert (Quorum).
- **Volksentscheid** (Volksabstimmung i.e.S.) ist eine unmittelbare Entscheidung des Volkes über ein Gesetz oder eine sonstige staatliche Maßnahme (fiktive Beispiele: Abstimmung über eine EU-Verfassung oder umgekehrt über den Austritt aus der EU). Der Volksentscheid wird häufig durch ein Volksbegehren eingeleitet und ist anders als die Volksbefragung für die staatlichen Organe i.d.R. bindend, es sei denn, die betreffende Verfassung sieht auch die „konsultative Volksabstimmung" vor.

Alle drei Abstimmungsformen sieht Art. 29 GG vor. Gemäß Art. 29 I S. 1 GG kann das Bundesgebiet neu gegliedert werden, um zu gewährleisten, dass die Länder nach Größe und Leistungsfähigkeit die ihnen obliegenden Aufgaben wirksam erfüllen können. Die Neugliederung ist nur durch Bundesgesetz zulässig, das der Bestätigung durch **Volksentscheid** bedarf (Art. 29 II S. 1 GG). Der Volksentscheid findet in den Ländern statt, die von der Neugliederung betroffen sind (Art. 29 III GG), sog. **Territorialplebiszit**. Aber auch durch ein **Volksbegehren** können unter bestimmten Voraussetzungen Neugliederungsmaßnahmen gefordert werden, die entweder zu einem Bundesgesetz, das wiederum der Bestätigung durch **Volksentscheid** bedarf, führen oder eine **Volksbefragung** zur Folge haben (Art. 29 IV GG).

Art. 29 GG kam bislang nicht oft zur Anwendung. Neugliederungspläne haben – obwohl sich die Länder in Bezug auf ihre Größe und Leistungsfähigkeit deutlich voneinander unterscheiden – keinerlei Aussicht auf Erfolg gehabt. Der Grund hierfür mag sein, dass sich eingesessene politische und wirtschaftliche Machtverhältnisse als resistent gegenüber territorialen Veränderungen erwiesen haben. Auch lokalpatriotische und eher emotional motivierte Stimmen („kein Aufgehen Bremens in einem Nordweststaat") mögen dazu beigetragen haben. Unbeschadet der (geringen) Bedeutung des Art. 29 GG können Neugliederungspläne für den Raum Berlin/Brandenburg durch diese Länder vereinbart werden, ohne dass es des Verfahrens nach Art. 29 GG bedarf (vgl. Art. 5 EV).

---

[388] Vgl. BVerfG NJW 1999, 43; *Roth*, DVBl 1998, 214, 216; kritisch *Lenz*, NJW 1999, 34 f.
[389] *Pieroth*, in: J/P, GG, Art. 20 Rn 4.
[390] Im vorliegenden Zusammenhang nicht von Interesse sind die von privaten Institutionen durchgeführten unverbindlichen Meinungsumfragen. So war die geplante Unterschriftensammlung der CDU/CSU zum neuen Staatsangehörigkeitsrecht verfassungsrechtlich unproblematisch.

156 Fraglich ist, ob sich Abstimmungen auf den Komplex des Art. 29 GG beschränken oder ob Abstimmungen (auf Bundesebene[391]) darüber hinaus in Betracht kommen. Art. 20 II S. 2 GG spricht von Abstimmungen. Es könnte daher angenommen werden, dass das Grundgesetz Abstimmungen in gleicher Weise zulässt bzw. fordert, wie das bei Wahlen der Fall ist.[392] Es besteht jedoch die überwiegende Auffassung, dass diese Formulierung nur einen Hinweis auf die im Grundgesetz an anderer Stelle ausdrücklich vorgesehenen Volksabstimmungen darstellt (sog. **Verfassungsvorbehalt**). Das sei nur in Art. 29 II GG (Neugliederung des Bundesgebietes) und Art. 146 GG (neue Verfassung) der Fall. Im Übrigen sei eine unmittelbare und für die Staatsorgane bindende Beteiligung des Staatsvolkes (also **Volksentscheid** und **Volksbegehren**) auf Bundesebene unzulässig, da sich das Grundgesetz für eine repräsentative Demokratie mit zentraler Gesetzgebungskompetenz des Bundestags (unter Mitwirkung des Bundesrats) entschieden habe.[393] Für die weitere Zulässigkeit von Volksbegehren und Volksentscheid bedürfe es daher einer **Verfassungsänderung**[394], d.h. der Aufnahme von Plebisziten in das Grundgesetz, etwa durch Änderungen und Erweiterungen der Art. 76 ff. GG.[395] Mitunter wäre auch eine Änderung des Art. 38 I S. 2 GG vonnöten, weil nach der gegenwärtigen Fassung Abgeordnete nur ihrem Gewissen (und selbstverständlich auch der Verfassung) unterworfen sind. Im Rahmen der Einführung von Plebisziten müsste die entsprechende Bindungswirkung der Abgeordneten an das Ergebnis jedenfalls eines verbindlichen Volksentscheids in die Vorschrift aufgenommen werden.

Von dem soeben genannten zu unterscheiden ist die konsultative Volksbefragung, da diese keine Bindung der Staatsorgane mit sich bringt. **Volksbefragungen** können daher im Rahmen der Gesetzgebungskompetenz durch Parlamentsgesetz durchgeführt werden.[396]

157 Die Frage nach direktdemokratischen Elementen im Grundgesetz hat ihren Ursprung in den Erfahrungen, die man mit den Plebisziten in der **Weimarer Republik** gemacht hat. Art. 73 I WRV räumte dem Reichspräsidenten das Recht ein, jedes vom Reichstag beschlossene Gesetz „zum Volksentscheid" zu bringen. Eines Volksentscheids über ein Gesetz bedurfte es auch, wenn ein bestimmtes Quorum der Stimmberechtigten es beantragte (Art. 73 II WRV). Schließlich konnte durch Volksbegehren auch ein eigener Gesetzentwurf zum Volksentscheid gebracht werden (Art. 73 III WRV). Da damit eine Umgehung des Parlaments immanent ist, hat der Parlamentarische Rat bei der Schaffung des Grundgesetzes eine starke Zurückhaltung in Bezug auf Plebiszite gefordert und den Verfassungstext entsprechend formuliert.

158 Ob die Zurückhaltung des Grundgesetzes gegenüber Plebisziten angesichts der geänderten Rahmenbedingungen noch zeitgemäß ist, könnte bezweifelt werden. Immerhin formuliert Art. 20 II S. 1 GG ausdrücklich, dass alle Staatsgewalt vom Volke ausgeht, und Art. 20 II S. 2 GG nennt Wahlen und Abstimmungen, ohne eine Priorisierung vorzunehmen. Vor diesem Hintergrund könnte man durchaus vertreten, dass das Grundgesetz in Art. 20 II S. 1 und 2 die generelle Möglichkeit der Abstimmung durch

---

[391] Bezüglich plebiszitärer Elemente auf landesrechtlicher und kommunaler Ebene ist das Grundgesetz prinzipiell offen (vgl. dazu BVerfGE 91, 228, 239; *Dreier*, in: Dreier, GG, Art. 28 Rn 71; *Ritgen*, NVwZ 2000, 129 ff.; *Huber*, AöR 126 (2001), 165 ff. Vgl. auch BVerfG DVBl 2001, 188.

[392] So vertreten etwa von *Huber*, AöR 126 (2001), 165, 176 f.; *Frotscher/Faber*, JuS 1998, 820, 822 f.

[393] *Sachs*, in: Sachs, GG, Art. 20 Rn 31 ff.; *Herzog*, in: Maunz/Dürig, GG, Art. 20 II Rn 44; *Brockmeyer*, in: Schmidt-Bleibtreu/Hofmann/Henneke, GG, Art. 38 Rn 22b; *Brenner*, HdbStR III, § 44 Rn 62 f.

[394] *Herzog*, in: Maunz/Dürig, GG, Art. 20 II Rn 43; *Stern*, StaatsR I, S. 607; auch ThürVerfGH LKV 2002, 83.

[395] Vgl. die in den letzten beiden Fußnoten Genannten.

[396] BVerfGE 8, 104, 115; *Frotscher/Faber*, JuS 1998, 820 ff.; *Pieroth*, in: J/P, GG, Art. 20 Rn 5; a.A. *Stern*, StaatsR II, § 25 II 1b, S. 16 der auch eine Volksbefragung für verfassungswidrig hält. Zur Begründung führt er an, dass selbst eine unverbindliche Volksbefragung einen derart starken faktischen politischen Druck ausübe, dass die Staatsorgane davon kaum abweichen könnten. Dem ist mit Blick auf Art. 20 II S. 1 GG nicht zu folgen.

das deutsche Volk ausdrücklich anerkenne und nicht nur auf Plebiszite an anderer Stelle des Grundgesetzes verweise. Gleichwohl dürfen nicht die Gefahren unterschätzt werden, die eine Volksabstimmung in sich birgt, gerade, wenn das betreffende Abstimmungsergebnis sehr knapp ausfällt. Die Anfälligkeit eines Volkes gegenüber Populisten und Demagogen lässt sich nicht leugnen. Ihr zu begegnen ist zwar Aufgabe der politischen Bildung in Form von Aufklärung und Information durch Parlament und Regierung, doch dies gelingt nicht immer, weil viele solcher Angebote nicht wahrgenommen werden; stattdessen hat Informationsverschaffung über einige nicht immer zweifelsfreie „Online-Nachrichtendienste", v.a. aber über soziale Netzwerke mit allen damit verbundenen Nachteilen („Fake-News", fehlende redaktionelle Betreuung, Einseitigkeit der Informationen, Weglassen von Gegenauffassungen oder Tatsachen, um Adressaten in eine bestimmte Richtung zu steuern etc.), „Hochkonjunktur" und der (manipulative) Einfluss auf die öffentliche Meinungsbildung ist erschreckend groß. Hinzukommt, dass Parolen, die naturgemäß ohne jede Substanz auskommen und den Blick auf Hintergründe und Zusammenhänge verstellen, immer häufiger „geliked" und „geteilt" werden, was Rückschlüsse auf ein fehlendes Problembewusstsein der Betreffenden zulässt, gerade, wenn es um Parolen geht, die einen hetzenden Aussagegehalt haben. Schließlich entscheidet ein Großteil der Abstimmungsberechtigten oft emotional und kann die (langfristigen) Folgen einer Entscheidung oft nicht absehen. Einer parlamentarischen Entscheidung gehen immerhin Debatten und Diskussionen voraus; es werden zudem alle beteiligten Kreise angehört und Sachverständigengutachten eingeholt. Die parlamentarische Demokratie ist zwar nicht unfehlbar, sie hat sich aber bewährt und ist einer Ausweitung von Plebisziten über die Bereiche des Art. 29 II S. 1 GG (Neugliederung des Bundesgebietes) und Art. 146 GG (neue Verfassung) hinaus überlegen. Allenfalls ließe sich darüber nachdenken, für Parlament und Regierung unverbindliche Volksabstimmungen einzuführen.

IX. Wahlen und Abstimmungen auf Länder- und Kommunalebene

In den Landesverfassungen[397] sind häufiger Plebiszite über Fragen der Landesgesetzgebung vorgesehen. Gleiches gilt auf Gemeindeebene[398] bezüglich Abstimmungen über lokale Vorhaben. Diese vom Grundgesetz abweichenden Regelungen werden allgemein für mit dem Homogenitätsprinzip des Art. 28 I GG vereinbar gehalten, da die Durchführung von Volksabstimmungen – wie die Art. 20 II S. 2, 29 und 146 GG zeigen – nicht schlechthin mit der repräsentativen Demokratie unvereinbar sind.[399] Zudem sind die Folgen (für das Staatsganze) nicht so gravierend. Es gelten aber folgende Voraussetzungen: 159

- Die Volksabstimmung muss sich im Rahmen der **Gesetzgebungszuständigkeit** des jeweiligen Verbandes bewegen.

  So ist eine Volksabstimmung auf Landes- oder Kommunalebene bezüglich des Verteidigungswesens unzulässig, da das Verteidigungswesen der ausschließlichen Gesetzgebungszuständigkeit des Bundes (Art. 73 I Nr. 1 GG) unterfällt. Gleiches gilt hinsichtlich der Atomenergie (Art. 73 I Nr. 14 GG).[400]

---

[397] Vgl. die entsprechenden Vorschriften der Landesverfassungen: BW: Art. 49, 59-64; Bay: Art. 72 I, 74; Berl: Art. 61, 62; Brand: Art. 76 ff.; Brem: Art. 69 ff. (dazu BremStGH NVwZ 1998, 388); Hess: Art. 116; MeckVor: Art. 59 f.; Nds: Art. 48 f.; NRW: Art. 68 (ggf. i.V.m. Art. 35); RhlPfl: Art. 109, 114 f.; Saarl: Art. 99; Sachs: Art. 70 ff.; SachsAnh: Art. 80 ff.; SchlHolst: Art. 48 f.; Thür: Art. 82 f.

[398] Vgl. die entspr. Vorschriften der Gemeindeordnungen bzw. Kommunalverfassungsgesetze: BW: § 21; Bay: Art. 18a; Hess: § 8b; MeckVor: § 20 KommVerf; Nds: §§ 32 f. KommVerfG; NRW: § 26; RhlPfl: § 17a; Saarl: § 21a KSVG; Sachs: §§ 24 f.; SachsAnh: §§ 26 f. KommVerfG; SchlHolst: § 16g; Thür: § 17 KommO.

[399] Vgl. ThürVerfGH NJ 2001, 644; *Rux*, JA 2002, 378 ff.; *Pestalozza*, Jura 1994, 561, 576; *Karpen*, JA 1993, 110 ff.; *Schnapp*, in: v. Münch/Kunig, GG, Art. 20 Rn 31.

[400] Vgl. dazu BVerfGE 8, 104, 117 f.; StGH BW NVwZ 1987, 574, 575; VerfGH NRW NWVBl 1987, 13, 14; VerfGH Bay BayVBl 1987, 652, 654; *Grawert*, NWVBl 1987, 2 ff.

- Die Volksabstimmung muss sich thematisch im Rahmen der durch die jeweilige Landesverfassung[401] bzw. das jeweilige Kommunalgesetz bestimmten **Gegenstände** („Negativkatalog") bewegen.

  So ist gemäß den landesgesetzlichen Bestimmungen eine Volksabstimmung insbesondere auf dem Gebiet des Haushaltsrechts unzulässig. Denn das Haushaltsrecht ist klassische Materie des Parlaments und zudem an langfristigen, d.h. mehrjährigen Kriterien ausgerichtet. Eine an kurzfristigen Zielen bzw. an Partikularinteressen ausgerichtete Volksabstimmung liefe diesem höherrangigen Prinzip zuwider.

- Die Volksabstimmung muss in **materieller Hinsicht** mit höherrangigem Recht (Bundesverfassung, einfaches Bundesrecht, Landesverfassung) vereinbar sein.[402]

  So ist eine Volksabstimmung materiell rechtswidrig und unzulässig, wenn sie die Verpflichtung der Landesregierung enthält, ein bestimmtes Gesetz zu erlassen. Da der Erlass eines Gesetzes Aufgabe des Gesetzgebers und nicht der Regierung ist, liegt eine Unvereinbarkeit mit dem Gewaltenteilungsprinzip (Art. 20 II S. 2, III GG) vor.

  Auch das BVerfG (hier als Organ des Landes Schleswig-Holstein) hat unter Bezugnahme des Verbots von Volksinitiativen über den Haushalt des Landes Schleswig-Holstein (Art. 41 II SchlHolstVerf) Volksbegehren für unzulässig erklärt, die gewichtige staatliche Einnahmen oder Ausgaben auslösen und damit den Haushalt des Landes wesentlich beeinflussen.[403] Entsprechend hat der Thüringische Verfassungsgerichtshof für das Land Thüringen entschieden.[404] Die Begründungen ähneln sich und stützen sich im Wesentlichen auf das Rechtsstaats- und Demokratieprinzip. So ist insbesondere das Haushaltsrecht eines gewählten, unmittelbar demokratisch legitimierten Parlaments Grundprinzip des Systems eines gewaltenteilenden, demokratischen und repräsentativen Verfassungsstaats und gehört damit zum Schutzbereich der Ewigkeitsgarantie (vgl. auf Bundesebene Art. 79 III GG). Ist es somit schon dem verfassungsändernden Gesetzgeber verwehrt, das Haushaltsrecht des Parlaments zu verkürzen, gilt dies erst recht für Volksbegehren.[405]

- Hinsichtlich Bürgerbegehren hat das OVG Münster entschieden, dass diese grds. zulässig seien und dass von einer Unzulässigkeit nur dann auszugehen sei, wenn das Ziel, das mit dem Bürgerbegehren verfolgt werde, rechtlich nicht erreichbar sei.[406]

[401] Vgl. dazu etwa HmbVerfG NVwZ 2016, 1708 (Volksbegehren „Rettet den Volksentscheid").
[402] Vgl. dazu aus jüngerer Zeit etwa *Schoch*, NVwZ 2014, 1473, 1476.
[403] Vgl. BVerfG DVBl 2001, 188 mit ausführlicher kritischer Besprechung von *Rux*, DVBl 2001, 549 ff.
[404] ThürVerfGH NJ 2001, 644 (mit Bespr. v. *Rux*, JA 2002, 378 ff.).
[405] Zu den verfassungsrechtlichen Grenzen der Volksbefragung vgl. *Heußner/Pautsch*, NVwZ 2014, 1058. Zu den thematischen Grenzen von Bürgerbegehren und Bürgerentscheid auf Kommunalebene vgl. *Huber*, AöR 126 (2001), 165 ff.; *Ritgen*, NVwZ 2000, 129; VGH München NVwZ 2000, 219.
[406] OVG Münster DVBl 2008, 120.

E. Rechtsstaat und Gewaltenteilung

Wichtige Entscheidungen: BVerfGE 1, 13 (Bundesversorgungsgesetz); 2, 380 (Haftentschädigung); 13, 225 (Bahnhofsapotheke); 18, 172 (Inkompatibilität von Amt und Mandat); 19, 342 (Haftverschonung); 21, 378 (Arreststrafe); 24, 33 (Verfassungsbeschwerde gegen Vertragsgesetze); 25, 269 (Verbot rückwirkender Strafgesetze); 25, 371 (Maßnahmegesetz; „Lex Rheinstahl"); 27, 175 (Kostenerstattung); 27, 312 (Verfassungsmäßigkeit von § 14 III SGG); 30, 1 (Schwangerschaftsabbruch I); 30, 367 (Rückwirkungsverbot); 30, 392 (Umsatzsteuerbefreiung); 33, 1 (Strafvollzug); 33, 125 (Facharzt); 34, 165 (Hessische Förderstufe); 34, 269 (Richterrecht; „Soraya"); 35, 41 (Verfassungsmäßigkeit von § 232 II ZPO); 35, 366 (Kruzifix im Gerichtssaal); 37, 1 (Stabilisierungsfonds für Wein); 37, 363 (Zustimmungsbedürftigkeit eines Gesetzes); 39, 128 (Verfassungsmäßigkeit von § 46 IV S. 1 Soldatengesetz); 42, 191 (Personenbeförderungsgesetz); 45, 142 (VO über die Intervention auf in der BRD geerntete Getreide); 45, 400 (Oberstufenneuordnung); 47, 46 (Sexualkunde); 49, 89 (Kalkar I); 51, 268 (Verfassungsmäßigkeit des vorläufigen Rechtsschutzes nach § 123 VwGO); 53, 30 (Mülheim-Kärlich); 58, 257 (Schulentlassung); 58, 300 (Nassauskiesung); 60, 253 (Verfassungsmäßigkeit von § 85 II ZPO); 67, 65 (Organstreitverfahren); 67, 100 (Flick-Ausschuss); 68, 1 (NATO-Doppelbeschluss); 69, 126 (verspätetes Parteivorbringen); 69, 315 (Brokdorf); 71, 162 (Werbung von Ärzten); 72, 200 (Rückwirkung einkommensteuerrechtlicher Vorschriften); 73, 280 (Gesetzesvorbehalt bei Auswahlverfahren für Notare); 73, 339 (Solange II); 74, 297 (Rundfunkfreiheit); 74, 358 (Privatklageverfahren); 76, 1 (Familiennachzug); 75, 329 (Bindung des Strafrichters an Verwaltungsentscheidungen); 76, 100 (Verfassungsmäßigkeit des § 3 der Verfahrensordnung für Höfesachen); 76, 256 (Beamtenrecht; Versorgung); 77, 1 (Untersuchungsausschüsse); 77, 170 (C-Waffen); 77, 381 (Gorleben); 78, 214 (Unterhaltsleistungen und Einkommensteuer); 78, 249 (Fehlbelegungsabgabe); 82, 106 (Unschuldsvermutung); 83, 130 (Josefine Mutzenbacher); 85, 360 (Einigungsvertrag); 86, 288 (Besondere Schwere der Schuld bei Mord); 87, 363 (Nachtbackverbot); 88, 384 (ZinsanpG-DDR); 92, 1 (Sitzblockaden); 92, 277 (Strafbarkeit früherer Stasi-Mitarbeiter); 95, 1 (Gewaltenteilung - Südumfahrung Stendal); 95, 64 (Wohnungsbindungsänderungsgesetz); 95, 96 (DDR-Kriminalität - Mauerschützen); 95, 173 (Warnungen auf Tabakerzeugnissen); 97, 67 (Sonderabschreibungen für Schiffe); 97, 271 (Eigentumsgarantie; Rentenversicherung); 98, 106 (gemeindliche Verpackungssteuer); 98, 218 (Verfassungsmäßigkeit der Rechtschreibreform); 101, 106 (Akteneinsichtsrecht); 102, 147 (Bananenmarktordnung); 105, 279 (Jugendsekten); 105, 252 (Glykolwein); 107, 395 (Rechtsschutzgarantie); 110, 33 (Zollkriminalamt); 121, 1 (Vorratsdatenspeicherung); 127, 1 (Verlängerung der Spekulationsfrist); 127, 31 (Einkommensteuer); 127, 61 (Besteuerung bei privaten Veräußerungsgeschäften); 128, 326 (Sicherungsverwahrung); BVerfG NJW 1998, 2585 (Anwendbarkeit des Rückwirkungsverbots des Art. 103 II GG auf Richter und Staatsanwälte der DDR); NVwZ 1998, 271 (Aufopferungsanspruch); NJW 1999, 557 (Existenzminimum von Familien); NJW 1999, 561 (Ermittlung des einkommensteuerlichen Existenzminimums); NJW 2000, 1480 (Strafbarkeit von Regierungskriminalität – Fall Egon Krenz); NJW 2011, 669 (Grenzen richterlicher Rechtsfortbildung); NJW 2013, 145 (Rückwirkung im Gewerbesteuerrecht); NVwZ 2015, 209 (Äußerungen von Regierungsmitgliedern); 2015, 1434 (Verleihung Körperschaftsstatus an Religionsgemeinschaften nur durch Exekutive); NVwZ 2017, 1111, 1112 (Spielhallen); NVwZ 2018, 51 (Informationsrechte der Opposition); NJW 2018, 361 (Zentrale Studienplatzvergabe/Numerus clausus); BVerwGE 82, 76 (Warnungen); 87, 37 (Glykolwein); BVerwG NJW 1982, 2458 (Einzelfallgesetz); BVerwG NVwZ 1998, 273 (Änderung einer Verwaltungsvorschrift); BGH NJW 1998, 142 (Staatshaftung); BFHE 135, 311 (Erwerb eines Waldgrundstücks); BFH NJW 2001, 1671 (Rückwirkung beim Steuerentlastungsgesetz)

I. Das Rechtsstaatsprinzip als Fundamentalprinzip

Auch die Rechtsstaatlichkeit ist ein weiteres fundamentales Verfassungsprinzip der Bundesrepublik Deutschland. Im Grundgesetz wird dieses Prinzip ausdrücklich lediglich in Art. 28 I S. 1 GG genannt, wo für die Länder das Prinzip des „republikanischen, demokratischen und sozialen Rechtsstaates..." vorgeschrieben wird. Im Rahmen der Entwicklung der Europäischen Union wird die Rechtsstaatlichkeit des Weiteren in Art. 23 I S. 1 GG genannt. Im Übrigen nennt das Grundgesetz das Prinzip der Rechtsstaatlichkeit – anders als die Prinzipien der Demokratie, der Republik, des Sozialstaates und des Bundesstaates – nicht ausdrücklich. Das Prinzip der Rechtsstaatlichkeit wird jedoch aus einer Gesamtschau der Bestimmungen der Art. 20 II S. 2 GG (Gewaltenteilung), Art. 20 III GG (Bindung an die verfassungsmäßige Ordnung bzw. an Gesetz und Recht) und der Art. 1 III GG (Bindung aller Staatsgewalten an die Grundrechte), Art. 19 IV GG (Rechtsweggarantie), Art. 97 GG (richterliche Unabhängigkeit), Art. 28 I S. 1 GG (Anforderungen an die verfassungsmäßige Ordnung in den Ländern) sowie aus der Gesamtkonzeption des Grundgesetzes hergeleitet.[407] Die Zuordnung zu Art. 1 160

[407] BVerfGE 2, 380, 403; 35, 41, 47; 39, 128, 143; *Brockmeyer*, in: Schmidt-Bleibtreu/Hofmann/Henneke, GG, Art. 20 Rn 18; *Stern*, Staatsrecht I, § 20 III. Später auch *Voßkuhle/Kaufhold*, JuS 2010, 116, 117.

III und 20 II S. 2, III GG ist nicht nur im Hinblick auf die fundamentale Bedeutung des Rechtsstaatsprinzips wichtig, sondern auch hinsichtlich der Unabänderbarkeit der in Art. 1 und 20 GG niedergelegten Grundsätze (vgl. Art. 79 III GG). Zum Rechtsstaatsprinzip werden dementsprechend gemäß den Ansätzen im Verfassungstext, deutscher Verfassungstradition und systematischer Betrachtung im Allgemeinen folgende Gegenstände gezählt:

- Zunächst ist die (wenn auch nicht strikte) Trennung der Staatsgewalten in gesetzgebende Gewalt (Legislative), vollziehende Gewalt (Exekutive) und rechtsprechende Gewalt (Judikative), sog. (horizontale) **Gewaltenteilung** (Art. 20 II S. 2, III GG), zu nennen.[408] ⇨ Rn 161 ff.

- Des Weiteren folgt aus dem Rechtsstaatsprinzip die Gewährung von **Grundrechten** (Art. 1 ff. GG) und **grundrechtsgleichen Rechten** (Rechte aus Art. 20 IV, 33 I-III, 38 I S. 1, 38 I S. 2, 101, 103 I, 103 II, 103 III und 104 I S. 2 GG). In Verbindung mit den Grundrechten und grundrechtsgleichen Rechten folgen aus dem Rechtsstaatsprinzip nämlich subjektive Abwehrrechte und Schutzansprüche des Bürgers (z.B. Recht auf faires gerichtliches Verfahren, Abwehr unverhältnismäßiger Maßnahmen).[409]

- Ein weiterer wichtiger Aspekt des Rechtsstaates ist die sog. **Justizgewährungspflicht** des Staates. Der Staat, der ein Justizmonopol für sich in Anspruch nimmt, das ein grundsätzliches **Selbsthilfeverbot** bzw. ein **Verbot der Selbstjustiz** impliziert, muss gewährleisten, dass der Einzelne zur Wahrung seiner Rechte dann auch die staatlichen Gerichte anrufen kann, um von diesen eine Entscheidung in der Sache treffen zu lassen. Der Staat muss für alle (behaupteten und als möglich erscheinenden) Rechtsverletzungen und Rechtsstreitigkeiten den gerichtlichen Schutz zur Verfügung stellen. Spiegelbildlich steht der Justizgewährungspflicht der **Justizgewährungsanspruch** des Einzelnen gegenüber.[410]

- Spezieller Ausdruck der Justizgewährungspflicht bzw. des Justizgewährungsanspruchs ist die in Art. 19 IV GG niedergelegte Gewährung **effektiven Rechtsschutzes**.[411] Wie das BVerfG ausführt, gewährt Art. 19 IV S. 1 GG nicht nur ein Individualgrundrecht, sondern die Vorschrift enthält auch eine objektive Wertentscheidung.[412] Sie verpflichte den Gesetzgeber, einen wirkungsvollen Rechtsschutz zu gewährleisten. Der Zugang zu einer gerichtlichen Entscheidung in der Sache dürfe – vorbehaltlich verfassungsunmittelbarer Schranken – in keinem Fall ausgeschlossen, faktisch unmöglich gemacht oder in unzumutbarer, durch Sachgründe nicht mehr zu rechtfertigender Weise erschwert werden.[413] Diese Wertentscheidung wiederum wird flankiert durch die gem. Art. 97 GG garantierte bzw. abgesicherte **richterliche Unabhängigkeit**.[414] Schließlich ist in diesem Zusammenhang der ebenfalls vom Rechtsstaatsprinzip umfasste[415] und zugleich ein grundrechtsgleiches Recht darstellende Anspruch auf den **gesetzlichen Richter** (Art. 101 I S. 2 GG) zu nennen.[416] ⇨ Siehe dazu insgesamt *R. Schmidt*, Grundrechte, Rn 1001 ff.

- Darüber hinaus bedeutet Rechtsstaatlichkeit die Bindung der Legislative an die **verfassungsmäßige Ordnung** und die Bindung der Exekutive und Judikative an **Gesetz und Recht** (Art. 20 III und Art. 1 III GG). Die Unterscheidung zwischen der Legislative einerseits und der Exekutive/Judikative andererseits hat zum Hintergrund, dass die Le-

---

[408] Vgl. etwa BVerfGE 30, 1, 24 f.; 34, 52, 59 f.; 95, 1, 55.
[409] Vgl. dazu BVerfGE 92, 277, 325 f.; BVerfG EuGRZ 1994, 73. Vgl. dazu ausführlich *R. Schmidt*, Grundrechte, passim.
[410] Vgl. dazu BVerfGE 107, 395, 403 ff.; BVerwG NVwZ 2014, 1101 ff.
[411] Vgl. etwa BVerfGE 30, 1, 24 f.; 101, 106, 123; BVerfG NJW 2015, 3432; BVerfG NJW 2018, 3374, 3376.
[412] BVerfG NJW 2018, 3374, 3376 (Europaschule).
[413] BVerfG NJW 2018, 3374, 3376 (Europaschule).
[414] Vgl. etwa BVerfGE 87, 68, 85.
[415] BVerfGE 20, 336, 344; 82, 159, 194.
[416] Siehe dazu etwa BVerfG NJW 2019, 2761, 2762 f., das zudem klarstellt, dass das grundrechtsgleiche Recht auf den gesetzlichen Richter auch durch eine unterlassene Vorlage an das BVerfG nach Art. 100 II GG verletzt werden kann.

gislative die Gesetze je selbst beschließt. Sie ist aber bei dem Erlass von Gesetzen an die verfassungsmäßige Ordnung gebunden. Die Bindung der Exekutive und Judikative an Gesetz und Recht bezeichnet man als **Vorrang des Gesetzes**, was bedeutet, dass Gerichte und Verwaltung nicht gegen Gesetze verstoßen dürfen.[417] ⇨ Rn 236 ff.

- Die Bindung der Exekutive und Judikative an Gesetz und Recht setzt voraus, dass die Legislative zuvor Recht gesetzt hat. Daher bestimmt auch das Vorhandensein von Rechtsnormen, insb. von **formellen Gesetzen**, das Rechtsstaatsprinzip. Hiervon selbstverständlich unberührt bleibt die Bindung aller Staatsorgane auch an die Verfassung.

- Ein weiteres tragendes Element des Rechtsstaatsprinzips ist der **Vorbehalt des Gesetzes.**[418] Dieser ebenso wie der Grundsatz vom Vorrang des Gesetzes in Art. 20 III GG und Art. 1 III GG zum Ausdruck kommende Grundsatz verlangt eine gesetzliche Grundlage für exekutivisches Handeln, jedenfalls wenn es um eine Einschränkung grundrechtlicher Schutzgehalte geht. Danach unterliegt jedenfalls die Eingriffsverwaltung (Eingriffe in Eigentum und Freiheit), dem Vorbehalt des Gesetzes. ⇨ Rn 239 ff.

- Rechtsstaatlichkeit bedeutet weiterhin **Messbarkeit**, **Berechenbarkeit** und **Rechtssicherheit** bzgl. sämtlicher staatlicher Handlungen. So sind bei der Gesetzgebung **Normklarheit**, **Widerspruchsfreiheit**, **Verständlichkeit**, **Tatbestands-** und **Methodenklarheit**, das Prinzip des **Vertrauensschutzes** (d.h. Schutz des Vertrauens des Bürgers in den Bestand staatlicher Entscheidungen) und das **Verbot echter Rückwirkung** von belastenden Gesetzen zu nennen. Und hinsichtlich aller Staatsorgane ist die Bindung an das **Übermaßverbot** (Grundsatz der Verhältnismäßigkeit) zu nennen. ⇨ Rn 281 ff. (Rückwirkung/Vertrauensschutz) und Rn 271 ff. (Verhältnismäßigkeitsprinzip).

- Auch das **Verbot von Strafe ohne vorheriges formelles Strafgesetz** (vgl. Art. 103 II GG: *nulla poena sine lege*) und der Grundsatz **„keine Strafe ohne Schuld"** (*nulla poena sine culpa*) gehören zur Rechtsstaatlichkeit. Der Schuldgrundsatz bedeutet, dass Tatbestand und Rechtsfolge sachgerecht aufeinander abgestimmt sein müssen: Die Strafe muss im gerechten Verhältnis zur Schwere der Tat und zum Verschulden des Täters stehen.[419] Ebenso wichtig wie der Schuldgrundsatz ist die Unschuldsvermutung. Danach wird bis zum gesetzlichen Nachweis der Schuld die Unschuld des Beschuldigten vermutet.[420]

- Eine Ausprägung für das **Strafverfahren** findet das Rechtsstaatsprinzip ferner in dem in Art. 103 III GG festgelegten Prinzip, dass niemand wegen derselben Tat **zweimal bestraft** werden darf (*ne bis in idem*). Gemeint ist, dass keine zweimalige Kriminalstrafe verhängt werden darf. Das Verbot der Doppelbestrafung findet daher keine Anwendung, wenn eine Tat unter verschiedenen Aspekten sanktioniert werden muss. Wenn also z.B. ein Arzt wegen Körperverletzung strafgerichtlich verurteilt worden ist und sein strafrechtlich relevantes Verhalten auch gegen standesrechtliche Vorschriften verstoßen bzw. Berufspflichten missachtet hat, kann eine über die Strafe wegen allgemeiner Missbilligung der Verletzung eines Rechtsgutes hinaus gehende Geldbuße wegen der Verletzung von Standesrecht notwendig sein.[421] Auch kann die im Rechtsstaatsprinzip verankerte Idee der Rechtssicherheit und Gerechtigkeit es erforderlich machen, dass eine Tat, die nicht nur eine Dienstpflicht, sondern auch ein Strafgesetz verletzt, nicht nur mit einer Disziplinarstrafe, sondern auch mit einer allgemeinen Strafe geahndet wird. Das im Rechtsstaatsprinzip verankerte Prinzip der Gerechtigkeit verbietet es aber, eine doppelte Freiheitsstrafe verbüßen zu müssen. So ist es rechtsstaatlich ausgeschlossen, einen Soldaten wegen ein und derselben Tat zunächst disziplinarrecht-

---

[417] Vgl. etwa BVerfGE 30, 1, 24 f.; 84, 9, 20 f.
[418] Vgl. etwa BVerfGE 47, 46, 80; 107, 104, 128.
[419] BVerfGE 73, 206, 253; 86, 288, 313.
[420] BVerfGE 35, 266, 371; 74, 258, 371; 82, 106, 114.
[421] Vgl. dazu BVerfGE 27, 175, 187.

lich eine Freiheitsstrafe nach der Wehrdisziplinarordnung und dann eine vom Strafgericht für tatangemessen gehaltene weitere Freiheitsstrafe voll verbüßen zu lassen. Gelangt das Strafgericht allerdings zu einer höheren Strafe als das Disziplinargericht, ist die Freiheitsstrafe gleichwohl unter Verrechnung der bisherigen disziplinarrechtlich verbüßten Freiheitsstrafe erforderlich.[422]

- Schließlich gehört zum Rechtsstaatsprinzip, dass zumindest für schuldhaftes rechtswidriges Verhalten des Staates ein Ausgleich gewährt wird (sog. **Staatshaftung**). Eine umfassende unmittelbare Staatsunrechtshaftung fordert das GG allerdings nicht.[423]

Im Folgenden sollen das Prinzip der Gewaltenteilung, der Aufbau der Rechtsordnung, das Prinzip von Vorrang und Vorbehalt des Gesetzes, der Grundsatz der Verhältnismäßigkeit der Mittel sowie der Grundsatz von Rechtssicherheit und Vertrauensschutz näher dargestellt werden.

II. Das Prinzip der Gewaltenteilung

1. Die Gewaltenteilung nach dem Grundgesetz

161 Nach dem Prinzip der Teilung der Gewalten, wie es Art. 20 II S. 2, III GG vorsieht, wird die Staatsgewalt durch besondere Organe der Gesetzgebung, der vollziehenden Gewalt und der Rechtsprechung ausgeübt.[424]

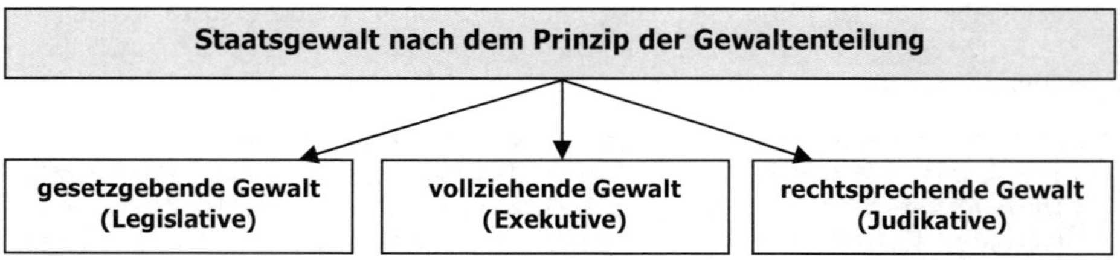

162 Fundamente der Gewaltenteilung lassen sich bereits bei Aristoteles (384-322 v. Chr.) finden. In der Staatsphilosophie wurde die Gewaltenteilung insbesondere von John Locke (1632-1704) und Charles de Montesquieu (1689-1755) und dem Liberalismus als Maßnahme gegen den Missbrauch staatlicher Gewalt im Absolutismus gefordert.[425] Die ersten Kodifizierungen finden sich in den „Bill of Rights of Virginia" von 1776 und in der französischen „Erklärung der Menschen- und Bürgerrechte" von 1789. In Deutschland lassen sich erste Ausprägungen des Gewaltenteilungsprinzips in der Paulskirchenverfassung von 1848/49 und in der Reichsverfassung von 1871 finden (vgl. bereits Rn 8 ff.), jedoch wurde die Gewaltenteilung in der heutigen Form erst im Grundgesetz von 1949 verankert. Der Zweck der Gewaltenteilung liegt darin, Staatsgewalt zu **begrenzen** und zu **kontrollieren** und somit einem Machtmissbrauch entgegenzutreten. Man spricht von einer **gegenseitigen Hemmung** und **Kontrolle** der Machtausübung der verschiedenen Staatsgewalten (nach John Locke: *checks and balances*).[426] In der Bundesrepublik Deutschland ist dies (auf Bundesebene) folgendermaßen ausgestaltet:

- Das Parlament, das einzige Verfassungsorgan, das unmittelbar demokratisch durch Wahlen legitimiert ist (vgl. Art. 38 GG), wählt die Regierungsspitze, den Bundeskanzler (Art. 63 GG). Dieser ist folgerichtig vom Vertrauen des Parlaments abhängig. Zwar

[422] Vgl. dazu BVerfGE 21, 388, 390.
[423] BVerfG NVwZ 1998, 271, 272; BGH NJW 1998, 142.
[424] Nachfolgende Graphik bereits seit der 2. Aufl. 2001, S. 63.
[425] Vgl. dazu auch *Weber-Fas*, JuS 2005, 882 ff. und *Voßkuhle/Kaufhold*, JuS 2012, 314 ff.
[426] Insofern lediglich klarstellend BVerfG NVwZ 2018, 51, 52 f. (mit Verweis auf BVerfGE 3, 225, 247; 7, 183, 188; 9, 268, 279; 22, 106, 111; 34, 52, 59; 95, 1, 15; 137, 185, 231; 139, 194, 223 f.; BVerfG NVwZ 2017, 1364, 1365).

kann der Bundeskanzler nicht schlicht abgewählt werden, es kann jedoch durch ein konstruktives Misstrauensvotum an seiner Stelle ein neuer Bundeskanzler gewählt werden (Art. 67 i.V.m. 63 GG). Der bisherige Bundeskanzler verliert dadurch sein Amt.

- Das Parlament kontrolliert die Regierung, etwa in Form von Rede und Fragerechten; dem korrespondiert eine Antwortpflicht der Regierung. Der parlamentarische Informations- und Auskunftsanspruch folgt dabei unmittelbar aus Art. 38 I S. 2 GG und Art. 20 II S. 2 GG und basiert auf dem o.g. Umstand, dass das Parlament das einzige unmittelbar demokratisch legitimierte Verfassungsorgan ist. Die Bundesregierung kann die Beantwortung parlamentarischer Anfragen lediglich bei Vorliegen berechtigter Geheimhaltungsinteressen verweigern, die sich ebenfalls aus der Verfassung ergeben müssen.[427]
- Die Exekutive und die Judikative sind an Gesetz und Recht, d.h. nicht nur an die Verfassung, sondern auch an die vom Parlament erlassenen Gesetze gebunden (Art. 20 III GG).
- Die Judikative kontrolliert Akte der Exekutive und Legislative (Art. 92 ff. GG). So dürfen die Verwaltungsgerichte Akte der Exekutive verwerfen (vgl. Art. 95 GG, §§ 113, 43 VwGO), die Verfassungsgerichte solche der Legislative (vgl. Art. 93 GG, § 13 BVerfGG).
- Schließlich ist zu erwähnen, dass die Regierung trotz Gewaltenteilung Einfluss auf die Arbeit des Parlaments nehmen kann. So hat sie etwa das Recht zur Gesetzesinitiative (vgl. Art. 76 GG). Auch sind ausgabewirksame Gesetze von der Zustimmung der Regierung abhängig (vgl. Art. 113 GG).

Das Grundgesetz normiert den jeweiligen Funktionsbereich der einzelnen Staatsgewalten zwar nicht stets exakt, es enthält aber etliche Vorschriften, die Zuständigkeiten der drei Staatsgewalten näher beschreiben. **163**

- So beschreiben die Art. 30, 70 ff. GG einige Zuständigkeiten der **gesetzgebenden Gewalt**. **164**

  In einem freiheitlich-demokratischen System, das der Gewaltenteilung folgt, fällt der Legislative die Aufgabe der Normsetzung zu.[428] In *formeller Hinsicht* bedeutet Normsetzung die Schaffung einer staatlichen Anordnung, die von den für die Gesetzgebung zuständigen Organen im von der Verfassung hierfür vorgesehenen Verfahren und der hierfür vorgesehenen Form erlassen wird. In *materieller Hinsicht* bedeutet Normsetzung die Schaffung von in erster Linie abstrakt-generellen Rechtssätzen, d.h. von Rechtssätzen, die für eine Vielzahl von Lebenssachverhalten geschaffen wurden und gegenüber jedermann verbindlich sind. Aber auch Gesetze, die den Einzelfall regeln, sind möglich. Vgl. dazu Art. 19 I S. 1 GG, der sie nur für einen bestimmten Bereich grundrechtsbeschränkender Gesetze ausschließt. Es lässt sich also sagen, dass es sich bei den allgemein-verbindlichen Rechtsnormen, die von einem Parlament erlassen werden, um **formell-materielle Gesetze** handelt.

  Nicht um Gesetzgebung im Sinne einer parlamentarischen Gesetzgebung handelt es sich bei den Rechtsnormen, die von der Exekutive erlassen werden (Rechtsverordnungen und i.d.R. auch Satzungen). Man spricht insoweit von **nur-materiellen Gesetzen**. Eine andere Frage ist es, ob und inwieweit die Exekutive dazu ermächtigt ist, derartige Gesetze zu erlassen, vgl. dazu sogleich.

- Aufgaben der **vollziehenden Gewalt**, d.h. der Regierung (der Gubernative) und der Verwaltung i.e.S. (der Administrative) sind in den Art. 62 ff. und 83 ff. GG niedergelegt. **165**

[427] BVerfG NVwZ 2018, 51, 53 f. – dazu unten Rn 518.
[428] Insoweit klarstellend BVerfG NVwZ 2015, 1434, 1439.

Der Exekutive obliegen v.a. Regierung und Verwaltung. Zu den Aufgaben einer **Regierung** gehören – wie sich aus Art. 62 ff. GG ergibt – jedenfalls die politische Gestaltung und die Leitung des Staatsganzen. Darüber hinaus hat sie ein Initiativrecht bei Gesetzesvorlagen (vgl. Art. 76 GG) und ein Zustimmungsrecht bei bestimmten Staatsausgaben (vgl. Art. 113 I GG). Auch der Erlass von Rechtsverordnungen, also von nurmateriellen Gesetzen, gehört ebenso zu ihrem Aufgabenbereich (vgl. Art. 80 GG) wie die Weisung eines Bundesministers an einen Landesminister im Bereich der Bundesauftragsverwaltung nach Art. 85 III GG (dazu *R. Schmidt*, AllgVerwR, Rn 8). Zu beachten ist jedoch, dass nicht jede Regierungstätigkeit verwaltungsrechtlicher Natur ist, für die im Streitfall die Verwaltungsgerichte zuständig sind. Vielmehr handelt es sich bei der Regierung gerade um ein Verfassungsorgan. Für verfassungsrechtliche Streitigkeiten ist (auf Bundesebene) das BVerfG zuständig. Es ist also in jedem Einzelfall danach zu fragen, ob die Regierung verfassungsrechtlich oder verwaltungsrechtlich tätig ist.

Beispiel: Weil die Bundesregierung der Meinung ist, die Ziele einer bestimmten Jugendsekte seien jugendgefährdend oder bestimmte Weine seien gesundheitsschädlich, warnt sie die Öffentlichkeit. Der Vorstand der Jugendsekte und die Winzer der betroffenen Weine wollen gerichtlich klären lassen, ob die Warnungen rechtmäßig waren.[429]

Handelt es sich bei den Warnungen um Verwaltungstätigkeit, sind die Verwaltungsgerichte zuständig, bei verfassungsrechtlicher Natur entscheidet das BVerfG.

Das BVerfG steht auf dem Standpunkt, dass in den genannten Fällen die Bundesregierung zwar staatsleitend und damit in ihrer Funktion als Verfassungsorgan tätig geworden sei, jedoch habe es sich bei den Warnungen um Verwaltungstätigkeit gehandelt, über die zunächst die Verwaltungsgerichte hätten entscheiden müssen. Diese Rechtsauffassung ist zutreffend, weil die Bundesregierung sowohl als Verfassungsorgan verfassungsrechtlich tätig sein als auch als Exekutivspitze Aufgaben der Verwaltung wahrnehmen kann. Dass sie die fraglichen Warnungen (in Ermangelung von gesetzlichen Ermächtigungsgrundlagen) auf ihre Befugnis zur Staatsleitung und damit auf ihre verfassungsrechtliche Organstellung gestützt hat und gleichzeitig von einer verwaltungsrechtlichen Tätigkeit ausgegangen ist, ist im Ergebnis unschädlich. Denn das eine schließt das andere nicht aus.

Typische Aufgabe der **Verwaltung i.e.S.** (der Administrative) ist der **Vollzug der Gesetze** (vgl. Art. 83 ff. GG). Man spricht insoweit von **gesetzesakzessorischer Verwaltung**.

Beispiel: Erlass eines Versammlungsverbots auf der Grundlage des Versammlungsgesetzes (vgl. § 15 I VersG[430]).

Doch beschränkt sich die Verwaltungstätigkeit nicht hierauf. So kann die Verwaltung – wie sich aus Art. 30 GG ergibt – auch außerhalb des Gesetzesvollzugs tätig werden. Man spricht dann von **nicht-gesetzesakzessorischer Verwaltung**.

Beispiel: Zur-Verfügung-Stellung von öffentlichen Einrichtungen (Stadthallen[431] etc.)

Bei allen Tätigkeiten wird das Verwaltungshandeln jedoch durch die Prinzipien vom *Vorrang* und (für den Bereich der Eingriffsverwaltung) *Vorbehalt* des Gesetzes (dazu Rn 191) bestimmt.

Fazit: Insgesamt lässt sich sagen, dass sich der Funktionsbereich der Exekutive aufgrund der Vielfältigkeit exekutiver Funktionen nicht positiv bestimmen lässt. Daher ist mit einer Negativdefinition zu arbeiten:

---

[429] Vgl. dazu BVerfGE 105, 252 ff. und 105, 279 ff. sowie *R. Schmidt*, AllgVerwR, Rn 893 ff.

[430] Zur Föderalismusreform, wonach mit Wirkung zum 1.9.2006 u.a. die Gesetzgebungskompetenz für das Versammlungsrecht auf die Länder übergegangen ist, vgl. Rn 791 ff. (insb. 832b).

[431] Vgl. dazu OVG Bautzen NVwZ 2002, 615 (Parteitag in Stadthalle) und ausführlich Rn 380 ff.

Verwaltung ist die Tätigkeit des Staates oder eines sonstigen Trägers öffentlicher Gewalt außerhalb von formeller Rechtsetzung und Rechtsprechung.[432]

- Die **rechtsprechende Gewalt** erhält ihren Aufgabenbereich durch die Art. 92 ff. GG (i.V.m. dem DRiG). 166

  Die rechtsprechende Gewalt ist organisatorisch und funktional strikt von den beiden anderen Gewalten zu unterscheiden: Gemäß Art. 92 GG ist die rechtsprechende Gewalt den **Richtern** anvertraut. Sie wird durch das BVerfG, die anderen im Grundgesetz genannten Bundesgerichte (vgl. Art. 95 GG) sowie die Gerichte der Länder ausgeübt. Dabei sind die Richter sachlich und persönlich unabhängig und nur den Gesetzen unterworfen (vgl. Art. 97 GG).[433] Dem Bereich der Rechtsprechung sind die in Art. 95 GG aufgeführten Sachgebiete der bürgerlichen Streitigkeiten, der Strafsachen und der Verwaltungsstreitigkeiten zuzurechnen.

  Unklar ist die Zuordnung der **Staatsanwaltschaft** zu einer der Staatsgewalten, namentlich, ob sie der Exekutive oder der Judikative angehört. Das Grundgesetz enthält hierzu keine klare Aussage. Für die Zuordnung zur Exekutive spricht, dass die Staatsanwaltschaft kein Recht spricht und auch nicht von der Gerichtsorganisation gem. Art. 92 ff. GG den Gerichten zugeordnet ist. Auch die (einfachgesetzliche) Weisungshierarchie gem. §§ 141 ff. GVG, die eine Weisungsgebundenheit der Staatsanwaltschaft gegenüber dem Justizminister anordnet, der zweifellos der Exekutive angehört, ist typisch für die Exekutive. Allerdings unterscheiden sich Aufgaben und Funktion der Staatsanwaltschaft erheblich von denjenigen der Exekutive. Denn sie ist Organ der Rechtspflege und Anklagebehörde *bei den Gerichten*. Gleichwohl ist es bundesverfassungsgerichtliche Auffassung, dass die Staatsanwaltschaft im System der Gewaltenteilung Bestandteil der zweiten Gewalt, der Exekutive, ist.[434]

Von dem Prinzip der Gewaltenteilung im dargestellten Sinne (sog. **horizontale** 167
Gewaltenteilung) ist die **organisatorische Gewaltenteilung** zu unterscheiden, wie das etwa bei der Aufgabenzuteilung zwischen Bundestag und Bundesrat der Fall ist. Auch die **vertikale Gewaltenteilung** betrifft eine andere Gewaltenteilung, nämlich diejenige zwischen Bund und Ländern einerseits und zwischen Bund/Ländern und Gemeinden andererseits.

2. Keine strikte Gewaltentrennung

Eine rechtsstaatlich veranlasste Gewaltenteilung muss im Grundsatz funktionell, 168
organisatorisch und personell erfolgen.[435] Anderenfalls wäre eine Gewaltenteilung nicht besonders effektiv. Insbesondere kann eine funktionelle/organisatorische Gewaltenteilung die ihr zugedachte Verhinderung eines Machtmissbrauchs nur erreichen, wenn auch eine personelle Funktionentrennung gegeben ist. Man möge sich nur den Fall vorstellen, dass die Richter am BVerfG zugleich Mitglieder der Bundesregierung und/oder des Bundestags wären. Dass in einem solchen Fall die Kontrolle und die Überwachung der anderen beiden Staatsgewalten praktisch ausgehebelt wären, liegt auf der Hand. Daher muss eine funktionelle/organisatorische Gewaltenteilung grundsätzlich auch mit einer personellen Funktionentrennung einhergehen und die Rechtsordnung muss sog. Inkompatibilitäten vorschreiben. In der Bundesrepublik Deutschland wird die Gewaltenteilung jedoch nicht als strikte Gewalten*trennung* verstanden.

---

[432] Vgl. *Kloepfer*, VerfR I, § 22 Rn 1 ff. Vgl. auch BVerfG NVwZ 2015, 1434 ff. (Verleihung des Status als Körperschaft des öffentlichen Rechts darf nicht durch Gesetz (oder gar die Verfassung) erfolgen, sondern muss einer exekutivischen Einzelfallentscheidung vorbehalten bleiben).
[433] Vgl. BVerfGE 27, 312, 322; 60, 253, 296; 67, 65, 68; 103, 111, 136 ff.
[434] BVerfGE 103, 142, 156; BVerfG NJW 2002, 815.
[435] Vgl. *Voßkuhle/Kaufhold*, JuS 2012, 314 f.

Vielmehr besteht (im Verhältnis Legislative zu Exekutive) eine Gewalten*verschränkung*.[436] Das bedeutet, dass eine personelle Trennung nicht absolut bestehen muss (so sind die Mitglieder der Bundesregierung i.d.R. auch Mitglieder des Bundestags, dazu Rn 169). Hinsichtlich der Judikative bleibt es selbstverständlich bei der strikten funktionellen, organisatorischen und personellen Gewaltenteilung. So dürfen die Richter am BVerfG weder dem Bundestag, dem Bundesrat, der Bundesregierung noch entsprechenden Organen eines Landes angehören (Art. 94 I S. 3 GG). Auch das Amt des Bundespräsidenten ist einer strikten Inkompatibilität unterworfen (Art. 55 GG). Vgl. ferner §§ 5 und 8 AbgG hinsichtlich Beamtenstatus und Mitgliedschaft im Bundestag. Unbeschadet der personellen Funktionentrennung und deren Ausnahmen ist aber ein Eingriff in den Funktionsbereich einer anderen Gewalt nicht schlechthin unzulässig. Das Prinzip der Gewaltenteilung ist lediglich dann verletzt, wenn ein Eingriff in den **Kernbereich** einer anderen Gewalt vorliegt (sog. Kernbereichslehre).[437] Unter welchen Umständen ein Eingriff in den Kernbereich einer anderen Gewalt vorliegt, soll im Folgenden näher erläutert werden.

a. Legislative und Exekutive

169 Das Verhältnis der Legislative zur Exekutive wird zunächst von den Grundsätzen vom **Vorrang und Vorbehalt des Gesetzes** bestimmt, wonach die Exekutive gehindert ist, von bestehenden Gesetzen abzuweichen bzw. ohne gesetzliche Ermächtigung zu handeln. Das ergibt sich aus Art. 20 III GG (Bindung der Exekutive an Gesetz und Recht; dazu ausführlich Rn 235 ff.). Dagegen hindert das Grundgesetz einzelne Bundestagsabgeordnete nicht, gleichzeitig der Bundesregierung anzugehören. Der **Bundeskanzler** und die **einzelnen Bundesminister** können also ebenfalls Mitglieder des Bundestags sein und somit auch an der Verabschiedung von Bundesgesetzen mitwirken.[438] Allein in dieser Möglichkeit wird teilweise ein Bruch mit dem Grundsatz der Gewaltenteilung gesehen. Zwar werde dadurch nicht die Befugnis des Bundestags verletzt, den Inhalt der Gesetze zu bestimmen. Die Bundesregierung sei aber nach der Verfassung Inhaberin des Gesetzesinitiativrechts und habe daher die Macht, ein Gesetzgebungsverfahren einzuleiten und ein Gesetz zu vollziehen, obwohl sie nicht der Gesetzgeber sei. Dieser Bruch mit dem Grundsatz der Gewaltenteilung werde noch dadurch verstärkt, dass Regierungsmitglieder i.d.R. stets auch ein Bundestagsmandat innehätten, die Trennung von Parlament und Regierung deshalb gerade bei den Spitzenpolitikern der die Parlamentsmehrheit bestimmenden Parteien aufgehoben sei und diese Mehrheit sich sodann oft weniger als Kontrolleur denn als Garant der von ihr gewählten Regierung verstehe. Schließlich sähe sich eine große Zahl von Abgeordneten weniger in der Verantwortung des Parlaments, sondern mehr auf dem Sprung in ein Regierungsamt.[439] Dieser Auffassung ist zwar zuzugeben, dass die Mitglieder der Regierungsfraktion(en) tatsächlich nur in wenigen Fällen „frei" i.S.d. Art. 38 I S. 2 GG sind, d.h. regelmäßig der Fraktionsdisziplin und der Parteilinie unterworfen sind[440], die wiederum regelmäßig vom Kanzler dominiert werden. Möchte ein Mitglied der Regierungsfraktion also seine „Parteikarriere" bzw. seinen (möglichen) Listenplatz bei der nächsten Bundestagswahl nicht gefährden, kommt es nicht umhin, sich entsprechend zu verhalten. Von einer „Freiheit" i.S.d. Art. 38 I S. 2 GG kann in der Staatspraxis also kaum die Rede sein, wenn die Bundesregierung Gesetzesvorla-

---

436 Vgl. BVerfGE 9, 268, 279 f.; 95, 1, 15; 96, 375, 394; 109, 190, 252; BVerfG NJW 2011, 669, 670.

437 BVerfG NVwZ 2015, 1434, 1436 ff. (Verleihung des Status als Körperschaft des öffentlichen Rechts darf nicht durch Gesetz (oder gar die Verfassung) erfolgen, sondern muss einer exekutivischen Einzelfallentscheidung vorbehalten bleiben).

438 Auf Landesebene ist dies teilweise anders geregelt. So schreibt Art. 39 I der hamburgischen Verfassung eine strikte Inkompatibilität vor: Mitglieder der Landesregierung dürfen nicht auch Mitglieder des Parlaments sein.

439 So *Kirchhof*, NJW 2001, 1332 f.

440 Vgl. dazu Rn 499/507.

gen in den Bundestag einbringen und über das Instrument der Fraktionsdisziplin auch noch Einfluss auf das Abstimmungsverhalten der Fraktionsmitglieder ausüben darf. Dennoch darf nicht geleugnet werden, dass das Grundgesetz – anders als einige Landesverfassungen – nun einmal keine strikte Gewaltentrennung vorschreibt, sondern – wie bereits ausgeführt – vielmehr von einer Gewaltenverschränkung ausgeht. Darüber hinaus ist der stimmenmäßige Einfluss der Regierung bei der Verabschiedung eines Gesetzes nicht sonderlich groß (zur Erinnerung: Der Bundestag besteht aus 598 regulären Abgeordneten zzgl. Überhang- und Ausgleichsmandate). Das Problem der Fraktionsdisziplin, die in der Staatspraxis faktisch einem Fraktionszwang nahekommt, muss auf anderer Ebene gelöst werden (vgl. dazu Rn 499/507).

Auch kann die Exekutive Gesetze im materiellen Sinne (**Rechtsverordnungen und Satzungen**) erlassen. Zwar ist der Erlass von Rechtsnormen eigentliche Aufgabe der Legislative, sodass die Befugnis der Exekutive zum Normenerlass eine Durchbrechung des Gewaltenteilungsprinzips bedeutet. Gleichwohl bestehen verfassungsrechtlich keine Bedenken, weil die Exekutive nicht kraft eigenen Rechts, sondern nur aufgrund einer **Ermächtigung** der Legislative und unter Beachtung des dreifachen Delegationsfilters (gem. Art. 80 I S. 2 GG müssen bei Rechtsverordnungen Inhalt, Zweck und Ausmaß der Ermächtigung in der Ermächtigungsnorm bestimmt sein) tätig werden darf.[441] Darüber hinaus ist in der Rechtsverordnung die Rechtsgrundlage, d.h. die Ermächtigungsnorm, anzugeben. Auch ist der parlamentarische Gesetzgeber der **Wesentlichkeitsrechtsprechung** des BVerfG verpflichtet, in grundlegenden grundrechtsrelevanten Bereichen alle wesentlichen Regelungen selbst zu treffen.[442] Es muss **vorhersehbar** sein, „in welchen Fällen und mit welcher Tendenz von der Ermächtigung Gebrauch gemacht werden und welchen Inhalt die zu erlassende Rechtsverordnung haben kann".[443] Durch diese Vorgaben wird gewährleistet, dass das Parlament seine Aufgabe, zu der es berufen ist, nicht veräußert. Nur noch dann verbleibende Detailfragen können der Exekutive überlassen werden.[444] Vgl. dazu die Ausführungen und das Beispiel bei Rn 206. 170

Eine weitere Abkehr von der strikten Gewaltentrennung besteht in dem Erlass von **Einzelfallgesetzen** durch den parlamentarischen Gesetzgeber. Vgl. dazu Rn 197. Geht es aber um **genuin exekutive Maßnahmen**, darf das Parlament diese nicht an sich ziehen. 171

Beispiel[445]**:** Neben den in Art. 140 GG i.V.m. Art. 137 V S. 2 WRV genannten Voraussetzungen müssen für die Verleihung des Status einer Körperschaft des öffentlichen Rechts an eine Religionsgemeinschaft[446] weitere, ungeschriebene Voraussetzungen erfüllt sein, damit gewährleistet wird, dass die Religionsgemeinschaft die Grundwerte von Demokratie und Rechtsstaat beachtet.[447] Sind diese Voraussetzungen erfüllt, hat die antragstellende Religionsgemeinschaft einen Anspruch auf Verleihung des Status einer Körperschaft des öffentlichen Rechts.[448] Die Prüfung der Voraussetzungen kann nur in einem Verwaltungsverfahren erfolgen. Daraus folgt, dass die Entscheidungskompetenz der Exekutive überlassen sein muss. Das Parlament darf lediglich den allgemeinen

---

[441] Vgl. dazu VG Düsseldorf NVwZ 2002, 1269, 1271; OVG Berlin NVwZ-RR 2002, 720.
[442] Vgl. nur BVerfGE 1, 13, 60; 47, 46, 79; 49, 89, 83, 1360, 142; 126; 58, 257, 268; 88, 103, 116; 108, 282, 311; BVerfG NVwZ 2015, 1279, 1280 f.; BVerwG DVBl 2002, 479, 480; NVwZ 2002, 858; BVerwGE 112, 194, 200; vgl. auch Rn 89/190/239 ff.
[443] Vgl. nur BVerfGE 1, 13, 60; 47, 46, 79; 49, 89, 126; 58, 257, 268; 84, 212, 226; 88, 103, 116; BVerfG NVwZ 2015, 1279, 1280 f.; BVerfG NJW 2016, 3648, 3653; BVerwGE 112, 194, 200.
[444] Vgl. auch die zusammenfassende Darstellung bei BVerfG NVwZ 2015, 1279, 1280
[445] Vgl. BVerfG NVwZ 2015, 1434 ff.
[446] Vgl. dazu *R. Schmidt*, Grundrechte, Rn 394.
[447] BVerfG NVwZ 2015, 1434, 1435 f. Zu den Kriterien vgl. BVerfGE 102, 370, 386.
[448] BVerfG NVwZ 2015, 1434, 1435 f.

Rahmen vorgeben (d.h. den verfassungsrechtlichen Rahmen nachzeichnen und die Verfassungs- und Rechtstreue fordern), nicht aber die jeweilige Einzelentscheidung treffen. Eine Landesverfassung, die dem Gesetzgeber eine entsprechende Befugnis übertrüge, verstieße gegen Art. 20 II S. 2 GG und wäre verfassungswidrig.[449]

b. Exekutive und Judikative

172 Da die Judikative Akte der Legislative und Exekutive überprüft und ggf. verwirft, entstehen naturgemäß Kompetenzkonflikte. Dies gilt zunächst im Bereich der **Verwaltungsgerichtsbarkeit**: Die Verwaltungsgerichte überprüfen die Rechtmäßigkeit exekutiver Akte. Stellen sie fest, dass diese rechtswidrig sind, heben sie diese auf bzw. wenden sie nicht an (vgl. §§ 113 I S. 1, 43 und 47 VwGO). Hier bestehen insoweit keine Kompetenzprobleme. Problematisch ist aber der **vorbeugende Rechtsschutz**, da hier das Gericht über eine Sache befindet, bevor die Verwaltung entschieden hat.

Beispiel: K ist Freier Mitarbeiter eines Nachrichtenmagazins und arbeitet gerade an einem Bericht über Steuerhinterziehungen von Funktionären aus den Bereichen Sport und Wirtschaft. Von einem Informanten bei der Staatsanwaltschaft erfährt er, dass die Staatsanwaltschaft[450] eine Durchsuchung der Privaträume des T vorbereitet. Auch T wird informiert. Um die Durchsuchung zu verhindern, erhebt T Klage vor dem Verwaltungsgericht (VG). Das VG solle die Staatsanwaltschaft verpflichten, die geplante Maßnahme zu unterlassen.

173 Es wird als ein mit dem Gewaltenteilungsprinzip des Art. 20 II GG grundsätzlich unvereinbarer Eingriff in die Eigenverantwortlichkeit der Exekutive betrachtet, wenn das vorbeugend angerufene Gericht vor einer endgültigen Befassung der Exekutive dieser den Erlass einer bestimmten Regelung untersagt.[451] Allerdings ist zu bedenken, dass Art. 19 IV S. 1 GG eine *effektive* gerichtliche Kontrolle der Verwaltung fordert, die das Eintreten irreparabler Folgen des Verwaltungshandelns so weit wie möglich ausschließen soll.[452] Art. 19 IV S. 1 GG kann somit ausnahmsweise dann zur Zulassung vorbeugenden Rechtsschutzes führen, wenn bereits die Ankündigung eines Verwaltungsakts endgültig rechtsbeeinträchtigende Vorwirkungen zeigt oder sein zu erwartender Erlass mit nicht unerheblichen Nachteilen für den Betroffenen verbunden sein wird, die weder durch einen Antrag nach § 80 V VwGO noch durch eine spätere Entscheidung in der Hauptsache beseitigt werden können.[453] Es ist also eine praktische Konkordanz herzustellen zwischen dem grundsätzlichen Verbot des Hineinwirkens in den Aufgabenbereich der anderen Gewalt und dem ebenfalls verfassungsrechtlich verankerten Gebot des effektiven Rechtsschutzes.

Im **Beispiel** von Rn 172 ist ausschlaggebend, ob die Staatsanwaltschaft über genügende Anhaltspunkte verfügt, die eine Durchsuchung der Räume des T rechtfertigen. Das wird nur dann der Fall sein, wenn die Wahrscheinlichkeit dafür besteht, dass T strafbare Handlungen (hier: § 370 AO) begangen hat. Ist das nicht der Fall, wird der Eingriff der Judikative in den Funktionsbereich der Exekutive unter dem Gesichtspunkt des effektiven Rechtsschutzes gerechtfertigt sein.

---

449 BVerfG NVwZ 2015, 1434, 1438 bzgl. Art. 61 S. 2 BremVerf. Das Urteil ist mit 5:3 Stimmen ergangen. Vgl. auch die abw. Meinung der 3 Richter_innen.
450 Trotz ihrer Eingliederung in die Justiz gehört die Staatsanwaltschaft zur Exekutive (vgl. BVerfG NJW 2001, 1121, 1123).
451 *Schmitt Glaeser/Horn*, VerwProzR, Rn 313.
452 BVerfGE 51, 268, 284. Vgl. auch BVerfG NJW 2014, 3711; NJW 2015, 3432; BVerfG NJW 2018, 3374, 3376.
453 Siehe dazu *Dreier*, JA 1987, 415, 421 f.

c. Legislative und Judikative

Gemäß Art. 20 III GG ist nicht nur die Exekutive, sondern auch die Judikative an „Gesetz und Recht" gebunden. Das bedeutet im Grundsatz, dass die Judikative **keine Rechtsfortbildung contra legem** betreiben darf. Der Grundsatz der Gewaltenteilung schließt es aus, dass sich die Gerichte aus der Rolle des Normanwenders in die einer normsetzenden Instanz begeben und der Bindung an Gesetz und Recht entziehen.[454] Allerdings ermöglicht das Nichtbestehen einer strikten Gewaltentrennung in bestimmten Grenzen dennoch das Institut der richterlichen Rechtsfortbildung, wenn dadurch lediglich das abstrakt-generelle Gesetzesrecht fortentwickelt wird, weil es lückenhaft ist bzw. der Ergänzung oder Weiterführung bedarf. So ist auch das BVerfG der Auffassung, dass die Verfassung eine reine Wortinterpretation gesetzlicher Regelungen nicht vorschreibe. Vielmehr dürfe die Rechtsprechung vom Wortlaut einer Norm abweichen, sofern sie sich auf den Willen des Gesetzgebers stütze. Eine Ausnahme gelte lediglich für das Strafrecht (Art. 103 II GG).[455] **174**

Damit ist also die richterliche Rechtsfortbildung nicht von vornherein mit Art. 20 III GG unvereinbar. Die Grenze ist aber dort zu ziehen, wo die Rechtsprechung originäres Recht setzt bzw. das legislative Recht korrigiert. **175**

Beispiel: Der BGH hatte in seiner Herrenreiter-Entscheidung entgegen dem Wortlaut der §§ 253, 847 I BGB a.F. einen Schmerzensgeldanspruch bei schwerwiegenden Persönlichkeitsverletzungen entwickelt.[456] Das BVerfG hat dies in seiner Soraya-Entscheidung bestätigt. Es sah hierin eine zulässige, durch Art. 2 I i.V.m. Art. 1 I GG sogar gebotene „Ergänzung und Weiterführung des geschriebenen Gesetzes"[457]. In Wahrheit handelt es sich aber nicht um eine Ergänzung und Weiterführung des geschriebenen Rechts, sondern um an sich unzulässiges gesetzeskorrigierendes Richterrecht (dazu sogleich sowie Rn 219 ff.). Immerhin ist seit dem 1.8.2002 der Schmerzensgeldanspruch generalisiert in § 253 II BGB gesetzlich verankert, wenngleich das allgemeine Persönlichkeitsrecht vom Gesetzgeber dort nicht aufgenommen wurde. Die Rechtsprechung stützt es unmittelbar auf § 823 I BGB i.V.m. Art. 2 I i.V.m. 1 I GG.

Die Grenze richterlicher Rechtsfortbildung besteht also in dem Vorhandensein einer klaren gesetzlichen Regelung (da hier der Wille des Gesetzgebers klar zum Ausdruck kommt). Eine richterliche Rechtsfortbildung entgegen einer klaren gesetzlichen Regelung bzw. eine Interpretation eines Gesetzesbegriffs, die sich über den klar erkennbaren Willen des Gesetzgebers hinwegsetzt, greift unzulässig in die Kompetenzen des demokratisch legitimierten Gesetzgebers ein und ist unzulässig.[458] **176**

Beispiel: Der BGH wendete trotz des eindeutigen Wortlauts des § 1578 BGB den sog. Dreiteilungsgrundsatz an, wenn es darum geht, das Einkommen des Unterhaltsverpflichteten zwischen ihm, der geschiedenen und der neuen Ehefrau aufzuteilen. Dieser Methode hat das BVerfG eine Absage erteilt. § 1578 BGB beziehe sich ausschließlich auf die ehelichen Lebensverhältnisse. Eine starre Dreiteilung, wie sie der BGH vorgenommen habe, überdehne den möglichen Wortsinn der Norm.[459]

Eine andere Frage ist es, inwieweit eine gesetzliche Regelung, die mit höherrangigem Recht kollidiert (Beispiel: eine in Umsetzung einer EU-Richtlinie erlassene gesetzliche Vorschrift ist mit Wortlaut und Regelungszweck der Richtlinie unvereinbar), mittels

---

[454] So in erfreulicher Weise BVerfG NJW 2012, 669, 670 f.
[455] BVerfG NJW 2012, 669, 670 f.
[456] BGHZ 26, 349, 351 ff. (Herrenreiter) – dazu *R. Schmidt*, SchuldR BT II, 13. Aufl. 2019, Rn 1120 ff.
[457] BVerfGE 34, 269, 282 ff.
[458] BVerfG NJW 2018, 2619, 2621 mit Verweis auf BVerfGE 118, 212, 243; 128, 193, 210; 132, 99, 127 f.; 134, 204, 238.
[459] BVerfG NJW 2011, 836, 837 ff.

richterlicher Rechtsfortbildung korrigiert werden kann. Vgl. dazu Rn 224 a.E. Zum **Richterrecht** vgl. insgesamt Rn 219 ff.

177 Was die Kontrolle legislativer Akte durch die **Verfassungsgerichtsbarkeit** betrifft, ist es unter dem Aspekt der Gewaltenteilung jedenfalls unproblematisch, wenn das Verfassungsgericht gesetzliche Regelungen am Maßstab der Verfassung prüft und – sollte keine verfassungskonforme Auslegung möglich sein – für mit der Verfassung unvereinbar und ggf. auch für nichtig erklärt. Die grundgesetzlichen Regelungen hinsichtlich der Verfassungsgerichtsbarkeit (siehe insbesondere Art. 93, 100 I GG) sind hierauf ausgelegt. Unter dem Gesichtspunkt der Gewaltenteilung ist es aber problematisch, wenn die Verfassungsgerichtsbarkeit dem Gesetzgeber bestimmte Vorgaben macht bzw. selbst Übergangsregelungen erlässt.

> **Beispiele:** So hat das BVerfG in seiner Entscheidung zur Familienbesteuerung betragsmäßig bezifferte Vorgaben für den Gesetzgeber entwickelt.[460] Und in seiner Entscheidung zum Asylbewerberleistungsgesetz hat es die bis dahin gesetzlich gewährten Geldleistungsbeträge für evident unzureichend erklärt und daraufhin eine Übergangsregelung geschaffen.[461]

Derartige Vorgaben an den Gesetzgeber müssen in einem System mit Gewaltenteilung die Ausnahme bleiben. Auch das BVerfG anerkennt die richterliche Selbstbeschränkung („judicial self-restraint")[462], indem es das Spannungsverhältnis betont zwischen seiner Aufgabe der Kontrolle des Gesetzgebers und der Rechtsetzungsbefugnis des Gesetzgebers, die einen politischen, nicht näher überprüfbaren Gestaltungsspielraum in sich birgt.[463] Folgerichtig nimmt es sich im Grundsatz zurück und beschränkt sich auf eine Unvereinbarkeits- bzw. Nichtigkeitserklärung. Allerdings ist die bundesverfassungsgerichtliche Praxis nicht stets von der richterlichen Selbstbeschränkung geprägt. Dort, wo es offenbar selbst gestalten möchte, macht es dem Gesetzgeber konkrete Vorgaben oder erlässt sogar Übergangsregelungen. Bedenken, die wegen des „Übergriffs" in die Rechtsetzungsbefugnis des Gesetzgebers daher aufkommen könnten, begegnet es mit dem Argument, dass die fortdauernde Anwendung verfassungswidriger Normen angesichts der grundrechtlichen Relevanz (im obigen Beispiel zum Asylbewerberleistungsgesetz stellte es auf die existenzsichernde Bedeutung der Grundleistungen ab) nicht hinnehmbar sei. Weiterhin stützt das BVerfG sein Vorgehen auf das Argument, dass ein unabwendbares Bedürfnis nach einer einheitlichen, abstrakt-generellen Regelung bestehe.[464] Schließlich betont das BVerfG, dass die Schaffung einer Übergangsregelung die Entscheidung des Gesetzgebers nicht ersetze.[465] Damit möchte das BVerfG offenbar zum Ausdruck bringen, dass es darin keinen verfassungswidrigen Übergriff in die Gesetzgebungskompetenz des Gesetzgebers sieht. Aufgrund der Vorläufigkeit, die eine Übergangsregelung impliziert, mag das vordergründig nachvollziehbar erscheinen, aber man möge sich den Fall vorstellen, dass der Gesetzgeber trotz Aufforderung untätig bliebe. Dann wäre die bundesverfassungsgerichtliche Regelung wohl nicht lediglich vorläufig. In jedem Fall mutet

---

[460] Vgl. BVerfG NJW 1999, 557 ff. und 561 ff.
[461] BVerfGE 132, 134, 174 f.
[462] BVerfGE 36, 1, 14 f.
[463] Siehe dazu BVerfGE 46, 160, 164 (Arbeitgeberpräsident Schleyer); 49, 89, 126 ff. (Kalkar); 53, 30, 57 (Mülheim Kärlich); 56, 54, 78 (Fluglärm); 77, 170, 214 f. (C-Waffen); 77, 381, 402 f. (Gorleben); 79, 174 ff., 201 ff. (Verkehrslärm); 85, 191, 213 (Nachtarbeitsverbot für Arbeiterinnen); 87, 363, 386 (Nachtbackverbot); 88, 203, 251 (Schwangerschaftsabbruch II); 96, 56, 64 (Auskunftsrecht des nichtehelichen Kindes auf Benennung des Vaters); 115, 118, 152 (Luftsicherheitsgesetz); BVerfG NJW 1998, 3264, 3265 (Waldsterben); NVwZ 2010, 702, 703 (Teilchenbeschleuniger); BVerfG NVwZ 2013, 502 (WaffG). Vgl. auch *Voßkuhle*, NVwZ 2013, 1, 6.
[464] BVerfGE 132, 134, 174 f.
[465] BVerfGE 132, 134, 174 f.

es befremdlich an, wenn das Organ, das eine Regelung erlässt, selbst feststellt, dass die Regelung verfassungsgemäß sei.

Letztlich wurzeln die Aufforderung an den Gesetzgeber und die Schaffung einer eigenen vorläufigen Regelung in den Grundrechten i.V.m. der Rechtsschutzgarantie aus Art. 19 IV S. 1 GG. Dies rechtfertigt den Übergriff in die Gesetzgebungskompetenz der Legislative, zumal das Grundgesetz ohnehin keine strikte Gewaltenteilung verlangt, sondern eine Gewaltenverschränkung zugrunde legt (siehe Rn 168). Solange sich das BVerfG also auf die Kontrolle legislativer Akte beschränkt, den Erlass eigener Regelungen auf das verfassungsrechtlich zwingend Notwendige beschränkt und zudem nicht in den Kernbereich der Legislative eingreift, sind entsprechende verfassungsgerichtliche Regelungen verfassungsrechtlich nicht zu beanstanden.

Fazit: Besteht also eine verfassungsrechtliche Pflicht des Gesetzgebers, eine bestimmte Regelung zu erlassen, etwa, weil Grundrechte dies fordern, ist es nicht nur mit dem Gewaltenteilungsprinzip vereinbar, wenn das BVerfG den Gesetzgeber entsprechend verpflichtet, die erforderliche Regelung zu erlassen, sondern auch, wenn es Übergangsregelungen trifft.

Vor diesem Hintergrund stellt sich bspw. die Frage, ob das BVerfG den Gesetzgeber verpflichten könnte, über die Regelungen der §§ 1598a und 1600d BGB hinaus ein isoliertes Vaterschaftsfeststellungsverfahren zu gewähren.[466]

Zum Hintergrund: Das BGB kennt Vaterschaftsfeststellungsverfahren nur nach Maßgabe der §§ 1598a und 1600d BGB. Ist danach eine Vaterschaftsfeststellung nicht mehr möglich (etwa, weil bereits ein rechtskräftiges Vaterschaftsfeststellungsverfahren durchgeführt wurde und eine Wiederaufnahme des Verfahrens nicht möglich ist[467]), stellt sich die Frage, ob das in Art. 2 I i.V.m. 1 I GG wurzelnde Recht auf Kenntnis der eigenen Abstammung[468] die Schaffung eines isolierten Vaterschaftsfeststellungsverfahrens verlangt. Konkret geht es um die Frage, ob das verfassungsrechtlich verbürgte Recht auf Kenntnis der eigenen Abstammung den Gesetzgeber verpflichtet, einen allgemeinen, über die Vorschriften der §§ 1598a und 1600d BGB hinausgehenden gesetzlichen Vaterschaftsfeststellungsanspruch zu gewähren.[469] Die damit aufgeworfene Frage geht weit über den (familienrechtlichen) Einzelfall hinaus und hat eine verfassungsrechtliche Dimension. Denn der als einziges Verfassungsorgan unmittelbar durch Wahlen demokratisch legitimierte parlamentarische Gesetzgeber hat einen weiten Einschätzungs-, Wertungs- und Gestaltungsspielraum auch bei der Frage, wie er konfligierende private Ansprüche in einen gerechten Ausgleich bringt, was – mit Blick auf das Gewaltenteilungsprinzip – verfassungsgerichtlich nur in begrenztem Maße überprüfbar ist (s.o.). Verfassungsprozessual bedeutete es einen Eingriff in das Gewaltenteilungsprinzip, wenn das BVerfG den Gesetzgeber verpflichtete, konkrete private Ansprüche gesetzlich zu regeln. Allerdings kommt eine Verpflichtung des Gesetzgebers zum Handeln in Betracht, wenn eine grundrechtliche Schutzpflicht besteht, der der Gesetzgeber bislang nur völlig unzureichend Rechnung getragen hat, wenn er also bislang keine Maßnahmen oder nur solche Maßnahmen getroffen hat, die gänzlich ungeeignet oder völlig unzulänglich sind, das gebotene Schutzziel zu erreichen, oder erheblich dahinter zurückbleiben. Eine solche Pflicht wäre dann auch vom BVerfG verbindlich einzufordern.[470]

---

466 Siehe dazu BVerfG NJW 2016, 1939, 1940 f. (isolierte Klärung der Abstammung).

467 Eine Wiederaufnahme bedeutet eine Durchbrechung der Rechtskraft und kann daher nur unter strengen Voraussetzungen zulässig sein. Für das Zivilprozessrecht regeln §§ 579, 580 ZPO diese Frage. Zulässige Wiederaufnahmegründe sind danach u.a. die Befangenheit eines Richters, Falschaussagen und gefälschte (Beweis-)Urkunden. Nachträglich ermittelte Tatsachen ermöglichen keine Wiederaufnahme.

468 Siehe dazu *R. Schmidt*, Grundrechte, Rn 269.

469 Siehe auch die Analyse von *Heiderhoff*, NJW 2016, 1918 ff.

470 *R. Schmidt*, Grundrechte, Rn 302 mit Verweis auf BVerfGE 56, 54, 81 (Fluglärm); 77, 381, 405 (Gorleben); 79, 174, 202 (Verkehrslärm); 92, 26, 46 (Zweitregister); BVerfG NVwZ 2010, 702, 703 (Teilchenbeschleuniger); BVerfG NVwZ 2013, 502 (WaffG).

Da nach Auffassung des BVerfG das verfassungsrechtlich verbürgte Recht auf Kenntnis der eigenen Abstammung den Gesetzgeber nicht zwingt, eine isolierte, d.h. allgemeine Abstammungsklärung zu ermöglichen, die sich nicht nur gegen den rechtlichen Vater richten würde, sondern gegen jeden Mann, der als biologischer Vater in Betracht kommt, stellte sich in diesem Fall nicht die Frage nach entsprechenden Maßnahmen des BVerfG.

III. Der Aufbau der Rechtsordnung

178 Rechtsstaatlichkeit bedeutet staatliches Handeln im Rahmen der (höherrangigen) Rechtsordnung. In der Bundesrepublik Deutschland gibt das Grundgesetz den generellen Ordnungsrahmen vor. Zentrales unterverfassungsrechtliches Ordnungsinstrument ist das (formelle) **Gesetz** (Rn 181 ff.). Von ihm abgeleitet sind die untergesetzlichen Regelwerke **Rechtsverordnung** und **Satzung** (Rn 206 ff./213 ff.). Hinzu treten (für allgemeinverbindlich erklärte) Tarifverträge (Rn 230) und das (ungeschriebene) **Gewohnheitsrecht** (Rn 218), auf internationaler bzw. supranationaler Ebene das **Völkerrecht**[471] und das **Recht der Europäischen Union** (Rn 327 ff.) Ob Richterrecht und Verwaltungsvorschriften als Rechtsquellen anzusehen sind, ist unklar (siehe Rn 219 ff./225 ff.).

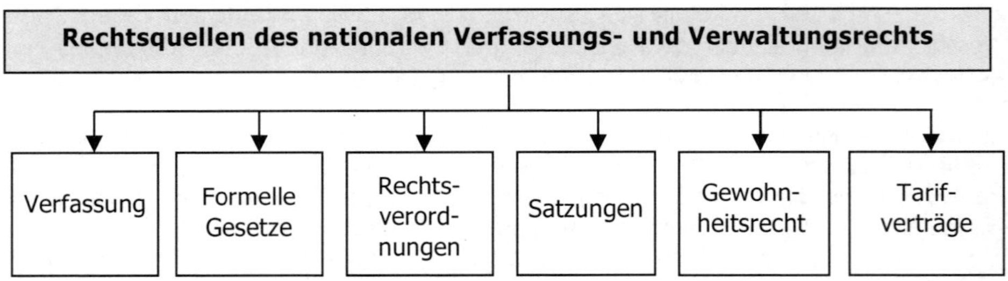

179 Zwischen diesen Rechtsquellen besteht eine Rangordnung: Verfassung ⇨ einfaches Gesetz ⇨ untergesetzliches Regelwerk. Dabei ist zu beachten, dass in einem Bundesstaat die genannte Rangordnung nur innerhalb der Rechtsordnung des jeweiligen Verbandes gilt. Kollidiert das Bundesrecht mit dem Landesrecht, ist der Geltungsvorrang des Bundesrechts zu beachten (Art. 31 GG). So setzt sich sämtliches Bundesrecht – auch Verordnungsrecht des Bundes – im Kollisionsfall gegenüber dem Landesrecht einschließlich des Landesverfassungsrechts durch. Vgl. dazu Rn 70/231 f. Zum EU-Recht vgl. Rn 327 ff.

1. Verfassung

180 Wie ausgeführt, gibt die Verfassung den allgemeinen Ordnungsrahmen vor, an dem sich sämtliches unterverfassungsrechtliches Recht auszurichten hat. Das betrifft nicht nur die Rechtsetzung, sondern auch die Gesetzesauslegung und -anwendung. Art. 1 III, 20 III GG stellen das klar (vgl. dazu näher Rn 235 ff.). Weiteres zentrales Merkmal einer Verfassung ist die erschwerte Änderbarkeit. So bedarf gem. Art. 79 II GG ein das Grundgesetz änderndes Gesetz der Zustimmung von zwei Dritteln der Mitglieder des Bundestags und zwei Dritteln der Stimmen des Bundesrats.

[471] Zum Völkerrecht (insb. zur EMRK) vgl. *R. Schmidt*, Grundrechte, Rn 4 ff.

2. Formelles Gesetz (Parlamentsgesetz)

Das formelle Gesetz ist nicht nur Ausdruck des Rechtsstaatsprinzips, sondern auch 181
des Demokratieprinzips, weil ausschließlich der unmittelbar demokratisch legitimierte Gesetzgeber, das Parlament, zu dessen Erlass berufen ist.[472] Das macht den Charakter der Gesetze als zentrale Steuerungs- bzw. Ordnungsinstrumente des demokratischen Rechtsstaates aus. Rechtmäßig ist das formelle Gesetz, wenn es von einem verfassungsrechtlich vorgesehenen demokratisch legitimierten Gesetzgebungsorgan in einem verfassungsrechtlich vorgesehenen Gesetzgebungsverfahren unter Wahrung auch des materiellen Verfassungsrechts (insb. des Verhältnismäßigkeitsgrundsatzes) erlassen wurde. So werden Bundesgesetze unter Mitwirkung des Bundesrats vom Bundestag verabschiedet (vgl. Art. 76 ff. GG). Landesgesetze werden (ggf. unter Mitwirkung weiterer Gesetzgebungsorgane) von den Landtagen beschlossen. Nach Ausfertigung werden die Gesetze in den Gesetzblättern verkündet.

Allen Gesetzen ist gleich, dass sie allgemeinverbindliche Anordnungen treffen, die eine unbestimmte Vielzahl von Fällen regeln. Beschränkt sich das formelle Gesetz auf den Innenbereich des Hoheitsträgers, spricht man von einem **nur-formellen** Gesetz. Enthält das formelle Gesetz dagegen Regelungen im Außenverhältnis, d.h. gegenüber den Bürgern, die eine bestimmte Handlungs- oder Unterlassungspflicht mit sich bringen, spricht man von einem **formell-materiellen** Gesetz. Die nur-formellen und die formell-materiellen Gesetze sind von den **nur-materiellen** Gesetzen zu unterscheiden. Diese sind dadurch gekennzeichnet, dass sie nicht von einem Parlament, sondern von der Exekutive erlassen wurden. Sie unterscheiden sich von dem formell-materiellen Gesetz v.a. also in Bezug auf den Normgeber. Zu den nur-materiellen Gesetzen zählen die Rechtsverordnungen und die Satzungen.

> **Beispiele:** Zustimmungsgesetze zu völkerrechtlichen Verträgen (vgl. Art. 59 II GG) sind ebenso *nur-formelle* Gesetze wie die Feststellung des Haushaltsplans (vgl. Art. 110 II S. 1 GG). *Formell-materielle* Gesetze sind bspw. das Versammlungsgesetz, das Vereinsgesetz oder das Strafgesetzbuch. *Nur-materielle* Gesetze sind bspw. die Straßenverkehrsordnung (= Rechtsverordnung) oder ein Bebauungsplan (= Satzung).

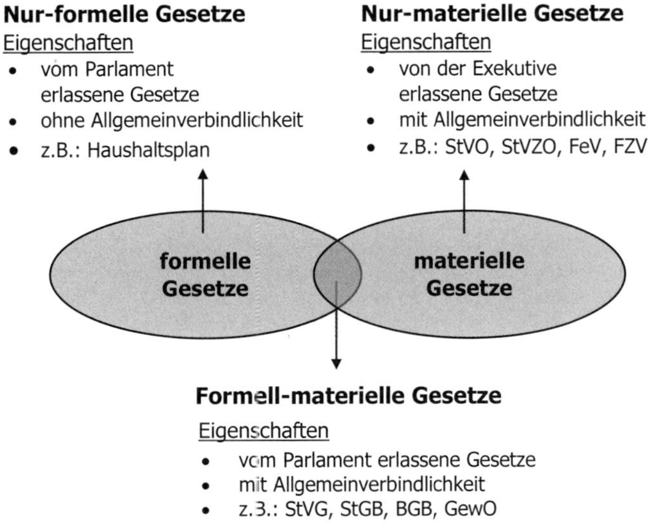

[472] Insoweit klarstellend BVerfG NVwZ 2015, 1434, 1439.

Hinweis für die Fallbearbeitung: Wegen des Charakters als zentrales Ordnungsinstrument des einzigen demokratisch unmittelbar legitimierten Verfassungsorgans ist das formelle Gesetz nicht selten Gegenstand einer Fallbearbeitung. Insbesondere bei einem neueren oder fiktiven Gesetz liegt die Möglichkeit nahe, dass mindestens *ein* Verstoß gegen die Verfassung vorliegt. Auf jeden Fall ist eine vertiefte Auseinandersetzung mit ihm erforderlich. Im Folgenden soll daher die Prüfung eines formellen Gesetzes am Maßstab der Verfassung dargestellt werden. Zu beachten ist dabei, dass der hier favorisierte Aufbau lediglich einen Vorschlag darstellen kann. Es ist m.E. gleichermaßen vertretbar, ob man in der Fallbearbeitung bspw. die Einhaltung des Bestimmtheitsgrundsatzes vor oder nach dem Grundsatz der Verhältnismäßigkeit prüft. Jedenfalls gilt, dass grds. alle Rechtmäßigkeitsvoraussetzungen geprüft werden müssen, auch wenn die Verfassungsmäßigkeit des Gesetzes bereits wegen eines anderen Verfassungsverstoßes verneint worden ist. Die einzige Ausnahme besteht innerhalb der Prüfung der Verhältnismäßigkeit, weil dort das jeweilige nachfolgende Element konstitutiv auf das vorherige aufbaut.

Prüfung eines formell-materiellen Gesetzes am Maßstab des Grundgesetzes

I. Formelle Rechtmäßigkeit

1. Zuständigkeit des Gesetzgebers

Die Gesetzgebungszuständigkeit ergibt sich aus Art. 30, 70 ff., 105 ff. GG (Rn 791 ff.).

2. Ordnungsgemäßes Gesetzgebungsverfahren

Das Gesetzgebungsverfahren richtet sich bei Bundesgesetzen nach den Art. 76 ff. GG (vgl. Rn 852 ff.).

3. Zitiergebot, Art. 19 I S. 2 GG

Das Zitiergebot soll den Gesetzgeber darauf aufmerksam machen, dass er die Möglichkeit der Grundrechtsbeeinträchtigung geschaffen hat (Warn- und Besinnungsfunktion). Darüber hinaus hat es eine Klarstellungsfunktion, die den Gesetzesanwender wissen lassen soll, in welche Grundrechte das Gesetz einzugreifen ermächtigt. Das Zitiergebot gilt allerdings nur für Gesetze, die aufgrund eines grundrechtlichen Gesetzesvorbehalts ergehen sollen. Bei Grundrechten mit Ausgestaltungsvorbehalten (z.B. Art. 6 I, 14 I GG) und Regelungsvorbehalten (z.B. Art. 12 I GG) bei Art. 2 I GG sowie für vorkonstitutionelle Gesetze gilt es nicht (vgl. Rn 186).

II. Materielle Rechtmäßigkeit

1. Besondere (grundrechtsspezifische) Anforderungen

Insbesondere sind die Anforderungen bei sog. *qualifizierten* Gesetzesvorbehalten zu beachten. (Beispiele: Art. 2 II S. 3 i.V.m. 104 II GG ⇒ Richtervorbehalt; Art. 10 II S. 2; 11 II GG ⇒ Schutz der freiheitlichen demokratischen Grundordnung; Art. 14 III GG ⇒ Wohl der Allgemeinheit; Art. 5 II GG ⇒ allgemeine Gesetze; Art. 16a III S. 1 GG ⇒ Bestimmung von sicheren Herkunfts- bzw. Drittstaaten). Beispiele für den *einfachen* Gesetzesvorbehalt sind: Art. 2 I GG ⇒ verfassungsmäßige Ordnung; Art. 8 II GG ⇒ nur für Versammlungen unter freiem Himmel. Enthält das betroffene Grundrecht einen qualifizierten Gesetzesvorbehalt, muss das einschränkende Gesetz an bestimmte Situationen anknüpfen, bestimmten Zwecken dienen oder bestimmte Mittel benutzen. Beispiel: So genügt § 45 I BundesPolG nach seinem Wortlaut den qualifizierten Anforderungen des Art. 13 VII Halbs. 2 GG.

2. Allgemeine Rechtmäßigkeitsanforderungen

a. Verbot des Einzelfallgesetzes, Art. 19 I S. 1 GG

Mit der Regelung soll dem Gewaltenteilungsprinzip Rechnung getragen werden: Dem Gesetzgeber soll untersagt werden, mit konkret und individuell bezogenen Rechtsakten in den Funktionsbereich der Verwaltung einzugreifen. Nach Auffassung des BVerfG ist ein Einzelfallgesetz allerdings nicht von vornherein unzulässig. Nicht formal grundrechtseinschränkende Gesetze (= Gesetze unter Ausgestaltungs- bzw. Regelungsvorbehalt wie Art. 6 I, 7 IV, 12 I, 14 I bzw. Art. 4 III S. 2, 12a II S. 2, 38 GG) sowie Gesetze, die lediglich grundrechtsimmanente Schranken aufweisen, sind daher *nicht* am Maßstab des Art. 19 I S. 1 GG zu messen. Ebenso stehen Maßnahmegesetze, d.h. Regelungen, die an konkrete, situationsgebundene Sachverhalte anknüpfen, z.B. ein Wahlgesetz für eine bestimmte Bundestagswahl, in keinem Zusammenhang mit dem Einzelfallverbot (Rn 197).

b. Verhältnismäßigkeit
Kern der Prüfung ist (stets) die **Verhältnismäßigkeit**. Die fragliche gesetzliche Bestimmung muss einen legitimen Zweck verfolgen, *allgemein* geeignet, erforderlich und angemessen sein (Rn 202/271 ff.).

c. Beachtung der **Wesensgehaltsgarantie, Art. 19 II GG** (Rn 204), des **Parlamentsvorbehalts**, und des **Bestimmtheitsgrundsatzes/Grundsatzes der Normenklarheit** (Rn 191 ff.)

a. Formelle Rechtmäßigkeit des Gesetzes

Da in einem Rechtsstaat auch lediglich formell rechtswidrige Staatsakte objektiv rechtswidrig sind und daher keine wirksame Grundlage für eine den Bürger belastende Maßnahme sein können[473], ist zunächst auf die formelle Rechtmäßigkeit einzugehen. Formell rechtmäßig ist ein Gesetz, wenn es unter Beachtung von Zuständigkeitsregelungen, Gesetzgebungsverfahrens- und Formvorschriften erlassen wurde. 182

aa. Gesetzgebungskompetenz (Zuständigkeit des Gesetzgebers)

Die Gesetzgebungskompetenz richtet sich nach den Art. 30 und 70 I GG. Danach sind grundsätzlich die Länder zuständig. Der Bund hat umgekehrt nur dann eine Gesetzgebungskompetenz, wenn dies im Grundgesetz durch einen bestimmten Kompetenztitel ausgewiesen wird (sog. enumerative Ermächtigung). Solche Kompetenztitel sind in Art. 73 I GG (ausschließliche Gesetzgebungskompetenz) und in Art. 74 I GG (konkurrierende Gesetzgebungskompetenz) enthalten. Dagegen sind Art. 75 GG (Rahmengesetzgebung) und Art. 74a GG (Besoldungswesen) im Zuge der Föderalismusreform 2006 aufgehoben worden. Vgl. dazu Rn 21a ff. sowie ausführlich Rn 788 ff. Zu beachten ist aber, dass in den Fällen des Art. 74 I Nr. 4, 7, 11, 13, 15, 19a, 20, 22, 25 und 26 GG stets die Erforderlichkeit einer bundesgesetzlichen Regelung zur Herstellung gleichwertiger Lebensverhältnisse im Bundesgebiet oder zur Wahrung der Rechts- oder Wirtschaftseinheit im gesamtstaatlichen Interesse (Art. 72 II GG) vorliegen muss. Zur Gesetzgebungskompetenz des Bundes vgl. ausführlich Rn 791 ff., deren Inhalt in der Fallbearbeitung im Rahmen der Prüfung der formellen Rechtmäßigkeit des Gesetzes herangezogen werden muss. 183

Hinweis für die Fallbearbeitung: In der Fallbearbeitung sind nicht nur die bereits genannten neueren oder fiktiven Gesetze auf die Einhaltung von Kompetenzvorschriften zu untersuchen, sondern auch Gesetze, in denen neue Bestimmungen eingefügt worden sind, die dem Gesetz einen teilweise neuen Regelungsgehalt verleihen. Nach entsprechender Lektüre der einschlägigen Vorschriften wird die Prüfung aber im Regelfall keine Schwierigkeiten bereiten. 184

bb. Verfahrens- und Formvorschriften

Das Gesetzgebungsverfahren beim Erlass von Bundesgesetzen ist in den Art. 76 ff. GG geregelt. Auch hier genügt in der Regel die genaue Gesetzeslektüre. Wichtig ist vor allem die richtige Behandlung von Einspruchs- und Zustimmungsgesetzen. Vgl. dazu ausführlich Rn 873, 882 ff., 887 ff. und 901 ff. 185

---

473 BVerfGE 6, 32, 36 ff. (Elfes).

cc. Zitiergebot, Art. 19 I S. 2 GG

186 Ein formelles Erfordernis stellt auch das Zitiergebot dar. Im Grundsatz gilt, dass das Gesetz[474], das ein Grundrecht einschränkt oder dazu ermächtigt, ausdrücklich darauf hinweisen muss, dass das betreffende Grundrecht eingeschränkt wird. Das eingeschränkte Grundrecht muss sozusagen „zitiert" werden. Diese grundsätzliche Verpflichtung soll den (Bundes- bzw. Landes-)Gesetzgeber darauf aufmerksam machen, dass er die Möglichkeit der Grundrechtsbeeinträchtigung geschaffen hat (**Warn- und Besinnungsfunktion**).[475] Darüber hinaus hat das Zitiergebot eine **Klarstellungsfunktion**. Der Gesetzesanwender (also die Verwaltung) soll wissen, in welche Grundrechte das Gesetz einzugreifen ermächtigt.[476] Einschränkend ist jedoch zu beachten, dass nach der Rspr. des BVerfG mit Blick auf den Wortlaut des Art. 19 I S. 2 GG die Zitierpflicht nur für Grundrechte gilt, die nach ihrem Wortlaut „aufgrund ausdrücklicher Ermächtigung vom Gesetzgeber eingeschränkt werden dürfen"[477]. Damit sind die **Grundrechte mit Gesetzesvorbehalt** gemeint. Dazu gehören insbesondere die Grundrechte auf Leben und körperliche Unversehrtheit (Art. 2 II S. 1 GG), auf Freiheit der Person (Art. 2 II S. 2 GG) und auf Versammlungsfreiheit (Art. 8 I GG), das Brief-, Post- und Fernmeldegeheimnis (Art. 10 I GG) sowie die Grundrechte auf Freizügigkeit (Art. 11 I GG) und auf Unverletzlichkeit der Wohnung (Art. 13 I GG). Im Übrigen gilt die Zitierpflicht **nicht**.

187 **Beispiele:**

- Das Zitiergebot gilt nicht bei **vorkonstitutionellen Gesetzen**, also bei Gesetzen, die bereits vor Inkrafttreten des Grundgesetzes in Kraft getreten waren.[478]
- Das Zitiergebot gilt nicht bei der Einschränkung von **Grundrechten ohne Gesetzesvorbehalt** (also bei Grundrechtseinschränkungen, die ihre Rechtfertigung in kollidierendem Verfassungsrecht finden). Daher ist z.B. ein polizeilicher Platzverweis, durch den der Betroffene an der Ausübung seines Grundrechts auf freie Religionsausübung gehindert wird, nicht deshalb rechtswidrig, weil Art. 4 I GG im Polizeigesetz nicht genannt ist.
- Das Zitiergebot gilt nicht für das Grundrecht der **allgemeinen Handlungsfreiheit** (Art. 2 I GG).[479] Denn wegen der Weite des Schutzbereichs wäre eine Zitierung des Grundrechts bloßer Formalismus.[480] Wegen der dogmatischen Verortung des **allgemeinen Persönlichkeitsrechts** in Art. 2 I GG (der ja lediglich durch Aspekte der Menschenwürde „angereichert" ist) gilt das Zitiergebot auch dafür nicht. So schadet es nicht, dass Art. 2 I i.V.m. 1 I GG nicht in den Polizeigesetzen zitiert ist, auch wenn sie Befugnisse zur Datenerhebung und -verarbeitung enthalten.
- Das Zitiergebot gilt nicht bei **mittelbaren Grundrechtseingriffen**[481], da derartige Grundrechtseingriffe für den Gesetzgeber oft nicht voraussehbar sind. So verstößt es z.B. nicht gegen das Zitiergebot, wenn ein Bürgermeister aufgrund der polizeilichen Befugnisgeneralklausel öffentlich vor diethylenglykolhaltigem Wein warnt und dadurch mittelbar die Winzer und Weinhändler in ihrem Grundrecht aus Art. 12 I GG beeinträchtigt.

---

[474] Mit „Gesetz" in diesem Sinne ist jedes förmliche Bundes- oder Landesgesetz gemeint, das das Grundrecht einschränkt oder zur Grundrechtseinschränkung befugt.
[475] BVerfGE 129, 208, 236 (TKÜ) mit Verweis u.a. auf BVerfGE 64, 72, 79 f.; 113, 348, 366; 120, 274, 343.
[476] BVerfGE 64, 72, 79 (Prüfingenieur); 85, 386, 403 f. (Fangschaltungen).
[477] BVerfGE 83, 130, 154 (Josefine Mutzenbacher); ähnlich BVerfGE 64, 72, 79 (Prüfingenieur); BVerfGE 113, 348, 366 (Vorbeugende TKÜ).
[478] BVerfGE 2, 121, 121; 5, 13, 16; 15, 288, 293; 28, 36, 46. Zur Frage, welche Gesetze als vorkonstitutionell gelten, vgl. Rn 669.
[479] Siehe nur BVerfGE 28, 36, 46 (Zitiergebot).
[480] Vgl. nur BVerfGE 10, 89, 99 (Erftverband).
[481] BVerfGE 28, 36, 46; BVerfG NJW 1999, 3399, 3400.

- Das Zitiergebot gilt nicht für die **„allgemeinen Gesetze"** im Sinne von Art. 5 II GG, da diese sich nicht zielgerichtet gegen die Grundrechte aus Art. 5 I GG richten, sondern nur dem Schutz eines schlechthin, ohne Rücksicht auf eine bestimmte Meinung zu schützenden Rechtsgutes dienen dürfen. Daher verstößt es nicht gegen das Zitiergebot, wenn z.B. ein Polizeibeamter in Anwendung des Polizeigesetzes trotz Nichtnennung des Art. 5 I GG im Polizeigesetz nach einer rechtmäßig aufgelösten Versammlung den Betroffenen auf der Grundlage der polizeilichen Befugnisgeneralklausel verbietet, weiterhin Plakate diffamierenden Inhalts hochzuhalten. Zu beachten ist aber, dass (sonstige) Eingriffe in die Pressefreiheit auf der Grundlage des Polizeigesetzes im Hinblick auf die abschließende sondergesetzliche Regelung des Landespressegesetzes zu unterbleiben haben. So kann die Verteilung politischen Informationsmaterials auf öffentlichen Straßen (z.B. in der Fußgängerzone) im Hinblick auf die Bedeutung der Meinungs- und Pressefreiheit erlaubnisfreier Gemeingebrauch nach dem Landesstraßengesetz sein. Das gilt selbst dann, wenn *auch* ein gewerblicher Zweck verfolgt wird. Die Vorschriften des Landesstraßengesetzes hinsichtlich des zulassungspflichtigen Sondergebrauchs sind insoweit grundrechtskonform auszulegen. Eine erlaubnispflichtige Sondernutzung liegt daher nur bei *überwiegendem* gewerblichem Zweck vor.

- Das Zitiergebot gilt nicht bei **Grundrechten mit Regelungsvorbehalten**, wie das z.B. beim Grundrecht der Berufsfreiheit gem. Art. 12 I S. 2 der Fall ist.[482] Denn hier wird von „Regelung" gesprochen, während Art. 19 I S. 2 GG eine „Einschränkung" verlangt. Ein vorläufiges Verkaufsverbot von möglicherweise salmonellenverseuchtem Speiseeis ist daher nicht schon deshalb rechtswidrig, weil Art. 12 I S. 1 GG nicht in den Polizeigesetzen zitiert wird. Dasselbe gilt hinsichtlich einer polizeilichen Wohnungsverweisung, wenn der von der Wohnungsverweisung Betroffene seine berufliche Tätigkeit von der Wohnung aus ausübt.

- Das Zitiergebot gilt darüber hinaus nicht bei **Grundrechten mit Ausgestaltungsvorbehalten**, also z.B. nicht für Inhalts- und Schrankenbestimmungen nach Art. 14 I S. 2 GG, da Inhalt und Schranken des Eigentums erst durch den Gesetzgeber bestimmt werden müssen (sog. normgeprägter Schutzbereich).[483] Daher brauchte Art. 14 GG nicht in den Polizeigesetzen zitiert zu werden, auch wenn z.B. mit einer Sicherstellung ein Eingriff in Art. 14 I S. 1 GG verbunden ist.

- Das Zitiergebot gilt auch nicht für **Enteignungen**, da mit der Junktimklausel nach Art. 14 III S. 2 GG bereits derselbe Zweck wie mit dem Zitiergebot erfüllt wird.[484]

Hinweis für die Fallbearbeitung: Ist im Gesetz, das eine mögliche Rechtsgrundlage für den Grundrechtseingriff enthält, das beeinträchtigte Grundrecht nicht zitiert und liegt auch keine Ausnahme vom Zitiergebot vor, sind das Gesetz bzw. die Rechtsgrundlage nicht (zwingend) verfassungswidrig. Die gesetzliche Bestimmung kann eben nur nicht als Rechtsgrundlage für den konkreten Grundrechtseingriff herangezogen werden. In der Fallbearbeitung muss dann nach einer anderen Norm (in einem anderen Gesetz) geschaut werden. Sollte sich keine andere Norm, die als Rechtsgrundlage fungieren könnte und bei der das beeinträchtigte Grundrecht zitiert ist, heranziehen lassen, ist der Eingriff verfassungswidrig.

b. Materielle Rechtmäßigkeit des Gesetzes

aa. Besondere grundrechtsspezifische Anforderungen

Wie bei *R. Schmidt*, Grundrechte, Rn 154 ff. näher erläutert, stellen einige Grundrechte besondere Anforderungen an das einschränkende Gesetz. So ist eine Enteignung 188

[482] Siehe nur BVerfGE 28, 36, 46.
[483] Siehe nur BVerfGE 24, 367, 395 ff. (Hamburgisches Deichordnungsgesetz).
[484] Siehe BVerfGE 24, 367, 397 f. (Hamburgisches Deichordnungsgesetz).

nur „zum Wohl der Allgemeinheit" zulässig (Art. 14 III GG) und auch die Einschränkung der Meinungsfreiheit ist nur durch die „allgemeinen Gesetze" möglich (Art. 5 II GG). Man spricht von **qualifizierten Gesetzesvorbehalten**. Enthalten Grundrechte qualifizierte Gesetzesvorbehalte, muss das einschränkende Gesetz an bestimmte Situationen anknüpfen, bestimmten Zwecken dienen oder bestimmte Mittel benutzen.

> **Hinweis für die Fallbearbeitung:** In der Fallbearbeitung ist bei einem Gesetz, das Grundrechte mit qualifiziertem Gesetzesvorbehalt einschränkt, zunächst zu prüfen, ob das einschränkende Gesetz diesen Vorbehalten gerecht wird. Ist das nicht der Fall, ist das Gesetz schon deshalb materiell rechtswidrig und stellt keine wirksame Grundrechtsschranke dar. Zu den übrigen Rechtmäßigkeitsvoraussetzungen ist dann hilfsgutachtlich Stellung zu nehmen.

189 Des Weiteren ist zu untersuchen, ob das das Grundrecht oder grundrechtsgleiche Recht einschränkende Gesetz den Formulierungen „durch Gesetz" (vgl. Art. 14 I S. 2, Art. 15 S. 2 GG), „durch Gesetz oder auf Grund eines Gesetzes" (vgl. Art. 8 II, Art. 11 II, Art. 12 I S. 2, Art. 14 III S. 2 GG) oder „auf Grund eines Gesetzes" (vgl. Art. 2 II S. 3 i.V.m. 104 I, 6 III, 10 II S. 1, 13 II 2. Halbs., 16 I S. 2 GG) entspricht.

- Die Formulierung **„durch Gesetz"** spricht für die Einschränkbarkeit des betreffenden Grundrechts ausschließlich durch ein Parlamentsgesetz in Form eines selbstvollziehenden Gesetzes. Selbstvollziehend ist ein Gesetz, wenn es ohne weiteren Ausführungsakt (Rechtsverordnung, Verwaltungsakt) unmittelbar Rechte und Pflichten für den Bürger begründet. Vgl. dazu Rn 718.
- Die Formulierung **„durch Gesetz oder auf Grund eines Gesetzes"** deutet darauf hin, dass das betreffende Grundrecht nicht nur durch ein Parlamentsgesetz eingeschränkt werden kann, sondern auch durch einen ausführenden Exekutivakt, d.h. durch Rechtsverordnung, Satzung oder Verwaltungsakt, der auf dem Parlamentsgesetz basiert.
- Grundrechte, die **„auf Grund eines Gesetzes"** eingeschränkt werden können, lassen vermuten, dass eine Einschränkung ausschließlich durch Exekutivakt erfolgen kann.

190 Die staatsrechtliche Praxis nimmt diese grundgesetzlichen Formulierungen jedoch nur als Anhaltspunkt. Bei der Frage, wie die o.g. Formulierungen auszulegen sind, besteht jedenfalls insoweit Einigkeit, dass sämtliche Grundrechtseingriffe, auch wenn die Einschränkbarkeit nach dem Wortlaut des Grundrechts nur „durch Gesetz" erfolgen kann, durch **Verwaltungsakt** möglich sind (eine Ausnahme besteht nur bei Art. 14 III S. 2 GG, der wortgetreu zu verstehen ist). Umstritten ist aber, ob es sich bei dem einschränkenden Gesetz um ein Parlamentsgesetz handeln muss oder ob ein nurmaterielles Gesetz (also eine Rechtsverordnung oder Satzung) genügt. Diese Frage beantwortet die **Wesentlichkeitsrechtsprechung**[485]: Für die Grundrechtsausübung wesentliche Fragen sind vom Parlament selbst zu regeln, da ausschließlich das Parlament durch Wahlen unmittelbar demokratisch legitimiert ist. Nur Rand- und Detailfragen dürfen der Exekutive überlassen werden (vgl. näher Rn 242 ff.).

---

[485] Vgl. nur BVerfGE 33, 125, 158 (Facharzt); 84, 212, 226 (Aussperrung); BVerfG NVwZ 2015, 1279, 1280 (Altershöchstgrenzen für die Einstellung in den öffentlichen Dienst); NVwZ 2016, 675, 676 f. (Akkreditierung von Studiengängen durch Akkreditierungsagenturen); NVwZ 2017, 1111, 1123 (Spielhallen); NJW 2018, 361, 364 (Zentrale Studienplatzvergabe/Numerus clausus). Siehe auch BVerwG NVwZ 2018, 1140, 1143; OVG Berlin-Brandenburg 28.8.2018 – 4 S 36.18 und 1.2.2019 – 4 S 52.18 (Ablehnung von Polizeibewerbern wegen Tätowierung bedarf – hinreichend bestimmter – gesetzlicher Grundlage).

bb. Allgemeine Rechtmäßigkeitsanforderungen

a.) Bestimmtheitsgebot/Grundsatz der Normenklarheit

Das Bestimmtheitsgebot ist nicht nur Ausdruck des Demokratieprinzips, sondern auch des Rechtsstaatsprinzips. Es besagt, dass eine Rechtsvorschrift klar zum Ausdruck bringen muss, welche Auswirkungen die gesetzliche Regelung für den Bürger hat.[486] Ist das Gesetz zu unbestimmt, ist es schon deshalb verfassungswidrig. **191**

Beispiel: § 9 I S. 1 Volkszählungsgesetz 1983 gestattete den Gemeinden, bestimmte Angaben aus den Erhebungsunterlagen mit den Melderegistern zu vergleichen, zu deren Berichtigung zu verwenden und auch weiterzugeben. Das BVerfG sah darin einen Verstoß gegen den Bestimmtheitsgrundsatz, da nach der gesetzlichen Regelung für den einzelnen Bürger die Verwendungsmöglichkeit für die weitergegebenen Daten nicht absehbar gewesen sei.[487]

Gegenbeispiele: Demgegenüber entsprechen §§ 16a I, III, IV und V sowie § 16b Ia GentechnikG, die die Erhebung und Verarbeitung von Daten über den Anbau von genetisch veränderten Organismen regeln, dem Gebot der Normenklarheit und -bestimmtheit.[488]

Die Einhaltung des Bestimmtheitsgrundsatzes kann auch dann fraglich sein, wenn das Gesetz **unbestimmte Rechtsbegriffe** oder **Generalklauseln** verwendet. **192**

Beispiele für unbestimmte Rechtsbegriffe: *Unzuverlässigkeit* in § 35 I GewO; *Ungeeignetheit* in § 3 I StVG i.V.m. § 3 I FeV (ggf. i.V.m. § 46 I FeV); *öffentliche Sicherheit* in den polizeilichen Befugnisgeneralklausel; *öffentliches Interesse* in § 80 II S. 1 Nr. 4 VwGO; *Einfügen* in § 34 I S. 1 BauGB; *öffentliche Belange* in § 35 II BauGB, „Unwürdigkeit" in § 7 Nr. 5 BRAO etc.

Beispiele für Generalklauseln: Allgemeine Korrekturvorschriften wie § 138 BGB (Sittenwidrigkeit) oder § 242 BGB (Treu und Glauben) etc. Wenn das Gesetz bspw. formuliert, dass die zuständigen Behörden zur Beseitigung festgestellter Verstöße und zur Verhütung künftiger Verstöße die notwendigen Anordnungen treffen (vgl. § 69 I S. 1 AMG), liegt eine generalklauselartige Ermächtigung vor.

Die Verwendung von unbestimmten Rechtsbegriffen ist in einem System abstrakt-genereller Rechtsetzung unerlässlich. Der Gesetzgeber kann nicht alle erdenklichen Lebenssachverhalte antizipiert in den Normen aufnehmen. Dafür bietet das Leben zu viele Besonderheiten und Verschiedenartigkeiten. Daher muss der Wortlaut einer Norm – freilich unter Beachtung des Bestimmtheitsgrundsatzes – ein bestimmtes Maß an Abstraktheit aufweisen. Hinzu kommt, dass es der Verwaltung möglich sein muss, auch atypischen, unvorhersehbaren Situationen zu begegnen. Auch nach der Rechtsprechung des BVerfG bestehen „gegen die Verwendung unbestimmter Rechtsbegriffe keine Bedenken, solange sich nur mit Hilfe der üblichen Auslegungsmethoden[489], insbesondere durch Heranziehung anderer Vorschriften desselben Gesetzes, durch Berücksichtigung des Normzusammenhangs oder aufgrund einer gefestigten Rechtsprechung eine zuverlässige Grundlage für die Auslegung und Anwendung der Norm gewinnen lässt".[490] Das gelingt jedoch nicht in jedem Fall. **193**

---

[486] Vgl. BVerfGE 49, 168, 181; 59, 104, 114; 62, 169, 182 f.; 80, 103, 107 f.; 114, 1, 53; BVerfG NVwZ 2011, 94, 99 f.; BVerfG NJW 2018, 2619, 2622 (Fixierung von untergebrachten Personen).

[487] Vgl. BVerfGE 65, 1, 64 (Volkszählung).

[488] BVerfG NVwZ 2011, 94, 101. Vgl. insgesamt dazu auch *Towfigh*, JA 2015, 81 ff.

[489] Vgl. dazu nebst Beispielen *R. Schmidt*, AllgVerwR, Rn 269 ff.

[490] BVerfG NJW 2018, 2619, 2622 (Fixierung von untergebrachten Personen) mit Verweis auf BVerfGE 45, 363, 371 f.; 86, 288, 311 (st. Rspr.).

Beispiel: Um im alltäglichen Berufsverkehr nicht ständig im Stau stehen zu müssen, besorgte sich Autofahrer T im Internet eine Polizeikelle. Mit deren Hilfe gelang es ihm, dass andere Autofahrer zur Seite fuhren und ihm Durchfahrt gewährten. Nachdem die zuständige Fahrerlaubnisbehörde darüber in Kenntnis gesetzt worden war, entzog sie ihm wegen „charakterlicher Mängel" die Fahrerlaubnis.

Erweist sich der Inhaber einer Fahrerlaubnis als ungeeignet zum Führen von Kraftfahrzeugen, hat ihm die Fahrerlaubnisbehörde die Fahrerlaubnis zu entziehen (§ 3 I S. 1 StVG, § 46 I S. 1 FeV). Ob das Verhalten des T einen „charakterlichen Mangel" aufweist und ob überhaupt „charakterliche Mängel" unter den Begriff der „Ungeeignetheit" subsumiert werden können, ist fraglich. Nach § 46 I S. 2 FeV ist der Fahrerlaubnisinhaber insbesondere dann „ungeeignet", wenn Erkrankungen oder Mängel nach den Anlagen 4, 5 oder 6 zur FeV vorliegen oder wenn er erheblich oder wiederholt gegen verkehrsrechtliche Vorschriften oder Strafgesetze verstoßen hat. „Charakterliche" Mängel unter „Erkrankungen oder Mängel nach den Anlagen 4, 5 oder 6 zur FeV" zu subsumieren, dürfte nicht möglich sein. Und ob die Benutzung der Polizeikelle einen „erheblichen" Verstoß gegen eine verkehrsrechtliche Vorschrift (hier: § 36 V S. 2 StVO, der die Benutzung von Winkerkellen der Polizei vorbehält) darstellt, ist zu bezweifeln.

Sicherlich ist es wegen des im Straßenverkehr bestehenden erheblichen Gefahrenpotentials richtig, einem Fahrerlaubnisinhaber die Fahrerlaubnis zu entziehen, wenn er charakterlich nicht in der Lage ist, die Regeln des Straßenverkehrsrechts zu beachten, aber in einem Rechtsstaat muss der Bürger erwarten dürfen, dass der Gesetzgeber die Voraussetzungen der von ihm angeordneten Sanktionen klar beschreibt. Wünschenswert wäre es daher, wenn der Gesetzgeber wegen der mit dem Entzug der Fahrerlaubnis verbundenen Folgen für den Betroffenen neben „Erkrankungen oder Mängeln nach den Anlagen 4, 5 oder 6" auch „charakterliche Mängel" in den Tatbestand des § 46 FeV aufnähme, um dem Bestimmtheitsgebot Rechnung zu tragen.

194 In der Praxis relevant sind nicht nur die unbestimmten Rechtsbegriffe wie die „Ungeeignetheit" in den (genannten) zahlreichen (Sonder-)Ordnungsgesetzen, sondern auch der (unbestimmte) Begriff der „öffentlichen Sicherheit und Ordnung" in den Eingriffsermächtigungen der **Polizeigesetze.**[491] Aber auch im **Berufszulassungsrecht** sind unbestimmte Rechtsbegriffe anzutreffen, die der Verwaltung einen erheblichen Auslegungsspielraum zubilligen, was in Anbetracht der Grundrechtsrelevanz mit Blick auf den Bestimmtheitsgrundsatz verfassungsrechtlich äußerst problematisch ist.

Beispiel[492]**:** Im Rahmen ihres Rechtsreferendariats wurde K rechtskräftig wegen Beleidigung verurteilt. Sie hatte ihren Ausbilder als provinziellen Staatsanwalt bezeichnet, der nie aus dem Kaff rausgekommen sei, in dem er versauere. Sein Weltbild entspreche dem des typischen deutschen Staatsbürgers von 1940. Mit seinem Leben und seiner Person sei er so zufrieden wie das Loch vom Plumpsklo. Des Weiteren führte sie aus: „Als Sie mich vor sich hatten, sind Sie vor Neid fast erblasst. Ich konnte Ihren Hass geradezu sinnlich wahrnehmen. Am liebsten hätten Sie mich vergast, aber das ist ja heute out. Also taten Sie das Einzige, wozu Ihnen Ihre begrenzte Position die Möglichkeit bietet: Sie stellten mir ein wirres Zeugnis aus, das an jeder Realität vorbeigeht. Nun, ich beglückwünsche Sie zu diesem strahlenden Sieg, genießen Sie ihn aufrichtig, kosten Sie ihn bloß richtig aus – denn während es für mich nur ein unerhebliches Ärgernis ist (welches mich, zugegeben, ziemlich in meinem Rechtsempfinden berührt), ist es für SIE der Höhepunkt Ihres Lebens. Etwas Schöneres wird Ihnen während Ihrer armseligen Existenz nie erfahren". Und gegenüber der Oberstaatsanwältin äußerte K: „Ich bestaune die Praxis der Staatsanwaltschaft A., Rechtsbrüche zu verfolgen, ohne sich selber an das Recht zu halten. Sollte das eine Frage der inneren Einstellung sein,

---

[491] Vgl. dazu nebst Beispielen *R. Schmidt*, POR, Rn 637 ff.
[492] BVerfG NJW 2017, 3704.

gehören Sie nicht in den Justizdienst. Sollte das intellektuell bedingt sein, so besuchen Sie doch noch einmal eine Grundstudiumsvorlesung".

Als K nach Ablegung der zweiten Staatsprüfung die Zulassung zur Rechtsanwaltschaft beantragte, wurde dies abgelehnt. K habe sich mit der Beleidigung ihres Einzelausbilders und der Äußerung gegenüber der Oberstaatsanwältin eines unwürdigen Verhaltens schuldig gemacht. Zudem sei sie bereits früher wegen Falschaussage verurteilt worden. Diese Taten ließen sie gem. § 7 Nr. 5 BRAO unwürdig erscheinen, den Beruf einer Rechtsanwältin auszuüben. Es sei zu befürchten, dass sie ihre berufliche Stellung als Rechtsanwältin nicht, wie dies geboten sei, ordnungs- und pflichtgemäß ausüben werde.

Das BVerfG stellte zunächst fest, dass die Versagung der Zulassung zur Rechtsanwaltschaft einen schwerwiegenden Eingriff in das Grundrecht aus Art. 12 I S. 1 GG bedeute. Der K werde die Wahl eines Berufs verwehrt, für den sie die fachlichen Voraussetzungen habe und dessen Ausübung sie als Grundlage ihrer Lebensführung anstrebe. Eine Versagung sei nur zum Schutz eines besonders wichtigen Gemeinschaftsguts und unter strikter Beachtung des Grundsatzes der Verhältnismäßigkeit statthaft. § 7 Nr. 5 BRAO, auf den sich die Versagung stütze, begegne als Eingriffsgrundlage keinen verfassungsrechtlichen Bedenken. Der Versagungsgrund der Unwürdigkeit lasse sich mit der hohen Bedeutung der Rechtsanwaltschaft für die Rechtspflege und ihrer damit herausgehobenen Stellung rechtfertigen.[493] Auch die tatbestandliche Weite der Vorschrift sei verfassungsrechtlich nicht zu beanstanden.[494] Die Vorschrift sei aber im Lichte der Berufsfreiheit einschränkend auszulegen.[495]

Im Rahmen der Prüfung der Einzelmaßnahme entschied das BVerfG, dass ein Bewerber nicht allein deswegen als unwürdig im Sinne des § 7 Nr. 5 BRAO angesehen werden könne, weil sein Verhalten im beruflichen Umfeld oder im gesellschaftlichen Bereich auf Missfallen stoße. Erforderlich sei i.d.R. vielmehr, dass das von ihm gezeigte Fehlverhalten auch geeignet sei, das Vertrauen in die Integrität der Rechtsanwaltschaft im Interesse einer funktionierenden Rechtspflege zu beeinträchtigen. Das müsse im Rahmen einer Prognosebeurteilung festgestellt werden, woran es vorliegend mangele.[496]

Bewertung: Allein schon der Annahme des BVerfG, § 7 Nr. 5 BRAO begegne als Eingriffsgrundlage keinen verfassungsrechtlichen Bedenken, ist nicht zu folgen. Denn die mit der Versagung zur Rechtsanwaltschaft gegebene Grundrechtsrelevanz ist für den Betroffenen so erheblich, dass der Gesetzgeber das Unwürdigkeitskriterium selbst hätte ausführen müssen. Ein Verstoß gegen den Bestimmtheitsgrundsatz bzw. die sonst vom BVerfG geübte Wesentlichkeitsrechtsprechung ist daher alles andere als von der Hand zu weisen. Aber auch die Auslegung der Norm im konkreten Fall ist bedenklich. Zwar ist das Verhalten der K zweifelsohne geschmack- und respektlos und mit dem öffentlichen Ansehen der Rechtspflege schwerlich vereinbar. Gleichwohl dürfte die Annahme einer Unwürdigkeit i.S.d. § 7 Nr. 5 BRAO verfassungsrechtlich keinen Bestand haben, auch wenn das BVerfG andeutet, dass es die Nichtzulassungsentscheidung wohl getragen hätte, wenn die Vorinstanz eine ordnungsgemäße Abwägung vorgenommen hätte. Denn geht es um die Nichtzulassung zu einem Beruf, für den der Bewerber die erforderliche Qualifikation besitzt, sind die (sonstigen) Versagungsgründe restriktiv auszulegen. Rein geschmack- und respektloses Verhalten ist nicht geeignet, die „Unwürdigkeit" zu begründen.

Eine Kollision mit dem Bestimmtheitsgrundsatz besteht insbesondere dann, wenn eine Norm viel zu knapp formuliert ist, sie wesentliche Entscheidungen dem Rechtsanwender überlässt und so dem Rechtsunterworfenen nicht klar wird, in welcher Weise von **195**

[493] BVerfG NJW 2017, 3704, 3705 mit Verweis auf BVerfGE 63, 266, 287.
[494] BVerfG NJW 2017, 3704, 3705 mit Verweis auf BVerfGE 26, 186, 204; 36, 212, 219; 63, 266, 287.
[495] BVerfG NJW 2017, 3704, 3705.
[496] BVerfG NJW 2017, 3704, 3706.

der Ermächtigung Gebrauch gemacht wird. Das gilt auch für Satzungsgeber, etwa hinsichtlich der Befugnis der Hochschulen, Studien- und Prüfungsordnungen zu erlassen. Im **Hochschulrecht** ist allerdings zu unterscheiden: Lassen die Hochschulgesetze den Hochschulen Freiräume hinsichtlich der (akademischen) Selbstverwaltung, ist dies vor dem Hintergrund der den Hochschulen zustehenden Wissenschaftsfreiheit aus Art. 5 III S. 1 Var. 2 GG gerade zu begrüßen und verfassungsrechtlich sogar geboten. Die Anforderungen, die der Bestimmtheitsgrundsatz und die Wesentlichkeitsrechtsprechung[497] an das ermächtigende Parlamentsgesetz an sich stellen, sind dann vor dem Hintergrund des Art. 5 III S. 1 Var. 2 GG abgeschwächt. Das gilt auch und gerade hinsichtlich der Befugnis, Studien- und Prüfungsordnungen zu erlassen. Dann aber müssen die untergesetzlichen Regelwerke dem Bestimmtheitsgrundsatz Rechnung tragen sowie (selbstverständlich) verhältnismäßig sein, was beides zu bezweifeln ist, wenn sie dem einzelnen Dozenten weitgehende Freiräume zubilligen, die dann auch nicht mehr von der Wissenschaftsfreiheit gedeckt sein können.

> **Beispiel[498]:** In der Universität U des Landes L wurde zum Beginn des Wintersemesters 2017/18 mit Zustimmung aller Fakultäten für alle Studiengänge eine neue Studien- und Prüfungsordnung (SPO) verabschiedet. In § 10 SPO heißt es:
>
> *(3) [1]Studien- und Prüfungsleistungen werden in der Regel in folgenden Formen absolviert: Klausuren, Hausarbeiten, mündliche Prüfungen (...). [2]Als Studienleistungen können auch die Präsenzpflicht sowie die hinreichende Teilnahme an Lehrveranstaltungen und Studien festgesetzt werden. [3]Über die jeweilige Prüfungsform und die zu erbringenden Studienleistungen entscheidet die Dozentin/der Dozent der jeweiligen Veranstaltung.*
>
> *§ 8 des Landeshochschulgesetzes (LHG) lautet:*
> *(1) Die Hochschulen nehmen ihre Selbstverwaltungsangelegenheiten unter der Rechtsaufsicht der zuständigen Behörde selbstständig wahr.*
> *(2) Selbstverwaltungsangelegenheiten sind alle Angelegenheiten, die nicht staatliche Auftragsangelegenheiten sind. Dazu zählen insbesondere Studien- und Prüfungsangelegenheiten.*
>
> In diesem Fall wäre § 8 LHG bestimmt genug und auch verhältnismäßig, gerade mit Blick auf die den Hochschulen zustehende Wissenschaftsfreiheit.
>
> Möglicherweise genügt aber § 10 III S. 2 und 3 SPO weder dem Bestimmtheitsgrundsatz noch dem Grundsatz der Verhältnismäßigkeit. Der VGH formuliert zutreffend, dass eine Regelung, die die Erfüllung einer Präsenzpflicht wie auch die hinreichende Teilnahme an Lehrveranstaltungen und Studien als Studienleistung letztlich in das Ermessen des Dozenten stellt, Studierende und Rechtsanwender v.a. in drei Punkten im Unklaren lasse: So sei nicht geregelt, unter welchen Mindestvoraussetzungen die Studienleistung der Präsenz als „bestanden" angesehen werden könne. Auch zu den Rechtsfolgen von Fehlzeiten aus wichtigem Grund wie z.B. Krankheit fehle jede normative Regelung. Unklar sei schließlich, für welche Arten von Veranstaltungen die Präsenzpflicht gelten solle; eine Einschränkung, etwa im Hinblick auf Vorlesungen und andere Lehrveranstaltungen, bei denen es in erster Linie um die Wissensvermittlung gehe, finde sich in einer derart unbestimmten Regelung nicht.[499]
>
> Ist eine solche Regelung nicht bereits wegen Verstoßes gegen den Bestimmtheitsgrundsatz verfassungswidrig (der VGH bejahte dies am Maßstab der Berufsfreiheit), ist des Weiteren die Verhältnismäßigkeit fraglich. Legt man hier als Prüfungsmaßstab auch und gerade die Wissenschaftsfreiheit aus Art. 5 III S. 1 Var. 2 GG zugrunde, die auch den Studierenden bei der Frage nach der Anwesenheit bei Lehrveranstaltungen zugute-

[497] Zur Wesentlichkeitsrechtsprechung siehe Rn 79j ff.
[498] In Anlehnung an VGH Mannheim VBlBW 2018, 329.
[499] VGH Mannheim VBlBW 2018, 329.

kommt[500], sind Präsenzpflichten auch dann nicht zu rechtfertigen, wenn der Satzungsgeber sämtliche Voraussetzungen dezidiert regelte. Die Entscheidung, an einer Lehrveranstaltung durch Präsenz teilzunehmen oder lieber den Stoff im Selbststudium anhand von Aufsätzen, Büchern oder „Online-Angeboten" zu einer anderen Zeit erlernen zu wollen, kennzeichnet doch gerade das wissenschaftliche Studium und unterscheidet es etwa von einer Ausbildung an einer Berufsschule. Mit Blick auf Art. 12 I GG kommt hinzu, dass Studierende durchaus neben dem Studium erwerbstätig sein müssen, um das Studium zu finanzieren. Eine Präsenzpflicht könnte zu unlösbaren zeitlichen Konflikten führen. Höherrangige Interessen der Hochschule, die die Eingriffe in Art. 5 III S. 1 Var. 2 GG und Art. 12 I GG rechtfertigen könnten, sind nicht ersichtlich. Insbesondere ist nicht ersichtlich, warum nur durch eine Präsenzpflicht ein hoher Qualitätsstandard in der akademischen Ausbildung gewährleistet werden kann. Erst recht stellt das (vermeintliche) Bestreben nach „vollen Hörsälen" keinen übergeordneten Belang der Hochschule dar, der eine Präsenzpflicht rechtfertigt. Möglicherweise bringt schlicht eine Verbesserung der Studienbedingungen, insbesondere der Lehrqualität und der Medienausstattung, den gewünschten Effekt.

Speziell für das **Strafrecht** gilt Art. 103 II GG, wonach eine Tat nur bestraft werden kann, wenn die Strafbarkeit gesetzlich bestimmt war, bevor die Tat begangen wurde. Diese Verfassungsbestimmung soll nicht nur gewährleisten, dass der Gesetzgeber selbst die Voraussetzungen einer Strafbarkeit bestimmt, sondern auch, dass jeder Rechtsunterworfene durch hinreichend bestimmte Formulierung der Strafnormen vorhersehen können soll, welches Verhalten mit Strafe bedroht ist.[501] Nach ständiger Rechtsprechung des BVerfG schließt aber auch Art. 103 II GG die Verwendung unbestimmter Rechtsbegriffe und sogar Generalklauseln nicht aus, solange sich Anwendungsbereich und Tragweite der Straftatbestände jedenfalls durch Auslegung ermitteln lassen.[502] Trägt man diese Auffassung, ist jedenfalls zweifelhaft, ob die oft im Nebenstrafrecht vorzufindende Verweistechnik („Blankettverweisung") mit Art. 103 II GG vereinbar ist. **196**

Beispiel: Gemäß § 29 I S. 1 Nr. 6 BtMG macht sich strafbar, wer entgegen § 13 I BtMG Betäubungsmittel verschreibt, verabreicht oder zum unmittelbaren Verbrauch überlässt.

Hier ergeben sich die strafbarkeitsbegründenden Voraussetzungen erst durch Heranziehung der Norm, auf die verwiesen wird. Das ist jedenfalls dann unproblematisch, wenn – wie im Beispiel – innerhalb des Gesetzes verwiesen wird. Mit Blick auf Art. 103 II GG problematisch kann es aber sein, wenn auf ein Regelwerk verwiesen wird, das ein anderer Gesetzgeber oder gar die Exekutive erlassen hat. So ist es gem. § 1 II BtMG der Exekutive überlassen, durch Rechtsverordnung Stoffe festzulegen, die als Betäubungsmittel i.S.d. BtMG gelten. Damit entscheidet also (wenn auch nur mittelbar) die Exekutive (und nicht die Legislative) über die Strafbarkeitsvoraussetzungen. Da dies aber nur nach Anhörung von Sachverständigen und mit Zustimmung des Bundesrats geschehen darf, lässt sich diese Vorgehensweise verfassungsrechtlich durchaus rechtfertigen.

Durchgreifende Bedenken bestehen indes, wenn die Verweisung zu pauschal[503] bzw. ohne Einbeziehung der genannten Kreise erfolgt.

Beispiel: Gemäß § 10 I Rindfleischetikettierungsgesetz (RiFlEtikettG) machte sich strafbar, wer einer unmittelbar geltenden Vorschrift in Rechtsakten der Europäischen Gemeinschaft oder der Europäischen Union im Anwendungsbereich des § 1 I RiFlEti-

---

[500] Siehe dazu BVerfGE 55, 37, 67 f. und *R. Schmidt*, Grundrechte, Rn 547.
[501] Insoweit klarstellend BVerfG NJW 2016, 3648, 3650.
[502] Vgl. nur BVerfG NJW 2016, 3648, 3650.
[503] Vgl. dazu näher *Bülte*, JuS 2015, 769 ff.; *Hoven*, NStZ 2016, 377 ff.

kettG zuwiderhandelte, soweit eine Rechtsverordnung nach § 10 III RiFlEtikettG für einen bestimmten Tatbestand auf diese Strafvorschrift verwies. § 10 III RiFlEtikettG ermächtigte das Bundesministerium, soweit es zur Durchsetzung der Rechtsakte der Europäischen Gemeinschaft oder der Europäischen Union erforderlich war, durch Rechtsverordnung ohne Zustimmung des Bundesrats die Tatbestände zu bezeichnen, die als Straftat nach § 10 I RiFlEtikettG zu ahnden waren.

Zwar darf – wie aufgezeigt – der Gesetzgeber auf andere Vorschriften verweisen und muss nicht stets sämtliche strafbarkeitsbegründenden Voraussetzungen im förmlichen Gesetz umschreiben. Verweist der Gesetzgeber aber auf andere Vorschriften in ihrer jeweils geltenden Fassung (dynamische Verweisung), kann das nach zutreffender Auffassung des BVerfG dazu führen, dass er den Inhalt seiner Vorschriften nicht mehr in eigener Verantwortung bestimmt, sondern der (sich wandelnden) Entscheidung Dritter überlässt. Zwar stellt das BVerfG fest, dass dynamische Verweisungen nicht schlechthin ausgeschlossen seien, sie seien aber nur in dem Rahmen zulässig, den die Prinzipien der Rechtsstaatlichkeit, der Demokratie und der Bundesstaatlichkeit ziehen.[504]

§ 10 I RiFlEtikettG wurde diesen Anforderungen nicht gerecht. Nach zutreffender Auffassung des BVerfG ließ die Vorschrift nicht hinreichend klar erkennen, welche Verstöße gegen unionsrechtliche Vorgaben sanktioniert werden sollen. Anstatt selbst oder durch Verweis auf ein anderes Gesetz festzulegen, welches Verhalten mit Strafe bedroht werden soll, überlasse § 10 I RiFlEtikettG es dem Bundesministerium, durch Rechtsverordnung die Tatbestände zu bezeichnen, die als Straftat zu ahnden sind. Es handele sich daher um eine unzulässige pauschale Blankoermächtigung zur Schaffung von Straftatbeständen bei Verstößen gegen gemeinschaftsrechtliche Regelungen zur Rindfleischetikettierung.[505]

196a Vom Bestimmtheitsgrundsatz zu unterscheiden sind der **Parlamentsvorbehalt** und die **Wesentlichkeitsrechtsprechung** des BVerfG (vgl. Rn 79b ff./79j ff.) sowie die Anforderung an die **Verordnungsermächtigung** in Art. 80 I GG, wonach zwar die Exekutive zum Erlass von Rechtsverordnungen ermächtigt werden kann, jedoch Inhalt, Zweck und Ausmaß der Ermächtigung in dem ermächtigenden Gesetz hinreichend bestimmt sein müssen (sog. Bestimmtheitstrias, Rn 206 f.). Soweit die Exekutive zum Erlass von Satzungen ermächtigt ist, gilt Art. 80 I S. 2 GG zwar nicht, allerdings ist dann aber die Wesentlichkeitsrechtsprechung zu beachten (Rn 79j ff., 89, 170, 190, 207). Des Weiteren ist für den Bereich der Strafgesetze die schärfere Sonderregelung des Art. 103 II GG zu beachten.

> **Hinweis für die Fallbearbeitung:** Wie sich aus den obigen Ausführungen ergeben hat, betrifft der Bestimmtheitsgrundsatz die inhaltliche Gestaltung von Rechtsnormen und ist damit eine Frage des materiellen Rechts. Prüfungsstandort ist mithin die materielle Rechtmäßigkeit.[506]

b.) Verbot von Einzelfallgesetzen, Art. 19 I S. 1 GG

aa.) Maßnahmegesetz - Einzelfallgesetz

197 **Maßnahmegesetze** sind Gesetze, die eine bestimmte Maßnahme, insb. die Aufstellung des Haushalts (Haushaltsgesetz) oder die Schaffung einer staatlichen Einrichtung (etwa die Errichtung einer Universität oder einer Magnetschwebebahn – sog. Organisationsgesetze), zum Gegenstand haben. Auch Struktureingriffe in die private Wirt-

---

504 BVerfG NJW 2016, 3648, 3650 f.

505 BVerfG NJW 2016, 3648, 3651. Siehe auch *Cornelius*, NStZ 2017, 682 ff. § 10 RiFlEtikettG wurde mittlerweile aufgehoben (BGBl I 2019, S. 33).

506 Vgl. bereits die 1. Aufl. 2000; vgl. später auch BVerfGE 113, 348, 375; *Grefrath*, JA 2008, 710, 711; a.A. *Volkmann*, StaatsR II, § 2 Rn 43 (formelle Rechtmäßigkeit).

schaft können Maßnahmegesetze darstellen (etwa die Privatisierung staatlicher Unternehmen durch Gesetz oder umgekehrt die Verstaatlichung privater Unternehmen). Insoweit bestehen bzgl. Art. 19 I S. 1 GG grds. keine verfassungsrechtlichen Bedenken. Solche bestehen aber, wenn das Maßnahmegesetz so konkret gefasst ist, dass nur ganz bestimmte Adressaten oder nur ein bestimmter Adressat bzw. ein bestimmter Fall von der Regelung betroffen sind. Man spricht dann von einem **Einzelfallgesetz**.

Beispiel[507]**:** Im Anschluss an die Reaktor-Katastrophe in Fukushima beschloss der Bundestag im Juni 2011 den vorzeitigen Ausstieg aus der Kernenergie in Form des „13. Gesetzes zur Änderung des Atomgesetzes", das eine Änderung u.a. des AtomG zum Gegenstand hat und die Beendigung der Kernenergienutzung und Beschleunigung der Energiewende regelt. Insbesondere erlosch gem. § 7 Ia AtomG entschädigungslos die Betriebsgenehmigung für acht Kernkraftwerke in Deutschland; die Laufzeit der übrigen neun Kraftwerke ist zeitlich gestaffelt, wobei die letzten Kernkraftwerke Ende 2022 abgeschaltet werden müssen.

Da § 7 Ia AtomG für jedes der genannten Kernkraftwerke eine eigene Festlegung über die Abschalttermine verbindlich vorgibt, ist die Regelung nicht allgemein gefasst, sondern betrifft Einzelfälle. Zur Beendigung der jeweiligen Betriebsgenehmigung bedarf es also keines Einzelakts in Form eines behördlichen Aufhebungsbescheids. ⇨ Rn 201.

bb.) Verfassungsrechtliche Zulässigkeit

Handelt es sich bei dem fraglichen Gesetz um ein Einzelfallgesetz, ist es gem. Art. 19 I S. 1 GG grds. verfassungsrechtlich **unzulässig**, soweit es in **Grundrechte** eingreift. Dies gilt nach dem Wortlaut des Art. 19 I S. 1 GG allerdings nur für die Fälle, in denen der Gesetzgeber von einem ausdrücklichen Eingriffsvorbehalt Gebrauch macht.[508] Werden vom Gesetzgeber also lediglich grundrechtsimmanente Schranken aufgezeigt, sind Einzelfallgesetze auch bei Grundrechtseingriffen zulässig. **198**

Ausdrückliche Eingriffsvorbehalte im oben dargelegten Sinne enthalten etwa die Art. 2 II S. 3 GG, Art. 6 III GG, Art. 8 II GG, Art. 10 II S. 1 GG, Art. 11 II GG, Art. 13 III GG, Art. 14 III GG, Art. 16 I S. 2 GG. In diesen Fällen sind Einzelfallgesetze unzulässig. Dagegen sind grundrechtseinschränkende Einzelfallgesetze nicht grundsätzlich unzulässig bei Grundrechten, die zwar einen Eingriffsvorbehalt, nicht aber einen *ausdrücklichen* Eingriffsvorbehalt enthalten. Das sind die Art. 2 I GG (allgemeine Handlungsfreiheit in den Schranken der verfassungsmäßigen Ordnung), Art. 12 I S. 2 GG (berufsregelnde Maßnahmen), Art. 14 I S. 2 GG (Inhalts- und Schrankenbestimmungen des Eigentums durch den Gesetzgeber). **199**

Auch wenn mit dem Erlass von Einzelfallgesetzen keine Grundrechtseingriffe verbunden sind oder wenn sie lediglich grundrechtsimmanente Schranken aufweisen oder Regelungsvorbehalte ausfüllen, sind sie gleichwohl nur dann zulässig, „wenn der Sachverhalt so beschaffen ist, dass es nur einen Fall dieser Art gibt und die Regelung dieses singulären Sachverhalts von sachlichen Gründen getragen wird".[509] **200**

Die grundsätzliche Unzulässigkeit von Einzelfallgesetzen basiert auf mehreren Gründen: Zunächst konkretisiert Art. 19 I S. 1 GG in gewisser Weise den allgemeinen Gleichheitssatz; danach ist es dem Gesetzgeber verwehrt, aus einer Reihe gleichgelagerter Sachverhalte einen Fall herauszugreifen und zum Gegenstand einer Sonderregel zu machen.[510] Des Weiteren ist die Exekutive aufgrund ihrer Infrastruktur und **201**

---

[507] Nach BVerfG NJW 2017, 217 ff. (Atomausstieg).
[508] So BVerfGE 13, 225, 328 f.; 24, 367, 396 f.; 25, 371, 399; 64, 72, 80 f.; 134, 33, 88 f.; 139, 148, 176; a.A. *Jarass*, in: J/P, GG, Art. 19 Rn 1 (Geltung für alle grundrechtsrelevanten Regelungen).
[509] BVerfG NJW 2017, 217, 242; BVerfGE 85, 360, 374; 25, 371, 399; BVerwG NJW 1982, 2458.
[510] BVerfG NJW 2017, 217, 242 mit Verweis auf BVerfGE 85, 360, 374; 134, 33, 88 f.; 139, 148, 176.

ihres Sachverstands besser imstande, über einzelne Sachverhalte vor Ort zu entscheiden, als die Legislative. Darüber hinaus hat der Bürger gegenüber Akten der Exekutive den besseren Rechtsschutz. Denn die Rechtsweggarantie des Art. 19 IV S. 1 GG bezieht sich lediglich auf Akte der vollziehenden Gewalt.[511] Schließlich ist auch die bundesstaatliche Kompetenzordnung zu beachten: Der Bundesgesetzgeber darf nur in engen Grenzen in die Verwaltungskompetenzen der Länder (siehe Art. 83 ff. GG) eingreifen (dazu Rn 942 ff.). Gleichwohl hat das BVerfG den Erlass eines Maßnahme- bzw. Einzelfallgesetzes für mit dem Grundsatz der Gewaltenteilung vereinbar erklärt, wenn sachlich hinreichende Gründe für den Zugriff des Gesetzgebers bestünden.[512] Solche sachlich hinreichenden Gründe lägen etwa dann vor, wenn eine besondere Eilbedürftigkeit bestehe und der Gesetzgeber schneller agieren könne als die Verwaltung. Der Kernbereich der Exekutive werde dann nicht berührt.

Im Fall des gesetzlich geregelten vorzeitigen Atomausstiegs (**Beispiel** von Rn 197) hat das BVerfG entschieden, dass § 7 Ia S. 1 AtomG nicht gegen das Verbot grundrechtseinschränkender Einzelfallgesetze verstoße. Zwar sei diese Bestimmung über die verbindlichen Abschalttermine nicht allgemein gefasst, sondern es erfolge für jedes in Betrieb befindliche Kernkraftwerk eine eigene Festlegung, sodass eine Regelung für mehrere Einzelfälle vorliege (s.o.). Das Gesetz greife damit aber nicht aus einer Vielzahl gleichgelagerter Fälle einen einzelnen Fall oder eine bestimmte Gruppe heraus, sondern regele abschließend alle verbleibenden Fälle. Die Willkür einer gesetzlichen Einzelfallregelung, vor der Art. 19 I S. 1 GG schützen wolle, sei hier nicht gegeben.[513]

c.) Verhältnismäßigkeit des Gesetzes

202 In einem Rechtsstaat ist der Grundsatz der Verhältnismäßigkeit von **herausragender Bedeutung**. Er genießt daher Verfassungsrang und gilt für alle staatlichen Maßnahmen. Inhaltlich bringt er zum Ausdruck, dass die Freiheit des Einzelnen nur so weit eingeschränkt werden darf, als es im Interesse des Gemeinwohls unabdingbar ist („nicht mit Kanonen auf Spatzen schießen").[514] Ein Gesetz, das in Grundrechte eingreift, ist nach allgemeiner Auffassung nur dann verhältnismäßig, wenn

- der vom Staat verfolgte **Zweck legitim** ist, also als solcher verfolgt werden darf,
- das Gesetz zur Erreichung des Ziels **geeignet**,
- **erforderlich** und
- **angemessen** ist.[515]

203 **Hinweis für die Fallbearbeitung:** Aufgrund der **herausragenden Bedeutung des Verhältnismäßigkeitsgrundsatzes** hängt der **Wert einer Fallbearbeitung zu einem wesentlichen Teil** davon ab, dass die Argumentationsstrukturen dieses Grundsatzes erkannt und umgesetzt werden. Dabei ist zu beachten, dass der jeweilige Schritt konstitutiv für den nächsten ist. Ist das Gesetz also z.B. mangels

[511] Ganz h.M., vgl. nur BVerfG NJW 2018, 3374, 3376; *Jarass*, in: J/P, GG, Art. 19 Rn 42 f. Der Ausschluss von Akten der Legislative ist damit zu begründen, dass Rechtsschutz gegen Akte der Legislative durch das BVerfG selbst gewährt wird (Verwerfungsmonopol!). Der Ausschluss von Akten der Judikative hat seinen Grund darin, dass Art. 19 IV GG nur Rechtsschutz *durch* den Richter, nicht aber *gegen* den Richter garantieren soll. Freilich bezieht sich der Ausschluss der Judikative nur auf solche Akte, in denen das Gericht als „klassische Streitschlichtungsinstanz" tätig wurde. Wird ein Gericht also nicht spruchrichterlich tätig (etwa, wenn es eine Telekommunikationsüberwachung gem. § 100b StPO anordnet), gehört es folgerichtig zur öffentlichen Gewalt i.S.v. Art. 19 IV GG; der Rechtsweg steht offen. Nichtsdestotrotz ist Art. 19 IV GG ein Individualgrundrecht und ein allgemeiner Rechtsgrundsatz zu entnehmen, der zur Annahme auch eines Justizgewährungsanspruchs führt (Rn 160). Siehe auch BVerfG NJW 2018, 3374, 3375: Individualgrundrecht und objektive Wertscheidung.

[512] BVerfGE 95, 1, 16 (Südumfahrung Stendal).

[513] BVerfG NJW 2017, 217, 242.

[514] BVerfGE 19, 342, 348 f. (Haftverschonung).

[515] Siehe nur BVerfG NJW 2019, 827, 833 (Automatisierte Kennzeichenerfassung) mit Verweis auf die st. Rspr. BVerfGE 67, 157, 173; 120, 378, 427; 141, 220, 265.

Erforderlichkeit verfassungswidrig, bedarf es zu der Angemessenheit keiner Ausführungen mehr.
Da dem Grundsatz der Verhältnismäßigkeit ein eigener Abschnitt gewidmet ist, sei insoweit auf die Ausführungen bei Rn 270 ff. verwiesen.

d.) Die Wesensgehaltsgarantie, Art. 19 II GG

Art. 19 II GG bestimmt, dass kein Grundrecht „in seinem Wesensgehalt" angetastet werden darf. Der Wesensgehalt wird von der h.M. relativ verstanden. Es sei nicht nur auf den Wesensgehalt des jeweiligen Grundrechts abzustellen, sondern es sei vielmehr erforderlich, dass der Wesensgehalt für jeden einzelnen Fall gesondert bestimmt wird.[516] Davon unberührt gilt aber: Entspricht eine staatliche Maßnahme dem Grundsatz der Verhältnismäßigkeit, ist die Wesensgehaltsgarantie nicht verletzt.[517] 204

Beispiel: Der polizeiliche finale Rettungsschuss entzieht demjenigen, den er betrifft, das Leben restlos. Von dem Grundrecht auf Leben bleibt im konkreten Fall nichts übrig. Bei der Beurteilung der Frage, ob damit in den Wesensgehalt des Grundrechts eingegriffen worden ist, kommt es auf die Verhältnismäßigkeit der Maßnahme an: Entsprach sie dem Grundsatz der Verhältnismäßigkeit, ist – da auf den konkreten Einzelfall abgestellt wird – der Wesensgehalt nicht angetastet. Art. 19 II GG ist nicht verletzt. War die Maßnahme dagegen unverhältnismäßig, ist Art. 19 II GG – da im konkreten Fall von dem Grundrecht nichts übrig bleibt – verletzt.

Hinweis für die Fallbearbeitung: Durch die Bezugnahme auf die Verhältnismäßigkeit rückt die Theorie vom relativen Wesensgehalt in die Nähe des Grundsatzes der Verhältnismäßigkeit. Das hat zur Folge, dass bei Bejahung der Verhältnismäßigkeit des Gesetzes zur Wesensgehaltsgarantie nicht mehr viel gesagt werden muss. Daher erklärt sich der Standpunkt des BVerfG, dass bei Einhaltung des Grundsatzes der Verhältnismäßigkeit i.d.R. kein Verstoß gegen Art. 19 II GG vorliege.

Der Wesensgehalt der Grundrechte ist selbstverständlich auch dann zu beachten, wenn der Staat über Art. 24 I GG Hoheitsrechte auf zwischenstaatliche Einrichtungen überträgt. Ist mit den übertragenen Hoheitsrechten die Befugnis zur Beschränkung von Grundrechten des Grundgesetzes verbunden, muss das Integrationsgesetz (also das Bundesgesetz, mittels dessen die Hoheitsrechte übertragen werden) gewährleisten, dass auch die zwischenstaatliche Einrichtung einen Grundrechtsschutz garantiert, der den vom Grundgesetz geforderten Mindeststandard umfasst, insbesondere den Wesensgehalt der Grundrechte garantiert.[518] 205

[516] BVerfGE 47, 330, 358; 61, 82, 113; BVerfG NJW 1996, 1201, 1202; *Maunz*, in: Maunz/Dürig, GG, Art. 19 Abs. 2 Rn 16 ff.; *Hesse*, Grundzüge des VerfR, Rn 332; wohl auch BVerwGE 84, 375, 380 f. Im Gegensatz dazu steht die Theorie vom absoluten Wesensgehalt, die den Wesensgehalt als eine feste, vom einzelnen Fall und von der konkreten Frage unabhängige Größe versteht, d.h. als einen Grundrechtskern, der unabhängig von der jeweiligen Fallgestaltung unantastbar ist (*Stern*, StaatsR III/2, S. 865 ff.; *Jarass*, in: J/P, GG, Art. 19 Rn 9; *Kingreen/Poscher*, Grundrechte, Rn 319 ff.; *Herzog*, Festschrift für Zeidler, 1987, 1415, 1425).
[517] Siehe dazu etwa BVerfGE 58, 300, 348: „Werden diese Grenzen (ergänze: der Grundsatz der Verhältnismäßigkeit) eingehalten, kann kein Verstoß gegen Art. 19 Abs. 2 GG vorliegen".
[518] BVerfG NJW 2018, 3374, 3375 f. (Europaschule) – siehe dazu auch Rn 369a ff.

3. Rechtsverordnung

206 Rechtsverordnungen sind (nur-materielle) Rechtsnormen, die von den durch formelles Gesetz ermächtigten Exekutivorganen (i.d.R. von einer Regierung oder von einzelnen Ministern, siehe Art. 80 I S. 1 GG) erlassen wurden. Allerdings ist zu beachten, dass der Erlass von Rechtsnormen an sich originäre Aufgabe der Legislative ist. Daher bedeutet die Befugnis der Exekutive zum Normenerlass eine Durchbrechung des Gewaltenteilungsprinzips. Dennoch bestehen insofern verfassungsrechtlich keine Bedenken, weil die Exekutive nur aufgrund einer Ermächtigung der Legislative und unter Beachtung des dreifachen Delegationsfilters (gem. Art. 80 I S. 2 GG müssen Inhalt, Zweck und Ausmaß der Ermächtigung in der Ermächtigungsnorm bestimmt sein) tätig werden darf.[519] Es muss **vorhersehbar** sein, „in welchen Fällen und mit welcher Tendenz von der Ermächtigung Gebrauch gemacht werden und welchen Inhalt die zu erlassende Rechtsverordnung haben kann".[520] Darüber hinaus sind in der Rechtsverordnung die Rechtsgrundlage, d.h. die Ermächtigungsnorm anzugeben (Art. 80 I S. 3 GG, sog. Zitiergebot[521]). Neben diesen Vorgaben aus Art. 80 I GG ist insbesondere, wenn es um **mehrdimensionale**, **komplexe Grundrechtskonstellationen** geht, in denen miteinander konkurrierende Freiheitsrechte und andere (widerstreitende) Verfassungsgüter in Einklang gebracht werden müssen, zudem die im Demokratieprinzip wurzelnde **Wesentlichkeitsrechtsprechung** des BVerfG zu beachten, die den parlamentarischen Gesetzgeber verpflichtet, in grundlegenden grundrechtsrelevanten Bereichen alle wesentlichen Regelungen selbst zu treffen. Globale Ermächtigungen an die Exekutive sind demnach also ausgeschlossen (vgl. dazu bereits Rn 79j ff., 89, 170, 190, 195).

Beispiel: § 6 I Nr. 3 i) StVG (= Parlamentsgesetz) ermächtigt den Bundesminister für Verkehr zum Erlass eines Verbots, das sich auf die Verwendung technischer Einrichtungen am oder im Fahrzeug bezieht, die dazu bestimmt sind, die Verkehrsüberwachung zu beeinträchtigen.

Von dieser Ermächtigung hat der Bundesverkehrsminister durch den Erlass des § 23 Ic StVO (= Rechtsverordnung) Gebrauch gemacht. Nach § 23 Ic S. 1 StVO ist es dem Führer eines Kfz untersagt, ein technisches Gerät zu betreiben oder betriebsbereit mitzuführen[522], das dafür bestimmt ist, Verkehrsüberwachungsmaßnahmen anzuzeigen oder zu stören. Gedacht ist hierbei vor allem an die sog. Radarwarngeräte, was durch § 23 Ic S. 2 StVO verdeutlicht wird. Ob auch (jeweils mit Blitzer-Apps ausgestattete) Smartphones und Navigationsgeräte hierunter fallen, ist angesichts des Wortlauts des § 23 Ic S. 1 StVO zweifelhaft; denn diese Geräte sind in ihrer eigentlichen Funktion nicht dazu bestimmt, Verkehrsüberwachungsmaßnahmen anzuzeigen oder zu stören. Sie dienen der Kommunikation und der Navigation. Die Warnung vor Verkehrsüberwachungsmaßnahmen geschieht nur durch Installation zusätzlicher Software (Blitzer-Apps), womit in gewisser Weise vom Benutzer die Zweckbestimmung verändert wird.

Geht man davon aus, dass in § 6 I Nr. 3 i) StVG die Voraussetzungen der Ermächtigung, d.h. Inhalt, Zweck und Ausmaß, in hinreichender Weise genannt werden, wird jedenfalls der Vorgabe in Art. 80 I S. 2 GG Rechnung getragen. Bedenken könnten aber hinsichtlich der Einhaltung der Wesentlichkeitsrechtsprechung bestehen. Denn der parlamentarische Gesetzgeber muss in grundlegenden grundrechtsrelevanten Bereichen alle wesentlichen Regelungen selbst treffen und darf diese nicht über mehr oder minder globale Ermächtigungen an die Exekutive delegieren. § 6 I Nr. 3 i) StVG könnte vor diesem Hintergrund problematisch sein, da sich die Vorschrift auf ein Verbot von

---

[519] Vgl. VG Düsseldorf NVwZ 2002, 1269, 1271; OVG Berlin NVwZ-RR 2002, 720.
[520] Vgl. nur BVerfGE 1, 13, 60; 47, 46, 79; 49, 89, 126; 58, 257, 268; 84, 212, 226; 88, 103, 116; BVerfG NVwZ 2015, 1279, 1280 f.; BVerfG NJW 2016, 3648, 3653.
[521] Zu den Zwecken des Zitiergebots vgl. BVerfGE 101, 1, 41 f.; BVerfG NVwZ 2014, 1219, 1225; NVwZ 2020, 220.
[522] Der reine Besitz oder das Beisichführen im nicht betriebsbereiten Zustand sind also nicht erfasst.

technischen Geräten bezieht, die dazu bestimmt sind, die Verkehrsüberwachung zu beeinträchtigen. Da aber die Grundrechtsrelevanz insgesamt nicht sonderlich hoch ist (es wird ja durch die genannten Vorschriften des StVG nicht die Ermächtigung zur Untersagung etwa des Autofahrens erteilt, sondern nur zur (sanktionsbehafteten) Untersagung des Mitführens eines betriebsbereiten technischen Geräts, das dafür bestimmt ist, Verkehrsüberwachungsmaßnahmen anzuzeigen oder zu stören), kann man bzgl. des § 6 I Nr. 3 i) StVG die Wesentlichkeitsrechtsprechung als gewahrt ansehen. Ob dies auch für § 23 Ic S. 1 StVO zutrifft, ist eine andere Frage. Denn wie aufgezeigt, ist die Vorschrift sehr unbestimmt gefasst. Zieht man jedoch die präzisierende Vorschrift des § 23c I S. 2 StVO („insbesondere Radarwarn- oder Laserstörgeräte") sowie die Regelungen des § 23 Ia und des § 23 Ib StVO („elektronisches Gerät, das der Kommunikation, Information oder Organisation dient oder zu dienen bestimmt ist"[523]) vergleichend heran, wird in Abgrenzung zu diesen Vorschriften klar, dass von § 23 Ic S. 1, S. 2 StVO letztlich nur reine Radarwarngeräte und andere zur Anzeige und Störung von Verkehrsüberwachungsmaßnahmen bestimmte Geräte erfasst sein können. Gleichwohl hat sich die Rechtsprechung nicht davon abhalten lassen, in Überdehnung des Wortlauts des § 23 Ic S. 1, S. 2 StVO Smartphones mit installierten Blitzer-Apps jedenfalls dann unter die Verbotsnorm zu fassen, wenn die Blitzer-App auch aktiviert ist.[524] Dem von der Rechtsprechung angeführten Erfordernis einer teleologischen Auslegung stehen nicht nur der Wortlaut („dafür bestimmt ist, Verkehrsüberwachungsmaßnahmen anzuzeigen oder zu stören"), sondern auch der aufgezeigte systematische Zusammenhang entgegen. Dass eine Regelungslücke besteht, ist ausweislich. Das befugt die Rechtsprechung freilich nicht, insbesondere im Sanktionenrecht Vorschriften jenseits ihres Wortlauts anzuwenden. Zu begrüßen ist es daher, dass der Verordnungsgeber in § 23 Ic StVO nunmehr einen S. 3 angefügt hat, wonach bei anderen technischen Geräten, die neben anderen Nutzungszwecken auch zur Anzeige oder Störung von Verkehrsüberwachungsmaßnahmen verwendet werden können, die entsprechenden Gerätefunktionen nicht verwendet werden dürfen.[525] Mit dieser Formulierung räumt der Verordnungsgeber – wenngleich möglicherweise unbeabsichtigt – ein, dass Navigationsgeräte und Smartphones mit Blitzer-Apps gerade nicht dazu bestimmt sind, Verkehrsüberwachungsmaßnahmen anzuzeigen oder zu stören, und daher gerade nicht unter § 23 Ic S. 1 und S. 2 StVO subsumierbar sind. Insofern wird die vom Verfasser schon immer vertretene Auffassung bestätigt. Die Neuregelung ist also keine bloße Klarstellung, sondern eine echte Schaffung neuen Rechts.

Fazit: Der dreifache Delegationsfilter, das Zitiergebot und die Wesentlichkeitsrechtsprechung gewährleisten, dass das Parlament seine Aufgabe, zu der es berufen ist, nicht veräußert, sondern alle wesentlichen Entscheidungen selbst trifft. 207

Gleichwohl ist die Rechtsverordnung ein sehr wichtiges Instrument. Denn wie das soeben genannte straßenverkehrsrechtliche Beispiel gezeigt hat, wäre der parlamentarische Gesetzgeber überfordert, müsste er sämtliche Detailfragen selbst regeln. Dazu ist die Exekutive durch ihre Fachministerien und die Ministerialinstanzen besser imstande. Dennoch darf der dadurch entstandene Machtzuwachs der Exekutive nicht übersehen werden, denn allzu oft sind es Detailfragen, denen entscheidende Bedeutung zukommt.[526] Man denke nicht nur an die Bußgeldkatalog-Verordnung und die Anlagen zur Fahrerlaubnisverordnung, bei denen gem. § 6 StVG (i.V.m. §§ 26a, 30c StVG) der Bundesverkehrsminister ermächtigt wird, Bußgelder, Fahrverbote und Punkteeintragungen im Fahreignungsregister festzusetzen, sondern v.a. an sehr viel grundrechtsrelevantere Bereiche wie etwa an die (gem. § 1 II Betäubungsmittelgesetz 208

[523] Siehe dazu OLG Köln 5.2.2020 – III-1 RBs 27/20: Auch Fernbedienung für Navigationsgerät.
[524] Vgl. etwa OLG Celle NJW 2015, 3733; OLG Rostock DAR 2017, 718.
[525] Beschluss des Bundesrats v. 14.2.2020 (BR-Drs. 591/19).
[526] *Maurer/Waldhoff*, AllgVerwR, § 4 Rn 22.

von der Bundesregierung auszugestaltenden) Listen der strafrechtlich relevanten Betäubungsmittel in den Anlagen I-III zum Betäubungsmittelgesetz oder an die Verordnungsermächtigung in § 7 des Gesetzes zur Bekämpfung der Verbreitung neuer psychoaktiver Stoffe[527], die Liste der in der Gesetzesanlage aufgeführten Stoffgruppen zu ändern.

Hinweis für die Fallbearbeitung: Gerade wegen der mitunter großen Grundrechtsrelevanz darf in der Fallbearbeitung die Vereinbarkeit einer Rechtsverordnung mit Art. 80 I S. 2 GG i.d.R. nicht unterstellt werden. Es ist i.d.R. danach zu fragen, ob die Ermächtigungsgrundlage mit den Vorgaben des Art. 80 I GG vereinbar ist bzw. die Anforderungen der Wesentlichkeitsrechtsprechung erfüllt und ob sich die Rechtsverordnung an die Vorgaben der Ermächtigungsgrundlage hält.

209 Wie bei den formellen Gesetzen ist auch bei den Rechtsverordnungen kategorisch zwischen Bundes- und Landesrecht zu unterscheiden. **Bundesrechtsverordnungen** werden von einer Einheit der Exekutive des Bundes erlassen. Als renommiertestes Beispiel dürfte die StVO gelten, die vom Bundesverkehrsminister auf der Grundlage des § 6 I StVG erlassen wurde. Demgegenüber liegen **Landesrechtsverordnungen** vor, wenn der Verordnungsgeber der Exekutive des Landes angehört. Dabei spielt es für die Einstufung als Landesrechtsverordnung keine Rolle, ob die Ermächtigungsgrundlage ein Bundesgesetz oder ein Landesgesetz ist. Denn eine Landesregierung übt auch bei Gebrauchmachen von einer bundesgesetzlichen Ermächtigung nur Landesgewalt aus und kann deshalb nur Landesrecht setzen.[528] Diese Unterscheidung ist v.a. in prozessualer Hinsicht bedeutsam (vgl. dazu *R. Schmidt*, AllgVerwR, Rn 831 ff.).

210 Ein Unterschied zwischen Bundes- und Landesrechtsverordnungen besteht auch hinsichtlich der Geltung des Art. 80 I GG, der sich unmittelbar nur auf Bundesrechtsverordnungen und solche Landesrechtsverordnungen bezieht, die auf der Grundlage eines Bundesgesetzes erlassen werden sollen. Ermächtigt ein förmliches Landesgesetz zum Erlass von Rechtsverordnungen, ist Art. 80 I GG nicht unmittelbar anwendbar. Die meisten Landesverfassungen enthalten jedoch eine Art. 80 I GG entsprechende Vorschrift.[529] In den übrigen Ländern ergibt sich die Forderung bzgl. der Bestimmtheit von Inhalt, Zweck und Ausmaß aus dem Rechtsstaatsprinzip. Insbesondere die dort verankerten Grundsätze der Gesetzmäßigkeit der Verwaltung und des Vorbehalts und Vorrangs des Gesetzes gelten auch für die Landesgesetzgebung, und zwar entweder unmittelbar kraft des **Art. 20 III GG oder mindestens über Art. 28 I S. 1 GG** (Homogenitätsklausel).[530] Landesgesetze, die Landesbehörden zur Verordnungsgebung ermächtigen, müssen also Inhalt, Zweck und Ausmaß in gleicher Weise bestimmen wie ermächtigende Bundesparlamentsgesetze, auch wenn ein entsprechender Verfassungsgrundsatz in den Landesverfassungen nicht explizit aufgeführt ist.

211 Auf der (rechtmäßigen) Rechtsverordnung aufbauend, wird dann in der Regel eine **Einzelmaßnahme** (Verwaltungsakt) erlassen.

Beispiel: Gegen den in verkehrsgefährdender Weise überholenden Autofahrer wird aufgrund der §§ 24 StVG, § 49 I Nr. 5 i.V.m. § 5 StVO ein Bußgeldbescheid erlassen.

212

[527] Dazu zählen sog. „Designerdrogen" wie etwa „MDMA", „Legal Highs", „Herbal Highs" und „Research Chemicals".
[528] Vgl. BVerfGE 18, 407, 418.
[529] Vgl. Art. 61 I BaWü; Art. 80 Brand; Art. 53 Hamb; Art. 57 MeckVor; Art. 43 Nds; Art. 70 NRW; Art. 110 RhlPfl; Art. 104 Saar; Art. 75 Sachs; Art. 79 SachsAnh; Art. 38 SchlHolst.
[530] So auch BVerwGE 41, 251, 266; 58, 257, 277; 73, 388, 400; BVerwG NVwZ 2003, 95, 96.

Zur Frage, unter welchen Voraussetzungen eine Rechtsverordnung **rechtswidrig** ist und welche **Folgen** mit der Rechtswidrigkeit verbunden sind, vgl. ausführlich *R. Schmidt*, AllgVerwR, Rn 831 ff.

4. Satzung

Bestimmte gesellschaftliche Gruppen (im Bereich des öffentlichen Rechts Körperschaften, Stiftungen und Anstalten des öffentlichen Rechts – dazu bereits Rn 44 ff.) können zur Regelung ihrer Angelegenheiten eigenes Recht setzen und damit Grundrechte beschränken, sog. Satzungsrecht. Durch das Institut der Satzung werden die Aufgaben des Autonomieträgers, seine Verwaltung und die Rechtsbeziehungen zu den Mitgliedern normiert. 213

Beispiele: Bebauungspläne der Gemeinden[531]; bauordnungsrechtliche Gestaltungssatzungen und -verordnungen; Bettelverbotssatzungen; Taubenfütterungsverbotssatzungen[532]; Satzungen von Verbänden, Universitäten[533], Berufskammern (z.B. Ärztekammer), Anstalten und Stiftungen des öffentlichen Rechts; Geschäftsordnungen eines kommunalen Vertretungsorgans (z B. des Gemeinderats)[534] oder andere kommunale Satzungen außerhalb des BauGB (z.B. aus dem Kommunalabgabenrecht[535]); Satzungen über Anschluss- und Benutzungszwang; Hunde- und Pferdesteuersatzungen[536]; Abfallwirtschafts- und Gebührensatzungen[537]

Das Recht zum Erlass von Satzungen ist Ausfluss des Selbstverwaltungsrechts (Autonomie; daher auch der überkommene Begriff der *autonomen* Satzung). Zu beachten ist aber, dass die Satzungsautonomie gesetzlich verliehen sein muss.[538] Für die **Gemeinden** bspw. ergibt sich die Satzungsautonomie nach umstrittener Auffassung nicht unmittelbar aus Art. 28 II S. 1 GG. Diese Vorschrift garantiert zwar die Satzungsautonomie, verleiht sie aber nicht selbst. Die Verleihung findet richtigerweise durch die Gemeindeordnungen der Länder statt.[539] Auch haben die Länder in den sog. Kammergesetzen den **Landesärztekammern** (= Körperschaften des öffentlichen Rechts) das Recht verliehen, die Berufspflichten der Ärzte in einer Berufsordnung (Satzung) zu regeln. Entsprechendes gilt auf Bundesebene für den Erlass einer Berufsordnung für Rechtsanwälte durch die **Rechtsanwaltskammer**. 214

Die Satzungsautonomie ist jedoch nicht grenzenlos gewährleistet. Zwar gilt Art. 80 I GG direkt nur für Rechtsverordnungen des Bundes sowie für Landesrechtsverordnungen, die auf der Grundlage eines Bundesgesetzes ergangen sind. Allerdings haben der **Gesetzesvorbehalt**, der **Parlamentsvorbehalt** und die **Wesentlichkeitsrechtsprechung** des BVerfG (vgl. Rn 79b ff./79j ff.) auch Auswirkungen auf die Reichweite der Satzungsautonomie. Nach dem **Facharztbeschluss** des BVerfG[540], der insoweit eine Leitentscheidung darstellt, bleibt auch im Rahmen einer an sich zulässigen Autonomiegewährung der Grundsatz bestehen, dass sich der parlamentarische Gesetzgeber seiner Rechtsetzungsbefugnis nicht völlig entäußern und seinen Einfluss 215

---

531 Vgl. dazu *R. Schmidt*, BauR, Rn 14 ff.
532 Vgl. hierzu OVG Lüneburg NuR 1997, 610; VGH München BayVBl 1998, 311; *Jahn*, JuS 1999, 1004.
533 Zu den Besonderheiten im Hochschulrecht siehe bereits Rn 195.
534 Geschäftsordnungen des Gemeinderats entfalten zwar keine Außenwirkung gegenüber dem Bürger, bestimmen aber die Mitwirkungsrechte der Gemeindeordnung. Es wird daher vertreten, dass nicht nur die Mitglieder des Gemeinderats, sondern generell alle Gemeindeangehörige einen Normenkontrollantrag stellen könnten.
535 Vgl. dazu BVerwG NVwZ 2002, 1123 ff.
536 Vgl. dazu BVerwG NVwZ 2005, 1325 ff. (Hundesteuer); BVerwG LKRZ 2015, 458 (Pferdesteuer).
537 Vgl. VGH München NVwZ 2001, 704.
538 Vgl. dazu BVerfGE 102, 370 ff. (Zeugen Jehovas); *Schnapp/Kaltenborn*, JuS 2000, 937 f.
539 Wie hier auch *Funke/Papp*, JuS 2010, 395, 398. Zu den von Art. 28 II GG garantierten grundlegenden Strukturelementen, zu denen die Eigenständigkeit der Gemeinden gegenüber Bund, Ländern und Landkreisen gehört, siehe BVerfG NVwZ 2018, 140, 144 f.
540 BVerfGE 33, 125 ff.

auf den Inhalt der von den körperschaftlichen Organen zu erlassenden Normen nicht gänzlich preisgeben darf. Er darf die ihm verfassungsrechtlich zugeordnete Aufgabe nicht anderen Stellen innerhalb oder außerhalb der Staatsorganisation überlassen, sondern hat sie in den Grundzügen durch ein **förmliches Gesetz** selbst festzulegen.[541] Lediglich die dann noch erforderlichen ergänzenden Regelungen können nach Ermessen des Gesetzgebers dem Satzungsrecht der öffentlich-rechtlichen Körperschaften überlassen werden.[542]

Beispiel: Um die natürlichen Lebensgrundlagen zu schützen und zu erhalten, erlässt die Gemeinde G eine Satzung, wonach Bauherren verpflichtet werden, solarthermische Anlagen zu errichten und zu betreiben. Bauherr B ist der Meinung, diese Bestimmung verletze ihn in seiner Eigentumsfreiheit aus Art. 14 I GG und sei daher rechtswidrig.

Grundsätzlich genügt die allgemeine kommunalrechtliche Satzungsautonomie für den Erlass von kommunalen Satzungen. Doch greift eine Satzung in Grundrechte ein, fordern der Parlamentsvorbehalt und die Wesentlichkeitsrechtsprechung eine parlamentarische Rechtsgrundlage für den Erlass der Satzung, die die Voraussetzungen für den Grundrechtseingriff beschreibt. Vorliegend greift die Satzung in die Eigentumsfreiheit des B ein. Sie bedurfte daher einer parlamentarischen Rechtsgrundlage, die eine hinreichende Regelungsdichte aufweist, um dem Parlamentsvorbehalt, dem Bestimmtheitsgrundsatz und der Wesentlichkeitsrechtsprechung gerecht zu werden.

Fazit: Mit der Verleihung der Satzungskompetenz wird den juristischen Personen des öffentlichen Rechts ein Bereich eigener Rechtsetzungskompetenz übertragen, der sich grundsätzlich durch die demokratische Begründung des satzungsgebenden Organs und zugleich aus sich selbst heraus legitimiert. Die Verleihung von Satzungsautonomie ist dabei nicht auf (mitgliedschaftlich organisierte) **Körperschaften** (z.B. Gemeinden, Hochschulen, Berufskammern), in denen gleichgerichtete Interessen gebündelt werden, beschränkt.[543] Vielmehr kommen auch (hierarchisch organisierte) **Anstalten des öffentlichen Rechts** (dazu Rn 50) in Betracht, sofern der Gedanke der Betroffenenpartizipation bei der Ausgestaltung der Entscheidungsgremien wenigstens durch *Beteiligung* der relevanten Gruppen seinen Niederschlag findet.[544] In diesem Fall muss aber als Ausgleich für die fehlende unmittelbare demokratische Legitimation der Entscheidungsträger eine Normsetzungsermächtigung in einem Parlamentsgesetz festgelegt sein, das wiederum der Wesentlichkeitsrechtsprechung des BVerfG entspricht. Zudem ist eine ausreichende **Einwirkungs- und Überwachungsmöglichkeit** der dem demokratischen Gesetzgeber verantwortlichen staatlichen Exekutive erforderlich.[545]

217 **Rechtswidrig** ist die Satzung, wenn sie formelle oder materielle Fehler aufweist. Da diese Aspekte aber ausführlich bei *R. Schmidt*, AllgVerwR, Rn 859 ff. behandeln sind, sei insoweit darauf verwiesen.

---

[541] BVerfGE 33, 125, 158. Das förmliche Gesetz stellt also die Rechtsgrundlage für den Erlass der Satzung dar. Zum Parlamentsvorbehalt und zur Wesentlichkeitsrechtsprechung vgl. im Übrigen Rn 79b ff./79j ff.
[542] BVerfGE 33, 125, 163.
[543] BVerfGE 37, 1, 27 („Stabilisierungsfonds für Wein").
[544] BVerfGE 37, 1, 27 („Stabilisierungsfonds für Wein").
[545] BVerfGE a.a.O.

5. Gewohnheitsrecht und Richterrecht

a. Gewohnheitsrecht

Gewohnheitsrecht ist eine Rechtsquelle, die im Unterschied zum gesetzlichen Recht nicht im Wege eines formalisierten Rechtsetzungsverfahrens entsteht, sondern durch längere, von Rechtsüberzeugung getragene Übung der Beteiligten.[546] Normgeber sind also die Betroffenen selbst. Im Staats- und Verwaltungsrecht der Bundesrepublik Deutschland – und somit bei rechtswissenschaftlichen Prüfungen – ist das Gewohnheitsrecht jedoch von untergeordneter Bedeutung, da hier das politische Gestaltungsinteresse vorherrscht und der Gesetzgeber nahezu jeden erdenklichen Lebenssachverhalt verrechtlicht hat.[547] Außerdem wird man es mit Blick auf Art. 20 III GG nur dann anerkennen dürfen, wenn Vertrauensgesichtspunkte die Fortgeltung fordern.[548] 218

b. Richterrecht

Vom Gesetzesrecht ebenfalls zu unterscheiden ist das Richterrecht: Während das Gesetzesrecht von einem verfassungsrechtlich vorgesehenen demokratisch legitimierten Gesetzgebungsorgan in einem verfassungsrechtlich vorgesehenen förmlichen Gesetzgebungsverfahren unter Wahrung auch des materiellen Verfassungsrechts erlassen wird (Rn 181) und allein deswegen normative Bindungswirkung entfaltet, ist das Richterrecht dadurch gekennzeichnet, dass es lediglich durch Rechtsprechung geschaffen wird. 219

Richterrecht besitzt also (von einigen Entscheidungen des BVerfG abgesehen; vgl. § 31 II BVerfGG) grds. keine normative Wirkung. Nähme man das Gegenteil an, geriete man mit dem Gewaltenteilungs- und dem Demokratieprinzip (vgl. Art. 20 II GG) in Konflikt. Auch kommt dem Richterrecht grds. keine gesetzesähnliche, d.h. generell-abstrakte Verbindlichkeit zu, da es sich grds. nur auf den zu entscheidenden Einzelfall bezieht. Schließlich sind Gerichte wegen der verfassungsrechtlich verbürgten richterlichen Unabhängigkeit (Art. 97 I GG) nicht an frühere Entscheidungen gebunden und zudem auch nicht in dem Maße demokratisch legitimiert wie der Gesetzgeber. Aufgrund der fehlenden normativen Wirkung ist Richterrecht (jedenfalls unter der Geltung des Grundgesetzes[549]) daher auch **nicht als Rechtsquelle** anerkannt.[550] Es ist daher kein „Recht" i.S.v. Art. 20 III GG. Rechtsquelle ist nur das Gesetzesrecht (und das rechtmäßig entstandene Gewohnheitsrecht, auch wenn es erst durch „Richterrecht" begründet sein sollte). Auch höchstrichterliche Entscheidungen sind grds. kein Gesetzesrecht und erzeugen keine damit vergleichbare Rechtsbindung (auch nicht gegenüber unteren Instanzen, vgl. erneut Art. 97 I GG). Der Geltungsanspruch von gerichtlichen Entscheidungen über den Einzelfall hinaus beruht allein auf der Überzeugungskraft ihrer Gründe sowie der Autorität und den Kompetenzen des Gerichts[551] (vgl. aber die bei Rn 223 angeführten prozessrechtlichen Besonderheiten). 220

Dies hat zur Folge, dass (auch) die Verwaltung rechtlich nicht verpflichtet ist, richterlichen Entscheidungen jenseits ihrer Rechtskraft in Parallelfällen zu folgen. Von daher sind auch sog. Nichtanwendungserlasse des Bundesfinanzministeriums, die darauf gerichtet sind, eine den Steuerzahler begünstigende Entscheidung des BFH nur in dem konkret entschiedenen Sachverhalt zu berücksichtigen und nicht auf vergleichbare Fälle anzuwenden, verfassungsrechtlich nicht zu beanstanden, wenngleich sie planmäßig die Umsetzung höchst-

---

[546] *Maurer/Waldhoff*, AllgVerwR, § 4 Rn 25; *Peine*, AllgVerwR, Rn 160; *Krebs*, JuS 2013, 97.
[547] Vgl. *Krebs*, JuS 2013, 97.
[548] Vgl. insgesamt sehr ausführlich *Krebs*, JuS 2013, 97 ff.
[549] So ist Richterrecht in Staaten mit kasuistischer Rechtsetzungsmethode („Fallrechtsmethode", sog. „Case Law" bzw. „Common Law"), in denen die Rechtsfindung im jeweiligen Einzelfall Aufgabe der Gerichte ist, durchaus Rechtsquelle (siehe dazu *R. Schmidt*, BGB AT, 18. Aufl. 2019, Rn 24).
[550] Vgl. aus jüngerer Zeit auch *Lege*, JA 2016, 81, 82.
[551] So ausdrücklich BVerfGE 84, 212, 227; 122, 248, 277; *Henneke*, in: Schmidt-Bleibtreu/Hofmann/Henneke, GG, Vorb. vor Art. 92 Rn. 18.

richterlicher Rechtsprechung verhindern und die richterliche Rechtsfortbildung systematisch unterlaufen. Möchte man höchstrichterlichen Entscheidungen (ähnlich den Entscheidungen des BVerfG) eine Allgemeinverbindlichkeit zuschreiben, ist der (verfassungsändernde) Gesetzgeber aufgefordert, eine Änderung herbeizuführen.

221 Eine Ausnahme von der fehlenden normativen Wirkung besteht bei bestimmten **verfassungsgerichtlichen Entscheidungen** (vgl. § 31 II BVerfGG). Diese haben Gesetzeskraft und sind daher auch eine Rechtsquelle. **Verwaltungsgerichtlich** ist § 47 V S. 2 Halb. 2 VwGO zu nennen. Danach ist die Unwirksamkeitserklärung in Bezug auf eine normenkontrollfähige Rechtsverordnung oder Satzung (vgl. § 47 I VwGO) allgemeinverbindlich.

222 Auch wenn fachgerichtliche Entscheidungen i.d.R. keinen Gesetzescharakter aufweisen, haben die den Urteilen der Bundesgerichte beigegebenen Leitsätze in der Spruchpraxis immerhin eine faktisch fast gleichbedeutende Wirkung erlangt, zumal die Abweichungsmöglichkeiten der Untergerichte durch das Prozessrecht begrenzt werden (vgl. nur § 130 III oder § 144 VI VwGO).

223 Verfassungsrechtlich ist – wie im Folgenden aufzuzeigen sein wird – das Richterrecht nicht ganz unproblematisch, weil es in gewisser Weise gesetzesvertretend bzw. -korrigierend wirkt und damit eine Kompetenzverlagerung von der Legislative auf die Judikative (zum Verhältnis dieser beiden Staatsgewalten zueinander vgl. Rn 174) bedingt. Das gilt insbesondere für die **richterliche Rechtsfortbildung**, bei der von der Rechtsprechung Entscheidungen getroffen werden, die keine unmittelbare Grundlage mehr im kodifizierten Recht finden, bei denen also das Gericht quasi – extra legem – als Ersatzgesetzgeber auftritt.[552] Häufig versucht die Rechtsprechung (insb. der BGH) sich dabei auf Generalklauseln zu stützen, etwa auf das Prinzip von Treu und Glauben (§ 242 BGB), um gesetzlich nicht vorgegebene, aber für gerecht empfundene Resultate zu erzielen (siehe auch gesetzeskorrigierendes Richterrecht).

224 Nicht nur terminologisch, sondern v.a. bzgl. der verfassungsrechtlichen Zulässigkeit zu unterscheiden sind vier Arten von Richterrecht: gesetzeskonkretisierendes, lückenfüllendes, gesetzesvertretendes und gesetzeskorrigierendes Richterrecht.[553]

aa. Gesetzeskonkretisierendes und lückenfüllendes Richterrecht

224a Gesetzeskonkretisierendes und lückenfüllendes Richterrecht präzisiert, ergänzt und vervollständigt auslegungsbedürftige und lückenhafte Gesetze, tritt aber nicht an ihre Stelle. Daher ist diese Art von Richterrecht verfassungsrechtlich nicht nur unproblematisch, sondern systemimmanent und gewünscht: Dadurch, dass die Gesetze abstrakt-generellen Charakter haben und eine Vielzahl von unbestimmten Rechtsbegriffen und teilweise auch Generalklauseln beinhalten (s.o., Rn 192), gehört es gerade zu den Aufgaben der Gerichte, unbestimmte Rechtsbegriffe und Generalklauseln zu konkretisieren (d.h. auszulegen) und auf den zu entscheidenden Fall anzuwenden. Der Gesetzgeber kann nicht alle denkbaren Fälle antizipiert in Normen regeln.

> **Beispiel:** Liegen Tatsachen vor, welche die Unzuverlässigkeit des Gewerbetreibenden in Bezug auf sein Gewerbe dartun, hat ihm gem. § 35 I GewO die zuständige Behörde die Ausübung des Gewerbes ganz oder teilweise zu untersagen.

---

[552] Vgl. dazu BVerfGE 3, 225, 242; 34, 269, 287 f.; 49, 304, 318; 65, 182, 190 f.; 71, 354, 362; 128, 193, 210; 132, 99, 127; BVerfG NJW 2015, 1506, 1507.

[553] *Ossenbühl*, HdbStR V, § 100 Rn 50 ff.; *Henneke*, in: Schmidt-Bleibtreu/Hofmann/Henneke, GG, Vorb. Art. 92 Rn 13 ff.

In diesem Fall legt der Gesetzgeber abstrakt-generell die Voraussetzungen für eine Gewerbeuntersagung fest. Aufgabe der Behörde ist es, den Begriff der „Unzuverlässigkeit" auszulegen und auf den konkreten Einzelfall anzuwenden.[554]

Anerkannt ist auch die Befugnis der Gerichte, planwidrige Gesetzeslücken im Wege der Analogie zu füllen. **224b**

Beispiel: § 1004 BGB regelt den Unterlassungs- und Beseitigungsanspruch bei Beeinträchtigungen des Eigentums. Beeinträchtigungen des allgemeinen Persönlichkeitsrechts (etwa durch unerlaubte Veröffentlichung von privaten Fotos) sind nicht erfasst. Andererseits besteht ein Bedürfnis, auch dem in seinem allgemeinen Persönlichkeitsrecht Beeinträchtigten einen Unterlassungs- und Beseitigungsanspruch gegen den Verletzer zuzubilligen. Die Gesetzeslücke ist also planwidrig. Daher ist nach allgemeiner Auffassung § 1004 BGB analog auch auf Unterlassungs- und Beseitigungsansprüche bei Eingriffen in das allgemeine Persönlichkeitsrecht anzuwenden.[555]

Eine Ausnahme von der Möglichkeit der analogen Anwendung von Normen gilt für den Bereich des materiellen Strafrechts: Hier ist wegen des Gesetzlichkeitsprinzips und des Bestimmtheitsgrundsatzes (vgl. Art. 103 II GG) eine Lückenschließung bzw. -füllung zulasten des Beschuldigten durch den Rechtsanwender ausgeschlossen.[556] Lücken in diesem Bereich darf allein der parlamentarische Gesetzgeber schließen.[557] **224c**

bb. Gesetzesvertretendes Richterrecht

Ob gesetzesvertretendes Richterrecht zulässig ist, muss mit Blick auf das Gewaltenteilungsprinzip bezweifelt werden. Denn die Aufgabe der Gesetzgebung unterliegt der Legislative und (in den Grenzen der zulässigen Ermächtigung) der Exekutive. Bleibt also der Gesetzgeber untätig bzw. lässt Lebensbereiche, die einer Regelung bedürfen, ungeregelt, wäre das Gewaltenteilungsprinzip in Frage gestellt, wenn die Rechtsprechung anstelle des Gesetzgebers weitgehend Recht setzen dürfte. Gleichwohl ist anerkannt, dass die Rechtsprechung „durch Entwicklung richterrechtlicher Prinzipien und Institute unter Rückgriff auf allgemeine Rechtsgrundlagen und verfassungsrechtliche Wertentscheidungen" gesetzesvertretend tätig werden darf.[558] Das betrifft insbesondere das kollektive Arbeitsrecht, bei dem der Gesetzgeber bestimmte Bereiche (etwa das Arbeitskampfrecht) „dem freien Spiel der Kräfte"[559] überlassen hat. Aufgabe der Rechtsprechung ist es, über die Rechtmäßigkeit von Arbeitskampfmaßnahmen (Streik, Aussperrung) im Rahmen von Richterrecht zu entscheiden. Aber auch Teile des Staatshaftungsrechts sind richterrechtlich geprägt.[560] **224d**

Gesetzesvertretendes Richterrecht ist jedenfalls dort ausgeschlossen, wo das Grundgesetz Gesetzesvorbehalte enthält, die auch für die Judikative gelten sowie in Bereichen, in denen eine Gesetzesvorschrift die Materie abschließend regelt und zwingendes Recht darstellt. **224e**

Beispiel: Vor Erhebung der Anfechtungsklage sind Rechtmäßigkeit und Zweckmäßigkeit des Verwaltungsakts in einem Vorverfahren nachzuprüfen (§ 68 I S. 1 VwGO). Einer solchen Nachprüfung bedarf es nicht, wenn ein Gesetz dies bestimmt (§ 68 I S. 2 VwGO). Über diesen gesetzlich geregelten Ausnahmefall hinaus hält das BVerwG die

---

[554] Zur Gesetzesauslegung (im öffentlichen Recht) vgl. *R. Schmidt*, AllgVerwR, Rn 269 ff.
[555] Zur Analogie (im Zivilrecht) vgl. *R. Schmidt*, BGB AT, 18. Aufl. 2019, Rn 38 ff.
[556] Vgl. dazu *R. Schmidt*, StrafR AT, 21. Aufl. 2019, Rn 16 ff.
[557] Diese Selbstverständlichkeit klarstellend BVerfGE 126, 170 ff.; BGH NStZ 2014, 392 f.; vgl. auch *Wiedemann*, NJW 2014, 2407 ff.
[558] *Ossenbühl*, HdbStR V, § 100 Rn 55.
[559] Siehe *Junker*, Grundkurs Arbeitsrecht, 18. Aufl. 2019, Rn 591 mit Verweis auf BAGE 73, 320, 329.
[560] Vgl. dazu *R. Schmidt*, AllgVerwR, Rn 1061 ff.

Durchführung des Vorverfahrens für entbehrlich, wenn der „Zweck des Widerspruchsverfahrens offensichtlich nicht mehr erreicht werden kann, etwa, wenn die Rechtsaufsichtbehörde zuvor ihr Rechtsposition klargemacht hat und ein Vorverfahren daher sowieso keinen Erfolg haben wird“[561]. Das ist mit Blick auf das Gewaltenteilungsprinzip sehr bedenklich, weil sich das BVerwG über den Wortlaut des § 68 VwGO, der die Ausnahmegründe abschließend regelt, hinwegsetzt und damit in den Bereich unzulässigen gesetzesvertretenden (oder auch gesetzeskorrigierenden) Richterrechts vordringt.[562]

Auch das materielle Strafrecht kann nicht (jedenfalls nicht zulasten des Betroffenen) durch gesetzesvertretendes Richterrecht geregelt werden (vgl. Art. 103 II GG, s.o.).

cc. Gesetzeskorrigierendes Richterrecht

224f Gelegentlich kommt es vor, dass ein Gericht eine gesetzliche Regelung, die seit vielen Jahren unverändert besteht und daher neueren industriellen, technischen, gesellschaftlichen oder anderen Entwicklungen nicht mehr gerecht wird, im Rahmen **„richterlicher Rechtsfortbildung“** „korrigiert“, indem es (meist unter Berufung auf die objektive Werteordnung der Grundrechte) eine vom Gesetz abweichende Regelung trifft und damit eine vermeintlich als längst überfällig empfundene Gesetzesänderung vorwegnimmt (sog. **gesetzeskorrigierendes** Richterrecht).[563] Zwar mag die Bestrebung des Gerichts, eine einzelfallgerechte Entscheidung zu treffen, die auf der Basis des geltenden Gesetzes so nicht möglich wäre, ehrenwert sein. Dem Judizieren extra legem stehen aber nun einmal die Gesetzesbindung der Gerichte (Art. 20 III GG) und der Grundsatz der Gewaltenteilung (Art. 20 II S. 2 GG) entgegen.[564] Zudem trägt richterliche Rechtsfortbildung nicht gerade zur Rechtssicherheit bei. Rechtssicherheit ist aber ein Fundamentalprinzip unserer Rechtsordnung.

Umso erstaunlicher ist es, dass das BVerfG in seiner Soraya-Entscheidung die Fachgerichte zu einer „freieren Handhabung der Rechtsnormen“ berechtigt gesehen hat, wenn das geschriebene Gesetz bei einer am Wortlaut haftenden Auslegung unergiebig ist. Konkret hat es eine richterrechtliche Entwicklung eines Schadensersatzanspruchs analog § 847 BGB a.F. für Persönlichkeitsverletzungen entgegen dem eindeutigen Wortlaut des § 253 BGB a.F. (also contra legem) mit der Begründung gebilligt, dass mit dem „Altern der Kodifikation“, also mit dem zunehmenden zeitlichen Abstand zwischen Gesetzeserlass und er zu treffenden Gerichtsentscheidung, die Freiheit des Richters zur schöpferischen Fortbildung des Rechts wachse. Eine Norm stehe ständig im Kontext der sozialen Verhältnisse und der gesellschaftlich-politischen Anschauungen, auf die sie wirken soll; ihr Inhalt könne und müsse sich unter Umständen mit ihnen wandeln. Die tatsächliche oder rechtliche Entwicklung könne eine bis dahin eindeutige und vollständige Regelung lückenhaft, ergänzungsbedürftig und zugleich ergänzungsfähig werden lassen, da Gesetze in einem Umfeld sozialer Verhältnisse und gesellschaftspolitischer Anschauungen stehen, mit deren Wandel sich auch der Norminhalt ändern kann.[565]

Das BVerfG konnte so entscheiden, weil nach seiner Auffassung das Verbot richterlicher Gesetzeskorrektur nicht bei vorkonstitutionellen Gesetzen gilt, also bei Gesetzen, die vor dem Inkrafttreten des Grundgesetzes (24.5.1949, vgl. § 145 II GG) erlassen worden sind. Das BGB sei ein vorkonstitutionelles Gesetz.[566] Das ist nicht ganz zweifelsfrei. Zwar stammt das BGB in seiner ursprünglichen Fassung aus dem Jahre 1900. Nach dem Inkrafttreten des Grundgesetzes ist es durch den Bundesgesetzgeber jedoch an vielen Stellen zum Teil erheblich geändert worden. Auch zum Zeitpunkt der Soraya-Entscheidung BVerfGE 32, 296

---

[561] BVerwGE 64, 325, 330; BVerwG NVwZ 2011, 501, 502 ff. Vgl. auch *Schübel-Pfister*, JuS 2011, 420, 421.
[562] Kritisch auch *Hufen*, JuS 2012, 276, 278; *Schoch*, NVwZ 2011, 506 f.
[563] *Ossenbühl*, HdbStR V, § 100 Rn 54. Vgl. auch *Wiedemann*, NJW 2014, 2407 ff.
[564] *Henneke*, in: Schmidt-Bleibtreu/Hofmann/Henneke, GG, Vorb. vor Art. 92 Rn 17 f. Siehe auch oben Rn 174 ff.
[565] BVerfGE 34, 269, 293 f.
[566] BVerfGE 32, 296, 303 ff. für den mittlerweile aufgehobenen § 1300 BGB.

(26.1.1972) war das BGB bereits einige Male geändert worden. Daher kann man durchaus annehmen, der Gesetzgeber habe das BGB insgesamt in seinen Willen aufgenommen und bestätigt. Folgt man dem, war das BGB auch im Jahre 1972 bereits als nachkonstitutionell anzusehen.

Diese Billigung von korrigierendem Richterrecht durch das BVerfG hat die Rechtsprechung dann auch in Fällen gewandelter Lebensumstände zu einer Rechtsauslegung *contra legem* ermutigt. Virulent wurde dies etwa im Bereich des familienrechtlichen Unterhaltsrechts, wo der BGH zur Aufteilung des Einkommens die sog. Dreiteilungsmethode herangezogen hatte. Der BGH wendete trotz des eindeutigen Wortlauts des § 1578 BGB diese Methode an, wenn es darum ging, das Einkommen des Unterhaltsverpflichteten zwischen ihm, der geschiedenen und der neuen Ehefrau aufzuteilen. **224g**

Beispiel: Die Ehe zwischen M und F wird geschieden; F ist unterhaltsberechtigt gem. §§ 1569 ff. BGB. Nach der Scheidung schließt M die Ehe mit D, die – wie F – ebenfalls nicht erwerbstätig ist. Aus dieser Ehe geht ein Kind hervor. Das Einkommen des M beträgt bei Scheidung und später mtl. 3.500,- €.

Unter Zugrundelegung der Dreiteilungsmethode wird zunächst vom Nettoeinkommen des M der zu zahlende Kindesunterhalt abgezogen und das verbleibende Einkommen um den Erwerbstätigenbonus gemindert. Die sich dann ergebende Summe wird – ganz grob gesprochen – zwischen M, F und D gleichmäßig aufgeteilt.

Da das BGB spätestens jedoch durch die am 1.9.2001 in Kraft getretene Mietrechtsreform, die am 1.1.2002 in Kraft getretene Schuldrechtsreform, das am 1.8.2002 in Kraft getretene neue Schadensersatzrecht und die permanente Ausweitung des Verbraucherschutzrechts (§§ 312 ff., 491 ff., 506 ff. BGB) als nachkonstitutionell anzusehen ist, kam auch das BVerfG nicht umhin, der vom BGH angewendeten Dreiteilungsmethode eine Absage zu erteilen. So führt es aus: „§ 1578 BGB bezieht sich ausschließlich auf die ehelichen Lebensverhältnisse. Der BGH hat sich von dem Konzept des Gesetzgebers zur Berechnung des nachehelichen Unterhalts gelöst und dieses durch ein eigenes Modell ersetzt. Mit diesem Systemwechsel hat der BGH die Grenzen richterlicher Rechtsfortbildung überschritten und gegen das Gewaltenteilungsprinzip sowie das Rechtsstaatsprinzip (Art. 20 II S. 2, III GG) verstoßen".[567]

Diese Entscheidung des BVerfG ist begrüßenswert, stellt sie doch eine klare Abkehr von der Soraya-Rechtsprechung dar.

Auch in seiner Entscheidung v. 24.2.2015[568] über die Frage nach einem Auskunftsanspruch des juristischen Vaters gegen die Mutter auf Nennung des Namens des biologischen Vaters, um diesen anschließend (gem. § 1607 III BGB) in Regress zu nehmen, hat das BVerfG der richterlichen Rechtsfortbildung Grenzen aufgezeigt. Hintergrund der Entscheidung war, dass der BGH in Ermangelung einer kodifizierten Rechtsgrundlage einen Auskunftsanspruch aus § 242 BGB („Treu und Glauben") hergeleitet hatte. Dem ist das BVerfG entgegengetreten. § 242 BGB sei nicht geeignet, die Mutter zu verpflichten, den Namen ihres damaligen Sexualpartners zu nennen. Aspekte des Sexuallebens seien in Art. 2 I i.V.m. 1 I GG verankert und wögen so schwer, dass § 242 BGB nicht als Anspruchsgrundlage zur Durchsetzung von Vermögensinteressen des Scheinvaters fungieren könne.

Ob wenigstens ein Anspruch des Kindes gegen die Mutter auf Auskunft über die Identität des biologischen Vaters begründet wäre, kann angesichts der Kernaussage des BVerfG („keine Verpflichtung der Mutter zur Preisgabe der Identität ihres damaligen Sexualpartners") nicht sicher gesagt werden. Auf der Basis der soeben genannten BVerfG-Entscheidung dürfte das Kind keine auf § 242 BGB gestützte Auskunft verlan-

[567] BVerfG NJW 2011, 836, 837 ff. Vgl. dazu *R. Schmidt*, FamR, 10. Aufl. 2018, Rn 343 ff.
[568] BVerfG NJW 2015, 1506 ff.

gen können, weil § 242 BGB ja nicht geeignet sein soll, Auskunft aus dem Sexualleben der Mutter zu erhalten. Fraglich ist, ob ein Auskunftsanspruch angenommen werden kann, wenn man eine ältere Entscheidung des BVerfG heranzieht, in der das Gericht es gebilligt hat, dass die Familiengerichte im Zuge richterlicher Rechtsfortbildung einen Auskunftsanspruch des Kindes gegen seine Mutter aus § 1618a BGB herleiten, sofern eine umfassende Abwägung der widerstreitenden Rechtsgüter stattfindet, namentlich zwischen dem aus Art. 2 I i.V.m. 1 I GG hergeleiteten Recht des Kindes auf Kenntnis der eigenen Abstammung und dem ebenfalls auf Art. 2 I i.V.m. 1 I GG fußenden Geheimhaltungsinteresse der Mutter.[569] Nach der hier vertretenen Auffassung ist ein Auskunftsanspruch auch nicht aus § 1618a BGB begründbar. § 1618a BGB ordnet (lediglich) eine gegenseitige Beistands- und Rücksichtnahmepflicht zwischen Eltern und Kindern an und ist daher ähnlich generalklauselartig formuliert wie § 242 BGB. Soll also § 242 BGB aufgrund seiner Unbestimmtheit nicht geeignet sein, Auskunft aus dem Sexualleben der Mutter verlangen zu können, kann für § 1618a BGB nichts anderes gelten. Denn auch diese Norm ist unbestimmt und ändert zudem nichts an der Schwere des Grundrechtseingriffs auf Seiten der Mutter, wenn diese verpflichtet würde, Auskunft über frühere Geschlechtspartner zu erteilen. Sowohl bei der Heranziehung des § 242 BGB als auch bei der Heranziehung des § 1618a BGB ist die Grenze richterlicher Rechtsfortbildung überschritten.[570]

dd. Korrektur einer gegen höherrangiges Recht verstoßenden Norm?

224h Schließlich stellt sich die Frage, ob mittels gesetzeskorrigierenden Richterrechts einer formell-gesetzlichen Vorschrift begegnet werden kann, die gegen **höherrangiges** Recht verstößt.

Beispiel: Nach § 323 I BGB muss der Gläubiger dem Schuldner eine angemessene Frist setzen, bevor er vom Vertrag zurücktreten kann. Geht es aber um einen Verbrauchsgüterkauf, also um einen Kauf, bei dem der Käufer Verbraucher i.S.d. § 13 BGB ist und der Verkäufer ein Unternehmer i.S.d. § 14 I BGB, sind die Vorgaben des Art. 3 V der europäischen Verbrauchsgüterkaufrichtlinie (RL 1999/44/EG)[571] zu beachten, wonach bei einem Verbrauchsgüterkauf der Rücktritt des Verbrauchers (bereits dann) zulässig ist, wenn er innerhalb einer angemessenen Frist erfolgt. Von einer „Fristsetzung" ist in der Richtlinie nichts zu lesen. In der englischen Fassung der Richtlinie wird sogar lediglich von „within a reasonable time" (also innerhalb einer angemessenen Zeit) gesprochen.

Das Erfordernis einer Fristsetzung in § 323 I BGB widerspricht dieser Regelung und ist auch nicht „richtlinienkonform auslegbar", da die Wortlautgrenze des § 323 I BGB insoweit eindeutig ist.

Entweder „korrigiert" man diesen Widerspruch durch „**richterliche Rechtsfortbildung**", indem man bei § 323 I BGB im Rahmen von Verbrauchsgüterkaufverträgen generell auf ein Fristsetzungserfordernis verzichtet, oder man **wendet** mit der hier vertretenen Auffassung § 323 I BGB partiell (in Bezug auf die Fristsetzung) schlicht **nicht an**, da ja diesbezüglich der **Anwendungsvorrang** des Art. 3 V der Richtlinie greift.[572][573]

---

[569] BVerfG NJW 1997, 1769 f.

[570] *R. Schmidt*, FamR, 10. Aufl. 2018, Rn 500i, 500j.

[571] Die Verbrauchsgüterkaufrichtlinie wurde mit Wirkung zum 1.1.2002 in Form des Schuldrechtsmodernisierungsgesetzes in nationales Recht umgesetzt. Die Vorschriften des Verbrauchsgüterkaufs und andere verbraucherschützende Vorschriften sind im Rahmen dieser Schuldrechtsmodernisierung zum 1.1.2002 in das BGB eingefügt worden. Vgl. dazu sowie zur (davon zu unterscheidenden!) Verbraucherrechterichtlinie 2011/83/EU *R. Schmidt*, SchuldR AT, 13. Aufl. 2019, Rn 464b und Rn 969.

[572] Siehe dazu *R. Schmidt*, SchuldR AT, 13. Aufl. 2019, Rn 462 ff.; BGH ZIP 2016, 1538 f.; BGH NJW 2015, 2564 f.

[573] Zum Anwendungsvorrang des EU-Rechts vgl. unten Rn 355 ff.

6. Verwaltungsvorschriften

Gesetze haben einen abstrakt-generellen Charakter: Sie sind für eine unbestimmte Zahl von Menschen und für eine unbestimmte Zahl von Sachverhalten erlassen. Um diesen Charakter zu unterstreichen, sind sie in aller Regel mit unbestimmten Rechtsbegriffen[574] sowie in bestimmten Fällen mit einer Ermessensermächtigung[575] versehen. Ein Gesetz muss daher, um im Einzelfall angewendet werden zu können, **ausgelegt**, d.h. **konkretisiert** werden. Da aber die Ausführung der Gesetze von einer Vielzahl von Behörden und Sachwaltern vorgenommen wird, wäre eine einheitliche Rechtsanwendung, und damit eine Rechtssicherheit und Gleichbehandlung, nicht möglich, wenn die auszuführenden Gesetze nicht mit Auslegungsrichtlinien oder Ermessensrichtlinien begleitet wären. Solche Auslegungs- oder Ermessensrichtlinien werden als Verwaltungsvorschriften bezeichnet. 225

Verwaltungsvorschriften sind Regelungen, die innerhalb der Organisation der öffentlichen Verwaltung von übergeordneten Behörden oder von Vorgesetzten an nachgeordnete Behörden oder Bedienstete ergehen. Sie dienen dazu, die Tätigkeit der Verwaltung näher zu bestimmen und einheitlich zu gestalten. 226

Ministerielle Verwaltungsvorschriften und Einzelanweisungen ergehen zumeist als „Erlasse", „Allgemeine Verwaltungsvorschriften" oder „Richtlinien". Interne Regelungen *anderer* Behörden heißen „Verfügungen", „Anordnungen", „Richtlinien", „Dienstanweisungen." 227

Inhaltlich können die Verwaltungsvorschriften und Einzelanweisungen sämtliche Tätigkeiten und Funktionen der Verwaltung betreffen. Neben der Organisation und dem Verfahren steuern sie insbesondere auch die Gesetzesauslegung. In diesem Fall spricht man von **gesetzesauslegenden** oder **norminterpretierenden** Verwaltungsvorschriften. Sie geben den nachgeordneten Behörden (verbindliche) Hilfestellungen bei der Auslegung von unbestimmten Rechtsbegriffen. Bezieht sich ihr Regelungsgehalt auf die Ausübung des der Verwaltung eingeräumten Ermessens, spricht man von **ermessenslenkenden** Verwaltungsvorschriften („durch Verwaltungsvorschrift antizipiertes Ermessen").[576] Allen bislang angesprochenen Arten von Verwaltungsvorschriften gemein ist aber die beschränkte Bindungswirkung im Innenbereich der Verwaltung („Binnenrecht der Verwaltung"). Richtigerweise sind sie **nicht als Rechtsquelle** anerkannt. 228

Hiervon zu unterscheiden sind die sog. **normkonkretisierenden** Verwaltungsvorschriften, denen – soweit man sie überhaupt anerkennt – teilweise eine beschränkte Außenwirkung beigemessen wird. Zu deren Rechtsnatur und Bindungswirkung sowie zu der damit verbundenen verfassungsrechtlichen Problematik vgl. *R. Schmidt*, AllgVerwR, Rn 864 ff. 229

---

[574] Zum Begriff und zur gutachtlichen Handhabung von unbestimmten Rechtsbegriffen vgl. *R. Schmidt*, AllgVerwR, Rn 265 ff.
[575] Zum Verwaltungsermessen vgl. *R. Schmidt*, AllgVerwR, Rn 295 ff.
[576] Vgl. *R. Schmidt*, AllgVerwR, Rn 864 ff.

7. Tarifverträge

230 Als Rechtsquelle anerkannt sind aber Tarifverträge. Sie sind Ausfluss der in Art. 9 III GG gewährleisteten Koalitionsfreiheit, die einen von staatlicher Rechtsetzung und Einflussnahme freien Raum garantieren soll, in dem frei gebildete Arbeitgeber- sowie Arbeitnehmervereinigungen das Arbeitsleben selbstständig (durch Tarifverträge) ordnen.[577] Der Gesetzgeber hat in Ausgestaltung des Art. 9 III GG das **Tarifvertragsgesetz** (TVG) erlassen und in § 4 I TVG bestimmt, dass die Rechtsnormen des Tarifvertrags, die den Inhalt, den Abschluss oder die Beendigung von Arbeitsverhältnissen ordnen, unmittelbar und zwingend zwischen den beiderseits Tarifgebundenen gelten, die unter den Geltungsbereich des Tarifvertrags fallen. § 5 TVG geht sogar noch weiter und bestimmt, dass Tarifverträge vom Bundesministerium für Arbeit und Soziales für **allgemeinverbindlich** erklärt werden können und damit praktisch gesetzesvertretend Geltung über die Tarifparteien hinaus entfalten. Das BVerfG hat diesen massiven Eingriff in die (negative) Koalitionsfreiheit und die Berufsfreiheit als verfassungsgemäß angesehen.[578]

8. Rangordnung der nationalen Rechtsquellen; Nichtigkeitsfolgen

231 Die Verfassungen von Bund und Ländern gehen allem einfachen Recht ihres Bereiches vor. Das ist selbstverständlich, da die Verfassungen den Ursprung jeden Rechts darstellen müssen. Des Weiteren gehen formelle Gesetze den nur-materiellen Gesetzen (Rechtsverordnungen und Satzungen) vor. Bundesrecht geht gleichgültig welchen Rangs den (entgegenstehenden!) Landesgesetzen einschließlich den Verfassungen grundsätzlich vor (vgl. Art. 31 GG – dazu Rn 70; zur Regelung des Art. 72 III GG vgl. Rn 819). Innerhalb eines Blocks folgt der Geltungsvorrang des ranghöheren Rechts aus dem Grundsatz vom Vorrang des Gesetzes (Art. 20 III GG) und damit letztlich aus dem Rechtsstaatsprinzip. Es kann nicht sein, dass eine rangniedrigere Norm bei einer Kollision mit einer ranghöheren Geltung beansprucht. Die Kollisionsregeln greifen allerdings nur dann, wenn das übergeordnete Gesetz gültig ist. Das ist nicht der Fall, wenn es nichtig ist.[579]

232 Die Rechtsfolge, dass Staatsakte grundsätzlich nichtig sind, wenn sie rechtswidrig sind, folgt aus der dem Rechtsstaatsprinzip zugrunde liegenden Nichtigkeitstheorie, die jedenfalls für formelle Gesetze uneingeschränkt greift. Es wäre mit dem Rechtsstaats- und dem Demokratieprinzip regelmäßig unvereinbar, wenn rechtswidrige formelle Gesetze (belastende) Rechtswirkungen entfalteten. Allerdings ist zu beachten, dass die Nichtigkeit i.d.R. nur die betreffenden Vorschriften erfasst, nicht das Gesetz insgesamt. Die (Teil-)Nichtigkeit ist verfassungsgerichtlich festzustellen (Feststellungsurteil, siehe Art. 93 I Nr. 2 GG und Art. 100 I GG hinsichtlich der abstrakten und konkreten Normenkontrolle, jeweils i.V.m. § 78 S. 1 BVerfGG). Bis zu einer solchen verfassungsgerichtlichen Entscheidung ist die betreffende Vorschrift aber anzuwenden; die Verwaltung darf sie nicht einfach unangewendet lassen (dieser fehlt die diesbezügliche Nichtanwendungskompetenz).

Das Nichtigkeitsdogma gilt jedoch nicht uneingeschränkt. So kann zunächst das BVerfG von einer Nichtigkeitserklärung absehen und die Feststellung auf die Unvereinbarkeit mit dem Grundgesetz beschränken („Unvereinbarkeitserklärung"). Eine

---

[577] BVerfGE 44, 322, 340 f. (Allgemeinverbindlichkeitserklärung von Tarifverträgen); 50, 290, 367 (Mitbestimmung); 64, 208, 215 (Deputatkohle des Bergarbeiters); BAG ZIP 2001, 529 ff.

[578] Vgl. BVerfGE 44, 322, 340 f. Vgl. auch BVerfG NJW 2015, 3294, 3295. Beispiele bilden etwa der Tarifvertrag über das Sozialkassenverfahren im Baugewerbe und der Tarifvertrag über die Berufsbildung im Baugewerbe. Zur Frage nach der Vereinbarkeit von Allgemeinverbindlichkeitserklärungen mit Art. 9 III GG vgl. *R. Schmidt*, Grundrechte, Rn 721.

[579] Siehe etwa BVerfGE 130, 240, 260.

solche Entscheidung wählt das BVerfG regelmäßig dann, wenn eine Nichtigkeitserklärung zu schwerwiegenden Folgen für das Gemeinwesen führte und der Verfassungsverstoß durch Nachbesserung des Gesetzgebers behoben werden kann. Dann gilt die beanstandete Regelung für eine Übergangsfrist fort und der Gesetzgeber erhält den Auftrag, innerhalb der gesetzten Frist eine Neuregelung zu treffen („Appellentscheidung"). Das betrifft in erster Linie vom BVerfG für verfassungswidrig erklärte Steuergesetze.[580] Würde das BVerfG diese für nichtig erklären, wären die Folgen mitunter verheerend.[581]

Auch für Satzungen gilt der Grundsatz der Nichtigkeit nur eingeschränkt. Nach §§ 214, 215 BauGB sind bestimmte – in erster Linie formelle – Fehler von Bebauungsplänen (§ 10 BauGB) und sonstigen baurechtlichen Satzungen (Veränderungssperren gem. §§ 14 ff. BauGB) entweder von vornherein unbeachtlich (absolute Unbeachtlichkeit) oder dann unbeachtlich, wenn sie nicht innerhalb einer bestimmten Frist nach Erlass der Satzung gegenüber der Gemeinde gerügt werden (relative Unbeachtlichkeit). Die mit einem unbeachtlichen Fehler oder mit nicht innerhalb der Frist gerügtem Fehler behaftete Satzung ist demnach rechtswirksam. Außerhalb dieser Unbeachtlichkeitsregelungen verbleibt es jedoch bei dem Grundsatz der Nichtigkeit.

Eine Ausnahme vom Nichtigkeitsdogma besteht schließlich bei Verwaltungsakten. So hat der formelle Gesetzgeber bestimmt, dass rechtswidrige Verwaltungsakte grundsätzlich wirksam sind, vgl. § 43 II VwVfG. Nur ein nichtiger Verwaltungsakt ist unwirksam, § 43 III VwVfG. Die Nichtigkeit bestimmt sich nach § 44 VwVfG.

Die Rangordnung der innerstaatlichen Rechtsquellen begründet grundsätzlich keinen Anwendungsvorrang des höherrangigen Rechts (also keine bloße Suspendierung des niederrangigen Rechts), sondern einen **Geltungsvorrang**. Geltungsvorrang bedeutet, dass das untergeordnete Recht im Falle der Kollision mit dem übergeordneten Recht derogiert, d.h. außer Kraft gesetzt wird, und damit keine Geltung beanspruchen kann (*lex superior derogat legi inferiori*).[582] In der Staatsrechtslehre ist mit Geltungsvorrang aber gemeint, dass das kollidierende niederrangige Recht ungültig i.S.v. nichtig ist[583] (Rn 70). 233

So ist nach der Grundregel des Art. 31 GG das Landesrecht bei einer Kollision mit Bundesrecht derogiert, also nichtig. Demgegenüber ist das nationale Recht einschließlich des Verfassungsrechts in einem Kollisionsfall mit dem Recht der **Europäischen Union** nur in seiner Anwendung gesperrt (also suspendiert, und das auch nur so lange, wie das EU-Recht in Kraft ist; tritt das EU-Recht außer Kraft, lebt das nationale Recht wieder auf). Das Recht der Europäischen Union genießt suspendierenden **Anwendungsvorrang**.[584] Vgl. dazu ausführlich die Bearbeitung zur Staatszielbestimmung **Förderung der EU** bei Rn 327 ff. Dem Prinzip des Anwendungsvorrangs hat sich der verfassungsändernde Gesetzgeber im Zuge der **Föderalismusreform** 2006 hinsichtlich der Abweichungskompetenz der Länder bei der konkurrierenden Gesetzgebung angeschlossen. Vgl. dazu ausführlich Rn 819 ff. 234

---

[580] Siehe nur BVerfG NJW 2018, 1451 ff. (Verfassungswidrigkeit der Vorschriften zur Einheitsbewertung für die Bemessung der Grundsteuer).

[581] Weitere Beispiele sind BVerfG NVwZ 2017, 305 (Beschränkung des Rechtsschutzes im Telekommunikationsgesetz nicht verfassungsgemäß, § 35 V S. 2 und 3 TKG); BVerfG NJW 2017, 217 (Atomausstieg; § 7 Ia S. 1 AtomG verfassungswidrig); BVerfGE 142, 313 (Beschränkung ärztlicher Zwangsbehandlung auf untergebrachte Betreute ist mit staatlicher Schutzpflicht nicht vereinbar, § 1906 III BGB).

[582] BVerfG NJW 2018, 361, 377 mit Verweis auf BVerfGE 29, 11, 17.

[583] *Pieroth*, in: J/P, GG, Art. 31 Rn 5.

[584] Einer Übertragung eines Geltungsvorrangs auf die EU stünde wohl auch Art. 23 I S. 3 GG i.V.m. Art. 79 III GG i.V.m. den Prinzipien des Art. 20 I-III GG entgegen.

IV. Prinzip der Gesetzmäßigkeit der Verwaltung

235 Aus Art. 1 III, 20 III, 83 und 86 GG ergibt sich, dass die Verwaltung die Gesetze ausführt und dabei an Gesetz und Recht gebunden ist. Die Verwaltung darf also die Voraussetzungen ihres Eingreifens nicht selbst festlegen. Das darf aufgrund des Demokratieprinzips nur die unmittelbar demokratisch legitimierte Legislative, das Parlament. Das bedeutet, dass ein Eingriff (seitens der Exekutive) in die Rechtssphäre des Betroffenen nur dann gerechtfertigt ist, wenn er im ordnungsgemäßen Vollzug eines rechtmäßigen Gesetzes erfolgt. Erste Voraussetzung für die Rechtmäßigkeit einer belastenden Verwaltungsmaßnahme ist also das Vorliegen einer gesetzlichen Rechtsgrundlage.[585] Man spricht insoweit vom **Vorbehalt des Gesetzes** (Merksatz: „*Nicht ohne das Gesetz*"). Unabhängig von dem Erfordernis einer Rechtsgrundlage gilt, dass die Verwaltung niemals gegen bestehende Gesetze verstoßen darf. Hier spricht man vom **Vorrang des Gesetzes** (Merksatz: „*Nicht gegen das Gesetz*"). Vorrang und Vorbehalt des Gesetzes werden zusammengefasst als **Prinzip der Gesetzmäßigkeit der Verwaltung** bezeichnet (vgl. dazu bereits Rn 160).

1. Vorrang des Gesetzes

236 Das Prinzip vom „**Vorrang des Gesetzes**" gilt **ausnahmslos** für jede Verwaltungstätigkeit und verbietet jeden Verstoß gegen bestehende Gesetze (Art. 20 III GG).

Beispiele:

(1) Wenn keiner der Versagungsgründe des § 4 GastG[586] vorliegt, *ist* dem Antragsteller die Gaststättenerlaubnis von der zuständigen Verwaltungsbehörde zu erteilen. Das folgt aus der grundrechtlich gewährten Gewerbefreiheit (vgl. § 1 GewO i.V.m. Art. 12 I GG).[587] Beachtet die Behörde diese Vorgabe nicht, verstößt sie gegen den Vorrang des Gesetzes.

(2) Beschließt die Bundesregierung, die zuvor gesetzlich festgelegte Laufzeitverlängerung für Atomkraftwerke auszusetzen („Atom-Moratorium"), um einen frühzeitigen Ausstieg aus der Atomenergie herbeizuführen, mag dies als Reaktion auf die Reaktorkatastrophe in Fukushima zwar nachvollziehbar sein, jedoch verstößt dies gegen den Grundsatz vom Vorrang des Gesetzes, da die Bundesregierung nicht die Befugnis hat, Gesetze des Parlaments auch nur teilweise außer Kraft zu setzen. Auch die Bundesregierung unterliegt der Gesetzesbindung aus Art. 20 III GG.

237 Die *Bindung an die Grundrechte* ist allerdings bei **privatrechtlichem Handeln** der Verwaltung differenziert zu betrachten. Da die damit verbundene Problematik ausführlich bei *R. Schmidt*, Grundrechte, Rn 87 ff., dargestellt ist, sei insoweit auf die dortige Darstellung verwiesen.

238 Fraglich sind die **Rechtsfolgen**, die mit einem Verstoß gegen das Vorrangprinzip verbunden sind. Erlässt die Verwaltung gegen höherrangige Gesetze verstoßende **Rechtsverordnungen**, sind diese nichtig. Entsprechendes gilt grundsätzlich auch für **Satzungen**. Allerdings sind dort in Betracht kommende Heilungs- bzw. Unbeachtlichkeitsregelungen zu beachten. So sind gem. § 214 BauGB bestimmte Fehler im Bebauungsplan unbeachtlich

---

[585] Die Terminologie ist uneinheitlich. Verbreitet wird der Begriff „Ermächtigungsgrundlage" verwandt, obwohl dieser Begriff bereits durch das formell-gesetzliche Ermächtigungsverfahren, namentlich eine oberste Bundes- oder Landesbehörde zum Erlass von (abstrakt-generellen) Rechtsverordnungen zu ermächtigen (Art. 80 I GG), besetzt ist. Es empfiehlt sich deshalb, den neutralen Begriff „Rechtsgrundlage" zu verwenden. Bei Maßnahmen der an dieser Stelle zu erörternden Eingriffsverwaltung kann auch mit dem Begriff „Eingriffsermächtigung" gearbeitet werden.

[586] Zum GastG nach der Föderalismusreform vgl. Rn 832c.

[587] Man spricht von einem präventiven Verbot mit Erlaubnisvorbehalt: Das grundrechtliche Erlaubte wird präventiv zur Rechtskontrolle eingeschränkt. Ist das Vorhaben unbedenklich (d.h. bewegt sich der Anspruchsteller im Rahmen des grundrechtlich Erlaubten), ist die „Präventionssperre" aufzuheben und die Erlaubnis zu erteilen.

bzw. behebbar.[588] Gegen Gesetze verstoßende **Beschlüsse** sind jedenfalls dann unwirksam, wenn sie verbindlich sind. Gegen Gesetze verstoßende **Verwaltungsakte** sind demgegenüber grundsätzlich wirksam (vgl. §§ 43 II/III, 44 VwVfG). Sie sind aber anfechtbar und aufhebbar (vgl. § 113 I S. 1 VwGO).[589] Für **Verwaltungsverträge** gilt § 59 VwVfG.[590]

2. Vorbehalt des Gesetzes

a. Erfordernis einer parlamentarischen Gesetzesgrundlage

In einer parlamentarischen Demokratie, wie sie das Grundgesetz kennt, ist ausschließlich das Parlament unmittelbar demokratisch legitimiert. Nur das Parlament darf daher die Voraussetzungen für grundrechtsbeeinträchtigende Maßnahmen (Eingriffe) schaffen. Maßnahmen der Verwaltung, die mit Grundrechtseingriffen verbunden sind, dürfen somit nur dann ergehen, wenn sie sich auf eine parlamentarische Rechtsgrundlage stützen lassen. Art. 20 III GG stellt dies klar. **239**

Beispiel: Möchte die Polizei eine Identitätsüberprüfung vornehmen, benötigt sie dafür eine gesetzliche Rechtsgrundlage, da mit der Maßnahme ein Grundrechtseingriff verbunden ist (hier: Eingriff in das allgemeine Persönlichkeitsrecht aus Art. 2 I i.V.m. 1 I GG). Diese ist dem Polizei- und Ordnungsgesetz (des Landes) zu entnehmen.

Aus einer Gesamtschau aus dem Rechtsstaatsprinzip, dem Demokratieprinzip und den Grundrechten ergibt sich die Definition des Vorbehalts des Gesetzes:

Der aus dem Rechtsstaatsprinzip, dem Demokratieprinzip und den Grundrechten abgeleitete **Vorbehalt des Gesetzes** besagt, dass (grundrechtsbelastende) Verwaltungsmaßnahmen nur auf einer formell-gesetzlichen Grundlage ergehen dürfen.[591] **240**

Nach der Rechtsprechung des BVerfG erschöpft sich der Vorbehalt des Gesetzes aber nicht in dem Erfordernis einer gesetzlichen Grundlage für Grundrechtseingriffe. Er verlangt auch, dass alle für die **Grundrechtsverwirklichung wesentlichen Fragen** vom **parlamentarischen Gesetzgeber** selbst entschieden und nicht der Exekutive überlassen werden, soweit sie gesetzlicher Regelung zugänglich sind.[592] **241**

b. Wesentlichkeitsrechtsprechung und Parlamentsvorbehalt

Die vom BVerfG geprägte **Wesentlichkeitsrechtsprechung** besagt, dass der parlamentarische Gesetzgeber die für die Grundrechtsverwirklichung maßgeblichen Regelungen im Wesentlichen selbst zu treffen hat und diese nicht über mehr oder minder globale Ermächtigungen auf die Exekutive delegieren darf.[593] **242**

Die Wesentlichkeitsrechtsprechung ist Ausfluss aus dem Rechtsstaatsprinzip, dem Demokratieprinzip und dem daraus erwachsenden Bestimmtheitsgrundsatz. Diese Verfassungsgrundsätze verpflichten den Gesetzgeber, in grundlegenden normativen **243**

---

[588] Vgl. ausführlich *R. Schmidt*, BauR, Rn 31 ff.

[589] Vgl. ausführlich *R. Schmidt*, AllgVerwR, Rn 503 ff. und VerwProzR, Rn 267 ff.

[590] Vgl. ausführlich *R. Schmidt*, AllgVerwR, Rn 924 ff.

[591] Insoweit klarstellend BVerfGE 116, 69, 80 (Jugendstrafvollzug); BVerwG NVwZ 2018, 1140, 1143 (mehrjährige Restdienstzeit als Zulassungsaltersgrenze für die Laufbahn der Offiziere).

[592] BVerfG NVwZ 2017, 1111, 1123 (Spielhallen) mit Verweis u.a. auf BVerfGE 83, 130, 142 (Josefine Mutzenbacher); 95, 267, 307 (Altschulden); 98, 218, 251 (Rechtschreibreform); 116, 24, 58 (Einbürgerung).

[593] Vgl. nur BVerfGE 33, 125, 158 (Facharzt); 84, 212, 226 (Aussperrung); BVerfG NVwZ 2015, 1279, 1280 (Altershöchstgrenzen für die Einstellung in den öffentlichen Dienst); NVwZ 2016, 675, 676 f. (Akkreditierung von Studiengängen durch Akkreditierungsagenturen); NVwZ 2017, 1111, 1123 (Spielhallen); NJW 2018, 361, 364 (Zentrale Studienplatzvergabe/Numerus clausus). Siehe auch BVerwG NVwZ 2018, 1140, 1143; BVerwG NVwZ 2019, 1291, 1292 (äußeres Erscheinungsbild der Soldatinnen und Soldaten der Bundeswehr); OVG Berlin-Brandenburg 28.8.2018 – 4 S 36.18 und 1.2.2019 – 4 S 52.18 (Ablehnung von Polizeibewerbern wegen Tätowierung bedarf – hinreichend bestimmter – gesetzlicher Grundlage).

Bereichen alle wesentlichen Entscheidungen selbst zu treffen und nicht dem Handeln und der Entscheidungsmacht der Exekutive zu überlassen. Geht es um Grundrechtseingriffe, hat er die für die Grundrechtsverwirklichung maßgeblichen Regelungen selbst zu treffen.[594] Lediglich die Befugnis zur Regelung von Einzelheiten und Konkretisierungen darf der Exekutive überlassen werden. Siehe dazu im Einzelnen Rn 79j ff.

244 Vom Gesetzesvorbehalt (und der Wesentlichkeitsrechtsprechung) abzugrenzen ist der Parlamentsvorbehalt. Dieser besagt, dass bestimmte Angelegenheiten einer Entscheidung des Parlaments bedürfen, und verbietet, dass Entscheidungen, die von substantiellem Gewicht für das Gemeinwesen sind, ohne parlamentarische Zustimmung getroffen werden. Das leuchtet ein, wenn man bedenkt, dass allein das Parlament unmittelbar demokratisch legitimiert ist und sich die Exekutive nur mittelbar über das Parlament legitimiert. Siehe dazu im Einzelnen Rn 79b ff.

c. Zur Reichweite des Gesetzesvorbehalts

245 Im Gegensatz zum *Vorrang des Gesetzes* gilt der *Vorbehalt des Gesetzes* **nicht uneingeschränkt**. Es muss kategorisch zwischen der Ordnungsverwaltung (hier: Eingriffsverwaltung) und den sonstigen Arten der Verwaltungstätigkeit (hier: Leistungsverwaltung) unterschieden werden:

aa. Eingriffsverwaltung

246 Unstreitig gilt der Vorbehalt des Gesetzes bei (gezielten) Eingriffen in Freiheit und Eigentum der Bürger (sog. **Eingriffsverwaltung**). Folgerichtig ist im besonderen Gefahrenabwehrrecht (Gewerberecht, Gaststättenrecht, Bauordnungsrecht, Wasserhaushaltsrecht etc.) sowie im allgemeinen Gefahrenabwehrrecht (**Polizei- und Ordnungsrecht**) stets eine formell-gesetzliche Grundlage erforderlich, d.h. eine **Rechtsgrundlage**, die die Voraussetzungen für den administrativen Rechtseingriff normiert.

Beispiel: G betreibt in der Innenstadt von S eine Kneipe und lässt dort den Handel mit Drogen zu. Nachdem ihn die Behörde bereits mehrmals aufgefordert hat, dies zu unterbinden, entzieht sie ihm wegen Unzuverlässigkeit die Gaststättenerlaubnis.

Der Entzug der Gaststättenerlaubnis ist ein belastender Verwaltungsakt und Instrument der Eingriffsverwaltung. Das behördliche Handeln bedarf somit einer Rechtsgrundlage. Eine solche stellt § 15 II GastG i.V.m. § 4 I S. 1 Nr. 1 GastG dar. Erfüllt G die dort normierten Voraussetzungen, ist der Widerruf der Erlaubnis gerechtfertigt.

247 Die spezialgesetzlichen Rechtsgrundlagen sind in den die jeweils betreffende Rechtsmaterie regelnden Normkomplexen (bereichsspezifisches Normgefüge) enthalten. Insbesondere das Versammlungsgesetz, das Vereinsgesetz, das Waffengesetz, das Gaststättengesetz, die Gewerbeordnung, die Beamtengesetze und die Verwaltungsverfahrensgesetze (vgl. etwa §§ 48, 49 VwVfG) enthalten eine Vielzahl prüfungsrelevanter Rechtsgrundlagen. Aufgrund der Regelungsdichte des öffentlichen Rechts ist aber davon abzuraten, möglichst viele Rechts- oder Anspruchsgrundlagen auswendig zu lernen. Es genügt, eine Rechtsgrundlage an dem jeweiligen Modalverb „muss", „darf", „kann" oder „ist befugt", das der Behörde eine entsprechende Befugnis erteilt, erkennen zu können.

---

[594] Vgl. nur BVerfGE 33, 125, 158 (Facharzt); 84, 212, 226 (Aussperrung); BVerfG NVwZ 2015, 1279, 1280 (Altershöchstgrenzen für die Einstellung in den öffentlichen Dienst); BVerfG NVwZ 2016, 675, 676 ff. (Akkreditierung von Studiengängen durch Akkreditierungsagenturen). BVerfG NJW 2018, 361, 364 (Zentrale Studienplatzvergabe/Numerus clausus); BVerwG NVwZ 2018, 1140, 1143 (mehrjährige Restdienstzeit als Zulassungsaltersgrenze für die Laufbahn der Offiziere). Siehe auch BVerwG NVwZ 2019, 1291, 1292 (Regelungen über Haar- und Barttracht bei Soldaten dürfen nur durch förmliches Gesetz erfolgen).

Zum Vorbehalt des Gesetzes im sog. **Sonderrechtsverhältnis** vgl. Rn 261 f. sowie *R. Schmidt*, AllgVerwR, Rn 457 ff.; zum Vorbehalt des Gesetzes bei der **Privatisierung** von Verwaltungsaufgaben vgl. *R. Schmidt*, AllgVerwR, Rn 118 ff. Auch die rechtliche Zulässigkeit von **behördlichen Warnungen** einschließlich der Frage nach der Vereinbarkeit mit dem Vorbehalt des Gesetzes ist bei *R. Schmidt*, AllgVerwR, Rn 893 ff. behandelt, weshalb insoweit darauf verwiesen wird. 248-251

bb. Leistungsverwaltung

Im Bereich der **Leistungsverwaltung** (dazu *R. Schmidt*, AllgVerwR, Rn 1008 ff.) besteht die Besonderheit, dass die Verwaltung nicht freiheitsverkürzend in die Rechtssphäre des Bürgers eingreift, sondern ihm gegenüber gewährend auftritt, also dessen Rechtssphäre erweitert. Sollte eine Leistungsgewährung nicht schon gesetzlich geregelt sein (vgl. etwa § 31 SGB I i.V.m. den Anspruchsgrundlagen z.B. aus dem SGB II, III oder VI) lässt insbesondere die Rechtsprechung es daher (bezüglich der Subventionsvergabe) genügen, wenn im **Haushaltsplan** (= nur-formelles Gesetz) des Bundes[595] oder des betreffenden Landes Mittel mit entsprechender Zweckbestimmung bereitgestellt sind und die Vergabe durch **Richtlinien** (i.S.v. Verwaltungsvorschriften) geordnet ist. Seien Fördermittel im Haushaltsplan (z.B. § 23 BHO) für einen bestimmten Förderungszweck bereitgestellt, sei trotz des auch in der Leistungsverwaltung zu beachtenden **Rechtsstaats**-[596] und **Demokratieprinzips** dem Vorbehalt des Gesetzes *grundsätzlich* Genüge getan (sog. **Etatlegitimierung**).[597] 252

Danach wird die Verwaltung unter folgenden Voraussetzungen zur haushaltsrechtlichen Subventionsvergabe legitimiert: 253

1. Der Haushaltsplan muss entsprechende Mittelansätze enthalten.
2. Der Haushaltsplan umreißt die Zweckbestimmung dieser Mittel.
3. Die Subventionsvergabe gehört zu den verfassungsrechtlichen Aufgaben der betreffenden Verwaltungsbehörde (Aufgabennorm).
4. Die Vergabevoraussetzungen sind durch Richtlinien i.S.v. Verwaltungsvorschriften geordnet (Vergaberichtlinien).

Beispiel: Im **Haushaltsplan** des Landes X sind Mittel zur Bekämpfung der Vogelgrippe und zur Förderung der ökologischen Viehzucht bereitgestellt. Ein entsprechender ministerieller Runderlass (= Verwaltungsvorschrift) beschreibt die näheren Voraussetzungen, unter denen die Gelder vergeben werden.

Hier ist die Förderung der Viehzüchter mit keinerlei Rechtsbeeinträchtigung verbunden, sodass unter Zugrundelegung der st. Rspr. die Bereitstellung von Mitteln im Haushaltsplan i.V.m. dem Runderlass dem Rechtsstaats- und Demokratieprinzip genügt.

Von Teilen der Literatur wird gegen den o.g. Standpunkt hervorgebracht, dass die Subventionsvergabe generell für die Allgemeinheit so **wesentlich** sei, dass sie nur 254

---

[595] Vgl. Art. 110 I S. 1, II GG i.V.m. der Bundeshaushaltsordnung (BHO).

[596] Das Rechtsstaatsprinzip wird zum einen dadurch gewährleistet, dass die Behörden an – dem Gesetzgeber im Allgemeinen bekannten – Richtlinien über die Subventionsvergabe sowie an ihre Subventionspraxis (sog. Selbstbindung der Verwaltung) gebunden sind und der Bürger einen formell-rechtlichen Anspruch auf ermessensfehlerfreie Entscheidung hat. Zum anderen besteht für den Bürger die Möglichkeit der verwaltungsgerichtlichen Überprüfung.

[597] BVerwGE 6, 282, 287; 18, 352, 353; 90, 112, 126; 104, 220, 222 f.; VGH München NVwZ 2000, 830; OVG Weimar GewArch 2002, 326 (st. Rspr.). Vgl. auch *Wolff/Bachof/Stober/Kluth*, AllgVerwR I, § 18 Rn 13 f.; *Hölscheidt*, JA 2001, 409, 412; *Funke/Waidhas*, JA 2014, 439, 443. Unberührt bleiben aber Spezialgesetze mit Subventionscharakter, da diese spezielle Rechtsgrundlagen für die Subventionsgewährung darstellen (Beispiel: Privatschulgesetze der Länder, FilmförderungsG, InvestitionszulagenG). Auch stellen die Gesetze der Gemeinschaftsaufgaben (Art. 91a GG) eine ausreichende Rechtsgrundlage für die Gewährung von Finanzhilfen dar (Beispiel: Gesetz über die Gemeinschaftsaufgabe Verbesserung der regionalen Wirtschaftsstruktur). Zu beachten ist weiterhin, dass gem. § 39 I BHO für Bürgschaftszusagen, die zu Ausgaben in künftigen Haushaltsjahren führen können, eine Ermächtigung durch förmliches Bundesgesetz erforderlich ist.

durch ein entsprechendes (formell-materielles) Subventionsgesetz erfolgen dürfe. In diesem Gesetz müssten die Art der Subventionierung und die wichtigsten Vergabevoraussetzungen bestimmt werden. Dabei gelte, dass je bedeutender die Subventionsvergabe für die Allgemeinheit sei, desto detaillierter die Regelung sein müsse.[598] Diese Auffassung läuft praktisch auf einen **Totalvorbehalt** auch in der Leistungsverwaltung hinaus, auch wenn die inhaltliche Bestimmtheit des Gesetzes vom Grad der Bedeutung der Subventionsvergabe für die Allgemeinheit abhängt.

255 Wieder andere favorisieren einen **abgeschwächten Gesetzesvorbehalt**. Sie lassen zwar grundsätzlich die Etatlegitimierung genügen, fordern jedoch eine formell-gesetzliche Rechtsgrundlage für den Fall, dass die Subventionsvergabe nach der Terminologie der Wesentlichkeitsrechtsprechung (vgl. Rn 242 ff.) „**wesentlich**" ist. Sei nach der Wesentlichkeitsrechtsprechung eine gesetzliche Grundlage erforderlich, richte sich der Grad der inhaltlichen Bestimmtheit nach Art und Umfang der Bedeutung für die Allgemeinheit.[599] Insoweit besteht also eine Übereinstimmung zum Totalvorbehalt.

256 Auf den ersten Blick scheint die zuletzt genannte Auffassung vorzugswürdig zu sein. Denn sie fordert nur dann eine formell-gesetzliche Rechtsgrundlage, wenn auch die Wesentlichkeitsrechtsprechung eine solche verlangt. Dies genügt dem Gesetzesvorbehalt. Jedoch übersieht sie, dass letztlich auch die Rechtsprechung dort ein formell-materielles Gesetz fordert, wo Grundrechte betroffen sein können. Damit nivelliert sich der vermeintliche Unterschied.

257 Anknüpfungspunkt der Überlegung ist der Umstand, dass die Zweckbestimmung im Haushaltsplan nur generell bestimmt ist und die Frage, unter welchen Umständen und in welcher Höhe und unter welchen Bedingungen die generell bereitgestellten Mittel verteilt werden, noch der Regelung bedarf. Fehlt eine solche Regelung in Form eines Parlamentsgesetzes, besteht die Gefahr, dass die Überlassung dieser Regelung an die Exekutive in rechtsstaatlicher Hinsicht dem Parlamentsvorbehalt nicht gerecht wird. Daher ist ein formelles Gesetz erforderlich, sofern die staatliche Leistungsvergabe in besonders grundrechtssensiblen Bereichen erfolgt bzw. als zurechenbarer **Eingriff in Grundrechte Dritter** zu bewerten ist[600] (s.u.). So kann ein nicht begünstigter **Konkurrent** des Subventionsempfängers im wirtschaftlichen Wettbewerb benachteiligt werden. Eingriffsqualität haben solche Beeinträchtigungen jedenfalls in Fällen, in denen der Staat zielgerichtet (d.h. final) die Rahmenbedingungen zulasten bestimmter Unternehmen verändert.[601] In diesen Fällen benötigt die Verwaltung eine spezielle formell-gesetzliche Grundlage für die Subventionsvergabe. Greift der Staat indes nicht zielgerichtet, sondern nur mittelbar, d.h. **faktisch**, in die Rechtssphäre des (Dritt-)Betroffenen ein, ist dagegen fraglich, ob es einer Rechtsgrundlage bedarf. Bei schwerer Grundrechtsbeeinträchtigung (etwa durch **grobe Verzerrung des Wettbewerbs**) wird man aber auch für diesen Fall eine Rechtsgrundlage fordern müssen.[602]

Beispiel[603]**:** Im Haushalt des Landes X ist ein Posten „Finanzhilfen für existenzgefährdete Wirtschaftsunternehmen" bereitgestellt. Der zuständige Regierungspräsident weist dem wirtschaftlich stark angeschlagenen Unternehmer A nach Maßgabe der vom Wirt-

---

598 *Maurer/Waldhoff*, AllgVerwR, § 6 Rn 21; *Sommermann*, in: v. Mangoldt/Klein/Starck, GG, Bd. II, Art. 20 Rn 272.
599 *Huber*, Konkurrenzschutz im Verwaltungsrecht, 1991, S. 498.
600 BVerwGE 90, 112, 126 (Eingriff bei einer mittelbaren Grundrechtsbeeinträchtigung durch Förderung eines privaten Vereins, der Sekten kritisch hinterfragt); 75, 109, 117. Vgl. auch *Hölscheidt*, JA 2001, 409, 412; *Funke/Waidhas*, JA 2014, 439, 443.
601 BVerwGE 71, 183, 194.
602 Vgl. auch BVerwG NVwZ 2001, 322 ff.; BVerwGE 71, 183, 191; 90, 112, 126.
603 Vgl. *Maurer/Waldhoff*, AllgVerwR, § 6 Rn 3.

schaftsminister erlassenen Vergaberichtlinien eine Subvention i.H.v. € 1.000.000,- zu. Ein Subventionsgesetz besteht nicht. B, ein Konkurrent des A, hält die Subventionierung für mit dem Grundsatz der Gesetzmäßigkeit der Verwaltung nicht vereinbar. Zu Recht?

Das Vorrangprinzip ist nicht betroffen, da ein Gesetz gerade nicht besteht. Möglicherweise ist aber der Vorbehalt des Gesetzes verletzt. Jedoch besteht eine gezielte Rechtsbeeinträchtigung des B nicht. Dem Regierungspräsidenten ging es nur um die Subventionierung des A. Folgt man der Rechtsprechung, ist eine gesetzliche Rechtsgrundlage grundsätzlich nicht erforderlich. Es genügt vielmehr die etatmäßige Bereitstellung von Mitteln i.V.m. Vergaberichtlinien. Etwas anderes würde aber auch nach der Rechtsprechung gelten, wenn mit der Subventionierung des A eine Verzerrung des Wettbewerbs verbunden und die unternehmerische Existenz des B gefährdet würde. Das ist eine Sachverhaltsfrage.

Gesetzesvorbehalt bei Subventionsvergabe

Auffassung 1:
grds. **Etatlegitimierung** in Form von Haushaltsgesetz ausreichend; materielle RGL nur, wenn Grundrechte Dritter beeinträchtigt werden.

Auffassung 2:
Totalvorbehalt, da Subventionsvergabe generell für die Allgemeinheit so wesentlich ist, dass sie nur durch ein formell-materielles Subventionsgesetz erfolgen dürfe.

Auffassung 3:
abgeschwächter Gesetzesvorbehalt, d.h. formell-materielles Gesetz nur, wenn die Wesentlichkeitsrechtsprechung es fordert.

Ein weiterer problematischer Fall ist die Förderung eines privaten Vereins, der religiö- 258
se **Sekten** (die sich auf Art. 4 I, II i.V.m. Art. 19 III GG berufen können) kritisch hinterfragt. Hier muss die Förderung auf ausdrücklicher gesetzlicher Grundlage beruhen. Die Beeinträchtigung der Religions- und Weltanschauungsfreiheit ist dem Staat als Eingriff (in den Grundrechtsbereich) zuzurechnen. Daher stellt die Bereitstellung von Mitteln im Haushaltsplan hier keine ausreichende Rechtsgrundlage dar.[604]

Einer gesetzlichen Grundlage bedarf auch die selektive **Pressesubvention**. Aus- 259
gangspunkt der Überlegung ist, dass Einschränkungen der Pressefreiheit (Art. 5 I S. 2 GG schützt jedenfalls in seiner Abwehrfunktion vor staatlichen *Beschränkungen* der Pressetätigkeit) nur durch *allgemeine* Gesetze (Art. 5 II GG) zulässig sind. Es handelt sich somit um einen **verfassungsrechtlich angeordneten Gesetzesvorbehalt.** Aber auch im Vorfeld der eigentlichen Pressetätigkeit darf es keine staatlichen Lenkungen geben. Der Verfassungsgarantie des Art. 5 I S. 2 GG würde es zuwiderlaufen, wenn die Presse ganz oder teilweise steuerbar wäre. Die selektive Förderung von Presseunternehmen verschlechtert die Wettbewerbsstellung eines übergangenen Presseunternehmens. Daher liegt ein Eingriff in die grundrechtlich geschützte Pressefreiheit des nicht geförderten Unternehmens vor. Soweit der nicht subventionierte Konkurrent einen **grundrechtsrelevanten Eingriff** in die Pressefreiheit erleidet, muss schon deshalb eine gesetzliche Rechtsgrundlage (Art. 5 II GG) vorhanden sein. Darüber hinaus enthält das Grundrecht aus Art. 5 I S. 2 GG neben seiner Funktion als Abwehrrecht die Garantiefunktion der staatlichen Unabhängigkeit (Institutsgarantie). Wenn der Staat durch selektive Förderung lenkend und gestaltend in das Pressewesen eingreift, besteht die Gefahr, dass die geförderten Presseunternehmen ihre

[604] BVerwGE 90, 112, 126.

Neutralität gegenüber dem Staat ablegen, um ihre Aussichten auf künftige Förderungen nicht zu verschlechtern. Auch aus diesem Grund ist eine über die Etatlegitimierung hinausgehende Rechtsgrundlage zu fordern (vgl. bereits oben).

260 Als *gesetzlich* geregelte Ausnahme von dem grundsätzlich nicht geltenden Gesetzesvorbehalt in der Leistungsverwaltung sind – wie bereits erwähnt – ferner in der **Sozialverwaltung** die §§ 2 I, 31 SGB I (Allg. Teil) zu beachten. Danach ist die Begründung von Rechten in den Sozialleistungsbereichen „dieses Gesetzbuches" unter den Vorbehalt ausdrücklich gesetzlicher Regelungen oder Zulassungen gestellt. Würde die (Sozial-)Verwaltung die Regelung des § 31 SGB I missachten, also Sozialleistungen ohne gesetzliche Grundlage gewähren, läge darin auch bereits ein Verstoß gegen das Vorrangprinzip.

cc. Gesetzesvorbehalt und (abzulehnendes) „Sonderrechtsverhältnis"

261 Nach der insbesondere von *Otto Mayer* [605] entwickelten Lehre vom „besonderen Gewaltverhältnis"[606] bestand eine enge Beziehung zwischen dem Staat und Bürgern, die aufgrund von Soldaten-, Beamten-, Strafgefangenen-, Schul- oder (sonstigen) Anstaltsverhältnissen in einem Über-/Unterordnungsverhältnis zum Staat standen. Der in einem „besonderen Gewaltverhältnis" zum Staat stehende Bürger wurde gleichsam in den Staatsapparat einbezogen mit der Folge, dass die Grundrechte und der Gesetzesvorbehalt – die nur das allgemeine Bürger-Staat-Verhältnis bestimmen – nicht zur Geltung kamen. Dementsprechend war eine gesetzliche Rechtsgrundlage auch bei belastenden Maßnahmen gegenüber den im besonderen Gewaltverhältnis stehenden Bürgern nicht erforderlich. Vielmehr war es gängige Praxis, z.B. Postkontrollen oder Disziplinarmaßnahmen auf Verwaltungsvorschriften (bzw. Anstaltsordnungen) zu stützen. Das „besondere Gewaltverhältnis" mit der Nichtgeltung bzw. eingeschränkten Geltung der Grundrechte wurde sogar noch nach Inkrafttreten des Grundgesetzes vertreten, was jedoch weder dem modernen Demokratieverständnis noch dem Rechtsstaatsprinzip (d.h. den Grundsätzen aus Art. 1 III GG und Art. 20 III GG) entsprach. Auch Richter, Soldaten, Polizisten, Justizbeamte, Strafgefangene usw. sind – trotz der öffentlich-rechtlichen Sonderverbindung zum Staat – Grundrechtsträger. Grundrechtsbeeinträchtigende Maßnahmen bedürfen daher stets einer gesetzlichen Rechtsgrundlage und müssen auch den übrigen grundgesetzlichen Anforderungen (insbesondere dem Grundsatz der Verhältnismäßigkeit) gerecht werden. Dementsprechend hat das BVerfG dem Standpunkt, dass die Grundrechte und der Gesetzesvorbehalt im „Sonderstatusverhältnis" nicht zur Geltung kämen, in seiner berühmten Strafgefangenenentscheidung[607] eine Absage erteilt und dies im Urteil bezüglich des Jugendstrafvollzugs ausdrücklich bestätigt.[608]

262-268 Das „besondere Gewaltverhältnis" als rechtfertigende Grundlage für Eingriffe in die (Grund-)Rechtssphäre der Betroffenen ist somit abzulehnen. Greift also ein Träger öffentlicher Gewalt in die (Grund-)Rechtssphäre eines Beamten, Richters, Soldaten, Schülers oder Strafgefangenen ein, bedarf er dazu einer **gesetzlichen Rechtsgrundlage**, die zudem alle wesentlichen Voraussetzungen für die Grundrechtsverkürzung enthält.[609] Lediglich Randfragen dürfen der Exekutive überlassen bleiben. Da sämtliche damit zusammenhängende Rechtsfragen bei *R. Schmidt*, AllgVerwR, Rn 457 ff. behandelt sind, sei auch insoweit darauf verwiesen.

---

[605] Vgl. *Otto Mayer*, Deutsches Verwaltungsrecht, Bd. 1, 3. Aufl. 1924, S. 101 f.
[606] Auch Sonderstatusverhältnis oder Sonderrechtsverhältnis genannt.
[607] BVerfGE 33, 1 ff.; vgl. auch BVerfGE 41, 251 ff.
[608] BVerfGE 116, 69 ff.
[609] Heute ganz selbstverständlich BVerfG NJW 2013, 3291.

d. Zusammenfassung zu Vorrang und Vorbehalt des Gesetzes

Das Prinzip vom **Vorrang des Gesetzes** besagt, dass die Verwaltung umfassend und ausnahmslos an das Gesetz gebunden ist, Art. 20 III GG („Nicht gegen das Gesetz"). 269

Aussage des Prinzips vom **Vorbehalt des Gesetzes** ist, dass die Verwaltung nur dann handeln darf, wenn ihr das durch den Gesetzgeber gestattet worden ist, Art. 20 III GG („Nicht ohne Gesetz").

- Das Prinzip vom Vorbehalt des Gesetzes gilt jedenfalls für den Bereich der **Eingriffsverwaltung**.
- Im Bereich der **Leistungsverwaltung** besteht der Grundsatz vom Vorbehalt des Gesetzes indes grundsätzlich nicht.
- Schließlich gilt der Vorbehalt des Gesetzes auch im Bereich der **Sonderrechtsverhältnisse**, sofern es nicht lediglich um Maßnahmen interner Organisationsgewalt geht.

V. Grundsatz der Verhältnismäßigkeit der Mittel (Übermaßverbot)

1. Elemente des Verhältnismäßigkeitsgrundsatzes

In einem Rechtsstaat ist der Grundsatz der Verhältnismäßigkeit von herausragender Bedeutung.[610] Er genießt daher Verfassungsrang und gilt für alle staatlichen Maßnahmen. Inhaltlich bringt er zum Ausdruck, dass die Freiheit des Einzelnen nur so weit eingeschränkt werden darf, als es im Interesse des Gemeinwohls unerlässlich ist[611] („nicht mit Kanonen auf Spatzen schießen"). Eine gesetzliche Bestimmung (generell: eine staatliche Maßnahme), die in Grundrechte eingreift, ist nach allgemeiner Auffassung nur dann verhältnismäßig, wenn 270

- der vom Staat verfolgte **Zweck legitim** ist, also als solcher verfolgt werden darf,
- der Einsatz des Mittels zur Erreichung des Ziels **geeignet**,
- der Einsatz des Mittels zur Erreichung des Ziels **erforderlich**
- und der Einsatz des Mittels zur Erreichung des Ziels **angemessen** ist.[612]

Hinweis für die Fallbearbeitung: Aufgrund der herausragenden Bedeutung des Verhältnismäßigkeitsgrundsatzes hängt der Wert einer Fallbearbeitung zu einem wesentlichen Teil davon ab, dass die Argumentationsstrukturen dieses Grundsatzes erkannt und umgesetzt werden. Dabei ist zu beachten, dass der jeweilige Schritt konstitutiv für den nächsten ist. Ist die zu untersuchende Maßnahme also z.B. mangels Erforderlichkeit rechtswidrig, bedarf es zu der Angemessenheit keiner Ausführungen mehr.

a. Legitimer Zweck des Gesetzes bzw. der staatlichen Maßnahme

Der erste Prüfungsschritt der Verhältnismäßigkeit besteht in der Feststellung des Zwecks des Gesetzes bzw. der staatlichen Maßnahme. Dazu können zumeist die ersten Paragraphen des Gesetzes oder (in einer Hausarbeit) die Gesetzesmaterialien (z.B. die Begründung) herangezogen werden. 271

Legitim ist der Zweck, wenn er auf das Wohl der Allgemeinheit gerichtet ist bzw. wenn ein öffentliches Interesse verfassungsrechtlich nicht ausgeschlossen ist.[613] 272

---

[610] Klarstellend BVerfG NJW 2015, 3158, 3159: „Grundrechte dürfen nur durch Gesetz oder aufgrund eines Gesetzes und nur unter Beachtung des Grundsatzes der Verhältnismäßigkeit eingeschränkt werden." Siehe auch BVerwG NJW 2018, 2067, 2070 (Dieselfahrverbot).

[611] Vgl. nur BVerfGE 19, 342, 348 f. (Haftverschonung); 76, 1, 50 (Ehegattennachzug); 111, 54, 82 (Rechenschaftspflicht von Parteien); BVerwG NJW 2018, 2067, 2070 (Dieselfahrverbot).

[612] Siehe nur BVerfG NJW 2019, 1432, 1433 (Parteienfinanzierung); BVerfG NJW 2019, 827, 833 (Automatisierte Kennzeichenerfassung) – jeweils mit Verweis auf die st. Rspr. BVerfGE 67, 157, 173; 120, 378, 427; 141, 220, 265.

[613] BVerfGE 124, 300, 331 (Rudolf-Heß-Gedenkfeier).

273 Welche Zwecke legitim sind, hängt auch und insbesondere vom jeweiligen Grundrecht ab, in das eingegriffen wird.[614] Dabei ist zu beachten, dass dem Gesetzgeber bei der Frage der Legitimität ein weiter Prognosespielraum eingeräumt wird; immerhin ist er bei Erlass des Gesetzes gezwungen, zukunftsorientiert zu arbeiten. Man spricht darum von der Zwecksetzungskompetenz des Gesetzgebers. Bei der gutachtlichen Bewertung des Zwecks ist daher großzügig zu verfahren. Der Zweck ist erst dann verfehlt, wenn entweder das in dem jeweiligen Grundrecht enthaltene Freiheitsprinzip als solches aufgehoben wird[615] oder die Erwägungen des Gesetzgebers vernünftigerweise keine Grundlage für gesetzgeberische Maßnahmen abgeben können.[616]

Beispiele:

(1) Wird durch Gesetz oder Luftreinhaltplan die Einfahrt von Dieselfahrzeugen, die nicht der Euro-6-Abgasnorm entsprechen, in Stadtzentren untersagt, dient dies – unabhängig von den von einem Fahrverbot jeweils betroffenen Grundrechten – der Verringerung der Stickoxidbelastung und damit der Förderung des Gesundheitsschutzes und der Erhaltung der natürlichen Lebensgrundlagen. Solche Zwecke sind – in Anbetracht der Staatszielbestimmung Umweltschutz (Art. 20a GG), des staatlichen Auftrags, sich schützend und fördernd vor das menschliche Leben zu stellen (Art. 2 II S. 1 GG)[617], und europarechtlicher Vorgaben[618] – legitim.[619]

(2) Werden auf der Grundlage des Landespolizeigesetzes im Straßenverkehr Kfz-Kennzeichen automatisiert erfasst, kurzzeitig gemeinsam mit Angaben zu Ort, Datum, Uhrzeit und Fahrtrichtung gespeichert und mit Kennzeichen aus dem Fahndungsbestand abgeglichen, liegt darin nach zutreffender Auffassung des BVerfG ein Eingriff in das Grundrecht auf informationelle Selbstbestimmung aus Art. 2 I i.V.m. 1 I GG, und zwar auch dann, wenn der Abgleich des Kennzeichens keinen „Treffer" ergibt und die Daten dann unverzüglich und automatisch vom Computer gelöscht werden.[620] Dient diese gesetzliche Befugnis mit dem Ziel, die erfassten Daten mit dem Datenbestand abzugleichen, der Abwehr von konkreten Gefahren, der Eindämmung von Orten, die Rückzugs- und Ausgangspunkt für Kriminalität und Verstöße gegen das Aufenthaltsrecht sind, dem Schutz von gefährdeten Orten mit Bedeutung für das Gemeinwesen, dem Schutz vor schweren Straftaten, dem Schutz der friedlichen Durchführung von Versammlungen sowie dem Schutz vor grenzüberschreitender Kriminalität oder der Verhinderung von Verstößen gegen das Aufenthaltsrecht[621], verfolgt der Gesetzgeber legitime Zwecke.[622]

b. Geeignetheit des Gesetzes bzw. der staatlichen Maßnahme

274 **Geeignet** ist die staatliche Maßnahme, wenn mit ihrer Hilfe das angestrebte Ziel erreicht werden kann.[623]

[614] BVerfGE 124, 300, 331 (Rudolf-Heß-Gedenkfeier). Siehe auch BVerfG NJW 2019, 827, 833 (Automatisierte Kennzeichenerfassung).
[615] BVerfGE 124, 300, 331 (Rudolf-Heß-Gedenkfeier).
[616] BVerfGE 77, 84, 106 (Arbeitnehmerüberlassung im Baugewerbe).
[617] Zum staatlichen Schutzauftrag (zur staatlichen Schutzpflicht) vgl. R. Schmidt, Grundrechte, Rn 301 ff. (mit Verweis auf die Rspr. des BVerfG).
[618] Siehe Art. 23 I UA 2 der Richtlinie 2008/50/EG
[619] Siehe BVerwG NJW 2018, 2067, 2070 ff. (Dieselfahrverbot).
[620] BVerfG NJW 2019, 827, 829 f. Automatisierte Kennzeichenerfassung). Siehe dazu auch unten Rn 276b.
[621] Siehe BVerfG NJW 2019, 827, 833 in Bezug auf Art. 33 II i.V.m. Art. 13 I BayPAG.
[622] BVerfG NJW 2019, 827, 833 (Automatisierte Kennzeichenerfassung). Zur Grundrechtsprüfung vgl. *R. Schmidt*, Grundrechte, Rn 266 ff.
[623] Vgl. nur BVerfGE 81, 156, 192 (Verunglimpfung der Nationalhymne); 96, 10, 21 (Räumliche Aufenthaltsbeschränkung); 115, 276, 308 (Sportwetten); 126, 112, 144 (Neuordnung des Rettungsdienstwesens); 134, 204, 226 (Werkverwertungsverträge); 141, 82, 100 (Partnerschaftsgesellschaft); BVerfG NVwZ 2017, 1111, 1123 (Spielhallen); BVerfG NJW 2018, 2109, 2111 (§ 40 Ia LFGB); BVerfG NJW 2018, 2542, 2543 f. (Befristung von Arbeitsverträgen); BVerfG NJW 2019, 827, 833 (Automatisierte Kennzeichenerfassung); BVerfG 26.2.2020 – 2 BvR 2347/15 u.a. Rn 260 (Geschäftsmäßige Förderung der Selbsttötung).

Das Gesetz bzw. die staatliche Maßnahme muss ein zwecktaugliches Mittel darstellen. Auf Fragen der Effektivität kommt es (noch) nicht an. Was die Frage nach dem (gerichtlichen) Prüfungsumfang betrifft, ist zu beachten, dass – anders als bei Maßnahmen der Exekutive – die Einhaltung der Geeignetheit von formal-gesetzlichen Regelungen nur beschränkt überprüfbar ist. Denn der Gesetzgeber hat nicht nur hinsichtlich des legitimen Zwecks, sondern auch hinsichtlich der Geeignetheit einen Beurteilungs- und Prognosespielraum.[624] Immerhin hat der Gesetzgeber den Verfassungsauftrag, künftige Entwicklungen antizipiert in die Normen aufzunehmen. Ebendies erfordert die Anerkennung eines Prognosespielraums, der nicht hinterher für den Fall, dass die Einschätzung des Gesetzgebers nicht vollständig aufgegangen ist, ohne weiteres von den (Verfassungs-)Gerichten verworfen werden darf. Die Zwecktauglichkeit und damit die Geeignetheit sind daher nur bei evidenter Untauglichkeit der gesetzlichen Regelung nicht gegeben.[625] Nur dann ist die fragliche gesetzliche Regelung verfassungswidrig.[626]

Beispiel: Ein gesetzliches Fahrverbot in Innenstädten für Dieselfahrzeuge, die nicht der Euro-6-Abgasnorm entsprechen, ist zur Begrenzung der Schadstoffbelastung (Eingriff in Art. 14 I, 12 I oder Art. 2 I GG) unter dem Aspekt der Geeignetheit nur dann verhältnismäßig, wenn es überhaupt in der Lage ist, die Schadstoffbelastung zu verringern. Nach dem BVerwG ist das der Fall.[627]

Hinweis für die Fallbearbeitung: Da bereits eine Teileignung genügt („Schritt in die richtige Richtung"), lässt sich diese Hürde der Verhältnismäßigkeitsprüfung relativ leicht überwinden. In der Fallbearbeitung genügen daher eine kurze Subsumtion und die Feststellung, dass die fragliche gesetzliche Bestimmung zwecktauglich, also geeignet war.

c. Erforderlichkeit des Gesetzes bzw. der staatlichen Maßnahme

Erforderlich ist die gesetzliche Regelung, wenn kein gleich wirksames, aber für den Grundrechtsträger weniger und Dritte und die Allgemeinheit nicht stärker belastendes Mittel zur Erreichung des Ziels zur Verfügung steht.[628] 275

Die Erforderlichkeit stellt auf das Interventionsminimum ab. Eine staatliche Maßnahme darf nicht über das zur Verfolgung ihres Zwecks erforderliche Maß hinaus- und nicht weitergehen, als der mit ihr intendierte Schutzzweck reicht.[629] Dabei betont das BVerfG in ständiger Rechtsprechung, dass dem Gesetzgeber auch hier ein Beurteilungs- und Prognosespielraum zusteht.[630]

Hinweis für die Fallbearbeitung: In der Falllösung kann an dieser Stelle hervorragend die Fähigkeit zu juristischer Argumentation demonstriert werden. Es können Argumente vorgetragen werden, welche Nachteile die zu prüfende Maßnahme für den Betroffenen hat und wie diese Maßnahme bspw. eingeschränkt werden könnte, damit der Zweck (hier die Erforderlichkeit) trotzdem erreicht wird. Anschließend

---

[624] Vgl. nur BVerfG NJW 2018, 2542, 2543/2544 (Befristung von Arbeitsverträgen) m.w.Nachw.
[625] Zum Beurteilungsspielraum, der in bestimmten Fällen auch der Exekutive eingeräumt worden ist, vgl. *R. Schmidt*, AllgVerwR, Rn 283 ff.
[626] BVerfGE 67, 157, 173 (Überwachung des Brief- und Telefonverkehrs).
[627] BVerwG NJW 2018, 2067, 2070 ff. (Dieselfahrverbot).
[628] BVerfG NJW 2018, 2109, 2112 mit Verweis auf BVerfGE 113, 167, 259; 135, 90, 118. Vgl. auch BVerfGE 30, 292, 316; 63, 88, 115; 77, 84, 109; 90, 145, 172; 100, 313, 375; 116, 202, 225; 145, 20, 80; BVerfG NJW 2019, 827, 830 f. (Automatisierte Kennzeichenerfassung).
[629] BVerfG NJW 2018, 2109, 2112 mit Verweis auf BVerfGE 79, 179, 198; 100, 226, 241; 110, 1, 28.
[630] Vgl. nur BVerfG NJW 2018, 2542, 2543/2544 (Befristung von Arbeitsverträgen) m.w.N.

können Alternativmaßnahmen erörtert werden, die ebenso geeignet sind, möglicherweise aber weniger intensiv in die Rechtssphäre des Betroffenen eingreifen.

Beispiel: Ein gesetzliches Fahrverbot in Innenstädten für Dieselfahrzeuge, die nicht der Euro-6-Abgasnorm entsprechen, ist zur Begrenzung der Schadstoffbelastung (Eingriff in Art. 14 I, 12 I oder Art. 2 I GG) unter dem Aspekt der Erforderlichkeit nur dann verhältnismäßig, wenn es kein anderes Mittel gibt, das den gleichen Erfolg mit der gleichen Sicherheit und einem vergleichbaren Aufwand herbeiführen würde. Als andere Maßnahme zur Schadstoffverringerung kommt z.B. eine Verbannung sämtlicher Industrieanlagen aus dem Stadtgebiet in Betracht. Ob eine solche Maßnahme aber ein milderes Mittel wäre, erscheint fraglich. Grundsätzlich lässt sich sagen, dass eine Alternativmaßnahme immer dann in Betracht zu ziehen ist, wenn bewährte empirische Untersuchungen und Hypothesen einen Zusammenhang zwischen der anderen Maßnahme und dem mit dem Gesetz verfolgten Zweck beweisen. Das BVerwG hat die Vorinstanzen insoweit nicht beanstandet.[631]

Wird (gerade wegen des dem Gesetzgeber zustehenden Beurteilungs- und Prognosespielraums) im Ergebnis festgestellt, dass die gesetzliche Regelung erforderlich war, muss zuletzt die Verhältnismäßigkeit i.e.S. (Angemessenheit) geprüft werden.

d. Angemessenheit des Gesetzes bzw. der staatlichen Maßnahme

276 **Angemessen** ist die gesetzliche Regelung, wenn der mit ihr verfolgte Zweck in seiner Wertigkeit nicht außer Verhältnis zur Intensität des Eingriffs steht (Zumutbarkeit der Regelung[632] = Verhältnismäßigkeit i.e.S.).[633]

276a In diesem Prüfungsschritt muss eine **Abwägung** stattfinden zwischen der Intensität des Eingriffs in das grundrechtlich geschützte Rechtsgut und der Wertigkeit des verfolgten Zwecks der gesetzlichen Regelung (bzw. der Maßnahme).

Beispiel: Ein gesetzliches Fahrverbot in Innenstädten für Dieselfahrzeuge, die nicht der Euro-6-Abgasnorm entsprechen, ist zur Begrenzung der Schadstoffbelastung unter dem Aspekt der Angemessenheit verhältnismäßig, wenn das mit ihm verfolgte Ziel in seiner Wertigkeit nicht außer Verhältnis zur Intensität des Eingriffs steht. Das BVerwG hat hierzu eine phasenweise Einführung von Verkehrsverboten gefordert. So seien in der ersten Phase nur ältere Fahrzeuge (etwa bis zur Euro-4-Abgasnorm) betroffen. Zur Herstellung der Verhältnismäßigkeit dürften Euro-5-Fahrzeuge jedenfalls nicht vor dem 1.9.2019 (also vier Jahre nach Einführung der Abgasnorm Euro 6) mit Verkehrsverboten belegt werden. Darüber hinaus bedürfe es hinreichender Ausnahmen, z.B. für Handwerker oder bestimmte Anwohnergruppen. Diesel-Kfz, die die Euro-6-Abgasnorm einhalten, seien generell von Fahrverboten ausgenommen.[634]

Dem ist vollumfänglich zuzustimmen. Die Schadstoffbelastung von Euro-4-Dieselfahrzeugen ist so hoch, dass keine Übergangszeit erforderlich ist. Und die betroffenen Fahrzeughalter von Euro-5-Dieselfahrzeugen haben genügend Zeit, sich auf etwaige Fahrverbote einzustellen, und sind im Übrigen frei in ihrer Entscheidung, ihre Fahrzeuge nachzurüsten oder in der Innenstadt die öffentlichen Verkehrsmittel zu benutzen. Der damit verbundene Eingriff in Art. 14 I S. 1 GG ist durch die Sozialpflichtigkeit gem. Art. 14 II GG gerechtfertigt sowie durch das Recht auf körperliche Unversehrtheit (Art.

---

[631] BVerwG NJW 2018, 2074, 2075 ff. (Dieselfahrverbot).

[632] Siehe nur BVerfG NJW 2018, 2542, 2546 (Befristung von Arbeitsverträgen), das den Begriff der Zumutbarkeit (statt Angemessenheit) verwendet.

[633] Vgl. nur BVerfG NJW 2019, 1432, 1433 (Parteienfinanzierung); BVerfG NJW 2019, 827, 830 (Automatisierte Kennzeichenerfassung); BVerfG NJW 2019, 584, 585 (E-Mail-Anbieter muss IP-Adressen temporär speichern und den Strafverfolgungsbehörden nennen); BVerfGE 117, 163, 182 f. (Erfolgshonorar); 133, 277, 322 (Antiterrordateigesetz); BVerwG NJW 2018, 2067, 2070 (Dieselfahrverbot).

[634] BVerwG NJW 2018, 2067, 2071 (Dieselfahrverbot); BVerwG NJW 2018, 2074, 2075 (Dieselfahrverbot).

2 II S. 1 Var. 2 GG) und die Staatszielbestimmung Umweltschutz (Art. 20a GG). Hinsichtlich Art. 12 I GG sind bspw. Handwerker von Fahrverboten ausgenommen. Ein differenziertes und phasenweise eingeführtes Fahrverbot steht damit nicht außer Verhältnis zu den genannten Zielen und ist daher auch angemessen.

Allgemein lässt sich die Frage nach der Verhältnismäßigkeit anhand folgender Formel beantworten: Je stärker das Gesetz (bzw. die Maßnahme) das betroffene Grundrecht einschränkt, desto gewichtiger müssen die gegenläufigen Verfassungsgüter sein, damit der Grundrechtseingriff verfassungsrechtlich gerechtfertigt ist. Auch das Fehlen einer zeitlichen Begrenzung der gesetzlichen Befugnis zu Grundrechtseingriffen kann zur Unverhältnismäßigkeit i.e.S. führen.[635] Ebenso kann eine den Eingriffszweck zu weit fassende Regelung die Unverhältnismäßigkeit begründen.[636] **276b**

Beispiel[637]**:** Ermächtigt eine polizeigesetzliche Bestimmung zu Kennzeichenkontrollen an gefährlichen und gefährdeten Orten (siehe Rn 273 Bsp. 2), ist dies bei verfassungskonformer Auslegung nicht zu beanstanden, wenn eine konkrete Gefahr als Anlasstatbestand gefordert wird und die Maßnahme nur zum Schutz von Rechtsgütern von erheblichem Gewicht zulässig ist. Aber auch im Rahmen einer Schleierfahndung, wenn also über die grenzverkehrsrelevanten Örtlichkeiten ein Schleier engmaschiger Kontrollen geworfen wird, ist nach der Rechtsprechung des BVerfG unter Berücksichtigung des Wegfalls der innereuropäischen Grenzkontrollen die Befugnis zur Kennzeichenkontrolle nicht von vornherein unverhältnismäßig, soweit Kennzeichenkontrollen in einem Grenzgebiet bis zu einer Tiefe von 30 km oder an öffentlichen Einrichtungen des internationalen Verkehrs durchgeführt werden dürfen. Die Befugnis zu Kontrollen allgemein auf Durchgangsstraßen im ganzen Land sei demgegenüber nicht hinreichend bestimmt und begrenzt und weise nicht den erforderlichen klaren Grenzbezug auf. Auch wenn das Gesetz keine Pflicht zur Dokumentation der Entscheidungsgrundlagen für den Einsatz der verdeckt erfolgenden automatisierten Kennzeichenkontrollen vorsehe, sei dies zu beanstanden. Denn eine Dokumentationspflicht fördere die Selbstkontrolle, ermögliche die Aufsicht durch den Landesdatenschutzbeauftragten und erleichtere die verwaltungsgerichtliche Kontrolle. Schließlich begegne es unter dem Aspekt der Angemessenheit verfassungsrechtlichen Bedenken, wenn die Befugnisnorm insbesondere auch die Verwertung von Zufallserkenntnissen eröffne.[638]

Hinsichtlich der Frage nach der Verhältnismäßigkeit von Eingriffen enthalten Grundrechte eine präjudizierende Wirkung. So geben Grundrechte mit Gesetzesvorbehalt zu erkennen, dass Einschränkungen möglich sein sollen. Es muss aber stets eine Güterabwägung stattfinden. So ist in Anwendung der o.g. Formel zu prüfen, ob die Ausübung des Grundrechts unmöglich gemacht oder ob nur eine bestimmte Art und Weise der Grundrechtsausübung beschnitten wird. Bei Grundrechten ohne Gesetzesvorbehalt ist eine Güterabwägung zwischen den widerstreitenden Werten von Verfassungsrang vorzunehmen (praktische Konkordanz). **276c**

Beispiele: Im **Lüth-Urteil** führt das BVerfG aus: „Das Recht zur Meinungsäußerung muss zurücktreten, wenn schutzwürdige Interessen eines anderen von höherem Rang durch die Betätigung der Meinungsfreiheit verletzt würden"[639]. Und im **Apotheken-Urteil** führt das BVerfG aus: „Eine Regelung ..., die schon die Aufnahme der Berufstätigkeit von der Erfüllung bestimmter Voraussetzungen abhängig macht und die damit die Freiheit der Berufswahl berührt, ist nur gerechtfertigt, soweit dadurch ein überra-

[635] So im Fall BVerfG NJW 2018, 2109, 2113.
[636] BVerfG NJW 2019, 827, 830 (Automatisierte Kennzeichenerfassung tw. verfassungswidrig).
[637] Siehe BVerfG NJW 2019, 827 ff. (Automatisierte Kennzeichenerfassung).
[638] BVerfG NJW 2019, 827, 834 (Automatisierte Kennzeichenerfassung). Siehe dazu im Einzelnen *R. Schmidt*, POR, Rn 174 ff.
[639] BVerfGE 7, 198, 210.

gendes Gemeinschaftsgut, das der Freiheit des Einzelnen vorgeht, geschützt werden soll"[640]. Schließlich führt das BVerfG im Urteil hinsichtlich der **Verunglimpfung der Nationalflagge** aus, dass trotz des wichtigen Schutzzwecks der Integrationswirkung von Staatssymbolen hinsichtlich der durch sie verkörperten Grundwerte das von § 90a StGB geschützte Rechtsgut nicht abstrakt als der Kunstfreiheit übergeordnet bezeichnet werden könne. Vielmehr sei ein fallbezogener Ausgleich der widerstreitenden Schutzgüter vorzunehmen. Dabei ist zu beachten, dass die „Höhe" der Kunst keinen Eingang in die Abwägung finden kann. Einer Bewertung der „Höhe" der Kunst hat sich der Staat zu enthalten. Kunst ist einer staatlichen Stil- und Niveaukontrolle nicht zugänglich.[641] Vor einiger Zeit hat das BVerfG auch zur Frage nach der Zulässigkeit von **Ladenschlusszeiten** Stellung genommen. Es betont das grundsätzliche Recht der Einzelhändler auf freie Gestaltung der Ladenöffnungszeiten und hebt die Bedeutung der Berufsfreiheit hervor. Gleichzeitig weist es aber auch auf die Grundrechte der Arbeitnehmer hin und stellt fest, dass der Schutz der Arbeitnehmer wichtiger sei. Dabei erklärt es mit zweifelhafter Argumentation, dass der Gesetzgeber mit § 3 S. 1 Nr. 2 LadenschlussG eine verfassungskonforme Regelung getroffen habe.[642]

276d **Hinweis für die Fallbearbeitung:** Eine Abwägung ist durchgängig von (subjektiven) Wertungen beeinflusst, auch wenn die Jurisprudenz regelmäßig bemüht ist, ihrer Auffassung Objektivität zu verleihen. Bei der Bearbeitung von Rechtsfällen oder Rechtsthemen ist es daher umso wichtiger, nicht nur bestimmte Literaturstimmen und Gerichtsurteile heranzuziehen, sondern auch divergierende, damit die eigene Meinungsbildung nicht verfälscht wird. Welcher der vertretenen Auffassungen man sich letztlich anschließt, ist i.d.R. irrelevant. Entscheidend ist, das maßgebliche Meinungsspektrum in die eigenen Überlegungen einzubeziehen. Selbstverständlich muss das eigene Ergebnis rechtsmethodisch geordnet entwickelt worden und mit Verfassungsgrundsätzen vereinbar sein.

276e Schließlich gilt: Entspricht eine staatliche Maßnahme dem Grundsatz der Verhältnismäßigkeit, ist auch die Wesensgehaltsgarantie aus Art. 19 II GG nicht verletzt.[643]

2. Zum Anwendungsbereich des Verhältnismäßigkeitsgrundsatzes

a. Handeln des formellen Gesetzgebers

276f Ist Gegenstand der Untersuchung eine grundrechtseinschränkende formal-gesetzliche Regelung, muss sie – um als wirksame Grundrechtsschranke zu bestehen – ohne Berücksichtigung des konkreten Falles bestimmten verfassungsrechtlichen Voraussetzungen entsprechen. Zu diesen Voraussetzungen gehört insbesondere der Grundsatz der Verhältnismäßigkeit. Die Prüfung einer gesetzlichen Regelung war Gegenstand der vorangehenden Darstellung.

- In Anlehnung an den zweckmäßigen Aufbau einer Fallbearbeitung wurde zunächst in einer Übersicht die Prüfung der formellen Rechtmäßigkeitsvoraussetzungen des Gesetzes dargestellt (Rn 182). Denn wenn z.B. der das Gesetz erlassende Verband (Bund, Land) nicht zuständig war, also seine Gesetzgebungskompetenz überschritten hat, ist das Gesetz schon deshalb verfassungswidrig; der Rechtsbehelf (z.B. Verfassungsbeschwerde oder Normenkontrolle) ist begründet. Gleiches gilt bei Nichteinhaltung von Verfahrens- und Formvorschriften. Eine besondere Formvorschrift stellt das Zitiergebot (Art. 19 I S. 2 GG) dar.

[640] BVerfGE 7, 377, 406.
[641] BVerfGE 81, 278, 291.
[642] Vgl. BVerfGE 111, 10, 26 ff. Zur Föderalismusreform, wonach seit dem 1.9.2006 auch das Ladenschlussrecht der Gesetzgebungskompetenz der Länder unterfällt, vgl. Rn 832c.
[643] Siehe dazu etwa BVerfGE 58, 300, 348: „Werden diese Grenzen (ergänze: der Grundsatz der Verhältnismäßigkeit) eingehalten, kann kein Verstoß gegen Art. 19 Abs. 2 GG vorliegen".

- Materiell verfassungsmäßig ist die grundrechtseinschränkende gesetzliche Regelung, wenn sie zum einen den grundrechtsspezifischen Anforderungen genügt (so bei den Grundrechten mit qualifizierten Gesetzesvorbehalten) und zum anderen den allgemeinen verfassungsrechtlichen Anforderungen entspricht. Zu diesen allgemeinen Anforderungen gehören der Bestimmtheitsgrundsatz (Art. 20 III GG), das Verbot des Einzelfallgesetzes (Art. 19 I S. 1 GG), der Grundsatz der Verhältnismäßigkeit (legitimer Zweck, Geeignetheit, Erforderlichkeit und Angemessenheit) sowie die Wesensgehaltsgarantie (Art. 19 II GG).
- Zu beachten ist jedoch, dass die Voraussetzungen unabhängig vom Einzelfall geprüft werden. Die fragliche gesetzliche Regelung muss also **abstrakt** geeignet, erforderlich und angemessen sein. Ob die Regelung auch im Einzelfall, d.h. von der Verwaltung, in ermessensfehlerfreier bzw. verhältnismäßiger Weise angewendet wurde, ist eine andere, im Folgenden zu erörternde Frage.
- Schließlich ist bei der Prüfung der Verhältnismäßigkeit zu beachten, dass eine Komponente des Verhältnismäßigkeitsgrundsatzes konstitutiv für die nächste ist. So darf man bspw. nicht etwa die Angemessenheit hilfsweise prüfen, wenn die Maßnahme eindeutig an der Erforderlichkeit scheitert.

b. Ermessensentscheidungen der Verwaltung

Um der Vielgestaltigkeit und Dynamik der Lebenssachverhalte gerecht zu werden, räumt der Gesetzgeber der Verwaltung Handlungsspielräume nicht nur auf der Tatbestandsseite ein (unbestimmte Rechtsbegriffe, planerische Abwägungsentscheidungen), sondern auch auf der Rechtsfolgeseite – sog. Verwaltungsermessen. **277**

Ermessen ist ein der Verwaltung auf der Rechtsfolgeseite einer Norm hinsichtlich des „Ob" (Entschließungsermessen) und/oder des „Wie" (Auswahlermessen) eingeräumter Entscheidungsspielraum, der gerichtlich beschränkt (im Rahmen des § 114 VwGO) überprüfbar ist. **277a**

Bei der Ermessensverwaltung ist die Verwaltung also ermächtigt, die Rechtsfolge nach pflichtgemäßem Ermessen festzusetzen. Es handelt sich um die Umsetzung einer **Kann-Vorschrift** („*kann*"; „*darf*"; „ist *befugt*"): Insoweit besteht **pflichtgemäßes Ermessen**. **277b**

> **Beispiel:** Gemäß § 48 I S. 1 VwVfG *kann* die Behörde einen rechtswidrigen Verwaltungsakt auch nach Eintritt der Bestandskraft ganz oder teilweise zurücknehmen. Die gerichtliche Überprüfung erschöpft sich in der Kontrolle der Einhaltung der in § 40 VwVfG genannten Ermessensgrenzen, § 114 VwGO (siehe sogleich).

Bei ihrer Ermessensausübung muss die Behörde die gesetzlichen **Grenzen** des Ermessens einhalten (§ 40 VwVfG). Diese ergeben sich insbesondere aus Fachgesetzen, aber auch aus allgemeinen Gesetzen des Polizei- und Ordnungsrechts. Im Falle der Missachtung dieser Vorgaben ist das gesetzlich erlaubte Ermessen überschritten, d.h., die gesetzte Rechtsfolge ist von der Norm nicht gedeckt. **278**

> **Beispiel:** Eine Verkehrsordnungswidrigkeit i.S.d. § 24a I StVG (0,5 Promille-Grenze) kann gem. § 24a IV StVG mit einer Geldbuße bis zu 3.000,- € geahndet werden. Setzt die Behörde ein Bußgeld fest, das über die genannte Höchstgrenze liegt, überschreitet sie das ihr eingeräumte Ermessen.

Eine Ermessensüberschreitung liegt auch dann vor, wenn die Behörde den Grundsatz des Vertrauensschutzes oder den **Grundsatz der Verhältnismäßigkeit missachtet** oder **gegen Grundrechte verstößt**. **278a**

Hinweis für die Fallbearbeitung: Wenn das Ermessen also dem Übermaßverbot Rechnung tragen soll, bedeutet das, dass bei der Ermessensausübung auch der Grundsatz der Verhältnismäßigkeit beachtet werden muss. In einer Klausur muss daher, um dogmatisch korrekt vorzugehen, die **Verhältnismäßigkeitsprüfung** hinsichtlich eines angefochtenen Einzelakts im Rahmen der Frage nach der Ermessens*überschreitung* erfolgen.[644]

Sofern im Schrifttum teilweise vertreten wird, den Grundsatz der Verhältnismäßigkeit aufbautechnisch *vor* oder *nach* dem Ermessen zu prüfen, ist dies abzulehnen. Denn überschreitet die Verwaltung das ihr eingeräumte Ermessen, verstößt sie gleichzeitig gegen Grundrechte, gegen allgemeine Grundsätze des Verwaltungsrechts und/oder gegen den Grundsatz der Verhältnismäßigkeit. Für eine separate Prüfung der Verhältnismäßigkeit ist somit kein Raum mehr. Insbesondere ist eine „freischwebende" Verhältnismäßigkeitsprüfung abzulehnen.

Etwas anderes gilt freilich für die gebundene Verwaltungsentscheidung (dazu sogleich). Hier kann die Verhältnismäßigkeitsprüfung nicht im Rahmen der Ermessensüberschreitung erfolgen. Die Verhältnismäßigkeit ist bei der Auslegung der unbestimmten Rechtsbegriffe zu beachten (siehe dazu sogleich).

c. Rechtlich gebundene Entscheidungen der Verwaltung

279 Aus den Darlegungen zu den Ermessensentscheidungen wird deutlich, dass bei den rechtlich gebundenen Verwaltungsakten der Grundsatz der Verhältnismäßigkeit bzw. die Vereinbarkeit des Verwaltungshandelns mit Grundrechten *nicht* im Rahmen einer Ermessensprüfung geprüft werden können. Ein Ermessen ist dort gerade nicht eingeräumt. Auch eine separate Prüfung der Verhältnismäßigkeit der Einzelmaßnahme ist nach der hier vertretenen Auffassung nicht erforderlich und auch nicht möglich. Vielmehr sind auf der Tatbestandsebene die unbestimmten Rechtsbegriffe so auszulegen, dass den betroffenen Grundrechten eine maximale Geltung verschafft und letztlich eine verhältnismäßige Maßnahme getroffen werden kann. Dabei kann es vorkommen, dass die Norm nur mit **einer bestimmten Auslegung** verfassungsrechtlich unbedenklich ist. Jede andere Auslegung und damit jedes andere Ergebnis würden zur Verfassungswidrigkeit führen (**verfassungskonforme Auslegung**, vgl. *R. Schmidt*, AllgVerwR, Rn 269 ff.).

d. Bindung der Rechtsprechung an den Grundsatz der Verhältnismäßigkeit

280 Wegen Art. 1 III, 20 III GG ist auch die Rechtsprechung nicht nur an die Grundrechte, sondern grundsätzlich auch an den Grundsatz der Verhältnismäßigkeit gebunden. Die Bindung an den Grundsatz der Verhältnismäßigkeit reicht jedoch nur so weit, als die Rechtsprechung ein Entscheidungsermessen hat. Das betrifft etwa die Strafzumessung durch die Strafgerichte: Die Höhe der Strafe muss sich nach der Schwere der Schuld richten und darf „nicht schlechthin unangemessen sein"[645].

[644] Das ist die vom Verfasser seit der 1. Aufl. 2000 vertretene Auffassung; wie hier auch *Peine*, AllgVerwR, Rn 223; *Hufen*, VerwProzR, § 25 Rn 25 a.E.; *Schenke*, POR, Rn 97; *ders.*, VerwProzR, Rn 738 ff.; *Voßkuhle*, JuS 2007, 429, 430 f. und JuS 2008, 117, 118; *Jötten/Tams*, JuS 2008, 436, 441; *Klatt/Meister*, JuS 2014, 193, 199; *Kment/Vorwalter*, JuS 2015, 193, 199; *Gött/Ruschemeier*, JA 2015, 286, 293.
[645] BVerfGE 75, 1, 16.

VI. Rechtssicherheit: Rückwirkungsverbot/Vertrauensschutz

Rechtsstaatlichkeit bedeutet nicht nur Messbarkeit, Berechenbarkeit und Widerspruchsfreiheit in der Rechtsordnung, sondern auch die Beachtung des Übermaßverbots und die Schaffung von Rechtssicherheit für den Bürger. Rechtssicherheit ist gekennzeichnet durch Vertrauensschutz (d.h. Schutz des Vertrauens des Bürgers in den Bestand staatlicher Entscheidungen) und das **Verbot echter Rückwirkung** von belastenden Gesetzen. Derjenige, der aufgrund einer gesetzlichen Regelung bestimmte Dispositionen getroffen hat, soll darauf vertrauen dürfen, dass diese Dispositionen nicht aufgrund einer neuen Regelung rückwirkend wieder in Frage gestellt werden. Allerdings kann es das Rückwirkungsverbot und den Vertrauensschutz nicht um jeden Preis geben. Es ist stets eine **Abwägung** mit anderen wichtigen Verfassungsgütern vorzunehmen.[646] Unter welchen Voraussetzungen eine rückwirkende belastende Regelung zulässig ist, soll im Folgenden dargelegt werden. 281

1. Rückwirkungsverbot im Strafrecht

Dass eine rückwirkende Rechtsänderung das Vertrauen in die Rechtsbeständigkeit berührt, wird insbesondere bei Strafgesetzen evident: Strafgesetze sollen in verlässlicher Weise Grenzen des Erlaubten zeigen und so den Bürgern Verhaltensregeln aufzeigen. Fällt daher ein bestimmtes Verhalten nicht in den Tatbestand einer Strafnorm, muss sich der Bürger auf die Straffreiheit seines Handelns verlassen können. Eine Änderung des materiellen Strafrechts mit belastender Rückwirkung würde dieses Vertrauen zerstören und wäre mit dem Rechtsstaatsprinzip unvereinbar. Die Strafbarkeit einer bestimmten Tat muss also stets im Zeitpunkt ihres Begehens gesetzlich bestimmt sein. Daher statuiert **Art. 103 II GG** die **Unzulässigkeit rückwirkender Strafgesetze**. 282

> **Beispiel zum Rückwirkungsverbot (fiktiv):** Der Gesetzgeber möchte Geschwindigkeitsverstöße im Straßenverkehr stärker sanktionieren und mit Kriminalstrafe versehen (bislang wurden Verstöße dieser Art lediglich als Ordnungswidrigkeiten und damit als Verwaltungsunrecht geahndet). Einen Tag, nachdem Autofahrer A mit seinem Wagen in einer Tempo-30-Zone mit einer Geschwindigkeit von 66 km/h „geblitzt" wurde, fügt der Gesetzgeber in das StGB eine Strafnorm ein, wonach das Überschreiten der zulässigen Höchstgeschwindigkeit um mehr als 100 % mit Freiheitsstrafe bis zu einem Jahr oder mit Geldstrafe bestraft wird). Die Regelung soll rückwirkend für die letzten drei Monate gelten.
>
> Hier bestand zum Zeitpunkt der Tatbegehung noch keine gesetzlich angeordnete Strafbarkeit, sodass A sich nicht strafbar gemacht haben kann. Die vorliegende Strafnorm ist, jedenfalls soweit sie die Rückwirkung betrifft, verfassungswidrig.

Vom Rückwirkungsverbot umfasst sind auch der **Wegfall bzw. die Einschränkung von Rechtfertigungsgründen** und von **persönlichen Strafausschließungs- oder Strafaufhebungsgründen**. 283

> **Beispiel:** B tötet C (§ 212 StGB). Dabei konnte er sich aber auf den Rechtfertigungsgrund Notwehr (§ 32 StGB) berufen, da er zuvor von C mit einem Messer angegriffen wurde. Verschärfte nun der Gesetzgeber die rechtlichen Anforderungen an die Notwehr und würde das Verhalten des B demnach nicht mehr gerechtfertigt sein, wenn er die Tat noch einmal beginge, wäre die Gesetzesänderung verfassungswidrig, wenn sie sich rückwirkend auch auf die von B begangene Tat bezöge.

---

[646] Vgl. BVerfGE 45, 142, 167; 72, 175, 196; 88, 384, 403; BVerfG NZA 2001, 687, 688; NJW 2010, 3629 ff.; NJW 2010, 3634 ff.; NJW 2010, 3638 ff.; NJW 2013, 145 ff. Vgl. auch *Selmer*, JuS 2011, 189 f. und JuS 2013, 477.

284 Dagegen ist nach zutreffender h.M. eine **Änderung der (höchstrichterlichen) Rechtsprechung** bei gleichbleibendem Gesetzeswortlaut grds. **nicht** vom Rückwirkungsverbot umfasst.[647] Grenzen werden lediglich bei Willkürentscheidungen gezogen.[648] Ändert also die Rechtsprechung willkürfrei ihre Auslegung, kann diese nach h.M. auch auf Taten bezogen werden, die vor der Änderung der Rechtsprechung begangen wurden. Demzufolge ist es dem Gericht nicht verwehrt, den Täter zu bestrafen, obwohl die zur Tatzeit praktizierte Rechtsprechung dies nicht getan hätte. Etwaige Unbilligkeiten behandelt die Rspr. über den Verbotsirrtum beim Täter (§ 17 StGB).

Beispiel: § 316 StGB stellt das Führen eines Fahrzeugs insbesondere im Zustand der alkoholbedingten Fahruntüchtigkeit unter Strafe. Dabei enthält die Vorschrift keine Aussage, bei welcher konkreten Blutalkoholkonzentration (BAK) eine Fahruntüchtigkeit anzunehmen ist. Diese Frage ist den Strafgerichten überlassen. Senkt die Rechtsprechung nun die Grenze der absoluten Fahruntüchtigkeit von 1,1 auf 0,9 Promille[649], kann sich derjenige, der gerade infolge der Änderung der Rechtsprechung den Tatbestand des § 316 StGB erfüllt (also etwa ein Fahrzeugführer, der mit einer BAK von 0,95 Promille gestoppt wurde), nach h.M. nicht auf das Rückwirkungsverbot berufen.[650]

285 Keine Strafgesetze im dargelegten Sinne stellen nach h.M. die **verfahrensrechtlichen Vorschriften**, also die Vorschriften etwa über den **Strafantrag** und die **Verjährung von Straftaten**, dar.[651] Kontrovers diskutiert wurde die Frage vor allem im Streit um die Verlängerung der Verjährungsfrist für Mordtaten der Angehörigen des NS-Regimes im Zuge des 9. und 16. Strafrechtsänderungsgesetzes[652]; sie ist auch heute noch umstritten.[653]

286 Ob **Maßregeln zur Besserung und Sicherung** dem Strafrecht und damit dem Rückwirkungsverbot des Art. 103 II GG unterfallen, ist in Bezug auf die (nachträglich angeordnete) Sicherungsverwahrung höchst problematisch. Während das BVerfG die nachträglich angeordnete Sicherungsverwahrung zunächst mit dem Argument, diese sei keine „Strafe" i.S.d. Art. 103 II GG, als zulässig erachtet hatte[654], sah der EGMR dies anders und stellte einen Verstoß gegen Art. 7 EMRK („Keine Strafe ohne Gesetz") fest[655]. Bezüglich der im Jahre 2004 gesetzlich eingeführten nachträglichen Sicherungsverwahrung stellte der EGMR auch deren Unvereinbarkeit mit Art. 5 EMRK (Recht auf Freiheit und Sicherheit) fest.[656] Im Lichte dieser Rechtsprechung des EGMR erklärte dann auch das BVerfG nunmehr die gesetzlichen Regelungen zur (nachträglichen) Sicherungsverwahrung für verfassungswidrig und verpflichtete den Gesetzgeber, bis spätestens 31.5.2013 verfassungskonforme Regelungen zu schaffen und die Sicherungsverwahrung neu auszugestalten.[657] Bemerkenswert ist dabei, dass das BVerfG ausdrücklich betont, die Urteile des EGMR hätten keine zwingende Bindungs-

[647] Vgl. BVerfG NJ 2000, 139, 140; BGHSt 41, 101, 111 f.
[648] Vgl. dazu *Brocker*, NJW 2012, 2996 ff.
[649] Vgl. dazu BGH NStZ 1990, 491.
[650] So BVerfGE 18, 224, 240 f.; BVerfG-K NJW 1990, 3140; BGHSt 48, 197, 205; OLG Düsseldorf MDR 1991, 171; *Gropp*, StrafR AT, § 3 Rn 78 ff.; *Fischer*, § 1 StGB Rn 17 u. § 316 Rn 6a; *Joecks/Jäger*, § 1 StGB Rn 3. Teilweise wird aber aus Gründen des Vertrauensschutzes (die Strafgerichte orientieren sich ja i.d.R. an der höchstrichterlichen Rspr.) eine täterbelastende Rechtsprechungsänderung abgelehnt (vgl. *Dürig*, in: Maunz/Dürig, GG, Art. 103 II Rn 112 Rn 2; *Schmidt-Aßmann*, in: Maunz/Dürig, GG, Art. 103 II Rn 239; Sch/Sch-*Hecker*, § 2 StGB Rn 8 f.; *Pieroth*, in: J/P, GG, Art. 103 Rn 93). Diese abweichende Meinung überzeugt nicht. Denn der Vertrauensschutz kann nicht dazu führen, dass die Gerichte an eine Rechtssicherheit gebunden werden, die sich aufgrund neuer Erkenntnisse als unhaltbar erwiesen hat.
[651] BGHSt 20, 22, 27; *Fischer*, § 1 StGB Rn 11b; Sch/Sch-*Hecker*, § 2 StGB Rn 2.
[652] Vgl. dazu BVerfGE 25, 269, 289; 46, 188, 192.
[653] Vgl. dazu BGH NJW 1999, 1647; Sch/Sch-*Hecker*, § 2 StGB Rn 6.
[654] BVerfGE 109, 133, 167 ff.
[655] EGMR NJW 2010, 2495 ff.
[656] EGMR NJW 2011, 3423 ff.
[657] BVerfGE 128, 326, 371.

wirkung.[658] In der Sache hat es die Ansicht des EGMR aber bestätigt und einen Verstoß gegen den im Rechtsstaatsprinzip verankerten Vertrauensschutz und gegen Art. 2 II S. 2 GG angenommen. Die am 1.6.2013 in Kraft getretene Neuregelung des § 66 StGB wurde vom EGMR nicht beanstandet.[659]

Von Art. 103 II GG unberücksichtigt bleiben muss aber das Erfordernis **materieller Gerechtigkeit**: Wenn das rechtsstaatliche Rückwirkungsverbot bei seiner unbedingten Anwendung offensichtliche, unerträgliche Verstöße gegen elementare Gebote der Gerechtigkeit und gegen völkerrechtlich geschützte Menschenrechte ungeahndet lassen würde, kann es das Erfordernis materieller Gerechtigkeit notwendig erscheinen lassen, die Tat trotz rechtsstaatlichen Rückwirkungsverbots zu ahnden. Der strikte, von Art. 103 II GG gewährte, Vertrauensschutz muss dann zurücktreten.[660] 287

Das trifft insbesondere auf die DDR-Kriminalität zu. So hat bereits BGHSt 39, 1 bezüglich der „**Mauerschützen**“ die Rechtfertigungsgründe des DDR-Rechts (§ 27 DDR-GrenzG) wegen offensichtlicher Menschenrechtswidrigkeit unter Heranziehung der sog. **Radbruchschen Formel** (benannt nach dem Rechtsphilosophen, Strafrechtslehrer und Politiker Gustav Radbruch 1878-1949) nicht angewendet. Nach dieser Formel hat die Rechtssicherheit dort zu weichen, wo das Gesetz in unerträglichem Maße im Widerspruch zur Gerechtigkeit steht. Das BVerfG hat sich dieser Formel angeschlossen.[661] An einer das strikte Rückwirkungsverbot des Art. 103 II GG rechtsstaatlich rechtfertigenden besonderen Vertrauensgrundlage fehle es, wenn der Träger der Staatsmacht für den Bereich schwersten kriminellen Unrechts die Strafbarkeit durch Rechtfertigungsgründe ausschließe, indem er über die geschriebenen Normen hinaus zu solchem Unrecht auffordere, es begünstige und so die in der Völkerrechtsgemeinschaft allgemein anerkannten Menschenrechte in schwerwiegender Weise missachte. Der strikte Schutz von Vertrauen durch Art. 103 II GG müsse dann zurücktreten.[662]

Auf Art. 103 II GG übertragen bedeutet dies, dass überragende Erfordernisse materieller Gerechtigkeit die Garantiefunktion des Strafrechts begrenzen. Aus diesen Überlegungen heraus wurden auch ein ehemaliger DDR-Richter wegen **Rechtsbeugung**[663] und der damalige letzte Generalsekretär des Zentralkomitees der SED Egon Krenz wegen **Totschlags**[664] verurteilt.[665]

Hinsichtlich der Bestimmung der „**Zeit der Tat**“ findet sich in § 2 StGB eine Konkretisierung des Art. 103 II GG: 288

- § 2 I StGB legt i.V.m. § 8 StGB fest, dass eine Tat zu der Zeit begangen ist, zu der der Täter oder der Teilnehmer **gehandelt** hat oder im Falle des Unterlassens hätte handeln müssen. Der Zeitpunkt des Erfolgseintritts ist somit unbedeutend.
- Gemäß § 2 II StGB ist, wenn die Strafandrohung während der Begehung der Tat geändert wird, das Gesetz anzuwenden, das bei der Beendigung der Tat gilt. Wichtig wird dies insbesondere bei Dauerdelikten.
- § 2 III StGB legt fest, dass wenn sich das Strafgesetz zwischen Beendigung der Tat und Gerichtsentscheidung ändert, das mildeste Gesetz anzuwenden ist. Das gilt gem.

---

[658] Das ist zweifelhaft, vgl. *R. Schmidt*, Grundrechte, Rn 7a.
[659] EGMR EuGRZ 2016, 352 ff.
[660] BVerfGE 95, 96, 133; *Degenhart*, Rn 391 f. Vgl. dazu ausführlich auch *Alwart*, JZ 2000, 227 ff.
[661] Vgl. BVerfGE 95, 96 ff., BVerfG EuGRZ 1997, 142, NJ 1998, 314 und NJW 2000, 1480 ff.
[662] BVerfGE 95, 96, 133.
[663] Vgl. BVerfG NJW 1998, 2585.
[664] BVerfG NJW 2000, 1480.
[665] Vgl. dazu auch BGHSt 42, 65 ff.; 44, 204 ff.; 45, 270 ff.; *Ambos*, JuS 2000, 465 ff.; *Rummler*, Die Gewalttaten an der deutsch-deutschen Grenze vor Gericht, 2000. Zur Rechtsbeugung in der früheren DDR vgl. BVerfG NJW 1998, 2585 ff.; BGHSt 40, 30 ff.; 40, 169 ff.; 40, 272 ff.; 44, 275 ff.; BGH NStZ 1999, 455, 562; NStZ 2000, 91 ff. und *Burian*, ZStW 112 (2000), 106 ff.; zur Erpressung von Ausreisewilligen BGHSt 44, 68, 72; *Sinn*, NStZ 2000, 195 ff.

§ 2 IV StGB auch dann, wenn dieses mildere Gesetz zum Zeitpunkt der Gerichtsentscheidung wieder außer Kraft getreten ist (sog. **Zwischengesetz**), es sei denn, es handelt sich um ein Gesetz, das von vornherein nur für eine bestimmte Zeit erlassen worden ist (sog. **Zeitgesetz**).

Zusammenfassend bleibt festzuhalten, dass die **rückwirkende materiell-rechtliche Schlechterstellung des Täters** bis auf den Fall, dass die materielle Gerechtigkeit eine Ahndung von Straftaten trotz Nichtvorliegens einer Strafnorm bzw. Vorliegens eines Rechtfertigungsgrundes zum Zeitpunkt der Tatbegehung fordert, **schlechthin unzulässig** ist. Das statuiert Art. 103 II GG.

2. Rückwirkungsverbot im Übrigen

289 Auch im Übrigen muss bei belastenden Gesetzen die Frage nach der Zulässigkeit einer Rückwirkung gestellt werden, da auch hier das Vertrauen des Bürgers in die Beständigkeit der Rechtsordnung stets betroffen sein kann. Nach der herkömmlichen Terminologie des *Ersten Senats* des BVerfG ist zwischen echter (retroaktiver) und unechter (retrospektiver) Rückwirkung zu unterscheiden.

a. Unterscheidung zwischen echter und unechter Rückwirkung

290 **Echte Rückwirkung** liegt vor, wenn ein Gesetz nachträglich ändernd in abgeschlossene, der Vergangenheit angehörende Tatbestände eingreift.[666]

Beispiele (fiktiv):

(1) Veranlagungszeitraum für das Steuerrecht ist das Kalenderjahr (vgl. § 38 AO, § 25 I EStG). Wird also am 1.4.2020 ein Steuergesetz mit Wirkung auch für 2019 geändert, greift die Gesetzesänderung rückwirkend in einen bereits abgeschlossenen Veranlagungszeitraum ein. ⇨ Hier liegt ein Fall der echten Rückwirkung vor.

(2) Die Strafverfolgungsverjährungsfrist für (einfache) Steuerhinterziehung beträgt 5 Jahre (§ 370 I AO i.V.m. § 78 III Nr. 4 StGB). Um früher zurückliegende Steuerstraftaten zu erfassen, beschließt der Gesetzgeber, die Verjährungsfrist rückwirkend auf 10 Jahre zu erhöhen und dabei auch die Fälle zu erfassen, die nach bisherigem Recht bereits verjährt waren. Dadurch können Steuerstraftaten erfasst werden, die z.B. 8 Jahre zurückliegen und nach bisherigem Recht nicht mehr der Strafverfolgung unterlagen. ⇨ Auch hier greift die Gesetzesänderung rückwirkend in einen bereits abgeschlossenen Veranlagungszeitraum ein, sodass ebenfalls eine echte Rückwirkung vorliegt.

291 **Unechte Rückwirkung** liegt demgegenüber vor, wenn der Gesetzgeber in Tatbestände eingreift, die in der Vergangenheit begonnen, jedoch noch nicht abgeschlossen wurden.[667]

Beispiele:

(1) In Beispiel **(1)** zur echten Rückwirkung (s.o.) wird das Gesetz vom 1.4.2020 nur mit Wirkung zum 1.1.2020 geändert. Daher ist ausschließlich der Veranlagungszeitraum 2020 maßgeblich: Das bedeutet: Auch wenn die Gesetzesänderung erst am 1.4.2020 erfolgt ist, ist der maßgebliche Veranlagungszeitraum 2020 noch

---

[666] BVerfGE 30, 272, 285; 30, 392, 401; 63, 343, 353 f.; 67, 1, 15; 95, 64, 86; 97, 67, 78 f.; 114, 258, 300; 127, 1, 57; 127, 31, 46; 127, 61, 75; BVerfG NVwZ 2012, 876 f.; NJW 2013, 145 ff.; NVwZ 2014, 577, 578 f. Vgl. auch *Selmer*, JuS 2011, 189 f.; *Momen*, BB 2011, 2781 ff.; *Muckel*, JA 2012, 714, 715 f.; *Selmer*, JuS 2013, 477 f.

[667] BVerfGE 95, 64, 86; 127, 1, 17; 127, 31, 47; 127, 61, 76; BVerfG NZA 2001, 687, 688; NVwZ 2012, 876 f.; NJW 2013, 145 ff.; Vgl. auch *Selmer*, JuS 2011, 189 f.; *Momen*, BB 2011, 2781 ff.; *Muckel*, JA 2012, 714, 715 f.; *Selmer*, JuS 2013, 477 f.

nicht abgeschlossen. ⇨ Hier liegt nach der Terminologie des *Ersten Senats* des BVerfG ein Fall der unechten Rückwirkung vor.

(2) In Beispiel **(2)** zur echten Rückwirkung (s.o.) wird die Verlängerung der Strafverfolgungsverjährung nur für solche Steuerhinterziehungen beschlossen, bei denen die Verjährung noch nicht eingetreten ist. ⇨ Hier liegt nach der Terminologie des *Ersten Senats* des BVerfG ebenfalls ein Fall der unechten Rückwirkung vor.

Der *Zweite Senat* des BVerfG sprach hingegen nicht von echter bzw. unechter Rückwirkung, sondern ging nur von *einer* Rückwirkung aus. Terminologisch sprach er in diesem Zusammenhang von **Rückbewirkung von Rechtsfolgen**, bei der die Rechtsfolgen einer Norm bereits für einen vor ihrer Verkündung liegenden Zeitraum gelten. Dagegen sprach er von **tatbestandlicher Rückanknüpfung**, wenn eine Norm zwar nur Rechtsfolgen für die Zukunft anordnet, in ihrem Tatbestand aber an Gegebenheiten aus der Zeit vor ihrer Verkündung anknüpft.[668] **292**

Die unterschiedlichen Terminologien beider Senate erwiesen sich jedoch als wenig produktiv, die Vorgaben der Verfassung für rückwirkende Gesetze zu konkretisieren. Daher hat der *Zweite Senat* (nicht zuletzt wegen der vehementen Kritik aus Wissenschaft und Praxis) in seiner Entscheidung zur Schiffsbausubvention[669] zaghaft eine Wende eingeläutet. Der *Senat* wendet nun beide Begriffspaare gleichrangig nebeneinander an. **293**

Vgl. dazu BVerfGE 97, 67, 78: „Eine Rechtsnorm entfaltet Rückwirkung, wenn der Beginn ihres zeitlichen Anwendungsbereichs auf einen Zeitpunkt festgelegt ist, der vor dem Zeitpunkt liegt, zu dem die Norm gültig geworden ist (vgl. BVerfGE 72, 200, 241). Der zeitliche Anwendungsbereich einer Norm bestimmt, in welchem Zeitpunkt die Rechtsfolgen einer gesetzlichen Regelung eintreten sollen. Demgegenüber betrifft die tatbestandliche Rückanknüpfung (unechte Rückwirkung) nicht den zeitlichen, sondern den sachlichen Anwendungsbereich einer Norm. Die Rechtsfolgen eines Gesetzes treten erst nach Verkündung der Norm ein, deren Tatbestand erfasst aber Sachverhalte, die bereits vor Verkündung ‚ins Werk gesetzt' worden sind". Ähnlich auch BVerfGE 105, 17, 37 (Steuersubventionen), BVerfG NJW 2010, 3629 ff., NJW 2010, 3634 ff. und NJW 2010, 3638 ff. (jeweils Einkommensteuerveranlagung). **294**

Da in der Sache kein Unterschied hinsichtlich der jeweiligen verfassungsrechtlichen Prüfungsanforderungen besteht, schadet es nicht, auch weiterhin von echter und unechter Rückwirkung zu sprechen. **295**

b. Zulässigkeit von echter und unechter Rückwirkung

Die **echte Rückwirkung** (Rückbewirkung von Rechtsfolgen) von belastenden Gesetzen ist **grundsätzlich unzulässig**. Das folgt aus dem Rechtsstaatsprinzip (insb. dem Vertrauensschutz) i.V.m. den Grundrechten.[670] Die echte Rückwirkung ist aber dann **zulässig**, wenn **„zwingende Gründe des gemeinen Wohls** oder ein nicht – oder nicht mehr – vorhandenes schutzbedürftiges Vertrauen des Einzelnen eine Durchbrechung"[671] gestatten. Das ist etwa[672] der Fall, wenn **296**

- für den Rückwirkungszeitraum mit der dann getroffenen Regelung **zu rechnen war** und aus diesem Grund kein schutzwürdiger Vertrauenstatbestand geschaffen wurde.[673]

---

[668] Vgl. BVerfGE 72, 200, 241 f.
[669] BVerfGE 97, 67 ff.
[670] BVerfGE 30, 272, 285; 30, 392, 401; 63, 343, 353 f.; 67, 1, 15; 95, 64, 86; 97, 67, 78 f.; 114, 258, 300; 132, 302, 318; BVerfG NVwZ 2014, 577, 578 f.; *Selmer*, JuS 2011, 189, 190 und JuS 2014, 763, 764 f.
[671] BVerfGE 97, 67, 79 f.; 101, 239, 263 f.; 126, 369, 393; *Jarass*, in: J/P, GG, Art. 20 Rn 101; *Muckel*, JA 1994, 13; *Brüning*, NJW 1998, 1526, 1528.
[672] Freilich nicht abschließend, vgl. BVerfGE 97, 67, 79 f.; 72, 200, 260; BVerfG NVwZ 2012, 876 f.
[673] BVerfGE 37, 363, 397 f.; 45, 142, 173 f.; 88, 384, 404; *Jarass*, in: J/P, GG, Art. 20 Rn 102; *Fischer*, JuS 2001, 861, 862.

Dies kann der Fall sein bei der **Ersetzung** einer **vorläufigen** durch eine **endgültige** Regelung. Auch bei der **Ersetzung** einer aus formellen Gründen **nichtigen** durch eine **wirksame** Regelung gleichen Inhalts ist die echte Rückwirkung zulässig.

- Bei **unklarem** und **verworrenem** geltenden Recht kann der Bürger ebenfalls nicht auf den Bestand des geltenden Rechts vertrauen.[674] Unklar ist das Recht, wenn es möglicherweise verfassungswidrig ist.
- Auch wenn der entstehende Schaden unerheblich ist, darf der Gesetzgeber ausnahmsweise echt rückwirkende Gesetze erlassen (sog. **Bagatellvorbehalt**).[675]
- Ob in **Beispiel (2)** von Rn 290 die Verlängerung der Verjährungsfrist verfassungsgemäß ist, hängt davon ab, ob „zwingende Gründe des Gemeinwohls" die Rückwirkung erfordern oder ob die Betroffenen mit der Verlängerung rechnen mussten.
  Dafür, dass die Betroffenen mit einer Verlängerung der Strafverfolgungsverjährungsfrist rechnen mussten, bestehen keine Anhaltspunkte. Fraglich ist daher allein, ob ein zwingender Grund des Gemeinwohls die Rückwirkung rechtfertigt. Ein solcher könnte im Strafverfolgungsinteresse des Staates liegen. Die Vergangenheit hat gezeigt, dass eine ganze Reihe von Steuerhinterziehungen, die offenbar durch eine besondere Anstrengung der Verfolgungsbehörden aufgedeckt wurden, zum Zeitpunkt ihrer Entdeckung bereits verjährt war. Auch wenn dadurch die Verfolgungsbemühungen effektiv zu keiner Verurteilung führen, ist dies zwar ein Grund des Gemeinwohls, allerdings nicht als zwingend zu betrachten. Denn obwohl die Öffentlichkeit ein gewisses Interesse daran hat, dass Steuerhinterziehung auch strafrechtlich geahndet wird, wird unabhängig davon der finanzielle Schaden, welcher der Allgemeinheit entsteht, aber durch das materielle Steuerrecht gesichert. Die Täter bleiben zur Nachzahlung der Steuern verpflichtet, sodass die Aufdeckung der Taten jedenfalls nicht völlig ohne Konsequenzen ist.
  Somit verstößt die Regelung, soweit davon auch bereits zum Zeitpunkt des Erlasses verjährte Taten erfasst werden, nach der hier vertretenen Auffassung gegen das rechtsstaatliche Rückwirkungsverbot, weil weder zwingende Gründe des Gemeinwohls ersichtlich sind noch die Betroffenen mit einer solchen Regelung rechnen mussten. Insofern ist ein Gesetz, das rückwirkend die Verjährungsfristen verlängert und dabei nach bisherigem Recht verjährte Taten wieder verfolgbar macht, verfassungswidrig.

297 Demgegenüber war die **unechte Rückwirkung** (tatbestandliche Rückanknüpfung) nach langjähriger Rechtsprechung des BVerfG **grundsätzlich zulässig**. Sie sei nur dann unzulässig, wenn im Einzelfall schutzwürdiges Vertrauen der Betroffenen entgegenstehe.[676] Dann aber hat das BVerfG entschieden, dass die unechte Rückwirkung nicht mehr „grundsätzlich zulässig", sondern **„nicht grundsätzlich unzulässig"** sei.[677]

298 Ob im Einzelfall die Grenze der Zumutbarkeit gewahrt bleibt, ist also durch **Abwägung** zu bestimmen: Es ist das enttäuschte Vertrauen des Betroffenen mit dem Gewicht und der Dringlichkeit der die Rechtsänderung rechtfertigenden Gründe abzuwägen. Überwiegt das Vertrauen des Betroffenen, ist auch die unechte Rückwirkung unzulässig. Nach der geänderten Rechtsprechung des BVerfG erhält der Vertrauensschutz des Betroffenen aber eine größere Gewichtung. Der betroffene Bürger darf daher nicht mehr nur in Ausnahmefällen und bei besonderen Vertrauenstatbeständen erwarten, dass die Gesetzeslage unverändert bestehen bleibt; dies gilt insbesondere für Steuergesetze, aber auch für die Kürzung der Förderung von Solarenergieanlagen[678].

---

[674] Vgl. etwa BVerfGE 45, 142, 173; BFHE 135, 311, 313; *Jarass*, in: J/P, GG, Art. 20 Rn 103.
[675] Vgl. BVerfGE 95, 64, 86 f.; *Nolte*, NVwZ 2000, 1135, 1136.
[676] BVerfG NVwZ 2000, 929 ff.; BVerfGE 97, 271, 289; 97, 378, 389; BVerfG NZA 2001, 687, 688; *Fischer*, JuS 2001, 861, 863.
[677] BVerfGE 127, 1, 17 f.; 127, 31, 46 f.; 127, 61, 75 f.; BVerfG NJW 2012, 876 f.
[678] Vgl. dazu *Leisner-Egensperger*, NVwZ 2012, 985 ff.

Wenn also in **Beispiel (2)** von Rn 291 zur unechten Rückwirkung die neue **Strafverfolgungsverjährungsfrist** nicht auch solche Fälle erfasst, bei denen nach bisherigem Recht die Strafverfolgungsverjährung bereits eingetreten ist, verstößt sie wohl nicht gegen das Rückwirkungsverbot.[679]

Ein anderes Beispiel bietet die kommunale **Kampfhundebesteuerung**.[680] Diesbezüglich hat das BVerwG entschieden, dass eine Erhöhung der Hundesteuer für sog. Kampfhunde auch gegenüber Kampfhundehaltern, die bereits vor der Steuererhöhung im Besitz eines betroffenen Hundes waren, lediglich einen Fall der sog. unechten Rückwirkung darstelle und damit grundsätzlich zulässig sei.[681] Demgegenüber hat der *Zweite Senat* des BVerfG bezüglich der **Verlängerung der Spekulationsfrist** bei der Veräußerung von Grundstücken durch § 23 I S. 1 Nr. 1 i.V.m. § 52 XXXIX S. 1 EStG i.d.F. des Steuerentlastungsgesetzes 1999/2000/2002 entschieden, dass die Fristverlängerung mit belastenden Folgen einer unechten Rückwirkung verbunden sei, die zum Teil den Grundsätzen des verfassungsrechtlichen Vertrauensschutzes widersprächen.[682]

299 In einer aktuellen Entscheidung bzgl. der rückwirkenden Anwendung einer gewerbesteuerrechtlichen Vorschrift konstatiert der *Erste Senat* des BVerfG, dass die unechte Rückwirkung nur dann zulässig sei, wenn sie zur Förderung des Gesetzeszwecks geeignet und erforderlich sei und wenn bei einer Gesamtabwägung zwischen dem Gewicht des enttäuschten Vertrauens und dem Gewicht der Dringlichkeit und der die Rechtsänderung rechtfertigenden Gründe die Grenze der Zumutbarkeit gewahrt bleibe.[683] Andererseits macht der *Erste Senat* deutlich, dass eine Abwägung nicht erforderlich sei, wenn ein Vertrauen in den Fortbestand der bisherigen Rechtslage nicht bestehe, was etwa der Fall sei, wenn das Gesetz bereits vom Bundestag beschlossen wurde oder wenn der Vermittlungsausschuss einen Änderungsvorschlag gemacht habe.[684] Ob allein die Einbringung eines Gesetzentwurfs in den Bundestag das Vertrauen in die bisherige Rechtslage zerstört, hat der *Erste Senat* offengelassen.[685]

300 Fazit: Trotz dieser recht ungriffigen Formulierung rückt das Gericht die unechte Rückwirkung aber klar in Richtung echter Rückwirkung. Es hat also eine Verschärfung der Zulässigkeit der unechten Rückwirkung und damit eine Erhöhung des Schutzniveaus in Bezug auf eine unechte Rückwirkung herbeigeführt, das demjenigen einer echten Rückwirkung nahekommt. Zulässig ist eine unechte Rückwirkung demnach nur noch unter strenger Beachtung des Grundsatzes der Verhältnismäßigkeit, sofern der Betroffene auf den Fortbestand der bisherigen Regelung vertrauen durfte.

---

[679] Da die Verjährungsregelungen im Übrigen auch den Grundsatz der Verhältnismäßigkeit beachten müssen, wäre eine sehr lange, nicht nach der Schwere der Tat differenzierende Regelung verfassungswidrig. Die Anfang 2009 in Kraft getretene Neuregelung in §§ 370, 376 AO mit der rückwirkenden Verlängerung der Verjährungsfristen für noch nicht verjährte besonders schwere Fälle der Steuerhinterziehung (§ 370 III S. 2 Nr. 1-5 AO, vgl. Art. 97 § 23 EGAO) von 5 auf 10 Jahre wird dem wohl gerecht (auch der BGH geht von der Rechtmäßigkeit dieses Falls einer unechten Rückwirkung aus, BGH NStZ 2013, 415). Verfassungsrechtliche Bedenken in Bezug auf die rückwirkende Verlängerung der Verjährungsfristen bestehen allerdings hinsichtlich Art. 3 I GG, da die Neuregelung nur benannte besonders schwere Fälle der Steuerhinterziehung (also die Regelbeispiele des § 370 III S. 2 Nrn. 1-5 AO) erfasst. Unbenannte besonders schwere Fälle (§ 370 III S. 1 AO) sind dagegen von der Verlängerung der Strafverfolgungsverjährungsfrist nicht erfasst. Ein sachlicher Grund für diese Differenzierung ist nicht erkennbar (kritisch auch *Pelz*, NJW 2009, 470 ff.).

[680] Kommunale Kampfhundesteuersatzungen setzen im Hinblick auf ihre Eingriffsqualität nach dem Grundsatz der Gesetzmäßigkeit der Verwaltung nicht nur eine entsprechende materielle Rechtsgrundlage, sondern auch eine Rechtsetzungskompetenz der Kommune voraus. Eine solche ergibt sich aus Art. 105 II a S. 1 GG i.V.m. dem Selbstverwaltungsrecht der Kommunen (Art. 28 II S. 1 GG) und den Kommunalabgabengesetzen der Länder. Dem steht nach Auffassung des BVerwG nicht entgegen, dass es sich um eine Lenkungssteuer handelt (vgl. näher BVerwG NVwZ 2000, 929 ff. und *Jahn*, JuS 2001, 334, 335).

[681] Vgl. BVerwG NVwZ 2000, 929 ff. mit Bespr. v. *Jahn*, JuS 2001, 334, 335.

[682] BVerfGE 127, 1, 17 ff.

[683] BVerfG NJW 2013, 145, 146 mit Hinweis auf BVerfG NJW 2010, 3629, 3630 (= BVerfGE 127, 1, 17 f.). Vgl. auch *Selmer*, JuS 2013, 477 f.

[684] BVerfG NJW 2013, 145, 146.

[685] Vgl. *Selmer*, JuS 2013, 477, 478.

c. Überblick zur Rückwirkung von Gesetzen

301 Auf der Basis der Rechtsprechung ergibt sich hinsichtlich der Rückwirkung von Gesetzen folgender Überblick:

1. Begriff der Rückwirkung von Gesetzen:
Es ist zwischen echter und unechter Rückwirkung zu unterscheiden.

- **Echte Rückwirkung** (Rückbewirkung von Rechtsfolgen) liegt vor, wenn ein Gesetz nachträglich ändernd in abgeschlossene, der Vergangenheit angehörende Tatbestände eingreift.
- **Unechte Rückwirkung** (tatbestandliche Rückanknüpfung) liegt demgegenüber vor, wenn der Gesetzgeber in Tatbestände eingreift, die in der Vergangenheit begonnen, jedoch noch nicht abgeschlossen wurden.

2. Zulässigkeit der Rückwirkung von Gesetzen
Bezüglich der Zulässigkeit rückwirkender Gesetze gilt Folgendes:

- Rückwirkende *Strafgesetze* sind stets unzulässig, Art. 103 II GG.
- Für sonstige *belastende* rückwirkende Gesetze gilt:
  - ⇨ Die **echte Rückwirkung** ist **grundsätzlich unzulässig**. Das folgt aus dem Rechtsstaatsprinzip i.V.m. den Grundrechten. Die echte Rückwirkung ist aber bei **zwingenden Gründen des Gemeinwohls**, die dem Gebot der Rechtssicherheit übergeordnet sind, zulässig. Demnach ist eine echte Rückwirkung in folgenden, nicht abschließend aufzufassenden Fallgruppen zulässig:
    - ⇨ Sie ist dann zulässig, wenn für den Rückwirkungszeitraum mit der dann getroffenen Regelung **zu rechnen war**, da aus diesem Grund kein schutzwürdiger Vertrauenstatbestand geschaffen wurde. Das ist der Fall bei **Ersetzung** einer **vorläufigen** durch eine **endgültige** Regelung oder bei **Ersetzung** einer aus formellen Gründen **nichtigen** durch eine **wirksame** Regelung gleichen Inhalts.
    - ⇨ Sie ist auch zulässig bei **unklarem** und **verworrenem** geltenden Recht. Unklar ist das Recht, wenn es möglicherweise verfassungswidrig ist.
    - ⇨ Auch wenn der entstehende Schaden unerheblich ist, darf der Gesetzgeber ausnahmsweise echt rückwirkende Gesetze erlassen (sog. **Bagatellvorbehalt**).
  - ⇨ Die **unechte Rückwirkung** ist **„nicht grundsätzlich unzulässig"**. Eine unechte Rückwirkung sei mit den Grundsätzen grundrechtlichen und rechtsstaatlichen Vertrauensschutzes aber nur dann vereinbar, wenn sie zur Förderung des Gesetzeszwecks geeignet und erforderlich sei und wenn bei einer Gesamtabwägung zwischen dem Gewicht des enttäuschten Vertrauens und dem Gewicht und der Dringlichkeit der die Rechtsänderung rechtfertigenden Gründe die Grenze der Zumutbarkeit gewahrt bleibe. Ob im Einzelfall die Grenze der Zumutbarkeit gewahrt bleibt, ist also durch **Abwägung** zu bestimmen: Es ist das enttäuschte Vertrauen des Betroffenen mit dem Gewicht und der Dringlichkeit der die Rechtsänderung rechtfertigenden Gründe abzuwägen. Überwiegt das Vertrauen des Betroffenen, ist auch die unechte Rückwirkung unzulässig. Ein Bürger kann sich aber nicht auf das Vertrauen in den Fortbestand der bisherigen gesetzlichen Regelung berufen, wenn das Gesetz bereits vom Bundestag beschlossen wurde oder wenn der Vermittlungsausschuss einen Änderungsvorschlag gemacht hat.

In Bezug auf den **Prüfungsstandort** gilt: Liegt ein Fall der (grds. unzulässigen) echten Rückwirkung vor, ist bereits zu Beginn der Prüfung der materiellen Verfassungsmäßigkeit des Gesetzes die Unvereinbarkeit mit dem Rechtsstaatsprinzip festzustellen. Liegt hingegen ein Fall der (nicht grds. unzulässigen) unechten Rückwirkung vor, wird dies v.a. in der Verhältnismäßigkeitsprüfung relevant, wo eine umfassende Abwägung stattfindet (Interesse des Staates an der Rückwirkung versus Interesse des Bürgers, von der Rückwirkung verschont zu bleiben).

3. Vertrauensschutz

Wie bereits ausgeführt, kann der Bürger grundsätzlich nicht darauf vertrauen, dass eine ihn begünstigende gesetzliche Regelung unverändert bleibt, und zwar selbst dann nicht, wenn er (im Vertrauen auf die bisherige Rechtslage) Dispositionen getätigt hat.[686] Solange weder der Gesetzgeber noch die Behörden den Bürger zu bestimmten Dispositionen veranlassen, erfolgen diese grundsätzlich auf eigenes (unternehmerisches) Risiko.[687] Jedoch können es der Grundsatz der Verhältnismäßigkeit bzw. der Grundsatz des Vertrauensschutzes erforderlich machen, dass der Gesetzgeber eine angemessene **Übergangsregelung** trifft bzw. **Ausnahmetatbestände** schafft[688], was im Rahmen einer Abwägung des gesetzlichen Zwecks mit der Beeinträchtigung der Betroffenen zu ermitteln ist. Dabei steht nach Auffassung des BVerfG dem Gesetzgeber ein erheblicher Spielraum zur Verfügung.[689] **301**

Der von einer Gesetzesänderung betroffene Bürger kann sich jedenfalls nicht auf das Vertrauen in den Fortbestand der bisherigen gesetzlichen Regelung berufen, wenn er Dispositionen tätigt, nachdem das die bisherige Rechtslage ändernde Gesetz bereits vom Bundestag beschlossen worden ist oder wenn der Vermittlungsausschuss einen Änderungsvorschlag gemacht hat.[690] Maßgeblicher Zeitpunkt für den Vertrauensschutz ist demnach jedenfalls der Zeitpunkt des Gesetzesbeschlusses im Bundestag. Ungeklärt ist aber nach wie vor, ob ein Regierungsentwurf, eine Verweisung des Gesetzentwurfs an die Ausschüsse oder gar die bloße Ankündigung einer Neuregelung vertrauensschutzreduzierend wirken (s.o.). **302-305**

---

[686] BVerfG NVwZ 2017, 1111, 1124 mit Verweis auf BVerfGE 38, 61, 83; 68, 193, 222; 105, 17, 44; 126, 112, 157.
[687] BVerfG NVwZ 2017, 1111, 1124 in Bezug auf Spielhallenbetreiber, die aufgrund einer Gesetzesänderung nicht mehr wie zuvor u.a. mehrere Spielhallen an einem Ort betreiben dürfen.
[688] BVerfGE 58, 300, 351. Siehe auch BVerfG NVwZ 2017, 1111, 1124
[689] BVerfGE 76, 256, 359. Siehe auch *Jarass*, in: J/P, GG, Art. 20 Rn 108.
[690] BVerfG NJW 2013, 145, 146.

F. Das Sozialstaatsprinzip

Wichtige Entscheidungen: BVerfGE 1, 97 (Hinterbliebenenrente); 5, 85 (KPD); 8, 274 (Übergangsgesetz über Preisbildung und Preisüberwachung); 9, 124 (Armenrecht); 18, 257 (Sozialversicherung); 22, 180 (Bundessozialhilfegesetz); 33, 303 (Numerus clausus); 36, 73 (Knappschaftsruhegeld); 39, 32 (AOK); 40, 65 (Krankenversicherung); 40, 121 (Waisenrechte); 42, 143 (Grenzen der verfassungsgerichtlichen Nachprüfung von Entscheidungen der ordentlichen Gerichte in Zivilsachen); 65, 182 (Sozialplan); 68, 193 (Gesetzliche Krankenversicherung); 70, 278 (Lohnsteuerjahresausgleich); 82, 60 (Existenzminimum bei der Besteuerung); 87, 153 (Existenzminimum bei der Besteuerung); 115, 25 (Außenseitermethoden); 125, 175 (Höhe ALG II); BVerwGE 22, 177 (Entschädigung nach dem Altsparergesetz); 82, 364 (BeamtVG)

I. Bedeutung von Staatszielbestimmungen

306 **Staatszielbestimmungen** sind verfassungsrechtlich verankerte Strukturprinzipien, die dem Staat die Erfüllung bestimmter Aufgaben oder die Verfolgung bestimmter Ziele vorschreiben oder ihm zum Ziel setzen.[691]

307 Verbindlichkeit und Bestimmtheit der Staatszielbestimmungen können sehr unterschiedlich sein. Sie können unverbindliche Programmsätze darstellen, aber auch den Staatsgewalten bestimmte Handlungspflichten auferlegen. Sofern sie dem Staat bestimmte Handlungspflichten auferlegen, richten sie sich in erster Linie an den Gesetzgeber; dieser ist dann verpflichtet, das jeweilige Staatsziel bei der Gesetzgebung zu berücksichtigen, wobei er allerdings einen weiten Spielraum hat. Häufig wirken Staatszielbestimmungen aber auch auf die Auslegung und Anwendung der Gesetze durch Behörden und Gerichte ein. Im Gegensatz zu den Grundrechten sind sie jedoch i.d.R. nicht unmittelbar einklagbar, sie stellen grds. keine subjektiven Rechte des Einzelnen dar. Deshalb ergeben sich beispielsweise aus Art. 20a GG keine unmittelbar einklagbaren Tier- oder Umweltschutzansprüche für den Bürger.[692]

Staatszielbestimmungen sind neben dem **Sozialstaatsprinzip** in Art. 20 I GG etwa der **Umweltschutz** und der **Tierschutz** in Art. 20a GG, das **Europaziel** in Art. 23 GG und das **gesamtwirtschaftliche Gleichgewicht** in Art. 109 II GG. Auch enthalten Art. 3 II S. 2 GG, Art. 6 IV GG, Art. 6 V GG, Art. 7 I GG und Art. 14 II GG Staatszielbestimmungen.

II. Grundgesetzliche Ausformung des Sozialstaatsprinzips

308 Die Bundesrepublik Deutschland ist nach Art. 20 I GG ein demokratischer und sozialer Bundesstaat, nach Art. 28 I S. 2 GG ein sozialer Rechtsstaat. In diesen Vorschriften wird die verfassungsrechtliche (und wegen Art. 79 III i.V.m. Art. 20 GG unveränderbare) Festlegung für den Sozialstaat gesehen.[693] Dieser verpflichtet alle staatliche Gewalt zur Herstellung und Erhaltung sozialer Gerechtigkeit und sozialer Sicherheit.[694]

1. Soziale Gerechtigkeit

309 Als soziale Gerechtigkeit kann ein Verteilungsprinzip verstanden werden, das jeder Schicht der Bevölkerung eine wirtschaftliche und kulturelle Existenz auf angemessenem Niveau einräumen will.

Dem sozialstaatlichen Ziel der Herstellung und Erhaltung sozialer Gerechtigkeit sind Gesetze zuzuordnen, die den Schutz des Schwächeren im Rechtsverkehr anstreben und

---

[691] Zu den Begründern des Begriffs und zur historischen Herleitung siehe *Schladebach*, JuS 2018, 118, 119.
[692] Zum Umweltschutz: BVerwG NVwZ 1998, 1080, 1081; *Westphal*, JuS 2000, 339; *Schink*, DÖV 1997, 221, 222; *Steinberg*, NJW 1996, 1985, 1992. Zum Tierschutz: *Caspar/Geissen*, NVwZ 2002, 913 ff.; *Holste*, JA 2002, 907 ff.; *Sachs*, JuS 2007, 765 ff.; später auch *Voßkuhle*, NVwZ 2013, 1, 5; *Oechsler*, JuS 2016, 215, 216.
[693] Vgl. *Herzog*, in: Maunz/Dürig, GG, Art. 20 VIII Rn 6; *Jarass*, in: J/P, GG, Art. 20 Rn 153.
[694] *Stern*, Staatsrecht I, § 21 I 5 c, S. 890; *Jarass*, in: J/P, GG, Art. 20 Rn 155; *Degenhart*, Rn 597.

damit als Korrektiv der (liberalen) Vertragsfreiheit und Vertragsautonomie wirken. Sie werden mit dem Begriff „Umverteilung" beschrieben.[695]

Beispiele: Insbesondere aus dem **Arbeitsrecht** sind die Gesetze über die Betriebsverfassung, den Arbeitsschutz und die Arbeitsvermittlung zu nennen. Generell ist der gesamte Produktionsprozess, soweit er nicht allein durch tarifvertragliche Regelungen bestimmt ist, durch sozialstaatliche Gesetzgebung geprägt.[696] Auch im Bereich des **Mietrechts** sind zahlreiche Vorschriften ergangen, die die Rechtsstellung des Mieters gegenüber dem Vermieter verbessern („soziales Mietrecht"). Schließlich sind das zivilistische **Verbraucherschutzrecht** (§§ 312 ff. BGB; Art. 246 EGBGB) und die **Ausbildungsförderung** zu nennen.

2. Soziale Sicherheit

Soziale Sicherheit „verlangt die Schaffung oder Erhaltung von Einrichtungen, die für 310
den Fall des Fehlens eigener Daseinsreserven in Krisen, seien es Arbeitslosigkeit, Krankheit, Obdachlosigkeit, die notwendige Daseinshilfe gewähren"[697].

Dem sozialstaatlichen Ziel der Herstellung und Erhaltung sozialer Sicherheit sind Gesetze zuzuordnen, die ein menschenwürdiges Dasein denjenigen gegenüber garantieren, die sich aus eigener Kraft nicht zu helfen vermögen.[698] Dabei wird der Ansatz verfolgt, den Bedürftigen zu befähigen, von staatlicher Hilfe unabhängig zu werden („aktive Förderung").

Beispiele:

(1) Das **Sozialgesetzbuch XII** (Sozialhilfe) hat zum Ziel, den Bedürftigen die Führung eines Lebens zu ermöglichen, das der Würde des Menschen entspricht. Die Hilfe soll sie so weit wie möglich befähigen, unabhängig von ihr zu leben; hierbei müssen sie nach ihren Kräften mitwirken (vgl. § 1 SGB XII).

(2) Die im **Sozialgesetzbuch III** niedergelegte **Arbeitsförderung** hat zum Ziel, im Fall der Arbeitslosigkeit vorrangig die Wiedereingliederung in das Berufsleben anzustreben (§ 1 SGB III).

III. Verfassungsmäßiger Auftrag an die Staatsgewalten

Das Sozialstaatsprinzip stellt in erster Linie eine verfassungsgestaltende Grundent- 311
scheidung im Sinne einer **Staatszielbestimmung**[699], eine Auslegungsregel für sonstige Rechtsnormen und in bestimmten Grenzen eine objektiv-rechtliche Verpflichtung des Staates und seiner Organe bzw. Untergliederungen dar.

So ist insbesondere der **Gesetzgeber** gefordert, das Sozialstaatsprinzip bei der 312
Gesetzgebung zu berücksichtigen.[700] Er hat Vorsorge zur Existenzsicherung zu treffen und einen bestimmten sozialen Mindeststandard zu gewährleisten; hilfsbedürftige dürfen nicht auf Leistungen Dritter verwiesen werden[701]. Allerdings lässt sich angesichts der Weite und Unbestimmtheit des im Sozialstaatsprinzip liegenden Gestaltungsauftrags in der Regel kein Gebot entnehmen, soziale Leistung in einem be-

---

[695] Vgl. *Degenhart*, Rn 600.
[696] Vgl. nur BAG ZIP 2001, 529 ff. – *Vierter Senat* (Grundrechtsbindung der Tarifvertragsparteien).
[697] *Stern*, Staatsrecht I, § 21 II 3. Vgl. speziell zur staatlichen Grundaufgabe der Sicherung im Krankheitsfall BVerfGE 115, 25, 43.
[698] Vgl. nur BVerfGE 125, 175, 223 f. (Höhe ALG II).
[699] Zum Begriff und zur Bedeutung von Staatszielbestimmungen vgl. Rn 314 ff.
[700] So schon BVerfGE 1, 97, 105; deutlicher BVerfGE 36, 73, 85; ferner BVerfGE 65, 182, 193; 75, 348, 359 f.; 125, 175, 222 ff.; BGHZ 108, 305, 310; *Kittner*, in: AK, Art. 20 Rn 54; *Stern*, Staatsrecht I, § 21 S. 915.
[701] BVerfGE 125, 175, 223 f.

stimmten Umfang zu gewähren.[702] Zwingend ist nur, dass der Gesetzgeber die Mindestvoraussetzungen für ein menschenwürdiges Dasein seiner Bürger schafft.[703]

Beispiele: Mindestvoraussetzungen für ein menschenwürdiges Dasein sind etwa die Regelungen über die Sozialhilfe, den Mutterschutz, der Schwerbehindertenschutz, die Kranken- und Arbeitslosenversicherung sowie der Mieterschutz.

313 Die **Exekutive** muss bei der Rechtsanwendung (d.h. bei Gesetzesauslegung und Ermessensbetätigung) soziale Gesichtspunkte ausreichend berücksichtigen.[704] Darüber hinaus kann das Sozialstaatsprinzip im Einzelfall als Auffangtatbestand für nicht geregelte Fälle dienen.

Beispiel: So kann das Sozialstaatsprinzip als Ermächtigung dienen, in Notfällen Leistungen zu gewähren, obwohl die Gesetzeslage keine Leistungsvergabe vorsieht.

In Ausnahmefällen kann das Sozialstaatsprinzip sogar als **Anspruchsgrundlage** des Einzelnen dienen, von der Exekutive eine bestimmte Leistung zu fordern.[705] Zumindest aber kann es ermessensreduzierend wirken[706] (dazu Rn 315).

Beispiel: Ein in einem staatlichen Obdachlosenheim untergebrachter Obdachloser kann von der Verwaltung verlangen, dass ein Stromanschluss hergestellt wird, falls dies ohne unzumutbaren Aufwand möglich ist.[707] Ob darüber hinaus Ansprüche aus dem Sozialstaatsprinzip abgeleitet werden können, wird unter III. erörtert.

314 Auch für die **Rechtsprechung** stellt das Sozialstaatsprinzip eine Auslegungsregel dar.[708] Gesetzliche Vorschriften sind so auszulegen, dass sie die Rechtsstellung des Schwächeren verbessern.

IV. Ansprüche des Einzelnen aus dem Sozialstaatsprinzip?

315 Teilweise werden individualisierte Ansprüche aus dem Sozialstaatsprinzip strikt abgelehnt mit dem Argument, dass das Sozialstaatsprinzip als Staatszielbestimmung lediglich den Staat zur Herstellung und Erhaltung sozialer Gerechtigkeit und sozialer Sicherheit verpflichte und nicht die Funktion habe, konkrete Leistungsansprüche des Bürgers zu gewähren.[709] Die h.M. geht zwar auch grundsätzlich davon aus, dass das Sozialstaatsprinzip als solches zu keiner Anspruchsbegründung führe. Ausnahmsweise könne sich aber in Verbindung mit Art. 1 I GG, Art. 2 II GG und ggf. Art. 3 I GG ein Anspruch ergeben, wenn es um ein menschenwürdiges Dasein[710] (s.o.), um den Erhalt des Existenzminimums[711], Heilbehandlung[712] oder um den Zugang zu Ausbildungseinrichtungen[713] gehe.[714] Die Sicherung des Existenzminimums ist jedoch weit reichend im Bundessozialhilferecht (SGB XII) normiert. Das führt dazu, dass Sozialhilfevorschriften subjektive Rechte vermitteln, sodass es in deren Regelungsbereichen keines Rückgriffs auf das Sozialstaatsprinzip bedarf. Außerhalb des Sozialgesetzbuches gewinnt das Sozialstaatsprinzip bei der Bemessung des steuerfreien Existenzmi-

---

[702] BVerfGE 70, 278, 288. 97, 169, 185; 98, 169, 204; 103, 271, 288.
[703] Vgl. BVerfGE 115, 25, 43. Vgl. auch BVerfGE 125, 175, 223 f.
[704] BVerfGE 1, 97, 105; *Schnapp*, in: v. Münch/Kunig, GG, Art. 20 Rn 20; *Jarass*, in: J/P, GG, Art. 20 Rn 169.
[705] BVerfGE 115, 25, 48 ff.
[706] BVerwGE 42, 148, 157 ff.
[707] Vgl. OVG Lüneburg FamRZ 1971, 669, 670. Allgemein zum Anspruch des Obdachlosen auf menschenwürdige Unterbringung vgl. OVG Münster NVwZ 1993, 202; VGH Mannheim NVwZ 1993, 1220.
[708] BVerfGE 1, 97, 105; 8, 274, 329; 65, 182, 193; *Kittner*, in: Alternativkommentar, Art. 20 Rn 53.
[709] *Herzog*, in: Maunz/Dürig, GG, Art. 20 VIII Rn 28.
[710] BVerfGE 82, 60, 80; 125, 175, 222.
[711] BVerfGE 125, 175, 222; BVerwGE 82, 364, 368; BSG NJW 1987, 463.
[712] BVerfGE 115, 25, 48 ff.
[713] Vgl. BVerfGE 33, 303 ff.
[714] *Degenhart*, Rn 602. Vgl. auch *Beaucamp*, JA 2002, 398 ff.

nimums an Bedeutung: So hat das BVerfG den existenznotwendigen Bedarf als die Untergrenze für den Zugriff durch die Einkommenssteuer angesehen.[715]
Von diesen Ausnahmen abgesehen wirkt das Sozialstaatsprinzip (i.V.m. den Grundrechten) bei Fehlen einer gesetzlichen Regelung grundsätzlich *nicht* als unmittelbare Grundlage für Ansprüche auf staatliche Leistungen. Bestehen allerdings gesetzliche Regelungen, kann das Sozialstaatsprinzip mittelbar bei der Auslegung dieser Gesetze anspruchsbegründend herangezogen werden (norminterne Wirkung des Sozialstaatsprinzips). Rechtsdogmatisch ist Anspruchsgrundlage aber das Gesetz; das Sozialstaatsprinzip wirkt nur ermessensreduzierend.

Beispiel: Wenn schon ein Bürger der Pflichtmitgliedschaft in der Gesetzlichen Krankenversicherung (GKV) unterliegt (weil der Staat hierdurch seiner Grundaufgabe der Sicherung im Krankheitfall nachkommen möchte), darf ihm dann, wenn er lebensbedrohend erkrankt ist und allgemein anerkannte Behandlungsmethoden nicht zur Verfügung stehen, die Übernahme der Kosten zu anderen Behandlungsmethoden, die eine nicht ganz fernliegende Chance der Heilung oder Linderung versprechen, nicht versagt werden.[716] Das Sozialstaatsprinzip wirkt insoweit ermessensreduzierend bei der Anwendung der Vorschriften der §§ 27 ff. SGB VII über die Leistungen im Krankheitsfall.

Im Übrigen dürften Ansprüche auf Tätigwerden des Gesetzgebers kaum in Betracht kommen, da das Sozialstaatsprinzip zu unbestimmt ist, um dem Gesetzgeber konkrete Handlungspflichten aufzuerlegen (s.o.). Verletzt aber der Gesetzgeber seine verfassungsrechtliche Pflicht zu sozialer Aktivität willkürlich, kann dem Einzelnen hierdurch ein verfolgbarer Anspruch erwachsen. Dies wird allerdings kaum anzunehmen sein. **315a**

Beispiel: K begehrt vom Bundesland L die Erstattung von Schulkosten, die sie aufbringen musste, um ihrer blinden Tochter den Besuch eines staatlich anerkannten privaten Aufbaugymnasiums für Blinde zu ermöglichen. Die zuständige Behörde hat zwar einen Anspruch auf Ersatz der Kosten der Heimunterbringung zugesprochen. Einen weitergehenden Anspruch, gestützt auf das **Sozialstaatsprinzip**, hat sie aber abgelehnt. Nach erfolglosem Widerspruch erhebt K Klage vor dem Verwaltungsgericht mit dem Antrag, die Behörde in der gewünschten Weise zu verpflichten. Mit Erfolg?

Anspruchsgrundlage für das Leistungsbegehren der K könnte – in Ermangelung einer spezialgesetzlichen Anspruchsgrundlage – das in Art. 20 I, 28 I S. 1 GG u.a. normierte Sozialstaatsprinzip sein. Allerdings ist zu beachten, dass dieses Prinzip in erster Linie eine verfassungsgestaltende Grundentscheidung im Sinne einer Staatszielbestimmung, eine Auslegungsregel für sonstige Rechtsnormen und in bestimmten Grenzen eine nur objektiv-rechtliche Verpflichtung des Staates und seiner Organe bzw. Untergliederungen darstellt. Zwar verpflichtet das Sozialstaatsprinzip den Staat, für eine gerechte Sozialordnung zu sorgen[717] und eine Fürsorgeeinrichtung für Hilfsbedürftige zu schaffen[718]. Das Sozialstaatsprinzip begründet aber für sich betrachtet grundsätzlich noch keine unmittelbaren subjektiven Ansprüche. Die nähere Ausgestaltung des Sozialstaatsprinzips obliegt im Wesentlichen dem Gesetzgeber.[719] Nur dann, wenn der Gesetzgeber seine verfassungsrechtliche Pflicht zu sozialer Aktivität willkürlich verletzt, kann dem Einzelnen hierdurch ein verfolgbarer Anspruch erwachsen.
Vorliegend ist eine willkürliche Verletzung der verfassungsrechtlichen Pflicht zu sozialer Aktivität nicht zu erkennen. Eine Verpflichtung des Landes auf Erstattung weitergehender Schulkosten ist daher zu verneinen.

---

[715] Vgl. BVerfGE 87, 153 ff.
[716] BVerfGE 115, 25, 48 ff.
[717] BVerwGE 22, 180, 204.
[718] BVerfGE 40, 121, 133.
[719] BVerfGE 1, 97, 105; 8, 274, 329; 36, 73, 84.

G. Umweltschutz und Tierschutz

Wichtige Entscheidungen: BVerfGE 104, 337 (Schächten); BVerwGE 101, 73 (Verbandsklage); 118, 79 (Treibhausgas-Emissionsberechtigungen); 127, 293 (Legehennenhaltung); 128, 1 (Gentechnik); BVerwG NJW 1995, 2648 (Kunstfreiheit und Umweltschutz); BVerwG NJW 1996, 1163 (Naturschutz; Elfenbein); BVerwG NJW 1998, 1080 (keine Vermittlung von subjektiven Rechten aus Art. 20a GG); BVerwG NVwZ 2007, 461 (Schächten); BVerwG NJW 2019, 3096 (Tötung männlicher Küken); OVG Lüneburg NVwZ-RR 1998, 301 (Windenergieanlage); OVG Weimar NVwZ 1998, 983 (Konflikt zwischen Windenergieanlage und Landschaftsschutzgebiet); OVG Münster 20.5.2016 – 20 A 530/15 (Tötung männlicher Küken)

I. Umweltschutz

1. Schutz der natürlichen Lebensgrundlagen

316 Zur Bedeutung von Staatszielbestimmungen vgl. bereits Rn 306 ff. Die Staatszielbestimmung **Umweltschutz** hat, auch und insbesondere in Verantwortung für die künftigen Generationen, den Schutz der **natürlichen Lebensgrundlagen** zum Gegenstand. Natürliche Lebensgrundlagen sind die biologischen Grundlagen des menschlichen, aber auch allen anderen Lebens, insbesondere die Umweltmedien Luft, Wasser, Boden sowie Pflanzen, Tiere und Mikroorganismen in ihren Lebensräumen.[720] Auch das Landschaftsbild ist erfasst.[721] Das Schutzgebot umfasst den Schutz der natürlichen Umwelt und die Erhaltung der Funktionsfähigkeit der Ökosysteme. In Verbindung mit seiner Schutzpflicht aus Art. 2 II S. 1 GG hat der Staat dafür Sorge zu tragen, dass ein für das menschliche Leben und die menschliche Gesundheit unabdingbarer **Umweltmindeststandard** erreicht und eingehalten wird. Jedoch ist zu beachten, dass sich das aus Art. 20a GG abgeleitete Schutzgebot in erster Linie an den Staat wendet; es verpflichtet zunächst den Gesetzgeber, Normierungen zu erlassen, die insgesamt einen aktiven und sachgerechten Umweltschutz unter größtmöglicher Schonung der natürlichen Ressourcen gewährleisten. Es verpflichtet ihn aber auch, Regelungen zur Vorsorge gegenüber entsprechenden Gefährdungen durch *Dritte* zu treffen, also konkret umweltbelastende Aktivitäten zu überwachen und ggf. abzuwehren.[722] Es besteht allgemeiner Konsens darüber, dass das Umweltrecht demnach von drei Grundprinzipien geprägt wird: dem **Vorsorgeprinzip**, dem **Verursacherprinzip** und dem **Kooperationsprinzip**.

- Das Vorsorgeprinzip knüpft an den Gedanken an, dass Umweltgefahren und Umweltschäden so weit wie möglich bereits vermieden werden sollen. Denn werden Umweltgefahren oder -schäden vermieden, bedarf es i.d.R. keiner weiteren umweltschützenden Maßnahmen, wodurch die besondere Bedeutung des Vorsorgeprinzips deutlich wird.
- Gelingt es nicht, Umweltgefahren oder -schäden zu vermeiden, greift das Verursacherprinzip, welches besagt, dass Beseitigung, Verminderung oder Ausgleich von Umweltbeeinträchtigungen primär von demjenigen zu übernehmen sind, dem sie zuzurechnen sind. Es leuchtet ein, dass es nicht primär zulasten der Allgemeinheit gehen kann, Umweltschäden zu beseitigen bzw. die damit verbundenen Kosten zu übernehmen.
- Ein weiteres Instrument, Umweltgefahren oder -schäden zu vermeiden, stellt das *Kooperationsprinzip* dar, das den Schutz der Umwelt als eine gemeinsame Aufgabe von Bürgern, Unternehmen und Staat ansieht. Umweltschutz muss Aufgabe aller gesellschaftlichen Kräfte sein, nicht allein diejenige des Staates. Die Umweltgesetze konkretisieren dieses Prinzip durch die Pflicht zur Bestellung betrieblicher Umweltschutzbeauftragter, denen insb. die Aufgabe der betriebsinternen Selbstüberwachung obliegt (vgl.

---

[720] *Westphal*, JuS 2000, 339, 342; *Reinhardt*, JuS 2000, 1245; *Kloepfer*, DVBl 1996, 73, 76; *Murswiek*, NVwZ 1996, 222, 225.
[721] BVerwG NJW 1995, 2648, 2649.
[722] *Westphal*, JuS 2000, 339, 340; *Reinhardt*, JuS 2000, 1245; *Kloepfer*, DVBl 1996, 76, 77 f.; *Jarass*, in: J/P, GG, Art. 20a Rn 3; *Degenhart*, Rn 616.

etwa den Gewässerschutzbeauftragten gem. §§ 64-66 WHG oder den Immissionsschutzbeauftragten gem. §§ 53-58 BImSchG).

Schutz der natürlichen Lebensgrundlagen bedeutet jedoch nicht, dass jegliche umweltbelastenden Maßnahmen gegen Art. 20a GG verstoßen. Denn es ist kaum ein menschliches Verhalten denkbar, das sich nicht belastend auf die Umwelt auswirkt. Vielmehr ist die Staatszielbestimmung *Umweltschutz* in praktische Konkordanz zu anderen Verfassungsgütern zu bringen, etwa zu der Freiheit des Einzelnen oder zu der wirtschaftlichen Leistungsfähigkeit des Standortes Deutschland. Da es sich bei Art. 20a GG aber lediglich um eine Staatszielbestimmung handelt, die Umweltschutz zudem lediglich „im Rahmen der verfassungsmäßigen Ordnung" gewährleistet, kann dem Umweltschutz bei einer Abwägung mit anderen Verfassungsgütern also keine generelle Vorrangigkeit zukommen; immerhin verpflichtet die Staatszielbestimmung den Gesetzgeber, bei der Ausgestaltung der Rechtsordnung die Belange des Umweltrechts in einer Art. 20a GG entsprechenden Bedeutung zu berücksichtigen, wobei das BVerfG dem Gesetzgeber jedoch regelmäßig einen weiten Gestaltungsspielraum einräumt[723] (dazu sogleich Rn 318 ff.). 317

2. Auftrag an Gesetzgeber, Verwaltung und Gerichte

Wie soeben erwähnt, enthält die Staatszielbestimmung *Umweltschutz* einen **Gestaltungsauftrag an den Gesetzgeber**: Dieser hat den Umweltschutz bei sämtlichen gesetzgeberischen Tätigkeiten zu berücksichtigen, muss sich dabei gem. Art. 20a GG „im Rahmen der verfassungsmäßigen Ordnung" bewegen. Durch diese Formulierung wird klargestellt, dass der Umweltschutz nur ein Ziel unter anderen Verfassungszielen ist. Der Gesetzgeber hat daher die Belange des Umweltschutzes stets in Einklang mit anderen Verfassungszielen zu bringen. Dabei steht ihm allerdings ein weiter Spielraum zu.[724] 318

Zu beachten ist, dass die Formulierung „im Rahmen der verfassungsmäßigen Ordnung" wegen des systematischen Zusammenhangs mit Art. 20 GG der des Art. 20 III GG, jedoch nicht der des Art. 2 I GG entspricht. Das bedeutet, dass das Staatsziel Umweltschutz nur durch andere Verfassungsgüter, jedoch nicht durch alle zur gesamten Rechtsordnung gehörenden Schutzgüter eingeschränkt werden kann. Des Weiteren ist zu beachten, dass der Umweltschutz auf **EU-Ebene** eine sehr viel bedeutendere Rolle spielt. So schreibt Art. 11 AEUV unter Bezug auf die nachhaltige Entwicklung eine **umweltverträgliche Gestaltung der Unionspolitiken** vor. Man spricht insoweit von der „unionsrechtlichen Querschnittsklausel" des Art. 11 AEUV: Umweltpolitische Schutzgrundsätze (etwa das Vorsorgeprinzip und das Nachhaltigkeitsprinzip) sind im Bereich der anderen Politiken als Abwägungsposition zu berücksichtigen. Daneben behandelt der Zielkatalog des Art. 3 EUV auch den Umweltschutz, wodurch diesem die Funktion wie ein Staatsziel auf nationaler Ebene zukommt. Auch formuliert Art. 191 AEUV zahlreiche Ziele der Umweltpolitik. Schließlich benennt Art. 194 Ic AEUV die Förderung neuer und erneuerbarer Energien ausdrücklich als Ziel für eine moderne und umweltschonende Energiepolitik der EU. Da auf EU-Ebene ständig Umweltschutzrichtlinien erlassen werden, die diese Ziele **sekundärrechtlich** an die Mitgliedstaaten adressieren, die diese Ziele wiederum in nationales Recht umzusetzen haben (vgl. dazu Rn 346a), wird allzu deutlich, dass das Staatsziel Umweltschutz in begrüßenswerter Weise durch das Unionsrecht eine sehr viel stärkere Stellung erhält, als es durch Art. 20a GG möglich wäre. Generell lässt sich sagen, dass der heutige 319

[723] Vgl. dazu etwa BVerfGE 118, 79, 110 (Treibhausgas-Emissionsberechtigungen).
[724] Vgl. BVerwG NVwZ 2007, 461 ff.; *Murswiek*, NVwZ 1996, 222; *Schink*, DÖV 1997, 221, 226; *Steinberg*, NJW 1996, 1985, 1991; *Kloepfer*, DVBl 1996, 73, 75; *Sachs*, JuS 2007, 765 ff.; *Groß*, NVwZ 2011, 129 ff.

hohe umweltschutzrechtliche Standard in Deutschland maßgeblich durch das Unionsrecht mit seinen zahlreichen Verordnungen und Richtlinien geprägt wurde.

320 Auch die **Verwaltung** und die **Gerichte** wirken bei der Verwirklichung des Umweltschutzes mit. Aufgrund der Bindung an Gesetz und Recht (Art. 20 III GG, wiederholend in Art. 20a GG) sind sie allerdings an die Entscheidung des Gesetzgebers gebunden. Für die Verwaltung bedeutet die Bindung an das Staatsziel *Umweltschutz*, dass sie den Umweltschutz bei der Auslegung von Gesetzen (z.B. wenn der Tatbestand auf das öffentliche Interesse oder auf öffentliche Belange abstellt), bei der Ausübung von Ermessenstatbeständen/Beurteilungsspielräumen und bei planerischen Abwägungsentscheidungen (beim sog. Planungsermessen) berücksichtigen muss. § 1 V BauGB liefert hier ein wichtiges Anwendungsbeispiel.

Hinweis für die Fallbearbeitung: Zwar handelt es sich bei Art. 20a GG um unmittelbar anwendbares Recht, doch haben die Gerichte – und somit der Klausurbearbeiter – sich bei der Überprüfung der Legislative und Exekutive darauf zu beschränken, diese beiden Gewalten dort zu korrigieren, wo sie ihre Pflichten aus der Staatszielbestimmung verletzt haben, etwa, wenn die o.g. Berücksichtigung des Art. 20a GG bei der Auslegung eines unbestimmten Rechtsbegriffs unterblieben oder nur unzureichend erfolgt ist, wobei jedoch die Einschätzungsprärogative des fachwissenschaftlich beratenen Gesetzgebers und der fachwissenschaftlich beratenen Verwaltung zu beachten ist. Im Planungsrecht ist zu überprüfen, ob die Verwaltung bei der planerischen Abwägung die Umweltbelange hinreichend hat einfließen lassen und damit der Bedeutung des Art. 20a GG hinreichend Rechnung getragen hat.

II. Tierschutz

321 In begrüßenswerter Weise wurde mit Wirkung zum 1.8.2002 in Art. 20a GG die Staatszielbestimmung *Tierschutz* aufgenommen. Seitdem ist der Staat verpflichtet, die Tiere, die zutreffend in Art. 13 AEUV als „fühlende Wesen" bezeichnet werden, zu schützen, wenn auch nur im Rahmen der verfassungsmäßigen Ordnung durch die Gesetzgebung und nach Maßgabe von Gesetz und Recht durch die vollziehende Gewalt und Rechtsprechung. Als in Art. 20a GG formuliertes Staatsziel ist der Tierschutz also an alle drei Staatsgewalten adressiert. Dabei ist vor allem der *Gesetzgeber* aufgefordert, eine Konkretisierung des Staatsziels im Wege des einfachen Gesetzesrechts vorzunehmen. Denn Art. 20a GG will Tiere nicht nur vor Schäden durch staatliches Handeln bewahren, sondern er gebietet es auch, dass der Staat zum Schutz der Tiere vor Privaten tätig wird.[725] Soweit hierfür aber ein Eingriff in Grundrechte nötig ist, fordert der Grundsatz vom Vorbehalt des Gesetzes dafür eine formell- und materiellgesetzliche Rechtsgrundlage, da Art. 20a GG selbst keine eigenständige Rechtsgrundlage für Grundrechtseingriffe darstellt (s.o.).

321a Aufgrund der Rechtsnatur als Staatszielbestimmung gibt die Verfassungsnorm des Art. 20a GG zudem lediglich das *Ziel* des Tierschutzes vor. Den Weg dahin und die Mittel, wie dieses Ziel zu erreichen ist, schreibt die Staatszielbestimmung nicht vor. Nach ständiger Rechtsprechung des BVerfG hat v.a. der Gesetzgeber einen weiten **Gestaltungsspielraum**[726], bei dessen Ausgestaltung er die kollidierenden Individualgrundrechte insbesondere aus Art. 12 I GG (Berufsfreiheit) und Art. 14 I GG (Eigentumsfreiheit) von kommerziellen Tierhaltern/Tierzüchtern zu beachten hat. Da Art. 20a GG den Tierschutz lediglich „im Rahmen der verfassungsmäßigen Ordnung" gebietet, führt das in der gerichtlichen Praxis sogar dazu, dass der Tierschutz bei der erforderli-

[725] Vgl. dazu etwa BVerfGE 127, 293, 328 (Legehennenhaltung).
[726] Vgl. dazu abermals BVerfGE 127, 293, 328 f. (Legehennenhaltung). Zuvor schon BVerfGE 118, 79, 110.

chen Abwägung mit den kollidierenden Individualgrundrechten regelmäßig zurücksteht.[727] Insgesamt ist mit Art. 20a GG dem Tierschutz also nicht die Bedeutung beigemessen worden, die ihm in Anbetracht des Umstands, dass es sich bei Tieren um Mitgeschöpfe („fühlende Wesen", s.o.) handelt, gebührt hätte. Dieses Phänomen wird dadurch noch verstärkt, dass das BVerfG den Gestaltungsspielraum des Gesetzgebers stets betont und deutlich macht, Art. 20a GG lasse sich eine bestimmte Ausgestaltung der Art und Weise, in welcher der Gesetzgeber tierschutzrechtliche Standards zu setzen habe, nicht entnehmen.[728]

Nach der hier vertretenen Auffassung kann sich der Gestaltungsspielraum im Einzelfall **321b** dennoch so weit verengen, dass sich aus der Staatszielbestimmung eine konkrete Handlungspflicht dergestalt ergibt, dass einfachgesetzliche Tierschutzbestimmungen erlassen werden müssen, die über das Schutzniveau der bisherigen Regelungen hinausgehen. Das betrifft insbesondere die kommerzielle Massentierhaltung (Intensivtierhaltung) einschließlich des massenhaften Tötens männlicher Küken (da diese für die Fleischgewinnung weniger „geeignet" sind und ihre Züchtung daher „unwirtschaftlich" wäre)[729] und die gewerbliche Zucht von Tieren zur Pelzgewinnung. Denn hat der verfassungsändernde Gesetzgeber mit der Einfügung der Staatszielbestimmung des Art. 20a GG deutlich gemacht, dass er den Tierschutz stärken und verbessern will, dürfen sich Gesetzgebung, Verwaltung und Gerichte nicht darüber hinwegsetzen und kollidierenden Individualgrundrechten tendenziell ein stärkeres Gewicht beimessen.

Für *Verwaltung und Rechtsprechung* muss das Staatsziel Tierschutz v.a. als *Auslegungs- und Abwägungsmaßstab* Gewicht erlangen. Auf der Tatbestandsseite ist das **321c** Staatsziel bei der Interpretation unbestimmter Rechtsbegriffe wie „Allgemeinwohl", „öffentliche Interessen", „zwingende Vorschrift der Religionsgemeinschaft" oder „vernünftiger Grund" zu berücksichtigen. Soweit auf der Rechtsfolgeseite ein Ermessensspielraum eröffnet ist, muss das Staatsziel ermessensleitende Funktion ausüben. Die Rechtsprechung schließlich hat durch ihre Kontrollfunktion zu gewährleisten, dass das Staatsziel *Tierschutz* bei der Anwendung und Auslegung der Gesetze zur Geltung kommt.[730]

Die Erhebung des Tierschutzes in den Rang eines Verfassungsguts hatte zudem die **322** Hoffnung erweckt, dass der Tierschutz nicht mehr zwingend insbesondere hinter der **vorbehaltlos** gewährten Wissenschafts- und Religionsfreiheit (Art. 5 III S. 1 Var. 2 GG; Art. 4 I GG) zurücktreten muss. Es bestand die Hoffnung, dass Tierversuche und das Schächten nicht mehr so umfänglich möglich sein würden, wie dies noch BVerfGE 104, 337 ff. angenommen hatte. Diese Hoffnungen sind allerdings vom BVerwG enttäuscht worden. Mit seinem Urteil v. 23.11.2006 hat das Gericht dem Tierschutzziel des Art. 20a GG keine besonders große Leitfunktion zu entnehmen vermocht. Die Staatszielbestimmung des Art. 20a GG habe bei einer Abwägung mit kollidierenden Verfassungsbestimmungen (hier: Art. 4 GG) kein durchschlagendes Gewicht, sodass einem muslimischen Metzger zwecks Versorgung sunnitischer Muslime mit Fleisch- und Wurstwaren geschächteter Tiere eine Ausnahmegenehmigung vom grundsätzli-

[727] Siehe OVG Münster 20.5.2016 – 20 A 530/15, das bei der Frage nach der Rechtmäßigkeit der Tötung männlicher Küken die im Zuge der Auslegung des Begriffs des „vernünftigen Grundes" in § 1 S. 2 TierSchG vorzunehmende Abwägung deutlich zugunsten der wirtschaftlichen Interessen der Unternehmen ausfallen lässt. Das über die Revision entscheidende BVerwG betont zwar die Bedeutung des Tierschutzes, gewährt den Zuchtbetrieben aber Übergangsfristen und verneint bei diesen Fristen einen Verstoß gegen § 1 S. 2 TierSchG (BVerwG NJW 2019, 3096 ff.), dazu sogleich Rn 323.

[728] BVerfGE 127, 293, 328 f. (Legehennenhaltung).

[729] OVG Münster 20.5.2016 – 20 A 530/15; BVerwG NJW 2019, 3096 ff. (Kükentötung).

[730] *Caspar/Geissen*, NVwZ 2002, 913, 915; *Holste*, JA 2002, 907, 910. Vgl. auch *Ogorek*, NVwZ 2016, 1433, 1437.

chen Schächtverbot (vgl. § 4a TierSchG) erteilt werden müsse.[731] Damit ist die Aufwertung des Tierschutzes zur Staatszielbestimmung in der (neben Tierversuchen[732] und Kükentötungen[733]) wohl am häufigsten diskutierten Konstellation praktisch ohne Effekt geblieben, was in Anbetracht der zaghaften Formulierung des verfassungsändernden Gesetzgebers aber auch nicht wirklich überrascht hat. Dementsprechend sah sich wohl auch das OVG Münster „ermutigt", bei der Frage nach der Rechtmäßigkeit des Tötens männlicher Küken, die ja im Vergleich zu weiblichen Küken zur Fleischproduktion weniger geeignet sind und daher getötet werden, den kommerziellen Interessen der Geflügelzüchter ein höheres Gewicht beizumessen als dem Tierschutz und damit einen „vernünftigen Grund" i.S.d. § 1 S. 2 TierSchG für die Tötung männlicher Küken anzunehmen.[734] Demgegenüber weist das über die Revision entscheidende BVerwG zu Recht darauf hin, dass das Töten der männlichen Küken aus den Legelinien (aus heutiger Sicht) tierschutzrechtlich (an sich) nicht zulässig ist, allerdings vermochte es (aufgrund einer jahrzehntelangen Duldung der Veterinärbehörden) den „vernünftigen Grund" für eine Übergangsfrist nicht zu verneinen, indem es meint, das Tatbestandsmerkmal „ohne vernünftigen Grund" sei ausgerichtet auf einen Ausgleich zwischen den rechtlich geschützten Interessen der Tierhalter einerseits und den Belangen des Tierschutzes andererseits, weshalb für eine Übergangsfrist die (wirtschaftlichen) Interessen der Brutbetriebe überwögen[735] (dazu sogleich Rn 323).

322a Auch das **EU-Recht** hilft (anders als beim Umweltschutz) insoweit nicht weiter, da Art. 13 AEUV den Tierschutz unter den Vorbehalt der *Gepflogenheiten der Mitgliedstaaten, insbesondere in Bezug auf religiöse Riten, kulturelle Traditionen und das regionale Erbe* stellt. Zudem handelt es sich – wie bereits erwähnt – bei Art. 13 AEUV um eine Querschnittsklausel, die Bezug nur auf die in der Vorschrift genannten Politikbereiche nimmt und zudem eine inhaltliche Abschwächung durch den EuGH erfährt, indem dieser das Wohlergehen der Tiere nicht als einen „allgemeinen Grundsatz" des Unionsrechts versteht, sondern lediglich als „Interesse", welches z.B. bei der Prüfung der Verhältnismäßigkeit zu beachten sei.[736] Eine besondere rechtliche Stellung der Tiere ergibt sich somit also auch nicht aus dem **primären Unionsrecht**. Mit Blick auf das **sekundäre Unionsrecht** (Verordnungen, Richtlinien, Beschlüsse, vgl. Art. 288 AEUV – dazu Rn 344 ff.) sind in erster Linie zu nennen: die Richtlinie 98/58/EG des Rates v. 20.7.1998 über den Schutz landwirtschaftlicher Nutztiere (Nutztierhaltungsrichtlinie), die Richtlinie 2008/120/EG des Rates v. 18.12.2008 über Mindestanforderungen für den Schutz von Schweinen (Schweinehaltungsrichtlinie), die Richtlinie 2008/119/EG des Rates v. 18.12.2008 über Mindestanforderungen für den Schutz von Kälbern (Kälberrichtlinie), die Richtlinie 2007/43/EG des Rates v. 28.6.2007 zum Schutz von Masthühnern (Masthühnerrichtlinie) und die Richtlinie 2010/63/EU des Europäischen Parlaments und des Rates v. 22.9.2010 zum Schutz der für wissenschaftliche Zwecke verwendeten Tiere (Tierversuchsrichtlinie). Da alle genannten Richtlinien aber (in Übereinstimmung mit der Wertung des Art. 13 AEUV) lediglich Mindestanforderungen i.S. einer Mindestharmonisierung enthalten, ist das Tierschutzniveau auf Unionsebene damit insgesamt eher schwach und dadurch nicht geeignet, die nationale Gesetzgebung und Verwaltungspraxis entscheidend zu beeinflussen.

Zu wünschen wäre daher die Einführung einer bundesgesetzlichen **Vereinsklagemöglichkeit** für Tierschutzvereine. Bedauerlicherweise hat sich der Bundesgesetzgeber dazu

---

[731] BVerwG NVwZ 2007, 461 ff.
[732] BVerwG NVwZ 2014, 450, 451 (dazu *R. Schmidt*, Grundrechte, Rn 538b).
[733] BVerwG NJW 2019, 3096 ff. – dazu sogleich.
[734] OVG Münster 20.5.2016 – 20 A 530/15.
[735] BVerwG NJW 2019, 3096, 3099.
[736] EuGH Slg. 2001 I-5689 ff.

aber bislang nicht entschließen können. Ob eine tierschutzrechtliche Vereinsklage auf Landesebene möglich wäre, ist angesichts des Art. 74 I Nr. 3 und 20 GG nicht ganz zweifelsfrei; solange aber der Bund keine entsprechende gesetzliche Regelung erlassen hat, haben die Länder eine Gesetzgebungskompetenz (vgl. Art. 72 I GG). Erfreulicherweise haben bislang Bremen, Niedersachsen, Hamburg, Rheinland-Pfalz, Saarland, Schleswig-Holstein und Baden-Württemberg gesetzliche Regelungen über ein Vereinsklagerecht für Tierschutzvereine eingeführt.[737] Hingegen ist das nordrhein-westfälische „Gesetz über das Verbandsklagerecht und Mitwirkungsrechte für Tierschutzvereine" gemäß seinem § 4 am 31.12.2018 außer Kraft getreten, da sich im Landtag keine Mehrheit für eine Verlängerung fand.

III. Legitimation von Grundrechtseingriffen

Von seiner schwachen Stellung abgesehen, ist der Tierschutz aus Art. 20a GG aber durchaus in der Lage, zumindest im Ansatz die Legitimation von (gesetzlichen) Eingriffen in Grundrechte zu untermauern. Dies gilt sowohl gegenüber Grundrechten mit Gesetzesvorbehalt als auch gegenüber schrankenlos gewährten Grundrechten. Bei Letzteren können die Staatsziele *Umweltschutz* und *Tierschutz* die verfassungsimmanente Schranke darstellen, s.o. Bei Grundrechten mit Gesetzesvorbehalten bzw. Ausgestaltungs- und Regelungsvorbehalten entfalten die Tierschutzbelange im Rahmen der jeweiligen Vorbehaltsklausel bzw. des jeweiligen Ausgestaltungs- oder Regelungsvorbehalts begrenzende Wirkung. 323

Beispiel[738]**:** Nach § 1 S. 2 TierSchG darf niemand einem Tier ohne vernünftigen Grund Schmerzen, Leiden oder Schäden zufügen. Gleichwohl meint das BVerwG hinsichtlich der Tötung männlicher Küken, die Regelung des § 1 S. 2 TierSchG sei auf einen Ausgleich zwischen den rechtlich geschützten Interessen der Tierhalter (Art. 12 I GG und Art. 14 I GG) und den Belangen des Tierschutzes (Art. 20a GG) ausgerichtet, wobei bei diesem Interessenausgleich die bisherige Praxis und die spezifischen Belange der Tierhalter bei einer Umstellung der Betriebsweise nicht außer Betracht bleiben dürften.[739] Mit „spezifischen Belangen" der Tierhalter können nur die wirtschaftlichen Interessen an einer möglichst kostengünstigen Aufzucht und Eier- und Fleischproduktion sowie die Entscheidung, über das Eigentum an den Küken frei zu bestimmen, gemeint sein. Diese durch Art. 12 I GG und Art. 14 I GG geschützten Interessen sind mit den Tierschutzinteressen, die wegen Art. 20a GG ebenfalls Verfassungsrang genießen, in einen angemessenen Ausgleich zu bringen. Zu Recht weist das BVerwG darauf hin, dass das Töten der männlichen Küken aus den Legelinien (aus heutiger Sicht) tierschutzrechtlich an sich nicht zulässig ist. Dadurch, dass die Veterinärbehörden und der Gesetzgeber diese Praxis – zunächst ausgehend von einer der damaligen Vorstellung entsprechenden geringeren Gewichtung des Tierschutzes, später mangels Verfügbarkeit konkurrenzfähiger Alternativen – aber jahrzehntelang hingenommen hätten, könne von den Brutbetrieben eine sofortige Umstellung ihrer bisherigen Betriebsweise nicht verlangt werden.[740] Bis zur Einführung eines spektroskopischen Verfahrens zur Geschlechtsbestimmung im Ei, um durch Aussortierung der identifizierten Eier das Schlüpfen männlicher Küken zu verhindern, sei den Brutbetrieben daher eine Übergangsfrist zu gewähren. Freilich ist diese Vorgehensweise rechtsmethodisch nicht einwandfrei. Denn arbeitet das BVerwG zutreffend heraus, dass wirtschaftliche Interessen keinen vernünftigen Grund für das Töten von Tieren darstellen können, und erkennt, dass das Töten ohne vernünftigen Grund eine Straftat nach § 17 Nr. 1 TierSchG darstellt, hätte es eine

[737] Vgl. etwa für Hamburg das Hamburgische Tierschutzverbandsklagegesetz (HmbTierSchVKG) v. 21.5.2013 und für Niedersachsen das Gesetz über Mitwirkungs- und Klagerechte von Tierschutzorganisationen (NdsTierSchKG) v. 6.4.2017.
[738] BVerwG NJW 2019, 3096 (Kükentötung).
[739] BVerwG NJW 2019, 3096, 3099.
[740] BVerwG NJW 2019, 3096, 3099 mit Verweis auf BVerfGE 131, 47, 57, wobei m.E. die Heranziehung der BVerfG-Entscheidung schon methodisch nicht überzeugt, da die abwägungserheblichen Umstände des befristeten Aufschiebens der gesetzlichen Preisansagepflicht bei Call-by-Call-Gesprächen nicht die besondere Bedeutung der Tierschutzaspekte abbilden.

Straftat der Betreiber und Mitarbeiter der Brutbetriebe und eine Beihilfe der duldenden staatlichen Stellen feststellen und den Vorgang an die Staatsanwaltschaft abgeben müssen. Zwar erkennt das BVerwG, dass das Gewährenlassen von Straftaten auch für eine Übergangsfrist nicht hingenommen werden kann, ganz offensichtlich verspürt das BVerwG jedoch ein Unbehagen bei diesem Gedanken und möchte einen „Ausweg" aus diesem Dilemma darin finden, den „vernünftigen Grund" für eine Übergangsfrist nicht zu verneinen, indem es meint, das Tatbestandsmerkmal „ohne vernünftigen Grund" sei ausgerichtet auf einen Ausgleich zwischen den rechtlich geschützten Interessen der Tierhalter einerseits und den Belangen des Tierschutzes andererseits[741], weshalb für eine Übergangsfrist die (wirtschaftlichen) Interessen der Brutbetriebe überwögen. Das ist – trotz des berechtigten Bestrebens nach einer interessengerechten Lösung – abzulehnen. Stellen wirtschaftliche Interessen keinen vernünftigen Grund für das Töten von Tieren dar, kann man dies nicht für eine Übergangsfrist anders sehen. Da helfen auch keine Behelfsformulierungen wie: „für sich genommen (...) kein vernünftiger Grund". Die Tötung der Küken verfolgt keinen anderen Zweck, als sich ihrer zu entledigen, weil die Aufzucht offenbar nicht kostendeckend bzw. nicht gewinnbringend genug wäre. Das kann keinen „vernünftigen Grund" für das Töten darstellen.

323a Eine ähnliche Konfliktsituation ergibt sich im Umgang mit der gewerblichen Zucht von Tieren zur Pelzgewinnung. Auch hier stehen gewerbliche Interessen Tierschutzinteressen gegenüber.

Beispiel: Die gewerbliche Zucht von Tieren zur Pelzgewinnung ist unter Beachtung des § 2a I TierSchG i.V.m. der Tierschutz-Nutztierhaltungsverordnung (TierSchNutztV) des Bundesministeriums für Ernährung und Landwirtschaft trotz entgegenstehender ethischer und tierschutzrechtlicher Belange grundsätzlich erlaubt. Immerhin dürfen z.B. Nerzkäfige nicht übereinandergestapelt werden (vgl. § 40 IV TierSchNutztV) und müssen eine Grundfläche haben von mindestens drei Quadratmetern sowie von einem Quadratmeter für jedes Tier nach dem Absetzen (vgl. § 40 V Nr. 1 TierSchNutztV).

Möchte nun der Gesetzgeber die Pelztierhaltung und -tötung zum Zweck der Pelzgewinnung gänzlich verbieten, wäre dies unter dem Aspekt des Tierschutzes äußerst begrüßenswert, dabei müsste er aber entgegenstehende Rechte der Pelztierfarmbetreiber und anderer Beteiligter der Vertriebskette (Art. 12, 14 GG) beachten. Da (jedenfalls) in Deutschland kein Grund ersichtlich ist, sich mit Hilfe von Pelzkleidung gegen Kälte zu schützen, dürfte ein Verbot der Pelztierhaltung und -tötung zum Zweck der Pelzgewinnung grds. verhältnismäßig sein. Modegesichtspunkte sind nach der hier vertretenen Ansicht von vornherein nicht geeignet, Tierschutzbelange zu überwinden. Jedoch können es die Grundrechte jedenfalls der Pelztierfarmbetreiber erforderlich machen, bestehende Betriebe für eine Übergangszeit von dem Totalverbot auszunehmen. Im Gesetzentwurf des Bundesrats wird eine zehnjährige Übergangsfrist für bestehende Betriebe genannt[742], die in jedem Fall ausreichen sollte. Nach der hier vertretenen Auffassung würde auch eine fünfjährige Übergangsfrist genügen, da die Forderung nach einem Verbot der Pelztierhaltung zum Zwecke der Pelzgewinnung schon lange besteht und ein solches Verbot für die Betreiber daher nicht „überraschend" käme, was den Grundsatz des Vertrauensschutzes stark einschränkte.[743] Zudem ist Art. 20a GG nicht bloßer Programmsatz, sondern eine Verfassungsbestimmung mit materiellem Gehalt. Die Verhütung von Schmerzen, Leiden oder Schäden an bzw. von Tieren sollte schließlich auch aus ethischer Sicht ein wichtiges gesellschaftliches Anliegen sein. Es bleibt die

---

[741] Hier verweist das BVerwG auf die Legehennen-Entscheidung des BVerfG (E 101, 1, 37), wo das BVerfG allerdings deutlich macht, dass nicht jede Erwägung der Wirtschaftlichkeit der Tierhaltung aus sich heraus ein „vernünftiger Grund" sein kann. Andererseits räumt auch das BVerfG durch die Formulierung „nicht jede Erwägung" die Möglichkeit ein, dass es durchaus Erwägungen der Wirtschaftlichkeit geben kann, die gegenüber dem Tierschutz vorrangig sind.

[742] Siehe BT-Drs. 18/5866 v. 26.8.2015.

[743] Zur Notwendigkeit von Übergangsfristen zur Wahrung des Verhältnismäßigkeitsgrundsatzes in Bezug auf das Verbot eines bislang erlaubten Verhaltens vgl. etwa BVerfG NVwZ 2016, 1171, 1172 mit Verweis auf BVerfGE 75, 246, 279; 98, 265, 309; 126, 112, 155 f.; 131, 47, 57 f.

Hoffnung, dass sich das BVerfG, sollte es sich mit einem (gesetzlichen) Verbot beschäftigen müssen, mutig genug zeigt, (auch) argumentativ dem Tierschutz den Stellenwert einzuräumen, der ihm gebührt. Zumindest in der Praxis besteht das Problem momentan nicht, da die letzten in Deutschland ansässigen Pelztierzuchtbetriebe Ende 2019 ihre Standorte nach Osteuropa, insbesondere nach Polen, verlegt haben. Freilich wird die Tierquälerei dadurch lediglich verlagert.

Zu beachten ist aber, dass Art. 20a GG **keine Rechtsgrundlage** für Eingriffe in Grundrechte darstellt. Hierfür bedarf es auch im Umwelt- und Tierschutzrecht stets einer Entscheidung des förmlichen Gesetzgebers.[744] 324

Beispiele: Möchte der Gesetzgeber die gewerbliche Zucht von Tieren zur Pelzgewinnung verbieten (s.o.), muss er dies durch förmliches Gesetz umsetzen. Dies könnte durch die Aufnahme von Verbotsvorschriften in das Tiererzeugnisse-Handels-Verbotsgesetz und in die TierSchNutztV geschehen.[745] 325

IV. Beeinträchtigung des Art. 20a GG

Die Staatsziele *Umweltschutz* und *Tierschutz* sind dann beeinträchtigt, wenn eine Gefahr für die Schutzgüter vorliegt. Der Begriff der „Gefahr" definiert das Grundgesetz nicht. Es kann aber an die Terminologie des Polizei- und Ordnungsrechts angeknüpft werden. Daher sollte unter einer Gefahr i.S.d. Art. 20a GG eine Sachlage verstanden werden, in der in absehbarer Zeit mit hinreichender Wahrscheinlichkeit eine Verletzung des Schutzgutes „natürliche Lebensgrundlagen" eintritt – dies sowohl im Hinblick auf jetzige als auch auf künftige Generationen. 326

---

[744] Vgl. BVerwG DVBl 2006, 781 (zum Umweltschutz). Vgl.
[745] Siehe BT-Drs. 18/5866, S. 8.

H. Förderung der Europäischen Union

Wichtige Entscheidungen: EuGH Slg. 1963, 1 (Van Gend & Loos); Slg. 1963, 199 (Plaumann); Slg. 1964, 1251 (Costa/Enel); Slg. 1969, 419 (Stauder); Slg. 1970, 1125 (Intern. Handelsgesellschaft); Slg. 1979, 1629 (Ratti); Slg. 1983, 2633 (Dt. Milchkontor); Slg. 1991, 5357 (Francovich); Slg. 1996, 1029 (Brasserie du Pecheur); Slg. 1974, 837 (Dassonville); Slg. 1978, 649 (Cassis de Dijon); Slg. 1993, 6097 (Keck); Slg. 1995, 4921 (Bosman); NJW 2005, 3695 ff. (Honeywell bzw. Mangold); NJW 2013, 1415 (Åkerberg Fransson); NJW 2013, 1215 (Melloni); NVwZ 2014, 53 (Inuit); NVwZ 2016, 1793 (Doc Morris); GRUR 2017, 627 (Vanderborght – Dienstleistungsfreiheit); BVerfGE 37, 271 (Solange I); E 73, 339 (Solange II); E 89, 155 (Maastricht); E 102, 147 ff. (Bananenmarktordnung); E 113, 273, 295 (Europäischer Haftbefehl); E 123, 267 (Lissabon); E 125, 260 (Vorratsdatenspeicherung); E 126, 286 (Honeywell bzw. Mangold); E 129, 78, 100 (Anwendungserweiterung); E 129, 124, 177 ff. (EFS); E 132, 195, 239 ff. (ESM); E 133, 277 (Antiterrordatei); 135, 317 (ESM); BVerfG NJW 2016, 1149 (Identitätskontrolle bzw. „Solange III"); NJW 2016, 2473 (OMT-Programm der EZB); NJW 2016, 3583 (keine e.A. in Bezug auf das vorläufige Inkrafttreten von CETA); NJW 2019, 3204 (Keine Kompetenzwidrigkeit der Regelungen zur Europäischen Bankenunion); NVwZ 2020, 53 („Recht auf Vergessenwerden I"); NVwZ 2020, 63 („Recht auf Vergessenwerden II")

327 Gemäß Art. 23 I S. 1 GG wirkt die Bundesrepublik Deutschland bei der Entwicklung der Europäischen Union „zur Verwirklichung eines vereinten Europas" mit. Diese **Staatszielbestimmung** sowie der in der Präambel des Grundgesetzes niedergelegte Richtsatz „gleichberechtigtes Glied in einem vereinten Europa" bringen nicht nur die Europafreundlichkeit des Grundgesetzes zum Ausdruck, sondern richten sich auch auf eine **fortschreitende Integration** der Staaten Europas. Freilich steht die Verfassungsbestimmung gem. Art. 23 I S. 3 GG unter dem Vorbehalt der für integrationsfest erklärten Schutzgüter des Art. 79 III GG (d.h. der in Art. 1 und 20 GG niedergelegten Grundsätze, insbesondere der Menschenwürde und des Rechtsstaats- und Demokratieprinzips).[746] Daher leuchtet es ein, dass Grundkenntnisse des Rechts der Europäischen Union auch für das Verständnis des (nationalen) Staatsorganisationsrechts unabdingbar sind, zumal Grundkenntnisse des Europarechts („europarechtliche Bezüge") zum universitären Pflichtbereich gehören.[747] Zu diesen Grundkenntnissen gehören das Wissen über die historische Entwicklung der Europäischen Union, deren Rechtssubjektsqualität, die Grundfreiheiten, die Grundrechte nach der GRC, die Organe der Union und das Verhältnis zwischen europäischem Recht und nationalem Recht.

I. Die historische Entwicklung der Europäischen Union

328 Den Grundstein für die Europäische Union legte nach dem Plan des französischen Außenministers Schuman die Gründung der **Europäischen Gemeinschaft für Kohle und Stahl** (EGKS oder Montanunion) am 9.5.1950. In einem entsprechenden Vertrag (EGKSV) vereinbarten die damaligen sechs Mitgliedstaaten (Bundesrepublik Deutschland, Belgien, Frankreich, Italien, Luxemburg, Niederlande) einen „gemeinsamen Markt", der gemeinsame Ziele verfolgen und gemeinsame Organe haben sollte (Art. 1 EGKSV). Insbesondere verpflichteten sich die Mitgliedstaaten im Bereich von Kohle, Stahl, Eisenerz und Schrott zum schrittweisen Abbau der Zölle, der Grenzabfertigungsgebühren und Währungsbeschränkungen. Außerdem vereinbarten sie gegenüber Drittländern einen gemeinsamen Zolltarif. Der EGKSV trat am 23.7.1952 in Kraft.

329 Der Erfolg der EGKS sowie der wirtschaftliche Druck, der von anderen großen Industrienationen ausging, bewogen die Regierungen der Mitgliedstaaten, auch für die übrigen Wirtschaftszweige eine gemeinsame Lösung anzustreben. Daher wurden zur Fortsetzung der europäischen Integration zwei weitere Verträge ausgearbeitet, welche am 25.3.1957 in Rom (daher „**Römische Verträge**") von den Regierungen der sechs Mitgliedstaaten unterzeichnet wurden. Mit dieser Unterzeichnung war die

[746] Insoweit klarstellend BVerfG NJW 2016, 1149, 1152 (Identitätskontrolle) mit Verweis auf BVerfGE 113, 273, 295 (Europäischer Haftbefehl); 123, 267, 344 (Lissabon); 126, 286, 302 f. (Honeywell); 129, 78, 100 (Anwendungserweiterung); 129, 124, 177 ff. (EFS); 132, 195, 239 ff. (ESM); 134, 366, 384 ff. (OMT). Vgl. dazu unten Rn 353c u. 365.

[747] Vgl. § 5a II DRiG und die Justizausbildungs- und Prüfungsordnungen der Länder.

Gründung der **Europäischen Wirtschaftsgemeinschaft** (EWG, später: EG) und der **Europäischen Atomgemeinschaft** (EAG, später: EA) perfekt.

Die drei Gemeinschaften EGKS, EWG und EAG hatten gemeinsame Organe, ohne dass ihre rechtliche Selbstständigkeit hierdurch in Frage gestellt worden wäre. Insofern wurde auch von den „Europäischen Gemeinschaft**en**" gesprochen. 330

Einen weiteren Schritt im Integrationsprozess stellt die „**Einheitliche Europäische Akte**" vom 28.2.1986 dar, durch die die Schaffung einer **Europäischen Union** (EU) „zum gemeinsamen Ziel der Mitgliedstaaten" erklärt wurde. Die dort vereinbarte Europäische Union wurde durch den **Vertrag über die Europäische Union** (EUV) vom 7.2.1992 („**Maastricht-Vertrag**") gegründet. Mit dem **Amsterdamer Vertrag** vom 2.10.1997 wurden EU-Vertrag und EG-Vertrag wesentlich modifiziert, ergänzt und umnummeriert. So wurde die Europäische Wirtschaftsgemeinschaft (EWG) durch Änderung des EG-Vertrags umbenannt und hieß seitdem „**Europäische Gemeinschaft**" (EG); die Europäische Atomgemeinschaft hieß nunmehr EA (statt EAG). Ferner wurde das Ende des Vertrags über die **Montanunion** besiegelt; er endete gemäß der von vornherein befristeten Laufzeit von 50 Jahren am 23.7.2002 (Art. 97 EGKSV). 331

Grundlage der Europäischen Union waren seitdem also die **Europäischen Gemeinschaften** EG und EA, ergänzt durch die mit dem Unionsvertrag eingeführten Politiken und Formen der Zusammenarbeit (Art. 1 EUV). Die EG und die EA wurden durch den Unionsvertrag also weder aufgelöst noch gingen sie in der Europäischen Union auf. Sie bildeten vielmehr eine Säule der Europäischen Union, zu der als weitere Säulen die Gemeinsame Außen- und Sicherheitspolitik (GASP) und die Polizeiliche und Justizielle Zusammenarbeit in Strafsachen (PJZS) hinzutraten („Drei-Säulen-Modell"). 332

Seit dem Vertrag von Amsterdam war die **Europäische Union** also als Dach der drei genannten Säulen zu verstehen, ohne dabei selbst eine umfassende Rechtspersönlichkeit zu besitzen. Eine solche besaßen lediglich die Europäischen Gemeinschaften (vgl. Art. 5 EUV und Art. 281 EGV in der Fassung des Vertrags von Amsterdam). Nur sie konnten Verträge mit Drittstaaten und anderen internationalen Organisationen schließen oder solchen beitreten (dazu Rn 761 ff.). Daher sprach man in diesem Zusammenhang auch von **Supranationalität**. Dieser Begriff ist Ausdruck dafür, dass mit der EG eine überstaatliche Einrichtung geschaffen wurde, die durch die Übertragung von Hoheitsrechten durch die Mitgliedstaaten und den hohen Grad einer verselbstständigten Willensbildung auf EU-Ebene ein Völkerrechtssubjekt eigener Art darstellte. Demgegenüber fand bei der GASP und der PJZS lediglich eine **intergouvernementale** Zusammenarbeit statt, da auf eine diesbezügliche Übertragung von Hoheitsrechten verzichtet wurde. 333

Als weiteres Entwicklungsstadium der Europäischen Union ist der **Vertrag von Nizza** zu nennen. Bei diesem im Dezember 2000 während der Konferenz von Nizza geschlossenen Vertrag haben die Staats- und Regierungschefs der EU-Mitgliedstaaten einen Vertragstext über die institutionellen Reformen ausgehandelt, welche die künftige Erweiterungsfähigkeit der Europäischen Union sichern sollen. Der Vertrag (BGBl II 2002, S. 1702) trat am 1.2.2003 in Kraft. Er stärkte v.a. das Stimmengewicht der bevölkerungsreichen Mitgliedstaaten gegenüber den kleineren Ländern. Weiterhin wurde die Bevölkerungszahl bei der Verteilung der Abgeordnetensitze im Europäischen Parlament auf die einzelnen Mitgliedstaaten stärker berücksichtigt. Daneben sah der Vertrag vor, dass die Zahl der Mitglieder der Europäischen Kommission künftig begrenzt wird. Auch wurde die Zahl der Abgeordneten des Europäischen Parla- 334 ments an eine absolute Obergrenze gebunden. Schließlich verständigten sich die Mitgliedstaaten auf eine Erleichterung der sog. „verstärkten Zusammenarbeit" unter integrationswilligen Mitgliedstaaten und legten damit den Grundstein für den Beitritt von zehn Ländern aus Mittel- und Osteuropa sowie aus dem Mittelmeerraum. Diese Staaten[748] konnten dann aufgrund eines Beitrittsvertrags von 2003 am 1.5.2004 der EU und den die Union begründenden Verträgen beitreten. Rumänien und Bulgarien sind zum 1.1.2007 der EU beigetreten, Kroatien zum 1.7.2013. Damit bestand die EU zwischenzeitlich aus 28 Mitgliedstaaten, seit dem Austritt Großbritanniens besteht sie folgerichtig aus 27 Mitgliedstaaten.

335 Von Bedeutung ist weiterhin, dass auf dem EU-Gipfel von Nizza – außerhalb der förmlichen Vertragsänderung – feierlich die **Charta der Grundrechte** der Europäischen Union (GRC) proklamiert wurde. Eine Rechtsverbindlichkeit entfaltete die GRC indes vorerst noch nicht (vgl. aber Rn 341 und *R. Schmidt*, Grundrechte, Rn 9 ff.).

336 Als bislang letzter Meilenstein auf dem Weg zu einem vereinten Europa ist der auf dem EU-Gipfel vom 13.12.2007 in Lissabon verabschiedete **Vertrag von Lissabon** zu nennen, der nach Schwierigkeiten bei der Ratifikation in einigen Mitgliedstaaten am 1.12.2009 in Kraft treten konnte.

Ursprünglich war eine **Verfassung für Europa** (VVE) vorgesehen, mit der eine Bündelung der rechtlichen Grundlagen der europäischen Integration in einem einheitlichen Text erfolgen sollte. Jedoch wurde die VVE in Referenden in Frankreich und in den Niederlanden abgelehnt. Daraufhin erarbeitete man ein neues Konzept, in dem die in der VVE gewählten, bei vielen EU-Bürgern auf Irritationen gestoßenen staatsrechtlichen Bezeichnungen wie „Vertrag über eine Verfassung", die neuen Bezeichnungen für europäische Rechtsakte „Gesetze" und „Rahmengesetze", der Begriff des „Außenministers" sowie die Bestimmungen über eine europäische Hymne und Flagge aufgegeben wurden. Der Vertrag von Lissabon ist daher lediglich ein Änderungsvertrag zu den bestehenden Verträgen, der zwar auch strukturell-formale und institutionelle Neuerungen beinhaltet, jedoch die genannten Bezeichnungen vermeidet, um nicht den Eindruck zu vermitteln, bei der EU handele es sich um einen „Staat" bzw. um ein „staatsähnliches Gebilde".[749]

Mit dem **Vertrag von Lissabon** besteht (durch eine rechtliche Fusion von EU und EG) nur noch eine **Europäische Union** (mit **Rechtspersönlichkeit**, vgl. Art. 1 III, 47 EUV, **ohne jedoch eine Staatsqualität** zu erlangen, s.o. sowie sogleich Rn 340). Der EUV und der EGV wurden wesentlich modifiziert, ergänzt und (erneut) umnummeriert. Die bedeutsamste strukturell-formale Neuerung ist die Umwandlung des EG-Vertrags in den **Vertrag über die Arbeitsweise der Europäischen Union (AEUV)** unter Aufgabe des Konzeptes der Europäischen Gemeinschaften und der wenig durchschaulichen Unterscheidung zwischen Gemeinschaft und Union bzw. der drei Säulen, die das politische System der EU seit dem Vertrag von Maastricht prägten (s.o., Rn 332).

II. Die Europäische Union als Staatenverbund

337 Auch (und gerade) der Vertrag von Lissabon hat nichts daran geändert, dass die Europäische Union keinen Bundesstaat darstellt, in dem etwa die Bundesrepublik Deutschland als Gliedstaat aufgegangen wäre. Vielmehr wird die Union durch den Unionsvertrag als „neue Stufe bei der Verwirklichung einer immer engeren Union der Völker Europas" bezeichnet (Art. 1 II EUV). Das BVerfG hat bereits in seinem Maas-

---

[748] Estland, Lettland, Litauen, Malta, Polen, Slowakei, Slowenien, Tschechische Republik, Ungarn und Zypern.

[749] Zur fehlenden Staatsqualität der EU vgl. Rn 39 und 339.

tricht-Urteil vom 12.10.1993 hierfür den Begriff des „Staatenverbundes" geprägt, der von den Mitgliedern getragen werde und deren nationale Identität achte.[750]

Die Aufgaben der Europäischen Union werden durch den Unionsvertrag normiert, der – wie der AEU-Vertrag (Art. 2 AEUV) – dem Prinzip der begrenzten Handlungsermächtigung (**Einzelermächtigung**) folgt (Art. 5 EUV). Der Union kommt also trotz der „Flexibilitätsklausel" (Art. 352 AEUV)[751] **keine „Kompetenz-Kompetenz"** zu, d.h. nicht die Befugnis, sich selbstständig neue Kompetenzen zu geben (dies ist der Unterschied zum verfassten Bundesstaat wie der Bundesrepublik Deutschland: Das Grundgesetz verleiht dem Bund – wenn auch unter Mitwirkung der Länder über den Bundesrat – die Kompetenz, durch Änderung des Grundgesetzes seine Kompetenzen auszuweiten). Die Europäische Union kann ihre Aufgaben und Zuständigkeiten nicht selbst ausweiten, sondern nur solche in Anspruch nehmen, die ihr durch Vertragsergänzungen oder -änderungen eingeräumt worden sind („**enumerative Handlungsermächtigung**"). Eine **Generalermächtigung**, d.h. die Übertragung der Befugnis, Verfassungsrecht zu setzen und eigene Kompetenzen zu begründen bzw. vorhandene auszuweiten, wäre trotz der Integrationsermächtigung des Art. 23 I S. 1 und 2 GG unter der Geltung des Grundgesetzes auch **nicht möglich**, denn auf ihre staatliche Souveränität kann die Bundesrepublik Deutschland nicht verzichten. Das schreibt **Art. 79 III GG** fest, der u.a. die Unveränderbarkeit der Art. 1 GG und Art. 20 GG anordnet und dabei auch vor der Integrationsermächtigung in Art. 23 I S. 1 u. 2 GG nicht Halt macht (vgl. Art. 23 I S. 3 GG – Bestandssicherungsklausel, dazu Rn 348). In Art. 20 I, II GG ist das Demokratieprinzip als geltendes Verfassungsrecht festgeschrieben. Der Bundestag als unmittelbar demokratisch legitimiertes Organ wäre seiner Aufgabe, alle wesentlichen Aspekte des Gemeinwesens zu regeln, beraubt, erhielte die EU umfassende Hoheitsrechte.[752] Eine EU-Verfassung wäre damit unter der Geltung des Grundgesetzes nicht möglich, vgl. Rn 350 f. 338

Eine (Bundes-)Staatsqualität der Union ist daher schon allein deswegen zu verneinen. Zudem fehlt es am „Staatsvolk". Zwar ist eine „Unionsbürgerschaft" für alle Staatsangehörigen der Mitgliedstaaten begründet worden (Art. 20 AEUV), mit der einzelne Rechte, insbesondere das **Aufenthaltsrecht** (Art. 20 IIa AEUV), das aktive und passive Wahlrecht bei den **Wahlen zum Europäischen Parlament** (Art. 20 IIb und 22 II AEUV) und bei den **Kommunalwahlen** (Art. 20 IIb und 22 I AEUV) sowie das Recht auf **Freizügigkeit** (Art. 21 I AEUV) in allen Mitgliedstaaten verbunden sind. Diese Rechte genügen aber nicht, um von „staatlicher Souveränität" zu sprechen; der Vertrag von Lissabon stellt dies klar. 339

Da die Europäische Union trotz fehlender Staatsqualität eine umfassende **Rechtspersönlichkeit** besitzt (vgl. Art. 1 III, 47 EUV), kann sie als Rechtssubjekt mit anderen (Völker-)Rechtssubjekten (völkerrechtliche) Verträge schließen. Zu diesen zählen etwa Handelsabkommen wie TTIP, CETA und WPA[753], wobei unklar ist, inwieweit sie von der EU autonom geschlossen werden können (siehe Art. 218 VIa) AEUV, wonach le- 340

---

[750] BVerfGE 89, 155, 188 (Maastricht). Vgl. bereits Rn 69. Siehe später auch BVerfGE 123, 267, 376 (Lissabon); 129, 78, 96 f. (Anwendungserweiterung).

[751] Auch „Vertragsabrundungskompetenz" genannt. Damit ist die Befugnis gemeint, für den Fall eines europäischen Gesetzgebungsbedarfs trotz fehlender ausdrücklicher Zuständigkeiten Recht zu setzen. Da aber die Voraussetzungen für die Ausübung der Befugnis (im Vergleich zu Art. 308 EGV a.F.) sehr streng sind (einstimmiger Beschluss des Rats; Zustimmung des EP; keine Harmonisierung der Rechtsvorschriften der Mitgliedstaaten in den Fällen, in denen eine solche Harmonisierung nach den Verträgen ausgeschlossen ist, und keine Verwirklichung von Zielen der Gemeinsamen Außen- und Sicherheitspolitik), ist eine Unterlaufung des Prinzips „keine Kompetenz-Kompetenz" nicht zu befürchten.

[752] Klarstellend BVerfGE 135, 317, 399 ff. (ESM); BVerfG NJW 2017, 2894, 2895 ff. (Anleihenkaufprogramm der EZB).

[753] TTIP: Transatlantic Trade and Investment Partnership zwischen der EU und den USA. CETA: Comprehensive Economic and Trade Agreement zwischen der EU und Kanada. WPA: Wirtschaftspartnerschaftsabkommen zwischen der EU und den AKP-Staaten (Gruppe der afrikanischen, karibischen und pazifischen Staaten) über Freihandelszonen.

diglich das Europäische Parlament zu beteiligen wäre) oder sie der Mitwirkung bzw. Zustimmung der EU-Mitgliedstaaten bedürfen. In Bezug auf das geplante (aber gegenwärtig in seinen Verhandlungen ruhende) Handelsabkommen TTIP und das vom EU-Parlament am 15.2.2017 ratifizierte und am 21.9.2017 (vorläufig) in Kraft getretene CETA[754] bestünde eine Mitwirkungspflicht dann, wenn Kompetenzen der EU-Mitgliedstaaten betroffen wären und die Mitgliedstaaten daher (neben der EU) Vertragspartner würden (sog. „gemischte Verträge"). Nach anfänglicher Unklarheit über diese Frage geht die mittlerweile überwiegende Auffassung von einer Mitwirkungs- bzw. Zustimmungspflicht aus.

Davon geht wohl auch das BVerfG aus, das Anträge auf Erlass einer einstweiligen Anordnung gegen die vorläufige Anwendung von CETA jedoch abgelehnt hat.[755] Die Entscheidung des BVerfG im Hauptsacheverfahren steht aber noch aus. Da jedoch auch der EuGH in seinem Gutachten v. 16.5.2017 (Gutachten 2/15) zum geplanten Freihandelsabkommen zwischen der EU und Singapur von der Erforderlichkeit der Mitwirkung der Mitgliedstaaten ausgeht (zur Begründung führt er u.a. aus, dass die Regelung zu Investoren-Schiedsgerichten in die geteilte Zuständigkeit der EU und der Mitgliedstaaten falle) und in seinem am 30.4.2019 veröffentlichten Gutachten 1/17[756] seinen Standpunkt klargemacht hat, der im CETA vorgesehene Mechanismus (Einrichtung von (Schieds-)Gerichten) zur Beilegung von Streitigkeiten zwischen Investoren und Staaten sei mit dem Unionsrecht vereinbar, dürfte mit einer entsprechenden Entscheidung des BVerfG zum CETA zu rechnen sein. Man darf also davon ausgehen, dass die EU (nach entsprechender Zustimmung durch die Mitgliedstaaten) grundsätzlich befugt ist, internationale (Handels-)Abkommen auch dann zu schließen, wenn diese zur Streitbeilegung auch (Schieds-)Gerichte vorsehen.

Für die Bundesrepublik Deutschland müssen gem. Art. 23 II, III GG einerseits und gem. Art. 59 II S. 1 GG andererseits die gesetzgebenden Körperschaften (Bundestag und Bundesrat) zustimmen. Dies müsste in Form eines „Vertragsgesetzes" erfolgen.

Zweite Folge der Annahme einer Rechtspersönlichkeit der EU ist, dass ihren Organen (hier: Parlament, Rat, Kommission[757]) auch eigene Möglichkeiten zur Durchsetzung ihrer Akte zur Verfügung stehen: Bei Verstößen gegen das EU-Recht wird zuerst die Kommission (Art. 17 EUV; 244 ff. AEUV) tätig und den betreffenden Mitgliedstaat zur Rechenschaft ziehen. Sollte dieser weiterhin gegen seine Verpflichtungen aus dem EUV bzw. AEUV verstoßen, wird sie den EuGH (vgl. Art. 13, 19 EUV, Art. 267 ff. AEUV) anrufen, Art. 260 II S. 1 AEUV. Stellt dieser eine Vertragsverletzung durch den Mitgliedstaat fest und setzt der betreffende Mitgliedstaat die sich aus dem Urteil ergebenden Maßnahmen nicht innerhalb der von der Kommission gesetzten Frist um, wird der EuGH nach erneuter Anrufung durch die Kommission die Zahlung eines Pauschalbetrags oder eines Zwangsgelds bestimmen, Art. 260 II S. 3 AEUV. Zu den **Organen** der Europäischen Union vgl. Rn 761 ff.

[754] Siehe ABl. EU Nr. L 11 v. 14.1.2017.
[755] BVerfG NJW 2016, 3583, 3584 ff. sowie BVerfG WM 2017, 254.
[756] EuGH EuZW 2019, 457.
[757] Auf den Gerichtshof (Art. 251 ff. AEUV), die Europäische Zentralbank (Art. 282 ff. AEUV) und den Rechnungshof (Art. 285 ff. AEUV) soll an dieser Stelle nicht weiter eingegangen werden, obwohl sie auch zu den Organen der EU zählen (vgl. Art. 13 EUV).

III. Primäres und sekundäres EU-Recht

1. Das Primärrecht

a. Gründungsverträge und Änderungsverträge; Grundfreiheiten

Zum primären Unionsrecht gehören im Wesentlichen die genannten Gründungsverträge sowie die Änderungsverträge von Maastricht, Amsterdam, Nizza und Lissabon. Diese Verträge sind völkerrechtliche Verträge zwischen den Mitgliedstaaten und bilden die Grundlage der Europäischen Union (dazu Rn 328 ff.). Hinzu kommen etliche Protokolle, etwa das Protokoll über die Rolle der nationalen Parlamente, das Subsidiaritätsprotokoll und das Protokoll über die reduzierte Bindung Großbritanniens, Polens und Tschechiens an die Grundrechte-Charta (GRC). Der GRC kommt kraft Rechtsverbindlichkeitserklärung (vgl. Art. 6 I EUV und Art. 51 I S. 1 GRC, wonach die GRC die EU sowie alle Mitgliedstaaten bei der Durchführung von EU-Recht bindet) ebenfalls der Status von primärem Unionsrecht zu.[758 759] 341

Die Bestimmungen des primären Unionsrechts begründen, soweit sie an natürliche und juristische Personen adressiert sind, unmittelbar geltende Rechte und Pflichten. Dies gilt insbesondere für die **Grundfreiheiten**, die als grundrechtsähnliche Rechte bezeichnet werden können und die der Verwirklichung der in Art. 3 EUV genannten Ziele der EU durch Errichtung eines gemeinsamen Binnenmarkts dienen (vgl. Art. 3 III S. 1 EUV und Art. 26 f. AEUV).[760] Der Binnenmarkt wiederum umfasst einen Raum ohne Binnengrenzen, in dem der freie Verkehr von Waren, Personen, Dienstleistungen und Kapital gemäß den Bestimmungen der Verträge gewährleistet ist (Art. 26 II AEUV). 341a

b. Die Grundfreiheiten im Einzelnen

Die Grundfreiheiten gewähren jedem Unionsbürger das Recht, die in den Primärverträgen und den Durchführungsbestimmungen gewährten Tätigkeiten diskriminierungsfrei auszuüben. Zu den Grundfreiheiten[761] gehören: 341b

- Freier Personenverkehr (Art. 21 AEUV) - Grundfreiheit Nr. 1
  - ⇨ Arbeitnehmerfreizügigkeit (Art. 45 ff. AEUV)
  - ⇨ Niederlassungsfreiheit (Art. 49 ff. AEUV)
- Warenverkehrsfreiheit (Art. 28 ff. AEUV) - Grundfreiheit Nr. 2
- Dienstleistungsfreiheit (Art. 56 ff. AEUV) - Grundfreiheit Nr. 3
- Kapitalverkehrsfreiheit (Art. 63 ff. AEUV) - Grundfreiheit Nr. 4

Erforderlich für die Anwendbarkeit aller Grundfreiheiten ist stets ein die Binnengrenzen eines EU-Mitgliedstaats überschreitender Bezug der Tätigkeit.[762]

aa. Freier Personenverkehr

Diese Grundfreiheit gewährt jedem Unionsbürger das Recht, sich im Hoheitsgebiet der Mitgliedstaaten vorbehaltlich der in den Verträgen und den Durchführungsvorschriften vorgesehenen Beschränkungen und Bedingungen frei zu bewegen und aufzuhalten 341c

---

[758] Vgl. auch *Ritter*, NJW 2010, 1110, 1114; *Rabe*, NJW 2013, 1407 f. Vgl. auch EuGH NJW 2013, 1415, 1416 (Åkerberg Fransson), der die Bindungswirkung der GRC über den Wortlaut des Art. 51 I S. 1 GRC hinaus auf den gesamten Geltungsbereich des Unionsrechts erstreckt (dazu Rn 357/362).

[759] Zum sekundären Unionsrecht (**Sekundärrecht**) vgl. unten Rn 344 ff.

[760] Der EuGH hat schon frühzeitig festgestellt, dass die Grundfreiheiten unmittelbar anwendbar sind, vgl. etwa EuGH Slg. 1974, 631, 652 f. (Reyners); Slg. 1974, 1299, 1311 f. (van Binsbergen).

[761] Zur jüngeren Rspr. des EuGH zu den Grundfreiheiten vgl. *Epiney*, NVwZ 2015, 777 ff. Siehe auch EuGH NVwZ 2016, 1793 ff. (Doc Morris) – dazu näher unten Rn 342t. Dass auch die Grundfreiheiten – insbesondere die Warenverkehrsfreiheit in Examensklausuren eine Rolle spielen können, wurde bereits in den Vorauflagen deutlich und ist nun auch in anderer Ausbildungsliteratur zu lesen (siehe *Ogorek*, JA 2017, 798, 800).

[762] Insofern klarstellend EuGH K&R 2017, 403, 404.

(Art. 21 I AEUV). Mithin lässt sich auch von „Aufenthaltsfreiheit" sprechen. Konkretisiert wird diese Grundfreiheit zum einen durch die EU-Freizügigkeitsrichtlinie (Richtlinie 2004/38/EG über das Recht der Unionsbürger und ihrer Familienangehörigen, sich im Hoheitsgebiet der Mitgliedstaaten frei zu bewegen und aufzuhalten) und zum anderen durch das „Schengen-Abkommen" und das „Schengener Durchführungsübereinkommen", denen 22 EU-Mitgliedstaaten[763] sowie Norwegen, Island, Schweiz und Liechtenstein als assoziierte Nicht-EU-Staaten beigetreten sind. Mit Blick auf den freien Personenverkehr ist Hauptziel der Schengen-Verträge die Abschaffung der Personenkontrollen an den Binnengrenzen unter gleichzeitiger Stärkung und Harmonisierung der Kontrollen an den Außengrenzen.

bb. Arbeitnehmerfreizügigkeit

341d Die Arbeitnehmerfreizügigkeit (Art. 45 ff. AEUV) gewährleistet die Freizügigkeit der Arbeitnehmer („Arbeitskräfte", siehe Überschrift vor Art. 45 AEUV) innerhalb der Union. Sie ist darauf gerichtet, jede auf der Staatsangehörigkeit beruhende unterschiedliche Behandlung der Arbeitnehmer der Mitgliedstaaten in Bezug auf Beschäftigung, Entlohnung und sonstige Arbeitsbedingungen abzuschaffen (Art. 45 II AEUV). Arbeitnehmer haben gem. Art. 45 III AEUV das Recht,

- sich um tatsächlich angebotene Stellen zu bewerben,
- sich zu diesem Zweck im Hoheitsgebiet der Mitgliedstaaten frei zu bewegen,
- sich in einem Mitgliedstaat aufzuhalten, um dort nach den für die Arbeitnehmer dieses Staates geltenden Rechts- und Verwaltungsvorschriften eine Beschäftigung auszuüben,
- und nach Beendigung einer Beschäftigung im Hoheitsgebiet eines Mitgliedstaats unter Bedingungen zu verbleiben, welche die Kommission durch Verordnungen festlegt.

341e Hauptkriterium ist die Arbeitnehmereigenschaft. Diese ist wiederum durch verschiedene Kriterien charakterisiert:

- Das Hauptmerkmal besteht darin, dass es sich um eine natürliche Person handeln muss (eine juristische Person kann also niemals Arbeitnehmer sein), die eine unselbstständige Tätigkeit ausübt.
- Unselbstständigkeit ist v.a. dadurch gekennzeichnet, dass Arbeitsinhalt, Arbeitsort und Arbeitszeit nicht frei bestimmbar sind (sog. Weisungsgebundenheit). Indizien sind:
    - ⇨ Zeitliche und räumliche Einbindung in Betriebsorganisation (Arbeitsplatz steht im Betrieb zur Verfügung; es besteht regelmäßige Erscheinungspflicht; Arbeitsmittel werden gestellt etc.)
    - ⇨ Betrieb führt Sozialversicherungsbeiträge ab
    - ⇨ Vergütung besteht in Gehalts- oder Lohnzahlung statt durch Rechnung, Einzelhonorar etc.
    - ⇨ Geschuldet wird Mitarbeit in Organisation statt nur ein Ergebnis (ein „Werk")

341f Bedeutung erlangt die Abgrenzung zwischen Arbeitnehmereigenschaft und Selbstständigkeit insbesondere für folgende Aspekte, die nur für Arbeitnehmer gelten:

- Sozialversicherungspflicht
- Volle Geltung des Arbeitsrechts, insbesondere der Arbeitnehmerschutzvorschriften (Kündigungsschutz; Anspruch auf bezahlten Urlaub; Entgeltfortzahlung im Krankheitsfall; Mutterschutz etc.)

---

[763] Von den 27 EU-Staaten sind Irland, Zypern, Bulgarien, Rumänien und Kroatien (noch) nicht beigetreten, wobei Bulgarien, Rumänien, Zypern und Kroatien die Schengen-Regelungen zumindest teilweise anwenden.

Selbstständige (Gewerbetreibende oder Freiberufler) haben diese Rechte und Pflichten nicht oder nur sehr eingeschränkt. 341g

Beispiele von Freiberuflern: Ärzte, Architekten, Rechtsanwälte, Steuerberater, Sachverständige etc., sofern sie nicht (arbeits-)vertraglich in eine Betriebsorganisation eingebunden sind. Dann sind sie Arbeitnehmer.

Hinsichtlich der Anwendbarkeit der Arbeitnehmerfreizügigkeit ist eine **Bereichsausnahme** zu beachten. So findet Art. 45 AEUV keine Anwendung auf die Beschäftigung in der **öffentlichen Verwaltung** (Art. 45 IV AEUV). Nach dem EuGH sind allerdings nur Beschäftigte erfasst, die *unmittelbar hoheitliche Gewalt* ausüben.[764] 341h

Beispiele: Insbesondere Richter, Polizisten, Strafvollzugsbeamte und Soldaten üben unmittelbar hoheitliche Gewalt aus, nicht aber z.B. Lehrer oder Professoren; auch nicht Notare.[765]

Ein **Eingriff** in die Arbeitnehmerfreizügigkeit ist jede auf der Staatsangehörigkeit beruhende unterschiedliche Behandlung der Arbeitnehmer der Mitgliedstaaten in Bezug auf Beschäftigung, Entlohnung und sonstige Arbeitsbedingungen. 341i

Beispiele: Qualifikationsanforderungen (bestimmte Abschlüsse, Qualifikationen, Prüfungen etc.). Auch das früher bestehende Recht eines Fußballvereins, nach Ablauf des Vertrags mit einem Fußballspieler eine Ablösesumme von dessen neuem Verein (in einem anderen EU-Mitgliedstaat) zu fordern, stellt nach der bekannten **Bosman-Entscheidung** des EuGH einen Eingriff dar, da dieses Recht geeignet sei, den Spieler davon abzuhalten, den Verein zu wechseln, bzw. andere Vereine davon abzuhalten, den Spieler trotz seines Wechselwunsches zu verpflichten.[766]

Dadurch, dass Art. 45 III AEUV die Arbeitnehmerfreizügigkeit unter den Vorbehalt der öffentlichen Ordnung, Sicherheit und Gesundheit stellt, sind Eingriffe zum Schutz dieser Belange grundsätzlich **rechtfertigungsfähig**. Selbstverständlich muss ein Eingriff auch verhältnismäßig ist. 341j

cc. Niederlassungsfreiheit

Wie sich aus einer Gesamtschau aus Art. 49-55 AEUV ergibt, gewährleistet die Niederlassungsfreiheit natürlichen und (wegen Art. 52 AEUV) juristischen Personen den freien Aufenthalt, das freie Wohnrecht und die freie Wahl des Studien- und Arbeitsplatzes im Hoheitsgebiet eines beliebigen Mitgliedstaats. Vor allem ermöglicht die Niederlassungsfreiheit natürlichen und juristischen Personen, in jedem Mitgliedstaat zu gleichen Bedingungen wie Inländer eine **selbstständige Erwerbstätigkeit** gewerblicher, landwirtschaftlicher oder freiberuflicher Art auszuüben (Art. 49 II, 50 I AEUV). 341k

Nach der Rechtsprechung des EuGH und des BVerfG stehen Art. 49 ff. AEUV nationalen Regelungen oder Maßnahmen entgegen, die zwar ohne Diskriminierung aus Gründen der Staatsangehörigkeit anwendbar sind, die aber geeignet sind, die Ausübung der durch den AEUV garantierten grundlegenden Freiheiten durch die Unionsangehörigen zu behindern oder weniger attraktiv zu machen.[767] Damit kann sich eine juristische Person (des Privatrechts), die ihren Sitz in einem EU-Staat hat, auch in der Bundesrepublik Deutschland niederlassen, gewerblich tätig sein und die deutsche Gerichtsbarkeit (freilich mit deutschem Recht bzw. dem Grundgesetz als Prüfungsmaßstab) in Anspruch nehmen. Ist diese juris-

[764] EuGH NJW 2011, 2941 ff.
[765] EuGH NJW 2011, 2941, 2942 ff.
[766] EuGH Slg. 1995, I-4921 ff.
[767] EuGH Slg. 1993, I-1663, 1697 (Kraus); BVerfG NJW 2017, 217, 220 („Atomausstieg").

tische Person nicht selbst in Deutschland tätig, verfügt aber über die Geschäftsanteile einer nach deutschem Gesellschaftsrecht errichteten juristischen Person mit Sitz in Deutschland („deutsche Tochtergesellschaft"), kann sich diese „deutsche Tochtergesellschaft" nicht nur auf Grundrechte des Grundgesetzes, sondern auch die ihrer Muttergesellschaft zustehende Niederlassungsfreiheit berufen.[768]

Beispiel[769]**:** Die Kernkraftwerk Krümmel GmbH & Co. OHG ist Betreiberin eines Atomkraftwerks. Gesetzlich vertreten wird sie durch die geschäftsführende Gesellschafterin Vattenfall Europe Nuclear Energy GmbH, die gleichzeitig 50% der Geschäftsanteile der Kernkraftwerk Krümmel GmbH & Co. OHG hält. Alleinige Gesellschafterin der Vattenfall Europe Nuclear Energy GmbH ist die Vattenfall AB (Publikt Aktiebolag), eine Kapitalgesellschaft schwedischen Rechts, deren alleiniger Anteilseigner der schwedische Staat ist. Kann sich die Vattenfall Europe Nuclear Energy GmbH auf die Niederlassungsfreiheit berufen, obwohl sie eine in Deutschland tätige und nach deutschem Gesellschaftsrecht gegründete juristische Person ist?

Verkürzt ein deutsches Gesetz die Restlaufzeiten von Kernkraftwerken, kann sich nach dem oben Gesagten die Vattenfall Europe Nuclear Energy GmbH als Tochtergesellschaft i.S.d. Art. 49 I S. 2 AEUV auf den ihrer Muttergesellschaft (die Vattenfall AB) durch die Niederlassungsfreiheit gem. Art. 49 ff. AEUV gewährten Schutz berufen[770] und (vor dem BVerfG) u.a. das Grundrecht auf Eigentum gem. Art. 14 I GG geltend machen. Wie das BVerfG entschieden hat, steht der Anwendbarkeit der Niederlassungsfreiheit auch nicht entgegen, dass die Vattenfall Europe Nuclear Energy GmbH vollständig in der Hand des schwedischen Staates liegt. Art. 54 AEUV beziehe öffentlich-rechtlich organisierte Unternehmen, sofern sie einen Erwerbszweck verfolgen, ausdrücklich in den Anwendungsbereich der Niederlassungsfreiheit ein.[771]

a.) Das Centros-Urteil

341l Die Niederlassungsfreiheit schützt – wie der EuGH in seinem **Centros-Urteil**[772] festgestellt hat – auch das Recht, die in einem EU-Staat gewählte und eingetragene Gesellschaftsform in einen anderen EU-Staat zu verlegen und dort anerkannt zu bekommen, obwohl die Gesellschaft in dem Mitgliedstaat ihres Sitzes keine Tätigkeit entfaltet.

Ausgangslage: Diesem Urteil lag der Fall zugrunde, dass ein dänisches Ehepaar namens Bryde in London eine Gesellschaft in der Rechtsform einer Limited mit Sitz in London als Briefkastenfirma gründete, die „Centros Ltd.". Der Zweck dieser Gründung bestand darin, die dänischen Vorschriften über das Stammkapital einer dänischen GmbH zu umgehen (Anm.: das Mindeststammkapital einer Ltd. beträgt 1 £). Als das Ehepaar Bryde in Dänemark eine Zweigniederlassung der Centros Ltd. registrieren lassen wollte, wurde ihm dies vom dänischen Registergericht mit der Begründung verweigert, es liege der Versuch einer rechtsmissbräuchlichen Umgehung des dänischen Gesellschaftsrechts vor.

341m Der EuGH entschied, dass die Weigerung der Registereintragung gegen die Niederlassungsfreiheit nach Art. 52, 58 EG-Vertrag (heute: Art. 49, 54 AEUV)[773] verstoße. Allein die Umgehung der Mindestkapitalregelungen begründe keinen Rechtsmissbrauch, da das Vorgehen der Eheleute Bryde ja gerade dem Liberalisierungsgedanken der

---

[768] BVerfG NJW 2017, 217, 219 („Atomausstieg").
[769] Vgl. BVerfG NJW 2017, 217 ff. („Atomausstieg").
[770] BVerfG NJW 2017, 217, 219 („Atomausstieg") mit Verweis auf EuGH Slg. 2008, I-4571 (Burda).
[771] BVerfG NJW 2017, 217, 219 f. („Atomausstieg").
[772] EuGH Slg. 1999, I-1459 ff.
[773] Der EWG-Vertrag, der 1957 in Rom geschlossen worden war, wurde 1992 durch den Vertrag von Maastricht in EG-Vertrag umbenannt und 1997 durch den Vertrag von Amsterdam neu nummeriert. Zudem wurden die Vorschriften des EG-Vertrags in der Fassung des Vertrags von Amsterdam auf Wunsch des EuGH nur mit EG zitiert. Mit Inkrafttreten des Vertrags von Lissabon 2009 wurde der EG-Vertrag dann durch den AEUV abgelöst. Daraus folgt die unterschiedliche Artikel- und Vertragsbezeichnung.

Niederlassungsfreiheit entspreche. Freilich sei es den Mitgliedstaaten der EU nicht verwehrt, Betrügereien durch nationale Schutzvorschriften zu bekämpfen. Vorliegend sei aber keine betrügerische Absicht erkennbar.

b.) Das Überseering-Urteil

Fortgeführt und ausgebaut hat der EuGH seine Rechtsprechung in seinem **Überseering-Urteil**.[774] 341n

Ausgangslage: Diesem Urteil lag der Fall zugrunde, dass eine GmbH niederländischen Rechts, die Überseering BV[775], ihren Verwaltungssitz nach Düsseldorf verlegte. Nachdem sie dort eine Zahlungsklage gegen einen Schuldner wegen einer Forderung aus einem Werkvertrag erhoben hatte, sprach ihr das Zivilgericht die Parteifähigkeit (§ 50 ZPO) ab mit der Begründung, sie sei nach deutschem Zivil(prozess)recht nicht rechts- und parteifähig.

Der EuGH bestätigte zunächst seine im Centros-Urteil aufgestellten Grundsätze und entschied, dass die Versagung der Rechts- und Parteifähigkeit gegen die Niederlassungsfreiheit nach Art. 43, 48 EG (heute: Art. 49, 54 AEUV) verstoße. Jedoch formulierte der EuGH auch Gründe, die eine Einschränkung der Niederlassungsfreiheit zulassen. Er sprach von zwingenden Gründen des Gemeinwohls wie den Schutz der Interessen der Gläubiger, der Minderheitsgesellschafter, der Arbeitnehmer und auch des Fiskus, die unter bestimmten Umständen und unter Beachtung bestimmter Voraussetzungen Beschränkungen der Niederlassungsfreiheit rechtfertigen könnten.[776] 341o

Zwar lagen diese Beschränkungsgründe im Überseering-Fall nicht vor, gleichwohl waren die genannten Beschränkungsgründe als Impulse für spätere Entscheidungen wegweisend. So wurde auch in Deutschland vom BGH hinsichtlich Gesellschaften aus anderen EU-Staaten die Sitztheorie aufgegeben und die Gründungstheorie anerkannt.[777] 341p

c.) Das Inspire-Art-Urteil

Waren Kapitalgesellschaften aus anderen EU-Staaten damit auch in Deutschland rechts- und parteifähig, hielt dies gleichwohl den BGH nicht davon ab, diese Kapitalgesellschaften gesellschaftsrechtlich wie eine GbR (Gesellschaft bürgerlichen Rechts, vgl. §§ 705 ff. BGB) zu behandeln, was zur Folge hatte, dass die Gesellschafter i.d.R. persönlich (wie GbR-Gesellschafter) hafteten. Auch dem ist der EuGH in seinem **Inspire-Art-Urteil**[778] entgegengetreten. 341q

Ausgangslage: Diesem Urteil lag der Fall zugrunde, dass nach niederländischem Recht in anderen EU-Staaten gegründete Gesellschaften wie die in England in der Rechtsform der „private limited company by shares" eingetragene „Inspire Art" zwar mittels Registereintragung anerkannt wurden, jedoch (aus Gründen des Gläubigerschutzes) den Zusatz „ausländische Gesellschaft" tragen mussten und zudem die Geschäftsführer einer gesamtschuldnerischen Haftung unterlagen.

Der EuGH bestätigte zunächst seine bisherige Rechtsprechung, dass es keine missbräuchliche oder betrügerische Umgehung sei, wenn eine Gesellschaft in dem Mitgliedstaat ihres Sitzes keine Tätigkeit entfalte. Es verstoße aber gegen die Niederlas- 341r

---

[774] EuGH NJW 2002, 3614 ff.
[775] BV steht für Besloten Vennootschap.
[776] EuGH NJW 2002, 3614, 3617.
[777] BGHZ 154, 185 ff.
[778] EuGH NJW 2003, 3331 ff.

sungsfreiheit, wenn die Gesellschaft den Zusatz „ausländische Gesellschaft" tragen müsse und dem Geschäftsführer eine gesamtschuldnerische Haftung auferlegt werde. Die Gläubiger seien schon durch den ausländischen Rechtsformzusatz (Ltd.) ausreichend darüber informiert, dass die Gesellschaft besonderen Rechtsvorschriften und Haftungsbeschränkungen unterliege.

d.) Das Gebhard-Urteil

341s Im sog. **Gebhard-Urteil**[779] hat der EuGH die staatlichen Beschränkungsmöglichkeiten der Niederlassungsfreiheit weiter ausgebaut und klargestellt, dass diese sich nicht auf Diskriminierungsfreiheit konzentrierten.

Ausgangslage: Diesem Urteil lag der Fall zugrunde, dass der deutsche Rechtsanwalt Gebhard einen Geschäftssitz in Italien einnahm und dort unter der italienischen Bezeichnung „avvocato" eine anwaltschaftliche Tätigkeit ausübte. Die italienische Anwaltskammer ging standesrechtlich gegen ihn vor, da er nicht über die italienische Anwaltszulassung verfügte.

341t Der EuGH betonte, dass Beschränkungen der Niederlassungsfreiheit zwar nicht von vornherein ausgeschlossen seien, sie aber diskriminierungsfrei erfolgen müssten und zudem nur aus „zwingenden Gründen des Allgemeininteresses" gerechtfertigt seien und zur Verwirklichung des verfolgten Ziels geeignet und erforderlich sein müssten.[780] „Zwingende Gründe des Allgemeininteresses" seien insbesondere eine geordnete Rechtspflege, der Schutz der Mandanten vor nicht mit der nationalen Rechtslage vertrauten Rechtsanwälten sowie die Wahrung des Rufs des Berufsstandes. Hätten betroffene EU-Bürger die erforderlichen Kenntnisse und Fähigkeiten aber bereits in einem anderen EU-Staat erworben, dürfe dies von den hiesigen Behörden nicht unberücksichtigt bleiben. Die berufsständischen Maßnahmen verletzten damit die Niederlassungsfreiheit.

341u Fazit: Die aufgezeigten EuGH-Entscheidungen haben maßgeblich dazu beigetragen, dass die Niederlassungsfreiheit Konturen erhielt und effektiv durchgesetzt wurde. Beschränkungen sind danach unionsrechtlich nur gerechtfertigt, wenn sie

- diskriminierungsfrei sind,
- aus „zwingenden Gründen des Allgemeininteresses" erfolgen
- sowie zur Verwirklichung des verfolgten Ziels geeignet, erforderlich und angemessen sind.

341v Aufgabe von **EU-Richtlinien** ist es, zu gewährleisten, dass Berufsabschlüsse im Gastland anerkannt werden (Art. 53 I AEUV), wobei in reglementierten Berufen (Beispiele: Steuerberater, Rechtsanwalt) Einschränkungen bzw. weitere Anforderungen insbesondere in der Form von Zusatzqualifikationen bestehen. Zu nennen ist etwa die Richtlinie 2005/36/EG über die Anerkennung von Berufsqualifikationen (zuletzt geändert durch die Richtlinie 2013/55/EU), in deren Umsetzung der deutsche Gesetzgeber mit Gesetz v. 12.5.2017 (BGBl I 2017, S. 1121) u.a. die Bundesrechtsanwaltsordnung (BRAO) geändert und das Berufszulassungsrecht neu geregelt hat (siehe § 4 BRAO). Weitere, zum Teil sehr umfangreiche Änderungen finden sich auch im Gesetz über die Tätigkeit europäischer Rechtsanwälte in Deutschland, in der Verordnung über die Eignungsprüfung für die Zulassung zur Rechtsanwaltschaft und im Gesetz über die Tätigkeit europäischer Patentanwälte in Deutschland.

---

[779] EuGH Slg. 1995 I-4165 ff.

[780] EuGH Slg. 1995 I-4165, I-4199. Vgl. auch EuGH Slg. 2004 I-2409 ff. (De Lasteyrie du Saillant); EuGH Slg. 2005 I-3205 ff. (Kommission ./. Griechenland).

Ähnlich wie die Arbeitnehmerfreizügigkeit enthält auch die Niederlassungsfreiheit eine **Bereichsausnahme**: So besteht gem. Art. 51 AEUV keine Niederlassungsfreiheit bei Tätigkeiten, die dauernd oder zeitweise mit der Ausübung öffentlicher Gewalt verbunden sind. Zur Abgrenzung zur Dienstleistungsfreiheit siehe Rn 342u. 341w

Ein **Eingriff** besteht grundsätzlich in jeder staatlichen Maßnahme, die das geschützte Verhalten beeinträchtigt. Allerdings gelten die Einschränkungen des **Keck-Urteils** des EuGH (dazu unten Rn 342k ff.) auch hier: Danach ist ein Eingriff nur dann gegeben, wenn die Niederlassung als solche beeinträchtigt ist. Bei bloßen Niederlassungsmodalitäten (etwa Residenzpflichten) liegt noch kein Eingriff vor. 341x

Hinsichtlich der Frage nach der unionsrechtlichen **Rechtfertigung** von Eingriffen in die Niederlassungsfreiheit gelten die materiellen Kriterien des Art. 45 III AEUV auch hier. Im Übrigen gilt Art. 52 AEUV; insbesondere sind Beschränkungen aus Gründen der öffentlichen Ordnung, Sicherheit oder Gesundheit gerechtfertigt (Art. 52 I AEUV). Ungeschriebene, aber infolge der o.g. EuGH-Urteile (Rn 341l ff.) sowie der übertragbaren „Cassis-Rechtsprechung" des EuGH (dazu Rn 342d ff.) anerkannte Rechtfertigungsgründe sind des Weiteren zwingende Gründe des Allgemeininteresses. Auf keinen Fall darf der Eingriff diskriminierend wirken, was aber anzunehmen ist, wenn der Eingriff an die Staatsangehörigkeit anknüpft. Schließlich muss die Maßnahme verhältnismäßig sein. 341y

dd. Freier Warenverkehr

Die für den Binnenmarkt wohl bedeutendste Grundfreiheit mit den Arten *Zollunion* (Art. 28 AEUV), *Verbot von Ein- und Ausfuhrzöllen sowie Abgaben gleicher Wirkung* (Art. 30 AEUV) und *Verbot mengenmäßiger Ein- und Ausfuhrbeschränkungen sowie Maßnahmen gleicher Wirkung* (Art. 34, 35 AEUV) stellt indes die **Warenverkehrsfreiheit** (Art. 28 ff. AEUV) dar. Art. 34, 35 AEUV schützen also vor mengenmäßiger Beschränkung der Ein- und Ausfuhr von Waren (Handelsbeschränkung) sowie vor allen Maßnahmen gleicher Wirkung. Unter „Waren" sind alle (beweglichen) körperlichen und unkörperlichen Gegenstände zu verstehen, die einen Geldwert haben und Gegenstand eines Handelsgeschäfts sein können[781], also typische Handelsgüter wie bspw. Lebens- und Genussmittel, Arzneimittel[782], Konsumgüter, Fahrzeuge, Maschinen etc., aber auch Öl, Benzin, Gas und elektrische Energie[783]. Freilich sind ein grenzüberschreitender und zugleich unionsrechtlicher Bezug erforderlich: Die Ware muss entweder aus einem Mitgliedstaat stammen oder aus einem Drittstaat stammen und sich gem. Art. 29 AEUV in einem Mitgliedstaat im freien Verkehr befinden (vgl. Art. 28 II AEUV).[784] Persönlich sind alle natürlichen und juristischen Personen des EU-Raums geschützt. 342

Zu beachten ist, dass die Warenverkehrsfreiheit nach Art. 34 AEUV nur dann als unmittelbarer Prüfungsmaßstab gegenüber nationalen Ein- und Ausfuhrbeschränkungen sowie Maßnahmen gleicher Wirkung heranzuziehen ist, wenn weder spezielle primärrechtliche Regelungen (wie die in Art. 38 AEUV genannten Agrar- und Fischereipolitiken) greifen noch konkretisierendes unionsrechtliches Sekundärrecht (Verordnungen, Richtlinien[785]) besteht. Existiert also bspw. eine Verordnung über Vermarktungsregelungen[786], haben sich nationale

---

[781] Siehe EuGH Slg. 1968, 633, 642 (Kunstschätze); Slg. 1994, I-1477, 1478 ff. (Almelo).
[782] EuGH NVwZ 2016, 1793 ff. (Doc Morris) – dazu unten Rn 342t.
[783] EuGH Slg. 1994, I-1477, 1478 ff. (Almelo).
[784] Vgl. EuGH Slg. 1993, I-6097 ff. (Keck) – dazu unten Rn 342k.
[785] Siehe dazu unten Rn 344 ff.
[786] Siehe die Verordnung 1308/2013 des Europäischen Parlaments und des Rates vom 17.12.2013 über eine gemeinsame Marktorganisation für landwirtschaftliche Erzeugnisse.

Bestimmungen in erster Linie danach auszurichten.[787] Ein Rückgriff auf die Warenverkehrsfreiheit ist in einem solchen Fall aber dann zulässig, wenn das (spezielle) Sekundärrecht die Angelegenheit nicht erfasst[788] oder es wegen Verstoßes gegen EU-Primärrecht unwirksam ist (siehe dazu den Anwendungsfall bei Rn 342r).

342a Ein **Eingriff** in die Warenverkehrsfreiheit liegt in jeder (von staatlicher Seite) ausgehenden

- **mengenmäßigen Beschränkung der Ein- und Ausfuhr von Waren** (Handelsbeschränkung)
- sowie **jeder staatlichen Maßnahme gleicher Wirkung** (Art. 34, 35 AEUV).

Den Begriff der „mengenmäßigen Beschränkung der Ein- und Ausfuhr von Waren" legt der EuGH denkbar weit aus. Erfasst sei jede Beschränkung des Erwerbs, des Anbietens, des Ausstellens oder Feilbietens, des Besitzes, der Herstellung, der Beförderung, des Verkaufs, der entgeltlichen oder unentgeltlichen Abgabe, der Einfuhr und der Verwendung.[789]

Beispiel: Deutschland erlässt eine Regelung, wonach jeder deutsche Weinimporteur von jeder französischen Rotweinsorte jährlich maximal 500 Liter importieren darf.

Hier liegt ein eindeutiger Fall einer mengenmäßigen Einfuhrbeschränkung und damit einer Handelsbeschränkung vor. Die eigentliche Problematik besteht aber hinsichtlich der Frage, was unter einer staatlichen „Maßnahme gleicher Wirkung" zu verstehen ist. Hierzu sind mehrere Grundsatzentscheidungen des EuGH ergangen, die im Folgenden erläutert werden.

a.) Das Dassonville-Urteil

342b Ausführungen, was eine „**Maßnahme gleicher Wirkung**" (wie mengenmäßige Beschränkungen i.S.d. Art. 34, 35 AEUV) darstellt, finden sich zunächst im **Dassonville-Urteil** des EuGH.[790]

Ausgangslage: Diesem Urteil lag ein Strafverfahren gegen die belgische Handelsgesellschaft Dassonville zugrunde. Diese führte echten „Scotch Whiskey" nach Belgien ein, den sie unter Verletzung belgischer (Straf-)Vorschriften bei französischen Import- und Vertriebsgesellschaften eingekauft hatte. Nach belgischem Recht war ein „amtlicher Begleitschein" des Herkunftslandes zum berechtigten Führen der Marke erforderlich. Für „Scotch Whiskey" bedurfte es demnach einer Bescheinigung der britischen Behörden, die Firma Dassonville legte aber nur eine Bescheinigung französischer Behörden vor. Die Fa. Dassonville machte geltend, dass die belgische Bestimmung über die Notwendigkeit eines Begleitscheins des Herkunftslandes eine Maßnahme mit gleicher Wirkung wie eine mengenmäßige Beschränkung i.S.v. Art. 30 EWG-Vertrag (heute: Art. 34 AEUV) darstelle und damit ein rechtfertigungsbedürftiger Eingriff in die Warenverkehrsfreiheit vorliege.

342c Der EuGH entschied, dass eine „Maßnahme gleicher Wirkung" (wie mengenmäßige Beschränkungen i.S.d. Art. 34, 35 AEUV) jede Maßnahme sei, die (in objektiver Hinsicht) geeignet erscheine, unmittelbar, mittelbar, tatsächlich oder potentiell den Binnenhandel zu behindern.[791] Mit dieser weiten „Formel" erfasste der EuGH also grundsätzlich alle denkbaren Handelsbeschränkungen. Ganz offenbar wollte der EuGH

---

[787] Vgl. auch EuGH NJW 2016, 621, 623 (Mindestpreise für alkoholische Getränke).
[788] Davon geht der EuGH (NJW 2016, 621, 623 - Mindestpreise für alkoholische Getränke) ausdrücklich aus. Im zu entscheidenden Fall existiert zwar eine Verordnung (die genannte VO 1308/2013), diese regelt aber die gemeinsame Organisation der Agrarmärkte (GMO) und nicht den Schutz der Gesundheit (vor den Gefahren alkoholischer Getränke).
[789] EuGH Slg. 1996, I-3159, 3160 ff. (Brandsma).
[790] EuGH Slg. 1974, 837 ff.
[791] EuGH Slg. 1974, 837, 852. Vgl. auch jüngst EuGH NJW 2016, 621, 623 (Mindestpreise für alkoholische Getränke).

damit den freien Warenverkehr (und damit den Binnenmarkt) durchsetzen, weil er durch die denkbar weite Auslegung des Eingriffsbegriffs praktisch jede handelsbeschränkende Maßnahme bzw. „Maßnahme gleicher Wirkung" unter (unionsrechtlichen) Rechtfertigungszwang stellte. Wie noch zu sehen sein wird, ist diese weite Auslegung des Eingriffsbegriffs mit gewissen Problemen verbunden (siehe Rn 342k ff. – Keck). Doch zunächst soll auf die Frage nach der unionsrechtlichen Rechtfertigung eingegangen werden, die durch die Cassis-de-Dijon-Entscheidung Konturen erhalten hat.

b.) Das Cassis-de-Dijon-Urteil

Hinsichtlich der (unionsrechtlichen) Rechtfertigungsvoraussetzungen (insbesondere der Verhältnismäßigkeit) erfolgte dann ein „zweiter Meilenstein" in der Rechtsprechung des EuGH, das **Cassis-de-Dijon-Urteil**.[792] 342d

Ausgangslage: Diesem Urteil lag der Sachverhalt zugrunde, dass dem Lebensmittelkonzern Rewe (Deutschland) von der Bundesmonopolverwaltung für Branntwein der Verkauf des alkoholhaltigen französischen Getränks „Cassis de Dijon" unter der Bezeichnung „Likör" verboten wurde, weil „Cassis de Dijon" mit einem Alkoholgehalt von 15-20 % unter dem vom Branntweinmonopolgesetz vorgeschriebenen Mindestgehalt für Likör liege. Rewe wendete ein, dass das Verbot, „Cassis de Dijon" unter der Bezeichnung „Likör" zu verkaufen, gegen das Verbot von Einfuhrbeschränkungen (Art. 28 EGV; heute: Art. 34 AEUV) verstoße und damit die Warenverkehrsfreiheit verletze.

Der EuGH entschied, dass jedes Produkt, das in einem Mitgliedstaat nach den dortigen Gesetzen rechtmäßig hergestellt und in den Verkehr gebracht worden sei, grundsätzlich auch in allen anderen Mitgliedstaaten frei verkauft werden dürfe[793] (sog. Ursprungslandprinzip bzw. Prinzip der gegenseitigen Anerkennung von Warenbezeichnungen), sofern dem nicht Gründe aus Art. 36 AEUV (Rn 342p) oder (andere) zwingende Erfordernisse des Gemeinwohls entgegenstünden und die betreffende warenverkehrsbeschränkende Maßnahme im Übrigen verhältnismäßig sei. 342e

Umgekehrt formuliert heißt das, dass in einem Mitgliedstaat vorschriftsmäßig hergestellte und in Verkehr gebrachte Waren nur aus **zwingenden Erfordernissen des Gemeinwohls** in anderen Mitgliedstaaten vom Verkehr ausgeschlossen werden dürfen. Zu diesen „zwingenden Erfordernissen des Gemeinwohls" zählen nach dem Cassis-Urteil des EuGH insbesondere 342f

- Leben und Gesundheit von Menschen,
- steuerliche Kontrolle,
- Schutz der Lauterkeit des Handelsverkehrs,
- Verbraucherschutz.[794]

Hinsichtlich der Elemente der **Verhältnismäßigkeit** können dieselben Erwägungen herangezogen werden, die auch der Prüfung von Maßnahmen am Maßstab des Grundgesetzes zugrunde liegen (vgl. dazu Rn 271 ff.).

---

[792] EuGH Slg. 1979, 649 ff.
[793] EuGH Slg. 1979, 649, 664 (Cassis de Dijon).
[794] Vgl. EuGH Slg. 1979, 649, 664. Vgl. auch dazu jüngst EuGH NJW 2016, 621, 623 (Mindestpreise für alkoholische Getränke).

c.) Das Bier-Urteil

342g Das soeben erläuterte Cassis-de-Dijon-Urteil gab nicht nur wesentliche Impulse für die Frage nach der unionsrechtlichen Rechtfertigung von Eingriffen in die Warenverkehrsfreiheit, sondern auch für das ebenfalls die Warenverkehrsfreiheit betreffende **Bier-Urteil**[795] des EuGH.

Den Ausgangspunkt dieses Urteils bildete das deutsche „Vorläufige Biergesetz" (heute: Biersteuergesetz), das i.V.m. der „Verordnung zur Durchführung des Vorläufigen Biergesetzes" gemäß dem Reinheitsgebot von 1516[796] die Zutaten für Bier regelt. Nach diesem „Reinheitsgebot" dürfen für untergäriges Bier lediglich Gerstenmalz, Hopfen, Hefe und Wasser verwendet werden, wohingegen für obergäriges Bier auch andere Malzsorten, Rohr-, Rüben-, Invert-, Stärkezucker und daraus hergestellte Farbstoffe („Läuterzucker") sowie Süßstoffe als Zutaten zugelassen sind.[797]

(Ausländische) Biere, die nicht nach diesen Regeln hergestellt wurden, durften in Deutschland nicht unter der Bezeichnung „Bier" verkauft werden. Dies warf die Frage auf, ob dieses Verbot gegen die Warenverkehrsfreiheit verstieß.

342h Der EuGH hat entschieden, dass das Verbot, ausländische Biere, die nicht nach den deutschen Regeln hergestellt wurden, in Deutschland unter der Bezeichnung „Bier" zu verkaufen, gegen die Warenverkehrsfreiheit verstoße. Art. 36 S. 1 EWG-Vertrag (heute: Art. 36 S. 1 AEUV) lasse Handelsbeschränkungen oder Maßnahmen gleicher Wirkung zwar zu. Die Beschränkung der Bezeichnung „Bier" auf Produkte, die dem deutschen Reinheitsgebot entsprächen, sei jedoch nicht durch zwingende Erfordernisse des Verbraucherschutzes gerechtfertigt. Vielmehr seien z.B. Kennzeichnungsregelungen ausreichend. Darüber hinaus sei das absolute Verkehrsverbot für Biere mit Zusatzstoffen ungerechtfertigt, weil (auch) dies unverhältnismäßig und auch nicht durch zwingende Gründe des Gemeinwohls gerechtfertigt sei.[798]

342i Folge des Cassis-de-Dijon-Urteils und des Bier-Urteils ist: Produkte aus anderen EU-Staaten, die dort rechtmäßig zum Verkehr zugelassen sind, dürfen in anderen EU-Staaten nicht beschränkt oder gar verboten werden. Da das EU-Recht aber nationale Rechtsvorschriften im Übrigen unberührt lässt, kann das dazu führen, dass inländische Produkte beschränkt oder verboten werden können. Diese „**Inländerdiskriminierung**" ist unionsrechtlich möglich.[799]

342j Hinsichtlich des Verbraucherschutzes gilt aber mittlerweile eine Vollharmonisierung infolge verschiedener EU-Richtlinien, sodass auf die Warenverkehrsfreiheit insoweit nicht mehr zurückgegriffen werden muss (bzw. darf).

d.) Das Keck-Urteil

342k Da nach der Dassonville-Entscheidung (Rn 342b) eine „Maßnahme gleicher Wirkung" wie mengenmäßige Beschränkungen i.S.d. Art. 34, 35 AEUV denkbar weit zu verstehen ist, wodurch der freie Warenverkehr einen sehr hohen Stellenwert erfuhr, hat der EuGH im **Keck-Urteil**[800] eine relativierende (d.h. einschränkende) Auslegung vorgenommen.

---

[795] EuGH Slg. 1987, 1227 ff.
[796] Vgl. das von Herzog Wilhelm IV. am 23.4.1516 erlassene Reinheitsgebot für Bier.
[797] Vgl. §§ 17-22 der Verordnung zur Durchführung des Vorläufigen Biergesetzes.
[798] EuGH Slg. 1987, 1227, 1272 ff.
[799] Davon geht auch der EuGH aus (siehe EuGH Slg. 1994, I-2715).
[800] EuGH Slg. 1993, I-6097 ff.

Ausgangslage: Diesem Urteil lag der Sachverhalt zugrunde, dass B. Keck und D. Mithouard vorgeworfen wurde, unter Verstoß gegen französische (Straf-)Gesetze Erzeugnisse in unverändertem Zustand zu unter ihrem tatsächlichen Einkaufspreis liegenden Preisen weiterverkauft zu haben. Die Angeklagten machten geltend, ein allgemeines Verbot des Weiterverkaufs zum Verlustpreis, wie es die nationalen (Straf-)Vorschriften vorsähen, sei mit Art. 30 EWG-Vertrag (vgl. später Art. 28 EGV und heute Art. 34 AEUV) und den Grundsätzen der Freizügigkeit, des freien Dienstleistungs- und Kapitalverkehrs sowie des freien Wettbewerbs innerhalb der Gemeinschaft unvereinbar.

Der EuGH führte aus, dass – anders als produktbezogene Beschränkungen des freien Warenverkehrs (d.h. Vorschriften bzgl. Bezeichnung, Form, Abmessung, Gewicht, Zusammensetzung, Etikettierung, Verpackung usw.) – die Anwendung bestimmter, lediglich Verkaufsmodalitäten beschränkender oder verbietender nationaler Bestimmungen auf Erzeugnisse aus anderen Mitgliedstaaten nicht geeignet sei, den Handel zwischen den Mitgliedstaaten im Sinne des Dassonville-Urteils unmittelbar oder mittelbar, tatsächlich oder potentiell zu behindern, sofern diese Bestimmungen **342l**

- für alle betroffenen Wirtschaftsteilnehmer gelten, die ihre Tätigkeit im Inland ausüben,
- und sofern sie den Absatz der inländischen Erzeugnisse und der Erzeugnisse aus anderen Mitgliedstaaten rechtlich wie tatsächlich in der gleichen Weise berührten.[801]

Seien diese Voraussetzungen nämlich erfüllt, sei die Anwendung derartiger Regelungen auf den Verkauf von Erzeugnissen aus einem anderen Mitgliedstaat, die den von diesem Staat aufgestellten Bestimmungen entsprechen, nicht geeignet, den Marktzugang für diese Erzeugnisse zu versperren oder stärker zu behindern, als sie dies für inländische Erzeugnisse tue. Diese Regelungen fielen daher nicht in den Anwendungsbereich von Art. 30 EWG-Vertrag (heute: Art. 28 AEUV).[802] **342m**

Fazit: Der EuGH unterscheidet im Keck-Urteil also zwischen produktbezogenen Marktregulierungen und bloßen Verkaufsmodalitäten. **342n**

- **Produktbezogene Marktregulierungen** (Vorschriften bzgl. Bezeichnung, Form, Abmessung, Gewicht, Zusammensetzung, Etikettierung, Verpackung usw.) müssen sich stets am Maßstab der Warenverkehrsfreiheit messen lassen.
- Demgegenüber dürfen die Mitgliedstaaten bloße **Verkaufsmodalitäten (vertriebsbezogene Handelsbeschränkungen)** erlassen wie bspw. die Festlegung von Ladenschlusszeiten oder das Verbot, Waren zu Verlustpreisen verkaufen zu lassen, auch wenn diese negative Auswirkungen auf den freien Warenverkehr haben können. Voraussetzung ist allein, dass sie unterschiedslos regeln, d.h. den Warenverkehr bzgl. Waren anderer EU-Staaten im Vergleich zum Warenverkehr bzgl. inländischer Waren nicht beeinträchtigen. Regeln Verkaufsmodalitäten unterschiedslos, unterfallen sie nicht dem (strengen) Prüfungsmaßstab der Warenverkehrsfreiheit. Beeinträchtigen sie aber den freien Warenverkehr zulasten von Waren anderer EU-Staaten, unterfallen sie dem Prüfungsmaßstab der Warenverkehrsfreiheit und bedürfen einer Rechtfertigung am Maßstab des Art. 36 S. 1 AEUV (dazu Rn 342p sowie den Anwendungsfall bei Rn 342r).

Folge ist: Die Warenverkehrsfreiheit nach Art. 28 AEUV mit der Verbotsvorschrift des Art. 34 AEUV finden nach der Kernaussage der Keck-Entscheidung also keine Anwendung auf diskriminierungsfreie Verkaufsmodalitäten, insbesondere auf Rechtsvor- **342o**

[801] EuGH Slg. 1993, I-6097, I-6131 (Rn 17).
[802] EuGH Slg. 1993, I-6097, I-6131 (Rn 18).

schriften eines Mitgliedstaats, die den Weiterverkauf zum Verlustpreis allgemein (also unterschiedslos) verbieten.[803]

342p Liegt aber eine produktbezogene Marktregulierung oder eine nicht unterschiedslose Verkaufsmodalität vor und steht demnach der Anwendungsbereich der Warenverkehrsfreiheit fest, muss eine Maßnahme, die als Eingriff zu werten ist (Handelsbeschränkung oder Maßnahme gleicher Wirkung), auch unionsrechtlich **gerechtfertigt** sein. Den Prüfungsmaßstab gibt Art. 36 S. 1 AEUV vor, indem er Handelsbeschränkungen oder Maßnahmen gleicher Wirkung (nur) zulässt, wenn sie aus Gründen

- der öffentlichen Sittlichkeit, Ordnung und Sicherheit[804],
- zum Schutze der Gesundheit und des Lebens von Menschen, Tieren oder Pflanzen,
- des nationalen Kulturguts von künstlerischem, geschichtlichem oder archäologischem Wert
- oder des gewerblichen und kommerziellen Eigentums

gerechtfertigt sind (Art. 36 S. 1 AEUV). Handelsbeschränkungen (bzw. -verbote) dürfen jedoch weder ein Mittel zur willkürlichen Diskriminierung noch eine verschleierte Beschränkung des Handels zwischen den Mitgliedstaaten darstellen (Art. 36 S. 2 AEUV). Sind diese Anforderungen beachtet, verstoßen handelsbeschränkende Maßnahmen nicht gegen die Warenverkehrsfreiheit.

So hat der EuGH entschieden, dass eine nationale Regelung, wonach der Zusatz eines Nährstoffs zu einem Lebensmittel, das in anderen Mitgliedstaaten rechtmäßig hergestellt und/oder in den Verkehr gebracht worden ist, von einer vorherigen Zulassung abhängig ist, nicht von vornherein gegen die Warenverkehrsfreiheit verstoße.[805] Existierte aber eine deutsche Vorschrift, wonach die Bezeichnung „Sekt" nur für Produkte verwendet werden dürfte, die aus dem deutschen Sprachraum stammen, verstieße dies gegen die Warenverkehrsfreiheit.[806]

342q Über die geschriebenen Rechtfertigungsgründen aus Art. 36 AEUV hinaus verwies der EuGH bereits im Cassis-Urteil (Rn 342d ff.) auf die Möglichkeit, auch ungeschriebene Rechtfertigungsgründe anzuerkennen. Wie dort bereits ausgeführt ist, sind Maßnahmen gleicher Wirkung nach dem EuGH auch dann zulässig, wenn die staatlichen Regelungen unterschiedslos (also diskriminierungsfrei) für in- und ausländische Waren gelten sowie notwendig sind, um zwingenden Erfordernissen des Gemeinwohls gerecht zu werden (Rn 342f). Zudem muss der Grundsatz der Verhältnismäßigkeit beachtet werden, wobei das Vorliegen eines zwingenden Erfordernisses des Gemeinwohls die die Warenverkehrsfreiheit beschränkende Maßnahme i.d.R. auch verhältnismäßig erscheinen lassen dürfte. Ein zwingendes Erfordernis des Gemeinwohls dürfte z.B. klar darin bestehen, den grenzüberschreitenden Handel mit illegalen Waffen, Drogen etc. zu unterbinden. Waffen- und Drogenhändler können sich selbstverständlich nicht auf die Warenverkehrsfreiheit berufen, jedoch hat der binnenmarktbedingte weitgehende Wegfall der Grenzkontrollen die Bekämpfung des illegalen Waffen- und Drogenhandels nicht gerade einfacher gemacht.

342r Gesamtfazit: Nach der Keck-Formel sind produktbezogene Marktregulierungen den Mitgliedstaaten grundsätzlich verboten, wenn sie geeignet sind, den zwischenstaatli-

---

[803] EuGH Slg. 1993, I-6097, I-6131 (Rn 17). Vgl. auch *Herdegen*, Europarecht, § 15 Rn 10 f.
[804] Der EuGH verlangt hierzu eine tatsächliche und hinreichend erhebliche Gefahr, die ein Grundinteresse der Gesellschaft berührt (EuGH Slg. 2000, I-1335, I-1361).
[805] EuGH EuZW 2010, 347.
[806] Siehe Verordnung EG Nr. 607/2009, wonach aber die Bezeichnung „Sekt b.A." („Sekt bestimmter Anbaugebiete") exklusiv für einen deutschen (oder österreichischen) Schaumwein zulässig ist.

chen Handel zu behindern, und keiner der genannten Rechtfertigungsgründe vorliegt. Verkaufsmodalitäten sind stets zulässig, sofern sie diskriminierungsfrei erfolgen.

e.) Mindestpreise für alkoholische Getränke

In einer aktuellen Entscheidung zur Warenverkehrsfreiheit, bei der es um die Vereinbarkeit einer nationalen Festsetzung von Mindestpreisen für alkoholische Getränke zum Schutz der Gesundheit mit der Warenverkehrsfreiheit geht, rezipiert der EuGH hinsichtlich der „Maßnahme gleicher Wirkung" wiederum die Dassonville-Formel, indem er konstatiert, dass nach ständiger Rechtsprechung (des EuGH) jede Maßnahme eines Mitgliedstaats eine „Maßnahme gleicher Wirkung" wie mengenmäßige Beschränkungen i.S.d. Art. 34, 35 AEUV darstelle, wenn sie geeignet sei, den Handel innerhalb der Union unmittelbar oder mittelbar, tatsächlich oder potentiell zu behindern.[807] Von der in seiner Keck-Entscheidung vorgenommenen relativierenden (d.h. einschränkenden) Auslegung ist nichts zu lesen, was darauf schließen lässt, dass der EuGH bei der Frage nach der Rechtfertigung von Warenverkehrsbeschränkungen an der Unterscheidung zwischen produktbezogenen Regelungen und (bloßen) Verkaufsmodalitäten nicht mehr ohne weiteres festhalten möchte, möglicherweise, um flexibel auf die Besonderheit des Falles reagieren zu können.[808] Denn hielte er an dieser Unterscheidung fest, müsste er die Festsetzung von Mindestpreisen für alkoholische Getränke als bloße Verkaufsmodalität ansehen, da sie gegenüber allen (also auch aus dem Inland stammenden) alkoholischen Getränken gilt. So aber ist der EuGH frei, den allgemeinen Grundsatz der Verhältnismäßigkeit heranzuziehen, indem er formuliert, dass eine Maßnahme mit gleicher Wirkung wie eine mengenmäßige Beschränkung nur dann u.a. mit dem Schutz der Gesundheit und des Lebens von Menschen nach Art. 36 S. 1 AEUV gerechtfertigt werden könne, wenn sie geeignet sei, die Erreichung des verfolgten Ziels zu gewährleisten, und nicht über das dazu Erforderliche hinausgehe.[809] **342s**

Hinsichtlich der nationalen Festsetzung von Mindestpreisen für alkoholische Getränke zum Schutz der Gesundheit ist der EuGH der Auffassung, dass die Warenverkehrsfreiheit nur dann nicht verletzt sei, wenn das mit der Einführung eines Mindestpreises für alkoholische Getränke verfolgte Ziel (Schutz der Gesundheit) nicht auch durch eine Verbrauchsteuer erreicht werden könne, die den Wettbewerb und den Handelsverkehr weniger einschränke.[810]

Im vorliegenden Fall wird also zu prüfen sein, inwieweit sich der Schutz der Gesundheit nicht auch durch die Einführung einer Verbrauchsteuer (bzw. deren Erhöhung) realisieren lässt. Freilich dürfte sich im Ergebnis dadurch nichts ändern, weil nach beiden Methoden ein höherer Preis für alkoholische Getränke die Folge ist.

Im **Anwendungsfall** von Rn 342r kommt es darauf, ob man die Dassonville-Formel oder die Keck-Formel heranzieht oder schlicht auf den allgemeinen Grundsatz der Verhältnismäßigkeit abstellt, nicht an, weil die heimische (d.h. nationale) Ökostromförderung die Erreichung des verfolgten Ziels (Schutz der Gesundheit und des Lebens von Menschen, Tieren und Pflanzen) zu gewährleisten vermag und nicht über das dazu Erforderliche hinausgeht.

---

[807] EuGH NJW 2016, 621, 623 (Mindestpreise für alkoholische Getränke).

[808] Siehe bereits die 18. Auflage (März 2017) dieses Buches und später auch *Ogorek*, JA 2017, 798, 800. Im Übrigen findet sich eine ähnliche Vorgehensweise auch in der Rechtsprechung des BVerfG zur Sphärentheorie (in Bezug auf das allgemeine Persönlichkeitsrecht aus Art. 2 I i.V.m. 1 I GG) und zur Drei-Stufen-Theorie (in Bezug auf die Berufsfreiheit aus Art. 12 I GG), vgl. dazu *R. Schmidt*, Grundrechte, Rn 280 und 809.

[809] EuGH NJW 2016, 621, 623 mit Verweis auf EuGH EuZW 2012, 508 (ANETT).

[810] EuGH NJW 2016, 621, 623 f.

f.) Preisbindung für verschreibungspflichtige Medikamente

342t In einer weiteren aktuellen Entscheidung zur Warenverkehrsfreiheit geht es um die Frage nach der Vereinbarkeit einer nationalen Festsetzung von einheitlichen Abgabepreisen für verschreibungspflichtige Medikamente mit der Warenverkehrsfreiheit. Der Entscheidung lag folgender Sachverhalt zugrunde:

> **Fall**[811]**:** In der Bundesrepublik Deutschland gilt gemäß den Bestimmungen des Arzneimittelgesetzes i.V.m. der Arzneimittelpreisverordnung (beides Bundesrecht) eine Preisbindung für verschreibungspflichtige (d.h. rezeptpflichtige) Arzneimittel. Das bedeutet, dass jedes verschreibungspflichtige Arzneimittel überall in Deutschland nur zu demselben Preis abgegeben werden darf, gleichgültig, ob die Abgabe stationär oder im Versandhandel erfolgt. Dieser einheitliche Abgabepreis für verschreibungspflichtige Medikamente dient nach Auffassung des Gesetzgebers dem Schutz der Verbraucher und sichert eine qualitativ hochwertige Arzneimittelversorgung sowohl in Städten als auch in ländlichen Regionen. D betreibt eine Versandapotheke mit Sitz in den Niederlanden und versendet auch nach Deutschland nach deutschem Recht verschreibungspflichtige und damit preisgebundene Medikamente, versieht seinen Versandhandel aber mit einem Bonussystem, sodass indirekt Rabatte auch für verschreibungspflichtige Medikamente gewährt werden. Wegen Verstoßes gegen die gesetzliche Preisbindung und damit wegen Wettbewerbsverstoßes wurde D von einem Verein zur Bekämpfung des unlauteren Wettbewerbs abgemahnt und zur Abgabe einer strafbewehrten Unterlassungs- und Verpflichtungserklärung aufgefordert, was D jedoch ablehnte. Es kam daher zu einem gerichtlichen Verfahren, bei dem das Gericht dem EuGH die Frage nach der Vereinbarkeit der deutschen Preisbindung mit EU-Recht stellte (Vorabentscheidungsverfahren gem. Art. 267 II, III AEUV[812]).

Der EuGH stellt zunächst fest, dass die Festlegung einheitlicher Abgabepreise, wie sie in der deutschen Arzneimittelpreisverordnung vorgesehen ist, sich auf in anderen Mitgliedstaaten der EU ansässige Apotheken stärker auswirke als auf im deutschen Hoheitsgebiet ansässige Apotheken. Dadurch könne der Marktzugang für Erzeugnisse aus anderen Mitgliedstaaten, die unterhalb der für den Verkauf in Deutschland festgelegten Preise angeboten werden, stärker behindert werden als für inländische Erzeugnisse. Daher stelle die gesetzliche Preisbindung für verschreibungspflichtige Medikamente eine Maßnahme mit gleicher Wirkung wie eine mengenmäßige Beschränkung dar, die daher einer Rechtfertigung bedürfe.[813] Als möglichen Rechtfertigungsgrund prüft der EuGH sodann den Schutz der Gesundheit und des Lebens von Menschen (siehe Art. 36 S. 1 AEUV). Zwar erkennt der EuGH an, dass feste Preise für verschreibungspflichtige Medikamente eine bessere geografische Verteilung der Apotheken ermöglichten und damit einer flächendeckenden Medikamentenversorgung der Bevölkerung dienten, was dem Schutz der Gesundheit und des Lebens zugutekomme.[814] Allerdings vermochte der EuGH nicht festzustellen, dass durch vergünstigte Abgabepreise eine flächendeckende Medikamentenversorgung der Bevölkerung und damit der Schutz der Gesundheit und des Lebens tatsächlich gefährdet seien. Dem EuGH vorgelegte Dokumente ließen auch den Schluss zu, dass sich Apotheken in geringer versorgten Gebieten ansiedelten. Ohne Preisbindung könnten sie dort aufgrund geringerer Konkurrenz sogar höhere Preise verlangen. Auch die wichtige Notfallversorgung sei nicht in Gefahr, wenn die Preisbindung entfalle. Art. 36 AEUV sei daher dahingehend auszulegen, dass eine nationale Regelung wie die im Ausgangsverfahren in Rede stehende, die vorsehe, dass für verschreibungspflichtige Humanarzneimittel ein-

---

[811] EuGH NVwZ 2016, 1793 ff. (Doc Morris).
[812] Siehe dazu auch Rn 364 ff. sowie das Prüfungsschema bei Rn 787f.
[813] EuGH NVwZ 2016, 1793, 1794 (Doc Morris).
[814] EuGH NVwZ 2016, 1793, 1795 (Doc Morris).

heitliche Apothekenabgabepreise festgesetzt werden, nicht mit dem Schutz der Gesundheit und des Lebens von Menschen i.S.d. Art. 36 S. 1 AEUV gerechtfertigt werden könne, da sie nicht geeignet sei, die angestrebten Ziele zu erreichen.[815]

Stellungnahme: Dem Urteil ist grundsätzlich beizupflichten. Können die Voraussetzungen eines zur Beschränkung der Warenverkehrsfreiheit geeigneten Rechtfertigungsgrundes nicht festgestellt werden, ist eine Beschränkung der Warenverkehrsfreiheit unionsrechtswidrig. Die Preisbindung nach der Arzneimittelpreisverordnung ist daher wegen Verstoßes gegen Art. 34 AEUV nicht anwendbar (zur Unanwendbarkeit unionsrechtswidriger Akte siehe Rn 342 ff.). Jedoch ist zu beachten, dass die Unanwendbarkeit der Preisbindung nur Marktteilnehmer anderer EU-Staaten betrifft, die verschreibungspflichtige Medikamente nach Deutschland versenden oder direkt in Deutschland verkaufen. Für deutsche stationäre Apotheken und Online-Apotheken hat das EuGH-Urteil keine (unmittelbaren) Auswirkungen, sodass für diese die Preisbindung nach der Arzneimittelpreisverordnung bestehen bleibt. Das führt zwar zu einer Beeinträchtigung des Art. 12 I GG und zu einer Ungleichbehandlung i.S.d. Art. 3 I GG, nicht jedoch zu einer Verletzung dieser Grundrechte, da die Grundfreiheiten die nationalen Gesetzgeber nicht zwingen, ihren Bürgern ein Schutzniveau zu gewähren, das dem der Grundfreiheiten entspricht, die lediglich die Ausübung der jeweils gewährten *grenzüberschreitenden* Tätigkeiten bzw. Tätigkeiten in einem *anderen* EU-Staat schützen. Auch der EuGH geht davon aus, dass die Grundfreiheiten eine Inländerdiskriminierung nicht ausschließen.[816] Hält der deutsche Gesetzgeber also an der Preisbindung für verschreibungspflichtige Medikamente fest, manifestiert er den Wettbewerbsnachteil für deutsche stationäre Apotheken und Online-Apotheken.[817] Ein Verbot des Online-Versands verschreibungspflichtiger Medikamente, das dem Wettbewerbsnachteil begegnen könnte, erscheint jedenfalls vor dem Hintergrund der Art. 12 I, 14 I GG, Art. 16 GRC nicht gangbar[818] und dürfte – obwohl es vom EuGH als Möglichkeit ins Spiel gebracht wurde – der Warenverkehrsfreiheit ebenfalls zuwiderlaufen.

Weiterführender Hinweis: Mit der vom EuGH angeführten Argumentation, dass mit der Abgabe von Medikamenten unterhalb des gesetzlich festgelegten Einheitspreises das Anliegen der Preisbindung, die Sicherstellung einer flächendeckenden Versorgung mit (verschreibungspflichtigen) Medikamenten und damit der Schutz von Gesundheit und Leben der Menschen, nach gegenwärtiger Lage nicht gefährdet sei und daher die Warenverkehrsfreiheit nicht eingeschränkt werden dürfe, lässt sich auch die gesetzliche **Buchpreisbindung**[819] nicht halten. Man wird diese sogar erst recht als mit Art. 34 AEUV unvereinbar ansehen müssen, wiegen die mit der gesetzlichen Buchpreisbindung verfolgten Zwecke (Schutz des „Kulturguts Buch"; Gewährleistung einer flächendeckenden Versorgung der Bevölkerung mit Büchern) doch weitaus geringer als der Schutz der Gesundheit und des Lebens, zumal eine Gefährdung des Zwecks der Buchpreisbindung durch einen nicht preisgebundenen Verkauf ebenso wenig sicher ist.

g.) Sprachenregelung als Ausfuhrbeschränkung

In dieser Konstellation geht es schließlich um die Frage, ob im grenzüberschreitenden Wirtschaftsverkehr Vorgaben zur Sprache in Lieferantenrechnungen eine Beschrän-

---

[815] EuGH NVwZ 2016, 1793, 1796 (Doc Morris).

[816] Vgl. EuGH Slg. 1994, I-2715 – dazu bereits oben Rn 342i.

[817] Siehe dazu auch OVG Münster PharmR 2017, 557, das jedoch der Auffassung ist, dass sich der Wettbewerbsvorteil für ausländische Versandapotheken noch nicht gravierend zulasten inländischer Apotheken ausgewirkt habe.

[818] Siehe auch *Ludwigs*, NVwZ 2016, 1796, 1797 f.

[819] Siehe § 3 S. 1 Buchpreisbindungsgesetz (BuchPrG), wonach ein gewerbs- oder geschäftsmäßiger Verkauf an Letztabnehmer in Deutschland außerhalb des in § 5 BuchPrG festgesetzten Preises verboten ist. Erfasst werden also auch gewerbs- und geschäftsmäßige Verkäufer, die vom EU-Ausland aus Bücher nach Deutschland verkaufen.

kung des freien Warenverkehrs (hier: Maßnahme gleicher Wirkung wie eine mengenmäßige Ausfuhrbeschränkung) darstellen. Der diesbezüglichen Entscheidung des EuGH lag folgender Sachverhalt zugrunde:

Fall[820]**:** In Belgien besteht die gesetzliche Regelung, dass Rechnungen in niederländischer Sprache zu verfassen sind und solche Rechnungen, die diese Vorgabe nicht beachten, nichtig sind. Gleichwohl hat ein belgisches Unternehmen die an seinen in Italien ansässigen Handelspartner gerichteten Rechnungen in italienischer Sprache verfasst. Das italienische Unternehmen, das diesen Service offenbar nicht zu schätzen weiß, verweigert unter Hinweis auf die nach belgischem Recht angeordnete Nichtigkeit der Rechnung deren Begleichung.

Der EuGH sah in der belgischen Regelung eine Maßnahme gleicher Wirkung wie eine mengenmäßige Ausfuhrbeschränkung und legte die Verbotsnorm des Art. 35 AEUV weit aus. Eine für alle im Inland tätigen Wirtschaftsteilnehmer geltende nationale Maßnahme sei mit Art. 35 AEUV unvereinbar, wenn sie die Ausfuhr in einen anderen EU-Staat stärker belaste als den Absatz der Waren auf dem inländischen Markt.

Das überzeugt. Zugleich ist damit auch vom EuGH geklärt, dass Maßnahmen gleicher Wirkung in Art. 35 AEUV im Wesentlichen wie in Art. 34 AEUV auszulegen sind.

ee. Dienstleistungsfreiheit

342u Die Dienstleistungsfreiheit wird durch Art. 56 ff. AEUV gewährleistet. Gemäß Art. 57 I AEUV werden unter Dienstleistungen im Sinne des EU-Rechts Leistungen verstanden, die i.d.R. gegen Entgelt erbracht werden, soweit sie nicht den Vorschriften des freien Kapital- und Zahlungsverkehrs oder der Personenfreizügigkeit unterliegen. Art. 57 II AEUV versteht als Dienstleistungen insbesondere gewerbliche Tätigkeiten, kaufmännische Tätigkeiten, handwerkliche Tätigkeiten und freiberufliche Tätigkeiten.

Da sowohl die Dienstleistungsfreiheit als auch die Niederlassungsfreiheit selbstständig erwerbstätigen Unionsbürgern zustehen kann, ist eine Abgrenzung erforderlich, zumal auch der EuGH einen Sachverhalt nur am Maßstab einer der beiden Freiheiten prüft[821]. Während die **Niederlassungsfreiheit** (Art. 49 ff. AEUV) eine längerfristige, d.h. dauerhafte Niederlassung zum Gegenstand hat, ist die **Dienstleistungsfreiheit** auf eine nur vorübergehende Tätigkeit gerichtet. Abgrenzungskriterien sind Dauer der Leistung, aber auch Häufigkeit, regelmäßige Wiederkehr und Kontinuität.[822] Je ausgeprägter diese Kriterien sind, desto eher liegt ein Fall der Niederlassung vor. Auch die Ergreifung infrastruktureller Maßnahmen (Einrichtung eines Büros, einer Praxis oder einer Kanzlei) spricht indiziell (aber nicht zwingend) für eine Niederlassung.[823] Fehlen aber infrastrukturelle Maßnahmen, d.h. der Leistungserbringer wird nicht (durch feste Einbindung in Volkswirtschaft und Gesellschaft) „sesshaft", sondern verrichtet nur seine temporäre Dienstleistung und kehrt nach deren Beendigung in sein Heimatland zurück, ist regelmäßig nicht vom Vorliegen einer Niederlassung, sondern von einer Dienstleistung auszugehen.[824] Daraus folgt gleichzeitig, dass die Dienstleistungsfreiheit gegenüber der Niederlassungsfreiheit subsidiär ist. In Abgrenzung zur **Arbeitnehmerfreizügigkeit** (Art. 45 ff. AEUV) kommt es darauf an, ob der „Dienstleistende" als abhängig Beschäftigter für einen Arbeitgeber im Gastland tätig ist bzw. werden möchte. Nur dann kann sich der „Dienstleistende" auf Arbeitnehmerfreizügigkeit berufen. Wird der „Dienstleistende" indes von seinem Arbeitgeber des Heimatstaates in das Gastland entsandt, liegt keine „Arbeitnehmerfreizügigkeit" des „Dienstleistenden" vor, sondern eine Dienstleistungsfreiheit seines Arbeitgebers. Auch in diesem Fall ist die Dienstleistungsfreiheit somit subsidiär.

---

[820] EuGH EuZW 2016, 717 ff. (New Valmar BVBA ./. Global Pharmacies Partner Health Srl).
[821] EuGH GRUR 2017, 627 ff.
[822] EuGH Slg. 1995, I-4165, 4195; EuGH GRUR 2017, 627, 628.
[823] EuGH Slg. 1995, I-4165, 4195.
[824] EuGH Slg. 2003, I-14847, 14883.

Geschützt ist zunächst das Recht eines selbstständig erwerbstätigen Unionsbürgers (bzw. eines Wirtschaftsunternehmens mit Sitz in der EU), vorübergehend Dienstleistungen auch in einem anderen Mitgliedstaat der EU anzubieten, wobei der Geschäftssitz im Heimatland verbleibt (aktive Dienstleistungsfreiheit). Die Dienstleistungsfreiheit schützt aber ebenso den Fall, dass ein Dienstleistungsempfänger in einen anderen EU-Staat reist, um von einem dort ansässigen Dienstleistungserbringer eine Dienstleistung in Anspruch zu nehmen (passive Dienstleistungsfreiheit)[825]. 342v

Beispiel[826]**:** Reist ein deutsches kinderloses Paar in die Tschechische Republik, um sich dort einer – nach deutschem Recht verbotenen (siehe § 1 I Nr. 1, 2, II ESchG), jedoch nach tschechischem Recht erlaubten – künstlichen Befruchtung mittels Eizellspende[827] zu unterziehen, unterfällt dieser Sachverhalt der passiven Dienstleistungsfreiheit.

57 III AEUV gewährleistet die (aktive bzw. passive) Dienstleistungsfreiheit unter denselben Voraussetzungen, welche der betreffende Mitgliedstaat für seine eigenen Angehörigen vorschreibt (Gebot der Gleichbehandlung). Nationale Beschränkungen, die also gleichermaßen für alle gelten und unterschiedslos gelten, stellen damit keine diskriminierenden Maßnahmen dar.[828] Gleichwohl können auch nicht diskriminierende Maßnahmen mit der Dienstleistungsfreiheit unvereinbar sein, wenn sie deren Ausübung untersagen, behindern oder weniger attraktiv machen.[829] Ganz allgemein sind gemäß der auch für die Dienstleistungsfreiheit geltenden „Cassis-Rechtsprechung" des EuGH (dazu Rn 342d ff.) Maßnahmen mit der Dienstleistungsfreiheit unvereinbar, wenn sie nicht aus zwingenden Gründen des Allgemeininteresses gerechtfertigt oder nicht geeignet sind, die Verwirklichung des mit ihnen verfolgten Ziels zu gewährleisten, oder über das hinausgehen, was zur Erreichung des Ziels erforderlich ist, wobei den Mitgliedstaaten ein gewisser Spielraum bei der Beurteilung der Rechtfertigungsvoraussetzungen zukommt.[830] 342w

So ist nach Auffassung des BGH das im obigen Beispiel genannte Verbot der Eizellspende durch zwingende Gründe des Allgemeinwohls gerechtfertigt. Das Verbot der Eizellspende verhindere eine gespaltene Mutterschaft, trage der Würde des menschlichen Lebens Rechnung und diene insbesondere der Wahrung des Kindeswohls.[831]

Demgegenüber verletzen nach Auffassung des EuGH nationale Rechtsvorschriften, die jegliche Werbung für eine bestimmte Tätigkeit allgemein und ausnahmslos verbieten (etwa ein Werbeverbot gegenüber Ärzten und Zahnärzten), Art. 56 I AEUV, da sie in nicht gerechtfertigter Weise geeignet seien, für die diese Tätigkeit ausübenden Personen die Möglichkeit einzuschränken, sich bei ihren potentiellen Kunden (auch und insbesondere aus anderen EU-Staaten) bekannt zu machen und die Dienstleistungen, die sie ihnen anbieten möchten, zu fördern.[832] Dem ist zuzustimmen, da kein zwingender Grund für ein Werbeverbot besteht. Zwar ist der Schutz der menschlichen Gesundheit, die durch die Werbung mit medizinischen Eingriffen und der damit verbundenen Gefahr von medizinisch nicht indizierten Eingriffen in die körperliche Unversehrtheit beein-

---

[825] Siehe nur EuGH GRUR 2017, 627, 628; BGH NJW 2017, 2348, 2350.
[826] Nach BGH NJW 2017, 2348. Siehe auch LG Augsburg NJW 2019, 382 (Ls).
[827] Bei einer Eizellspende wird eine noch unbefruchtete fremde Eizelle in den Körper der Wunschmutter eingepflanzt und anschließend dort mit dem Samen ihres (oder eines anderen) Mannes befruchtet. Dieses Verfahren ist gem. § 1 I Nr. 1 ESchG für den Übertragenden strafbar. Wird eine bereits imprägnierte Eizelle (also eine Eizelle, bei der zwar die Samenzelle bereits in das Zytoplasma der Eizelle eingedrungen ist, bei der jedoch noch keine Kernverschmelzung stattgefunden hat) in eine Frau eingesetzt, von der die Eizelle nicht stammt, ist dies nach § 1 I Nr. 2 ESchG strafbar. Von der Strafbarkeit nach § 1 II ESchG erfasst ist somit das Imprägnieren in vitro, also eine im Glas (d.h. Reagenzglas) vorgenommene Befruchtung der Eizelle. Siehe dazu *Taupitz*, NJW 2019, 337 ff.
[828] BGH NJW 2017, 2348, 2350.
[829] Siehe etwa BGH NJW 2017, 2348, 2350.
[830] EuGH GRUR 2017, 627, 628; BGH NJW 2017, 2348, 2350.
[831] BGH NJW 2017, 2348, 2350.
[832] EuGH GRUR 2017, 627, 628.

trächtigt werden kann, sicherlich ein zwingender Grund für die Rechtfertigung von Beschränkungen von Grundfreiheiten. Stehen dem Staat jedoch mildere Mittel zur Verfügung als ein absolut geltendes Werbeverbot (etwa lediglich Werbebeschränkungen[833]), ist ein solches nicht erforderlich und damit unverhältnismäßig. Zugleich dürfte in einem solchen Fall auch ein Verstoß gegen Art. 15, 16 GRC anzunehmen sein.[834]

Von vornherein großzügiger dürfte man mit Werbebeschränkungen umgehen, die dem Schutz menschlicher Werte dienen. Dazu gehört auch die nur beschränkte Zulässigkeit, als Arzt oder Ärztin über Schwangerschaftsabbrüche zu informieren.

342x Um die Dienstleistungsfreiheit faktisch nicht auszuhöhlen, müssen die in einem Mitgliedstaat erworbenen Qualifikationen auch in den anderen Mitgliedstaaten anerkannt werden. Soweit also in einzelnen Mitgliedstaaten unterschiedliche Regelungen über die Anerkennung von Diploma, Prüfungszeugnissen und sonstigen Befähigungsnachweisen sowie über die Aufnahme und Ausübung selbstständiger Tätigkeiten bestehen, müssen Rechtsakte erlassen werden, die die wechselseitige Anerkennung ermöglichen (vgl. Art. 62 AEUV i.V.m. Art. 53 AEUV).

Beispiel: Gemäß § 3 I S. 2 FZV, eine aufgrund § 6 StVG erlassene Rechtsverordnung des Bundesverkehrsministers, ist Voraussetzung für die Zulassung eines Fahrzeugs zum Straßenverkehr u.a., dass das Fahrzeug einem genehmigten Typ entspricht oder dass eine Einzelgenehmigung erteilt ist. Einzelgenehmigungen wiederum können gem. § 13 EG-FGV erteilt werden oder werden in Form einer Betriebserlaubnis für Einzelfahrzeuge gem. § 21 StVZO (beides ebenfalls Rechtsverordnungen auf Grundlage des § 6 StVG) erteilt, wenn dem eine vorherige erfolgreiche Begutachtung („Einzelabnahme") vorausging. Auch Betriebserlaubnisse, die nach § 19 II StVZO erloschen sind, bedürften zu ihrer Wiedererteilung einer Begutachtung nach § 21 StVZO. Beide Regelungen (Einzelgenehmigung nach § 13 EG-FGV und (Wieder-)Erteilung der Betriebserlaubnis nach § 21 StVZO) machen damit das Gutachten (d.h. die „Einzelabnahme") zu einer wesentlichen Grundlage für die Entscheidung der nach Landesrecht zuständigen Behörde über die Erteilung der Genehmigung bzw. (Wieder-)Erlangung der Betriebserlaubnis. Allerdings musste es sich bislang bei dem Gutachten im Rahmen von § 21 StVZO um ein Gutachten eines amtlich anerkannten Sachverständigen (a.a.S.) für den Kraftfahrzeugverkehr (der einer Technischen Prüfstelle für den Kraftfahrzeugverkehr angehört) handeln. Prüfer von technischen Diensten, die für die Begutachtung von Gesamtfahrzeugen benannt sind (wie z.B. KÜS oder GTÜ), waren somit nicht berechtigt, Einzelgutachten über die (Wieder-)Erlangung von Betriebserlaubnissen auszustellen.

Die bisherige Nichtberechtigung der technischen Dienste für die Begutachtung könnte einen Verstoß gegen die Dienstleistungsfreiheit nach Art. 56 ff. AEUV (und auch gegen die Niederlassungsfreiheit nach Art. 49, 54 AEUV) dargestellt haben, da technische Dienste anderer EU-Staaten in ihren Heimatländern Gutachten über Einzelgenehmigungen erstellen durften, nicht aber, wenn sie ihre Dienstleistungen in Deutschland anboten. Das hat auch die EU-Kommission so gesehen. Sie hat mit Schreiben vom 22.7. 2016 erklärt, dass durch die (seinerzeit gültigen Fassungen der) Regelungen der § 21 I S. 2 StVZO i.V.m. § 6 I S. 1 und § 6 Ia S. 1 sowie § 10 I des Kraftfahrsachverständigengesetzes (KfSachvG) die Niederlassungsfreiheit von Dienstleistern und die Dienstleistungsfreiheit in nicht gerechtfertigter und unverhältnismäßiger Weise beschränkt würden und dass dies daher einen Verstoß gegen Art. 15 I, II lit. d, III sowie Art. 16 I und III der Dienstleistungsrichtlinie 2006/123/EG sowie Art. 49 und 56 AEUV darstelle.[835]

---

[833] So, wie das im deutschen Recht der Fall ist, vgl. die Heilberufe- bzw. Kammergesetze der Länder i.V.m. den Berufsordnungen der Kammern (z.B. der Ärzte- und Zahnärztekammern).

[834] Zur Anwendbarkeit der GRC über den Wortlaut des Art. 51 I S. 1 Halbs. 2 GRC hinaus vgl. EuGH NJW 2013, 1415, 1416 (Åkerberg Fransson) – dazu *R. Schmidt*, Grundrechte, Rn 9c.

[835] Siehe BR-Drs. 640/18, S. 3.

Der Bundesverkehrsminister hat daraufhin mit Zustimmung des Bundesrats, die dieser in seiner Sitzung am 15.2.2019 erteilt hat, u.a. § 21 StVZO geändert. Nunmehr sind auch die nach § 30 EG-FGV zur Prüfung von Gesamtfahrzeugen der jeweiligen Fahrzeugklasse benannten Technischen Dienste (wie KÜS und GTÜ) befugt, Gutachten über Einzelgenehmigungen zu erteilen.

Nicht jede Ungleichbehandlung ist stets unzulässig. So finden zunächst die Regelungen zur Dienstleistungsfreiheit keine Anwendung auf Tätigkeiten, die in einem Mitgliedstaat dauernd oder zeitweise mit der Ausübung **öffentlicher Gewalt** verbunden sind (Art. 62 AEUV i.V.m. Art. 51 AEUV). Auch sind Beschränkungen sowie nachteilige Sonderregelungen für Angehörige anderer Mitgliedstaaten zulässig, wenn sie aus Gründen der öffentlichen Ordnung, Sicherheit oder Gesundheit **gerechtfertigt** sind (Art. 62 AEUV i.V.m. Art. 52 AEUV), wobei der EuGH strenge Maßstäbe aufstellt und (in Anlehnung an die Cassis-Rechtsprechung) „zwingende Gründe des Allgemeininteresses" fordert[836], wobei ausschließlich nicht-wirtschaftliche Gründe in Betracht kommen können[837], bei deren Gewichtung den Mitgliedstaaten jedoch (um nationalen Wertvorstellungen, die gem. Art. 4 II S. 1 EUV schutzwürdige Belange darstellen, Rechnung zu tragen) ein gewisser Spielraum zuzubilligen ist[838]. **342y**

Konkretisiert wird die Dienstleistungsfreiheit durch die **Dienstleistungsrichtlinie** 2006/123/EG.[839] Diese erfasst aber nicht nur die Dienstleistungsfreiheit, sondern beinhaltet auch Konkretisierungen der Niederlassungsfreiheit und sanktioniert insgesamt mitgliedstaatliche Maßnahmen, die die Grundfreiheiten beschränken. Zu beachten ist, dass der EuGH den Anwendungsbereich der RL auch auf reine Inlandssachverhalte erstreckt[840], obwohl die Grundfreiheiten an einen grenzüberschreitenden Sachverhalt anknüpfen. Einige Tätigkeiten werden gem. Art. 2 II der Dienstleistungsrichtlinie allerdings von vornherein aus dem Anwendungsbereich ausgenommen, insbesondere nicht-wirtschaftliche Dienstleistungen von allgemeinem Interesse und Tätigkeiten, die (i.S.d. Art. 51 AEUV) mit der Ausübung öffentlicher Gewalt verbunden sind.[841] **342z**

In Umsetzung dieser Richtlinie hat der deutsche Gesetzgeber im Jahre 2008 u.a. das Verwaltungsverfahrensgesetz geändert[842] und dort Vorschriften über eine einheitliche Stelle (§§ 71a, 71b VwVfG) sowie über eine Genehmigungsfiktion (§ 42a VwVfG) eingefügt. In der Gewerbeordnung finden sich Regelungen u.a. in §§ 4, 6a-6c, 11b GewO.

ff. Kapitalverkehrsfreiheit

Der in Art. 63 ff. AEUV gewährleistete freie Kapital- und Zahlungsverkehr sichert die Übertragung von Geld- und Sachkapital, insbesondere zu Anlage- und Investitionszwecken. Auch grenzüberschreitende Schenkungen sind vom Schutz der Vorschriften erfasst.[843] Geschützt ist aber auch – wie sich aus Art. 63 und 66 AEUV ergibt – der Kapitalverkehr zwischen einem Mitgliedstaat und Drittstaaten. Langfristiges Ziel dieser Grundfreiheit ist die Schaffung eines einheitlichen EU-Finanzraums (vgl. Art. 64 II AEUV). **343**

Beschränkungen des Kapital- und Zahlungsverkehrs zwischen den Mitgliedstaaten sowie zwischen den Mitgliedstaaten und dritten Ländern sind grundsätzlich verboten **343a**

---

[836] EuGH Slg. 1987, 1227, 1272 ff.; 1991, 4007; EuGH GRUR 2017, 627, 628 ff.; BGH NJW 2017, 2348, 2350.
[837] EuGH Slg. 1999, 2517.
[838] EuGH Slg. 2004, 9609.
[839] Vgl. dazu aus jüngerer Zeit EuGH EuZW 2016, 224 ff.
[840] EuGH EuZW 2016, 224 ff.
[841] Vgl. *Streinz*, JuS 2016, 759, 760.
[842] Siehe BGBl I 2008, S. 2418.
[843] EuGH BB 2016, 1632, 1633 ff. (Hünnebeck).

(Art. 63 AEUV). Jedoch eröffnet Art. 65 AEUV den Mitgliedstaaten Raum, Steuerpflichtige mit unterschiedlichem Wohnort oder Kapitalanlageort unterschiedlich zu behandeln (Art. 65 I lit. a) AEUV) oder unerlässliche Maßnahmen zu treffen, um Zuwiderhandlungen gegen innerstaatliche Rechts- und Verwaltungsvorschriften, insbesondere auf dem Gebiet des Steuerrechts und der Aufsicht über Finanzinstitute, zu verhindern, sowie Meldeverfahren für den Kapitalverkehr zwecks administrativer oder statistischer Information vorzusehen oder Maßnahmen zu ergreifen, die aus Gründen der öffentlichen Ordnung oder Sicherheit gerechtfertigt sind (Art. 65 I lit. b) AEUV).

Jedoch ist zu beachten, dass gem. Art. 65 III AEUV die in Art. 65 I AEUV normierten Ausnahmen von der Kapitalverkehrsfreiheit eng auszulegen sind.[844] Die in Art. 65 I AEUV genannten nationalen Vorschriften dürfen weder ein Mittel zur willkürlichen Diskriminierung noch eine verschleierte Beschränkung des freien Kapital- und Zahlungsverkehrs im Sinne des Art. 63 AEUV darstellen. So hat der EuGH entschieden, dass eine gesetzlich vorgesehene Ungleichbehandlung von beschränkt und unbeschränkt Steuerpflichtigen nicht mit der Kapitalverkehrsfreiheit zu vereinbaren ist.[845]

Hinsichtlich der materiellen Kriterien kann i.Ü. auf die Keck-Formel zurückgegriffen werden. Schranken speziell in Bezug auf den Kapitalverkehr mit Drittstaaten enthält Art. 64 AEUV, ferner auch Art. 75 AEUV (Beschränkungen von Kapitalbewegungen zum Zwecke der Terrorismusbekämpfung) und Art. 215 AEUV (Embargomaßnahmen aufgrund von Aktionen im Rahmen der Gemeinsamen Außen- und Sicherheitspolitik).

Fraglich ist, ob das sog. „**VW-Gesetz**"[846] mit der Kapitalverkehrsfreiheit in Einklang steht. § 4 III VW-Gesetz besagt nämlich, dass Beschlüsse der Hauptversammlung, für die nach dem Aktiengesetz an sich eine Mehrheit von 75% erforderlich wären, bei der VW-AG einer Mehrheit von 80% bedürfen. Da das Land Niedersachsen mehr als 20%, aber weniger als 25% der Aktien besitzt, verfügt es damit über eine Sperrminorität, die ihm nach den allgemeinen aktienrechtlichen Regelungen nicht zukäme. Zweck dieser „Sonderregelung" ist der Schutz vor einer „feindlichen Übernahme" mit anschließender Auflösung der Gesellschaft; ein solcher Beschluss der Hauptversammlung bedarf nach allgemeinen aktienrechtlichen Grundsätzen nämlich einer Mehrheit, die mindestens 75% des bei der Beschlussfassung vertretenen Grundkapitals umfasst (vgl. § 262 I Nr. 2 AktG).[847] Der EuGH sah in der Sonderregelung des VW-Gesetzes keinen Verstoß gegen die Kapitalverkehrsfreiheit.

343b Die 2008 erfolgte Umstellung des bargeldlosen Zahlungsverkehrs auf das SEPA-System (Single Euro Payments Area), bei dem die Überweisung nach dem SEPA Credit Transfer System erfolgt, ist Ausfluss des durch Art. 63 ff. AEUV gewährleisteten freien Kapital- und Zahlungsverkehrs.

343c Eine weitere Stufe des Ausbaus des freien Kapitalverkehrs ist die **Kapitalmarktunion**. Die Kommission verfolgt das Ziel, Unternehmen, die Mittel für Wachstum und Beschäftigung brauchen, Kapitalzugang zu eröffnen und Infrastrukturvorhaben das nötige Kapital zuzuleiten. Dazu soll der Zugang zu Finanzmitteln verbessert werden, Finanzierungsmöglichkeiten sollen diversifiziert werden, die Kapitalaufnahme für kleine und mittlere Unternehmen (KMU) sollen erleichtert werden und die Attraktivität der EU für Investitionen aus der ganzen Welt soll gesteigert werden, um dadurch das

[844] EuGH BB 2016, 1632, 1633 ff. (Hünnebeck).
[845] EuGH BB 2016, 1632, 1633 ff. (Hünnebeck).
[846] Gesetz über die Überführung der Anteilsrechte an der Volkswagenwerk Gesellschaft mit beschränkter Haftung in private Hand – VWGmbHÜG (zuletzt geändert durch Gesetz v. 30.7.2009, BGBl I 2009, S. 2479).
[847] EuGH NJW 2014, 290 ff.

wirtschaftliche Wachstum in der EU zu erhöhen und die Schaffung von Arbeitsplätzen voranzutreiben.[848]

c. Bedeutung der Grundfreiheiten/Prüfungsaufbau

Nach der Rspr. des EuGH stellen die genannten Personenverkehrsfreiheiten und die Warenverkehrsfreiheit **subjektive Rechte** dar. Bei (möglicher) Verletzung besteht daher eine Klagemöglichkeit (vor dem EuGH, siehe dazu Art. 263 IV AEUV), wobei die genannten Grundfreiheiten als unmittelbarer Prüfungsmaßstab nur dann heranzuziehen sind, wenn weder spezielle primärrechtliche Regelungen (wie die in Art. 38 AEUV genannten Agrar- und Fischereipolitiken) greifen noch konkretisierendes unionsrechtliches Sekundärrecht (Verordnungen, Richtlinien) besteht (Rn 342). Sind die Grundfreiheiten aber unmittelbar anwendbar, misst der EuGH der Warenverkehrsfreiheit und den genannten Personenverkehrsfreiheiten auch eine unmittelbare Bindungswirkung für privatrechtliche Handlungsformen (horizontale Wirkung) bei.[849] Verstößt eine nationale Regelung bzw. Maßnahme gegen eine Grundfreiheit bzw. einen sie konkretisierenden Sekundärakt (Rn 344 ff.), ist sie in ihrer Anwendung gesperrt („Anwendungsvorrang" des EU-Rechts, siehe dazu Rn 355 ff.). **343d**

Prüfung einer Grundfreiheit nach dem AEUV **343e**

Aufgrund der unterschiedlichen Anforderungen, die an die Rechtmäßigkeit von Beschränkungen der jeweiligen Grundfreiheit zu stellen sind, ist es schwierig, ein allgemeingültiges Prüfungsschema aufzustellen, das sich nicht in der Berücksichtigung aller Besonderheiten der einzelnen Grundfreiheiten verliert. Es lässt sich aber folgendes „Grobschema" anführen:

A. Anwendbarkeit der Grundfreiheit

Besteht ein konkretisierender Akt des Sekundärrechts, ist die fragliche nationale Maßnahme vorrangig an dessen Maßstab zu prüfen, freilich in grundfreiheitskonformer Auslegung.

B. Schutzbereich der Grundfreiheit

Ist eine Grundfreiheit anwendbar, muss deren sachlicher und persönlicher Schutzbereich eröffnet sein. In sachlicher Hinsicht muss eine von der Grundfreiheit geschützte, grenzüberschreitende Tätigkeit vorliegen. Auch darf keine Bereichsausnahme (wie etwa § 45 IV AEUV) vorliegen. Der persönliche Schutzbereich ist eröffnet, wenn die (natürliche oder juristische) Person vom Schutzbereich erfasst ist.

C. Eingriff in den Schutzbereich

Diskriminierung: Ein Eingriff liegt insbesondere dann vor, wenn eine staatliche Maßnahme eine offene oder zumindest verdeckte Diskriminierung darstellt.

- ⇨ Eine Diskriminierung ist offen, wenn eine staatliche Maßnahme bereits formal inländische und ausländische Waren/Dienstleistungen/Personen etc. unterschiedlich behandelt. Beispiel: Eine deutsche Vorschrift besagt, dass die Bezeichnung „Sekt" nur für Produkte verwendet werden darf, die aus dem deutschen Sprachraum stammen.
- ⇨ Verdeckt diskriminierend ist eine staatliche Maßnahme, wenn sie zwar formal gleich (d.h. unterschiedslos) behandelt, sie aber ausländische Waren/Dienstleistungen/Personen etc. mittelbar stärker belastet als nationale. Beispiel (str.): Es wird eine allgemeine Maut für Bundesfernstraßen eingeführt. Um deutsche Autofahrer nicht stärker zu belasten, wird ihnen die Kfz-Steuer erlassen.

---

[848] https://ec.europa.eu/info/business-economy-euro/growth-and-investment/capital-markets-union/what-capital-markets-union_de – abgerufen am 4.3.2020.
[849] EuGH EuZW 2012, 797 ff.; NZA 2012, 863 ff. Vgl. dazu *Schmahl/Jung*, NVwZ 2013, 607 ff. Zur horizontalen Wirkung vgl. *R. Schmidt*, AllgVerwR, Rn 171.

Beschränkung des Marktzugangs oder der Marktaktivität durch unterschiedslose Maßnahme: Nach der Gebhard-Entscheidung des EuGH stellt eine Maßnahme auch dann einen Eingriff (in die Niederlassungsfreiheit) dar, wenn sie ohne Diskriminierung geeignet ist, die Ausübung der Grundfreiheit durch einen staatsfremden Unionsangehörigen zu behindern oder weniger attraktiv zu machen. Und im Keck-Urteil unterscheidet der EuGH zwischen produktbezogenen Marktregulierungen und bloßen Verkaufsmodalitäten und sieht lediglich produktbezogene Marktregulierungen, nicht aber diskriminierungsfreie Verkaufsmodalitäten als Beschränkung der Warenverkehrsfreiheit an. Beispiel: Darf in Deutschland der Begriff „Bier" für alkoholhaltige Getränke verwendet werden, die nach dem deutschen Reinheitsgebot gebraut sind, gilt das für alle gleichermaßen und wirkt daher unterschiedslos. Die Regelung stellt aber eine Beschränkung der Warenverkehrsfreiheit dar, da sie dadurch, dass andere sich nach ihr richten müssen, geeignet ist, den innergemeinschaftlichen Handel zu beeinträchtigen. Es handelt sich um eine produktbezogene Handelsbeschränkung und damit um eine Beschränkung, die der Rechtfertigung bedarf.

D. Rechtfertigung des Eingriffs

Zunächst sind geschriebene (vertragliche) Rechtfertigungsgründe („Schranken der Grundfreiheiten") zu nennen, die für jeden hoheitlichen Eingriff gelten. Ausdrückliche Schranken finden sich in Art. 36, 45 III, 64 I, 65 I AEUV. So kann bspw. ein Eingriff in die Warenverkehrsfreiheit aufgrund der Belange der öffentlichen Ordnung, der Sicherheit oder zum Schutze der Gesundheit und des Lebens von Menschen, Tieren oder Pflanzen gerechtfertigt sein (vgl. Art. 36 S. 1 AEUV). Auch Beschränkungen der Niederlassungsfreiheit sind aus Gründen der öffentlichen Ordnung, Sicherheit oder Gesundheit gerechtfertigt (Art. 52 I AEUV).

Anerkannt sind aber auch ungeschriebene Rechtfertigungsgründe wie zwingende Erfordernisse des Allgemeinwohls (siehe Gebhard-Entscheidung und Cassis-Entscheidung). Jedoch sind hohe Anforderungen an die ungeschriebenen Rechtfertigungsgründe zu stellen. Zu diesen „zwingenden Erfordernissen des Gemeinwohls" zählen nach der Cassis-Entscheidung insbesondere

- ⇨ Leben und Gesundheit von Menschen,
- ⇨ steuerliche Kontrolle,
- ⇨ Schutz der Lauterkeit des Handelsverkehrs,
- ⇨ Verbraucherschutz.

Selbstverständlich müssen Eingriffe in Grundfreiheiten zur Verwirklichung des verfolgten Ziels auch geeignet, erforderlich und angemessen sein (Güterabwägung im Einzelfall).

Schließlich ist das sonstige Primärrecht zu berücksichtigen, bspw. Art. 6 EUV i.V.m. den Grundrechten der GRC (sofern deren Anwendungsbereich eröffnet ist, vgl. Art. 51 GRC).

343f **Hinweis für die Fallbearbeitung:** In der Fallbearbeitung kann zu prüfen sein, ob eine staatliche Maßnahme mit einer Grundfreiheit vereinbar ist (Beispiel: „Prüfen Sie die Vereinbarkeit der ... mit der Warenverkehrsfreiheit"). Dann ist die fragliche staatliche Maßnahme direkt am Maßstab der betreffenden Grundfreiheit zu prüfen.

Es kann aber auch sein, dass (schlicht) nach der Rechtmäßigkeit einer staatlichen Maßnahme gefragt ist. Da das EU-Recht höherrangiges Recht ist, muss die fragliche Maßnahme (auch) am Maßstab der betreffenden Grundfreiheit geprüft werden, sofern diese greift.

Des Weiteren ist es möglich, dass sich aus der Aufgabenstellung die Notwendigkeit ergibt, die Grundfreiheit innerhalb der Frage nach der Vereinbarkeit einer staatlichen Maßnahme mit den Grundrechten des Grundgesetzes zu prüfen (europarechtskonforme Auslegung sämtlichen nationalen Rechts). Eine solche Prüfung findet sich auch in der BVerfG-Entscheidung zum frühzeitigen Atomausstieg: „Angesichts dieser besonderen Umstände des Falles ist die insoweit offene Auslegung des Art. 19 Abs. 3 GG auch mit Blick auf die unionsrechtlich geschützte Niederlassungsfreiheit vorzu-

> nehmen. Auf diese Weise können auch Brüche zwischen der deutschen und der europäischen Rechtsordnung vermieden werden. Der Beschwerdeführerin .... kann hier mit Blick auf die Niederlassungsfreiheit ausnahmsweise die Erhebung der Verfassungsbeschwerde unter Berufung auf Art. 14 GG eröffnet werden" (BVerfG NJW 2017, 217, 219).
>
> Insgesamt sollte damit deutlich geworden sein, dass sich die Notwendigkeit der Prüfung einer staatlichen Maßnahme am Maßstab einer Grundfreiheit auf verschiedene Weise ergeben kann. Da die Grundfreiheiten zum Pflichtstoff des juristischen Studiums gehören, darf man sie nicht außer Betracht lassen.

d. Das Diskriminierungsverbot

Zum primären Unionsrecht zählt auch das in Art. 18 AEUV statuierte **Diskriminierungsverbot**, das den EU-Mitgliedstaaten jede Diskriminierung von Unionsbürgern (d.h. von Bürgern eines anderen EU-Staates) aufgrund der Staatsangehörigkeit verbietet. Virulent wird das Diskriminierungsverbot nach Art. 18 AEUV bei der Anwendung von sog. Deutschengrundrechten (wie Art. 8 I, 9 I, 11 I und 12 I GG), was dazu führt, dass im Geltungsbereich des Grundgesetzes für EU-Bürger anderer EU-Staaten im Ergebnis derselbe Grundrechtsschutz gewährleistet werden muss wie für deutsche Staatsbürger.[850] **343g**

e. Nicht: Die Europäische Menschenrechtskonvention

Dagegen gehört die **EMRK** (siehe dazu näher Rn 21g) *nicht* zum EU-Primärrecht. Jedoch bestimmt Art. 6 II S. 1 EUV, dass die EU der EMRK beitritt. Ein solcher Beitritt ist aber noch nicht erfolgt. Sollte ein Beitritt erfolgen, würde die EMRK zur unmittelbar geltenden Rechtsquelle des EU-Rechts erhoben (vgl. Art. 216 II AEUV), die normenhierarchisch auf der Ebene von EU-Primärrecht anzusiedeln wäre.[851] **343h**

2. Das Sekundärrecht

Die von den Organen der Europäischen Union aufgrund der Gründungs- und Änderungsverträge erlassenen Rechtsvorschriften stellen das **sekundäre Unionsrecht** dar. Das sekundäre Unionsrecht ist also kein unmittelbares Völkervertragsrecht, sondern derivatives Völkervertragsrecht. Zum sekundären Unionsrecht zählen die Verordnungen, Richtlinien und Beschlüsse gem. Art. 288 AEUV (siehe sogleich).[852] Zu beachten ist, dass keinem Organ der EU allgemeine Rechtsetzungskompetenzen zugewiesen sind; es besteht – wie bereits erwähnt – das Prinzip der **begrenzten Handlungsermächtigung**. Erforderlich ist also stets eine **Ermächtigungsgrundlage** (Rechtsgrundlage) im Primärrecht. Rechtsgrundlagen, auf die sich sehr viele Verordnungen und Richtlinien stützen lassen, sind Art. 3 und 4 AEUV i.V.m. Art. 114 I AEUV. Gemäß Art. 114 I AEUV erlassen das Europäische Parlament und der Rat gemäß dem ordentlichen Gesetzgebungsverfahren und nach Anhörung des Wirtschafts- und Sozialausschusses die Maßnahmen zur Angleichung der Rechts- und Verwaltungsvorschriften der Mitgliedstaaten, welche die Errichtung und das Funktionieren des Binnenmarkts zum Gegenstand haben. Wichtige Gegenstände des Binnenmarkts sind in Art. 114 III AEUV genannt: Gesundheit, Sicherheit, Umweltschutz und Verbraucherschutz. Daher verwundert es nicht, dass die meisten Verordnungen und Richtlinien diese Materien betreffen. **344**

---

[850] Vgl. dazu *R. Schmidt*, Grundrechte, Rn 48.

[851] Vgl. dazu *R. Schmidt*, Grundrechte, Rn 4b ff.

[852] Hinzu treten die delegierten Rechtsakte und Durchführungsrechtsakte gem. Art. 290, 291 AEUV sowie die (rechtlich nicht verbindlichen) Empfehlungen und Stellungnahmen gem. Art. 288 V AEUV, auf die im Folgenden aber nicht weiter eingegangen wird.

a. Verordnungen

345 Verordnungen (Art. 288 II AEUV) werden im ordentlichen Gesetzgebungsverfahren gemeinsam von Parlament und Rat (vgl. Art. 289 I AEUV) erlassen, in bestimmten Fällen aber auch durch das Parlament mit Beteiligung des Rates oder durch den Rat mit Beteiligung des Parlaments (vgl. Art. 289 II AEUV). Die Kommission kann keine Verordnungen erlassen. Bei den Verordnungen handelt es sich um Rechtsakte mit Gesetzescharakter, die dem nationalen Recht der Mitgliedstaaten (im Kollisionsfall) vorgehen (Anwendungsvorrang, siehe Rn 355). Die Verordnungen sind für jedermann verbindlich und darauf gerichtet, unmittelbar Rechte und Pflichten im innerstaatlichen Bereich zu begründen. Sie bedürfen daher keiner Umsetzung (vgl. Art. 288 II S. 2 AEUV). Gleichwohl ist es dem Nationalstaat anheimgestellt, durch nationales Gesetz die Inhalte einer Verordnung zu konkretisieren und zu ergänzen. Dann gilt neben der EU-Verordnung auch das nationale Gesetz, das aber selbstverständlich nicht den zwingenden Regelungen der EU-Verordnung widersprechen darf. Freilich kann man hierbei nicht von „Umsetzung" der Verordnung durch nationales Gesetz sprechen, weil eine Verordnung ja nicht umgesetzt werden muss. Umgesetzt werden müssen nur EU-Richtlinien, da diese – anders als Verordnungen – im Grundsatz nicht unmittelbar gelten (dazu Rn 346 ff.). EU-Verordnungen werden im Amtsblatt der EU Teil L (law) veröffentlicht.

Beispiele:

(1) Die Verordnung des Rates vom 22.6.2000 (1334/2000/EG, sog. Dual-use-Verordnung) regelt die Schaffung eines wirksamen gemeinschaftlichen Ausfuhrkontrollsystems für Güter mit doppeltem Verwendungszweck. Güter mit doppeltem Verwendungszweck (sog. Dual-use-Güter) sind solche Güter, die sowohl für zivile als auch für militärische Zwecke verwendet werden können, einschließlich der Güter, die sowohl für nichtexplosive Zwecke als auch für jedwede Form der Unterstützung bei der Herstellung von Kernwaffen oder sonstigen Kernsprengkörpern verwendet werden können.[853] Als EU-Verordnung entfaltet die Dual-use-Verordnung unmittelbare Anwendung im gesamten EU-Raum und ist von allen nationalen Behörden und Unternehmen beim Export von Dual-use-Gütern unmittelbar zu beachten. Die Nichtbeachtung ist mit Strafe bedroht.

(2) Mit der Verordnung (EU) 2018/302 des Europäischen Parlaments und des Rates v. 28.2.2018 über Maßnahmen gegen ungerechtfertigtes Geoblocking und andere Formen der Diskriminierung aufgrund der Staatsangehörigkeit, des Wohnsitzes oder des Ortes der Niederlassung des Kunden innerhalb des Binnenmarkts soll verhindert werden, dass Anbieter von kommerziellen Online-Angeboten länderspezifische Zugangssperren installieren, die den Zugriff von Kunden aus anderen EU-Staaten auf die Online-Angebote blockieren.[854] Damit soll der EU-weite Zugang aller Kunden zu allen Unternehmen gewährleistet werden, die im europäischen Binnenmarkt Produkte und Dienstleistungen anbieten.[855]

(3) Die Verordnung (EU) 2016/679 des Europäischen Parlaments und des Rates v. 27. 4.2016 zum Schutz natürlicher Personen bei der Verarbeitung personenbezogener Daten, zum freien Datenverkehr und zur Aufhebung der Richtlinie 95/46/EG (Datenschutz-Grundverordnung) bezweckt die EU-weite Vereinheitlichung der Verarbeitung von personenbezogenen Daten auch und insbesondere durch private Unternehmen. Die Verordnung soll gewährleisten, dass die Grundrechte und die Grundfreiheiten und insbesondere das Recht auf Schutz personenbezogener Daten der natürlichen Personen (siehe Art. 8 I GRC und Art. 16 I AEUV) ungeachtet ihrer

---

[853] Siehe auch *Hoffmann*, NVwZ 2018, 34.
[854] Vgl. dazu *Bernhard*, NJW 2019, 472 ff.
[855] Siehe BT-Drs. 19/4722, S. 9.

Staatsangehörigkeit und ihres Aufenthaltsorts gewahrt bleiben (Erwägungsgründe 2 und 14 der VO). Andererseits soll der freie Datenverkehr zwischen den Mitgliedstaaten gewährleistet werden (Erwägungsgründe 9 und 3 der VO). Die VO gilt seit dem 25.5.2018 (Art. 99 II der VO).

(4) Die Verordnung (EU) 2018/1999 des Europäischen Parlaments und des Rates v. 11. 12.2018 über das Governance-System für die Energieunion und für den Klimaschutz möchte „die erforderliche Rechtsgrundlage für ein zuverlässiges, inkludierendes, kosteneffizientes, transparentes und berechenbares Governance-System für die Energieunion und für den Klimaschutz" schaffen, mit dem die bis 2030 und langfristig angestrebten Ziele und Zielvorgaben der Energieunion im Einklang mit dem Pariser Übereinkommen von 2015 erreicht werden (Erwägungsgrund 1 der VO). Dazu wird ein Governance-System eingerichtet u.a. zur Umsetzung von Politiken und Maßnahmen, um die Ziele und Vorgaben der Energieunion und insbesondere die energie- und klimapolitischen Vorgaben der Union für 2030 zu erreichen und die langfristigen Verpflichtungen der Union im Bereich Treibhausgasemissionen im Einklang mit dem Übereinkommen von Paris zu erfüllen (Art. 1 I lit. a) der VO). Die Mitgliedstaaten sind verpflichtet, in bestimmten Abständen der Kommission Energie- und Klimapläne zu übermitteln (Art. 3 I der VO). Die VO trat am 24.12.2018 in Kraft (Art. 59 I der VO).

b. Richtlinien

Richtlinien der EU sind gem. Art. 288 III AEUV grundsätzlich nur an die *Mitgliedstaaten* adressiert (d.h. sie entfalten grundsätzlich keine unmittelbare Geltung gegenüber den Unionsbürgern) und legen verbindliche Ziele der Union fest, die innerhalb einer vorgegebenen Frist umzusetzen sind. Bei der Wahl der Form und der Mittel der Umsetzung haben die entsprechenden staatlichen Stellen der Mitgliedstaaten i.d.R. jedoch einen gewissen Gestaltungsspielraum, solange sie die Richtlinie nur klar und eindeutig umsetzen.[856] In der Regel werden Richtlinien durch förmliches Gesetz umgesetzt. Diese Umsetzungsform ist zwar nicht im EU-Recht vorgeschrieben, aufgrund des Parlamentsvorbehalts und der Wesentlichkeitsrechtsprechung ist das förmliche Gesetz aber zwingend. Lediglich Einzelheiten dürfen durch Rechtsverordnung auf der Basis des Parlamentsgesetzes geregelt werden. Keinesfalls aber sind Verwaltungsvorschriften ausreichend. Denn nach der Rechtsprechung des EuGH ist nicht nachgewiesen, dass die Umsetzung von EU-Richtlinien durch innerstaatliche Verwaltungsvorschriften mit unbestreitbarer Verbindlichkeit und mit Konkretheit, Bestimmtheit und Klarheit erfolgt. Dies sei aber notwendig, um dem Erfordernis der Rechtssicherheit und der effektiven Durchsetzung des EU-Rechts zu genügen.[857] **346**

Die meisten Richtlinien lassen sich (gemäß den Zuständigkeiten der EU, siehe Art. 3 und 4 AEUV i.V.m. Art. 114 I AEUV) wohl im Umweltrecht[858] und im Verbraucherschutzrecht ausmachen. **346a**

Beispiele:

(1) Die Richtlinie 2014/52/EU des Europäischen Parlaments und des Rates v. 16.4. 2014 zur Änderung der Richtlinie über die Umweltverträglichkeitsprüfung bei bestimmten öffentlichen und privaten (Bau-)Projekten (der UVP-Richtlinie 2011/92/

---

[856] EuGH EuZW 2001, 437, 438 f. Zu beachten ist, dass Richtlinien aber auch eine Vollharmonisierung bezwecken können. In diesem Fall lassen sie den Mitgliedstaaten bei der Umsetzung keinerlei Spielraum, d.h. sie dürfen weder in die eine noch andere Richtung von den Vorgaben der Richtlinie abweichen. Die Verbraucherrechterichtlinie 2011/83/EU z.B. hat eine Vollharmonisierung im Fernabsatzrecht zum Gegenstand. Die Mitgliedstaaten können also weder strengere noch mildere Regelungen treffen (dazu *R. Schmidt*, SchuldR AT, 13. Aufl. 2019, Rn 969 ff.).

[857] Siehe etwa EuGH Slg. I 1991, 2567, 2596; Slg. I 1991, 2607, 2626; EuGH Slg. I 1991, 826, 881; EuGH Slg. I 1995, 2311, 2318; EuGH NVwZ 1998, 721.

[858] Vgl. dazu bereits den Anwendungsfall bei Rn 342r sowie die sogleich genannten Beispiele.

EU) enthält deutliche Verschärfungen des Umweltschutzes und hatte Änderungen v.a. im Umweltverträglichkeitsprüfungsgesetz zur Folge, die bis 16.5.2017 umzusetzen waren (Art. 2 der Richtlinie 2014/52/EU). Die Neuregelung ist am 29.7.2017 in Kraft getreten.

(2) Die Richtlinie des Europäischen Parlaments und des Rates vom 24.11.2010 über Industrieemissionen (Industrieemissionsrichtlinie 2010/75/EU) verschärft die Regelungen über die integrierte Vermeidung und Verminderung der Umweltverschmutzung, die von Industrieanlagen ausgeht. Deutschland ist den Vorgaben durch Änderungen v.a. des Bundesimmissionsschutzgesetzes, des Wasserhaushaltsgesetzes und des Kreislaufwirtschaftsgesetzes nachgekommen.

(3) Die Richtlinie des Rates vom 21.5.1992 (FFH-Richtlinie 92/43/EWG) regelt die Erhaltung der natürlichen Lebensräume sowie der wildlebenden Tiere und Pflanzen („Flora-Fauna-Habitat"). Deutschland ist den Vorgaben v.a. durch Änderung des Bundesnaturschutzgesetzes nachgekommen.

(4) Die Richtlinie 1999/44/EG des Europäischen Parlaments und des Rates v. 25.5.1999 zu bestimmten Aspekten des Verbrauchsgüterkaufs und der Garantien für Verbrauchsgüter (Verbrauchsgüterkaufrichtlinie) gewährt einen Mindestschutz für Verbraucher. Die Verbrauchsgüterkaufrichtlinie wurde mit Wirkung zum 1.1.2002 in Form des Schuldrechtsmodernisierungsgesetzes (SMG) in nationales Recht umgesetzt. Die Vorschriften des Verbrauchsgüterkaufs und andere verbraucherschützende Vorschriften sind im Rahmen dieser Schuldrechtsmodernisierung in das BGB eingefügt worden. Zu beachten ist, dass die Verbrauchsgüterkaufrichtlinie demnächst von der Richtlinie (EU) 2019/771 (Warenkauf-Richtlinie; WKRL) abgelöst wird. Gemäß ihren Erwägungsgründen 1-8 soll die WKRL einen harmonisierten Binnenmarkt zugunsten der Verbraucher und der Unternehmer unterstützen und die Beseitigung der größten Hindernisse für die Entwicklung des grenzüberschreitenden Handels in der Union erreichen. Da der grenzüberschreitende Binnenmarkt ein großes Anwendungsfeld im Online-Handel hat, dürfte die Relevanz der WKRL überaus deutlich werden. Der Anwendungsbereich wird (wie die Verbraucherrechterichtlinie 2011/83/EU – dazu sogleich) ausschließlich Verbrauchergeschäfte betreffen (Art. 3 I WKRL). Eine der wohl gravierendsten Änderungen wird die Verlängerung der Beweislastumkehr[859] sein. Diese wird gem. Art. 11 I WKRL ein Jahr ab Zeitpunkt der Lieferung betragen (bislang: 6 Monate). Die WKRL ist gem. Art. 24 I bis zum 1.7. 2021 von den Mitgliedstaaten in nationales Recht umzusetzen; diese wenden die WKRL ab dem 1.1.2022 an. Die WKRL gilt gem. Art. 24 II keinesfalls für vor dem 1.1.2022 geschlossene Verträge.

(5) Die Richtlinie 2011/83/EU des Europäischen Parlaments und des Rates v. 25.10. 2011 (Verbraucherrechterichtlinie) stärkt den Verbraucherschutz und ordnet zudem eine Vollharmonisierung auf EU-Ebene insbesondere im Fernabsatzrecht an. Der deutsche Gesetzgeber ist dem durch Schaffung eines am 13.6.2014 in Kraft getretenen neuen Verbraucherschutzrechts (Änderung v.a. der §§ 312 ff. BGB) nachgekommen. Die genannte Warenkauf-Richtlinie wird dann neben die Verbraucherrechterichtlinie treten.

(6) Die Richtlinie (EU) 2016/680 des Europäischen Parlaments und des Rates v. 27.4. 2016 zum Schutz natürlicher Personen bei der Verarbeitung personenbezogener Daten durch die zuständigen Behörden zum Zwecke der Verhütung, Ermittlung, Aufdeckung oder Verfolgung von Straftaten oder der Strafvollstreckung sowie zum freien Datenverkehr und zur Aufhebung des Rahmenbeschlusses 2008/977/JI des Rates (EU-Datenschutz-Richtlinie im Bereich Polizei und Justiz) soll öffentlichen und privaten Stellen die Möglichkeit verschaffen, zu den genannten Zwecken öffentlich zugängliche Räume mit optisch-elektronischen Einrichtungen zu versehen (Video-

[859] Siehe dazu *R. Schmidt*, BGB AT, 18. Aufl. 2019, Rn 66.

überwachung). Sie verpflichtet(e) die Mitgliedstaaten, bis zum 6.5.2018 Rechts- und Verwaltungsvorschriften zu ihrer Umsetzung zu erlassen (Art. 63 I der RiLi). In Deutschland ist bereits eine umfassende Neuregelung des BDSG in Kraft getreten, in der Rechtsgrundlagen für die Videoüberwachung öffentlicher Räume enthalten sind. Darüber hinaus erfolgten Änderungen insbesondere des BVerfSchG, des MADG und des BND-Gesetzes sowie auf Landesebene durch die entsprechenden Fachgesetze.

(7) Die Richtlinie (EU) 2018/2001 des Europäischen Parlaments und des Rates v. 11. 12.2018 zur Förderung der Nutzung von Energie aus erneuerbaren Quellen führt das in Art. 194 I AEUV niedergelegte Ziel der EU-Energiepolitik, erneuerbare Energiequellen zu fördern, näher aus und schreibt – im Einklang mit der VO 2018/1999 (siehe dazu Rn 345) – einen verbindlichen Rahmen für die Förderung von Energie aus erneuerbaren Quellen vor. Sie legt in Art. 3 I S. 1 das verbindliche Ziel fest, dass in den Mitgliedstaaten der Anteil von Energie aus erneuerbaren Quellen am Bruttoendenergieverbrauch der Union im Jahr 2030 mindestens 32 % beträgt. Die Mitgliedstaaten haben die in Art. 36 I der RiLi genannten Regelungen durch Erlass entsprechender Rechts- und Verwaltungsvorschriften bis zum 30.6.2021 umzusetzen (Art. 36 I der RiLi).

Die **Folgen** einer Nichtumsetzung, fehlerhaften oder verspäteten Umsetzung bestehen zunächst darin, dass die betreffende Richtlinie unter bestimmten Voraussetzungen dann **unmittelbar innerstaatliche Geltung** erlangt.[860] Zudem kann die Kommission ein **Vertragsverletzungsverfahren** gem. Art. 258, 259 AEUV (Rn 787e) eröffnen.[861] Schließlich kommt gem. Art. 260 II, III AEUV die Verhängung von **Zwangsgeldern** in Betracht. **346b**

c. Beschlüsse

Beschlüsse sind gem. Art. 288 IV AEUV an einen Mitgliedstaat oder eine Einzelperson gerichtete, verbindliche Einzelfallregelungen. Sie sind mit den Verwaltungsakten des deutschen Rechts vergleichbar. **347**

IV. Europäische Union und Demokratieprinzip

Wie bei Rn 76 ff. beschrieben, bedeutet Demokratie, dass alle Staatsgewalt vom Volk ausgehen muss. Das Volk muss jederzeit imstande sein, durch Wahlen oder Abstimmungen Einfluss auf die politische Willensbildung zu nehmen. Fraglich ist daher, ob die Übertragung von Hoheitsbefugnissen auf die Europäische Union mit dem Demokratieprinzip (des Grundgesetzes) vereinbar ist. Art. 23 I S. 1 u. 2 GG enthält zwar die Ermächtigung, Hoheitsbefugnisse auf die Europäische Union zu übertragen, fordert aber gleichzeitig, dass die grundlegenden Verfassungsprinzipien des Grundgesetzes gewahrt bleiben. Deshalb verlangt Art. 23 I S. 3 GG (sog. **Bestandssicherungsklausel**) auch ausdrücklich die Beachtung des Art. 79 II und III GG. Art. 79 III GG (Ewigkeitsklausel) wiederum stellt klar, dass die genannten Verfassungsprinzipien aus Art. 1 und 20 GG auch nicht im Wege einer Verfassungsänderung berührt werden können. Werden diese Vorgaben eingehalten, liegt in der Übertragung von *einzelnen* Hoheitsbefugnissen auf die Europäische Union kein Verfassungsverstoß, wenn diese in ihrer Organisation den genannten Verfassungsprinzipien entspricht. Würde die Bun- **348**

---

[860] Zur unmittelbaren Wirkung von Richtlinien vgl. *R. Schmidt*, AllgVerwR, Rn 171.

[861] Laut dem Jahresbericht der Europäischen Kommission über die Kontrolle der Anwendung des EU-Rechts v. 4.7.2019 lag im Jahr 2018 die Zahl der anhängigen Vertragsverletzungsverfahren bei 1571. Die meisten Vertragsverletzungsverfahren seien in den Politikbereichen 1. Umwelt, 2. Mobilität und Verkehr sowie 3. Binnenmarkt, Industrie, Unternehmertum und Kapitalmarktunion eingeleitet worden. Deutschland sei in 2018 mit 80 anhängigen Fällen nach Spanien das EU-Land mit den meisten Verstößen gegen Binnenmarktrecht, siehe https://ec.europa.eu/commission/presscorner/detail/de/IP_19_3030 – abgerufen am 4.3.2020.

desrepublik Deutschland jedoch *umfassend* und *unwiderruflich* Hoheitsbefugnisse auf die Europäische Union übertragen, wäre ein Verstoß gegen das Demokratieprinzip, wie es das Grundgesetz ausgestaltet hat, zu bejahen. So hat auch das BVerfG im sog. Maastricht-Urteil[862], aber auch im Lissabon-Urteil[863], in den ESM-Urteilen[864] und in den Urteilen zu den EZB-Anleihen/zur Bankenunion[865] ausdrücklich klargestellt, dass die Bundesrepublik Deutschland zwar zu einer **Übertragung von Hoheitsbefugnissen** befugt sei, dabei jedoch die demokratische Legitimation gewahrt bleiben müsse. Das Europäische Parlament allein könne die notwendige demokratische Legitimation nicht leisten. Deshalb müssten dem **Bundestag** auch **substantielle Aufgaben verbleiben**. Sei dies nicht der Fall, könne der Bürger dies über Art. 38 I S. 1 GG im Wege der Verfassungsbeschwerde geltend machen[866] (zur Erinnerung: Art. 38 I S. 1 GG enthält die Garantie des Wahlrechts, das nicht nur das formale Recht beinhaltet, ein Parlament zu wählen, sondern auch das materielle – und damit verfassungsgerichtlich einklagbare – Recht, dass das gewählte Parlament auch mit hinreichenden Befugnissen in der Sache ausgestattet ist, also tatsächlich auch noch zu entscheiden hat[867]).

349 Da das im Grundgesetz niedergelegte Demokratieprinzip auch im Rahmen der fortschreitenden Europäischen Integration unantastbar ist (vgl. Art. 23 I S. 3 GG i.V.m. Art. 79 III GG i.V.m. Art. 20 II GG), müssen auch die Organe der EU demokratisch legitimiert sein; sie müssen ihre Legitimation von den Völkern in den Mitgliedstaaten ableiten und es muss eine Rückbindung an die Mitgliedstaaten gewährleistet bleiben. Daher lässt das Demokratieprinzip zwar die **Übertragung von einzelnen Hoheitsrechten auf die Organe der EU** zu (enumerative Handlungsermächtigung, s.o.), **nicht** aber eine **Generalermächtigung**. Bundestag und Bundesrat könnten also selbst mit verfassungsändernder Mehrheit **nicht** einer Europäischen Integration zustimmen, durch die die EU eine „Kompetenz-Kompetenz" erhielte. Denn die souveräne **Staatlichkeit der Bundesrepublik Deutschland muss** wegen Art. 79 III GG i.V.m. Art. 20 II GG gewahrt bleiben.[868] Das BVerfG nimmt diesbezüglich das Recht in Anspruch, Vertragserweiterungen (bzw. die jeweiligen Zustimmungsgesetze), aber auch Vorschriften des EU-Rechts, mit deren Erlass die Union ihre Kompetenzen überschreitet („ausbrechende Rechtsakte"), am Maßstab des GG (insbesondere an Art. 20 GG) zu überprüfen und ggf. für unanwendbar zu erklären.[869]

350 So ist der **Vertrag von Lissabon** mit dem Argument eines strukturellen und institutionellen Demokratiedefizits vor dem BVerfG angegriffen worden. Das betrifft in erster Linie die Aufgaben und Kompetenzen des Rates, der neben dem Europäischen Parlament als Gesetzgeber der EU fungiert (Art. 14 I, 16 I EUV). Denn zum einen sind die Mitglieder des Rates nicht in der Weise dem Parlament verantwortlich, wie dies für die Bundesregierung im Verhältnis zum Bundestag gilt, und zum anderen kann das Parlament keinen Einfluss auf die Zusammensetzung des Rates ausüben (dieser setzt sich aus Vertretern der EU-Staaten auf Ministerebene zusammen, Art. 16 II EUV). Da der Rat aber (trotz der erweiterten Mitwirkungsrechte des Parlaments) das maßgebliche Rechtsetzungsorgan darstellt (zu seinen Aufgaben gehört die Festlegung der Politik und die Koordinierung nach Maßgabe der Verträge, Art. 16 I S. 2 EUV) und die

---

[862] BVerfGE 89, 155 ff. (Maastricht).
[863] BVerfGE 123, 267, 347. Vgl. dazu etwa *Calliess*, ZG 2010, 1 ff.
[864] BVerfGE 132, 195, 232 ff. (Lissabon); 135, 317, 399 ff. (ESM) – dazu näher Rn 353 ff.
[865] BVerfG NJW 2017, 2894, 2895 ff. (Anleihenkaufprogramm der EZB); BVerfG NJW 2019, 3204, 3206 (Keine Kompetenzwidrigkeit der Regelungen zur Europäischen Bankenunion).
[866] BVerfGE 89, 155, 184 ff.
[867] Vgl. BVerfGE 89, 155, 184 ff.; 123, 267, 347; 132, 195, 232 ff.; 135, 317, 399 ff.; BVerfG NJW 2017, 2894, 2895 ff.; BVerfG NJW 2019, 3204, 3206.
[868] Insofern erneut lediglich deklaratorisch BVerfGE 123, 267, 347 ff.; 135, 317, 399 ff.; BVerfG NJW 2017, 2894, 2895 ff.; BVerfG NJW 2019, 3204, 3206.
[869] BVerfGE 123, 267, 353 f. Vgl. auch BVerfGE 126, 286, 302 ff.; BVerfG NJW 2019, 3204, 3206 ff.

EU-Bürger lediglich das EU-Parlament, nicht auch den Rat wählen (vgl. Art. 14, 16 EUV), können sie folgerichtig auch keinen Einfluss auf die Zusammensetzung des Rates ausüben. Die EU-Bürger haben also keine Möglichkeit, durch ihr Stimmverhalten eine politische Richtungsentscheidung zu treffen bzw. eine neue EU-Regierung zu wählen.[870] Eine demokratische Legitimation des Rates ist allenfalls mittelbar über den Weg der Ministerebene (vgl. Art. 16 II EUV) abzuleiten: Der Bundesbürger wählt den Bundestag, der wiederum den Bundeskanzler wählt, der (mittelbar demokratisch legitimiert) über den Bundespräsidenten die Bundesminister bestimmt (vgl. Art. 63, 64 GG). Ob diese Legitimationskette angesichts der weit reichenden Befugnisse des Rates noch ausreicht, um dem im Grundgesetz verankerten Demokratieprinzip (Art. 20 II GG) gerecht zu werden, mag in der Tat bezweifelt werden.

Auch ist zu beobachten, dass der EuGH dazu neigt, den Anwendungsbereich von Akten der EU großzügig auszulegen und nationales Recht für unanwendbar zu erklären. Im konkreten Fall („**Mangold**") ging es um die Vereinbarkeit einer Bestimmung des Teilzeit- und Befristungsgesetzes mit der Richtlinie 1999/70 EG. Der EuGH hat den Anwendungsbereich der Richtline sehr weit ausgelegt, sodann einen Verstoß gegen die Richtlinie festgestellt und § 14 III TzBfG für unanwendbar erklärt.[871] Das BVerfG hat dies gebilligt und entschieden, dass der EuGH trotz der sehr weiten Auslegung der Richtlinie keine unzulässige richterliche Rechtsfortbildung betrieben und daher seine Kompetenz nicht überschritten habe.[872] Vgl. auch Rn 363. **350a**

Schließlich hat auch die Übertragung *einzelner* Hoheitsrechte auf die EU ihre **Grenze.** Denn Art. 20 I, II GG fordert, dass der Bundesrepublik Deutschland substantielle Räume zu eigener politischer Gestaltung bleiben.[873] So dürfen Hoheitsrechte etwa auf dem Gebiet des Einsatzes der **Streitkräfte** und das parlamentarische **Haushaltsrecht**, aber auch wesentliche Strukturen der **sozialen Sicherung** im Sozialstaat und der **Bildung** ebenso wie die **Strafrechtspflege** nur **sehr zurückhaltend** übertragen werden.[874] Aus diesem Grund waren auch der auf einem Rahmenbeschluss des Rates v. 13.6.2002 beruhende Europäische Haftbefehl bzw. das vom Bundestag verabschiedete Gesetz über den Europäischen Haftbefehl v. 21.7.2004 beanstandet worden. Zum einen ist die Ausweitung der EU-Kompetenz auf das Gebiet der Strafrechtspflege fraglich und zum anderen wahrte das Gesetz nicht den Grundsatz der Verhältnismäßigkeit und die Rechtsweggarantie. Es wurde daher vom BVerfG für verfassungswidrig und nichtig erklärt.[875] Hinsichtlich der **Europäischen Bankenunion** (dazu Rn 366d) hat das BVerfG entschieden, dass trotz der weit reichenden Übertragung der Befugnis über die Mittelvergabe auf die EZB der Mindesteinfluss des Deutschen Bundestags über die nationale Bankenaufsicht gewahrt sei.[876] **351**

Mit der Subsidiaritätsklage können Bundestag und Bundesrat einen Verstoß eines Gesetzgebungsakts der EU gegen das Subsidiaritätsprinzip vor dem EuGH rügen (sog. **Subsidiaritätsklage**, vgl. Art. 23 Ia GG). Das Verfahren richtet sich (wie die Mitwirkung von Bundestag und Bundesrat an Akten der EU) nach dem **Integrationsverantwortungsgesetz** v. 22.9.2009 (BGBl I 2009, S. 3022), das auf der Grundlage des Art. 23 Ia S. 3 GG erlassen wurde. **352**

---

[870] Vgl. näher BVerfGE 123, 267, 342 ff.
[871] EuGH NJW 2005, 3695 ff. (Mangold). Vgl. dazu etwa *Hillgruber*, JA 2011, 78, 80.
[872] BVerfGE 126, 286, 304 ff.
[873] BVerfGE 123, 267, 356.
[874] BVerfGE 123, 267, 359 ff.; BVerfG NJW 2019, 3204, 3206 (Keine Kompetenzwidrigkeit der Regelungen zur Europäischen Bankenunion).
[875] BVerfGE 113, 273, 298 ff. Der Gesetzgeber hat daraufhin eine Neufassung beschlossen (Gesetz v. 20.7.2006, BGBl I 2006, S. 1721).
[876] BVerfG NJW 2019, 3204, 3206 ff. (Keine Kompetenzwidrigkeit der Regelungen zur Europäischen Bankenunion).

353 Der Bürger kann die Verletzung der Grenzen der Integrationsermächtigung im Wege der **Verfassungsbeschwerde** vor dem BVerfG geltend machen. Er kann etwa rügen, es liege eine Überschreitung der Integrationsermächtigung bzw. eine Überschreitung der der EU zugewiesenen Kompetenzen vor, was ihn in seinem grundrechtsgleichen Recht aus Art. 38 I S. 1 GG verletze.[877] Denn das demokratische Wahlrecht wäre ausgehöhlt, wenn der Bundestag nichts Relevantes mehr zu entscheiden hätte, er wesentliche Aspekte der Souveränität der Bundesrepublik preisgeben oder der EU gegenständlich nicht begrenzte Ermächtigungen erteilen würde.[878] In diesem Zusammenhang setzt das BVerfG der Integration klare Grenzen: Bestimmten weit reichenden Integrationsschritten, insbesondere, wenn diese die Möglichkeit erleichterter Vertragsänderungen eröffneten, müssten Bundestag und Bundesrat in einem geeigneten Verfahren vorher zustimmen. Da eben jene Vertragsänderungen im Vertrag von Lissabon vorgesehen sind, ohne dass diese von den nationalen Parlamenten ratifiziert werden müssten, war der Vertrag auch vor dem BVerfG angegriffen worden. Da für die Mitgliedstaaten aber ein Ablehnungsrecht besteht, hat das BVerfG den Vertrag letztlich gebilligt. Hinsichtlich der **Europäischen Bankenunion** (Rn 366d) hat das BVerfG einen Verstoß gegen Art. 14 I i.V.m. Art. 88 S. 2 GG sowie gegen Art. 38 I S. 1 i.V.m. Art. 20 I und II GG verneint.[879] Ein Beispiel dafür, dass eine Verfassungsbeschwerde wegen Verletzung eines gem. Art. 23 I S. 3 GG i.V.m. Art. 79 III GG für integrationsfest erklärten Schutzguts (hier: der Menschenwürde gem. Art. 1 I GG) als begründet angesehen wurde, findet sich bei Rn 365.

353a Auf heftige Kritik gestoßen ist auch der am 28.10.2010 vom Europäischen Rat ins Leben gerufene **permanente Europäische Stabilitätsmechanismus (ESM)**, der die **EFSF** (Europäische Finanzstabilisierungsfazilität), die bis Juni 2013 befristet war, ersetzt hat. Anders als die EFSF, die lediglich auf einer Vereinbarung zwischen den Mitgliedstaaten des Euro-Währungsgebiets beruhte, wurde der ESM mit Hilfe einer Ergänzung des Art. 136 AEUV um einen Absatz 3 primärrechtlich verankert, was in Anbetracht der Anwendung des vereinfachten Vertragsänderungsverfahrens (Art. 48 VI EUV) heftig kritisiert wurde.[880]

353b Auch verfassungsrechtlich ist die Institutionalisierung des ESM bedenklich. Zwar haben der Bundestag und der Bundesrat am 29.6.2012 jeweils mit 2/3-Mehrheit die Vertragsänderung ratifiziert, allerdings war damit in zweifacher Weise ein (weiterer) Demokratieabbau verbunden: Zum einen wurden (unwiederbringlich) Haushaltskompetenzen des Bundestags und (weitere) Souveränitätsrechte der Bundesrepublik auf die EU übertragen (was mit Blick auf Art. 23 i.V.m. Art. 79 III GG bedenklich ist) und zum anderen wurden dadurch auch das Wahlrecht der Bürger aus Art. 38 I S. 1 GG sowie das Recht des Bundestags aus Art. 38 I S. 2 i.V.m. Art. 20 I, II i.V.m. Art. 79 III GG in ihren Werten geschmälert, weil der Bundestag später haushaltsrechtlich nicht mehr frei ist, über den Bundeshaushalt zu entscheiden. Gleichwohl hat das BVerfG den ESM bzw. das deutsche Zustimmungsgesetz (d.h. § 3 III StabMechG) für mit dem Grundgesetz vereinbar erklärt.[881] Zwar stellt das BVerfG klar, dass zu den unverzichtbaren Entscheidungsbefugnissen des Bundestags das Budgetrecht und die damit verbundenen haushaltsrechtlichen Gestaltungsmöglichkeiten gehören, und dass der Bundestag sich nicht seiner haushaltspolitischen Gesamtverantwortung entledigen

---

[877] Siehe nur BVerfG NJW 2019, 3204, 3206 ff. (Keine Kompetenzwidrigkeit der Regelungen zur Europäischen Bankenunion).
[878] BVerfGE 123, 267, 340 ff.; 132, 195, 232 ff.; 135, 317, 399 ff. Vgl. auch BVerfG NJW 2016, 2473, 2475 ff. (OMT-Programm der EZB); BVerfG NJW 2017, 2894, 2895 ff. (Anleihenkaufprogramm der EZB); BVerfG NJW 2019, 3204, 3206 ff. (Keine Kompetenzwidrigkeit der Regelungen zur Europäischen Bankenunion).
[879] Siehe die Sachverhaltsangabe bei BVerfG NJW 2019, 3204, 3205.
[880] Vgl. dazu die 12. Aufl. Rn 353b.
[881] BVerfGE 132, 195, 232 ff.; 135, 317, 399 ff. Siehe auch die klausurmäßige Lösung von *Staufer*, JA 2013, 124 ff.

darf, indem er unwiderruflich (insbesondere künftige) Gestaltungsspielräume beseitigt, allerdings hat das Gericht auch angeführt, dass der Gesetzgeber die verfassungsrechtlichen Grenzen nicht überschreite, wenn er

- ⇨ die Zahlungsverpflichtungen (höhenmäßig) begrenze,
- ⇨ sich ein Vetorecht hinsichtlich weiterer Gewährleistungsübernahmen vorbehalte
- ⇨ und seine parlamentarische Kontrollmöglichkeit absichere[882]

Auch hat der EuGH entschieden, dass der Beschluss 2011/199/EU des Europäischen Rates zur Änderung des Art. 136 AEUV gültig sei. Die Anwendung des vereinfachten Vertragsänderungsverfahrens sei rechtmäßig, da Art. 136 III AEUV nicht der Währungspolitik zuzuordnen sei; vielmehr sei die Ermächtigung eines Stabilitätsmechanismus als wirtschaftspolitische Maßnahme i.S.v. Art. 119 I AEUV zu verstehen.[883]

Eine schwerwiegende und strukturell bedeutsame Überschreitung der der EU eingeräumten Hoheitsrechte auf dem Gebiet des Haushaltsrechts könnte jedoch in dem vom Rat der Europäischen Zentralbank (EZB) am 6.9.2012 beschlossenen Programm gesehen werden, mit dem die EZB unbegrenzt Anleihen von „Krisenstaaten" im EU-Währungsgebiet aufkaufen kann, um die Finanzstabilität des EU-Raums zu stützen (sog. Outright Monetary Transactions – **OMT**). Das hielt das BVerfG zumindest für möglich. Das Gericht hielt es aber ebenfalls für möglich, durch eine einschränkende Auslegung des OMT-Beschlusses im Lichte der Verträge zu einer Konformität mit dem Primärrecht zu gelangen. Daher setzte es das Verfahren aus und legte es dem EuGH zur Entscheidung über die Frage nach der EU-Konformität vor.[884] Der EuGH hat die Vereinbarkeit mit EU-Primärrecht (d.h. mit Art. 127 und 123 AEUV) festgestellt. Das OMT-Programm gehöre in Anbetracht seiner Ziele und der zu ihrer Erreichung vorgesehenen Mittel zum Bereich der Währungspolitik und falle damit unter die Befugnisse des ESZB.[885] Wie das BVerfG daraufhin reagierte, ist bei Rn 366a f. erläutert. **353c**

Zum Comprehensive Economic and Trade Agreement (**CETA**), einem vom EU-Parlament am 15.2.2017 ratifizierten Freihandelsabkommen zwischen der EU und Kanada, bei dem anfänglich Streit hinsichtlich der Mitwirkungsbefugnis bzw. -pflicht der EU-Mitgliedstaaten bestand, vgl. bereits Rn 340. **353d**

V. Verhältnis EU-Recht/nationales Recht

Schließlich muss das **Rangverhältnis** zwischen deutschem Recht und EU-Recht ebenso geklärt werden wie die Frage, welches **Gericht** für die Überwachung von auf Rechtsakten der EU (Verordnungen, Richtlinien, Beschlüsse) ergangenen nationalen Akten zuständig ist. **354**

1. Anwendungsvorrang des EU-Rechts

Kollidiert eine nationale Norm trotz Bemühung, sie unionsrechtskonform auszulegen, mit einer EU-Norm[886], stellt sich die Frage nach dem Rangverhältnis, d.h. danach, welche Regelung den Vorrang genießt. Zwar enthalten weder die Unionsverträge[887] **355**

[882] BVerfGE 135, 317, 399 ff.
[883] EuGH NVwZ 2013, 49 ff. – dazu etwa *Nettesheim*, NJW 2013, 14 ff.; *Ruffert*, JuS 2013, 278 ff.; *Epiney*, NVwZ 2013, 614 ff.
[884] Vgl. den Vorlagebeschluss des BVerfG NJW 2014, 907 ff. (u.a.); vgl. dazu auch unten Rn 364.
[885] EuGH NVwZ 2015, 1033 ff. – vgl. dazu etwa *Ohler*, NVwZ 2015, 1001 ff.
[886] Primäres Unionsrecht, aber auch sekundäres Unionsrecht wie Verordnungen und Richtlinien.
[887] Damit sind die Gründungsverträge und die Änderungsverträge, d.h. die Verträge von Maastricht (EUV), Amsterdam, Nizza und Lissabon („Änderungsverträge") gemeint

noch das Grundgesetz explizite Kollisionsregeln[888], jedoch folgt aus dem Prinzip der Unionstreue (vgl. Art. 4 III EUV) und dem sich daraus ergebenden Prinzip der Sicherung der Funktionsfähigkeit der Union (*Effet-utile*-Prinzip), dass eine nationale Norm, die trotz Bemühung, sie unionsrechtskonform auszulegen, dem EU-Recht widerspricht, dem EU-Recht im Rang nachstehen muss. Die ganz herrschende Meinung geht insoweit von einem **Anwendungsvorrang** des EU-Rechts aus.[889] In Abgrenzung zum Geltungsvorrang, bei dem bei einer Kollision mit höherrangigem Recht das niederrangige Recht seine Geltung verliert, bedeutet Anwendungsvorrang, dass das mit höherrangigem Recht kollidierende niederrangige Recht zwar **nicht ungültig**, allerdings in seiner **Anwendung gesperrt** ist.[890] [891] Anwendungsvorrang liegt aber auch dann vor, wenn das höherrangige Recht schlicht einen Sachverhalt speziell und abschließend regelt. Ließe man in einem solchen Fall das niederrangige Recht ebenfalls zur Anwendung kommen, liefe man ggf. Gefahr, die speziellen und abschließenden Regelungen des höherrangigen Rechts auszuhöhlen.

Zu beachten ist, dass nationale **Verwaltungsakte**, die mit EU-Recht unvereinbar sind, zwar rechtswidrig, aber nicht allein wegen der Unvereinbarkeit mit EU-Recht unanwendbar oder nichtig sind.[892] Sie bedürfen daher i.d.R. eines Aufhebungsverfahrens (nach § 42 I VwGO oder nach § 48 VwVfG).

356 Der Anwendungsvorrang greift auch dann, wenn dem Unionsrecht nicht nationales einfaches Recht, sondern **Verfassungsrecht** entgegensteht. Das betrifft im Kern die Kollision des EU-Rechts mit den Grundrechten des Grundgesetzes. Der EuGH geht seit der Costa/Enel-Entscheidung[893] vom Anwendungsvorrang des EU-Rechts vor jeglichem nationalen Recht (also auch vor nationalem Verfassungsrecht) aus und beansprucht gleichzeitig für sich eine ausschließliche Prüfungskompetenz (in Bezug auf die Vereinbarkeit von nationalem Recht mit Unionsrecht). Auch das BVerfG erkennt den Anwendungsvorrang des EU-Rechts im Grundsatz an, begründet ihn aber nicht mit den Gründungsverträgen, sondern zum einen mit dem Anwendungsbefehl, der aus den Zustimmungsgesetzen zu den Verträgen folgt (vgl. Art. 59 II S. 1 GG), und zum anderen mit der Integrationsermächtigung des Art. 24 I GG a.F. bzw. des Art. 23 I GG i.d.F. von 1992.[894]

357 Das ist konsequent. Überträgt die Bundesrepublik Deutschland Hoheitsrechte auf die EU (siehe Art. 23 I S. 2 GG) und macht diese von den ihr übertragenen Hoheitsbefugnissen Gebrauch, ist der Staat daran gebunden, solange die EU den ihr gesteckten Rahmen nicht verlässt. Das hat dann die genannte Folge, dass der Anwendungsvorrang des EU-Rechts unabhängig davon greift, ob das nationale Recht einschließlich des Verfassungsrechts dem Unionsrecht entgegensteht. Regelt also die EU in Ausübung der ihr übertragenen Rechtsetzungskompetenz eine Materie wie z.B. Aspekte

---

[888] Lediglich in der Erklärung Nr. 17 zur Schlussakte des Vertrags von Lissabon wird vom „Vorrang vor dem Recht der Mitgliedstaaten gesprochen".

[889] Vgl. nur EuGH NVwZ 2000, 497 ff.; BVerfGE 121, 1, 15 ff.; 126, 286, 302; BVerfG NJW 2010, 833, 835; NJW 2001, 1267; NJW 2016, 1149, 1150; BVerwG NVwZ 2000, 1039; *Safferling*, NStZ 2014, 545 ff.; vgl. auch *F. Kirchhof*, NVwZ 2014, 1537, 1538.

[890] Im Gegensatz dazu steht Art. 31 GG, der im Falle einer Kollision des Landesrechts mit Bundesrecht einen Geltungsvorrang des Bundesrechts anordnet (vgl. dazu Rn 70/233 f.). Zu Art. 72 III S. 3 GG, der wiederum von einem Anwendungsvorrang (des später erlassenen Gesetzes gleich welchen Rangs) ausgeht, vgl. Rn 819 f.

[891] In Ermangelung einer Übertragung eines Geltungsvorrangs kann sich lediglich ein Anwendungsvorrang ergeben: Das mit zwingendem bzw. abschließendem Unionsrecht unvereinbare nationale Recht ist nicht ungültig, aber in seiner Anwendung gesperrt; es wird nicht beachtet. Einer Übertragung eines Geltungsvorrangs stünden wohl auch Art. 23 I S. 3 GG i.V.m. Art. 79 III GG i.V.m. den Prinzipien des Art. 20 I-III GG entgegen.

[892] Insofern klarstellend BVerwGE 138, 322 ff.

[893] EuGH Slg. 1964, 1251 ff.; vgl. auch EuGH Slg. 1970, 1125 ff. (Internationale Handelsgesellschaft), aufgegriffen in EuGH NJW 2013, 1215 ff. (Melloni).

[894] BVerfGE 89, 155 ff. (Maastricht); bestätigt in BVerfGE 102, 147 ff. (Bananenmarktordnung), BVerfGE 126, 286, 302 (Honeywell bzw. Mangold) und BVerfG NJW 2016, 1149, 1150 (Identitätskontrolle).

des Datenschutzes **einheitlich und abschließend** für die gesamte Union[895], muss das auf diese Weise geschaffene Rechtsregime jedenfalls dann vorgehen, wenn es eine Materie **vollständig determiniert** und den Mitgliedstaaten insoweit keine Gestaltungsspielräume lässt. Ob das niederrangige Recht dem entgegensteht, spielt dabei keine Rolle. In diesem Fall bleiben die Grundrechte des Grundgesetzes nach der Rechtsprechung des BVerfG hinter den Unionsgrundrechten „ruhend in Kraft"[896] mit der Folge, dass das BVerfG das durch deutsche Stellen angewendete Unionsrecht (d.h. das sekundäre Unionsrecht) auch nicht am Maßstab der Grundrechte des Grundgesetzes prüft, sondern am Maßstab der Unionsgrundrechte.[897] Die Prüfung am Maßstab der Unionsgrundrechte entspricht freilich nicht dem Regelungsgehalt des Art. 93 GG, der dem BVerfG allein das Grundgesetz als Prüfungsmaßstab vorgibt, und wird deswegen vom Verfasser an anderer Stelle auch kritisiert.[898]

2. Grenzen des Anwendungsvorrangs

Wie angedeutet, hat der Anwendungsvorrang **Grenzen**. Er kann zunächst nur so weit gehen, wie die vom Grundgesetz erteilte Integrationsermächtigung reicht. Steht EU-Recht jenseits der durch Art. 23 I S. 3 i.V.m. Art. 79 III GG i.V.m. Art. 1 und 20 GG für integrationsfest erachteten Verfassungsprinzipien, kann es (wegen Überschreitung der Integrationsschranken bzw. Verletzung der „verfassungsrechtlichen Identität" der Bundesrepublik Deutschland[899]) keinen Anwendungsvorrang entfalten bzw. muss für unanwendbar (und damit für unbeachtlich) erklärt werden[900] (dazu Rn 357b ff.). Das Gleiche gilt, wenn Organe der EU Rechtsakte erlassen, die nicht mehr vom übertragenen Kompetenzbereich gedeckt sind (Fall der Kompetenzüberschreitung, dazu Rn 357e). Davon geht auch Art. 4 II EUV aus. **357a**

a. Überschreitung der Integrationsschranken

Verletzt EU-Recht ein durch Art. 23 I S. 3 i.V.m. Art. 79 III GG i.V.m. Art. 1 und 20 GG für integrationsfest erachtetes Verfassungsprinzip, ist es nicht anwendbar (s.o.). Sollte eine solche Verletzung der „Verfassungsidentität" in einer Übertragung von Hoheitsrechten auf die EU liegen, die nicht mehr mit dem **Demokratieprinzip** aus Art. 20 I, II GG zu vereinbaren wäre, und durch ein deutsches Zustimmungsgesetz ermöglicht worden sein, das der Übertragung von Hoheitsrechten auf die EU zugestimmt hat („Zustimmungsgesetz"), behält sich das BVerfG vor, das Zustimmungsgesetz zu prüfen und mit dem Grundgesetz für unvereinbar zu erklären, falls es einen Verstoß z.B. gegen das Demokratieprinzip erblickt. Denn würde der deutsche Gesetzgeber Hoheitsrechte in einem Maße übertragen, dass der Bundesrepublik Deutschland keine substantiellen Hoheitsbefugnisse mehr verblieben, wäre dieses durch Art. 20 I, II GG geschützte und damit unabänderbare und integrationsfeste Verfassungsgut verletzt (vgl. bereits Rn 350 ff.). Hinsichtlich verschiedener Zustimmungsgesetze kam es auch zur Überprüfung (vgl. etwa das sog. Lissabon-Urteil[901], die Mangold-Entscheidung[902], das Urteil zum ESM[903] und zur Bankenunion[904]). In allen diesen Ent- **357b**

---

[895] BVerfG NVwZ 2020, 63, 66 („Recht auf Vergessenwerden II")
[896] BVerfG NVwZ 2020, 63, 66 („Recht auf Vergessenwerden II").
[897] BVerfG NVwZ 2020, 63, 67 („Recht auf Vergessenwerden II").
[898] Siehe bereits den Beitrag des Verfassers vom 1.12.2019 abrufbar unter verlag-rolf-schmidt.de/aktuelles-2019-pruefung-von-akten-deutscher-oeffentlicher-gewalt-am-maßstab-von-unionsgrundrechten. Siehe auch sogleich Rn 366e ff. Siehe auch die Kritik von *Muckel*, JA 2020, 237, 239.
[899] BVerfG NJW 2016, 1149, 1151. Vgl. auch BVerfG NJW 2016, 2473, 2475 ff. (OMT-Programm der EZB).
[900] Kernaussage BVerfG NJW 2016, 1149, 1150 ff. (Identitätskontrolle). Vgl. auch BVerfG NJW 2016, 2473, 2475 ff. (OMT-Programm der EZB).
[901] BVerfGE 123, 267 ff. (dazu Rn 350 und 363).
[902] BVerfGE 126, 286 ff. (dazu Rn 350a und 364).
[903] BVerfGE 132, 195, 232 ff. (dazu Rn 353b).
[904] BVerfG NJW 2019, 3204 ff. (dazu Rn 366d).

scheidungen hat das BVerfG zwar Grenzen bei der Übertragung von Hoheitsrechten auf die EU aufgezeigt, die Nichtigkeitsfeststellung für den Fall der Überschreitung dieser Grenzen „angedroht" (Rn 362) und die Integrationsverantwortung des Bundestags angemahnt, jedoch die europäische Integration, den Anwendungsvorrang des Unionsrechts sowie die Rechtsprechung des EuGH, der dazu tendiert(e), den Anwendungsbereich des Unionsrechts (hier: der GRC) sehr weit auszulegen[905], grds. gebilligt[906] bzw. keine Kompetenzüberschreitung und keinen Verstoß gegen das Demokratieprinzip angenommen[907].

357c Des Weiteren betont das BVerfG die Grenzen des Anwendungsvorrangs des EU-Rechts, wenn durch einen Akt der EU die in durch Art. 23 I S. 3 GG i.V.m. Art. 79 III GG für integrationsfest erklärte **Menschenwürde** (Art. 1 I GG) verletzt wird.[908] Das sind namentlich die in Art. 1 und 20 GG niedergelegten Grundsätze.

357d Fazit: Sollte also durch eine Maßnahme der EU ein durch Art. 23 I S. 3 i.V.m. Art. 79 III GG für unantastbar erklärter und damit integrationsfester Grundsatz aus Art. 1 oder 20 GG berührt werden, muss folgerichtig in Umkehrung des Anwendungsvorrangs das betreffende EU-Recht für unanwendbar erklärt werden, was verfahrensrechtlich mittels **Identitätskontrolle** des BVerfG (Prüfung der Wahrung der verfassungsrechtlichen Identität der Bundesrepublik Deutschland) geschieht.[909] Vgl. dazu im Einzelnen Rn 365 ff.

b. Kompetenzüberschreitung eines EU-Organs

357e Da das EU-Recht auf dem Prinzip der **enumerativen Einzelermächtigung** beruht (vgl. Art. 5 EUV – dazu Rn 338), muss es eine Anwendungsschranke ebenfalls finden, wenn Organe der EU ersichtlich die ihnen eingeräumten Handlungsbefugnisse überschreiten (**Kompetenzüberschreitung**, vgl. dazu bereits Rn 353a ff.). Das würde etwa gelten, wenn der EuGH den Anwendungsbereich des EU-Rechts so weit ausdehnte, dass dies von den Unionsverträgen nicht mehr gedeckt wäre.[910]

357f In Fällen der Kompetenzüberschreitung sind nach der Rechtsprechung des BVerfG daraus hervorgegangene Rechtsakte („**Ultra-vires-Akte**") für deutsche Stellen nicht verbindlich.[911] Für solche Rechtsakte könne dann kein Anwendungsvorrang des EU-Rechts gegenüber nationalem (Verfassungs-)Recht bestehen.[912] Hinsichtlich der „Qualität" der ausbrechenden Rechtsakte der Union und der Frage nach der Prüfungskompetenz des BVerfG am Maßstab des Grundgesetzes vgl. Rn 363 ff.

357g Kompetenzüberschreitung und „Ultra-vires-Akte" können auch zeitgleich vorliegen. Wenn bspw. der EuGH EU-Recht so weit auslegte, dass ein anderes EU-Organ (etwa die EZB) sich auf Kompetenzen stützen könnte, durch die es die durch Art. 23 I S. 3

---

905 EuGH NJW 2013, 1415 ff. (Åkerberg Fransson); EuGH NJW 2013, 1215 ff. (Melloni) - dazu *R. Schmidt*, Grundrechte, Rn 9b ff.

906 Vgl. aber BVerfGE 133, 277, 316 ff. (Antiterrordatei), wo das BVerfG überaus deutlich macht, dass es die vom EuGH in seiner Åkerberg-Fransson-Entscheidung (EuGH NJW 2013, 1415, 1416) zugrunde gelegte weite Interpretation hinsichtlich des Anwendungsbereichs der GRC nicht trägt. Eine Abkehr von seiner sehr weiten Interpretation des Anwendungsbereichs der GRC findet sich in jüngeren Entscheidungen des EuGH (EuGH NVwZ 2014, 575; EuZW 2014, 795; NJW 2015, 145; EuZW 2015, 439), was mit Blick auf den Wortlaut des Art. 51 I S. 1, II GRC zu begrüßen ist (vgl. auch *Wollenschläger/Krönke*, NJW 2016, 906 sowie ausführlich *R. Schmidt*, Grundrechte, Rn 9b ff.).

907 BVerfG NJW 2019, 3204 ff. (Bankenunion).

908 BVerfG NJW 2016, 1149, 1150 ff. (Identitätskontrolle).

909 BVerfG NJW 2016, 1149, 1151. Vgl. auch BVerfG NJW 2016, 2473, 2475 ff. (OMT-Programm der EZB); BVerfG NJW 2019, 3204, 3206 ff. (Keine Kompetenzwidrigkeit der Regelungen zur Europäischen Bankenunion).

910 Ob das bei EuGH NJW 2013, 1415 ff. (Åkerberg Fransson), EuGH NJW 2013, 1215 ff. (Melloni) und EuGH EuZW 2014, 597 ff. (Pfleger) angenommen werden kann, ist zweifelhaft. Vgl. dazu bereits Rn 357.

911 BVerfGE 89, 155, 188 (Maastricht); BVerfG NJW 2019, 3204, 3210 f. (Bankenunion).

912 BVerfGE 126, 286, 302 (Honeywell bzw. Mangold).

GG i.V.m. Art. 79 III GG i.V.m. Art. 20 III GG für unveränderbar und integrationsfest erklärten Grundsätze der Verfassung missachtete[913], fände quasi eine doppelte Kompetenzüberschreitung statt: Der EuGH würde sein von den Primärverträgen erteiltes Mandat (vgl. Art. 19 I S. 2 EUV) überschreiten und das andere Organ (etwa die EZB) würde mit einer bestimmten Maßnahme (hier: die Umsetzung des OMT-Programms) die Grenzen der Integrationsermächtigung missachten. Bei der Frage nach der Vereinbarkeit des OMT-Beschlusses der EZB (dazu Rn 353c) mit Art. 20 GG hat das BVerfG aber eine solche (doppelte) Überschreitung der Integrationsermächtigung bzw. einen (doppelten) „Ultra-vires-Akt" verneint. Vgl. dazu Rn 366a f.

3. Prüfungskompetenz des BVerfG?

a. Grundsatz: Keine Prüfung durch das BVerfG

Bei der Frage, ob das BVerfG für die Prüfung von EU-Recht, von Maßnahmen von Organen der EU oder von auf Rechtsakten der EU ergangenen nationalen Akten zuständig ist, muss zunächst beachtet werden, dass das BVerfG jedenfalls die Kompetenz hat, deutsche Rechtsvorschriften, die ohne Bezug zum EU-Recht stehen, am Maßstab des Grundgesetzes zu prüfen. Das ergibt sich bereits aus Art. 93 GG. Hinsichtlich deutscher Rechtsakte, die auf zwingenden Vorgaben des EU-Rechts beruhen, geht das BVerfG aber offenbar davon aus, dass eine Überprüfung am Maßstab des Grundgesetzes ausscheidet.[914] In einem solchen Fall sowie generell für den Fall, dass die Vereinbarkeit von (deutschen, aber auch unionsrechtlichen) Rechtsvorschriften am Maßstab des primären und sekundären Unionsrechts in Rede steht, kann die Prüfungskompetenz daher grundsätzlich nur dem EuGH zustehen. Fraglich kann somit zunächst nur sein, ob das BVerfG EU-Recht (wegen Nichteinhaltung grundrechtlicher Mindeststandards, Kompetenzüberschreitung oder wegen Überschreitung nicht übertragbarer Bereiche der durch Art. 23 I S. 3 i.V.m. Art. 79 III GG geschützten Verfassungsidentität des Grundgesetzes) am Maßstab des Grundgesetzes prüfen darf. Der EuGH verneint dies mit Blick auf die übertragenen Hoheitsbefugnisse sowie das sich aus den Verträgen ergebende Prinzip der Sicherung und Funktionsfähigkeit der Union (Effet-utile-Prinzip) kategorisch. Das BVerfG sah dies zunächst anders und entschied in seinem **„Solange-I-Beschluss"**, dass es sich hinsichtlich der Prüfung von europäischem Recht am Maßstab des Grundgesetzes durchaus für zuständig erachte, solange auf Gemeinschaftsebene kein Grundrechtsschutz bestehe, der dem des Grundgesetzes entspreche.[915] Diese Rechtsauffassung gab das BVerfG später in seiner **Solange-II-Entscheidung** auf und entschied, dass es EU-Recht nicht am Maßstab der Grundrechte des Grundgesetzes prüfe, solange auf EU-Ebene ein Grundrechtsstandard gewahrt bleibe, der dem des Grundgesetzes entspreche.[916] Da dies nach den Feststellungen des BVerfG der Fall war[917], nahm es keine Kontrolle des EU-Rechts am Maßstab des Grundgesetzes vor[918]. 358

[913] BVerfG NJW 2016, 2473, 2475 ff. (OMT-Programm der EZB).
[914] Siehe BVerfG NJW 2018, 2109 f.: „§ ... beruht nicht auf zwingenden Vorgaben des Unionsrechts, sondern geht über diese hinaus und kann daher an den Grundrechten des Grundgesetzes gemessen werden."
[915] BVerfGE 37, 271, 280 ff.
[916] BVerfGE 73, 339, 378 und 387.
[917] Es bestünden keine durchgreifenden Anhaltspunkte dafür, dass der erreichte gemeinschaftsrechtliche Grundrechtsstandard nicht hinreichend gefestigt sei. Zudem sei dieser Grundrechtsstandard mittlerweile insbesondere durch die Rechtsprechung des Gerichtshofs der Europäischen Gemeinschaften inhaltlich ausgestaltet worden, gefestigt und hinreichend gewährleistet (BVerfGE 73, 339, 378). Aufgegriffen und fortgeführt bspw. in BVerfG NVwZ 2020, 63, 66 („Recht auf Vergessenwerden II").
[918] BVerfGE 73, 339, 387.

358a In späteren Entscheidungen bestätigte das BVerfG diese Linie im Grundsatz. So betonte es in der **Bananenmarkt-Entscheidung**[919], der **Maastricht-Entscheidung**[920], der Entscheidung über **Treibhausgas-Emissionsberechtigungen**[921], im **Lissabon-Urteil**[922] und im Urteil bzgl. der **Vorratsdatenspeicherung**[923], bei denen das BVerfG ausdrücklich auf die Solange-II-Entscheidung Bezug nahm, noch einmal, dass es das EU-Recht nicht am Maßstab der Grundrechte des Grundgesetzes prüfe, solange auf EU-Ebene ein Grundrechtsstandard gewahrt bleibe, der dem des Grundgesetzes entspreche.

358b In prozessualer Hinsicht spricht es von einem „**Kooperationsverhältnis**" zwischen ihm und dem EuGH. Es erklärt grundsätzlich den EuGH für befugt, auch über die Rechtmäßigkeit von Akten der deutschen öffentlichen Gewalt, die aufgrund von sekundärem Unionsrecht ergehen, am Maßstab des EU-Rechts zu entscheiden. Entsprechende Verfahrensarten (insbesondere Verfassungsbeschwerden) sind unzulässig.[924] Das gilt nach Auffassung des BVerfG auch für die innerstaatliche Umsetzung von EU-Richtlinien, die den Mitgliedstaaten keinen Umsetzungsspielraum belassen, sondern zwingende Vorgaben machen (dazu Rn 359). Auch diese Umsetzungsakte würden vom BVerfG und den deutschen Fachgerichten nicht am Maßstab der Grundrechte des Grundgesetzes gemessen, solange die Rechtsprechung des EuGH einen wirksamen Schutz der Grundrechte gegenüber der Hoheitsgewalt der Union generell gewährleiste.[925] Zur Gewährung effektiven Rechtsschutzes seien die Fachgerichte jedoch verpflichtet, solche Vorgaben des Unionsrechts an den Unionsgrundrechten zu messen und ggf. ein Vorabentscheidungsverfahren nach Art. 267 II, III AEUV durchzuführen.[926]

359 Als Richtlinie, die dem deutschen Gesetzgeber zwingende Vorgaben macht und keinen Gestaltungsspielraum lässt (siehe Rn 358b), sei die Verbraucherrechterichtlinie 2011/83/EU genannt (Rn 346a Bsp. 5). Diese ordnet eine Vollharmonisierung auf EU-Ebene insbesondere im Fernabsatzrecht an. Vollharmonisierung bedeutet, dass nationale Gesetzgeber keine abweichenden Vorschriften erlassen und auch keine zusätzlichen Rechte und Pflichten einführen dürfen.[927]

360 Erklärt daraufhin der EuGH eine Richtlinie für ungültig, wird das deutsche Umsetzungsgesetz nicht automatisch ebenfalls unbeachtlich. Jedoch ist dann wiederum Raum für eine Prüfung an den deutschen Grundrechten und gegebenenfalls für eine Vorlage nach Art. 100 I GG.

361 Macht eine EU-Richtlinie dem nationalen Gesetzgeber *keine* zwingenden Vorgaben, sondern lässt einen Gestaltungsspielraum bei der Umsetzung der Ziele zu, kann im Umkehrschluss aus dem oben Gesagten gefolgert werden, dass die den Gestaltungsspielraum ausfüllenden Vorschriften des Umsetzungsgesetzes einer uneingeschränkten Prüfung durch das BVerfG unterliegen. Davon geht folgerichtig auch das BVerfG aus.[928]

---

919 BVerfGE 102, 147 ff.
920 BVerfGE 89, 155 ff.
921 BVerfGE 118, 79, 95 ff.
922 BVerfGE 123, 267, 348 ff.
923 BVerfGE 125, 260, 304 ff.
924 BVerfGE 102, 147, 164 (Bananenmarkt).
925 BVerfGE 118, 79, 95 ff.; bestätigt in BVerfGE 121, 1, 15 (Vorratsdatenspeicherung) und in BVerfGE 125, 260, 306 ff. (Vorratsdatenspeicherung). Vgl. auch die Fallbearbeitung von *Thiemann*, JuS 2012, 735, 738.
926 BVerfGE 118, 79, 95 ff.; 121, 1, 15 ff. Vgl. auch EuGH EuZW 2010, 939 ff.
927 Vgl. dazu *R. Schmidt*, Schuldrecht AT, 13. Aufl. 2019, Rn 969.
928 BVerfGE 125, 260, 306 ff. (Vorratsdatenspeicherung).

b. Ausnahmen: „Ultra-vires-Akte" und Verletzung integrationsfester Verfassungsprinzipien

Wie bereits erläutert, beruht das EU-Recht auf dem Prinzip der **enumerativen Einzelermächtigung** (vgl. Art. 5 EUV – dazu Rn 338). Das BVerfG betont, dass das Kooperationsverhältnis daher seine Grenze finde, wenn Organe der EU ersichtlich die ihnen eingeräumten Handlungsbefugnisse überschritten (**Kompetenzüberschreitung**)[929]. Dann seien daraus hervorgegangene Rechtsakte („**Ultra-vires-Akte**") für deutsche Stellen nicht verbindlich. Für solche Rechtsakte könne dann kein Anwendungsvorrang des EU-Rechts gegenüber nationalem (Verfassungs-)Recht bestehen, sodass Prüfungsmaßstab der fraglichen nationalen Norm, die aufgrund von sekundärem EU-Recht ergeht, wieder das Grundgesetz sei. In diesem Fall entscheide dann wieder das BVerfG im Rahmen einer „**Ultra-vires-Kontrolle**".[930] 362

Das BVerfG fordert aber eine „besondere Qualität" der ausbrechenden Rechtsakte der Union, um eine Prüfungskompetenz annehmen zu können: Während es im Lissabon-Urteil seine Kontrollbefugnis noch auf „ersichtliche Grenzüberschreitungen" festgelegt hatte, machte es in seinem „Honeywell-Beschluss" (Mangold-Beschluss, siehe Rn 350a) einschränkend deutlich, dass es sich hinsichtlich der Überprüfung von Rechtsakten der EU am Maßstab des Grundgesetzes nur dann für zuständig erachte, wenn der gerügte Ultra-vires-Verstoß „praktisch kompetenzbegründend wirkt", wobei ein „hinreichend qualifizierter" Verstoß dergestalt zu fordern sei, „dass das kompetenzwidrige Handeln der Unionsgewalt *offensichtlich* ist und der angegriffene Akt im Kompetenzgefüge zwischen Mitgliedstaat und Union im Hinblick auf das Prinzip der begrenzten Einzelermächtigung und die rechtsstaatliche Gesetzesbindung *erheblich ins Gewicht fällt*". Bei der Mangold-Entscheidung des EuGH[931] sei das nicht der Fall. Der EuGH habe keine unzulässige richterliche Rechtsfortbildung betrieben und daher nicht seine Kompetenz überschritten.[932] Damit stellt das BVerfG also sehr hohe Anforderungen, damit von einem „ausbrechenden Rechtsakt" gesprochen werden kann. Ganz offensichtlich versuchte das BVerfG damit also, einen Kompetenzkonflikt mit dem EuGH zu vermeiden.[933] 363

Weniger zurückhaltend zeigt sich das BVerfG im Zusammenhang mit der Einrichtung des Europäischen Stabilitätsmechanismus (**ESM**[934]) und dem Vertrag vom 2.3.2012 über Stabilität, Koordinierung und Steuerung in der Wirtschafts- und Währungsunion (sog. Fiskalpakt). Dabei geht es um das bereits bei Rn 353c beschriebene, vom Rat der Europäischen Zentralbank (EZB) am 6.9.2012 beschlossene Programm, mit dem die EZB unbegrenzt Anleihen von „Krisenstaaten" im EU-Währungsgebiet aufkaufen kann, um die Finanzstabilität des EU-Raums zu stützen (sog. Outright Monetary Transactions – **OMT**). Das BVerfG bezweifelte, ob der OMT-Beschluss der EZB mit dem EU-Primärrecht vereinbar sei. Es sprächen gewichtige Gründe dafür, dass der OMT-Beschluss über das Mandat der EZB für die Währungspolitik hinausgehe und damit in die Zuständigkeit der Mitgliedstaaten übergreife sowie gegen das in Art. 123 AEUV kodifizierte Verbot monetärer Haushaltsfinanzierung verstoße. Das BVerfG neig- 364

[929] Dazu würde auch eine (vom EuGH vorgenommene) Ausweitung des Anwendungsbereichs des EU-Rechts zählen, die von den Unionsverträgen nicht gedeckt ist. Ob das bei EuGH NJW 2013, 1415 ff. (Åkerberg Fransson), EuGH NJW 2013, 1215 ff. (Melloni) und EuGH EuZW 2014, 597 ff. (Pfleger) angenommen werden kann, ist zweifelhaft. Vgl. dazu bereits Rn 357.
[930] BVerfGE 126, 286, 302 (Honeywell bzw. Mangold); BVerfG NJW 2019, 3204, 3206 ff. (Europäische Bankenunion).
[931] EuGH NJW 2005, 3695 ff. (dazu Rn 350a).
[932] BVerfGE 126, 286, 304 ff.
[933] Das Sondervotum BVerfGE 126, 286, 318 ff. sieht in den Einschränkungen der Ultra-vires-Kontrolle ein Abweichen vom Lissabon-Urteil und die Gefahr, dass (auch) dieser Kontrollvorbehalt „nur noch auf dem Papier" steht. Vgl. auch *Michels*, JA 2012, 515 ff.; *Safferling*, NStZ 2014, 545 ff.
[934] Vgl. dazu Rn 353b.

te deshalb zur Annahme eines schwerwiegenden und strukturell bedeutsamen Ultra-vires-Akts, hielt es eigenen Worten zufolge aber auch für möglich, durch eine einschränkende Auslegung des OMT-Beschlusses im Lichte der Verträge zu einer Konformität mit dem Primärrecht zu gelangen.[935] Verfahrensgegenstände, die sich auf den OMT-Beschluss der EZB bezogen, setzte das BVerfG daher aus und legte sie dem EuGH zur Vorabentscheidung (Art. 267 AEUV) vor. Der EuGH hat die Vereinbarkeit mit EU-Primärrecht festgestellt. Das OMT-Programm gehöre in Anbetracht seiner Ziele und der zu ihrer Erreichung vorgesehenen Mittel zum Bereich der Währungspolitik und falle damit unter die Befugnisse des ESZB[936] (dazu unten Rn 366a).

Damit wurden die Bedenken des BVerfG also nicht bestätigt. Das Neue an dem Beschluss des BVerfG v. 14.1.2014 bestand aber darin, dass (qualifizierte, d.h. offensichtliche und strukturell bedeutsame) Ultra-vires-Akte von Organen oder Einrichtungen der EU nicht nur im Rahmen einer Verfassungsbeschwerde vor dem BVerfG gerügt werden können („Verletzung der Rechte aus Art. 38 I GG"), sondern auch im Rahmen eines Organstreitverfahrens („Verletzung der Integrationsverantwortung von Bundestag und Bundesrat aus Art. 23 GG").[937] Verfahrensgegenstand ist das Unterlassen von Maßnahmen zur Herstellung der Kompetenzordnung, die den Grundsätzen der durch Art. 79 III GG abgesicherten Verfassungsprinzipien aus Art. 1, 20, 38 I, 23 GG entspricht. Freilich stehen dem BVerfG weder ein Prüfungs- noch ein Entscheidungsmaßstab zur Verfügung, anhand derer es prüfen und entscheiden könnte, welche Maßnahmen denn zu ergreifen (gewesen) wären.[938] Immerhin gewährt es den Bundesorganen einen weiten Einschätzungsspielraum bei den zu treffenden Maßnahmen.

Zur OMT-Entscheidung des BVerfG v. 21.6.2016, die aufgrund der Vorabentscheidung des EuGH ergangen ist, vgl. Rn 366a f.

365 Das BVerfG entscheidet nicht nur im Fall einer Kompetenzüberschreitung eines Organs der EU, sondern auch dann, wenn durch eine Maßnahme der EU in Art. 79 III GG genannte unabänderbare und damit integrationsfeste **Verfassungsprinzipien** aus Art. 1 GG und Art. 20 GG, die zudem durch Art. 4 II EUV geschützt sind, missachtet würden.[939] Sollte durch eine Maßnahme der EU also ein durch Art. 79 III GG für unantastbar erklärter Grundsatz aus Art. 1 GG oder Art. 20 GG berührt werden, findet der Anwendungsvorrang der EU seine Grenzen. In der Annahme einer „Ausnahme" von seinem Solange-II-Vorbehalt (siehe Rn 358 ff.) erklärt sich das BVerfG dann für zuständig und erklärt den betreffenden EU-Rechtsakt im Rahmen einer **„Identitätskontrolle"** (Kontrolle der Verfassungsidentität der Bundesrepublik Deutschland)[940] für unanwendbar[941]. Insoweit lässt sich hinsichtlich BVerfG NJW 2016, 1149 (Identitätskontrolle) auch von einer **„Solange-III-Entscheidung"** sprechen.

> **Beispiel[942]:** Droht bei Auslieferung eines Nichtdeutschen in einen anderen EU-Staat eine Freiheitsstrafe, die in Deutschland (wegen ihrer Dauer) schuldunangemessen und damit auch menschenwürdeverletzend wirkte (hier: 30 Jahre Haft wegen illegalen Handels mit Betäubungsmitteln), oder gewährleistet der andere EU-Staat keine Beweisaufnahme bzw. -würdigung, die mit deutschen Verfassungsprinzipien im Einklang

---

935 Vgl. den Vorlagebeschluss des BVerfG NJW 2014, 907 ff.
936 EuGH NJW 2015, 2013 ff.
937 Vgl. näher *Heun*, JZ 2014, 331, 332.
938 *Hillgruber*, JuS 2014, 635, 638.
939 Vgl. BVerfGE 126, 286, 302 mit Bezugnahme auf BVerfGE 75, 223, 235 ff.; 113, 273, 296; 123, 267, 353 f. Vgl. auch BVerfG NJW 2016, 1149, 1150 f. (Identitätskontrolle).
940 Vgl. BVerfGE 126, 286, 321. Fortgeführt bspw. in BVerfG NJW 2014, 907, 908 ff. und äußerst deutlich gemacht in BVerfG NJW 2016, 1149, 1150 f. (Identitätskontrolle). Bestätigt in BVerfG NJW 2019, 3204, 3206 (Europäische Bankenunion).
941 BVerfG NJW 2016, 1149, 1151 (Identitätskontrolle).
942 Nach BVerfG NJW 2016, 1149 (Identitätskontrolle).

steht, ist das betreffende EU-Recht, das eine solche Auslieferung anordnet bzw. zulässt, wegen Verstoßes u.a. gegen Art. 1 I GG nicht anwendbar. Ob dies der Fall ist, wird vom BVerfG im Rahmen einer Identitätskontrolle geprüft.

Dass ein rechtsstaatlichen Grundsätzen verpflichtetes Rechtssystem die Menschenwürde zu beachten hat, ist selbstverständlich. Das EU-Recht wirft dahingehend keine Zweifel auf. Kritik zu üben ist aber am Standpunkt des BVerfG. Denn es müsste ja zunächst jeden bei ihm geltend gemachten „Identitätsverstoß" zumindest im Rahmen der Zulässigkeit (Beschwerdebefugnis; Antragsbefugnis) prüfen, um dann zu entscheiden, ob durch die beanstandete Maßnahme der EU ein durch Art. 79 III GG für unantastbar erklärter Grundsatz aus Art. 1 GG oder Art. 20 GG berührt wird bzw. dies nicht ausgeschlossen werden kann. Zudem ist fraglich, warum – jedenfalls in Bezug auf die Menschenwürde – eine Überprüfung der Maßnahme der EU am Maßstab der GRC der EU (hier: Art. 1 GRC) durch den EuGH nicht möglich sein soll. Es darf durchaus davon ausgegangen werden, dass (auch) der EuGH eine Verletzung der Menschenwürde feststellen würde (vgl. dazu Rn 787c). Möglicherweise ist die Haltung des BVerfG der Befürchtung geschuldet, der EuGH nehme eine – von den Unionsverträgen nicht gedeckte – Ausweitung des Anwendungsbereichs des EU-Rechts vor und vernachlässige gleichzeitig den Grundrechtsschutz. Tatsächlich legt(e) der EuGH den Anwendungsbereich des EU-Rechts, namentlich der GRC, (zwischenzeitlich) weit aus.[943] Ob aber ein strukturelles Grundrechtsdefizit auf EU-Ebene existiert, das es rechtfertigen würde, die Solange-II-Rechtsprechung aufzugeben, darf bezweifelt werden, zumal bereits der EuGH selbst seine von ihm v.a. in der Melloni-Entscheidung vorgenommene sehr weite Interpretation des Anwendungsbereichs der GRC mittlerweile relativiert hat[944], was mit Blick auf den Wortlaut des Art. 51 I S. 1, II GRC zu begrüßen ist. Die dogmatische Überzeugungskraft des BVerfG-Beschlusses sollte daher nicht allzu hoch angesetzt werden. Immerhin hätte ihm der Weg über einen Vorlagebeschluss (Vorabentscheidung gem. Art. 256 III, 267 AEUV) offengestanden. Schließlich ist auch ein einstweiliger Rechtsschutz dem EuGH nicht fremd (siehe Art. 278 S. 2, 279 AEUV). Daher war die Frage interessant, ob der BVerfG-Beschluss v. 15.12.2015 besondere Bedeutung für die zu dieser Zeit noch ausstehende Entscheidung des BVerfG über das **OMT-Programm** der EZB (siehe Rn 353c/364) haben würde.[945] **366**

Jedoch hat das BVerfG in seinem OMT-Urteil im Ergebnis trotz Kritik an der EuGH-Entscheidung (Rn 364) einen Verstoß gegen die durch Art. 23 I S. 3 GG i.V.m. Art. 79 III GG i.V.m. Art. 20 GG für integrationsfest erklärten Schutzgüter *Demokratie* und *Volkssouveränität* verneint. Zwar machte das BVerfG deutlich, dass die Unabhängigkeit der EZB, die ihr durch die Unionsverträge eingeräumt werde (vgl. nur Art. 130 AEUV), und ihre weit reichenden Befugnisse in der Währungspolitik zu einer spürbaren Senkung des demokratischen Legitimationsniveaus ihres Handelns führe, was besonders deswegen brisant sei, weil damit das Demokratieprinzip und der Grundsatz der Volkssouveränität der Mitgliedstaaten betroffen seien. Das BVerfG hielt dies aber für mit der Verfassungsidentität der Bundesrepublik Deutschland noch vereinbar, wenn dies durch eine restriktive Auslegung der Ermächtigungsgrundlagen durch den EuGH und durch eine besonders strikte gerichtliche Kontrolle des Mandats der EZB aufgefangen würde. Der EuGH sei dieser Aufgabe zwar nur bedingt nachgekommen, dadurch, dass in der durch ihn vorgenommenen Auslegung das OMT-Programm aber insgesamt kein verfassungsrechtlich relevantes Risiko für das Budgetrecht des Bundestags darstelle, sei insofern auch keine Gefährdung der haushaltspolitischen Ge- **366a**

---

[943] Siehe EuGH NJW 2013, 1415 ff. (Åkerberg Fransson) und EuGH NJW 2013, 1215 ff. (Melloni) – vgl. Rn 357a.
[944] EuGH NVwZ 2014, 575; EuGH EuZW 2014, 795; EuGH NJW 2015, 145; EuGH EuZW 2015, 439 – vgl. dazu ebenfalls Rn 357a.
[945] Siehe den Beitrag des Verfassers v. 6.5.2016 unter https://www.verlag-rolf-schmidt.de/aktuelles-2016.

samtverantwortung durch eine etwaige Durchführung des OMT-Programms festzustellen.[946]

366b Dem ist beizupflichten, und zwar nicht nur wegen des anderenfalls kaum einschätzbaren Schadens für die Europäische Union, sondern weil die Entscheidung des EuGH auch in der Sache richtig ist. Methodisch korrekt und inhaltlich gut vertretbar hat der EuGH eine Vereinbarkeit des OMT-Programms mit Europäischem Primärrecht angenommen. Das wiederum bedeutet, dass der EuGH sein durch Art. 19 I S. 2 EUV eingeräumtes Mandat nicht verlassen hat. Ein „Ultra-vires-Akt", der wegen Verstoßes gegen das unabänderbare und integrationsfeste Demokratieprinzip aus Art. 20 GG zur „Verwerfung" in Form einer Unanwendbarkeitserklärung durch das BVerfG hätte führen können, lag damit nicht vor. Man kann sagen: Das BVerfG hat zwar (wieder einmal) gebellt, aber (erneut) nicht gebissen. Immerhin hat das BVerfG das Institut der „Identitätskontrolle" etabliert, wenngleich sich das vorliegende Urteil in die Urteile über den Vertrag von Maastricht, den Vertrag von Lissabon und die Urteile über den ESM einreiht, in denen das BVerfG stets die Grenzen der Integrationsermächtigung aufzeigte, diese aber in keiner der genannten Entscheidungen als überschritten erklärte.[947]

366c Im diesbezüglich jüngsten Vorlagebeschluss des BVerfG zum Public Sector Purchase Programme (**PSPP**), einem Teil des Expanded Asset Purchase Programme (**EAPP**) zum Ankauf von Staatsanleihen an den Sekundärmärkten, das wiederum ein Rahmenprogramm der EZB zum Ankauf von Vermögenswerten („**Anleihenkauf der EZB**") darstellt, ging es um die Frage, ob die EZB mit dem von ihr aufgelegten PSPP gegen das in Art. 123 AEUV verankerte Verbot monetärer Staatsfinanzierung und das Prinzip der begrenzten Einzelermächtigung gem. Art. 5 I EUV i.V.m. Art. 119, 123, 125, 127 ff. AEUV verstößt.[948] Das BVerfG warf damit erneut die Frage nach einer hinreichend qualifizierten Überschreitung des Mandats der EZB und einem (unzulässigen) Eingriff in die Zuständigkeiten der Mitgliedstaaten für die Wirtschaftspolitik auf. Es machte deutlich, dass ein Handeln der EZB außerhalb ihres geld- und währungspolitischen Mandats oder ein Verstoß gegen das Verbot monetärer Haushaltsfinanzierung durch das PSPP eine offensichtliche und strukturell bedeutsame Kompetenzüberschreitung und damit einen Ultra-vires-Akt darstellten. Der EuGH hat entschieden, dass das PSPP nicht über das Mandat der EZB hinausgehe und nicht gegen das Verbot der monetären Finanzierung (Art. 123 AEUV) verstoße. Das PSPP falle in den Bereich der Währungspolitik, in dem die EU eine übertragene Zuständigkeit hat. Es gehe aus dem Primärrecht (vgl. Art. 127 II, 130, 282 I, III, 282 IV i.V.m. Art. 127-133 und 138 AEUV) eindeutig hervor, dass die EZB und die nationalen Zentralbanken (d.h. das ESZB) grundsätzlich auf den Finanzmärkten tätig werden können, indem sie auf Euro lautende börsengängige Wertpapiere endgültig kaufen und verkaufen.[949] Zudem achte das PSPP den Grundsatz der Verhältnismäßigkeit, weil andere, kurzfristigere Maßnahmen nicht die erforderliche Abhilfe geschaffen hätten.[950]

366d Hat der EuGH damit also keinen Verstoß gegen die genannten Vorschriften des EU-Primärrechts festgestellt, besteht zugleich keine Überschreitung der Integrationsermächtigung des Art. 23 I GG und damit kein Verstoß gegen Art. 79 III GG. Ob das

[946] BVerfG NJW 2016, 2473, 2475 ff. (OMT-Programm der EZB). Im Übrigen ist zu beachten, dass gegenwärtig ein weiteres Ankaufprogramm der EZB läuft: Die EZB erhöht im Rahmen des „QE"-Programms („Quantitative Easing" bzw. „quantitative Lockerung") die Geldmenge, um Anleihen des öffentlichen Sektors, Wertpapiere und Schuldverschreibungen kaufen zu können. Verfassungsbeschwerden sind bereits eingereicht (2 BvR 2006/15 u.a.).
[947] Siehe den Beitrag des Verfassers v. 21.6.2016 unter https://www.verlag-rolf-schmidt.de/aktuelles-2016.
[948] BVerfG NJW 2017, 2894, 2895 ff. (Anleihenkaufprogramm der EZB).
[949] EuGH EuZW 2019, 162, 163 f.
[950] EuGH EuZW 2019, 162, 163 f.

BVerfG dem EuGH widerspricht, bleibt abzuwarten.[951] Aufgrund seiner bisherigen Rechtsprechungslinie (auch mit Blick auf das Urteil über die **Europäische Bankenunion**[952]) ist damit aber nicht zu rechnen. Denn im Urteil über die Europäische Bankenunion hat das BVerfG entschieden, dass sowohl der Erlass der SSM-Verordnung[953] als auch der der SRM-Verordnung[954] keine hinreichend qualifizierte Überschreitung der der Europäischen Union zugewiesenen Kompetenzen darstellten.

Die Entscheidung hat folgenden Hintergrund: Im Zuge der sog. „Euro-Krise", also der Probleme der Europäischen Währungsunion (hohe Staatsverschuldung einiger Mitgliedstaaten), wurden zur Rettung die EFSF und später der ESM installiert (Rn 353a). Sodann beschloss die EU-Kommission, eine Bankenunion zu gründen. Diese besteht aus dem Single Supervisory Mechanism (SSM; zu deutsch: Einheitlicher Bankenaufsichtsmechanismus) und dem Single Resolution Mechanism (SRM; zu deutsch: Einheitlicher Bankenabwicklungsmechanismus). Der SSM beinhaltet eine zentrale Bankenaufsicht von Großbanken in der Eurozone durch die EZB (in Zusammenarbeit mit den nationalen Aufsichtsbehörden) und der SRM installiert eine zentrale Abwicklungsbehörde zur Abwicklung zahlungsunfähiger „systemrelevanter" Großbanken (Single Resolution Board SRB; zu deutsch: Abwicklungsgremium). Die Mittelfinanzierung erfolgt über einen Finanzierungsfond und über die Mittelverteilung/-vergabe entscheidet das Abwicklungsgremium. Die rechtlichen Grundlagen wurden über die SSM-Verordnung und die SRM-Verordnung geschaffen. Die SSM-Verordnung wurde wiederum durch eine Rahmenverordnung[955] flankiert, welche die EZB selbst erlassen hat und an der die nationalen Aufsichtsbehörden über gemeinsame Arbeitsgruppen mit der EZB mitgewirkt haben. Dies ermöglichte das Gesetz zum Vorschlag für eine Verordnung des Rates zur Übertragung besonderer Aufgaben im Zusammenhang mit der Aufsicht über Kreditinstitute auf die Europäische Zentralbank vom 25.7.2013 (SSM-VO-Gesetz)[956]. Hieran setzen die Kritik und die Verfassungsbeschwerden an: Die der Bankenunion zugrunde liegenden europäischen Rechtsakte seien verfassungswidrig und stellten darüber hinaus Ultra-vires-Akte dar, an denen Bundesregierung und Bundestag nicht hätten mitwirken dürfen, sondern denen sie hätten entgegentreten müssen. Es liege ein Verstoß gegen Art. 14 I i.V.m. Art. 88 S. 2 GG sowie gegen Art. 38 I S. 1 i.V.m. Art. 20 I und II GG vor.[957]

Das BVerfG hat zwar das mit der Übertragung von Aufgaben und Befugnissen auf unabhängige Institutionen (insbesondere die EZB) verbundene abgeschwächte Legitimationsniveau gesehen, weil als unverfügbarer Teil des grundgesetzlichen Demokratieprinzips geltende haushalterische Entscheidungen nicht unmittelbar vom Deutschen Bundestag getroffen werden[958], es hat aber entschieden, dass darin weder ein Verstoß gegen das Demokratieprinzip noch eine offensichtliche und strukturell bedeutsame Kompetenzüberschreitung durch Maßnahmen von Organen, Einrichtungen und sonstigen Stellen der Europäischen Union liege. Der Bundestag habe den ihm bei der Wahrnehmung seiner Integrationsverantwortung eingeräumten Einschätzungs-, Wer-

[951] Die Urteilsverkündung hinsichtlich der vier Verfassungsbeschwerden, die sich auf das PSPP der EZB zum Ankauf von Wertpapieren des öffentlichen Sektors beziehen, ist für den 24.3.2020 vorgesehen (2 BvR 859/15, 2 BvR 1651/15, 2 BvR 2006/15, 2 BvR 980/16).

[952] BVerfG NJW 2019, 3204 ff. (Europäische Bankenunion).

[953] Verordnung (EU) Nr. 1024/2013 des Rates v. 15.10.2013 zur Übertragung besonderer Aufgaben im Zusammenhang mit der Aufsicht über Kreditinstitute auf die Europäische Zentralbank.

[954] Verordnung (EU) Nr. 806/2014 des Europäischen Parlaments und des Rates v. 15.7.2014 zur Festlegung einheitlicher Vorschriften und eines einheitlichen Verfahrens für die Abwicklung von Kreditinstituten und bestimmten Wertpapierfirmen im Rahmen eines einheitlichen Abwicklungsmechanismus und eines einheitlichen Abwicklungsfonds sowie zur Änderung der Verordnung (EU) Nr. 1093/2010.

[955] Verordnung (EU) Nr. 468/2014 der Europäischen Zentralbank v. 16.4.2014 zur Einrichtung eines Rahmenwerks für die Zusammenarbeit zwischen der Europäischen Zentralbank und den nationalen zuständigen Behörden und den nationalen benannten Behörden innerhalb des einheitlichen Aufsichtsmechanismus (SSM-Rahmenverordnung).

[956] BGBl II 2013, S. 1050.

[957] Siehe die Sachverhaltsangabe bei BVerfG NJW 2019, 3204, 3205 (Europäische Bankenunion).

[958] BVerfG NJW 2019, 3204, 3206 (Europäische Bankenunion).

tungs- und Gestaltungsspielraum nicht überschritten, da ihm die für das Demokratieprinzip notwendigen Kontrollmechanismen verblieben.[959]

c. Ausnahme: Prüfung nationaler Akte am Maßstab des Unionsrechts, wenn kein nationaler Grundrechtsschutz besteht

366e Ging es bisher ausschließlich um die Frage, ob das BVerfG für die Prüfung von EU-Recht, von Maßnahmen von Organen der EU oder von auf Rechtsakten der EU ergangenen nationalen Akten am Maßstab des Grundgesetzes zuständig ist, gilt es nunmehr der Frage nachzugehen, ob das BVerfG Akte deutscher Gewalt am Maßstab der Unionsgrundrechte prüfen darf. Das BVerfG bejaht dies für den Fall, dass Grundrechte des Grundgesetzes als Prüfungsmaßstab nicht zur Verfügung stehen und Rechtsschutz durch den EuGH nicht möglich ist.

> **Beispiel**[960]**:** K wandte sich gegen die Veröffentlichung eines NDR-Fernsehbeitrags im Internet. Sie verlangte vom Suchmaschinenbetreiber Google, die Verknüpfung ihres Namens mit einem Fernsehbeitrag aufzuheben. Sie hatte für den Beitrag des Fernsehmagazins „Panorama" mit dem Titel „Kündigung: Die fiesen Tricks der Arbeitgeber" ein Interview gegeben. Der Beitrag stellte die Kündigung eines damaligen Mitarbeiters eines Wirtschaftsunternehmens dar, das K als Geschäftsführerin leitete. K macht geltend, sie habe solche Tricks niemals angewandt. Das Suchergebnis rufe eine negative Vorstellung über sie als Person hervor und verletze sie in ihren Persönlichkeitsrechten.
>
> Hier könnte eine Verletzung des allgemeinen Persönlichkeitsrechts aus Art. 2 I i.V.m. Art. 1 I GG vorliegen. Dazu müssten jedoch die Grundrechte des Grundgesetzes zunächst als Prüfungsmaßstab zur Verfügung stehen. Das ist nach ständiger Rechtsprechung des BVerfG nicht der Fall, wenn das Unionsrecht über einen vergleichbaren Grundrechtsschutz verfügt und den Sachverhalt einheitlich für die gesamte EU regelt. Dem liegt folgende Überlegung zugrunde: Überträgt die Bundesrepublik Deutschland Hoheitsrechte auf die EU (siehe Art. 23 I S. 2 GG) und schafft die EU einen effektiven, dem Grundgesetz ebenbürtigen Grundrechtsschutz, werden die Grundrechte des Grundgesetzes durch den Anwendungsvorrang des Unionsrechts verdrängt, wenn die EU in Ausübung der ihr übertragenen Rechtsetzungskompetenz eine Materie wie z.B. Aspekte des Datenschutzes einheitlich und abschließend für die gesamte Union regelt. Denn nach der Rechtsprechung des BVerfG sind bei der Prüfung von vollvereinheitlichten Materien des Unionsrechts die deutschen Grundrechte nicht anwendbar.[961]

366f Dass in einem solchen Fall die deutschen Grundrechte nicht anwendbar sind, ist Ausfluss des (generellen) Anwendungsvorrangs des EU-Rechts gegenüber nationalem Recht der Mitgliedstaaten (siehe Rn 355). Danach lässt das Primärrecht (und damit auch die GRC) die Geltung von entgegenstehendem nationalem Recht (einschließlich der Grundrechte des Grundgesetzes) unberührt. Der Anwendungsvorrang des Unionsrechts sorgt dafür, dass die Grundrechte des Grundgesetzes hinter den Unionsgrundrechten „ruhend in Kraft"[962] bleiben – zunächst mit der Folge, dass das BVerfG eine Prüfung von Unionsrecht am Maßstab der Grundrechte des Grundgesetzes nicht vornimmt, solange die Unionsgrundrechte in gleicher Weise wie die Grundrechte des Grundgesetzes die Menschen und ihre Grundrechte in den Mittelpunkt ihrer Ordnung stellen und den Wesensgehalt und Menschenwürdekern für unantastbar erklären.[963] Gleichzeitig geht das BVerfG davon aus, dass nach derzeitigem Stand des Unions-

---

959 BVerfG NJW 2019, 3204, 3209 ff. (Europäische Bankenunion).
960 BVerfG NVwZ 2020, 63 ff. (Recht auf Vergessenwerden II).
961 BVerfG NVwZ 2020, 63, 65 unter Verweis auf BVerfGE 73, 339, 387; 102, 147, 162 ff.; 118, 79, 95 ff.; 121, 1, 15; 123, 267, 335; 125, 260, 306 f.; 129, 78, 103; 129, 186, 199.
962 BVerfG NVwZ 2020, 63, 66.
963 BVerfG NVwZ 2020, 63, 66 unter Verweis auf BVerfGE 73, 339, 376 und 387; 102, 147, 162 ff.; 118, 79, 95; 129, 186, 199.

rechts – zumal unter Geltung der GRC – diese Voraussetzungen grundsätzlich erfüllt seien.[964] Den Grundrechten des Grundgesetzes komme insoweit nur eine Reservefunktion zu.[965]

Werden demzufolge die Grundrechte des Grundgesetzes durch die Unionsgrundrechte verdrängt, d.h. in ihrer Anwendbarkeit gesperrt, kann das BVerfG auch nicht die Vereinbarkeit von Unionsrecht und Maßnahmen innerstaatlicher Stellen, die Unionsrecht anwenden, am Maßstab der Grundrechte des Grundgesetzes prüfen. An sich stehen dem BVerfG auch nicht die Unionsgrundrechte als Prüfungsmaßstab zur Verfügung. Denn für die Prüfung am Maßstab der Unionsgrundrechte ist der EuGH zuständig. Gemäß Art. 19 I S. 2 EUV ist es Aufgabe des EuGH, über Auslegung und Anwendung der Verträge (also des EUV und des AEUV) zu entscheiden. So entscheidet gem. Art. 19 III EUV der EuGH nach Maßgabe der Verträge (insbesondere der Art. 263 ff. AEUV) **366g**

- über Klagen eines Mitgliedstaats, eines Organs oder natürlicher oder juristischer Personen (Vertragsverletzungsverfahren, Nichtigkeits-, Untätigkeits- und Schadensersatzklagen sowie Streitigkeiten in Beamtensachen und Klagen aufgrund von Schiedsklauseln),
- im Wege der Vorabentscheidung auf Antrag der einzelstaatlichen Gerichte über die Auslegung des Unionsrechts oder über die Gültigkeit der Handlungen der Organe,
- in allen anderen in den Verträgen vorgesehenen Fällen.

Für Individualbeschwerden in Bezug auf nationale Rechtsakte besteht keine Zuständigkeit. Ein Unionsbürger hat also keine Möglichkeit, direkt vor dem EuGH die Verletzung eines Unionsgrundrechts durch nationale Stellen zu rügen. Und da nach dem Gesagten die Grundrechte des Grundgesetzes nicht anwendbar sind, kann auch schon deshalb nicht die Verletzung von Grundrechten des Grundgesetzes vor dem BVerfG geltend gemacht werden. Das führt zu einer Rechtsschutzlücke, die das BVerfG nunmehr geschlossen hat. Es nimmt für sich eine Prüfungskompetenz dahingehend in Anspruch, dass es das durch deutsche Stellen angewendete Unionsrecht (d.h. das sekundäre Unionsrecht) am Maßstab der Unionsgrundrechte prüft.[966] Das entspricht freilich nicht dem Regelungsgehalt des Art. 93 GG, der dem BVerfG allein das Grundgesetz als Prüfungsmaßstab aufzeigt. Das BVerfG versucht seine Vorgehensweise damit zu rechtfertigen, dass es ja nicht Unionsrecht prüfe, sondern nur die Anwendung von Unionsrecht durch deutsche Stellen. Zwar habe die Bundesrepublik Deutschland über Art. 23 I S. 2 GG Hoheitsrechte auf die EU übertragen. Das bedeute jedoch keinen Rückzug der deutschen Staatsgewalt aus der Verantwortung für die der Union übertragenen Materien, sondern sehe vielmehr eine Mitwirkung der Bundesrepublik an deren Entfaltung vor. In Bezug genommen werde damit ein eng verflochtenes Miteinander der Entscheidungsträger, wie es dem Inhalt der Unionsverträge entspricht. Danach obliege die Umsetzung des Unionsrechts nicht nur den Institutionen der Union, sondern in weitem Umfang auch den Mitgliedstaaten. Innerstaatlich werde dabei das Unionsrecht grundsätzlich nach Maßgabe der grundgesetzlichen Staatsorganisation zur Geltung gebracht. Für die Mitwirkung der Bundesrepublik Deutschland in der Europäischen Union trügen alle Staatsorgane auch in diesem Sinne Integrationsverantwortung.[967] Das gelte auch für die Gerichte. Unmittelbar anwendbares Unionsrecht und nationales Umsetzungsrecht seien von den Gerichten **366h**

---

964 BVerfG NVwZ 2020, 63, 66 unter Verweis auf BVerfGE 73, 339, 387; 102, 147, 162 ff.; 118, 79, 95 ff.; 129, 186, 199.
965 BVerfG NVwZ 2020, 63, 66.
966 BVerfG NVwZ 2020, 63, 67.
967 BVerfG NVwZ 2020, 63, 67.

nach den Regeln der Prozessordnungen anzuwenden – unabhängig davon, ob es sich um unmittelbar anwendbare Vorschriften der Union selbst oder um unionsrechtlich veranlasstes innerstaatliches Recht handele. Danach obliege es dem BVerfG, bei seiner Kontrolle der Rechtsprechung der Fachgerichte erforderlichenfalls auch die Unionsgrundrechte in seinen Prüfungsmaßstab einzubeziehen.[968] Diese seien nach Maßgabe des Art. 51 I GRC innerstaatlich anwendbar und bildeten zu den Grundrechten des Grundgesetzes ein Funktionsäquivalent.[969] Ohne Einbeziehung der Unionsgrundrechte in den Prüfungsmaßstab des BVerfG bliebe danach der Grundrechtsschutz gegenüber der fachgerichtlichen Rechtsanwendung nach dem heutigen Stand des Unionsrechts unvollständig. Dies gelte insbesondere für Regelungsmaterien, die durch das Unionsrecht vollständig vereinheitlicht seien. Da hier die Anwendung der deutschen Grundrechte grundsätzlich ausgeschlossen sei, sei ein verfassungsgerichtlicher Grundrechtsschutz nur gewährleistet, wenn das BVerfG für die Überprüfung fachgerichtlicher Rechtsanwendung die Unionsgrundrechte zum Prüfungsmaßstab nehme. Würde es sich hier aus dem Grundrechtsschutz herausziehen, könnte es diese Aufgabe mit zunehmender Verdichtung des Unionsrechts immer weniger wahrnehmen. Entsprechend verlange ein vollständiger Grundrechtsschutz die Berücksichtigung der Unionsgrundrechte auch dann, wenn das Schutzniveau der Charta außerhalb vollvereinheitlichter Regelungsmaterien ausnahmsweise Anforderungen stelle, die die grundgesetzlichen Grundrechte nicht abdeckten.[970] Der europäische Grundrechtsschutz könne diese Grundrechtsschutzlücke nicht füllen. Denn es bestehe keine Möglichkeit Einzelner, die Verletzung von Unionsgrundrechten durch die mitgliedstaatlichen Fachgerichte unmittelbar vor dem EuGH geltend zu machen.[971]

366i Stellungnahme: Dass keine Möglichkeit Einzelner besteht, die Verletzung von Unionsgrundrechten durch die mitgliedstaatlichen Fachgerichte unmittelbar vor dem EuGH geltend zu machen, ist richtig. Damit ist aber nicht der Weg frei für eine Überprüfung staatlicher Maßnahmen durch das BVerfG am Maßstab der Unionsgrundrechte. Denn der dem BVerfG zur Verfügung stehende Prüfungsmaßstab ist von Art. 93 GG vorgegeben. Danach prüft das BVerfG Akte öffentlicher Gewalt nur am Maßstab des Grundgesetzes. Die vorliegende Entscheidung ist offensichtlich von dem Bemühen getragen, einen Individualgrundrechtsschutz zu ermöglichen. Das ist selbstverständlich ein richtiges Anliegen. Eine Reflexion der Begründung fördert jedoch die Ergebnisorientiertheit und gleichzeitig die Schwäche des Systems übertragener Hoheitsrechte zutage: Art. 23 I S. 2 GG ist gerade kein eng verflochtenes Miteinander der Entscheidungsträger (hier: EuGH und BVerfG) zu entnehmen. Vielmehr ist eindeutig von einer Übertragung von Hoheitsrechten die Rede. Werden Hoheitsrechte übertragen, bleibt kein Raum für ein „Miteinander" und einen Verbleib von Zuständigkeiten auf dem Gebiet übertragener Hoheitsrechte. Ebenso wenig ist Art. 23 I S. 2 GG (wie Art. 93 GG) zu entnehmen, dass dem BVerfG die Unionsgrundrechte als Prüfungsmaßstab einer Prinzipalkontrolle zur Verfügung stehen sollen. Die Argumentationslinie des BVerfG ist daher methodisch nicht überzeugend. Nach der hier vertretenen Auffassung hätte es sich angeboten, die Grundrechte des Grundgesetzes unmittelbar als Prüfungsmaßstab anzusehen und heranzuziehen. Denn Prüfungsgegenstand war letztlich ja eine Maßnahme nationaler Stellen, auch wenn diese lediglich eine vollvereinheitlichte Materie des Unionsrechts angewendet haben. Steht in einem solchen Fall ein Verfahren vor dem EuGH nicht zur Verfügung, hätte das BVerfG darauf abstellen können, dass dann auch kein Anwendungsvorrang des Unionsrechts greift und das BVerfG „zur Wahrung

---

[968] BVerfG NVwZ 2020, 63, 67 f.
[969] BVerfG NVwZ 2020, 63, 67 f.
[970] BVerfG NVwZ 2020, 63, 68.
[971] BVerfG NVwZ 2020, 63, 68.

der Verfassungsidentität" staatliche, auf zwingenden Regeln des EU-Rechts basierende Maßnahmen am Maßstab des Grundgesetzes prüft. Wie bereits aufgezeigt, nimmt das BVerfG für sich eine Prüfungskompetenz am Maßstab des Grundgesetzes nicht nur im Fall einer Kompetenzüberschreitung eines Organs der EU, sondern auch dann in Anspruch, wenn durch eine Maßnahme der EU in Art. 79 III GG genannte unabänderbare und damit integrationsfeste Verfassungsprinzipien aus Art. 1 GG und Art. 20 GG, die zudem durch Art. 4 II EUV geschützt sind, missachtet würden.[972] Das hat zur Folge, dass der Anwendungsvorrang der EU seine Grenzen findet und dies vom BVerfG in der Annahme einer „Ausnahme" von seinem Solange-II-Vorbehalt (siehe Rn 358 ff.) im Rahmen einer „Identitätskontrolle" (Kontrolle der Verfassungsidentität der Bundesrepublik Deutschland)[973] festzustellen wäre.[974] Demnach hätte das BVerfG im Rahmen einer „weiteren Ausnahme" von seinem Solange-II-Vorbehalt ebenso entscheiden können, es prüfe Maßnahmen nationaler Stellen am Maßstab der Grundrechte des Grundgesetzes, auch wenn diese vollvereinheitlichte Materien des Unionsrechts anwenden. Denn findet infolge einer Rechtsschutzlücke, die das EU-Primärrecht hinterlässt, keine unmittelbare Prüfung am Maßstab der Unionsgrundrechte durch den EuGH statt, kommt den Grundrechten des Grundgesetzes gerade keine „Reservefunktion" zu. Rechtsdogmatisch und rechtsmethodisch ist dieser Weg demjenigen, den das BVerfG gewählt hat, vorzuziehen. Das BVerfG entscheidet – wie sich aus Art. 93 GG ergibt – ausschließlich am Maßstab des Grundgesetzes. Das ergibt sich auch aus seiner sonstigen Rechtsprechung, wonach seine Aufgabe darin bestehe, als „Hüter der Verfassung"[975] die Normen des Grundgesetzes verbindlich auszulegen und anzuwenden und hierbei insbesondere dafür zu sorgen, dass die Staatsgewalt die gezogenen Grenzen nicht überschreitet und die der Verfassung zugrunde liegenden obersten Richtwerte verwirklicht werden (Rn 614). Von „Hüter der Verträge bzw. der Unionsgrundrechte" ist dort ebenso wenig zu lesen wie in den Art. 23 und 93 GG.[976] Für das Beispiel von Rn 366e ergibt sich somit:

Prüfungsmaßstab sind – anders als das BVerfG meint – nicht die Persönlichkeitsrechte der K aus Art. 7 und Art. 8 GRC, die mit der unternehmerischen Freiheit der Suchmaschinenbetreiber aus Art. 16 GRC und den Grundrechten der jeweiligen Inhalteanbieter aus Art. 11 GRC sowie den Informationsinteressen der Internetnutzer ebenfalls aus Art. 11 GRC abzuwägen wären, sondern vielmehr sind die betroffenen Grundrechte des Grundgesetzes miteinander und gegeneinander abzuwägen. So sind die Persönlichkeitsrechte der K aus Art. 2 I i.V.m Art. 1 I GG mit der unternehmerischen Freiheit der Suchmaschinenbetreiber aus Art. 12 GG und den Grundrechten der jeweiligen Inhalteanbieter aus Art. 5 I GG sowie der Informationsinteressen der Internetnutzer aus Art. 5 I GG abzuwägen, und zwar im Rahmen der streitentscheidenden Normen der §§ 823 und 1004 BGB. Sollte das BVerfG bei seinem danach gefundenen Ergebnis Zweifel an der Vereinbarkeit mit Unionsrecht haben, muss es das Verfahren aussetzen und gem. Art. 267 AEUV die Rechtsfrage dem EuGH vorlegen.

Zusammenfassung: Das **gesamte Unionsrecht** genießt **Anwendungsvorrang** vor dem einfachen nationalen Recht und grds. auch **vor dem nationalen Verfassungsrecht**. Das folgt aus europäischer Sicht aus der in Art. 4 III EUV verankerten Unionstreue, aus nationaler Sicht aus dem Anwendungsbefehl, der aus den Zustim- 367

[972] Vgl. BVerfGE 126, 286, 302 mit Bezugnahme auf BVerfGE 75, 223, 235 ff.; 113, 273, 296; 123, 267, 353 f. Vgl. auch BVerfG NJW 2016, 1149, 1150 f. (Identitätskontrolle).
[973] Vgl. BVerfGE 126, 286, 321. Fortgeführt bspw. in BVerfG NJW 2014, 907, 908 ff. und äußerst deutlich gemacht in BVerfG NJW 2016, 1149, 1150 f. (Identitätskontrolle).
[974] BVerfG NJW 2016, 1149, 1151 (Identitätskontrolle).
[975] So ausdrücklich BVerfGE 1, 184, 195 ff.; 1, 396, 408 f.; 2, 124, 131; 6, 300, 304; 40, 88, 93.
[976] Siehe bereits den Beitrag des Verfassers vom 1.12.2019 abrufbar unter verlag-rolf-schmidt.de/aktuelles-2019-pruefung-von-akten-deutscher-oeffentlicher-gewalt-am-maßstab-von-unionsgrundrechten. Siehe auch *R. Schmidt*, Grundrechte, Rn 222 ff. Siehe auch die Kritik von *Muckel*, JA 2020, 237, 239.

mungsgesetzen zu den Verträgen folgt (vgl. Art. 59 II GG), sowie aus der Integrationsermächtigung des Art. 24 I GG a.F. bzw. des Art. 23 I GG i.d.F. von 1992.

Der Anwendungsvorrang greift aber nicht, wenn eine Handlung eines Organs oder einer Einrichtung der EU

⇨ auf einer **Kompetenzüberschreitung** beruht (was im Rahmen einer „Ultra-vires-Kontrolle" geprüft wird)

⇨ oder sie den nicht übertragbaren Bereich der durch Art. 23 I S. 3 i.V.m. Art. 79 III GG geschützten **Verfassungsidentität** des Grundgesetzes betrifft (was im Rahmen einer „Identitätskontrolle" geprüft wird).

⇨ Nach der hier vertretenen Auffassung greift der Anwendungsvorrang auch nicht, wenn **Individualrechtsschutz vor dem EuGH nicht besteht**. In diesem Fall leben die Grundrechte des Grundgesetzes wieder auf und stehen dem BVerfG als Prüfungsmaßstab zur Verfügung (a.A. BVerfG NVwZ 2020, 63 ff., das in diesem Fall – entgegen Art. 93 GG – für sich die Unionsgrundrechte als Prüfungsmaßstab in Anspruch nimmt).

Zur Bejahung eines Ultra-vires-Akts bzw. einer Missachtung der Verfassungsidentität ist aber nach der Honeywell-Entscheidung des BVerfG (BVerfGE 126, 286) ein **hinreichend qualifizierter Verstoß** erforderlich. Dieser setzt voraus, dass das kompetenzwidrige Handeln der Unionsgewalt **offensichtlich** ist und der angegriffene Akt im Kompetenzgefüge zu einer **strukturell bedeutsamen** Verschiebung zulasten der Mitgliedstaaten führt.

Lediglich in einem solchen Fall wird das BVerfG tätig und prüft im Rahmen der „**Ultra-vires-Kontrolle**", ob der fragliche EU-Akt noch von der Kompetenzübertragung gedeckt ist[977], oder im Rahmen der „**Identitätskontrolle**", ob der fragliche Rechtsakt eines Organs oder einer Einrichtung der EU ein gem. Art. 23 I S. 3 i.V.m. Art. 79 III GG unveränderliches Verfassungsprinzip aus Art. 1 und 20 GG verletzt hat[978].

Zu beachten ist schließlich, dass es sich bei der „Ultra-vires-Kontrolle" und der „Identitätskontrolle" nicht etwa um eigenständige Verfahrensarten handelt, sondern um eine Einbettung der Prüfung des fraglichen EU-Aktes am Maßstab der unveränderlichen und damit auch integrationsfesten Grundsätze des Grundgesetzes in die von Art. 93 GG und anderen Verfassungsbestimmungen vorgesehenen Verfahrensarten. Es findet also eine Art „Inzidentkontrolle" statt.

Im Übrigen sei angemerkt, dass Identitäts- und Ultra-vires-Kontrolle zum festen Bestandteil des Prüfungsrepertoires staats- und verfassungsrechtlicher Klausuren gehören dürften.

368 **Hinweis für die Fallbearbeitung:** In der Fallbearbeitung kann sich zunächst die Konstellation ergeben, dass sich ein Bundesbürger durch einen Akt *eines Organs der EU* in seinen Grundrechten (oder grundrechtsgleichen Rechten) verletzt fühlt. Hier muss man zunächst klarstellen, dass Prüfungsmaßstab grds. allein die Grundrechte und grundrechtsgleichen Rechte der GRC sind, denn die Organe der EU sind beim Erlass von Rechtsakten nicht an die Grundrechte bzw. grundrechtsgleichen Rechte des Grundgesetzes gebunden. Zudem steht das Prüfungs- und Auslegungsmonopol für Unionsrecht dem EuGH zu.
In einem solchen Fall ist dann die Vereinbarkeit des fraglichen Rechtsakts mit den Grundrechten/grundrechtsgleichen Rechten der GRC zu prüfen. Hier kann man sich (jedenfalls bei einer Grundrechtsprüfung) des bekannten Schemas (Schutzbereich,

977 BVerfGE 126, 286, 304 („Ultra-vires-Kontrolle").
978 BVerfG NJW 2016, 1149, 1150 f. („Identitätskontrolle"). Siehe auch BVerfG NJW 2017, 2894, 2895 ff. (Anleihenkaufprogramm der EZB).

Eingriff in den Schutzbereich, Rechtfertigung des Eingriffs) bedienen. In prozessualer Hinsicht ist im ersten Rechtszug die Nichtigkeitsklage vor dem Gericht der Europäischen Union statthaft, vgl. Art. 256, 263 AEUV.

Auch kann man auf die Konstellation treffen, in der sich der Bürger durch einen Rechtsakt *deutscher Behörden* in Anwendung von Unionsrecht in seinen Grundrechten des Grundgesetzes verletzt fühlt. Unterliegt der Rechtsakt der Fachgerichtsbarkeit, kann der Betroffene Verfassungsbeschwerde vor dem BVerfG erheben mit der Behauptung, durch die Entscheidung des Fachgerichts in einem seiner Grundrechte bzw. grundrechtsgleichen Rechte des Grundgesetzes verletzt zu sein (vgl. Art. 93 I Nr. 4a GG). Das BVerfG würde sich in diesem Fall zunächst dann für zuständig erklären (freilich mit dem Grundgesetz als Prüfungsmaßstab), wenn es

⇨ eine offensichtliche und strukturell bedeutsame Kompetenzüberschreitung durch ein Organ oder eine Einrichtung der EU („Ultra-vires-Kontrolle")

⇨ oder eine Handlung eines Organs oder einer Einrichtung der EU feststellt, die den nicht übertragbaren Bereich der durch Art. 23 I S. 3 i.V.m. Art 79 III GG geschützten Verfassungsidentität des Grundgesetzes betrifft („Identitätsprüfung").

In einem solchen Fall würde das BVerfG den fraglichen EU-Akt ausnahmsweise prüfen und für nicht anwendbar erklären.[979] Jedoch sind die Hürden bereits für die Zulässigkeit eines solchen Verfahrens (Prüfungspunkt: Beschwerdebefugnis) zumindest bei der Identitätskontrolle sehr hoch:

⇨ So würde das BVerfG bei einer (angenommenen) „einfachen" Grundrechtsverletzung die Prüfung abbrechen und den Beschwerdeführer auf die „Solange-II-Rechtsprechung" verweisen, wonach das BVerfG einen Akt der EU am Maßstab des Grundgesetzes nicht prüft, solange ausreichender Grundrechtsschutz durch die EU und den EuGH gewährleistet ist (siehe dazu Rn 358).

⇨ Gelangte das BVerfG aber zu der Annahme, dass ein gem. Art. 23 I S. 3 i.V.m. Art. 79 III GG unveränderliches Verfassungsprinzip aus Art. 1 und 20 GG verletzt sein könnte, nähme es die Verfassungsbeschwerde zur Prüfung an und nähme auch eine Prüfung der Begründetheit vor („Solange-III-Entscheidung").

Auch kann man auf die Konstellation treffen, in der sich der Kläger durch einen Rechtsakt *deutscher Behörden* in Anwendung von nicht vollvereinheitlichtem Unionsrecht in seinen Grundrechten des Grundgesetzes verletzt sieht und hiergegen vor dem zuständigen deutschen Verwaltungsgericht klagt. Da das deutsche Verwaltungsgericht zwar deutsches untergesetzliches Regelwerk (bestimmte Rechtsverordnungen und Satzungen), nicht aber Unionsrecht für nicht anwendbar erklären kann (hierzu ist nur der EuGH befugt), kann bzw. muss es das Verfahren aussetzen und die fragliche Europarechtsnorm dem EuGH vorlegen, sog. **Vorabentscheidung** (vgl. Art. 256 III, 267 AEUV).[980] Stellt dieses die Unanwendbarkeit der fraglichen Europarechtsnorm fest, ist der Sache damit abgeholfen. Verneint das Gericht hingegen ein Überschreiten der Kompetenzen der EU-Organe bzw. ein Unterschreiten des gebotenen Grundrechtsschutzes und ist das vorlegende Fachgericht weiterhin von der Unvereinbarkeit der Europarechtsnorm mit dem Grundgesetz überzeugt, kann nach der Rechtsprechung des BVerfG eine Vorlage gem. Art. 100 I GG (analog) zulässig sein. Sofern das BVerfG die Vorlage für zulässig erachtet, würde es dann über die Vereinbarkeit der in Frage stehenden EU-Norm mit dem Grundgesetz entscheiden, wenn es prüfte, ob die Organe der EU den unverzichtbaren Grundrechtsstandard unter- bzw. ihre ihnen zugewiesenen Kompetenzen überschritten haben. Es müsste dann über die Unanwendbarkeit der fraglichen EU-Norm

[979] Siehe auch BVerfG NJW 2017, 149 f. (dazu *R. Schmidt*, Grundrechte, Rn 1034).
[980] Vgl. dazu etwa den Vorlagebeschluss des BVerfG NJW 2014, 907 ff. (dazu oben Rn 364).

– ohne erneute Vorlage zum EuGH – im Geltungsbereich des Grundgesetzes entscheiden. Allerdings ist zu beachten, dass das BVerfG eine Vorlage (gem. Art. 100 I oder 93 I Nr. 4a GG) von sekundärem Europarecht nur dann für zulässig erachtet, wenn ihre Begründung im Einzelnen darlegt, dass eine erheblich ins Gewicht fallende Kompetenzüberschreitung oder eine evidente und generelle Missachtung der Grundrechte des Grundgesetzes durch die Union vorliege. Der Begründung des Vorlagebeschlusses hinsichtlich der Bananenmarktordnung war dies nach Auffassung des BVerfG nicht zu entnehmen.[981]

Unterlässt das Fachgericht (i.d.R. das VG) die gebotene Vorlage zum Gericht der Europäischen Union, kann der Kläger **Verfassungsbeschwerde** vor dem BVerfG gegen den Beschluss des betreffenden Gerichts erheben mit der Rüge, ihm sei der **gesetzliche Richter entzogen** worden (vgl. Art. 101 I S. 2 GG). Der EuGH ist gesetzlicher Richter i.S. dieser Vorschrift.[982] Das BVerfG müsste dann seinerseits die fragliche Europarechtsnorm gem. Art. 267 AEUV dem EuGH vorlegen. Gelangte dieser zu dem Ergebnis, dass die fragliche Europarechtsnorm gültig sei, müsste das BVerfG selbst in der Sache über die Anwendbarkeit der EU-Norm entscheiden, wenn es der Auffassung wäre, dass der fragliche EU-Akt einschließlich der Rspr. des EuGH unter den erforderlichen Grundrechtsstandard abgesunken sei. Eine Verfassungsbeschwerde gegen Rechtsakte der EU ist nach Auffassung des BVerfG allerdings nur dann zulässig, wenn das Niveau des allgemeinen, nicht nach Einzelgrundrechten differenzierten Grundrechtsstandards unterschritten wird.[983] Versagt ist bundesverfassungsgerichtlicher Schutz demnach nicht nur bei „Ausrutschern" innerhalb eines Grundrechtsbereichs, sondern auch dann, wenn (nur) einzelne Grundrechte des GG strukturell in Gefahr geraten.

Schließlich kann es vorkommen, dass sich ein Bürger gegen einen Akt einer deutschen staatlichen Stelle wendet, die vollvereinheitlichtes EU-Recht (wie z.B. Aspekte des Datenschutzrechts) anwendet. Da ihm in diesem Fall nicht die Direktklage vor dem EuGH offensteht (siehe Art. 263 IV AEUV, der von Handlungen und Rechtsakten der Union ausgeht), kommen nur der nationale Rechtsweg und – nach dessen Erschöpfung – Verfassungsbeschwerde vor dem BVerfG in Betracht. Hierbei ist dann das Problem zu lösen, dass dem BVerfG an sich nur das Grundgesetz als Prüfungsmaßstab offensteht, vorliegend es sich jedoch um vollvereinheitlichtes Unionsrecht handelt (das lediglich von nationalen Stellen angewendet wird). Während das BVerfG in diesem Fall eine Überprüfung am Maßstab der Unionsgrundrechte vornimmt (weil die Grundrechte des Grundgesetzes nicht anwendbar seien), sind nach der hier vertretenen Auffassung die Grundrechte des Grundgesetzes sehr wohl anwendbar. Nach dem hier vertretenen Standpunkt stehen die Unionsgrundrechte – wie sich aus Art. 23 und 93 GG ergibt – dem BVerfG in keinem Fall als Prüfungsmaßstab zur Verfügung. Da aber die Individualverfassungsbeschwerde zu den in Art. 20 GG niedergelegten Grundsätzen (hier: Demokratie und Rechtsstaat) und damit zur „Verfassungsidentität" gehört, kann das BVerfG staatliche Maßnahmen – auch wenn sie vollvereinheitlichtes Unionsrecht anwenden – am Maßstab des Grundgesetzes prüfen. Man wird sogar sagen müssen: Lässt das Unionsrecht Rechtsschutzlücken, kann es insoweit auch keinen Anwendungsvorrang für sich beanspruchen. Kann also ein Verstoß gegen Unionsgrundrechte nicht vom EuGH geprüft werden, bleibt es bei der Anwendung der nationalen Gerichtsbarkeit, freilich mit den nationalen Grundrechten als Prüfungsmaßstab. Auf die Bundesrepublik Deutschland bezogen, heißt das: Das BVerfG prüft unionsrechtlich determinierte Akte deutscher öffentlicher Gewalt am Maßstab der Grundrechte des Grundgesetzes.

[981] Zur Frage, unter welchen Voraussetzungen eine konkrete Normenkontrolle i.S.d. Art. 100 I GG möglich ist, wenn das vorzulegende Gesetz in Umsetzung von EU-Recht erlassen wurde, vgl. Rn 671.

[982] BVerfG NJW 2010, 1268 ff. (dazu *Muckel*, JA 2010, 674); NJW 2001, 1267, 1268; *Kube*, JuS 2001, 858, 860. Vgl. auch BVerfG NJW 2016, 3153, 3154 f.

[983] BVerfG NJW 2001, 1267, 1268; *Kube*, JuS 2001, 858, 859 f.

Die vom BVerfG mit Blick auf Art. 23 I GG postulierte „Integrationsverantwortung" vermag sich nicht über Art. 93 GG hinwegzusetzen, der das Grundgesetz als dem BVerfG zur Verfügung stehenden Prüfungsmaßstab vorgibt.[984]

Sollte man gleichwohl die (für die Praxis freilich bindende) Auffassung des BVerfG teilen, ergibt sich hinsichtlich **vollvereinheitlichten Unionsrechts** folgendes Prüfungsschema:

1. Prüfung des Determinationsgrades
Zunächst ist zu prüfen, ob der fragliche Akt deutscher öffentlicher Gewalt

- ⇨ eine unionsrechtlich vollständig determinierte Regelung umsetzt,
- ⇨ lediglich unionsrechtlich nicht vollständig determiniertes innerstaatliches Recht darstellt
- ⇨ oder es sich bei ihm gar um einen rein nationalen Akt ohne Unionsrechtsbezug handelt.

Ausschließlich Akte deutscher Stellen, die unionsrechtlich vollständig vereinheitlichte Regelungen des Unionsrechts anwenden, werden am Maßstab der Unionsgrundrechte geprüft, soweit die Grundrechte des Grundgesetzes durch den Anwendungsvorrang des Unionsrechts verdrängt werden. Im Übrigen greifen die Grundrechte des Grundgesetzes als Prüfungsmaßstab, freilich in europarechtskonformer Auslegung, sofern unionsrechtlich beeinflusst. Welche der drei Konstellationen vorliegt, ist mitunter anhand einer umfangreichen Prüfung des Unionsrechts zu ermitteln und ggf. durch Entscheidung des EuGH zu klären.

2. Prüfung der Maßnahme am Maßstab des anwendbaren Grundrechts
Steht demnach der Prüfungsmaßstab fest, ist die staatliche Maßnahme am Maßstab des auf den Sachverhalt anwendbaren Grundrechts zu prüfen.

- ⇨ So gelten für die Prüfung der fraglichen staatlichen Maßnahme am Maßstab der Grundrechte des Grundgesetzes die allgemeinen Grundrechtslehren, die spezifischen grundrechtlichen Anforderungen und auch die übrigen vom BVerfG entwickelten Grundsätze.
- ⇨ Für die Prüfung der fraglichen staatlichen Maßnahme am Maßstab der Unionsgrundrechte gelten die allgemeinen Grundrechtslehren, die spezifischen grundrechtlichen Anforderungen und auch die übrigen vom EuGH entwickelten Grundsätze. Diese können, müssen aber nicht identisch sein mit denen einer Grundrechtsprüfung am Maßstab der Grundrechte des Grundgesetzes.

Ist Klausurgegenstand die Frage nach der Anwendbarkeit bzw. Gültigkeit eines **unmittelbar anwendbaren** Akts der EU (i.d.R. eine Verordnung oder ein Beschluss), kommt für den Unionsbürger die **Direktklage** vor dem EuGH in Betracht (Art. 263 IV AEUV).[985] Allerdings knüpft der EuGH strenge Voraussetzungen an die Klagebefugnis, wenn ein Rechtsakt i.S.v. Art. 289 AEUV (Gesetzgebungsakt) in Frage steht. Erforderlich ist eine qualifizierte individuelle Betroffenheit. Handelt es sich bei dem Klagegegenstand um eine Verordnung i.S.d. Art. 288 II AEUV, ist zudem die sog. Plaumann-Formel des EuGH zu beachten: Danach sind natürliche und juristische Personen durch eine Verordnung nur dann individuell betroffen (und klagebefugt), wenn diese sie „wegen bestimmter persönlicher Eigenschaften oder besonderer, sie aus dem Kreis aller übrigen Personen heraushebender Umstände berührt und sie daher in ähnlicher Weise individualisiert wie einen Adressaten".[986]

---

[984] Siehe bereits den Beitrag des Verfassers vom 1.12.2019 abrufbar unter verlag-rolf-schmidt.de/aktuelles-2019-pruefung-von-akten-deutscher-oeffentlicher-gewalt-am-maßstab-von-unionsgrundrechten. Siehe auch die Kritik von *Muckel*, JA 2020, 237, 239.
[985] Vgl. dazu etwa die Fallbearbeitung von *Ludwig*, JuS 2011, 917 ff. Zum Individualrechtsschutz in der EU vgl. auch *Mächtle*, JuS 2015, 28 ff.
[986] Vgl. nur EuGH Slg. 1963, 199; Slg. 2008, 6351; EuGH NVwZ 2014, 53, 54 ff. (Inuit).

> Gelangt der EuGH zu der Entscheidung, dass die fragliche EU-Norm gültig ist, und verletzt die Entscheidung das gebotene Mindestmaß an Grundrechtsschutz, kommt gegen die Entscheidung eine **(Urteils-)Verfassungsbeschwerde** vor dem BVerfG in Betracht, das dann über die Frage der Anwendbarkeit der fraglichen EU-Norm entscheiden müsste.[987]

369 Ist ein Akt eines Organs oder einer Einrichtung der EU mit EU-Primärrecht unvereinbar, entfaltet er selbstverständlich keinen Vorrang vor kollidierendem Verfassungsrecht der EU-Mitgliedstaaten. So hat der EuGH die EU-Richtlinie über die Vorratsdatenspeicherung wegen Verstoßes gegen Art. 7 (Achtung des Privat- und Familienlebens) und 8 (Schutz personenbezogener Daten) der EU-Grundrechtecharta für ungültig erklärt.[988]

> **Hinweis für die Fallbearbeitung:** Ist in einer Klausur nach den Erfolgsaussichten einer Nichtigkeitsklage vor dem EuGH (näher Rn 783) gefragt, kann man sich des allgemein üblichen Aufbaus eines Rechtsbehelfs bedienen: Zunächst sind die Zulässigkeitsvoraussetzungen und dann die Begründetheit des Rechtsbehelfs zu prüfen. Vgl. dazu die Aufbauschemata bei Rn 787d ff.

---

[987] *Hamer*, JA 2003, 666 ff. Zur Frage nach der Zulässigkeit eines **Organstreits** vgl. Rn 630 f.
[988] EuGH NJW 2014, 2169 betreffend RL 2006/24/EG.

4. Kapitel
Die politischen Parteien

Wichtige Entscheidungen: BVerfGE 2, 1 (Verbot der SRP); 5, 85 (Verbot der KPD); 6, 367 (Gemeindewahlen); 7, 99 (Wahlwerbung; Sendezeiten für politische Parteien); 8, 51 (Parteienfinanzierung I; Steuerliche Abzugsfähigkeit von Parteispenden); 11, 351 („Rathausparteien"); 12, 296 (Verfassungswidrigkeit der KPD); 20, 56 (Staatliche Parteienfinanzierung); 24, 260 (Begriff der Partei); 24, 300 (Parteiengesetz); 28, 36 (politische Äußerungen von Soldaten); 34, 160 (Sendezeiten); 39, 334 (Referendardienst und politische Treuepflichten); 40, 287 (Bezeichnung einer Partei als „verfassungsfeindlich"); 41, 399 (Wahlkampfkostenerstattung); 47, 198 (Wahlwerbesendungen); 47, 253 („Wahlvorschriften" von Kreisfreien Städten in NRW); 52, 63 (Steuerliche Abzugsfähigkeit von Parteispenden); 60, 53 (Parteifähigkeit von Parteien im Organstreit); 61, 1 (Herabsetzende Äußerungen über eine politische Partei); 69, 92 (Ausschluss der Absetzbarkeit von Spenden und Beiträgen an kommunale Wählergruppen gem. § 10b II EStG 1979); 69, 257 (Werbespots); 73, 1 (Globalzuschüsse an parteinahe Stiftungen); 73, 40 (Steuerliche Abzugsfähigkeit von Parteispenden; Wahlkampfkostenerstattung); 74, 44 (Parteifähigkeit von politischen Parteien); 79, 379 (Parteifähigkeit von politischen Parteien im Organstreit); BVerfGE 80, 244 (Verfassungsmäßigkeit des VereinsG); 82, 54, 57 (Teilnahme an Fernsehdiskussionen – einstweilige Anordnung); 82, 322 (Bundestagswahl; Sperrklausel); 85, 264 (Parteienfinanzierung); 89, 266 (Parteieigenschaft gem. § 18 IV Nr. 2 BWahlG); 91, 262 (Begriff der Partei); 91, 276 (Parteibegriff als Verbotsvoraussetzung); BVerfG NVwZ 2002, 845 (Parteienfinanzierung); NJW 2005, 126 (Fehlende Rechenschaftsberichte); NVwZ 2013, 1271 (Anerkennung einer Vereinigung als Partei); NVwZ 2015, 209 (Äußerung ggü NPD); NJW 2017, 611 (NPD-Parteiverbotsverfahren); NJW 2018, 928 (Verletzung des Rechts einer Partei auf Chancengleichheit im politischen Wettbewerb durch Pressemitteilung einer Bundesministerin); BVerwGE 31, 368 (Überlassung von öffentlichen Einrichtungen (hier: Stadthalle) an politische Parteien); BVerwG NVwZ 1995, 1134 („streitbare Demokratie"); NVwZ 1997, 66 (Verbot der „Deutschen Alternative"); NJW 2000, 824 (Beobachtung einer politischen Partei durch Amt für Verfassungsschutz); NJW 2000, 3728 (Staatliche Parteienfinanzierung); OVG Münster NVwZ 2000, 336 (Staatliche Parteienfinanzierung); VGH Mannheim NJW 2012, 1095 (Überlassung von Schulräumen an politische Partei); BGHZ 101, 193 (Aufnahmezwang von Mitgliedern in politischen Parteien)

A. Die Funktion der Parteien in der parlamentarischen Demokratie

Der verfassungsrechtliche Status der politischen Parteien ergibt sich aus Art. 21 I GG. 370
Die Vorschrift geht davon aus, dass in einer Parteiendemokratie ohne ausgeprägte plebiszitäre Elemente die Mitarbeit in einer Partei die wohl wichtigste und entscheidende Möglichkeit der Menschen ist, an der politischen Willensbildung mitzuwirken.[989] Durch die Parteien können die Staatsbürger über die bloße Stimmabgabe bei den Wahlen hinaus im politischen Bereich tätig werden. In der Bundesrepublik Deutschland ist – wie sich einfachgesetzlich aus § 6 BWahlG ergibt – politisch aktives Handeln faktisch nur durch das Medium der Parteien möglich.[990] Danach ist die Bundestagswahl vom Prinzip her eine Parteienwahl.

I. Begriff der politischen Partei

Das Grundgesetz nennt in Art. 21 zwar die politischen Parteien (von lat.: pars = der 371
Teil), definiert sie aber nicht. Der Begriff der politischen Partei ist aber in § 2 I PartG legaldefiniert:

„Parteien sind Vereinigungen von Bürgern, die dauernd oder für längere Zeit für den Bereich des Bundes oder eines Landes auf die politische Willensbildung Einfluss nehmen und an der Vertretung des Volkes im Deutschen Bundestag oder einem Landtag mitwirken wollen, wenn sie nach dem Gesamtbild der tatsächlichen Verhältnisse, insbesondere nach Umfang und Festigkeit ihrer Organisation, nach Zahl ihrer Mitglieder und nach ihrem Hervortreten in der Öffentlichkeit eine ausreichende Gewähr für die Ernsthaftigkeit dieser Zielsetzung bieten."

[989] Vgl. dazu auch BVerfGE 44, 125, 145; BVerfG NVwZ 2015, 209, 210; BVerfG NJW 2018, 928, 929 f.
[990] Vgl. etwa *Ipsen*, in: Sachs, GG, Art. 21 Rn 5 f.

372 Zwar kann eine einfachgesetzliche Formulierung schon rechtsmethodisch keinen verfassungsrechtlichen Begriff definieren, weil es anderenfalls der einfache Gesetzgeber in der Hand hätte, über die Auslegung eines verfassungsrechtlichen Begriffs zu entscheiden und ggf. eine Einengung vorzunehmen, die zu einem Parteienbegriff führt, der seinen Wünschen und seiner politischen Ausrichtung entspricht. Jedoch hat das BVerfG entschieden, dass der Begriff der Partei in § 2 I PartG eine verfassungsgemäße Konkretisierung des Art. 21 GG darstelle.[991] Entscheidend kommt es auf die **Dauerhaftigkeit** und die **Zielsetzung** an, in einem **Parlament** (des Bundes oder eines Landes) **vertreten zu sein** und dort an der politischen Willensbildung des Volkes mitzuwirken. Schließlich muss die Gewähr für die **Ernsthaftigkeit** dieser Zielsetzung bestehen (insbesondere nach Umfang und Festigkeit der Organisation, Zahl der Mitglieder, Hervortreten in der Öffentlichkeit).

- Das Merkmal **„dauernd oder für längere Zeit"** fehlt noch nicht, wenn eine Partei bis zu 6 Jahre lang (vgl. § 2 II S. 1 PartG) nicht an Wahlen teilgenommen hat.[992] Eine kürzere Frist wäre aber unzulässig.
- Die Zielsetzung, in einem **Parlament** (des Bundes oder eines Landes) **vertreten zu sein**, bedeutet das Bestreben nach dauerhafter oder längerfristiger Einflussnahme auf die politische Willensbildung[993] in einem Parlament auf Bundes- bzw. Landesebene. Daher fallen Parteien, die lediglich an Kommunalwahlen teilnehmen und es sich nicht zum Ziel gesetzt haben, in einem Parlament vertreten zu sein (sog. **Rathausparteien**), nicht unter den Begriff der politischen Partei i.S.d. Art. 21 GG, § 2 I PartG.[994] Insbesondere ist der Gemeinderat kein Parlament, obwohl er durch Wahl demokratisch legitimiert ist, da er lediglich ein gewähltes Selbstverwaltungsorgan darstellt.
- Durch die ausreichende **Gewähr für die Ernsthaftigkeit** der o.g. Zielsetzung soll ausgeschlossen werden, dass sich „Zufallsbildungen von kurzer Lebensdauer um Wähler bewerben"[995]. Die Ernsthaftigkeit muss sich durch objektive Kriterien über die Fähigkeit zur Erfüllung der Aufgaben einer Partei belegen lassen.[996] Während der Gründungsphase sind jedoch abgeschwächte Anforderungen an die Fähigkeit zur Erfüllung der Aufgaben zu stellen. Jedenfalls nicht als Parteien anzusehen sind Vereinigungen, die nach ihrem Organisationsgrad und ihren Aktivitäten offensichtlich nicht imstande sind, auf die politische Willensbildung des Volkes Einfluss zu nehmen, und bei denen infolgedessen die Verfolgung dieser Zielsetzung erkennbar unrealistisch und aussichtslos ist und damit nicht (mehr) als ernsthaft eingestuft werden kann.[997] Der Umstand, dass der neu gegründeten Partei (vorerst) nur 42 Mitglieder angehören, steht der Ernsthaftigkeit nicht entgegen.[998]
- Zur **Mitwirkung an der politischen Willensbildung des Volkes** vgl. Rn 378.

373 Auch Parteien, die die **freiheitliche demokratische Grundordnung bekämpfen**, sind (zunächst) Parteien i.S.d. Art. 21 GG.[999] Allerdings kann gem. Art. 21 II, IV Var. 1 GG ihre **Verfassungswidrigkeit** festgestellt werden (Rn 414 ff.).

---

[991] BVerfGE 24, 260, 263 f.; 79, 379, 384; 91, 262, 267; BVerfG NVwZ 2013, 1271; BVerwG NVwZ 1997, 66.
[992] BVerfGE 24, 260, 265; 89, 266, 271; BVerwG NVwZ 1997, 66.
[993] Politische Willensbildung findet primär durch Wahlen und Abstimmungen statt, aber auch im gesamten Prozess öffentlicher Auseinandersetzung (vgl. BVerfGE 8, 51, 68; 85, 264, 284; 91, 262, 268 f.).
[994] So ausdrücklich BVerfGE 6, 367, 372 f.; 47, 253, 272; 69, 92, 104; 78, 350, 357 ff.; VerfGH NRW NVwZ-RR 2017, 753; *Sannwald*, in: Schmidt-Bleibtreu/Hofmann/Henneke, GG, Art. 21 Rn 19; a.A. *Pieroth*, in: J/P, GG, Art. 21 Rn 7; *Hesse*, Grundzüge des VerfR, Rn 168; *Kunig*, in: HdbStR II, S. 127 f.; *v. Münch*, in: v. Münch/Kunig, GG, Art. 21 Rn 14 mit der Begründung, dass auch auf Kommunalebene eine politische Willensbildung stattfinde und auch in Gemeinden gem. Art. 28 I S. 2 GG Wahlen i.S.d. Art. 20 II GG durchgeführt würden.
[995] BVerfGE 91, 262, 270. Vgl. auch BVerfG NVwZ 2013, 1271 f.
[996] BVerfGE 91, 262, 270; BVerwG NVwZ 1997, 66.
[997] BVerwG NVwZ 1997, 66 zum Verbot der „Deutschen Alternative".
[998] BVerfG NVwZ 2013, 1271 f.
[999] BVerfGE 47, 198, 223. Vgl. auch BVerfG NVwZ 2015, 209, 210; BVerfG NJW 2017, 611, 618; VGH Kassel 23.2.2018 – 8 B 23/18 (Nutzung Stadthalle durch NPD).

II. Gründungsfreiheit und innere Ordnung der politischen Parteien

Kennzeichnend für eine Partei ist der **freiwillige Zusammenschluss** von natürlichen Personen. Eines staatlichen Mitwirkungsakts, wie das etwa bei der Zulassung zur Beteiligung an Wahlen der Fall ist, bedarf es nicht.[1000] Ein solcher staatlicher Mitwirkungsakt stünde auch mit einem demokratischen Gemeinwesen in Widerspruch und verstieße gegen Art. 21 I S. 2 GG.[1001] Die Gründung einer politischen Partei erfolgt durch Rechtsgeschäft. Traditionell werden Parteien als Vereine gegründet. Sie können unter ihrem Namen klagen und verklagt werden, § 3 PartG. 374

Die innere Ordnung der Parteien muss den **demokratischen Grundsätzen** verpflichtet sein, Art. 21 I S. 3 GG. Das PartG, das gem. Art. 21 V GG eine nähere Regelung darstellt, enthält in den §§ 6 ff. eine Vielzahl von Vorschriften, die dieses verfassungsrechtliche Postulat konkretisieren. Der Begriff „demokratische Grundsätze" verweist grundsätzlich auf das Demokratieprinzip. Das bedeutet, dass die Willensbildung demokratisch, d.h. „von unten nach oben", erfolgen muss und nicht „von oben nach unten" erfolgen darf.[1002] 375

Das Gebot einer demokratischen inneren Ordnung ist eine Selbstverständlichkeit. Es wäre mit dem Demokratieprinzip der Bundesrepublik Deutschland schlechterdings unvereinbar, wenn die politischen Parteien, die über die Fraktionen im Bundestag bei der Gesetzgebung mitwirken, nicht selbst den Grundsätzen einer Demokratie entsprächen müssten. 376

In Fällen, in denen die Abkehr von demokratischen Organisationsgrundsätzen in der inneren Ordnung einen solchen Grad erreicht, dass sie nur als Ausdruck einer grundsätzlich demokratiefeindlichen Haltung erklärbar ist, liegen die Voraussetzungen für ein Verbot (Rn 414 ff.) vor.[1003] Satzungsbestimmungen, die die Unvereinbarkeit der innerparteilichen Ordnung manifestieren, sowie die auf ihrer Grundlage gefassten Beschlüsse sind nichtig.[1004] Die Nichtigkeitsfolge kann auf § 134 BGB gestützt werden. Die Verletzung der in § 21 BWahlG normierten Voraussetzungen für die Aufstellung von Bundestagskandidaten kann gem. § 26 I Nr. 2 BWahlG durch die Zurückweisung des Wahlvorschlags sanktioniert werden. Zu Wahlfehlern vgl. Rn 150 f. 377

III. Mitwirkung bei der „politischen Willensbildung des Volkes"

Art. 21 I S. 1 GG statuiert das Recht (und aufgrund der Formulierung: „wirken ... mit" die Pflicht) der Parteien, bei der politischen Willensbildung des Volkes mitzuwirken.[1005] Diese Mitwirkung bei der politischen Willensbildung des Volkes besteht in der Aufgabe, an in der Bevölkerung bestehende politische Meinungen anzuknüpfen, (Partei-) Programme entsprechend den Zielen der Partei aufzustellen und auf deren Grundlage Kandidaten zu den Wahlen zu präsentieren. Durch die Verfassungsbestimmung des Art. 21 I GG werden die Parteien zudem in den Rang **verfassungsrechtlicher Institutionen** erhoben.[1006] Gleichwohl zählen sie nicht zu den (obersten) Verfassungsorganen; vielmehr bleiben sie „frei gebildete, im gesellschaftlich-politischen Bereich wurzelnde Gruppen"[1007]. Damit stehen die politischen Parteien **zwischen** 378

[1000] BVerwG NJW 2000, 824, 825.
[1001] Vgl. auch BVerfG NJW 2018, 928, 929 f.
[1002] BVerfGE 2, 1, 40; *Sannwald*, in: Schmidt-Bleibtreu/Hofmann/Henneke, GG, Art. 21 Rn 70.
[1003] BVerfGE 2, 1, 14.
[1004] *Pieroth*, in: J/P, GG, Art. 21 Rn 26; *Morlok*, in: Dreier, GG, Art. 21 Rn 129.
[1005] Vgl. auch BVerfGE 61, 1, 11 f.
[1006] BVerfGE 2, 1, 73; 20, 56, 101; 69, 92, 110. Vgl. auch BVerfG NVwZ 2015, 209, 210.
[1007] BVerfGE 20, 56, 101 f.; BVerwG NJW 2000, 824, 825; BVerfG VR 2014, 71 f.

Staat und Gesellschaft. Gleichwohl sind sie aber parteifähig in einem Organstreitverfahren (vgl. dazu Rn 628).

379 Art. 21 I S. 1 GG gewährleistet, dass die Parteien, soweit irgend möglich, auf der Basis gleicher Rechte und gleicher Chancen an der politischen Willensbildung des Volkes und am politischen Wettbewerb teilnehmen können, und zwar nicht nur im Vorfeld von Wahlen, sondern im gesamten Bereich des öffentlichen Lebens.[1008] Das schließt das Recht ein, durch Veranstaltungen und Kundgebungen am politischen Wettbewerb teilzunehmen. Insbesondere für Oppositionsparteien stellen Demonstrationen (und Kundgebungen) ein wichtiges Mittel des politischen Meinungskampfs dar.[1009]

380 Die hervorgehobene Stellung der Parteien im Staat wirkt sich auch bei der Vergabe von (öffentlichen) Ämtern aus: Oft ist die Zugehörigkeit zu einer bestimmten Partei ausschlaggebendes Kriterium für die personelle Auswahl bei der Ämtervergabe. Diese „Ämterpatronage" ist mit dem Demokratieprinzip nicht vereinbar und sogar durch die Regelung des Art. 33 II GG für den Bereich des Beamtenrechts unzulässig. Eine Ausnahme besteht jedoch für die sog. politischen Beamten (Staatssekretäre, Ministerialdirektoren usw., vgl. § 36 BBG, § 30 I BeamtStG i.V.m. den Landesbeamtengesetzen), da dort die besondere politische Loyalität zum (politischen) Vorgesetzten im Vordergrund steht.

B. Die Chancengleichheit der politischen Parteien

I. Materieller und formeller Gleichheitssatz

381 Unter Zugrundelegung des Art. 21 I S. 1 GG müssen nach der Rechtsprechung des BVerfG alle Parteien **formal gleichbehandelt** werden.[1010] Dies folgt aus der Überlegung, dass die Entscheidung des Wählers nur dann in voller Freiheit gefällt werden kann, wenn die Parteien gleichberechtigt und mit gleichen Chancen am Prozess der Meinungs- und Willensbildung des Volkes sowie am politischen Wettbewerb teilnehmen können.[1011] Staatsorgane (insbesondere Regierungsmitglieder[1012]), die parteiergreifend zugunsten oder zulasten einer politischen Partei auf den Wahlkampf einwirken, verstoßen gegen das Gebot der Neutralität des Staates im Wahlkampf und verletzen die Chancengleichheit der betroffenen Partei.[1013] Das gilt nicht nur für den Wahlvorgang selbst, sondern auch für die Wahlvorbereitung.[1014]

Die auf Art. 21 I GG[1015] gestützte formale Gleichbehandlung steht dogmatisch im Gegensatz zur materiellen Gleichbehandlung. Der materielle Gleichheitssatz, der auch dem Art. 3 I GG zugrunde liegt, besagt, dass eine Ungleichbehandlung zulässig ist, wenn sie auf sachlichen Gründen basiert, also nicht willkürlich erfolgt. Der formale Gleichheitssatz verbietet dagegen von vornherein jegliche Ungleichbehandlung.

382 In einigen Entscheidungen legt das BVerfG auch den materiellen Gleichheitssatz des Art. 3 I GG zugrunde.[1016] Das hat zum einen wohl den Grund, dass somit sachliche Differenzierungen zugelassen werden können.[1017] Zum anderen ist Art. 21 GG kein

---

[1008] Vgl. auch BVerfG NJW 2018, 928, 929 f.
[1009] Vgl. auch BVerfG NJW 2018, 928, 929 f.
[1010] BVerfGE 82, 322, 337; BVerfG NVwZ 2014, 1156, 1158; NVwZ 2015, 209, 210; OVG Saarlouis NVwZ 2018, 183, 184.
[1011] BVerfG NVwZ 2015, 209, 210. Vgl. auch BVerfG NJW 2018, 928, 929 f.
[1012] Siehe dazu im Einzelnen BVerfG NJW 2018, 928, 929 f. (dazu oben Rn 84 ff.).
[1013] BVerfG NVwZ 2015, 209, 211 mit Verweis auf BVerfGE 44, 125, 146 und BVerfG NJW 2014, 2563, 2564.
[1014] BVerfG NVwZ 2015, 209, 211 mit Verweis auf BVerfGE 44, 125, 146. Zur Neutralitätspflicht der Staatsorgane vgl. Rn 84 ff.
[1015] I.V.m. Art. 38 I GG, wenn es um Bundestagswahlen geht, und i.V.m. Art. 28 I GG, wenn es um Landtagswahlen geht (*Muckel*, JA 2017, 523, 525).
[1016] BVerfGE 7, 99, 107; 47, 198, 225; 85, 264, 312; anders BVerfGE 91, 262, 269; 91, 276, 286.
[1017] Wobei das auch bei Art. 21 GG i.V.m. Art. 38 I GG bzw. Art. 21 GG i.V.m. Art. 28 I GG möglich wäre.

Grundrecht bzw. grundrechtsgleiches Recht i.S.d. Art. 93 I Nr. 4a GG, sodass eine Verfassungsbeschwerde nur zulässig ist, wenn auf Art. 3 I GG abgestellt wird.[1018] Daher bietet es sich an, die Gleichbehandlung sowohl auf Art. 21 GG als auch auf Art. 3 I GG zu stützen – i.V.m. einfachgesetzlichen Vorschriften (etwa § 5 PartG).

II. Das Parteiengesetz

Die Träger öffentlicher Gewalt sind nicht von Verfassungs wegen verpflichtet, Parteien öffentliche Einrichtungen zur Verfügung zu stellen, damit diese ihre Aufgaben (z.B. Abhalten von Parteitagen) erfüllen können. Werden aber derartige Leistungen (an andere Parteien) erbracht, kann sich ein Anspruch auf Gleichbehandlung ergeben. In Konkretisierung der Art. 21 und 38 GG i.V.m. Art. 3 I GG sollen gem. § 5 I S. 1 PartG alle Parteien gleichbehandelt werden, wenn ein Träger öffentlicher Gewalt den Parteien Einrichtungen zur Verfügung stellt oder andere öffentliche Leistungen gewährt. Jedoch kann nach h.M. der Umfang der Gewährung nach der Bedeutung der Parteien bis zu dem für die Erreichung ihres Zwecks erforderlichen Mindestmaß abgestuft werden, § 5 I S. 2 PartG (**Prinzip der abgestuften Chancengleichheit**). Die Bedeutung einer Partei bemisst sich insbesondere nach den vorangegangenen Wahlergebnissen, § 5 I S. 3 PartG. Sofern eine Partei im Bundestag in Fraktionsstärke vertreten ist, muss der Umfang der Gewährung mindestens halb so groß sein wie für jede andere Partei, § 5 I S. 4 PartG. 383

Die Regelung des § 5 I PartG ist nach Auffassung des BVerfG sowohl mit Art. 3 I GG als auch mit Art. 21 GG vereinbar, da ein sachlicher Grund für die unterschiedliche Behandlung bestehe. Dieser bestehe in der unterschiedlichen Bedeutung der einzelnen Parteien für die Willensbildung des Volkes. Es würde gerade gegen Art. 3 I GG und Art. 21 GG verstoßen, wenn kleine, für die Willensbildung des Volkes weniger bedeutende Parteien den gleichen umfänglichen Anspruch auf Leistung (etwa bei der Vergabe von Sendezeiten zur Wahlwerbung) hätten wie die großen Volksparteien.[1019] Dem kann nicht unwidersprochen bleiben, weil dadurch bestehende Machtverhältnisse gesichert und den kleinen Parteien damit Chancen genommen werden. Einer dem Demokratieprinzip wirklich gerecht werdenden Chancengleichheit entspräche es, allen (zur Wahl zugelassenen) Parteien dieselben Bedingungen zu verschaffen. Zum in einer Demokratie an sich selbstverständlichen Minderheitenschutz vgl. bereits Rn 77f; zur Wahlwerbung Rn 86 ff.

Der Hauptanwendungsbereich des § 5 PartG liegt in der Vergabe von **Stadthallen**[1020] 384 (oder Schulräumen[1021]) zur Abhaltung von Parteitagen oder (i.V.m. den Regelungen des Rundfunkstaatsvertrags bzw. der Rundfunkgesetze) in der Vergabe von **Sendezeiten** im öffentlich-rechtlichen Rundfunk im Rahmen der Wahlwerbung. Die Formulierung „sollen" in § 5 I S. 1 PartG bedeutet im Grundsatz, dass die gewünschte Verwaltungsentscheidung in der vorgesehenen Weise getroffen werden muss. In Ausnahmefällen (atypische Situationen) darf aber von der vorgesehenen Rechtsfolge abgerückt werden. Die Behörde ist dann, weil sie von einem rechtlich gebundenen Ermessen Gebrauch macht, nach § 39 I S. 3 VwVfG verpflichtet, die Abweichung besonders zu begründen.

Zur verwaltungsrechtlichen Prüfung eines Anspruchs auf **Benutzung einer öffentlichen** 385 **Einrichtung** (Stadthalle etc.) vgl. *R. Schmidt*, AllgVerwR, Rn 1031 ff. Zum Anspruch einer politischen Partei auf Kontoeröffnung bei einer öffentlichen Sparkasse vgl. ebenda Rn 1036/1037.

[1018] Bei einem Organstreitverfahren käme es insoweit nicht darauf an, da sich die Parteifähigkeit nicht aus Grundrechten oder grundrechtsgleichen Rechten ergibt, sondern aus Art. 93 I Nr. 1 GG (dazu Rn 628).
[1019] Vgl. BVerfGE 24, 300, 354; a.A. *Ipsen*, Rn 167 und *Ipsen*, in: Sachs, GG, Art. 21 Rn 41.
[1020] Vgl. nur VGH Kassel 23.2.2018 – 8 B 23/18 (Überlassung von Stadthalle an NPD).
[1021] Vgl. dazu VGH Mannheim NJW 2012, 1095 f. (Überlassung von Schulräumen an NPD).

386 Hinsichtlich der Vergabe von **Sendezeiten** im öffentlich-rechtlichen Rundfunk im Rahmen der Wahlwerbung fordert § 5 I PartG nicht nur die Gleichbehandlung der Parteien (vgl. § 5 I S. 1 PartG), sondern stellt zugleich klar, dass eine Abstufung der Chancengleichheit bis zu dem Maße zulässig ist, bis zu dem der Zweck einer Wahlwerbung noch erreicht werden kann (vgl. § 5 I S. 2 PartG: **Prinzip der abgestuften Chancengleichheit**). Das BVerwG betont aber, dass trotz aller Abstufung eine wirksame Wahlwerbung in angemessenem Umfang der Partei möglich sein muss.[1022] Das Recht auf Wahlwerbung („Wahlwerbespots") und damit ein Zulassungsanspruch bestehen daher grundsätzlich auch dann, wenn **ausländerfeindliche** und **rechtsextremistische** Äußerungen getätigt werden, solange keine Menschenwürdeverletzung (ergänze: auch kein Verstoß gegen die FDGO) vorliegt.[1023]

Beispiel[1024]**:** Anlässlich einer Wahl beantragt die nicht verbotene politische P-Partei die Ausstrahlung eines Werbespots im Hörfunk folgenden Inhalts: „Seit der willkürlichen Grenzöffnung 2015 und der seither unkontrollierten Massenzuwanderung werden Deutsche fast täglich zu Opfern (...). Jetzt gilt es zu handeln und Schutzzonen für unsere Sicherheit zu schaffen. Denn diese Sicherheit ist in Gefahr. Viele Städte und Stadtteile sind inzwischen zu No-Go-Areas für uns Deutsche geworden. Das wollen wir nicht hinnehmen (...). Weil der Staat wegsieht oder nicht mehr in der Lage ist zu handeln, hat die P-Partei mit ihrer »Schutzzonen-Kampagne« selbst die Initiative ergriffen. Wir reden nicht nur, wir sind da, wo der Bürger uns braucht. Schutzzonen sind Orte, an denen sich Deutsche sicher fühlen sollen."

Der Antrag auf Ausstrahlung wurde vom Intendanten der Rundfunkanstalt mit der Begründung abgelehnt, der Werbespot erfülle den Tatbestand der Volksverhetzung (§ 130 StGB). P fühlt sich in ihren Rechten aus Art. 3 I GG, Art. 21 I S. 1 GG i.V.m. § 5 I PartG (und der Regelung des Landesrundfunkgesetzes) verletzt.

Der VGH Kassel hat entschieden, dass Rundfunkanstalten wegen des Parteienprivilegs nicht befugt sind, die Ausstrahlung einer Wahlsendung wegen verfassungsfeindlicher Äußerungen zu verweigern; sie seien auch im Übrigen nur dann zur Zurückweisung von Wahlwerbespots berechtigt, wenn ein Verstoß gegen allgemeine Strafgesetze „evident ist und nicht leicht wiegt". Bei der Prüfung der von den Parteien in eigener Verantwortung und lediglich mit den technischen Mitteln des Senders auszustrahlenden Werbespots sei den Intendanten von Verfassungs wegen eine deutliche Zurückhaltung auferlegt, die nur bei evidenter, handgreiflicher Strafbarkeit eine Zurückweisung zulasse. In Zweifelsfällen seien zugunsten der politischen Parteien die vorgelegten Wahlspots zur Ausstrahlung freizugeben.[1025] Im vorliegenden Werbespot sei durch die Äußerung zwar die Ehre oder das allgemeine Persönlichkeitsrecht eines anderen tangiert, jedoch stelle die Zuschreibung krimineller Neigungen kein – was für die Annahme einer Verletzung der Menschenwürde erforderlich wäre – Absprechen des Achtungsanspruchs als Mensch dar. Schließlich sei keine evidente Verwirklichung des § 130 StGB erkennbar.

Ergebnis: Die Ablehnung des Antrags auf Ausstrahlung durch den Intendanten der Rundfunkanstalt war rechtswidrig und verletzte die P-Partei in ihren Rechten aus Art. 3 I GG, Art. 21 I S. 1 GG i.V.m. § 5 I PartG (und der Regelung des Landesrundfunkgesetzes).

[1022] BVerwGE 47, 280, 291.
[1023] VGH Kassel ZUM-RD 2019, 415, 417 f.
[1024] VGH Kassel ZUM-RD 2019, 415.
[1025] VGH Kassel ZUM-RD 2019, 415, 417 (mit Verweis auf BVerfGE 47, 198 ff.).

III. Rechtsschutz in Bezug auf die Chancengleichheit

Wird von einer politischen Partei die Verletzung der Chancengleichheit seitens des Gesetzgebers oder der Bundesregierung geltend gemacht, ist ein Antrag im **Organstreitverfahren** statthaft.[1026] Das Organstreitverfahren greift aber nicht bei der Vergabe von öffentlichen Einrichtungen kommunaler Gebietskörperschaften oder bei der Vergabe von Sendezeiten im Rundfunk, denn zum einen sind die Träger dieser Institutionen in einem Organstreitverfahren nicht parteifähig (vgl. Art. 93 I Nr. 1 GG, §§ 13 Nr. 5, §§ 63 ff. BVerfGG)[1027] und zum anderen handelt es sich hier nicht um spezifisches Verfassungsrecht, das den Streit entscheidet. In diesem Fall steht der **Verwaltungsrechtsweg** offen.[1028] Gleichwohl ist den politischen Parteien der Gang zum BVerfG nicht gänzlich verwehrt, da sie gegen das letztinstanzliche Gerichtsurteil **Verfassungsbeschwerde** (Art. 93 I Nr. 4a, §§ 13 Nr. 8a, 90 ff. BVerfGG) erheben können.[1029] Auch ist eine **konkrete Normenkontrolle** statthaft, wenn ein Gericht ein Gesetz, auf dessen Gültigkeit es bei der Entscheidung ankommt, für verfassungswidrig hält (vgl. Art. 100 I GG). **387**

Sollte einer Vereinigung die Anerkennung als Partei für die Wahl zum Bundestag (vgl. § 18 IV BWahlG) versagt werden, steht ihr das Verfahren nach Art. 93 I Nr. 4c GG i.V.m. §§ 13 Nr. 3a, 96a ff. BVerfGG zur Verfügung. **388**

C. Die Parteienfinanzierung

I. Unmittelbare Parteienfinanzierung

Art. 21 I S. 1 GG statuiert die Pflicht der politischen Parteien, an der Willensbildung des Volkes mitzuwirken[1030] (Rn 378). Es könnte daher angenommen werden, dass der Staat auch von Verfassungs wegen dafür Sorge tragen muss, dass die Parteien zumindest mit einem Grundbestand an Mitteln versorgt werden, damit diese ihre Aufgabe überhaupt im Ansatz erfüllen können.[1031] Das geltende Verfassungsrecht geht jedoch nicht so weit und gewährt keinen grundsätzlichen verfassungsrechtlich verbürgten Anspruch der Parteien auf Parteienfinanzierung. Wegen des aus Art. 21 I GG abgeleiteten und damit verfassungsrechtlich verbürgten Grundsatzes der Chancengleichheit der politischen Parteien sowie des aus Art. 21 IV GG folgenden Parteienprivilegs (Rn 408) ist der Staat aber daran gehindert, eine (lediglich) politisch unerwünschte Partei von der staatlichen Parteienfinanzierung auszuschließen (siehe Rn 424 a.E.). Ein Ausschluss ist lediglich unter den Voraussetzungen des Art. 21 III, IV Var. 2, V GG i.V.m. §§ 13 Nr. 2a, 43 ff., 46a BVerfGG zulässig (siehe dazu Rn 407a). **389**

Davon unbeschadet gewährt jedenfalls das einfache Recht einen Anspruch auf staatliche Parteienfinanzierung. Gemäß § 18 I S. 1 PartG gewährt der Staat den Parteien Mittel als Teilfinanzierung der allgemein ihnen nach dem Grundgesetz obliegenden Tätigkeit. Der Staat kommt dieser Verpflichtung nach und regelt nicht nur die finanzielle Ausstattung der Parteien über die Erstattung von Wahlkampfkosten (unmittelbare

---

1026 BVerfGE 60, 53, 61 f.; 66, 107, 115; 73, 1, 27; VerfG MeckVor NJ 2001, 138. Zur Parteifähigkeit von politischen Parteien vgl. Rn 628.

1027 Eine politische Partei wäre dagegen parteifähig im dargelegten Sinn. Zwar sind sie in § 63 BVerfGG nicht genannt, Art. 93 I Nr. 1 GG spricht aber von anderen Beteiligten, die u.a. durch das GG mit eigenen Rechten ausgestattet sind. Politische Parteien sind gem. Art. 21 GG mit eigenen Rechten (und Pflichten) ausgestattet, nämlich an der Willensbildung des Volkes mitzuwirken. Somit sind sie parteifähig.

1028 Dazu etwa OVG Saarlouis NVwZ 2018, 183, 184.

1029 Beispiele: BVerfGE 7, 99, 103; 47, 198, 223; 82, 54, 57.

1030 So ausdrücklich auch BVerfGE 61, 1, 11 f.

1031 Ebenso *Sannwald*, in: Schmidt-Bleibtreu/Hofmann/Henneke, GG, Art. 21 Rn 92, nach dessen Auffassung die Frage aber letztlich dahinstehen kann, weil eine tatsächliche Unterstützung seitens des Staats besteht; a.A. BVerfGE 73, 40, 85 f.

Parteienfinanzierung), sondern auch die steuerliche Abzugsfähigkeit von Parteispenden (mittelbare Parteienfinanzierung). Darüber hinaus gewährt er sonstige öffentliche Leistungen.

390 Die Unterstützung der Parteien durch den Staat darf aber nicht dazu führen, dass die Parteien in ein Abhängigkeitsverhältnis zum Staat geraten, denn anderenfalls wäre die Mitwirkung an der politischen Willensbildung des Volkes nicht gewährleistet. Im Grundsatz muss daher gelten, dass die Parteien nicht nur politisch, sondern auch wirtschaftlich und organisatorisch auf die Zustimmung und Unterstützung der Bürger angewiesen sind. Die Grenze der staatlichen Parteienfinanzierung liegt demgemäß dort, wo die Parteien der Notwendigkeit enthoben werden, sich um die finanzielle Unterstützung durch ihre Mitglieder und ihnen nahestehender Bürger zu bemühen.[1032]

391 Das BVerfG ist daher ursprünglich davon ausgegangen, dass eine pauschale unmittelbare staatliche Finanzierung der Parteien grundsätzlich unzulässig sei. Zulässig sei lediglich die Erstattung der Kosten eines angemessenen Wahlkampfes, weil die Abhaltung von Wahlen eine öffentliche Aufgabe sei, bei deren Durchführung den Parteien eine besondere Rolle zukomme.[1033] Das PartG in seiner früheren Fassung sah demgemäß vor, dass der Gesamtbetrag der Wahlkampfkosten mit zuletzt 5,- DM je Wahlberechtigten (und nicht etwa je abgegebene Stimme) pauschaliert gezahlt wird (§ 18 I PartG a.F.), sodass er unabhängig von der konkreten Wahlbeteiligung war. Dies entsprach trotz der Pauschalierung der Rechtsprechung des BVerfG, da es sich lediglich um eine Wahlkampfkostenerstattung handelte.

392 Das BVerfG hat später unter Aufgabe seiner vorherigen Rechtsprechung zur Wahlkampfkostenerstattung es für zulässig erachtet, dass den Parteien unmittelbare Zuwendungen für die Finanzierung der ihnen nach dem Grundgesetz obliegenden Aufgaben gewährt werden dürfen.[1034] Inzwischen ist das PartG mehrfach grundlegend geändert worden. Der Staat gewährt den Parteien nunmehr „Mittel als Teilfinanzierung der allgemein ihnen nach dem Grundgesetz obliegenden Tätigkeit", für deren Verteilung der Erfolg, den eine Partei bei den Wählern bei Europa-, Bundestags- und Landtagswahlen erzielt, sowie die Summe der Mitgliedsbeiträge und Spenden den Maßstab bilden (§ 18 I PartG). Dabei erhalten die Parteien gem. § 18 III S. 1 PartG jährlich im Rahmen der staatlichen Parteienfinanzierung für jede für ihre jeweilige Liste bei den Europa-, Bundestags- und Landtagswahlen abgegebene gültige Stimme (bzw. für jede in einem Wahlkreis abgegebene gültige Stimme, wenn in einem Land eine Liste für diese Partei nicht zugelassen war) 0,83 € und für jeden ihr zugewandten Spenden- oder Beitragseuro 0,45 € (§ 18 III S. 1 PartG). Abweichend hiervon erhalten die Parteien für die von ihnen jeweils erzielten bis zu 4 Mio. gültigen Stimmen 1,00 € je Stimme (sog. **Sockelbetrag**, vgl. § 18 III S. 2 PartG).

393 Die Gewährung staatlicher Mittel für Wählerstimmen setzt voraus, dass die betreffende Partei nach dem endgültigen Wahlergebnis der jeweils letzten Europa- oder Bundestagswahl mindestens 0,5 % oder bei einer Landtagswahl 1,0 % der für die Listen abgegebenen gültigen Stimmen erreicht hat (§ 18 IV S. 1 PartG). Nach § 18 V S. 1 PartG darf die Höhe der staatlichen Teilfinanzierung bei einer Partei die Summe ihrer jährlich selbst erwirtschafteten Einnahmen nicht überschreiten (sog. **relative Obergrenze**). Die Summe der Finanzierung aller Parteien darf gem. § 18 V S. 2 PartG die in § 18 II PartG normierte **absolute Obergrenze** nicht überschreiten.

[1032] Vgl. BVerfGE 8, 51, 63; 85, 264, 285 sowie *Bäcker*, NVwZ 2000, 284; *Sannwald*, in: Schmidt-Bleibtreu/Hofmann/Henneke, GG, Art. 21 Rn 92.
[1033] Vgl. zur früheren Rechtsprechung BVerfGE 20, 56, 96 ff.
[1034] BVerfGE 85, 264, 287.

394 Die Festsetzung und die Auszahlung der staatlichen Mittel sind von den Parteien schriftlich bis zum 30.9. des jeweils laufenden Jahres (Anspruchsjahr) beim Bundestagspräsidenten zu beantragen (§ 19 I S. 1 PartG). Allerdings erfolgt die Festsetzung zugunsten einer Partei, für die schon im Vorjahr staatliche Mittel festgesetzt worden sind, gem. § 19 I S. 5 PartG auch ohne Antrag. Erforderlich ist aber stets die rechtzeitige Vorlage des sog. Rechenschaftsberichts (vgl. § 19a PartG und sogleich Rn 396).

II. Die Rechenschaftspflicht

395 Art. 21 I S. 4 GG bestimmt, dass die Parteien über die Herkunft und Verwendung ihrer Mittel sowie über ihr Vermögen öffentlich Rechenschaft ablegen müssen. Die öffentliche Rechenschaftspflicht bezweckt, „den Prozess der politischen Willensbildung für den Wähler durchschaubar zu machen und ihm zu offenbaren, welche Gruppen, Verbände oder Privatpersonen im Sinne ihrer Interessen durch Geldzuwendungen auf die Parteien politisch einzuwirken suchen"[1035]. Einzelheiten der Rechenschaftspflicht sind gem. Art. 21 V GG in den §§ 18 ff. und 23 ff. PartG geregelt. Die Bestimmungen des PartG über die Offenlegung der Finanzen stellen somit konkretisiertes Verfassungsrecht dar (vgl. dazu bereits Rn 4).[1036]

396 § 23 I PartG statuiert die grundsätzliche Pflicht der Parteien zur Offenlegung ihrer finanziellen Verhältnisse hinsichtlich der Herkunft wie der Verwendung ihrer Mittel in einem Rechenschaftsbericht.[1037] Der Rechenschaftsbericht muss von einem Wirtschaftsprüfer oder einer Wirtschaftsprüfungsgesellschaft geprüft werden (§ 23 II S. 1 PartG) und bis zum 30.9 des folgenden Jahres beim Bundestagspräsidenten eingereicht werden (§ 19a III S. 1 PartG). Bei Vorliegen von besonderen Gründen kann diese Frist um bis zu 3 Monate verlängert werden (§ 19a III S. 2 PartG). Reicht eine Partei ihren Rechenschaftsbericht nicht fristgerecht ein, verliert sie endgültig den auf Zuwendungen bezogenen Anspruch auf staatliche Mittel (Verfall des Zuwendungsanteils, vgl. § 19a III S. 3 PartG). Hat eine Partei ihren Rechenschaftsbericht bis zum 31.12. des dem Anspruchsjahr folgenden Jahres nicht eingereicht, verliert sie endgültig den Anspruch auf staatliche Mittel für das Anspruchsjahr (Verfall des Wählerstimmenanteils, vgl. § 19a III S. 4 PartG). Dabei ist zu beachten, dass die Fristen unabhängig von der inhaltlichen Richtigkeit gewahrt sind, wenn der Rechenschaftsbericht der in § 24 PartG vorgegebenen Gliederung entspricht und den Prüfungsvermerk des Wirtschaftsprüfers bzw. der Wirtschaftsprüfungsgesellschaft trägt (§ 19a III S. 5 PartG).

397 Die inhaltlichen Anforderungen an diesen Rechenschaftsbericht werden in § 24 PartG und weiter in den §§ 26 f. PartG präzisiert. Danach muss der Rechenschaftsbericht eine **Einnahmen- und Ausgabenrechnung** sowie eine vom Gesetz als Vermögensbilanz bezeichnete **Vermögensrechnung** mit **Erläuterungsteil** enthalten (§ 24 I S. 1 PartG). Mit der Pflicht zur Erläuterung der Vermögensrechnung soll insbesondere die Transparenz bei der Darstellung der wirtschaftlichen Unternehmungen der Partei gestärkt werden (§ 24 IV Nrn. 5 u. 6, V Nr. 2 d-e PartG). In der Vermögensbilanz zu erläutern sind zunächst alle Differenzen zwischen dem Saldo der Einnahmen- und Ausgabenrechnung (Nr. 1). Aufzulisten sind ferner alle Beteiligungen an Unternehmen (einschließlich deren Beteiligungen) jeweils mit Name und Sitz sowie unter Angabe des Anteils und der Höhe des Nominalkapitals (Nr. 2). Bei Beteiligungen an Medienunternehmen muss der Rechenschaftsbericht deren

---

[1035] BVerfG NJW 2005, 126, 127; BVerfGE 20, 56, 106; 52, 63, 86 f.; 85, 264, 319. Vgl. auch VG Berlin NJW 2001, 1367 ff. und *Wieland*, NJW 2005, 110 ff.

[1036] BVerfG NJW 2005, 126, 127 f.; a.A. das Minderheitsvotum S. 133.

[1037] Lediglich geringfügige Einnahmen sind gem. § 27 III PartG von der Angabe befreit. Zum Rechenschaftsbericht vgl. auch VG Berlin NJW 2001, 1367. Zur sanktionsbefreienden Selbstanzeige bei Verstößen gegen parteienfinanzierungsrechtliche Vorschriften vgl. BVerwG NVwZ 2017, 151 ff.

Hauptprodukte benennen (Nr. 3). Weil die Angabe des Nominalwerts bei Unternehmensbeteiligungen keine Rückschlüsse auf den wirtschaftlichen Wert der Beteiligung zulässt, sieht Nr. 4 eine Bewertung von Unternehmensbeteiligungen sowie des Haus- und Grundvermögens im Abstand von 5 Jahren vor. Da diese Verpflichtung erstmals für den Rechenschaftsbericht 2003 galt (vgl. § 39 II S. 2 PartG), war folgerichtig auch die erste Bewertung 2003 vorzunehmen. Materiell bestimmt sich die Bewertung nach den Vorschriften des Bewertungsgesetzes und ist von der Partei (nicht vom Wirtschaftsprüfer) vorzunehmen.[1038]

398 Für die Rechnungslegung gelten grundsätzlich die Vorschriften des Handelsrechts. Rechnungsunterlagen sowie Bücher und Bilanzen sind 10 Jahre aufzubewahren (§ 24 II PartG).

399 Gemäß § 23a I S. 1 PartG hat der Bundestagspräsident den vorgelegten Rechenschaftsbericht auf formale und inhaltliche Richtigkeit zu prüfen, sofern (und nur dann!) konkrete Anhaltspunkte für unrichtige Angaben in einem Rechenschaftsbericht vorliegen (§ 23a II PartG). Als Quelle solcher Anhaltspunkte werden in der Begründung des gemeinsamen Gesetzentwurfs (BT-Drs. 14/8778, S. 23)[1039] Zeugenaussagen in Untersuchungsausschüssen oder Ermittlungen von Staatsanwaltschaften bzw. Steuerbehörden genannt. Presseberichte werden dort nicht genannt. Sofern sie aber einen glaubwürdigen Tatsachenkern besitzen, wird man auch in einem solchen Fall eine Prüfungspflicht annehmen müssen. Stellt der Bundestagspräsident nach entsprechender Prüfung eine Unrichtigkeit fest, beziffert er diese in einem Bescheid (§ 23a IV PartG), der die Grundlage für Sanktionen nach §§ 31a-c PartG bildet.

400 Bedeutung erlangt die ordnungsgemäße Erstellung des Rechenschaftsberichts für die staatliche Parteienfinanzierung: Staatliche Mittel dürfen nur festgesetzt werden, wenn ein fristgerechter und inhaltlich korrekter Rechenschaftsbericht eingereicht wird (vgl. § 19a III PartG).

III. Die steuerliche Begünstigung von Mitgliedsbeiträgen und Spenden

401 Zulässig ist auch die mittelbare staatliche Begünstigung durch Gewährung von Steuervorteilen für Parteispenden: Nach § 34g S. 1 Nr. 1, S. 2 EStG mindern Mitgliedsbeiträge und Parteispenden die Steuerschuld um 50 % des Betrags bis zu einer Höhe von 825,- € jährlich. Bei Zusammenveranlagung von Ehegatten (ergänze: und eingetragenen Lebenspartnern) liegt die Grenze bei 1.650,- €. Dabei spielen die Höhe des Einkommens und der persönliche Steuersatz keine Rolle. Die die Höchstgrenzen des § 34g EStG übersteigenden Mitgliedsbeiträge und Spenden sind aber gem. § 10b II EStG als Sonderausgaben bis zur Höhe von insgesamt 1.650 € und im Fall der Zusammenveranlagung von Ehegatten (ergänze: und eingetragenen Lebenspartnern) bis zur Höhe von insgesamt 3.300 € des den § 34g EStG übersteigenden Betrags im Kalenderjahr abzugsfähig.

IV. Parteispenden

402 Einen zentralen Stellenwert bei der privaten Parteienfinanzierung nehmen die **Parteispenden** ein. Deren Annahme ist grundsätzlich erlaubt (vgl. § 25 I S. 1 PartG). Der Begriff der Parteispende ist in § 27 I S. 3 u. 4 PartG legaldefiniert. Danach sind Spenden über Mitglieds- und Mandatsträgerbeiträge (vgl. zu diesen § 27 I S. 1 u. 2 PartG) hinausgehende Zahlungen, insbesondere Aufnahmegebühren, Sonderumlagen und Sammlungen sowie geldwerte Zuwendungen aller Art, sofern sie nicht üblicherweise unentgeltlich von Mitgliedern außerhalb eines Geschäftsbetriebs zur Verfügung ge-

---

[1038] Vgl. *Lenz*, NVwZ 2002, 769, 773.
[1039] Vgl. dazu *Lenz*, NVwZ 2002, 769, 770.

stellt werden. Erbschaften und Vermächtnisse fallen nicht unter den Spendenbegriff, sondern bilden eine Unterform sonstiger Einnahmen nach § 27 II S. 3 PartG.

Von der Partei **erlangt** ist eine Spende, wenn sie in den Verfügungsbereich eines für die Finanzangelegenheiten zuständigen Vorstandsmitglieds oder eines hauptamtlichen Mitarbeiters der Partei gelangt ist (§ 25 I S. 4 Halbs. 1 PartG). Ist auf diese Weise eine Spende erlangt worden, welche die Partei nicht annehmen darf oder (auch das ist denkbar) nicht annehmen möchte, kann die Partei sie (etwa um unerwünschte Sanktionen zu vermeiden) über die Nichterlangungsfunktion des § 25 I S. 4 Halbs. 2 PartG rückgängig machen. Dazu muss sie die Spende unverzüglich (also ohne schuldhaftes Verzögern – vgl. § 121 I BGB) nach ihrem Eingang an den Spender zurückleiten. Nach dem Zweck der Vorschrift wird man den Parteien aber zumindest eine angemessene Zeit zur Beratung über die Zurückweisung einräumen müssen. **403**

Eine Einschränkung des grundsätzlichen Rechts, Parteispenden entgegenzunehmen, besteht zunächst hinsichtlich **Barspenden**. Diese dürfen nach § 25 I S. 2 PartG nur bis zu einem Betrag von **1.000,- €** entgegengenommen werden. Parteisatzungen, die eine großzügigere Obergrenze nennen, sind gemäß der Normenhierarchie insoweit ungültig. Die Nichteinhaltung der Obergrenze wird allerdings durch das PartG nicht sanktioniert.[1040] Damit trägt der Gesetzgeber dem Umstand Rechnung, dass nicht die Annahme von Barspenden, sondern das Unterlassen der Weiterleitung an die für Finanzangelegenheiten zuständigen Vorstandsmitglieder problematisch ist. Folgerichtig statuiert § 25 I S. 3 PartG die Pflicht, dass Parteimitglieder empfangene Barspenden unverzüglich an ein für Finanzangelegenheiten von der Partei satzungsgemäß bestimmtes Vorstandsmitglied weiterzuleiten haben. Unterbleibt die Weiterleitung, greift die Strafvorschrift des § 31d I S. 1 Nr. 3 PartG. Übrige Spenden (Banküberweisungen etc.) sind höhenmäßig nicht begrenzt. **404**

Ein generelles Spendenannahmeverbot (also auch für Barspenden) statuiert die differenzierte Vorschrift des § 25 II PartG. Da diese Vorschrift einen Ausnahmetatbestand zur Grundregel des § 25 I S. 1 PartG darstellt, ist sie im Zweifel eng auszulegen und nicht analogiefähig. Einzelheiten sind der Vorschrift zu entnehmen. **405**

Empfangene Spenden und Mandatsträgerbeiträge sind grundsätzlich zu **veröffentlichen**: **Großspenden** (solche über 10.000,- € pro Kalenderjahr) sind unter Angabe des **Namens** und der **Anschrift** des Spenders sowie der **Gesamthöhe der Spende** im Rechenschaftsbericht zu verzeichnen (§ 25 PartG).[1041] Der Zweck dieser Bestimmung besteht in der Gewährleistung des Öffentlichkeits- und Transparenzgebots des Art. 21 I S. 4 GG auf der Einnahmeseite. Darüber hinaus soll gewährleistet sein, dass der Bürger Kenntnis über mögliche Abhängigkeiten einer Partei von ihren Financiers erlangt. Dem gleichen Zweck dient auch das generelle **Verbot *anonymer* Spenden** (sog. Anonymitätsverbot) oder **Spenden nicht genannter Dritter** (§ 25 PartG).[1042] **406**

Nicht selten kam es vor, dass Großspenden über das Jahr verteilt, also gestückelt geleistet wurden, um die Vorschrift des § 25 PartG zu umgehen. Dies stellte aber einen untauglichen Versuch dar, weil gem. § 25 PartG auf den Gesamtwert der Spenden in einem Kalenderjahr abzustellen ist. Auch werden die Spenden verschiedener Gebietsverbände zusammenge- **406a**

[1040] § 31c I S. 1 PartG ist nicht einschlägig, weil kein Fall eines Verstoßes gegen ein Annahmeverbot nach § 25 II PartG vorliegt. § 31b PartG greift nicht ein, weil die verbuchte Barspende über 1.000,- € keine Unrichtigkeit im Rechenschaftsbericht darstellt (vgl. *Lenz*, NVwZ 2002, 769, 771). Zu den Abgeordnetenspenden vgl. *Ipsen*, NVwZ 2003, 14 ff.
[1041] Durch die Offenlegungspflicht werden zwar Persönlichkeitsrechte (etwa Art. 2 I GG) der Spender berührt, aber nicht verletzt, da die Offenlegung durch Art. 21 I S. 4 GG gefordert und zugleich gerechtfertigt ist. Vgl. dazu *Preuß*, in: Alternativkommentar, Art. 21 Rn 74; *v. Münch*, in: v. Münch/Kunig, GG, Art. 21 Rn 65.
[1042] Vgl. *Morlok*, NJW 2000, 761, 763.

rechnet. Die Verteilung der Spende auf mehrere Strohmänner ist illegal. Falls die begünstigte Partei dies erkennt, darf sie die Spende nicht annehmen, § 25 PartG.

407 Schließlich sind die **Folgen** einer Verletzung spendenrechtlicher Vorschriften aufzuzeigen. Greift die Nichterlangungsfunktion des § 25 I S. 4 Halbs. 2 PartG nicht, kommen die Sanktionen in Betracht: Nach § 31c PartG verliert eine Partei den Anspruch auf staatliche Mittel in dreifacher Höhe der rechtswidrigen oder nicht namhaft gemachten Spende und in doppelter Höhe bei nicht veröffentlichten Spenden. Darüber hinaus besteht gem. § 31a PartG eine Ablieferungspflicht der rechtswidrig erlangten Spenden an das Präsidium des Deutschen Bundestags. Straftatbestände (nebst Strafausschließungsgrund) enthält § 31d I PartG. Daneben sind Untreue (§ 266 StGB) und Betrug (§ 263 StGB) möglich.[1043]

V. Ausschluss von der staatlichen Teilfinanzierung

407a Parteien, die nach ihren Zielen oder dem Verhalten ihrer Anhänger darauf ausgerichtet sind, die freiheitliche demokratische Grundordnung (dazu Rn 421 f.) zu beeinträchtigen oder zu beseitigen oder den Bestand der Bundesrepublik Deutschland zu gefährden, sind von staatlicher Finanzierung ausgeschlossen (Art. 21 III S. 1 GG[1044]). Allerdings bedarf es hierzu einer konstitutiven Entscheidung des BVerfG (Art. 21 IV Var. 2 GG). Das Verfahren hierüber richtet sich nach Art. 21 III, IV Var. 2, V GG, §§ 13 Nr. 2a, 43 ff., 46a BVerfGG. Antragsberechtigt sind gem. § 43 I S. 1 BVerfGG der Bundestag, der Bundesrat und die Bundesregierung.[1045] Gemäß § 43 I S. 2 BVerfGG kann der Antrag hilfsweise zu einem Antrag auf Feststellung der Verfassungswidrigkeit (vgl. zu diesem Rn 415 ff.) gestellt werden. Bis auf § 45 BVerfGG, der für das Verfahren über den Ausschluss staatlicher Parteienfinanzierung nicht gilt (siehe § 46a I S. 4 Halbs. 2 BVerfGG), gelten die Zulässigkeitsvoraussetzungen der §§ 43 ff. BVerfGG. Ist der Antrag über den Ausschluss staatlicher Parteienfinanzierung begründet, stellt das BVerfG fest, dass die Partei für sechs Jahre von der staatlichen Finanzierung nach § 18 PartG ausgeschlossen ist (§ 46a I S. 1 BVerfGG). Eine Verlängerung des Ausschlusses von der staatlichen Finanzierung ist möglich und richtet sich nach § 46a II BVerfGG. In diesem Fall kann das BVerfG auch ohne mündliche Verhandlung entscheiden (§ 46a II S. 3 BVerfGG), was hinsichtlich des verfassungsrechtlichen Anspruchs auf rechtliches Gehör (Art. 103 I GG) nicht gerade unproblematisch ist.

D. Das Verbot verfassungswidriger Parteien (Art. 21 II GG)

I. Art. 21 II GG als Ausdruck einer streitbaren und wehrhaften Demokratie

408 Nach Art. 21 II GG sind Parteien, die nach ihren Zielen oder nach dem Verhalten ihrer Anhänger darauf ausgehen, die **freiheitliche demokratische Grundordnung** zu **beeinträchtigen** oder zu **beseitigen** oder den **Bestand der Bundesrepublik Deutschland** zu **gefährden**, verfassungswidrig. Art. 21 II GG ist damit wie Art. 18 GG Ausdruck einer „streitbaren" oder „wehrhaften" Demokratie, die den Gegnern des demokratischen Staates kämpferisch entgegentritt.[1046] Gemäß Art. 21 IV Var. 1 GG entscheidet über die Frage der Verfassungswidrigkeit jedoch ausschließlich das

[1043] Vgl. ausführlich *Lenz*, NVwZ 2002, 769, 776 ff.
[1044] Die Regelung wurde durch das Gesetz zur Änderung des Grundgesetzes v. 13.7.2017 (BGBl I 2017, S. 2346) erlassen, siehe dazu unten Rn 424.
[1045] So hat mit Beschluss v. 1.2.2018 der Bundesrat entschieden, ein Verfahren zum Ausschluss der NPD von der staatlichen Parteienfinanzierung einzuleiten (siehe BR-Drs. 30/18 v. 1.2.2018).
[1046] BVerfG NJW 2001, 2076, 2077 (1. Mai-Demo 1); *Ipsen*, Rn 185; vgl. auch *Volp*, NJW 2016, 459, 460. Grundlegend BVerfGE 2, 1, 13 (SRP-Verbot).

BVerfG. Vor einer solchen Entscheidung ist ein administratives (und auch legislatives) Einschreiten gegen den Bestand einer politischen Partei (von der Beobachtung durch die Verfassungsschutzbehörden abgesehen, dazu Rn 410) ausgeschlossen, mag sie sich gegenüber der freiheitlichen demokratischen Grundordnung noch so feindlich verhalten (sog. **Parteienprivileg**).[1047] Die Partei darf zwar politisch bekämpft werden, sie soll aber in ihrer politischen Aktivität von jeder (jedenfalls rechtsförmlichen) Behinderung frei sein.[1048] Das gilt auch für den Bereich der regierungsamtlichen Öffentlichkeitsarbeit. Die Regierung darf die Erläuterung ihrer Politik und die Zurückweisung der darauf zielenden Einwände auch dann nicht zum Anlass nehmen, Oppositionsparteien zu bekämpfen, wenn sie dem rechten politischen Spektrum angehören. Sie hat sich darauf zu beschränken, ihre politischen Entscheidungen zu erläutern und dagegen vorgebrachte Einwände in der Sache aufzuarbeiten.[1049]

Die Distanzierung vom Nationalsozialismus hat das Grundgesetz in vielen Normen (etwa 409
Art. 139 GG) besonders ausgedrückt, aber auch in dem Aufbau allgemeiner rechtsstaatlicher Sicherungen dokumentiert. In der Dokumentation rechtsstaatlicher Sicherungen sieht das Grundgesetz eine wichtige Garantie gegen ein Wiederentstehen eines Unrechtsstaats. Rechtsstaatliche Garantien dürfen deshalb nicht dadurch unterlaufen werden, dass bestimmten Parteien oder Personen grundsätzlich der Schutz eines Grundrechts (etwa Art. 8 I GG) verwehrt wird. Die Verwirkung von Grundrechten ist daher nur unter den formellen und materiellen Voraussetzungen des Art. 18 GG möglich.[1050] Das BVerfG bemisst daher den Parteien eine „erhöhte Schutz- und Bestandsgarantie" zu[1051], die politischen Wettbewerb und Pluralität sichern soll.

Das Parteienprivileg hindert die (Verfassungsschutz-)Behörden jedoch nicht daran, 410
Beobachtungen anzustellen (siehe auf Bundesebene § 3 I BVerfSchG).[1052] Das folgt allein schon daraus, dass es sonst nicht möglich wäre, hinreichende Anhaltspunkte für eine mögliche Verfassungsfeindlichkeit zu erlangen, was aber mit Blick auf den Verbotsantrag beim BVerfG Voraussetzung ist. Erleidet eine bestimmte Partei durch eine (freilich rechtmäßige) Beobachtung faktische Nachteile, verstößt dies demgemäß grds. nicht gegen Art. 21 I GG.[1053] Des Weiteren hindert das Parteienprivileg die Einstellungsbehörde nicht daran, die Mitgliedschaft eines Bewerbers in einer verfassungsfeindlichen Partei für den **öffentlichen Dienst** zu berücksichtigen (der Bewerber muss die Gewähr dafür bieten, jederzeit für die freiheitliche demokratische Grundordnung i.S.d. Grundgesetzes einzutreten, vgl. § 60 I S. 2 BBG, § 33 I S. 2 BeamtStG).[1054]

Bislang sind zwar Mitglieder der DKP, der NPD, der DVU und der „Republikaner" als „Ver- 411
fassungsfeinde" eingestuft worden. Auch wurden zwei Verfahren nach Art. 21 II S. 2 GG (a.F.), §§ 13 Nr. 2, 43 BVerfGG gegen die NPD eingeleitet, jedoch vom BVerfG abgewiesen.[1055] Gleichwohl sind Mitglieder dieser Parteien unter Billigung der Rechtsprechung Konsequenzen wegen Verstoßes gegen die beamtenrechtliche Treuepflicht ausgesetzt bzw.

[1047] Vgl. BVerfGE 12, 296, 304; 40, 287, 291; 47, 198, 228; 107, 339, 362; BVerfG NJW 2017, 611, 618; OVG Saarlouis NVwZ 2018, 183, 184; VGH Kassel 23.2.2018 – 8 B 23/18. Vgl. auch *Volp*, NJW 2016, 459, 460 f.

[1048] BVerfGE 12, 296, 305 ff.; 39, 334, 357; 47, 198, 228; 107, 339, 362; BVerfG NJW 2017, 611, 618; OVG Saarlouis NVwZ 2018, 183, 184. Siehe auch VGH Kassel 23.2.2018 – 8 B 23/18 (Überlassung Stadthalle an NPD).

[1049] BVerfG NJW 2018, 928, 931 – dazu oben Rn 84 ff.

[1050] Zum Grundrecht auf Versammlungsfreiheit vgl. BVerfG NJW 2000, 3051, 3052 f. mit Bespr. von *Sachs*, JuS 2001, 75 f.; BVerfG NJW 2000, 3053, 3054 f.; BVerfG NJW 2001, 2076, 2077; VG Hamburg, NJW 2001, 2115; *Hermanns*, JA 2001, 79, 84; *Jahn*, JuS 2001, 172, 176 f.; *Battis/Grigoleit*, NJW 2001, 2051 ff. sowie ausführlich *R. Schmidt*, Grundrechte, Rn 603 ff.

[1051] BVerfGE 12, 296, 304.

[1052] Zur Beobachtung einer politischen Partei durch den Verfassungsschutz vgl. BVerwG NJW 2000, 824 ff.

[1053] BVerfGE 39, 334, 360; 40, 287, 291; BVerwG NJW 2000, 824, 825.

[1054] BVerfGE 39, 334, 359 f.; *Brockmeyer*, in: Schmidt-Bleibtreu/Hofmann/Henneke, GG, Art. 21 Rn 28a.

[1055] Vgl. BVerfGE 107, 339 ff.; BVerfG NJW 2017, 611 ff. (hier hat das BVerfG zwar die Verfassungsfeindlichkeit, nicht aber die Verfassungswidrigkeit festgestellt – dazu unten Rn 424).

werden wegen Fehlens der Ernennungsvoraussetzungen nicht zu Beamten ernannt.[1056] Dabei werden je nach der Intensität des Engagements folgende Abstufungen vorgenommen: Die bloße Parteimitgliedschaft ist in aller Regel noch nicht geeignet, eine Einschätzung der Verfassungstreue zu ermöglichen.[1057] Etwas anderes gilt im Hinblick auf eine Funktionsträgerschaft oder eine Kandidatur bei Wahlen. Dort ist eine genauere Einzelfallprüfung geboten.[1058] Umstritten ist auch, nach welchem Verfahren die Überprüfung von Bewerbern stattfinden soll. In einigen Bundesländern erfolgt die Überprüfung in Form einer Regelanfrage bei den Ämtern für Verfassungsschutz, in anderen Bundesländern nur aus besonderem Anlass. In den neuen Bundesländern steht nach wie vor die Anfrage bei der Stasi-Unterlagen-Behörde wegen früherer MfS-Tätigkeit im Vordergrund.[1059] Zu beachten ist schließlich, dass es sich bei der Gewährbieteklausel um einen **unbestimmten Rechtsbegriff** handelt. Unbestimmte Rechtsbegriffe sind grundsätzlich gerichtlich voll überprüfbar. Eine Ausnahme ist nur dort zu machen, wo der Entscheidungsbehörde eine besondere Prüfungskompetenz zukommt, etwa bei Entscheidungen mit prognostischem Charakter oder wenn die Behörde eine besondere Sachnähe zur Materie besitzt. Hier spricht man von einem **Beurteilungsspielraum**. In einem solchen Fall beschränkt sich die gerichtliche Überprüfbarkeit auf die Einhaltung anerkannter Bewertungsmaßstäbe, ob also die Bandbreite möglicher Entscheidungen nicht verlassen wurde.[1060] Nach der Rechtsprechung kommt der Entscheidung über die Ernennung eines Beamten ein solcher Beurteilungsspielraum zu, denn es müsse das künftige Verhalten des Bewerbers eingeschätzt werden.[1061] Die Literatur steht dem teilweise kritisch gegenüber. Das in einem unbestimmten Rechtsbegriff auszumachende Prognoseelement allein reiche nicht aus, um dessen gerichtliche Überprüfbarkeit einzuschränken. Anders als im Hinblick auf die Eignung für die spezifischen Anforderungen eines Amtes sei die Gewähr der Verfassungstreue daher nach allgemeinen Grundsätzen zu beurteilen. Ein sachlicher Kompetenzvorsprung der Behörde gegenüber dem Gericht bestehe nicht. Vielmehr sei der Begriff der Verfassungstreue mit dem Begriff der „Unzuverlässigkeit" i.S.d. § 35 I GewO zu vergleichen.[1062] Dort besteht unstreitig die volle Überprüfbarkeit durch das Gericht.

412 Das Parteienprivileg hindert die Behörden auch nicht daran, gegenüber einem Angehörigen einer verfassungsfeindlichen Partei bspw. die zuvor erteilte Waffenerlaubnis zu widerrufen bzw. ein Waffenbesitzverbot auszusprechen. Denn die waffenrechtliche „Unzuverlässigkeit", die gem. § 5 II Nr. 3a) i.V.m. §§ 45 II und 41 I Nr. 2 WaffG zum Widerruf einer Waffenerlaubnis und zum Waffenverbot führt, ist bei Personen anzunehmen, die einzeln oder als Mitglied einer Vereinigung Bestrebungen verfolgen oder unterstützen, die gegen die verfassungsmäßige Ordnung gerichtet sind. Insbesondere bei Funktionsträgern der NPD wurde dies angenommen. Auf die Frage, ob die NPD ein verfassungswidriges, kämpferisch-aggressives Bestreben verfolgt, welches Voraussetzung für ein Parteiverbot ist (vgl. Rn 424), kam es nicht an. Vielmehr genügte für die Annahme einer waffenrechtlichen Unzuverlässigkeit ein verfassungsfeindliches Bestreben einer Partei.[1063] Nachdem das BVerfG mit Urteil v. 17.1.2017 entschieden hat, dass die NPD zwar ein auf die Beseitigung der bestehenden freiheitlichen demokratischen Grundordnung gerichtetes politisches Konzept vertrete, ein Erreichen der verfassungswidrigen Ziele der NPD mit parlamentarischen oder außerparlamentarischen

---

[1056] Vgl. dazu VGH Kassel NVwZ 1999, 904, 905 f.; siehe auch BVerwG NJW 2000, 236 L.
[1057] Anders aber VGH Kassel a.a.O., der von einer fehlenden Verfassungstreue ausgeht, wenn der Beamte bewusst in einer Partei verbleibt, die höchstrichterlich als allgemein oder jedenfalls überwiegend verfassungsfeindlich bezeichnet worden ist. Vgl. auch BVerwG NJW 2002, 980.
[1058] Vgl. auch dazu VGH Kassel a.a.O.
[1059] Vgl. dazu BVerwG LKV 2001, 75 L; OVG Weimar ZBR 2000, 98; VG Potsdam ZBR 2000, 282; VG Schwerin DöD 2000, 166; *Battis*, NJW 2001, 1101, 1103; 2000, 1079, 1081 f.; *Patermann*, NVwZ-Beilage II/2001, 25, 27.
[1060] Zur Rechtsnatur des Beurteilungsspielraums und der auf Beurteilungsfehler beschränkten gerichtlichen Überprüfbarkeit vgl. *R. Schmidt*, AllgVerwR, Rn 283 ff.
[1061] BVerfGE 39, 334, 354; BVerwG DVBl 1994, 111, 112; vgl. auch BVerwG NJW 2002, 3344 ff.; VG Lüneburg NJW 2001, 767 ff. mit Bespr. von *Böckenförde*, NJW 2001, 723 ff.
[1062] *Kunig*, Das Recht des öffentlichen Dienstes, in: Schoch, BesVerwR, 6. Abschnitt Rn 84.
[1063] VG Bremen 8.8.2014 – 2 K 1002/13.

demokratischen Mitteln (derzeit) jedoch ausgeschlossen erscheine und es daher keines Verbots bedürfe[1064], verhält es sich nach wie vor so, dass die NPD zwar als verfassungsfeindliche Partei anzusehen ist, ihr aber als nicht verbotene Partei das Parteienprivileg zugutekommt. Mitgliedern der Partei können also wegen fehlender Zuverlässigkeit bestimmte Erlaubnisse versagt werden.

Beispiel[1065]**:** Wer für die NPD kandidiert und Funktionärsaufgaben wahrnimmt, unterstützt als Mitglied dieser Vereinigung deren gegen die freiheitliche demokratische Grundordnung des Grundgesetzes gerichtete Bestrebungen und ist waffenrechtlich unzuverlässig i.S.d. § 5 II Nr. 3a) und 3b) WaffG mit der Folge, dass die waffenrechtliche Erlaubnis gem. § 45 WaffG aufgehoben wird. Daran ändert auch ein langjähriger beanstandungsfreier Waffenbesitz nichts.[1066]

Schließlich hindert das Parteienprivileg die (Verfassungsschutz-)Behörden nicht daran, die betreffende Partei in Publikationen als „extremistisch" oder „radikal" zu bezeichnen.[1067] 413

Jedoch können das Parteiprogramm einer nicht gem. Art. 21 IV Var. 1 GG vom BVerfG für verfassungswidrig erklärten Partei oder eine daraus abgeleitete „Mitverantwortlichkeit" für Proteste und Gegendemonstrationen grundsätzlich nicht zum Anlass genommen werden, einen Parteitag zu verbieten. Anderenfalls könnte die betroffene Partei schon durch die Ankündigung entsprechender Proteste an der Abhaltung eines Parteitags (§ 9 I PartG) gehindert werden und würde insoweit im praktischen Ergebnis wie eine nach Art. 21 II GG für verfassungswidrig erklärte Partei behandelt.[1068]

Nicht unproblematisch ist es auch, wenn das Bundesamt für Verfassungsschutz die AfD u.a. in einem Tweet öffentlich als „Prüffall" bezeichnet. Zwar schließen nach Auffassung des VG Köln Programmatik der Partei und Verhalten einiger Mitglieder der Partei die (interne) Einstufung als „Verdachtsfall" nicht aus, sodass der Befugniskatalog nach §§ 8 ff. BVerfSchG grundsätzlich greife. Jedoch genüge die Befugnis nach § 16 BVerfSchG, die Öffentlichkeit zu informieren über Bestrebungen und Tätigkeiten, die u.a. gegen die freiheitliche demokratische Grundordnung, den Bestand oder die Sicherheit des Bundes oder eines Landes gerichtet sind, nicht, die AfD öffentlich als „Prüffall" bezeichnen zu dürfen.[1069]

II. Das Parteiverbotsverfahren vor dem BVerfG

Die Legitimität eines Parteiverbots ist nicht ohne weiteres zu bejahen. Denn es könnte die Gefahr bestehen, dass die Majorität über das Instrument des Parteiverbots eine ihr unerwünschte politische Partei ausschaltet. Eine der Grundideen der (Parteien-)Demokratie wäre gefährdet. Daran ändert auch der Umstand nichts, dass ein Parteiverbot vom BVerfG ausgesprochen wird, denn auch die Richterinnen und Richter des BVerfG werden von ebenjener Majorität gewählt (§§ 5-7 BVerfGG). Die h.M. begründet die Legitimität eines Parteiverbots mit der Notwendigkeit der Verhinderung einer Ausnutzung der vom Grundgesetz normierten demokratischen Freiheiten.[1070] Das greift zu weit. Denn ein Parteiverbot bedeutet einen gewaltigen Eingriff in die Demokratie, die auch und gerade durch Pluralität der Meinungsbildung gekennzeichnet ist. Legitim kann ein Vorgehen gegen eine verfassungsfeindliche Partei daher lediglich zum Schutz der freiheitlichen demokratischen Grundordnung und des Bestands der 414

[1064] BVerfG NJW 2017, 611, 624 – dazu unten Rn 424.
[1065] Nach VGH Kassel NVwZ 2018, 1813 (Waffenrechtliche Unzuverlässigkeit bei Parteizugehörigkeit zur NPD).
[1066] VGH Kassel NVwZ 2018, 1813, 1814.
[1067] Vgl. dazu BVerfGE 40, 287.
[1068] BVerwG NVwZ 1999, 991, 992 f.
[1069] VG Köln NVwZ 2019, 1060, 1061.
[1070] Vgl. etwa *Klein*, in: Maunz-Dürig, Art. 21 Rn 489.

Bundesrepublik Deutschland unter Beachtung größtmöglicher Transparenz des Verbotsverfahrens sein. Das Parteiverbotsverfahren selbst richtet sich gem. Art. 21 V GG nach §§ 43 ff. BVerfGG. Danach ist ein Antrag auf Feststellung der Verfassungswidrigkeit (Verbotsantrag) erfolgreich, wenn er zulässig und begründet ist.

1. Zulässigkeit

a. Antragsberechtigung

415 Antragsberechtigt sind gem. § 43 I BVerfGG nur der Bundestag, der Bundesrat und die Bundesregierung, ferner gem. § 43 II BVerfGG die Landesregierungen, soweit die Organisation der Partei sich auf das Gebiet des betreffenden Landes beschränkt.

415a § 43 I BVerfGG spricht von der Befugnis, nicht von der Verpflichtung des Antragsberechtigten, einen Verbotsantrag zu stellen („*kann* ... gestellt werden"). Es handelt sich somit um ein Ermessen. Freilich besteht dann ein Widerspruch, wenn z.B. die Bundesregierung eine Partei als „verfassungsfeindlich" erklärt, es dann aber unterlässt, einen entsprechenden Verbotsantrag zu stellen. Daher wird teilweise eine Rechtspflicht zur Antragstellung angenommen, wenn hinreichende Anhaltspunkte für die Verfassungswidrigkeit bestehen.[1071]

b. Antragsgegenstand

416 Antragsgegenstand ist die (konstitutive) Feststellung der Verfassungswidrigkeit, nicht auch der Verfassungsmäßigkeit einer politischen Partei. Der Sache nach geht es also um ein Verbot.

c. Antragsgegner

417 Antragsgegner kann nur eine politische Partei sein. Denn nur politische Parteien können den Tatbestand der Verfassungswidrigkeit i.S.d. Art. 21 II GG verwirklichen. Prozessführungsbefugnis und Passivlegitimation folgen aus § 3 PartG. Die Vertretung richtet sich nach § 44 BVerfGG, wonach sich die Vertretung nach den gesetzlichen Vorschriften, hilfsweise nach ihrer Satzung richtet. Gesetzliche Vorschrift in diesem Sinne ist § 11 PartG. Demgemäß vertritt der Vorstand die Partei.

d. Durchführung eines Vorverfahrens gem. § 45 BVerfGG

418 Bevor das BVerfG über die Zulässigkeit des Antrags entscheidet, muss es gem. § 45 BVerfGG ein Vorverfahren durchführen. Es hat dem Parteivorstand binnen einer zu bestimmenden Frist Gelegenheit zu geben, sich zu den Vorwürfen zu äußern. Erst danach beschließt es, ob der Antrag als unzulässig bzw. als nicht hinreichend begründet zurückzuweisen oder ob die (mündliche) Verhandlung durchzuführen ist. Der Zweck dieses Vorverfahrens besteht in dem Schutz der inkriminierten Partei. Es soll verhindern, dass gegen eine Partei ohne hinreichende Gründe ein Verbotsverfahren eingeleitet wird.[1072]

e. Formerfordernisse

419 Zu den Formerfordernissen vgl. § 23 I BVerfGG. Danach ist der Antrag schriftlich einzureichen und zu begründen. Die erforderlichen Beweismittel sind anzugeben.

2. Begründetheit

420 Der Antrag auf Feststellung der Verfassungswidrigkeit ist begründet, wenn die Voraussetzungen des Art. 21 II GG vorliegen, d.h., wenn die Partei nach ihren Zielen

[1071] So *Ipsen*, Rn 189; *ders.*, in: Sachs, GG, Art. 21 Rn 178; *Streinz*, in: v. Mangoldt/Klein/Starck, GG, Art. 21 Rn 245. Von einem Ermessen ausgehend BVerfGE 5, 85, 113; 39, 334, 360.
[1072] Vgl. dazu näher BVerfGE 104, 63, 65; 104, 370, 372; BVerfG NJW 2003, 1577.

oder nach dem Verhalten ihrer Anhänger darauf ausgeht, die freiheitliche demokratische Grundordnung zu beeinträchtigen oder zu beseitigen oder den Bestand der Bundesrepublik Deutschland zu gefährden.

a. Freiheitliche demokratische Grundordnung (FDGO)

Das Grundgesetz enthält keine (nähere) Umschreibung bzw. Konkretisierung des Be- 421
griffs der freiheitlichen demokratischen Grundordnung (FDGO). Eine Konkretisierung hat aber schon frühzeitig das BVerfG vorgenommen. Es versteht unter der FDGO eine Ordnung, die unter Ausschluss jeglicher Gewalt- und Willkürherrschaft eine rechtsstaatliche Herrschaftsordnung auf der Grundlage der Selbstbestimmung des Volkes nach dem Willen der jeweiligen Mehrheit und der Freiheit und Gleichheit darstellt.[1073]

Zu den grundlegenden Prinzipien dieser Ordnung sind nach dem BVerfG mindestens 422
zu rechnen[1074]:

- Ausschluss jeder Willkür- und Gewaltherrschaft unter Achtung der Menschenwürde und der (anderen) im Grundgesetz konkretisierten Menschenrechte, vor allem des Rechts auf Leben und der freien Entfaltung der Persönlichkeit,
- das Demokratieprinzip, insbesondere das Recht, die Volksvertretung in allgemeiner, unmittelbarer, freier, gleicher und geheimer Wahl zu wählen,
- die Volkssouveränität,
- die Gewaltenteilung,
- die Verantwortlichkeit und Ablösbarkeit der Regierung,
- die Gesetzmäßigkeit der Verwaltung,
- die Unabhängigkeit der Gerichte,
- das Mehrparteienprinzip und die Chancengleichheit für alle politischen Parteien mit dem Recht auf verfassungsmäßige Bildung und Ausübung einer parlamentarischen Opposition.

b. Beeinträchtigung oder Beseitigung der FDGO

Beseitigung der freiheitlichen demokratischen Grundordnung bedeutet die Abschaf- 423
fung mindestens eines der unter a. genannten Strukturprinzipien des Grundgesetzes. Dem gleich steht die Ersetzung durch eine andere Verfassungsordnung oder ein anderes Regierungssystem.[1075] Eine *Beeinträchtigung* liegt vor, wenn eine Partei nach ihrem politischen Konzept mit hinreichender Intensität eine spürbare Gefährdung eines der Wesenselemente der freiheitlichen demokratischen Grundordnung bewirkt.[1076]

c. Darauf ausgehen, die FDGO zu beeinträchtigen oder zu beseitigen

Um das Merkmal *darauf ausgehen* zu bejahen, genügt es nicht, wenn die betreffende 424
Partei die obersten Prinzipien einer freiheitlichen demokratischen Grundordnung lediglich nicht anerkennt. Es gibt kein Gesinnungs- oder Weltanschauungsverbot.[1077] Vielmehr muss die Partei gegenüber der bestehenden Ordnung eine aktiv-kämpferische, aggressive Haltung zum Ausdruck bringen.[1078] Sie muss sich durch aktives und planvolles Handeln für ihre Ziele einsetzen und auf die Beeinträchtigung oder Beseitigung der freiheitlichen demokratischen Grundordnung hinwirken.[1079] Um dies feststel-

---

[1073] BVerfG NJW 2017, 611, 618 (mit Verweis auf BVerfGE 2, 1, 12 f. – SRP-Urteil).
[1074] Die folgende Auflistung basiert auf der grundlegenden Aufzählung in BVerfGE 2, 1, 12 f. (SRP-Urteil); aufgegriffen in BVerfGE 44, 125, 145; 107, 339, 356 ff.; BVerfG NJW 2017, 611, 618 f.; BVerwG NJW 2000, 824. Vgl. auch die einfachgesetzlichen Konkretisierungen in § 4 II BVerfSchG und § 92 II StGB.
[1075] BVerfG NJW 2017, 611, 621.
[1076] BVerfG NJW 2017, 611, 621.
[1077] BVerfGE 5, 85, 141; BVerfG NJW 2017, 611, 623.
[1078] BVerfGE 5, 85, 141; vgl. auch BVerfG NJW 2017, 611, 623.
[1079] BVerfG NJW 2017, 611, 623 f.

len zu können, müssen nach Auffassung des BVerfG, wie es in seinem Urteil v. 17.1.2017 zum NPD-Verbotsverfahren formuliert hat, konkrete Anhaltspunkte von Gewicht vorliegen, die es zumindest möglich erscheinen lassen, dass das Handeln der Partei erfolgreich sein kann (Potentialität). Lasse das Handeln einer Partei noch nicht einmal auf die Möglichkeit eines Erreichens ihrer verfassungsfeindlichen Ziele schließen, bedürfe es des präventiven Schutzes der Verfassung durch ein Parteiverbot nicht.[1080] Hiermit weicht das BVerfG von seiner Rechtsprechung im KPD-Urteil v. 17.8.1956 ab. Damals hatte das BVerfG geurteilt, dass es einem Parteiverbot nicht entgegenstehe, wenn für die Partei nach menschlichem Ermessen keine Aussicht darauf bestehe, dass sie ihre verfassungswidrige Absicht in absehbarer Zukunft werde verwirklichen können.[1081] Das Gericht steht mit der jetzigen Entscheidung auf dem Standpunkt, dass ein Erreichen der verfassungswidrigen Ziele der NPD mit parlamentarischen oder außerparlamentarischen demokratischen Mitteln (derzeit) ausgeschlossen erscheine und es daher keines Verbots bedürfe. Im parlamentarischen Bereich verfüge die NPD weder über die Aussicht, bei Wahlen eigene Mehrheiten zu gewinnen, noch über die Option, sich durch die Beteiligung an Koalitionen eigene Gestaltungsspielräume zu verschaffen. Auch außerhalb des parlamentarischen Handelns habe die NPD in absehbarer Zeit keine Möglichkeit, ihre verfassungsfeindlichen Ziele erfolgreich zu verfolgen. Einer nachhaltigen Beeinflussung der außerparlamentarischen politischen Willensbildung durch die NPD stünden deren niedriger und tendenziell rückläufiger Organisationsgrad sowie ihre eingeschränkte Kampagnenfähigkeit und geringe Wirkkraft in die Gesellschaft entgegen. Eine generelle Grundtendenz der NPD zur Durchsetzung ihrer verfassungsfeindlichen Absichten mit Gewalt oder durch die Begehung von Straftaten könne (gegenwärtig) nicht entnommen werden. Schließlich fehlten hinreichende Anhaltspunkte für die Schaffung einer Atmosphäre der Angst, die zu einer spürbaren Beeinträchtigung der Freiheit des Prozesses der politischen Willensbildung führt oder führen könnte. Der Umstand, dass die NPD durch einschüchterndes oder kriminelles Verhalten von Mitgliedern und Anhängern punktuell eine nachvollziehbare Besorgnis um die Freiheit des politischen Prozesses oder gar Angst vor gewalttätigen Übergriffen auszulösen vermag, sei nicht zu verkennen, erreiche aber die durch Art. 21 II GG markierte Schwelle nicht. Auf Einschüchterung und Bedrohung sowie den Aufbau von Gewaltpotentialen müsse mit den Mitteln des Polizeirechts und des Strafrechts rechtzeitig und umfassend reagiert werden, um die Freiheit des politischen Prozesses ebenso wie einzelne vom Verhalten der NPD Betroffene wirkungsvoll zu schützen.[1082]

Letztlich verneint das BVerfG das Merkmal „darauf ausgehen" mit dem Argument der (parlamentarischen und außerparlamentarischen) Bedeutungslosigkeit der NPD für Staat und Gesellschaft. Diese Rechtsprechung ist nicht unproblematisch. Denn ihr zufolge kommt ein Verbot einer verfassungsfeindlichen Partei erst dann in Betracht, wenn sie über entsprechende Möglichkeiten verfügt, ihre verfassungsfeindlichen Ziele (parlamentarisch und außerparlamentarisch) wirksam umzusetzen. Dass eine freiheitlich-demokratische Gesellschaft es sich leisten möchte bzw. gezwungen ist, abzuwarten, bis eine verfassungsfeindliche Partei eine solche Stärke erreicht hat, kann nicht ernsthaft im Interesse des BVerfG liegen. Der vom BVerfG eingenommene Standpunkt, die NPD erreiche nicht die durch Art. 21 II GG markierte Schwelle zum Verbot, mag zwar einer einschränkenden Auslegung des Art. 21 II GG und damit dem Grundsatz der Verhältnismäßigkeit geschuldet sein, dennoch ist Art. 21 II GG nicht zu entnehmen, dass eine gewisse „Schwelle" überschritten sein muss. Dort heißt es in (le-

---

[1080] BVerfG NJW 2017, 611, 624.
[1081] BVerfGE 5, 85, 143.
[1082] BVerfG NJW 2017, 611, 662.

diglich), dass die Partei nach ihren Zielen oder nach dem Verhalten ihrer Anhänger darauf ausgehen muss, die freiheitliche demokratische Grundordnung zu beeinträchtigen oder zu beseitigen oder den Bestand der Bundesrepublik Deutschland zu gefährden, um verfassungswidrig zu sein. Ziel der NPD selbst und das ihrer Anhänger ist auch nach den Feststellungen des BVerfG, die freiheitliche demokratische Grundordnung zu beeinträchtigen oder zu beseitigen bzw. den Bestand der Bundesrepublik Deutschland zu gefährden. Das Bestehen einer „Schlagkraft" für die Bejahung des Merkmals „darauf ausgehen" ist weder dem Wortlaut noch dem Zweck der Vorschrift zu entnehmen. Den verfassungsfeindlichen Zielen (lediglich) mit Mitteln des Polizeirechts und des Strafrechts zu begegnen (so die Argumentation des BVerfG), kann nicht die Antwort einer wehrhaften Demokratie sein, auch nicht unter Berücksichtigung der bei Rn 414 angemahnten Zurückhaltung bei der Annahme eines Parteiverbots.

Den (anschließenden) Hinweis des BVerfG, es bestehe für den Gesetzgeber die Möglichkeit, verfassungsfeindliche Ziele verfolgende Parteien von staatlichen Mittelzuwendungen (dazu Rn 389) auszuschließen, nahm der verfassungsändernde Gesetzgeber zum Anlass, Art. 21 GG zu ändern.[1083] Nach der seit dem 20.7.2017 geltenden Fassung des Art. 21 III S. 1 GG sind Parteien, die nach ihren Zielen oder dem Verhalten ihrer Anhänger darauf ausgerichtet sind, die freiheitliche demokratische Grundordnung zu beeinträchtigen oder zu beseitigen oder den Bestand der Bundesrepublik Deutschland zu gefährden, von staatlicher Finanzierung ausgeschlossen. Dieser Ausschluss kann jedoch ausschließlich vom BVerfG festgestellt werden (Art. 21 IV Var. 2 GG). Wird der Ausschluss festgestellt, entfällt zudem eine steuerliche Begünstigung dieser Parteien und von Zuwendungen an diese Parteien (Art. 21 III S. 2 GG).

d. Gefährdung des Bestands der Bundesrepublik Deutschland

Zweite Variante für die Annahme der Verfassungswidrigkeit ist die Gefährdung des Bestands der Bundesrepublik Deutschland. Diese Variante bezieht sich im Unterschied zur freiheitlichen demokratischen Grundordnung auf das Verhältnis zu anderen Staaten, d.h. territoriale Unversehrtheit und politische Unabhängigkeit. Auch hier muss die Partei eine aktiv-kämpferische, aggressive Haltung gegenüber der bestehenden Ordnung zum Ausdruck bringen. **425**

III. Rechtsfolgen des Parteiverbots

Erweist sich der Verbotsantrag als zulässig und begründet, stellt das BVerfG die Verfassungswidrigkeit der Partei fest (§ 46 I BVerfGG). Die Entscheidung ist **konstitutiv** und wirkt für die Zukunft. Das bedeutet, dass ein administratives (und legislatives) Einschreiten gegen den Bestand einer politischen Partei ausgeschlossen ist, bevor nicht das BVerfG ihre Verfassungswidrigkeit festgestellt hat (Parteienprivileg, s.o.). **426**

Mit der Feststellung durch das BVerfG müssen die **Auflösung der Partei** und das **Verbot, eine Ersatzorganisation zu gründen**, verbunden werden (§ 46 III S. 1 BVerfGG). Das BVerfG kann in diesem Fall außerdem die **Einziehung des Parteivermögens** zugunsten des Bundes oder des Landes zu gemeinnützigen Zwecken aussprechen (§ 46 III S. 2 BVerfGG). Schließlich scheidet die Partei aus der **staatlichen Teilfinanzierung** aus (§ 18 VII S. 2 PartG), sofern das BVerfG aufgrund eines Antrags nach Art. 21 III, IV Var. 2, V GG, §§ 13 Nr. 2a, 43 ff. BVerfGG gem. § 46a BVerfGG den Ausschluss festgestellt hat (siehe dazu bereits Rn 407a). **427**

[1083] Siehe Gesetz zur Änderung des Grundgesetzes v. 13.7.2017 (BGBl I 2017, S. 2346).

427a Die Vollstreckung der Verbotsentscheidung richtet sich nach §§ 32, 33 PartG: Wird eine Partei vom BVerfG für verfassungswidrig erklärt, treffen die von den Landesregierungen bestimmten Behörden im Rahmen der Gesetze alle Maßnahmen, die zur Vollstreckung des Urteils und etwaiger zusätzlicher Vollstreckungsregelungen des BVerfG erforderlich sind (§ 32 I S. 1 PartG). Erstreckt sich die Parteiorganisation über mehrere Bundesländer, trifft der Bundesinnenminister die für eine einheitliche Vollstreckung erforderlichen Anordnungen (§ 32 II PartG). Etwaige Rechtsbehelfe, die die verbotene Partei gegen behördliche (Vollstreckungs-)Maßnahmen einlegt, entfalten gem. § 32 IV S. 1 PartG keine aufschiebende Wirkung. Damit will der Gesetzgeber verhindern, dass allein die Einlegung eines Rechtsbehelfs das Verfahren so lange zum Erliegen bringt, bis eine die behördliche Maßnahme bestätigende Gerichtsentscheidung getroffen wird. Die verbotene Partei müsste also vor dem Verwaltungsgericht die Anordnung der aufschiebenden Wirkung beantragen (§ 80 V S. 1 VwGO), was aber kaum Aussicht auf Erfolg haben dürfte.

428 Wird eine Partei durch das BVerfG nach Art. 21 II, IV, V GG i.V.m. § 46 I BVerfGG für verfassungswidrig erklärt, verlieren die Abgeordneten ihre Mitgliedschaft im Bundestag und die Listennachfolger ihre Anwartschaft (§ 46 IV S. 1 BWahlG). Handelte es sich bei den verlorenen Mandaten um Direktmandate, findet in dem betreffenden Wahlkreis eine Wiederholungswahl statt (§ 46 IV S. 2 i.V.m. § 44 II-IV BWahlG). Sollten die Abgeordneten schließlich über eine Landesliste in den Deutschen Bundestag gelangt sein, bleiben die Sitze unbesetzt (§ 46 IV S. 3 BWahlG). Entsprechende Regelungen enthalten das EuWG hinsichtlich der Sitze im Europäischen Parlament (§ 22 EuWG) sowie die Landeswahlgesetze hinsichtlich der Sitze in den Landesparlamenten.

428a Fraglich ist, ob diese Regelung nicht gegen Art. 38 I S. 2 GG (Grundsatz des **freien Mandats**) verstößt. Immerhin wurde bei Rn 139 das Bundestagsmandat in seinem Bestand als geschützt angesehen. Nach Auffassung des BVerfG ist § 46 BWahlG verfassungsgemäß. Exponenten einer verbotenen Partei dürften keinerlei Anteil mehr an der politischen Willensbildung haben (BVerfGE 2, 1, 72 f.). Der Mandatsverlust ergebe sich aus dem Institut des Parteiverbots, sodass für den Gesetzgeber kein Gestaltungsspielraum verbleibe (a.a.O. S. 74). Diese Auffassung ist nicht ganz unproblematisch, denn immerhin handelt es sich um direkt gewählte Bundestagsabgeordnete.

428b Fraglich ist schließlich, ob ein Antrag auf **Wiederzulassung der verbotenen Partei** zulässig wäre. Auf § 31 II BVerfGG bzgl. der ursprünglichen Verbotsentscheidung abzustellen, greift nach der hier vertretenen Auffassung zu kurz. Denn die Vorschriften des BVerfGG stünden zur Disposition des einfachen Gesetzgebers. Und dass ein Antrag auf Wiederzulassung der verbotenen Partei aus verfassungsrechtlichen Gründen nicht möglich wäre, ist bislang nicht überzeugend argumentiert worden.

5. Kapitel
Die obersten Verfassungsorgane (Staatsorgane)

Das Grundgesetz widmet sich in den Abschnitten III bis VI den Verfassungsorganen (Staatsorganen der Bundesrepublik Deutschland). Diese sind der **Bundestag** (Art. 38 ff. GG), der **Bundesrat** (Art. 50 ff. GG), der **Gemeinsame Ausschuss** (Art. 53a GG), die **Bundesregierung** (Art. 62 ff. GG) und der **Bundespräsident** (Art. 54 ff. GG). Die **Bundesversammlung** wird nicht in einem eigenen Abschnitt behandelt und das **Bundesverfassungsgericht** steht systematisch außerhalb der genannten Abschnitte. Daher ist fraglich, ob die beiden Einrichtungen oberste Verfassungsorgane des Bundes sind. Die Bundesversammlung ist ein bloßes Wahlorgan, das sich wieder auflöst, wenn der Gewählte das Amt des Bundespräsidenten annimmt. Trotz dieses Status als nichtständiges Organ und des Umstands, dass sie nicht in einem eigenen Abschnitt im GG genannt, sondern im Abschnitt über den Bundespräsidenten in Art. 54 GG geregelt ist, ist sie nach allgemeiner Auffassung ein oberstes Verfassungsorgan des Bundes[1084] (vgl. Rn 589 ff.). Das Bundesverfassungsgericht wird im Abschnitt IX über die Rechtsprechung behandelt. Dennoch hat der (einfache) Gesetzgeber durch die Formulierung in § 1 BVerfGG („... allen *übrigen* Verfassungsorganen gegenüber ...") zum Ausdruck gebracht, dass er das Bundesverfassungsgericht als oberstes Verfassungsorgan ansieht. Diesen Befund teilt die h.M.: Aufgrund seiner Stellung und der Aufgabe, als Hüter der Verfassung die Normen des Grundgesetzes verbindlich auszulegen und anzuwenden und hierbei insbesondere dafür zu sorgen, dass die Staatsgewalt die gezogenen Grenzen nicht überschreitet und die der Verfassung zugrunde liegenden obersten Richtwerte verwirklicht werden, sei anzunehmen, dass das Bundesverfassungsgericht zu den obersten Verfassungsorganen zählt.[1085] Auch das Bundesverfassungsgericht bezeichnet sich selbst als oberstes Verfassungsorgan.[1086] Im Folgenden wird daher auch das Bundesverfassungsgericht systematisch als oberstes Verfassungsorgan behandelt (vgl. insb. Rn 614 ff.). 429

A. Der Bundestag

Wichtige Entscheidungen: BVerfGE 1, 115 (Befugnisse des Bundestagspräsidenten); 1, 144 (Geschäftsordnung des Deutschen Bundestags; Finanzvorlagen); 1, 208 (7,5%-Sperrklausel); 1, 351 (Petersberger Abkommen); 4, 144 (Entschädigung für einen Landtagsabgeordneten); 10, 4 (Rechtsstellung von Bundestagsabgeordneten); 29, 221 (Rentenversicherung); 34, 165 (Obligatorische Förderstufe in Hessen); 40, 296 (Diäten); 41, 251 (Ausschluss von einer Einrichtung des zweiten Bildungswegs); 44, 308 (Beschlussfähigkeit des Bundestags); 45, 400 (Hessisches Gesetz über die Neuordnung der gymnasialen Oberstufe); 47, 46 (Sexualkundeunterricht); 49, 70 (Recht auf Einsetzung eines parlamentarischen Untersuchungsausschusses); 49, 89 (Schneller Brüter; „Kalkar I"); 51, 222 (5%-Sperrklausel); 57, 1 (Verfassungsfeindliche Zielsetzung der NPD); 60, 319 (Antragsbefugnis bei öffentlich-rechtlichen Streitigkeiten innerhalb eines Landes, Art. 93 I Nr. 4 GG); 60, 374 (parlamentarische Rügen; Rechtsnatur); 62, 1 (Auflösung des 9. Deutschen Bundestags); 67, 100 (Flick-Untersuchungsausschuss); 70, 324 (Besetzung von Ausschüssen durch Fraktionen); 76, 363 (Beweiserhebung von Untersuchungsausschüssen; Lappas); 77, 1 (Untersuchungsausschuss „Neue Heimat"; Beschlagnahme von Unterlagen); 80, 188 (Fraktionslose Abgeordnete in Ausschüssen; Wüppesahl); 83, 1 (Streitwertfestsetzung nach BRAGO); 84, 304 (Ausschussmitgliedschaft von Abgeordneten, die einer „Gruppe" i.S.v. § 10 IV GO BT angehören; hier: PDS); 90, 286 (Beteiligung der Bundesrepublik an zwischenstaatlichen Einrichtungen); 94, 351 (Abgeordnetenstatus; Gysi I); 95, 264 (Zusammenschluss von Abgeordneten, deren Partei die Sperrklausel aufgrund der Grundmandatsklausel überwunden hat); 97, 408 (Gysi II); 102, 224 (Funktionszulagen); 104, 310 (Immunität von Abgeordneten); 105, 197 (Minderheitenrechte im Untersuchungsausschuss); 110, 199 (Aktenvorlage); 112, 118 (Besetzung des Vermittlungsausschusses); 113, 113 (Visa-Untersuchungsausschuss); 114, 121 (Auflösung des 15. Deutschen Bundestags); 118, 277 (Offenlegungspflichten); 124, 78

[1084] Vgl. BVerfG NVwZ 2014, 1149; zuvor schon *Herzog*, in: Maunz/Dürig, GG, Art. 54 Rn 29; *Nierhaus*, in: Sachs, GG, Art. 54 Rn 2 f., 21; *Schlaich/Korioth*, Das BVerfG, 4. Teil Rn 87.
[1085] Vgl. nur *Henneke*, in: Schmidt-Bleibtreu/Hofmann/Henneke, GG, Art. 93 Rn 13.
[1086] BVerfGE 7, 11, 14; 7, 377, 413; 65, 152, 154.

(BND-Untersuchungsausschuss); 124, 161 (Fragerechte); 131, 152 (Unterrichtungspflicht); 135, 317 (ESM); BVerfG NJW 1998, 3041 (Gysi III, IV); NVwZ 2010, 634 (Vermittlungsausschuss); NVwZ 2012, 1101 (Wahlrechtsreform); NVwZ 2014, 1652 (Informationsanspruch des Bundestags); NVwZ 2015, 1751 (Vermittlungsausschuss); NVwZ 2016, 922 (Rechte von Oppositionsfraktionen); NJW 2016, 2473 (OMT-Programm der EZB); NVwZ 2018, 51 (Informationsrechte der Opposition)

I. Beginn und Ende der Wahlperiode des Bundestags

430 Unter den Verfassungsorganen der Bundesrepublik Deutschland als parlamentarische Demokratie (Rn 80) ist – wie sich aus Art. 38 I GG ergibt – auf Bundesebene der Bundestag das einzige *unmittelbar* demokratisch legitimierte Verfassungsorgan. Die übrigen Verfassungsorgane erhalten ihre demokratische Legitimation entweder ausschließlich durch den Bundestag oder zumindest unter seiner Beteiligung (vgl. dazu Rn 181, 190, 235, 239, 434).[1087] Gemäß Art. 38 I S. 1 GG werden die Abgeordneten des Deutschen Bundestags in allgemeiner, unmittelbarer, freier, gleicher und geheimer Wahl gewählt. Diese Wahlrechtsgrundsätze, das Wahlsystem der Bundesrepublik Deutschland sowie Stärke und Zusammensetzung des Bundestags wurden bereits ausführlich bei Rn 97 ff. beschrieben.

431 Die Legislaturperiode des Bundestags beginnt mit seinem ersten Zusammentritt, der konstituierenden Sitzung, und endet mit dem Zusammentritt des nächsten Bundestags (Art. 39 I und II GG), d.h. mit dessen konstituierender Sitzung. Die Legislaturperiode dauert grundsätzlich vier Jahre (Art. 39 I S. 1 GG). Ein Selbstauflösungsrecht des Bundestags sieht das Grundgesetz nicht vor.

432 Die Formulierung „grundsätzlich" lässt das Vorhandensein von Ausnahmebestimmungen dafür vermuten, dass die Legislaturperiode von dem grundsätzlichen 4-Jahres-Zeitraum abweichen kann. Eine solche Ausnahmebestimmung findet sich zunächst in **Art. 63 IV S. 3 GG**, wonach der Bundespräsident den Bundestag auflösen kann, wenn nach einer Bundestagswahl im Rahmen der anschließenden Kanzlerwahl der **Kanzlerkandidat** nicht beim **zweiten Wahlgang** die **absolute Mehrheit** erreicht hat. In diesem Fall kann der Bundespräsident entweder den mit nur relativer Mehrheit gewählten Kanzlerkandidaten zum Bundeskanzler ernennen oder den Bundestag auflösen (welche Entscheidung er trifft, steht wegen der Formulierung „kann" in seinem Ermessen). Löst er ihn auf, finden binnen sechzig Tagen Neuwahlen statt (Art. 39 I S. 4 GG). Löst er den Bundestag nicht auf, bleibt gem. Art. 69 III GG die bisherige Bundesregierung geschäftsführend im Amt.[1088]

Die zweite Möglichkeit, den Bundestag vor Ablauf der regulären Legislaturperiode aufzulösen, normiert **Art. 68 I GG**. Nach S. 1 dieser Bestimmung kann der Bundespräsident auf Vorschlag des Bundeskanzlers binnen einundzwanzig Tagen den Bundestag auflösen, wenn der Bundeskanzler zuvor die **Vertrauensfrage** an den Bundestag gestellt und dieser dem Bundeskanzler nicht mit der absoluten Mehrheit das Vertrauen ausgesprochen hat. Das Recht zur Auflösung erlischt, sobald der Bundestag mit der Mehrheit seiner Mitglieder einen anderen Bundeskanzler wählt (Art. 68 I S. 2 GG). Liegen aber die Auflösungsvoraussetzungen vor und löst der Bundespräsident den Bundestag auf, finden – wie nach einer gescheiterten Kanzlerwahl – binnen sechzig Tagen Neuwahlen statt (Art. 39 I S. 4 GG). Dieser Weg zur Erreichung von Neuwahlen wurde 1972, 1982 und 2005 gegangen. Die jeweiligen Bundeskanzler (Brandt im Jahre 1972, Kohl im Jahre 1982 und Schröder im Jahre 2005) stellten dem

---

[1087] Lediglich der Bundesrat erhält seine demokratische Legitimation über die Landesregierungen, die ihre demokratische Legitimation wiederum über die Landesparlamente ableiten.

[1088] Zu den (mangels voller demokratischer Legitimation) nur eingeschränkten Aufgaben und Befugnissen einer geschäftsführenden Bundesregierung vgl. Rn 545/549.

Bundestag die Vertrauensfrage und verpflichteten die Abgeordneten ihrer Partei zur Stimmenthaltung. Dadurch wurde die jeweilige erforderliche Mehrheit nicht erreicht und der Bundespräsident konnte in allen Fällen den Bundestag auflösen. Diese Vorgehensweisen waren verfassungsrechtlich nicht ganz unproblematisch, wurden vom BVerfG[1089] aber im Ergebnis gebilligt. Vgl. dazu ausführlich Rn 558 ff. Zur Frage der Änderung der Legislaturperiode vgl. Rn 83.

Ein nach Art. 69 III GG geschäftsführender Bundeskanzler, der sich bei einer anstehenden Kanzlerwahl keiner absoluten Mehrheit sicher ist, kann die Vertrauensfrage nicht stellen, da ihm der Bundestag, der ihn nicht gewählt hat, auch nicht das Vertrauen entziehen kann. Hier bleibt nur die Möglichkeit einer regulären Kanzlerwahl mit der Möglichkeit der Auflösung nach Art. 63 IV S. 3 GG, wenn der Kanzler lediglich mit einfacher Mehrheit gewählt wurde. Sollte sich der Bundespräsident in einem solchen Fall aber dazu entschließen, den Bundestag nicht aufzulösen, stellt der lediglich mit einfacher Mehrheit gewählte Kanzler eine **Minderheitsregierung**. Da er nunmehr aber vom Bundestag gewählt worden ist, kann er jederzeit die Vertrauensfrage stellen, um entweder seine Position zu stärken oder dem Bundespräsidenten eine erneute Gelegenheit zur Bundestagsauflösung zu verschaffen.

Ultimativ dürfte auch der Weg gangbar sein, dass der lediglich mit einfacher Mehrheit gewählte Bundeskanzler die Annahme der Wahl verweigert bzw. die nach Art. 64 II i.V.m. Art. 56 GG erforderliche Abgabe des Eides verweigert für den Fall, dass der Bundespräsident entgegen der Möglichkeit nach Art. 63 IV S. 3 GG den Bundestag nicht auflöst. Das dürfte zwar eine Regierungskrise auslösen, aber dem Bundespräsidenten verdeutlichen, dass eine Nichtauflösung des Parlaments keinen Sinn macht.

II. Der Bundestag als Ausdruck der repräsentativen Demokratie

Wie bereits bei Rn 80 beschrieben, besteht in der Bundesrepublik Deutschland das **433**
Prinzip der **repräsentativen parlamentarischen Demokratie**: *Parlamentarisch* ist die Demokratie, weil das Parlament die Volksvertretung bildet und alleiniges unmittelbar demokratisch legitimiertes Verfassungsorgan ist. *Repräsentativ* ist die Demokratie, weil die Bundesbürger ihre Repräsentanten (Abgeordnete) wählen, die dann in ihrem Auftrag (Mandat) die Gesetze beschließen und ggf. – in Abhängigkeit von den Mehrheitsverhältnissen – die Regierung bilden.

Wenn oben davon gesprochen wurde, dass das Parlament das einzige unmittelbar demo- **434**
kratisch legitimierte Verfassungsorgan ist, bedeutet das nicht, dass andere Verfassungsorgane nicht demokratisch legitimiert wären. Auch die Exekutive ist demokratisch legitimiert. Sie ist dadurch, dass der Regierungschef (d.h. der Bundeskanzler) vom Parlament gewählt wird (vgl. Art. 63 I GG), *mittelbar* demokratisch legitimiert: Das Volk wählt den Bundestag. Dieser wiederum wählt für die Dauer der Legislaturperiode den Bundeskanzler. Dieser schlägt die Bundesminister vor, die dann vom Bundespräsidenten grundsätzlich zu ernennen sind (Art. 64 I GG). Die Bundesminister leiten selbstständig ihr Ressort und besitzen ein Weisungsrecht gegenüber ihren nachgeordneten Behörden. Über das Weisungsrecht und die Verantwortung des Regierungschefs gegenüber dem Parlament besteht also eine ununterbrochene **Legitimationskette** der Exekutive bis hin zu dem den Einzelfall entscheidenden Amtswalter.

Alleinige unmittelbare demokratische Legitimation des Parlaments bedeutet zugleich **435**
einen Entscheidungsvorbehalt für alle wesentlichen Regelungen (sog. **Parlamentsvorbehalt**, siehe Rn 79b ff.).

[1089] BVerfGE 62, 1, 52 ff.; 114, 121, 147 ff.

436 Das Parlament repräsentiert alle relevanten politischen, weltanschaulichen und gesellschaftlichen Gruppen. Im Gegensatz zur Exekutive werden nur in *ihrem* Plenum die Öffentlichkeit der Entscheidungsfindung (**Veröffentlichungsfunktion des Parlaments**) und – daraus resultierend – eine größere Möglichkeit, widerstreitende Interessen zum Ausgleich zu bringen (**Integrationsfunktion des Parlaments**), gewährleistet.[1090]

III. Zuständigkeiten und Aufgaben des Bundestags

1. Umfassender Zuständigkeitsbereich des Bundestags

437 Das Grundgesetz definiert die Zuständigkeiten und Aufgaben des Bundestags nur vereinzelt, vgl. dazu etwa Art. 23 Ia, 23 II, 40 ff., 76 ff. GG. Im Übrigen trifft es keine ausdrücklichen Aussagen. Aufgrund seiner hervorgehobenen Stellung als einziges unmittelbar demokratisch legitimiertes Verfassungsorgan wird man aber von einem **umfassenden Zuständigkeitsbereich** ausgehen müssen, der lediglich durch die grundgesetzlich normierten Zuständigkeiten anderer Verfassungsorgane eingeschränkt wird. Wichtigste Funktionen/Aufgaben des Bundestags sind:[1091]

438
- **Wahl anderer Staatsorgane** (vgl. z.B. Art. 63 GG: Wahl des Bundeskanzlers, Art. 94 I S. 2 GG: partielle Wahl der Mitglieder des BVerfG),
- **Gesetzgebung** (vgl. Art. 76 ff. GG) als besondere Art der Beschlussfassung,
- **Budgetrecht** (vgl. Art. 110 II S. 1 GG)[1092],
- Enqueterecht (Einsetzung von **Untersuchungsausschüssen**, Art. 44 GG und das Untersuchungsausschussgesetz v. 19.06.2001, BGBl I 2001, S. 1142),
- Recht zum Erlass einer **Geschäftsordnung** (vgl. die GO BT, aber auch die GO VermA),
- **Interpellationsrecht** gegenüber der Bundesregierung (Auskunfts- und Informationsanspruch des Bundestags bzw. jedes Abgeordneten gegenüber der Bundesregierung zur Erfüllung der ihm verfassungsmäßig zukommenden Rechte und Befugnisse[1093]; meist geltend gemacht im Rahmen Kleiner Anfragen gem. § 104 GO BT, Großer Anfragen gem. §§ 100 ff. GO BT, Fragestunden gem. § 105 GO BT)[1094],
- **Kontrolle der Exekutive**, insbesondere das **Zitierrecht** (Art. 43 I GG),
- Mitwirkung in **Angelegenheiten der Europäischen Union** (Art. 23 II GG)[1095],
- Vorherige Zustimmung zum **Einsatz bewaffneter Streitkräfte** im Ausland (wehrverfassungsrechtlicher Parlamentsvorbehalt)[1096],
- Repräsentationsfunktion sowie Veröffentlichungs- und Integrationsfunktion.

439 **Hinweis für die Fallbearbeitung:** Bei der Frage, ob der Bundestag für eine bestimmte Maßnahme zuständig war, sind zunächst Spezialvorschriften heranzuziehen.

[1090] Vgl. bereits die 1. Aufl. 2000; später auch *Morlok/Hientzsch*, JuS 2011, 1, 2.

[1091] Vgl. BVerfG NJW 2000, 3771 (Zulagen für parlamentarische Funktionsträger).

[1092] Man spricht bei dem Budgetrecht sogar von dem „Königsrecht" des Parlaments bzw. vom „parlamentarischen Hoheitsrecht", da es ein sehr bedeutsames und wirksames Kontrollinstrument der Legislative gegenüber der Exekutive darstellt. Das parlamentarische Budgetrecht ist bereits in der Zeit vor dem 18. Jahrhundert in England zu finden. In der Verfassung der Vereinigten Staaten von Amerika 1788 wurde es dann bedeutsam. Und im Zuge der Französischen Revolution ab 1789 hatte das Parlament Ausgaben für das Militär begrenzt bzw. festgelegt, was letztlich als historisch bedeutsame Etablierung des Budgetrechts im kontinentaleuropäischen Raum verstanden wird. In einem demokratischen Staatssystem ist das Budgetrecht des Parlaments so selbstverständlich wie zwingend (siehe dazu aus der Rechtsprechung des BVerfG bspw. BVerfGE 82, 159, 179; 110, 370, 388; 113, 128, 147), ist das Parlament doch das einzige *unmittelbar* demokratisch legitimierte Verfassungsorgan. Nur im „Notfall", d.h. im Falle eines unvorhergesehenen und unabweisbaren Bedürfnisses, können Ausgaben von der Exekutive ohne parlamentarische Gesetzesgrundlage vorgenommen werden, Art. 112 S. 2 GG.

[1093] Vgl. BVerfG NVwZ 2014, 1652, 1653 ff. (Informationsanspruch betreffend Rüstungsexporte); BVerfG NVwZ 2018, 51, 52 f. – dazu Rn 518.

[1094] Vgl. dazu BVerfGE 57, 1, 5; 67, 100, 129; 70, 324, 355; 131, 152, 196.

[1095] Vgl. dazu BVerfGE 131, 152, 196 sowie BVerfGE 132, 195, 232 ff. (ESM), wo das Gericht das Mitwirkungsrecht des Bundestags und zudem die **Berücksichtigungspflicht** der Bundesregierung betont (dazu Rn 250, 353a und 353b).

[1096] Vgl. dazu oben Rn 79f sowie BVerfG NVwZ 2015, 1593, 1594 f. m.w.Nachw. aus der st. Rspr. des BVerfG.

So bestimmen sich die Wahl des Bundeskanzlers nach Art. 63, 67 und 68 GG, die Beratung und die Gesetzgebung nach Art. 76 ff. GG, das Zitierrecht nach Art. 43 I GG, das Enqueterecht nach Art. 44 GG i.V.m. dem Untersuchungsausschussgesetz, das Recht zur Anklage des Bundespräsidenten nach Art. 61 GG, die Feststellung des Verteidigungsfalls nach Art. 115a GG und das Interpellationsrecht (Recht auf Anfrage) nach §§ 100 ff. GO BT.

Bewegt sich der Bundestag außerhalb von speziellen Zuständigkeitsvorschriften, ist von der genannten umfassenden Zuständigkeit auszugehen, die lediglich dort ihre Grenze findet, wo Zuständigkeiten anderer Verfassungsorgane begründet werden. Solche Zuständigkeiten anderer Verfassungsorgane können sich aus dem **Prinzip des Bundesstaates, d.h. dem Prinzip der vertikalen Gewaltenteilung** (Verbandskompetenz) und dem **Prinzip der horizontalen Gewaltenteilung** (Organkompetenz), ergeben.

- So muss die Sachfrage zunächst in den **Kompetenzbereich des Bundes** fallen. Fällt die Sachfrage in den Kompetenzbereich der Länder, ist der Bundestag schon deshalb unzuständig. Ob eine Sachfrage in den Kompetenzbereich des Bundes fällt, ist anhand derjenigen Verfassungsnormen zu bestimmen, die den Föderalismus der Bundesrepublik Deutschland zum Gegenstand haben. Das sind in erster Linie die Art. 30, 70 ff. und 83 ff. GG. Um eine Bundeskompetenz annehmen zu können, reicht es aus, dass ein Sachzusammenhang mit einer Bundeszuständigkeit besteht.

- Ist die Verbandskompetenz geklärt, ist nach der Organkompetenz zu fragen. Der Bundestag ist demnach nur dann zuständig, wenn die Sachfrage nicht einem **anderen (Bundes-)Organ** zugewiesen ist. Insbesondere wird die Kompetenz des Bundestags durch die Befugnisse der Exekutive (d.h. die Regierung und die ihr untergeordnete Verwaltung) eingeschränkt. Auch darf der Bundestag grundsätzlich nicht in schwebende Gerichtsverfahren eingreifen (vgl. Rn 172 ff.).

Beispiel: Im südosteuropäischen Land L herrscht ein (Bürger-)Krieg, der zur Folge hat, **440**
dass das Land in autonome Gebiete zerfällt. Die ehemalige Provinz X erklärt ihre Unabhängigkeit und nimmt mit einigen (Dritt-)Staaten diplomatische Beziehungen auf. Die Regierung der Bundesrepublik Deutschland verweigert jedoch die formelle Anerkennung. Der Bundestag wünscht dagegen mehrheitlich die Aufnahme diplomatischer Beziehungen und fasst zwei Beschlüsse:

1. Die Bundesregierung möge ihre Position überdenken.
2. Die Bundesregierung ist verpflichtet, diplomatische Beziehungen zu X aufzunehmen.

Lösungsgesichtspunkte: Zunächst ist die Verbandskompetenz zu klären. Eine spezielle Zuständigkeitsnorm für den Verband Bund stellt Art. 32 I GG i.V.m. Art. 73 I Nr. 1 GG dar. Danach ist *der Bund* für auswärtige Angelegenheiten zuständig. Fraglich ist die Organkompetenz. Art. 32 I GG trifft keine Aussage darüber, welches Organ des Verbandes Bund die auswärtigen Beziehungen pflegt. Daher ist an die umfassende Zuständigkeit des Bundestags zu denken. Diese ist aber durch die Zuständigkeit anderer Bundesorgane begrenzt. Fraglich ist, ob eine solche existiert. Gemäß Art. 65 S. 1 GG bestimmt der Bundeskanzler die Richtlinien der Politik (wozu auch die auswärtigen Beziehungen gehören), innerhalb derer die einzelnen Bundesminister ihre Geschäftsbereiche unter eigener Verantwortung leiten. Es könnte daher angenommen werden, dass ausschließlich die Bundesregierung die auswärtigen Beziehungen pflegen darf. Gleichwohl kann man nicht von einer ausschließlichen Zuständigkeit der Bundesregierung bezüglich der Außenpolitik ausgehen.
Vorliegend fasst der Bundestag in Nr. 1 den Beschluss, die Bundesregierung möge ihre Position überdenken. Mit dieser Formulierung drückt der Bundestag lediglich seinen Wunsch zur Vornahme der betreffenden Handlung aus. Eine gewisse Verbindlichkeit ist hier nicht zu entnehmen. Beschlüsse ohne rechtliche Verbindlichkeit werden als **schlich-**

te Parlamentsbeschlüsse (zur Rechtmäßigkeitsprüfung schlichter Parlamentsbeschlüsse vgl. Rn 451 ff.) bezeichnet. Sie sind gerade wegen ihrer Unverbindlichkeit verfassungsrechtlich nicht zu beanstanden.[1097] Vorliegend kann daher der Bundestag, selbst wenn man ein außenpolitisches Monopol der Bundesregierung annehmen würde, nicht in den Kompetenzbereich der Bundesregierung eingreifen.

Etwas anderes könnte bezüglich Beschluss Nr. 2 gelten, weil dort von einer „Verpflichtung" gesprochen wird. Verbindliche Beschlüsse des Bundestags werden als **echte Parlamentsbeschlüsse** bezeichnet. Echte Parlamentsbeschlüsse, die nicht in Gesetzesform gefasst sind, sind nach h.M.[1098] grds. unzulässig (siehe Rn 452). Sie sind aber dann zulässig, wenn sie auf einer besonderen Rechtsgrundlage basieren. Eine derartige Rechtsgrundlage stellen z.B. Art. 43 I GG und die Vorschriften über Große und Kleine Anfragen in §§ 100 ff. GO BT dar. Vorliegend stellt Beschluss Nr. 2 keinen Gesetzesbeschluss dar. Es ist daher eine besondere Rechtsgrundlage erforderlich. Eine solche ist jedoch nicht ersichtlich. Daher war der Bundestag diesbezüglich unzuständig. Beschluss Nr. 2 ist somit verfassungswidrig.

2. Begriff der Mehrheit

441 **Beschlüsse** des Bundestags ergehen grundsätzlich (d.h. sofern das GG keine qualifizierte Mehrheit verlangt) mit der Mehrheit der abgegebenen Stimmen, vgl. Art. 42 II S. 1 GG. Man spricht insoweit von **einfacher** (d.h. relativer) **Mehrheit** oder **Abstimmungsmehrheit**.

Beispiele: (1) Einfache Gesetzesbeschlüsse oder **(2)** Schlichte Parlamentsbeschlüsse (d.h. Parlamentsbeschlüsse ohne rechtliche Bindungswirkung insbesondere gegenüber anderen Staatsorganen), für deren Zustandekommen die relative Mehrheit genügt, d.h. bei denen die Zahl der abgegebenen Ja-Stimmen die Zahl der abgegebenen Nein-Stimmen überwiegt.

442 Mit dem Begriff „Mehrheit der abgegebenen Stimmen" ist noch nichts darüber gesagt, wie mit **Stimmenthaltungen** und **ungültigen Stimmen** zu verfahren ist. Es ist unklar, ob sie zu den abgegebenen Stimmen zählen. Zählt man sie dazu, wirken sie im Ergebnis wie Nein-Stimmen.

Beispiel: Der Bundestag beschließt ein Reformgesetz, wonach insbesondere die Vorschriften des 1. Buches des BGB (Allgemeiner Teil) umfassend geändert werden sollen, mit 286 Ja-Stimmen, 281 Nein-Stimmen und 10 Stimmenthaltungen.

Zählt man die Stimmenthaltungen zu den abgegebenen Stimmen, ergibt sich eine Gesamtzahl von 577 abgegebenen Stimmen. In diesem Fall überwiegen die abgegebenen Ja-Stimmen (hier: 286) nicht die abgegebenen übrigen Stimmen (hier: 291), sodass die erforderliche Mehrheit nicht erreicht wurde.

Zählt man die Stimmenthaltungen dagegen nicht zu den abgegebenen Stimmen (d.h. bleiben sie außer Betracht), ergibt sich eine Gesamtzahl von 567 abgegebenen Stimmen. In diesem Fall wurde die erforderliche Mehrheit erreicht und die Beschlussfassung war bei 286 Ja-Stimmen gegen 281 Nein-Stimmen ordnungsgemäß.

443 Für das Mitzählen von Stimmenthaltungen und ungültigen Stimmen spricht die Regelung des § 45 III S. 4 GO BT, wonach bei der Feststellung der Beschlussfähigkeit Stimmenthaltungen und ungültige Stimmen mitzählen. Gleichwohl werden nach der

---

[1097] *Klein*, in: HdbStR III, § 50 Rn 14; *Pieroth*, in: J/P, GG, Art. 76 Rn 1. Ein schlichter Parlamentsbeschluss wäre auch bspw. der Beschluss, ein bestimmter Bundesminister sei untragbar und solle zurücktreten. Zwar kann das Parlament einem Minister gegenüber weder das Vertrauen aussprechen noch den Bundeskanzler verpflichten, einen Minister zu entlassen. Gleichwohl ist ein derartiger Beschluss gerade wegen seiner Unverbindlichkeit gegenüber anderen Verfassungsorganen verfassungsrechtlich unbedenklich.

[1098] *Stern*, StaatsR II, § 26 II 2 c S. 48; *Hufen*, NJW 1991, 1321, 1323; *Hölscheid*, DÖV 1993, 593, 599.

zutreffenden h.M. Stimmenthaltungen und ungültige Stimmen außerhalb der Regelung des § 45 III S. 4 GO BT nicht zu den abgegebenen Stimmen gezählt.[1099]

Folgt man der h.M., lag im **Beispiel** von Rn 442 die erforderliche Mehrheit vor. Dies entspricht auch der Staatspraxis.

Zusammenfassend lässt sich sagen, dass der Begriff der einfachen Mehrheit so zu verstehen ist, dass die Zahl der abgegebenen Ja-Stimmen die Zahl der abgegebenen Nein-Stimmen überwiegen muss. Stimmenthaltungen und ungültige Stimmen werden nach h.M. nicht mitgezählt, d.h. sie bleiben außer Betracht.

Von der einfachen Mehrheit zu unterscheiden ist die **absolute Mehrheit** (auch Mitgliedermehrheit oder **Kanzlermehrheit** genannt). Das ist die Mehrheit der gesetzlichen Mitgliederzahl, vgl. Art. 121 GG. Gesetzliche Mitgliederzahl des Bundestags ist die Zahl der Mitglieder, die nach Maßgabe des BWahlG im konkreten Zeitpunkt sitz- und stimmberechtigt sind. Das bedeutet, dass zu den regulären 598 Sitzen des Bundestags (vgl. § 1 BWahlG) auch die Überhangmandate und die Ausgleichsmandate) hinzuzuzählen sind, da auch diese „gesetzlich" entstanden sind. Der gegenwärtige 19. Deutsche Bundestag verfügt über 111 Überhang- und Ausgleichsmandate, was zu einer Gesamtzahl von 709 Sitzen geführt hat (vgl. bereits Rn 136). Für die Mitgliedermehrheit (absolute Mehrheit) sind demnach 355 gültige Ja-Stimmen erforderlich. **444**

Bei der Ausgangszahl bleibt es indes, wenn der Betroffene nur vorübergehend (Krankheit, Urlaub, Sitzungsausschluss etc.) sein Mandat nicht ausüben kann. **445**

Beispiele: Die absolute Mehrheit ist etwa erforderlich

(1) bei der Kanzlerwahl (vgl. Art. 63 GG),

(2) beim konstruktiven Misstrauensvotum (Art. 67 GG),

(3) bei der Vertrauensfrage des Bundeskanzlers (Art. 68 GG) und

(4) bei der Überstimmung des Bundesrats bei Einspruchsgesetzen (Art. 77 IV S. 1 GG).

(5) Erwachsen dem Bund auf Gebieten, für die ihm die Gesetzgebung zusteht, neue Aufgaben, können bei dringendem Bedarf bundeseigene Mittel- und Unterbehörden mit Zustimmung des Bundesrats und der Mehrheit der Mitglieder des Bundestags errichtet werden (Art. 87 III S. 2 GG).

Bestimmte Beschlüsse verlangen eine **qualifizierte Mehrheit** von 2/3 der Mitglieder des Bundestags (und ggf. 2/3 der Stimmen des Bundesrats). **446**

Beispiele:

(1) Ein Gesetz, das eine Verfassungsänderung bewirkt, bedarf der Zustimmung von zwei Dritteln der Mitglieder des Bundestags und zwei Dritteln der Stimmen des Bundesrats (Art. 79 II GG).

(2) Eine qualifizierte Mehrheit ist auch bei der Präsidentenanklage erforderlich. So bedarf allein schon die Stellung des Antrags auf Erhebung der Klage eines Viertels der Mitglieder des Bundestags oder eines Viertels der Stimmen des Bundesrats (Art. 61 I S. 2 GG). Der Beschluss auf Erhebung der Anklage bedarf sogar der Mehrheit von zwei Dritteln der Mitglieder des Bundestags oder zwei Dritteln der Stimmen des Bundesrats (Art. 61 I S. 3 GG).

[1099] *Pieroth*, in: J/P, GG, Art. 42 Rn 4; *Magiera*, in: Sachs, GG, Art. 42 Rn 10; *Morlok*, in: Dreier, Art. 40 Rn 34.

447 Darüber hinaus verlangen bestimmte Vorschriften des Grundgesetzes eine qualifizierte Mehrheit der Abstimmenden.

Beispiele:

(1) Auf Antrag eines Zehntels seiner Mitglieder oder auf Antrag der Bundesregierung kann bei einer Bundestagssitzung die Öffentlichkeit mit Zweidrittelmehrheit ausgeschlossen werden (Art. 42 I S. 2 GG).

(2) Die Feststellung des Spannungsfalles und die besondere Zustimmung in den Fällen des Art. 12a V S. 1 und VI S. 2 GG bedürfen einer Mehrheit von zwei Dritteln der abgegebenen Stimmen.

(3) Die Feststellung des Verteidigungsfalles trifft der Bundestag mit Zustimmung des Bundesrats. Die Feststellung bedarf einer Mehrheit von zwei Dritteln der abgegebenen Stimmen, mindestens der Mehrheit der Mitglieder des Bundestags (Art. 115a I S. 2 GG).

448 Auch kennt das Grundgesetz qualifizierte Mehrheiten, die in einer Kombination von abgegebenen Stimmen und gesetzlicher Mitgliederzahl liegen.

Beispiele:

(1) Hat bei einem Einspruchsgesetz der Bundesrat den Einspruch mit einer Mehrheit von mindestens zwei Dritteln seiner Stimmen beschlossen, bedarf die Zurückweisung durch den Bundestag einer Mehrheit von zwei Dritteln, mindestens der Mehrheit der Mitglieder des Bundestags (Art. 77 IV S. 2 GG). Der gegenwärtige 19. Deutsche Bundestag besteht aus 709 Mitgliedern (vgl. Rn 136). Für die Mitgliedermehrheit sind demnach 355 gültige Ja-Stimmen erforderlich.

(2) Die bereits erwähnte Feststellung des Verteidigungsfalles bedarf einer Mehrheit von zwei Dritteln der abgegebenen Stimmen, mindestens der Mehrheit der Mitglieder des Bundestags (Art. 115a I S. 2 GG).

449 Schließlich sind Beschlüsse zu nennen, die zwar auch eine qualifizierte Mehrheit erfordern, aber eine andere als eine 2/3-Mehrheit.

Beispiele:

(1) Wie bereits gesagt, bedarf es bei der Präsidentenanklage allein schon für die Stellung des Antrags auf Erhebung der Klage eines Viertels der Mitglieder des Bundestags oder eines Viertels der Stimmen des Bundesrats (Art. 61 I S. 2 GG).

(2) Der Bundestag hat das Recht und auf Antrag eines Viertels seiner Mitglieder die Pflicht, einen Untersuchungsausschuss einzusetzen (Art. 44 I S. 1 GG).

450 Dagegen ist die sog. **Anwesenheitsmehrheit** im Grundgesetz nicht genannt. Anwesenheitsmehrheit bedeutet die Mehrheit der Anwesenden. Sie ist nur in §§ 80 II, 81 I, 84 lit. b, 126 GO BT vorgesehen und als eine Ausnahme von der grundgesetzlichen Regelung, die nicht Wahlen betrifft, verfassungswidrig.[1100]

Beispiel: Auf Antrag einer Fraktion oder fünf vom Hundert der Mitglieder des Bundestags kann der Bundestag mit einer Zweidrittelmehrheit der anwesenden Mitglieder beschließen, ohne Ausschussüberweisung in die zweite (Gesetzes-)Beratung einzutreten (§ 80 II S. 1 GO BT).

3. Parlamentsbeschlüsse

451 Wie bereits ausgeführt, beschränkt sich die parlamentarische Arbeit nicht auf die im Grundgesetz ausdrücklich vorgesehenen Gebiete. Vielmehr ist von einer umfassenden Zuständigkeit des Bundestags auszugehen, die lediglich durch die Kompetenzen

---

[1100] *Pieroth*, in: J/P, GG, Art. 42 Rn 4; *Schneider*, in: Alternativkommentar, Art. 42 Rn 12.

anderer Verfassungsorgane eingeschränkt wird. Insbesondere ist das **Recht zur Beschlussfassung** enthalten. Dabei ist zwischen echten und schlichten Parlamentsbeschlüssen zu unterscheiden.

a. Echte Parlamentsbeschlüsse

Dadurch, dass die Zuständigkeit des Bundestags durch die grundgesetzlich normierten Zuständigkeiten anderer Verfassungsorgane begrenzt wird, führt ein Beschluss des Bundestags, der einen Eingriff in den Zuständigkeitsbereich eines anderen Verfassungsorgans zum Gegenstand hat, zur Rechtswidrigkeit des Eingriffs. 452

> **Beispiel:** Der Bundestag fasst den Beschluss, der Bundeskanzler habe die Entlassung eines bestimmten Bundesministers einzuleiten.
>
> Da die Ernennung und Entlassung der Bundesminister vom Bundespräsidenten auf Vorschlag des Bundeskanzlers erfolgt (vgl. Art. 64 I GG), kann der Bundestag den Bundeskanzler rechtlich nicht verpflichten, die Entlassung eines bestimmten Bundesministers einzuleiten. Der Bundestag würde also mit dem o.g. Beschluss in den Kompetenzbereich des Bundeskanzlers eingreifen. Begehrt der Bundestag die Entlassung eines bestimmten Bundesministers, kann er dies nur durch ein konstruktives Misstrauen gegenüber dem Bundeskanzler (vgl. Art. 67 GG) erreichen: Spricht der Bundestag dem Bundeskanzler das Misstrauen aus, indem er einen neuen Bundeskanzler wählt, verlieren auch alle bisherigen Bundesminister ihre Ämter.

Ein verbindlicher Beschluss des Bundestags, zu dem auch ein Gesetzesbeschluss gehört, wird als **echter Parlamentsbeschluss** bezeichnet. Echte Parlamentsbeschlüsse, die nicht in Gesetzesform gefasst sind, sind nach h.M.[1101] **grundsätzlich unzulässig**. Sie sind nur dann zulässig, wenn sie auf einer besonderen Rechtsgrundlage basieren. Eine derartige Rechtsgrundlage stellen z.B. Art. 43 I GG und die Vorschriften über Große und Kleine Anfragen in §§ 100 ff. GO BT dar. 453

> Im vorliegenden **Beispiel** ist eine Rechtsgrundlage nicht ersichtlich. Im Gegenteil ist das Recht der Ministerernennung und Entlassung ausschließlich dem Bundeskanzler bzw. dem Bundespräsidenten (vgl. Art. 64 I GG) eingeräumt. Der Beschluss des Bundestags war daher rechtswidrig.

b. Schlichte Parlamentsbeschlüsse

Im Gegensatz zu den echten Parlamentsbeschlüssen stehen die Beschlüsse ohne rechtliche Verbindlichkeit. Beschlüsse ohne rechtliche Verbindlichkeit werden als **schlichte Parlamentsbeschlüsse** bezeichnet. Gerade wegen ihrer Unverbindlichkeit gegenüber anderen Verfassungsorganen sind sie verfassungsrechtlich nicht zu beanstanden. Der Bundestag muss sich nur im Rahmen der Bundeskompetenz bewegen. 454

Thematisch sind schlichte Parlamentsbeschlüsse (vorbehaltlich der bei Rn 455 aufgeführten Erforderlichkeit der Verbandskompetenz des Bundes) nicht begrenzt. Der Bundestag soll als unmittelbar gewählte Volksvertretung zu allen Aspekten des öffentlichen Lebens seine Meinung äußern dürfen. Dazu gehören nicht nur politische Absichtserklärungen, sondern aufgrund der Kontrollfunktion gegenüber der Regierung auch die Missbilligung einer bestimmten exekutivischen Maßnahme.

> **Beispiel:** Bundesfinanzminister F ist wegen verschiedener Falschaussagen im Vorfeld der letzten Bundestagswahl bezüglich des Haushaltsdefizits und des zu erwartenden Steueraufkommens mehrfach öffentlich in Misskredit geraten. Der Bundestag fasst da-

---

[1101] *Stern*, StaatsR II, § 26 II 2 c S. 48; *Hufen*, NJW 1991, 1321, 1323; *Hölscheid*, DÖV 1993, 593, 599.

raufhin den Beschluss, der Bundeskanzler möge die Entlassung des F einleiten. Das Belassen des F in seinem Amt als Minister schade dem Ansehen der Bundesrepublik Deutschland und sei daher nicht weiter zu verantworten.
Zwar kann das Parlament aufgrund der Regelung des Art. 64 I GG einem Minister gegenüber weder das Vertrauen aussprechen noch den Bundeskanzler verpflichten, einen Minister zu entlassen (s.o.). Gleichwohl ist der fragliche Beschluss des Bundestags verfassungsrechtlich unbedenklich, da er lediglich eine Meinungsäußerung des Bundestags darstellt und keine Verbindlichkeit mit sich bringt. Gerade wegen seiner Unverbindlichkeit gegenüber dem Bundeskanzler ist der Beschluss verfassungsrechtlich nicht zu beanstanden.

455

Prüfung eines schlichten Parlamentsbeschlusses

Prüfungsmaßstab von Parlamentsbeschlüssen ist das Grundgesetz

I. Formelle Rechtmäßigkeit

1. Der Beschluss muss sich innerhalb der Verbandskompetenz des Bundes bewegen (vgl. Art. 30, 70 I GG). Im Übrigen ist er thematisch nicht begrenzt.
2. Der Bundestag muss beschlussfähig sein (vgl. § 45 GO BT).

II. Materielle Rechtmäßigkeit

Zwar ist an einen Eingriff in die Kompetenzen anderer Verfassungsorgane oder an einen Eingriff in Grundrechte von Bürgern zu denken. Sofern der Parlamentsbeschluss aber keine rechtliche Verbindlichkeit mit sich bringt, kann von einem Eingriff nicht gesprochen werden. Insofern ist der Parlamentsbeschluss verfassungsrechtlich unbedenklich.

IV. Organkontinuität und Grundsatz der Diskontinuität

456 Wie Art. 38 ff. GG zu entnehmen ist, stellt die Institution *Bundestag* im Verfassungsgefüge der Bundesrepublik Deutschland ein dauerhaftes Verfassungsorgan dar. Diese Institution als solche besteht ständig und ist unabhängig von den Wahlen. Man spricht daher von einer Organidentität oder *Organkontinuität*.[1102]

Organkontinuität bedeutet die Kontinuität des Organs unabhängig von der personellen Besetzung. Rechtshandlungen mit Außenwirkung, beispielsweise Verträge mit Angestellten und Prozesshandlungen in gerichtlichen Verfahren, behalten ihre Verbindlichkeit über die Wahlperiode hinaus.

457 Etwas anderes gilt zunächst im Hinblick auf die personelle Zusammensetzung, denn gem. Art. 39 I S. 1 GG wird der Bundestag (d.h. seine Mitglieder) grundsätzlich auf vier Jahre gewählt. Seine Wahlperiode endet mit dem Zusammentritt eines neuen Bundestags (Art. 39 I S. 2 GG). Das bedeutet, dass die Abgeordneten des Bundestags grundsätzlich für die Dauer von vier Jahren gewählt werden und sich anschließend neu legitimieren müssen. In einer parlamentarischen Demokratie ist dies selbstverständlich. Man spricht insoweit von einer *personellen Diskontinuität*.

Personelle Diskontinuität bedeutet, dass mit dem Ende der Wahlperiode alle Mitglieder des Parlaments ihre Mandate als Abgeordnete verlieren.

458 Aus der personellen Diskontinuität folgt, dass Anträge, über die der Bundestag zu entscheiden hat, als erledigt gelten, wenn dieser bis zum Ablauf der Legislaturperiode

---

[1102] Vgl. dazu BVerfGE 4, 144, 152.

darüber noch nicht entschieden hat. Das hat den Grund, dass der Bundestag politische Grundsatzentscheidungen zu treffen hat, die von den (politischen) Mehrheitsverhältnissen und somit von der personellen Zusammensetzung abhängig sind. Der neue Bundestag soll nur über Anträge entscheiden, die während seiner Legislaturperiode gestellt werden. Man spricht von *sachlicher Diskontinuität* (vgl. auch § 125 GO BT).

Sachliche Diskontinuität bedeutet, dass mit dem Ende der Wahlperiode grundsätzlich alle Beschlussvorlagen als erledigt gelten.

Von der sachlichen Diskontinuität sind insbesondere **Gesetzesvorlagen** betroffen, die in den Bundestag eingebracht worden sind (vgl. Art. 76 I GG). Diesbezüglich ist folgendermaßen zu unterscheiden: Hat der Bundestag über bei ihm eingebrachte Gesetzesvorlagen nicht bis zum Ablauf der Legislaturperiode entschieden, verlieren diese Gesetzesvorlagen ihre rechtliche Bedeutung. Der neue Bundestag soll nicht mit Gesetzesvorlagen bzw. Anträgen belastet werden, die noch vom alten Bundestag stammen, der möglicherweise eine ganz andere politische Zielrichtung verfolgte. Von der sachlichen Diskontinuität betroffene Gesetzesvorlagen müssen dann ggf. erneut in den dann folgenden Bundestag eingebracht werden.[1103] 459

Beispiel: Die Bundesregierung plant eine Änderung im Eherecht. Gleichgeschlechtlichen Partnern soll in gleicher Weise das Institut der Ehe ermöglicht werden wie verschiedengeschlechtlichen Partnern. Dazu sollen die §§ 1297 ff. BGB geändert werden. Die Vorlage zur Änderung der §§ 1297 ff. BGB leitet die Bundesregierung gem. Art. 76 I Var. 1, II S. 1 GG dem Bundesrat zu. Anschließend bringt sie die Gesetzesvorlage mit entsprechender Stellungnahme des Bundesrats beim Bundestag ein. Noch bevor dieser darüber beschließt, endet die Legislaturperiode (regulär oder durch vorgezogene Neuwahlen aufgrund verneinter Vertrauensfrage).

In diesem Fall greift der Grundsatz der Diskontinuität. Die Gesetzesvorlage zur Änderung der §§ 1297 ff. BGB muss beim folgenden Bundestag erneut eingebracht werden.

Weiterführender Hinweis: Da der Grundsatz der sachlichen Diskontinuität nur für den Bundestag, nicht auch für den Bundesrat gilt, würde vorliegend etwas anderes gelten, wenn der Bundestag noch vor Ablauf seiner Legislaturperiode das Gesetz verabschiedet und in den Bundesrat eingebracht hätte. Hier käme das Gesetz auch dann zustande, wenn der Bundesrat nach Beendigung der Legislaturperiode des Bundestags zustimmte. Denn in diesem Fall wäre die Arbeit des Bundestags abgeschlossen. Würde der Bundesrat aber die Zustimmung verweigern (oder bei einem Einspruchsgesetz Einspruch einlegen bzw. den Vermittlungsausschuss anrufen), wäre eine erneute Beschäftigung durch den Bundestag erforderlich. Dann griffe der Grundsatz der Diskontinuität und das Gesetzesvorhaben hätte sich erledigt.

Wegen der Nichtgeltung des Grundsatzes der Diskontinuität für den Bundesrat stellt 460
sich die Frage, ob der Grundsatz der Diskontinuität auch außerhalb des parlamentarischen Gesetzgebungsverfahrens, insbesondere auf das in Art. 76 II und III GG geregelte Verfahren vor der Zuleitung an den Bundestag, anzuwenden ist. Die h.M. verneint dies. Insbesondere könnten Gesetzesvorlagen der Bundesregierung, die vor dem Ende einer Wahlperiode des Bundestags zwar noch das Verfahren nach Art. 76 II GG (Zuleitung zum Bundesrat) durchlaufen haben, beim Bundestag jedoch nicht mehr eingebracht wurden, *ohne nochmalige Beteiligung des Bundesrats* dem neu gewählten Bundestag zugeleitet werden. Auch Bundes*rats*vorlagen, die am Ende einer Wahlperiode nicht mehr den Bundestag, wohl aber noch die Bundesregierung erreicht haben (vgl. Art. 77 III GG), könnten von dieser dem neu gewählten Bundestag zu-

[1103] Vgl. dazu *Maunz*, in: Maunz/Dürig, GG, Art. 39 Rn 16-18.

geleitet werden, ohne dass das Verfahren nach Art. 76 III bzw. II GG wiederholt zu werden braucht. Der Grundsatz der sachlichen Diskontinuität führe nicht zu einer Erledigung der Initiative des Bundesrats.[1104]

Beispiel: Der Bundesrat möchte eine Änderung der VwGO dergestalt herbeiführen, dass im Falle einer entsprechenden gesetzlichen Regelung dieselbe Behörde, die einen Verwaltungsakt erlassen hat, auch über den Widerspruch entscheidet (sog. Zuständigkeitslockerungsgesetz). Den Entwurf des Zuständigkeitslockerungsgesetzes leitet er gem. Art. 76 III GG der Bundesregierung zu. Diese befindet darüber und bringt den Gesetzentwurf beim Bundestag ein. Noch bevor der Bundestag darüber beschließt, endet die Legislaturperiode.

Hier kann die Bundesregierung den Entwurf des Zuständigkeitslockerungsgesetzes beim neu gewählten Bundestag einbringen, ohne dass es der erneuten Zuleitung an den Bundesrat bedarf.

Zusammenfassend lässt sich feststellen, dass der Grundsatz der sachlichen Diskontinuität nicht für andere Verfassungsorgane wie Bundesrat und Bundesregierung gilt, weshalb das Vorverfahren gem. Art. 76 II, III GG bei Wiedereinbringung beim neuen Bundestag nicht wiederholt zu werden braucht. Nur solche Handlungen dieser anderen Verfassungsorgane gelten ebenfalls als erledigt, die eine erneute Beschlussfassung im Bundestag oder im Vermittlungsausschuss erfordern.

461 Schließlich ist die *institutionelle Diskontinuität* zu nennen.

Institutionelle Diskontinuität bedeutet, dass alle Unterorgane des Bundestags, die nicht ständige Einrichtungen sind, mit dem Ende der Wahlperiode als aufgelöst gelten.

Die *ständigen* Einrichtungen bleiben dagegen wie der Bundestag institutionell erhalten, unterliegen aber der personellen und sachlichen Diskontinuität.

V. Die Geschäftsordnung des Bundestags

462 Gemäß Art. 40 I S. 2 GG gibt sich der Bundestag eine Geschäftsordnung (GO BT). Die GO BT ist nach ganz h.M.[1105] eine **autonome Satzung**, die aufgrund ihrer Rechtsnatur[1106] der Verfassung und den förmlichen Bundesgesetzen im Rang nachsteht.[1107] Sie entfaltet ihre Wirkung nur innerhalb des Bundestags (bspw. zwischen den Abgeordneten oder den Organen, d.h. dem Präsidium und Unterorganen, etwa den Ausschüssen), stellt also im Verhältnis zu anderen Staatsorganen und den Bürgern **Innenrecht** des Bundestags dar.[1108] Das Rechtsverhältnis zwischen Bundestag und anderen Verfassungsorganen (beispielsweise Bundesregierung oder Bundesrat) ergibt sich ausschließlich aus der Verfassung und den förmlichen Bundesgesetzen.[1109] So kann die GO BT bspw. keine Verpflichtungen für die Bundesregierung begründen.

[1104] *Sannwald*, in: Schmidt-Bleibtreu/Hofmann/Henneke, GG, Art. 76 Rn 23; *Maunz*, in: Maunz/Dürig, GG, Art. 39 Rn 19; *Hömig*, in: Hömig/Wolff, GG, Art. 76 Rn 14; *Pieroth*, in: J/P, GG, Art. 39 Rn 4; *Brockmeyer*, in: Schmidt-Bleibtreu/Hofmann/Henneke, GG, Art. 39 Rn 9.

[1105] BVerfGE 1, 144, 148; 44, 308, 315; *Pieroth*, in: J/P, GG, Art. 40 Rn 7; *Brockmeyer*, in: Schmidt-Bleibtreu/ Homann/ Henneke, GG, Art. 40 Rn 6; *Maunz*, in: Maunz/Dürig, GG, Art. 40 Rn 21; *Stern*, StaatsR II, § 26 III 6 c. Nach a.A. (*Schneider*, in: Alternativkommentar, Art. 40 Rn 10) ist die GO BT ein Rechtssatz sui generis, der einer Satzung am nächsten steht. Bedeutung kann diese unterschiedliche Auffassung im Hinblick auf die statthafte gerichtliche Klage- bzw. Verfahrensart haben.

[1106] Zur Rechtsquellenlehre vgl. Rn 178 ff.

[1107] BVerfGE 1, 144, 148; *Morlok*, in: Dreier, GG, Art. 40 Rn 17.

[1108] BVerfGE 1, 144, 149; *Brockmeyer*, in: Schmidt-Bleibtreu/Hofmann/Henneke, GG, Art. 40 Rn 6; *Pieroth*, in: J/P, GG, Art. 40 Rn 7; a.A. *Morlok*, in: Dreier, GG, Art. 40 Rn 13 f., nach dem sich der Geltungsbereich funktional bestimmt.

[1109] *Queng*, JuS 1998, 610, 613.

Beispiel: In die GO BT wird durch Beschluss des Bundestags eine Bestimmung aufgenommen, die der Bundesregierung vorschreibt, den Bundestag stets über die Absichten der Regierung vorab zu unterrichten.

Da sich das Rechtsverhältnis zwischen Bundestag und Bundesregierung ausschließlich aus der Verfassung und den förmlichen Bundesgesetzen ergibt, ist eine derartige Bestimmung der GO BT unzulässig.

Hinweis für die Fallbearbeitung: Aufgrund der Nachrangigkeit der GO BT gegenüber der Verfassung und den förmlichen Gesetzen folgt, dass bei der Prüfung der GO BT diese auf ihre Vereinbarkeit mit der Verfassung und den förmlichen Gesetzen zu prüfen ist. Allerdings steht dem Bundestag bei der inhaltlichen Ausgestaltung der Geschäftsordnung ein weiter Gestaltungsspielraum zu[1110], der nur dann überschritten ist, wenn Verfassungsprinzipien wie z.B. Rechtsstaats-, Repräsentations- und Demokratieprinzip verletzt werden. Über die Rechtmäßigkeit der GO BT entscheidet das BVerfG; insbesondere kommt wegen des Rechtscharakters als Bundesrecht keine verwaltungsgerichtliche Normenkontrolle gem. § 47 VwGO in Betracht. Zudem dürfte bereits eine verwaltungsrechtliche Streitigkeit zu verneinen sein. Statthaft ist regelmäßig das Organstreitverfahren nach § 64 BVerfGG, da eine Maßnahme i.S.d. § 64 I BVerfGG auch eine Vorschrift der Geschäftsordnung sein kann. Voraussetzung ist nur, dass sie beim Antragsteller eine aktuelle rechtliche Betroffenheit auszulösen vermag.

Die GO BT regelt die **Organisation**, das **Verfahren** und die **Disziplin** des Bundes- **463**
tags, soweit Verfassung und Gesetz hierüber keine Vorschriften enthalten. Dazu gehört auch die Frage der **Beschlussfähigkeit**.[1111]

Hinweis für die Fallbearbeitung: Eine beliebte Klausurkonstellation besteht darin, dass der Bundestag in beschlussunfähigem Zustand einen Beschluss gefasst hat, die Beschlussunfähigkeit aber nicht durch Abstimmung positiv festgestellt wurde. Bei der zu behandelnden Frage, ob der zu prüfende Beschluss formell ordnungsgemäß zustande gekommen ist, muss zunächst die Beschluss(un-)fähigkeit des Bundestags geprüft werden. Gemäß § 45 I GO BT ist der Bundestag (nur dann) beschlussfähig, wenn mehr als die Hälfte seiner Mitglieder im Sitzungssaal anwesend ist. Ist also nicht mehr als die Hälfte der Mitglieder des Bundestags anwesend, ist der Bundestag nicht beschlussfähig. Allerdings ist der fragliche Beschluss aber (noch) nicht formell rechtswidrig, denn die Beschlussunfähigkeit liegt nicht automatisch vor. Diese muss vielmehr positiv festgestellt werden (§ 45 II und III GO BT). Bis zu der positiven Feststellung der Beschlussunfähigkeit sind Beschlüsse trotz materiellen Vorliegens der Beschlussunfähigkeit zumindest formell rechtmäßig. Zur Feststellung der Beschlussunfähigkeit sind die Stimmen einer Fraktion oder von anwesenden 5 % der Mitglieder des Bundestags erforderlich (§ 45 II S. 1 GO BT). Wird selbst diese Mindestzahl nicht erreicht, wird man davon ausgehen müssen, dass der Bundestag keinesfalls beschlussfähig ist, auch wenn seine Beschlussunfähigkeit nicht positiv festgestellt wurde. Vgl. zu dieser Problematik auch Rn 868 f.

Innerhalb ihres Regelungsbereichs bindet die GO BT den Bundestag, solange und **464**
soweit sie nicht auf dem von ihr selbst bezeichneten Weg abgeändert worden ist. Der Bundestag kann aber im einzelnen Fall von den Vorschriften der Geschäftsordnung mit Zweidrittelmehrheit der anwesenden Mitglieder des Bundestags abweichen, wenn die Bestimmungen des Grundgesetzes dem nicht entgegenstehen (§ 126 GO BT). Vgl. dazu Rn 866.

[1110] BVerfGE 80, 188, 220.
[1111] BVerfGE 44, 308, 314 ff.

465 Die Geschäftsordnung gilt nur für die Dauer der Legislaturperiode des Bundestags, der die Geschäftsordnung beschlossen hat. Es ist allerdings möglich – und auch die Staatspraxis –, dass der nächste Bundestag durch Beschluss die Geschäftsordnung des alten Bundestags übernimmt.[1112]

466 Schließlich sind die **Rechtsfolgen von Verstößen gegen die Geschäftsordnung** aufzuzeigen. Verstößt der Bundestag bei der Gesetzgebung gegen die Geschäftsordnung, ist das betreffende Gesetz grundsätzlich nicht unwirksam. Etwas anderes gilt nur, wenn das Gesetz gleichzeitig auch die Verfassung verletzt bzw. die verletzte Norm der Geschäftsordnung konkretisiertes Verfassungsrecht darstellt.[1113]

Hinweis für die Fallbearbeitung: In einer Staatsorganisationsrechtsklausur, die das Gesetzgebungsverfahren nach Art. 76 ff. GG zum Gegenstand hat, kommt es nicht selten vor, dass gegen Vorschriften der GO BT (insbesondere über die Zahl der Beratungen, §§ 78 ff. GO BT) verstoßen worden ist. Bei der Frage, ob das zu untersuchende Gesetz deswegen verfassungswidrig ist, muss das Problem erörtert werden, ob Verstöße gegen die GO BT überhaupt zur formellen Verfassungswidrigkeit von Gesetzen führen können. Da die Zahl der erforderlichen Beratungen nicht im Grundgesetz vorgeschrieben ist, das Zustandekommen von Bundesgesetzen sich aber nach den Art. 70 ff. GG richtet, kann ein Verstoß gegen §§ 78 ff. GO BT auch nicht zur formellen Verfassungswidrigkeit des Gesetzes führen. Vgl. dazu Rn 868 f.

VI. Untergliederungen des Bundestags

1. Präsident, Präsidium und Ältestenrat

a. Der Bundestagspräsident

467 Gemäß Art. 40 I S. 1 GG wählt der Bundestag seinen Präsidenten, dessen Stellvertreter und die Schriftführer. Die Wahl findet zu Beginn der Wahlperiode für deren Dauer statt. Eine Abwahl des Bundestagspräsidenten sehen weder das GG noch die GO BT vor. Eine Art. 67 GG entsprechende Regelung fehlt. Dennoch wird es für mit dem GG vereinbar gehalten, einen amtierenden Bundestagspräsidenten durch Wahl eines neuen Präsidenten abzuwählen, weil auch die Neuwahl eine Wahl gem. Art. 40 I S. 1 GG ist.[1114] Dem steht allerdings die Regelung des § 2 I GO BT entgegen, wonach der Bundestagspräsident „für die Dauer der Wahlperiode" gewählt wird. Eine Neuwahl des Bundestagspräsidenten würde demnach nur dann nicht gegen die GO BT verstoßen, wenn entweder diese zuvor (durch Bundestagsmehrheit) geändert oder von ihr in zulässiger Weise abgewichen (vgl. § 126 GO BT: Zweidrittelmehrheit der anwesenden Mitglieder des Bundestags) würde.

468 Der Bundestagspräsident wird traditionell aus der **stärksten Fraktion** gewählt, sein Stellvertreter aus der zweitstärksten. Von Verfassungs wegen wird dies allerdings nicht gefordert. Es handelt sich lediglich um eine Konventionalregel.[1115]

469 Der Bundestagspräsident **vertritt den Bundestag in allen Rechtsangelegenheiten**, in denen dieser aufgrund seiner Größe nicht selbst auftreten kann (vgl. § 7 I S. 1 GO BT).

[1112] BVerfGE 1, 144, 148; *Morlok*, in: Dreier, GG, Art. 40 Rn 9; *Brockmeyer*, in: Schmidt-Bleibtreu/Hofmann/Henneke, GG, Art. 40 Rn 6.
[1113] BVerfGE 29, 221, 234; *Kretschmer*, in: Schmidt-Bleibtreu/Hofmann/Henneke, GG, Art. 40 Rn 35; a.A. für schwerwiegende Verstöße *Schneider*, in: Alternativkommentar, Art. 40 Rn 10.
[1114] *Ipsen*, Rn 256; *Pieroth*, in: J/P, GG, Art. 40 Rn 1.
[1115] *Kretschmer*, in: Schmidt-Bleibtreu/Hofmann/Henneke, GG, Art. 40 Rn 38.

Beispiel: Bei Streitigkeiten vor dem BVerfG kann der Bundestag als Verfahrensbeteiligter nicht in seiner Gesamtheit auftreten. Hier nimmt der Bundestagspräsident die Anliegen des Bundestags als Gesamtheit wahr, nicht die Anliegen einer Minderheit.[1116]

Die wohl bekannteste Aufgabe des Bundestagspräsidenten besteht in der **Einberufung** und **Leitung der Debatten** (vgl. § 7 I S. 2; §§ 21 ff. GO BT). Bis zu seiner Wahl leitet der älteste Abgeordnete als Alterspräsident die Sitzungen. Zur Leitung der Debatten zählt auch die Bestimmung der Reihenfolge der Redner (§ 28 GO BT). Der Bundestagspräsident kann einen Abgeordneten zur Ordnung rufen (§ 36 GO BT), ihm das Wort entziehen (§ 37 GO BT) und ihn für die Dauer von bis zu 30 Sitzungstagen ausschließen (§ 38 GO BT). 470

Hinweis für die Fallbearbeitung: Möchte ein von einer Sitzung ausgeschlossener Abgeordneter gegen den Sitzungsausschluss vorgehen, steht ihm der Rechtsbehelf *Einspruch* zur Verfügung (vgl. § 39 GO BT). Dieser muss schriftlich begründet sein. Über den Einspruch entscheidet der Bundestag ohne Aussprache. Der Einspruch hat keine aufschiebende Wirkung. Der Einspruch ist begründet, wenn der Ausschluss von der Sitzung nicht mit höherrangigem Recht (insbesondere Art. 38 GG) vereinbar ist. Verfassungsrechtlich bedenklich ist § 38 I GO BT insoweit, als ein Ausschluss von der Sitzung über einen Sitzungstag hinaus möglich ist.[1117] Denn der einzelne Abgeordnete hat von Verfassungs wegen ein Recht auf Ausübung seiner parlamentarischen Rechte, vgl. dazu Rn 499 ff.

Darüber hinaus übt der Bundestagspräsident das **Hausrecht** und die **Polizeigewalt** in allen der Verwaltung des Bundestags unterstehenden Gebäude, Gebäudeteilen und auf Grundstücken aus (Art. 40 II GG). Hausrecht meint die privatrechtliche Befugnis jedes Eigentümers. Einzelheiten sind in der Hausordnung des Bundestags geregelt (vgl. § 7 II S. 2 und § 41 GO BT). Polizeigewalt meint alle polizeilichen Aufgaben und Befugnisse (insbesondere Maßnahmen, die nach der polizeilichen Befugnisgeneralklausel zulässig sind) für den o.g. räumlichen Bereich. Das schließt die Zuständigkeit der allgemeinen Polizeibehörden aus; diese dürfen (bzw. müssen) aber bei Ersuchen des Bundestagspräsidenten Amtshilfe (Art. 35 I GG) leisten, wobei sie den Weisungen des Bundestagspräsidenten unterstellt bleiben. Hausrecht und Polizeigewalt richten sich auch gegen Bundestagsabgeordnete. 471

Des Weiteren ist der Bundestagspräsident die **oberste Dienstbehörde** der Bundestagsbeamten. Er ernennt und stellt die Bundestagsbeamten nach den gesetzlichen und allgemeinen Verwaltungsvorschriften ein und versetzt sie in den Ruhestand, vgl. dazu § 129 I BBG und § 7 IV, V GO BT. 472

Hinweis für die Fallbearbeitung: Ist eine beamtenrechtliche Streitigkeit Klausurgegenstand, ist der Verwaltungsrechtsweg gem. § 126 I BBG bzw. § 54 I BeamtStG eröffnet. Bevor jedoch Klage erhoben wird, sind Rechtmäßigkeit und Zweckmäßigkeit der Maßnahme stets in einem Vorverfahren nachzuprüfen, § 68 I S. 2 Nr. 1 VwGO i.V.m. § 126 II BBG bzw. § 54 II S. 1 u. 2 BeamtStG (vgl. aber auch § 54 II S. 3 BeamtStG, der ein Vorverfahren für nicht erforderlich erachtet, wenn ein Landesgesetz dies bestimmt). Die Klage ist begründet, wenn die geltend gemachte Rechtsverletzung tatsächlich besteht.

[1116] BVerfGE 1, 115, 116; *Brockmeyer*, in: Schmidt-Bleibtreu/Hofmann/Henneke, GG, Art. 40 Rn 8.
[1117] Vgl. dazu sowie zur Zulässigkeit und Begründetheit des Einspruchs *Brandt/Gosewinkel*, ZRP 1986, 33.

b. Das Präsidium

473 Das **Präsidium** des Bundestags besteht aus dem Bundestagspräsidenten und seinen Stellvertretern (§ 5 GO BT), die ebenfalls für die Dauer der Wahlperiode vom Bundestag gewählt werden. Dem Präsidium kommen nur begrenzte Befugnisse zu (vgl. § 7 IV S. 4 GO BT). Daher ist die Bedeutung des Präsidiums als Kollegialorgan im Vergleich zu der des Präsidenten sehr gering.

c. Der Ältestenrat

474 Der Ältestenrat ist eine im Grundgesetz nicht genannte Institution des Bundestags. Er ist an sich kein Beschlussorgan, sondern hat nur **beratende Funktion**; er unterstützt den Bundestagspräsidenten bei dessen Geschäftsführung. Im Übrigen beschließt er über Angelegenheiten, die weder dem Bundestagspräsidenten noch dem Präsidium vorbehalten sind (§ 6 III GO BT). Damit kommt dem Ältestenrat eine **Auffangfunktion** zu.

474a Der Ältestenrat besteht aus dem Präsidenten, seinen Stellvertretern und 23 weiteren von den Fraktionen gem. § 12 GO BT zu benennenden Mitgliedern (§ 6 I GO BT), die wie die Mitglieder der Ausschüsse von der Fraktion nach ihrer Stärke benannt werden. Traditionell gehören dem Ältestenrat die Geschäftsführer der Bundestagsfraktionen an.

2. Die Fraktionen

475 Das Grundgesetz erwähnt die Fraktionen nur beiläufig in Art. 53a S. 2 GG. Insbesondere beschreibt es weder deren Aufgaben noch deren Funktionen. Eine vage Beschreibung des Begriffs „Fraktion" liefert das einfache Recht in § 45 I AbgG. Danach sind Fraktionen Zusammenschlüsse von Mitgliedern des Bundestags. Das Nähere regelt gem. § 45 II AbgG die GO BT. Nach § 10 I S. 1 GO BT sind Fraktionen Vereinigungen von mindestens fünf vom Hundert der Mitglieder des Bundestags, die derselben Partei oder solchen Parteien angehören, die aufgrund gleichgerichteter politischer Ziele in keinem Land miteinander im Wettbewerb stehen. Eine Abweichung von diesem Grundsatz bedarf eines Bundestagsbeschlusses, § 10 I S. 2 GO BT.

476 Die Fraktionen wirken an der Erfüllung der Aufgaben des Deutschen Bundestags mit (§ 47 I AbgG). Sie sind rechtsfähige Vereinigungen von Abgeordneten im Deutschen Bundestag; sie können klagen und verklagt werden (§ 46 I, II AbgG). Gemäß § 46 III AbgG sind sie aber nicht Teil der öffentlichen Verwaltung; sie üben daher keine öffentliche Gewalt aus. Daraus folgt, dass die Fraktionen *juristische Personen des Privatrechts* sind.

477 Den Fraktionen kommt somit ein **Doppelstatus** zu: Einerseits sind sie integraler Bestandteil des Verfassungsorgans *Parlament*; andererseits sind sie juristische Personen des Privatrechts. Bedeutung hat diese Erkenntnis für die von einer Fraktion getätigten Rechtsgeschäfte wie beispielsweise den Ausschluss von Personen aus der Fraktion (siehe Rn 508) oder den Abschluss von zivilrechtlichen Arbeitsverträgen mit Fraktionsangestellten (vgl. § 49 AbgG). Hier ist die betreffende Fraktion Arbeitgeber, nicht die der Fraktion angehörigen Abgeordneten oder gar das Parlament.

478 Für die Parlamentsarbeit sind die Fraktionen äußerst wichtig.[1118] Sie erfüllen zahlreiche Aufgaben, die in der GO BT (vgl. § 45 II AbgG) näher beschrieben werden. So vollzieht sich zunächst die Wahl des Bundestagspräsidenten und seiner Stellvertreter nach einem Proporz unter den Fraktionen (§ 12 GO BT). Auch der Ältestenrat wird

[1118] Vgl. dazu näher BVerfGE 44, 308, 318; 70, 324, 350; 80, 188, 219.

von den Fraktionen nach ihrer Stärke benannt (§ 6 I S. 1 i.V.m. § 12 GO BT). Des Weiteren werden die Mitglieder der Bundestagsausschüsse von den Fraktionen bestimmt (§ 57 II S. 1 GO BT). Schließlich wirken die Fraktionen bei zahlreichen parlamentarischen Befugnissen mit wie beispielsweise bei der Einbringung von Gesetzesvorlagen in den Bundestag (§ 76 I i.V.m. § 75 I lit. a GO BT), der Einberufung des Vermittlungsausschusses (§ 89 GO BT), der Stellung von Änderungsanträgen zu Gesetzentwürfen in dritter Lesung (§ 85 I GO BT) oder bei der Initiierung der Großen und Kleinen Anfrage (§ 76 I i.V.m. § 75 I lit. f GO BT und § 75 III GO BT).

Fraglich ist, ob der Bundestag die Bestimmung des § 10 I S. 1 GO BT dahingehend **479** ändern darf, dass Fraktionen nicht mehr Vereinigungen von mindestens *fünf* vom Hundert der Mitglieder des Bundestags, sondern nur Vereinigungen von beispielsweise mindestens *sechs* vom Hundert darstellen. Grundsätzlich steht es dem Bundestag frei, seine Geschäftsordnung jederzeit zu ändern, denn die GO BT stellt autonomes Satzungsrecht dar und betrifft nur die Mitglieder des Bundestags. Dementsprechend muss es dem Bundestag auch grundsätzlich freistehen, durch eine entsprechende Mehrheit die Mindeststärke der Fraktionen zu bestimmen.[1119] Besteht allerdings eine höherrangige Regelung, die die Mindeststärke der Fraktionen vorschreibt, ist der Bundestag daran gebunden. Eine solche Regelung könnte § 6 III S. 1 BWahlG darstellen. Nach dieser Vorschrift werden bei der Verteilung der Sitze auf die Landeslisten nur Parteien berücksichtigt, die mindestens fünf vom Hundert der im Wahlgebiet abgegebenen gültigen Stimmen Zweitstimmen erhalten (sog. Fünf-Prozent-Klausel). Wenn also eine Partei, die mehr als fünf Prozent der abgegebenen Stimmen auf sich vereinigt, in den Bundestag einziehen kann, soll sie auch das Recht haben, eine Fraktion zu bilden. Eine Regelung, die dieses Recht erschwert, ist allenfalls dann zulässig, wenn sie auf sachgerechten Erwägungen beruht. Dies wird jedoch kaum anzunehmen sein. Die Sperrklausel des § 6 III S. 1 BWahlG bildet deshalb gleichzeitig die obere Grenze für die in der GO BT zu regelnde Mindeststärke von Fraktionen. Eine entsprechende Änderung des § 10 I S. 1 GO BT wäre mithin unzulässig.[1120]

> **Hinweis für die Fallbearbeitung:** Fraktionen sind parteifähig in einem **Organstreitverfahren.**[1121] Sie sind durch das Grundgesetz und die GO BT mit eigenen Rechten ausgestattete Teile dieses Verfassungsorgans (vgl. Art. 93 I Nr. 1 GG). Dabei können sie nicht nur ihre eigenen Rechte geltend machen, sondern auch Rechte des gesamten Parlaments, die gegenüber einem möglichen Antragsgegner bestehen (Fall der gesetzlichen **Prozessstandschaft**).[1122] Dasselbe gilt für Gruppen i.S.v. § 10 IV GO BT.[1123] Ändert also der Bundestag mit entsprechender Mehrheit die Bestimmung des § 10 I S. 1 GO BT dahingehend, dass nur noch Vereinigungen von mindestens sechs vom Hundert der Mitglieder des Bundestags, die derselben Partei oder solchen Parteien angehören, die aufgrund gleichgerichteter politischer Ziele in keinem Land miteinander im Wettbewerb stehen, Fraktionen darstellen, ist die von der Änderung betroffene Fraktion bzw. Gruppe parteifähig in einem Organstreitverfahren.

3. Die Ausschüsse

Aufgrund der Größe des Plenums (598 reguläre Abgeordnete plus Überhang- und **480** Ausgleichsmandate) ist es nachvollziehbar, dass nicht alle Stadien der gesetzgeberischen Tätigkeit den Bundestag in seiner Gesamtheit durchlaufen können. Insbesonde-

---

[1119] *Kretschmer*, in: Schmidt-Bleibtreu/Hofmann/Henneke, GG, Art. 40 Rn 55.
[1120] *Ipsen*, Rn 273. Offengelassen von BVerfGE 84, 304, 325.
[1121] Vgl. nur BVerfGE 103, 81 ff.; BVerfG NVwZ 2016, 922 ff. Vgl. dazu Rn 622.
[1122] BVerfGE 103, 81, 86 f. Vgl. dazu Rn 622.
[1123] BVerfGE 84, 304, 318.

re kann nicht über alle Detailfragen im Plenum debattiert werden. Anderenfalls käme der Bundestag bei einer Vielzahl von eingebrachten Gesetzesvorschlägen praktisch nicht aus dem Debattieren heraus. Schließlich darf nicht vergessen werden, dass die Abgeordneten nicht in allen Fachangelegenheiten den nötigen Sachverstand aufweisen. Vorarbeiten der Bundestagsentscheidungen werden daher in den sog. Bundestagsausschüssen geleistet. Dort werden die Gesetze „abstimmungsreif" gemacht.[1124] Die wesentliche Arbeit findet also in den (Fach-)Ausschüssen statt.

481 Die Mitgliederzahl in den Ausschüssen kann innerhalb der Grenzen des Willkürverbots frei bestimmt werden (vgl. § 57 I S. 1 GO BT; für Untersuchungsausschüsse vgl. aber sogleich). Grundsätzlich muss aber jeder Ausschuss ein **verkleinertes Abbild des Plenums** sein (Grundsatz der Spiegelbildlichkeit).[1125] Demgemäß bestimmt § 12 GO BT, dass die Zusammensetzung der Ausschüsse im Verhältnis der Stärke der einzelnen Fraktionen vorzunehmen ist. Allerdings besteht kein Verfassungsgebot, in jedem Ausschuss jede Fraktion mit mindestens einem Sitz zu berücksichtigen.[1126] Es kann somit vorkommen, dass bei kleineren Ausschüssen eine Minderheitenfraktion unberücksichtigt bleibt, was mit Blick auf das Demokratieprinzip nicht unproblematisch ist (vgl. Rn 78). Eine Besonderheit gilt hinsichtlich derjenigen Abgeordneten, die zwar keiner Fraktion angehören, sich aber zu einer Gruppe (§ 10 IV GO BT) zusammengeschlossen haben. Besteht eine Gruppe i.S.v. § 10 IV GO BT, ist sie wie eine Fraktion im Verhältnis ihrer Stärke zur Gesamtstärke des Bundestags bei der Sitzvergabe in den Ausschüssen zu berücksichtigen. Ausschussmitglieder, die lediglich einer Gruppe angehören, genießen den gleichen Status (insbesondere das Stimmrecht) wie Mitglieder, die einer Fraktion angehören.[1127] Etwas anderes gilt im Hinblick auf Ausschussmitglieder, die weder einer Fraktion noch einer Gruppe angehören. Diese haben trotz ihrer Mitgliedschaft in einem Ausschuss dort kein Stimmrecht (vgl. § 57 II S. 2 GO BT).[1128]

482 Die Übertragung von Aufgaben auf die Ausschüsse darf aber nicht dazu führen, dass das Parlament die Aufgaben, zu der es berufen ist, völlig aus der Hand gibt. Solange aber der Bundestag die wesentlichen Entscheidungen selbst trifft, steht der Übertragung von Aufgaben an die Ausschüsse (sog. **vertikale Delegation**[1129]) nichts im Wege. Eine ausdrückliche Ermächtigung, Aufgaben des Bundestags wahrzunehmen, enthält jedenfalls Art. 45 S. 2 GG. Nach dieser Vorschrift bestellt der Bundestag einen **Ausschuss für die Angelegenheiten der Europäischen Union**, der die Rechte des Bundestags gem. Art. 23 GG gegenüber der Bundesregierung wahrnehmen darf. Nach Art. 45 S. 3 GG kann der Bundestag den Ausschuss auch ermächtigen, die Rechte wahrzunehmen, die dem Bundestag in den vertraglichen Grundlagen der Europäischen Union eingeräumt sind.

483 Die Formulierung „Der Bundestag *bestellt* ..." bedeutet, dass der Bundestag von Verfassungs wegen verpflichtet ist, den Ausschuss für die Angelegenheiten der Europäischen Union zu bestellen. Gleiches gilt für den **Ausschuss für auswärtige Angelegenheiten** (Art. 45a I Halbs. 1 GG), den **Verteidigungsausschuss** (Art. 45a I Halbs. 2 GG) und den **Petitionsausschuss** (Art. 45c GG). Diese Vorschriften stellen also eine ausdrückliche verfassungsrechtliche Ermächtigung (und zugleich eine Verpflichtung) für die vertikale Delega-

---

[1124] BVerfGE 1, 144, 152.

[1125] BVerfGE 80, 188, 222; 84, 304, 323. Das gilt auch für die Entsendung von Bundestagsmitgliedern in den Vermittlungsausschuss (BVerfGE 106, 253 ff.), vgl. Rn 530 und 883.

[1126] BVerfGE 70, 324, 364 mit abw. Meinung BVerfGE 70, 366, 370.

[1127] Vgl. BVerfGE 84, 304, 323 f.

[1128] Zur Verfassungsmäßigkeit dieser Bestimmung vgl. BVerfGE 80, 188, 224.

[1129] Demgegenüber spricht man von einer *horizontalen* Delegation, wenn Aufgaben auf ein *anderes* Verfassungsorgan (z.B. Bundesregierung oder Bundesverfassungsgericht), nicht auf eine bloße Untergliederung *desselben* Verfassungsorgans, übertragen werden. Der horizontalen Delegation steht der Grundsatz der Gewaltenteilung entgegen. Sie ist daher unzulässig.

tion dar. Eine einfachgesetzliche Ermächtigung stellt § 3 WahlprüfG bezüglich des Wahlprüfungsausschusses dar.

4. Insbesondere: Der Untersuchungsausschuss nach Art. 44 GG

a. Aufgaben eines Untersuchungsausschusses

Eine besondere Stellung hat der **Untersuchungsausschuss** nach Art. 44 GG. 484
Aufgabe dieses Ausschusses ist es, Sachverhalte, deren Aufklärung im öffentlichen Interesse liegt, zu untersuchen und dem Bundestag darüber Bericht zu erstatten.[1130]

Beispiel: Der Untersuchungsauftrag des Bundestagsausschusses zur Parteispendenaffäre der CDU ging dahin, aufzuklären, „inwieweit Spenden, Provisionen, andere finanzielle Zuwendungen oder Vorteile direkt oder indirekt" an die von der CDU/CSU und FDP getragene Bundesregierung geflossen sind.[1131]

Art. 44 GG enthält in Bezug auf die Einberufung, den Gegenstand der Untersuchung, 485
das Verfahren und die Beweiserhebung keine näheren Regelungen. Solche enthält aber das am 26.7.2001 in Kraft getretene Gesetz zur Regelung des Rechts der Untersuchungsausschüsse des Deutschen Bundestags (**Untersuchungsausschussgesetz**, im Folgenden: PUAG). Dieses Gesetz enthält Vorschriften über alle wesentlichen Verfahrensfragen, insbesondere zur Einberufung der Sitzungen und über den Zugang der Öffentlichkeit. Auch sind Einzelheiten der Beweiserhebung festgelegt. Da der (verfassungsändernde) Gesetzgeber es aber unterlassen hat, die Vorschrift des Art. 44 II S. 1 GG zu ändern, bleiben auch die Vorschriften der StPO über die Beweiserhebung nach wie vor sinngemäß anwendbar. Das führt – wie im Folgenden noch zu sehen sein wird – im Einzelfall zu einer Gemengelage zwischen den Vorschriften des PUAG und denjenigen der StPO. Eine befriedigende Lösung muss noch erarbeitet werden. Nach dem derzeitigen Stand der Rechtslage gilt für die Einsetzung von Untersuchungsausschüssen Folgendes:

- Gemäß Art. 44 I GG, § 1 I PUAG hat der Bundestag (1) das Recht und (2) auf Antrag 486
  eines Viertels seiner Mitglieder die Pflicht, einen Untersuchungsausschuss einzusetzen. Es sind daher zwei Fälle zu unterscheiden, die Mehrheitsenquete und die Minderheitsenquete.
  - ⇨ Die **Mehrheitsenquete** beruht auf einem Mehrheitsbeschluss des Bundestags gem. Art. 42 II S. 1 GG, und der Bundestag ist frei, ob er den Untersuchungsausschuss einsetzt oder nicht. Dann hat der Bundestag bei der Einsetzung des Untersuchungsausschusses auch den Untersuchungsgegenstand zu bestimmen.[1132]
  - ⇨ Im Fall der **Minderheitsenquete** wird der Antrag auf Einsetzung eines Untersuchungsausschusses von mindestens einem Viertel der Mitglieder des Bundestags („qualifizierte Minderheit") gestellt. Hier ist dann der Bundestag zur Einsetzung des Ausschusses verpflichtet (Art. 44 I GG, §§ 1 I, 2 I PUAG). Die Minderheit bestimmt auch grundsätzlich den Untersuchungsgegenstand (§ 2 II PUAG). Für die Mehrheit bedeutet das, dass sie an den Untersuchungsgegenstand gebunden ist, denn anderenfalls hätte sie es in der Hand, durch beliebige Erweiterung des Untersuchungsgegenstands das Verfahren zu blockieren oder wesentlich zu erschweren (**Minderheitenschutz**).[1133] Änderungen des Einsetzungsantrags sind aber mit Zustimmung

---

[1130] Vgl. dazu BVerfG NJW 2002, 1936 ff.; OLG Frankfurt a.M. NJW 2001, 2340 ff.; *Hermanns/Hülsmann*, JA 2002, 845 ff.; *Hebeler/Schulz*, JuS 2010, 969 ff.

[1131] Vgl. BT-Drs. 14/2139 v. 23.11.1999 – Antrag von SPD und Bündnis 90/DIE GRÜNEN sowie BVerfG NJW 2002, 1936 ff.; OLG Frankfurt a.M. NJW 2001, 2340 ff.; *Hermanns/Hülsmann*, JA 2002, 845 ff.; *Schröder*, NJW 2000, 1455 ff.

[1132] Vgl. *Pabel*, NJW 2000, 788; *Krahl*, JuS 2003, 61 ff.

[1133] Sollte also die Oppositionsstärke weniger als ein Viertel betragen (vgl. Rn 78 f.), kann die Opposition keine Minderheitsenquete veranlassen, was verfassungsrechtlich bedenklich ist, da dadurch ein wichtiges Instrument oppositio-

der antragstellenden Minderheit zulässig (§ 2 II PUAG). Eine Einschränkung der Minderheitsenquete enthält § 2 III PUAG. Danach kann der Bundestag den Untersuchungsauftrag (vorübergehend bis zur Entscheidung des BVerfG) einschränken, wenn er den Einsetzungsauftrag ganz oder teilweise für unzulässig hält.

Davon unabhängig kann der Zweck einer Minderheitsenquete „auf Arbeitsebene" unterlaufen werden, denn dadurch, dass die Zusammensetzung der Ausschüsse im Verhältnis der Stärke der einzelnen Fraktionen vorzunehmen ist, wird auch eine Minderheitsenquete von der parlamentarischen Mehrheit geprägt. Es kann sogar vorkommen, dass der Vorsitz einer Minderheitsenquete von einem Abgeordneten der Mehrheitsfraktion(en) ausgeübt wird, der sich zuvor im Bundestag gegen die Einsetzung des Untersuchungsausschusses eingesetzt hat (so im Edathy-Untersuchungsausschuss 2014). Auf diese Weise sichert sich die Parlamentsmehrheit auch in einer Minderheitsenquete ihre Dominanz.

Immerhin sind auch in einer Mehrheitsenquete jedenfalls die Rechte der qualifizierten Minderheit zu beachten[1134] und durch das PUAG positiv-rechtlich gewährleistet. So bestimmt § 17 II PUAG hinsichtlich des **Beweiserhebungsverfahrens**, dass bei der Beweisaufnahme, die grds. auf Beweisbeschlüssen des Untersuchungsausschusses beruht, die Rechte der qualifizierten Minderheit zu beachten sind (siehe dazu Rn 492).

Einen (wenn auch nur innerparlamentarischen) Minderheitenschutz gewährt schließlich auch § 126a GO BT, der für die Situation der Großen Koalition in der 18. Legislaturperiode eingeführt wurde (vgl. dazu bereits Rn 78).

487 ▪ Bezüglich des **Untersuchungsgegenstands** ist der Untersuchungsausschuss grundsätzlich auf den **Zuständigkeitsbereich des ihn einsetzenden Parlaments** begrenzt. Der Bundestag kann einem Untersuchungsausschuss daher keine Rechte übertragen, die er selbst nicht besitzt. Daraus folgt, dass Angelegenheiten, die in die ausschließliche Kompetenz anderer Verfassungsorgane, beispielsweise die Bundesregierung, fallen, niemals Gegenstand einer Untersuchung eines Ausschusses sein können.[1135]

Das bedeutet jedoch nicht, dass etwa ein angebliches Fehlverhalten eines Ministers (bzw. eines Ministeriums) nicht Gegenstand einer Untersuchung sein können. Gerade das Recht (und die Pflicht) des Parlaments zur Kontrolle der Exekutive erfordert hier die Einsetzung eines Untersuchungsausschusses, wenn ein genügender Anlass dazu besteht. Lediglich, wenn der Kernbereich des anderen Verfassungsorgans berührt ist, bestehen bei der Einsetzung von Untersuchungsausschüssen Grenzen. So darf ein Untersuchungsausschuss beispielsweise nicht in **laufende Verwaltungsverfahren** eingreifen. Bezüglich der Exekutive geht das BVerfG[1136] von einem für das Parlament nicht ausforschbaren „Initiativ-, Beratungs- und Handlungsbereich der Regierung" aus, zu dem insbesondere die regierungsinterne Willensbildung gezählt wird. Ähnliches gilt für einen Eingriff des Untersuchungsausschusses in den Kernbereich der Judikative: Aufgrund der richterlichen Unabhängigkeit (Art. 97 I GG) darf der Untersuchungsausschuss nicht in schwebende Gerichtsverfahren eingreifen.

Nicht Gegenstand eines Untersuchungsausschusses können auch Handlungen von Verfassungsorganen bzw. Organteilen sein, die keinen staatlichen Bezug haben, wie beispielsweise „private Sünden" eines Bundesministers.

Gleichwohl können Vorgänge im privaten Bereich Gegenstand eines Untersuchungsausschusses sein, wenn an ihrer Untersuchung ein besonderes öffentliches Interesse be-

---

neller Kontrollbefugnisse mitunter nicht zur Verfügung steht. Im gegenwärtigen 19. Deutschen Bundestag stellt sich die Problematik indes nicht, da die Opposition über rund 44% der Mitgliederzahl verfügt (siehe bereits Rn 136).

1134 Vgl. BVerfG NJW 2002, 1936 ff. (zur alten Rechtslage); *Hermanns/Hülsmann*, JA 2002, 845 ff.

1135 Vgl. BVerfGE 67, 100, 139; 77, 1, 51.

1136 BVerfGE 67, 100, 139.

steht[1137], etwa wenn private Unternehmen besondere Vergünstigungen genießen, besonderen gesetzlichen Pflichten unterliegen oder auch in erheblichem Umfang an den Staat liefern (so wie das z.B. bei der Rüstungsindustrie der Fall ist).[1138] Dabei sind jedoch deren Grundrechte zu beachten.

Verlässt der Untersuchungsgegenstand den zulässigen Bereich, ist die betreffende Maßnahme des Ausschusses unzulässig; bestimmte Fragen dürfen nicht gestellt werden. Ist von vornherein erkennbar, dass der Untersuchungsgegenstand unzulässig ist, muss man bereits von der Unzulässigkeit der Einsetzung des Ausschusses ausgehen. Dementsprechend hat der Bundestag den Einsetzungsbeschluss abzulehnen, wenn er den Antrag auf Einsetzung für unzulässig hält. Hält er ihn für teilweise unzulässig, hat er nach § 2 III PUAG vorzugehen. Die Antragsteller können dagegen das BVerfG anrufen (§ 2 III S. 2 PUAG). Es handelt sich hierbei um einen Fall des Organstreitverfahrens i.S.v. Art. 93 I Nr. 1 GG (Rn 496), für den Beteiligtenfähigkeit und Verfahrensgegenstand besonders geregelt sind.[1139]

Eine weitere inhaltliche Begrenzung besteht in der ausschließlichen Kompetenz anderer Bundestagsausschüsse. So hat der **Verteidigungsausschuss** (Art. 45a GG) eine abschließende Befugnis zur Untersuchung auf dem Gebiet der Verteidigung. Zu beachten ist allerdings, dass sich der ausschließliche Zuständigkeitsbereich des Verteidigungsausschusses nur auf die Verteidigung im eigentlichen Sinne bezieht. Daher fällt etwa die Untersuchung einer angeblichen Bestechung des Verteidigungsministers bezüglich der Beschaffung von Rüstungsgegenständen wegen seiner allgemeinpolitischen Bedeutung sehr wohl in den Zuständigkeitsbereich des Untersuchungsausschusses nach Art. 44 GG. Liegt der Untersuchungsgegenstand aber im Zuständigkeitsbereich des Verteidigungsausschusses, hat dieser die Rechte eines Untersuchungsausschusses (§ 34 PUAG).

- Der Untersuchungsausschuss ist an den ihm erteilten **Untersuchungsauftrag** gebunden. Eine nachträgliche Änderung des Untersuchungsauftrags bedarf des Beschlusses des Bundestags. § 2 II PUAG gilt entsprechend (§ 3 PUAG).[1140] §§ 4 und 5 PUAG enthalten Regelungen über die Zusammensetzung und die Mitglieder des Untersuchungsausschusses. **488**

- Der Untersuchungsausschuss ist **beschlussfähig**, wenn die Mehrheit seiner Mitglieder anwesend ist (§ 9 I S. 1 PUAG). Ist nicht die erforderliche Zahl von Mitgliedern anwesend, führt dies noch nicht automatisch zur Beschlussunfähigkeit. Denn in Anlehnung an die Regelung des § 45 II GO BT bestimmt § 9 I S. 2 PUAG, dass der Ausschuss so lange als beschlussfähig gilt, wie nicht auf Antrag die Beschlussunfähigkeit festgestellt wird. Im Gegensatz zu § 45 II GO BT bestimmt § 9 I S. 2 PUAG aber nicht den Kreis der Antragsberechtigten. Daher sollte man bereits den Antrag eines einzelnen Mitglieds genügen lassen. **489**

- Zur Unterstützung einer Untersuchung sieht § 10 PUAG die Einsetzung eines **Ermittlungsbeauftragten** vor. Diesem stehen die wichtigsten Beweiserhebungsrechte des Untersuchungsausschusses zu. Allerdings ist unter bestimmten Voraussetzungen ein Beweisbeschluss des Ausschusses erforderlich. **490**

- Die **Beratungen und Beschlussfassungen** des Ausschusses sind **nicht öffentlich**. Über Art und Umfang von Mitteilungen an die Öffentlichkeit aus nicht öffentlichen Sitzungen entscheidet der Ausschuss (§ 12 PUAG). Die **Beweiserhebung** erfolgt demgegenüber in **öffentlicher** Sitzung. Ton- und Filmaufnahmen sowie Bildübertragungen sind allerdings auch hier grundsätzlich unzulässig; Ausnahmen bedürfen einer Mehrheit **491**

[1137] Vgl. BVerfGE 67, 100, 143; 77, 1, 44; *Degenhart*, Rn 685.
[1138] *Degenhart*, Rn 685.
[1139] Vgl. *Degenhart*, Rn 685.
[1140] Während § 2 II PUAG sich also mit Änderungen des Untersuchungsauftrags bei der *Einsetzung* des Ausschusses befasst, geht es in § 3 S. 2 PUAG um *nachträgliche* Änderungen oder Ergänzungen des Untersuchungsauftrags.

von zwei Dritteln der anwesenden Ausschussmitglieder sowie der Zustimmung der zu vernehmenden oder anzuhörenden Personen (13 PUAG).

492 ▪ Der Untersuchungsauftrag (= Untersuchungsgegenstand) muss auf die **Feststellung von Tatsachen durch Beweiserhebung** und deren **mögliche Bewertung** gerichtet sein, die auch Empfehlungen für die Bundesorgane enthalten kann.[1141] Die Beweiserhebung ist in §§ 17 ff. PUAG geregelt.

So sind gem. § 18 I PUAG auf Ersuchen des Untersuchungsausschusses die Bundesregierung, die Behörden des Bundes sowie die bundesunmittelbaren Körperschaften, Anstalten und Stiftungen des öffentlichen Rechts vorbehaltlich verfassungsrechtlicher Grenzen verpflichtet, dem Untersuchungsausschuss sächliche Beweismittel, insbesondere die Akten, die den Untersuchungsgegenstand betreffen, vorzulegen. Bei Ablehnung eines Ersuchens entscheidet auf Antrag des Untersuchungsausschusses oder eines Viertels seiner Mitglieder das BVerfG über die Rechtmäßigkeit der Ablehnung (§ 18 III PUAG). Jedoch billigt nach Auffassung des BVerfG § 18 III PUAG nicht jeder Minderheit im Untersuchungsausschuss die Antragsbefugnis zu. Ein solches Verständnis würde eine Loslösung von Art. 44 I S. 1 GG, der konzeptionell in das Regelungsregime der Untersuchungsausschüsse hineinwirkt, bedeuten. Antragsbefugt sei vielmehr nur die von der konkreten oder potentiellen Einsetzungsminderheit im Deutschen Bundestag i.S.d. Art. 44 I S. 1 GG getragene Ausschussminderheit; nur diese könne als Prozessstandschafterin auftreten.[1142]

Um dem erforderlichen Minderheitenschutz gerecht zu werden, sind auch in einer Mehrheitsenquete die Rechte der qualifizierten Minderheit zu beachten, was durch das PUAG positiv-rechtlich gewährleistet wird (Rn 486). So bestimmt § 17 II PUAG hinsichtlich des **Beweiserhebungsverfahrens**, dass bei der Beweisaufnahme, die grds. auf Beweisbeschlüssen des Untersuchungsausschusses beruht, die Rechte der qualifizierten Minderheit zu beachten sind. Sofern ein Viertel der Mitglieder des Untersuchungsausschusses Beweise beantragt, statuiert die Vorschrift die Pflicht zur Beweiserhebung, sofern diese nicht unzulässig ist oder auch mit den dafür vorgesehenen Zwangsmitteln nicht erreicht werden kann.[1143] § 17 III PUAG trifft eine Regelung für die Reihenfolge der Zeugenvernehmung: Kann hinsichtlich der Reihenfolge kein Einvernehmen erzielt werden, soll auf die Regelung der GO BT, die eine abwechselnde Reihenfolge der Redner vorschreibt, zurückgegriffen werden. Wird die Erhebung bestimmter Beweise durch den Untersuchungsausschuss abgelehnt, hat die qualifizierte Minderheit durch § 17 IV PUAG das Recht, eine Entscheidung des Ermittlungsrichters beim BGH herbeizuführen.

Zutreffend stellt der BGH klar, dass mit diesen Regelungen (§ 17 II-IV PUAG) das der Minderheit in Art. 44 I S. 1 GG eingeräumte Recht, die Einsetzung eines Untersuchungsausschusses zu verlangen, abgesichert werden soll.[1144] Da – wie aufgezeigt – das BVerfG in seinem Urteil zur „NSA-Abhöraffäre" dem Minderheitenschutz eine weniger starke Stellung zugebilligt hat (wohl, um den Konflikt zwischen Deutschland und den USA und den jeweiligen Sicherheitsbehörden „abzumildern"), ist das Urteil des BGH, in dem sich eine Einschränkung, wie sie das BVerfG formuliert, nicht findet, umso erfreulicher.

Zum (wenn auch nur innerparlamentarischen) Minderheitenschutz nach § 126a GO BT, der für die Situation der Großen Koalition in der 18. Legislaturperiode eingeführt wurde, vgl. bereits Rn 78.

Im Übrigen finden – da Art. 44 II S. 1 GG im Zuge der Verabschiedung des PUAG insoweit nicht geändert worden ist – die jeweils geltenden **Vorschriften über den Strafprozess** sinngemäß Anwendung. Dem Untersuchungsausschuss stehen daher

---

1141 Vgl. OLG Frankfurt a.M. NJW 2001, 2340 ff.
1142 BVerfG NVwZ 2017, 137, 138 (NSA-Untersuchungsausschuss; „NSA-Abhöraffäre").
1143 Vgl. dazu BGH NVwZ 2017, 173, 174. (Vernehmung Edward Snowdens im NSA-Untersuchungsausschuss).
1144 Vgl. BGH NVwZ 2017, 173, 174.

nicht nur die im PUAG genannten, sondern auch die meisten Beweismittel der StPO zur Verfügung, wie *Augenscheinnahme, Aktenvorlage, Sachverständigengutachten* und *Zeugenvernehmung*. Beweise sind zu erheben, wenn dies von einem Viertel der Mitglieder des Ausschusses beantragt wurde, es sei denn, die Beweiserhebung ist unzulässig oder das Beweismittel ist auch nach Anwendung der in dem PUAG vorgesehenen Zwangsmittel (§ 27 PUAG) unerreichbar (§ 17 II PUAG). Hinsichtlich des Beweismittels *Vernehmung von Zeugen* strebt § 17 III PUAG eine einvernehmliche Lösung bei der Reihenfolge der Vernehmung an. Lediglich wenn keine Einigung erzielt werden kann, verweist § 17 III S. 3 PUAG auf die Regelung der GO BT zur (abwechselnden) Reihenfolge der Redner (§ 28 GO BT). Der erste Zeuge „gehört" demnach der Opposition. Von dem Begriff der „Beweiserhebung" ist nicht nur die Pflicht des Zeugen erfasst, auf Ladung des Untersuchungsausschusses zu **erscheinen** (§ 50 StPO findet gem. § 20 I PUAG keine Anwendung), sondern auch vor dem Untersuchungsausschuss **auszusagen**[1145] (zu den Folgen des Ausbleibens von Zeugen und zum Zeugnis- und Auskunftsverweigerungsrecht siehe sogleich). Des Weiteren sind von dem Begriff der Beweiserhebung die **Beschlagnahme** i.S.d. § 94 StPO und die **Durchsuchung** i.S.d. §§ 102 ff. StPO erfasst. Denn eine effektive parlamentarische Kontrolle wäre nicht gewährleistet, wenn der von der Untersuchung Betroffene sich erfolgreich weigern könnte, bestimmte Informationen bzw. Beweismittel herauszugeben. Allerdings ist auch hier der **Richtervorbehalt** zu beachten: Beschlagnahme, Durchsuchung und Verhaftung müssen daher beim zuständigen Strafgericht beantragt werden.[1146] Zwangsmaßnahmen müssen aber das **Recht auf informationelle Selbstbestimmung** beachten. Das von einem Untersuchungsausschuss angerufene Gericht hat daher zu gewährleisten, dass beschlagnahmte Unterlagen, die ersichtlich grundrechtlich bedeutsame Daten enthalten, erst dann im Untersuchungsausschuss erörtert werden, wenn ihre Beweiserheblichkeit im Einzelnen und die Frage der Zulässigkeit der Beweiserhebung im Blick auf ausreichende Geheimschutzmaßnahmen geprüft werden.[1147]

Da mit der Anordnung von Zwangsmaßnahmen auch regelmäßig Grundrechte des Betroffenen berührt werden, sind sie nur dann rechtmäßig, wenn das öffentliche Interesse an der Aufdeckung das private Interesse an der Geheimhaltung überwiegt.

Hinweis für die Fallbearbeitung: In der Fallbearbeitung hat also eine umfassende Grundrechtsprüfung zu erfolgen: Zunächst ist der Eingriff in den Schutzbereich zu prüfen. Das ist durch die richterliche Anordnung der Maßnahme stets anzunehmen. Verfassungsrechtlich gerechtfertigt ist der Eingriff, wenn der Grundsatz der Verhältnismäßigkeit gewahrt wurde. So darf insbesondere das mit der Maßnahme verfolgte Ziel in seiner Wertigkeit nicht außer Verhältnis zur Intensität des Eingriffs stehen.

Hinsichtlich der **Überwachung der Telekommunikation** ist zu beachten, dass nach Art. 44 II S. 2 GG das Brief-, Post- und Fernmeldegeheimnis (Art. 10 GG) unberührt bleibt. Das Grundrecht aus Art. 10 I GG ist nur auf der Grundlage des Art. 10 II GG einschränkbar. Dazu gehören neben dem G 10 insbesondere die §§ 100a und b StPO. Unrechtmäßig erworbene Informationen führen zu einem Beweisverwertungsverbot.

- Aufgrund der sog. CDU-Spendenaffäre sah sich der Gesetzgeber gehalten, im neuen PUAG auch die **Vernehmung von Zeugen** dezidiert zu regeln. Wird jemand vom Untersuchungsausschuss als Zeuge geladen, muss er erscheinen. § 50 StPO findet gem. § 20 I PUAG keine Anwendung (s.o.). Das Verfahren über die Zeugenvernehmung ist in den §§ 24 und 25 PUAG geregelt. § 21 PUAG regelt die Folgen des Ausbleibens von Zeugen. So kann der Untersuchungsausschuss dem Zeugen die durch das Fernbleiben verursachten **Kosten auferlegen**, gegen ihn ein **Ordnungsgeld** bis zu 10.000,- € 493

[1145] Vgl. dazu ausführlich *Pabel*, NJW 2000, 788 ff.; *Kölbel/Morlok*, ZRP 2000, 217 ff.
[1146] BVerfGE 76, 363, 383; 77, 1, 51; *Pieroth*, in: J/P, GG, Art. 44 Rn 2/12; *Pabel*, NJW 2000, 788, 789.
[1147] BVerfGE 77, 1 (Leitsatz).

verhängen und sogar seine **zwangsweise Vorführung** anordnen. Im Übrigen sind § 135 S. 2 StPO anzuwenden und die Einschränkung in § 21 II PUAG zu beachten.
Der geladene Zeuge ist – wie sich aus den §§ 22 ff. PUAG ergibt – auch grundsätzlich **verpflichtet** (analog zum Strafprozess) **auszusagen**. Die Aussagepflicht vor dem Untersuchungsausschuss kann gem. § 27 PUAG durch Zwangsmaßnahmen durchgesetzt werden, wobei zunächst die durch die Weigerung verursachten **Kosten** auferlegt und ein **Ordnungsgeld** bis zu 10.000.- € festgelegt werden können (§ 27 I PUAG). Des Weiteren besteht die subsidiäre Möglichkeit der **Ordnungshaft** (§ 27 II PUAG).
Die Aussageverpflichtung bzw. die zwangsweise Durchsetzung der Aussageverpflichtung sind jedoch dann ausgeschlossen, wenn sich der Betroffene auf ein **Aussageverweigerungsrecht** berufen kann. § 22 PUAG nennt die näheren Voraussetzungen. Danach gelten die §§ 53 und 53a StPO entsprechend.
Auch wenn sich der Zeuge im Strafprozess auf das Aussageverweigerungsrecht des §§ 55, 52 I StPO berufen kann, kann er dies auch gegenüber dem Untersuchungsausschuss (§ 22 II PUAG). Der Zeuge muss demnach nicht aussagen, wenn er sich (oder einen in § 52 I StPO bezeichneten Angehörigen) der Gefahr der Strafverfolgung oder der Ahndung wegen einer Ordnungswidrigkeit aussetzen würde. Daraus lässt sich aber noch kein Recht zur generellen Aussageverweigerung ableiten. Der Zeuge hat lediglich das Recht, die Auskunft auf einzelne Fragen zu verweigern (§§ 55 I, 52 I StPO, § 22 II PUAG). Eine Totalverweigerung ist nur dann möglich, wenn die gesamte in Betracht kommende Aussage in so engem Zusammenhang mit einem strafbaren Zusammenhang steht, dass er ohne die Gefahr der strafrechtlichen Verfolgung nicht aussagen kann.[1148] Des Weiteren ist an das Zeugnisverweigerungsrecht des Abgeordneten (Art. 47 GG, § 53 I Nr. 4 StPO) zu denken, das gem. § 22 I PUAG auch gegenüber dem Untersuchungsausschuss gilt. In Betracht kommen schließlich die Zeugnisverweigerungsrechte der Wirtschaftsprüfer, Buchprüfer und Steuerberater (§ 53 I Nr. 3 StPO). Hier ist aber an die Entbindung von der Schweigepflicht gem. § 53 II StPO zu denken. Doch besteht hierzu keine rechtliche Verpflichtung des Betroffenen. Zur Vernehmung von Amtsträgern vgl. § 23 PUAG.

494

Prüfung einer Maßnahme eines BT-Untersuchungsausschusses

I. Rechtsgrundlage

Rechtsgrundlage für Maßnahmen von Untersuchungsausschüssen ist Art. 44 II S. 1 GG i.V.m. den Vorschriften des PUAG.

II. Formelle Rechtmäßigkeit der konkreten Maßnahme

1. **Erforderliche Anzahl von Abgeordneten** begehrt die Einsetzung des Untersuchungsausschusses: Es ist zwischen der **Mehrheitsenquete** und der **Minderheitsenquete** zu unterscheiden, vgl. Art. 44 GG, § 2 I PUAG. Im Falle der Minderheitsenquete bestimmt auch grundsätzlich die beantragende qualifizierte Minderheit den Untersuchungsgegenstand. Für die Mehrheit bedeutet das, dass sie an den Untersuchungsgegenstand gebunden ist, denn anderenfalls hätte sie es in der Hand, durch beliebige Erweiterung des Untersuchungsgegenstands das Verfahren zu blockieren oder wesentlich zu erschweren (Minderheitenschutz). Änderungen des Einsetzungsantrags sind aber mit Zustimmung der antragstellenden Minderheit zulässig (§ 2 II PUAG). Eine Einschränkung der Minderheitsenquete enthält § 2 III PUAG. Danach kann der Bundestag den Untersuchungsauftrag (bis zur Entscheidung des BVerfG) einschränken, wenn er den Einsetzungsauftrag ganz oder teilweise für unzulässig hält.
2. **Untersuchungsgegenstand** bewegt sich innerhalb des **Zuständigkeitsbereichs des Bundestags**: Beachtung des **Bundesstaatsprinzips**: Der Untersuchungsausschuss darf nicht in den Zuständigkeitsbereich der Länder eingreifen. Beachtung des **Gewaltenteilungsprinzips**: Der Untersuchungsausschuss darf nicht in den Kernbereich der Zuständigkeiten von Organen der Exekutive und Judikative eingreifen.

[1148] Vgl. zur alten Rechtslage *Pabel*, NJW 2000, 788, 790.

3. Untersuchungsausschuss war **beschlussfähig**, § 9 PUAG.

III. Materielle Rechtmäßigkeit der konkreten Maßnahme
Untersuchung ist auf **Tatsachenfeststellung durch Beweiserhebung** gerichtet. Die Beweiserhebung ist in §§ 17 ff. PUAG geregelt. Im Übrigen finden – da Art. 44 II S. 1 GG insoweit nicht geändert worden ist – die jeweils geltenden **Vorschriften über den Strafprozess** sinngemäß Anwendung. Somit müssen deren Voraussetzungen vorliegen, was zu einer inzidenten Prüfung der Voraussetzungen dieser Vorschriften führt. Von dem Begriff der „Beweiserhebung" ist insbesondere die Vernehmung von Zeugen umfasst, vgl. §§ 20 ff. PUAG. Zu den Aussageverweigerungsrechten vgl. § 22 PUAG. Zum zulässigen Inhalt der Zeugenbefragung vgl. § 25 PUAG. Im Übrigen ist wie bei allen staatlichen Maßnahmen der Grundsatz der **Verhältnismäßigkeit** zu beachten.

b. Rechtsschutzgesichtspunkte

Wegen der Bedeutung von Maßnahmen des Untersuchungsausschusses erklärt § 36 I PUAG grds. den BGH für zuständig. Lediglich für Organstreitigkeiten ist das BVerfG zuständig. Daher muss zwischen Organstreitigkeiten und sonstigen Streitigkeiten unterschieden werden. In Betracht kommen insbesondere folgende Rechtsschutzfragen: 495

1. Die oppositionelle Minderheit im Bundestag, die die Einsetzung des Untersuchungsausschusses beantragt hat, möchte ihre Rechte gerichtlich durchsetzen.
2. Ein Dritter, in dessen Grundrechte der Untersuchungsausschuss eingreift, möchte gerichtlich die Rechtswidrigkeit der fraglichen Maßnahme feststellen lassen bzw. diese abwehren.

Zu 1: Da es um die Durchsetzung von organschaftlichen Rechten geht, ist nicht der BGH, sondern gem. Art. 93 I Nr. 1 GG, §§ 13 Nr. 5, 63 ff. BVerfGG, 18 III, 36 PUAG das BVerfG zuständig. Die Antragsberechtigung ergibt sich aus §§ 63 BVerfGG, § 18 III PUAG. So ist eine Fraktion antragsberechtigt, weil sie ein durch die GO BT mit eigenen Rechten ausgestatteter Teil eines Verfassungsorgans (hier: des Bundestags) ist.[1149] Antragsgegner ist derjenige, gegen den sich die geltend gemachte Rechtsverletzung richtet. Das können beispielsweise der Bundestag oder ein Teil des Bundestags sein, aber auch die Bundesregierung. Antragsbefugt ist der Antragsteller, wenn er geltend macht, durch die Handlung bzw. das Untätigbleiben des Antragsgegners in seinen (Organ-)Rechten verletzt zu sein, und diese geltend gemachte Rechtsverletzung möglich erscheint. 496

Beispiele:

(1) Weigert sich bei einer Minderheitsenquete die Mehrheit, einen Untersuchungsausschuss einzusetzen (wonach sie gem. Art. 44 I GG, §§ 1 I, 2 I PUAG jedoch verpflichtet ist), liegt ein Verstoß gegen die Einsetzungspflicht vor.

(2) Setzt bei einer Minderheitsenquete die Mehrheit zwar einen Untersuchungsausschuss ein, weigert sich aber im Ausschuss, die Beweiserhebung (§§ 17 ff. PUAG) einzuleiten, hat die Minderheit ein Recht gegenüber der Mehrheit, dass der Untersuchungsausschuss durch entsprechenden Beschluss (§ 9 PUAG) in die Beweiserhebung eintritt.[1150]

[1149] Vgl. BVerfGE 67, 100, 124; 68, 1, 63; 70, 324, 350. Zur Antragsberechtigung einzelner Abgeordneter, die schon wegen Art. 38 I S. 2 GG mit eigenen Rechten ausgestattet sind, vgl. BVerfGE 10, 3, 10 f.; 60, 374, 379; 62, 1, 31; 94, 351, 362. Zur Antragsberechtigung von Parteien vgl. BVerfGE 44, 125, 136 f.; 60, 53, 61 f.; 73, 1, 27 ff.; 73, 40, 65 ff.; 74, 44, 48 f. Im Zusammenhang mit der Arbeit von Untersuchungsausschüssen sind auch Gruppen i.S.v. § 10 IV GO BT parteifähig, vgl. BVerfGE 67, 100, 126.

[1150] Vgl. BVerfG NJW 2002, 1936 ff. (zur alten Rechtslage); *Hermanns/Hülsmann*, JA 2002, 845 ff.

(3) Denkbar ist auch der umgekehrte Fall, dass also bei einer Mehrheitsenquete der Untersuchungsausschuss gem. § 9 PUAG etwa die Vernehmung eines Zeugen beschließt und dabei gegen Verfassungsrecht verstößt. Hier kann die Minderheit ein Organstreitverfahren einleiten.

Im Zusammenhang mit Untersuchungsausschüssen ist aber zu beachten, dass das Enqueterecht dem gesamten Parlament zusteht. Wird also die Arbeit des Untersuchungsausschusses behindert, wird das Kontrollrecht des Parlaments als Gesamtheit beeinträchtigt. Gleichwohl sind Fraktionen befugt, im Organstreit Rechte des Parlaments geltend zu machen (vgl. § 64 I BVerfGG: Fall der gesetzlichen Prozessstandschaft).[1151] Zu Form und Frist des Antrags vgl. § 64 BVerfGG. Begründet ist der Antrag, wenn die gerügte Maßnahme bzw. das gerügte Unterlassen des Antragsgegners (beispielsweise der unterlassene Eintritt in die Beweiserhebung) gegen ein organschaftliches Recht des Antragstellers bzw. gegen eine Bestimmung des Grundgesetzes verstößt, § 67 BVerfGG. In der Fallbearbeitung ist also nun die Vereinbarkeit des gerügten Verhaltens mit der Verfassung zu prüfen.

497 **Zu 2:** Möchte sich ein Dritter, in dessen Grundrechte der Untersuchungsausschuss eingreift, gerichtlich die Rechtswidrigkeit der fraglichen Maßnahme feststellen lassen bzw. diese abwehren, steht ihm gem. § 36 PUAG der **Rechtsweg zum BGH** offen. Der Verwaltungsrechtsweg ist wegen dieser Sondervorschrift gesperrt (vgl. § 40 I S. 1 VwGO: „(...) soweit die Streitigkeiten nicht durch Bundesgesetz einem anderen Gericht ausdrücklich zugewiesen sind").

In der **Fallbearbeitung** sollte dennoch kurz erwähnt werden, dass der Untersuchungsausschuss selbst zwar dem Verfassungsrecht zuzuordnen ist, jedoch gegenüber den Bürgern mit verwaltungsbehördlichen Kompetenzen (gleich der Staatsanwaltschaft) arbeitet, sodass der Untersuchungsausschuss in dieser Funktion nicht verfassungsrechtlich, sondern rein verwaltungsrechtlich tätig wird. Daher kommt ein Verfahren vor dem BVerfG nicht in Betracht. Es bleibt somit bei der Grundregel des § 36 I PUAG, die im Übrigen eine abdrängende Sonderzuweisung i.S.d. § 40 I S. 1 VwGO darstellt, sodass bereits erstinstanzlich der BGH zuständig ist. Hier ist dann folgendermaßen zu unterscheiden:

- Richtet sich das Klägerbegehren auf die Anordnung einer **Zwangsmaßnahme** (z.B. Haft oder Vorführung), gelten die Zuständigkeits- und Verfahrensregelungen des § 36 I PUAG, wonach der BGH zuständig ist.
- Geht es dagegen um den Einsetzungsbeschluss, ist zwar ebenfalls der BGH zuständig. Dieser hat aber das Verfahren auszusetzen und die Entscheidung des BVerfG einzuholen, sofern er den Einsetzungsbeschluss für verfassungswidrig hält und es für das Verfahren auf die Gültigkeit des Einsetzungsbeschlusses ankommt, § 36 II PUAG (vgl. die Parallele zu Art. 100 I GG).

Von diesen Bestimmungen unberührt bleibt das Recht des betroffenen Bürgers, gegen die Entscheidung des BGH **Verfassungsbeschwerde** beim BVerfG zu erheben, mit der Rüge, dieser habe bei der Urteilsfindung spezifisches Verfassungsrecht verletzt.

[1151] BVerfGE 103, 81, 86 f. Dagegen ist der einzelne Abgeordnete nicht parteifähig, wenn es um die Rechtsverteidigung des gesamten Parlaments geht.

VII. Die Rechtsstellung der Bundestagsabgeordneten

1. Das freie Mandat

Gemäß Art. 38 I S. 2 GG sind die Abgeordneten Vertreter des ganzen Volkes, an Aufträge und Weisungen nicht gebunden und nur ihrem Gewissen unterworfen. Man spricht vom **freien Mandat**. Die Freiheit des Mandats gewährt eine sachliche und persönliche Unabhängigkeit von jeglicher staatlichen Beeinträchtigung und führt dazu, dass sowohl staatliche als auch private Maßnahmen (etwa von Interessengruppen), die den Bestand und die Dauer des Status als Abgeordneter beeinträchtigen, eine inhaltliche Bindung der Mandatsausübung herbeiführen oder sanktionieren, grundsätzlich unzulässig sind.[1152] **498**

Die Formulierung „grundsätzlich" lässt auf das Vorhandensein von Ausnahmetatbeständen schließen. So ist es z.B. zulässig, dass die Parteien über ihre Fraktionen Einfluss auf den einzelnen parteiangehörigen Abgeordneten nehmen. Denn das Grundgesetz geht von einer „**Parteiendemokratie**" aus, indem es in Art. 21 I GG formuliert, dass die Parteien bei der politischen Willensbildung des Volkes mitwirken und zur innerparteilichen Demokratie verpflichtet sind. Daraus folgt eine „Bindekraft der Fraktionen im Verhältnis zum Abgeordneten"[1153]. Im allgemeinen (politischen) Sprachgebrauch wird diesbezüglich von **Fraktionsdisziplin** gesprochen. Dahinter steht das Bestreben der Fraktion, ein einheitliches Auftreten in der parlamentarischen Arbeit zu erreichen, was ein bestimmtes – formal unverbindliches – Einwirken auf die der Fraktion angehörenden Abgeordneten umfasst. Die Fraktionsdisziplin wird gerade wegen ihrer rechtlichen Unverbindlichkeit allgemein als mit Art. 38 I S. 2 GG vereinbar angesehen.[1154] Wird aber Druck auf die Gewissensentscheidung des Abgeordneten ausgeübt (Beispiel: Der Fraktionsvorsitzende lädt „Abweichler" zu Einzelgesprächen, bei denen er ihnen klarmacht, dass die Besetzung bestimmter Positionen vom Willen der Fraktion abhängt), lässt sich nicht mehr von (zulässiger) Fraktionsdisziplin sprechen; dann liegt m.E. ein **Fraktionszwang** (dazu Rn 507) vor, der einen unzulässigen Eingriff in Art. 38 I S. 2 GG darstellt. Freilich wird ein Abgeordneter kaum Rechtsmittel einlegen, möchte er nicht ein Fraktions- oder Parteiausschlussverfahren riskieren oder zumindest sich nicht seiner Karrierechancen in der Partei begeben. **499**

Ein Mitgliederentscheid der Parteibasis ist jedenfalls nicht geeignet, das freie Mandat einzuschränken. Geht es bspw. um die Frage, ob eine Fraktion eine Regierungskoalition mit einer anderen Fraktion bilden möchte, kann ein entgegenstehendes Parteimitgliedervotum das nicht wirksam verhindern. Ein solches Votum wäre lediglich konsultativ.

Auch die Verpflichtung von Abgeordneten, bei Eintritt bestimmter Umstände während der Amtsperiode ihr Mandat niederzulegen (sog. **Mandatsverlust**), und sonstige Maßnahmen, die sich negativ auf die Mandatsausübung auswirken (sog. **Mandatsbeeinträchtigung**), sind grds., aber nicht notwendigerweise verfassungswidrig. Denn trotz des an sich eindeutigen Wortlauts des Art. 38 I S. 2 GG, der zudem keinen Gesetzesvorbehalt enthält, sind Mandatsverlust und Mandatsbeeinträchtigung nicht verfassungswidrig, wenn sich ein übergeordneter Grund für den Verlust bzw. die Beeinträchtigung finden lässt (sog. verfassungsimmanente Schranken).[1155] So wäre bspw. ein Redeverbot gegenüber einem Abgeordneten nur verfassungsgemäß, wenn es zum Schutz höherrangiger verfassungsrechtlicher Güter (etwa zum Schutz der freiheitlichen demokratischen Grundordnung oder zur Absicherung der Funktionstüchtigkeit des Parlaments) erfolgte. Zum Schutz solcher höherrangigen Interessen kann auch ein Sitzungsausschluss erfolgen.

[1152] Vgl. BVerfGE 118, 277, 324; Vgl. auch BVerfG NVwZ 2013, 1468, 1469; *Möllers*, Jura 2008, 937 ff.; *Pieroth*, in: J/P, GG, Art. 38 Rn 39 ff.

[1153] BVerfGE 118, 277, 328 f.

[1154] BVerfGE 118, 277, 328 f.; *Pieroth*, in: J/P, GG, Art. 38 Rn 49; *Hesse*, Grundzüge des VerfR, Rn 600 ff.

[1155] BVerfG NVwZ 2013, 1468, 1469 (Ramelow) – siehe dazu unten Rn 504c.

Beispiel[1156]**:** Nachdem der Abgeordnete A am Rande einer Gesetzesberatung gegenüber einem anderen Abgeordneten geäußert hatte, ein Teil von dessen Rede sei „Goebbels für Arme" gewesen, wurde er vom Bundestagspräsidenten wegen „gröblicher Verletzung der parlamentarischen Ordnung" von der Sitzung ausgeschlossen. A wendet sich dagegen mit dem Organstreit.

Wird ein Redebeitrag in Beziehung zu den Äußerungen eines der führenden Repräsentanten des nationalsozialistischen Unrechtsregimes gesetzt und so dem im demokratischen Streit vorgetragenen Argument und dem jeweiligen Abgeordneten seine Legitimation zu entziehen versucht, rechtfertigt dies nach zutreffender Auffassung des brandenburgischen Verfassungsgerichts[1157] trotz der hohen Hürden, die an einen Sitzungsausschluss zu stellen sind, den Eingriff in die Mandatsausübung.

Auch wäre die Abberufung aus einem Ausschuss, in dem ja die maßgebliche Arbeit stattfindet, nur unter hohen Hürden verfassungsgemäß (mit Blick auf das freie Mandat aus Art. 38 I S. 2 GG).[1158] Das gilt auch für Maßnahmen, die an ein Verhalten des Abgeordneten *vor der Wahl* anknüpfen, sofern sie nur den Abgeordnetenstatus beeinträchtigen.

Hinweis für die Fallbearbeitung: Bei Art. 38 I S. 2 GG handelt es sich nach h.M. um ein sog. grundrechtsgleiches Recht[1159], was an sich den Weg zur Verfassungsbeschwerde eröffnet. Soweit es aber um den staatsorganisationsrechtlichen Status des Abgeordneten geht, d.h. um das statusrechtliche Verhältnis zwischen ihm und (anderen) Verfassungsorganen, ist das Organstreitverfahren gem. Art. 93 I Nr. 1 GG, §§ 63 ff. BVerfGG vorrangig und es kann die verfassungsrechtliche Prüfung nicht in Anlehnung an das zu den Grundrechten Gesagte erfolgen. Vielmehr gilt der für Organstreitverfahren heranzuziehende Prüfungsaufbau, wonach der Antrag gem. § 64 I BVerfGG begründet ist, wenn organschaftliche Rechte des Abgeordneten verletzt sind. Das ist – wie gesagt – für den Fall des Mandatsverlustes bzw. der Mandatsbeeinträchtigung bspw. nicht der Fall, wenn sich ein übergeordneter Grund für den Verlust bzw. die Beeinträchtigung finden lässt (sog. verfassungsimmanente Schranken des freien Mandats). Dagegen kommt eine Verfassungsbeschwerde in Betracht, soweit Art. 38 I S. 2 GG ein Individualrecht entnommen werden kann. Vgl. hierzu die folgenden Ausführungen bei Rn 500 ff. und den nächsten Hinweis für die Fallbearbeitung bei Rn 504d.

Beispiele:

500 **(1) Mandatsverlust aufgrund eines Parteiverbots**

A ist Mitglied der X-Partei und hat über die Liste ein Bundestagsmandat errungen. Nun wird die X-Partei vom BVerfG für verfassungswidrig erklärt und verboten (vgl. Art. 21 V GG i.V.m. §§ 43 ff. BVerfGG). Gemäß § 46 I S. 1 Nr. 5 BWahlG verliert A daraufhin sein Bundestagsmandat. Im Rahmen eines Organstreits macht er die Verfassungswidrigkeit des § 46 I S. 1 Nr. 5 BWahlG geltend und rügt einen Verstoß gegen Art. 38 I S. 2 GG.

Ein Eingriff in Art. 38 I S. 2 GG liegt durch den Mandatsverlust vor. Fraglich ist, ob ein höherrangiges Verfassungsgut vorliegt, das den Mandatsverlust rechtfertigt. Das BVerfG sieht das freie Mandat und den damit verbundenen Bestandsschutz durch die Vorschrift des Art. 21 I GG begrenzt.[1160] Stehe nach einem Verfahren gem. Art. 21 IV Var. 1 GG fest, dass die betreffende Partei wegen des mit den demokratischen Grundprinzipien in Widerspruch stehenden Inhalts ihrer politischen Vorstellungswelt die Voraussetzungen für die Mitwirkung an der politischen Wil-

---

[1156] Vgl. VerfG Brandenburg DVBl 2018, 1629 ff. (in Bezug auf den brandenburgischen Landtag).
[1157] VerfG Brandenburg DVBl 2018, 1629 ff. (in Bezug auf den Sitzungsausschluss eines AfD-Abgeordneten durch den brandenburgischen Landtagspräsidenten).
[1158] Vgl. dazu etwa auch *Klein*, in: Maunz/Dürig, GG, Art. 38 Rn 217; *Kluth*, in: Schmidt-Bleibtreu/Hofmann/Henneke, GG, Art. 38 Rn 98; *Morlok*, in: Dreier, GG, Art. 38 Rn 194; *Trute*, in: v. Münch/Kunig, GG Art. 38 Rn 91.
[1159] BVerfGE 108, 251, 266; 134, 141, 170 („Individualrecht"); *Pieroth*, in: J/P, GG, Art. 38 Rn 43.
[1160] BVerfGE 2, 1, 74 (SRP).

lensbildung des Volkes nicht erfüllt habe, würde das Ziel der Entfernung der Partei aus dem demokratischen Willensbildungsprozess nicht erreicht werden, wenn es den wesentlichen Exponenten der Partei, den Abgeordneten, weiterhin möglich bleibe, die Ideen ihrer Partei an der Stätte, wo die echten politischen Entscheidungen fallen, zu vertreten und bei Abstimmungen zur Geltung zu bringen.[1161] Der recht verstandene Art. 21 IV Var. 1 GG führe also notwendig zu dem Schluss, dass die Mandate der Abgeordneten einer verfassungswidrigen Partei mit der Verkündung des Urteils erlöschten. Diesem Befund stehe auch nicht der Art. 38 I S. 2 GG entgegen, wonach der Bestand des Mandats unabhängig von dem Wegfall der ursprünglichen parteipolitischen Legitimation geschützt sei. Richtig verstanden bestätige er vielmehr diese Auslegung insofern, als der Abgeordnete einer verfassungswidrigen Partei nicht „Vertreter des *ganzen* Volkes" sein könne.[1162] Folgt man dieser Auffassung, ist die Regelung des § 46 I S. 1 Nr. 5 BWahlG verfassungsgemäß.

(2) Mandatsverlust aufgrund Parteiaustritts bzw. Parteiwechsels **501**

In § 46 I S. 1 BWahlG wird (fiktiv!) eine Nr. 6 eingefügt, wonach ein Abgeordneter seine Mitgliedschaft im Deutschen Bundestag verliert, wenn er in eine andere Partei übertritt. Der Abgeordnete B, der über die Liste der Partei Y in den Bundestag gewählt worden, und nun der Z-Partei beigetreten ist, verliert daraufhin sein Bundestagsmandat. Er rügt im Rahmen eines Organstreits die Verletzung seiner Rechte aus Art. 38 I S. 2 GG.

§ 46 I S. 1 Nr. 6 BWahlG sieht (wie Nr. 5) offenbar den Abgeordneten (zumindest auch) durch seine Partei legitimiert. Nur so lässt sich erklären, dass der Parteiwechsel den Verlust des Bundestagsmandats zur Folge haben soll. Fraglich ist, ob sich diese Einschätzung des Gesetzgebers mit Art. 38 I S. 2 GG vereinbaren lässt. Der Wortlaut des Art. 38 I S. 2 GG ist insoweit eindeutig: Der Abgeordnete ist Vertreter des ganzen Volkes, nicht einer bestimmten Partei. Der gesetzlich angeordnete Verlust des Mandats aufgrund eines Parteiwechsels würde somit zu einem Eingriff in Art. 38 I S. 2 GG führen (das Gleiche würde selbstverständlich auch bei einem bloßen Parteiaustritt gelten). Angesichts des Art. 21 I S. 1 GG wird ganz herrschend aber eine einschränkende Interpretation des Art. 38 I S. 2 GG vorgenommen. So hat das BVerfG im o.g. SRP-Urteil konstatiert, dass die Abgeordneten einer für verfassungswidrig erklärten Partei ihr Mandat verlieren. Die verfassungsfeindlichen Ideen der Partei und ihrer Exponate müssten aus dem Prozess der politischen Willensbildung gänzlich ausscheiden. Mit dieser These wird aber zugleich auch klar, dass das BVerfG den Mandatsverlust nicht an den Wegfall der parteipolitischen Legitimation (z.B. durch Ausschluss oder Austritt aus einer politischen Partei) knüpft, sondern an die verfassungsfeindliche Zielsetzung der Abgeordneten. Zur Beantwortung der Frage nach den Konsequenzen des Verlustes einer ursprünglich gegebenen parteipolitischen Legitimation lässt sich das SRP-Urteil des BVerfG also nicht heranziehen. Gleichwohl geht ein Teil der Lit. von der Vorstellung eines durch die Partei legitimierten, strikt „parteigebundenen" Mandats aus. Für sie führt der Austritt aus der Partei konsequenterweise zum Mandatsverlust, wobei überwiegend immerhin wenigstens noch ein einfaches Gesetz gefordert wird.[1163] Folgt man dieser Auffassung, wäre die Verfassungsmäßigkeit der hier zu diskutierenden Ergänzung des § 46 I S. 1 BWahlG wohl zu bejahen. Diese Auffassung überzeugt aber weder in ihrer Begründung noch in ihrem Ergebnis. Ihr ist zwar zuzugeben, dass das Grundgesetz kein bestimmtes Wahlsystem vorschreibt, sondern nur die in Art. 38 I S. 1 GG statuierten Wahlrechtsgrundsätze gewahrt wissen will. Es ist also verfassungsrechtlich nicht zu beanstanden, wenn sich der einfache Gesetzgeber mit der Regelung des § 6 BWahlG im Prinzip für eine Parteienwahl entscheidet und die demokratische Legitimation der Abgeordneten an deren Identifikation mit einer po-

---

[1161] BVerfG a.a.O. S. 73 f.
[1162] BVerfG a.a.O. S. 74 f.
[1163] Vgl. *Preuß*, in: AK, Art. 21 Rn 56 ff.; *Schneider*, in: AK, Art. 38 Rn 38 f.

litischen Partei knüpft. Allerdings trifft es nicht zu, dass der Parteiaustritt notwendigerweise als Absage an das Parteiprogramm zu werten ist. Denn gerade jene Bundestagsabgeordneten etwa, welche nach dem Sturz des Bundeskanzlers Helmut Schmidt im Jahre 1982 aus der FDP austraten, konnten sich für diese Entscheidung möglicherweise eher auf das Parteiprogramm berufen als diejenigen FDP-Abgeordneten, welche den „Kanzlersturz" mit vollzogen. Außerdem kann die Parteizugehörigkeit allenfalls das *Entstehen* eines Bundestagsmandats legitimieren, nicht jedoch dessen *Bestand*. Hat der Betreffende bereits ein Abgeordnetenmandat errungen, ist dieses durch Wortlaut und Zielsetzung des Art. 38 I S. 2 GG in seinem Bestand geschützt.[1164] Art. 38 I S. 2 GG verbietet es demnach, an den Austritt aus der Partei den Verlust des Abgeordnetenmandats zu knüpfen. Die (fiktive) Ergänzung des § 46 I S. 1 BWahlG um eine Nr. 6 ist somit verfassungswidrig.

502 **(3) Mandatsverlust aufgrund eines wirksamen Parteiausschlusses**

In § 46 I S. 1 BWahlG wird (fiktiv!) eine Nr. 7 eingefügt, wonach ein Abgeordneter seine Mitgliedschaft im Deutschen Bundestag verliert, wenn er aus seiner Partei ausgeschlossen wird. Der Abgeordnete C, der über die Liste der Partei M in den Bundestag gewählt worden ist, wird nun wegen weggefallener Grundidentifikation mit den Zielen der Partei aus dieser wirksam ausgeschlossen. Gemäß der o.g. Bestimmung verliert er daraufhin sein Bundestagsmandat. Er rügt im Rahmen eines Organstreits einen Verstoß gegen Art. 38 I S. 2 GG.

Ein Parteiausschluss setzt nach § 10 IV PartG voraus, dass der Betroffene gegen die Satzung oder erheblich gegen Grundsätze oder Ordnung der Partei verstößt und ihr damit schweren Schaden zufügt.[1165] Dies hinsichtlich des C unterstellt, war der Parteiausschluss wirksam (vgl. zum Parteiausschluss näher Rn 506). Fraglich ist indes, ob ein wirksamer Parteiausschluss zum Mandatsverlust führen kann. Auch diese Frage muss von der Verfassung beantwortet werden. Wie gesagt, schützt Art. 38 I S. 2 GG in besonderer Weise den Bestand eines Abgeordnetenmandats, auch wenn der ursprüngliche Legitimationsgrund – die Zugehörigkeit zu einer bestimmten politischen Partei – später weggefallen ist. Würde man diesen besonderen Schutz nicht anerkennen, hätte es die Partei in der Hand, dem Betroffenen das Mandat durch Parteiausschluss zu entziehen. Dadurch würde die Vorschrift des Art. 38 I S. 2 GG, wonach der Abgeordnete insbesondere von Weisungen seiner Partei frei sein soll, umgangen. Das kann ersichtlich weder dem Wortlaut noch dem Sinn und Zweck des Art. 38 I S. 2 GG entsprechen. Insbesondere ist keine Verfassungsnorm ersichtlich, die – wie die Norm des Art. 21 I GG – das freie Mandat beschränken könnte. Die (fiktive) Ergänzung des § 46 I S. 1 BWahlG um eine Nr. 7 ist somit verfassungswidrig.

503 **(4) Mandatsbeeinträchtigung aufgrund Überprüfung von Abgeordneten**

Das Abgeordnetengesetz (AbgG) sieht in § 44c vor, dass Mitglieder des Bundestags beim Bundestagspräsidenten die Überprüfung von Abgeordneten auf frühere hauptamtliche oder inoffizielle Tätigkeit beim Ministerium für Staatssicherheit beantragen können. Eine Zustimmung der betroffenen Abgeordneten ist grds. nicht erforderlich. Die Anordnung der Überprüfung findet durch Beschluss des Bundestagspräsidenten statt. Ordnet dieser nun die Überprüfung eines Bundestagsabgeordneten an, ist fraglich, ob hierin nicht ein Verstoß gegen Art. 38 I S. 2 GG vorliegt. Zumindest kann sich der Bundestagspräsident auf eine Rechtsgrundlage berufen - § 44c AbgG. Diese Vorschrift müsste aber ihrerseits mit Art. 38 I S. 2 GG vereinbar sein. Ein Eingriff in Art. 38 I S. 2 GG liegt vor. Denn wie bereits gesagt, ist Art. 38 I S. 2 GG nicht nur im Falle des Mandatsverlustes beeinträchtigt, sondern bereits dann, wenn die Ausübung des Mandats beeinträchtigt wird. Eine solche Beeinträch-

[1164] Ganz h.M., vgl. nur *Maunz*, in: Maunz/Dürig, GG, Art. 38 Rn 12; *Pieroth*, in: J/P, GG, Art. 38 Rn 43 ff.; *Badura*, in: Bonner Kommentar, Art. 38 Rn 80; *Klein*, HdbStR II, § 41 Rn 18. Vgl. auch die *Enquetekommission für Verfassungsreform*, BT-Drs. 7/5924, S. 25.

[1165] Vgl. dazu auch *Lenski*, NVwZ 2015, 1730 ff.

tigung ist auch dann anzunehmen, wenn die Maßnahme an ein Verhalten des Abgeordneten *vor* der Wahl anknüpft. Das ist bei einer Überprüfung auf frühere Stasi-Tätigkeit der Fall. Hier kann auch das Urteil herbeigeführt werden, der betroffene Abgeordnete sei aufgrund dieser Tätigkeit politisch unwürdig, dem Parlament anzugehören (Stigmatisierung). Ein solcher Eingriff in das freie Mandat ist auch grds. unzulässig, weil Art. 38 I S. 2 GG seinem Wortlaut nach keine Einschränkungsmöglichkeit des freien Mandats enthält. Aber auch an sich vorbehaltlos gewährte verfassungsrechtliche Rechte finden ihre Grenzen bei einer Kollision mit anderen Gütern von Verfassungsrang, sofern sich diese im Einzelfall als höherrangig erweisen. Als ein solches höherrangiges Verfassungsgut kommen vorliegend die politische Vertrauenswürdigkeit und Integrität des Parlaments in Betracht, die aus seiner Qualität als Volksvertretung herrührt und sich letztlich ebenfalls aus Art. 38 I S. 2 GG und dem Demokratieprinzip ableiten lässt. Die politische Vertrauenswürdigkeit und Integrität des Parlaments können insbesondere dadurch gefährdet sein, dass in ihm Abgeordnete sitzen, die sich durch ihre frühere Mitarbeit beim MfS einer schwerwiegenden Verletzung der Freiheitsrechte anderer schuldig gemacht haben. Der Staatssicherheitsdienst war ein zentraler Bestandteil des totalitären Machtapparats der ehemaligen DDR, der als Instrument der politischen Kontrolle und Unterdrückung der gesamten Bevölkerung fungierte. Der Bundestag verfolgt daher ein legitimes Untersuchungsinteresse und letztlich ein Allgemeininteresse, wenn er die Öffentlichkeit über Stasi-Verstrickungen von demokratisch gewählten Abgeordneten informiert. Damit konkretisiert § 44c AbgG ein höherrangiges Verfassungsgut. In Ausübung dieser Vorschrift liegt somit kein Verstoß gegen Art. 38 I S. 2 GG vor.

(5) Mandatsbeeinträchtigung aufgrund Einsetzung eines Untersuchungsausschusses 504

Im Prinzip dasselbe wie in Beispiel (4) gilt für die Einsetzung eines parlamentarischen Untersuchungsausschusses, der das Fehlverhalten eines bestimmten Abgeordneten zum Gegenstand hat. Genannt sei bspw. der Untersuchungsausschuss zur sog. „CDU-Spendenaffäre", der u.a. die Verstrickung des damaligen Bundeskanzlers *Helmut Kohl* aufklären sollte.

Da eine Beeinträchtigung des freien Mandats bereits dann anzunehmen ist, wenn die Maßnahme an ein Verhalten des Abgeordneten *vor* der Wahl anknüpft, würde ein Untersuchungsausschuss auch dann in Art. 38 I S. 2 GG eingreifen, wenn er bspw. die „Jugendsünden" eines bestimmten Bundesministers zum Gegenstand hätte. Ein solcher Untersuchungsausschuss würde aber mit Art. 38 I S. 2 GG unvereinbar sein, weil Gegenstand eines Untersuchungsausschusses nur Handlungen von Verfassungsorganen bzw. Organteilen sein können, die staatlichen Bezug haben. War also der bestimmte Bundesminister damals noch kein Amtsträger, sondern ausschließlich Privatperson, wäre die Einsetzung des Untersuchungsausschusses rechtswidrig.[1166]

(6) Mandatsbeeinträchtigung aufgrund Erteilung einer parlamentarischen Ordnungsmaßnahme

Wie bereits bei Rn 499 gesagt, sind trotz des an sich eindeutigen Wortlauts des Art. 504a
38 I S. 2 GG Mandatsverlust und Mandatsbeeinträchtigung nicht verfassungswidrig, wenn sich ein übergeordneter Grund für den Verlust bzw. die Beeinträchtigung finden lässt (sog. verfassungsimmanente Schranken). Wird also gegenüber einem Abgeordneten eine parlamentarische Ordnungsmaßnahme ergriffen, etwa, indem der Abgeordnete wegen gröblicher Störung aus einer Sitzung ausgeschlossen wird (vgl. § 38 I GO BT), ist diese Mandatsbeeinträchtigung nicht von vornherein verfassungswidrig. Abzustellen ist vielmehr, ob der Ausschluss verhältnismäßig ist. Das ist nicht der Fall, wenn eine mildere Maßnahme, etwa eine Wortentziehung, den er-

[1166] Vgl. dazu *Kerbein*, ZRP 2001, 302, 303.

wünschten Erfolg (Wiederherstellung eines ordnungsgemäßen Sitzungsverlaufs) herbeigeführt hätte.[1167]

504b **(7) Mandatsbeeinträchtigung aufgrund der Pflicht, Nebeneinkünfte offenzulegen**

Der Abgeordnete ist Repräsentant des ganzen Volkes (Art. 38 I S. 2 GG). Er wird angemessen aus Steuergeldern bezahlt, die ihm seine finanzielle Unabhängigkeit sichern (vgl. Art. 48 III S. 1 GG).[1168] Somit ist er nicht auf eine zusätzliche Tätigkeit angewiesen. Im Gegenteil – eine Übernahme zusätzlicher Tätigkeiten (etwa die Übernahme anwaltlicher Mandate oder Positionen in der Wirtschaft) kann im Interessenkonflikt mit seiner auf Unabhängigkeit ausgerichteten Stellung als Volksvertreter stehen. Daher hat das BVerfG entschieden, dass Repräsentationsaufgaben im Mittelpunkt der Tätigkeiten stehen müssten[1169] und dass es mit dem Abgeordnetenstatus vereinbar sei, wenn der Gesetzgeber durch eine nähere Regelung nach Maßgabe des Art. 38 III GG die Abgeordneten verpflichte, ihre Nebentätigkeiten und die daraus erwachsenden Einkünfte offenzulegen, soweit sie auf für die Ausübung des Mandats bedeutsame Interessenverknüpfungen hinweisen könnten. Denn dadurch erlange der Wähler die entsprechenden Informationen, um sich ein Urteil auch über die unabhängige Wahrnehmung des Mandats durch seinen Abgeordneten bilden zu können. Zudem werde durch das Offenlegen von Interessenverbindungen der glaubwürdige Konfliktausgleich und damit die Repräsentations- und Funktionsfähigkeit des Parlaments gesichert. Diese überwögen zusammen mit der notwendigen Möglichkeit demokratischer Willensbildung die privaten Interessen des Abgeordneten, seine Tätigkeiten neben dem Mandat informationell abzuschirmen. Transparenzregeln seien daher grundsätzlich auch im Hinblick auf die Doppelnatur des Abgeordneten als Mandatsträger und Privatperson gerechtfertigt.[1170] Sie seien auch im Einzelnen angemessen, wenn sie Mindestbeträge festlegten und sogar Aufwandsentschädigungen einbezögen, denn auch diese könnten auf Interessenverflechtungen deuten.[1171]

Der Gesetzgeber hat die Pflicht zur Anzeige von erhaltenen Einkünften und anderen geldwerten Vorteilen in § 44b AbgG geregelt (und die nähere Ausgestaltung insoweit dem Bundestag in Form des Aufstellens von Verhaltensregeln überlassen, dazu Rn 520). Diese Regelungen sind verfassungsgemäß, da sie die Funktionsfähigkeit des Parlaments und die Gleichbehandlung aller Abgeordneten sichern.

504c **(8) Mandatsbeeinträchtigung aufgrund Beobachtung durch den Verfassungsschutz**

Wird ein Abgeordneter (des Bundestags oder eines Landtags) durch Behörden des Verfassungsschutzes beobachtet, liegt darin ein Eingriff in das freie Mandat aus Art. 38 I S. 2 GG. Denn das freie Mandat gewährleistet die freie Willensbildung des Abgeordneten und damit auch eine von staatlicher Beeinflussung freie Kommunikationsbeziehung zwischen ihm und den Wählern.[1172] Ein Eingriff in das freie Mandat ist aber nicht von vornherein verfassungswidrig. Zwar enthält Art. 38 I S. 2 GG keinen Gesetzesvorbehalt, er kann aber zugunsten anderer Rechtsgüter von Verfassungsrang begrenzt werden.[1173] Anerkannte Rechtsgüter in diesem Sinne sind insbesondere die Repräsentationsfunktion und die Funktionsfähigkeit des Parlaments.[1174] Auch der Schutz der freiheitlichen demokratischen Grundordnung kann ein Grund für die zulässige Beschränkung verfassungsrechtlich geschützter Güter

---

[1167] Vgl. (für Mecklenburg-Vorpommern) LVerfG Meck-Vor NVwZ-RR 2009, 362.
[1168] Zur Abgeordnetenentschädigung vgl. unten Rn 518e sowie *Schwarz*, NVwZ 2016, 97 ff.
[1169] BVerfGE 118, 227, 334 ff.; a.A. Sondervotum a.a.O. S. 346 ff.
[1170] BVerfGE 118, 227, 334 ff.; a.A. Sondervotum a.a.O. S. 377 ff.
[1171] BVerfGE 118, 227, 368. Vgl. auch *Frenz*, JA 2010, 126.
[1172] BVerfG NVwZ 2013, 1468, 1469 (Fall Ramelow).
[1173] BVerfG NVwZ 2013, 1468, 1469.
[1174] BVerfG NVwZ 2013, 1468, 1469 unter Berufung auf BVerfGE 80, 188, 219; 84, 304, 321; 96, 264, 279; 99, 19, 32; 112, 118, 140; 118, 277, 324; 130, 318, 348.

und damit auch des freien Mandats sein, weil sich das Grundgesetz für eine streitbare Demokratie entschieden hat.[1175] Dabei bedarf es aber einer Rechtsgrundlage und es gelten strenge Verhältnismäßigkeitsanforderungen. Bei einer Beobachtung durch das Bundesamt für Verfassungsschutz greifen als Rechtsgrundlage die auf Art. 73 Nr. 10b i.V.m. Art. 70 I, 87 I S. 2 GG gestützten §§ 8 I S. 1 und 3 I Nr. 1 BVerfSchG. Bei der Frage nach der verfassungsrechtlichen Rechtfertigung gelten wegen der Hochrangigkeit und der Bedeutung des freien Mandats für die Ausübung parlamentarischer Rechte zwar strenge Maßstäbe, jedoch ist zu berücksichtigen, dass Verfassungsfeinde nicht unter Berufung auf Freiheiten, die das Grundgesetz gewährt, die Verfassungsordnung oder den Bestand des Staates gefährden, beeinträchtigen oder zerstören dürfen (vgl. Art. 9 II, 18, 21 GG).[1176] Geht also von einem Abgeordneten kein relevanter Beitrag für eine Gefährdung der freiheitlichen demokratischen Grundordnung aus, verletzt eine Beobachtung durch den Verfassungsschutz das freie Mandat.[1177]

Hinweis für die Fallbearbeitung: Obwohl es sich bei Art. 38 I S. 2 GG nach h.M. um ein grundrechtsgleiches Recht handelt[1178], kommt eine **Verfassungsbeschwerde** (Art. 93 I Nr. 4a GG, §§ 13 Nr. 8a, 90 ff. BVerfGG) grds. **nicht** in Betracht, wenn es um den staatsorganisationsrechtlichen Status als Abgeordneter geht. Denn die Verfassungsbeschwerde ist kein Mittel zur Austragung von Meinungsverschiedenheiten zwischen Staatsorganen.[1179] Vielmehr kann der Abgeordnete gegen Maßnahmen, die sein freies Mandat in statusrechtlicher Hinsicht beeinträchtigen, i.d.R. das **Organstreitverfahren** (Art. 93 I Nr. 1 GG, §§ 13 Nr. 5, 63 ff. BVerfGG) einleiten. In diesem Verfahren kann er die Verletzung oder Gefährdung eines Rechts, das mit seinem Status verfassungsrechtlich verbunden ist, geltend machen.[1180] Dem entspricht es zum einen, dass der Abgeordnete in seiner Funktion als Mitglied eines Verfassungsorgans betroffen ist, und zum anderen, dass es um organschaftliche Rechte geht. 504d

Eine **Verfassungsbeschwerde** wegen Verletzung des freien Mandats aus Art. 38 I S. 2 GG ist aber dann zulässig, wenn Individualrechte des Abgeordneten betroffen sind und/oder der Gegner nicht parteifähig in einem Organstreitverfahren ist.[1181] Das BVerfG begründet dies damit, dass Art. 38 GG (und damit auch Art. 38 I S. 2 GG) von § 90 I BVerfGG *insoweit* mitumfasst sei, als diese Norm in ähnlicher Weise wie die übrigen Vorschriften des Grundgesetzes, in die sie eingereiht ist, Individualrechte garantiere.[1182] Das sei etwa der Fall, wenn das Bundesamt für Verfassungsschutz den Abgeordneten beobachte[1183] oder ein Gericht (unter Missachtung des Art. 47 GG) eine Durchsuchungs- und Beschlagnahmeanordnung zum Nachteil des Abgeordneten treffe[1184]. Denn weder das Bundesamt für Verfassungsschutz noch

[1175] BVerfG NVwZ 2013, 1468, 1469 unter Berufung auf BVerfGE 5, 85, 137 ff.; 13, 46, 49 f.; 28, 36, 48 f.; 30, 1, 19 ff.
[1176] BVerfG NVwZ 2013, 1468, 1469.
[1177] BVerfG NVwZ 2013, 1468, 1469.
[1178] BVerfGE 108, 251, 266; 134, 141, 170 („Individualrecht"); *Pieroth*, in: J/P, GG, Art. 38 Rn 43.
[1179] BVerfG NVwZ 2013, 1468, 1469 mit Verweis auf BVerfGE 15, 298, 302; 43, 142, 148; 64, 301, 312.
[1180] Vgl. etwa BVerfGE 32, 157, 162; 43, 142, 148; 64, 301, 312; 90, 286, 342; 99, 19, 29; 118, 227, 334 ff.; BVerfG NVwZ 2016, 1701, 1702; BVerfG 7.11.2017 – 2 BvE 2/11 Rn 167 ff. (insoweit nicht abgedruckt in NVwZ 2018, 51 ff.).
[1181] BVerfG NVwZ 2013, 1468, 1469; BVerfGE 108, 251, 266; *Pieroth*, in: J/P, GG, Art. 38 Rn 62. Vgl. auch BVerfG NordÖR 2011, 438 f., wo das Gericht klarstellt, dass ein Abgeordneter (hier: Landtagsabgeordneter) wegen seiner Statusrechte nur ein Organstreitverfahren anstrengen könne, und zwar auch dann, wenn er als Verfassungsverstoß zugleich eine Grundrechtsverletzung (hier: Art. 12 I GG) behauptet. Damit macht das BVerfG deutlich, dass seine Entscheidung E 108, 251 nicht auf Landtagsabgeordnete übertragbar ist, obwohl substantielle Unterschiede freilich nicht bestehen.
[1182] BVerfG NVwZ 2013, 1468, 1469. In diesem Urteil, bei dem es um die Vereinbarkeit der Beobachtung eines Landtagsabgeordneten durch das Bundesamt für Verfassungsschutz mit dem freien Mandat geht, macht das BVerfG auch deutlich, dass die Verfassungsbeschwerde auch bei Landtagsabgeordneten zulässig sei, sofern es nur um Individualrechte gehe und landesverfassungsgerichtlicher Rechtsschutz gegen Stellen des Bundes ausscheide.
[1183] Vgl. dazu BVerfG NVwZ 2013, 1468 ff. und die Fallbearbeitung von *Holterhus*, JuS 2014, 233 ff.
[1184] BVerfGE 108, 251, 266.

die Gerichte sind beteiligungsfähig in einem Organstreit. In diesem Fall kann der Abgeordnete **Verfassungsbeschwerde** erheben.

Statthaft ist die Verfassungsbeschwerde auch bzgl. der Folgerechte (z.B. Altersversorgung) nach dem Ausscheiden aus dem Bundestag[1185], da in diesem Fall Individualrechte des Abgeordneten betroffen sind. Zu beachten ist aber, dass das BVerfG mit der Aufnahme des Wortes „insoweit" zu verstehen gibt, dass die Möglichkeit der Verfassungsbeschwerde nicht uneingeschränkt gilt. Gewährt Art. 38 I S. 2 GG also nicht in ähnlicher Weise wie die übrigen Vorschriften des Grundgesetzes, in die er eingereiht ist, Individualrechte, bleibt es bei dem Vorrang des Organstreitverfahrens.

Zur nicht gegebenen Parteifähigkeit einzelner Abgeordneter, wenn diese eine Rechtsverletzung des Parlaments, dem sie angehören, geltend machen wollen (sog. **Prozessstandschaft**), vgl. Rn 627, 635 f.

505 Das freie Mandat hat auch Auswirkungen auf das **Zivilrecht**. So führt der Grundsatz des freien Mandats bei Rechtshandlungen, deren Rechtsfolge gerade die Bindung ist (wie beispielsweise Verträge oder verpflichtende Erklärungen) zu deren Unwirksamkeit. Gegen das Verfassungsprinzip des freien Mandats verstößt es auch, wenn die Partei (bzw. die Fraktion), der der betroffene Abgeordnete angehört, (durch Beschluss) bestimmte Weisungen erteilt. Hier können keine rechtlichen Bindungen entstehen.

506 Im Gegensatz zum freien Mandat steht das **imperative Mandat**. Ein zulässiges imperatives Mandat besteht bspw. bei der Stimmabgabe im Bundesrat: Gemäß Art. 51 III S. 2 GG können die Stimmen eines Landes nur einheitlich abgegeben werden. Daraus sowie aus dem Umkehrschluss aus Art. 77 II S. 3 und 53a I S. 3 GG folgt die Zulässigkeit von Weisungen der Landesregierungen an ihre Mitglieder im Bundesrat.[1186]

507 Dem imperativen Mandat verwandt ist der bereits (bei Rn 499) angesprochene **Fraktionszwang**. Fraktionszwang bedeutet die Verpflichtung eines Abgeordneten zur Abstimmung im Sinne eines vorher durch Beschluss herbeigeführten Ergebnisses. Das widerspricht – anders als die Fraktionsdisziplin – klar der Regelung des Art. 38 I S. 2 GG.[1187] Widerspricht die dem Abgeordneten erteilte Weisung dessen Gewissen, darf der betreffende Abgeordnete seinem Gewissen folgen und anders abstimmen, als die Fraktion es von ihm verlangt. Der Partei verbleibt dann nur die Möglichkeit des **Parteiausschlusses**. Ein Parteiausschluss setzt aber nach § 10 IV PartG voraus, dass der Betroffene gegen die Satzung oder erheblich gegen Grundsätze oder Ordnung der Partei verstößt und ihr damit schweren Schaden zufügt (s.o.).[1188] Ob das Gebrauchmachen vom freien Mandat (wie auch die Ausübung von Grundrechten) einen schwerwiegenden Verstoß gegen die Parteidisziplin bedeuten und damit einen Ausschluss rechtfertigen kann, lässt sich mit Blick auf die verfassungsrechtliche Wertentscheidung des Art. 38 I GG und der Grundrechte nicht generell beantworten. Jedenfalls sind diese Verfassungsbestimmungen bei der Auslegung des § 10 IV PartG zu berücksichtigen. Im Zweifel rechtfertigen das Gebrauchmachen vom freien Mandat bzw. die Ausübung von Grundrechten daher nicht den Parteiausschluss. Gleiches gilt für den (gesetzlich nicht geregelten) Ausschluss aus der Fraktion.

Hinweis für die Fallbearbeitung: Über den **Parteiausschluss** entscheidet das nach dem Statut der Partei bzw. nach der Schiedsgerichtsordnung zuständige

[1185] BVerfGE 32, 157, 162. Vgl. auch BVerfGE 40, 296, 309; 63, 230, 241 f.; 64, 301, 313.
[1186] BVerfGE 8, 104, 120 f.; *Pieroth*, in: J/P, GG, Art. 51 Rn 7.
[1187] BVerfGE 2, 1, 75; 10, 4, 15; *Stern*, StaatsR I, § 24 3d, S. 1075; *Hesse*, Grundzüge des VerfR, Rn 601.
[1188] Vgl. dazu auch Bundesparteigericht der CDU NVwZ 2005, 480 ff. Vgl. auch *Lenski*, NVwZ 2015, 1730 ff.

Schiedsgericht (§ 10 V S. 1 PartG). Für die Berufung ist das Schiedsgericht höherer Stufe zuständig (§ 10 V S. 2 PartG).[1189] Fraglich ist, welcher Rechtsweg gegen die Entscheidung des Berufungsgerichts für Schiedssachen eröffnet ist. Es könnte angenommen werden, dass der Rechtsstreit öffentlich-rechtlicher Natur ist, was den Rechtsweg zu den Verwaltungsgerichten eröffnen würde (vgl. § 40 I S. 1 VwGO). Zwar sind die Aufgaben der Partei zum Teil im öffentlichen Recht geregelt (vgl. nur das PartG). Gleichwohl handelt es sich bei den politischen Parteien um juristische Personen des Privatrechts (s.o.). Bei den Rechtsbeziehungen zwischen den Parteien und deren Mitgliedern handelt es sich somit um solche des bürgerlichen Rechts (d.h. des Vereinsrechts). Daher ist gem. § 13 GVG der Zivilrechtsweg eröffnet.[1190] Gemäß §§ 23, 71 GVG entscheidet das Landgericht. Statthafte Klageart ist die Feststellungsklage nach § 256 ZPO.[1191] Fraglich ist, ob dieser Befund auch für den **Fraktionsausschluss** gilt. Die Fraktion ist – anders als die Partei – Teil des Verfassungsorgans *Bundestag*. Wird ein Abgeordneter aus der Fraktion ausgeschlossen, könnte daher eine verfassungsrechtliche Streitigkeit angenommen werden. Dann wäre ein Organstreitverfahren (Art. 93 I Nr. 1 GG, §§ 13 Nr. 5, 63 ff. BVerfGG) statthaft.[1192] Wegen des Umstands, dass eine Fraktion letztlich nur ein Teil der Partei darstellt, kann mit dem Argument des Zusammenhangs mit der Parteizugehörigkeit aber auch hier der Zivilrechtsweg angenommen werden. Gestützt wird diese Annahme durch das Argument, dass die Fraktion im Verhältnis zu ihren Mitgliedern keine einem Verfassungsorgan vergleichbare Stellung hat.[1193] In der Fallbearbeitung sind beide Positionen gleichermaßen vertretbar. Wichtig ist nur, dass das Problem erkannt und hinreichend argumentiert wird.[1194]

Im Hinblick auf die Unvereinbarkeit des imperativen Mandats mit Art. 38 I S. 2 GG beste- 509
hen auch erhebliche Bedenken bezüglich des sog. **Rotationsprinzips**, das DIE GRÜNEN seinerzeit im Bundestag angewendet haben. Das Rotationsprinzip besagt, dass die Abgeordneten einer Partei nicht für die gesamte Dauer der Wahlperiode das Mandat ausüben, sondern nach beispielsweise der Hälfte der Wahlperiode auf ihr Mandat verzichten und durch andere Parteimitglieder ersetzt werden. Dadurch soll eine größere Nähe zur Parteibasis und dadurch eine größere Identifizierung mit den Ideen der Partei erreicht werden. Das Rotationsprinzip verstößt klar gegen Art. 39 I GG, wonach der Bundestag auf vier Jahre gewählt wird und seine Wahlperiode erst mit dem Zusammentritt eines neuen Bundestags endet.[1195]

Die Frage, ob ein wirksamer **Parteiausschluss** zum **Mandatsverlust** führen kann, wurde bereits ausführlich behandelt (Rn 502).

2. Indemnität und Immunität

a. Indemnität

Indemnität bedeutet gem. Art. 46 I S. 1 GG, dass der einzelne Abgeordnete (des Bun- 510
destags) zu keiner Zeit wegen seiner Abstimmung oder wegen einer Äußerung, die er im Bundestag oder in einem seiner Ausschüsse getan hat, gerichtlich oder dienstlich verfolgt oder sonst außerhalb des Bundestags zur Verantwortung gezogen werden darf.[1196]

[1189] Vgl. auch Bundesparteigericht der CDU NVwZ 2005, 480 ff.
[1190] So auch BVerfG NJW 2002, 2227.
[1191] So auch *Kotzur*, JuS 2001, 54, 59.
[1192] So *Kotzur*, JuS 2001, 54, 59; *Weber/Eschmann*, JuS 1990, 659, 660; *Kürschner*, JuS 1996, 306, 307.
[1193] So OLG Schleswig NVwZ-RR 1996, 103, 104 für eine Landtagsfraktion. Vgl. auch BGHZ 75, 158, 159.
[1194] Vgl. insgesamt zur Problematik um Partei- und Fraktionsausschlüsse *Hölscheidt*, Das Recht der Parlamentsfraktionen, 2001; *Kotzur*, JuS 2001, 54 ff.; *Lenz*, NVwZ 2005, 364 ff.
[1195] *Kretschmer*, in: Schmidt-Bleibtreu/Hofmann/Henneke, GG, Art. 38 Rn 86.
[1196] Auf Landtagsabgeordnete ist Art. 46 GG nicht anwendbar. Maßgeblich ist insofern die Landesverfassung. I.d.R. besteht aber eine Art. 46 GG entsprechende Regelung.

511 Der Begriff des Abgeordneten ist dahingehend zu verstehen, dass auch Regierungsmitglieder, die gleichzeitig Bundestagsmitglieder sind, sich grundsätzlich auf Indemnität berufen können. *Keinen* Indemnitätsschutz genießen aber Regierungsmitglieder, die nicht in ihrer Eigenschaft als Abgeordnete auftreten, z.B. bei der Beantwortung einer parlamentarischen Anfrage.[1197] Des Weiteren ist zu beachten, dass die Indemnität nur innerhalb des Bundestags oder seiner Ausschüsse besteht. Tätigt der Abgeordnete Äußerungen in der Öffentlichkeit (etwa durch die Presse), ist er grundsätzlich nicht geschützt. Allerdings steht die Rechtsprechung auf dem Standpunkt, dass in der Öffentlichkeit getätigte Äußerungen „nicht öffentlich" seien, wenn sie lediglich Mitteilungen von einer im Parlament zuvor getätigten Äußerung darstellten.[1198]

512 Die Indemnität dient der **Funktionsfähigkeit des Parlaments**. Sie sichert den Abgeordneten gegen jegliche hoheitliche Maßnahme, die ihn in der Wahrnehmung seiner verfassungsmäßigen Aufgabe beeinträchtigen könnte, insbesondere gegen Akte der richterlichen Gewalt. Sie gilt für jedes gerichtliche Verfahren einschließlich zivilgerichtlicher Klagen.[1199] Die Indemnität ist der Disposition des Parlaments entzogen, kann daher **nicht aufgehoben** werden und ist auch für den Abgeordneten selbst unverzichtbar.[1200] Die Grenze der Indemnität besteht allerdings bei der **verleumderischen Beleidigung** (Art. 46 I S. 2 GG i.V.m. § 187 StGB). Es muss in Beziehung auf einen anderen wider besseres Wissen eine unwahre Behauptung über Tatsachen aufgestellt oder verbreitet werden, die geeignet ist, den anderen verdächtig zu machen, in der öffentlichen Meinung herabzuwürdigen oder dessen Kredit zu gefährden.

512a Dementsprechend sind z.B. Tätlichkeiten vom Indemnitätsschutz nicht erfasst.[1201] Andererseits können sich rechtsradikale Landtagsabgeordnete mit der Äußerung, dass es sich bei dem Bombardement der Alliierten auf Dresden am 13.2.1945 um einen „Bombenholocaust auf Dresden" gehandelt habe und „mit der Judenvernichtung gleichzusetzen" sei[1202], (nach der derzeitigen Rechtslage) auf Indemnität berufen. Hier ist der verfassungsändernde Gesetzgeber berufen, die Indemnitätsklausel zu ändern.

b. Immunität

513 Des Weiteren nennt Art. 46 GG die Immunität. Parlamentarische Immunität bedeutet, dass der Abgeordnete wegen einer mit Strafe bedrohten Handlung nur mit Genehmigung des Parlaments zur Verantwortung gezogen werden darf, es sei denn, dass er bei Begehung der Tat oder im Laufe des folgenden Tags festgenommen wird (Art. 46 II GG). Über die Verweisung in Art. 60 IV GG auf Art. 46 II-IV GG gelten die Immunität und deren Aufhebung entsprechend auch für den Bundespräsidenten.

- Mit der Formulierung in Art. 46 II GG wird zunächst deutlich, dass die fragliche Handlung des Abgeordneten – im Gegensatz zur Indemnität – nicht im Zusammenhang mit seiner parlamentarischen Tätigkeit zu stehen braucht (Art. 46 II und III GG). Sie schützt den Abgeordneten schlechthin vor einer **Strafverfolgung**, also **in seinem gesamten Lebensbereich**, nicht nur hinsichtlich seiner Tätigkeit im Bundestag.[1203]

[1197] *Pieroth*, in: J/P, GG, Art. 46 Rn 1; *Kretschmer*, in: Schmidt-Bleibtreu/Hofmann/Henneke, GG, Art. 46 Rn 9.
[1198] Vgl. BGHZ 75, 384, 387; *Ipsen*, Rn 299.
[1199] Vgl. dazu *Klein*, HdbStR III, § 51 Rn 4.
[1200] *Hesse*, Grundzüge des VerfR, Rn 605; *Pieroth*, in: J/P, GG, Art. 46 Rn 3; *Magiera*, in: Bonner Kommentar, Art. 46 Rn 54.
[1201] Vgl. BVerwGE 83, 1, 16.
[1202] So die Äußerung eines NPD-Fraktionsmitglieds im sächsischen Landtag am 21.1.2005.
[1203] BVerfGE 104, 310, 325 ff.; *Pieroth*, in: J/P, GG, Art. 46 Rn 6; *Rux*, JA 2002, 552, 553; *Wiefelspütz*, NVwZ 2003, 38, 39.

- Mit der Indemnität gemeinsam hat die Immunität, dass auch sie den Zweck verfolgt, die **Funktionstüchtigkeit des Parlaments** zu schützen.[1204] Sie ist Vorrecht des Parlaments, nicht des einzelnen Abgeordneten. Dieser kann daher – im Gegensatz zum Parlament – auch nicht auf das Recht der Immunität verzichten.
- Schließlich stellt die Immunität ein reines **Strafverfolgungshindernis** dar, gewährt also – anders als die Indemnität – keine Straffreiheit. Das bedeutet, dass der Abgeordnete sich durchaus strafbar machen kann, die Staatsanwaltschaft lediglich an der Strafverfolgung gehindert ist, solange das Parlament die Strafverfolgung nicht genehmigt hat. Genehmigung bedeutet ausdrückliche vorherige Zustimmung des Plenums.[1205]

Dem Bundestag steht es grds. frei, eine generelle „Vorabgenehmigung" zu erteilen, d.h. zu Beginn der Legislaturperiode die **generelle Zustimmung** zur Strafverfolgung zu erteilen.[1206] Er kann aber auch einen **Immunitätsausschluss** einsetzen, der dann entscheidet (vgl. § 107 II GO BT i.V.m. der Anlage 6). 514

- Erfolgt eine „Vorabgenehmigung", bedeutet das, dass **Ermittlungsverfahren** gegen Bundestagsabgeordnete ohne weitere Genehmigung durchgeführt werden können.
- Von der generellen Genehmigung ausgenommen sind aber die Erhebung der **öffentlichen Klage** (vgl. §§ 151 ff. StPO) und der Erlass eines **Strafbefehls** bzw. einer **Strafverfügung** (§§ 407 ff. StPO).
- Bei **Verkehrsdelikten** und **Bagatellstraftaten** wird das Erfordernis der ausdrücklichen Genehmigung i.d.R. an den Immunitätsausschuss delegiert.

Fraglich ist, ob der von der Immunitätsentscheidung betroffene Abgeordnete gegen die Aufhebung der Immunität gerichtlich vorgehen kann. 515

Beispiel[1207]**:** Gegen den Bundestagsabgeordneten A wurde unter Billigung des zuständigen Generalstaatsanwalts des Landes NRW ein Ermittlungsverfahren wegen des Verdachts der Steuerhinterziehung eingeleitet. Der Bundestag machte von seinem Recht aus Art. 46 IV GG, die Aussetzung des Verfahrens zu verlangen, keinen Gebrauch. Daraufhin ordnete der zuständige Staatsanwalt des Landes NRW zuvor vom Ermittlungsrichter und vom Bundestag genehmigte Durchsuchungen der Wohn- und Geschäftsräume des Abgeordneten A an, die noch am selben Tage stattfanden. Dies geschah drei Tage vor den Landtagswahlen in NRW, bei denen A als Justizminister im Schattenkabinett des CDU-Spitzenkandidaten stand. Später stellte sich heraus, dass der Verdacht unbegründet war. Das Ermittlungsverfahren wurde – nachdem das Landgericht die Rechtswidrigkeit der Durchsuchungsbeschlüsse festgestellt hatte – sofort eingestellt und der Generalstaatsanwalt in den einstweiligen Ruhestand versetzt. 516

Wäre ein Organstreit des Bundestagsabgeordneten A, der gegen die Immunitätsentscheidung des Bundestags gerichtet ist, zulässig und begründet?

Teilweise wird ein Recht des Abgeordneten auf fehlerfreie Ermessensausübung angenommen, was zur Zulässigkeit eines Organstreitverfahrens vor dem BVerfG (Art. 93 I Nr. 1 GG, §§ 13 Nr. 5, 63 ff. BVerfGG) führt.[1208] Die Gegenauffassung betont die Immunität als Privileg des Parlaments, nicht als Privileg des einzelnen Abgeordneten.[1209] Folgt man dieser Gegenauffassung, kann eine Immunitätsentscheidung des Parlaments bzw. des Immunitätsausschusses keine Rechte des Abgeordneten verletzen. In diesem Fall wäre eine Injustiziabilität anzunehmen. Das BVerfG hat für den vorliegenden Fall entschieden, dass das Institut der Immunität zwar in erster Linie dem Schutz der Ar-

---

[1204] *Kretschmer*, in: Schmidt-Bleibtreu/Hofmann/Henneke, GG, Art. 46 Rn 13.
[1205] *Pieroth*, in: J/P, GG, Art. 46 Rn 8.
[1206] *Pieroth*, in: J/P, GG, Art. 46 Rn 9. Siehe auch BVerfGE 104, 310, 325 ff.
[1207] Nach BVerfGE 104, 310 ff. mit Bespr. v. *Rux*, JA 2002, 552 ff. Vgl. auch *Wiefelspütz*, NVwZ 2003, 38 ff.
[1208] *Maunz*, in: Maunz/Dürig, GG, Art. 46 Rn 71; *Magiera*, in: Bonner Kommentar, Art. 46 Rn 103.
[1209] *Kretschmer*, in: Schmidt-Bleibtreu/Hofmann/Henneke, GG, Art. 46 Rn 13.

beitsfähigkeit des Parlaments diene, der einzelne Abgeordnete aber einen Anspruch darauf habe, dass der Bundestag zumindest willkürfrei darüber entscheidet, ob und welche Strafverfolgungsmaßnahmen er genehmigt. Kann also nicht ausgeschlossen werden, dass der Bundestag willkürlich die Immunität des A aufgehoben hat, sind die Antragsbefugnis und damit die Zulässigkeit des Organstreits gegeben.
Begründet ist der Antrag, wenn der Bundestag im Rahmen einer erforderlichen Abwägung zwischen dem Bedürfnis, seine eigene Arbeitsfähigkeit zu erhalten, und den Interessen der übrigen Staatsorgane (hier: der Strafverfolgungsbehörde) die Statusrechte des A aus Art. 38 I S. 2 GG willkürlich verletzt hat. Nach Auffassung des BVerfG war dies nicht der Fall, sodass der Antrag des A unbegründet ist.[1210]

3. Rede-, Frage- und Informationsrecht der Abgeordneten

517 Da die Abgeordneten des Bundestags gem. Art. 38 I S. 2 GG Vertreter des ganzen Volkes sind, müssen sie auch das Recht haben, die Interessen des Volkes zur Sprache zu bringen. Daher statuiert Art. 38 I S. 2 GG ein selbstständiges **Rederecht** des einzelnen Abgeordneten im Plenum des Bundestags.[1211] Da aber sämtliche Abgeordnete des Parlaments dieses Rederecht haben, ist es zweckmäßig und in der Sache auch erforderlich, dass die Redezeit des einzelnen Abgeordneten zeitlich begrenzt wird. Anderenfalls würde eine Bundestagsdebatte praktisch nie zu einem Ende kommen. Die Bemessung der Redezeit obliegt grundsätzlich dem Parlament. Bei längeren Debatten ist die Redezeit so aufzuteilen, dass wechselweise Redner verschiedener Auffassungen zu Wort kommen. Dabei wird die festgelegte Gesamtdauer der Debatte im Verhältnis zu der Fraktionsstärke aufgeteilt. Das bedeutet, dass kleinere Fraktionen im Verhältnis zu größeren Fraktionen auch nur ein kleineres Zeitkontingent zur Verfügung gestellt bekommen. Gleiches gilt für Gruppen i.S.v. § 10 IV GO BT im Verhältnis zu den Fraktionen und für fraktionslose Abgeordnete im Verhältnis zu den Gruppen.[1212] Die Untergrenze der jeweiligen Redezeiten der einzelnen Abgeordneten besteht dort, wo diese so kurz bemessen ist, dass eine dem Debattenthema angemessene Äußerung nicht mehr möglich wäre.[1213] Die in § 35 GO BT statuierte Beschränkung des Rederechts ist verfassungskonform.

Hinweis für die Fallbearbeitung: Da der einzelne Abgeordnete über einen verfassungsrechtlichen Status, zu dem auch das Rederecht gehört, verfügt, ist er auch grundsätzlich berechtigt, die Verletzung seines Status gerichtlich zu rügen. Regelmäßig ist das **Organstreitverfahren** vor dem BVerfG (Art. 93 I Nr. 1 GG, §§ 13 Nr. 5, 63 ff. BVerfGG) statthaft.[1214] Da die parlamentarische Arbeit aber in erster Linie auf Fraktionen zugeschnitten ist und daher die Fraktionen Redezeitbegrenzungen unter sich aushandeln müssen, kann der einzelne Abgeordnete die Begrenzung seiner Redezeit nicht unmittelbar rügen.[1215] Das führt regelmäßig zur Unbegründetheit des Organstreits. Etwas anderes gilt nur dann, wenn einem einzelnen Abgeordneten (etwa einem fraktionslosen Abgeordneten) überhaupt nie das Wort erteilt wird. Dann kann er erfolgreich die Verletzung des Rederechts geltend machen.

518 Zu den verfassungsrechtlich geschützten Rechten des Abgeordneten gehört es auch, sich die für die Beratungen erforderlichen Informationen zu beschaffen (sog. **Informationsrecht** oder **Interpellationsrecht** des Abgeordneten).[1216] Das gilt insbe-

---

[1210] BVerfGE 104, 310, 331 ff. Vgl. auch *Rux*, JA 2002, 552, 553 f.
[1211] Vgl. BVerfGE 96, 264, 284. Vgl. auch BVerfGE 124, 161, 184 ff.; *Harks*, JuS 2014, 979 ff.
[1212] Vgl. BVerfGE 96, 264, 278 ff.
[1213] BVerfGE 96, 264, 285.
[1214] Vgl. nur BVerfGE 124, 161, 184 ff.
[1215] BVerfGE 96, 264, 286 f.
[1216] BVerfGE 70, 324 (Leitsatz). Vgl. auch BVerfGE 124, 161, 184 ff.; BVerfG NVwZ 2014, 1652, 1653 ff. (Informationsanspruch betreffend Rüstungsexporte).

sondere gegenüber der Bundesregierung und den betreffenden Diensten. Der parlamentarische Informations- und Auskunftsanspruch folgt dabei unmittelbar aus Art. 38 I S. 2 GG und Art. 20 II S. 2 GG[1217] und basiert auf dem Umstand, dass das Parlament das einzige unmittelbar demokratisch legitimierte Verfassungsorgan ist und damit unmittelbar das Volk vertritt. Die Antwortpflicht der Bundesregierung (insbesondere in Bezug auf schriftliche Anfragen und auf Fragen in der Fragestunde des Deutschen Bundestags) ermöglicht eine parlamentarische Kontrolle von Regierung und Verwaltung und verwirklicht damit letztlich den Grundsatz der Gewaltenteilung, der für das Grundgesetz ein tragendes Funktions- und Organisationsprinzip darstellt.[1218] Die Bundesregierung kann die Beantwortung parlamentarischer Anfragen lediglich bei Vorliegen berechtigter Geheimhaltungsinteressen, die sich ebenfalls aus der Verfassung ergeben müssen, verweigern.[1219] So findet das Auskunfts- und Informationsrecht seine Grenzen etwa dann, wenn Daten des Verfassungsschutzes oder des Nachrichtendienstes[1220] offengelegt werden sollen. Auch können entgegenstehende Grundrechte Dritter die Geheimhaltung rechtfertigen.[1221] Des Weiteren sind die Funktionsfähigkeit staatlicher Aufsicht über Finanzinstitute, die Stabilität des Finanzmarkts und der Erfolg staatlicher Stützungsmaßnahmen in der Finanzkrise Belange des Staatswohls, die die Antwortpflicht der Bundesregierung gegenüber dem Parlament beschränken können.[1222] Auch Antworten betreffend Rüstungsexporte müssen nicht uneingeschränkt beantwortet werden, da Beratungen und Beschlussfassungen im Bundessicherheitsrat in den exekutivischen Kernbereich der Bundesregierung fallen.[1223] Vielmehr genügt es, dass die betreffenden Informationen nur an bestimmte Gremien des Bundestags weitergeleitet werden, bzw. dem Bundestag Generalia mitgeteilt werden[1224], und dem Plenum lediglich eine globale Beratung vorzubehalten[1225]. Im Übrigen richten sich die Schranken des Informationsrechts nach den Grundsätzen, die auch für den Untersuchungsausschuss gelten.[1226] Vertraglich zugesicherte Schweigepflichten der Bundesregierung sind jedenfalls nicht geeignet, eine Verweigerung von Antworten zu rechtfertigen.[1227]

Möchte sich die Bundesregierung auf übergeordnete Geheimhaltungsinteressen stützen, muss sie die Gründe darlegen, aus denen sie die erbetenen Auskünfte verweigert.[1228] Sind aber Antworten pflichtig, müssen sie dem berechtigten Informationsinteresse genügen und vollständig sein. Vollständig ist die Beantwortung, wenn alle Tatsachen oder Umstände mitgeteilt werden, die zum Verständnis der Antwort erforderlich sind und Missdeutungen vermeiden. Die Antwort muss des Weiteren aus sich heraus verständlich und nach ihrem objektiven Erklärungsgehalt nachvollziehbar sein.[1229]

1217 Zutreffend BVerfG NVwZ 2018, 51, 52 f. Einer weiteren gesetzlichen Grundlage bedarf es also nicht.
1218 BVerfG NVwZ 2018, 51, 52 f.
1219 BVerfG NVwZ 2018, 51, 53 f.
1220 Siehe dazu BVerfG NVwZ 2017, 1364, 1365 ff. (Einsatz von V-Leuten)
1221 BVerfG NVwZ 2018, 51, 53 f. (mit Verweis auf BVerfGE 77, 1, 47; 124, 78, 125).
1222 BVerfG NVwZ 2018, 51, 65.
1223 BVerfG NVwZ 2014, 1652, 1653 ff. (Informationsanspruch des Bundestags und der Bundestagsmitglieder).
1224 BVerfG NVwZ 2014, 1652, 1663 ff.
1225 BVerfGE 70, 324, 358; a.A. BVerfGE abw.M. 70, 366, 372. Vgl. auch BVerfGE 124, 161, 184 ff. und BVerfG NVwZ 2014, 1652, 1663 ff.
1226 *Kotzur*, Jura 2007, 52, 53.
1227 BVerfG NVwZ 2018, 51, 55.
1228 BVerfG NVwZ 2018, 51, 60
1229 SachsAnhVerfGH NVwZ 2000, 671 ff. Vgl. auch BVerfGE 110, 199, 214 ff.; *Kotzur*, Jura 2007, 52 ff.

4. Zeugnisverweigerungsrecht und Beschlagnahmeverbot

518a Nach Art. 47 S. 1 GG zählt zu den Statusrechten des Abgeordneten schließlich auch ein Zeugnisverweigerungsrecht, wenn es um die (Zeugen-)Aussage in einem (Straf-) Verfahren gegen Dritte geht. Soweit das Zeugnisverweigerungsrecht reicht, ist gem. Art. 47 S. 2 GG auch die Beschlagnahme von Schriftstücken (und elektronischen Datenträgern), die dem Abgeordneten in seiner Eigenschaft anvertraut worden sind und die er herausgeben soll, unzulässig. Das Beschlagnahmeverbot impliziert ein Verbot der Durchsuchung der Schriftstücke bzw. Datenträger.

518b Wird dieses Verbot missachtet, wird der Abgeordnete in seinem freien Mandat verletzt. Denn Zeugnisverweigerungsrecht und Beschlagnahmeverbot flankieren gerade das freie Mandat und schützen zugleich die ungestörte parlamentarische Arbeit.[1230]

518c Der von einer gerichtlichen Durchsuchungs- und Beschlagnahmeanordnung betroffene Abgeordnete kann gegen die Maßnahme **Verfassungsbeschwerde** erheben. Zwar wäre an sich an das Organstreitverfahren zu denken, allerdings sind die Fachgerichte keine Verfassungsorgane und damit nicht parteifähig i.S.d. Art. 93 I Nr. 1 GG. Die Verfassungsbeschwerde ist dann auf Art. 38 I S. 2 i.V.m. Art. 47 GG zu stützen, auch, und gerade, weil hier dann die Rechtsnatur des Art. 38 I S. 2 GG als grundrechtsgleiches Recht durchschlägt[1231].

518d Für Durchsuchungen und Beschlagnahmen in den Räumen des Bundestags, zu denen auch die Büros der Abgeordneten und die Räume der Fraktionen gehören, ist die vorherige Zustimmung des Bundestagspräsidenten erforderlich (Art. 40 II S. 2 GG). Erteilt dieser zu Unrecht die Erlaubnis, ist ein Organstreitverfahren zulässig, da der Bundestagspräsident parteifähig ist (Rn 625).

5. Anspruch auf angemessene Entschädigung

518e Gemäß Art. 48 III S. 1 GG haben die Abgeordneten Anspruch auf eine angemessene, ihre Unabhängigkeit sichernde Entschädigung. Sie haben gem. Art. 48 III S. 2 GG zudem das Recht der freien Benutzung aller staatlichen Verkehrsmittel. Das Nähere regelt gem. Art. 48 III S. 3 GG ein Bundesgesetz. Der Bundesgesetzgeber ist diesem Postulat nachgekommen, indem er die Abgeordnetenentschädigung („Diäten") in §§ 11 ff. AbgG geregelt hat. Danach orientiert sich gem. § 11 I S. 1 AbgG die monatliche Entschädigung der Bundestagsabgeordneten an der Besoldungsgruppe R 6 und beträgt gem. § 11 I S. 2 AbgG seit dem 1.1.2015 monatlich 9.082 €. Eine Regelung zur automatischen Anpassung enthält § 11 IV, V AbgG. Zur genannten Entschädigung hinzu kommt die Amtsausstattung, die in Form von Geld- und Sachleistungen für Büros, Mitarbeiter und Reisekosten gewährt wird, § 12 I AbgG. Gemäß § 12 II AbgG erhält jeder Abgeordnete darüber hinaus eine monatliche Kostenpauschale.[1232]

6. Fraktionslose Abgeordnete

519 Wie bereits ausgeführt, ist die parlamentarische Arbeit in erster Linie auf das Vorhandensein von Fraktionen zugeschnitten. Für die Parlamentsarbeit sind die Fraktionen unerlässlich.[1233] Sie erfüllen zahlreiche Aufgaben, die in der GO BT (vgl. § 45 II AbgG) näher beschrieben werden. So vollzieht sich zunächst die Wahl des Bundestagspräsidenten und seiner Stellvertreter nach einem Proporz unter den Fraktionen. Auch der Ältestenrat wird von den Fraktionen nach ihrer Stärke benannt (vgl. § 6 I S. 1 GO

[1230] BVerfGE 108, 251, 269; *Degenhart*, Rn 665.
[1231] Vgl. dazu Rn 504d.
[1232] Zur Abgeordnetenentschädigung vgl. auch *Schwarz*, NVwZ 2016, 97 ff.
[1233] Vgl. dazu näher BVerfGE 44, 308, 318.

BT). Des Weiteren werden die Mitglieder der Bundestagsausschüsse von den Fraktionen bestimmt (vgl. § 57 II S. 1 GO BT). Schließlich wirken die Fraktionen bei zahlreichen parlamentarischen Befugnissen mit wie beispielsweise bei der Einbringung von Gesetzesvorlagen in den Bundestag (vgl. § 76 I i.V.m. § 75 I lit. a GO BT), der Einberufung des Vermittlungsausschusses (vgl. § 89 GO BT), der Stellung von Änderungsanträgen zu Gesetzentwürfen in dritter Lesung (vgl. § 85 I GO BT) oder bei der Initiierung der Großen und Kleinen Anfrage (vgl. § 76 I i.V.m. § 75 I lit. f und § 75 III GO BT). All diese Bestimmungen sagen nichts darüber aus, ob auch ein Abgeordneter, der keiner Fraktion angehört, entsprechende Mitwirkungsrechte hat. Die Antwort liefert wiederum Art. 38 I S. 2 GG. Da der einzelne Abgeordnete nach dieser Verfassungsbestimmung Repräsentant des ganzen Volkes ist, muss er auch das Recht haben, an der parlamentarischen Arbeit, die zum Großteil in den Ausschüssen stattfindet, teilzunehmen. Daraus folgt ein **grundsätzliches Recht des fraktionslosen Abgeordneten an der Mitarbeit in einem Ausschuss**. § 57 I S. 2 GO BT stellt dies klar. Das Recht an der Mitarbeit in einem Ausschuss umfasst aber nur das Rede- und Antragsrecht, nicht jedoch das Stimmrecht.[1234] Da die Ausschüsse ein verkleinertes Abbild des Plenums darstellen, würde ein Stimmrecht eines fraktionslosen Abgeordneten diesem ein überproportionales Gewicht beimessen.
Schließlich führt das Recht zur Mitwirkung in einem Ausschuss nicht dazu, dass der Abgeordnete einen Ausschuss frei wählen kann.

7. Pflichten des Abgeordneten

Der Abgeordnete hat auch Pflichten. Dazu gehören die Mitwirkungs- und Anwesen- **520**
heitspflicht[1235], die Verschwiegenheitspflicht[1236] und die Offenlegungspflicht (etwa bzgl. seiner Einkünfte i.S.v. § 1 II, III der Anlage 1 zur GO BT bei Übersteigen der dort genannten Mindestbeträge oder bzgl. Spenden aller Art, die die in § 4 der Anlage 1 zur GO BT festgelegten Mindestbeträge übersteigen). Ob es einen Pflichtverstoß eines Abgeordneten darstellt, wenn er Einflussnahmen diverser Interessenverbände („Lobbyismus") nachgibt, ist nicht zweifelsfrei zu beantworten. Klar ist jedenfalls, dass Abgeordnete keine Amtsträger i.S.v. § 11 I Nr. 2 StGB sind. Daher kommen strafrechtliche Sanktionen unter dem Aspekt der Bestechungsdelikte (§§ 331 ff. StGB) nicht in Betracht. Zu beachten sind aber die Verhaltensregeln in §§ 44a und 44b AbgG. Gemäß § 44a II S. 1 AbgG darf ein Abgeordneter für die Ausübung des Mandats keine anderen als die gesetzlich vorgesehenen Zuwendungen oder andere Vermögensvorteile annehmen. Unzulässig ist insbesondere die Annahme von Geld oder von geldwerten Zuwendungen, die nur deshalb gewährt werden, weil dafür die Vertretung und Durchsetzung der Interessen des Leistenden im Bundestag erwartet wird (§ 44a II S. 2 AbgG). Außerhalb von Spenden ist ferner die Annahme von Geld oder von geldwerten Zuwendungen unzulässig, wenn diese Leistung ohne angemessene Gegenleistung des Mitglieds des Bundestags gewährt wird (§ 44a II S. 3 und 4 AbgG). Nach § 44a II AbgG unzulässige Zuwendungen oder Vermögensvorteile oder ihr Gegenwert sind dem Haushalt des Bundes zuzuführen (§ 44a III S. 1 AbgG). Damit will der Gesetzgeber dem Eindruck von „Käuflichkeit", jedenfalls aber von Interessenkonflikten in Bezug auf die Arbeit der Abgeordneten entgegentreten. Daher sind auch Tätigkeiten vor Übernahme des Mandats sowie Tätigkeiten und nicht nach § 44a II AbgG verbotene Einkünfte neben dem Mandat, die auf für die Ausübung des Mandats bedeutsame Interessenverknüpfungen hinweisen können, nach Maßgabe des § 44b AbgG anzuzeigen und zu veröffentlichen (§ 44a IV S. 1 AbgG). Werden anzei-

[1234] BVerfGE 80, 188, 224; *Brockmeyer*, in: Schmidt-Bleibtreu/Hofmann/Henneke, GG, Art. 38 Rn 24b.
[1235] Vgl. BVerfGE 44, 308, 317; 56, 396, 405.
[1236] Vgl. BVerfGE 67, 100, 135; 70, 324, 359.

gepflichtige Tätigkeiten oder Einkünfte nicht angezeigt, kann das Präsidium ein Ordnungsgeld bis zur Höhe der Hälfte der jährlichen Abgeordnetenentschädigung festsetzen (§ 44a IV S. 2 AbgG).

8. Rechtsschutz in Bezug auf Abgeordnetenrechte

521 Soweit der **einzelne Abgeordnete** die Verletzung eines Rechts, das mit seinem Status verfassungsrechtlich verbunden ist, behauptet, ist das **Organstreitverfahren** vor dem BVerfG (Art. 93 I Nr. 1 GG, §§ 13 Nr. 5, 63 ff. BVerfGG) statthaft[1237], sofern auch ein parteifähiger Gegner vorhanden ist (Rn 504d, 621 ff.). Rügt der Abgeordnete zugleich eine Verletzung eines seiner grundrechtsgleichen Rechte (etwa aus Art. 38 I S. 1 GG – Wahlrechtsgrundsätze, oder aus Art. 38 I S. 2 GG – das freie Mandat) oder gar eines Grundrechts, kommt zwar eine **Verfassungsbeschwerde** (Art. 93 I Nr. 4a GG; §§ 13 Nr. 8a, 90 ff. BVerfGG) in Betracht[1238], sie tritt aber hinter den Organstreit subsidiär zurück.[1239] Bei einer Rüge der Verletzung des Art. 38 I S. 2 GG (freies Mandat) ist zu differenzieren (vgl. dazu Rn 504d). Lediglich nach Ausscheiden aus dem Bundestag ist wegen der Folgerechte (z.B. Altersversorgung) eindeutig die Verfassungsbeschwerde statthaft.[1240]

522 Auch **Fraktionen** sind parteifähig in einem **Organstreitverfahren.**[1241] Dasselbe gilt für **Gruppen** i.S.v. § 10 IV GO BT.[1242]

[1237] BVerfGE 61, 1, 32; 80, 188, 208 f.; 94, 351, 362; 104, 310, 311 ff.; BVerfG NVwZ 2014, 1652, 1653; NVwZ 2016, 1701, 1702 – siehe dazu unten Rn 627.
[1238] BVerfG NJW 2014, 3085, 3085.
[1239] BVerfGE 60, 364, 380; 62, 1, 31 f.; 70, 324, 350; 80, 188, 208 f.; 94, 351, 365; 108, 251, 267.
[1240] BVerfGE 32, 157, 162. Zu potentiellen Abgeordneten E 40, 296, 309; 63, 230, 241 f.; 64, 301, 313. In Parallele zu den politischen Parteien muss dem Abgeordneten die Verfassungsbeschwerde aber dann zustehen, wenn der Antragsgegner nicht parteifähig in einem Organstreitverfahren ist (*Pieroth*, in: J/P, GG, Art. 38 Rn 62).
[1241] BVerfGE 1, 351, 359; 2, 143, 165; 45, 1, 28; 60, 319, 325 f.; 67, 100, 125; 90, 286, 336; 104, 151, 193; 118, 244, 254 f.; 124, 78, 106; 131, 152, 190.
[1242] BVerfGE 84, 304, 318.

B. Der Bundesrat

Wichtige Entscheidungen: BVerfGE 1, 76 (Steuerverwaltung); 1, 299 (Wohnungsbauförderung); 8, 104 (Volksbefragung); 8, 274 (Preisgesetz); 26, 338 (Zustimmungserfordernis bei Verwaltungsvorschriften); 28, 66 (Postverwaltungsgesetz); 37, 363 (Rentenversicherungsänderungsgesetz); 48, 127 (Wehrpflichtgesetz); 55, 274 (Ausbildungsplatzförderungsgesetz); 75, 108 (Künstlersozialversicherungsgesetz); 92, 203 (EG-Fernsehrichtlinie); 105, 313 (Lebenspartnerschaftsgesetz); 106, 310 (Zuwanderungsgesetz); 126, 77 (LuftSiG)

I. Die Stellung des Bundesrats im Staatsgefüge der Bundesrepublik

Gemäß Art. 50 GG wirken die Länder durch den Bundesrat u.a. bei der Gesetzgebung des Bundes mit. Es könnte daher angenommen werden, dass es sich bei dem Bundesrat um eine zweite, gleichwertige Kammer eines „Zweikammersystems" mit einem einheitlichen Gesetzgebungsorgan (Bundestag und Bundesrat) handelt, wie es etliche andere Bundesstaaten kennen, darunter die USA (Senat und Repräsentantenhaus).[1243] Das Grundgesetz ist jedoch einen anderen Weg gegangen. Gemäß Art. 77 I S. 1 GG werden die Bundesgesetze ausschließlich vom Bundestag beschlossen; der Bundesrat wirkt lediglich bei der Gesetzgebung mit. Diese Mitwirkung konkretisiert sich zunächst in dem Recht zur Gesetzesvorlage (vgl. Art. 76 I und III GG). Des Weiteren steht dem Bundesrat bei Einspruchsgesetzen das Einspruchsrecht zu (vgl. Art. 77 III, 78 GG). Bei Zustimmungsgesetzen kommt das betreffende Gesetz sogar nur dann zustande, wenn der Bundesrat dem Gesetz ausdrücklich zustimmt (vgl. Art. 77 II, 78 GG). Damit verleiht das Grundgesetz dem in der Bundesrepublik bestehenden Föderalismus besonderen Ausdruck, ohne jedoch ein „Zweikammersystem" festzuschreiben. 523

Der Bundesrat ist trotz seiner Zusammensetzung aus Mitgliedern der Landesregierungen ein (oberstes) **Bundesorgan** (vgl. Art. 50 ff. GG). Er wird ausschließlich im Bereich des Bundes tätig (Mitwirkung bei der Gesetzgebung und der Verwaltung des Bundes und in Angelegenheiten der Europäischen Union), nicht im Bereich der Länder. Lediglich die Mitgliedschaft gehört zum Kompetenzbereich der Landesregierungen. Das bedeutet, dass das jeweilige Landesparlament nicht durch Gesetz auch nur die generelle Linie der Stimmabgabe der Landesregierung im Bundesrat rechtlich bindend festlegen kann.[1244] Ausschließlich die Landesregierungen sind befugt, Einfluss auf die Stimmabgabe der von ihnen entsendeten Vertreter auszuüben (**imperatives Mandat**, vgl. dazu Rn 529). 524

Der Bundesrat ist parteifähig im **Organstreit** (Art. 93 I Nr. 1 GG, §§ 13 Nr. 5, 63 ff. BVerfGG), bei der **abstrakten Normenkontrolle nach Maßgabe des Art. 72 II GG** (Art. 93 I Nr. 2a, §§ 13 Nr. 6a, 76 ff. BVerfGG), im **Parteiverbotsverfahren** (Art. 21 IV GG, §§ 13 Nr. 2, 43 ff. BVerfGG), bei der **Präsidentenanklage** (Art. 61 I GG, §§ 13 Nr. 4, 49 ff. BVerfGG) und in dem im Zuge der Föderalismusreform 2006 eingeführten Verfahren nach Art. 93 II GG, wonach das BVerfG über die Frage entscheidet, ob im Fall des Art. 72 IV GG die Erforderlichkeit für eine bundesgesetzliche Regelung nach Art. 72 II GG nicht mehr besteht oder ob Bundesrecht in den Fällen des Art. 125a II S. 1 GG nicht mehr erlassen werden könnte (vgl. dazu Rn 747 ff.). 525

Anders als der Senat in den USA ist der Bundesrat nicht unmittelbar demokratisch legitimiert. Vielmehr ist er **mittelbar demokratisch legitimiert**. Er erhält seine Legitimation über die Regierungen der Länder, die wiederum vom Vertrauen der (unmittelbar demokratisch legitimierten) Landesparlamente getragen werden. 526

[1243] Vgl. BVerfGE 37, 363, 380; kritisch *Stern*, StaatsR I, 743.
[1244] *Hofmann*, in: Schmidt-Bleibtreu/Hofmann/Henneke, GG, Art. 51 Rn 10.

II. Zusammensetzung des Bundesrats

527 Der Bundesrat besteht gem. Art. 51 I GG aus **Mitgliedern der Regierungen der Länder**, die sie bestellen und abberufen. Das bedeutet, dass Voraussetzung für die Mitgliedschaft im Bundesrat die Mitgliedschaft in einer Landesregierung ist. Mitglieder des Bundesrats können also Ministerpräsidenten, Landesminister aber auch Staatssekretäre sein, wenn sie nur der Regierung angehören. In den Stadtstaaten bilden die Bürgermeister und die Senatoren die Regierung. Die stärkenmäßige Zusammensetzung des Bundesrats richtet sich nach Art. 51 II GG. Danach kann jedes Land so viele Mitglieder entsenden, wie es Stimmen hat. Jedes Land hat mindestens drei Stimmen. Länder mit mehr als zwei Millionen Einwohnern haben vier, Länder mit mehr als sechs Millionen Einwohnern fünf, Länder mit mehr als sieben Millionen Einwohnern sechs Stimmen (Art. 51 II GG).

528 Nach der derzeitigen Bevölkerungsstruktur haben die Länder Bremen, Hamburg, Saarland und Mecklenburg-Vorpommern drei Stimmen, die Länder Berlin, Brandenburg, Rheinland-Pfalz, Sachsen, Sachsen-Anhalt, Schleswig-Holstein und Thüringen vier Stimmen, Hessen fünf Stimmen und die Länder Bayern, Baden-Württemberg, Nordrhein-Westfalen und Niedersachsen sechs Stimmen.[1245] Insgesamt ergeben sich somit **69 Stimmen**. Alle Entscheidungen des Bundesrats müssen gem. Art. 52 III S. 1 GG mindestens mit der **Mehrheit seiner Stimmen** (also mindestens 35) gefasst werden (vgl. aber Art. 61 I S. 3, 77 IV S. 2 u. 79 II GG). Allerdings ist es nicht notwendig, dass sämtliche Mitglieder einer Landesregierung bei Abstimmungen im Bundesrat anwesend sind. Es genügt, wenn *ein* Mitglied anwesend ist. Dieses eine anwesende Mitglied gibt dann die Stimmen seines Landes geschlossen und **einheitlich** ab.

529 Die Mitglieder des Bundesrats werden nicht gewählt. Sie werden von den Landesregierungen bestellt und abberufen (Art. 51 I S. 1 GG). Das gilt auch hinsichtlich der Stellvertreter, die ebenfalls Mitglieder der jeweiligen Landesregierung sein müssen (Art. 51 I S. 2 GG). Das bedeutet, dass der Bundesrat keine Wahlperioden kennt. Aus der Verfassungsnorm des Art. 50 GG mit dem Inhalt, dass die Länder durch den Bundesrat an der Gesetzgebung des Bundes mitwirken, wird allgemein ein **Weisungsrecht** der Landesregierung gegenüber ihren Mitgliedern im Bundesrat angenommen (**imperatives Mandat**, s.o.).[1246]

530 Zu beachten ist aber, dass das imperative Mandat nicht in dem Verfahren nach Art. 77 II GG (**Vermittlungsausschuss**) gilt, da anderenfalls ein Verhandeln nicht möglich wäre, vgl. Art. 77 II S. 3 GG und § 2 GO BR.[1247]

531 Fraglich ist, welche Konsequenzen mit der **Nichteinhaltung von Weisungen** verbunden sind und welche Konsequenzen eine **uneinheitliche Stimmabgabe** mit sich bringt. Da diese Fragen primär das Gesetzgebungsverfahren betreffen und daher auch in diesem Zusammenhang dargestellt werden sollen, sei insoweit auf die Ausführungen bei Rn 894 verwiesen.

532 Schließlich ist der Grundsatz der **Inkompatibilität mit einem Bundestagsmandat** zu beachten. Ein Mitglied des Bundesrats kann nicht gleichzeitig Mitglied des Bundestags sein. Bundestag und Bundesrat sollen sich gerade in der gesetzgebenden Gewalt gegenseitig ergänzen und kontrollieren. Diese gegenseitige Ergänzung und Kontrolle wären nicht gewährleistet, wenn teilweise eine Personenidentität bestünde. Dieser Befund ergibt sich auch aus der Regelung des Art. 77 II GG, wonach der Vermitt-

---

[1245] Vgl. www.bundesrat.de/DE/bundesrat/verteilung/verteilung-node.html, Stand: 4.3.2020.

[1246] *Pieroth*, in: J/P, GG, Art. 51 Rn 7.; *Brockmeyer*, in: Schmidt-Bleibtreu/Hofmann/Henneke, GG, Art. 51 Rn 4 f.; *Kloepfer*, StaatsR I, § 16 Rn 33 f.; *Hesse*, Grundzüge des VerfR, Rn 613.

[1247] Zum Vermittlungsausschuss vgl. Rn 883.

lungsausschuss einen Vermittlungsvorschlag bezüglich des in den Bundesrat eingebrachten Gesetzesbeschlusses ausarbeiten soll. Bestünde hier eine Personenidentität zwischen den Mitgliedern des Bundestags und des Bundesrats, wäre die Ausarbeitung eines Kompromisses praktisch unmöglich. Aufgrund des Weisungsrechts der Landesregierung gegenüber den von ihnen entsandten Bundesratsmitgliedern ist die Inkompatibilität der Mitgliedschaft in einer Landesregierung und eines Bundestagsmandats ebenfalls angezeigt.

III. Rechte und Aufgaben des Bundesrats

1. Mitwirkung bei der Gesetzgebung des Bundes

Wie bereits dargelegt, wirkt der Bundesrat bei der **Gesetzgebung des Bundes** mit. **533** Diese in Art. 50 GG statuierte Befugnis ergibt sich bezüglich der einfachen Gesetze aus Art. 76 ff. GG, bezüglich der Verfassungsänderungen aus Art. 79 II GG, bezüglich des Gesetzgebungsnotstands aus Art. 81 GG und bezüglich der Haushaltsgesetze aus Art. 110 III GG.

Nach Art. 76 I GG besitzt der Bundesrat ein Initiativrecht bei der Gesetzgebung des Bundes. **534** Er kann über die Bundesregierung beim Bundestag Gesetzesvorlagen einbringen (Art. 76 I u. III GG). Aber auch im Gesetzgebungsverfahren i.e.S. stehen dem Bundesrat nach Art. 77 GG bestimmte Mitwirkungsrechte zu. So statuiert Art. 77 GG zunächst das **Einspruchsrecht** des Bundesrats gegen Gesetze, die vom Bundestag beschlossen worden sind. Einspruchsrecht bedeutet, dass der Bundesrat gegen sog. Einspruchsgesetze mit der Mehrheit seiner Stimmen Einspruch einlegen kann. Das Gesetz kommt dann nur zustande, wenn der Bundestag seinerseits mit der Mehrheit seiner Mitglieder den Einspruch erfolgreich zurückweisen kann. Legt der Bundesrat den Einspruch mit 2/3-Mehrheit ein, bedarf es für deren Zurückweisung durch den Bundestag ebenfalls einer 2/3-Mehrheit, mindestens aber der Mehrheit der Mitglieder des Bundestags (Art. 77 IV GG).

Von dem Einspruchsrecht zu unterscheiden ist das **Zustimmungsrecht**. Das Zustim- **534a** mungsrecht besagt, dass bei sog. Zustimmungsgesetzen für deren Zustandekommen die ausdrückliche Zustimmung des Bundesrats erforderlich ist. Die Zustimmungsbedürftigkeit von Bundesgesetzen ist nach der Systematik des Grundgesetzes die Ausnahme[1248], wobei die die Zustimmungsbedürftigkeit auslösenden Vorschriften nicht etwa in einem Abschnitt des Grundgesetzes konzentriert wären, sondern im Grundgesetz verstreut sind. Fallgruppen bilden Verfassungsänderungen sowie Verwaltungs- und Finanzgesetze, also Angelegenheiten, in denen die Länderinteressen nachhaltig berührt werden[1249], sowie Sonderbeziehungen zwischen Bund und Ländern. Das Grundgesetz nennt u.a. Art. 23 I S. 2, 29 VII, 73 II, 79 II, 84 I S. 3 und S. 6, 84 V S. 1, 85 I S. 1, 87 III S. 2, 87b I S. 3 u. 4 u. II S. 1 u. 2, 87c, 87d II, 91a II, 91c IV, V, 104a IV, 104a VI S. 4, 104b II S. 1, 105 III, 106, 107 I S. 2, II S. 1, 108, 109 IV, V S. 3, 115a ff., 120a I S. 1, 134 IV, 135 V und 143 III GG.[1250] Bei allen übrigen Gesetzen handelt es sich um Einspruchsgesetze.

> **Hinweis für die Fallbearbeitung:** In der Fallbearbeitung ist die Einordnung des fraglichen Gesetzes oft von entscheidender Bedeutung, da ein Einspruchsgesetz bereits dann zustande kommt, wenn der Bundesrat entweder keinen Einspruch einlegt oder den Einspruch nicht fristgerecht einlegt oder er vom Bundestag überstimmt wird. Ein Zustimmungsgesetz kommt demgegenüber in jedem Fall nur dann zustande, wenn der Bundesrat ausdrücklich zustimmt. Bleibt der Bundesrat also untätig bzw. lässt die in Art. 77 GG genannte Drei-Wochen-Frist verstreichen, ohne Einspruch einzulegen, kommt das fragliche Gesetz nur dann zustande, wenn es sich

1248 Vgl. BVerfGE 48, 127, 179; 126, 310, 332.
1249 BVerfGE 37, 363, 381.
1250 Insbesondere Art. 84 I, 91a und 104a GG wurden umfassend im Zuge der Föderalismusreform 2006 geändert, vgl. dazu ausführlich Rn 791 ff.

bei diesem um ein Einspruchsgesetz handelt. In der Fallbearbeitung muss daher geprüft werden, ob es sich bei dem fraglichen Gesetz um ein Einspruchs- oder um ein Zustimmungsgesetz handelt. Wie bereits gesagt, sind Zustimmungsgesetze nur die enumerativ im Grundgesetz ausdrücklich so bezeichneten Gesetze („Bundesgesetz mit Zustimmung des Bundesrats"). Das betrifft vier Fallgruppen: **Verfassung**, **Finanzen**, **Verwaltung** und **Sonderbeziehungen** zwischen Bund und Ländern. Alle übrigen Gesetze sind Einspruchsgesetze.

535 Besonders problematisch ist die **Zustimmungsbedürftigkeit von Änderungsgesetzen zu Zustimmungsgesetzen**. Da dieses Problem aber ausführlich im Rahmen der Darstellung des Gesetzgebungsverfahrens behandelt wird, sei insoweit auf Rn 898 ff. verwiesen.

2. Mitwirkung bei der Verwaltung des Bundes

536 Des Weiteren wirkt der Bundesrat gem. Art. 50 GG bei der **Verwaltung des Bundes** mit. Mit „Verwaltung" ist die vollziehende Gewalt gemeint. Die Mitwirkung bei der Verwaltung des Bundes ist vielfältig. Im Wesentlichen bestehen Informationsrechte, Zustimmungs- bzw. Mitentscheidungsrechte und Aufhebungsansprüche.

537 So hat der Bundesrat gegenüber der Bundesregierung ein **Zustimmungsrecht** u.a. nach den Art. 37 I, 80 II, 84 II u. III S. 2, 85 II S. 1, 87 III S. 2, 108 VII, 119 S. 1, 130 I S. 2 und 132 IV GG. An der Wahl des Bundespräsidenten hat der Bundesrat dagegen kein Mitwirkungsrecht. Es hat aber das Recht zur **Präsidentenanklage** nach Art. 61 GG.

3. Mitwirkung in Angelegenheiten der Europäischen Union

538 Schließlich begründet Art. 50 GG (i.V.m. Art. 52 III a GG) das Mitwirkungsrecht des Bundesrats in **Angelegenheiten der Europäischen Union**. Diese Regelung in Art. 50 GG wurde 1992 zusammen mit dem neuen Art. 23 GG in das Grundgesetz eingefügt und wiederholt lediglich Art. 23 II S. 1 GG. Damit trägt das Grundgesetz dem Umstand Rechnung, dass sowohl Befugnisse des Bundes als auch Befugnisse der Länder betroffen sein können, wenn Hoheitsbefugnisse der Bundesrepublik Deutschland auf die Europäische Union übergehen. Sind Befugnisse der Länder betroffen, macht es der Föderalismus der Bundesrepublik Deutschland erforderlich, dass diese auch durch den Bundesrat mitwirken.

539 Bei dem Recht zur Mitwirkung in Angelegenheiten der Europäischen Union geht es nicht um die Mitwirkung an der Übertragung von Hoheitsrechten auf die Europäische Union. Die Übertragung von Hoheitsrechten auf die Europäische Union ist nur durch Gesetz möglich. Die Mitwirkung daran richtet sich nach Art. 23 I S. 2 und 3 GG. Mit dem Recht zur Mitwirkung in Angelegenheiten der Europäischen Union i.S.d. Art. 50 GG ist vielmehr die Mitwirkung der deutschen Exekutive bei der Teilnahme an Entscheidungen über Vorhaben, insbesondere Rechtsetzungsakte, der Europäischen Union gemeint.[1251] Dazu sieht Art. 52 III a GG die Möglichkeit vor, eine **Europakammer** zu bilden, deren Beschlüsse als Beschlüsse des Bundesrats gelten. Dabei ermöglicht es Art. 52 III a GG i.d.F. v. 1.9.2006 der Europakammer, künftig auch im schriftlichen Umfrageverfahren Beschlüsse zu fassen. Um dies zu erreichen, wurde der bisherige Verweis auf Art. 51 III S. 2 GG, demzufolge die Stimmen nur durch anwesende Mitglieder oder deren Vertreter abzugeben sind, gestrichen. Die in dem bislang in Bezug genommenen Art. 51 III S. 2 GG außerdem enthaltene Vorgabe, dass Stimmen nur einheitlich abgegeben werden können, wurde in Art. 52 IIIa GG übernommen und bleibt damit in der Sache unverändert. Zur Bestimmung des Stimmgewichts wird nach wie vor auf Art. 51 II GG verwiesen; die Bezugnahme wurde also

---

[1251] *Hofmann*, in: Schmidt-Bleibtreu/Hofmann/Henneke, GG, Art. 50 Rn 27; *Hebeler*, JA 2003, 522 ff.

nur redaktionell angepasst. Weitere Mitwirkungsrechte des Bundesrats statuiert Art. 23 III-VI GG, auf deren (wörtliche) Wiedergabe hier verzichtet wird.

4. Recht, an der personellen Besetzung des BVerfG mitzuwirken

Nicht von Art. 50 GG, sondern von Art. 94 I GG gewährleistet ist das Recht (und die Pflicht) des Bundesrats, an der **personellen Besetzung des BVerfG** mitzuwirken. Nach Art. 94 I GG werden die Mitglieder des BVerfG je zur Hälfte vom Bundestag und vom Bundesrat gewählt. 540

Vom Bundestag wird die Hälfte der Richter durch einen nach dem Verhältniswahlsystem bestellten Zwölferwahlausschuss (Wahlausschuss nach § 6 BVerfGG) gewählt. Die andere Hälfte der Richter wird vom Bundesrat in unmittelbarer Wahl gewählt. Für die Wahl ist eine Zweidrittelmehrheit erforderlich (§§ 5 u. 7 BVerfGG). Vgl. dazu näher Rn 616. 541

C. Der Gemeinsame Ausschuss

Entgegen seiner Bezeichnung ist der Gemeinsame Ausschuss kein Ausschuss von Bundestag und Bundesrat, sondern ein **oberstes Verfassungsorgan**.[1252] Er übernimmt im Verteidigungsfall die Befugnisse von Bundestag und Bundesrat. Man spricht von einem **Notparlament**. Es tritt erst dann in Funktion, wenn im Verteidigungsfall der Bundestag handlungsunfähig sein sollte.[1253] 542

Der Gemeinsame Ausschuss besteht zu zwei Dritteln aus Abgeordneten des Bundestags, die unmittelbar demokratisch legitimiert sind, und zu einem Drittel aus Mitgliedern des Bundesrats, die über die Landesregierungen mittelbar demokratisch legitimiert sind. Jedes Bundesland ist im Gemeinsamen Ausschuss durch ein Mitglied vertreten (Art. 53a I S. 3 GG). Das ergibt eine Mitgliederzahl von insoweit 16. Der Bundestag entsendet daher 32 Mitglieder in den Gemeinsamen Ausschuss (Art. 53a II S. 1 GG). Daraus ergibt sich eine Gesamtmitgliederzahl von 48. Die vom Bundestag entsandten Mitglieder werden entsprechend dem Stärkeverhältnis der Fraktionen gewählt; sie dürfen nicht der Bundesregierung angehören (Art. 53a I S. 2 GG). 543

Sämtliche Mitglieder des Gemeinsamen Ausschusses sind an Weisungen nicht gebunden. Zwar bezieht sich der Wortlaut des Art. 53a I S. 3 GG nur auf die Mitglieder, die vom Bundesrat entsendet wurden. Die Weisungsungebundenheit muss sich aber auch auf die vom Bundestag entsandten Mitglieder beziehen, weil anderenfalls die Ausübung der Aufgaben des Gemeinsamen Ausschusses nicht möglich wäre.[1254] 544

[1252] BVerfGE 84, 304, 334 (Gemeinsamer Ausschuss); *Brockmeyer*, in: Schmidt-Bleibtreu/Hofmann/Henneke, GG, Art. 53a Rn 2; *Jarass*, in: J/P, GG, Art. 53a Rn 1.
[1253] *Hofmann*, in: Schmidt-Bleibtreu/Hofmann/Henneke, GG, Art. 53a Rn 4.
[1254] Vgl. dazu *Benda*, Die Notstandsverfassung, 10. Aufl. 1968, S. 62 ff.

D. Die Bundesregierung und der Bundeskanzler

Wichtige Entscheidungen: BVerfGE 27, 44 (Parlamentarisches Regierungssystem); 44, 125 (Öffentlichkeitsarbeit der Bundesregierung); 62, 1 (Auflösung des 9. Deutschen Bundestags); 91, 148 (Bundesregierung als Kollegialorgan; Umlaufverfahren); 100, 249 (Verwaltungsvorschriften für den Vollzug von Bundesgesetzen); 105, 252 (Glykolwein); 105, 279 (Sektenwarnung); 114, 121 (Auflösung des 15. Deutschen Bundestags)

I. Die Bundesregierung als oberstes Verfassungsorgan

545 Die Bundesregierung (Kabinett) ist nicht nur das oberste Organ der vollziehenden Gewalt, sondern auch ein (oberstes) Verfassungsorgan[1255]; sie besteht aus dem Bundeskanzler und den Bundesministern (Art. 62 GG). Der Bundeskanzler wird auf Vorschlag des Bundespräsidenten vom Bundestag gewählt (Art. 63 I GG). Er ist vom Bundespräsidenten zu ernennen (Art. 63 II S. 2 GG). Anzahl und Geschäftsbereiche der Bundesminister werden vom Bundeskanzler im Rahmen seiner Organisationsgewalt festgelegt (Art. 64 I GG – siehe sogleich). Aufgaben und Kompetenzen, die im Grundgesetz an verschiedenen Stellen geregelt sind (vgl. nur Art. 32 III, 76 I, 80, 84 II-V, 110, 111 GG), sind bei weitem nicht erschöpfend aufgezählt. Der Bundesregierung kommen sämtliche **Aufgaben und Kompetenzen** zu, die mit der **Staatsleitung** verbunden sind.[1256] Das schließt die Befugnis zur **Informations- und Öffentlichkeitsarbeit** (dazu Rn 84 ff.) ein.[1257] Begrenzt werden die Zuständigkeiten der Bundesregierung lediglich durch die Kompetenzen anderer Verfassungsorgane sowie durch (sonstige) verfassungsrechtliche Schranken (Art. 1 III GG und Art. 20 III GG). Auch hat die Bundesregierung die Pflicht, das Recht der politischen Parteien auf **Chancengleichheit** aus Art. 21 I S. 1 GG und das daraus folgende **Neutralitätsgebot** zu beachten[1258] (vgl. dazu Rn 84 ff. und 380). Zu den nur eingeschränkten Aufgaben und Befugnissen einer **geschäftsführenden** Bundesregierung vgl. sogleich Rn 550.

546 Aus Art. 64 I GG folgt, dass es dem Bundeskanzler grundsätzlich freisteht, über die drei Pflichtministerien Finanzen (Art. 112 GG), Verteidigung (Art. 65a GG) und Justiz (Art. 96 II GG) hinaus sein Kabinett zu bilden. Ihm obliegen insbesondere die Festlegung der Zahl der Ministerien und die Bestimmung der Geschäftsbereiche der einzelnen Ministerien. Selbst die Einrichtung neuer Ministerien kann notwendig sein, um auf neuartige Ereignisse – beispielsweise auf den Gebieten der Biotechnologie oder der Informationstechnologie – schnell und effektiv reagieren zu können. Darüber hinaus können auch partei- und koalitionspolitische Gründe eine Schaffung neuer Ministerien erforderlich machen.[1259] Dieses weit reichende materielle **Kabinettsbildungsrecht** hat jedoch auch Grenzen. Diese finden sich in der Kollision mit höherrangigen Interessen. So können der Parlamentsvorbehalt bezüglich Entscheidungen von wesentlicher Bedeutung sowie das Gewaltenteilungsprinzip dem Kabinettsbildungsrecht entgegenstehen. Von daher hat der Verfassungsgerichtshof des Landes Nordrhein-Westfalen die Zusammenlegung von Innen- und Justizministerium durch den Ministerpräsidenten eingeschränkt. Die Zusammenlegung beider Ressorts sei für die Verwirklichung des Rechtsstaatsprinzips und des Grundsatzes der Gewaltenteilung so wesentlich, dass die Organisationsgewalt des Ministerpräsidenten nicht genüge. Für einen derartigen Akt sei vielmehr eine Entscheidung des Parlaments erforderlich.[1260] Dar-

---

[1255] BVerfG NVwZ 2015, 209, 211 mit Verweis auf BVerfGE 9, 268, 282; vgl. auch *Schenke*, in: Bonner Kommentar, Art. 62 Rn 3; *Oldiges/Brinktrine*, in: Sachs, GG, Art. 62 Rn 17.
[1256] BVerfG NVwZ 2015, 209, 212 mit Verweis auf BVerfGE 1, 77, 85; 26, 338, 395 f.; 105, 252, 270; 105, 279, 301.
[1257] BVerfG NVwZ 2015, 209, 212 mit Verweis auf BVerfGE 105, 252, 270.
[1258] BVerfG NVwZ 2015, 209, 212. Zur Chancengleichheit der politischen Parteien vgl. Rn 380 ff.
[1259] Vgl. hierzu *Busse*, Der Staat 2006, 245, 248 f.; *ders.*, DÖV 1999, 313.
[1260] NWVerfGH NJW 1999, 1243, 1244 f.

über hinaus sei es zweifelhaft, ob der für die Polizei zuständige Minister im Hinblick auf die Wahrung der Unabhängigkeit der Justiz und der Gewaltentrennung gleichzeitig weisungsberechtigter Dienstvorgesetzter der Staatsanwaltschaft sein könne.[1261]

Bewertung: Was den angenommenen Verstoß gegen das Gewaltenteilungsprinzip betrifft, ist dem Verfassungsgerichtshof zuzustimmen. Das Gewaltenteilungsprinzip hat mehrere Dimensionen und greift nicht nur im Verhältnis zwischen der Legislative, Judikative und Exekutive, sondern ist auch innerhalb der einzelnen Staatsgewalten und damit auch innerhalb der Exekutive zu beachten. So wäre der Aufgabenbereich eines Ministeriums, das die Bereiche Inneres und Justiz umfasste, zu umfassend, was zu einer Machtkonzentration führte, die eine wirksame gegenseitige Kontrolle auch innerhalb der Exekutive fraglich erscheinen ließe, sodass in der Tat ein Verstoß gegen das Gewaltenteilungsprinzip angenommen werden müsste. Was jedoch den zweiten Punkt anbelangt, also die Frage, ob der für die Polizei zuständige Minister im Hinblick auf die Wahrung der Unabhängigkeit der Justiz und der Gewaltentrennung gleichzeitig weisungsberechtigter Dienstvorgesetzter der Staatsanwaltschaft sein könne, ist dem Verfassungsgerichtshof nicht beizupflichten. Denn mit „Unabhängigkeit der Justiz" ist in erster Linie diejenige nach Art. 97 I GG (einfachgesetzlich durch § 1 GVG, §§ 25, 45 I DRiG konkretisiert) gemeint, nämlich, dass die Richter unabhängig und nur dem Gesetz unterworfen sind. Bei der Staatsanwaltschaft hingegen handelt es sich um ein monokratisch und hierarchisch aufgebautes Organ der Rechtspflege, §§ 141 ff. GVG. So unterstehen die einzelnen Staatsanwälte dem jeweiligen Behördenleiter. Dieser wiederum untersteht dem Justizminister des Landes. §§ 146, 147 GVG berechtigen Justizminister und Behördenleiter, ihren Beamten dienstliche Anweisungen zu geben, denen diese nachkommen müssen. Die Annahme, eine Weisung des Justizministers gegenüber der ihm untergeordneten Staatsanwaltschaft stelle einen unzulässigen Eingriff in die Unabhängigkeit der Justiz dar, ist somit unzutreffend, da sich diese – wie aufgezeigt – gem. Art. 97 I GG auf die Judikative bezieht; die Staatsanwaltschaft ist aber organisatorisch der Exekutive zugeordnet.

Hinweis für die Fallbearbeitung: Abgesehen von der aufgezeigten Problematik in Bezug auf die Unabhängigkeit der Justiz kann sich die Problematik des Zusammenlegens von Innen- und Justizministerium auf Bundesebene nicht stellen, da – wie sich aus Art. 96 II S. 4 GG ergibt – für den Bund die Existenz eines (eigenständigen) Justizministeriums gewährleistet ist. Das Gleiche gilt für das Finanzministerium gem. Art. 108, 112, 114 GG, für das Verteidigungsministerium gem. Art. 65a GG sowie für den Stellvertreter des Bundeskanzlers gem. Art. 69 I GG. Hier kommt ein Zusammenlegen nur durch eine Verfassungsänderung in Betracht, die sich freilich am Gewaltenteilungsprinzip messen lassen müsste.
Sollte sich in der Fallbearbeitung eine Situation stellen, in welcher der Bundeskanzler ein neues Ministerium errichten möchte, muss die Frage aufgeworfen werden, ob der Parlamentsvorbehalt (d.h. der Vorbehalt des Gesetzes) dem entgegensteht. Nach der hier vertretenen Auffassung ist der Vorbehalt des Gesetzes bei Organisationsentscheidungen innerhalb der Bundesregierung nicht anwendbar. Denn zum einen kennt die gewaltenteilende Kompetenzordnung des Grundgesetzes keinen Gewaltmonoismus in Form eines Totalvorbehalts zugunsten des Parlaments[1262], und zum anderen bedarf die Zuerkennung eines parlamentarischen Zugriffsrechts auf Organisationsentscheidungen innerhalb der Regierung einer eindeutigen Kompe-

[1261] NWVerfGH a.a.O. S. 1245.
[1262] Vgl. BVerfGE 98, 218, 252 (Rechtschreibreform).

tenznorm, um den Eingriff in den Funktionsbereich dieser anderen Gewalt zu rechtfertigen.[1263] Eine solche ist aber nicht ersichtlich.

547 Des Weiteren findet das Kabinettsbildungsrecht seine Grenzen in der Erhaltung der Funktionsfähigkeit der Bundesregierung. So kann eine wirksame Kabinettsarbeit insbesondere durch eine große Zahl kleinerer Ministerien mit engen Geschäftsbereichen wegen der damit verbundenen Gefahr von Koordinationsproblemen und der Schwerfälligkeit der Willensbildung behindert werden.[1264] Wegen der aus Art. 64 I GG folgenden Organisationsgewalt des Bundeskanzlers ist diesem aber ein weiterer Entscheidungsspielraum zuzubilligen. Ein ausführliches Beispiel findet sich bei Rn 566 ff.

Hinweis für die Fallbearbeitung: Es ist nicht unüblich, dass die Fallgestaltung dahin geht, dass der Bundeskanzler ein neuartiges Ministerium mit engem Geschäftsbereich gründen möchte und daher dem **Bundespräsidenten** eine bestimmte Person zur Ernennung als Minister vorschlägt (Art. 64 I GG). Wenn sich dieser nun weigert, die Ministerernennung durchzuführen, ist ein **Organstreitverfahren** vor dem BVerfG einschlägig. Dieses ist begründet, wenn der Bundespräsident zur Ministerernennung verpflichtet ist, ihm also kein Weigerungsrecht zusteht. Vgl. dazu ausführlich Rn 604 ff.
Die Fallgestaltung kann aber auch dahin gehen, dass eine **Bundestagsfraktion** (i.d.R. die Opposition) die Verfassungskonformität der Organisationsverfügung des Bundeskanzlers rügt. Auch hier ist ein **Organstreitverfahren** einschlägig.

II. Wahl des Bundeskanzlers und Amtsdauer der Bundesregierung

1. Wahl des Bundeskanzlers

548 Wie sich aus Art. 69 II GG ergibt, endet das Amt des Bundeskanzlers in jedem Fall mit dem Zusammentritt eines neuen Bundestags. Der neue Bundestag muss also (nach seiner konstituierenden Sitzung) einen neuen Bundeskanzler wählen. Dieser wird gem. Art. 63 I GG auf Vorschlag des Bundespräsidenten vom Bundestag ohne Aussprache gewählt. Der Vorgeschlagene muss (in Übereinstimmung zur Wählbarkeit zum Deutschen Bundestag) die deutsche Staatsangehörigkeit haben, er braucht im Übrigen aber nicht Mitglied des Bundestags zu sein. In der Regel ist der Kanzlerkandidat aber Mitglied der stärksten Fraktion im Bundestag und wird aufgrund einer **Koalitionsvereinbarung**[1265] zwischen dieser und der Koalitionsfraktion/den Koalitionsfraktionen dem Bundespräsidenten genannt, damit dieser ihn als Wahlkandidat dem Bundestag zur Wahl vorschlägt (Art. 63 I GG). Der Bundespräsident ist jedoch an diese Benennung nicht gebunden, sondern kann (theoretisch) einen Kandidaten seines Vertrauens vorschlagen. Besteht keine Koalitionsvereinbarung (etwa weil keine Koalition zustande kam und eine Minderheitsregierung die Amtsgeschäfte übernehmen soll), wird der Bundespräsident wohl den Kandidaten der stärksten Fraktion zur Kanzlerwahl vorschlagen.[1266]

[1263] *Isensee*, JZ 1999, 1113, 1116; *Wieland*, DVBl 1999, 719 ff.; *Sendler*, NJW 1999, 1232 ff.; *Böckenförde*, NJW 1999, 1235 ff.

[1264] So auch etwa *Schenke*, in: Bonner Kommentar, Art. 62 Rn 15.

[1265] Ob es sich bei den Koalitionsvereinbarungen um verwaltungsrechtliche Verträge, verfassungsrechtliche Verträge oder um rechtlich unverbindliche politische Absprachen handelt, ist zwar nicht ganz unumstritten (für verfassungsrechtliche – jedoch gerichtlich nicht durchsetzbare – Verträge etwa *Mager*, in: v. Münch/Kunig, GG, Art. 65 Rn 6; für rechtlich unverbindliche politische Absprachen etwa *Schenke*, in: Bonner Kommentar, Art. 63 Rn 77 und *Kloepfer*, NJW 2018, 1799, 1802). Da sich der Inhalt der Koalitionsvereinbarung (etwa Verwirklichung von Gesetzgebungsvorhaben, Wahl einer bestimmten Person zum Bundeskanzler oder Bestimmung der Kabinettsmitglieder) aber der Dispositionsbefugnis der Fraktionen bzw. der Parteien entzieht, wäre ein verfassungsrechtlicher Vertrag unwirksam. Dagegen wäre die Qualifikation als rechtlich unverbindliche politische Absprache gerade wegen ihrer rechtlichen Unverbindlichkeit verfassungsrechtlich unbedenklich.

[1266] Zur Kanzlerwahl, zur Minderheitsregierung und zur Auflösung des Bundestags siehe sogleich Rn 553.

Die Verfassung statuiert eine **Pflicht des Bundespräsidenten zum Vorschlag**. 549
Das ergibt sich aus Art. 63 I GG („... wird auf Vorschlag des Bundespräsidenten vom Bundestage ... gewählt“). Der Vorschlag des Bundespräsidenten erfolgt entweder aufgrund der vorherigen Nennung eines Kandidaten durch den Bundestag oder autonom (etwa für den Fall, dass ihm kein Kandidat genannt wird). Allerdings nennt das Grundgesetz keine Frist, innerhalb derer der Bundespräsident den Kanzlerkandidaten vorschlagen muss. Sind z.B. im neu gewählten Bundestag Koalitionsverhandlungen zu führen (und kann dem Bundespräsidenten daher von der möglichen Regierungskoalition zunächst kein Kanzlerkandidat genannt werden), wird der Bundespräsident den bisherigen Bundeskanzler (sowie die bisherigen Bundesminister) ersuchen, die Amtsgeschäfte fortzuführen (Art. 69 III GG). Wird dem Bundespräsidenten (sodann) ein Kanzlerkandidat genannt, den er dem Bundestag zur Wahl vorschlagen möge, und weigert sich der Bundespräsident (innerhalb einer bestimmten Frist), den oder einen anderen Kanzlerkandidaten vorzuschlagen, soll nach h.L. darin eine Verfassungsverletzung liegen.[1267] Dem ist in dieser Allgemeinheit nicht zu folgen. Angenommen, die Koalitionsverhandlungen erweisen sich als äußerst schwierig und langwierig und die potentiellen Koalitionspartner können sich nicht (auch nicht im Hinblick auf den Kanzlerkandidaten) einigen. Hätte dann der Bundespräsident die verfassungsrechtliche Pflicht, den von einer rechtspopulistischen Fraktion genannten Kandidaten dem Bundestag zur Wahl vorzuschlagen? Nach der hier vertretenen Auffassung ist das nicht der Fall. Vielmehr beschränkt sich die Pflicht des Bundespräsidenten zum Wahlvorschlag auf den Kandidaten, der ihm von der stärksten Fraktion bzw. von den Koalitionsfraktionen genannt wird, weil i.d.R. nur dieser eine Chance hat, auch als Kanzler gewählt zu werden.

Im Übrigen nennt das Grundgesetz keine starre Frist für die Kanzlerwahl. Die in Art. 550
63 III und IV GG genannten Fristen setzen zunächst einen Wahlvorschlag des Bundespräsidenten sowie einen Wahlgang voraus. Anders kann man Art. 63 III und IV wegen der Inbezugnahme auf Art. 63 I und II GG nicht verstehen. Erst wenn überhaupt ein Wahlgang stattgefunden hat (bei dem der Vorgeschlagene nicht die absolute Mehrheit erreicht hat), gelangen die in Art. 63 III und IV S. 1 GG genannten Fristen (14 Tage in Art. 63 III GG; unverzüglich in Art. 63 IV S. 1 GG) zur Anwendung. Kann sich also ein frisch gewählter Bundestag nicht auf einen Kanzlerkandidaten einigen bzw. schlägt der Bundespräsident nicht von sich aus einen Kanzlerkandidaten vor und findet schon gar kein Wahlgang im Bundestag statt, gelangen die in Art. 63 III und IV S. 1 GG genannten Fristen nicht zur Anwendung. Der Bundespräsident könnte in diesem Fall also noch nicht einmal den Bundestag auflösen, da Art. 63 IV S. 3 Var. 2 GG ja zumindest einen Wahlgang voraussetzt. Theoretisch bliebe dann gemäß einem Beschluss des Bundespräsidenten gem. Art. 69 III GG die bisherige Bundesregierung **geschäftsführend** (längere Zeit) im Amt, was aber die Frage aufwirft, welche Aufgaben von der bisherigen Bundesregierung fortgeführt werden können. Für eine vollumfängliche Aufgabenwahrnehmungskompetenz spricht Art. 69 III GG, der von „Weiterführung der Amtsgeschäfte“ spricht.[1268] Dagegen spricht aber der nur geringe Legitimationsgrad der alten Bundesregierung, die ja lediglich aufgrund eines Beschlusses des Bundespräsidenten die Amtsgeschäfte (vorläufig) fortführt. Eigentlich verliert die alte Bundesregierung gem. Art. 69 II GG mit Zusammentreten des neuen Bundestags ihr Amt; lediglich übergangsweise soll sie die Amtsgeschäfte fortführen, damit in der Zeit bis zur neuen Kanzlerwahl durch den Bundestag die Bundesrepublik Deutschland nicht ohne Bundesregierung dasteht.

[1267] *Herzog*, in: Maunz/Dürig, GG, Art. 63 Rn 16; *Schenke*, in: Bonner Kommentar, Art. 63 Rn 69.
[1268] Auch in der Literatur wird der geschäftsführenden Bundesregierung teilweise eine weit reichende Aufgabenbefugnis zugesprochen, so von *Schemmel*, NVwZ 2018, 105, 108 f. („echte Amtsfortführung“).

Daher erscheint es sachgerecht, die Aufgabenwahrnehmungskompetenz auf das laufende Tagesgeschäft zu beschränken. Keinesfalls kann die alte Bundesregierung für sich eine vollumfängliche Regierungstätigkeit beanspruchen; dazu fehlt ihr schlicht die demokratische Legitimation.

So ist bspw. äußerst zweifelhaft, ob ein geschäftsführender Bundeslandwirtschaftsminister die für die Bundesrepublik Deutschland bindende Zustimmung zur Verlängerung der Lizenz für das Herbizid Glyphosat für 5 weitere Jahre im Rahmen eines EU-Kommissionsbeschlusses erteilen darf. Nach der hier vertretenen Auffassung ist das nicht der Fall, weil der Bundestag, von dem der geschäftsführende Bundeslandwirtschaftsminister keinerlei demokratische Legitimation ableiten kann, damit die gesamte Legislaturperiode gebunden ist. Zudem ist die Relevanz für Umwelt und Tiere (v.a. Insekten) zu hoch, als dass die Entscheidung von einem geschäftsführenden Minister getragen werden könnte.

551 Schließlich stellt sich die Frage nach einer raschen und demokratisch einwandfreien Beendigung dieses Schwebezustands. Da der Bundestag kein Selbstauflösungsrecht hat, wäre für den Fall, dass keine Regierung gebildet werden kann, eine Neuwahl des Bundestags unvermeidlich. Dazu müsste der Bundespräsident zunächst gem. Art. 63 IV GG den Bundestag auflösen, um der Neuwahl den Weg zu ebnen. Gemäß § 16 BWahlG ist es auch der Bundespräsident, der den Wahltag bestimmt.

552 Von diesen Problemkreisen abgesehen, kann der Bundestag bei unberechtigter Weigerung des Bundespräsidenten auch ohne dessen Vorschlag den Kanzler wählen, wobei Art. 63 III GG entsprechend gilt.[1269] Der Bundestag kann auch nach Art. 61 GG Anklage vor dem BVerfG erheben und nach Art. 61 II S. 2 GG im Wege einer einstweiligen Anordnung erreichen, dass der Bundesratspräsident als Vertreter des Bundespräsidenten einen Vorschlag machen kann.

553 Steht (aber) der Kanzlerkandidat fest, folgt unmittelbar die **Wahl**. Die Wahl erfolgt ohne Aussprache bezüglich der Person des Kanzlerkandidaten (Art. 63 I GG). Findet gleichwohl eine Aussprache statt, führt dies nicht zur Ungültigkeit der Wahl. Die Wahl selbst findet gem. § 4 der Geschäftsordnung des Bundestags (GO BT) mit verdeckten Stimmzetteln (§ 49 GO BT) statt. Sie vollzieht sich in folgenden Schritten:

- Erhält der Vorgeschlagene die Mehrheit der Stimmen der Mitglieder des Bundestags (sog. absolute Mehrheit), **muss** der Bundespräsident ihn ernennen (Art. 63 II GG). Die Ernennung muss unverzüglich, spätestens nach sieben Tagen, erfolgen (Art. 63 IV S. 2 GG). Der Bundespräsident darf die Ernennung aber aus Rechtsgründen verweigern, insbesondere wenn das Wahlverfahren verfassungswidrig oder der Gewählte nicht wählbar waren.[1270]
- Erhält der Vorgeschlagene in dem soeben beschriebenen ersten Wahlgang nicht die absolute Mehrheit, kann der Bundestag binnen vierzehn Tagen nach dem Wahlgang mit absoluter Mehrheit (in beliebig vielen Wahlgängen) einen Bundeskanzler wählen, ohne dass ein Vorschlag des Bundespräsidenten vorliegen müsste (Art. 63 III GG). Wahlvorschläge können aus der Mitte des Bundestags gemacht werden. Diese Wahlvorschläge bedürfen nach § 4 S. 2 GO BT der Unterzeichnung durch ein Viertel der Mitglieder des Bundestags oder einer Fraktion, die mindestens ein Viertel der Mitglieder des Bundestags umfasst. Das Ausspracheverbot des ersten Wahlgangs gilt hier nicht, da es sich nach dem klaren Wortlaut des Art. 63 I GG nur auf den Wahlgang über den Vorschlag des Bundespräsidenten bezieht.[1271]

[1269] *Uhle*, in: Schmidt-Bleibtreu/Hofmann/Henneke, GG, Art. 63 Rn 10.
[1270] *Pieroth*, in: J/P, GG, Art. 63 Rn 2. Vgl. Auch *Mager*, in: v. Münch/Kunig, Art. 63 Rn 11.
[1271] *Schenke*, in: Bonner Kommentar, Art. 63 Rn 84; a.A. *Herzog*, in: Maunz/Dürig, GG, Art. 63 Rn 28.

- Kommt eine Wahl innerhalb dieser Frist nicht zustande, findet unverzüglich ein neuer Wahlgang statt, in dem gewählt ist, wer die meisten Stimmen erhält (Art. 63 IV S. 1 GG – sog. relative Mehrheit). Erreicht der Gewählte sogar die absolute Mehrheit, **muss** ihn der Bundespräsident binnen sieben Tagen ernennen (Art. 63 IV S. 2 GG). Erreicht der Gewählte dagegen nur die relative Mehrheit, hat der Bundespräsident ein **Wahlrecht**: Er kann binnen sieben Tagen entweder den Gewählten **ernennen** oder den Bundestag **auflösen** (Art. 63 IV S. 3 GG). Übt der Bundespräsident sein Wahlrecht nicht binnen sieben Tagen aus, kann er den Bundestag nicht mehr auflösen, sondern muss den Gewählten zum Bundeskanzler ernennen.

- Im Falle der Ernennung des lediglich mit relativer Mehrheit gewählten Bundeskanzlers kommt es zu einer **Minderheitsregierung**, die so lange Bestand hat, bis der Bundestag mit absoluter Mehrheit erneut einen Kanzler wählt (Art. 67 GG) oder der Bundespräsident den Bundestag nach gescheiterter Vertrauensfrage (Art. 68 GG – dazu sogleich Rn 558 ff.) auflöst.

  Eine Minderheitsregierung wird allgemein als nicht wünschenswert angesehen, da eine stabile und verlässliche Regierungstätigkeit kaum möglich ist. In Abhängigkeit von den Mehrheitsverhältnissen im Parlament bedürfen Gesetzesbeschlüsse intensiverer Beratungen und sind regelmäßig von Kompromissen geprägt, was sie oft nicht ganzheitlich erscheinen lässt. Größere Reformvorhaben gestalten sich in ihrer Beschlussfassung noch schwieriger. Andererseits kann gerade bei strittigen Gesetzesvorhaben der erhöhte Argumentationsaufwand in den Debatten für Transparenz sorgen. Eine Minderheitsregierung muss also mitunter für ihre Gesetzesvorhaben „werben" und mit Sachargumenten überzeugen, um eine parlamentarische Mehrheitsentscheidung herbeizuführen. Mit Blick auf den demokratischen Willensbildungsprozess ist eine Minderheitsregierung daher möglicherweise nicht ganz so dramatisch, wie bisweilen propagiert wird, zumal es das Parlament ist, das sich unmittelbar durch Wahlen legitimiert und die Gesetze beschließt. Eine Minderheitsregierung dürfte in einem Mehrparteiensystem, wie man es gegenwärtig in der Bundesrepublik Deutschland vorfindet, zudem nicht ganz untypisch und eher umgekehrt Ausdruck einer pluralistischen Gesellschaft sein, bei der mehr als nur zwei Meinungen zu Wort kommen.

Eine sich bisweilen stellende Frage besteht darin, ob die Anzahl der Wiederwahlen des Bundeskanzlers begrenzt werden sollte. Denn während verfassungsrechtlich die Wiederwahl des Bundespräsidenten nur einmal möglich ist (siehe Art. 54 II S. 2 GG), könnte der Bundeskanzler beliebig oft wiedergewählt werden, was mit Blick auf die jeweiligen verfassungsrechtlichen Kompetenzen nicht schlüssig ist. Für eine Begrenzung der Wiederwahlmöglichkeit spricht, dass es einer Demokratie eigentümlich ist, Macht nur auf Zeit auszuüben. Auch andere Staaten wie insbesondere die USA und Frankreich kennen eine Begrenzung der Wiederwahlmöglichkeiten der Exekutivspitze.[1272] Andererseits ist der wiedergewählte Kanzler demokratisch uneingeschränkt legitimiert. Man könnte also sagen, dass kein Demokratieproblem bestehe, solange sich nur für ihn in dem jeweils neu gewählten Bundestag eine entsprechende Mehrheit finde. **553a**

Sollte man sich mit der hier vertretenen Auffassung gleichwohl für eine Begrenzung der Wiederwahlmöglichkeit aussprechen, wäre zunächst zu diskutieren, ob die Anzahl der maximalen Wiederwahlen verfassungsrechtlich festzuschreiben oder einfachgesetzlich durch Bundesgesetz regelbar wäre. Für die Notwendigkeit einer verfassungstextlichen Regelung spricht wiederum der Vergleich mit Art. 54 II S. 2 GG. Es mutet befremdlich an, die Möglichkeit der Wiederwahl des Bundespräsidenten, der im Wesentlichen nur Reprä-

[1272] So kann der amerikanische Präsident nur einmal wiedergewählt werden (siehe den 22. Zusatzartikel zur Verfassung der USA). In Frankreich ist eine Wiederwahl des Präsidenten zwar beliebig oft möglich, allerdings kann niemand mehr als zwei Mandate in Folge ausüben (siehe Art. 6 II der französischen Verfassung).

sentationsaufgaben wahrnimmt, verfassungsrechtlich zu begrenzen, und diejenige des Bundeskanzlers, der die Exekutivspitze darstellt und umfangreiche verfassungsrechtliche Befugnisse wahrnimmt, überhaupt nicht oder nur einfachgesetzlich zu begrenzen. Gegen eine einfachgesetzliche Begrenzungsmöglichkeit spricht zudem, dass der Bundestag jederzeit durch Änderungs- oder Aufhebungsgesetz davon wieder abrücken könnte. Eine Festschreibung im Verfassungstext wäre daher überzeugender.

Bei der Frage nach der maximalen Anzahl der Mandate wäre wiederum eine Orientierung an Art. 54 II S. 2 GG überzeugend.

2. Ernennung der Bundesminister (Kabinettsbildungsrecht)

554 Gemäß Art. 64 I GG werden die Bundesminister auf Vorschlag des Bundeskanzlers vom Bundespräsidenten ernannt und entlassen. Die rechtlichen Voraussetzungen sind im Bundesministergesetz geregelt. Aus der Kollegialstruktur der Bundesregierung folgt die Pflicht des Kanzlers, auf die Ernennung der Bundesminister hinzuwirken.[1273] Fraglich ist, ob der Bundespräsident die **Ernennung eines Ministers aus rechtlichen oder politischen Gründen verweigern kann**. Da diese Frage im Abschnitt über den Bundespräsidenten behandelt wird, sei insoweit auf Rn 604 ff. verwiesen.

3. Amtsdauer der Bundesregierung, Misstrauensvotum, Vertrauensfrage

a. Amtsdauer der Bundesregierung

555 Die Amtsdauer der Bundesregierung endet nicht nur mit dem Zusammentritt des neuen Bundestags (Art. 39 I S. 2 GG)[1274], sondern auch dann, wenn die Voraussetzungen der Art. 67 oder 68 GG vorliegen (klarstellend in § 9 BMinG). Diese Vorschriften bringen die Stellung des Bundeskanzlers im Verhältnis zum Bundestag und im Verhältnis zu den Bundesministern zum Ausdruck. Bislang wurde festgestellt, dass lediglich der Bundeskanzler vom Parlament gewählt wird. Die Bundesminister werden dagegen vom Bundespräsidenten auf Vorschlag des Bundeskanzlers ernannt. Mit dem Amt des Bundeskanzlers endet zwingend auch das der Bundesminister (Art. 69 II GG). Daraus folgt: Wird der Bundeskanzler durch das sog. **konstruktive Misstrauensvotum** „gestürzt", verlieren auch die Bundesminister ihre jeweiligen Ämter.

556 Ein **Misstrauensvotum gegen einen einzelnen Minister** ist also **nicht möglich**. Missbilligt die Mehrheit der Mitglieder des Bundestags das Verhalten eines Ministers, kann sie ihn nur mittelbar seines Amtes erheben, indem sie gem. Art. 67 GG dem Kanzler das Misstrauen ausspricht (siehe sogleich). Mit dem Kanzler verlieren auch alle Minister ihre Ämter. Im Übrigen verliert ein Bundesminister sein Amt durch Entlassung. Die Entlassung erfolgt (wie die Ernennung) auf Vorschlag des Bundeskanzlers und wird vom Bundespräsidenten ausgesprochen. Zum diesbezüglichen Prüfungsrecht des Bundespräsidenten vgl. Rn 604.

b. Konstruktives Misstrauensvotum

557 Da ein Selbstauflösungsrecht des Bundestags, das zwingend auch den „Sturz" des Bundeskanzlers zur Folge hätte, nicht besteht, scheint auf den ersten Blick eine Neuwahl des Bundeskanzlers vor Ablauf der Legislaturperiode nicht möglich. Dennoch sieht das Grundgesetz eine solche Möglichkeit vor, nämlich durch ein Misstrauensvotum. Allerdings lässt es die Verfassung nicht zu, dass der Bundestag dem Bundeskanzler einfach das Misstrauen ausspricht. Vielmehr kann der Bundestag dem Bundeskanzler gem. Art. 67 GG das Misstrauen nur dadurch aussprechen, dass er mit der Mehrheit seiner Mitglieder einen Nachfolger wählt und den Bundespräsidenten er-

[1273] Vgl. u.a. *Schenke*, in: Bonner Kommentar, Art. 62 Rn 14 m.w.Nachw.
[1274] Siehe dazu Rn 432.

sucht, den bisherigen Bundeskanzler zu entlassen (sog. „**konstruktives Misstrauensvotum**"). Diese Regelung konkretisiert nicht nur das parlamentarische Regierungssystem und die parlamentarische Verantwortlichkeit des Bundeskanzlers, sondern sie gewährleistet auch eine Regierungsstabilität und verhindert das Entstehen von Minderheitsregierungen. Sie verhindert Situationen, in der das Parlament zwar den Regierungschef stürzen, nicht aber einen neuen Regierungschef präsentieren kann, wie das in der Weimarer Republik (vgl. Art. 54 WRV) möglich und auch üblich war.

c. Vertrauensfrage

Aus den Ausführungen zum konstruktiven Misstrauensvotum folgt, dass es Konstellationen geben kann, in denen dem Kanzler zwar das Misstrauen ausgesprochen, dabei aber nicht die erforderliche Mehrheit zur Wahl eines neuen Kanzlers erreicht wird. Auch ist es möglich, dass der Bundeskanzler aus anderen Gründen nicht mehr das Vertrauen des Parlaments besitzt. Den Präzedenzfall bildet die politisch instabile Lage bei nur knappen Mehrheitsverhältnissen im Bundestag. Schließlich kann es sein, dass nach einer Bundestagswahl erst gar keine Mehrheitskoalition zustande kommt. 558

Um in den beiden zuerst genannten Konstellationen Stabilität (wieder-)herzustellen, sieht Art. 68 GG die **Vertrauensfrage** vor: Der Bundeskanzler kann beim Bundestag beantragen, ihm das Vertrauen auszusprechen. Findet ein solcher Antrag die Zustimmung der Mehrheit der Mitglieder des Bundestags, geht der Kanzler gestärkt daraus hervor. Findet der Antrag jedoch nicht die Zustimmung, **kann** der Bundespräsident auf Vorschlag des Bundeskanzlers binnen 21 Tagen **den Bundestag auflösen**. Der Bundespräsident hat hier also wie bei Art. 63 IV S. 3 GG ein Wahlrecht. Er kann den Bundestag auflösen, muss es aber nicht.[1275] Löst er ihn auf, haben binnen 60 Tagen Neuwahlen stattzufinden (Art. 39 I S. 4 GG). Löst er ihn *nicht* auf, besteht die (Minderheits-)Regierung fort. In diesem Fall hat der Bundespräsident die in seinem Ermessen liegende Kompetenz, auf Antrag der Bundesregierung mit Zustimmung des Bundesrats für eine Gesetzesvorlage den **Gesetzgebungsnotstand** zu erklären (Art. 81 I S. 2 GG). Die Rechtsfolge des Gesetzgebungsnotstands beschreibt Art. 81 II GG. Lehnt der Bundestag die Gesetzesvorlage nach Erklärung des Gesetzgebungsnotstands erneut ab oder nimmt er sie in einer für die Bundesregierung als unannehmbar bezeichneten Fassung an, gilt das Gesetz als zustande gekommen, soweit der Bundesrat ihm zustimmt. Das Gleiche gilt, wenn die Gesetzesvorlage vom Bundestag nicht innerhalb von 4 Wochen nach der erneuten Einbringung verabschiedet wird. 559

Zum Gesetzgebungsnotstand: Die Vorschrift des Art. 81 GG soll einer Funktionsstörung des Bundestags entgegentreten. Sie ermöglicht der Bundesregierung, unter bestimmten Voraussetzungen im Zusammenwirken mit dem Bundespräsidenten und dem Bundesrat Gesetze auch ohne Beschluss des Bundestags zu verabschieden. Derartige Gesetze sind voll gültig.[1276] An die Erklärung des Gesetzgebungsnotstands sind fünf Voraussetzungen geknüpft[1277]: 560

(1) Die Vertrauensfrage ist verneint worden (Art. 68 I S. 1 GG).
(2) Der Bundeskanzler ist weiter im Amt, d.h. er ist weder zurückgetreten noch ist gem. Art. 67 oder 68 I S. 2 GG ein neuer Bundeskanzler gewählt worden.
(3) Der Bundestag ist vom Bundespräsidenten nicht aufgelöst worden.
(4) Der Bundestag hat eine Gesetzesvorlage, die die Bundesregierung als dringlich bezeichnet hat, abgelehnt. Dem steht es gleich, wenn die Gesetzesvorlage in einer Fas-

[1275] BVerfGE 62, 1, 35; vgl. auch BVerfGE 114, 121 149 ff. (jeweils Bundestagsauflösung).
[1276] *Pieroth*, in: J/P, GG, Art. 81 Rn 1; *Sannwald*, in: Schmidt-Bleibtreu/Hofmann/Henneke, GG, Art. 81 Rn 1-4.
[1277] Vgl. *Pieroth*, in: J/P, GG, Art. 81 Rn 2.

sung angenommen wird, die die Bundesregierung als unannehmbar bezeichnet hat oder wenn sich der Bundestag nicht alsbald mit der Vorlage befasst (vgl. § 99 I GO BT) oder wenn mehrfach wegen Beschlussunfähigkeit ergebnislos abgestimmt worden ist (vgl. § 99 II GO BT).

(5) Die Bundesregierung (vgl. Art. 62 GG) hat mit Zustimmung des Bundesrats beim Bundespräsidenten einen Antrag auf Erklärung des Gesetzgebungsnotstands gestellt.

Liegen diese Voraussetzungen vor, *kann* (Ermessen!) der Bundespräsident für die betreffende Gesetzesvorlage den Gesetzgebungsnotstand erklären. Die Erklärung bedarf der Gegenzeichnung durch den Bundeskanzler.[1278]

561 Der Bundeskanzler kann die Vertrauensfrage auch **mit einer Gesetzesvorlage verbinden** (vgl. Art. 81 I S. 2 GG). Dies kommt insbesondere dann in Betracht, wenn eine Minderheitsregierung eine Gesetzesvorlage beim Bundestag einbringt, für die wahrscheinlich keine Mehrheit gefunden wird. Verbindet der Bundeskanzler die Gesetzesvorlage mit der Vertrauensfrage und lehnt der Bundestag die Gesetzesvorlage ab, ergeben sich dieselben Rechtsfolgen wie bei Rn 559 beschrieben: Der Bundespräsident kann auf Vorschlag des Bundeskanzlers binnen 21 Tagen den Bundestag auflösen. Löst er ihn auf, haben binnen 60 Tagen Neuwahlen stattzufinden (Art. 39 I S. 4 GG). Löst er ihn *nicht* auf, besteht die (Minderheits-)Regierung fort. Der Bundespräsident kann dann (auf Antrag der Bundesregierung mit Zustimmung des Bundesrats) wiederum den Gesetzgebungsnotstand erklären. Dazu müssen folgende Voraussetzungen vorliegen[1279]:

(1) Der Bundeskanzler hat die Vertrauensfrage mit einer Gesetzesvorlage verbunden.
(2) Der Bundeskanzler ist weiterhin im Amt.
(3) Der Bundestag ist vom Bundespräsidenten nicht aufgelöst worden.
(4) Der Bundestag hat die Gesetzesvorlage abgelehnt. Mit der Entscheidung des Bundestags über diese Gesetzesvorlage kann auch eine Entscheidung über die Vertrauensfrage einhergehen. Spricht der Bundestag dem Bundeskanzler das Misstrauen aus, verneint er also die Vertrauensfrage, ergeben sich die Rechtsfolgen aus Art. 68 GG: Der Bundespräsident kann den Bundestag auflösen.
(5) Die Bundesregierung hat mit Zustimmung des Bundesrats beim Bundespräsidenten einen Antrag auf Erklärung des Gesetzgebungsnotstands gestellt. Der Bundespräsident kann den Gesetzgebungsnotstand erklären. Die Erklärung bedarf der Gegenzeichnung durch den Bundeskanzler (s.o.).

562 Eine Vertrauensfrage ist **unzulässig**, wenn die erforderliche politische Instabilität nur vorgetäuscht, die Vertrauensfrage also nur deshalb gestellt wird, um eine Auflösung des Bundestags und damit vorzeitige Neuwahlen zu erreichen (sog. **unechte Vertrauensfrage**). Denn aus dem Regelungscharakter der Art. 63 IV S. 3 und Art. 68 GG ergibt sich, dass das Parlament **kein Selbstauflösungsrecht** hat.[1280] Besteht also eine Absprache unter den Fraktionsmitgliedern, die die Regierung stellen, und dem Bundeskanzler, dass dieser die Vertrauensfrage stellen solle und dann von der Mehrheit der Mitglieder des Bundestags das Misstrauen ausgesprochen bekommen werde, liegt eine Umgehung der Art. 67 und 68 GG vor. Daher wird als (ungeschriebene) Voraussetzung für die Vertrauensfrage des Bundeskanzlers gefordert, dass in *tatsächlicher Hinsicht kein Vertrauen der Bundestagsmitglieder in Person und Programm des Bundeskanzlers besteht*, ein *Weiterregieren des Bundeskanzlers also*

[1278] *Klein*, in: Bonner Kommentar, Art. 81 Rn 44; *Herzog*, in: Maunz/Dürig, GG, Art. 81 Rn 48; a.A.: *Pieroth*, in: J/P, GG, Art. 81 Rn 2: Gegenzeichnung durch den Bundeskanzler *oder* durch den zuständigen Bundesminister.
[1279] Auflistung nach *Pieroth*, in: J/P, GG, Art. 81 Rn 3.
[1280] BVerfGE 62, 1, 41; 114, 121, 147 ff. (jeweils Bundestagsauflösung).

politisch nicht mehr gewährleistet ist[1281] (sog. **materielle Auflösungslage**). Eine Überprüfung dieser Voraussetzung hat das BVerfG aber nur sehr zurückhaltend vorgenommen. Bei der Beurteilung des tatsächlichen Vertrauensverlustes in Arbeit und Person des Bundeskanzlers habe dieser einen **weiten Einschätzungsspielraum**.[1282] Daher könne das BVerfG lediglich überprüfen, ob der Bundeskanzler die Grenzen seines Einschätzungsspielraums eingehalten habe. Eine Überschreitung des Einschätzungsspielraums sei nur dann anzunehmen, wenn es an Anhaltspunkten dafür fehle, dass der Bundeskanzler für sein Regierungshandeln und seine politische Konzeption die parlamentarische Mehrheitsunterstützung verloren habe oder zu verlieren drohe. Nur dann könne er sich nicht erfolgreich auf seine Einschätzungsprärogative berufen. Die Annahme der Überschreitung des Einschätzungsspielraums müsse auf Tatsachen gestützt sein. Das sei der Fall, wenn eine andere Einschätzung der politischen Lage aufgrund von Tatsachen eindeutig vorzuziehen sei. Tatsachen, die auch andere Einschätzungen als die des Kanzlers zu stützen vermögen, seien nur dann geeignet, die Einschätzung des Bundeskanzlers zu widerlegen, wenn sie keinen anderen Schluss zuließen als den, dass die Einschätzung des Verlusts politischer Handlungsfähigkeit im Parlament falsch gewesen sei. Bei der am 1.7.2005 von Bundeskanzler Schröder gestellten Vertrauensfrage sei dies nicht zu erkennen gewesen. Daher sei auch die Anordnung des Bundespräsidenten vom 21.7.2005 über die Auflösung des 15. Deutschen Bundestags und über die Festsetzung der Wahl auf den 18.9.2005 nicht zu beanstanden.

Fraglich ist, ob **das Parlament den Bundeskanzler ersuchen darf**, dem Bundestag die Vertrauensfrage (Antrag gem. Art. 68 GG) zu stellen. Dagegen spricht die klare Regelung des Art. 67 GG, wonach der Bundestag dem Bundeskanzler das Misstrauen nur durch die Wahl eines neuen Bundeskanzlers aussprechen kann. Eine Bundestagsmehrheit, die diese Stellung des Bundeskanzlers missachtet, verletzt demnach die Regelung des Art. 67 GG. Folgt man dieser Auffassung, kann der Bundeskanzler ein solches Verhalten mit dem Organstreitverfahren vor dem BVerfG (Art. 93 I Nr. 1 GG, §§ 13 Nr. 5, 63 ff. BVerfGG) rügen und die Verfassungswidrigkeit eines solchen Antrags feststellen lassen.[1283] Die h.M. sieht in einem solchen Vertrauensfrageersuchen gegen den Bundeskanzler jedoch keinen Verstoß gegen die Verfassung, da das Vertrauensfrageersuchen nicht die gleichen Rechtsfolgen mit sich bringe wie der Antrag des Bundeskanzlers gem. Art. 68 I GG. Vielmehr sei das Vertrauensfrageersuchen als schlichter Parlamentsbeschluss ohne jegliche rechtliche Bindungswirkung zu werten und somit zulässig.[1284] 563

Ein **Beispielsfall zur Vertrauensfrage**[1285] kann unter verlagrs@t-online.de angefordert werden. Zur Frage, ob die Anordnung des Bundespräsidenten, nach einer gescheiterten Vertrauensfrage den Bundestag aufzulösen, der **Gegenzeichnung durch den Bundeskanzler** bedarf (vgl. Art. 58 GG), vgl. Rn 588. 563a

d. Rücktritt

Ausdrücklich sieht das Grundgesetz als Beendigungsgründe der Amtszeit des Bundeskanzlers vor dem Zusammentritt eines neuen Bundestags nach einer Bundestagswahl (Art. 39 I S. 2 GG i.V.m. Art. 69 II Halbs. 1 GG) lediglich das konstruktive Misstrau- 564

[1281] BVerfGE 62, 1, 36 ff.; 114, 121, 147 ff. (jeweils Bundestagsauflösung); *Pieroth*, in: J/P, GG, Art. 68 Rn 3; *Hermes*, in: Dreier, GG, Art. 68 Rn 10 ff.; *Oldiges/Brinktrine*, in: Sachs, GG, Art. 68 Rn 14 ff.; *Schenke*, in: Bonner Kommentar, Art. 68 Rn 62.
[1282] Vgl. BVerfGE 62, 1, 50 ff. (Bundestagsauflösung); enger die *abw.M.* BVerfGE 62, 1, 70 u. 108.
[1283] So *Brockmeyer*, in: Schmidt-Bleibtreu/Hofmann/Henneke, GG, Art. 67 Rn 10.
[1284] *Pieroth*, in: J/P, GG, Art. 67 Rn 3; *Hermes*, in: Dreier, GG, Art. 67 Rn 19 f.; *Schneider*, in: Alternativkommentar, Art. 67 Rn 8 ff.; differenzierend *Schenke*, in: Bonner Kommentar, Art. 68 Rn 47 ff.; *Herzog*, in: Maunz/Dürig, GG, Art. 67 Rn 39 ff.
[1285] Nach BVerfGE 114, 121, 147 ff. (Bundestagsauflösung aufgrund gescheiterter Vertrauensfrage des damaligen Bundeskanzlers Gerhard Schröder im Jahre 2005).

ensvotum (Art. 67 GG) und die gescheiterte Vertrauensfrage (Art. 68 GG) vor. Jedoch ist allgemein anerkannt, dass das Amt auch durch Rücktritt endet. Dem steht auch nicht das Grundgesetz entgegen, da es in Art. 69 II Halbs. 2 GG von „jeder anderen Erledigung des Amtes des Bundeskanzlers" spricht und damit die Beendigung der Amtszeit des Bundeskanzlers außerhalb des konstruktiven Misstrauensvotums und der Auflösung des Bundestags nach gescheiterter Vertrauensfrage nicht ausschließt. Zu beachten ist dabei, dass mit dem Rücktritt des Bundeskanzlers auch die Bundesminister ihr Amt verlieren (Art. 69 II Halbs. 2 GG). Von dem Rücktritt des Bundeskanzlers ist also die gesamte Bundesregierung betroffen.

564a Damit in diesem Fall die Bundesrepublik nicht ohne Bundesregierung dasteht, wird der Bundespräsident den bisherigen Kanzler und die bisherigen Minister ersuchen, die Geschäfte bis zur Ernennung des jeweiligen Nachfolgers weiterzuführen (Art. 69 III GG). Die bisherigen Amtsinhaber sind verpflichtet, dem Ersuchen nachzukommen (siehe Art. 69 III GG: „ist ... verpflichtet"). Der Bundeskanzler bleibt also geschäftsführend im Amt, bis ein neuer Kanzler vom Bundestag gewählt und vom Bundespräsidenten ernannt ist; die bisherigen Minister bleiben geschäftsführend im Amt, bis der Bundespräsident – auf Vorschlag des neuen Kanzlers – Nachfolger ernennt (Art. 64 GG). Zu den – eingeschränkten – Befugnissen eines geschäftsführenden Kanzlers oder Ministers vgl. bereits Rn 550.

564b Weniger eindeutig ist es, wenn sich der zurückgetretene Kanzler trotz Verpflichtung weigert, die Amtsgeschäfte geschäftsführend weiterzuführen. Anzumerken ist hierbei zunächst, dass der bisherige Vizekanzler, der ja gem. Art. 69 I GG zwingend ein Bundesminister ist bzw. war, nicht automatisch geschäftsführender Kanzler wird, da sein Amt mit dem Rücktritt des Kanzlers zwingend erlischt (Art. 69 II Halbs. 2 GG). Es stellt sich daher die Frage, ob der Bundespräsident den bisherigen Vizekanzler ersuchen darf, die Amtsgeschäfte eines Bundeskanzlers geschäftsführend zu führen. Art. 69 III GG steht dem wohl entgegen. Denn wenn es dort heißt, dass auf Ersuchen des Bundespräsidenten der Bundeskanzler bzw. ein Bundesminister verpflichtet ist, die Geschäfte bis zur Ernennung seines Nachfolgers weiterzuführen, ergibt sich aus diesem sprachlichen Kontext, dass mit „seines Nachfolgers" nur der jeweilige Amtsnachfolger gemeint sein kann. Der Bundespräsident kann also nicht auf der Grundlage des Art. 69 III GG den bisherigen Vizekanzler oder einen anderen bisherigen Minister mit den Aufgaben eines Bundeskanzlers betrauen. Erklärt also der Bundeskanzler den Rücktritt, ist er schlicht verpflichtet, auf Anordnung des Bundespräsidenten die Amtsgeschäfte geschäftsführend bis zur Wahl seines Nachfolgers fortzuführen.

e. Zusammenfassung

564c Insgesamt lassen sich folgende Möglichkeiten der **Beendigung der Amtsdauer der Bundesregierung oder eines Teils** von ihr aufzeigen[1286]:

- Das Amt des Bundeskanzlers oder eines Bundesministers endet spätestens mit dem **Zusammentritt eines neuen Bundestags**, Art. 69 II Halbs. 1, Art. 39 I S. 2 GG. In diesem Fall ist der bisherige Bundeskanzler verpflichtet, auf Ersuchen des Bundespräsidenten die Amtsgeschäfte bis zur Ernennung seines Nachfolgers weiterzuführen (Art. 69 III GG). Letzteres gilt auch für den Fall, dass sich der Bundestag nicht in der Lage sieht, mit absoluter Mehrheit einen Kanzler zu wählen, und der Bundespräsident daraufhin den Bundestag auflöst (Art. 63 IV S. 3 GG). Auch in diesem Fall ist der bisherige Bundeskanzler verpflichtet, auf Ersuchen des Bundespräsidenten die Amtsgeschäfte bis zur

[1286] In Anlehnung an *Degenhart*, Rn 752.

Ernennung seines (vom nächsten Bundestag zu wählenden) Nachfolgers weiterzuführen (Art. 69 III GG).

- Das Amt des Bundeskanzlers endet, indem ihm der Bundestag mit der Wahl eines neuen Bundeskanzlers das Misstrauen ausspricht, Art. 67 I GG (**konstruktives Misstrauensvotum**). Mit dem Bundeskanzler verlieren auch alle Bundesminister ihre Ämter, Art. 69 II Halbs. 2 GG.

- Das Amt des Bundeskanzlers oder eines Bundesministers endet auch durch **Rücktritt**. Zwar ist diese Möglichkeit im Grundgesetz nicht ausdrücklich genannt, sie ist aber als Möglichkeit der Beendigung der Amtszeit anerkannt, vgl. Art. 69 III GG.
  - ⇨ Zunächst kann der Bundeskanzler seinen Rücktritt erklären. In diesem Fall verlieren alle Bundesminister ihre Ämter, Art. 69 II Halbs. 2 GG.
  - ⇨ Auch das Amt eines Bundesministers endet durch dessen Rücktritt. Dieser kann jederzeit seine Entlassung verlangen (klargestellt in § 9 II BMinG). Der Bundeskanzler hat dann dem Bundespräsidenten die Entlassung vorzuschlagen, Art. 64 I GG.
  - ⇨ Schließlich kann die gesamte Bundesregierung (geschlossen) zurücktreten.

- Die Amtsdauer eines Bundesministers kann durch Entlassung enden, Art. 64 I GG.

- Schließlich endet das Amt des Bundeskanzlers mit der Auflösung des Bundestags nach gescheiterter Vertrauensfrage (Art. 68 I GG). Aber auch in diesem Fall ist der bisherige Bundeskanzler verpflichtet, auf Ersuchen des Bundespräsidenten die Amtsgeschäfte bis zur Ernennung seines Nachfolgers weiterzuführen (Art. 69 III GG). Ein geschäftsführender Bundeskanzler (oben, Punkt 1, sowie Rn 432) kann die Vertrauensfrage allerdings nicht stellen, da ihm der Bundestag, der ihn nicht gewählt hat, auch nicht das Vertrauen entziehen kann.

III. Kanzlerprinzip, Ressortprinzip, Kollegialprinzip

Das Grundgesetz hat dem Bundeskanzler eine besonders starke Stellung eingeräumt. **565**
Dieser bestimmt die Richtlinien der inneren und äußeren Politik und trägt dafür die Verantwortung, Art. 65 S. 1 u. 4 GG (sog. **Richtlinienkompetenz**, auch **Kanzlerprinzip** genannt). Innerhalb dieser Richtlinien leitet jeder Bundesminister seinen Geschäftsbereich selbstständig und unter eigener Verantwortung, Art. 65 S. 2 GG (sog. **Ressortprinzip**). Über Meinungsverschiedenheiten zwischen den Bundesministern entscheidet die Bundesregierung als Kollegial, Art. 65 S. 3 GG (sog. **Kabinettsprinzip** oder **Kollegialprinzip**).

1. Das Kanzlerprinzip (die Richtlinienkompetenz)

Ein in Prüfungsarbeiten häufig geprüftes Thema ist das Spannungsverhältnis zwischen **566**
dem Kanzlerprinzip (d.h. der Richtlinienkompetenz des Bundeskanzlers) und dem Ressortprinzip. Konkret geht es um die Frage, wieweit der Kanzler bestimmte Einzelfragen zur „Chefsache" erklären und den einzelnen Ressortministern konkrete Weisungen erteilen darf.

Beispiel: Weil das derzeitige Bildungssystem in der Bundesrepublik Deutschland nicht in der Lage ist, eine zur Sicherung des Wirtschaftsstandorts Deutschland erforderliche Zahl von Fachkräften auf dem Gebiet der Informationstechnologie (IT) zur Verfügung zu stellen, beschließt das Kabinett ein Programm zur Anwerbung ausländischer IT-Kräfte auf der Basis befristeter Aufenthalts- und Arbeitsgenehmigungen (sog. „Green-Card-Modell"). Die Durchführung dieses Programms wird dem Wirtschaftsminister unterstellt. Als dieser nun nach Auffassung des Bundeskanzlers das Programm unprofessionell abwickelt und auch Vorschlägen seitens des Kanzlers nicht zugänglich ist, beruft sich dieser auf seine Richtlinienkompetenz und verfügt die Einrichtung einer „Green-

Card-Abteilung" im Wirtschaftsministerium. Der Wirtschaftsminister sieht hierin einen unzulässigen Eingriff in seine Kompetenzen.

567 Ausgangspunkt ist die bereits mehrfach genannte Vorschrift des Art. 65 S. 1 GG, wonach der Bundeskanzler die Richtlinien der Politik bestimmt. Was unter „Richtlinien" zu verstehen ist, lässt sich nicht mit verbindlicher Sicherheit sagen. Jedenfalls geht es um die **grundlegenden politischen Leitentscheidungen im Bereich der Leitung des Staatsganzen**, die typischerweise als **Rahmenentscheidungen** gegenüber den Ministern ergehen.[1287] Freilich kann dies zu Spannungen im Verhältnis zu einzelnen oder mehreren Ministern führen. Verliert der Bundeskanzler die politische Mehrheit im Kabinett, bleibt zur Stärkung seiner Position oft nur die „Drohung" mit der **Vertrauensfrage** nach Art. 68 GG oder mit dem **Rücktritt**. Denn mit der Beendigung des Amtes verlieren auch alle Minister ihre Ämter, Art. 69 II Var. 2 GG.[1288]

Daneben ist fraglich, ob von dem Begriff der Richtlinie auch **Einzelentscheidungen (d.h. Weisungen bzw. Organisationsverfügungen)** umfasst sind. *Gegen* eine solche Annahme spricht der Wortlaut des Art. 65 S. 1 GG, der mit der Richtlinienkompetenz die drei fundamentalen Organisationsgrundsätze Kanzler-, Ressort- und Kollegialprinzip kombiniert. Die grammatikalische Auslegung der Begriffe „Richtlinien" und „Grundsätze" legt die Deutung nahe, damit seien nur die *allgemeinen* Richtlinien und Grundsätze i.S.v. programmatischen Direktiven politischen Handelns gemeint, nicht jedoch Einzelanweisungen. Insbesondere dem Begriff „Richtlinie" haftet das Attribut der Konkretisierungsbedürftigkeit an.[1289]

Demzufolge wäre die im **Beispiel** von Rn 566 genannte Weisung des Bundeskanzlers wegen Überschreitens der Richtlinienkompetenz rechtswidrig.

568 Einer solchen Auslegung widerspricht aber die funktionale Bedeutung der Richtlinienkompetenz als Instrument der Staatsleitung. Nach der Konzeption des Grundgesetzes ist ausschließlich dem Kanzler die Führung der Regierung übertragen. Nur er trägt die volle Verantwortung gegenüber dem Parlament und kann von diesem durch die Wahl eines neuen Kanzlers seines Amtes enthoben werden (konstruktives Misstrauensvotum, vgl. Art. 67 GG und oben). Wenn der Kanzler aber von Verfassungs wegen die Verantwortung für die gesamte Regierung übernehmen muss, dann muss die Verfassung ihm auch das Recht einräumen, die Regierungspolitik in einem Maße zu beeinflussen, welches es ihm erlaubt, dafür die Gesamtverantwortung zu tragen.[1290] Dies verlangt u.U. ein situationsbedingtes Handeln in Form einer Entscheidung in konkreten Einzelfragen. Der Eingriff in das Ressort des Fachministers verlangt aber zu seiner Rechtfertigung, dass die Einzelfallverfügung eine Frage **von besonderer Bedeutung für die Staatsleitung** betrifft.[1291] Bei der Frage, ob eine Einzelentscheidung eine besondere Bedeutung für die Staatsleitung hat, kommt dem Bundeskanzler ein weiter **Einschätzungs- bzw. Beurteilungsspielraum** zu.

Legt man diese Deutungsweise dem **Beispiel** von Rn 566 zugrunde, wird man kaum davon ausgehen können, dass die Inanspruchnahme der Richtlinienkompetenz in unzu-

---

[1287] *Schenke*, in: Bonner Kommentar, Art. 62 Rn 92 sowie Art. 65 Rn 20 ff.; *Pieroth*, in: J/P, GG, Art. 65 Rn 3; *Brockmeyer*, in: Schmidt-Bleibtreu/Hofmann/Henneke, GG, Art. 65 Rn 4a.
[1288] Vgl. *Schenke*, in: Bonner Kommentar, Art. 62 Rn 99.
[1289] Vgl. *Oldiges/Brinktrine*, in: Sachs, GG, Art. 65 Rn 14; *Kisker/Höfling*, 3. Aufl. 2001, S. 71; *Schneider*, in: AK, Art. 65 Rn 3.
[1290] *Kisker/Höfling*, 3. Aufl. 2001, S. 71; *Oldiges/Brinktrine*, in: Sachs, GG, Art. 65 Rn 14.
[1291] *Schenke*, in: Bonner Kommentar, Art. 65 Rn 29; *Pieroth*, in: J/P, GG, Art. 65 Rn 3; *Schneider*, in: AK, Art. 65 Rn 3; *Herzog*, in: Maunz/Dürig, GG, Art. 65 Rn 6 ff.; *Mager*, in: v. Münch/Kunig, GG, Art. 65 Rn 7; *Oldiges/Brinktrine*, in: Sachs, GG, Art. 65 Rn 14 ff.

lässiger Weise in das Ressort des Wirtschaftsministers eingreife. Insbesondere bei der Frage, ob die Errichtung einer „Green-Card-Abteilung" von besonderer Bedeutung für die Staatsleitung sei, könnte dem Bundeskanzler eine Überschreitung der ihm zustehenden Einschätzungsprärogative kaum unterstellt werden.

Die durch Art. 65 S. 1 GG gewährleistete Richtlinienkompetenz des Kanzlers findet ihre **Grenzen** aber nicht nur in der Wortbedeutung des Begriffs „Richtlinie", sondern auch in der Vorschrift des Art. 65 S. 2 GG, wonach jeder Minister innerhalb der Richtlinien seinen Geschäftsbereich selbstständig und unter eigener Verantwortung leitet (**Ressortprinzip**, s.o. und Rn 571). Zwar weist Art. 65 S. 2 GG den Ministern eigene Entscheidungsgewalt nur innerhalb der Richtlinien des Bundeskanzlers zu. Würde man aber auch Einzelentscheidungen stets als Richtlinien bezeichnen, bliebe von dem Ressortprinzip nichts übrig. Bei den Ministern würde es sich dann nur noch um reine „Vollzugsorgane" der Politik des Kanzlers handeln. Die Vorschrift des Art. 65 S. 2 GG würde praktisch leerlaufen.[1292] 569

Von daher stellt sich folgender Befund: Grundsätzlich beschränkt sich die Richtlinienkompetenz nicht auf die Vermittlung der Grundsätze der Politik. Sie umfasst also auch Einzelfallentscheidungen, sofern sie nur von besonderer Bedeutung für die Staatsleitung sind. Der Kanzler muss aber den einzelnen Ressortministern bei der Umsetzung seiner Richtlinien einen ausfüllungsbedürftigen Gestaltungsspielraum belassen. Man kann insoweit von einem unantastbaren **Kernbereich** sprechen.

Für das **Beispiel** von Rn 566 ergibt sich somit folgendes Ergebnis: Durch die Verfügung, eine „Green-Card-Abteilung" im Wirtschaftsministerium einzurichten, hat der Bundeskanzler derart in den Funktionsbereich des Wirtschaftsministers eingegriffen, dass von einer Wahrnehmung der Richtlinienkompetenz nicht mehr gesprochen werden kann. Dem Wirtschaftsminister verbleibt nicht mehr der ihm verfassungsrechtlich zugesicherte Verantwortungsbereich. Die Verfügung des Kanzlers ist rechtswidrig.

Hinweis für die Fallbearbeitung: Ob der Bundeskanzler durch eine Einzelanweisung in unzulässiger Weise in den Kompetenzbereich eines Bundesministers eingreift (oder ob umgekehrt ein Bundesminister durch eine ressortübergreifende Maßnahme die Richtlinienkompetenz des Bundeskanzlers verletzt), kann durch ein **Organstreitverfahren** vor dem BVerfG (Art. 93 I Nr. 1 GG, §§ 13 Nr. 5, 63 ff. BVerfGG) geklärt werden. Der Bundeskanzler ist parteifähig, da er durch das Grundgesetz mit eigenen Rechten ausgestattet ist. Gleiches gilt für die Bundesminister. Im Rahmen der Begründetheit muss der Klausurbearbeiter zunächst feststellen, dass unter „Richtlinien der Politik" jedenfalls grundlegende politische Leitentscheidungen, die als Rahmenentscheidungen ergehen, zu verstehen sind. Sodann muss er die Frage aufwerfen, ob auch eine Einzelentscheidung eine „Richtlinie der Politik" darstellen kann. Das ist grds. der Fall, wenn sie von besonderer Bedeutung für die Staatsleitung ist. Das garantiert Art. 65 S. 1 GG. Dem Bundesminister muss aber ein Rest an Gestaltungsspielraum verbleiben. Das garantiert Art. 65 S. 2 GG. Auch darf der Bundeskanzler seine Richtlinienkompetenz nicht dazu verwenden, Routineangelegenheiten des Fachministers an sich zu ziehen.

Auch gegenüber dem Parlament ist die Richtlinienkompetenz begrenzt. Die Richtlinienkompetenz kann lediglich innerhalb des Zuständigkeitsbereichs der Bundesregierung bestehen. Bestünde sie auch gegenüber dem Parlament, würde dies einen unzulässigen Eingriff in den Kernbereich der Legislative bedeuten, und mit dem Grundsatz der Gewaltenteilung unvereinbar sein. Umgekehrt kann das Parlament dem Bundeskanzler nicht verbindlich vorschreiben, wie er den Staat zu regieren hat. 570

[1292] *Oldiges/Brinktrine*, in: Sachs, GG, Art. 65 Rn 24; *Achterberg*, HdbStR II, § 52 Rn 20.

Anderenfalls bestünde auch hier ein Eingriff in den Kernbereich der Exekutive. Das Parlament kann aber unverbindliche Aufforderungen und Stellungnahmen abgeben (sog. schlichte Parlamentsbeschlüsse). Diese sind gerade wegen ihrer Unverbindlichkeit verfassungsrechtlich unbedenklich.

2. Das Ressortprinzip

571 Innerhalb der durch den Bundeskanzler erlassenen Richtlinien leitet jeder Bundesminister seinen Geschäftsbereich selbstständig und unter eigener Verantwortung, Art. 65 S. 2 GG (sog. **Ressortprinzip**). Im Rahmen dieser Ressortzuständigkeit haben die Bundesminister eine eigene Organisationsgewalt. Sie sind grundsätzlich keinen Weisungen des Bundeskanzlers oder der Bundesregierung unterworfen.

572 Die Grenzen der Ressortzuständigkeit ergeben sich aus der **Richtlinienkompetenz** des Bundeskanzlers (s.o.) und werden relevant, wenn ressortübergreifende Themen behandelt werden müssen. Werden also ressortübergreifende Themen wie etwa Themen mit allgemeiner wirtschaftlicher Bedeutung behandelt und entscheidet die Bundesregierung anders als der Fachminister, genießt die Entscheidung der Bundesregierung Vorrang. Der Fachminister ist an die Entscheidung gebunden.

573 Einigen Bundesministern werden durch das GG **Sonderrechte** zugewiesen. Das sind der Finanzminister (vgl. Art. 112 GG, § 28 II S. 2 BHO, § 26 I GO BReg), der Verteidigungsminister (Art. 65a GG) und der Innen- und Justizminister (vgl. § 26 II GO BReg). Aber auch hier bildet die Richtlinienkompetenz des Bundeskanzlers die Grenze.

3. Das Kollegialprinzip; Aufgaben der Bundesregierung

574 Bei Meinungsverschiedenheiten zwischen Bundesministern entscheidet gem. Art. 65 S. 3 u. S. 4 GG die Bundesregierung (sog. **Kollegialprinzip**). Das Kollegialprinzip ist einerseits beschränkt durch das Kanzlerprinzip, andererseits aber auch durch das Ressortprinzip. Die Streitentscheidungskompetenz der Bundesregierung findet daher nur in ressortübergreifenden Angelegenheiten Anwendung, die nicht von der Richtlinienkompetenz des Bundeskanzlers umfasst sind.[1293]

575 Derartige ressortübergreifende Angelegenheiten sind etwa die in § 15 I GO BReg genannten Angelegenheiten von allgemeiner innen- oder außenpolitischer, wirtschaftlicher, finanzieller, sozialer und kultureller Bedeutung. Zwar kann eine Geschäftsordnung nicht mit verbindlicher Wirkung den Kompetenzbereich der Bundesregierung als Kollegium festlegen und erst recht nicht die Richtlinienkompetenz des Bundeskanzlers beschreiben. Da die genannten Angelegenheiten aber in tatsächlicher Hinsicht ressortübergreifend sind, ist die Vorschrift des § 15 I GO BReg verfassungsrechtlich nicht zu beanstanden.[1294]

576 Dem Bundeskabinett als Kollegium kommt eine Reihe von im Grundgesetz genannten Kompetenzen zu. Dazu gehören (Auflistung nach *Ipsen*, Rn 469):

- Einbringung von **Gesetzentwürfen** beim Bundestag (Art. 76 I GG)
- Anrufung des **Vermittlungsausschusses** (Art. 77 II S. 4 GG)
- Erlass von **Verwaltungsvorschriften** und Wahrnehmung von **Aufsichtsbefugnissen** (Art. 84, 85 GG)
- Erlass von **Rechtsverordnungen** (Art. 80 GG)
- **Haushaltsrechtliche Beschlüsse** (Art. 110, 113, 114 GG)
- Entscheidung über den **Bundeszwang** (Art. 37 GG)
- **Öffentlichkeitsarbeit** (dazu oben Rn 84 ff. sowie *R. Schmidt*, AllgVerwR, Rn 893 ff.)
- Anrufung des **BVerfG** (Art. 93 I Nr. 2-4 GG)

[1293] *Pieroth*, in: J/P, GG, Art. 65 Rn 6.
[1294] Ebenso *Schenke*, Jura 1982, 337, 348; *Küster*, in: Hömig/Wolff, GG, Art. 65 Rn 5.

Die genannten Kompetenzen werden durch entsprechenden Beschluss der Bundesregierung ausgeübt. Die Bundesregierung ist **beschlussfähig**, wenn einschließlich des Vorsitzenden die Hälfte der Bundesminister anwesend ist (§ 24 I GO BReg). Die Bundesregierung fasst ihre Beschlüsse mit Stimmenmehrheit. Bei Stimmengleichheit entscheidet der Vorsitzende (§ 24 II GO BReg). 577

Beispiel: Der Bundestag beschließt die Verringerung der Eigenheimzulage um 25%. Die Bundesminister sind überwiegend der Auffassung, die Bundesregierung solle dem Gesetz zustimmen (vgl. Art. 113 I GG). Eine entsprechende Abstimmung im Kabinett fällt zugunsten des Gesetzes aus. Der Bundeskanzler ist jedoch der Auffassung, die gegenwärtig praktizierte Sparpolitik lasse eine Verringerung nur um 25% nicht zu, sie solle um 50% verringert und für kinderlose Bauherren sogar gestrichen werden. Er erklärt es zur Richtlinie seiner Politik, dass die Bundesregierung ihre Zustimmung zur Gesetzesänderung nach Art. 113 I GG verweigert. Zu Recht?

Der Bundeskanzler kann von den Bundesministern verlangen, dass diese dem Gesetz nicht zustimmen, wenn die Auffassung des Bundeskanzlers von der Richtlinienkompetenz umfasst ist. Die Richtlinienkompetenz findet ihre Grenze aber dort, wo Zuständigkeiten der Bundesregierung als Kollegium begründet werden. Dies ist bei dem Zustimmungserfordernis nach Art. 113 I GG der Fall. Nach Art. 113 I GG entscheidet die Bundesregierung als Kollegium. Diesbezügliche Entscheidungen ergehen auf Mehrheitsbeschluss. Lediglich bei Stimmengleichheit entscheidet der Bundeskanzler. Vorliegend entscheidet die Mehrheit der Bundesminister für die Senkung der Eigenheimzulage um 25%. Der Bundeskanzler hat also keine Möglichkeit, die Zustimmung zu dem Gesetz zu verhindern. Insbesondere kommt eine Weisung nicht in Betracht, da kein Fall der Richtlinienkompetenz angenommen werden kann. Dem Bundeskanzler bleibt es aber unbenommen, dissentierende Minister auszuwechseln, um zu gewährleisten, dass das Kabinett jederzeit in seinem Sinne abstimmt.

Beschlüsse der Bundesregierung als Kollegium ergehen in der Regel in gemeinschaftlicher Sitzung (§ 20 I GO BReg). Ist die mündliche Beratung einer Angelegenheit nicht erforderlich, soll der Staatssekretär des Bundeskanzleramtes die Zustimmung der Mitglieder der Bundesregierung auf schriftlichem Wege einholen (sog. **Umlaufverfahren**, § 20 II GO BReg). Verfassungswidrig ist allerdings ein solches Verfahren, in dem die Zustimmung eines Ministers als erteilt gilt, wenn dieser nicht innerhalb einer bestimmten Frist Widerspruch einlegt. In diesem Fall findet keine Zurechenbarkeit statt; es liegt kein Beschluss des Kollegiums *Bundesregierung* vor. Ausreichend ist nur eine tatsächliche Stimmabgabe.[1295] 578

Kabinettsbeschlüsse werden nicht veröffentlicht. Das birgt stets die Gefahr in sich, dass weder das Parlament noch die Öffentlichkeit stets und umfassend über die Arbeit der Regierung und von ihr einberufenen Gremien informiert werden. Aus Gründen der Rechtsstaatlichkeit und demokratischen Transparenz wird daher schon seit langem eine formelle Publikationspflicht der bei der Exekutive ressortierenden Beratungsgremien gefordert. 579

4. Rangverhältnis

Kommt es zu Kollisionen zwischen den drei o.g. Prinzipien, entscheidet die Rangordnung: Richtlinien der Politik des Bundeskanzlers haben Vorrang vor Kabinettsentscheidungen und Ressortentscheidungen. Das gilt auch bezüglich der Sonderrechte einiger Minister. Entscheidungen von Ministern, die mit Sonderrechten ausgestattet sind, haben Vorrang vor Kabinettsentscheidungen und Entscheidungen anderer Minister. Kabinettsentscheidungen haben Vorrang vor Fachministerentscheidungen.[1296] 580

[1295] BVerfGE 91, 148 ff. (Umlaufverfahren).
[1296] *Degenhart*, Rn 760.

E. Der Bundespräsident

Wichtige Entscheidungen: BVerfGE 61, 149 (Staatshaftungsgesetz); 62, 1 (Auflösung des 9. Deutschen Bundestags); 114, 121 (Auflösung des 15. Deutschen Bundestags); 128, 278 (Inkompatibilität); BVerwG NJOZ 2009, 3684 (Vertretung des Bundespräsidenten); BVerfG NVwZ 2014, 1149 (Bundesversammlung); BVerfG NJW 2014, 2563 (Bezeichnung der NPD-Mitglieder als „Spinner")

I. Stellung des Bundespräsidenten im Staatsgefüge

1. Repräsentations-, Integrations- und Reservefunktion

581 Weiteres oberstes Verfassungsorgan ist der Bundespräsident. Aufgrund der Erfahrungen, die man mit der starken Stellung des Reichspräsidenten in der Weimarer Republik gemacht hatte, wurde der Bundespräsident nur mit geringen verfassungsrechtlichen Kompetenzen ausgestattet. Er übt in erster Linie eine **Repräsentationsfunktion** aus: Als Staatsoberhaupt der Bundesrepublik Deutschland repräsentiert er die Bundesrepublik Deutschland; er vertritt sie nach innen und außen (Art. 59 I GG). Darüber hinaus übt er eine **Integrationsfunktion** aus: Insbesondere durch die „staatsnotarielle" Aufgabe, Bundesgesetze auszufertigen (Art. 82 GG), bereitet er ein Bild der Geschlossenheit, auch wenn das betreffende Gesetz zuvor Gegenstand breiter Auseinandersetzung war. Er „integriert" sozusagen die unterschiedlichen politischen Standpunkte. Zur Integrationsfunktion gehört auch das Bemühen um Streitbeilegung durch Aussprache. Schließlich übt der Bundespräsident eine **Reservefunktion** aus: Bei geminderter Handlungsfähigkeit anderer Verfassungsorgane übt er eine selbstständige politische Entscheidungsbefugnis aus mit dem Ziel, eine stabile Regierung zu wahren bzw. wiederherzustellen. Das ist insbesondere die Befugnis zur Bundestagsauflösung nach Art. 68 I S. 1, 63 IV S. 3 GG (vgl. dazu Rn 588). Auch die Erklärung des Gesetzgebungsnotstands nach Art. 81 GG gehört hierher.[1297] Einfluss auf die politische Willensbildung der Staatsleitung darf er hingegen nicht ausüben. Der Bundespräsident ist daher zur parteipolitischen Neutralität verpflichtet.[1298]

2. Aufgaben und Befugnisse des Bundespräsidenten

582 Die Aufgaben und Befugnisse des Bundespräsidenten ergeben sich zunächst unmittelbar aus dem Grundgesetz:

- Vorschlag des Kanzlerkandidaten und Ernennung der gewählten Person zum Bundeskanzler, Art. 63 GG
- Ernennung und Entlassung der Bundesminister, Art. 64 I GG
- Ernennung und Entlassung der Bundesbeamten und Bundesrichter, soweit diese Aufgabe nicht durch Gesetz anderen Behörden zugeordnet ist, Art. 60 I u. III GG
- Entlassung des Bundeskanzlers bei erfolgreichem konstruktivem Misstrauensvotum, Art. 67 GG
- Auflösung des Bundestags bei Ablehnung der Vertrauensfrage, Art. 68 I GG
- Erklärung des Gesetzgebungsnotstands, Art. 81 GG
- Völkerrechtliche Vertretung des Bundes, Art. 59 GG
- Ausfertigung der Bundesgesetze, Art. 82 GG
- Ausübung des Begnadigungsrechts für den Bund, Art. 60 II GG

[1297] Zu den Funktionen vgl. auch BVerfG NJW 2014, 2563, 2564 f. (Bezeichnung der NPD-Mitglieder als „Spinner").
[1298] Vgl. BVerfG a.a.O., das sich später bei der Subsumtion dann aber großzügiger zeigt, indem es dem Bundespräsidenten einen (verfassungsgerichtlich nicht weiter überprüfbaren) Einschätzungsspielraum einräumt bei der Frage, wie er seine Amtsführung gestaltet und seine Integrationsfunktion wahrnimmt. Die Grenze sei lediglich bei evidenter Vernachlässigung seiner Integrationsfunktion und willkürlicher Parteiergreifung überschritten.

Darüber hinaus nimmt der Bundespräsident in seiner Funktion als Staatsoberhaupt bestimmte Repräsentationsaufgaben wahr wie z.B. die Eröffnung von Veranstaltungen oder Einrichtungen oder er hält Ansprachen aus besonderem Anlass. Auch die Übernahme einer „Schirmherrschaft" über bestimmte unterstützungswürdige Veranstaltungen, Einrichtungen oder Stiftungen wird nicht selten vom Bundespräsidenten übernommen. **583**

Regelmäßig verleiht der Bundespräsident auch Auszeichnungen und legt Staatssymbole fest, soweit dadurch nicht verfassungsrechtliche Kompetenzen anderer Staatsorgane beeinträchtigt werden. Auch die Festlegung der Nationalhymne gehört zu den Aufgaben und Befugnissen des Bundespräsidenten. Ein Parlamentsvorbehalt, der die Festlegung in die Verantwortung des Bundestags legen würde, besteht insoweit nicht.[1299] **584**

3. Gegenzeichnungspflicht

Den Ausschluss des Bundespräsidenten von der Staatsleitung verdeutlicht Art. 58 GG. **585** Danach bedürfen Anordnungen und Verfügungen des Bundespräsidenten der Gegenzeichnung durch den Bundeskanzler oder durch den zuständigen Bundesminister. Die Gegenzeichnung will eine eigenständige Politik des Bundespräsidenten verhindern. Zugleich will sie den Bundespräsidenten von politischer Verantwortung freistellen, die durch die Gegenzeichnung auf den Bundeskanzler oder den zuständigen Minister übergeht.[1300] Fehlt die Gegenzeichnung, ist der Akt nichtig (vgl. Art. 58 GG: „zu ihrer Gültigkeit").

Fraglich ist, was unter „Anordnungen und Verfügungen" zu verstehen ist. Einigkeit **586** besteht noch darüber, dass jedenfalls alle **rechtlich verbindlichen Akte** des Bundespräsidenten, auch im Bereich der völkerrechtlichen Vertretungsbefugnis, der Gegenzeichnung bedürfen.[1301] Nach einer weitergehenden Ansicht sind aber auch alle anderen **amtlichen und politisch bedeutsamen Handlungen und Erklärungen** des Bundespräsidenten (bis auf rein private Äußerungen) sowie der Rücktritt des Bundespräsidenten gegenzeichnungspflichtig.[1302]

Stellungnahme: Folgt man der weitergehenden Ansicht, wären auch Reden, Interviews, **587** Stellungnahmen und Empfänge gegenzeichnungspflichtig. Wenn man bedenkt, dass der Bundespräsident dort kraft seiner Stellung als Staatsoberhaupt politisch bedeutsame Äußerungen tätigen kann, greift der Normzweck des Art. 58 GG ein, sodass man auch hier von einer Gegenzeichnungspflicht ausgehen müsste. Andererseits ist der Bundespräsident ein eigenständiges oberstes Verfassungsorgan und nicht das Sprachrohr der Regierung, der gerade in Zeiten, in denen die Bundesregierung nicht handeln kann oder will und daher auch keine politische Verantwortung zu übernehmen vermag, die politische Handlungsfreiheit haben muss, Anstöße zu bestimmter Politik zu geben. Es scheint daher angebracht, die Gegenzeichnungspflicht auf alle rechtlich verbindlichen Akte zu beschränken und den Bereich der sonstigen amtlichen und politisch bedeutsamen Handlungen und Erklärungen (einschließlich der Rücktrittserklärung, vgl. Rn 613k) von der Gegenzeichnungspflicht auszuklammern.

1299 Vgl. dazu *Herzog*, in: Maunz/Dürig, GG, Art. 22 Rn 32; *Pieroth*, in: J/P, GG, Art. 54 Rn 2; *Klein*, HdbStR I, 733, 740; *Münker*, JuS 2001, 727, 728.

1300 *Stern*, StaatsR II, § 30 II 7b, S. 212 f.

1301 *Pieroth*, in: J/P, GG, Art. 58 Rn 2; *Schenke*, in: Bonner Kommentar, Art. 58 Rn 42 ff.; *Domgörgen*, in: Hömig/Wolff, GG, Art. 58 Rn 2; *Ipsen*, Rn 521 f.

1302 *Stern*, StaatsR II, § 30 II 7b, S. 213 f.; *Maunz*, in: Maunz/Dürig, GG, Art. 68 Rn 2; *Hemmrich*, in: v. Münch/Kunig, GG, Art. 58 Rn 4; *Degenhart*, Rn 776; a.A. *Ipsen*, Rn 524; *Pieroth*, in: J/P, GG, Art. 58 Rn 2; *Jekewitz*, in: Alternativkommentar, Art. 58 Rn 5 f.; *Schenke*, in: Bonner Kommentar, Art. 58 Rn 42 ff.; *Herzog*, in: Maunz/Dürig, GG, Art. 58 Rn 48 ff.: lediglich rechtlich verbindliche Akte und nach außen wirkende schriftförmige Entscheidungen.

Hinweis für die Fallbearbeitung: In der Fallbearbeitung sieht sich der Bearbeiter i.d.R. mit der Situation konfrontiert, dass der Bundespräsident eine politisch relevante Rede halten, ein Interview geben möchte oder seinen Rücktritt erklärt. Bei der Frage, ob der fragliche Akt der vorherigen Gegenzeichnung durch den Bundeskanzler (oder den zuständigen Bundesminister) bedarf, ist zunächst festzustellen, dass zumindest alle rechtlich verbindlichen Akte der Gegenzeichnung bedürfen. Da sich jedenfalls die Rede bzw. das Interview regelmäßig außerhalb dieses Bereichs bewegen werden, somit allenfalls eine sonstige amtliche und politisch bedeutsame Handlung oder Erklärungen darstellen, muss nun der Frage nachgegangen werden, ob es auch hier der Gegenzeichnung bedarf. Dazu sind die o.g. Argumente heranzuziehen. Es sind beide Auffassungen gleichermaßen vertretbar. Auch wenn man sich der weitergehenden Ansicht nicht anschließt, kann die Verfassungsorgantreue des Bundespräsidenten gleichermaßen dazu führen, dass bestimmte politisch relevante Themen nicht konträr zur Auffassung der Bundesregierung kommentiert werden dürfen. Beim Rücktritt handelt es sich nicht um einen Amtsakt, sondern um eine individuelle Willenserklärung, die keine Gegenzeichnungspflicht auslöst, da sie außerhalb des Normzwecks des Art. 58 S. 1 GG liegt.

588 Der Gegenzeichnung bedarf es jedenfalls nicht in den in Art. 58 S. 2 GG genannten Ausnahmefällen, d.h. bei der Ernennung und Entlassung des Bundeskanzlers, der Auflösung des Bundestags gem. Art. 63 GG und dem Ersuchen gem. Art. 69 III GG. Darüber hinaus ist anerkannt, dass der Bundespräsident gegenzeichnungsfrei dem Parlament einen Bundeskanzler vorschlagen (Art. 63 I GG) oder aber selbstständig ein Organstreitverfahren gem. Art. 93 I Nr. 1 GG (vgl. dazu ausführlich Rn 618 ff.) gegen die Bundesregierung einleiten kann. Es wäre absurd, die Erhebung eines solchen Verfahrens von der Zustimmung des Antragsgegners abhängig zu machen. Fraglich ist hingegen, ob eine nach Art. 68 I S. 1 GG mögliche Bundestagsauflösung durch den Bundespräsidenten der Gegenzeichnung durch den Bundeskanzler bedarf. Das BVerfG[1303] bejaht diese Frage, jedoch ohne jede Begründung. Ob dieser Standpunkt überzeugt, ist angesichts der Zwecksetzung des Art. 68 GG zweifelhaft.

Beispiel (fiktiv): Nach einer gescheiterten Vertrauensfrage des Bundeskanzlers (vgl. dazu ausführlich Rn 559 ff.) ordnet der Bundespräsident die Auflösung des Bundestags an. Da der Bundeskanzler mittlerweile eingesehen hat, dass die Vertrauensfrage unklug war, verweigert er die Gegenzeichnung der Auflösungsverfügung. Hat er damit die Bundestagsauflösung gestoppt?

Gemäß Art. 58 S. 1 GG bedürfen Anordnungen und Verfügungen des Bundespräsidenten zu ihrer Gültigkeit der Gegenzeichnung durch den Bundeskanzler oder den zuständigen Bundesminister. Die Bundestagsauflösung ist eine Anordnung bzw. Verfügung i.S.d. Art. 58 S. 1 GG. Die in Art. 58 S. 2 GG genannten Ausnahmefälle beziehen sich nicht auf die Bundestagsauflösung nach Art. 68 I S. 3 GG. Die Gültigkeit der Bundestagsauflösung nach der gescheiterten Vertrauensfrage könnte somit in der Tat von der Gegenzeichnung durch den Bundeskanzler abhängig sein. Wenn man jedoch berücksichtigt, dass Art. 68 GG Ausdruck der Reservefunktion des Bundespräsidenten ist, der aufgrund der gescheiterten Vertrauensfrage und der damit herbeigeführten (Staats-) Krise einen Ausweg aufzeichnen soll, überzeugt die vom BVerfG geforderte Gegenzeichnungspflicht nicht. Art. 68 GG überträgt für den Fall der gescheiterten Vertrauensfrage allein dem Bundespräsidenten die Verantwortung für die Bundestagsauflösung. Eine Gegenzeichnungspflicht (besser: -berechtigung) würde dem Bundeskanzler die Möglichkeit einräumen, eine Bundestagsauflösung zu verhindern, obwohl er diese bei der vorangegangenen Vertrauensfrage gerade herbeiführen wollte oder zumindest mit ihr rechnen musste. Dies wäre rechtsmissbräuchlich und würde im Übrigen der ge-

---

1303 BVerfGE 62, 1, 34 f. (Bundestagsauflösung).

nannten Verantwortungsverteilung zwischen Bundeskanzler und Bundespräsident zuwiderlaufen.[1304]

Nach der hier vertretenen Auffassung bedarf die Verfügung des Bundespräsidenten bzgl. der Bundestagsauflösung daher nicht der Gegenzeichnung durch den Bundeskanzler.

II. Wahl des Bundespräsidenten

Nach Art. 54 I S. 1 GG wird der Bundespräsident in geheimer Wahl ohne Aussprache von der **Bundesversammlung** gewählt. Das Verbot der Aussprache ist Ausdruck der besonderen Würde des Amtes des (künftigen) Bundespräsidenten und soll womöglich gefährdende Personaldiskussionen verhindern.[1305] 589

Die Bundesversammlung ist ein oberstes Verfassungsorgan und parteifähig im Organstreitverfahren (Rn 429/621); sie besteht gem. Art. 54 III GG aus den Mitgliedern des Bundestags und einer gleichen Anzahl von Mitgliedern, die von den Volksvertretungen der Länder (also den Landesparlamenten) nach den Grundsätzen der Verhältniswahl gewählt werden. Die Mitglieder der Bundesversammlung sind an Aufträge und Weisungen nicht gebunden (§ 7 S. 3 BPräsWahlG). Die Aufgabe der Bundesversammlung besteht in der Wahl des Bundespräsidenten (Art. 54 I S. 1 GG); darüber hinausgehende Aufgaben kommen ihr nicht zu[1306]. Ihr steht auch nicht die Befugnis zu, den oder die Kandidaten zu laden und aufzufordern, sich vorzustellen. Nähme man Gegenteiliges an, verstieße dies gegen Art. 54 I S. 1 GG („ohne Aussprache", s.o.).[1307] Da sich die Befugnis damit also auf den reinen Wahlakt beschränkt, tritt die Bundesversammlung auch nur zwecks Wahl des Bundespräsidenten zusammen (Art. 54 II S. 1 GG), i.d.R. also alle 5 Jahre. Bei vorzeitiger Beendigung der Amtszeit des Bundespräsidenten (etwa durch Rücktritt, Tod oder erfolgreiche Anklage vor dem BVerfG) tritt die Bundesversammlung spätestens dreißig Tage nach diesem Zeitpunkt zur Wahl eines neuen Bundespräsidenten zusammen (Art. 54 IV S. 1 GG). Das war z.B. Anfang 2012 der Fall, nachdem der bis dato amtierende Bundespräsident Christian Wulff am 17.2.2012 mit sofortiger Wirkung zurückgetreten war. Hier musste die Bundesversammlung also spätestens bis zum 18.3.2012 zusammentreten. Aufgelöst wird die Bundesversammlung mit Annahme der Wahl durch den Gewählten (§ 9 V BPräsWahlG). 589a

Da der am 27.9.2009 gewählte 17. Bundestag im Juni 2010 aus 622 Mitgliedern bestand (598 gesetzliche Mitglieder zzgl. 24 Überhangmandate), umfasste die 14. Bundesversammlung v. 30.6.2010 insgesamt 1244 Mitglieder [(598 + 24 Überhangmandate) x 2)]. Die 15. Bundesversammlung v. 18.3.2012 (Wahl von Joachim Gauck zum Bundespräsidenten) bestand aus 1240 Mitgliedern [(598 + 22 Überhangmandate) x 2)]. Und die 16. Bundesversammlung v. 12.2.2017 (Wahl von Frank-Walter Steinmeier zum Bundespräsidenten) bestand aus 1260 Mitgliedern [(598 + 32 Überhang- und Ausgleichsmandate) x 2)]. 589b

Da aufgrund der zunehmenden Diversifizierung des Wählerverhaltens (auch) in Bezug auf die Bundestagswahl bereits bei der Bundestagswahl am 24.9.2017 mit einer erhöhten Zahl von Überhang- und Ausgleichsmandaten zu rechnen war, damit das o.g. Zweitstimmenverhältnis i.S.d. § 6 V BWahlG gewahrt bleibt (siehe dazu Rn 135), konnte auf der Basis des geltenden Bundestagswahlrechts von 2013 davon ausgegangen werden, dass der 19. Bundestag eine wesentlich höhere Mitgliederzahl umfassen würde, was sich denn auch bestätigt hat. Die Zahl der Überhang- und Ausgleichsmandate beträgt gegenwärtig 111, was zu

---

[1304] Vgl. *Thiele*, JA 2005, 871, 872.
[1305] *Pieroth*, in: J/P, GG, Art. 55 Rn 4. Vgl. auch BVerfG NVwZ 2014, 1149, 1150 f.
[1306] Vgl. BVerfG NVwZ 2014, 1149, 1150 f.
[1307] Vgl. BVerfG NVwZ 2014, 1149, 1151.

einer Gesamtmitgliederzahl von 709 führt. Daher werden Modelle diskutiert werden müssen, die Zahl der Mitglieder des Bundestags auf ein bestimmtes Maß zu begrenzen. Hier bleibt die weitere Entwicklung abzuwarten.

Die von den Landesparlamenten zu wählenden Mitglieder der Bundesversammlung müssen nicht Mitglieder der Landesparlamente sein. Sie müssen lediglich das passive Wahlrecht zum Bundestag besitzen (§ 3 BPräsWahlG). Allerdings dürfen sie nicht Mitglieder des Bundestags sein, da ihre Stimme bei der Bundespräsidentenwahl sonst doppeltes Gewicht hätte. Nach § 4 I S. 1 BPräsWahlG wählt der jeweilige Landtag die auf das Land entfallenden Mitglieder nach Vorschlagslisten. Wer diese Listen einreichen darf, ist gesetzlich nicht geregelt. Da aber mit den Vorschlagslisten eine personelle Auswahl bzgl. der zu wählenden Mitglieder getroffen wird, ist klar, dass diesen Vorschlagslisten eine entscheidende Bedeutung zukommt. Daher darf die Frage, wer Vorschlagslisten einreichen darf, nicht dem Zufall oder der Willkür überlassen bleiben. Gerade wegen dieser Bedeutung dürfte das Vorschlagsrecht daher dem Landtag bzw. dessen Fraktionen zustehen, nicht aber Außenstehenden.[1308]

In der Praxis werden bei der Frage, wen die Landesparlamente in die Bundesversammlung entsenden, oft verdiente Parteigänger aus der Wirtschaft, der Sportwelt oder dem Showgeschäft „belohnt". Diese werden bereits vor der Einreichung der Vorschlagslisten nominiert, was nach Auffassung des BVerfG verfassungsrechtlich nicht zu beanstanden ist[1309], gleichwohl nach der hier vertretenen Auffassung einem modernen Demokratieverständnis nicht entspricht. Vorzugswürdig wäre eine Abbildung aller Bevölkerungsgruppen und sozialen Schichten in der Bundesversammlung, geht es doch um die Wahl eines Repräsentanten „aller" Deutschen und nicht nur der „Prominenten". Der Umstand, dass es ein imperatives Mandat nicht gibt, schafft nur bedingt Abhilfe, zumal infolge der Parteizugehörigkeit bzw. -verbundenheit ein abweichendes Wahlverhalten in der Praxis ohnehin die Ausnahme sein dürfte.

590 Die Bundesversammlung wird vom Bundestagspräsidenten einberufen (Art. 54 IV S. 2 GG). Art. 54 VI GG sieht maximal drei Wahlgänge vor. Gewählt ist, wer die Stimmen der Mehrheit der Mitglieder der Bundesversammlung erhält. Wird diese (absolute) Mehrheit in zwei Wahlgängen von keinem Bewerber erreicht, findet ein dritter Wahlgang statt, bei dem derjenige gewählt ist, der die meisten Stimmen auf sich vereinigt (sog. relative Mehrheit). Näheres regelt gem. Art. 54 VII GG das BPräsWahlG.

590a Zum Bundespräsidenten gewählt werden kann jeder Deutsche, der das aktive und passive Wahlrecht zum Bundestag (Art. 38 GG i.V.m. §§ 12 f. BWahlG) besitzt und das 40. Lebensjahr vollendet hat, Art. 54 I S. 2 GG. Die Amtsdauer des Bundespräsidenten beträgt 5 Jahre, Art. 54 II S. 1 GG. Damit soll vermieden werden, dass die Wahl des Bundestags mit der Wahl des Bundespräsidenten zusammenfällt. Eine anschließende Wiederwahl ist gem. Art. 54 II S. 2 GG nur einmal zulässig. Das könnte bedeuten, dass eine bestimmte Person insgesamt nur zweimal gewählt werden kann.[1310] Nach h.M. steht die Vorschrift des Art. 54 II S. 2 GG jedoch einer erneuten Wiederwahl nicht entgegen, wenn zwischenzeitlich ein anderer Bundespräsident amtiert hat. Das folgt aus der Formulierung „anschließend". Anderenfalls hätte das Grundgesetz von „späterer" Wiederwahl sprechen müssen.

Beispiel: Der ehemalige Bundespräsident Richard von Weizsäcker amtierte von 1985 bis 1995, also zweimal hintereinander. Er konnte demnach gem. Art. 54 II S. 2 GG im Jahre 1995 nicht mehr kandidieren. 1995 wurde Roman Herzog zum Bundespräsiden-

---

[1308] VG Weimar 20.4.2009 – 3 E 499/09; VG Stuttgart 24.4.2009 – 8 K 1318/08.
[1309] BVerfG NVwZ 2009, 908 f.
[1310] So *Jekewitz*, in: Alternativkommentar, Art. 54 Rn 8.

ten gewählt. Nach der h.M. hätte Richard von Weizsäcker im Jahre 2000 nochmals kandidieren dürfen.

Ob die Möglichkeit der nur einmaligen Wiederwahl der ursprünglichen Idee, einer Machtkonzentration des Staatsoberhaupts zu begegnen, mit Blick auf die ohnehin nur begrenzten Befugnisse des Bundespräsidenten tatsächlich noch gerecht wird, mag dahinstehen. Wenn man aber schon eine einmalige Wiederwahl favorisiert, dann wäre sie eher bei der Kanzlerwahl angezeigt. Davon unbeschadet ist Näheres zur Wahl des Bundespräsidenten §§ 8-11 BPräsWahlG zu entnehmen.

III. „Prüfungskompetenz" des Bundespräsidenten bei der Ausfertigung von Gesetzen

Gemäß Art. 82 I GG werden die nach den Vorschriften des Grundgesetzes zustande gekommenen Gesetze vom Bundespräsidenten nach Gegenzeichnung ausgefertigt. Fraglich ist, ob dem Bundespräsidenten ein „**Prüfungsrecht**" bzw. eine „**Prüfungskompetenz**"[1311] hinsichtlich der **formellen** und **materiellen Verfassungsmäßigkeit** der **vorgelegten Gesetzesbeschlüsse** zustehen. 591

Hinweis für die Fallbearbeitung: Die Frage nach dem Prüfungsrecht des Bundespräsidenten sowohl hinsichtlich der **Ausfertigung von Gesetzen** gem. Art. 82 I S. 1 GG als auch hinsichtlich der **Ernennung von Bundesministern** nach Art. 64 I GG muss sicher beherrscht werden. In beiden Konstellationen geben die Sachverhalte häufig Anlass zu einer weiteren Differenzierung. Bei der vorliegend zu behandelnden Frage nach dem Prüfungsrecht hinsichtlich der Ausfertigung von Bundesgesetzen ist terminologisch häufig zwischen dem Bestehen eines Prüfungsrechts des Bundespräsidenten in formeller und materieller Hinsicht zu unterscheiden, sowie bei der bei Rn 604 behandelten Frage nach der Ministerernennung zwischen einem rechtlichen und einem politischen Prüfungsrecht.

1. Prüfungsrecht in Bezug auf die formelle Verfassungsmäßigkeit

Soweit ersichtlich, ist es wohl unstreitig, dass dem Bundespräsidenten ein Prüfungsrecht zumindest hinsichtlich der formellen Seite der vorgelegten Gesetzesbeschlüsse zusteht.[1312] Das ergibt sich zwanglos aus dem Wortlaut des Art. 82 I GG, wonach nur solche Gesetze vom Bundespräsidenten ausgefertigt werden, die *nach den Vorschriften dieses Grundgesetzes* zustande gekommen sind. Gesetze, die unter Missachtung von Zuständigkeits-, Verfahrens- oder Formvorschriften beschlossen wurden, sind eben nicht nach den Vorschriften des Grundgesetzes zustande gekommen. 592

Beispiel: Mit Grundgesetzänderung v. 13.7.2017 (BGBl I 2017, S. 2347) ist die bundeseigene Verwaltung erweitert worden. So wird gem. Art. 90 II S. 1 GG die Verwaltung der Bundesautobahnen nunmehr in Bundesverwaltung geführt. In Ausfüllung dieser Kompetenzregelung hat der Bund am 14.8.2017 ein „Gesetz zur Errichtung eines Fernstraßen-Bundesamts" (FStrBAG) erlassen (BGBl I 2017, S. 3122). Gemäß § 1 I FStrBAG wird das Fernstraßen-Bundesamt als Bundesoberbehörde im Geschäftsbereich des Bundesministeriums für Verkehr und digitale Infrastruktur seine Tätigkeit zum 1.1.

[1311] Die Bezeichnungen „Prüfungsrecht" bzw. „Prüfungskompetenz" sind zwar üblich, an sich juristisch aber nicht korrekt, weil nur die Frage gemeint sein kann, ob der Bundespräsident das Recht hat, seine Zustimmung zu dem fraglichen Staatsakt (d.h. Ausfertigung des Gesetzes bzw. Ernennung eines Ministers) zu verweigern. Es geht in der Sache also um ein Zustimmungsverweigerungsrecht bzw. um ein Ausfertigungsverweigerungsrecht, was freilich eine Prüfung voraussetzt. Da sich der Terminus „Prüfungsrecht des Bundespräsidenten" aber im allgemeinen juristischen Sprachgebrauch durchgesetzt hat, soll er auch der folgenden Darstellung zugrunde gelegt werden.

[1312] *Maunz*, in: Maunz/Dürig, GG, Art. 82 Rn 2; *Bryde*, in: v. Münch/Kunig, GG, Art. 82 Rn 3; *Degenhart*, Rn 784; *Ipsen*, Rn 498; *Stern*, StaatsR II, § 30 III 4, S. 233 f.; *Pieroth*, in: J/P, GG, Art. 82 Rn 3; *Sauer*, JuS 2007, 641, 642 f.; *Stumpf*, JuS 2010, 35, 39; *Keber*, JA 2012, 917, 919.

2021 aufnehmen und – insoweit in Übereinstimmung mit Art. 90 II S. 2 GG, wonach sich der Bund zur Erledigung seiner Aufgaben einer Gesellschaft privaten Rechts bedienen kann – gem. § 2 FStrBAG u.a. eine Fachaufsicht über die „Infrastrukturgesellschaft" ausüben. Das ist insoweit rechtlich nicht zu beanstanden. Mit Blick auf den eindeutigen Wortlaut des Art. 90 II S. 1 GG problematisch ist aber die Regelung in § 3 III S. 1 FStrBAG. Diese Regelung sieht vor, dass – nach Antrag des Landes beim Fernstraßen-Bundesamt – eine nach Landesrecht zuständige Behörde Anhörungs- und Planfeststellungsbehörde bzw. Plangenehmigungsbehörde ist, obwohl Art. 90 II S. 1 GG eindeutig von Bundesverwaltung spricht. Zu Recht wird diese Regelung daher wegen Verstoßes gegen Art. 90 II S. 1 GG, der ausdrücklich keine Länderöffnungsklausel enthält, für verfassungswidrig erachtet.[1313] Richtigerweise wird auch betont, dass die Regelung in Art. 90 II S. 1 GG nicht zur Disposition des einfachen Bundesgesetzgebers stehe.[1314] Mit Blick auf die Bindung an die Verfassung (vgl. insb. Art. 20 III GG) war die Ausfertigung verfassungswidrig. Die Unvereinbarkeit des § 3 III S. 1 FStrBAG mit Art. 90 II S. 1 GG ist angesichts von dessen eindeutigem Wortlaut sogar so evident, dass sich die Frage stellt, warum der Bundespräsident das Gesetz gleichwohl ausfertigte.

593 **Hinweis für die Fallbearbeitung:** Da sich das Prüfungsrecht des Bundespräsidenten hinsichtlich der formellen Seite eines vorgelegten Gesetzesbeschlusses im Vergleich zum Prüfungsrecht hinsichtlich der materiellen Seite nach der ganz h.M. zwanglos aus Art. 82 GG ergibt, sieht sich der Klausurbearbeiter eher mit der Frage konfrontiert, ob dem Bundespräsidenten (auch) ein Prüfungsrecht hinsichtlich der materiellen Seite zusteht. Jedenfalls sind Erörterungen zum Prüfungsrecht hinsichtlich der formellen Seite eines vorgelegten Gesetzesbeschlusses entbehrlich, wenn der Bundespräsident sich ausschließlich wegen angeblichen Verstoßes gegen materielles Verfassungsrecht weigert, das Gesetz auszufertigen. Umgekehrt sind Ausführungen zum Prüfungsrecht hinsichtlich der materiellen Seite entbehrlich (und daher auch verfehlt), wenn es ausschließlich um das Prüfungsrecht hinsichtlich der formellen Seite eines vorgelegten Gesetzesbeschlusses geht.[1315]

2. Prüfungsrecht in Bezug auf die materielle Verfassungsmäßigkeit

594 Anders stellt sich die Rechtslage dar, wenn es um die Prüfung der materiellen Rechtmäßigkeit des fraglichen Gesetzes geht. Der Bundespräsident darf die Ausfertigung von Gesetzen aus *materiellen* Gründen nur dann verweigern, wenn ihm ein diesbezügliches Prüfungsrecht zusteht. Darüber, ob dies der Fall ist, herrscht Streit.

a. Wortlaut des Art. 82 I S. 1 GG

595 Der Wortlaut des Art. 82 I S. 1 GG, wonach der Bundespräsident die *nach den Vorschriften dieses Grundgesetzes* zustande gekommenen Gesetze ausfertigt, könnte auch ein Prüfungsrecht hinsichtlich der materiellen Seite eines vorgelegten Gesetzesbeschlusses zulassen. Denn auch ein in materieller Hinsicht mit dem Grundgesetz kollidierendes Gesetz ist nicht nach den Vorschriften des Grundgesetzes zustande gekommen. Dagegen ist aber aus systematischer Hinsicht einzuwenden, dass Art. 82 GG im Zusammenhang mit Art. 78 GG steht. Diese Vorschrift verlangt nur ein verfahrensmäßiges Zustandekommen. Aus dem Wortlaut des Art. 82 GG lässt sich somit keine eindeutige Aussage entnehmen.

1313 So von *Schoch*, NVwZ 2018, 17 ff.
1314 *Schoch*, NVwZ 2018, 17, 19.
1315 Vgl. nunmehr auch die Übungsklausuren von *Sauer*, JuS 2007, 641 ff. und *Stumpf*, JuS 2010, 35 ff.

b. Amtseid des Bundespräsidenten

Gemäß Art. 56 GG leistet der Bundespräsident bei seinem Amtsantritt den Eid, das Grundgesetz zu wahren und Schaden vom deutschen Volke abzuwenden. Inwieweit er das Grundgesetz zu wahren und Schaden vom deutschen Volke abzuwenden hat, kann jedoch nicht aus Art. 56 GG, sondern nur aus der betreffenden Verfassungsnorm entnommen werden. Ob ihm Art. 82 I S. 1 GG eine derartige Befugnis einräumt, ist gerade die Frage, die es zu beantworten gilt. Zöge man Art. 82 I S. 1 GG heran, unterfiele man einem Zirkelschluss (einer petitio principii).[1316] 596

c. Möglichkeit der Präsidentenanklage

Möglicherweise gewährt aber Art. 61 GG dem Bundespräsidenten ein Prüfungsrecht bzw. statuiert eine Prüfungspflicht hinsichtlich der materiellen Seite eines vorgelegten Gesetzesbeschlusses. Art. 61 GG sieht die Möglichkeit der Präsidentenanklage vor, wenn dieser vorsätzlich das Grundgesetz oder ein anderes Bundesgesetz verletzt. Würde man also ein aus Art. 82 GG abgeleitetes Prüfungsrecht hinsichtlich der materiellen Seite eines vorgelegten Gesetzesbeschlusses annehmen und würde sich der Bundespräsident weigern, das fragliche Gesetz auszufertigen, verstieße er gegen das Grundgesetz (nämlich gegen Art. 82 GG) und setzte sich der Gefahr einer Präsidentenanklage aus. Damit scheint ihm Art. 61 GG ein Prüfungsrecht hinsichtlich der materiellen Seite eines vorgelegten Gesetzesbeschlusses zu geben. Aber auch diese Annahme basiert auf einem Zirkelschluss, da sie bereits davon ausgeht, dass Art. 61 GG ein Prüfungsrecht des Bundespräsidenten hinsichtlich der materiellen Seite eines vorgelegten Gesetzesbeschlusses statuiert. Ob ein solches besteht, soll aber gerade herausgefunden werden. Art. 61 GG begründet daher kein Prüfungsrecht des Bundespräsidenten hinsichtlich der materiellen Seite eines vorgelegten Gesetzesbeschlusses, sondern regelt nur Verstöße gegen die Verfassung und andere Bundesgesetze. Dieser argumentative Ansatzpunkt beruht also ebenfalls auf einer petitio principii.[1317] 597

d. Heranziehung der Verfassung als Ganzes

Gegen ein umfassendes Prüfungsrecht des Bundespräsidenten hinsichtlich der materiellen Seite eines vorgelegten Gesetzesbeschlusses wird eingewandt, dass der Bundespräsident sonst ein Recht zur Normenkontrolle und -verwerfung hätte. Diese Befugnis stehe aber – wie die enumerative Aufzählung in Art. 93 I GG zeige – nur dem BVerfG zu.[1318] Dagegen lässt sich jedoch einwenden, dass der Bundespräsident nicht geltende Gesetze verwirft, sondern lediglich in seinen Augen (materiell) verfassungswidrige Gesetze nicht ausfertigt, also ihr Inkrafttreten verhindert. Somit wäre das Prüfungsrecht hinsichtlich der materiellen Seite des Gesetzesbeschlusses Bestandteil des Normsetzungsverfahrens, nicht des Normenkontrollverfahrens. 598

Teilweise wird argumentiert, dass ein Gesetz, das inhaltlich der Verfassung widerspricht, eigentlich ein verfassungsänderndes Gesetz sei, das also formell nur dann verfassungsmäßig zustande komme, wenn es vom Bundestag und vom Bundesrat jeweils mit Zweidrittelmehrheit beschlossen (Art. 79 II GG) und der Verfassungstext ausdrücklich geändert (Art. 79 I S. 1 GG) werde. Sei dies nicht der Fall, sei der Bundespräsident schon aus formellen Gründen berechtigt, die Ausfertigung zu verweigern.[1319] Diese Auffassung geht also davon aus, dass jedes materiell verfassungswidrige Gesetz auch formell verfassungswidrig ist, da es nicht mit der für eine Verfas- 599

[1316] So auch *Bryde*, in: v. Münch/Kunig, GG, Art. 82 Rn 3.
[1317] Wie hier später auch *Christensen/Pötters*, JA 2010, 566, 567; *Hauk*, JA 2017, 93.
[1318] *Erichsen*, Jura 1985, 424, 425 f.; *Ramsauer*, in: Alternativkommentar, Art. 82 Rn 16 ff.
[1319] *Herzog*, in: Maunz, in: Maunz/Dürig, GG, Art. 82 Rn 2; *Ipsen*, Rn 497 ff.; *Stern*, StaatsR II, § 30 III 4.

sungsänderung erforderlichen Mehrheit beschlossen wurde. Sie nivelliert damit nicht nur die Unterscheidung zwischen den beiden Arten des Prüfungsrechts, sondern verkennt auch, dass ein verfassungsänderndes Gesetz nur durch ausdrückliche Verfassungsänderung vorgenommen werden kann (Art. 79 I S. 1 GG). Wird der Verfassungstext durch das fragliche Gesetz nicht geändert, kann auch nicht von einem verfassungsändernden Gesetz gesprochen werden, das der Prüfung durch den Bundespräsidenten unterliegt.[1320]

600 Möglicherweise ergibt sich ein Prüfungsrecht des Bundespräsidenten hinsichtlich der materiellen Seite des Gesetzesbeschlusses aus der Bindung aller Staatsorgane an das Grundgesetz (vgl. Art. 1 III und 20 III GG). Für den Bundespräsidenten bedeutet die Bindung an das Grundgesetz, dass er nur solche Gesetze ausfertigen darf, die mit der Verfassung in Einklang stehen. Ob das auszufertigende Gesetz mit der Verfassung in Einklang steht, ist aber nur durch eine entsprechende Prüfung herauszufinden. Folgt man dieser Überlegung, steht dem Bundespräsidenten ein umfassendes Prüfungsrecht hinsichtlich der formellen und materiellen Seite des Gesetzesbeschlusses zu.[1321]

601 Einschränkend muss jedoch auf die auf Repräsentation ausgerichtete (unselbstständige) Stellung des Bundespräsidenten im Verfassungsgefüge hingewiesen werden. Ein umfassendes Prüfungs- und Ausfertigungsverweigerungsrecht hinsichtlich der materiellen Seite des Gesetzesbeschlusses würde seiner Stellung im Vergleich zu anderen obersten Staatsorganen nicht entsprechen. Für die Verfassungsmäßigkeit von Bundesgesetzen sind in erster Linie die Verfassungsorgane Bundestag und Bundesrat verantwortlich. Und zur Kontrolle ist das BVerfG berufen. Daher erscheint es angebracht, mit der h.M. das grundsätzlich zu bejahende Prüfungsrecht des Bundespräsidenten hinsichtlich der materiellen Seite des Gesetzesbeschlusses auf **offensichtliche Verstöße gegen die Verfassung** zu beschränken (sog. **Evidenzkontrolle**).[1322]

601a Unklar ist (auch) die Frage nach dem Prüfungs- und Ausfertigungsverweigerungsrecht des Bundespräsidenten in Bezug auf die Vereinbarkeit des auszufertigenden Gesetzes mit **EU-Recht** oder **Völkerrecht**. Unter Zugrundelegung der Formulierung in Art. 82 I S. 1 GG („dieses Grundgesetzes") ist Prüfungsmaßstab ausschließlich das Grundgesetz. Nichts anderes gilt, wenn man auf Art. 1 III und 20 III GG abstellt (s.o.). EU-Recht und Völkerrecht sind nicht Bestandteil der „verfassungsmäßigen Ordnung" i.S.d. Art. 20 III GG[1323] und können daher (an sich) auch nicht Prüfungsmaßstab sein. Hinsichtlich des EU-Rechts ist aber Art. 4 III EUV zu beachten. Unter anderem verpflichtet diese primärrechtliche Bestimmung die Mitgliedstaaten, die EU bei der Erfüllung von deren Aufgabe(n) zu unterstützen und alle Maßnahmen zu unterlassen, die die Verwirklichung der Ziele der Union gefährden könnten. Würde nun der Bundespräsi-

---

[1320] Vgl. *Ipsen*, Rn 498. Im Gegensatz zum Grundgesetz konnte die Weimarer Reichsverfassung nach Art. 76 WRV ohne ausdrückliche Textänderung der Verfassung geändert werden, wenn nur die erforderlichen Mehrheiten vorlagen (sog. Verfassungsdurchbrechung). Dieses vereinfachte Verfahren führte naturgemäß zu einer großen Unübersichtlichkeit des geltenden Verfassungsrechts und zu einer großen Labilität der Verfassung. Angesichts der Erfahrung, die man mit der Möglichkeit der Verfassungsdurchbrechung gemacht hat, ist Art. 79 I S. 1 in das Grundgesetz eingefügt worden, wonach keine Grundgesetzänderung ohne gleichzeitige Verfassungstextänderung mehr möglich ist.

[1321] So *Bauer*, in: Dreier, GG, Art. 82 Rn 13; *Butzer*, in: Maunz/Dürig, GG, Art. 82 Rn 167; *Kloepfer*, StaatsR I, § 17 Rn 136; *Stern*, StaatsR II, § 30 III 4; *Ipsen*, Rn 499.

[1322] So auch *Pieroth*, in: J/P, GG, Art. 82 Rn 3; *Maurer*, in: Bonner Kommentar, Art. 82 Rn 50; *Bauer*, in: Dreier, GG, Art. 82 Rn 13; *Bryde*, in: v. Münch/Kunig, GG, Art. 82 Rn 7; *Schlaich*, HdbStR II, § 49 Rn 31 f.; Nierhaus/Mann, in: Sachs, GG, Art. 82 Rn 13; *Hofmann*, NJW 1994, 691, 696; *Kunig*, Jura 1994, 217, 221.

[1323] Art. 20 III GG bindet die Gesetzgebung an die „verfassungsmäßige Ordnung". Mit „verfassungsmäßiger Ordnung" in diesem Zusammenhang ist das gesamte formelle Verfassungsrecht gemeint. Und mit „formellem Verfassungsrecht" ist das Grundgesetz der Bundesrepublik Deutschland gemeint (Rn 1). Das EU-Recht (und erst recht das Völkerrecht) sind kein „formelles Verfassungsrecht". Das EU-Recht wird nach der hier vertretenen Auffassung auch nicht über Art. 23 GG zum Bestandteil der „verfassungsmäßigen Ordnung", da Art. 23 GG (lediglich) eine Staatszielbestimmung darstellt und eine Integrationsermächtigung mit der Grenze des Art. 79 III GG enthält, nicht aber das EU-Recht zum Bestandteil des formellen Verfassungsrechts erklärt (Rn 327).

dent ein (vermeintlich) europarechtswidriges Gesetz ausfertigen, verstieße er gegen Art. 4 III EUV, da er mit der Ausfertigung die Verwirklichung der Ziele der Union gefährden könnte.[1324] Zwar gehört das EU-Recht nicht zur „verfassungsmäßigen Ordnung" i.S.d. Art. 82 GG i.V.m. Art. 1 III und 20 III GG (s.o.), jedoch genießt das EU-Recht Anwendungsvorrang. Anwendungsvorrang bedeutet, dass das niederrangige Recht zwar nicht ungültig ist, allerdings in seiner Anwendung gesperrt wird (Rn 355 ff.). Der Bundespräsident dürfte demnach also kein Gesetz ausfertigen, das gegen EU-Recht verstieße; eine Verweigerung wäre folgerichtig nicht zu beanstanden. Das BVerfG betont aber, dass der Anwendungsvorrang des EU-Rechts seine Grenzen in den durch Art. 23 I S. 3 i.V.m. Art. 79 III GG für integrationsfest erklärten Grundsätzen der Verfassung findet, namentlich in den in Art. 1 GG und Art. 20 GG niedergelegten Grundsätzen.[1325] Sollte durch eine Maßnahme der EU ein durch Art. 79 III GG für unantastbar erklärter Grundsatz aus Art. 1 GG oder Art. 20 GG berührt werden, muss umgekehrt das EU-Recht für unanwendbar erklärt werden.[1326] Für die Frage nach dem Prüfungsrecht bzw. dem Ausfertigungsverweigerungsrecht des Bundespräsidenten heißt das: Würde der Bundespräsident die Ausfertigung eines Gesetzes wegen angenommener Europarechtswidrigkeit verweigern mit dem Argument, er verstoße anderenfalls gegen EU-Recht, verstieße er wiederum gegen Art. 82 GG i.V.m. Art. 1 III und 20 III GG, wenn das EU-Recht, mit dem das Gesetz unvereinbar sein könnte, seinerseits gegen einen durch Art. 23 I S. 3 GG i.V.m. Art. 79 III GG für unantastbar erklärten Grundsatz aus Art. 1 GG oder Art. 20 GG verstößt. Diese Lösung entspricht den Grundsätzen, die sich das BVerfG auferlegt hat: Es prüft EU-Recht am Maßstab des Grundgesetzes, wenn durch das EU-Recht unabänderbare und damit integrationsfeste **Verfassungsprinzipien** aus Art. 1 GG und Art. 20 GG, die zudem durch Art. 4 II EUV geschützt sind, missachtet würden (siehe Rn 365). Nichts anderes kann für den Bundespräsidenten gelten.

Zur prozessualen Lage: Weigert sich der Bundespräsident, ein Gesetz auszufertigen, können die Gesetzgebungsorgane (Bundestag und Bundesrat) ein **Organstreitverfahren** (Art. 93 I Nr. 1 GG, §§ 13 Nr. 5, 63 ff. BVerfGG) herbeiführen.[1327] Streitgegenstand ist dann die Verpflichtung des Bundespräsidenten zur Ausfertigung des fraglichen Gesetzes. Begründet ist der Organstreit, wenn die Verfassung dem Bundespräsidenten im konkreten Fall die Verpflichtung auferlegt, das in Rede stehende Gesetz auszufertigen, der Bundespräsident mit der Weigerung der Ausfertigung also gegen das Grundgesetz verstößt. Das BVerfG stellt dann in seiner Entscheidung fest, dass die Unterlassung des Bundespräsidenten gegen das Grundgesetz verstoßen hat, § 67 BVerfGG. Weigert sich der Bundespräsident dann immer noch, das Gesetz auszufertigen, kommt die **Präsidentenanklage** (Art. 61 GG, §§ 13 Nr. 4, 49 ff. BVerfGG) in Betracht. In diesem Zusammenhang kann das BVerfG auch durch eine **einstweilige Anordnung** (vgl. § 53 BVerfGG) bestimmen, dass der Bundespräsident an der Ausübung seines Amtes verhindert ist. In diesem Fall gelangt die Vertretungsregel des Art. 57 GG zur Anwendung mit der Folge, dass das Gesetz vom Bundesratspräsidenten ausgefertigt wird. 602

Geht es um die Weigerung, ein (vermeintlich) **europarechtswidriges** Gesetz auszufertigen, muss zunächst die Frage aufgeworfen werden, ob EU-Recht überhaupt Prüfungsmaßstab sein kann:

⇨ Verneint man dies, wäre die Weigerung des Bundespräsidenten verfassungswidrig und damit vor dem BVerfG justiziabel.

[1324] Siehe auch *Hauk*, JA 2017, 93, 96 ff.
[1325] BVerfG NJW 2016, 1149, 1150 ff. Vgl. auch BVerfG NJW 2016, 2473, 2475 ff.
[1326] BVerfG NJW 2016, 1149, 1151. Vgl. auch BVerfG NJW 2016, 2473, 2475 ff.
[1327] Vgl. auch die Übungsklausur von *Sauer*, JuS 2007, 641, 642 f.

⇨ Versteht man aber (entgegen hiesiger Auffassung) wegen Art. 23 GG das EU-Recht als Bestandteil der verfassungsmäßigen Ordnung, verstieße die Weigerung, das für europarechtswidrig gehaltene Gesetz auszufertigen, nicht gegen Art. 82 GG i.V.m. Art. 1 III und 20 III GG.

⇨ Aber auch, wenn man das EU-Recht nicht zum Bestandteil der verfassungsmäßigen Ordnung i.S.d. Art. 20 III GG erklärte, verstieße die Weigerung des Bundespräsidenten, das Gesetz auszufertigen, nicht gegen Art. 4 III EUV, wenn das EU-Recht seinerseits gegen ein unabänderbares und damit integrationsfestes Verfassungsprinzip aus Art. 1 GG und Art. 20 GG verstieße.

3. Prüfungsrecht durch Vertreter bei Verhinderung?

602a Ist der Bundespräsident an der Ausübung seiner Befugnisse verhindert, sieht Art. 57 GG vor, dass diese durch den Bundesratspräsidenten wahrgenommen werden. Eine den Vertretungsfall auslösende Verhinderung des Bundespräsidenten liegt immer dann vor, wenn er zum maßgeblichen Zeitpunkt tatsächlich oder rechtlich gehindert ist, seine Amtsbefugnisse auszuüben.[1328] Das kann etwa infolge einer Krankheit oder dann der Fall sein, wenn er sich auf einem Staatsbesuch im (fernen) Ausland befindet. In Fällen dieser Art stellt sich insbesondere die Frage, ob in dieser Zeit sein Vertreter die Gesetze ausfertigen darf.

602b Ist der Bundespräsident aufgrund von **Krankheit** nicht in der Lage, seine Amtsgeschäfte wahrzunehmen, sind die Ausfertigung eines Gesetzes durch den Bundesratspräsidenten sowie dessen Weigerung, ein Gesetz auszufertigen, anhand derselben Kriterien zu beurteilen, die gelten würden, wenn der Bundespräsident selbst die Ausfertigung vornähme bzw. verweigerte. Dass es in diesem Fall zu einem Interessenkonflikt kommen kann, ist hinzunehmen. Denn Art. 57 GG verleiht dem Bundesratspräsidenten im Außenverhältnis alle Rechte und Pflichten des Bundespräsidenten; insbesondere gelten für den Bundesratspräsidenten nicht die Inkompatibilitäten, die für den Bundespräsidenten (vgl. Art. 55 GG) bestehen.

602c Fraglich ist dagegen, ob eine Verhinderung auch vorliegt, wenn sich der Bundespräsident (lediglich) auf einem **Staatsbesuch im Ausland** befindet. Denn in diesem Fall übt er ja weiterhin amtliche Funktionen aus. Man könnte allenfalls sagen, er sei nicht in der Lage, Bundesgesetze auszufertigen, weil die Gesetze in seinem Amtssitz in Deutschland zur Ausfertigung bereitlägen. Aber auch hier lässt sich nicht zwingend von einem Verhinderungsfall sprechen. Denn zum einen könnte der Bundespräsident die Weisung erteilen, er selbst werde die Prüfung und ggf. die Ausfertigung nach Rückkehr vornehmen, und zum anderem könnte er die Unterlagen auf seiner Reise mitnehmen und über die Frage der Ausfertigung im Ausland entscheiden.

602d Nimmt man aber einen Verhinderungsfall an, wird die eingangs gestellte Frage, ob die Ausfertigung eines Gesetzes durch den Bundesratspräsident wirksam ist, besonders dann virulent, wenn der Bundespräsident vor Eintritt des Verhinderungsfalls dem Bundesratspräsident die Weisung erteilt hat, die Ausfertigung nicht vorzunehmen.

Beispiel: Der Bundestag beschließt ein Gentechnologiegesetz, das auch vom Bundesrat getragen wird. Das Gesetz wird sodann zur Ausfertigung (Art. 82 GG) an das Bundespräsidialamt geleitet. Der Bundespräsident hat nach einer ersten Sichtung des Gesetzes erhebliche Bedenken an der Verfassungsmäßigkeit und stellt die weitere Prüfung zurück, bis er von dem bevorstehenden Staatsbesuch in China zurückgekehrt

[1328] BVerwG NJOZ 2009, 3684 f. mit Bespr. v. *Sachs*, JuS 2010, 275.

ist. Doch während sich der Bundespräsident in China befindet, fertigt der Bundesratspräsident das Gesetz aus.

Mit dem Argument, der Bundespäsident könnte die Unterlagen auf seiner Reise mitnehmen und über die Frage der Ausfertigung im Ausland entscheiden, könnte man auch im Beispielsfall sagen, dass ein Verhinderungsfall nicht vorgelegen habe, sodass die Ausfertigung des Gesetzes durch den Bundesratspräsidenten schon deshalb rechtswidrig gewesen sei. Auf die Frage, ob weisungswidrige Ausfertigungen von Gesetzen dennoch wirksam sind, käme es dann nicht an.

Geht man aber von einem Verhinderungsfall aus und stellt auf die formale Stellung des Bundesratspräsidenten als Vertreter des Bundespräsidenten ab, lässt sich – unabhängig von der Frage, ob im Falle eines Auslandsaufenthalts die Ausfertigung eines Gesetzes nicht warten kann, bis der Bundespräsident zurückgekehrt ist – gut vertreten, absprachewidrige bzw. rechtsmissbräuchliche Präsidialakte aus Gründen der Rechtssicherheit und des Vertrauensschutzes weder für verfassungswidrig noch für nichtig zu erklären.[1329] Denn wie gesagt verleiht Art. 57 GG im Verhinderungsfall dem Bundesratspräsidenten im Außenverhältnis alle Rechte und Pflichten des Bundespräsidenten. Eine Weisung im Innenverhältnbis ist insoweit unbeachtlich. **602e**

Einer Wirksamkeit der Ausfertigung könnte aber der Umstand entgegenstehen, dass der Bundesratspräsident zuvor bereits an der Gesetzgebung mitgewirkt hat. Es könnte mithin die Gefahr eines **Interessenkonflikts** oder sogar eines **Rechtsmissbrauchs** bestehen, wenn der Bundesratspräsident in seiner Funktion als Vertreter des Bundespräsidenten die Ausfertigung eines Gesetzes verweigert, das zuvor vom Bundestag entgegen den Stimmen des Bundesrats beschlossen worden ist. Dem lässt sich allerdings entgegenhalten, dass der Bundespräsident bei der Ausfertigung von Gesetzen keine politische, sondern nur eine (beschränkte) rechtliche Prüfungskompetenz hat; ein Interessenkonflikt ist insoweit nicht zu befürchten. Außerdem ergeben sich weder für den Bundespräsidenten selbst noch für seine Vertretung im Amt Ausschluss- oder Befangenheitsgründe daraus, dass er oder sein Vertreter zu irgendeinem Zeitpunkt an einem Gesetzgebungsverfahren mitgewirkt oder sich für ein bestimmtes Gesetz politisch eingesetzt hatten. Hierzu kann auf die für die Mitglieder des Bundesverfassungsgerichts in § 18 III S. 1 BVerfGG normierten Grundsätze zurückgegriffen werden, denn auch diesen steht keine politische, sondern nur eine verfassungsrechtliche Prüfungskompetenz zu. Danach führt die Mitwirkung im Gesetzgebungsverfahren nicht zur Annahme einer Befangenheit.[1330] **602f**

Demzufolge war im obigen **Beispiel** die Ausfertigung des Gesetzes durch den Bundesratspräsident wirksam, obwohl der Bundespräsident vor Eintritt des Verhinderungsfalls dem Bundesratspräsident die Weisung erteilt hat, die Ausfertigung nicht vorzunehmen.

Hat der Bundesratspräsident aus Sicht des Bundespräsidenten seine Kompetenzen überschritten, weil er z.B. ohne Vorliegen eines Verhinderungsfalls tätig geworden ist, kann die Klärung dieser Streitigkeit in einem **Organstreitverfahren** Art. 93 I Nr. 1 GG erfolgen.[1331] Gegenstand eines solchen Verfahrens ist dann die Frage, ob ein Fall der Verhinderung oder vorzeitigen Erledigung des Amtes des Bundespräsidenten vorgelegen hat. Fertigt der Bundesratspräsident (oder sogar dessen Vertreter) das Gesetz aus wird tritt dieses nach Verkündung im Bundesgesetzblatt in Kraft, kann ein **Bürger**, der von dem Gesetz negativ betroffen ist, den Verwaltungsrechtsweg be- **602g**

[1329] Davon geht VG Saarlouis NVwZ-RR 2006, 517, 518 aus.
[1330] BVerwG NJOZ 2009, 3684 f.
[1331] VG Saarlouis NVwZ-RR 2006, 517, 518; *Hemmrich*, in: v. Münch/Kunig, GG, Art. 57 Rn 3; *Guckelberger*, NVwZ 2007, 406, 410.

schreiten. Nach Erschöpfung des Rechtswegs kommt eine **Verfassungsbeschwerde** in Betracht.

IV. Recht des Bundespräsidenten zur Bundestagsauflösung

603 Zwar verleiht das Grundgesetz dem Bundespräsidenten in erster Linie Repräsentationsaufgaben. In bestimmten Fällen fallen ihm aber auch Aufgaben der Staatsleitung zu. Hierzu gehören die beiden Fälle der **Bundestagsauflösung** (Art. 63 IV und 68 I GG) und die Erklärung des **Gesetzgebungsnotstands** (Art. 81 GG).[1332]

V. Recht des Bundespräsidenten, die Ernennung eines Ministers zu verweigern

604 Ein in „Standardlehrbüchern" kaum angesprochenes, in Übungs- und Examensklausuren jedoch häufig anzutreffendes Problem besteht in der Frage, ob sich der Bundespräsident weigern darf, eine vom Bundeskanzler zum Bundesminister vorgeschlagene Person zu ernennen. Ähnlich der Frage nach dem Prüfungsrecht bei der Ausfertigung von Gesetzen ist hier (allerdings mit anderer Terminologie) zwischen einem rechtlichen und einem politischen Prüfungsrecht zu unterscheiden:

1. Rechtliches Prüfungsrecht

605 Die aus Rechtsgründen veranlasste Weigerung des Bundespräsidenten, die zum Minister vorgeschlagene Person zu ernennen, kommt insb. in zwei Fällen in Betracht:

- Der Bundespräsident ist der Auffassung, die vorgeschlagene Person erfülle **nicht die rechtlichen Voraussetzungen** für die Ministerernennung. Hierzu zählen neben den allgemeinen Qualifikationen, die an Bundestagsabgeordnete gem. § 15 BWahlG[1333] zu stellen sind, die Wählbarkeit des Vorgeschlagenen und Inkompatibilitäten.[1334]
- Der Bundespräsident ist der Auffassung, dass der **Geschäftsbereich**, für dessen Leitung der vorgeschlagene Minister zuständig sein soll, **überflüssig** oder gar **verfehlt** sei und der **Bundeskanzler somit die Grenzen seiner Organisationsgewalt überschritten** habe.

606 Für die Annahme, der Bundespräsident dürfe die Ernennung eines Ministers aus **Rechtsgründen** verweigern, könnte der Wortlaut des Art. 64 I GG sprechen. Dort wird von „Vorschlag" gesprochen, was auf eine Unverbindlichkeit und damit auf eine Ablehnungsmöglichkeit deuten könnte. Andererseits spricht die Vorschrift des Art. 64 I GG auch von „*werden* ernannt". Dies deutet auf einen reinen, wertungsfreien Verfahrensablauf ohne Ermessensspielraum hin. Damit enthält die Vorschrift ein vermeintliches sprachliches Paradoxon mit der Folge, dass das Wortlautargument zu keinem eindeutigen Ergebnis führt. Es muss somit nach systematischen Argumenten gesucht werden. Das Umfeld des Art. 64 I GG, namentlich die Art. 63 II S. 2, IV S. 2 und 67 I S. 2 GG, enthält eindeutig Befehlsnormen. Hätte der Verfassungsgeber auch bei der Ministerernennung eine gebundene Entscheidung haben wollen, hätte er diese von ihm selbst gewählten Befehlsformen in eindeutiger Weise auch in Art. 64 I GG formulieren müssen. Systematische Überlegungen sprechen daher *für* ein rechtliches Prüfungsrecht des Bundespräsidenten.

[1332] Zur Bundestagsauflösung vgl. Rn 555 und zum Gesetzgebungsnotstand Rn 559.

[1333] § 15 BWahlG gilt zwar nur für Bundestagsabgeordnete, die dort aufgestellten Anforderungen müssen aber erst recht für Minister gelten.

[1334] Vgl. nur *Pieroth*, in: J/P, GG, Art. 64 Rn 1; *Schneider*, in: Alternativkommentar, Art. 64 Rn 4; *Schenke*, in: Bonner Kommentar, Art. 64 Rn 9 ff.; *Hesse*, Grundzüge des VerfR, Rn 667; *Herzog*, in: Maunz/Dürig, GG, Art. 64 Rn 14; *Mager*, in: v. Münch/Kunig, GG, Art. 64 Rn 3 ff.

606a Diesem (vorläufigen) Befund könnte wiederum die Richtlinienkompetenz des Bundeskanzlers (Art. 65 S. 1 GG) entgegenstehen. Wenn der Bundeskanzler von Verfassungs wegen die grundsätzlichen und richtungweisenden Entscheidungen über die Führung der Regierungsgeschäfte trifft, muss er auch das Recht haben, über die Ministerernennung zu entscheiden, ohne dabei auf das Einverständnis seitens des Bundespräsidenten angewiesen zu sein. Hinzu kommt, dass ausschließlich der Bundeskanzler, nicht auch der Bundespräsident, dem Parlament gegenüber verantwortlich ist, und von diesem gem. Art. 67 GG (also über die Wahl eines anderen Kanzlers → konstruktives Misstrauensvotum) seines Amtes enthoben werden kann. Da aber auch der Bundeskanzler gem. Art. 1 III und 20 III GG an Gesetz und Recht gebunden ist, rechtfertigt seine Richtlinienkompetenz keine rechtswidrigen Maßnahmen. Die Richtlinienkompetenz kann daher im Ergebnis kein taugliches Argument gegen ein rechtliches Prüfungsrecht des Bundespräsidenten sein.

606b Auch die aus systematischer Sicht einschlägig erscheinenden Vorschriften über den Amtseid (Art. 56 GG) und die Präsidentenanklage (Art. 61 GG) haben wegen Fehlens einer Kompetenz begründenden Funktion keinen Aussagegehalt hinsichtlich eines rechtlichen Prüfungsrechts des Bundespräsidenten bei der Ministerernennung.

606c In Anlehnung an den oben entwickelten (vorläufigen) Befund sowie an das zum Prüfungsrecht des Bundespräsidenten bei der Ausfertigung von Gesetzen Gesagte wird man aber auch hier letztlich von einem rechtlichen Prüfungsrecht ausgehen müssen. Hinzu kommt, dass es in einem Rechtsstaat dem Staatsoberhaupt kaum zuzumuten ist, rechtswidrige Ministerernennungen mit zu tragen.

607 Daraus folgt, dass der Bundespräsident sich weigern darf, eine vom Bundeskanzler zum Bundesminister vorgeschlagene Person zu ernennen. Für die beiden genannten Fallgruppen ergibt sich somit Folgendes:

- 607a Ist der Bundespräsident der Auffassung, dass die vorgeschlagene **Person nicht die rechtlichen Voraussetzungen** für die Ministerernennung erfüllt (fehlende allgemeine Qualifikationen, die an Bundestagsabgeordnete gem. § 15 BWahlG zu stellen sind, keine Wählbarkeit des Vorgeschlagenen oder Inkompatibilitäten), hat er das Recht, die Ernennung zu verweigern. Das Fehlen der rechtlichen Voraussetzungen für die Ministerernennung ist i.d.R. unproblematisch festzustellen.
- 608 Auch wenn der Bundespräsident der Auffassung ist, der **Geschäftsbereich**, für dessen Leitung der vorgeschlagene Minister zuständig sein soll, sei **überflüssig** oder gar **verfehlt** und der **Bundeskanzler habe somit die Grenzen seines Kabinettbildungsrechts** oder – allgemein ausgedrückt – **seine Organisationsgewalt überschritten**, kann er u.U. die Ernennung aus Rechtsgründen verweigern. Da die Überschreitung des Kabinettsbildungsrechts aufgrund des dem Bundeskanzler zustehenden weiteren Ermessensspielraums jedoch nicht ohne weiteres festgestellt werden kann, ist in der Fallbearbeitung ggf. eine umfassende Prüfung vorzunehmen. Dabei ist zunächst auszuführen, dass der Organisationsverfügung zumindest nicht der Parlamentsvorbehalt (d.h. der Vorbehalt des Gesetzes) entgegensteht, da dieser bereits nicht anwendbar ist.[1335] Sodann ist darauf einzugehen, dass die aus Art. 64 I und 65 GG folgende Organisationsgewalt des Bundeskanzlers die grundsätzliche Kompetenz zur Schaffung

---

[1335] Nach der hier vertretenen Auffassung ist der Vorbehalt des Gesetzes bei Organisationsentscheidungen innerhalb der Bundesregierung deshalb nicht anwendbar, weil die gewaltenteilende Kompetenzordnung des Grundgesetzes keinen Gewaltmonoismus in Form eines Totalvorbehalts zugunsten des Parlaments kennt. Darüber hinaus bedarf die Zuerkennung eines parlamentarischen Zugriffsrechts auf Organisationsentscheidungen innerhalb der Regierung einer eindeutigen Kompetenznorm, um den Eingriff in den Funktionsbereich dieser anderen Gewalt zu rechtfertigen. Eine solche ist nicht ersichtlich (wie hier *Isensee*, JZ 1999, 1113, 1116; *Wieland*, DVBl 1999, 719 ff.; *Sendler*, NJW 1999, 1232 ff.; *Böckenförde*, NJW 1999, 1235 ff.). Anders hat der NWVerfGH NJW 1999, 1243, 1244 für die Zusammenlegung des Innen- und Justizministeriums im Land Nordrhein-Westfalen entschieden.

neuer ministerieller Geschäftsbereiche über die drei Pflichtministerien Finanzen, Verteidigung und Justiz hinaus beinhaltet. Auch die Einrichtung neuer Geschäftsbereiche kann notwendig sein, um auf unvorhergesehene Ereignisse oder neuartige Phänomene (etwa auf dem Gebiet der Bio- oder Gentechnologie) schnell und effektiv reagieren zu können. Darüber hinaus können auch partei- oder koalitionsspezifische Gründe eine Schaffung neuer Ministerien erforderlich machen. Das Kabinettsbildungsrecht findet aber seine Grenzen in der Erhaltung der Funktionsfähigkeit der Bundesregierung. Insbesondere kann eine wirksame Kabinettsarbeit durch eine große Zahl kleinerer Ministerien mit engen Geschäftsbereichen wegen der damit verbundenen Gefahr von Koordinationsproblemen und der Schwerfälligkeit der Willensbildung behindert werden. Wegen des bereits genannten, aus Art. 64 I GG folgenden weiteren Entscheidungsspielraums des Bundeskanzlers ist eine Überschreitung der Grenzen des Kabinettsbildungsrechts aber nur ausnahmsweise anzunehmen. Jedenfalls besteht eine herabgesetzte richterliche Kontrolldichte, wenn es um die Überprüfung der Entscheidung des Bundespräsidenten geht.

2. Politisches Prüfungsrecht

609 Fraglich ist auch, ob der Bundespräsident die Ernennung eines Ministers aus Gründen des „Staatswohls" ablehnen kann, etwa, weil er schwerwiegende Bedenken an der **Verfassungstreue des Vorgeschlagenen** hat (sog. **politisches Ablehnungsrecht**). Ein derartiges Weigerungsrecht wird teilweise angenommen mit dem Argument, der Bundespräsident sei auf das Staatswohl verpflichtet, worauf er auch den Amtseid (vgl. Art. 56 GG) geleistet habe. Es sei mit dieser Verpflichtung unvereinbar, ihn zur Ernennung eines „für Wohl und Ansehen des Staates schlechterdings untragbaren" Ministers zu verpflichten.[1336] Einer solchen Annahme steht zumindest der Wortlaut des Art. 64 I GG nicht entgegen, da dieser – wie bereits festgestellt – nicht eindeutig ist. Zu einem eindeutigen Ergebnis gelangt man aber auf der Grundlage folgender Überlegung: Die Richtlinien der Politik – zu der auch die Entscheidung über die Anzahl der Ministerien und die Auswahl der Minister gehört – bestimmt ausschließlich der Kanzler (vgl. Art. 65 S. 1 GG). Der Bundespräsident trägt – im Gegensatz zum Bundeskanzler – keine politische Verantwortung für das Verhalten der Bundesminister. Hätte der Bundespräsident die Möglichkeit, aufgrund seiner politischen Überzeugung die Ernennung von Ministern zu verweigern, würde er an der Gestaltung der Politik teilhaben, was ihm die Verfassung aber gerade verwehrt. Nach richtiger Auffassung ist daher ein politisches Prüfungs- und Entscheidungsrecht des Bundespräsidenten bei der Ministerernennung abzulehnen.[1337]

> **Hinweis für die Fallbearbeitung:** Es ist nicht unüblich, dass die Fallgestaltung dahin geht, dass der Bundeskanzler ein neuartiges Ministerium mit engem Geschäftsbereich gründen möchte und daher dem Bundespräsidenten eine bestimmte Person zur Ernennung als Minister vorschlägt (Art. 64 I GG). Wenn sich dieser nun weigert, die Ministerernennung durchzuführen, ist ein **Organstreitverfahren** vor dem BVerfG einschlägig. Dieses ist begründet, wenn der Bundespräsident zur Ministerernennung verpflichtet ist, ihm also kein Weigerungsrecht zusteht. Vgl. dazu die oben aufgeführten Argumente.

[1336] *Küster*, in: Hömig/Wolff, GG, Art. 64 Rn 1; *Stern*, StaatsR II, § 30 IV 4; *Knöpfle*, DVBl 1966, 713, 718.

[1337] So auch *Schenke*, in: Bonner Kommentar, Art. 64 Rn 9 ff.; *Pieroth*, in: J/P, GG, Art. 64 Rn 1; *Schlaich*, HdbStR II, § 49 Rn 28; *Kunig*, Jura 1994, 217, 221; *Windirsch*, JuS 1995, 527, 530. Ebenso *Huba/Burmeister*, JuS 1989, 832 ff. bzgl. der Ernennung von Bundesrichtern.

VI. Recht des Bundespräsidenten, Bundesbeamte zu ernennen und zu entlassen

Gemäß Art. 60 I GG ernennt und entlässt der Bundespräsident die Bundesrichter, die Bundesbeamten (vgl. § 12 I BBG), die Offiziere und Unteroffiziere, soweit gesetzlich nichts anderes bestimmt ist.[1338] **610**

Der Wortlaut des Art. 60 I GG lässt darauf schließen, dass dem Bundespräsidenten keinerlei Handlungsspielraum zukommt, dass er also die o.g. Funktionsträger ernennen und entlassen *muss*. Einigkeit besteht aber dahingehend, dass der Bundespräsident die Ernennung und Entlassung aus **Rechtsgründen** verweigern kann.[1339] Erfüllt also beispielsweise die zu ernennende Person nicht die Ernennungsvoraussetzungen (vgl. etwa §§ 7 ff. BBG), darf (und muss) der Bundespräsident die Ernennung verweigern. Eine andere Entscheidung wäre mit der Bindung an Gesetz und Recht (Art. 20 III GG) nicht zu vereinbaren. Ein darüber hinausgehendes Entscheidungsermessen hat er nicht. Er muss die von der Bundesregierung vorgesehenen Personen ernennen oder entlassen. Gleiches gilt hinsichtlich der Versetzung in den einstweiligen Ruhestand von politischen Beamten. **611**

Beispiel: S ist Staatssekretärin im Bundeskanzleramt. Aufgrund zahlreicher Kontakte zur Industrie wird ihr die Stelle als Leiterin der Rechtsabteilung in einem großen Konzern angeboten. Sie beantragt daher die Entlassung aus dem Beamtenverhältnis (vgl. § 33 BBG). Bundeskanzler K möchte mit Hinweis auf die fachliche Qualifikation die S nur ungern entlassen, entspricht letztlich aber ihrem Wunsch. Doch statt sie zu entlassen, versetzt er sie in den einstweiligen Ruhestand, damit sie noch weiterhin Dienstbezüge erhält. Bundespräsident A, der die Versetzung in den einstweiligen Ruhestand verfügen soll, sieht darin einen Verstoß gegen geltendes Recht, da die Voraussetzungen für die Versetzung in den einstweiligen Ruhestand nicht vorlägen. Er verweigert daher die Vornahme der Entlassung. Zu Recht?

Wie bereits gesagt, ernennt und entlässt der Bundespräsident gem. Art. 60 I GG die Beamten. Danach kommt ihm also kein Entscheidungsspielraum zu. Da aber auch er an Gesetz und Recht (Art. 20 III GG) gebunden ist und einem Staatsoberhaupt nicht zugemutet werden kann, rechtswidrige Staatsakte mit zu tragen, kann (und muss) er die Ernennung bzw. Entlassung verweigern, wenn anderenfalls ein Gesetzesverstoß begangen würde. Vorliegend könnte A sich also weigern, die S in den einstweiligen Ruhestand zu versetzen, wenn die Versetzung in den einstweiligen Ruhestand rechtswidrig wäre. Die Voraussetzungen für die Versetzung in den einstweiligen Ruhestand sind gesetzlich nicht normiert. Insbesondere gestattet § 54 I BBG die Versetzung in den einstweiligen Ruhestand scheinbar ohne Voraussetzungen. Gleichwohl müssen aufgrund der Erheblichkeit der Entscheidung sowohl für den betreffenden Beamten als auch für den öffentlichen Haushalt nachvollziehbare Gründe bestehen. Ziel der Versetzung von politischen Beamten in den einstweiligen Ruhestand muss es sein, eine fortdauernde Übereinstimmung mit den grundsätzlichen politischen Ansichten und Zielen der Regierung herzustellen. Nur an dieser Zielrichtung, nicht aber den privaten Gewinnchancen des betroffenen Beamten, muss sich die Entscheidung über die Versetzung eines politischen Beamten in den einstweiligen Ruhestand orientieren. Orientiert sie sich nicht an dieser Zielrichtung, ist die Entscheidung ermessensfehlerhaft und rechtswidrig.[1340] Der Bundespräsident darf (und muss) in diesem Fall die Verfügung verweigern. Vorliegend entspricht die S den grundsätzlichen politischen Ansichten und Zielen der Regierung. Daher ist ihre Versetzung in den einstweiligen Ruhestand ermessensfehlerhaft und

[1338] Siehe dazu die AO des Bundespräsidenten, BGBl I 1975, S. 1915 und BGBl I 1996, S. 1772.
[1339] Ganz h.M., vgl. nur *Pieroth*, in: J/P, GG, Art. 60 Rn 1.
[1340] *Masing/Wißmann*, JuS 1999, 1204.

rechtswidrig. A war daher nicht verpflichtet, die S in den einstweiligen Ruhestand zu versetzen.

612 Dem Bundespräsidenten steht ein Initiativrecht bezüglich der Ernennung oder Entlassung einer bestimmten Person nicht zu. Das folgt aus der allgemein abgeschwächten Stellung des Bundespräsidenten im Staatsgefüge und der politischen Verantwortung der Regierung gegenüber dem Parlament. Hat die Regierung ihre Politik vor dem Parlament zu verantworten, hat sie auch das Recht der unbeeinflussten Personenauswahl. Die Staatspraxis trägt dem auch Rechnung. In § 29 II GO BReg sind Anordnungen und Verfügungen dem Bundespräsidenten grundsätzlich „erst nach der Gegenzeichnung durch den zuständigen Bundesminister zur Vollziehung vorzulegen".

Beispiel: Bundespräsident B hält den Staatssekretär im Auswärtigen Amt T für untragbar und versetzt ihn in den einstweiligen Ruhestand (vgl. § 54 I BBG). Die Bundesregierung ist der Auffassung, es stehe allein in ihrer Kompetenz, Personalentscheidungen zu treffen, und wendet sich zur Klärung dieser Streitfrage an das BVerfG.

Statthaft ist ein **Organstreitverfahren** (Art. 93 I Nr. 1 GG, §§ 13 Nr. 5, 63 ff. BVerfGG), da bezüglich der Rechtmäßigkeit einer rechtlich erheblichen Maßnahme eines obersten Bundesorgans im Hinblick auf Rechte und Pflichten dieses obersten Bundesorgans Streit besteht. Die Bundesregierung ist auch gem. § 64 I BVerfGG antragsbefugt, da nicht ausgeschlossen werden kann, dass der Bundespräsident in den Kompetenzbereich (hier: Personalhoheit) der Bundesregierung eingegriffen hat.

Der Organstreit ist begründet, wenn der Bundespräsident durch die Versetzung des T in den einstweiligen Ruhestand in die Personalhoheit der Bundesregierung eingegriffen hat. Nach dem oben Gesagten hat der Bundespräsident grundsätzlich nur ein formelles Ernennungs- und Entlassungsrecht. Ein materielles Ernennungs- und Entlassungsrecht besteht lediglich aus Rechtsgründen (etwa wegen des Fehlens von Ernennungs- oder Entlassungsvoraussetzungen). Im Übrigen hat der Bundespräsident kein Recht der Einflussnahme auf die Personalauswahl. Von daher war es vorliegend dem B verwehrt, den T in den einstweiligen Ruhestand zu versetzen. Der Organstreit ist begründet.

613 Etwas anderes gilt hinsichtlich der **Personalauswahl im Präsidialamt**. Aus der Organisationsgewalt und damit verbunden der Personalhoheit des Bundespräsidenten in dessen Kompetenzbereich folgt das Recht des Bundespräsidenten, die Auswahl der für das Präsidialamt tätig werdenden Beamten selbst vorzunehmen. Dem steht auch nicht der Grundsatz entgegen, dass Anordnungen und Verfügungen des Bundespräsidenten stets der Gegenzeichnung gem. Art. 58 I GG bedürfen.

Beispiel: Bundespräsident C möchte den wegen seines großen Sachverstands bekannten Verwaltungsbeamten V zum Leiter des Präsidialamtes ernennen. Er unterzeichnet daher eine von seinem Stab vorgefertigte Ernennungsurkunde und legt sie der Bundesregierung zur Gegenzeichnung (vgl. Art. 58 I GG) vor. Diese verweigert die Gegenzeichnung mit dem Argument, die Personalhoheit der Bundesregierung umfasse auch Personalentscheidungen bezüglich der Beamten des Präsidialamtes.

Auch in diesem Fall ist das **Organstreitverfahren** statthaft, sofern der Bundespräsident einen entsprechenden Antrag stellt. Begründet ist das Organstreitverfahren, wenn sich die Bundesregierung zu Unrecht weigert, die Ernennungsverfügung des Bundespräsidenten gegenzuzeichnen. Wie bereits gesagt, folgt aus der Organisationsgewalt des Bundespräsidenten über sein Präsidialamt auch die Befugnis der Auswahl der Beamten, die für ihn tätig werden sollen. Zwar bedürfen gem. Art. 58 I GG auch in diesem Fall Anordnungen und Verfügungen des Bundespräsidenten stets der Gegenzeichnung durch die Bundesregierung. Gerade wegen der Organisationsgewalt des Bundespräsidenten im Präsidialamt besteht aber eine Gegenzeichnungspflicht seitens der Bundesregierung. Ein entsprechendes Organstreitverfahren wäre somit begründet.

VII. Äußerungsbefugnis in Bezug auf politische Parteien?

Die vom damaligen Bundespräsidenten Gauck im August 2013 getätigte Bezeichnung der NPD-Mitglieder als „Spinner" hat die Frage aufgeworfen, ob einem Bundespräsidenten angesichts seiner vornehmlichen **Repräsentations- und Integrationsfunktion** sowie seiner **„staatsnotariellen"** Aufgabe die Befugnis zusteht, sich – gerade im Vorfeld einer Bundestagswahl – abfällig über eine politische Partei zu äußern. Das BVerfG hat die fragliche Äußerung im Ergebnis als Akt der Meinungsäußerungsfreiheit gebilligt, indem es auf den Gesamtzusammenhang abgestellt hat, in dem die Äußerung getätigt wurde.[1341] Nach der hier vertretenen Auffassung ist das nicht ganz unproblematisch, da gerade von einem Bundespräsidenten in Anbetracht seiner genannten verfassungsrechtlichen Stellung und seines Aufgabenbereichs äußerste Zurückhaltung im politischen Meinungskampf erwartet werden darf.[1342] Auch die Anfang November 2014 von Gauck öffentlich in Frage gestellte demokratische Einstellung der Mitglieder der Partei DIE LINKE ist nicht parteipolitisch neutral und (daher) mit der Repräsentations- und Integrationsfunktion schwerlich zu vereinbaren. **613a**

VIII. Völkerrechtliche Vertretung des Bundes

1. Einführung

Die völkerrechtliche Vertretung des Bundes obliegt gemäß Art. 59 I GG dem Bundespräsidenten. Allerdings ist dabei gemäß Art. 59 II GG ein bestimmtes Verfahren einzuhalten. Da dieses Thema im Pflichtfach wenig examensrelevant ist, werden die Probleme im Folgenden nur in Grundzügen behandelt. **613b**

Soll ein Abkommen (oder auch: Staatsvertrag) geschlossen werden, stellt sich der Ablauf des Verfahrens wie folgt dar: Zunächst entwerfen die Verhandlungsführer (i.d.R. Bundeskanzler oder Bundesminister) gemeinsam mit den Vertretern des anderen Staates einen Vertragstext, welcher sodann paraphiert, d.h. vorläufig unterschrieben wird. Sodann müssen gem. Art. 59 II GG regelmäßig Bundestag und Bundesrat beteiligt werden. Dies geschieht durch Erlass des sog. Vertrags- bzw. Zustimmungsgesetzes, welches den Bundespräsidenten ermächtigt, den Vertrag zu ratifizieren (endgültig abzuschließen) und die Bundesrepublik damit völkerrechtlich zu binden.[1343] Wurde das Abkommen vom Bundespräsidenten sowie dem Vertragspartner ratifiziert, werden die Vertragsurkunden entweder ausgetauscht (bei bilateralen Abkommen) oder an einem Ort hinterlegt (bei multilateralen Abkommen). Damit dieses Abkommen sodann innerstaatliches Recht wird, muss es durch ein sog. Transformationsgesetz transformiert werden (dazu Rn 613i). **613c**

2. Hinweise für die Fallbearbeitung

Sind der Abschluss und die Transformation von Abkommen einmal Thema einer Klausur, liegt der Fall regelmäßig so, dass der Bund einen Vertrag geschlossen hat oder schließen will, dessen Sachmaterie in die ausschließliche Gesetzgebungskompetenz der Länder fällt. Dieses Problem kann sich in verschiedensten Konstellationen stellen. Als Beispiele seien genannt: **613d**

[1341] BVerfG NJW 2014, 2563, 2564. Vgl. dazu bereits oben die beiden Fußnoten zu Rn 581.

[1342] Kritisch (wohl) auch *Hillgruber*, JA 2014, 796, 798. Offener *Muckel*, JA 2017, 523, 526.

[1343] Durch das Erfordernis der Zustimmung der gesetzgebenden Körperschaften soll gewährleistet werden, dass die Exekutive die Legislative nicht durch völkerrechtliche Verträge in ihren Zuständigkeiten beschneidet (vgl. dazu BVerfGE 68, 1, 88; 90, 286, 357).

- Weigert sich der Bundespräsident, das Vertragsgesetz des Bundes auszufertigen (formelles Prüfungsrecht), können Bundestag oder Bundesregierung die Weigerung zum Gegenstand eines Organstreits machen.
- Plant der Bundespräsident, das Vertragsgesetz auszufertigen, können die Länderregierungen über den Bundesrat einen Organstreit mit dem Ziel führen, dass das BVerfG die geplante Ausfertigung für verfassungswidrig erklärt.
- Ist das Vertragsgesetz bereits ausgefertigt, kann eine Landesregierung versuchen, das Vertragsgesetz durch Anstrengung einer abstrakten Normenkontrolle zu Fall zu bringen (um so zu verhindern, dass der Bundespräsident das Abkommen ratifiziert).

Gleichgültig, welche Konstellation vorliegt, ist in jedem Fall im Rahmen der **formellen Verfassungsmäßigkeit des Vertragsgesetzes** zu prüfen, ob der Bund für den Abschluss zuständig war und das Verfahren eingehalten hat. Je nach Fallkonstellation kann auch die Frage nach der Transformation des Abkommens zu prüfen sein.

3. Vertragsschluss

a. Abschlusskompetenz

613e Die **Verbandskompetenz** des Bundes für Sachmaterien der Bundesgesetzgebung ergibt sich aus Art. 32 I GG. Ob der Bund auch Abkommen über Sachmaterien schließen kann, die der ausschließlichen Gesetzgebungskompetenz der Länder unterfallen, ist wegen Art. 32 III GG umstritten:

- Die Vertreter der sog. **föderalistischen Theorie** legen Art. 32 III GG dahingehend aus, dass in diesen Fällen nur die Länder (mit Zustimmung der Bundesregierung) die Abschlusskompetenz haben.[1344] Vertreter dieser Ansicht sehen in Art. 32 III GG also eine den Art. 32 I GG verdrängende Sonderregel (untechnisch: „**nur die Länder**").
- Die Vertreter der sog. **zentralistischen Theorie** legen Art. 32 III GG dahingehend aus, dass er den Art. 32 I GG nur ergänzt und die Länder lediglich eine zusätzliche (konkurrierende) Abschlusskompetenz haben.[1345] Hiernach kann also der Bund bzgl. aller Sachmaterien Verträge schließen. Daneben können die Länder auch Abkommen schließen, jedoch nur bzgl. der Materien, die ihrer Gesetzgebungskompetenz unterfallen (untechnisch: „**auch die Länder**"). Hierfür spricht vor allem der Umstand, dass die BRD kein Staatenbund, sondern ein nach außen als Einheit auftretender Bundesstaat ist. Zudem können die Länder nicht selbstständig am diplomatischen Dienst neben dem Bund teilnehmen.[1346] Weiterhin hätte der Gesetzgeber den Wortlaut des Art. 32 III GG eindeutiger fassen müssen, wenn er eine ausschließliche Abschlusskompetenz der Länder gewollt hätte. Im Ergebnis ist daher davon auszugehen, dass der Bund grds. für den Abschluss von Abkommen zuständig ist (a.A. vertretbar).

613f Die **Organkompetenz** ergibt sich aus Art. 59 I S. 2 GG nur bzgl. der Ratifikation (dazu allgemein Rn 21p). Die Führung der Verhandlungen und die vorläufige Unterzeichnung sind auch durch Vertreter der Bundesregierung möglich.

b. Beteiligung der Gesetzgebungsorgane

613g Nach Art. 59 II S. 1 GG bedürfen Verträge, welche die politischen Beziehungen des Bundes regeln oder sich auf Gegenstände der Bundesgesetzgebung beziehen, der Mitwirkung von Bundestag und Bundesrat. Allerdings ist dies nach h.M. nicht nur bei Sachmaterien der *Bundes*gesetzgebung, sondern bei jeder Sachmaterie (also auch bei

[1344] *Nettesheim*, in: Maunz/Dürig, GG, Art. 32 Rn 29, 41.
[1345] *Schmidt-Bleibtreu*, in: Schmidt-Bleibtreu/Hofmann/Henneke, GG, Art. 32 Rn. 17.
[1346] *Friehe*, JA 1983, 117, 121.

solchen der Landesgesetzgebung) erforderlich, wenn eine entsprechende Maßnahme innerstaatlich nur durch förmliches Gesetz ergehen könnte (insbesondere wegen des Gesetzesvorbehalts).

Die Mitwirkung des Bundesrats erschöpft sich nach h.M. in einer Einspruchsmöglichkeit, da ein Zustimmungserfordernis im GG nicht geregelt ist, die Annahme eines ungeschriebenen Zustimmungserfordernisses der Rechtsklarheit abträglich wäre und die Länder durch ihre Transformationskompetenz ausreichend beteiligt sind (s.u.). **613h**

4. Transformation in deutsches Recht

Gemäß Art. 25 GG werden nach h.M.[1347] nur das Völker*gewohnheits*recht und die allgemeinen völkerrechtlichen Rechtsgrundsätze „automatisch" Bundesrecht. Hinsichtlich des Völker*vertrags*rechts, wozu Staatsverträge bzw. Abkommen zählen, ist eine Transformation erforderlich. **613i**

a. Transformationskompetenz

Fraglich ist, ob der Bund (neben dem Vertragsschluss, vgl. Art. 32 I GG) auch für die Transformation zuständig ist. Dies lässt sich jedenfalls nicht aus Art. 59 II S. 1 GG ableiten, da dieser keine Zuständigkeitsregelung trifft. Auch ergibt sich dies nicht aus Art. 73 I Nr. 1 GG, da es zu einer Aushöhlung der Ländergesetzgebungskompetenz führen würde, wenn der Bund eine Sachmaterie der Ländergesetzgebungskompetenz zum Bestandteil eines Abkommens machen, dieses transformieren und die Länder somit vor vollendete Tatsachen stellen könnte. Daher kann sich die Bundeszuständigkeit auch nicht aus dem Sachzusammenhang zur Abschlusskompetenz ergeben, da dies ebenfalls zur Aushöhlung der Ländergesetzgebungskompetenz führen würde. Somit sind für die Transformation allein die Art. 70 ff. GG maßgeblich. **613j**
Danach hat der Bund nur dann die Transformationskompetenz, wenn ihm die Materie nach den Art. 73, 71 oder 74, 72 II GG zusteht. Hat das Abkommen aber eine Materie der Landesgesetzgebung zum Inhalt (vgl. Art. 32 III GG), sind regelmäßig allein die Länder zur Transformation befugt.

Dies führt zwar zu dem seltsam anmutenden Ergebnis, dass Abschluss- und Transformationskompetenz auseinanderfallen und – da das GG keine (ausdrückliche) Verpflichtung der Länder zur Transformation von Abkommen regelt – der Bund seine völkerrechtliche Verpflichtung „nach außen" nicht einhalten könnte. Gleichwohl kann sich eine solche Pflicht der Länder aus dem Grds. der Bundestreue ergeben, wenn die Länder zuvor beteiligt wurden. Wann und wie die Länder zu beteiligen sind, ist im sog. „Lindauer Abkommen" zwischen Bund und Ländern geregelt. Dieses stellt nach h.M. zwar keine verbindliche Regelung, sondern lediglich eine Bestätigung der Rechtslage dar, jedoch wurden die Verfahrensregelungen bisher stets eingehalten.

b. Transformationsverfahren

Die Transformation erfolgt durch ein förmliches Gesetz des Bundes oder der Länder. Ist der Bund auch für die Transformation zuständig, ist das Transformationsgesetz regelmäßig bereits im Vertragsgesetz enthalten. **613k**

> **Hinweis für die Fallbearbeitung:** Schließt der Bund bspw. auf dem Gebiet des Postwesens ein Abkommen, hat er nach Art. 32 I GG die Abschluss- und nach Art. 73 I Nr. 7, 71 GG die Transformationskompetenz. Schließt er hingegen ein Abkommen auf dem Gebiet des Gefahrenabwehrrechts, steht ihm nach Art. 32 I GG zwar

[1347] Vgl. dazu aus jüngerer Zeit BVerfGE 109, 13, 27; 118, 124, 134.

> die Abschlusskompetenz, den Ländern jedoch nach Art. 70 I GG die Transformationskompetenz zu. Daneben können die Länder gem. Art. 32 III GG ebenfalls Abkommen schießen, soweit sie gesetzgebungsbefugt sind (z.B. Gefahrenabwehrrecht). Ihre Transformationskompetenz ergibt sich dann wieder aus Art. 70 I GG.

IX. Rücktritt des Bundespräsidenten

613l Obwohl eine ausdrückliche Regelung im Grundgesetz fehlt, ist allgemein anerkannt, dass der Bundespräsident **zurücktreten** und damit seine Amtszeit beenden kann.[1348] Das entspricht der gewohnheitsrechtlich allgemein anerkannten Möglichkeit, generell von öffentlichen Ämtern zurückzutreten. Der Rücktritt ist kein Amtsakt, sondern eine individuelle Willenserklärung des Bundespräsidenten. Deshalb bedarf die Rücktrittserklärung auch keiner Gegenzeichnung nach Art. 58 S. 1 GG (str., vgl. Rn 586 f.).

Die Rücktrittserklärung ist eine empfangsbedürftige Willenserklärung. Unklar ist allerdings, wer **Adressat** der Rücktrittserklärung ist. Da der Bundespräsident als Staatsoberhaupt keinem anderen Staatsorgan untersteht, ist es zunächst denkbar, das Volk, das er repräsentiert, als Adressat der Rücktrittserklärung anzusehen.[1349] Danach müsste der Bundespräsident seinen Rücktritt gegenüber dem Volk, also der Öffentlichkeit, erklären. Teilweise werden aber auch Bundestag und Bundesrat oder Bundestag und Bundesregierung als Adressaten der Erklärung angesehen (vgl. *Jülich*, DÖV 1969, 92, 96). Gegen diese Auffassungen spricht, dass die genannten Verfassungsorgane entweder nicht oder nur zum Teil an der Wahl des Bundespräsidenten beteiligt sind. Warum sie dann aber Adressat der Rücktrittserklärung sein sollen, erschließt sich nicht unbedingt. Näher liegt es, den Bundestagspräsidenten in seiner Funktion als **Präsident der Bundesversammlung** (Art. 54 IV S. 2 GG, § 8 BPräsWahlG) als Adressaten der Rücktrittserklärung des Bundespräsidenten anzusehen.[1350] Dem Bundespräsidenten, der zurücktreten möchte, ist daher zu empfehlen, seine Rücktrittserklärung vorsorglich sowohl öffentlich als auch gegenüber dem Präsidenten des Bundestags, dem Präsidenten des Bundesrats, dem Bundeskanzler und dem Präsidenten des Bundesverfassungsgerichts, also öffentlich und gegenüber allen anderen Verfassungsorganen, abzugeben.

[1348] *Fink*, in: v. Mangoldt/Klein/Stark, GG, Art. 54 Rn 27; *v. Münch/Mager*, Staatsrecht I, Rn 292.

[1349] So wohl *Hebeler*, DVBl 2011, 317, 318, indem er schreibt, dass eine einfache, adressatenlose Erklärung genüge.

[1350] Vgl. auch *Waldhoff/Grefrath*, in: Berliner Kommentar, Art. 54 Rn 88; *Herzog*, in: Maunz/Dürig, Art. 54 Rn 59; *Fritz*, in: Bonner Kommentar, Art. 54 Rn 163. Dem sich anschließend *Helm/Platzer*, JA 2013, 284, 287.

F. Das Bundesverfassungsgericht

Wichtige Entscheidungen: BVerfGE 7, 1 (Zuständigkeit des BVerfG bei Fragen, die die Vereinbarkeit von Berliner Gesetzen mit dem GG betreffen); 7, 198 (Lüth); 7, 377 (Apothekenurteil); 65, 152 (Besetzung des 1. Senats des BVerfG); 68, 1 (judicial self-restraint); 72, 296 (Selbstablehnung eines Richters des BVerfG); 73, 330 (Ablehnung eines Bundesverfassungsrichters wegen Befangenheit); BVerfG NVwZ 2020, 53 („Recht auf Vergessenwerden I"); BVerfG NVwZ 2020, 63 („Recht auf Vergessenwerden II"). Siehe auch die Aufzählungen bei den einzelnen Verfahrensarten.

I. Bundesverfassungsgericht als Hüter(in) der Verfassung

Das BVerfG wird im Grundgesetz systematisch außerhalb der Abschnitte über die obersten Verfassungsorgane behandelt, nämlich im Abschnitt IX, der die Rechtsprechung zum Gegenstand hat. Es muss daher die Frage aufgeworfen werden, ob das BVerfG zu den obersten Verfassungsorganen zählt. Der (einfache) Gesetzgeber hat durch die Formulierung in § 1 BVerfGG („... allen *übrigen* Verfassungsorganen gegenüber ...") zum Ausdruck gebracht, dass er das BVerfG als oberstes Verfassungsorgan ansieht. Allerdings kann der einfache Gesetzgeber nicht bestimmen, welche Institutionen den Rang eines Verfassungsorgans erhalten. Gleichwohl entspricht es der h.M., das BVerfG als Verfassungsorgan zu bezeichnen. Denn aufgrund seiner Stellung und der sich aus Art. 93 GG ergebenden Kompetenzen wird allgemein die Aufgabe abgeleitet, es habe als „Hüter der Verfassung"[1351] die Normen des Grundgesetzes verbindlich auszulegen und anzuwenden und hierbei insbesondere dafür zu sorgen, dass die Staatsgewalt die gezogenen Grenzen nicht überschreitet und die der Verfassung zugrunde liegenden obersten Richtwerte verwirklicht werden, weswegen anzunehmen ist, dass das BVerfG zu den obersten Verfassungsorganen zählt.[1352] Es wäre nicht sachgerecht, einem Spruchkörper einer Staatsgewalt, deren Aufgabe darin besteht, Akte von Organen der anderen Staatsgewalten zu überprüfen und ggf. zu verwerfen, nicht den Rang der zu kontrollierenden Staatsgewalten zuzusprechen. Kein Argument kann indes sein, dass das BVerfG sich selbst als oberstes Verfassungsorgan bezeichnet.[1353] 614

Die Entscheidungen des BVerfG sind unanfechtbar und binden alle übrigen Staatsorgane (vgl. § 31 I BVerfGG). Somit sind auch die Fachgerichte gebunden, selbst wenn sie die betreffende BVerfG-Entscheidung für falsch halten. 615

Das BVerwG führt dazu in einem Fall, in dem es offenbar gerne anders entschieden hätte, aus: „Hebt das Bundesverfassungsgericht eine fachgerichtliche Entscheidung wegen eines Grundgesetzverstoßes auf und verweist die Sache an das Fachgericht zurück, ist dieses bei seiner erneuten Entscheidung an die Feststellung des Grundrechtsverstoßes gebunden. Es darf die aufgehobene Entscheidung nicht für grundgesetzkonform erklären. Dies gilt unabhängig davon, auf welche Gründe das Bundesverfassungsgericht den Grundrechtsverstoß gestützt hat. Die Bindungswirkung der Feststellung des Grundrechtsverstoßes durch das Bundesverfassungsgericht hindert das Fachgericht auch daran, unter Berufung auf die EMRK zu einem davon abweichenden Ergebnis zu kommen. Die EMRK kann dann nicht als Auslegungshilfe für die Bestimmung von Inhalt und Reichweite des Grundrechtes herangezogen werden."[1354]

In den Fällen des Art. 94 II S. 1 GG i.V.m. § 31 II BVerfGG und im Fall des Art. 93 II S. 2 GG hat die Entscheidung sogar Gesetzeskraft. 616

[1351] So ausdrücklich BVerfGE 1, 184, 195 ff.; 1, 396, 408 f.; 2, 124, 131; 6, 300, 304; 40, 88, 93.
[1352] Vgl. auch *Stern*, StaatsR II, § 44 II 2.
[1353] BVerfGE 7, 1, 14; 7, 377, 413; 65, 152, 154.
[1354] BVerwG NVwZ 2017, 65 LS 1 und 2.

Das BVerfG besteht aus zwei Senaten zu je acht Richtern, von denen je drei aus den obersten Gerichtshöfen des Bundes gewählt werden (§ 2 BVerfGG). Hinsichtlich der Wahl der Bundesverfassungsrichter bestimmt das Grundgesetz selbst, dass die Richter je zur Hälfte vom Bundestag und vom Bundesrat gewählt werden (Art. 94 I S. 2 GG). Bemerkenswert ist, dass die vom Bundestag zu wählenden Richter nicht – wie man dies aufgrund des Wortlauts des Art. 94 I S. 2 GG vermuten würde – vom Plenum, sondern lediglich indirekt durch einen nach dem Verhältniswahlsystem bestellten Zwölferwahlausschuss (Wahlausschuss nach § 6 BVerfGG), der noch nicht einmal öffentlich tagt, gewählt werden, was in Anbetracht der immensen Bedeutung der Entscheidungen des BVerfG für das Staatsganze[1355] die Frage nach der demokratischen Legitimation dieses Wahlverfahrens aufwirft.[1356] Zwar ist für die Wahl eines Verfassungsrichters Zweidrittelmehrheit erforderlich (vgl. § 6 I BVerfGG für die vom Bundestag zu wählenden Verfassungsrichter), was eine komplette Majorisierung der Minderheiten auszuschließen scheint[1357]. Allerdings ist dieses hohe Quorum lediglich in § 6 I BVerfGG, also in einem einfachen Bundesgesetz, festgeschrieben und könnte daher vom Bundestag sogar mit einfacher Abstimmungsmehrheit (vgl. Art. 42 II S. 1 GG) in Form einer Änderung des BVerfGG beseitigt werden. Durch einfaches Bundesgesetz wäre es damit möglich, die Wahl der (vom Bundestag zu wählenden) Bundesverfassungsrichter von einfachen Mehrheiten im Wahlausschuss, der noch nicht einmal öffentlich tagen muss (s.o.), abhängig zu machen. Daher sind zu Recht Zweifel nicht nur an der demokratischen Legitimation des Wahlverfahrens, sondern auch an der demokratischen Legitimation der Bundesverfassungsrichter angebracht, jedenfalls, sofern diese – nach einer Änderung des § 6 BVerfGG – nur mit einfacher Mehrheit gewählt werden würden. Zu wünschen wäre, dass das Grundgesetz hinsichtlich der Bundesverfassungsrichterwahl eine qualifizierte Mehrheit forderte. Zum Verfahren insgesamt vgl. §§ 5 ff. BVerfGG.

Die vom Bundesrat zu wählenden Richter werden hingegen vom Bundesrat in unmittelbarer Wahl gewählt. Auch für diese Wahl ist Zweidrittelmehrheit erforderlich (§ 7 BVerfGG).

Um eine Interessenkollision von vornherein zu vermeiden, dürfen die Richter des BVerfG weder dem Bundestag, dem Bundesrat, der Bundesregierung noch den entsprechenden Organen der Länder angehören (Art. 94 I S. 3 GG). Zudem müssen die Richter nach § 3 I BVerfGG das 40. Lebensjahr vollendet haben, zum Bundestag wählbar sein und sich schriftlich bereit erklärt haben, Mitglied des BVerfG zu werden. Die Altersgrenze soll gewährleisten, dass nur Richter mit der nötigen Erfahrung und beruflichen Reife zu Verfassungsrichtern berufen werden. Die Amtszeit der Richter dauert nach § 4 I BVerfGG zwölf Jahre, längstens bis zur Altersgrenze, die gem. § 4 III BVerfGG auf das Ende des Monats festgelegt ist, in dem der Richter das 68. Lebensjahr vollendet. Eine anschließende oder spätere Wiederwahl ist gem. § 4 II BVerfGG ausgeschlossen.

Die Zuständigkeitsabgrenzung zwischen beiden Senaten ist in § 14 BVerfGG geregelt. Bedeutsam ist die Ermächtigung gem. § 14 IV S. 1 BVerfGG, wonach das Plenum des BVerfG unter den in der Vorschrift genannten Voraussetzungen die Zuständigkeit der Senate abweichend von § 14 I und II BVerfGG regeln kann.[1358]

[1355] Man denke nur an die sog. Maastricht-Entscheidung (BVerfGE 89, 155 ff. – dazu Rn 348), an das Lissabon-Urteil (BVerfGE 123, 267 ff. – dazu Rn 350 ff.) oder an die ESM-Entscheidung (BVerfGE 132, 195, 232 ff. – dazu Rn 250, 353a, 353b), aber auch an Entscheidungen, in denen Parlamentsgesetze für verfassungswidrig und teilweise nichtig erklärt wurden, etwa die Urteile zum Schwangerschaftsabbruch (BVerfGE 39, 1 ff. und BVerfGE 88, 203 ff. – dazu *R. Schmidt*, Grundrechte, Rn 50) oder das Urteil zum Luftsicherheitsgesetz (BVerfGE 115, 118 ff. – dazu *R. Schmidt*, Grundrechte, Rn 306). Generell sind zahlreiche Entscheidungen über die Auslegung der Grundrechte von weit reichender Bedeutung, etwa wenn es um das Recht auf informationelle Selbstbestimmung geht. Beispiele sind die Entscheidungen über die Videoüberwachung öffentlicher Orte oder von Versammlungen, die Abfrage von Kontostammdaten, die DNA-Identitätsfeststellung („genetischer Fingerabdruck"), die Rasterfahndung, die Speicherung und den Abruf von Verkehrsdaten, die Errichtung einer Antiterrordatei, die Ermittlung des Standorts eines Mobiltelefons, die automatische Erfassung von Kfz-Kennzeichen sowie die Onlinedurchsuchung von Computern zur Terrorismusbekämpfung – dazu *R. Schmidt*, Grundrechte, Rn 270 ff.

[1356] Zweifel an der Verfassungsmäßigkeit äußert auch *Wieland*, in: Dreier, GG Art. 94 Rn 14; vgl. auch *Voßkuhle*, in: v. Mangoldt/Klein/Starck, GG, Art. 94 Rn 15.

[1357] *Ipsen*, Rn 202.

[1358] Vgl. dazu den Beschluss des Plenums des BVerfG v. 24.11.2015 (BGBl I 2016, S. 118).

Für den Fall, dass ein Senat von der Rspr. des anderen Senats abweichen will, sieht § 16 I BVerfGG (wegen der großen Tragweite der Entscheidungen des BVerfG für die Rechtspraxis) eine Entscheidung des Plenums vor. Dieses besteht aus allen Richtern des BVerfG.

Jeder Senat ist beschlussfähig, wenn mindestens sechs Richter anwesend sind (§ 15 II S. 1 BVerfGG). In den Verfahren über die Verwirkung von Grundrechten, über die Verfassungswidrigkeit von Parteien, über Anklagen des Bundestags oder des Bundesrats gegen den Bundespräsidenten und über Richteranklagen bedarf es zu einer dem Antragsgegner nachteiligen Entscheidung einer Mehrheit von zwei Dritteln der Mitglieder des Senats (§ 15 IV S. 1 BVerfGG). In allen anderen Verfahren entscheidet die Mehrheit der an der Entscheidung mitwirkenden Mitglieder des Senats, soweit nichts anderes gesetzlich geregelt ist (§ 15 IV S. 2 BVerfGG). Bei Stimmengleichheit kann ein Verstoß gegen das Grundgesetz oder sonstiges Bundesrecht nicht festgestellt werden (§ 15 IV S. 3 BVerfGG).

Speziell für Verfassungsbeschwerden ermächtigt Art. 94 II S. 2 GG den Bundesgesetzgeber, ein besonderes Annahmeverfahren vorzusehen. Von dieser Ermächtigung hat der Gesetzgeber durch §§ 90 II und 93a ff. BVerfGG Gebrauch gemacht.

II. Zuständigkeiten des BVerfG/Prüfungsmaßstab

Die Verfahrensarten sind zunächst im Grundgesetz aufgeführt. Daneben kann das **617** BVerfG in den ihm durch den Bundesgesetzgeber zugewiesenen Fällen tätig werden (Art. 93 III GG). Außerhalb des gesetzlich bestimmten Zuständigkeitskatalogs können keine weiteren Zuständigkeiten begründet werden (Enumerationsprinzip). Die wesentlichen Zuständigkeiten sind in Art. 93 I-II GG genannt, andere im Grundgesetz verstreut aufgeführt (vgl. etwa Art. 18 und 21 IV sowie 100 I GG). Einen einfachgesetzlichen Gesamtüberblick bietet § 13 BVerfGG. Allen Verfahrensarten gemeinsam ist der Prüfungsmaßstab: das **Grundgesetz**. Maßnahmen und Akte der EU unterstehen nicht dem Grundgesetz[1359] und können daher auch nicht vor dem BVerfG angegriffen werden.[1360] In einem solchen Fall sowie generell für den Fall, dass die Vereinbarkeit mit EU-Recht in Rede steht, ist der EuGH zuständig. Folgerichtig erklärte sich das BVerfG bislang auch **nicht zuständig**[1361], es sei denn, eine Handlung eines Organs oder einer Einrichtung der EU beruhte auf einer **Kompetenzüberschreitung** oder sie betraf den nicht übertragbaren Bereich der durch Art. 23 I S. 3 i.V.m. Art. 79 III GG geschützten **Verfassungsidentität** des Grundgesetzes.

Stand ein solcher Fall im Raum, wurde das BVerfG tätig und prüfte im Rahmen der „**Ultra-vires-Kontrolle**", ob der fragliche EU-Akt noch von der Kompetenzübertragung gedeckt war[1362], oder im Rahmen der „**Identitätskontrolle**", ob der fragliche Rechtsakt eines Organs oder einer Einrichtung der EU ein gem. Art. 23 I S. 3 i.V.m. Art. 79 III GG unveränderliches Verfassungsprinzip aus Art. 1 und 20 GG verletzt hatte[1363] (siehe Rn 358 ff.).

Nun aber scheint es so, als vollziehe das BVerfG mit seinen Beschlüssen zum „Recht **617a** auf Vergessenwerden" einen Paradigmenwechsel. Während es in seinem 1. Beschluss vom 6.11.2019 konstatiert, es prüfe unionsrechtlich nicht vollständig determiniertes innerstaatliches Recht (also EU-Recht, das den Mitgliedstaaten Spielräume lässt) pri-

---

1359 *Benda/Klein*, VerfProzR, 3. Aufl. 2012, Rn 680; *Pieroth*, in: J/P, GG, Art. 93 Rn 39. Zum EU-Recht vgl. Rn 327 ff. und 761 ff.

1360 Siehe etwa BVerfGE 110, 141, 154 f. („Kampfhunde"), wo es heißt: „Gemeinschaftsrechtlich begründete Rechte gehören nicht zu den Grundrechten oder grundrechtsgleichen Rechten, die nach Art. 93 Abs. 1 Nr. 4 a GG, § 90 Abs. 1 BVerfGG allein mit der Verfassungsbeschwerde verteidigt werden können."

1361 Siehe etwa BVerfGE 115, 276, 300 (Sportwetten), wo es (mit Verweis auf BVerfGE 31, 145, 174 f.; 82, 159, 191) heißt: „Denn für die insoweit maßgebliche Frage der Vereinbarkeit einer innerstaatlichen Norm des einfachen Rechts mit den Bestimmungen des europäischen Gemeinschaftsrechts ist das Bundesverfassungsgericht nicht zuständig."

1362 BVerfGE 126, 286, 304 („Ultra-vires-Kontrolle").

1363 BVerfG NJW 2016, 1149, 1150 f. („Identitätskontrolle"). Siehe auch BVerfG NJW 2017, 2894, 2895 ff. (Anleihenkaufprogramm der EZB).

mär am Maßstab der Grundrechte des Grundgesetzes, auch wenn das innerstaatliche Recht der Durchführung des Unionsrechts diene[1364], prüft es in „Wahrnehmung seiner Integrationsverantwortung nach Art. 23 I GG" im 2. Beschluss desselben Tages Akte deutscher Stellen, die vollständig determiniertes und die Grundrechte des Grundgesetzes verdrängendes Unionsrecht ausführen, am Maßstab der **Unionsgrundrechte**[1365]. Damit distanziert sich das BVerfG von seiner bisherigen Rechtsprechung.[1366] Die hinter dem Paradigmenwechsel stehende Dogmatik ist klar: Verdrängen Grundrechte der EU diejenigen des Grundgesetzes, können Letztere wegen des Anwendungsvorrangs des EU-Rechts nicht Prüfungsmaßstab sein. Und für die Prüfung von Akten am Maßstab der Unionsgrundrechte ist der EuGH zuständig. Für Individualbeschwerden in Bezug auf nationale Rechtsakte, deren Vereinbarkeit mit Unionsgrundrechten im Raum steht, besteht gem. Art. 263 ff. AEUV aber keine Zuständigkeit. Ein Unionsbürger hat also keine Möglichkeit, direkt vor dem EuGH die Verletzung eines Unionsgrundrechts durch nationale Stellen zu rügen. Und da setzt die Rechtsprechung des BVerfG an, das – um Rechtsschutzlücken zu schließen – für sich eine Prüfungskompetenz am Maßstab der Unionsgrundrechte in Anspruch nimmt. Freilich entspricht dies nicht dem Regelungsgehalt des Art. 93 GG und wird vom Verfasser an anderer Stelle – trotz des unabweislichen Bedürfnisses nach der Schließung von Rechtsschutzlücken[1367] – scharf kritisiert.[1368]

Freilich stellt sich die Problematik nicht, wenn es um unionsrechtlich nicht vollständig determiniertes innerstaatliches Recht geht, also um nationales Recht, das auf der Grundlage von EU-Recht erlassen wurde, das wiederum den Mitgliedstaaten Spielräume lässt, wie das z.B. nach Art. 85 DSGVO („Medienprivileg") der Fall ist. Dann sind die Grundrechte des Grundgesetzes nicht in ihrer Anwendung gesperrt und das BVerfG prüft innerstaatliches Recht, das der Durchführung des Unionsrechts dient, primär am Maßstab der Grundrechte des Grundgesetzes.[1369] Rein nationale Akte sind von vornherein nicht von der vorstehenden Problematik berührt. Für diese gelten von stets ausschließlich die Grundrechte des Grundgesetzes als Prüfungsmaßstab. Es ist, was den Prüfungsmaßstab betrifft, also stets danach zu unterscheiden, ob unionsrechtlich vollständig oder nicht vollständig determiniertes innerstaatliches Recht oder gar rein nationale Sachverhalte auf ihre Vereinbarkeit mit höherrangigem Recht zu prüfen sind.

617b In der künftigen **Rechtsanwendung** wird man auf der Basis der soeben dargestellten Entscheidung des BVerfG hinsichtlich des anwendbaren Prüfungsmaßstabs exakt differenzieren müssen:

- Akte deutscher Stellen, die unionsrechtlich vollständig determinierte Regelungen des Unionsrechts anwenden, werden am Maßstab der Unionsgrundrechte geprüft, soweit die Grundrechte des Grundgesetzes durch den Anwendungsvorrang des Unionsrechts verdrängt werden. Zu den unionsrechtlich vollständig determinierten Regelungen wird man etwa die betreffenden Regelungen der Datenschutz-Grundverordnung (DSGVO) zählen müssen, aber auch vollharmonisierende Regelungen des zivilistischen Verbrau-

[1364] BVerfG NVwZ 2020, 53 ff. („Recht auf Vergessenwerden I").
[1365] BVerfG NVwZ 2020, 63 ff. („Recht auf Vergessenwerden II").
[1366] So heißt es in BVerfG NVwZ 2020, 63, 69: „Soweit der Senat in früheren Entscheidungen – im konkreten Kontext ohnehin nicht auf die Charta bezogen – verallgemeinernd ausgeführt hat, dass gemeinschaftsrechtlich begründete Rechte nicht zu den Grundrechten gehören, die nach Art. 93 Abs. 1 Nr. 4a GG, § 90 Abs. 1 BVerfGG mit der Verfassungsbeschwerde verteidigt werden können (vgl. BVerfGE 110, 141 <154 f.>; 115, 276 <299 f.>), wird hieran in Bezug auf die innerstaatliche Anwendung der Unionsgrundrechte in dem oben entwickelten Umfang (Rn. 60) nicht festgehalten."
[1367] Siehe dazu auch *Hoffmann*, NVwZ 2020, 33 ff.
[1368] Siehe bereits den Beitrag des Verfassers vom 1.12.2019 abrufbar unter verlag-rolf-schmidt.de/aktuelles-2019-pruefung-von-akten-deutscher-oeffentlicher-gewalt-am-maßstab-von-unionsgrundrechten. Siehe auch unten Rn 366e ff. sowie *R. Schmidt*, Grundrechte, Rn 222 ff. (zum anwendbaren Prüfungsmaßstab in der Fallbearbeitung). Siehe auch die Kritik von *Muckel*, JA 2020, 237, 239.
[1369] BVerfG NVwZ 2020, 53 ff. („Recht auf Vergessenwerden I").

cherschutzrechts, etwa die Verbraucherrechterichtlinie 2011/83/EU, die – im Übrigen nicht auf den Verbrauchsgüterkauf beschränkt – eine Vollharmonisierung auf EU-Ebene insbesondere im Fernabsatzrecht erreichen möchte (siehe Erwägungsgründe 2, 4, 5, 7 und 9 sowie Art. 4 der Richtlinie 2011/83/EU).

- Geht es um unionsrechtlich nicht vollständig determiniertes innerstaatliches Recht, ist dieses primär am Maßstab der Grundrechte des Grundgesetzes zu prüfen, auch wenn das innerstaatliche Recht der Durchführung des Unionsrechts dient. Als Anwendungsfeld seien diejenigen Vorschriften der DSGVO genannt, die den Mitgliedstaaten Spielräume lassen, wie z.B. Art. 85 DSGVO („Medienprivileg") oder Art. 88 DSGVO in Bezug auf den Beschäftigtendatenschutz. Auch auf dem Gebiet des Verbraucherschutzrechts ist unionsrechtlich nicht vollständig determiniertes innerstaatliches Recht anzutreffen, etwa in Bezug auf die einen Mindestschutz gewährende (d.h. eine Mindestharmonisierung bewirkende) Verbrauchsgüterkaufrichtlinie 1999/44/EG, die allerdings am 1.1. 2022 aufgehoben und durch die einen höheren Harmonisierungsgrad aufweisende Richtlinie 2019/771/EU ersetzt wird (während z.B. Art. 8 II Richtlinie 1999/44/EG den Mitgliedstaaten gestattet, strengere Bestimmungen zur Gewährleistung eines höheren Schutzniveaus für den Verbraucher im Vergleich zur Richtlinie zu erlassen oder aufrechtzuerhalten, steht diese Möglichkeit laut Art. 21 II Richtlinie 2019/771/EU nicht mehr den Mitgliedstaaten, sondern nur noch den Verkäufern offen).
- Rein nationale Akte sind von der vorstehenden Problematik nicht berührt. Für diese gelten von vornherein ausschließlich die Grundrechte des Grundgesetzes als Prüfungsmaßstab.

III. Wichtigste Verfahrensarten

Im Folgenden sollen die für die juristische Ausbildung wichtigsten Verfahrensarten dargestellt werden: 617c

- **Organstreitverfahren**, 93 I Nr. 1 GG, §§ 13 Nr. 5, 63 ff. BVerfGG (Rn 618 ff.)
- **abstrakte Normenkontrolle**, Art. 93 I Nr. 2 GG, §§ 13 Nr. 6, 76 ff. BVerfGG (Rn 642 ff.)
- **konkrete Normenkontrolle**, Art. 100 I GG, §§ 13 Nr. 11, 80 ff. BVerfGG (Rn 661 ff.)
- **Bund-Länder-Streit**, Art. 93 I Nr. 3 GG, §§ 13 Nr. 7, 68 ff. BVerfGG (Rn 680 ff.)
- **Verfassungsbeschwerde**, Art. 93 I Nr. 4a GG, §§ 13 Nr. 8a, 90 ff. BVerfGG (Rn 690 ff.)
- **Kompetenzkontrolle**, Art. 93 II GG (Rn 747 ff.).
- Weitere Verfahren vor dem BVerfG sind
  - ⇨ das **Parteiverbotsverfahren**, Art. 21 II, IV Var. 1, V GG, §§ 13 Nr. 2, 43 ff. BVerfGG (Rn 414 ff.),
  - ⇨ das Verfahren über den **Ausschluss staatlicher Parteienfinanzierung**, Art. 21 III, IV Var. 2, V GG, §§ 13 Nr. 2a, 43 ff., 46a BVerfGG (Rn 407a/427),
  - ⇨ das **Wahlprüfverfahren**, Art. 41 II GG, §§ 13 Nr. 3, 48 BVerfGG (Rn 150 ff.),
  - ⇨ die **Kommunalverfassungsbeschwerde**, Art. 93 I Nr. 4b GG, §§ 13 Nr. 8a, 91 BVerfGG
  - ⇨ und die **„Nichtanerkennungsbeschwerde"** (Beschwerde von Vereinigungen gegen ihre Nichtanerkennung als Partei für die Wahl zum Bundestag, Art. 93 I Nr. 4c GG, §§ 13 Nr. 3a, 96a ff. BVerfGG – dazu Rn 373 sowie BT-Drs. 17/9392).[1370]
- Verfahrensartübergreifend besteht die Möglichkeit einer **einstweiligen Anordnung**, Art. 93 III GG, § 32 BVerfGG (Rn 748 ff.)

Für alle Verfahrensarten gilt, dass grundsätzlich Zulässigkeit und Begründetheit des jeweiligen Antrags zu prüfen sind. Dabei gilt, dass ein Antrag bereits dann erfolglos 617d

[1370] Auf die Kommunalverfassungsbeschwerde und die Nichtanerkennungsbeschwerde wird aufgrund der wohl eher geringen Studien- und Prüfungsrelevanz vorliegend nicht weiter eingegangen. Vgl. bspw. aber BVerfG NVwZ 2018, 140.

ist, wenn er unzulässig ist. Dennoch ist in aller Regel gutachtlich die Begründetheit zu prüfen, was umso mehr gilt, wenn der Bearbeitervermerk dies fordert. Etwas anderes gilt lediglich dann, wenn im Rahmen der Prüfung der Zulässigkeit die Antragsbefugnis verneint wurde. Denn ist der geltend gemachte Rechtsverstoß schon nicht möglich, macht die bei der Begründetheit zu erörternde Frage, ob der Rechtsverstoß tatsächlich vorliegt, keinen Sinn.

1. Organstreitverfahren, Art. 93 I Nr. 1 GG, §§ 13 Nr. 5, 63 ff. BVerfGG

Bei der Prüfung eines Organstreitverfahrens empfiehlt sich folgender Aufbau[1371]:

Organstreitverfahren nach Art. 93 I Nr. 1 GG, §§ 13 Nr. 5, 63 ff. BVerfGG 618

I. Zulässigkeit

1. Zuständigkeit des BVerfG (Art. 93 I Nr. 1 GG)

Gemäß Art. 93 I Nr. 1 GG entscheidet das BVerfG über die Auslegung des Grundgesetzes aus Anlass von Streitigkeiten über den Umfang der Rechte und Pflichten eines obersten Bundesorgans oder anderer Beteiligter, die durch das Grundgesetz oder in der Geschäftsordnung eines obersten Bundesorgans mit eigenen Rechten ausgestattet sind.

2. Parteifähigkeit der Beteiligten (Art. 93 I Nr. 1 GG, § 63 BVerfGG)

Antragsteller und Antragsgegner (Parteien) eines Organstreitverfahrens können sein:

⇨ Gemäß § 63 BVerfGG der **Bundespräsident**, der **Bundestag**, der **Bundesrat**, die **Bundesregierung** sowie die im Grundgesetz oder in den Geschäftsordnungen des Bundestags und des Bundesrats mit eigenen Rechten ausgestatteten Teile dieser Organe. Solche Organteile sind etwa der **Bundeskanzler**, die **Bundesminister**, die **Fraktionen**, die **Gruppen** und die **Bundestagsausschüsse**.

⇨ Gemäß Art. 93 I Nr. 1 GG „andere Beteiligte", die durch das Grundgesetz oder die Geschäftsordnung eines obersten Bundesorgans mit eigenen Rechten ausgestattet sind. Dazu gehören etwa die **Bundesversammlung** und der **Gemeinsame Ausschuss**. Auch der einzelne **Abgeordnete** ist parteifähig, da er durch das Grundgesetz mit eigenen Rechten ausgestattet ist. Die Ausstattung mit eigenen Rechten ergibt sich aus dem durch Art. 38 I S. 2 GG garantierten verfassungsrechtlichen Status als Abgeordneter. Schließlich sind **politische Parteien** parteifähig. Wie die einzelnen **Abgeordneten** sind sie zwar auch nicht in § 63 BVerfGG genannt. Da sie aber gem. Art. 21 I S. 1 GG das Recht (und die Pflicht) haben, an der politischen Willensbildung des Volkes mitzuwirken, sind sie durch das Grundgesetz mit eigenen Rechten ausgestattet und somit unmittelbar aus Art. 93 I Nr. 1 GG parteifähig, sofern es um die Verletzung ihres verfassungsrechtlichen Status geht.

3. Streitgegenstand (§ 64 I BVerfGG)

Streitgegenstand eines Organstreitverfahrens kann gem. § 64 I BVerfGG nur eine Maßnahme oder Unterlassung des Antragsgegners sein. Die beanstandete Maßnahme oder Unterlassung des Antragsgegners muss sich aus einem verfassungsrechtlichen Rechtsverhältnis zum Antragsteller ergeben. Die beanstandete Maßnahme oder Unterlassung muss rechtserheblich sein.

4. Antragsbefugnis (§ 64 I BVerfGG)

Der Antragsteller ist antragsbefugt, wenn das Verhalten des Antragsgegners geeignet ist, ihn in seinen durch das Grundgesetz übertragenen Rechten und Pflichten zu verletzen oder unmittelbar zu gefährden (§ 64 I BVerfGG). Dabei genügt es, wenn der Sachvortrag des Antragstellers die Verletzung oder die Gefährdung von durch das Grundgesetz übertragenen Rechten und Pflichten als möglich erscheinen lässt (sog. **Möglichkeitstheorie**). Für Organteile ist die **Prozessstandschaft** zulässig (vgl. § 64 I BVerfGG: „oder das Organ, dem er angehört"). Das bedeutet, dass Organteile die verfassungsrechtlichen Rechte des Organs selbst (im eigenen Namen) geltend machen können, auch wenn das Organ mehrheitlich seine Rechte als nicht verletzt ansieht. Die Prozessstandschaft dient dem Minderheitenschutz.

5. Form und Frist (§§ 23 I und 64 II-IV BVerfGG)

Hier sind die Vorschriften der §§ 23 I und 64 II-IV BVerfGG zu beachten.

6. Rechtsschutzbedürfnis

Nur ausnahmsweise zu prüfen.

II. Begründetheit

Der Antrag ist begründet, wenn die rechtserhebliche Maßnahme oder Unterlassung die verfassungsmäßigen Rechte und Pflichten des Antragstellers verletzt oder unmittelbar gefährdet (vgl. § 64 I BVerfGG). Dabei ist zu beachten, dass es immer nur um organschaftliche Rechte gehen kann, nicht um subjektivrechtliche Positionen wie Grundrechte.

[1371] Alle im Folgenden dargestellten Aufbauschemata stellen nur Vorschläge dar; sie erheben nicht den Anspruch, die allein richtigen zu sein.

Wichtige Entscheidungen: BVerfGE 1, 351 (Petersberger Abkommen); 2, 143 (EG-Vertrag); 10, 4 (Rederecht von Abgeordneten); 13, 123 (Deutsche Friedens-Union); 24, 300 (Wahlkampfkostenerstattung); 27, 240 (Parteifähigkeit von Gebietskörperschaften); 44, 125 (Öffentlichkeitsarbeit der Bundesregierung); 45, 1 (Über- und außerplanmäßige Ausgaben); 57, 1 (Verfassungsfeindliche Zielsetzung der NPD); 60, 319 (Antragsbefugnis); 62, 1 (Auflösung des 9. Bundestags); 67, 100 (Flick-Untersuchungsausschuss); 68, 1 (Raketenstationierung; judicial self-restraint); 70, 324 (Antragsbefugnis von Abgeordneten und Fraktionen); 74, 44 (Parteifähigkeit von politischen Parteien); 80, 188 (Fraktionslose Abgeordnete in Ausschüssen; Wüppesahl); 82, 322 (BWahlG; Sperrklausel); 84, 304 (Ausschussmitgliedschaft von Abgeordneten, die einer „Gruppe" i.S.v. § 10 IV GO BT angehören); 85, 264 (Parteienfinanzierung); 86, 65 (Sächsisches Abgeordnetengesetz); 90, 286 (Beteiligung an zwischenstaatlichen Einrichtungen); 94, 351 (Überprüfung eines Abgeordneten auf seine frühere Tätigkeit oder Verantwortung für das MfS/AfNS); 96, 264 (Zur Rechtsstellung eines Zusammenschlusses von Abgeordneten, deren Partei die Sperrklausel unter Anwendung der Grundmandatsklausel überwunden hat); 103, 81 (Verpflichtung der Bundesregierung zur Einleitung eines Bund-Länder-Streits – Pofalla I); 104, 310 (Pofalla II); 111, 286 (WahlG NRW); 112, 118 (Sitzverteilung im Vermittlungsausschuss); 114, 121 (Bundestagsauflösung); 117, 359 (Antragsbefugnis einzelner Abgeordneter; Prozessstandschaft); 118, 244 (ISAF-Mandat); 123, 267 (Vertrag von Lissabon); 124, 161 (Fragerechte von Abgeordneten); BVerfG DVBl 2007, 956 (Offenlegung der Nebeneinkünfte); NVwZ 2010, 634 (Vermittlungsausschuss); NVwZ 2014, 1149 (Bundesversammlung); NVwZ 2015, 209 (Äußerung ggü NPD); NVwZ 2014, 152 (Informationsanspruch des Bundestags bzw. von Bundestagsmitgliedern ggü der Bundesregierung); NVwZ 2015, 216 (Rechte von Mitgliedern der Bundesversammlung); NVwZ 2015, 1751 (Vermittlungsausschuss); NVwZ 2016, 922 (Rechte von Oppositionsfraktionen); NVwZ 2016, 1701 (G-10-Kommission); NVwZ 2018, 51 (Informationsrechte der Opposition); NJW 2018, 928 (Verletzung des Rechts einer Partei auf Chancengleichheit im politischen Wettbewerb durch Pressemitteilung einer Bundesministerin)

619 Anders als bei der abstrakten Normenkontrolle gem. Art. 93 I Nr. 2 GG, §§ 13 Nr. 6, 76 ff. BVerfGG (Rn 642 ff.) handelt es sich bei dem Organstreitverfahren nach Art. 93 I Nr. 1 GG, §§ 13 Nr. 5, 63 ff. BVerfGG nicht um ein objektives Rechtsbeanstandungsverfahren, sondern um ein kontradiktorisches Verfahren[1372], bei dem der Antragsteller vom BVerfG i.d.R. die Feststellung begehrt, dass er durch eine Maßnahme oder Unterlassung des Antragsgegners in seinen verfassungsmäßigen Rechten verletzt ist. Der das Gutachten einleitende **Obersatz** ergibt sich daher aus der gesetzlichen Formulierung und der allgemeinen Struktur eines Rechtsbehelfs:

Der Antrag auf Durchführung eines Organstreitverfahrens nach Art. 93 I Nr. 1 GG, §§ 13 Nr. 5, 63 ff. BVerfGG hat Erfolg, wenn er zulässig und begründet ist.

Hinweis für die Fallbearbeitung: In der Regel wendet sich der Antragsteller nur gegen *eine* Maßnahme. Sollte sich ausnahmsweise die Konstellation stellen, dass er *mehrere* Maßnahmen des Antragsgegners angreift, handelt es sich materiell-rechtlich um mehrere Anträge, die jeweils getrennt auf ihre Zulässigkeit und Begründetheit hin geprüft werden müssten. Dennoch sollte es zu keiner Beanstandung führen, wenn aus Effizienzgründen die Zulässigkeitsprüfung zusammengefasst wird. Gleichzeitig werden dadurch ermüdende Wiederholungen vermieden. Im Rahmen der Begründetheit sind die Maßnahmen aber auf jeden Fall getrennt zu prüfen.

a. Zulässigkeit

aa. Zuständigkeit des BVerfG (Art. 93 I Nr. 1 GG)[1373]

620 Gemäß Art. 93 I Nr. 1 GG, §§ 13 Nr. 5, 63 ff. BVerfGG entscheidet das BVerfG über die Auslegung des Grundgesetzes aus Anlass von Streitigkeiten über den Umfang der Rechte und Pflichten eines obersten Bundesorgans oder anderer Beteiligter, die durch das Grundgesetz oder die Geschäftsordnung eines obersten Bundesorgans mit eigenen Rechten ausgestattet sind. Das Organstreitverfahren ist damit ein sog. kontradik-

[1372] So auch die stereotype Formulierung des BVerfG, vgl. nur BVerfG NVwZ 2016, 1701 (G-10-Kommission).

[1373] Die Zuständigkeit des BVerfG als Zulässigkeitsvoraussetzung anzusehen, ist zwar nicht zwingend, aber möglich (so vertreten seit der 1. Aufl. 2000; wie hier u.a. auch *Holterhus*, JuS 2016, 711, 713; *Muckel*, JA 2017, 523, 524; *Kozlowska*, JA 2018, 515). Auch das BVerfG prüft die Zuständigkeit als Zulässigkeitsvoraussetzung, vgl. etwa BVerfG 3.5.2016 – 2 BvE 4/14 Rn 57 (insoweit nicht abgedruckt in NVwZ 2016, 922, 923) mit Verweis auf BVerfGE 84, 290, 297; 84, 304, 317 f.; 90, 286, 337 f.; BVerfG NVwZ 2015, 1751, 1752 ff.

torisches[1374] Verfahren zwischen obersten Bundesorganen (bzw. Teilen derselben) über die ihnen durch das Grundgesetz zugewiesenen Rechte und Pflichten (d.h. Kompetenzen).[1375]

bb. Parteifähigkeit der Beteiligten (Art. 93 I Nr. 1 GG, § 63 BVerfGG)

Beim Organstreitverfahren handelt es sich wie gesagt um ein kontradiktorisches Verfahren; Antragsteller und Antragsgegner (Parteien bzw. Beteiligte) können der **Bundespräsident**, der **Bundestag**, der **Bundesrat**, die **Bundesregierung**[1376], die **Bundesversammlung**[1377], der **Gemeinsame Ausschuss** sowie die im Grundgesetz oder in den Geschäftsordnungen des Bundestags (GO BT) und des Bundesrats (GO BR) mit eigenen Rechten ausgestatteten Teile dieser obersten Bundesorgane (Art. 93 I Nr. 1 GG, § 63 BVerfGG) sein. **621**

Da § 63 BVerfGG nicht abschließend die verfassungsrechtliche Vorgabe aus Art. 93 I Nr. 1 GG umsetzt[1378], stellt sich die Frage, ob bspw. auch Fraktionen, Bundestagsausschüsse, einzelne Abgeordnete, Parteien, Parteimitglieder und Mitglieder der Bundesversammlung mit eigenen Rechten ausgestattete Teile der genannten Verfassungsorgane sind und damit Beteiligte in einem Organstreitverfahren sein können.

- **Fraktionen** sind parteifähig, weil sie sowohl vom Grundgesetz (vgl. Art. 53a I S. 2 GG) als auch vom Abgeordnetengesetz (§§ 45 ff. AbgG) und von der Geschäftsordnung des Bundestags (§§ 10 ff. GO BT) anerkannte und mit eigenen Rechten ausgestattete Organteile bzw. Unterorgane des Verfassungsorgans Deutscher Bundestag sind.[1379] **622**

  Gerade für Oppositionsfraktionen als organisierte parlamentarische Minderheit und als „Gegenspieler der Regierungsmehrheit"[1380] wird damit der Organstreit zu einem sehr wichtigen Instrument, Minderheitenrechte gegenüber den die Regierung tragenden Regierungsfraktionen durchzusetzen. Darauf wird bei Rn 630/636 näher eingegangen.

- Auch **Gruppen** i.S.v. § 10 IV GO BT sind parteifähig für die Einsetzung von Untersuchungsausschüssen, wenn die Mehrheit sich weigert.[1381] **623**
- **Bundestagsausschüsse** sind parteifähig, da sie u.a. in Art. 44 I GG, §§ 1 ff. PUAG und §§ 62 I, 68 GO BT mit eigenen Rechten ausgestattet sind.[1382] **624**
- Gleiches gilt für die im **Untersuchungsausschuss vertretenen Fraktionen**[1383], den **Bundestagspräsidenten** (vgl. Art. 40 GG) und den **Bundesratspräsidenten** (vgl. Art. 52 GG). **625**

[1374] Lat.: widersprechend. In prozessualer Hinsicht spricht man von einem kontradiktorischen Verfahren, wenn sich Parteien mit ihren jeweiligen Interessen gegenüberstehen.
[1375] Vgl. etwa BVerfG NVwZ 2016, 922 ff. (Rechte von Oppositionsfraktionen); NVwZ 2016, 1701 ff. (G-10-Kommission).
[1376] Im Ergebnis unstreitig ist auch der Bundeskanzler parteifähig. Umstritten ist lediglich, ob es sich bei ihm um ein oberstes Bundesorgan gem. Art. 93 I Nr. 1 Var. 1 GG (so die h.M.), um einen „anderen Beteiligten" i.S.v. Art. 93 I Nr. 1 Var. 2 GG oder um einen Teil der Bundesregierung gem. § 63 Var. 4 BVerfGG handelt.
[1377] Die Bundesversammlung ist zwar nicht in Art. 93 I Nr. 1 GG genannt, ihre Beteiligten- bzw. Parteifähigkeit ergibt sich aber aus ihrer Stellung als Verfassungsorgan und ihrer Befugnis zur Wahl des Bundespräsidenten (Art. 54 GG); die Parteifähigkeit der Bundesversammlung entfällt auch nicht nach ihrer Beendigung (BVerfG NVwZ 2014, 1149 f.). Zu Stellung und Aufgaben der Bundesversammlung vgl. auch Rn 429 und 589 ff.
[1378] BVerfG NVwZ 2016, 1701, 1702 (G-10-Kommission) mit Verweis auf BVerfGE 136, 277, 299.
[1379] BVerfGE 1, 351, 359; 2, 143, 165; 45, 1, 28; 60, 319, 325 f.; 67, 100, 125; 90, 286, 336; 104, 151, 193; 118, 244, 254 f.; 124, 78, 106; 131, 152, 190; BVerfG NVwZ 2014, 501; NVwZ 2016, 922, 923; BVerfG 7.11.2017 – 2 BvE 2/11 Rn 167 ff. (insoweit nicht abgedruckt in NVwZ 2018, 51 ff.); BVerfG NVwZ-RR 2019, 89 f. (AfD). Zu den einzelnen Fraktionsrechten vgl. Rn 478.
[1380] BVerfG 3.5.2016 – 2 BvE 4/14 Rn 58 (insoweit nicht abgedruckt in NVwZ 2016, 922, 923) mit Verweis auf BVerfGE 90, 286, 344; 117, 359, 367 f.
[1381] BVerfGE 84, 304, 318.
[1382] Zum Untersuchungsausschussgesetz (PUAG) vgl. Rn 484 ff.
[1383] BVerfGE 67, 100, 124.

626 ▪ **Bundesminister** sind schon deshalb parteifähig (etwa im Verfahren gegen den Bundestag), weil sie Teile des Organs Bundesregierung sind und gem. Art. 65 S. 2 GG mit eigenen Rechten (Ressortprinzip) ausgestattet sind.[1384] Unzulässig ist jedoch ein „Insichprozess" zwischen Mitgliedern der Bundesregierung, da Art. 65 S. 3 GG insoweit die Beilegung von Streitigkeiten durch die Bundesregierung als Kollegial vorsieht. Entsprechendes gilt für den **Bundeskanzler** (Art. 65 S. 1 GG: Kanzlerprinzip).

627 ▪ Auch der einzelne **Bundestagsabgeordnete** ist parteifähig, jedenfalls soweit es um seine Statusrechte geht. Zwar ist der einzelne Abgeordnete nicht in § 63 BVerfGG genannt (dort: Organteil), allerdings ist er gem. Art. 93 I Nr. 1 GG ein „anderer Beteiligter", der durch das Grundgesetz mit eigenen Rechten ausgestattet ist. Die Ausstattung mit eigenen Rechten ergibt sich aus dem durch Art. 38 I S. 2 GG garantierten verfassungsrechtlichen Status als Abgeordneter.[1385] Rügt also der einzelne Bundestagsabgeordnete eine Rechtsverletzung, die seinen Status als Abgeordneter betrifft, ist i.d.R. das Organstreitverfahren einschlägig[1386] (vgl. dazu das Bsp. bei Rn 634).[1387] Auch hat er ein organschaftliches Recht gegenüber der Bundesregierung, dass diese auf Fragen im Parlament Rede und Antwort steht.[1388]

Ist eine Verletzung eigener Statusrechte nicht gegeben, wird der einzelne Abgeordnete versuchen, die (Status-)Rechte des Parlaments, dem er angehört, als verletzt zu rügen (sog. Prozessstandschaft – die in der Fallbearbeitung i.d.R. bei der Antragsbefugnis zu erörtern ist). Allerdings ist er (trotz der missverständlichen Formulierung in § 64 I BVerfGG) allenfalls ein Organmitglied, nicht aber ein Organteil bzw. Unterorgan. Daraus folgert das BVerfG, dass er auch nicht die Verletzung von Statusrechten des Parlaments geltend machen könne; er sei nicht befugt, im Organstreit Rechte des Bundestags als Prozessstandschafter geltend zu machen. Denn das Organstreitverfahren diene nur dem Schutz der Rechte der Staatsorgane im Verhältnis zueinander, nicht einer allgemeinen Verfassungsaufsicht, die gegeben wäre, wenn ein einzelner Abgeordneter Rechte des Organs, dem er angehört, rügen könnte.[1389]

Beispiel[1390]**:** Am 3.2.2020 fasste die Bundesregierung den Beschluss, sich an einer internationalen Operation zur Bekämpfung einer Terrormiliz zu beteiligen und in diesem Zusammenhang Aufklärungsflugzeuge an die Grenze zu Syrien zu entsenden. Der Bundestag stimmte dem unter Wahrung der Vorgaben aus dem Parlamentsbeteiligungsgesetz durch Beschluss vom 13.3.2020 zu.

Der Bundestagsabgeordnete A ist der Auffassung, dass der Bundestag dem Antrag der Bundesregierung nicht durch einfachen Parlamentsbeschluss, sondern allenfalls in Form eines Parlamentsgesetzes hätte zustimmen dürfen. Der einfache Beschluss sei daher verfassungswidrig. Er beantragt ein Organstreitverfahren zur Feststellung der Verfassungswidrigkeit des genannten Bundestagsbeschlusses.

In seiner seinerzeitigen Entscheidung hinsichtlich des Einsatzes von Tornado-Aufklärungsflugzeugen hatte das BVerfG entschieden, dass ein einzelner Abgeordneter (gemäß der oben angeführten Argumentation) nicht antragsbefugt i.S.d. § 64 I BVerfGG sei. Eine Verletzung eigener Statusrechte liege nicht vor. Auch sei er nicht im Wege der

---

[1384] Vgl. BVerfGE 45, 1, 28; 90, 286, 338; BVerfG NVwZ 2015, 209, 210; BVerfG 27.2.2018 – 2 BvE 1/16 Rn 28 – insoweit nicht abgedruckt in NJW 2018, 928 ff.

[1385] Die Parteifähigkeit einzelner Bundestagsabgeordneter ist in st. Rspr. des BVerfG anerkannt: BVerfGE 2, 143, 164; 10, 4, 10 f.; 62, 1, 32; 80, 188, 208 f.; 94, 351, 362; 99, 19, 28; 104, 310, 325; 108, 251, 270; 112, 363, 365; 118, 277, 317; 123, 267, 340 ff.; 124, 161, 184 ff.; BVerfG NVwZ 2014, 1652, 1653; NVwZ 2016, 1701, 1702. Das schließt die Geltendmachung der Verletzung von Rechten des Parlaments aus, vgl. BVerfGE 90, 286, 342; 117, 359, 361 ff.

[1386] BVerfG NVwZ 2014, 1652, 1653.

[1387] Steht bei geltend gemachter Verletzung des Art. 38 I S. 2 GG kein beteiligungsfähiger Antragsgegner zur Verfügung, oder steht die Verletzung von Individualrechten im Raum, ist die Verfassungsbeschwerde statthaft (vgl. Rn 504c und 504d).

[1388] BVerfG 7.11.2017 – 2 BvE 2/11 Rn 167 ff. (Informationsrechte der Opposition) – insoweit nicht abgedruckt in NVwZ 2018, 51 ff.

[1389] Vgl. BVerfGE 117, 359, 361 ff.

[1390] In Anlehnung an BVerfGE 117, 359 ff. (Tornado-Aufklärungsflugzeuge). Datumsangaben geändert.

Prozessstandschaft rügebefugt. Denn der Minderheitenschutz, der dem Institut der Prozessstandschaft zukomme (vgl. dazu Rn 630/635 f.), greife vorliegend nicht. Denn letztlich ziele die Rüge, der Bundestag habe dem Antrag der Bundesregierung zu Unrecht zugestimmt und in der Form eines einfachen Parlamentsbeschlusses anstatt in der Form eines Gesetzes entschieden, auf eine allgemeine Verfassungskontrolle. Die Rüge sei in der Sache darauf gerichtet, die Vereinbarkeit des angegriffenen Beschlusses mit Art. 24 II und Art. 59 II GG durch das BVerfG überprüfen zu lassen. Diese Normen begründeten jedoch weder Statusrechte des A noch solche des Parlaments. A ist daher nicht antragsbefugt i.S. eines Organstreitverfahrens.

- **Politische Parteien** sind, sofern sie regelmäßig an Bundestags- und Landtagswahlen teilnehmen, ebenfalls parteifähig. Zwar sind sie – wie die einzelnen Abgeordneten – nicht in § 63 BVerfGG genannt. Da sie aber gem. Art. 21 I S. 1 GG das Recht (und die Pflicht) haben, an der politischen Willensbildung des Volkes mitzuwirken, sind sie durch das Grundgesetz mit eigenen Rechten ausgestattet und somit unmittelbar aus Art. 93 I Nr. 1 GG parteifähig, sofern es um die Verletzung ihres verfassungsrechtlichen Status geht.[1391] Lediglich Parteien, die nur an Kommunalwahlen teilnehmen und es sich nicht zum Ziel gesetzt haben, in einem Parlament vertreten zu sein (sog. Rathausparteien), fallen nicht unter den Begriff der politischen Partei i.S.d. Art. 21 GG und sind dementsprechend auch nicht parteifähig im Organstreitverfahren.[1392] **628**
- Parteifähig i.S.v. Art. 93 I Nr. 1 GG, § 63 BVerfGG ist ferner der **Vermittlungsausschuss.**[1393] Auch **Mitglieder der Bundesversammlung** sind parteifähig, da sie „andere Beteiligte" des bereits als parteifähig festgestellten Verfassungsorgans Bundesversammlung sind.[1394] Ob auch der **Bundesrechnungshof**, der **Wehrbeauftragte** des Deutschen Bundestags und die **Bundesbank** parteifähig sind, wurde vom BVerfG – soweit ersichtlich – bislang nicht entschieden. Der **G-10-Kommission** hat das BVerfG aber die Parteifähigkeit abgesprochen.[1395] **629**
- **Abzulehnen** ist jedenfalls die Parteifähigkeit für Länder[1396], Landesorgane[1397], Staatsbürger[1398] bzw. für das Staatsvolk als solches[1399] und für Körperschaften des öffentlichen Rechts[1400]. Auch das **BVerfG** ist selbstverständlich nicht parteifähig; es kann nicht Gericht in eigener Sache sein. **629a**

cc. Streitgegenstand

Als Gegenstand eines Organstreitverfahrens kommt nur eine **Maßnahme oder Unterlassung** (siehe § 64 I BVerfGG) des Antragsgegners in Betracht, der eine **Rechtserheblichkeit** zukommt[1401] oder die sich zumindest zu einem die Rechtsstel- **630**

[1391] Vgl. nur BVerfGE 1, 208, 223 ff.; 4, 27, 30 f.; 73, 40, 65; 82, 322, 335; 84, 290, 298; 85, 264, 284; 111, 286, 288; BVerfG NVwZ 2015, 209, 210 ff.; NVwZ 2016, 1701, 1702; BVerfG 27.2.2018 – 2 BvE 1/16 Rn 27 (insoweit nicht abgedruckt in NJW 2018, 928 ff.); BVerfG NVwZ-RR 2019, 89 f. (AfD). Rügen Parteien aber Grundrechtsverletzungen, können sie diese nicht im Wege des Organstreitverfahrens geltend machen, sondern nur mit der Verfassungsbeschwerde (unter vorheriger Ausschöpfung des Rechtswegs) abwehren (vgl. dazu BVerfG NJW 1998, 3042; BVerfG NJW 2018, 928). Gar der Verwaltungsrechtsweg ist eröffnet, wenn es um die Wahrung der Chancengleichheit bei Wahlwerbespots im öffentlich-rechtlichen Rundfunk oder um die Zulassung zur Nutzung von Stadthallen o.Ä. geht. Denn in diesen Fällen handelt es sich um keine verfassungsrechtliche Streitigkeiten. Vgl. hierzu Rn 386 sowie *R. Schmidt*, VerwProzR, Rn 97 ff.

[1392] Klarstellend VerfGH NRW NVwZ-RR 2017, 753.

[1393] Vgl. dazu BVerfG NVwZ 2015, 1751, 1752 ff.

[1394] Vgl. BVerfG NVwZ 2014, 1149 f.; einschränkend aber BVerfG NVwZ 2015, 216, 217.

[1395] BVerfG NVwZ 2016, 1701, 1702. Sie sei weder ein oberstes Bundesorgan, noch sei sie eine andere durch das Grundgesetz oder die Geschäftsordnung eines obersten Bundesorgans mit eigenen Rechten ausgestattete Beteiligte, sondern ein Kontrollorgan eigener Art, was keine Beteiligtenfähigkeit begründe.

[1396] BVerfG NVwZ 2004, 850, 851.

[1397] BVerfGE 86, 65, 70.

[1398] BVerfGE 60, 175, 200 f.

[1399] BVerfGE 13, 54, 85.

[1400] BVerfGE 27, 240, 244.

lung des Antragstellers beeinträchtigenden, rechtserheblichen Verhalten verdichten kann[1402]. Die geforderte Rechtserheblichkeit der Maßnahme oder Unterlassung besteht, wenn zwischen den Parteien eine **konkrete Meinungsverschiedenheit** über **verfassungsrechtliche Rechte und Pflichten** (im Verhältnis zwischen Antragsteller und Antragsgegner) besteht, die geeignet ist, (jedenfalls) die Rechtsstellung des Antragstellers zu beeinträchtigen.[1403]

Ob der **Nichterlass eines Gesetzes** ein rügefähiges Unterlassen darstellt, ist angesichts des weiten Beurteilungsspielraums des Gesetzgebers in Bezug auf die Notwendigkeit einer bestimmten gesetzlichen Regelung fraglich. Konkret stellt sich die Frage, ob eine Oppositionsfraktion mit Hilfe verfassungsgerichtlicher Entscheidung den Erlass eines von ihr gewünschten Gesetzes oder eine Beschäftigung des Parlaments mit einer von ihr eingebrachten Gesetzesvorlage durchsetzen kann.

> **Beispiel:** Der gegenwärtige 19. Deutsche Bundestag besteht aus insgesamt 709 Abgeordneten; 91 Sitze hat die rechtspopulistische Oppositionsfraktion X errungen. Das ist weniger als ein Viertel von 709. Die X-Fraktion hat daher nicht das verfassungsrechtliche Recht, z.B. die Einsetzung eines Parlamentarischen Untersuchungsausschusses zu verlangen (siehe Art. 44 I S. 1 GG: ein Viertel der Mitglieder des Bundestags). Auch sonstige Minderheitenrechte, deren Ausübung an ein Quorum i.H.v. einem Viertel der Mitglieder des Bundestags geknüpft ist (vgl. Art. 23 Ia S. 2 GG, Art. 45a II GG, Art. 93 I Nr. 2 GG), kann sie nur gemeinsam mit anderen Oppositionsfraktionen, nicht aber allein beanspruchen.
>
> Die X-Fraktion bringt daher einen Gesetzentwurf in den Bundestag ein, der eine Änderung des Grundgesetzes zum Gegenstand hat. Konkret geht es um die Ausweitung von Plebisziten auf Bundesebene, ein absolutes Verbot des Schwangerschaftsabbruchs, den „Schutz vor Überfremdung" („Erhalt des eigenen Staatsvolkes" und Zuwanderungsbegrenzung), eine ausgeprägte Integrationsschranke in Bezug auf die EU nebst Austritt aus der Währungsunion sowie um eine starke Einschränkung des Asylrechts. Schließlich soll Islamunterricht in Schulen verboten werden.
>
> Der Bundestag lehnt nach kurzer Beratung mehrheitlich eine weitere Beschäftigung mit dem Gesetzentwurf ab. X ist der Auffassung, dadurch in ihren parlamentarischen Rechten verletzt zu sein, und stellt einen Antrag auf Durchführung eines Organstreitverfahrens gem. Art. 93 I Nr. 1 GG, §§ 13 Nr. 5, 63 ff. BVerfGG.[1404]
>
> **Statthaft** ist ein Organstreitverfahren. Die X-Fraktion sieht durch die Ablehnung der Zuerkennung der begehrten Oppositionsrechte durch den Bundestag verfassungsrechtlich verbürgte Rechte des Bundestags sowie eigene Rechte verletzt. Streitgegenstand sind somit verfassungsrechtliche Organbeziehungen.[1405]
>
> Die X-Fraktion müsste auch **parteifähig** (d.h. prozessführungsbefugt) sein. Bedenken könnten sich ergeben, da X lediglich ein Teil des Verfassungsorgans Bundestag ist, das zudem auch noch Antragsgegner ist. Nach st. Rspr. des BVerfG sind Fraktionen als Teil des Organs Bundestag gem. § 63 BVerfGG aber auch in einem solchen Fall parteifähig, da sie sowohl von der GO BT als auch von der Verfassung anerkannter Teil des Verfassungsorgans Deutscher Bundestag sind (s.o.). Gerade die Oppositionsfraktionen und

---

[1401] Vgl. nur BVerfGE 96, 264, 277; 97, 408, 414; 103, 81, 86 ff.; 104, 310, 325; 118, 277, 317; BVerfG NVwZ 2015, 209, 210 ff.; NVwZ 2015, 1751, 1752 ff.; BVerfG 3.5.2016 – 2 BvE 4/14 Rn 57 (insoweit nicht abgedruckt in NVwZ 2016, 922, 923).

[1402] BVerfG NVwZ 2015, 218, 219 mit Verweis auf BVerfGE 57, 1, 4 f.; 60, 374, 381; 97, 408, 414; 120, 82, 96.

[1403] BVerfG 3.5.2016 – 2 BvE 4/14 Rn 67 (insoweit nicht abgedruckt in NVwZ 2016, 922, 923) mit Verweis auf BVerfGE 84, 290, 297; 84, 304, 317 f.; 90, 286, 337 f.; BVerfG NVwZ 2015, 1751, 1752. Vgl. auch BVerfG NVwZ 2015, 218, 219 mit Verweis auf BVerfGE 118, 277, 317. Vgl. auch BVerfGE 104, 310, 325.

[1404] Der Originalfall BVerfG NVwZ 2016, 922 ff. (Rechte von Oppositionsfraktionen des 18. Bundestags) hat mit der vom Verfasser konstruierten Konstellation nichts zu tun.

[1405] BVerfG 3.5.2016 – 2 BvE 4/14 Rn 67 (insoweit nicht abgedruckt in NVwZ 2016, 922, 923) mit Verweis auf BVerfGE 84, 290, 297; 84, 304, 317 f.; 90, 286, 337 f.; BVerfG NVwZ 2015, 1751, 1752.

damit die organisierte parlamentarische Minderheit als Gegenspieler der Regierungsmehrheit müssten in der Lage sein, Rechte auch gegenüber dem Organ, dem sie angehören, im Organstreit geltend zu machen.[1406] Die X-Fraktion ist daher parteifähig. Der Bundestag (Antragsgegner) ist als oberstes Bundesorgan von vornherein gem. Art. 93 I Nr. 1 GG, § 63 BVerfGG parteifähig.

Streitgegenstand ist der Beschluss des Bundestags, sich nicht mit dem eingebrachten Gesetzentwurf zu beschäftigen. Mithin geht es um ein Unterlassen, das jedenfalls dann als Antragsgegenstand anerkannt ist, wenn es einer (aktiven) Maßnahme gleichsteht (sog. **qualifiziertes Unterlassen**).[1407] Im vorliegenden Fall hatte der Bundestag zunächst über den Inhalt des Gesetzentwurfs diskutiert, bevor er die weitere Befassung mit ihm ablehnte. Dies ist als rügefähiges Unterlassen i.S.v. § 64 I BVerfGG anzusehen.

Hinweis: Nach der hier vertretenen Auffassung wäre das Organstreitverfahren auch bei bloßer Untätigkeit des Bundestags statthaft gewesen, weil anderenfalls der Antragsgegner durch schlichtes Ignorieren des Anliegens über die Statthaftigkeit des Organstreitverfahrens entscheiden könnte. Davon unabhängig hat das BVerfG aber entschieden, dass die Frage, *wann* der Bundestag über eine Gesetzesvorlage berät, i.d.R. in seiner Entscheidung liege, solange nur ein Sachgrund besteht.[1408] Zur **Antragsbefugnis** siehe Rn 636.

Weitere **Beispiele** von konkreten, einen Streitgegenstand darstellenden verfassungsrechtlichen Rechten und Pflichten: **631**

(1) Verweigerung der Anerkennung des Fraktionsstatus

(2) Beschluss des Bundestags, (k)einen Untersuchungsausschuss einzusetzen

(3) Erlass eines Gesetzes oder Unterlassen, ein bestimmtes Gesetz zu erlassen[1409]

(4) Besetzung von Ausschüssen mit Abgeordneten durch den Bundestag (vgl. dazu das Untersuchungsausschussgesetz, dargestellt bei Rn 484 ff.) sowie die Besetzung von Arbeitsgruppen in Ausschüssen (hier: im Vermittlungsausschuss)[1410]

(5) Auflösung des Bundestags nach Art. 68 GG durch den Bundespräsidenten

(6) Weigerung der Ausfertigung eines Gesetzes durch den Bundespräsidenten

(7) Unterlassen des Gesetzgebers, Maßnahmen gegen ausbrechende Akte von Organen oder Einrichtungen der EU zu treffen (dazu Rn 364 f.).

(8) Entscheidung des Bundesratspräsidenten als Leiter der Bundesversammlung, einem Antrag von Mitgliedern der Bundesversammlung, die Tagesordnung um einen Punkt zu erweitern, nicht stattzugeben.[1411]

(9) Erklärung einer Bundesministerin im Rahmen eines Wahlkampfs, primäres Ziel müsse es sein, den Einzug der NPD in den Landtag zu verhindern.[1412]

(10) „Zeigen" der „Roten Karte" gegenüber der AfD auf der offiziellen Internetseite einer Bundesministerin.[1413] Gleiches gilt, wenn die AfD als „staatszersetzend" bezeichnet wird.[1414]

(11) Bezeichnung der NPD-Mitglieder als „Spinner" im Vorfeld einer Bundestagswahl durch den Bundespräsidenten.[1415]

[1406] Vgl. etwa BVerfG 3.5.2016 – 2 BvE 4/14 Rn 67 (insoweit nicht abgedruckt in NVwZ 2016, 922, 923) mit Verweis auf BVerfGE 90, 286, 344; 117, 359, 367 f.

[1407] Vgl. BVerfG 3.5.2016 – 2 BvE 4/14 Rn 60 (insoweit nicht abgedruckt in NVwZ 2016, 922, 923) mit Verweis auf BVerfGE, 120, 82, 98 f.

[1408] BVerfG NVwZ 2017, 1108, 1109 f.

[1409] Maßnahme i.S.d. § 64 I BVerfGG kann – wie bereits bei Rn 630 ausgeführt – auch ein (unterlassenes) Gesetz sein, vgl. nur BVerfGE 80, 188, 209; BVerfG NVwZ 2016, 922 ff. (Rechte von Oppositionsfraktionen).

[1410] Vgl. BVerfG NVwZ 2015, 1751, 1752 ff. (Zusammensetzung von Arbeitsgruppen des Vermittlungsausschusses).

[1411] Vgl. BVerfG NVwZ 2014, 1149 f.

[1412] BVerfG NVwZ 2015, 209 ff.

[1413] BVerfG NJW 2018, 928 ff. – siehe dazu oben Rn 84 ff.

[1414] BVerfG NVwZ-RR 2019, 89.

[1415] BVerfG NJW 2014, 2563, 2564 – siehe dazu oben Rn 613a.

Diese Beispiele weisen insb. deswegen die erforderliche Rechtserheblichkeit auf, weil sie den jeweiligen Antragsteller in seinen verfassungsrechtlichen Rechten betreffen.

632 **Gegenbeispiele:**

(1) Vorschriften der Geschäftsordnung (beispielsweise des Bundestags) regeln keine verfassungsrechtlichen Rechtsverhältnisse. Ihre Verletzung kann daher nicht im Organstreitverfahren geltend gemacht werden.[1416] Etwas anderes gilt nur, wenn die betreffende Vorschrift der GO konkretisiertes Verfassungsrecht darstellt. Beruft sich demnach beispielsweise eine Fraktion auf Bestimmungen der GO, muss dargelegt werden, ob nicht durch den Verstoß gegen die GO verfassungsrechtliche Mitwirkungsrechte der Fraktion als Institution des Verfassungslebens betroffen sind. Dies gilt etwa für das Recht der Fraktion auf gleichberechtigte Beteiligung in den Ausschüssen des Parlaments.

(2) Auch scheiden schlichte Parlamentsbeschlüsse (= Parlamentsbeschlüsse ohne bindenden Charakter) und vorbereitende Akte als Streitgegenstand aus, da hier gerade wegen der Unverbindlichkeit keine Rechte und Pflichten in Frage stehen.[1417]

(3) Gesetzentwürfe und noch nicht in Kraft getretene Gesetze sind keine tauglichen Prüfungsgegenstände.

(4) Auch können Rechte und Pflichten, die sich aus Landesgesetzen (etwa aus einem Landeswahlgesetz) ergeben, nicht vor dem BVerfG eingeklagt werden.[1418]

(5) Des Weiteren soll eine Äußerung der Bundesregierung über die verfassungsfeindliche Zielsetzung einer Partei nicht rechtserheblich sein.[1419] Das überzeugt nicht. Gerade, wenn die Äußerung auf den verfassungsrechtlichen Status der betroffenen Partei abzielt, ist eine Rechtserheblichkeit gegeben. Es ist dann eine Frage der Begründetheit, ob die Äußerung den verfassungsrechtlich geschützten Status verletzt.[1420]

(6) Schließlich ist ein Verfahrensgegenstand, der auf eine rechtsgestaltende Entscheidung des BVerfG abzielt, unzulässig. Das ist etwa der Fall, wenn der Antragsteller begehrt, das BVerfG möge nicht nur die Wahl des Bundespräsidenten für ungültig erklären, sondern auch eine Neuwahl anordnen.[1421]

Hinweis für die Fallbearbeitung: Da die erforderliche Rechtserheblichkeit nur dann bejaht werden kann, wenn der Antragsteller durch die Maßnahme bzw. Unterlassung in seinen verfassungsrechtlich gewährleisteten Rechten betroffen ist, kann sie auch erst im Rahmen der Antragsbefugnis erörtert werden. Wird sie bereits im Rahmen des Streitgegenstands erörtert, sollte bei der Antragsbefugnis dennoch kurz auf Folgendes hingewiesen werden: „Es kann nicht ausgeschlossen werden, dass die ... (rechtserhebliche Maßnahme) den Antragsteller in seinen verfassungsrechtlich gewährleisteten Rechten beeinträchtigt". Zum Sonderfall der Prozessstandschaft, bei der der Antragsteller keine eigenen Rechte, sondern solche des Organs, dem er angehört, geltend macht, vgl. Rn 635/636.

dd. Antragsbefugnis (= Prozessführungsbefugnis des Antragstellers)

633 Weitere Zulässigkeitsvoraussetzung ist die Antragsbefugnis. Diese liegt gem. § 64 I BVerfGG in Konkretisierung des Art. 93 I Nr. 1 GG vor, wenn der Antragsteller geltend macht, dass er oder das Organ, dem er angehört, durch eine Maßnahme oder Unterlassung des Antragsgegners in seinen ihm durch das Grundgesetz übertragenen

---

[1416] Vgl. NWVerfGH NVwZ-RR 2000, 265, 266.
[1417] Vgl. BVerfG NVwZ 2015, 218, 219 mit Verweis auf BVerfGE 68, 1, 74 f.; 97, 408, 414; 120, 82, 96.
[1418] BVerfGE 111, 286, 288.
[1419] BVerfGE 13, 123, 125; 40, 287, 293 f.; 57, 1, 6 f.
[1420] Richtig daher BVerfG NJW 2018, 928 f. (Verletzung des Rechts einer Partei auf Chancengleichheit im politischen Wettbewerb durch Pressemitteilung einer Bundesministerin) – siehe dazu oben Rn 84 ff.
[1421] BVerfG NVwZ 2015, 216, 217.

Rechten und Pflichten verletzt oder unmittelbar gefährdet ist. Mit „geltend macht" ist gemeint, dass der Sachvortrag des Antragstellers die Verletzung oder die Gefährdung von durch das Grundgesetz übertragenen organschaftlichen Rechten und Pflichten als möglich erscheinen lassen muss[1422] (sog. Möglichkeitstheorie). Dazu genügt es indes, wenn die geltend gemachte Verletzung organschaftlicher Rechte schlüssig dargelegt wird und sie nicht von vornherein ausgeschlossen werden kann.[1423]

Hinweis für die Fallbearbeitung: Aus dieser Formulierung wird zunächst deutlich, dass es sich – wie bei Rn 619 bereits aufgezeigt – bei dem Organstreitverfahren – anders als bei der abstrakten Normenkontrolle – nicht um ein objektives Rechtsbeanstandungsverfahren handelt, sondern um ein kontradiktorisches Verfahren, bei dem es um die Klärung der vom Antragsteller geltend gemachten Verletzung organschaftlicher Rechte und Pflichten geht. Gleichwohl sollte man es in der Fallbearbeitung vermeiden, von einer möglichen „Verletzung *subjektiver* Rechte" zu sprechen oder gar eine Parallele zu § 42 II VwGO aufzuzeigen. Denn eine solche Formulierung könnte leicht missverstanden werden, weil allein organschaftliche, nicht persönliche Rechte im Raum stehen.

Des Weiteren wird aus der o.g. Formulierung deutlich, dass im Rahmen der Antragsbefugnis gemäß Sachvortrag des Antragstellers die Verletzung oder die Gefährdung von durch das Grundgesetz übertragenen Rechten und Pflichten lediglich nicht von vornherein ausgeschlossen sein darf. Ob eine solche Verfassungsrechtsverletzung oder -gefährdung tatsächlich vorliegt, ist eine Frage der Begründetheit. In der Fallbearbeitung genügt es also, dass man im Rahmen der Antragsbefugnis darlegt, dass die behauptete Rechtsverletzung nicht von vornherein ausgeschlossen werden könne und somit die Antragsbefugnis vorliege.

Die Antragsbefugnis setzt jedoch voraus, dass sich Antragsteller und Antragsgegner in einem **verfassungsrechtlichen Rechtsverhältnis** befinden und über **bestimmte Folgerungen aus diesem Rechtsverhältnis streiten**. Der Antragsteller ist also – wie bereits aufgezeigt – nur dann antragsbefugt, wenn er eine Rechtsverletzung geltend macht, die sich aus seiner **organschaftlichen Stellung** ergibt.[1424] Das werden in erster Linie Kompetenzübergriffe des Antragsgegners oder die (geltend gemachte) Nichteinräumung von verfassungsrechtlich garantierten Rechten des Antragstellers sein. Geht der Organstreit von einer politischen *Partei* aus, die geltend macht, durch eine Äußerung eines Ministers oder des Bundespräsidenten in ihren verfassungsrechtlichen Rechten (hier: Recht auf Wahrung der Chancengleichheit – Rn 631 Bsp 9 und 10) verletzt zu sein, ist die Antragsbefugnis ebenfalls gegeben, wenn die geltend gemachte Rechtsverletzung zumindest möglich erscheint. Initiiert eine *Fraktion* einen Organstreit, ist zu beachten, dass als verfolgbare eigene Rechte nur solche im innerparlamentarischen Raum in Betracht kommen. So hat das BVerfG entschieden, dass das Recht auf Chancengleichheit im Wettbewerb der politischen Parteien aus Art. 21 I S. 1 GG zwar ein Recht der Partei sei, das diese im Organstreit verfolgen könne, nicht aber der Fraktion.[1425] 634

[1422] Vgl. auch BVerfGE 117, 359, 366.
[1423] Vgl. BVerfG 3.5.2016 – 2 BvE 4/14 Rn 63 ff. (insoweit nicht abgedruckt in NVwZ 2016, 922, 923) für den Fall der Nichtannahme von Gesetzentwürfen, die der Antragsteller (hier: eine Oppositionsfraktion) in den Bundestag eingebracht hatte (siehe das Beispiel bei Rn 630/636). Siehe auch BVerfG NVwZ 2016, 1701 (G-10-Kommission).
[1424] Vgl. nur BVerfGE 126, 55 ff.; BVerfG NVwZ 2014, 1149 f.; NVwZ 2015, 209, 210 ff.; BVerfG 3.5.2016 – 2 BvE 4/14 Rn 63 ff. (insoweit nicht abgedruckt in NVwZ 2016, 922, 923).
[1425] BVerfG NVwZ-RR 2019, 89 (AfD).

634a Zielt der Antrag auf die Feststellung, dass (vom Antragsgegner) objektives (Verfassungs-)Recht verletzt wurde, fehlt die Antragsbefugnis[1426] ebenso wie in dem Fall, dass die Rechte, die der Antragsteller als verletzt rügt, diesem gar nicht zustehen[1427]. Auch kann sich der Antragsteller **nicht** auf eine Verletzung von **Grundrechten**[1428] oder unterverfassungsrechtlichen Rechten berufen.

Beispiel: Abgeordneter A hat über einen längeren Zeitraum illegale Parteispenden entgegengenommen. Um den Sachverhalt umfassend aufzuklären, setzt der Bundestag einen Untersuchungsausschuss ein. A ist der Auffassung, die Einsetzung des Untersuchungsausschusses greife in unzulässiger Weise in sein Grundrecht auf informationelle Selbstbestimmung (Art. 1 I GG i.V.m. Art. 2 I GG) ein. Darüber hinaus sei er an der Ausübung seines **freien Mandats** (Art. 38 I S. 2 GG) gehindert.

Sofern sich A auf das Grundrecht auf informationelle Selbstbestimmung beruft, ist der Organstreit unzulässig, da dieser die Geltendmachung einer Verletzung von organschaftlichen Rechten voraussetzt. Grundrechte begründen keine organschaftlichen Rechte. Etwas anderes gilt im Hinblick auf Art. 38 I S. 2 GG. Dort ist der verfassungsrechtliche Status als Abgeordneter verankert. Sofern eine Verletzung dieses verfassungsrechtlichen Abgeordnetenstatus nicht ausgeschlossen werden kann, ist A antragsbefugt.[1429]

635 Für Organteile ist insbesondere für den Fall, dass sie sich nicht auf eigene verfassungsrechtliche Rechte stützen können, **Prozessstandschaft** zulässig (vgl. § 64 I BVerfGG: „oder das Organ, dem er angehört"). Das bedeutet, dass Organteile die *verfassungsrechtlichen Rechte des Organs* selbst (im eigenen Namen) geltend machen können, auch wenn das Organ mehrheitlich seine Rechte als nicht verletzt ansieht[1430] (siehe bereits Rn 630).

Beispiele:

(1) Bundespräsident B löst gem. Art. 68 GG den Bundestag auf. Die Minderheitsfraktion M behauptet, die verfassungsrechtliche Rechtsstellung des Bundestags sei durch diese Maßnahme verletzt worden. ⇨ Hier greift das Institut der zulässigen Prozessstandschaft (§ 64 I BVerfGG), da die M-Fraktion Teil des Verfassungsorgans *Bundestag* ist.

(2) Der Bundesratspräsident als Leiter der Bundesversammlung weist einen Antrag von Mitgliedern der Bundesversammlung, die Tagesordnung zu erweitern, zurück. ⇨ Auch hier greift das Institut der zulässigen Prozessstandschaft (§ 64 I BVerfGG), da die Antragsteller Teil des Verfassungsorgans *Bundesversammlung* sind.[1431]

(3) Der Bundestag lehnt einen von einer Oppositionsfraktion in den Bundestag eingebrachten Gesetzentwurf ab, der die Stärkung von Minderheitenrechten (d.h. Oppositionsrechten) zum Gegenstand hat.[1432]

[1426] Vgl. BVerfG NVwZ 2014, 1149 f.

[1427] BVerfG NVwZ 2015, 216, 217: Die Rechte von Mitgliedern der Bundesversammlung beschränken sich auf die Wahl des Bundespräsidenten; ein Rederecht bzw. eine Personaldiskussion stehen ihnen nicht zu.

[1428] So macht auch das BVerfG deutlich, dass sich die Parteien bei der Antragsbefugnis im Organstreitverfahren nicht auf Grundrechte stützen können. Sie könnten nur Rechte geltend machen, die sich aus ihrem besonderen verfassungsrechtlichen Status ergäben (BVerfG NJW 2018, 928). Auch von daher wird erneut klar, dass man im Rahmen des Organstreits – um nicht missverstanden zu werden – nicht von subjektiven Rechten sprechen sollte.

[1429] Zur Begründetheit vgl. Rn 638.

[1430] BVerfGE 1, 351, 359; 45, 1, 29 f.; 68, 1, 69 f.; 90, 286, 336; 113, 113, 121; 117, 359, 361 ff.; BVerfG 3.5.2016 – 2 BvE 4/14 Rn 66 ff. (insoweit nicht abgedruckt in NVwZ 2016, 922, 923).

[1431] Vgl. BVerfG NVwZ 2014, 1149 f., das in dieser Frage zwar die Antragsbefugnis bejahte, jedoch den Antrag als unbegründet verwarf, da die vom Antragsteller als verletzt geltend gemachten organschaftlichen Rechte nicht bestünden. Die Befugnisse der Bundesversammlung erschöpften sich in der Wahl des Bundespräsidenten. Daher bestünde auch kein Recht der Mitglieder der Bundesversammlung darauf, dass sich die Kandidaten der Bundesversammlung vorstellten (zu den Aufgaben der Bundesversammlung vgl. auch Rn 589 ff.).

[1432] Vgl. BVerfG NVwZ 2016, 922, 923 ff. Vgl. dazu Rn 78/622/630/636.

Wie bereits ausgeführt, dient das Institut der Prozessstandschaft dem **Minderheitenschutz**. Unter Hinweis auf eine Debatte im Parlamentarischen Rat führt das BVerfG dazu aus, dass die Prozessstandschaft vor dem Hintergrund der weitgehenden Übereinstimmung von Regierung und der sie tragenden Parlamentsmehrheit im parlamentarischen Regierungssystem v.a. dazu diene, Oppositionsfraktionen und damit der organisierten parlamentarischen Minderheit als dem Gegenspieler der Regierungsmehrheit den Rechtsweg zum BVerfG zu eröffnen, um somit die tatsächliche Geltendmachung der dem Parlament im Verfassungsgefüge zukommenden Rechte zu ermöglichen.[1433] Damit wird aber zugleich der Ausnahmecharakter der Prozessstandschaft deutlich. Denn ein Grundsatz im deutschen (Verfassungs-)Prozessrecht besteht darin, dass Verfahrensbeteiligte nur *eigene* Rechte geltend machen sollen. Folgerichtig hat das BVerfG die Ausnahmebestimmung in § 64 I BVerfGG, die eine Prozessstandschaft zulässt, stets eng ausgelegt und im Wesentlichen nur auf ständig vorhandene Gliederungen des Bundestags angewendet. So hat das Gericht insbesondere die Befugnis der Fraktionen des Bundestags, Rechte des Gesamtparlaments in Prozessstandschaft geltend zu machen, anerkannt[1434] (siehe Rn 635 Bsp 1 und 3). Namentlich Oppositionsfraktionen als organisierte parlamentarische Minderheit(en) und Gegenspieler der Regierungsfraktion(en)[1435] werden von dieser Möglichkeit Gebrauch machen, um die Wahrung ihrer aus Art. 20 II GG folgenden (Status-)Rechte gegenüber dem Bundestag verfassungsgerichtlich durchzusetzen. Fraktionen sind also auch dann parteifähig, wenn es sich bei dem Antragsgegner um den Bundestag selbst handelt, also ein Streit um verfassungsrechtliche Rechte und Pflichten im „Innenverhältnis" vorliegt.[1436] 636

An sich müsste man in einem solchen Fall von „Intraorganstreit" sprechen. Das BVerfG benutzt aber die Figur der Prozessstandschaft, die für die Befugnis steht, im eigenen Namen einen Prozess über ein fremdes Recht zu führen. Das ist auf die Überlegung des BVerfG zurückzuführen, die Parlamentsminderheit mache Rechte des Bundestags gegen die die Bundesregierung politisch stützende Parlamentsmehrheit geltend. Ob ein solcher Gedanke „übers Eck" angesichts der Möglichkeit, auch i.S.d. § 64 I BVerfGG („oder das Organ, dem er angehört") einen Intraorganstreit anzuerkennen, erforderlich ist, sei dahingestellt.

Unbeschadet der gewählten Figur bzw. der Terminologie ist es aber richtig, im Sinne des dem Demokratieprinzip verpflichteten Minderheitenschutzes (vgl. Art. 20 II GG) den Fraktionen als Teil des Organs Bundestag gem. § 63 BVerfGG auch zu gestatten, ein Organstreitverfahren gegen den Bundestag selbst zu führen. Dies ist im Rahmen der Antragsbefugnis zu prüfen.

> Im **Beispiel** von Rn 630 müsste die X-Fraktion demnach antragsbefugt sein. Bedenken könnten sich insoweit ergeben, als die X-Fraktion gegen das Organ selbst, dem sie angehört, vorgeht. Das BVerfG führt dazu aus, dass es bei der in § 64 I BVerfGG vorgesehenen Prozessstandschaft in erster Linie um die Wahrung von Minderheitenrechten gehe. Sinn und Zweck der Prozessstandschaft lägen darin, der Parlamentsminderheit die Befugnis zur Geltendmachung der Rechte des Bundestags nicht nur dann zu erteilen, wenn dieser seine Rechte, vor allem im Verhältnis zu der von ihm getragenen Bun-

---

[1433] BVerfG 3.5.2016 – 2 BvE 4/14 Rn 66 (insoweit nicht abgedruckt in NVwZ 2016, 922, 923) mit Verweis auf BVerfGE 90, 286, 344; 117, 359, 361 ff.

[1434] BVerfGE 1, 351, 359; 2, 143, 165; 45, 1, 28 ff.; 68, 1, 69 f.; 90, 286, 336; 113, 113, 121; BVerfG 3.5.2016 – 2 BvE 4/14 Rn 66 ff. (insoweit nicht abgedruckt in NVwZ 2016, 922, 923); BVerfG 7.11.2017 – 2 BvE 2/11 Rn 167 ff. (insoweit nicht abgedruckt in NVwZ 2018, 51 ff.).

[1435] Vgl. BVerfG 3.5.2016 – 2 BvE 4/14 Rn 58 (insoweit nicht abgedruckt in NVwZ 2016, 922, 923) mit Verweis auf BVerfGE 90, 286, 344; 117, 359, 367 f.

[1436] Vgl. etwa BVerfG 7.11.2017 – 2 BvE 2/11 Rn 167 ff. (insoweit nicht abgedruckt in NVwZ 2018, 51 ff.); BVerfG 3.5.2016 – 2 BvE 4/14 Rn 67 (insoweit nicht abgedruckt in NVwZ 2016, 922, 923) mit Verweis auf BVerfGE 123, 267, 338 f.; 132, 195, 247; 134, 366, 397.

desregierung, nicht wahrnehmen wolle[1437], sondern auch dann, wenn die Parlamentsminderheit Rechte des Bundestags gegen die die Bundesregierung politisch stützende Parlamentsmehrheit geltend mache[1438]. Das gelte auch dann, wenn es sich beim Antragsgegner um den Bundestag selbst handele.[1439]

Da die X-Fraktion Rechte des Bundestags gegen die die Bundesregierung politisch stützende Parlamentsmehrheit geltend macht und nicht ausgeschlossen werden kann, dass sie durch die Ablehnung der weiteren Befassung mit dem von ihr eingebrachten Gesetzentwurf in ihren organschaftlichen Rechten aus dem in Art. 20 I, II GG niedergelegten Demokratieprinzip (hier: Recht auf Ausübung wirksamer Oppositionsrechte) verletzt wurde, ist die X-Fraktion auch antragsbefugt. Zur Frage, inwieweit ein Anspruch auf Stärkung von Oppositionsrechten (tatsächlich) besteht, vgl. Rn 78. Bei der X-Partei greift die Frage freilich nicht, da es bei der Frage nach der Stärkung von Oppositionsrechten um die Gesamtheit der Opposition geht, nicht um einzelne Oppositionsfraktionen.

Im Sinne des Minderheitenschutzes ist den Fraktionen als Teil des Organs Bundestag gem. § 63 BVerfGG aber auch gestattet, in **Prozessstandschaft** gem. § 64 I BVerfGG Rechte des Organs, dem sie angehören, im **Außenverhältnis** durchzusetzen.[1440]

Umgekehrt hat das BVerfG aber auch entschieden, dass einzelne Abgeordnete nicht befugt seien, im Organstreit Rechte des Bundestags als Prozessstandschafter geltend zu machen, da sie keine Organteile, sondern (lediglich) Organmitglieder seien (vgl. bereits Rn 627/634).[1441] Daher erklärt sich auch der Umstand, warum nicht Abgeordnete, sondern die Fraktionen, denen sie angehören, einen Organstreit initiieren.

Hinweis für die Fallbearbeitung: Bevor man in der Fallbearbeitung das Institut der Prozessstandschaft bemüht, sollte zunächst geprüft werden, ob das Organteil, das die Verletzung von Rechten des Organs, dem es angehört, geltend macht, sich nicht auf die Verletzung *eigener* organschaftlicher Rechte berufen kann. Nur wenn das nicht der Fall ist, kommt ein Organstreit unter dem Aspekt der Prozessstandschaft in Betracht. Dabei ist in der Fallbearbeitung auf die diesbezügliche Entstehungsgeschichte und den Sinn und Zweck der Prozessstandschaft abzustellen.

ee. Form und Frist

637 § 23 I S. 1 BVerfGG bestimmt, dass verfahrenseinleitende Anträge (und damit auch das Organstreitverfahren) **schriftlich** einzureichen sind. Schriftform ist nur gewahrt, wenn ein körperliches Schriftstück eingeht.[1442] Dem genügt die Einreichung per **Telefax**[1443], **nicht** aber per **E-Mail** (oder **De-Mail**)[1444]. Das BVerfG verweist insoweit auf die Gesetzessystematik. Der Gesetzgeber habe bewusst davon abgesehen, eine § 130a ZPO, § 55a VwGO, § 46c ArbGG, § 65a SGG oder § 52a FGO entsprechende Regelung in das BVerfGG aufzunehmen. Auch soweit das BVerfG über eine De-Mail-Adresse verfüge, stehe dieser Kommunikationsweg – wie auch die gewöhnliche E-Mail – ausdrücklich ausschließlich für Verwaltungsangelegenheiten zur Verfügung.

[1437] BVerfG 3.5.2016 – 2 BvE 4/14 Rn 67 (insoweit nicht abgedruckt in NVwZ 2016, 922, 923) mit Verweis auf BVerfGE 1, 351, 359; 45, 1, 29 f.; 121, 135, 151.
[1438] BVerfG 3.5.2016 – 2 BvE 4/14 Rn 67 (insoweit nicht abgedruckt in NVwZ 2016, 922, 923) mit Verweis auf BVerfGE 123, 267, 338 f.
[1439] Vgl. etwa BVerfG 3.5.2016 – 2 BvE 4/14 Rn 67 (insoweit nicht abgedruckt in NVwZ 2016, 922, 923) mit Verweis auf BVerfGE 123, 267, 338 f.; 132, 195, 247; 134, 366, 397.
[1440] BVerfGE 2, 143, 165; 45, 1, 28; 67, 100, 125; 68, 1, 65; 103, 81, 86 f.; 104, 310, 325; 117, 359, 361 ff.; 124, 161, 184 ff.; 131, 152, 190; BVerfG 3.5.2016 – 2 BvE 4/14 Rn 66 (insoweit nicht abgedruckt in NVwZ 2016, 922, 923).
[1441] BVerfGE 70, 324, 354; 90, 286, 343; 117, 359, 361 ff.; a.A. BVerfGE 70, 366, 375 (Sondervotum).
[1442] BVerfG NVwZ 2019, 162 mit Verweis auf *Diehl*, in: Barczak, BVerfGG, 2018, § 23 Rn 16.
[1443] BVerfG-K NJW 2007, 2839; NJW 2001, 1203; NJW 2001, 3473.
[1444] BVerfG NVwZ 2019, 162 mit Verweis auf *Diehl*, in: Barczak, BVerfGG, 2018, § 23 Rn 16.

Dem ist zuzustimmen. Denn maßgeblich kann allein § 23 I S. 1 BVerfGG sein, der ausschließlich von „schriftlich" und nicht auch von „elektronisch" oder von „Textform" spricht. Es bedarf daher einer Gesetzesänderung, um die Möglichkeit der Einreichung von Schriftsätzen via E-Mail oder De-Mail auch beim BVerfG zu eröffnen.

Der Antrag ist zu **begründen**. Zwar statuiert § 64 II BVerfGG die Pflicht, die Bestimmung des Grundgesetzes zu benennen, gegen die die Maßnahme oder Unterlassung des Antragsgegners verstoßen haben soll, es genügt jedoch, wenn sie sich aus dem Inhalt der Begründungsschrift entnehmen lässt. Was die Frist betrifft, so muss gem. § 64 III BVerfGG der Antrag innerhalb von 6 Monaten, nachdem die Maßnahme oder Unterlassung bekannt geworden ist, gestellt werden.

> **Hinweis für die Fallbearbeitung:** Sofern dem Sachverhalt nicht zu entnehmen ist, dass Formvorschriften missachtet wurden oder die Frist verstrichen ist, kann unterstellt werden, dass beides gewahrt ist.

ff. Rechtsschutzbedürfnis

Auch der Organstreit setzt – trotz gegebener Antragsbefugnis – ein Rechtsschutzbedürfnis des Antragstellers voraus.[1445] Der Antragsteller muss ein berechtigtes Interesse an der Durchsetzung seiner organschaftlichen Rechte haben. Ein solches Interesse entfällt nicht bereits dadurch, dass die beanstandete Rechtsverletzung in der Vergangenheit liegt oder sie bereits abgeschlossen ist.[1446] Denn der Antragsteller kann durchaus ein Rehabilitationsinteresse haben oder möchte schlicht einer Wiederholungsgefahr begegnen.[1447] In einem solchen Fall besteht also eine Durchbrechung der ansonsten grundsätzlich nicht vom Grundgesetz und vom BVerfGG vorgesehenen Gewährung vorbeugenden Rechtsschutzes. Besteht aber *keine* Wiederholungsgefahr, macht das BVerfG deutlich, dass es die Gewährung vorbeugenden Rechtsschutzes ablehnt.[1448] 638

b. Begründetheit

Der Antrag ist begründet, wenn die gerügte Maßnahme oder Unterlassung des Antragsgegners die verfassungsmäßigen Rechte und Pflichten des Antragstellers verletzt oder unmittelbar gefährdet (§ 64 I BVerfGG). 639

> **Hinweis für die Fallbearbeitung:** Während bei der Antragsbefugnis lediglich die Möglichkeit der Verletzung von organschaftlichen Rechten und Pflichten geprüft wurde, ist nun die tatsächliche Rechtsverletzung Gegenstand der Untersuchung. Dabei ist zu beachten, dass es immer nur um organschaftliche Rechte gehen kann, nicht um subjektivrechtliche Positionen wie Grundrechte oder gar unterverfassungsrechtliche Rechte. Eine Verletzung eines organschaftlichen Rechts liegt immer dann vor, wenn der Eingriff in dieses Recht verfassungsrechtlich nicht zu rechtfertigen ist. Der Aufbau der Begründetheitsprüfung eines Organstreitverfahrens gleicht somit im Wesentlichen demjenigen einer Individualverfassungsbeschwerde. Geprüft wird also zunächst die Anwendbarkeit der Norm, gegen die der Antragsgegner verstoßen haben könnte. Sodann ist der Eingriff in das organschaftliche Recht zu benennen. Schließlich ist zu prüfen, ob ein anderes Rechtsgut von Verfassungsrang den Eingriff (bzw. Übergriff) rechtfertigen kann. 640

[1445] Vgl. BVerfGE 1, 372, 379; 20, 134, 141; 62, 1, 33; 67, 100, 127; 68, 1, 77 f.; 81, 310, 329; 124, 78, 113; 140, 115, 146; BVerfG 27.2.2018 – 2 BvE 1/16 Rn 33 (insoweit nicht abgedruckt in NJW 2018, 928 ff.).
[1446] So im Fall BVerfG NJW 2018, 928 ff.
[1447] Siehe auch hierzu BVerfG 27.2.2018 – 2 BvE 1/16 Rn 33 ff. (insoweit nicht abgedruckt in NJW 2018, 928 ff.).
[1448] Siehe den Fall BVerfG NVwZ-RR 2019, 89 (AfD).

641 Es ergeht ein **Feststellungsurteil**. Das bedeutet, dass das BVerfG lediglich die Verfassungswidrigkeit bzw. Verfassungsgemäßheit der angegriffenen Maßnahme oder Unterlassung feststellt sowie die Feststellung trifft, ob die angegriffene Maßnahme oder Unterlassung den Antragsteller in seinen organschaftlichen Rechten verletzt hat (vgl. § 67 BVerfGG). Eine Aufhebung der Maßnahme kommt nicht in Betracht.[1449] Bei Begründetheit des Antrags ist der Antragsgegner jedoch verpflichtet, dem Urteil Folge zu leisten, da dieses alle Staatsorgane bindet (§ 31 I BVerfGG).[1450]

[1449] Klarstellend BVerfG NVwZ 2014, 1149 f. Siehe auch BVerfG NJW 2018, 928 f.
[1450] Zum **Verhältnis des Organstreits zur abstrakten Normenkontrolle** vgl. Rn 659. Vgl. auch den Beispielsfall zur Vertrauensfrage und zur Bundestagsauflösung, der unter verlagrs@t-online.de angefordert werden kann.

2. Die abstrakte Normenkontrolle, Art. 93 I Nr. 2 GG, §§ 13 Nr. 6, 76 ff. BVerfGG

Anders als beim Organstreit entscheidet das BVerfG bei der abstrakten Normenkontrolle im objektiven Verfahren (d.h. ohne Rücksicht auf organschaftliche Rechte), ob Bundes- oder Landesrecht mit dem Grundgesetz oder Landesrecht mit sonstigem Bundesrecht vereinbar ist (Art. 93 I Nr. 2 GG). „Abstrakt" ist die Normenkontrolle, weil sie – anders als die konkrete Normenkontrolle gem. Art. 100 I GG – nicht aus Anlass eines konkreten Prozessstreits, sondern unabhängig von einem solchen, also „abstrakt" durchgeführt wird. Auch einen Antragsgegner gibt es nicht. Das Verfahren ist also nicht kontradiktorisch. 642

Abstrakte Normenkontrolle, Art. 93 I Nr. 2 GG, §§ 13 Nr. 6, 76 ff. BVerfGG

I. Zulässigkeit

1. Zuständigkeit des BVerfG

Gemäß Art. 93 I Nr. 2 GG prüft das BVerfG die Vereinbarkeit von Bundes- oder Landesrecht mit dem Grundgesetz oder Landesrecht mit sonstigem Bundesrecht.

2. Antragsberechtigung

Antragsberechtigt sind gem. Art. 93 I Nr. 2 GG, § 76 I BVerfGG nur die Bundesregierung, eine Landesregierung oder ein Viertel der Mitglieder des Bundestags. Eine Erweiterung des Kreises der Antragsberechtigten durch einfaches Gesetz oder durch Analogie ist (wegen der klaren Formulierung in Art. 93 I Nr. 2 GG) unzulässig. Die abstrakte Normenkontrolle kennt als objektives Normenkontrollverfahren keinen Antragsgegner.

3. Antragsgegenstand (= Prüfungsgegenstand)

Antragsgegenstand ist jedwedes Bundes- und Landesrecht. Sekundäres Unionsrecht ist grds. nicht tauglicher Prüfungsgegenstand.
Hinsichtlich der als Prüfungsgegenstand in Betracht kommenden Norm gilt, dass das Gesetzgebungsverfahren abgeschlossen, also die Norm ausgefertigt und verkündet sein muss. Eine vorbeugende Normenkontrolle ist grds. unzulässig. Eine Ausnahme gilt aber bei Zustimmungsgesetzen zu völkerrechtlichen Verträgen, wenn nur noch die Ausfertigung durch den Bundespräsidenten und die Verkündung fehlen. Das hat den Hintergrund, dass noch vor dem völkerrechtlichen Inkrafttreten entschieden und ein Auseinanderfallen von völkerrechtlichen und verfassungsrechtlichen Pflichten vermieden werden kann.

4. Antragsbefugnis bzw. Klarstellungsinteresse

Der Antragsteller ist gem. Art. 93 I Nr. 2 GG antragsbefugt, wenn *Meinungsverschiedenheiten oder Zweifel* über die Vereinbarkeit von Bundesrecht oder Landesrecht mit dem Grundgesetz oder über die Vereinbarkeit von Landesrecht mit sonstigem Bundesrecht bestehen. Gemäß § 76 I BVerfGG muss er dagegen die Norm für nichtig bzw. für gültig halten. Die Unklarheit hinsichtlich dieser unterschiedlichen Formulierung kann jedoch dahinstehen, wenn sich der Sachverhalt (wie regelmäßig) bereits unter § 76 BVerfGG subsumieren lässt. Das BVerfG fordert darüber hinaus ein besonderes objektives Interesse an der Klarstellung der Gültigkeit bzw. Ungültigkeit der Norm (sog. Klarstellungsinteresse). Dieses Klarstellungsinteresse wird aber nur ausnahmsweise verneint. Insbesondere entfällt das Klarstellungsinteresse nicht, wenn auch andere Verfahren vor dem BVerfG zulässig sind wie z.B. das Organstreitverfahren oder der Bund-Länder-Streit.

5. Form und Frist

Der Antrag bedarf gem. § 23 I BVerfGG der Schriftform. Außerdem ist er zu begründen. Eine Frist ist nicht zu beachten.

II. Begründetheit

Der Antrag auf Durchführung der abstrakten Normenkontrolle ist begründet, wenn Bundesrecht mit dem Grundgesetz oder Landesrecht mit dem Grundgesetz oder dem sonstigen Bundesrecht unvereinbar ist (Art. 93 I Nr. 2 GG, § 78 BVerfGG).

Wichtige Entscheidungen: BVerfGE 1, 396 (Vertrag über die Beziehungen zwischen der BRD und den drei Mächten); 2, 124 (Handwerksordnung); 10, 20 (Stiftung „Preußischer Kulturbesitz"); 21, 52 (Notstandsgesetze); 24, 174 (Vereinbarkeit von § 6 I Nr. 4 KapitalverkehrssteuerG); 36, 1 (Grundlagenvertrag zwischen der BRD und der DDR); 39, 1 (§ 218a StGB); 48, 127 (Kriegsdienstverweigerung); 52, 63 (Parteispenden); 52, 187 (Weiterverarbeitung von Zitrussaftkonzentraten); 55, 274 (Ausbildungsplatzförderungsgesetz); 61, 149 (Staatshaftungsgesetz); 68, 346 (Beitritt im Verfahren der abstrakten Normenkontrolle); 69, 1 (Kriegsdienstverweigerungs-Neuordnungsgesetz); 83, 37 (Ausländerwahlrecht); 86, 148 (Finanzausgleich); 88, 203 (Schwangerschaftsabbruch II); 95, 335 (Verfassungsmäßigkeit der Überhangmandate); 96, 133 (Hamburger BeihilfeVO); 101, 1 (Käfighaltung von Legehennen); 103, 111 (Wahlprüfung Hessen); 106, 310 (Zuwanderungsgesetz); 111, 226 (Hochschulreform); BVerfG DVBl 1999, 976 (Zum Klarstellungsinteresse einer abstrakten Normenkontrolle bezüglich des Erlasses einer allgemeinen Verwaltungsvorschrift im Rahmen der Bundesauftragsverwaltung nach Art. 85 II GG); BVerfG NJW 2018, 2109 (§ 40 Ia LFGB)

643 Der das Gutachten einleitende **Obersatz** ergibt sich aus der allgemeinen Struktur eines Rechtsbehelfs:

Der Antrag auf Durchführung einer abstrakten Normenkontrolle nach Art. 93 I Nr. 2 GG, §§ 13 Nr. 6, 76 ff. BVerfGG hat Erfolg, wenn er zulässig und begründet ist.

a. Zulässigkeit

aa. Zuständigkeit des BVerfG

644 Gemäß Art. 93 I Nr. 2 GG prüft das BVerfG die Vereinbarkeit von Bundes- oder Landesrecht mit dem Grundgesetz oder Landesrecht mit sonstigem Bundesrecht.

bb. Antragsberechtigung

645 Antragsberechtigt sind gem. Art. 93 I Nr. 2 GG, § 76 I BVerfGG die **Bundesregierung**, eine **Landesregierung** oder ein **Viertel der Mitglieder des Bundestags**. Diese Aufzählung ist abschließend; eine Erweiterung des Kreises der Antragsberechtigten durch einfaches Gesetz oder durch Analogie ist wegen der klaren Formulierung in Art. 93 I Nr. 2 GG unzulässig.[1451] Anders als der Organstreit oder der Bund-Länder-Streit ist die abstrakte Normenkontrolle kein kontradiktorisches Verfahren, sondern ein objektives Rechtsbeanstandungsverfahren; es kennt keinen Antragsgegner.[1452]

646 Unter **Bundesregierung** ist das Kollegium von Bundeskanzler und Bundesministern gem. Art. 62 GG gemeint. Der Bundeskanzler oder ein Bundesminister ist also jeweils nicht antragsbefugt. Den Begriff der **Landesregierung** bestimmt die jeweilige Landesverfassung. Bei den antragsberechtigten **Mitgliedern des Bundestags** muss es sich um eine Gruppe handeln, die als Einheit auftritt und identische Ziele verfolgt.[1453] Ziel ist es, einen Minderheitenschutz zu garantieren. Freilich lässt sich dieses Ziel nur erreichen, wenn die Opposition auch antragsbefugt ist, was hinsichtlich der Opposition im 18. Deutschen Bundestag nicht der Fall war, da sie nicht ein Viertel der Mitglieder des Bundestags umfasste. Das war verfassungsrechtlich problematisch, da eine wirksame Opposition ein konstitutives Merkmal einer Demokratie darstellt (vgl. Rn 78 f.). Im gegenwärtigen 19. Deutschen Bundestag beträgt die Gesamtzahl der Sitze der Opposition 311 (sofern man die 6 Fraktionsaustritte zur Opposition zählt, siehe Rn 78). Das sind rund 44%, was eine effektive Oppositionsarbeit gewährleistet, sodass sich die genannte Problematik nicht stellt. Ist eine Opposition also antragsbefugt, wird sie regelmäßig von ihrer Antragsberechtigung Gebrauch machen. Dabei muss der Antrag von den einzelnen Abgeordneten gestellt werden.

[1451] Insoweit klarstellend BVerfGE 21, 52, 53 f.; 68, 346, 349. Vgl. auch *Greve/Schärdel*, JuS 2009, 531, 532. Daher kann z.B. der Bundesrat niemals eine abstrakte Normenkontrolle beantragen, was für ihn jedoch keinen Nachteil darstellt, da ja jede Landesregierung antragsbefugt ist. Ein verfassungsrechtliches Problem stellt sich aber bzgl. des „Viertels der Mitglieder des Bundestags", wenn infolge einer Großen Koalition die Opposition weniger als ein Viertel der Mitglieder des Bundestags umfasst (dazu bereits Rn 78 f. sowie sogleich Rn 646).

[1452] Vgl. zuletzt BVerfGE 105, 313, 342 ff. (Verfassungsmäßigkeit des LPartG).

[1453] BVerfGE 68, 346, 350.

cc. Antragsgegenstand (= Prüfungsgegenstand)

Antragsgegenstand ist jedwedes nationales **Bundes- und Landesrecht.**[1454] Das gilt jedenfalls hinsichtlich solcher Rechtsvorschriften, die **ohne Bezug zum EU-Recht** stehen. Hinsichtlich deutscher Rechtsakte, die auf zwingenden Vorgaben des EU-Rechts beruhen, geht das BVerfG aber offenbar davon aus, dass eine Überprüfung am Maßstab des Grundgesetzes ausscheidet.[1455] In einem solchen Fall sowie generell für den Fall, dass die Vereinbarkeit mit EU-Recht in Rede steht, ist der EuGH zuständig. Auch von Organen der EU erlassene Rechtsakte (**Sekundärrecht**) unterliegen nicht der Jurisdiktion des BVerfG. Der Grund dafür besteht darin, dass es von Organen veranlasst bzw. erlassen wird, die nicht dem Grundgesetz unterstehen.[1456] Das BVerfG erklärt sich folgerichtig für nicht zuständig, es sei denn, eine Handlung eines Organs oder einer Einrichtung der EU beruht auf einer **Kompetenzüberschreitung** oder sie betrifft den nicht übertragbaren Bereich der durch Art. 23 I S. 3 i.V.m. Art. 79 III GG geschützten **Verfassungsidentität** des Grundgesetzes. 647

In einem solchen Fall wird das BVerfG tätig und prüft im Rahmen der „**Ultra-vires-Kontrolle**", ob der fragliche EU-Akt noch von der Kompetenzübertragung gedeckt ist[1457], oder im Rahmen der „**Identitätskontrolle**", ob der fragliche Rechtsakt eines Organs oder einer Einrichtung der EU ein gem. Art. 23 I S. 3 i.V.m. Art. 79 III GG unveränderliches Verfassungsprinzip aus Art. 1 und 20 GG verletzt hat[1458], siehe dazu ausführlich Rn 358 ff.

> **Beispiele von tauglichen Prüfungsgegenständen:** Vorschriften des Grundgesetzes, Parlamentsgesetze des Bundes (auch nur-formelle Gesetze wie z.B. das Bundeshaushaltsgesetz nach Art. 110 II GG), von Bundesorganen erlassene Rechtsverordnungen, von bundesunmittelbaren Körperschaften oder Anstalten des öffentlichen Rechts erlassene Satzungen, Anordnungen und Verfügungen des Bundespräsidenten, Parlamentsgesetze der Länder, von Landesorganen erlassene Rechtsverordnungen, von landesunmittelbaren Körperschaften oder Anstalten des öffentlichen Rechts erlassene Satzungen, Satzungen der kommunalen Gebietskörperschaften wie z.B. Bebauungspläne. Auch allgemeinverbindliche Tarifverträge (siehe § 5 TVG) können angegriffen werden.[1459]

Sekundäres Unionsrecht (Verordnungen, Richtlinien und Beschlüsse gem. Art. 288 AEUV) kann – wie aufgezeigt – **nicht** unmittelbar durch eine abstrakte Normenkontrolle vor dem BVerfG gerügt werden. Zum einen sind Akte des Unionsrechts nicht in Art. 93 I Nr. 2 GG als tauglicher Prüfungsgegenstand genannt und zum anderen wäre das BVerfG ohnehin nicht befugt, Akte des sekundären Unionsrechts am Maßstab des primären Unionsrechts zu prüfen. Lediglich eine Überprüfung am Maßstab des Grundgesetzes kommt in Betracht, wenn der fragliche Unionsakt auf einer Kompetenzüberschreitung beruht oder den nicht übertragbaren Bereich der durch Art. 23 I S. 3 i.V.m.

1454 BVerfGE 2, 124, 131; 3, 225, 233; 24, 174, 179 f.; 101, 1, 30; 105, 313, 342 ff.; *Pieroth*, in: J/P, GG, Art. 93 Rn 37; *Naumann*, JuS 2000, 786, 787.

1455 Siehe BVerfG NJW 2018, 2109 f. „§ ... beruht nicht auf zwingenden Vorgaben des Unionsrechts, sondern geht über diese hinaus und kann daher an den Grundrechten des Grundgesetzes gemessen werden." Siehe aber auch BVerfG NVwZ 2020, 63, 67 („Recht auf Vergessenwerden II"), wobei anzumerken ist, dass der Beschluss in Bezug auf eine Verfassungsbeschwerde ergangen ist und das BVerfG seine Zuständigkeit für die Überprüfung von Akten deutscher öffentlicher Gewalt am Maßstab des Unionsrechts mit der Schließung einer Rechtsschutzlücke begründet hat, weil für Individualbeschwerden in Bezug auf nationale Rechtsakte nach Art. 263 ff. AEUV auch dann keine Zuständigkeit des EuGH besteht, wenn es um die Umsetzung von Unionsrecht geht (dazu ausführlich Rn 366e ff.). Sofern also im Rahmen einer Normenkontrolle eine solche Rechtsschutzlücke nicht besteht, dürften die genannten Grundsätze nicht übertragbar sein.

1456 *Benda/Klein*, VerfProzR, 3. Aufl. 2012, Rn 680; *Pieroth*, in: J/P, GG, Art. 93 Rn 39. Zum EU-Recht vgl. Rn 327 ff. und 761 ff.

1457 BVerfGE 126, 286, 304 („Ultra-vires-Kontrolle").

1458 BVerfG NJW 2016, 1149, 1150 f. („Identitätskontrolle"). Siehe auch BVerfG NJW 2017, 2894, 2895 ff. (Anleihenkaufprogramm der EZB).

1459 Vgl. BVerfGE 44, 322, 338 f.; 55, 7, 20 f.

Art. 79 III GG geschützten Verfassungsidentität des Grundgesetzes betrifft (s.o.). Davon zu unterscheiden ist allerdings das nationale Recht, das in Ausführung des EU-Rechts von Organen der Bundesrepublik Deutschland erlassen wurde.[1460] **Nationale Ausführungsakte** des EU-Rechts können mit einer Normenkontrolle jedenfalls dann angegriffen werden, wenn sie nicht auf zwingenden Vorgaben des Unionsrechts beruhen (s.o.).

648 Hinsichtlich der als Prüfungsgegenstand in Betracht kommenden Norm gilt, dass das Gesetzgebungsverfahren abgeschlossen, also die Norm ausgefertigt und verkündet sein muss.[1461] Eine **vorbeugende Normenkontrolle** ist grundsätzlich unzulässig.[1462] Eine Ausnahme gilt aber bei Zustimmungsgesetzen zu völkerrechtlichen Verträgen („Transformationsgesetz"), wenn nur noch die Ausfertigung durch den Bundespräsidenten und die Verkündung fehlen.[1463] Das hat den Hintergrund, dass nur so noch vor dem völkerrechtlichen Inkrafttreten entschieden und ein Auseinanderfallen von völkerrechtlichen und verfassungsrechtlichen Pflichten vermieden werden kann.[1464]

Liegt demnach ein tauglicher Prüfungsgegenstand vor, prüft ihn das BVerfG unter sämtlichen rechtlichen Gesichtspunkten.[1465]

dd. Antragsbefugnis bzw. Klarstellungsinteresse

649 Der Antragsteller ist gem. Art. 93 I Nr. 2 GG antragsbefugt, wenn *Meinungsverschiedenheiten oder Zweifel* über die Vereinbarkeit von Bundesrecht oder Landesrecht mit dem Grundgesetz oder über die Vereinbarkeit von Landesrecht mit sonstigem Bundesrecht bestehen.

650 Abweichend von Art. 93 I Nr. 2 GG muss der Antragsteller gem. § 76 I Nr. 1 BVerfGG die betreffende Norm *für nichtig halten*. Gemäß § 76 I Nr. 2 BVerfGG muss er die Norm *für gültig halten*, nachdem ein Gericht, eine Verwaltungsbehörde oder ein Organ des Bundes oder eines Landes das Recht als unvereinbar mit dem Grundgesetz oder sonstigem Bundesrecht nicht angewendet hat. Damit stellt § 76 I BVerfGG eine strengere Voraussetzung an die Antragsbefugnis, als dies von Art. 93 I Nr. 2 GG vorgesehen ist, nämlich das für nichtig bzw. gültig *halten*. Ein Teil der Literatur hält die Norm daher für (teil-)verfassungswidrig.[1466] Andere wollen die Norm verfassungskonform dahingehend auslegen, dass auch gem. § 76 I Nr. 1 BVerfGG Zweifel genügen.[1467] Das BVerfG hat in E 1, 184, 196 die Frage offengelassen und die Antragsbefugnis über Art. 93 I Nr. 2 GG hergeleitet. In E 12, 205, 221 hat es § 76 I Nr. 1 BVerfGG i.S.d. Art. 93 I Nr. 2 GG weit ausgelegt. In einer neueren Entscheidung (E 96, 133, 137) konstatiert das BVerfG die Verfassungsmäßigkeit des § 76 I Nr. 1 BVerfGG. Diese vom Gesetzgeber auf der Grundlage des Art. 94 II S. 1 GG getroffene Regelung sei mit Verfassungsrecht vereinbar; sie konkretisiere Art. 93 I Nr. 2 GG.[1468]

Hinweis für die Fallbearbeitung: Da die Abweichung in den tatbestandlichen Formulierungen in Rechtsprechung und Literatur ausdiskutiert ist, sollte man sich in der Fallbearbeitung lediglich auf eine knappe Wiedergabe der o.g. Meinungen beschränken. Am sinnvollsten scheint es, die Vorschrift des § 76 I Nr. 1 BVerfGG weit (d.h. i.S.v. Art. 93 I Nr. 2 GG) auszulegen und bereits **Zweifel an der Rechtmä-**

[1460] *Pieroth*, in: J/P, GG, Art. 93 Rn 39.
[1461] BVerfGE 1, 396, 400 ff. Vgl. auch *Reimer*, JuS 2004, 44; *Seifarth*, JuS 2010, 790, 792.
[1462] BVerfGE 1, 396, 400 ff.; 2, 143, 175; 10, 20, 54; *Hillgruber*, in: Hillgruber/Goos, VerfProzR, Rn 508.
[1463] Vgl. bereits sämtliche Vorauflagen dieses Buches und nunmehr auch *Brunner*, JA 2014, 838, 839.
[1464] BVerfGE 1, 396, 413; 36, 1, 15; *Pieroth*, in: J/P, GG, Art. 93 Rn 39.
[1465] BVerfGE 86, 148 ff.
[1466] *Stern*, StaatsR II, § 44 IV 5, S. 986. *Schlaich/Korioth*, Das BVerfG, Rn 129; *Wieland*, in: Dreier, GG, Art. 93 Rn 59; *Meyer*, in: v. Münch/Kunig, GG, Art. 93 Rn 34.
[1467] *Benda/Klein*, VerfProzR, 3. Aufl. 2012, Rn 665 f.
[1468] Vgl. zum Ganzen *Winkler*, NVwZ 1999, 1291 ff.; *Hillgruber*, in: Hillgruber/Goos, VerfProzR, Rn 516 ff.; *Rozek*, in: Maunz/Schmidt-Bleibtreu/Klein/Bethge, BVerfGG, § 76 Rn 47.

ßigkeit der Norm genügen zu lassen. Lässt sich der Sachverhalt jedoch bereits unter den Wortlaut des § 76 I BVerfGG subsumieren, ist eine Streitentscheidung nicht nur entbehrlich, sondern sogar verfehlt. In der Fallbearbeitung sollte dann die Abweichung des § 76 I BVerfGG von Art. 93 I Nr. 2 GG zwar genannt, dann aber dargelegt werden, dass das Problem dahingestellt bleiben kann, da der Antragsteller die Norm jedenfalls für nichtig (im Fall des § 76 I Nr. 1 BVerfGG) bzw. für gültig (im Fall des § 76 I Nr. 2 BVerfGG) *hält*.

Das BVerfG fordert zudem ein besonderes objektives Interesse an der Klarstellung der Gültigkeit bzw. Ungültigkeit der Norm (sog. **Klarstellungsinteresse**).[1469] Dieses Klarstellungsinteresse wird aber nur ausnahmsweise verneint.[1470] 651

Das Klarstellungsinteresse fehlt nicht etwa, wenn Prüfungsgegenstand eine landesrechtliche Norm ist und die Möglichkeit eines landesverfassungsgerichtlichen Normenkontrollverfahrens besteht. Denn das Landesverfassungsgericht überprüft (lediglich) die Vereinbarkeit des Landesgesetzes mit der Landesverfassung oder sonstigem Landesrecht, nicht jedoch mit Bundesrecht. Das Klarstellungsinteresse entfällt aber, wenn das Landesverfassungsgericht die Unvereinbarkeit der betreffenden Landesnorm mit der Landesverfassung festgestellt und die Norm für nichtig erklärt hat. Da eine nichtige Norm keinerlei Rechtswirkungen entfaltet, kann sie auch nicht tauglicher Prüfungsgegenstand einer (erneuten) abstrakten Normenkontrolle sein. 652

Hinweis für die Fallbearbeitung: Das Klarstellungsinteresse wird durch die Möglichkeit anderer Rechtsschutzformen nicht berührt. Daher ist die abstrakte Normenkontrolle beispielsweise auch neben einem Organstreitverfahren oder einer Bund-Länder-Streitigkeit statthaft, sofern die übrigen Voraussetzungen vorliegen.

ee. Form und Frist

Der Antrag bedarf gem. § 23 I BVerfGG der Schriftform.[1471] Außerdem ist er zu begründen und die Beweismittel sind anzugeben. Eine Frist ist nicht zu beachten.[1472] 653

b. Begründetheit

Der Antrag auf Durchführung der abstrakten Normenkontrolle ist begründet, wenn Bundesrecht mit dem Grundgesetz oder Landesrecht mit dem Grundgesetz oder dem sonstigen Bundesrecht unvereinbar ist (Art. 93 I Nr. 2 GG, § 78 BVerfGG). 654

aa. Prüfungsmaßstab

Förmliches Bundesrecht (= Bundesparlamentsgesetze) kann nur am Maßstab des Grundgesetzes geprüft werden, förmliches Landesrecht (= Landesparlamentsgesetze) am Maßstab des Grundgesetzes und an förmlichen Bundesgesetzen (vgl. Art. 93 I Nr. 2 GG und Art. 31 GG). Untergesetzliches Landesrecht (Rechtsverordnungen und Satzungen des Landes) kann im Rahmen der abstrakten Normenkontrolle auf seine Vereinbarkeit mit dem Grundgesetz und sonstigem Bundesrecht geprüft werden. Zur Prüfung eines Gesetzes am Maßstab des Grundgesetzes vgl. das Schema bei Rn 181. 655

Fraglich ist, ob untergesetzliches Bundesrecht (Rechtsverordnungen und Satzungen des Bundes) nicht nur am Maßstab des Grundgesetzes, sondern auch am Maßstab

---

[1469] BVerfGE 6, 104, 110; 96, 133, 137; 100, 249, 257; 101, 1, 30; 103, 111, 124; 108, 169, 178; BVerfG NJW 1998, 589. Vgl. auch *Hobe*, JA 2000, 108, 109; *Rossi*, JA 2003, 672, 673; und zum Klarstellungsinteresse im Verfahren nach Art. 93 I Nr. 2a GG *Winkler*, NVwZ 1999, 1291.
[1470] BVerfG NJW 1998, 589; BVerfGE 103, 111, 124; 100, 249, 257 ff.
[1471] Zum Schriftformerfordernis vgl. Rn 637.
[1472] Das ergibt sich aus dem Umstand, dass im Gesetz keine Frist angegeben ist (insoweit lediglich klarstellend BVerfGE 7, 305, 310; 38, 258, 268). Es kommt aber der Gedanke der Verwirkung (§ 242 BGB) in Betracht.

(sonstiger) förmlicher Bundesgesetze gemessen werden kann. Das betrifft insbesondere die Frage nach der Vereinbarkeit von Bundesrechtsverordnungen mit deren Ermächtigungsgrundlage. Nach Art. 93 I Nr. 2 GG kann Prüfungsmaßstab nur das Grundgesetz sein, denn dort wird nur von der Vereinbarkeit des Bundesrechts mit dem Grundgesetz gesprochen. Etwas anderes gilt, wenn man die Vorschrift des § 76 I Nr. 1 BVerfGG zugrunde legt. Diese Vorschrift lässt auch die Prüfung von untergesetzlichem Bundesrecht am Maßstab des sonstigen Bundesrechts zu. Daher stellt sich auch hier die Frage nach einer verfassungskonformen Auslegung des § 76 I Nr. 1 BVerfGG am Maßstab des Art. 93 I Nr. 2 GG. Das BVerfG beschreitet jedoch einen anderen Weg und prüft im Rahmen einer abstrakten Normenkontrolle vorab die fragliche Bundesrechtsverordnung am Maßstab ihrer Ermächtigungsgrundlage. Denn sei sie nicht mit ihrer Ermächtigungsgrundlage vereinbar, sei sie unwirksam und die Frage, ob sie überhaupt tauglicher Prüfungsgegenstand einer abstrakten Normenkontrolle sein kann, könne dahinstehen.[1473] Dem lässt sich jedoch Folgendes entgegenhalten: Bewegt sich eine Rechtsverordnung außerhalb ihrer Ermächtigung, etwa weil sie die Ermächtigungsgrundlage nicht zitiert (vgl. Art. 80 I S. 3 GG) oder weil sie sich inhaltlich außerhalb des Ermächtigungsrahmens bewegt, verstößt sie nicht nur gegen die Ermächtigungsgrundlage, sondern regelmäßig auch gegen das Grundgesetz. Ist das der Fall, liegt ein tauglicher Prüfungsgegenstand vor. Im Normenkontrollverfahren kann daher auch ohne „Vorabprüfung", wie sie das BVerfG vornimmt, eine Rechtsverordnung auf die Vereinbarkeit mit ihrer Ermächtigungsgrundlage und dem Grundgesetz geprüft werden.[1474] Zur Prüfung einer Rechtsverordnung auf die Vereinbarkeit mit ihrer Ermächtigungsgrundlage vgl. das Schema bei Rn 940.

bb. Entscheidung des Gerichts

656 Gelangt das BVerfG zu der Überzeugung, dass Bundesrecht mit dem Grundgesetz oder Landesrecht mit dem Grundgesetz oder dem sonstigen Bundesrecht unvereinbar sind, sieht § 78 S. 1 BVerfGG die Nichtigkeitserklärung vor. In den überwiegenden Fällen beschränkt sich das BVerfG aber auf eine Unvereinbarkeitserklärung.

657 Sollte eine Nichtigkeitserklärung erfolgen, wirkt diese allgemein („contra omnes") und auch für die Vergangenheit (d.h. bis zum Zeitpunkt des Erlasses des Gesetzes). Aufgrund des für nichtig erklärten Gesetzes ergangene, nicht mehr anfechtbare Hoheitsakte bleiben von der Nichtigkeitserklärung aber grundsätzlich unberührt (§ 79 II S. 1 BVerfGG), jedoch ist die Vollstreckung unzulässig (§ 79 II S. 2 BVerfGG). Bei Strafurteilen ist die Wiederaufnahme des Verfahrens möglich (§ 79 I BVerfGG). Mit Rücksicht auf die **Gestaltungsfreiheit des formellen Gesetzgebers** ist das BVerfG gerade in neueren Entscheidungen jedoch dazu übergegangen, von der Nichtigkeitserklärung abzusehen, wenn verschiedene Möglichkeiten zur Beseitigung der Verfassungswidrigkeit bestehen. In solchen Fällen beschränkt sich das BVerfG auf eine Unvereinbarkeitserklärung, d.h. auf die Feststellung der **Unvereinbarkeit** der Norm mit höherrangigem Recht. Damit verbunden stellt es dem Gesetzgeber eine Frist zur Herstellung verfassungsgemäßer Zustände (sog. Appellentscheidung).[1475] Bis zum Ablauf dieser Frist hat das mit dem Grundgesetz unvereinbare Gesetz ganz oder teilweise Gültigkeit. Damit soll ein „Rechtsvakuum" vermieden werden. Hintergründig dürfte aber eine Vermeidung von Schäden für den Staatshaushalt maßgeblich sein. Man stelle sich vor, das BVerfG würde die gesetzlichen Bestimmungen über Grund- oder Gewerbesteuerpflicht für nichtig erklären. Dann müssten alle bislang vereinnahmten Gelder wieder ausgezahlt werden, sofern die jeweiligen Steuerbescheide noch nicht bestandskräftig sind.

[1473] BVerfGE 101, 1, 30 ff. Vgl. auch BVerfG NVwZ 2011, 289 ff. (mit Bespr. *Hillgruber*, JA 2011, 318).
[1474] Vgl. auch *Stern*, in: Bonner Kommentar, Art. 83 Rn 264; *Ipsen*, Rn 922.
[1475] Vgl. etwa BVerfGE 121, 317 ff. (Rauchverbot in Einraumgaststätten); 133, 277, 316 ff. (Antiterrordateigesetz).

Die Entscheidung des BVerfG im Normenkontrollverfahren hat Gesetzeskraft (§ 31 II BVerfGG) und bindet demgemäß alle Staatsorgane. Die Bindungswirkung der Entscheidung gegenüber allen Staatsorganen bedeutet jedoch nicht, dass auch die Rechtswissenschaft gebunden ist. So ist es möglich, dass das BVerfG eine Norm für verfassungswidrig erklärt hat, in der Literatur dennoch die Verfassungsmäßigkeit vertreten wird und umgekehrt. Ein solcher Standpunkt ist unbedenklich, da rechtswissenschaftliche Standpunkte zum einen keine Bindungswirkung gegenüber Staatsorganen oder Bürgern mit sich bringen. Zum anderen wäre eine Bindungswirkung gegenüber der Wissenschaft kaum mit Art. 5 I GG vereinbar. 658

c. Verhältnis zum Organstreitverfahren

Kommt die Statthaftigkeit mehrerer Verfahren vor dem BVerfG in Betracht, wirft dies die Frage nach dem Rangverhältnis auf. Im Grundsatz gilt, dass alle Verfahrensarten gleichrangig nebeneinander stehen. Welches Verfahren im konkreten Fall zu bevorzugen ist, richtet sich nach dem Antragsziel und danach, welche Tenorierung dem Begehren des Antragstellers entspricht. Geht es dem Antragsteller um die schlichte Feststellung der Rechtswidrigkeit einer Norm, wird diesem Begehren am ehesten die abstrakte Normenkontrolle gerecht. Diese ist gerade nicht kontradiktorisch ausgestaltet, sondern orientiert sich nur an der Verfassungswidrigkeit der Maßnahme. Geht es dem Antragsteller hingegen um die Wahrung seiner ihm verfassungsrechtlich zugewiesenen Kompetenzen, wird in aller Regel das Organstreitverfahren zu bevorzugen sein. Die dann vom BVerfG festgestellte Kompetenzverletzung durch den Antragsgegner hat zur Folge, dass dieser gem. § 31 I BVerfGG an die Entscheidung gebunden ist. Er ist dann gem. Art. 20 III GG zur Rückgängigmachung der Maßnahme bzw. zur Unterlassung weiterer solcher Maßnahmen verpflichtet. 659

d. Besonderheit wegen Art. 93 I Nr. 2a GG

Hinsichtlich der prozessualen Überprüfung der Voraussetzungen des Art. 72 II GG sieht das Grundgesetz das Verfahren nach Art. 93 I Nr. 2a GG, §§ 13 Nr. 6a, 76 ff. BVerfGG vor. Zu Art. 72 II GG vgl. ausführlich Rn 808 ff. 660

3. Die konkrete Normenkontrolle, Art. 100 I GG, §§ 13 Nr. 11, 80 ff. BVerfGG (Richtervorlage)

661 Aus dem Rechtsstaats- und dem Demokratieprinzip folgt, dass Staatsakte, zu denen selbstverständlich auch Gesetze gehören, im Falle ihrer Rechtswidrigkeit grundsätzlich nichtig sind (sog. Nichtigkeitstheorie). Es wäre mit dem Rechtsstaats- und dem Demokratieprinzip unvereinbar, wenn rechtswidrige Staatsakte (belastende) Rechtswirkungen entfalten könnten.[1476] Das schließt eine Prüfungspflicht der Gerichte in Bezug auf die dem Rechtsstreit zugrunde liegenden Gesetze ein, denn auch die Gerichte sind an Gesetz und Recht gebunden (vgl. Art. 20 III GG). Hat das überprüfende Gericht Zweifel an der Rechtmäßigkeit eines Gesetzes, hat es diesen Zweifeln nachzugehen und das Gesetz (inzident) zu überprüfen. Gelangt es bei dieser Prüfung zu der Überzeugung, dass das Gesetz rechtswidrig, also nichtig ist, gelten folgende Rechtsfolgen:

662 ▪ In bestimmten Fällen hat der parlamentarische Gesetzgeber den Verwaltungsgerichten die Kompetenz eingeräumt, **Rechtsverordnungen** und **Satzungen** zu verwerfen (vgl. § 47 VwGO). Das angerufene Gericht hat hier also nicht nur eine Prüfungs-, sondern auch eine Verwerfungskompetenz: Es erklärt die Rechtsverordnung bzw. die Satzung für nichtig. Diese Nichtigkeitserklärung gilt dann gegenüber jedermann.[1477]

663 ▪ Etwas anderes gilt hinsichtlich **parlamentarischer Gesetze**: Diese sollen aufgrund der mit ihnen getroffenen Wertung des parlamentarischen Gesetzgebers nicht von jedem Verwaltungs- oder Amtsgericht verworfen werden können. Denn es wäre mit der im Rechtsstaatsprinzip verankerten Rechtssicherheit nicht vereinbar, wenn beispielsweise der Amtsgericht X eine Vorschrift bezüglich des familienrechtlichen Unterhaltsanspruchs für nichtig erklärte und der Amtsgericht Y diese Auffassung nicht teilte und dem betreffenden Kläger den Unterhaltsanspruch zuspräche. Daher hat das Grundgesetz in Art. 100 I GG ein Verwerfungsmonopol zugunsten der Verfassungsgerichtsbarkeit statuiert: Kommt ein Gericht bei entsprechender Prüfung zu dem Ergebnis, dass das entscheidungserhebliche Parlamentsgesetz verfassungswidrig ist, hat es das Verfahren auszusetzen und die Frage nach der Gültigkeit der Bestimmung dem BVerfG vorzulegen.[1478] Man spricht von einer **Richtervorlage** oder **konkreten Normenkontrolle**. „Konkret" ist die Normenkontrolle, weil sie anlässlich eines konkreten Rechtsstreits durchgeführt wird.

Es bietet sich folgender Prüfungsaufbau an:

[1476] Zu beachten ist jedoch, dass der parlamentarische Gesetzgeber in Einzelfällen Ausnahmen statuieren kann. So sind rechtswidrige Verwaltungsakte grundsätzlich wirksam (vgl. §§ 43, 44 VwVfG). Auch sind bestimmte formelle Fehler einer Satzung der Heilung zugängig bzw. unbeachtlich (vgl. § 214 BauGB). Das solche Ausnahmen statuierende Gesetz muss aber seinerseits rechtmäßig sein. Insbesondere kann es Gegenstand einer Normenkontrolle sein.

[1477] Selbstverständlich muss der Richter auch innerhalb einer Individualklage (beispielsweise eine Anfechtungsklage oder eine Feststellungsklage) inzident die Rechtmäßigkeit der dem Einzelakt zugrunde liegenden untergesetzlichen Norm prüfen. Kommt der Richter zu dem Ergebnis, dass die untergesetzliche Norm rechtswidrig ist, kann er sie im konkreten Fall unangewendet lassen. Sofern Fachgerichte untergesetzliche Normen unangewendet lassen, können sie von den antragsberechtigten Organen zum Gegenstand einer abstrakten Normenkontrolle gemacht werden.

[1478] Auf Landesebene gilt Entsprechendes hinsichtlich der Landesverfassungsgerichte.

Konkrete Normenkontrolle, Art. 100 I GG, §§ 13 Nr. 11, 80 ff. BVerfGG 664

I. Zulässigkeit

1. Zuständigkeit des BVerfG

Das BVerfG ist für die konkrete Normenkontrolle in folgenden Fällen zuständig:

- Hält ein Gericht ein Bundesgesetz für mit dem Grundgesetz nicht vereinbar, ist eine Vorlage an das BVerfG erforderlich (Art. 100 I S. 1 Var. 2 GG).
- Hält ein Gericht ein Landesgesetz für mit dem Grundgesetz nicht vereinbar, ist ebenfalls eine Vorlage an das BVerfG erforderlich (Art. 100 I S. 2 Var. 1 GG).
- Hält ein Gericht ein Landesgesetz für mit einem Bundesgesetz oder sonstigem Bundesrecht nicht vereinbar (vgl. Art. 31 GG), ist auch in diesem Fall eine Vorlage an das BVerfG erforderlich (Art. 100 I S. 2 Var. 2 GG).

2. Vorlageberechtigung: ein Gericht

Art. 100 I S. 1 GG spricht von einem „Gericht" als Vorlageberechtigten. Aus Gründen des Rechtsschutzes und der Rechtssicherheit ist der Begriff des „Gerichts" weit zu verstehen. „Gerichte" i.S.d. Art. 100 I GG sind daher alle Spruchstellen, die sachlich unabhängig, durch ein formell gültiges Gesetz mit den Aufgaben eines Gerichts betraut und als Gerichte bezeichnet sind.

3. Vorlagefähiger Gegenstand: ein Gesetz

Vorlagegegenstände sind nach dem Wortlaut des Art. 100 I GG „Gesetze". Im Hinblick auf den Zweck der konkreten Normenkontrolle (keine Verwerfungskompetenz der Fachgerichte bzgl. förmlicher Gesetze) sind damit ausschließlich **formelle Gesetze** gemeint. Zu der Frage, ob auch ein gesetzgeberisches Unterlassen oder eine Norm des Rechts der **Europäischen Union** tauglicher Vorlagegegenstand sein können, vgl. Rn 668/670.

4. Überzeugung des Gerichts von der Verfassungswidrigkeit des Gesetzes

Das vorlegende Gericht muss von der Verfassungswidrigkeit (bzw. Nichtigkeit) des Gesetzes überzeugt sein. Bloße Zweifel an der Verfassungsmäßigkeit bzw. Wirksamkeit genügen nicht.

5. Entscheidungserheblichkeit des Gesetzes

Es muss für die Entscheidung im Ausgangsverfahren gerade auf die Gültigkeit der Norm ankommen. Entscheidungserheblich ist die Norm also nur dann, wenn das Gericht im Ausgangsverfahren bei Ungültigkeit der Norm anders entscheiden müsste als bei deren Gültigkeit. Das BVerfG macht von dem Erfordernis der Entscheidungserheblichkeit aber eine Ausnahme, wenn „die Vorlagefrage von allgemeiner und grundsätzlicher Bedeutung für das Gemeinwohl und deshalb ihre Entscheidung dringlich ist".

6. Form und Frist

Das Gericht des Ausgangsverfahrens entscheidet durch Beschluss über die Aussetzung des Verfahrens und die Vorlage an das BVerfG. Der Vorlagebeschluss muss gem. § 80 I, II S. 1 BVerfGG begründet werden (die Vorschrift des § 23 I S. 2 BVerfGG tritt subsidiär zurück) und es sind die Gerichtsakten beizufügen.

7. Rechtsschutzbedürfnis

Schließlich muss ein Rechtsschutzbedürfnis bestehen, was etwa bei zwischenzeitlich erledigtem Ausgangsverfahren nur dann der Fall ist, wenn aus objektiver Sicht ein gewichtiges, grundsätzliches Klärungsbedürfnis fortbesteht.

II. Begründetheit der Richtervorlage

Die Richtervorlage ist (in den Fällen des Art. 100 I S. 1 Var. 2, S. 2 Var. 1 und S. 2 Var. 2 GG) begründet, wenn die Norm, auf der Gültigkeit es im Ausgangsverfahren ankommt, nicht mit höherrangigem, dem BVerfG als Prüfungsmaßstab zur Verfügung stehenden Recht vereinbar ist. Das BVerfG stellt dann in seinem Beschluss die Nichtigkeit der Norm fest (vgl. § 82 I i.V.m. § 78 BVerfGG). Die Entscheidung hat Gesetzeskraft (vgl. Art. 94 II S. 1 GG, § 31 II S. 1 BVerfGG).

Wichtige Entscheidungen: BVerfGE 1, 184 (Polizeiverordnungen); 1, 396 (Vertrag über die Beziehungen zwischen der BRD und den drei Mächten); 2, 124 (Handwerksordnung); 6, 55 (Besteuerung von Ehegatten); 7, 171 (Dieselsubventionierung); 11, 126 (Nachkonstitutioneller Bestätigungswille); 17, 208 (Strafvollstreckungsordnung); 22, 175 (Normenkontrolle III); 30, 170 (Gesetzliche Zuständigkeit des Rechtspflegers); 36, 342 (Niedersächsisches Landesbesoldungsgesetz); 37, 271 (Solange I); 39, 334 (Extremisten im öffentlichen Dienst); 45, 187 (Lebenslange Freiheitsstrafe); 46, 43 (Hamburgische Juristenausbildungsordnung); 47, 146 (Schneller Brüter); 48, 40 (Konkrete Normenkontrolle; Überprüfung einer Ermächtigungsnorm); 49, 89 (Kalkar I); 52, 1 (Art. 14 GG; Kleingarten); 53, 224 (Ehescheidung); 53, 257 (Versorgungsausgleich); 58, 300 (Nassauskiesung); 63, 1 (SchornsteinfegerG); 63, 131 (Gegendarstellung in der Presse); 64, 217 (Gewerbeordnung); 66, 248 (Energiewirtschaftsgesetz); 70, 126 (Normenkontrolle; Vorlagepflicht); 70, 134 (Entscheidungserheblichkeit); 73, 339 (Solange II); 77, 340 (Begründungspflicht); 78, 104 (Prozesskostenhilfe); 80, 54 (Zulässigkeit von Richtervorlagen); 80, 96 (Richtervorlage des § 128 IV AFG); 86, 52 (Streitwert für das Sorgerechtsverfahren); 87, 114 (Pachtzins für Kleingärten); 89, 155 (Maastricht); 96, 345 (Landesverfassungsgerichte); 97, 117 (Fortgeltung von DDR-Strafrecht); 105, 61 (Wehrpflicht); BVerfG NVwZ-RR 2001, 311 (Hamburgisches Schulgesetz); NVwZ 2002, 1101 (Rückwirkendes Gesetz als Gegenstand der konkreten Normenkontrolle); FamRZ 2009, 1653 (Stiefkindadoption bei Lebenspartnerschaft); NVwZ 2010, 183 (Wehrpflicht); NJW 2011, 441 (Solidaritätszuschlag); NJW 2012, 45 (Vorlage eines Gesetzes zur Umsetzung von EU-Recht); NJW 2016, 1295 (Treaty Override); NJW 2017, 53 (ärztliche Zwangsbehandlung); NJW 2018, 361 (Zentrale Studienplatzvergabe/Numerus clausus); BVerfG NJW 2018, 2109 (unzulässige Richtervorlage)

665 Der das Gutachten einleitende mögliche **Obersatz** ergibt sich aus der allgemeinen Struktur eines Rechtsbehelfs:

Die Vorlage hinsichtlich einer konkreten Normenkontrolle nach Art. 100 I GG, §§ 13 Nr. 11, 80 ff. BVerfGG hat Erfolg, wenn sie zulässig und begründet ist.

a. Zulässigkeit

aa. Zuständigkeit des BVerfG

666 Hält ein Gericht ein Gesetz, auf dessen Gültigkeit es bei der Entscheidung ankommt, für verfassungswidrig, hat (kein Ermessen!) es das Verfahren auszusetzen und, wenn es sich um die Verletzung der Verfassung eines Landes handelt, die Entscheidung des zuständigen Landesverfassungsgerichts, wenn es sich um die Verletzung des Grundgesetzes handelt, die Entscheidung des BVerfG einzuholen (Art. 100 I S. 1 GG). Dies gilt auch, wenn es sich um die Verletzung des Grundgesetzes durch Landesrecht oder um die Unvereinbarkeit eines Landesgesetzes mit einem Bundesgesetz handelt (Art. 100 I S. 2 GG). Mit dieser Formulierung werden folgende Konstellationen normiert:

- Hält ein Gericht ein Landesgesetz für mit der entsprechenden Landesverfassung nicht vereinbar, ist eine Vorlage an das Landesverfassungsgericht erforderlich (Art. 100 I S. 1 Var. 1 GG). Das BVerfG ist in diesem Fall unzuständig.
- Hält ein Gericht ein Bundesgesetz für mit dem Grundgesetz nicht vereinbar, ist eine Vorlage an das BVerfG erforderlich (Art. 100 I S. 1 Var. 2 GG).
- Hält ein Gericht ein Landesgesetz für mit dem Grundgesetz nicht vereinbar, ist ebenfalls eine Vorlage an das BVerfG erforderlich (Art. 100 I S. 2 Var. 1 GG).
- Hält ein Gericht ein Landesgesetz für mit einem Bundesgesetz oder sonstigem Bundesrecht nicht vereinbar (vgl. Art. 31 GG), ist auch in diesem Fall eine Vorlage an das BVerfG erforderlich (Art. 100 I S. 2 Var. 2 GG).

bb. Vorlageberechtigter bzw. -verpflichteter: ein Gericht

667 Art. 100 I S. 1 GG spricht von einem „Gericht" als Vorlageberechtigten bzw. -verpflichteten. Aus Gründen des Rechtsschutzes und der Rechtssicherheit ist der Begriff des „Gerichts" weit zu verstehen. „Gerichte" i.S.d. Art. 100 I GG sind daher alle Spruchstellen, die sachlich unabhängig, durch ein formell gültiges Gesetz mit den Aufgaben eines Gerichts betraut und als Gerichte bezeichnet sind.[1479]

[1479] BVerfGE 6, 55, 63; *Pieroth*, in: J/P, GG, Art. 100 Rn 6.

Daher sind nicht nur alle Amtsgerichte, Verwaltungsgerichte, Arbeitsgerichte, Sozialgerichte und Finanzgerichte und deren Instanzen umfasst, sondern auch die Landesverfassungsgerichte, die Gerichte der freiwilligen Gerichtsbarkeit sowie Berufs- und Ehrengerichte.

cc. Vorlagefähiger Gegenstand: ein Gesetz

Da das Vorlageverfahren nach Art. 100 I GG der Kontrolle konkreter gesetzgeberischer Entscheidungen auf ihre Vereinbarkeit mit dem Grundgesetz in dem dafür allein dem BVerfG vorbehaltenen Verfahren dient[1480], sind dementsprechend ausschließlich **formelle Gesetze** vorlagefähig[1481]. 668

Haushaltsgesetze sind zwar formelle Gesetze, nach Auffassung des BVerfG sind sie gleichwohl nicht vorlagefähig, weil sie keine materiellen Regelungen enthielten.[1482] Keine vorlagefähigen Normen sind jedenfalls nur-materielle Gesetze wie Rechtsverordnungen.[1483] Auch Satzungen sind nicht vorlagefähig. Da das BVerfG zudem keine direkte Verwerfungskompetenz in Bezug auf **EU-Recht** hat, ist grundsätzlich auch kein EU-Recht vorlagefähig (dazu Rn 670).

Da Art. 100 I S. 1 GG ausweislich seines Wortlauts („Hält ein Gericht ein Gesetz, auf dessen Gültigkeit es ... ankommt, für verfassungswidrig...") vom *Bestehen* eines Gesetzes ausgeht, das am Maßstab der Verfassung geprüft werden soll, scheint ein gesetzgeberisches **Unterlassen** ebenfalls nicht tauglicher Vorlagegegenstand sein zu können. Auch das BVerfG formuliert, dass die konkrete Normenkontrolle grds. kein Instrument sei, ein von einem Gericht von Verfassungs wegen für geboten gehaltenes allgemeines gesetzgeberisches Tätigwerden zu erzwingen, und dass in diesem Sinne schlichtes Unterlassen des Gesetzgebers nicht Gegenstand einer konkreten Normenkontrolle sein könne.[1484] Jedoch kann nach Auffassung des BVerfG die Nichteinbeziehung bestimmter Sachverhalte oder Personengruppen in eine bestehende Norm Gegenstand einer Normenkontrolle nach Art. 100 I GG sein, wenn der Vorlagebeschluss damit begründet wird, dass die Nichteinbeziehung gegen Gleichheitsrechte verstoße. Gegenstand einer solchen Normenkontrolle sei dann eine konkrete Entscheidung des Gesetzgebers, deren Erstreckung auf bestimmte andere Fälle aus Gründen der Gleichbehandlung für verfassungsrechtlich geboten gehalten wird.[1485]

Beispiel[1486]**:** Gemäß § 1906 III S. 1 Nr. 3 BGB a.F. konnte der Betreuer in eine ärztliche Zwangsmaßnahme nur im Rahmen einer freiheitsentziehenden Unterbringung nach § 1906 I BGB einwilligen. Wollte sich der Betreute der Behandlung räumlich also nicht entziehen oder war er hierzu körperlich oder geistig nicht in der Lage, kam (mangels Erforderlichkeit) auch eine freiheitsentziehende Maßnahme nicht in Betracht; diese durfte betreuungsgerichtlich nicht angeordnet werden. Daraus folgte, dass der Betreuer in diesen Fällen auch nicht in eine ärztliche Zwangsmaßnahme einwilligen durfte, da diese ja gerade an eine (gerichtlich angeordnete) freiheitsentziehende Unterbringung gekoppelt war. Widersprach nun ein Betreuter, der sich räumlich nicht entziehen wollte oder hierzu körperlich oder geistig nicht in der Lage war und der infolge einer psychischen Krankheit oder einer geistigen oder seelischen Behinderung die Notwendigkeit einer ärztlichen Maßnahme nicht erkennen konnte, mit seinem natürlichen (Abwehr-) Willen einer ärztlichen Maßnahme, durfte diese nicht zwangsweise angeordnet werden, da es insoweit an den Voraussetzungen des § 1906 III S. 1 Nr. 3 BGB fehlte. Dies stell-

---

[1480] BVerfG NJW 2017, 53 mit Verweis auf BVerfGE 86, 71, 77; 138, 64, 90 f.
[1481] BVerfGE 1, 184, 201; 17, 208, 210; 71, 305, 337 f. Siehe auch BVerfG 19.12.2017 – 1 BvL 3/14 und 4/14 Rn 94 ff. (Zentrale Studienplatzvergabe/Numerus clausus) – insoweit nicht abgedruckt in NJW 2018, 361 ff.
[1482] BVerfGE 38, 121, 127. Zu den „nur-materiellen" Gesetzen vgl. bereits Rn 181.
[1483] BVerfGE 1, 184, 201; 48, 40, 45; BVerwGE 87, 133, 139.
[1484] BVerfG NJW 2017, 53 f.
[1485] BVerfG NJW 2017, 53, 54.
[1486] Nach BVerfG NJW 2017, 53.

te mitunter eine Schutzlücke dar, die dazu führen konnte, dass eine medizinisch notwendige Maßnahme nicht durchgeführt werden konnte.

Beanstandete nun ein Gericht eine Schutzlücke der genannten Art und machte geltend, dass die Nichteinbeziehung bestimmter Sachverhalte oder Personengruppen in die lückenhafte Norm gegen Art. 3 I GG verstoße bzw. die Schließung der Schutzlücke durch eine konkrete verfassungsrechtliche Schutzpflicht (aus Art. 2 II S. 1 GG) geboten sei, kam eine Richtervorlage in Betracht.[1487]

669 Darüber hinaus hat das BVerfG den Gegenstand des Verfahrens auf **nachkonstitutionelle Gesetze** beschränkt.[1488] Nachkonstitutionelle Gesetze sind Gesetze, die nach dem Inkrafttreten des Grundgesetzes (24. Mai 1949 – vgl. Art. 145 II GG sowie oben Rn 12) verkündet worden sind, wobei nach Auffassung des BVerfG ein Gesetz bereits dann als nachkonstitutionell anzusehen ist, wenn es der nachkonstitutionelle parlamentarische Gesetzgeber „in seinen Willen aufgenommen und damit bestätigt hat".[1489]

Die Beschränkung der Vorlagepflicht auf nachkonstitutionelle Gesetze hat folgenden Hintergrund: Gesetze, die vor dem Inkrafttreten des Grundgesetzes erlassen worden sind, mögen zwar von einem Gremium erlassen worden sein, nicht aber von einem parlamentarischen Gesetzgeber des Grundgesetzes. Ein Fachgericht, das ein vorkonstitutionelles Gesetz unangewendet lässt, kann daher auch nicht den nach dem Grundgesetz demokratisch legitimierten Gesetzgeber missachten.

670 In Bezug auf das **EU-Recht** wurde bereits bei Rn 358 ff. festgestellt, dass das BVerfG nicht befugt ist, sekundäres Unionsrecht (Verordnungen, Richtlinien und Beschlüsse gem. Art. 288 AEUV) zu verwerfen. Dazu ist nur der EuGH befugt (vgl. Art. 13, 19 EUV, Art. 267 ff. AEUV). Vorlagen gem. Art. 100 I GG, die eine Überprüfung von sekundärem EU-Recht am Maßstab des primären EU-Rechts zum Gegenstand haben, sind daher grds. unzulässig. Möglicherweise kommt dem BVerfG aber die Befugnis zu, sekundäres Unionsrecht am Maßstab des Grundgesetzes zu prüfen. Unter welchen Voraussetzungen dies möglich ist, wurde ebenfalls bereits umfassend bei Rn 358 ff. erörtert. Insoweit kann uneingeschränkt auf die dortige Darstellung verwiesen werden. Festhalten lässt sich an dieser Stelle aber, dass im Rahmen des Kooperationsverhältnisses zwischen dem BVerfG und dem EuGH das BVerfG nur im Fall einer **Kompetenzüberschreitung**[1490] eines Organs der EU entscheidet (**„Ultra-vires-Kontrolle"**)[1491] bzw. nur dann, wenn durch eine Maßnahme der EU in Art. 79 III GG genannte unabänderbare und damit integrationsfeste **Verfassungsprinzipien** aus Art. 1 GG und Art. 20 GG, die zudem durch Art. 4 II EUV geschützt sind, missachtet würden[1492]. Sollte durch eine Maßnahme der EU also ein durch Art. 79 III GG für unantastbar erklärter Grundsatz aus Art. 1 GG oder Art. 20 GG berührt werden, findet der Anwendungsvorrang der EU seine Grenzen und das BVerfG entscheidet (freilich am Maßstab des Grundgesetzes). Das BVerfG wird ein entsprechendes Verfahren aber

---

[1487] BVerfG NJW 2017, 53, 54. Mittlerweile hat der Gesetzgeber darauf reagiert. Am 22.7.2017 ist ein vom Bundestag erlassenes Gesetz, das den Vorgaben des BVerfG gerecht werden soll, in Kraft getreten (BGBl I 2017, S. 2426. Siehe auch BT-Drs. 18/11240). Gemäß dem neu geschaffenen § 1906a I BGB kann der Betreuer für den Fall, dass eine Untersuchung des Gesundheitszustands, eine Heilbehandlung oder ein ärztlicher Eingriff dem natürlichen Willen des Betreuten widerspricht, in diese ärztliche Zwangsmaßnahme nur (und auch nur mit Genehmigung des Betreuungsgerichts, § 1906a II BGB) einwilligen, wenn die in § 1906a I Nr. 1-7 BGB aufgezählten Voraussetzungen vorliegen.

[1488] BVerfGE 2, 124, 128 ff.; 97, 117, 124.

[1489] BVerfGE 6, 55, 65; 70, 126, 129; 97, 117, 122 f.

[1490] Dazu würde auch eine (vom EuGH vorgenommene) Ausweitung des Anwendungsbereichs des EU-Rechts zählen, die von den Unionsverträgen nicht gedeckt ist. Ob das bei EuGH NJW 2013, 1415 ff. (Åkerberg Fransson), EuGH NJW 2013, 1215 ff. (Melloni) und EuGH EuZW 2014, 597 ff. (Pfleger) angenommen werden kann, ist zweifelhaft. Vgl. dazu bereits Rn 357.

[1491] BVerfGE 126, 286, 302 (Honeywell bzw. Mangold); BVerfG NJW 2019, 3204, 3206 ff. (Europäische Bankenunion).

[1492] Vgl. BVerfGE 126, 286, 302 mit Bezugnahme auf BVerfGE 75, 223, 235 ff.; 113, 273, 296; 123, 267, 353 f. Vgl. auch BVerfG NJW 2016, 1149, 1150 f. (Identitätskontrolle).

nur dann zur Sachentscheidung annehmen, wenn die Begründungsschrift **substantiiert** darlegt, dass die europäische Rechtsentwicklung und die Rechtsprechung des EuGH die o.g. Prinzipien missachten (besondere Zulässigkeitsvoraussetzung).[1493] Zu den denkbaren Klausursachverhalten vgl. Rn 367.

Von der Frage, ob EU-Recht tauglicher Prüfungsgegenstand einer konkreten Normenkontrolle sein kann, ist die Frage zu unterscheiden, ob ein nationales Gesetz, das in **Umsetzung von EU-Recht** erlassen wurde, gem. Art. 100 I GG dem BVerfG zur Prüfung vorgelegt werden kann. Diesbezüglich ist zu unterscheiden: **671**

- Hat das Unionsrecht dem deutschen Gesetzgeber einen **Umsetzungs- bzw. Ausgestaltungsspielraum** bei der Umsetzung eingeräumt, kann das diesen Spielraum ausfüllende Gesetz Gegenstand einer Normenkontrolle gem. Art. 100 I GG sein[1494], freilich mit dem Grundgesetz als Prüfungsmaßstab.

  Beispiel[1495]**:** Legt § 5 der Rahmenvereinbarung zu RL 1999/70/EG keine Grenzen für Kettenbefristungen von Arbeitsverträgen fest, sondern nennt nur Maßnahmen, mit deren Hilfe missbräuchliche Befristungen verhindert werden können, und verbleibt die Entscheidung über die Vorgaben zu Höchstgrenzen der Dauer und Anzahl aufeinanderfolgender befristeter Arbeitsverträge oder zu den Voraussetzungen, unter denen befristete Arbeitsverträge als aufeinanderfolgend zu betrachten sind, bei den Mitgliedstaaten[1496], können diesbezügliche Bestimmungen des in Umsetzung der RL erlassenen Teilzeit- und Befristungsgesetzes (TzBfG) Gegenstand der konkreten Normenkontrolle sein[1497].

- Macht das Unionsrecht dem deutschen Gesetzgeber bei der Umsetzung aber **strikte Vorgaben**, ohne einen Umsetzungs- bzw. Ausgestaltungsspielraum zu gewähren, greifen die bereits erläuterten Solange-II-Grundsätze: Danach übt das BVerfG seine Gerichtsbarkeit nicht mehr aus und überprüft Akte der deutschen öffentlichen Gewalt, die aufgrund von sekundärem EU-Recht ergehen (Tertiärrecht, dazu Rn 362 ff.), nicht am Maßstab der Grundrechte des Grundgesetzes, solange die EU einen wirksamen Schutz der Grundrechte gegenüber der Hoheitsgewalt der Union generell gewährleistet, der dem vom Grundgesetz jeweils als unabdingbar gebotenen Grundrechtsschutz im Wesentlichen entspricht.[1498] Dies gilt auf der Grundlage von Art. 23 I GG nicht nur für Verordnungen, sondern auch für Richtlinien nach Art. 288 III AEUV und an die Bundesrepublik Deutschland gerichtete Beschlüsse der Kommission nach Art. 288 IV AEUV.[1499] Auch eine innerstaatliche Rechtsvorschrift, die eine Richtlinie oder einen Beschluss in deutsches Recht umsetzt, wird insoweit nicht an den Grundrechten des Grundgesetzes gemessen, als das Unionsrecht keinen Umsetzungsspielraum lässt, sondern zwingende Vorgaben macht.[1500]

- Aber auch bei nationalen Vorschriften, die zwingende Unionsvorschriften umsetzen, kommt im Fall der genannten **Kompetenzüberschreitung** des die zwingenden Unionsvorschriften erlassenden Organs eine Überprüfung am Maßstab des Grundgesetzes ebenso in Betracht wie im Fall, dass der zwingende Unionsakt, auf dem die nationale Vorschrift basiert, den nicht übertragbaren Bereich der durch Art. 23 I S. 3 i.V.m. Art. 79 III GG geschützten **Verfassungsidentität** des Grundgesetzes betrifft (**Kompetenzüberschreitung**). Denn sind daraus hervorgegangene Rechtsakte („**Ultra-vires-**

[1493] BVerfGE 102, 147 ff. (Vereinbarkeit der Bananenmarktordnung mit dem Grundgesetz) mit Bespr. von *Lecheler*, JuS 2001, 120 ff. und *Odendahl*, JA 2001, 283 ff.
[1494] BVerfG NJW 2018, 2542, 2543; zuvor schon *Muckel*, JA 2012, 77, 78.
[1495] Nach BVerfG NJW 2018, 2542.
[1496] BVerfG NJW 2018, 2542, 2543 mit Verweis auf EuGH 7.3.2018 – C 494/16 Rn 26 ff.
[1497] BVerfG NJW 2018, 2542, 2543.
[1498] BVerfG NJW 2012, 45, 46 f.
[1499] BVerfG NJW 2012, 45, 46 ff.
[1500] BVerfG NJW 2012, 45, 46 ff. unter Verweis auf BVerfGE 118, 79, 95 f.; 125, 260, 306 f.

Akte") für deutsche Stellen nicht verbindlich (Rn 670), können sie auch keine zwingenden Vorgaben machen und die Jurisdiktion des BVerfG sperren.

- Damit eine zulässige Richtervorlage gegeben ist, steht das vorlegende Gericht also vor dem Problem, entscheiden zu müssen, ob das Gesetz, das es vorlegen möchte, einen Umsetzungsspielraum hat oder nicht. Kann es diese für die Zulässigkeit einer konkreten Normenkontrolle zwingend zu klärende Vorfrage nicht selbst beantworten, muss es nach Auffassung des BVerfG die Sache zunächst dem EuGH vorlegen. Zwar bestehe nach Art. 267 III AEUV nur für letztinstanzliche Gerichte eine Pflicht zur Vorlage an den EuGH, jedoch seien auch Instanzgerichte verpflichtet, zunächst den EuGH anzurufen, um von ihm klären zu lassen, ob ein Umsetzungsspielraum bestand oder nicht.[1501]

dd. Überzeugung des Gerichts von der Verfassungswidrigkeit des Gesetzes

672 Dritte in Art. 100 I GG genannte Zulässigkeitsvoraussetzung ist, dass das vorlegende Gericht nach sorgfältiger Prüfung von der Verfassungswidrigkeit (bzw. Nichtigkeit) des Gesetzes **überzeugt** ist. Bloße Zweifel an der Verfassungsmäßigkeit genügen nicht.[1502] Das fragliche Gesetz ist verfassungswidrig, wenn es gegen eine Norm des Grundgesetzes verstößt.

673 Das BVerfG stellt sehr strenge Anforderungen an diese Voraussetzung und verlangt eine sorgfältige Prüfung der Verfassungsmäßigkeit der vorzulegenden Norm.[1503] Es genüge nicht, wenn das vorlegende Gericht die Überzeugung von der Nichtigkeit der fraglichen Norm aus eigener Auslegung herleite, auf seine eigene Rechtsauffassung stütze und dies im Vorlagebeschluss so begründe (§ 80 II BVerfGG). Vielmehr müsse es sich auch zuvor mit allen naheliegenden tatsächlichen Gründen und rechtlichen Gesichtspunkten befassen, ggf. die Erwägungen des Gesetzgebers berücksichtigen, sich mit in Literatur und Rechtsprechung entwickelten Rechtsauffassungen auseinandersetzen und auf unterschiedliche Auslegungen eingehen. Bestehe danach die Möglichkeit der verfassungskonformen Auslegung der fraglichen Norm, dürfe das Gericht nicht vorlegen.[1504] Zu beachten sei insbesondere auch die Bindungswirkung der verfassungsgerichtlichen Rechtsprechung gem. § 31 I BVerfGG. Daraus resultierten erhöhte Begründungsanforderungen für Richtervorlagen, die vom BVerfG bereits entschiedene Rechtsfragen erneut aufwürfen.[1505]

674 Im Fall des Art. 100 I S. 2 Var. 2 GG muss das vorlegende Gericht von der Unvereinbarkeit des Landesgesetzes mit einem Bundesgesetz überzeugt sein. Dabei ist zu beachten, dass auch transformiertes Völkerrecht tauglicher Prüfungsmaßstab sein kann. Denn gem. Art. 25 GG ist derartiges Völkerrecht Bestandteil des Bundesrechts. Art. 100 I S. 2 Var. 2 GG erstreckt also die Normenkontrollbefugnis und das Verwerfungsmonopol des BVerfG für Landesgesetze auch auf transformiertes Völkerrecht.

ee. Entscheidungserheblichkeit des Gesetzes

675 Schließlich muss die Vorschrift des fraglichen Gesetzes gem. Art. 100 I GG für den Rechtsstreit **entscheidungserheblich** sein. Es muss gerade auf die Gültigkeit der Norm ankommen. Entscheidungserheblich ist die Norm also nur dann, wenn das Gericht im Ausgangsverfahren bei Ungültigkeit der Norm anders entscheiden müsste

---

[1501] BVerfG NJW 2012, 45, 46 f.
[1502] BVerfGE 78, 104, 117; 80, 54, 59; 86, 52, 57; 105, 61, 67 f.; BVerfG NVwZ 2010, 183 f.
[1503] BVerfG FamRZ 2011, 1645, 1646 f. Siehe auch BVerfG 19.12.2017 – 1 BvL 3/14 und 4/14 Rn 93 ff. (Zentrale Studienplatzvergabe/Numerus clausus) – insoweit nicht abgedruckt in NJW 2018, 361 ff.
[1504] BVerfG NJW 2011, 441 f.; NVwZ-RR 2001, 311, 312; BVerfGE 87, 114, 133.
[1505] Vgl. BVerfG NJW 2011, 441 f.; NVwZ 2010, 183, 184 f.; FamRZ 2009, 1653 f.

als bei deren Gültigkeit.[1506] Die Entscheidung wäre z.B. „anders", wenn bei Ungültigkeit der streitentscheidenden Norm das Fachgericht der Klage stattgeben würde, statt sie abzuweisen.[1507]

> **Beispiel**[1508]**:** Nach §§ 31a, 31b SGB II sind bestimmte Sanktionen (Leistungskürzungen) vorgesehen, wenn der Leistungsempfänger gegen Mitwirkungspflichten (i.S.d. § 31 SGB II) verstößt. Die Vereinbarkeit von Leistungskürzungen mit den Grundrechten der betroffenen Personen hängt also von der Verfassungskonformität der genannten Regelungen ab. Die Frage ist damit für das über die Klage entscheidende Sozialgericht entscheidungserheblich.

Das BVerfG stellt auch an die Entscheidungserheblichkeit und deren Begründung mitunter sehr strenge Anforderungen.[1509] Das vorlegende Gericht müsse erläutern, warum die Unwirksamkeit der streitentscheidenden Norm für seine Entscheidung ausschlaggebend sei. Es müsse insofern auch darlegen, ob und welche Auswirkungen die Norm für seine Entscheidung habe.[1510] Immerhin hält es für die Beurteilung der Entscheidungserheblichkeit der Vorlagefrage grds. die Rechtsauffassung des vorlegenden Gerichts für maßgebend, sofern diese nicht offensichtlich unhaltbar ist.[1511]

Andererseits macht das BVerfG von dem Erfordernis der Entscheidungserheblichkeit 676
aber eine **Ausnahme**, wenn „die Vorlagefrage von allgemeiner und grundsätzlicher Bedeutung für das Gemeinwohl und deshalb ihre Entscheidung dringlich ist".[1512]

> **Beispiel:** In seinem Kalkar-Beschluss hat das BVerfG die Richtervorlage bereits zu einem Zeitpunkt zugelassen, in dem sich das Ausgangsverfahren noch im Stadium der Beweisaufnahme befand. Es ging um die Verfassungsmäßigkeit des § 7 AtomG (der Rechtsgrundlage für die Errichtung eines Kernkraftwerkes). Das Gericht des Ausgangsverfahrens war von dessen Verfassungswidrigkeit überzeugt, hätte aber, um die Entscheidungserheblichkeit der Norm für den konkreten Rechtsstreit festzustellen, zunächst eine umfangreiche und langwierige Beweisaufnahme über die Sicherheit der Anlage betreiben müssen. Das BVerfG hat dann mit Hinweis auf die allgemeine und grundsätzliche Bedeutung der Verfassungsmäßigkeit des § 7 AtomG die sofortige Vorlage zugelassen.[1513]

ff. Form und Frist

Das Gericht des Ausgangsverfahrens entscheidet durch Beschluss über die Ausset- 677
zung des Verfahrens und die Vorlage an das BVerfG. Der Vorlagebeschluss muss gem. §§ 313, 315, 329 I, 317 II S. 1 ZPO **unterschrieben** und gem. § 80 I, II S. 1 BVerfGG **begründet** werden (die Vorschrift des § 23 I S. 2 BVerfGG tritt subsidiär zurück). Es sind die **Gerichtsakten** beizufügen.[1514]

[1506] Vgl. BVerfGE 7, 171, 173; 80, 96, 100; 84, 233, 236 f.; 90, 145, 166; 121, 108, 117; 133, 1, 11; 135, 1, 10; 136, 127, 142; BVerfG LKV 2015, 23 f.; BVerfG NJW 2016, 1295, 1296.
[1507] Vgl. BVerfGE 75, 40, 55.
[1508] BVerfG NJW 2019, 3703 ff. (zur (Un-)Vereinbarkeit der Leistungsminderungen zur Durchsetzung von Mitwirkungspflichten bei Arbeitslosengeld II („Hartz-IV-Sanktionen") mit dem Grundgesetz).
[1509] Vgl. etwa BVerfG FamRZ 2011, 1645, 1646 f. Siehe auch BVerfG 19.12.2017 – 1 BvL 3/14 und 4/14 Rn 93 ff. (Zentrale Studienplatzvergabe/Numerus clausus) – insoweit nicht abgedruckt in NJW 2018, 361 ff. Siehe auch BVerfG NZA 2018, 959 f. (unzulässige Richtervorlage).
[1510] BVerfG NZA 2018, 959 f. (unzulässige Richtervorlage).
[1511] Vgl. BVerfGE 2, 181, 190 ff.; 75, 40, 55; 88, 187, 194; 105, 61, 67; 129, 186, 203; 133, 1, 11; BVerfG LKV 2015, 23, 24; BVerfG NJW 2016, 1295, 1296; BVerfG NJW 2017, 53, 54; BVerfG 5.11.2019 – 1 BvL 7/16 – insoweit nicht abgedruckt in NJW 2019, 3703 ff.
[1512] BVerfGE 47, 146, 151 ff.
[1513] Vgl. BVerfGE 49, 89 ff.
[1514] Vgl. BVerfG NVwZ 2002, 1101; BVerfG FamRZ 2009, 1653 f.

Auf die vom BVerfG an die Begründung des Vorlagebeschlusses gestellten sehr hohen Anforderungen wurde bereits hingewiesen (Rn 673). Mithin erklärt das BVerfG Richtervorlagen (selbst vom BGH oder vom BSG!) für unzulässig, wenn es der Auffassung ist, das vorlegende Gericht habe die o.g. Kriterien nicht beachtet.[1515]

gg. Rechtsschutzbedürfnis

678 Wie bei allen gerichtlichen Verfahren muss auch bei der konkreten Normenkontrolle ein Rechtsschutzbedürfnis bestehen. Wurden allerdings die bisherigen Zulässigkeitsvoraussetzungen bejaht, wird i.d.R. auch das Rechtsschutzbedürfnis gegeben sein. Ein Fehlen des Rechtsschutzbedürfnisses kommt aber etwa in Betracht, wenn sich das Ausgangsverfahren zwischenzeitlich **erledigt** hat. Besteht aus objektiver Sicht aber dennoch ein gewichtiges, grundsätzliches Klärungsbedürfnis, behält sich das BVerfG vor, gleichwohl in der Sache zu entscheiden.[1516] Dabei argumentiert es mit dem „Erst-recht-Schluss": Bestehe bei einer Verfassungsbeschwerde das Rechtsschutzbedürfnis trotz eines erledigenden Ereignisses auch im Fall des Todes des Beschwerdeführers fort, müsse dies erst recht für die der objektiven Rechtsklärung verpflichteten konkrete Normenkontrolle gelten.[1517]

b. Begründetheit der Richtervorlage

679 Die Richtervorlage ist (in den Fällen des Art. 100 I S. 1 Var. 2, S. 2 Var. 1 und S. 2 Var. 2 GG) begründet, wenn die Norm, auf deren Gültigkeit es im Ausgangsverfahren ankommt, nicht mit höherrangigem, dem BVerfG als Prüfungsmaßstab zur Verfügung stehenden Recht (dem Grundgesetz oder den allgemeinen Regeln des Völkerrechts i.S.d. Art. 25 GG[1518]) vereinbar ist. Das zulässigerweise vorgelegte Gesetz wird vom BVerfG unter allen verfassungsrechtlichen Gesichtspunkten geprüft.[1519] Das BVerfG stellt dann in seinem Beschluss grds. die **Nichtigkeit** der Norm fest (vgl. § 82 I i.V.m. § 78 BVerfGG). Mit Rücksicht auf die **Gestaltungsfreiheit des formellen Gesetzgebers** kann das BVerfG jedoch von der Nichtigkeitserklärung absehen, wenn verschiedene Möglichkeiten zur Beseitigung der Verfassungswidrigkeit bestehen.[1520] In solchen Fällen kann sich das BVerfG auf eine Unvereinbarkeitserklärung, d.h. auf die Feststellung der **Unvereinbarkeit** der Norm mit höherrangigem Recht beschränken und dem Gesetzgeber eine **Frist** zur Herstellung verfassungsgemäßer Zustände stellen. Bis zum Ablauf dieser Frist hat das mit dem Grundgesetz unvereinbare Gesetz Gültigkeit. Damit soll ein „Rechtsvakuum" vermieden werden.[1521] Auch ordnet das BVerfG bspw. eine analoge Anwendung des Gesetzes auf einen bislang ungeregelten Fall an, um etwa eine Schutzlücke zu schließen.[1522] In allen Fällen hat die Entscheidung des BVerfG Gesetzeskraft (vgl. Art. 94 II S. 1 GG, § 31 II S. 1 BVerfGG).

[1515] Vgl. aus jüngerer Zeit BVerfG FamRZ 2011, 1645 ff.; BVerfG NJW 2011, 441 f.; NVwZ 2010, 183, 184, aber auch BVerfG NVwZ 2002, 1101 bzgl. eines Vorlagebeschlusses des BSG. Siehe auch BVerfG 19.12.2017 – 1 BvL 3/14 und 4/14 Rn 90 (Zentrale Studienplatzvergabe/Numerus clausus) – insoweit nicht abgedruckt in NJW 2018, 361 ff.
[1516] BVerfG NJW 2017, 53, 54 f.
[1517] BVerfG NJW 2017, 53, 54 f.
[1518] Vgl. *Pieroth*, in: J/P, GG, Art. 100 Rn 31; *Meyer*, in: v. Münch/Kunig, GG, Art. 100 Rn 25.
[1519] BVerfGE 3, 187, 197; 67, 1, 11; 93, 121, 133.
[1520] BVerfG NJW 2018, 361, 379 f. (Zentrale Studienplatzvergabe/Numerus clausus).
[1521] BVerfG NJW 2018, 361, 379 f. (Zentrale Studienplatzvergabe/Numerus clausus).
[1522] So im Fall BVerfG NJW 2017, 53, 60.

4. Bund-Länder-Streitigkeit, Art. 93 I Nr. 3 GG, §§ 13 Nr. 7, 68 ff. BVerfGG

Bei einer Bund-Länder-Streitigkeit i.S.d. Art. 93 I Nr. 3 GG geht es um Streitigkeiten über Rechte und Pflichten des Bundes und der Länder, also um Rechte und Pflichten, die ihren Ursprung im **Bundesstaatsprinzip** haben. Taugliche Prüfungsgegenstände können demzufolge sämtliche Streitigkeiten in Bezug auf bundesstaatsspezifische Rechte und Pflichten aus dem Grundgesetz sein, die den Beteiligten übertragen sind. Hierzu zählen auch nach wohl unstreitiger Auffassung ungeschriebene Verfassungsgrundsätze wie etwa der Grundsatz der Bundestreue. 680

Beispiel: Art. 85 GG spricht von Bundesauftragsverwaltung. Gemeint ist, dass es sich um eine Angelegenheit des Bundes handelt, der Bund aber, anstatt eigene Behörden zu errichten, die Länder beauftragt. Die Länder führen in diesem Fall die Bundesgesetze entgegen der Grundregel des Art. 83 GG also nicht als eigene Angelegenheiten aus, sondern im Auftrag des Bundes. Die Gegenstände der Auftragsverwaltung sind im Grundgesetz erschöpfend aufgezählt (vgl. etwa Art. 87b II S. 2, Art. 87c, Art. 87d II, Art. 89 II S. 3, 4 sowie Art. 90 III GG; Erweiterungsmöglichkeiten bieten Art. 90 IV GG und Art. 104a III S. 2 GG). Da es sich bei den Auftragsangelegenheiten um Angelegenheiten des Bundes handelt, darf der Bund gegenüber den obersten Landesbehörden (Landesministerien) gem. Art. 85 III GG Weisungen erteilen. Bei der Luftverkehrsverwaltung z.B. handelt es sich gem. Art. 87d II GG i.V.m. § 31 II LuftVG um Bundesauftragsverwaltung i.S.d. Art. 85 GG. Mithin erfolgt die Ausführung des LuftVG durch die Länder im Auftrag des Bundes. Überschreitet die Bundesregierung das ihr in diesem Rahmen an sich zustehende Weisungsrecht, etwa indem sie die Landesregierung anweist, einer bestimmten Person eine Fluglizenz zu erteilen, obwohl diese nicht die Voraussetzungen für die Erteilung der Fluglizenz i.S.v. § 4 LuftVG erfüllt, kann die davon betroffene Landesregierung einen Bund-Länder-Streit einleiten mit dem Argument, durch diese konkrete, rechtserhebliche Maßnahme der Bundesregierung in ihren durch das Grundgesetz übertragenen Rechten und Pflichten verletzt oder unmittelbar gefährdet zu sein (§ 69 i.V.m. § 64 BVerfGG). Denn die Entscheidung über das Vorliegen der Voraussetzungen für die Erteilung einer Fluglizenz liegt beim Land. Der Bund hat hier lediglich eine Fachaufsicht, deren Voraussetzungen vorliegend nicht gegeben sind.

Es bietet sich folgender Prüfungsaufbau an:

Bund-Länder-Streit, Art. 93 I Nr. 3 GG, §§ 13 Nr. 7, 68 ff. BVerfGG 681

I. Zulässigkeit

1. Zuständigkeit des BVerfG

Gemäß Art. 93 I Nr. 3 GG, §§ 68 ff. BVerfGG entscheidet das BVerfG bei Meinungsverschiedenheiten über Rechte und Pflichten des Bundes und der Länder, insbesondere bei der Ausführung von Bundesrecht durch die Länder, bei der Ausübung der Bundesaufsicht und bei der Verletzung der „Bundestreue".

2. Antragsteller – Antragsgegner

Antragsteller und Antragsgegner können gem. § 68 BVerfGG die Bundesregierung für den Bund und die einzelnen Landesregierungen für die Länder sein.

3. Streitgegenstand

Streitgegenstand sind gem. Art. 93 I Nr. 3 GG Meinungsverschiedenheiten über Rechte und Pflichten des Bundes und der Länder aus dem Bundesstaatsverhältnis, insbesondere bei der Ausführung von Bundesrecht durch die Länder und bei der Ausübung der Bundesaufsicht. In verfassungsmäßiger Weise statuiert § 69 i.V.m. § 64 I BVerfGG das Erfordernis eines Streits um eine *konkrete, rechtserhebliche Maßnahme* bzw. ein entsprechendes Unterlassen des Antragsgegners. Danach scheiden Auseinandersetzungen über staatsvertragliche oder einfach-gesetzliche, insbesondere verwaltungsrechtliche, Rechte und Pflichten aus.

4. Antragsbefugnis

Der Antragsteller muss geltend machen, durch eine *konkrete, rechtserhebliche Maßnahme* bzw. durch ein entsprechendes Unterlassen des Antragsgegners in seinen ihm durch das Grundgesetz übertragenen Rechten und Pflichten verletzt oder unmittelbar gefährdet zu sein (§ 69 i.V.m. 64 BVerfGG), wobei es ausreicht, dass die geltend gemachte Rechtsverletzung lediglich nicht ausgeschlossen werden kann. Es muss sich aber stets um Rechte aus dem Bundesstaatsverhältnis handeln.

5. Form und Frist

Der Antrag ist gem. § 23 I BVerfGG schriftlich zu stellen und zu begründen. Er muss gem. §§ 69, 64 III BVerfGG binnen sechs Monaten, nachdem die beanstandete Maßnahme oder Unterlassung dem Antragsteller bekannt geworden ist, gestellt werden.

6. Rechtsschutzbedürfnis

Nur ausnahmsweise zu prüfen.

II. Begründetheit

Der Antrag auf Durchführung des Bund-Länder-Streits ist begründet, wenn die beanstandete Maßnahme oder Unterlassung des Antragsgegners gegen eine Bestimmung des Grundgesetzes verstößt, die für das bundesstaatliche Rechtsverhältnis von Bedeutung ist und den Antragsteller in ebendiesen und seinen Rechten verletzt.

Wichtige Entscheidungen: BVerfGE 1, 14 (Südweststaat); 6, 309 (Reichskonkordat); 8, 104 (Volksbefragung I); 8, 122 (Volksbefragung I); 12, 205 (1. Rundfunkurteil; „Deutschland-Fernsehen-GmbH"); 13, 54 (Neugliederung Hessen); 41, 291 (Finanzhilfen des Bundes); 81, 310 (Weisungsrecht bei Bundesauftragsverwaltung; atomrechtliches Genehmigungsverfahren Schneller Brüter"; Kalkar II); 84, 25 (Weisungsrecht bei Bundesauftragsverwaltung; atomrechtliches Genehmigungsverfahren „Schacht Konrad"); 95, 250 (Vermögensausstattung der Länder); 99, 361 (Bund-Länder-Streit zwischen Nordrhein-Westfalen und der Bundesrepublik); 102, 167 (Weisungsrecht bei Bundesauftragsverwaltung; Bundesstraße 75); 103, 81 (Pofalla I); 104, 238 (Gorleben); BVerfG NVwZ 2011, 1512 („Schuldenbremse")

682 Der das Gutachten einleitende mögliche **Obersatz** ergibt sich aus der allgemeinen Struktur eines Rechtsbehelfs:

Der Antrag auf Durchführung eines Bund-Länder-Streits nach Art. 93 I Nr. 3 GG, §§ 13 Nr. 7, 68 ff. BVerfGG hat Erfolg, wenn er zulässig und begründet ist.

a. Zulässigkeit

aa. Zuständigkeit des BVerfG

683 Gemäß Art. 93 I Nr. 3 GG, §§ 13 Nr. 7, 68 ff. BVerfGG entscheidet das BVerfG bei Meinungsverschiedenheiten über Rechte und Pflichten des Bundes und der Länder, insbesondere bei der Ausführung von Bundesrecht durch die Länder, bei der Ausübung der Bundesaufsicht und bei der Verletzung der „Bundestreue".

684 Die Formulierung „insbesondere" zeigt auf, dass es sich nicht um eine abschließende Aufzählung handelt. So können sämtliche, das Bundesstaatsprinzip betreffende Verletzungen des Grundgesetzes gerügt werden.

bb. Antragsteller - Antragsgegner

685 Wie beim Organstreitverfahren (aber anders als bei der abstrakten Normenkontrolle) handelt es sich beim Bund-Länder-Streit um ein kontradiktorisches Verfahren. Antragsteller und Antragsgegner können gem. § 68 BVerfGG die **Bundesregierung** für den Bund und die einzelnen **Landesregierungen** für die Länder sein. Parteien des Verfahrens sind in Prozessstandschaft demnach die Regierungen bzw. Ministerpräsi-

denten der jeweiligen Verbände.[1523] Zur Antragstellung bedarf es eines Beschlusses der jeweiligen Regierung.[1524]

Hinweis für die Fallbearbeitung: Im Gegensatz zu § 68 BVerfGG enthält Art. 93 I Nr. 3 GG keine Beschränkung hinsichtlich des Antragstellers und Antragsgegners. So könnte man vertreten, dass – gestützt auf Art. 93 I Nr. 3 GG – auch die Parlamente als Antragsteller und Antragsgegner in Betracht kommen.[1525] Dem ist jedoch das BVerfG entgegengetreten. § 68 BVerfGG sei eine verfassungsmäßig nicht zu beanstandende Konkretisierung des Art. 93 I Nr. 3 GG.[1526]

cc. Streitgegenstand

Streitgegenstand sind gem. Art. 93 I Nr. 3 GG Meinungsverschiedenheiten über Rechte und Pflichten des Bundes und der Länder, insbesondere bei der Ausführung von Bundesrecht durch die Länder und bei der Ausübung der Bundesaufsicht. Daher verwundert es nicht, dass es insbesondere im Zusammenhang mit Art. 84, 85 GG zu einem Bund-Länder-Streit kommen kann (vgl. bereits das Beispiel bei Rn 680). 686

Auch hier enthält das BVerfGG gegenüber dem Grundgesetz eine Einengung. Gemäß § 69 i.V.m. § 64 I BVerfGG ergibt sich das Erfordernis eines Streits um eine *konkrete, rechtserhebliche Maßnahme* bzw. ein entsprechendes Unterlassen des Antragsgegners, das das **Bundesstaatsverhältnis** betrifft.[1527] Hierzu zählen Kompetenzvorschriften, die Ausdruck des Bundesstaatsprinzips sind (insb. Art. 30, 70 ff., 83 ff. GG), und ungeschriebene Verfassungsgrundsätze betreffend das Bundesstaatsverhältnis (das Prinzip der „Bundestreue"). *Nicht* dagegen können Grundrechte Streitgegenstand sein, weil diese niemals das Bundesstaatsverhältnis betreffen.

Die genannte Einengung der Prozessvoraussetzung gem. § 69 i.V.m. § 64 I BVerfGG wird vom BVerfG als zulässige Konkretisierung der Verfassungsnorm durch den Gesetzgeber gewertet.[1528] Auseinandersetzungen über staatsvertragliche oder einfach-gesetzliche, insbesondere verwaltungsrechtliche Rechte und Pflichten, scheiden von vornherein aus.[1529]

dd. Antragsbefugnis

Der Antragsteller muss geltend machen, durch eine *konkrete, rechtserhebliche Maßnahme* bzw. ein entsprechendes Unterlassen des Antragstellers in seinen ihm durch das Grundgesetz übertragenen Rechten und Pflichten verletzt oder unmittelbar gefährdet zu sein (§ 69 i.V.m. § 64 I BVerfGG), wobei es ausreicht, dass die geltend gemachte Rechtsverletzung lediglich nicht ausgeschlossen werden kann (Möglichkeitstheorie). Es muss sich aber stets um verfassungsrechtliche Rechte aus dem Bundesstaatsverhältnis handeln (s.o.).[1530] Außerdem muss die Verletzung *eigener* Rechte aus dem Bundesstaatsverhältnis in Rede stehen; dabei ist auf die Rechtsposition des Bundes oder des Landes abzustellen, nicht auf das Organ, das (für den Bund oder das Land) den Antrag stellt. 687

[1523] BVerfGE 99, 361; 102, 167 ff. (vgl. dazu den Beispielsfall bei Rn 943).
[1524] BVerfGE 6, 309, 323 f.
[1525] So *Pestalozza*, VerfProzR, 3. Aufl. 1991, § 9 Rn 9 f.
[1526] BVerfG NVwZ 2011, 1512 f. Vgl. auch schon zuvor *Benda/Klein*, VerfProzR, 2. Aufl. 2001, Rn 985 f.; *Stern*, in: Bonner Kommentar, Art. 93 Rn 333 f.: § 68 BVerfGG stellt zulässige Einschränkung des Art. 93 I Nr. 3 GG dar.
[1527] *Pieroth*, in: J/P, GG, Art. 93 Rn 51 f.
[1528] BVerfGE 95, 250, 262; zust. *Pieroth*, in: J/P, GG, Art. 93 Rn 51 f.; *Maunz*, in: Maunz/Schmidt-Bleibtreu/Klein/Bethge, BVerfGG, § 68 Rn 1.
[1529] BVerfGE 95, 250, 262; 41, 291, 303.
[1530] Vgl. BVerfGE 104, 238, 245 ff.

ee. Form und Frist

688 Der Antrag ist gem. § 23 I BVerfGG schriftlich[1531] zu stellen und zu begründen. Er muss gem. §§ 69, 64 III BVerfGG binnen sechs Monaten, nachdem die beanstandete Maßnahme oder Unterlassung dem Antragsteller bekannt geworden ist, gestellt werden. In der Antragsschrift ist die Verfassungsbestimmung, die verletzt worden sein soll, zu benennen, § 64 II BVerfGG.

ff. Rechtsschutzbedürfnis

688a Schließlich muss ein Rechtsschutzbedürfnis (RSB) bestehen. Wurde in der Fallbearbeitung allerdings die Antragsbefugnis bejaht, wird i.d.R. auch das Rechtsschutzbedürfnis gegeben sein, sodass es einer Prüfung dann nicht bedarf. Ein Fehlen des Rechtsschutzbedürfnisses kommt aber in Betracht, wenn[1532]

- für den Antragsteller **einfachere Möglichkeiten** der Rechtsverteidigung bestehen[1533]
- oder wenn die Beschwer entfallen ist (sog. **Erledigung**).

Allerdings kann das Rechtsschutzbedürfnis trotz Erledigung zu bejahen sein, wenn

- **weiterhin** eine rechtsbeeinträchtigende Wirkung ausgeht
- **Wiederholung** droht
- oder wenn die Sache von **grundsätzlicher Bedeutung** ist, etwa wenn die gerügte Maßnahme oder Unterlassung schwerwiegend in Verfassungsrechte eingriff.[1534]

b. Begründetheit

689 Der Antrag auf Durchführung des Bund-Länder-Streits ist begründet, wenn die beanstandete Maßnahme oder Unterlassung des Antragsgegners gegen eine Bestimmung des Grundgesetzes verstößt, die für das bundesstaatliche Rechtsverhältnis von Bedeutung ist, und den Antragsteller in seinen verfassungsrechtlichen Rechten verletzt.

Als **Beispiele** vgl. die bei Rn 680 und 943 genannten.

Die Entscheidung des BVerfG ergeht (wie im Organstreitverfahren) durch ein **Feststellungsurteil**.

[1531] Zum Schriftformerfordernis vgl. Rn 637.
[1532] Vgl. BVerfGE 1, 372, 379; 20, 134, 141; 68, 1, 77 f.; 81, 310, 329.
[1533] Da es insb. im Zusammenhang mit Art. 84, 85 GG zu einem Bund-Länder-Streit kommen kann, ist diesbezüglich auf Art. 84 IV S. 2 GG hinzuweisen, wonach zunächst der Bundesrat in einem Vorverfahren durch die Bundesregierung oder das Land angerufen werden muss, wenn Mängel, die die Bundesregierung bei der Ausführung der Bundesgesetze in den Ländern festgestellt hat, nicht beseitigt werden. Erst gegen diesen Beschluss des Bundesrats kann das BVerfG angerufen werden.
[1534] Der zuletzt genannte Problemkreis kann auch im Rahmen der Antragsbefugnis erörtert werden. Denn er betrifft letztlich die Frage, ob ein verfassungsrechtliches Rechtsverhältnis besteht.

5. Individualverfassungsbeschwerde, Art. 93 I Nr. 4a GG, §§ 13 Nr. 8a, 90 ff. BVerfGG

Die im Zusammenhang mit einer Grundrechtsverletzung wichtigste prozessuale Verfahrensart ist die Individualverfassungsbeschwerde. Erstaunlich ist, dass diese Verfahrensart dennoch nicht von vornherein im Grundgesetz verankert war. Erst 1969 wurde sie als Gegengewicht zur Notstandsgesetzgebungskompetenz (Art. 115a-115i GG) in das Grundgesetz aufgenommen. Sie ist seitdem nicht nur in §§ 13 Nr. 8a, 90 ff. BVerfGG, sondern auch in Art. 93 I Nr. 4a GG geregelt.[1535] **690**

Verfassungsbeschwerde, Art. 93 I Nr. 4a, §§ 13 Nr. 8a, 90 ff. BVerfGG

I. Zulässigkeit

1. Zuständigkeit des BVerfG

Für die Individualverfassungsbeschwerde ergibt sich die Zuständigkeit des BVerfG aus Art. 93 I Nr. 4a GG, §§ 13 Nr. 8a, 90 ff. BVerfGG.

2. Beschwerdeführer

a. Beschwerde- bzw. Beteiligtenfähigkeit

Gemäß Art. 93 I Nr. 4a GG, § 90 I BVerfGG kann „jedermann" mit der Behauptung, durch die öffentliche Gewalt in einem seiner Grundrechte oder in einem seiner in Art. 20 IV, 33, 38, 101, 103 und 104 GG genannten Rechte (grundrechtsgleiche Rechte)[1536] verletzt zu sein, Verfassungsbeschwerde vor dem BVerfG erheben. Da das BVerfG mit Beschluss v. 6.11.2019 (1 BvR 276/17 – „Recht auf Vergessenwerden II")[1537] Akte deutscher Stellen, die unionsrechtlich vollständig vereinheitlichte Regelungen des Unionsrechts anwenden, in „Wahrnehmung seiner Integrationsverantwortung nach Art. 23 I GG"[1538] am Maßstab der Unionsgrundrechte prüft, soweit die Grundrechte des Grundgesetzes durch den Anwendungsvorrang des Unionsrechts verdrängt werden[1539], können unter diesen Voraussetzungen Verfassungsbeschwerden nunmehr auch wegen Verletzung von Grundrechten der GRC erhoben werden.

Mit „jedermann" sind grundsätzlich alle Personen oder Personenmehrheiten gemeint.

b. Prozessfähigkeit

Das BVerfGG regelt die Prozessfähigkeit nicht. Daher nimmt das BVerfG eine Teilanalogie zu sonstigem Verfahrensrecht vor. In anderen Gerichtsverfahren bedeutet Prozessfähigkeit die Fähigkeit, Prozesshandlungen selbst oder durch einen Prozessbevollmächtigten vorzunehmen (vgl. § 173 VwGO i.V.m. § 51 ZPO).

3. Beschwerdegegenstand

Möglicher Beschwerdegegenstand einer Verfassungsbeschwerde kann jeder Akt der (deutschen) öffentlichen Gewalt sein, sei es ein Akt der Exekutive, der Judikative oder ein Akt der Legislative.

4. Beschwerdebefugnis

a. Möglichkeit einer Grundrechtsverletzung

Nach Art. 93 I Nr. 4a GG, § 90 I BVerfGG ist die Verfassungsbeschwerde nur zulässig, wenn der Beschwerdeführer behauptet, durch den angegriffenen Akt der öffentlichen Gewalt in einem seiner Grundrechte oder grundrechtsgleichen Rechte (bzw. einem Unionsgrundrecht, sofern es um die Anwendung von unionsrechtlich vollständig determinierten Regelungen des Unionsrechts geht) verletzt zu sein. Für die Bejahung der Beschwerdebefugnis genügt die *Möglichkeit* der Grundrechtsverletzung. „Möglichkeit der Grundrechtsverletzung" bedeutet, dass die geltend gemachte Grundrechtsverletzung lediglich nicht ausgeschlossen sein darf. Eine offensichtlich nicht gegebene Grundrechtsverletzung kann

---

[1535] Zur Landesverfassungsbeschwerde vgl. *Klein/Haratsch*, JuS 2000, 209 ff.; *Geis/Thirmeyer*, JuS 2012, 316, 322 f.

[1536] Die Aufzählung in Art. 93 I Nr. 4a GG ist ungenau, denn nicht alle in den dort genannten Vorschriften enthaltenen Gewährleistungen sind grundrechtsgleiche Rechte. Grundrechtsgleiche Rechte sind Art. 20 IV, 33 I-III, 38 I S. 1, 38 I S. 2, 101, 103 I, 103 II, 103 III und 104 I S. 2 GG.

[1537] BVerfG NVwZ 2020, 63 ff.

[1538] BVerfG NVwZ 2020, 63, 65 f.

[1539] Siehe dazu oben Rn 366e ff.

daher i.d.R. nur dann angenommen werden, wenn ein Verhalten der öffentlichen Gewalt *keinerlei Regelungsgehalt* und wenn es *keinerlei Außenwirkung* (sog. Grundrechtsrelevanz) hat.

b. Betroffenheit des Beschwerdeführers

Das BVerfG verlangt in ständiger Rechtsprechung, dass der Beschwerdeführer **„selbst, unmittelbar und gegenwärtig"** beschwert bzw. betroffen ist.

aa. Eigene Beschwer

Eine eigene Beschwer liegt vor, wenn der Beschwerdeführer geltend macht, in *seinen* Rechten verletzt zu sein, und diese geltend gemachte eigene Rechtsverletzung nicht offensichtlich ausgeschlossen ist (i.d.R. nur bei VB gegen Gesetze relevant).

bb. Unmittelbare Beschwer

Unmittelbar betroffen ist ein Beschwerdeführer dann nicht, wenn es noch eines staatlichen Vollzugsakts bedarf, um eine gesetzliche Regelung greifen zu lassen (i.d.R. nur bei VB gegen Gesetze relevant).

cc. Gegenwärtige Beschwer

Gegenwärtig ist die Beschwer, wenn der Beschwerdeführer *schon* oder *noch* betroffen ist (i.d.R. nur bei VB gegen Gesetze relevant).

dd. Spezifische Grundrechtsverletzung

Bei der Urteils-Verfassungsbeschwerde ist die spezifische Grundrechtsverletzung zu prüfen. Der Beschwerdeführer muss behaupten, gerade durch den Richterspruch in einem seiner Grundrechte oder grundrechtsgleichen Rechte verletzt zu sein. Eine spezifische Grundrechtsverletzung wird angenommen, wenn

- ⇨ durch das gerichtliche Verfahren selbst Grundrechte oder grundrechtsgleiche Rechte (z.B. Art. 103 I GG) verletzt wurden.
- ⇨ das Gericht seine Entscheidung auf eine grundrechtswidrige Norm gestützt hat.
- ⇨ das Gericht bei der Auslegung und Anwendung einfachen Rechts grundrechtliche Wertungen nicht beachtet (mittelbare Drittwirkung von Grundrechten).

5. Form und Frist

Gemäß § 23 I S. 1 BVerfGG ist die Verfassungsbeschwerde **schriftlich** einzureichen. Möglich ist aber auch die Einreichung via **Telefax**. Darüber hinaus ist der Antrag gem. §§ 92, 93 I S. 1 und § 23 I S. 2 BVerfGG innerhalb der Antragsfrist zu **begründen**.

Gemäß § 93 I S. 1 BVerfGG beträgt die **Frist** zur Einlegung der Verfassungsbeschwerde gegen ein **Gerichtsurteil einen Monat**. Die Frist beginnt mit der letzten im Rechtsweg zulässigerweise herbeigeführten Entscheidung. Für die Berechnung der Frist gelten die auch sonst üblichen Regeln, also die §§ 187, 188 BGB.

Dagegen ist die Verfassungsbeschwerde gegen ein **Gesetz** oder einen sonstigen Hoheitsakt, gegen den der Rechtsweg nicht offensteht, gem. § 93 III BVerfGG **binnen eines Jahres** zu erheben. Die Frist beginnt mit Inkrafttreten des Gesetzes.

6. Rechtsschutzbedürfnis

a. Rechtswegerschöpfung

Gemäß § 90 II S. 1 BVerfGG kann die Verfassungsbeschwerde erst nach Erschöpfung des Rechtswegs erhoben werden, sofern ein Rechtsweg überhaupt eingeräumt ist. Das ist bei Parlamentsgesetzen nicht der Fall. **Rechtsweg** ist der Weg, der den Einzelnen mit dem Begehren, die behauptete Rechtsverletzung zu überprüfen und auszuräumen, vor die deutschen staatlichen Gerichte führt. Er beginnt u.U. bei der Verwaltung mit der Erhebung des Widerspruchs und führt zu den verschiedenen Instanzen der staatlichen Gerichtsbarkeit. **Erschöpfung** des Rechtswegs bedeutet, dass der Beschwerdeführer alle zulässigen und ihm zumutbaren prozessualen Möglichkeiten zur Beseitigung der behaupteten Grundrechtsverletzung in Anspruch genommen haben muss.

b. Subsidiarität

Bei einer Urteils-VB bleibt dem Beschwerdeführer nach Erschöpfung des Rechtswegs keine andere Möglichkeit, den Rechtssatz anderweitig anzugreifen. Daher ist der Grundsatz der Subsidiarität bei einer Urteils-VB neben dem Grundsatz der Rechtswegerschöpfung bedeutungslos. Etwas anderes gilt im Hinblick auf die Rechtssatz-VB, da dort gegen ein Gesetz der Rechtsweg nicht offensteht (s.o.). Der Grundsatz der Subsidiarität besagt hier, dass eine Rechtssatz-VB trotz unmittelbarer Grundrechtsbetroffenheit durch ein Gesetz dann grds. unzulässig ist, wenn der Beschwerdeführer noch die Möglichkeit einer fachgerichtlichen Inzidentkontrolle hat.

c. Ausnahmen von Rechtswegerschöpfung und Subsidiarität

§ 90 II S. 2 BVerfGG nennt zwei Ausnahmen, bei deren Vorliegen die Rechtswegerschöpfung entbehrlich ist: die allgemeine Bedeutung der Verfassungsbeschwerde und den schweren und unabwendbaren Nachteil für den Beschwerdeführer.

aa. Allgemeine Bedeutung der Verfassungsbeschwerde

Die Verfassungsbeschwerde ist von allgemeiner Bedeutung, wenn sie grundsätzliche verfassungsrechtliche Fragen aufwirft und die zu erwartende Entscheidung über den Einzelfall hinaus Klarheit über die Rechtslage in einer Vielzahl gleich gelagerter Fälle schafft.

bb. Schwerer und unabwendbarer Nachteil für den Beschwerdeführer

Wann ein schwerer und unabwendbarer Nachteil angenommen werden kann, lässt sich nicht allgemeinverbindlich sagen, sondern ist stets eine Frage des Einzelfalls. Voraussetzung ist jedenfalls, dass gerade das Abwarten einer späteren Entscheidung diesen Nachteil begründet, etwa weil sie zu spät kommt und den Beschwerdeführer damit praktisch schutzlos stellt.

cc. Unzumutbarkeit der Rechtswegerschöpfung bzw. der sonstigen Abhilfe

Neben den o.g. geschriebenen Ausnahmen lässt das BVerfG Ausnahmen von Rechtswegerschöpfung und Subsidiarität zu, wenn dem Beschwerdeführer die Erschöpfung des Rechtswegs bzw. das Bemühen um sonstige Abhilfe unzumutbar sind. Es stellt aber strenge Anforderungen an die Unzumutbarkeit.

II. Begründetheit

Die Verfassungsbeschwerde ist gem. § 95 I BVerfGG begründet, wenn der Beschwerdeführer durch den angegriffenen Akt der öffentlichen Gewalt in einem Grundrecht oder grundrechtsgleichen Recht verletzt ist. Der Aufbau der Begründetheitsprüfung folgt i.d.R. der bei *R. Schmidt*, Grundrechte, Rn 112 ff., dargestellten Grundrechtsprüfung: Zunächst wird der **Schutzbereich** des möglicherweise verletzten Grundrechts festgestellt und sodann der **Eingriff** in den Schutzbereich geprüft. Schließlich ist der Frage nach der **verfassungsrechtlichen Rechtfertigung** des Eingriffs nachzugehen (zu den Besonderheiten der Gleichheitsrechte vgl. dort Rn 325).

a. Zulässigkeit

aa. Zuständigkeit des BVerfG

Mit Hilfe der Individualverfassungsbeschwerde können Verletzungen von Grundrechten oder grundrechtsgleichen Rechten geltend gemacht werden. Die Zuständigkeit des BVerfG ergibt sich aus Art. 93 I Nr. 4a GG, §§ 13 Nr. 8a, 90 ff. BVerfGG. **691**

bb. Beschwerdeführer

a.) Beschwerde- bzw. Beteiligtenfähigkeit

Gemäß Art. 93 I Nr. 4a GG, § 90 I BVerfGG kann „jedermann" mit der Behauptung, durch die öffentliche Gewalt in einem seiner Grundrechte oder in einem seiner in Art. 20 IV, 33, 38, 101, 103 und 104 GG genannten Rechte (grundrechtsgleiche Rechte) verletzt zu sein, Verfassungsbeschwerde vor dem BVerfG erheben. **692**

Mit **„jedermann"** sind alle Personen und Personenmehrheiten gemeint. Ein Anwaltszwang besteht bei der Erhebung der Verfassungsbeschwerde nicht. Lediglich bei der mündlichen Verhandlung besteht eine zwingende Prozessvertretung, § 22 I Halbs. 2 BVerfGG. Das Verfahren ist kostenfrei (§ 34 I BVerfGG).[1540] Im Übrigen ergibt sich die **693**

[1540] Lediglich in Missbrauchsfällen kann eine Gebühr von bis zu 2.600,- € erhoben werden (§ 34 II BVerfGG); vgl. dazu etwa BVerfG 2.1.2017 – 1 BvR 2324/16: „Ein Missbrauch liegt unter anderem dann vor, wenn die Verfassungsbeschwerde in ihrer äußeren Form beleidigenden oder verletzenden Charakter aufweist und jegliche Sachlichkeit vermissen lässt (...).

Beschwerdefähigkeit aus der **Grundrechtsberechtigung** oder **-fähigkeit**.[1541] **Natürliche Personen** sind daher grds. beschwerde- bzw. beteiligtenfähig, sofern sie nur abstrakt Träger der gerügten Grundrechte sind.[1542]

694 Eine Besonderheit gilt hinsichtlich **Abgeordnete** (des Bundestags oder eines Landtags), wobei wie folgt zu unterscheiden ist: Rügt der Abgeordnete die Verletzung eines der **Wahlrechtsgrundsätze** des Art. 38 I S. 1 GG, kommt – da Art. 38 I S. 1 GG grundrechtsgleiche Rechte begründet – prinzipiell eine Verfassungsbeschwerde in Betracht, allerdings stellt das Organstreitverfahren (Art. 93 I Nr. 1 GG, §§ 13 Nr. 5, 63 ff. BVerfGG) gegenüber der Verfassungsbeschwerde den speziellen Rechtsbehelf dar.[1543] Rügt der Abgeordnete hingegen die Verletzung des Art. 38 I S. 2 GG (**freies Mandat**), ist weiter zu differenzieren: Zwar handelt es sich bei Art. 38 I S. 2 GG nach h.M. ebenfalls um ein grundrechtsgleiches Recht[1544], geht es allerdings um den staatsorganisationsrechtlichen Status als Abgeordneter, kommt eine Verfassungsbeschwerde (Art. 93 I Nr. 4a GG, §§ 13 Nr. 8a, 90 ff. BVerfGG) in diesem Fall grds. nicht in Betracht. Denn die Verfassungsbeschwerde ist kein Mittel zur Austragung von Meinungsverschiedenheiten zwischen Staatsorganen.[1545] Vielmehr kann der Abgeordnete gegen Maßnahmen, die sein freies Mandat in statusrechtlicher Hinsicht beeinträchtigen, i.d.R. das Organstreitverfahren (Art. 93 I Nr. 1 GG, §§ 13 Nr. 5, 63 ff. BVerfGG) einleiten. In diesem Verfahren kann er die Verletzung oder Gefährdung eines Rechts, das mit seinem Status verfassungsrechtlich verbunden ist, geltend machen.[1546]

Eine Verfassungsbeschwerde wegen Verletzung des freien Mandats aus Art. 38 I S. 2 GG ist aber dann zulässig, wenn Individualrechte des Abgeordneten betroffen sind und/oder der Gegner nicht parteifähig in einem Organstreitverfahren ist.[1547] Das BVerfG begründet dies damit, dass Art. 38 GG (und damit auch Art. 38 I S. 2 GG) von § 90 I BVerfGG *insoweit* mitumfasst sei, als diese Norm in ähnlicher Weise wie die übrigen Vorschriften des Grundgesetzes, in die sie eingereiht ist, Individualrechte garantiere.[1548] Das sei etwa der Fall, wenn das Bundesamt für Verfassungsschutz den Abgeordneten beobachte[1549] oder ein Gericht (unter Missachtung des Art. 47 GG) eine Durchsuchungs- und Beschlagnahmeanordnung zum Nachteil des Abgeordneten treffe[1550]. Denn weder das Bundesamt für Verfassungsschutz noch die Gerichte sind beteiligungsfähig in einem Organstreit. In diesen Fällen kann der Abgeordnete Verfassungsbeschwerde erheben. Statthaft ist die Verfassungsbeschwerde auch bzgl. der Folgerechte (z.B. Altersversorgung) nach dem Ausscheiden aus dem Bundestag[1551], da in diesem Fall Individualrechte des Abgeordneten betroffen sind. Zu beachten ist aber, dass das BVerfG mit der Aufnahme des Wortes „insoweit" zu verstehen gibt, dass die Möglichkeit der Verfassungsbeschwerde nicht uneingeschränkt gilt. Gewährt Art. 38 I S. 2 GG also nicht in ähnlicher Weise wie die übrigen Vorschriften des Grundgesetzes, in die er eingereiht ist, Individualrechte, bleibt es bei dem Vorrang des Organstreitverfahrens.

Dies ist vorliegend der Fall. Der Bevollmächtigte, Rechtsanwalt B..., äußert sich in herabsetzender Weise über die sowohl im Ausgangsverfahren tätig gewesenen Richter, als auch die Richter und Bediensteten des Bundesverfassungsgerichts."

[1541] Zur Grundrechtsberechtigung vgl. ausführlich *R. Schmidt*, Grundrechte, Rn 39 ff.

[1542] Vgl. *Bethge*, in: Maunz/Schmidt-Bleibtreu/Klein, BVerfGG, § 90 Rn 125 f. Zum **Sonderrechtsverhältnis** vgl. *R. Schmidt*, Grundrechte, Rn 201 f., zur Grundrechtsberechtigung oder -fähigkeit von noch **ungeborenem Leben** und von **Verstorbenen** vgl. *R. Schmidt*, Grundrechte, Rn 50 ff., zu den sog. Deutschenrechten, die zwar nicht Ausländern und Staatenlosen, jedoch **EU-Bürgern** zustehen können, vgl. *R. Schmidt*, Grundrechte, Rn 44 ff.

[1543] BVerfGE 61, 1, 32; 60, 364, 380; 62, 1, 31 f.; 80, 188, 208 f.; 94, 351, 362 ff.; 104, 310, 325; BVerfG DVBl 2007, 956, 957 f. Das schließt die Geltendmachung der Verletzung von Rechten des Parlaments aus, vgl. BVerfGE 90, 286, 342.

[1544] BVerfGE 108, 251, 266; 134, 141, 170 („Individualrecht"); *Pieroth*, in: Jarass/Pieroth, GG, Art. 38 Rn 43.

[1545] BVerfG NVwZ 2013, 1468, 1469 (Ramelow) mit Verweis auf BVerfGE 15, 298, 302; 43, 142, 148; 64, 301, 312.

[1546] Vgl. etwa BVerfGE 32, 157, 162; 43, 142, 148; 64, 301, 312; 90, 286, 342; 99, 19, 29; 118, 227, 334 ff.

[1547] BVerfG NVwZ 2013, 1468, 1469; BVerfGE 108, 251, 266; *Pieroth*, in: Jarass/Pieroth, GG, Art. 38 Rn 62.

[1548] BVerfG NVwZ 2013, 1468, 1469. In diesem Urteil, bei dem es um die Vereinbarkeit der Beobachtung eines Landtagsabgeordneten durch das Bundesamt für Verfassungsschutz mit dem freien Mandat geht, macht das BVerfG auch deutlich, dass die Verfassungsbeschwerde auch bei Landtagsabgeordneten zulässig sei, sofern es nur um Individualrechte gehe und landesverfassungsgerichtlicher Rechtsschutz gegen Stellen des Bundes ausscheide.

[1549] Vgl. dazu BVerfG NVwZ 2013, 1468 ff. und die Fallbearbeitung von *Holterhus*, JuS 2014, 233 ff.

[1550] BVerfGE 108, 251, 266.

[1551] BVerfGE 32, 157, 162. Vgl. auch BVerfGE 40, 296, 309; 63, 230, 241 f.; 64, 301, 313.

> **Hinweis für die Fallbearbeitung:** Die Frage, ob ein Abgeordneter Verfassungsbeschwerde erheben kann, ist nach der auch hier vertretenen Auffassung des BVerfG[1552] bei der Beschwerdefähigkeit zu behandeln. Nach der Gegenauffassung[1553] gehört die Frage zur Beschwerdebefugnis.

Juristische Personen des Privatrechts (z.B. GmbH, AG, KG auf Aktien, eingetragener Verein, Stiftung des Privatrechts) oder sonstige Personenmehrheiten (z.B. OHG, KG, GbR) können grundrechtsfähig und damit beschwerde- bzw. beteiligtenfähig sein.[1554] Voraussetzung ist gem. Art. 19 III GG, dass es sich um eine inländische Personenmehrheit handelt, und dass das betreffende Grundrecht seinem Wesen nach auf sie anwendbar ist (*grundrechtstypische Gefährdungslage* der juristischen Person), vgl. *R. Schmidt*, Grundrechte, Rn 60 ff. 695

Beispiel/Gegenbeispiel: Die Meinungs- und Pressefreiheit, aber auch die Kunstfreiheit sind nicht ausschließlich auf einen Menschen als Individuum bezogen, sondern können auch kollektiv wahrgenommen werden. Demgegenüber können z.B. das allgemeine Persönlichkeitsrecht oder das Recht auf körperliche Unversehrtheit *nicht* von einer juristischen Person bzw. Personenmehrheit geltend gemacht werden, da diese Grundrechte an natürliche Qualitäten des Menschen anknüpfen und daher nur von natürlichen Personen in Anspruch genommen werden können.

Auch nur **locker zusammenhängende Personengemeinschaften** (etwa Bürgerinitiativen) können sich auf eigene Grundrechte berufen, sofern sie über eine gewisse binnenorganisatorische Struktur (regelmäßige Zusammenkünfte; Existenz eines Vorsitzenden, etc.) verfügen.[1555] 696

> **Hinweis für die Fallbearbeitung:** Die Frage, ob das jeweilige Grundrecht auf eine juristische Person anwendbar ist, muss nicht zwingend im Rahmen der Beteiligtenfähigkeit geprüft werden, sondern kann auch erst im Rahmen der Beschwerdebefugnis untersucht werden.

Dagegen können sich **juristische Personen des öffentlichen Rechts** grundsätzlich nicht auf Grundrechte berufen. Sie sind in Wahrnehmung von Kompetenzen tätig und nicht in Ausübung von Grundrechtspositionen. Wenn sie durch andere Staatsorgane verletzt werden, geht es der Sache nach um einen **Kompetenzkonflikt**, nicht um einen Eingriff in subjektive (Grund-)Rechte.[1556] Von diesem Grundsatz macht das BVerfG zunächst aber eine Ausnahme im Bereich der **Justiz**- oder **Verfahrensgrundrechte** (Art. 101 I S. 2 GG, Art. 103 I GG). Auf diese können sich auch juristische Personen des öffentlichen Rechts berufen, sofern sie der Justizhoheit unterworfen sind.[1557] Aber auch wenn die betreffende juristische Person des öffentlichen Rechts keine gesetzlich zugewiesene Aufgabe wahrnimmt, sondern sich in einem Bereich bewegt, in dem sie vom Staat unabhängig ist, sich also in der gleichen **grundrechtstypischen Gefährdungslage** befindet wie der Bürger, ist nach der Rspr. des BVerfG von einer Grundrechtsträgereigenschaft auszugehen. Denn dann ist sie zumindest dem durch die Grundrechte geschützten Lebensbereich zuzuordnen.[1558] 697

[1552] BVerfG NVwZ 2013, 1468, 1469.
[1553] *Sachs*, JuS 2014, 284, 285.
[1554] Zur seit der 1. Aufl. 2000 zugrunde gelegten Auffassung, juristische Personen (wie die Abgeordneten) bereits bei der Beschwerde- bzw. Beteiligtenfähigkeit (und nicht erst bei der Beschwerdebefugnis) anzusprechen, vgl. später auch *Thiemann*, JuS 2012, 735, 736.
[1555] *Kahl*, JuS 2000, 1090, 1091.
[1556] Vgl. dazu *R. Schmidt*, Grundrechte, Rn 72 ff. mit entsprechenden Nachweisen.
[1557] BVerfGE 6, 45, 49 f.; 61, 82, 104; 75, 192, 200; *Schoch*, Jura 2001, 201, 205.
[1558] *R. Schmidt*, Grundrechte, Rn 75-77.

698 Nach der bereits bei *R. Schmidt*, Grundrechte, Rn 77 dargestellten Rechtsprechung des BVerfG sind die grundrechtstypische Gefährdungslage und somit eine (partielle) Grundrechtsfähigkeit gegeben bei

- **Rundfunkanstalten** (Rundfunkfreiheit aus Art. 5 I S. 2 GG),
- staatlichen **Universitäten** bzw. **Fakultäten** (Wissenschaftsfreiheit aus Art. 5 III S. 1 GG; Telekommunikationsgeheimnis aus Art. 10 I GG),
- **Religions- und Glaubensgemeinschaften** (Art. 4 I, II und 140 GG i.V.m. Art. 136, 137 WRV)[1559] und
- **bestimmten berufsständische Körperschaften**, wenn diese die Interessen ihrer Mitglieder wahrnehmen (Art. 9 I GG).[1560]

Diesen Personenmehrheiten ist eigentümlich, dass sie außerhalb des Delegationsmodells dezentralisierter staatlicher Aufgabenwahrnehmung liegen und dem durch die Grundrechte geschützten Lebensbereich zuzuordnen sind.

Hinweis für die Fallbearbeitung: Neuerdings wird versucht, die klassische Ausnahme vom materiellen Grundrechtsausschluss der öffentlichen Hand über die oben genannten Phänomene hinaus zu erweitern. So hat das BVerfG auch die Grundrechtsfähigkeit von Landesmedienanstalten gegenüber dem Staat in Bezug auf die Rundfunkfreiheit angenommen.[1561] In der Fallbearbeitung muss die Erweiterung der Grundrechts- bzw. Beschwerdefähigkeit aber gut begründet werden. Es muss sich geradezu ein grundrechtliches Spannungsverhältnis zeigen, um den grundsätzlichen Ausschluss der juristischen Person des öffentlichen Rechts von der Grundrechtsfähigkeit nicht aufweichen zu lassen. Insbesondere darf nicht von der allgemeinen Rechtsfähigkeit ohne weiteres auf die Grundrechtsfähigkeit geschlossen werden.

b.) Prozessfähigkeit

699 Weder das GG noch das BVerfGG enthalten Regelungen hinsichtlich der Prozessfähigkeit bei der Verfassungsbeschwerde. Daher nimmt das BVerfG eine Teilanalogie zu sonstigem Verfahrensrecht vor.[1562] In anderen Gerichtsverfahren bedeutet Prozessfähigkeit die Fähigkeit, einen Prozess selbst oder durch einen selbst bestellten Vertreter zu führen, d.h. Prozesshandlungen vorzunehmen und entgegenzunehmen. Eine prozessunfähige Partei muss durch ihren gesetzlichen Vertreter vertreten werden (vgl. § 62 VwGO oder § 173 VwGO i.V.m. § 51 ZPO). Natürliche Personen, die weder minderjährig noch in ihrer Geschäftsfähigkeit beschränkt sind, sind also i.d.R. prozessfähig. Etwas anderes gilt hinsichtlich Minderjähriger oder unter Betreuungsvorbehalt Stehender. Hier kann i.d.R. nur der gesetzliche Vertreter (vgl. §§ 1629, 1896 ff. BGB) oder, bei einem Interessenkonflikt zwischen Vertreter und Vertretenem, ein Ergänzungspfleger die Prozesshandlung vornehmen oder einen Prozessbevollmächtigten bestimmen[1563]. Allerdings kann der Minderjährige Prozess- und Verfahrenshandlungen selbst ausüben, wenn er über eine hinreichende Einsichtsfähigkeit zur Ausübung des Grundrechts verfügt. Teilweise ist die hinreichende Einsichtsfähigkeit in einfach-gesetzlichen Bestimmungen konkretisiert.

Im Einzelnen sind zum **Beispiel** prozessfähig: für die Teilnahme am Religionsunterricht u.Ä. gem. Art. 4 I GG, § 5 RelKErzG Personen ab 14 Jahre; im Verfahren zur Erteilung der Fahrerlaubnis gem. § 10 I S. 1 Nr. 4 und III S. 1 FeV Personen ab 16 bzw. 15 Jahre; in sie betreffenden Asylangelegenheiten gem. § 12 AsylG und in Ausländerangelegenheiten gem. § 80 AufenthG Personen ab dem vollendeten 18. Lebensjahr.

[1559] Vgl. dazu BVerfG NVwZ 2010, 570, 571; *Mosbacher*, NVwZ 2010, 537 ff.; *Sachs*, JuS 2010, 657 ff.
[1560] BVerfGE 70, 1, 21; BVerfG NJW 1994, 3765 (jeweils Steuerberaterkammer); einschränkend BVerwG NJW 2000, 3150 (Landwirtschaftskammer).
[1561] BVerfG NVwZ-RR 1993, 550 (Landesmedienanstalt); vgl. dazu ausführlich *Bethge*, NJW 1995, 558.
[1562] BVerfGE 51, 405, 407.
[1563] BVerfGE 72, 122, 135 (Entzug des Sorgerechts); *Kingreen/Poscher*, Grundrechte, Rn 1256.

Sind derartige besondere Vorschriften nicht einschlägig, kann sich die Prozessfähigkeit eines Minderjährigen aus Art. 1, 2 I/II GG bspw. in Angelegenheiten der Freiheitsentziehung oder sonstiger schwerer **Eingriffe in die Persönlichkeitssphäre** ergeben[1564], insbesondere auch bei Eingriffen in die Selbstbestimmung in Angelegenheiten, die eine **höchstpersönliche Wertentscheidung** betreffen[1565]. 700

Hinweis für die Fallbearbeitung: Ob das öffentliche Recht einem Minderjährigen für die Ausübung eines Grundrechts Handlungsfähigkeit und damit Prozessfähigkeit zuerkennt, ist im Zweifel durch **Auslegung des in Frage stehenden Grundrechts** zu beurteilen. Dabei sind vor allem der Zweck der Regelung, die in der betreffenden Angelegenheit zu erwartende Einsichtsfähigkeit, der Schutzzweck einer Beschränkung der Handlungsfähigkeit im Interesse und zugunsten des in der Geschäftsfähigkeit Beschränkten sowie der Gesichtspunkt der Rechtssicherheit zu berücksichtigen. Die Prozessfähigkeit eines Minderjährigen ist in ungeregelten Fällen somit immer eine Frage des Einzelfalls. Kann die Prozessfähigkeit nicht bejaht werden, muss sich der Betroffene durch den oder die gesetzlichen Vertreter vertreten lassen.

Juristische Personen sind dagegen von vornherein nicht prozessfähig. Sie müssen ihre Grundrechte bzw. grundrechtsgleichen Rechte stets durch ihre gesetzlichen Vertreter geltend machen (vgl. z.B. § 78 AktG, § 35 I GmbHG, § 26 BGB). 701

cc. Beschwerdegegenstand: Akt der „öffentlichen Gewalt"

Im Rahmen der Verfassungsbeschwerde kann der Beschwerdeführer gem. Art. 93 I Nr. 4a GG (und § 90 I BVerfGG) jeden **„Akt öffentlicher Gewalt"** angreifen. Unter „öffentliche Gewalt" ist nicht nur diejenige zu verstehen, die in Art. 19 IV S. 1 GG zugrunde gelegt ist und die sich nach ganz h.M. auf Maßnahmen der vollziehenden Gewalt beschränkt.[1566] Denn beschränkte man den Beschwerdegegenstand auf Maßnahmen der vollziehenden Gewalt, würde eine Verfassungsbeschwerde gegen ein Gesetz oder gegen ein Gerichtsurteil nicht möglich sein. Von der Möglichkeit, Verfassungsbeschwerde gegen ein Gesetz oder eine Gerichtsentscheidung zu erheben, geht der Gesetzgeber aber offenbar aus, da er in den §§ 93 und 95 BVerfGG zwischen der Verfassungsbeschwerde gegen eine „Entscheidung" (§ 93 I S. 2, § 95 II, III S. 2 BVerfGG) und der Verfassungsbeschwerde gegen ein „Gesetz" (§ 93 III, § 95 III BVerfGG) differenziert. Zwar ist es richtig, dass das Grundgesetz nicht anhand des einfachen Rechts ausgelegt werden darf. Vorliegend gilt aber die Besonderheit, dass die Verfassungsbeschwerde in den §§ 90 ff. BVerfGG schon einfachgesetzlich geregelt war, bevor sie 1969 auch im Grundgesetz verankert wurde.[1567] Der verfassungsändernde Gesetzgeber wollte aber das Institut der Verfassungsbeschwerde durch diese verfassungsrechtliche Garantie gerade stärken, weshalb die einfachgesetzliche Bestimmung in den §§ 93 und 95 BVerfGG zur Auslegung des in Art. 93 I Nr. 4a GG genannten Begriffs des Akts öffentlicher Gewalt herangezogen werden kann. Im Übrigen ist die Rechtssatzverfassungsbeschwerde in der verfassungsgerichtlichen Praxis allgemein anerkannt.[1568] Im Ergebnis bleibt somit festzuhalten: 702

[1564] OVG Lüneburg DVBl 1982, 218.

[1565] BSG NJW 1994, 215; OVG Lüneburg DVBl 1982, 218.

[1566] Vgl. nur BVerfG NJW 2018, 3374, 3375; *Jarass*, in: Jarass/Pieroth, GG, Art. 19 Rn 24 f. Der Ausschluss von Akten der Legislative aus Art. 19 IV GG ist damit zu begründen, dass Rechtsschutz gegen Akte der Legislative durch das BVerfG selbst gewährt wird (Verwerfungsmonopol!). Und der Ausschluss von Akten der Judikative soll seinen Grund darin haben, dass Art. 19 IV GG nur Rechtsschutz *durch* den Richter, nicht aber *gegen* den Richter garantieren soll. Das ist nach der hier vertretenen Auffassung zweifelhaft; immerhin hat auch der Gesetzgeber mit Erlass des Anhörungsrügegesetzes (dazu *R. Schmidt*, Grundrechte, Rn 1018a) zum Ausdruck gebracht, dass er einen Rechtsweg gegen spruchrichterliche Entscheidungen für erforderlich hält. Wird ein Gericht nicht spruchrichterlich tätig (etwa, wenn es eine Telekommunikationsüberwachung gem. § 100b StPO anordnet), gehört es aber in jedem Fall zur öffentlichen Gewalt i.S.v. Art. 19 IV GG; der Rechtsweg steht dann nach allen Auffassungen offen.

[1567] Vgl. das 19. Gesetz zur Änderung des Grundgesetzes v. 29.1.1969 (BGBl I, S. 97).

[1568] Siehe nur BVerfG 26.2.2020 – 2 BvR 2347/15 u.a. (Geschäftsmäßige Förderung der Selbsttötung).

703 Möglicher Beschwerdegegenstand einer Individualverfassungsbeschwerde kann jeder Akt der öffentlichen Gewalt sein, sei es ein Akt der **Exekutive**, der **Judikative** oder sei es ein Akt der **Legislative.**[1569]

Ausgenommen sind **verwaltungsinterne** Maßnahmen wie z.B. an nachfolgende Behörden gerichtete **Verwaltungsvorschriften** (**Erlasse**) etc.[1570] Auch **Entscheidungen des BVerfG** sind ausgenommen.

704 Meist liegen **mehrere Akte** der öffentlichen Gewalt in der gleichen Sache vor (typischerweise Verwaltungsakt und der bestätigende Widerspruchsbescheid sowie der sodann folgende gerichtliche Instanzenzug, bestehend aus: Entscheidung des Verwaltungsgerichts – Berufungsentscheidung des Oberverwaltungsgerichts/Verwaltungsgerichtshofs – Revisionsentscheidung des Bundesverwaltungsgerichts). Regelmäßig wendet sich der Beschwerdeführer aber lediglich gegen die letztinstanzliche Gerichtsentscheidung. Das muss er auch wegen des Subsidiaritätscharakters der Verfassungsbeschwerde bzw. des Erfordernisses der Erschöpfung des Rechtswegs (dazu *R. Schmidt*, Rn 1060 ff.). In derartigen Fällen liegt selbstverständlich nur *eine* Verfassungsbeschwerde vor (**objektive Beschwerdehäufung**).[1571]

> **Hinweis für die Fallbearbeitung:** In der Fallbearbeitung erkennt man diese Konstellation in aller Regel daran, dass der Beschwerdeführer gegen einen Verwaltungsakt nach Erschöpfung des Rechtswegs Verfassungsbeschwerde erhebt. Durch diese Vorgehensweise schränkt der Beschwerdeführer den Beschwerdegegenstand nicht ein, sodass davon auszugehen ist, dass er alle Akte der öffentlichen Gewalt angreift. Dies geschieht mit *einer* Verfassungsbeschwerde.

705 Da die Grundrechte und die grundrechtsgleichen Rechte des Grundgesetzes nur die **deutsche** öffentliche Gewalt binden (vgl. Art. 1 III GG), scheiden Maßnahmen etwa der **UNO** oder der **NATO** als Beschwerdegegenstand ebenso aus wie Urteile des EGMR. Auch Akte bzw. Maßnahmen von Organen, Einrichtungen und sonstigen Stellen der **EU** sind keine Akte deutscher öffentlicher Gewalt und können dementsprechend grds. auch nicht unmittelbarer Gegenstand einer Verfassungsbeschwerde sein.[1572] Solche Maßnahmen können aber Gegenstand der Prüfung durch das BVerfG sein, soweit sie (mittelbar) die Gewährleistungen des Grundgesetzes und damit die Grundrechtsberechtigten in Deutschland betreffen.[1573] So nimmt das BVerfG eine Prüfung von Akten bzw. Maßnahmen von Organen, Einrichtungen und sonstigen Stellen der EU vor, wenn diese entweder „Grundlage von Handlungen deutscher Staatsorgane sind"[1574] oder „aus der Integrationsverantwortung folgende Reaktionspflichten deutscher Verfassungsorgane auslösen"[1575]. In diesen Fällen prüft das BVerfG, ob durch den fraglichen Akt bzw. die fragliche Maßnahme die auf der Grundlage von Art. 23 I S. 2 GG durch das Zustimmungsgesetz eingeräumte Kompetenz der EU überschritten ist oder fundamentale Grundrechtsprinzipien verletzt sind, ob also eine evidente und generelle Missachtung der Grundrechte des Grundgesetzes durch die EU vorliegt.[1576] Ist das nicht der Fall, ist eine Verfassungsbeschwerde unzulässig.[1577]

[1569] So auch *Bethge*, in: Maunz/Schmidt-Bleibtreu/Klein, BVerfGG, § 90 Rn 176. Vgl. auch BVerfG NJW 2001, 1121, 1123.
[1570] Insoweit klarstellend BVerfG 14.1.2020 – 2 BvR 1333/17 Rn 74 (Kopftuchverbot ggü Rechtsreferendarinnen).
[1571] *Kahl*, JuS 2000, 1090, 1091; *Kingreen/Poscher*, Grundrechte, Rn 1260.
[1572] BVerfG NJW 2017, 149 f. (mit Verweis auf BVerfG NJW 2016, 2473 und BVerfGE 129, 124, 175 f.).
[1573] BVerfG NJW 2017, 149, 159 (mit Verweis auf BVerfGE 89, 155, 175).
[1574] BVerfG NJW 2017, 149, 150 (mit Verweis auf BVerfGE 134, 366, 382).
[1575] BVerfG NJW 2017, 149, 150 (mit Verweis auf BVerfGE 134, 366, 394 ff.). Siehe auch BVerfG NVwZ 2020, 63, 64 f. („Recht auf Vergessenwerden II").
[1576] BVerfG NJW 2017, 149, 150 (mit Verweis auf BVerfG NJW 2016, 1149; NJW 2016, 2473; BVerfGE 126, 286, 298 ff.; 123, 267, 354; 118, 79, 95 ff.; 102, 147, 161 ff.; 73, 339, 374 ff.).
[1577] Vgl. nur BVerfG NJW 2017, 149 f. Zur Überschreitung der Integrationsschranken vgl. Rn 357b/357c und Rn 362 ff.

Was den **Prüfungsmaßstab** angeht, ist klar, dass dies grds. die Grundrechte des Grundgesetzes sein müssen. Das gilt auch dann, wenn eine nationale Stelle EU-Recht ausführt. Auch das BVerfG geht davon aus, jedenfalls dann, wenn das EU-Recht den Mitgliedstaaten Spielräume lässt (es sich um „unionsrechtlich nicht vollständig determiniertes innerstaatliches Recht" handelt). Dann prüft das BVerfG primär am Maßstab der Grundrechte des Grundgesetzes, auch wenn das innerstaatliche Recht der Durchführung des Unionsrechts (i.S.v. Art. 51 I S. 1 GRC) dient.[1578] Sollte sich bei dieser Prüfung ergeben, dass die deutschen Grundrechte das Schutzniveau der GRC ausnahmsweise nicht mit abdecken, seien die entsprechenden Rechte der GRC insoweit in die Prüfung einzubeziehen[1579] (europarechtskonforme Auslegung). Führen staatliche Stellen aber vollständig determiniertes und die Grundrechte des Grundgesetzes verdrängendes Unionsrecht aus, nimmt das BVerfG in „Wahrnehmung seiner Integrationsverantwortung nach Art. 23 I GG" die Prüfung von Akten deutscher Stellen am Maßstab der Unionsgrundrechte vor[1580], was mit Blick auf den vom Grundgesetz vorgegebenen Prüfungsmaßstab (siehe Art. 93 GG) zweifelhaft erscheint. Zur kritischen Bewertung siehe Rn 617 ff. 706

Für die Zulässigkeit der Verfassungsbeschwerde spielt der Prüfungsmaßstab danach freilich keine Rolle: Entweder sind es die Grundrechte des Grundgesetzes oder die Grundrechte der EU-Grundrechtecharta. Daher ist das BVerfG entweder direkt gem. Art. 93 I Nr. 4a GG zuständig oder aufgrund seiner mit Blick auf Art. 23 I GG postulierten „Integrationsverantwortung". Die Verfassungsbeschwerde ist mithin statthaft, wenn der Beschwerdeführer geltend macht, er sei durch einen Akt deutscher Gewalt in einem seiner Grundrechte oder grundrechtsgleichen Rechte des Grundgesetzes oder in einem Unionsgrundrecht verletzt, sofern es um die Anwendung von unionsrechtlich vollständig determinierten Regelungen des Unionsrechts geht.

Beschwerdegegenstand kann auch ein **Unterlassen** sein (vgl. §§ 92, 95 I S. 1 BVerfGG: „Handlung oder Unterlassung"). Daher kann auch die Unterlassung einer staatlichen Schutzpflicht[1581] mithilfe der Verfassungsbeschwerde gerügt werden[1582], wobei sogar die Jahresfrist des § 93 III BVerfGG nicht gilt[1583]. Bei der Frage der Begründetheit ist allerdings zu beachten, dass das BVerfG dem Gesetzgeber einen weiten Spielraum zubilligt. 707

dd. Beschwerdebefugnis

a.) Möglichkeit einer Grundrechtsverletzung

Gemäß Art. 93 I Nr. 4a GG, § 90 I BVerfGG muss der Beschwerdeführer behaupten, durch den angegriffenen Akt der öffentlichen Gewalt in einem seiner **Grundrechte** oder in Art. 20 IV, 33, 38 (I S. 1 und I S. 2[1584]), 101[1585], 103 und 104 genannten Rechte (**grundrechtsgleiche Rechte**) verletzt zu sein.[1586] Die Verletzung von Grundrechten der Europäischen Grundrechtecharta (GRC) oder von Menschenrechten der Europäischen Menschenrechtskonvention (EMRK) ist daher an sich nicht rügefähig. Mit Blick auf die EMRK hat das BVerfG jedoch festgestellt, dass zur Bindung der Behörden und Gerichte an Gesetz und Recht (Art. 20 III GG) auch die Berücksichtigung der Gewähr- 708

[1578] BVerfG NVwZ 2020, 53, 54 („Recht auf Vergessenwerden I"). Zuvor schon BVerfGE 121, 1, 15; 125, 260, 306 f.
[1579] BVerfG NVwZ 2020, 53, 58 f. („Recht auf Vergessenwerden I").
[1580] BVerfG NVwZ 2020, 63, 65 f. („Recht auf Vergessenwerden II").
[1581] Vgl. dazu oben Rn 358 ff.
[1582] BVerfGE 77, 170, 215 (C-Waffen).
[1583] BVerfG NVwZ 2018, 1635, 1636 f. (mit Bespr. v. *Muckel*, JA 2018, 636).
[1584] BVerfGE 108, 251, 266; 134, 141, 170 („Individualrecht"); *Pieroth*, in: Jarass/Pieroth, GG, Art. 38 Rn 43.
[1585] Von Bedeutung ist insbesondere die Rüge des Entzugs des gesetzlichen Richters, wenn das Fachgericht sich weigert, die Sache entweder dem BVerfG (Art. 100 I GG) oder dem EuGH (Art. 267 AEUV; früher: Art. 234 EGV) vorzulegen, vgl. dazu ausführlich BVerfG NJW 2001, 1267 sowie *R. Schmidt*, Grundrechte, Rn 358 ff.
[1586] Ob die behauptete Grundrechtsverletzung auch tatsächlich vorliegt, ist eine Frage der Begründetheit.

leistungen der EMRK und der Entscheidungen des Europäischen Gerichtshofs für Menschenrechte (EGMR) im Rahmen methodisch vertretbarer Gesetzesauslegung gehöre.[1587] Werden also behördliche oder fachgerichtliche Defizite bei der Beachtung dieser Vorgaben geltend gemacht, kann dies nach zutreffender Auffassung des BVerfG – mittelbar – zu der Möglichkeit eines Verstoßes gegen Grundrechte i.V.m. dem Rechtsstaatsprinzip führen.[1588] Und hinsichtlich der Grundrechte der EU-Grundrechtecharta wurde bereits herausgearbeitet, dass die Beschwerdebefugnis gegeben ist, wenn der Beschwerdeführer geltend macht, er sei durch einen Akt deutscher Gewalt in einem Unionsgrundrecht verletzt, sofern es um die Anwendung von unionsrechtlich vollständig determinierten Regelungen des Unionsrechts geht.

709 Um in einem **„seiner"** Grundrechte verletzt sein zu können, muss der Beschwerdeführer selbst Träger des Grundrechts sein, das er als verletzt rügt.[1589] Eine Prozessstandschaft, also die prozessuale Geltendmachung fremder Rechte, ist – anders als bspw. dem Organstreit gem. Art. 93 I Nr. 1 GG, § 63 BVerfGG[1590] – der Individualverfassungsbeschwerde fremd.[1591]

> **Beispiel**[1592]**:** So kann eine Schülerin muslimischen Glaubens, die sich gegen eine (bundesverwaltungsgerichtlich bestätigte) schulbehördlich verweigerte Befreiung vom gemeinsamen, sog. koedukativen Schwimmunterricht für Mädchen und Jungen wehrt, nicht im eigenen Namen eine Verletzung des elterlichen Erziehungsrechts (nach Art. 6 II S. 1 i.V.m. Art. 4 I, II GG) geltend machen, da sie nicht Trägerin dieses Grundrechts ist. Soweit die Eltern also ausweislich der klaren Formulierung der Beschwerdeschrift lediglich als gesetzliche Vertreter ihres Kindes auftreten und auch nur als solche am gerichtlichen Ausgangsverfahren beteiligt waren, ist eine Verfassungsbeschwerde unzulässig.
>
> Soweit aber die Eltern als gesetzliche Vertreter ihres Kindes in dessen Namen auftreten und stellvertretend dem Kind zustehende Grundrechte (hier: Art. 4 I, II GG) als verletzt rügen, ist eine Verfassungsbeschwerde nicht unter dem genannten Aspekt unzulässig.

710 Fraglich ist, wann ein **„Behaupten"** i.S.d. Art. 93 I Nr. 4a GG, § 90 I BVerfGG vorliegt. Hier bestehen zwischen der Dogmatik (die insbesondere in der juristischen Ausbildung den Vorrang genießt) und der Spruchpraxis des BVerfG zum Teil erhebliche Differenzen.

711 Im Rahmen der juristischen Ausbildung sollte aufgrund des Charakters der Verfassungsbeschwerde als Mittel zur individuellen Rechtsverteidigung und der Formulierung in Art. 93 I Nr. 4a GG („... können von jedermann mit der Behauptung ... erhoben werden") ein „Behaupten" bereits dann angenommen werden, wenn die geltend gemachte Grundrechtsverletzung zumindest möglich erscheint (sog. **Möglichkeitstheorie**).[1593] Möglich ist eine Grundrechtsverletzung nach allgemeiner Auffassung immer dann, wenn sie nicht offensichtlich und nach jeder Betrachtungsweise ausgeschlossen werden kann.

712 Demgegenüber legen sowohl die *Kammern* des für Individualverfassungsbeschwerden zuständigen *Ersten Senats* des BVerfG (vgl. § 14 I BVerfGG) als auch der *Erste Senat* selbst dem Begriff „Behaupten" regelmäßig ein strenges Verständnis zugrunde. Das Gericht fordert regelmäßig, dass der Beschwerdeführer den gerügten Verfassungsverstoß **plausibel darlegt** und **hinreichend begründet**[1594], siehe dazu Rn 727.

[1587] BVerfG NVwZ 2018, 1121, 1122 (Streikverbot für Beamte) mit Verweis auf BVerfGE 128, 326, 366 ff.
[1588] BVerfG NVwZ 2018, 1121, 1122 (Streikverbot für Beamte) mit Verweis auf BVerfGE 111, 307, 323 f., 329 f.
[1589] BVerfG NVwZ 2017, 227 mit Verweis auf BVerfGE 39, 302, 312.
[1590] Siehe dazu Rn 621 ff.
[1591] Vgl. auch BVerfG NVwZ 2017, 227 mit Verweis auf BVerfGE 31, 275, 280; 56, 296, 297; 129, 78, 92.
[1592] Nach BVerfG NVwZ 2017, 227.
[1593] Vgl. aus der Rspr. BVerfGE 6, 445, 447; 52, 303, 327; 102, 197, 206 f.; 125, 39, 73; aus der Lit. *Frotscher*, JuS 2000, L 21; *Jeand´Heur/Cremer*, JuS 2000, 991, 992; *Kahl*, JuS 2000, 1090, 1091.
[1594] Siehe nur BVerfG NJW 2018, 3374, 3375.

Hinweis für die Fallbearbeitung: Die mit dem Erfordernis der hinreichenden Begründung verbundenen praktischen Schwierigkeiten spielen für die juristische Ausbildung i.d.R. keine Rolle. Dort sollte man schlicht der Möglichkeitstheorie folgen und die Beschwerdebefugnis bejahen, wenn die behauptete Grundrechtsverletzung nicht offensichtlich und nach jeder Betrachtungsweise ausgeschlossen werden kann.

b.) Insbesondere bei Gesetzen: Betroffenheit des Beschwerdeführers

Um Popularverfassungsbeschwerden sowie solche Verfassungsbeschwerden auszu- **713** schließen, die sich auf vergangene oder möglicherweise erst künftige Grundrechtsbeeinträchtigungen beziehen, verlangt das BVerfG in st. Rspr., dass der Beschwerdeführer **„selbst, unmittelbar und gegenwärtig"** beschwert bzw. betroffen ist.[1595] Jedoch ist zu beachten, dass das BVerfG diese Formel in erster Linie für Verfassungsbeschwerden **gegen Gesetze** entwickelt hat.[1596] Denn wird ein Bürger als Adressat eines Aktes der Exekutive oder Judikative beschwert, ist offensichtlich, dass jedenfalls die Kriterien „selbst" und „unmittelbar" vorliegen; anderenfalls wäre auch schon (in der Fallbearbeitung) die Möglichkeit einer Grundrechtsverletzung auszuschließen gewesen. Aber auch bei Exekutivakten und Akten der Judikative kann zumindest das Kriterium der Gegenwärtigkeit fraglich sein, wenn sich der den Beschwerdeführer belastende Hoheitsakt nach oder sogar schon vor Erhebung der Verfassungsbeschwerde erledigt hat.[1597]

Hinweis für die Fallbearbeitung: Ist in der Fallbearbeitung eine (noch nicht erledigte) Maßnahme der Exekutive oder Judikative Beschwerdegegenstand, genügt zur Bejahung der Beschwerdebefugnis i.d.R. die Feststellung, dass eine Grundrechtsverletzung seitens des Beschwerdeführers nicht von vornherein ausgeschlossen sei. Eines Eingehens auf die o.g. Formel des BVerfG bedarf es in diesen Fällen regelmäßig nicht. Lediglich in Fällen gesetzlicher Prozessstandschaft, wenn also z.B. ein Insolvenzverwalter (§ 80 InsO), ein Nachlassverwalter (§ 1984 BGB) oder ein Testamentsvollstrecker (§ 2212 BGB) hinsichtlich ihres jeweiligen Aufgabenbereichs eine Grundrechtsverletzung geltend machen, ist auf das Erfordernis der Selbstbetroffenheit (sowie auf das der Unmittelbarkeit und der Gegenwärtigkeit) einzugehen. Auch bei erledigten Exekutivakten bedarf es einer Auseinandersetzung mit dem Kriterium der Gegenwärtigkeit. Eine Auseinandersetzung mit sämtlichen der genannten Kriterien kann aber in jedem Fall bei Gesetzen erforderlich sein. Im Einzelnen gilt:

aa.) Selbstbetroffenheit (eigene Beschwer)

Eine **eigene Beschwer** i.S.d. Beschwerdebefugnis liegt vor, wenn der Beschwerdefüh- **714** rer geltend macht, in *seinen* Rechten verletzt zu sein.

Insbesondere das Kriterium der „eigenen Beschwer" dient dem Ausschluss der Popular- **715** beschwerde: Grundsätzlich soll sich niemand zum Sachwalter anderer machen und fremde Interessen gerichtlich geltend machen dürfen. Daher ist die *gewillkürte* Prozessstandschaft, d.h. die durch Rechtsgeschäft übertragene Geltendmachung fremder Rechte, dem Verfassungsprozessrecht (wie auch dem Verwaltungsprozessrecht) fremd.

Beispiele:

(1) Eine Organisation (etwa ein Naturschutzverband) darf grds. nicht die Verletzung von Rechten ihrer Mitglieder geltend machen, sondern nur die Verletzung ihrer eigenen Rechte (insbesondere ihrer Mitwirkungs- und Beteiligungsrechte).[1598] Gleiches gilt für Religionsgemeinschaften (in Bezug auf Art. 140 GG i.V.m. Art. 139 WRV, etwa wenn

---

[1595] Vgl. BVerfGE 1, 97, 101; 40, 141, 156; 60, 360, 370; 72, 39, 43; 79, 1, 13; 100, 313 ff.; 102, 197, 206 f.; BVerfG NJW 2010, 1347; NZA 2016, 893 f.; BVerfG NVwZ 2018, 1121, 1122 (Streikverbot für Beamte).
[1596] Vgl. dazu etwa BVerfG NJW 2010, 1347; BVerfG NJW 2011, 366 ff.
[1597] BVerfG NVwZ 2018, 1121, 1122 (Streikverbot für Beamte).
[1598] Vgl. etwa §§ 63, 64 BNatSchG. Zur Verbands- bzw. Vereinsklage siehe *R. Schmidt*, VerwProzR, Rn 175 ff.).

es um Ladenöffnungen an Sonn- und Feiertagen geht). Hinsichtlich Letzterem hat das BVerfG entschieden, dass die in Art. 140 GG i.V.m. Art. 139 WRV enthaltene objektive Wertentscheidung die Religionsfreiheit gem. Art. 4 I und II GG konkretisiere und insoweit den Kirchen zumindest mittelbar auch subjektive Rechte vermittele.[1599] Damit rückt z.B. der Sonn- und Feiertagsschutz aus einer rein objektiv-rechtlichen Funktion, die an sich keinerlei subjektive Rechte vermittelt, in die Position eines durchsetzbaren Verfassungsrechts.

(2) Ein Vermieter einer Wohnung oder eines Geschäftsraums kann nicht den Grundrechtsschutz aus Art. 13 I GG geltend machen, wenn er nicht auch selbst die Wohnung bewohnt bzw. nicht selbst sein Gewerbe dort ausübt. Auch ein Angestellter ist nicht grundrechtsberechtigt i.S.d. Art. 13 I GG, da er von vornherein nicht Träger des Grundrechts aus Art. 13 I GG ist. Das ist allenfalls der Arbeitgeber hinsichtlich der Geschäftsräume, die ihm gehören oder die er gemietet hat.[1600]

716 Davon zu unterscheiden ist die *gesetzliche* Prozessstandschaft. Diese ist zulässig (s.o.).

Beispiele: Die Verfassungsbeschwerde des Testamentsvollstreckers für den Erblasser gem. § 2212 BGB ist zulässig. Entsprechendes gilt für den Insolvenzverwalter (§ 80 InsO) und den Nachlassverwalter (§ 1984 BGB).

717 Um eine mögliche *eigene* Rechtsverletzung annehmen zu können, ist es nicht erforderlich, dass der Beschwerdeführer Adressat einer ihn belastenden Maßnahme ist. Vielmehr genügt es, wenn er **Drittbetroffener** ist und gleichwohl in seinen Grundrechten berührt wird. Voraussetzung ist aber, dass eine rechtliche Betroffenheit vorliegt. Eine bloß faktische oder wirtschaftliche Betroffenheit genügt nicht.[1601]

Beispiele:

(1) A wird die gewünschte Baugenehmigung erteilt (die Baugenehmigung ist ein Verwaltungsakt). Nachbar N fühlt sich dadurch in seinen Eigentümerrechten verletzt und möchte gegen die Baugenehmigung vorgehen.

Hier ist N Kläger und greift einen an einen Dritten, hier an den A, gerichteten und diesen begünstigenden Verwaltungsakt an. Um klagebefugt (und nach Erschöpfung des Rechtswegs verfassungsbeschwerdebefugt) zu sein, muss N geltend machen, in drittschützenden, d.h. vorliegend in nachbarschützenden, Normen verletzt zu sein. Neben baurechtlichen Vorschriften kommen die Art. 14 I GG und 2 I GG in Betracht.[1602] Im Rahmen der Verfassungsbeschwerde ist sogar ausschließlich auf die Grundrechte abzustellen.

(2) B wird aufgrund eines Subventionsgesetzes eine Beihilfe gewährt. C, ein unmittelbarer Konkurrent des B, erfüllt ebenfalls die Förderungsvoraussetzungen, die das Gesetz an die Leistungsvergabe knüpft. Sein Antrag wird jedoch abgelehnt.

Hier kann C in seiner Berufsfreiheit (Art. 12 I S. 1 GG) betroffen sein.[1603]

bb.) Unmittelbare Beschwer bzw. Betroffenheit

718 Weiterhin ist die Verfassungsbeschwerde nur zulässig, wenn der Beschwerdeführer geltend macht, unmittelbar durch den Beschwerdegegenstand betroffen zu sein.

719 Ist ein Gesetz Beschwerdegegenstand, liegt eine **unmittelbare Betroffenheit** vor, wenn die angegriffene Vorschrift ohne einen weiteren vermittelnden Vollzugsakt in den Rechtskreis des Beschwerdeführers eingreift.[1604]

[1599] BVerfG NVwZ 2010, 570, 571.
[1600] BVerfG NVwZ 2009, 1281, 1282 (mit Bespr. v. *Sachs*, JuS 2010, 185). Vgl. auch *R. Schmidt*, Grundrechte, Rn 827.
[1601] BVerfGE 34, 338, 340; 51, 369, 376 f.
[1602] Zum Drittschutz im Baunachbarrecht vgl. ausführlich *R. Schmidt*, Öffentliches Baurecht, Rn 427 ff.
[1603] Vgl. dazu BVerwG NVwZ 2001, 322 ff.; VG Sigmaringen NJW 2001, 628; *Kluth*, Jura 2001, 3371 ff.

Bei Gerichtsentscheidungen und Verwaltungsentscheidungen ist dieses Kriterium regelmäßig gegeben, wobei sich (bei Gerichtsentscheidungen) die Beschwer i.d.R. aus dem Tenor, nicht den Entscheidungsgründen ergeben muss.[1605] Es fehlt aber i.d.R. bei Normen, die zum Erlass von Verwaltungsakten, Satzungen oder Rechtsverordnungen ermächtigen. In diesen Fällen ist Beschwerdegegenstand grds. nur die Verwaltungsentscheidung bzw. die Entscheidung des überprüfenden Gerichts. Das BVerfG prüft nach Erschöpfung des Rechtswegs dann inzident die Verfassungsmäßigkeit des Gesetzes. Möchte der Beschwerdeführer dennoch direkt gegen die Norm vorgehen, muss er geltend machen, dass er gerade durch die Norm und nicht erst durch deren Vollzug in seinen Grundrechten betroffen ist. Das wird ihm i.d.R. jedoch kaum gelingen. 720

Beispiele:

(1) Nach einer Bestimmung des Polizeigesetzes des Landes A darf die Polizei zur vorbeugenden Bekämpfung der grenzüberschreitenden Kriminalität eine auf einer Bundesfernstraße angetroffene Person kurzzeitig anhalten, befragen und verlangen, dass mitgeführte Ausweispapiere zur Prüfung ausgehändigt werden. Mitgeführte Sachen dürfen in Augenschein genommen werden. Berufskraftfahrer K erhebt gegen diese Regelung Verfassungsbeschwerde, weil er der Ansicht ist, in seinen Grundrechten verletzt zu sein.

Hier sieht das Gesetz zunächst eine Entscheidung der Behörde über das Vorliegen der Eingriffsvoraussetzungen und über die konkret anzuwendende Maßnahme vor. Des Weiteren muss die Behörde nach der gesetzlichen Formulierung *vor* der Einzelmaßnahme prüfen, ob sie *überhaupt* eine Verdachtskontrolle durchführt (Einschreitermessen) und welches der möglichen Mittel letztlich in Betracht kommt (Auswahlermessen). Daher betreffen den B erst etwaige aufgrund des Gesetzes konkret erlassene Maßnahmen unmittelbar i.S.d. Verfassungsprozessrechts.[1606]

(2) Nach einer Bestimmung des Polizeigesetzes des Landes B darf die Polizei automatische Kennzeichenlesesysteme im Rahmen von Verkehrskontrollen zum Zwecke des **automatisierten Abgleichs mit dem Fahndungsbestand** einsetzen. Der Einsatz von Systemen zur automatisierten Erfassung und Auswertung von Kfz-Kennzeichen soll der Suche nach Fahrzeugen oder Kennzeichen dienen, die als gestohlen gemeldet sind oder nach denen aus sonstigen Gründen gefahndet wird. Dazu werden die Fahrzeuge durch eine Videokamera optisch erfasst. Die erfassten Kennzeichen werden im Bruchteil einer Sekunde automatisch mit dem Fahndungsbestand der Polizei abgeglichen. Ist ein Kennzeichen im Fahndungsbestand enthalten (sog. Trefferfall), werden die betreffenden Informationen gespeichert und an die Polizei vor Ort weitergeleitet, damit diese ggf. weitere Maßnahmen ergreifen kann. Ist das Kennzeichen nicht im Fahndungsbestand enthalten (sog. Nichttrefferfall), werden die Daten unverzüglich gelöscht. K ist Halter eines Kfz und nimmt regelmäßig am Straßenverkehr im Land B teil. Er ist der Meinung, durch die Regelung in seinem Grundrecht auf informationelle Selbstbestimmung verletzt zu sein und erhebt gegen die gesetzliche Regelung Verfassungsbeschwerde.

K müsste durch die Regelung unmittelbar betroffen ist. Das ist nur der Fall, wenn die angegriffene Norm schon jetzt und nicht erst durch einen zusätzlichen Vollzugsakt in das Grundrecht des K aus Art. 2 I GG i.V.m. 1 I GG eingreift. Daran könnte es vorliegend fehlen, da nicht die gesetzliche Regelung, sondern erst die tatsächliche Datenerhebung den Grundrechtseingriff konkretisiert. Erlangt allerdings der Betroffene keine Kenntnis von dem Vollzugsakt, reicht es für die Möglichkeit der unmittelbaren Betroffenheit aus, wenn der Beschwerdeführer darlegt, dass er mit einiger Wahrscheinlichkeit durch die auf den angegriffenen Rechtsnormen beruhenden

---

[1604] BVerfGE 70, 35, 50 f.; 90, 128, 135; 97, 157, 164; 102, 197, 207. Vgl. ferner BVerfGE 120, 378, 397 ff. (dazu *R. Schmidt*, POR, Rn 174 ff.); BVerfGE 122, 260, 280 (Vorratsdatenspeicherung).

[1605] BVerfG NJW 2019, 755, 756 mit Verweis u.a. auf BVerfGE 140, 42, 54.

[1606] SachsAnhVerfG NVwZ 2002, 1370, 1371 (mit Bespr. v. *Martell*, NVwZ 2002, 1336).

Maßnahmen in seinen Grundrechten berührt wird. K ist regelmäßig mit seinem Kfz auf öffentlichen Straßen im Bundesland B unterwegs. Die Möglichkeit, einer Kennzeichenerfassung unterzogen zu werden, besteht für ihn daher praktisch jederzeit. Dies reicht für die Annahme einer eigenen, gegenwärtigen und unmittelbaren Betroffenheit aus.[1607]

721 Ausnahmsweise kann ein Bürger auch von einem vollzugsbedürftigen Gesetz unmittelbar in seinen Grundrechten betroffen sein. So ist nach st. Rspr. des BVerfG die unmittelbare Anfechtung eines Gesetzes vor Erlass eines Vollzugsakts zulässig, wenn das Gesetz den Betroffenen schon vorher zu Dispositionen veranlasst, die er nach späterem Gesetzesvollzug nicht mehr rückgängig machen oder korrigieren kann.[1608] Das Gleiche gilt, wenn das Gesetz selbst Rechte und Pflichten begründet (sog. **selbstvollziehende Gesetze**) oder das Verhalten der Bürger auf andere Weise bereits im Vorfeld konkreter Maßnahmen derart beeinflusst, dass diese etwa von der Ausübung grundrechtlich geschützter Betätigungen absehen. In diesem Fall können bereits in den vom Gesetz hervorgerufenen Verhaltenssteuerungen eine Beeinträchtigung der grundrechtlich geschützten Sphäre und damit eine unmittelbare Betroffenheit i.S.d. Verfassungsprozessrechts liegen.[1609]

Das ist etwa bei der im InfSchG oder anderen Gesetzen statuierten **Impfpflicht** der Fall, da hier den Bürgern eine Duldungspflicht, nämlich die Pflicht, die Impfung zu dulden, auferlegt wird. Da sich diese Duldungspflicht allein aus den gesetzlichen Bestimmungen ergibt, betrifft dies die Pflichtigen unmittelbar. Eines Verwaltungsakts, der diese Duldungspflicht anordnen könnte, bedarf es nicht.

Vorschriften des **Straf**- oder **Ordnungswidrigkeitenrechts** betreffen den (rechtstreuen) Bürger dagegen nicht unmittelbar. Das heißt jedoch nicht, dass ein Bürger zunächst eine (vermeintliche) Straftat begehen muss, um die in seinen Augen verfassungswidrige Strafnorm durch Einlegen einer Verfassungsbeschwerde gegen die Strafurteile überprüfen zu lassen. Für diesen Fall macht das BVerfG eine Ausnahme. Denn es kann dem Betroffenen wohl kaum zugemutet werden, zunächst eine strafbare Handlung oder eine Ordnungswidrigkeit zu begehen, um sodann im Straf- oder Bußgeldverfahren die Verfassungswidrigkeit der Norm geltend machen zu können.[1610] Daher kann der Betroffene unmittelbar gegen die Straf- oder Ordnungswidrigkeitengesetze Verfassungsbeschwerde erheben.

Nach § 14 III **Luftsicherheitsgesetz**, der vom BVerfG am 15.2.2006[1611] u.a. wegen Verstoßes gegen die Menschenwürde für verfassungswidrig erklärt wurde, durfte ein von Terroristen entführtes Flugzeug, das als Bombe eingesetzt werden sollte, von Einheiten der Bundeswehr abgeschossen werden. Auch hier konnte es den betroffenen Passagieren bzw. Besatzungsmitgliedern wohl kaum zugemutet werden, das Risiko eines Abschusses einzugehen.

722 Auch wenn fachgerichtlicher Rechtsschutz gegen die Einzelmaßnahme **aussichtslos** wäre oder **nicht zur Verfügung** steht, kann eine Unmittelbarkeit gegeben sein.

So konnte ein Strafverteidiger, der insb. Mandanten betreut, die wegen Wirtschaftsstraftaten im Visier der Strafverfolgungsbehörden gerieten, die Vorschrift des § 100c StPO über die heimliche Telekommunikationsüberwachung wegen unmittelbarer Betroffenheit mit einer Verfassungsbeschwerde rügen. Aufgrund seiner Funktion als Strafverteidiger konnte er jederzeit von einer staatlichen Abhörmaßnahme betroffen sein, ohne dass er davon etwas mitbekam. Das BVerfG hat die Verfassungsbeschwerde für zulässig erachtet, weil der Beschwerdeführer gegen einen denkbaren Vollzugsakt nicht oder nicht in zumutbarer Weise

---

[1607] BVerfGE 120, 378, 397 ff. Zur automatisierten Kennzeichenerfassung vgl. *R. Schmidt*, POR, Rn 174 ff.
[1608] BVerfGE 90, 128, 136; 97, 157, 164; 122, 260, 280 (Vorratsdatenspeicherung).
[1609] BVerfGE 97, 157, 164; 122, 260, 280 (Vorratsdatenspeicherung); BVerfG-K NVwZ 2003, 467, 468.
[1610] BVerfGE 81, 70, 82 f.
[1611] BVerfGE 115, 118, 137 ff.; vgl. dazu *R. Schmidt*, Grundrechte, Rn 306.

vorgehen könne. Das Abhören des nichtöffentlich gesprochenen Worts in Wohnungen sei eine Maßnahme, von der der Betroffene weder vor noch während der Durchführung etwas erfahre, sodass fachgerichtlicher Rechtsschutz insoweit nicht in Anspruch genommen werden könne. Der Umstand, dass § 100d VIII StPO eine nachträgliche Benachrichtigung der Beteiligten von den getroffenen Maßnahmen vorsehe, stehe der Zulässigkeit der Verfassungsbeschwerde nicht entgegen.[1612]

cc.) Gegenwärtige Beschwer bzw. Betroffenheit

Schließlich muss die Beschwer gegenwärtig sein. 723

Gegenwärtig ist die Beschwer, wenn der Beschwerdeführer *schon* oder *noch* betroffen ist.[1613]

dd.) Vergangene Grundrechtsverletzung

Hat sich der den Beschwerdeführer belastende Hoheitsakt nach oder sogar schon vor Erhebung der Verfassungsbeschwerde erledigt, führt das grds. zur Unzulässigkeit der Verfassungsbeschwerde[1614], weil es an sich nichts mehr mittels Verfassungsbeschwerde zu rügen gibt. Allerdings macht das BVerfG hiervon eine Ausnahme, wenn 724

- der gerügte Grundrechtseingriff besonders schwer wiegt und anderenfalls die Klärung einer verfassungsrechtlichen Frage von grundsätzlicher Bedeutung unterbliebe[1615],
- die gegenstandslos gewordene Maßnahme den Beschwerdeführer weiterhin beeinträchtigt[1616] bzw. eine Wiederholung der angegriffenen Maßnahme zu befürchten ist[1617] oder
- ein Rehabilitationsinteresse des Beschwerdeführers besteht[1618].

Beispiel[1619]: Grundschullehrer L, ein Beamter auf Lebenszeit, nimmt an einem Lehrerstreik teil und wird deswegen disziplinarrechtlich belangt, da er gegen das für Beamte geltende Streikverbot verstoßen habe. Er klagt durch die Instanzen und legt schließlich Verfassungsbeschwerde ein. Noch bevor es zu einer Entscheidung des BVerfG kommt, scheidet er (aus anderen Gründen) aus dem aktiven Dienst aus.

Hier hat das BVerfG die Beschwerdebefugnis jedenfalls unter dem Gesichtspunkt des Rehabilitationsinteresses bejaht, weil ein fortbestehendes Interesse an der Entscheidung über die Verfassungsbeschwerde bestehe. Zum Streikverbot vgl. i.Ü. *R. Schmidt*, Grundrechte, Rn 7b, 713, 718.

ee.) Künftige Grundrechtsverletzung

An der Gegenwärtigkeit der Beschwer fehlt es, wenn das angegriffene Gesetz noch nicht in Kraft getreten ist, und erst recht, wenn der Beschwerdeführer „irgendwann einmal in der Zukunft von der gerügten Gesetzesbestimmung betroffen sein könnte"[1620]. Zwingt ein (in Kraft getretenes) Gesetz die Normadressaten aber bereits gegenwärtig zu später nicht mehr korrigierbaren Entscheidungen oder veranlasst sie schon jetzt zu Dispositionen, die sie nach dem späteren Gesetzesvollzug nicht mehr nachholen können, ist 725

[1612] Vgl. dazu BVerfGE 79, 157, 164; 100, 313, 354; 102, 197, 207; 109, 279, 307; BVerfG NJW 2007, 2753, 2754 ff. Zu beachten ist, dass der Gesetzgeber mit Wirkung zum 1.1.2008 die betreffenden Regelungen der StPO umfassend geändert hat. Gemäß § 160a StPO ist eine Ermittlungsmaßnahme, die sich gegen eine in § 53 I S. 1 Nr. 1, 2 oder Nr. 4 StPO genannte Person richtet und voraussichtlich Erkenntnisse erbringen würde, über die diese Person das Zeugnis verweigern dürfte, unzulässig; vgl. dazu *Hartmann/Schmidt*, StrafProzR, 7. Aufl. 2018, 6. Kapitel (passim).
[1613] Vgl. *Pieroth*, in: Jarass/Pieroth, GG, Art. 93 Rn 44; *Kingreen/Poscher*, Grundrechte, Rn 1276.
[1614] BVerfG NVwZ 2018, 1121, 1122 (Streikverbot für Beamte).
[1615] BVerfG NVwZ 2018, 1121, 1122 (Streikverbot für Beamte) mit Verweis auf BVerfGE 81, 138, 141 f.; 91, 125, 133; 98, 169, 198; 103, 44, 58.
[1616] BVerfG NVwZ 2018, 1121, 1122 (Streikverbot für Beamte) mit Verweis auf BVerfGE 99, 129, 138.
[1617] BVerfGE 83, 341, 352 (Verfassungsbeschwerde der Religionsgemeinschaft Baha´i).
[1618] BVerfG NVwZ 2018, 1121, 1122 (Streikverbot für Beamte) mit Verweis auf BVerfG 7.11.2017 – 2 BvE 2/11 Rn 183.
[1619] Nach BVerfG NVwZ 2018, 1121 ff. (Streikverbot für Beamte).
[1620] BVerfGE 60, 360, 371 (Krankenversicherung der Rentner) – wiedergegeben auch von *Kingreen/Poscher*, Grundrechte, Rn 1276.

„Gegenwärtigkeit“ gegeben.[1621] Insoweit besteht eine gewisse Überschneidung mit der Unmittelbarkeit des Gesetzes.

Beispiel (fiktiv): Durch Änderung des Sozialgesetzbuches wird die Rentenaltersgrenze für Männer von derzeit 67 Jahren auf 60 Jahre herabgesetzt. A, ein 30-jähriger Maschinenschlosser, will aufgrund der mit der Herabsetzung des Rentenalters verbundenen ungünstigen wirtschaftlichen Situation gegen die geplante Neuregelung vorgehen.

In diesem Fall ist noch gar nicht sicher, ob die Regelung bis zu seinem Erreichen der Altersruhegrenze noch existiert. Von einer gegenwärtigen Beschwer kann also nicht gesprochen werden. Etwas anderes würde gelten, wenn A bereits 58 Jahre alt wäre. Ein 58-Jähriger muss zumindest aus wirtschaftlichen Gründen wissen, ob er noch 9 oder nur noch 2 Jahre arbeiten muss bzw. darf.

ff.) Spezifische Grundrechtsverletzung bei Urteilsverfassungsbeschwerde

726 Handelt es sich um eine Verfassungsbeschwerde gegen ein Gerichtsurteil, ist zu beachten, dass sich das BVerfG **nicht** als **Superrevisionsinstanz** versteht. Es prüft nicht, ob das angefochtene Gerichtsurteil mit einfachem Recht vereinbar ist bzw. ob bloße Rechtsanwendungsfehler vorliegen. Dazu sind die Fachgerichte berufen. Vielmehr bestimmt Art. 93 I Nr. 4a GG, dass das BVerfG Verstöße gegen Grundrechte oder grundrechtsgleiche Rechte zu prüfen hat. Mithin beschränkt es seine Prüfungskompetenz auf die **Verletzung spezifischen Verfassungsrechts.**[1622]

Beispiel: Die Gewerbebehörde versagt dem Gewerbetreibenden G die weitere Ausübung seines Gewerbes, weil G unzuverlässig sei (§ 35 I GewO). Gegen diese Verwaltungsentscheidung klagt G vor den Verwaltungsgerichten, weil er der Auffassung ist, sehr wohl die erforderliche Zuverlässigkeit zu besitzen. Dennoch er unterliegt in allen Instanzen. Schließlich erhebt er Verfassungsbeschwerde vor dem BVerfG mit dem Ziel der Feststellung, dass er die erforderliche Zuverlässigkeit besitze.

Die von G erhobene Verfassungsbeschwerde ist unzulässig, weil die gewerberechtliche Zuverlässigkeit eine Frage des einfachen Rechts ist und die Auslegung unbestimmter Rechtsbegriffe des einfachen Rechts nicht Aufgabe des BVerfG ist (s.o.).

Die Verfassungsbeschwerde ist aber denkbar, wenn der Beschwerdeführer behauptet, gerade durch den Richterspruch in einem seiner Grundrechte oder grundrechtsgleichen Rechte verletzt zu sein – sog. spezifische Verfassungsrechtsverletzung (s.o.). Dies wird angenommen, wenn

- das Gericht selbst Grundrechte oder grundrechtsgleiche Rechte (z.B. Art. 103 I GG) verletzt hat (etwa in seiner Entscheidung das entsprechende Grundrecht unverhältnismäßig beschränkt hat),
- das Gericht seine Entscheidung auf eine grundrechtswidrige Norm gestützt hat oder
- das Gericht bei der Auslegung und Anwendung einfachen Rechts grundrechtliche Wertungen nicht beachtet hat (mittelbare Drittwirkung von Grundrechten).[1623]

Würde G des obigen **Beispiels** also das letztinstanzliche Urteil mit der Verfassungsbeschwerde angreifen und dabei geltend machen, er sei gerade durch das Urteil in seinem

[1621] BVerfGE 65, 1, 37 (Volkszählung); 75, 78, 95 (Berufs- und Erwerbsunfähigkeitsrente) – wiedergegeben auch von *Kingreen/Poscher*, Grundrechte, Rn 1276.

[1622] Vgl. BVerfGE 18, 85, 92 f.; 30, 173, 188; 85, 248, 258; 89, 276, 285; 95, 96, 128; 103, 142, 150 ff.; 105, 252, 268 ff.; 105, 279, 293 ff.; 106, 28, 45; 122, 248, 257 f.; BVerfG NJW 2011, 669, 670; BVerfG NJW 2017, 381, 382 (Kopftuchverbot). Vgl. aber auch BVerfG NJW 2012, 1273 ff., wo das Gericht das strafgerichtliche Urteil weit reichend nachprüft und sich dabei nicht auf die Prüfung einer spezifischen Verfassungsrechtsverletzung beschränkt.

[1623] Vgl. nur BVerfGE 142, 74, 95 ff. (Samples in Musikstück); BVerfG NJW 2017, 381, 382 (Kopftuchverbot).

Grundrecht aus Art. 12 I GG verletzt, indem die Richter die grundrechtliche Wertung bzw. Bedeutung der Berufsfreiheit bei der Auslegung des unbestimmten Rechtsbegriffs *Unzuverlässigkeit* verkannt hätten, wäre die Verfassungsbeschwerde jedenfalls unter dem Aspekt der Verletzung spezifischen Verfassungsrechts nicht unzulässig.

Wie das Beispiel gezeigt hat, ist es mitunter nicht einfach, die Grenze zwischen einfachem Recht und Verfassungsrecht zu ziehen, weil letztlich jeder einfache Rechtsverstoß eine Beeinträchtigung eines Grundrechts in sich birgt. Mit dem Kriterium der „Verletzung spezifischen Verfassungsrechts" möchte das BVerfG eine einigermaßen verlässliche Eingrenzung des Prüfungsumfangs vornehmen.

Hinweis für die Fallbearbeitung: Im Rahmen der Fallbearbeitung muss der Bearbeiter eine klare Entscheidung treffen. Dabei ist anzuraten, im Zweifel von einem großzügigen Verständnis des Prüfungsumfangs auszugehen, um die im Fall angesprochenen oder angedeuteten grundrechtlichen Probleme nicht etwa unter Berufung auf die fehlende Verletzung spezifischen Verfassungsrechts zu umgehen. Lediglich, wenn eine spezifische Verfassungsrechtsverletzung offensichtlich nicht gegeben ist, sollte dies (bereits im Rahmen der Beschwerdebefugnis) berücksichtigt werden. Doch ist zu bedenken, dass eine fehlende spezifische Verfassungsrechtsverletzung vom Aufgabensteller kaum beabsichtigt sein wird.

Schließlich ist zu beachten, dass im Rahmen der Urteilsverfassungsbeschwerde zwar das Gerichtsurteil unmittelbarer Beschwerdegegenstand ist, allerdings ist mittelbar dennoch das Gesetz, das dem Urteil des Fachgerichts zugrunde gelegen hat, zu prüfen, sofern Zweifel an der Verfassungsmäßigkeit bestehen. Im Übrigen muss der Bearbeiter prüfen, ob die vom Fachgericht vorgenommene Auslegung der unbestimmten Rechtsbegriffe, die Ausübung des Ermessens sowie die Anwendung des Grundsatzes der Verhältnismäßigkeit den verfassungsrechtlichen Vorgaben entsprechen.

ee. Form und Frist; Begründungserfordernis

§ 23 I S. 1 BVerfGG bestimmt, dass verfahrenseinleitende Anträge (und damit auch die Verfassungsbeschwerde) **schriftlich** einzureichen sind. Schriftform ist nur gewahrt, wenn ein körperliches Schriftstück eingeht.[1624] Dem genügt die Einreichung per **Telefax**[1625], **nicht** aber per **E-Mail** (oder **De-Mail**)[1626]. Das BVerfG verweist insoweit auf die Gesetzessystematik. Der Gesetzgeber habe bewusst davon abgesehen, eine § 130a ZPO, § 55a VwGO, § 46c ArbGG, § 65a SGG oder § 52a FGO entsprechende Regelung in das BVerfGG aufzunehmen. Auch soweit das BVerfG über eine De-Mail-Adresse verfüge, stehe dieser Kommunikationsweg – wie auch die gewöhnliche E-Mail – ausdrücklich ausschließlich für Verwaltungsangelegenheiten zur Verfügung. Dem ist zuzustimmen. Denn maßgeblich kann allein § 23 I S. 1 BVerfGG sein, der ausschließlich von „schriftlich" und nicht auch von „elektronisch" oder von „Textform" spricht. Es bedarf daher einer Gesetzesänderung, um die Möglichkeit der Einreichung von Schriftsätzen via E-Mail oder De-Mail auch beim BVerfG zu eröffnen. 727

Darüber hinaus ist die Beschwerde gem. §§ 92, 93 I S. 1 und § 23 I S. 2 BVerfGG innerhalb der Frist zu **begründen**. An das Begründungserfordernis stellt das BVerfG hohe Anforderungen (siehe bereits Rn 712). So sei in der Beschwerdeschrift explizit anzugeben, inwieweit der Sache grundsätzliche verfassungsrechtliche Bedeutung zukommt oder die Annahme zur Durchsetzung verfassungsmäßig geschützter Rechte angezeigt ist.[1627] Und bei einer Urteils-Verfassungsbeschwerde bedürfe es i.d.R. einer ins

[1624] BVerfG NVwZ 2019, 162 mit Verweis auf *Diehl*, in: Barczak, BVerfGG, 2018, § 23 Rn 16.
[1625] BVerfG-K NJW 2007, 2839; NJW 2001, 1203; NJW 2001, 3473.
[1626] BVerfG NVwZ 2019, 162 mit Verweis auf *Diehl*, in: Barczak, BVerfGG, 2018, § 23 Rn 16.
[1627] Vgl. BVerfGE 90, 22, 24 und *Kreuder*, NJW 2001, 1243, 1247.

Einzelne gehenden argumentativen Auseinandersetzung mit der angegriffenen Entscheidung und deren konkreter Begründung.[1628] Dabei sei auch darzulegen, inwieweit das bezeichnete Grundrecht oder grundrechtsgleiche Recht durch die angegriffene Entscheidung verletzt sein soll.[1629] Das BVerfG rechtfertigt die hohen Anforderungen an die Begründung, die sich nicht ohne weiteres aus § 23 I S. 2 BVerfGG erschließen lassen, damit, dass dem Gericht die Möglichkeit eröffnet werden solle, den Hoheitsakt ohne weitere Ermittlungen einer verfassungsrechtlichen Überprüfung zu unterziehen. Dem Gericht solle eine zuverlässige Grundlage für die weitere Behandlung des Begehrens verschafft werden.[1630]

So hat es eine Verfassungsbeschwerde, bei der es um die Feststellung des Vaterschaftsstatus in Bezug auf im Ausland eingefrorene (d.h. in vitro erzeugte und kryokonservierte, also in flüssigem Stickstoff bei -196 Grad Celsius tiefgefrorene) imprägnierte Eizellen[1631] ging („pränataler Vaterschaftsstatus"), nicht zur Entscheidung angenommen.[1632] In dem Fall ging es um einen in Deutschland in einer eingetragenen Lebenspartnerschaft lebenden Mann. Dieser hat zwei von einer Leihmutter in Kalifornien geborene Töchter, die mit seinen Samenzellen und Eizellen einer Spenderin in Kalifornien künstlich erzeugt wurden. Parallel dazu sind neun imprägnierte Eizellen entstanden. Diese sind seitdem in einer kalifornischen Fortpflanzungsklinik kryokonserviert. Der Beschwerdeführer begehrte vor den deutschen Gerichten die Feststellung, dass er der Erzeuger der imprägnierten Eizellen sei, und erhob schließlich Verfassungsbeschwerde.
Das BVerfG hat die Verfassungsbeschwerde nicht zur Entscheidung angenommen mit der Begründung, der Beschwerdeführer habe die grundlegenden Umstände, denen er selbst eine potentielle Bedeutung für die verfassungsrechtliche Beurteilung beimesse, nicht substantiiert dargelegt. So hätten Angaben zu den Bedingungen und Vereinbarungen der In-vitro-Fertilisation und der Kryokonservierung der imprägnierten Eizellen im Verhältnis zur Fortpflanzungsklinik und zur Eizellspenderin sowie zu den hierüber geschlossenen Verträgen gefehlt. Ebenso habe jeglicher Vortrag dazu gefehlt, ob und in welchem Umfang (Mit-)Bestimmungsmöglichkeiten oder umgekehrt (Mit-)Bestimmungshindernisse des Beschwerdeführers hinsichtlich des weiteren Schicksals der imprägnierten Eizellen bestehen. Weiterhin habe jegliche Darstellung gefehlt, inwiefern in Kalifornien ein behördlicher und rechtlicher Rahmen betreffend den Umgang mit extrakorporal gelagerten imprägnierten Eizellen (nicht) zur Verfügung stehe. Unter diesen Umständen sei nicht überprüfbar, ob das vom Beschwerdeführer geltend gemachte Schutzbedürfnis überhaupt bestehen könne.[1633]

Desgleichen hat das BVerfG im Verfassungsbeschwerdeverfahren, in dem es um eine Schülerin muslimischen Glaubens ging, die sich gegen eine (bundesverwaltungsgerichtlich bestätigte) schulbehördlich verweigerte Befreiung vom gemeinsamen, sog. koedukativen Schwimmunterricht für Mädchen und Jungen wehrte (s.o., Rn 709), die Verfassungsbeschwerde als nicht hinreichend substantiiert angesehen und daher als unzulässig abgewiesen. Ihre Begründung werde den Erfordernissen von § 23 I S. 2 Halbs. 1, § 92 BVerfGG nicht hinreichend gerecht, da die Beschwerdeführerin nicht plausibel dargelegt habe, weshalb der Burkini der Wahrung der islamischen Bekleidungsvorschriften nicht genügen solle.[1634]

[1628] Siehe nur BVerfG NJW 2018, 3374, 3375 mit Verweis auf die st. Rspr., u.a. auf BVerfGE 101, 331, 345; 105, 252, 264.
[1629] Siehe nur BVerfG NJW 2018, 3374, 3375 mit Verweis auf die st. Rspr., u.a. auf BVerfGE 130, 1, 21; 140, 229, 232; BVerfG NVwZ-RR 2018, 329.
[1630] Siehe nur BVerfG NJW 2018, 3374, 3375 mit Verweis u.a. auf BVerfG NJW 2015, 1005, 1006.
[1631] Nicht zutreffend wäre es, von kryokonservierten Embryos zu sprechen, da ein Embryo erst mit der Kernverschmelzung vorliegt. Die Kryokonservierung findet statt nach der Imprägnation, also nachdem die Samenzelle in das Zytoplasma der Eizelle eingedrungen ist, bei der jedoch noch keine Kernverschmelzung stattgefunden hat, siehe *Taupitz*, NJW 2019, 337.
[1632] BVerfG NJW 2017, 948 f. Zuvor BGH NJW 2016, 3174.
[1633] BVerfG NJW 2017, 948 f. Damit kam das BVerfG umhin, eine Sachentscheidung treffen zu müssen. So heißt es am Ende des Beschlusses (Rn 16): „Danach kann hier auch die verfassungsrechtlich ungeklärte Frage nach der territorialen Reichweite der Grundrechte offenbleiben. Dahinstehen kann auch, inwieweit sich der Beschwerdeführer, der sich bewusst unter das Rechtsregime eines anderen Staates begeben hat, um die Verbotstatbestände des nationalen Embryonenschutzgesetzes zu umgehen, verfassungsrechtlich darauf berufen könnte, nach deutschem Recht einen Status zu erlangen, der vermeintlich dem Schutz der im Ausland befindlichen Embryonen dienen soll."
[1634] BVerfG NVwZ 2017, 227, 228.

Auch im Beschluss zur Identitätskontrolle, bei dem es um die Prüfung ging, ob ein Rechtsakt der Union ein gem. Art. 23 I S. 3 GG i.V.m. Art. 79 III GG für integrationsfest erklärtes Schutzgut aus Art. 1 oder 20 GG verletzt hat (Überprüfung der Einhaltung der „Verfassungsidentität")[1635], betonte das BVerfG, dass sich die strengen Voraussetzungen für eine Aktivierung der Identitätskontrolle in erhöhten Zulässigkeitsanforderungen niederschlügen. Es müsse im Einzelnen substantiiert dargelegt werden, inwieweit im konkreten Fall ein Grundrecht (im vorliegenden Fall ging es um die durch Art. 1 I GG geschützte Menschenwürde) verletzt sei.[1636]

Schließlich sei bspw. die Verfassungsbeschwerde eines Verlags genannt, bei der dieser eine Verletzung seines durch Art. 14 I S. 1 GG und Art. 12 I S. 1 GG geschützten Vervielfältigungs- und Verbreitungsrechts (Verlagsrechts) geltend macht. Gegenstand der Verfassungsbeschwerde war ein Urteil des BGH (BGHZ 210, 77 ff.), das die Vergütungsregeln der Verwertungsgesellschaft Wort (VG Wort) bestätigte, wonach die Verlage nur noch dann an der Ausschüttung teilnehmen, wenn die Urheber (die Autoren) ihre Einwilligung dazu erteilen. Die 3. Kammer des Ersten Senats nahm die Verfassungsbeschwerde nicht zur Entscheidung an mit der Begründung, die Beschwerdeführerin habe eine Verletzung von Grundrechten oder grundrechtsgleichen Rechten nicht hinreichend substantiiert dargetan. Die Beschwerdeführerin habe schon nicht dargelegt, dass unter dem Schutz des Art. 14 GG stehende Rechte durch die angegriffene BGH-Entscheidung berührt seien. Auch soweit die Beschwerdeführerin rüge, sie werde entgegen Art. 3 I GG gegenüber Tonträger- und Filmherstellern ungleich behandelt, sei ihr Vortrag unsubstantiiert. Schließlich sei der geltend gemachte Entzug des gesetzlichen Richters (Art. 101 I S. 2 GG), der in der Nichtvorlage an den EuGH liege, nicht ersichtlich.[1637]

Bewertung: Diese Rechtsprechung ist zwar nicht ganz unproblematisch, weil sie eine besondere Zulässigkeitsvoraussetzung statuiert, die weder vom GG noch vom BVerfGG explizit vorgesehen ist. In der Sache führt sie jedoch dazu, dass sich der Beschwerdeführer bereits im Vorfeld hinreichend mit der geltend gemachten Grundrechtsverletzung auseinandersetzt und eine entsprechende Argumentationsbasis liefert. „Leichtfertig erhobene" oder unsubstantiierte Verfassungsbeschwerden werden regelmäßig nicht zur Entscheidung angenommen, was die Funktionsfähigkeit des Gerichts sichert. Vgl. dazu auch das Kammerverfahren (Rn 745b).

Hinweis für die Fallbearbeitung: Die Begründung der Verfassungsbeschwerde spielt in der Praxis eine sehr große Rolle und stellt – infolge der hohen Hürden, die das BVerfG aufstellt – Prozessvertreter vor eine große Herausforderung. So ist in der Praxis (trotz der Formulierung „jedermann" und „Behauptung" in Art. 93 I Nr. 4a GG) im Rahmen des Annahmeverfahrens nach Art. 94 II S. 2 GG, §§ 15a, 93a-d BVerfGG (dazu Rn 710 ff.) ein großer Begründungsaufwand vonnöten, darzulegen, warum der Sache grundsätzliche verfassungsrechtliche Bedeutung zukommt oder die Annahme zur Durchsetzung verfassungsmäßig geschützter Rechte angezeigt ist. Selbst für („renommierte") Rechtsanwaltskanzleien ist, wie sich bei den nicht zur Entscheidung angenommenen Verfassungsbeschwerden zum koedukativen Schwimmunterricht und zur Verlegerbeteiligung (s.o.) gezeigt hat, eine substantiierte Beschwerdeschrift offenbar nicht immer einfach. Für die juristische Ausbildung spielen diese praktischen Schwierigkeiten jedoch keine Rolle. Dort sollte man – auch wenn es praxisfern ist – der Möglichkeitstheorie folgen und die Beschwerdebefugnis nur dann verneinen, wenn entweder der Schutzbereich des in Betracht kommenden Grundrechts offensichtlich nicht eröffnet ist oder wenn die behauptete Grundrechtsverletzung nach keiner Betrachtungsweise möglich erscheint.

Gemäß § 93 I S. 1 BVerfGG kann eine Verfassungsbeschwerde gegen eine **Gerichtsentscheidung** bzw. **Verwaltungsentscheidung** nur binnen **eines Monats** erhoben 728
werden. Auch ist sie innerhalb dieser Frist zu begründen. Die Frist beginnt mit der

[1635] Vgl. dazu Rn 365 f.
[1636] BVerfG NJW 2016, 1149, 1152.
[1637] BVerfG NJW 2018, 2036, 2037 (Verlegerbeteiligung an Einnahmen der VG Wort).

Verkündung bzw. der Bekanntgabe der Entscheidung.[1638] Für die Berechnung der Frist gelten die auch sonst üblichen Regeln, also die §§ 187, 188 BGB.[1639] Danach muss die Verfassungsbeschwerde am letzten Tag bis 24 Uhr in den Machtbereich des BVerfG gelangt sein.

729 In diesem Zusammenhang ist die Vorschrift des § 93 II BVerfGG zu beachten, wonach dem Beschwerdeführer **Wiedereinsetzung in den vorigen Stand** zu gewähren ist, sofern er ohne Verschulden verhindert war, die Frist einzuhalten. Eine solche schuldlose Fristversäumnis kommt etwa bei ungewöhnlich langer Postlaufzeit oder einem nicht vorhersehbaren Poststreik in Betracht. Der Antrag ist binnen zwei Wochen nach Wegfall des Hindernisses zu stellen, § 93 II S. 2 BVerfGG.[1640]

730 Dagegen kann eine Verfassungsbeschwerde gegen ein **Gesetz** oder einen sonstigen Hoheitsakt, gegen den der Rechtsweg nicht offensteht, gem. § 93 III BVerfGG **binnen eines Jahres** erhoben werden. Sie ist innerhalb dieser Frist auch zu begründen. Die Frist beginnt mit *Inkrafttreten* des Gesetzes[1641] und ist nach den §§ 187 ff. BGB zu berechnen.[1642] Gesetze in diesem Sinne sind Parlamentsgesetze, aber auch Rechtsverordnungen und Satzungen, die nicht der Normenkontrolle nach § 47 VwGO unterstehen. Eine Wiedereinsetzung in den vorigen Stand ist hier nicht möglich.

ff. Rechtsschutzbedürfnis

731 Das Rechtsschutzbedürfnis einer Verfassungsbeschwerde ist in dreierlei Hinsicht zu prüfen: (a) die **Rechtswegerschöpfung**, (b) die **Subsidiarität** und (c) die **zwischenzeitliche Erledigung** des Rechtsstreits.

a.) Grundsatz der Rechtswegerschöpfung

732 Gemäß § 90 II BVerfGG (der seine Grundlage in Art. 94 II S. 2 GG findet) kann die Verfassungsbeschwerde erst nach Erschöpfung des Rechtswegs erhoben werden. Freilich setzt dies voraus, dass ein Rechtsweg überhaupt eingeräumt ist. Das ist bei Parlamentsgesetzen und grundsätzlich auch bei Rechtsverordnungen nicht der Fall, was den Schluss nahelegt, dass hier – freilich unter Beachtung des Subsidiaritätsgrundsatzes – ohne weiteres Verfassungsbeschwerde erhoben werden könnte. Gleichwohl hat das BVerfG entschieden, dass eine vorherige fachgerichtliche Prüfung regelmäßig geboten sei, um zu vermeiden, dass das BVerfG ohne die Fallanschauung der Fachgerichte auf ungesicherter Tatsachen- und Rechtsgrundlage entscheiden muss. Nur ausnahmsweise bestehe keine Pflicht zur Anrufung der Fachgerichte, wenn sie dem Beschwerdeführer nicht zumutbar ist, weil dies offensichtlich sinn- und aussichtslos wäre.[1643]

Beispiel[1644]**:** § 6a BJagdG eröffnet Eigentümern von einem Jagdbezirk zugehörenden Grundstücken die Möglichkeit, einen Antrag auf Ruhen der Jagd (Befriedung) zu stellen, sofern sie glaubhaft machen können, die Jagd aus ethischen Gründen abzulehnen. E, eine Stiftung des Privatrechts, ist Eigentümerin von in einem Jagdbezirk gelegenen Grundflächen. Sie macht geltend, als juristische Person sei ihr die Möglichkeit einer Befriedung ihrer Grundstücke nicht eröffnet worden, obwohl sie die Jagd auf Wildtiere gemäß ihrem

---

[1638] BVerfGE 28, 1, 6; *Kreuder*, NJW 2001, 1243.
[1639] Vgl. dazu ausführlich *R. Schmidt*, AllgVerwR, Rn 266 ff. und 292.
[1640] Vgl. näher BVerfG NJW 2001, 744; *Kreuder*, NJW 2001, 1243, 1244.
[1641] Tritt das fragliche Gesetz *rückwirkend* in Kraft, beginnt die Frist mit der *Verkündung*, da sonst der gebotene Rechtsschutz verkürzt oder sogar entzogen werden könnte (BVerfGE 58, 208, 218). Handelt es sich bei dem fraglichen Gesetz nur um eine Neuverkündung unter Beibehaltung des bisherigen Wortlauts, kommt eine erneute Frist (und damit eine Verfassungsbeschwerde) nur dann in Betracht, wenn die konkrete Bestimmung des Gesetzes durch die Änderung anderer Gesetzesbestimmungen eine neue belastende Wirkung erhalten hat (BVerfG DVBl 2002, 548).
[1642] BVerfGE 102, 254.
[1643] BVerfG NVwZ 2018, 1635, 1636 mit Verweis u.a. auf BVerfGE 123, 148, 172 f.
[1644] BVerfG NVwZ 2018, 1635, 1636.

auf einer Gewissensentscheidung beruhenden Stiftungszweck und den entsprechenden Überzeugungen der hinter ihr stehenden Menschen aus ethischen Gründen ablehne.

Unabhängig davon, ob sich eine juristische Person überhaupt auf die Gewissensfreiheit berufen kann[1645], muss E nach Auffassung des BVerfG zunächst einen Antrag auf Befriedung stellen. Dass nach dem Wortlaut des § 6a BJagdG für juristische Personen keine Antragsmöglichkeit besteht, stehe dem nicht entgegen. Auch sei es E zumutbar, sodann den fachgerichtlichen Rechtsweg auszuschöpfen. Da es keine feststehende fachgerichtliche Rechtsprechung gebe zu der Frage, ob es mit den Grundrechten vereinbar sei, juristischen Personen keine Möglichkeit zur Befriedung ihrer zu einem gemeinschaftlichen Jagdbezirk gehörenden Grundstücke aus ethischen Gründen zu gewähren, sei der fachgerichtliche Rechtsweg nicht sinnlos und damit nicht entbehrlich.[1646]

Bei Satzungen und einigen landesrechtlichen Rechtsverordnungen gilt die Besonderheit, dass sie gem. den landesrechtlichen Ausführungsgesetzen zur VwGO regelmäßig durch ein Normenkontrollverfahren nach § 47 VwGO (Prinzipalkontrolle) zu überprüfen sind.[1647] Sieht das landesrechtliche Ausführungsgesetz die Nachprüfung durch das OVG vor, muss zunächst dieses Verfahren erfolglos durchgeführt werden. Bei Exekutivakten steht der Rechtsweg stets offen.

Rechtsweg ist der Weg, der den Einzelnen mit dem Begehren, die behauptete Rechtsverletzung zu überprüfen und auszuräumen, vor die deutschen staatlichen Gerichte führt.[1648] 733

Der Rechtsweg beginnt u.U. bei der Verwaltung mit der Erhebung des Widerspruchs und führt zu den verschiedenen Instanzen der staatlichen Gerichtsbarkeit.[1649] 734

Beispiele: Zum Rechtsweg werden gerechnet: verwaltungsrechtlicher Widerspruch (§§ 68 ff. VwGO)[1650] und Anfechtungsklage (§ 42 I Var. 1 VwGO), die Feststellungsklage (§ 43 VwGO), die (vorbeugende) Unterlassungsklage[1651], das oberverwaltungsgerichtliche Normenkontrollverfahren (§ 47 VwGO) und die verwaltungsgerichtlichen Verfahren des vorläufigen Rechtsschutzes (§§ 47 VI, 80 V, 80a, 123 VwGO). Auch Rechtsbehelfe, die *keinen* Devolutiveffekt haben, bei denen also die Überprüfung nicht durch die nächsthöhere, sondern durch dieselbe Instanz erfolgt, wie das z.B. beim Einspruch gegen einen Strafbefehl (§§ 409 ff. StPO) oder beim Einspruch gegen ein Versäumnisurteil (§ 338 ZPO) der Fall ist, gehören zum Rechtsweg.[1652] Schließlich gehört auch der ordentliche Rechtsweg zum Rechtsweg i.S.d. § 90 II BVerfGG.[1653]

Erschöpft ist der Rechtsweg, wenn der Beschwerdeführer alle zulässigen und ihm zumutbaren prozessualen Möglichkeiten zur Beseitigung der behaupteten Grundrechtsverletzung in Anspruch genommen hat.[1654] 735

[1645] Siehe dazu *R. Schmidt*, Grundrechte, Rn 416.
[1646] BVerfG NVwZ 2018, 1635, 1636.
[1647] Die Normenkontrolle eingeführt haben etwa: BW: § 4 AGVwGO, Bay: Art. 5 AGVwGO, Brand: § 4 I VwGG, Brem: Art. 7 AGVwGO, Hess: § 15 AGVwGO, MeckVor: § 13 AGGerStrG, Nds: § 75 NJG; RhlPfl: in beschränktem Umfang (§ 4 AGVwGO), Saar: § 18 AGVwGO, Sachs: § 24 I SächsJG, SachsAnh: § 10 AGVwGO, SchlHolst: § 67 LJG, Thür: § 4 AGVwGO. Keine Regelungen bezüglich einer verwaltungsgerichtlichen Normenkontrolle nach § 47 I Nr. 2 VwGO haben bislang Berlin, Hamburg und Nordrhein-Westfalen getroffen (hier kommt aber immer noch inzidenter Rechtsschutz in Betracht).
[1648] *Pieroth*, in: Jarass/Pieroth, GG, Art. 93 Rn 48; wortgleich auch *Kingreen/Poscher*, Grundrechte, Rn 1283.
[1649] *Kingreen/Poscher*, Grundrechte, Rn 1283. Der formlose Rechtsbehelf *Gegenvorstellung* gehört grundsätzlich nicht zum Rechtsweg nach § 90 II S. 1 BVerfGG (vgl. BVerfG NJW 2000, 273).
[1650] Zu beachten ist, dass die Bundesländer dazu übergegangen sind, das Widerspruchsverfahren weitgehend abzuschaffen; vgl. dazu *R. Schmidt*, VerwProzR, Rn 225.
[1651] Vgl. dazu BVerfG-K NVwZ 2002, 1230, 1231 (Dosenpfand).
[1652] *Kingreen/Poscher*, Grundrechte, Rn 1284.
[1653] Vgl. BVerfG-K NJW 2002, 3533.
[1654] BVerfGE 1, 12, 13; BVerfG-K NVwZ 2002, 1230, 1231; BVerfG NJW 2002, 741; ganz ähnlich auch *Kingreen/Poscher*, Grundrechte, Rn 1285.

In diesem Zusammenhang problematisch ist, ob einem Rechtsschutzsuchenden, der ein Verfahren des **vorläufigen Rechtsschutzes** (etwa ein Verfahren nach § 80 V oder § 123 I VwGO) erfolglos durchlaufen hat, zugemutet werden kann, das Ergebnis des Hauptsacheverfahrens abzuwarten, bevor er Verfassungsbeschwerde erheben kann. Das BVerfG geht hier davon aus, dass das Hauptsacheverfahren keinen „Rechtsweg" gegen die Entscheidung im vorläufigen Rechtsschutz darstelle, wenn das Hauptsacheverfahren höchstwahrscheinlich den Ausgang des vorläufigen Verfahrens bestätige. Ist also der Instanzenzug des vorläufigen Rechtsschutzes erschöpft und rügt der Beschwerdeführer die Versagung des vorläufigen Rechtsschutzes, hat er mit der letztinstanzlichen Versagung des vorläufigen Rechtsschutzes den Rechtsweg erschöpft und kann Verfassungsbeschwerde erheben.[1655] Voraussetzung ist nur ein prognostizierter gleichartiger Ausgang des Hauptsacheverfahrens.[1656] Allerdings kann es *der Grundsatz der Subsidiarität* erforderlich machen, zunächst den Ausgang des Hauptsacheverfahrens abzuwarten (siehe Rn 736). Schließlich gilt der Grundsatz der Erschöpfung des Rechtswegs auch im verfassungsrechtlichen Eilrechtsschutz.[1657]

Hinweis für die Fallbearbeitung: Da gegen ein Parlamentsgesetz und grds. auch gegen eine Rechtsverordnung, sofern hier § 47 VwGO nicht einschlägig ist, der Rechtsweg nicht offensteht (s.o.), kommt dem Grundsatz der Rechtswegerschöpfung bei einer Rechtssatzverfassungsbeschwerde keine besondere Bedeutung zu. Bei einer Urteilsverfassungsbeschwerde spielt der Grundsatz der Rechtswegerschöpfung (und auch der Grundsatz der Subsidiarität) schon eher eine Rolle. Zwar liegen in der Fallbearbeitung regelmäßig ein letztinstanzliches Urteil und damit die Rechtswegerschöpfung vor, dennoch ist in der Fallbearbeitung stets festzustellen, dass der Rechtsweg erschöpft wurde.

b.) Grundsatz der Subsidiarität

Zweite Komponente des Rechtsschutzbedürfnisses ist der Grundsatz der Subsidiarität der Verfassungsbeschwerde.

736 **Subsidiarität der Verfassungsbeschwerde** bedeutet, dass der Beschwerdeführer vor Erhebung der Verfassungsbeschwerde alle zur Verfügung stehenden und zumutbaren prozessualen Möglichkeiten ergreifen muss, eine Grundrechtsverletzung zu verhindern.[1658]

Dieser Grundsatz verpflichtet den Beschwerdeführer, mit seinem Anliegen vor Anrufung des BVerfG alle nach Lage der Sache zur Verfügung stehenden fachgerichtlichen Möglichkeiten zu ergreifen, um die geltend gemachte Verletzung des Rechts auf effektiven Rechtsschutz (Art. 19 IV S. 1 GG) in dem sachnächsten Verfahren zu verhindern oder zu beseitigen.[1659] Damit soll gewährleistet werden, dass durch die umfassende fachgerichtliche Vorprüfung der Beschwerdepunkte dem BVerfG regelmäßig in mehreren Instanzen geprüftes Tatsachenmaterial unterbreitet wird und ihm die Fallanschauung und Rechtsauffassung der Gerichte, auch der Bundesgerichte, vermittelt werden.[1660] Denn bei einer Rechtsanwendung durch die fachlich zuständigen und insoweit sachnäheren Gerichte können möglicherweise für die verfassungsrechtliche Prüfung erhebliche Tatsachen zutage gefördert werden, die dem BVerfG bei unmittelbarer Anrufung verschlossen blieben.[1661]

Beispiel[1662]**:** B begehrte die Erteilung einer immissionsschutzrechtlichen Genehmigung für Windenergieanlagen. Die Genehmigung wurde jedoch wegen Unvereinbarkeit mit § 44 I Nr. 1 BNatSchG versagt. Nach dieser Vorschrift ist es verboten, wild lebende Tiere

---

[1655] BVerfG NJW 2000, 3195; BVerfG-K NVwZ 2002, 1230, 1231; BVerfG-K NVwZ 2003, 981.
[1656] Vgl. BVerfG-K NVwZ 2002, 1230, 1231 (Dosenpfand); *Ahrens*, NJW 2000, 3188.
[1657] Vgl. etwa BVerfG 11.11.2013 – 2 BvR 547/13.
[1658] Vgl. nur BVerfG NVwZ 2017, 1111, 1112 m.w.N.; BVerfG NJW 2019, 141 ff.
[1659] BVerfG NJW 2019, 141.
[1660] BVerfG-K NVwZ 2001, 796; NJW 2001, 216, 217.
[1661] BVerfG-K NVwZ 2000, 1407, 1408.
[1662] Nach BVerfG NJW 2019, 141.

der besonders geschützten Arten zu töten. Zwar steht außer Frage, dass es B nicht um die Tötung von wild lebenden Tieren geht, jedoch stellt sich die Frage, ob durch das Vorhaben das Tötungsrisiko für die geschützten Tiere signifikant erhöht wird (siehe § 44 V S. 2 Nr. 1 BNatSchG). Denn gem. § 44 V S. 2 Nr. 1 BNatSchG liegt ein Verstoß gegen § 44 I Nr. 1 BNatSchG (nur dann) nicht vor, wenn die Beeinträchtigung durch den Eingriff oder das Vorhaben das Tötungs- und Verletzungsrisiko für Exemplare der betroffenen Arten nicht signifikant erhöht und diese Beeinträchtigung bei Anwendung der gebotenen, fachlich anerkannten Schutzmaßnahmen nicht vermieden werden kann. Ebendies nahm die Genehmigungsbehörde aber an und verweigerte den Erlass der beantragten Genehmigung mit der Begründung, das Risiko der Kollision von Greifvögeln der Art des Rotmilans mit den beantragten Windenergieanlagen sei signifikant erhöht.

Das BVerfG hat die Verfassungsbeschwerden als unzulässig abgewiesen, u.a. mit der Begründung, die gerügten Grundrechtsverletzungen seien nicht hinreichend begründet. Die Beschwerdeführerinnen hätten mit ihren Verfassungsbeschwerden zwar geltend gemacht, dass für die aufgeworfenen außerrechtlichen Fragestellungen zum Tötungsrisiko für Rotmilane die nötigen naturschutzfachlichen Erkenntnisse bereits existieren. Dies hätten sie wegen der Subsidiarität der Verfassungsbeschwerde im fachgerichtlichen Verfahren aber rechtzeitig substantiiert vortragen müssen. Es sei nicht auszuschließen, dass sie damit die in ihren Augen verfassungswidrige Begrenzung der gerichtlichen Kontrolle hätten abwenden können, weil die Gerichte daraufhin, ihrem eigenen Ansatz folgend, möglicherweise die Voraussetzungen einer solchen Kontrollbegrenzung verneint hätten.[1663]

Wie das obige Beispiel zeigt, genügt es also auch nicht bei einer **Urteilsverfassungsbeschwerde**, dass der Beschwerdeführer schlicht den Rechtsweg erschöpft. Er muss vielmehr den Fachgerichten entscheidungserhebliche Tatsachen substantiiert vortragen, wenn diese dadurch möglicherweise dem Rechtsstreit Abhilfe hätten schaffen können. Freilich erschließt sich einem Beschwerdeführer diese strenge Interpretation des Grundsatzes der Subsidiarität nicht ohne weiteres und auch die Windanlagenbetreiber des Beispielsfalls mögen überrascht gewesen sein, dass das BVerfG eine weitere Hürde aufgebaut hat, nur um die Verfassungsbeschwerde bereits als unzulässig anzusehen. Davon unbeschadet erlangt der Grundsatz der Subsidiarität seine eigentliche Bedeutung aber im Hinblick auf die **Rechtssatzverfassungsbeschwerde**, da gegen ein Gesetz der Rechtsweg nicht offensteht (s.o.). Der Grundsatz der Subsidiarität besagt hier, dass eine Verfassungsbeschwerde auch bei unmittelbarer Grundrechtsbetroffenheit durch das angegriffene Gesetz grds. nur dann zulässig ist, wenn der Beschwerdeführer nicht die Möglichkeit einer fachgerichtlichen Inzidentkontrolle hat.[1664] Eine solche Inzidentkontrolle kommt bei allen Klage- und Verfahrensarten in Betracht. 737

Beispiel[1665]**:** § 113b TKG verpflichtet die Erbringer öffentlich zugänglicher Telekommunikationsdienste, die bei der Nutzung von Telefon- und Internetdiensten anfallenden Verkehrs- und Standortdaten ihrer Nutzer für eine Zeit von 10 bzw. 4 Wochen auf Vorrat zu speichern, damit sie im Bedarfsfall den zuständigen Behörden etwa zur Strafverfolgung zur Verfügung gestellt werden können. Ein IT-Unternehmen, das u.a. Internetzugangsleistungen erbringt, möchte der Verpflichtung zur anlasslosen Verkehrsdatenspeicherung nicht nachkommen und wendet sich gegen diese Regelung.

Da der Rechtsweg gegen ein Gesetz nicht offensteht (s.o.), könnte dies bedeuten, dass das IT-Unternehmen sofort Verfassungsbeschwerde gegen die gesetzliche Verpflichtung einlegen kann. Jedoch gebietet es der Grundsatz der Subsidiarität, dass der Beschwerdeführer vor Erhebung der Verfassungsbeschwerde alle zur Verfügung stehenden und zumutbaren prozessualen Möglichkeiten ergreifen muss, eine Grundrechtsverletzung zu verhindern. Im vorliegenden Fall ist das IT-Unternehmen daher gehalten, zunächst verwal-

---

[1663] BVerfG NJW 2019, 141 f.

[1664] Vgl. BVerfG-K NVwZ 2000, 1407, 1408; BVerfG-K NJW 2000, 3126; BVerfGE 86, 382, 387; 74, 69, 74 f.; 120, 378, 397 ff. (dazu *R. Schmidt*, POR, Rn 174 ff.); BVerfG NVwZ 2013, 423 f.

[1665] Nach OVG Münster K&R 2017, 597 ff. – dazu bereits Rn 751.

tungsgerichtlichen Rechtsschutz, ggf. auch einstweiliger Natur (vgl. dazu Rn 739), zu beantragen mit dem Ziel, der Verpflichtung (vorläufig) nicht nachkommen zu müssen.

738 Der Subsidiaritätsgrundsatz gilt aber nicht, wenn die Verweisung auf die fachgerichtliche Inzidentkontrolle den Beschwerdeführer zu Dispositionen zwingt, die später **nicht mehr korrigiert** werden können[1666], oder wenn die Anrufung der Fachgerichte für den Beschwerdeführer **unzumutbar** erscheint (Rechtsgedanke des § 90 II S. 2 Halbs. 2 BVerfGG)[1667]. Das ist etwa der Fall, wenn die fachgerichtliche Prüfung offensichtlich sinn- und aussichtslos wäre, oder wenn der Beschwerdeführer den Rechtsweg nicht beschreiten kann, weil er z.B. keine Kenntnis von der Maßnahme erlangt. Gleiches gilt, soweit eine nachträgliche Bekanntgabe einer Maßnahme zwar vorgesehen ist, von ihr aber aufgrund weit reichender Ausnahmetatbestände auch langfristig abgesehen werden kann. Unter diesen Umständen ist effektiver fachgerichtlicher Rechtsschutz ebenfalls nicht gewährleistet, sodass der Subsidiaritätsgrundsatz der Erhebung der Verfassungsbeschwerde nicht entgegensteht.[1668]

Das ist in **Beispiel** (2) von Rn 720 der Fall: K erlangt keine Kenntnis von etwaigen Kennzeichenerfassungen bzw. es wäre reiner Zufall, wenn er eine solche Maßnahme erkennen würde.

739 Der Grundsatz der Subsidiarität hat auch im fachgerichtlichen **vorläufigen Rechtsschutz** Bedeutung. Zwar erkennt das BVerfG letztinstanzliche Entscheidungen im vorläufigen Rechtsschutz als selbstständigen Rechtsweg i.S.d. § 90 II BVerfGG an, jedoch gebiete der Grundsatz der Subsidiarität, dass die Erschöpfung des Rechtswegs im Eilverfahren dann nicht ausreiche, wenn das Hauptsacheverfahren ausreichende Möglichkeiten biete, der Grundrechtsverletzung abzuhelfen. Daher sei zunächst grundsätzlich das Hauptsacheverfahren abzuwarten. Drohe dem Betroffenen allerdings dadurch ein irreversibler Schaden, brauche er das Hauptsacheverfahren nicht abzuwarten.[1669]

c.) Zwischenzeitliche Erledigung des Rechtsstreits

740 Es gibt Konstellationen, in denen der Beschwerdeführer während der anhängigen Verfassungsbeschwerde sein Ziel erreicht hat, sei es, dass das über den Rechtsstreit zu befindende ordentliche Gericht den Rechtsstreit zwischenzeitlich zugunsten des Beschwerdeführers entschieden hat, oder sei es, dass sich der Rechtsstreit wegen Fristablaufs erledigt hat. Hier ist das Rechtsschutzinteresse grundsätzlich nicht mehr gegeben (zur Ausnahme siehe Rn 745).

d.) Ausnahmen von Rechtswegerschöpfung und Subsidiarität

741 § 90 II S. 2 BVerfGG nennt zwei Ausnahmen, bei deren Vorliegen die Rechtswegerschöpfung entbehrlich ist, die grundsätzliche verfassungsrechtliche („allgemeine") Bedeutung der Verfassungsbeschwerde und den schweren und unabwendbaren Nachteil für den Beschwerdeführer. In diesen Fällen kann das BVerfG über die Verfassungsbeschwerde sofort entscheiden (sog. Vorabentscheidung). Darüber hinaus lässt das BVerfG Ausnahmen von Rechtswegerschöpfung und Subsidiarität zu, wenn dem Beschwerdeführer die Erschöpfung des Rechtswegs bzw. die Einhaltung des Subsidiaritätsgrundsatzes unzumutbar sind.

[1666] BVerfG NVwZ 213, 423; BVerfGE 60, 360, 372; 43, 291, 387.
[1667] BVerfG NVwZ 213, 423 f.; BVerfGE 102, 197, 208; 65, 1, 38; 55, 154, 157.
[1668] BVerfG NJW 2008, 1505 ff.
[1669] BVerfGE 80, 40, 45 (Multiple-Choice-Prüfung); BVerfG-K NVwZ 2002, 1230, 1231 (Dosenpfand).

aa.) Grundsätzliche verfassungsrechtliche Bedeutung der Beschwerde

Ist die Verfassungsbeschwerde von grundsätzlicher verfassungsrechtlicher Bedeutung, kann das BVerfG über sie auch ohne Erschöpfung des Rechtswegs entscheiden.[1670] Ob die Verfassungsbeschwerde von grundsätzlicher verfassungsrechtlicher Bedeutung ist, ergibt sich aufgrund einer Abwägung im Einzelfall, bei der *Für* und *Wider* einer Entscheidung des BVerfG vor Erschöpfung des Rechtswegs gegeneinander abgewogen werden.[1671] 742

bb.) Schwerer und unabwendbarer Nachteil für den Beschwerdeführer

Des Weiteren kann die Verfassungsbeschwerde auch ohne vorherige Rechtswegerschöpfung bzw. unter Verzicht auf den Grundsatz der Subsidiarität zur Entscheidung angenommen werden, wenn dem Beschwerdeführer anderenfalls ein schwerer und unzumutbarer Nachteil entstünde. Wann ein schwerer und unabwendbarer Nachteil angenommen werden kann, lässt sich nicht allgemeinverbindlich sagen, sondern ist stets eine Frage des Einzelfalls.[1672] Voraussetzung ist jedenfalls, dass gerade das Abwarten einer späteren Entscheidung diesen Nachteil begründet, etwa weil sie zu spät käme und den Beschwerdeführer damit praktisch schutzlos stellte.[1673] 743

Beispiel: Wenn einer politischen Partei die Einräumung von Wahlsendezeiten im Rundfunk verweigert wird, sind zwar der Verwaltungsrechtsweg eröffnet und die Möglichkeit des vorläufigen Rechtsschutzes gegeben. Selbst dieser kommt aber möglicherweise zu spät, sodass der Partei der schwere und unabwendbare Nachteil entstehen kann, dass sie vor der Wahl nicht in gleicher Weise wie die anderen Parteien (vgl. § 5 PartG) Rundfunksendezeit in Anspruch nehmen kann.[1674]

cc.) Ungeschriebene Ausnahmen

Liegt keine der o.g. geschriebenen Ausnahmen vor, verzichtet das BVerfG gleichwohl auf die Erschöpfung des Rechtswegs oder die Einhaltung des Subsidiaritätsgrundsatzes, wenn anderenfalls für den Beschwerdeführer eine unzumutbare Härte vorläge. 744

Beispiel[1675]**:** Geht es um die Frage nach der Verfassungswidrigkeit einer straf- oder bußgeldbewehrten Rechtsnorm, verlangt nach Auffassung des BVerfG der Grundsatz der Subsidiarität nicht, dass der Betroffene zunächst gegen die straf- oder bußgeldbewehrte Rechtsnorm verstoßen und sich dem Risiko einer entsprechenden Ahndung aussetzen muss, um dann im Straf- oder Bußgeldverfahren die Verfassungswidrigkeit der Norm geltend machen zu können.[1676] Dem ist zuzustimmen. Besteht jedoch die Möglichkeit, außerhalb eines Straf- oder Bußgeldverfahrens fachgerichtlichen Rechtsschutz zu erlangen (etwa, indem der Betroffene verwaltungsgerichtlich die Feststellung begehren kann, er erfülle nicht die gesetzlichen Tatbestandsvoraussetzungen, deren Verwirklichung zu einer Ordnungswidrigkeit oder Straftat führt), greift nach Auffassung des BVerfG jedoch wieder der Grundsatz der Subsidiarität.[1677]

[1670] Vgl. BVerfG-K NJW 2000, 274, 275.
[1671] BVerfG NVwZ 2005, 79; BVerfGE 8, 222, 226 f.; 76, 248, 252; 86, 15, 26.
[1672] BVerfGE 9, 120, 121.
[1673] Vgl. BVerfGE 7, 99, 105; 14, 121, 130 f.
[1674] Siehe vorige Fußnote. Zum Gleichbehandlungsanspruch von politischen Parteien siehe Rn 380 ff.
[1675] Vgl. BVerfG NVwZ 2017, 1111 ff.
[1676] BVerfG NVwZ 2017, 1111, 1112 mit Verweis auf BVerfGE 81, 70, 82 f.; 97, 157, 165; 138, 261, 272.
[1677] BVerfG NVwZ 2017, 1111, 1112.

dd. Ausnahmen bei der zwischenzeitlichen Erledigung

745 Auch bei zwischenzeitlicher Erledigung des Rechtsstreites muss die Verfassungsbeschwerde nicht notwendig am Rechtsschutzinteresse scheitern. Nach der Rechtsprechung des BVerfG ist das Rechtsschutzinteresse nach einem erledigten Ereignis auch dann noch gegeben, wenn anderenfalls die Klärung einer verfassungsrechtlichen Frage von grundsätzlicher Bedeutung unterbliebe und ein besonders schwerwiegender Grundrechtseingriff nicht gerügt würde.[1678]

Beispiel: Wenn die Frage noch nicht entschieden wurde, ob sich *private* Rundfunkanbieter auf das Grundrecht der Rundfunkfreiheit (Art. 5 I S. 2 GG) berufen können, besteht nach Ansicht des BVerfG eine verfassungsrechtliche Frage von grundsätzlicher Bedeutung.

gg. Rücknahme der Verfassungsbeschwerde

745a Es ist möglich, eine Verfassungsbeschwerde zurückzunehmen. Freilich kann die Rücknahme u.U. unwirksam sein, sodass das BVerfG dennoch zur Sache entscheidet. Das BVerfG nimmt dies wegen der objektiven Funktion der Verfassungsbeschwerde dann an, wenn die Beschwerde von allgemeiner Bedeutung ist und über sie deswegen mündlich verhandelt wurde.[1679]

hh. Exkurs: Annahme zur Entscheidung

745b Da einerseits die Zahl eingehender Verfassungsbeschwerden beständig hoch ist (die Zahl der Eingänge lag im Jahre 2019 bei 5.158[1680]) und andererseits die Zahl der Verfassungsrichter nicht beliebig aufgestockt werden kann (sie beträgt gem. § 2 II BVerfGG 8 pro Senat), haben das Grundgesetz und der einfache Gesetzgeber vorgesehen, dass jede Verfassungsbeschwerde der Annahme zur Entscheidung durch eine der beim BVerfG gebildeten **Kammern** bedarf (Art. 94 II S. 2 GG, §§ 15a, 93a-d BVerfGG). Angezeigt ist die Annahme (nur) dann, wenn die geltend gemachte Verletzung von Grundrechten oder grundrechtsgleichen Rechten besonderes Gewicht hat oder den Beschwerdeführer in existentieller Weise betrifft. Besonders gewichtig ist eine Grundrechtsverletzung, die auf eine generelle Vernachlässigung von Grundrechten hindeutet oder wegen ihrer Wirkung geeignet ist, von der Ausübung von Grundrechten abzuhalten.[1681] Negativ formuliert ist die Verfassungsbeschwerde gem. § 93a II BVerfGG nicht zur Entscheidung anzunehmen, wenn sie in der Sache unter Berücksichtigung der Rspr. des BVerfG keine hinreichende Aussicht auf Erfolg hat.[1682]

In verfahrensrechtlicher Sicht ist dazu das in §§ 60, 61 der Geschäftsordnung des BVerfG (GOBVerfG) geregelte Verfahren zu beachten, wonach eine erste Beurteilung der Erfolgsaussichten durch Beamte am BVerfG erfolgt. Kommt demnach eine Annahme zur Entscheidung aus o.g. Gründen nicht in Betracht, wird der Beschwerdeführer hierüber informiert. Er kann dies akzeptieren oder aber eine richterliche Entscheidung verlangen. Erst dann wird eine Kammerentscheidung herbeigeführt (§ 60 II GOBVerfG).

Bemerkenswert ist schließlich, dass gegen die Entscheidung der Kammer keine Abhilfemöglichkeit besteht, sind doch die Kammerbeschlüsse, wie am Ende einer jeden Entscheidung hervorgehoben wird, gem. § 93d I S. 2 BVerfGG unanfechtbar.[1683]

[1678] BVerfGE 91, 125, 133; 97, 298, 308.
[1679] *Kingreen/Poscher*, Grundrechte, Rn 1297 mit Verweis auf BVerfGE 98, 218, 242 f. (Verfassungsmäßigkeit der Rechtschreibreform).
[1680] Vgl. https://www.bundesverfassungsgericht.de/DE/Verfahren/Jahresstatistiken/2019/statistik_2019_node.html – abgerufen am 4.3.2020.
[1681] So die stereotype Formel des BVerfG, vgl. nur BVerfG FamRZ 2016, 1141 f.
[1682] Vgl. nur BVerfG NJW 2015, 44, 45 ff.
[1683] Vgl. nur BVerfG 26.7.2010 – 2 BvL 21/08.

Hinweis für die Fallbearbeitung: Im juristischen Studium spielt das Annahmeverfahren gem. §§ 93a ff. BVerfGG für die Frage der Zulässigkeit der Verfassungsbeschwerde zwar keine Rolle, weil es lediglich das Verfahren beim BVerfG regelt und keine Zulässigkeitsvoraussetzung darstellt. Da die Verfassungsbeschwerde aber stets zur Entscheidung von der Kammer angenommen werden muss, wurde das Annahmeverfahren vorliegend dennoch behandelt. In der Fallbearbeitung braucht auf das Annahmeverfahren regelmäßig nicht eingegangen zu werden.

b. Begründetheit

746 Allein die Verletzung eines Grundrechts oder grundrechtsgleichen Rechts führt zur Begründetheit der Individualverfassungsbeschwerde. Deshalb sollte im Rahmen einer Begründetheitsprüfung – anders als im Normenkontrollverfahren – nicht nach formeller und materieller Rechtmäßigkeit (d.h. Verfassungsmäßigkeit) aufgebaut werden, sondern nach den einschlägigen Grundrechten, mit folgendem Obersatz:

Die Verfassungsbeschwerde ist **begründet**, wenn der Beschwerdeführer durch den angegriffenen Akt öffentlicher Gewalt (Akt der Legislative bei der Rechtssatzverfassungsbeschwerde; Akt der Judikative bei der Urteilsverfassungsbeschwerde) in einem Grundrecht oder grundrechtsgleichen Recht verletzt ist.

Hinweis für die Fallbearbeitung: Der Aufbau der Begründetheitsprüfung einer Verfassungsbeschwerde folgt i.d.R. der bei *R. Schmidt*, Grundrechte, Rn 112 ff., dargestellten Grundrechtsprüfung: Zunächst wird der **Schutzbereich** des möglicherweise verletzten Grundrechts festgestellt und sodann der **Eingriff** in den Schutzbereich geprüft (zu den Besonderheiten der Gleichheitsrechte vgl. dort Rn 325):

- ⇨ Bei der Rechtssatzverfassungsbeschwerde liegt der Eingriff in den Schutzbereich vor, wenn die gesetzliche Regelung freiheitsverkürzend wirkt.
- ⇨ Bei der Urteilsverfassungsbeschwerde liegt der Eingriff in den Schutzbereich vor, wenn das fachgerichtliche Urteil freiheitsverkürzend wirkt.

Schließlich muss der Frage nach der **verfassungsrechtlichen Rechtfertigung** des Eingriffs nachgegangen werden. Da aber das BVerfG (und somit der Klausurbearbeiter) **umfassend** prüft, ob in der Person des Beschwerdeführers (deutsches) Verfassungsrecht verletzt wurde, ist auch die Vereinbarkeit der gerügten Maßnahme mit Normen des sonstigen (objektiven) Verfassungsrechts zu prüfen:

- ⇨ Bei der **Rechtssatzverfassungsbeschwerde** ist der Eingriff in den Schutzbereich verfassungsrechtlich gerechtfertigt, wenn das Gesetz in formeller und materieller Hinsicht mit dem Grundgesetz, insb. mit den Grundrechten, aber auch mit sonstigem Verfassungsrecht (Rechtsstaatsprinzip, Art. 1 III, 20 III GG, oder Kompetenzordnung, d.h. Gesetzgebungskompetenznormen) vereinbar ist (*R. Schmidt*, Grundrechte, Rn 168 ff.).
- ⇨ Bei der **Urteilsverfassungsbeschwerde** ist der Eingriff in den Schutzbereich verfassungsrechtlich gerechtfertigt, wenn das Urteil, gestützt auf die im Sachverhalt angegebenen Normen, spezifisches Verfassungsrecht verletzt hat. Verletzung von spezifischem Verfassungsrecht bedeutet *nicht*, dass das BVerfG (und damit der Klausurbearbeiter) prüft, ob das Gericht die Vorschriften des einfachen Rechts richtig angewendet hat („keine Prüfung der Verletzung einfachen Rechts"). Das BVerfG ist keine Superrevisionsinstanz. Vielmehr liegt eine spezifische Verfassungsverletzung nach st. Rspr. nur vor, wenn das Fachgericht
  - ⇨ selbst Grundrechte oder grundrechtsgleiche Rechte verletzt (etwa in seiner Entscheidung das entsprechende Grundrecht unverhältnismäßig beschränkt),
  - ⇨ seine Entscheidung auf eine grundrechtswidrige Norm gestützt
  - ⇨ oder bei der Auslegung und Anwendung einfachen Rechts grundrechtliche Wertungen nicht beachtet hat. Vgl. dazu Rn 726 sowie *R. Schmidt*, Grundrechte, Rn 111, 162, 193, 196, 276, 278, 437, 517 ff.

6. Weitere Verfahren vor dem BVerfG, insb. Kompetenzkontrolle

Weitere Verfahren vor dem BVerfG sind u.a. das **Parteiverbotsverfahren** (Art. 21 II, IV Var. 1, V GG, §§ 13 Nr. 2, 43 ff. BVerfGG), das Verfahren über den **Ausschluss staatlicher Parteienfinanzierung** (Art. 21 III, IV Var. 2, V GG, §§ 13 Nr. 2a, 43 ff., 46a BVerfGG), das **Wahlprüfverfahren** (Art. 41 II GG, §§ 13 Nr. 3, 48 BVerfGG) sowie die Entscheidung, ob im Fall des Art. 72 IV GG die Erforderlichkeit für eine bundesgesetzliche Regelung nach Art. 72 II GG nicht mehr besteht oder ob Bundesrecht in den Fällen des Art. 125a II S. 1 GG nicht mehr erlassen werden könnte (sog. **Kompetenzkontrolle**, Art. 93 II GG, §§ 13 Nr. 6b, 96 BVerfGG). Da die drei zuerst genannten Verfahren in der genannten Reihenfolge bei Rn 414 ff., 407a/427 und 150 ff. behandelt wurden und insoweit auf diese Ausführungen verwiesen werden kann, muss an dieser Stelle lediglich auf die zuletzt genannte Verfahrensart eingegangen werden, die im Zuge der Föderalismusreform 2006 eingeführt wurde. Ihr liegt folgender Hintergrund zugrunde: 747

Im Bereich der konkurrierenden Gesetzgebungskompetenz setzte die (formelle) Rechtmäßigkeit eines Bundesgesetzes bis 2006 nicht nur voraus, dass sich der Bund auf einen in Art. 74 I GG genannten Kompetenztitel stützen konnte, sondern auch stets, dass die Erforderlichkeit für eine bundesgesetzliche Regelung nach Art. 72 II GG bestand. Diese Erforderlichkeit hatte das BVerfG zuletzt äußerst restriktiv ausgelegt und überwiegend verneint.[1684] 747a

Seit der Föderalismusreform 2006 ist der Nachweis der Erforderlichkeit nicht mehr stets notwendig. Vielmehr hat der verfassungsändernde Gesetzgeber in Art. 72 II GG n.F. einige Materien benannt, bei denen er eine Erforderlichkeit bundesgesetzlicher Regelung verlangt. Daraus folgt umgekehrt, dass alle übrigen Titel konkurrierender Gesetzgebung eine Erforderlichkeit bundesgesetzlicher Regelung nicht (mehr) voraussetzen, dass in diesen Fällen eine Bundeskompetenz also allein dann gegeben ist, wenn ein Kompetenztitel nach Art. 74 I GG vorliegt (Kernkompetenz des Bundes). 747b

Liegt aber ein Fall des Art. 72 II GG vor, kann – soweit die Erforderlichkeit für eine bundesgesetzliche Regelung nicht mehr besteht – durch Bundesgesetz bestimmt werden, dass die Regelung durch Landesrecht ersetzt werden kann (Art. 72 IV GG). Diese Regelung trägt dem Umstand Rechnung, dass aufgrund gewandelter Verhältnisse die Voraussetzungen des Art. 72 II GG entfallen können und verhindert werden soll, dass eine einmal gegebene Bundeskompetenz auf Dauer erhalten bleibt. Sofern es sich um ein Bundesgesetz handelt, das aufgrund des Art. 72 II GG in der bis zum 15.11.1994 geltenden Fassung erlassen worden ist[1685], aber wegen Änderung des Art. 72 II GG nicht mehr als Bundesgesetz erlassen werden könnte, gilt es als Bundesrecht fort (Art. 125a II S. 1 GG). Durch Bundesgesetz kann aber bestimmt werden, dass es durch Landesrecht ersetzt werden kann (Art. 125a II S. 2 GG). Gleiches gilt, die Erforderlichkeit nach Art. 72 II GG später weggefallen ist (Art. 72 IV GG). 747c

Da über die Frage, ob in Fällen des Art. 72 II GG die Erforderlichkeit einer Bundesregelung (noch) besteht, Streit bestehen kann, hat der verfassungsändernde Gesetzgeber im Zuge der Föderalismusreform 2016 ein weiteres, vor dem BVerfG auszutragendes Kompetenzkontrollverfahren eingeführt, das auf die Feststellung abzielt, dass die Erforderlichkeit für eine bundesgesetzliche Regelung nicht mehr bestehe. Die Feststellung des BVerfG, dass die Erforderlichkeit für eine bundesgesetzliche Regelung 747d

---

[1684] Vgl. BVerfGE 106, 62, 135 ff.; 111, 10, 26 ff.; 111, 226, 246 ff.; 112, 226 ff.

[1685] Zum Unterschied zwischen der bis zu diesem Zeitpunkt geltenden Bedürfnisklausel und der seit dem 15.11.1994 geltenden Erforderlichkeitsklausel vgl. Rn 833 ff.

nicht mehr bestehe, hat sogar Gesetzeskraft und ersetzt das nach Art. 72 IV GG oder nach Art. 125a II S. 2 GG erforderliche „Freigabegesetz" (Art. 93 II S. 2 GG). Antragsbefugt sind gem. Art. 93 II S. 1 GG der Bundesrat sowie die Landesregierungen und die Landesparlamente. Der Antrag ist allerdings erst dann zulässig, wenn eine Gesetzesvorlage nach Art. 72 IV GG oder nach Art. 125a II S. 2 GG im Bundestag abgelehnt und/oder nicht beraten bzw. eine entsprechende Gesetzesvorlage im Bundesrat abgelehnt worden ist (Art. 93 II S. 3 GG). Auf der Grundlage des Art. 93 II GG i.V.m. §§ 13 Nr. 6b, 96 BVerfGG ergibt sich folgender Vorschlag eines Aufbauschemas:

Kompetenzkontrolle, Art. 93 II GG, §§ 13 Nr. 6b, 96 BVerfGG

I. Zulässigkeit

1. Zuständigkeit des BVerfG

Gemäß Art. 93 II GG, § 13 Nr. 6b BVerfGG entscheidet das BVerfG, ob im Fall des Art. 72 IV GG die Erforderlichkeit für eine bundesgesetzliche Regelung nach Art. 72 II GG nicht mehr besteht oder ob Bundesrecht in den Fällen des Art. 125a II S. 1 GG nicht mehr erlassen werden könnte.

2. Antragsberechtigung

Antragsberechtigt sind gem. Art. 93 II S. 1 GG, § 13 Nr. 6b BVerfGG der Bundesrat sowie die Landesregierungen und die Landesparlamente. Eine Erweiterung des Kreises der Antragsberechtigten durch einfaches Gesetz oder durch Analogie ist unzulässig. Die Kompetenzkontrolle kennt als objektives Kontrollverfahren keinen Antragsgegner.

3. Antragsgegenstand (= Prüfungsgegenstand)

Antragsgegenstand ist zum einen die Frage nach der Erforderlichkeit bundesgesetzlicher Regelung in Bezug auf ein bestehendes Bundesgesetz, also die Frage, ob ein bestimmtes Bundesgesetz noch erforderlich i.S.v. Art. 72 II GG ist.

Weiterer Verfahrensgegenstand kann die Feststellung sein, ob Bundesrecht in den Fällen des Art. 125a II S. 1 GG nicht mehr erlassen werden könnte.

4. Antragsbefugnis

Der Antragsteller ist gem. Art. 93 II S. 2 GG erst dann antragsbefugt, wenn er geltend macht, dass die Erforderlichkeit nach Art. 72 II GG weggefallen ist bzw. dass das Bundesrecht nach Art. 125a II S. 2 GG nicht neu erlassen werden könnte.

5. Besonderes Rechtsschutzbedürfnis

Gemäß Art. 93 II S. 3 GG ist der Antrag erst dann zulässig, wenn eine Gesetzesvorlage nach Art. 72 IV GG oder nach Art. 125a II S. 2 GG im Bundestag abgelehnt und/oder nicht beraten bzw. eine entsprechende Gesetzesvorlage im Bundesrat abgelehnt worden ist.

6. Form und Frist

Gemäß § 23 I BVerfGG ist Schriftform erforderlich. Außerdem ist der Antrag zu begründen. Der Inhalt der Begründung ergibt aus § 96 I BVerfGG. Eine Frist ist nicht zu beachten.

II. Begründetheit

Der Antrag auf Durchführung einer Kompetenzkontrolle ist begründet, wenn die Erforderlichkeit für eine bundesgesetzliche Regelung nicht mehr besteht (also weggefallen ist), oder Bundesrecht in den Fällen des Art. 125a II S. 1 GG nicht mehr erlassen werden könnte (Art. 93 II S. 1 GG).

Die Entscheidung des BVerfG hierüber hat Gesetzeskraft und ersetzt das nach Art. 72 IV GG oder nach Art. 125a II S. 2 GG erforderliche Gesetz (Art. 93 II S. 2 GG).

7. Einstweilige Anordnungen des BVerfG

a. Einführung

Wie alle Prozessordnungen kennt auch das BVerfGG einen vorläufigen bzw. einstweiligen Rechtsschutz. Nach § 32 I BVerfGG kann das BVerfG im Streitfall einen Zustand durch einstweilige Anordnung (e.A.) vorläufig regeln, wenn dies zur Abwehr schwerer Nachteile, zur Verhinderung drohender Gewalt oder aus einem anderen wichtigen Grund zum gemeinen Wohl dringend geboten ist. **748**

Die e.A. verfolgt demnach das Ziel, eine Rechtsfrage vorläufig zu regeln, insbesondere weil ein Abwarten bis zur Entscheidung in der Hauptsache für den Antragsteller unzumutbar ist bzw. zu nicht oder nur schwer wiedergutzumachenden Zuständen führt.[1686] Insbesondere kann auch ein Gesetz vorläufig außer Kraft zu setzen bzw. dessen Inkrafttreten bis zur Hauptsacheentscheidung ganz oder teilweise zu suspendieren sein.[1687] **749**

Im Mittelpunkt des einstweiligen Rechtsschutzes nach § 32 BVerfGG steht die sog. **Folgenabwägung**[1688]: Das BVerfG wägt die Nachteile, die einträten, wenn die e.A. nicht erginge, die beanstandete Maßnahme aber später für verfassungswidrig erklärt würde, gegen diejenigen ab, die entstünden, wenn die e.A. erginge, die beanstandete Maßnahme sich aber im Hauptsacheverfahren als verfassungsgemäß erwiese. Dabei betont das Gericht i.d.R., dass die Gründe, die für die Verfassungswidrigkeit des angegriffenen Hoheitsakts vorgetragen werden, **grundsätzlich außer Betracht** zu bleiben hätten. Entscheidend sei allein die Folgenabwägung.[1689] **750**

Gleichzeitig hebt das BVerfG hervor, dass der Antrag auf Eilrechtsschutz **keinen** Erfolg haben könne, wenn der **Hauptsacherechtsbehelf unzulässig oder offensichtlich unbegründet** wäre.[1690] Auch ist es der Meinung, dass die Erfolgsaussichten des Hauptsacherechtsbehelfs maßgeblich werden könnten, wenn verwaltungsgerichtliche Beschlüsse betroffen seien, die im Verfahren des einstweiligen Rechtsschutzes ergangen seien und die Entscheidung in der Hauptsache vorwegnähmen.[1691] Das sei insbesondere der Fall, wenn die behauptete Rechtsverletzung bei Verweigerung einstweiligen Rechtsschutzes **nicht mehr rückgängig** gemacht werden könnte, die Entscheidung in der Hauptsache also **zu spät käme**.[1692] **751**

> **Beispiel**[1693]**:** Bei einem Routinetermin zur Gewichtskontrolle fielen einer Kinderärztin diskrete Hämatome (Einblutungen) an allen Gliedmaßen eines ca. einjährigen Kindes auf, woraufhin sie zur Klärung der Ursache die stationäre Aufnahme des Kindes ins Kinderkrankenhaus veranlasste. Bei Röntgenaufnahmen des Brustkorbs wurden dort ältere (mit Kallusbildung knöchern konsolidierte) Rippenserienfrakturen auf beiden Seiten (an fünf Rippen links und vier Rippen rechts) festgestellt. Daraufhin wurde das Kind vom Jugendamt nach der dem Familiengericht angezeigten Inobhutnahme in einer Bereitschaftspflegefamilie untergebracht. Die Eltern, die den Behörden bislang durch exzessiven Alkoholmissbrauch auffielen, hatten zunächst wöchentlich für eine Stunde begleiteten Umgang mit ihrem Kind. Ein vom Jugendamt in Auftrag gegebenes

---

[1686] Vgl. nur BVerfG NJW 2017, 465 f.

[1687] Dazu BVerfG NJW 2017, 465 f.; BVerfG NJW 2001, 2457 ff.; BVerfGE 121, 1, 15 ff.; 126, 158 ff.

[1688] St. Rspr., vgl. nur BVerfG NVwZ 2017, 1108; NJW 2017, 465 f.; NVwZ 2016, 1171; NVwZ 2016, 244, 245; NJW 2015, 3294, 3295; 2015, 465, 466; BVerfGE 121, 1, 15 ff.; 111, 147, 152 f.; 108, 34, 41 ff.; 104, 51, 55; 91, 252, 257 f.; 88, 185, 186.

[1689] BVerfGE 111, 147, 152 f.; BVerfG NJW 2015, 465, 466; NJW 2015, 3294, 3295; NJW 2017, 465, 466; NVwZ 2017, 1108; NVwZ 2017, 1128, 1129.

[1690] BVerfGE 88, 169, 171 f.; 91, 328, 332; 110, 77, 87 f.; 111, 147, 153; 121, 1, 15 ff.; 126, 158 ff.; BVerfG NJW 2009, 1481 f. Vgl. auch BVerfG NVwZ 2016, 244, 245; NJW 2017, 465.

[1691] BVerfGE 34, 160, 163; 63, 254; 67, 149, 152; 111, 147, 153.

[1692] Vgl. BVerfGE 46, 160, 164; 111, 147, 153; BVerfG NVwZ 2018, 819.

[1693] Nach BVerfG NJW 2017, 465 f.

rechtsmedizinisches Gutachten kam zu dem Ergebnis, dass die Entstehung der Hämatome nur durch eine äußere Einwirkung zu erklären sei. Die Rippenbrüche seien bei Kindern, speziell bei Säuglingen, ausgesprochen ungewöhnlich, da sie üblicherweise selbst bei heftigen Brustkorbverbiegungen (wie z.B. bei Wiederbelebungsmaßnahmen) nicht aufträten. Das Auftreten derart symmetrischer Rippenbrüche sei nur durch eine ganz massive Gewalteinwirkung zu erklären. Sie sei nicht mit einem ungeschickten Umgang mit dem Kind zu erklären oder durch festeres Zufassen, etwa wenn das Kind zu entgleiten drohte. Unter Vorlage dieses rechtsmedizinischen Gutachtens stellte das Jugendamt sodann einen Antrag beim Familiengericht, der allein sorgeberechtigten Mutter nach § 1666 BGB die elterliche Sorge zu entziehen. Während das Familiengericht dem Antrag stattgab, der Mutter die elterliche Sorge für das Kind vorläufig entzog und Vormundschaft durch das Jugendamt anordnete, hob das aufgrund einer Beschwerde der Mutter angerufene OLG unter Verweis auf den hohen Rang des Elternrechts aus Art. 6 II S. 1 GG den Beschluss des Familiengerichts auf. Um befürchtete weitere Misshandlungen auszuschließen, beantragte das Jugendamt daraufhin sofort den Erlass einer e.A. vor dem BVerfG.

Das BVerfG nahm eine Folgenabwägung vor und erließ die beantragte e.A. Erginge die e.A. nicht, erwiese sich die Verfassungsbeschwerde später aber als begründet, wäre zu besorgen, dass das Kind durch die Rückkehr zu seinen leiblichen Eltern den von der Beschwerdeführerin als Verfahrensbeiständin geltend gemachten Gefahren körperlicher und seelischer Beeinträchtigung ausgesetzt wäre. Angesichts der körperlichen Schädigung, die das Kind vor der Inobhutnahme bereits erwiesenermaßen erlitten hat, wiege dies schwer.[1694]

Dem ist uneingeschränkt beizupflichten. Die Folgen, die eingetreten wären, wenn das BVerfG die e.A. nicht erlassen hätte, sind geradezu marginal im Vergleich zur körperlichen Integrität des Kindes. Es stand sogar zu befürchten, dass das Kind infolge erneuter Übergriffe hätte sterben können. Es ist nicht nachvollziehbar, wie das OLG unter diesen Umständen dem Elternrecht den Vorrang einräumen konnte.

752 Dagegen hat sich das BVerfG in seiner Entscheidung über die Anträge auf Erlass einer e.A. zur Verhinderung der Ratifikation des **ESM-Vertrags** nicht auf eine Folgenabwägung beschränkt, sondern die angegriffenen Zustimmungsgesetze zu den völkerrechtlichen Verträgen summarisch geprüft.[1695] Damit wollte das Gericht offenbar verhindern, dass die völkerrechtliche Verpflichtung den anderen Vertragsstaaten gegenüber und die innerstaatliche Geltung auseinanderfallen. Denn sollte sich erst im späteren Hauptsacheverfahren herausstellen, dass die Zustimmungsgesetze zum ESM-Vertrag gegen das Grundgesetz (insbesondere gegen das wegen Art. 79 III GG unabänderbare Demokratieprinzip) verstoßen, könnte dies nach erfolgter Ratifikation völkerrechtlich nicht mehr rückgängig gemacht werden. Hätte sich das BVerfG also auf eine Folgenabwägung (Nachteilsabwägung) beschränkt, hätte es nur eine Entscheidung treffen können: Stattgabe der Anträge. Daher musste das Gericht eine (zumindest) summarische Prüfung der Rechtslage vornehmen und damit freilich die Hauptsache vorwegnehmen. Der vom BVerfG aufgestellte (und wegen § 32 I BVerfGG naheliegende) Grundsatz, dass es bei der Frage nach dem Erlass einer e.A. grundsätzlich nur auf eine Folgenabwägung ankomme, wird dadurch natürlich in gewisser Weise relativiert. Zu den damit verbundenen Konsequenzen vgl. Rn 760 f.

Hinweis für die Fallbearbeitung: Einstweilige Anordnungen können im Rahmen aller verfassungsgerichtlichen Verfahrensarten ergehen. Gerade wegen der langen Verfahrensdauer der einzelnen Hauptsacheverfahren kommen ihr eine nicht untergeordnete Rolle zu. So kann man in einer Fallbearbeitung durchaus auf die Frage

[1694] BVerfG NJW 2017, 465 f.
[1695] BVerfGE 132, 195, 232 ff.

treffen, ob der Antragsteller auch einstweiligen Rechtsschutz beantragen kann und wie das BVerfG darüber entscheiden wird. Prüfungstechnisch geht der einstweiligen Anordnung ein entsprechender Antrag voraus. Dieser ist erfolgreich, wenn er **zulässig** und **begründet** ist.

b. Zulässigkeit eines Antrags auf Erlass einer e.A.

Über die Voraussetzungen der Zulässigkeit eines Antrags auf Erlass einer e.A. besteht Unklarheit. In den betreffenden Beschlüssen des BVerfG liest man stets die stereotype Formel, dass eine e.A. nur dann ergehen könne, wenn der Hauptsacherechtsbehelf „nicht unzulässig und auch nicht offensichtlich unbegründet" sei.[1696] Das BVerfG unterscheidet dabei nicht stringent zwischen Zulässigkeit und Begründetheit. Im Rahmen des juristischen Studiums ist eine solche Vorgehensweise nicht empfehlenswert. So wird auch in den gängigen Lehrbüchern zwischen Zulässigkeit und Begründetheit des Antrags auf Erlass einer e.A. unterschieden. Teilweise werden im Rahmen der Zulässigkeit allerdings nur die *Zuständigkeit des BVerfG in der Hauptsache* und die *Antragsberechtigung des Antragstellers* als Zulässigkeitsvoraussetzungen genannt.[1697] Diese Auffassung überzeugt nicht. Denn sie führt zu dem Ergebnis, dass für den Fall, dass der Hauptsacherechtsbehelf wegen Verfristung evident unzulässig wäre, gleichwohl der Antrag auf Erlass einer e.A. zulässig sein müsste, sofern nur die beiden o.g. Voraussetzungen vorliegen. Richtigerweise ist die Prüfung eines Antrags auf Erlass einer e.A. nach den im Folgenden näher ausgeführten Zulässigkeits- und Begründetheitsvoraussetzungen durchzuführen. **753**

aa. Statthaftigkeit des Antrags

§ 32 BVerfGG spricht zwar von einem „Streitfall", verlangt aber kein kontradiktorisches Verfahren und kennt daher keine Beschränkung auf bestimmte Verfahrensarten. Daher ist ein Antrag auf Erlass einer e.A. vor allen möglichen Verfahrensarten statthaft.[1698] Das entsprechende Hauptsacheverfahren braucht jedoch (noch) nicht anhängig zu sein.[1699] **754**

Fraglich ist, ob das BVerfG eine e.A. auch **ohne entsprechenden Antrag** erlassen darf (sog. Entscheidung *ex officio*). Dies scheint der Wortlaut des § 32 BVerfGG, der nichts von einem Antragserfordernis sagt, zu ermöglichen. So hat auch das BVerfG in mehreren Fällen eine e.A. auch ohne entsprechenden Antrag erlassen.[1700] Dem ist allerdings entgegenzuhalten, dass es der Eigenart eines Gerichts widerspricht, ohne vorherige Anrufung in der Sache zu entscheiden. Immerhin stellt es eine anerkannte Prozessmaxime dar, dass auch ein Verfassungsgericht grds. nur dann tätig wird, wenn es angerufen wird. Durch die Möglichkeit des Erlasses einer e.A. ohne entsprechenden Antrag würde die Stellung des BVerfG im Staatsgefüge in einer Weise gestärkt, wie es das Grundgesetz nicht vorsieht.[1701] Das gilt zumindest für den Fall, dass das Hauptsacheverfahren noch nicht anhängig ist. Ist das Hauptsacheverfahren indes anhängig, spricht nichts dagegen, wenn das BVerfG von Amts wegen eine e.A. erlässt. **755**

Hinweis für die Fallbearbeitung: In der Regel wurde laut Sachverhalt ein Antrag auf Erlass einer e.A. bereits gestellt, sodass auf die oben dargestellte Problematik nicht eingegangen werden muss. Sollte dennoch die Frage zu beantworten

[1696] Vgl. aus jüngerer Zeit BVerfG NJW 2009, 1481 f.; NJW 2005, 1105, 1106; BVerfGE 111, 147, 153. Vgl. dazu auch schon oben Rn 748 ff.
[1697] So von *Degenhart*, Rn 862.
[1698] Vgl. *Klein*, in: Benda/Klein, VerfProzR, 3. Aufl. 2012, Rn 1325.
[1699] BVerfG-K NJW 2005, 2982; BVerfG-K NVwZ 2002, 1230, 1231; BVerfGE 71, 350, 352.
[1700] Vgl. BVerfGE 1, 74, 75; 1, 281, 283; 42, 103, 119.
[1701] Vgl. *Robbers*, JuS 1994, 1031, 1032.

sein, ob das BVerfG auch ohne vorherigen Antrag eine e.A. erlassen darf, sollte folgendermaßen formuliert und entschieden werden:

- Ist noch kein entsprechendes Hauptsacheverfahren anhängig, widerspräche es der Stellung eines Gerichts, wenn das BVerfG auch ohne Antrag eine e.A. erlassen dürfte. Darüber hinaus würde das BVerfG eine Position im Staatsgefüge erlangen, wie sie im Grundgesetz nicht vorgesehen ist.
- Ist demgegenüber bereits ein entsprechendes Hauptsacheverfahren anhängig, greifen die o.g. Bedenken nicht. Hier sollte man die Auffassung vertreten, dass das BVerfG auch ohne Antrag eine e.A. erlassen darf.

bb. Antragsberechtigung und Antragsbefugnis

756 § 32 BVerfG sagt zwar nichts über die Antragsberechtigung, nach allgemeinen Regeln ist antragsberechtigt aber jeder, der im Hauptsacheverfahren beteiligt sein kann. Um im Verfahren nach § 32 I BVerfGG antragsbefugt zu sein, muss der Antragsteller behaupten, ihm drohten schwere Nachteile oder Gewalt, wenn eine e.A. nicht erginge, oder der Erlass einer e.A. sei aus einem anderen wichtigen Grund dringend geboten. Nach dem Vorbringen des Antragstellers müssen Gefährdung und Dringlichkeit zumindest möglich sein, was wiederum der Fall ist, wenn das Vorliegen einer der o.g. Gründe nicht von vornherein ausgeschlossen ist.

cc. Keine Unzulässigkeit des Hauptsacheverfahrens

757 Zwar findet im Rahmen der Zulässigkeitsprüfung des Antrags auf Erlass einer einstweiligen Anordnung grundsätzlich keine Zulässigkeitsprüfung bezüglich des Hauptsacheverfahrens statt, ist das Hauptsacheverfahren aber (offensichtlich) unzulässig, wird man auch von der Unzulässigkeit des Antrags auf Erlass einer e.A. ausgehen müssen.[1702] Anderenfalls würden die Zulässigkeitsvoraussetzungen des Hauptsacheverfahrens umgangen.

Umstände, die zur Unzulässigkeit des Hauptsacheverfahrens führen, sind etwa das **Fristversäumnis** oder die Missachtung von **Formvorschriften**. Im Übrigen sind im Rahmen dieses Prüfungspunktes mitunter die Zulässigkeitsvoraussetzungen in Bezug auf das Hauptsacheverfahren zu prüfen.[1703]

dd. Grundsätzlich keine Vorwegnahme der Hauptsache

758 Der Antrag auf Erlass einer e.A. ist grundsätzlich unzulässig, wenn er auf die Vorwegnahme der Hauptsache gerichtet ist.[1704] Das folgt aus der Subsidiarität der e.A. zum Hauptsacheverfahren. Ausnahmsweise ist der Antrag aber trotz Vorwegnahme der Hauptsache zulässig, wenn dies aus Rechtsschutzgesichtspunkten unerlässlich ist. Das BVerfG nennt hierzu im Wesentlichen zwei Voraussetzungen, die kumulativ vorliegen müssen[1705]:

- Die Entscheidung müsste in der Hauptsache **zu spät** kommen und der Antragsteller dürfte in anderer Weise keinen ausreichenden Rechtsschutz mehr erlangen.
- Das Abwarten der Hauptsache müsste für den Antragsteller einen schweren, **nicht wiedergutzumachenden Schaden** bedeuten.

[1702] Wie hier BVerfG-K NJW 2005, 2982; BVerfG NJW 2002, 2458.
[1703] Vgl. dazu etwa die Vorgehensweise von *Märten*, JA 2011, 762, 763.
[1704] Siehe etwa BVerfG NJW 2017, 3584, 3585 (mit zahlreichen Verweisen auf die st. Rspr. des BVerfG).
[1705] Siehe auch hierzu etwa BVerfG NJW 2017, 3584, 3585. Im Übrigen st. Rspr., vgl. nur BVerfGE 34, 160, 162 f.; 46, 160, 163 f.; 67, 149, 151; 82, 353, 363; 108, 34, 40; 111, 147, 153; 113, 113, 122; 130, 367, 368; 132, 195, 232 ff.

Beispiel[1706]**:** Um die Freilassung einiger inhaftierter Terroristen zu erzwingen, ist der Arbeitgeberpräsident Hanns Martin Schleyer von terroristischen Gewalttätern entführt worden. Hier würde die Anordnung der Freilassung der Häftlinge im Wege einer e.A. eine Vorwegnahme der Hauptsache bedeuten. Die Entscheidung der Hauptsache würde aber möglicherweise zu spät kommen und es würde möglicherweise ein irreparabler Schaden (etwa der Tod des Entführten) entstehen. Daher war der Antrag auf Erlass einer e.A. nicht schon wegen Vorwegnahme der Hauptsache unzulässig.

ee. Form und Frist

Wie alle Anträge bezüglich der Einleitung von Hauptsacheverfahren muss auch der Antrag auf Erlass einer e.A. schriftlich[1707] beim BVerfG eingereicht und begründet werden (§ 23 I BVerfGG). Die Antragsfrist muss sich dabei an der des Hauptsacheverfahrens richten. Ist das Hauptsacheverfahren verfristet, muss auch der Antrag auf Erlass einer einstweiligen Anordnung unzulässig sein.[1708] Da die Verfristung des Hauptsacheverfahrens aber zu dessen evidenter Unzulässigkeit führt, wird die Fristvoraussetzung in der Fallbearbeitung bereits im Prüfungspunkt „keine Unzulässigkeit des Hauptsacheverfahrens" erschöpfend behandelt worden sein. **759**

ff. Rechtsschutzbedürfnis

Keine Voraussetzung für den Antrag auf Erlass einer e.A. ist es, dass das Hauptsacheverfahren eingeleitet wurde. Auch vor Einleitung des Hauptsacheverfahrens kann der Erlass einer e.A. beantragt werden.[1709] Der Antrag auf Erlass einer e.A. ist z.B. aber unzulässig, wenn der Antragsteller rechtzeitig und zumutbar fachgerichtlichen (einstweiligen) Rechtsschutz in Anspruch nehmen kann. Das wiederum ist nicht der Fall, wenn es um den Vollzug eines Parlamentsgesetzes geht. **759a**

Beispiel[1710]**:** Erlässt ein Bundesland ein Landesversammlungsgesetz, in dem anlasslos Beobachtungs- und Dokumentationsmaßnahmen gestattet werden, verletzt diese Ermächtigung möglicherweise das Grundrecht auf Versammlungsfreiheit. Fachgerichtlicher einstweiliger Rechtsschutz ist nicht möglich, weil die Verwaltungsgerichte keine formellen Gesetze außer Vollzug setzen können. Das kann nur das BVerfG. Daher besteht ein Rechtsschutzbedürfnis i.S.d. § 32 BVerfGG.

c. Begründetheit eines Antrags auf Erlass einer e.A.

Der Antrag auf Erlass der e.A. ist begründet, wenn die Voraussetzungen des § 32 BVerfGG vorliegen. Ist das mögliche Hauptsacheverfahren jedoch von **vornherein unzulässig oder offensichtlich unbegründet**, scheidet ein Eilrechtsschutz beim BVerfG schon deshalb aus, weil in diesem Fall der Erlass einer e.A. nicht „dringend geboten" sein kann. Auf eine Nachteilsabwägung, wie sie in § 32 I BVerfGG genannt wird, kommt es also nicht an.[1711] Ebenso kommt es auf eine Folgenabwägung nicht an, wenn das Hauptsacheverfahren zulässig und offensichtlich begründet ist. In diesem Fall ist der Antrag auf Erlass einer e.A. begründet. Ist das Hauptsacheverfahren hingegen „offen", steht die in § 32 I BVerfGG genannte **Nachteilsabwägung** im Mittelpunkt, in deren Folge dann auch entschieden wird, ob der Erlass einer e.A. **dringend geboten** ist: Das BVerfG wägt die Nachteile, die einträten, wenn die e.A. nicht erginge, die beanstandete Maßnahme aber später für verfassungswidrig erklärt **760**

[1706] Vgl. BVerfGE 46, 160 ff., dargestellt auch in allen anderen gängigen Lehrbüchern zum Staatsorganisationsrecht.
[1707] Zum Schriftformerfordernis vgl. Rn 723.
[1708] Vgl. etwa BVerfGE 122, 63, 74.
[1709] *Hillgruber/Goos*, VerfProzR, Rn 822.
[1710] Vgl. BVerfG NJW 2009, 1481 f. (Bayerisches Versammlungsgesetz).
[1711] Vgl. etwa BVerfGE 82, 54, 57; 111, 147, 153; 121, 1, 15 ff.; 126, 158 ff.; 132, 195, 232 ff.; BVerfG NJW 2005, 1105, 1106; NJW 2002, 2458 f.; NVwZ 2002, 1230, 1232.

würde, gegen diejenigen ab, die entstünden, wenn die e.A. erginge, die beanstandete Maßnahme sich aber im Hauptsacheverfahren als verfassungsgemäß erwiese.[1712] Dabei betont das BVerfG, dass bei der Prüfung des Erlasses einer e.A. insbesondere dann ein **strenger Maßstab** anzulegen sei, wenn es um die **vorläufige Außervollzugsetzung eines formellen Gesetzes** gehe, weil mit dem Erlass einer e.A. ein erheblicher Eingriff in die originäre Zuständigkeit des Gesetzgebers verbunden sei.[1713] Dem ist uneingeschränkt zuzustimmen. Aber auch im Übrigen setzt das BVerfG strenge Maßstäbe an, da der Erlass einer e.A. weit reichende Folgen haben könne[1714], insbesondere, wenn später nicht mehr rückgängig zu machende Grundrechtseingriffe drohten.[1715] Richtig daran ist, dass der Erlass einer e.A. in der Tat weittragende Folgen haben kann. Allerdings kann auch der Nichterlass einer e.A. ebenso weittragende Folgen nach sich ziehen. Davon unbeschadet ersetzt das BVerfG die Folgenabwägung (Nachteilsabwägung) aber durch eine summarische Prüfung, wenn die Entscheidung über den Antrag auf Erlass einer e.A. unweigerlich zu einer Vorwegnahme der Hauptsache führt.

760a **Hinweis für die Fallbearbeitung:** Während bei Eilrechtsschutzverfahren anderer Gerichtszweige *i.d.R.* eine summarische Prüfung der Erfolgsaussichten in der Hauptsache erfolgt (siehe etwa § 123 VwGO) und der Erlass einer e.A. vom Ergebnis dieser summarischen Prüfung abhängt, soll bei der e.A. nach § 32 BVerfGG gerade *keine* summarische Prüfung des materiellen Rechts entsprechend der Hauptsache stattfinden, sondern zunächst nur eine Prüfung des **offensichtlichen Ausgangs** des Hauptsacheverfahrens. Für den Fall, dass der Ausgang des Hauptsacheverfahrens nicht offensichtlich ist, findet in einem zweiten Schritt eine **Nachteilsabwägung** statt, in deren Folge dann auch über die Frage entschieden werden muss, ob der Erlass einer e.A. zur Abwehr schwerer Nachteile, zur Verhinderung drohender Gewalt oder aus einem anderen wichtigen Grund zum gemeinen Wohl **dringend geboten** ist. In der Klausur ist also zunächst zu prüfen, ob das Hauptsacheverfahren von vornherein unzulässig oder offensichtlich unbegründet ist bzw. wäre:

- Ist bzw. wäre das Hauptsacheverfahren von **vornherein unzulässig**, kann keine einstweilige Anordnung ergehen[1716] (in diesem Fall wäre der Antrag auf Erlass einer e.A. i.d.R. auch schon unzulässig und nicht nur unbegründet).
- Das Gleiche gilt, wenn das Hauptsacheverfahren **offensichtlich unbegründet** ist bzw. wäre.
- Ist bzw. wäre das Hauptsacheverfahren umgekehrt **offensichtlich begründet**, wird in aller Regel auch eine e.A. zugunsten des Antragstellers ergehen.
- Bei **offenem Ausgang** des Hauptsacheverfahrens findet eine echte **Nachteilsabwägung** statt, in deren Folge dann auch entschieden wird, ob der Erlass einer e.A. **dringend geboten** ist: Die jeweils eintretenden Folgen sind gegeneinander abzuwägen (s.o.). Geht es um die vorläufige Außervollzugsetzung eines formellen Gesetzes, gelten mit Blick auf die Gestaltungsfreiheit des Gesetzgebers und das Gewaltenteilungsprinzip besonders strenge Maßstäbe.[1717]

Ist eine **Vorwegnahme der Hauptsacheentscheidung** unumgänglich, tritt an die Stelle der soeben dargestellten Nachteilsabwägung eine **summarische Prüfung** der Rechtslage, die im Rahmen der Fallbearbeitung unter dem Prüfungspunkt „offensichtlich (un)begründet" vorgenommen werden muss, sodass an dieser Stelle nach oben verwiesen werden kann (vgl. auch *Hillgruber*, JA 2013, 76, 78).

[1712] St. Rspr. vgl. nur BVerfGE 64, 67, 69; 89, 38, 43 f.; 103, 41, 42; 104, 51, 55; 108, 34, 41 ff.; 111, 147, 152 f.; 118, 111, 122; 129, 284, 298; 132, 195, 232; BVerfG NJW 2015, 3294, 3295; NVwZ 2017, 1108.
[1713] Sie nur BVerfG NJW 2015, 3294, 3295 mit zahlreichen Verweisen auf frühere Rspr.
[1714] BVerfG NVwZ 2017, 1108; NVwZ 2017, 1128, 1129; NJW 2015, 465, 466; BVerfGE 3, 41, 44; 126, 158, 167.
[1715] BVerfG NJW 2015, 465, 466 (mit Verweis auf BVerfGE 94, 166, 216 f.).
[1716] BVerfG NJW 2002, 2458 f.; NJW 2005, 1105, 1106.
[1717] Vgl. BVerfG NJW 2015, 3294, 3295 (Tarifeinheitsgesetz); vgl. auch BVerfG NJW 2017, 2333, 2334.

6. Kapitel
Die Organe der Europäischen Union

A. Die Organe im Überblick

Die für das Staatsorganisationsrecht relevanten Grundlagen der Europäischen Union (EU) wurden bereits bei Rn 327 ff. beschrieben. Nunmehr sollen die Organe der EU vorgestellt werden. 761

Die **Organe** der EU sind in Art. 13 I EUV genannt und in Art. 14 ff. EUV sowie in Art. 223 ff. AEUV näher beschrieben.[1718] Diese sind 762

- das **Europäische Parlament** (Rn 765 ff.),
- der **Europäische Rat** (Rn 770a ff.),
- der **Rat** der Europäischen Union (im Folgenden „Rat" - Rn 771 ff.),
- die **Europäische Kommission** (im Folgenden „Kommission" - Rn 779 ff.),
- der **Gerichtshof** der Europäischen Union (Rn 783 ff.),
- die **Europäische Zentralbank** (EZB)
- und der **Rechnungshof**.[1719]

Jedes Organ handelt nach Maßgabe der ihm in den Verträgen zugewiesenen Befugnisse nach den Verfahren, Bedingungen und Zielen, die in den Verträgen festgelegt sind. Die Organe arbeiten loyal zusammen, Art. 13 II EUV. 763

Der Sitz der Organe ist seinerzeit gem. Art. 289 EGV (nunmehr Art. 341 AEUV) im Einvernehmen zwischen den Regierungen der Mitgliedstaaten bestimmt worden. Danach haben der Rat und die Kommission ihren Sitz in Brüssel. In den Monaten April, Juni und Oktober hält der Rat seine Tagungen in Luxemburg ab. Das Europäische Parlament hat seinen Sitz in Straßburg und hält dort die zwölf monatlich stattfindenden Plenartagungen ab. Sondersitzungen des Plenums sowie Sitzungen der Ausschüsse finden in Brüssel statt. Das Generalsekretariat des Parlaments wurde in Luxemburg eingerichtet. Der Gerichtshof und der Rechnungshof haben ihren Sitz in Luxemburg. In Brüssel sind der Wirtschafts- und Sozialausschuss sowie der Ausschuss der Regionen[1720] angesiedelt. Die Europäische Zentralbank hat ihren Sitz in Frankfurt am Main. 764

B. Das Europäische Parlament

Das Europäische Parlament (EP) setzt sich gem. Art. 14 II S. 1 EUV aus „Vertretern der Unionsbürgerinnen und Unionsbürgern" zusammen. Die Abgeordneten werden gem. Art. 14 III EUV in allgemeiner, unmittelbarer, freier und geheimer Wahl für fünf Jahre gewählt. Die Zahl der Mitglieder des Parlaments darf 704 nicht überschreiten, zuzüglich des Präsidenten (Art. 14 II S. 2 EUV), also maximal 705, was auch der 765

[1718] Gemäß Art. 13 III EUV sind die Bestimmungen über die Europäische Zentralbank und den Rechnungshof sowie die detaillierten Bestimmungen über die übrigen Organe im AEUV (Art. 223 ff.) enthalten.

[1719] Mit Inkrafttreten des Vertrags von Lissabon ist ferner der „De-facto-Außenminister der Union" institutionalisiert worden, der als Hoher Vertreter der Union für Außen- und Sicherheitspolitik firmiert (Art. 18 EUV), ohne jedoch ein „Organ der EU" zu sein. Vgl. dazu Rn 337.

[1720] Gemäß Art. 13 IV EUV werden das Europäische Parlament, der Rat und die Kommission von einem Wirtschafts- und Sozialausschuss sowie einem Ausschuss der Regionen unterstützt, die beratende Aufgaben wahrnehmen. Organe der EU sind sie nicht.

gegenwärtigen Abgeordnetenzahl entspricht.[1721] Die Bürgerinnen und Bürger sind im Europäischen Parlament degressiv proportional[1722], mindestens jedoch mit sechs Mitgliedern je Mitgliedstaat[1723] vertreten (Art. 14 II S. 3 EUV – gegenwärtig Malta). Kein Mitgliedstaat erhält mehr als 96 Sitze (Art. 14 II S. 4 EUV – gegenwärtig Deutschland).

766 Das Wahlverfahren wird durch die Wahlgesetze der Mitgliedstaaten der Union geregelt, in Deutschland durch das **Europawahlgesetz** (EuWG). Die **Wahlrechtsgrundsätze** sind in § 1 S. 2 EuWG festgelegt und entsprechen denen des Art. 38 I S. 1 GG für Bundestagswahlen: die auf **Deutschland** entfallenden Abgeordneten des Europäischen Parlaments werden in **allgemeiner, unmittelbarer, freier, gleicher und geheimer Wahl** gewählt.

767 Das Wahlsystem des EuWG folgt den Grundsätzen der **Verhältniswahl** und ist in § 2 EuWG näher beschrieben.

768 **Wahlberechtigt** sind zunächst alle, die auch bei einer Bundestagswahl wahlberechtigt wären (§ 6 I und II EuWG), darüber hinaus alle Staatsangehörigen der übrigen Mitgliedstaaten der EU (Unionsbürger), die in der Bundesrepublik Deutschland eine Wohnung innehaben oder sich dort gewöhnlich aufhalten (§ 6 III EuWG). Das Wahlrecht darf allerdings nur einmal und nur persönlich ausgeübt werden (§ 6 IV EuWG).

769 **Wählbar** sind außer Deutschen auch Unionsbürger, die in der Bundesrepublik Deutschland eine Wohnung innehaben oder sich dort gewöhnlich aufhalten und die übrigen Voraussetzungen für die Wahl in das Europäische Parlament erfüllen (§ 6b II EuWG). Allerdings kann sich niemand gleichzeitig in der Bundesrepublik Deutschland und in einem anderen Mitgliedstaat der Europäischen Union zur Wahl bewerben (§ 6c EuWG).

770 Die **Aufgaben** des EP sind nicht mit denen eines herkömmlichen Parlaments vergleichbar. Nach Art. 14 I EUV übt es nämlich **keine alleinige Gesetzgebungsfunktion** aus, sondern wird **gemeinsam mit dem Rat** (Art. 16 EUV) als Gesetzgeber tätig (vgl. Rn 772) und übt gemeinsam mit ihm die Haushaltsbefugnisse aus. Zudem ist zu beachten, dass der Europäische Rat (Art. 15 EUV) einstimmig auf Initiative des Europäischen Parlaments und mit dessen Zustimmung einen Beschluss über die Zusammensetzung des Europäischen Parlaments erlässt, in dem die in Art. 14 II Unterabsatz 1 EUV genannten Grundsätze gewahrt sind (Art. 14 II Unterabsatz 2 EUV).

Das EP wählt aus seiner Mitte seinen Präsidenten oder seine Präsidentin (Art. 14 IV EUV). Außerdem übt das EP die *parlamentarische Kontrolle* über die Kommission und den Rat aus. Hierfür kann es **Untersuchungsausschüsse** einrichten und ggf. Klage beim EuGH erheben (Art. 263 II AEUV). Dies gilt auch in den Bereichen wie der Gemeinsamen Außen- und Sicherheitspolitik, wo Kommission und Rat exekutivische Funktionen innehaben und die legislativen Mitbestimmungsrechte des Parlaments eingeschränkt sind. Um eine effektive Wahrnehmung der Kontrollfunktion zu gewährleisten, müssen die übrigen EU-Institutionen, etwa die Kommission, der Rat oder die

---

[1721] In Folge des Austritts des Vereinigten Königreichs aus der EU wurde die Zahl der EP-Abgeordneten von 750 auf 704 – zuzüglich des Präsidenten – reduziert (siehe Beschluss des EP v. 7.2.2018).

[1722] Mit der „degressiven Proportionalität" soll das Stimmgewicht bevölkerungsschwacher Mitgliedstaaten erhöht werden. Ein „kleinerer" Staat erhält also im Verhältnis zu seiner Bevölkerungszahl mehr Sitze als ein „größerer" Staat.

[1723] Die Zahl der Mitgliedstaaten beträgt seit dem Austritt des Vereinigten Königreichs 27: Deutschland, Frankreich, Italien, Spanien, Polen, Niederlande, Griechenland, Portugal, Belgien, Tschechische Republik, Ungarn, Schweden, Österreich, Dänemark, Slowakei, Finnland, Irland, Litauen, Lettland, Slowenien, Estland, Zypern, Luxemburg, Malta, Bulgarien, Rumänien und Kroatien. Bewerberländer mit laufenden Beitrittsverhandlungen sind Montenegro, Serbien und Türkei.

EZB, dem Parlament regelmäßig Bericht über ihre Tätigkeit ablegen (Art. 230 AEUV). Außerdem können die Europaabgeordneten schriftliche und mündliche Anfragen an die Kommission und den Rat richten (Art. 227 AEUV).
Eine wichtige Rolle spielt das Parlament auch bei der **Berufung der Kommission**: Der Kommissionspräsident wird zwar vom Europäischen Rat vorgeschlagen (Art. 17 VII EUV); dieser muss dabei jedoch das Ergebnis der Europawahl berücksichtigen. Das Parlament kann den vorgeschlagenen Kandidaten dann bestätigen oder ablehnen (Art. 17 VII EUV). Auch die Kompetenz und Integrität der **einzelnen Kommissare** wird nach ihrer Nominierung durch den Europäischen Rat in den jeweiligen Fachausschüssen des Parlaments geprüft; anschließend muss das Plenum des Parlaments der Benennung der Kommission zustimmen. Allerdings kann es dabei nur die Kommission als Ganzes annehmen oder ablehnen, nicht einzelne Mitglieder. In der gleichen Weise müssen auch die **Direktoren der EZB** vor ihrer Ernennung vom EP bestätigt werden.

Die Kommission ist als Kollegium dem EP verantwortlich. Das EP kann nach Art. 234 AEUV einen Misstrauensantrag gegen die Kommission annehmen. Wird ein solcher Antrag angenommen, müssen die Mitglieder der Kommission geschlossen ihr Amt niederlegen, und auch der Hohe Vertreter der Union für Außen- und Sicherheitspolitik muss sein im Rahmen der Kommission ausgeübtes Amt niederlegen (Art. 17 VIII EUV).

C. Der Europäische Rat

Mit dem Vertrag von Lissabon ist der Europäische Rat Organ der EU geworden **770a** (Art. 13, 15 EUV). Diese „Aufwertung" trägt der hervorgehobenen Stellung, die dem Europäischen Rat in der Europapolitik gerade auch gegenüber dem Rat der Europäischen Union (Rn 771 ff.) inzwischen zugewachsen ist, Rechnung.

Der Europäische Rat setzt sich zusammen aus den **Staats- und Regierungschefs** **770b** **der Mitgliedstaaten** sowie dem **Präsidenten des Europäischen Rates** und dem **Präsidenten der Kommission**. Der Hohe Vertreter der Union für Außen- und Sicherheitspolitik (Art. 18 EUV - „EU-Außenminister") nimmt an seinen Arbeiten teil (Art. 15 II EUV).

Der Europäische Rat ist in seiner organisatorischen Funktion (anders als Parlament, **770c** Rat und Kommission) nicht an der Rechtsetzung der EU beteiligt. Er gibt aber der Union die für ihre Entwicklung erforderlichen Impulse und legt die allgemeinen politischen Zielvorstellungen und Prioritäten hierfür fest (Art. 15 I EUV). Der Europäische Rat repräsentiert die Mitgliedstaaten der EU und bildet neben dem Rat der Europäischen Union (auch Ministerrat genannt, dazu Rn 771 ff.) die zweite wichtige intergouvernementale Institution der Europäischen Union. Damit grenzt er sich von den supranationalen Organen wie dem Europäischen Parlament, der Europäischen Kommission und dem EuGH ab. Soweit in den Verträgen nichts anderes festgelegt ist, entscheidet der Europäische Rat im Konsens (Art. 15 IV EUV), also einstimmig. Zur weiteren Arbeitsweise vgl. Art. 235 f. AEUV.

Der Europäische Rat tritt zweimal pro Halbjahr zusammen („**EU-Gipfel**"); er wird von **770d** seinem Präsidenten, der mit qualifizierter Mehrheit für eine Amtszeit von zweieinhalb Jahren gewählt wird und einmal wiedergewählt werden kann (Art. 15 V EUV) einberufen. Wenn es die Lage erfordert, beruft der Präsident eine außerordentliche Tagung des Europäischen Rates ein (Art. 15 III EUV).

D. Der Rat der Europäischen Union

771 Weiteres Organ der Union ist der **Rat** (nichtamtlich auch „**EU-Ministerrat**" genannt und strikt vom Europäischen Rat zu trennen), Art. 13, 16 EUV, Art. 237 ff. AEUV. Er besteht aus je einem Vertreter jedes Mitgliedstaats auf Ministerebene, der befugt ist, für die Regierung des von ihm vertretenen Mitgliedstaats verbindlich zu handeln und das Stimmrecht auszuüben (Art. 16 II EUV). Der **Vorsitz** im Rat in allen seinen Zusammensetzungen mit Ausnahme des Rates „Auswärtige Angelegenheiten" wird von den Vertretern der Mitgliedstaaten im Rat unter Bedingungen, die gemäß Art. 236 AEUV festgelegt werden, nach einem System der gleichberechtigten Rotation wahrgenommen (Art. 16 IX EUV).

772 Der Rat wird gemeinsam mit dem Europäischen Parlament als **Gesetzgeber** tätig und übt gemeinsam mit ihm die Haushaltsbefugnisse aus. Zu seinen Aufgaben gehören die Festlegung der Politik und die Koordinierung nach Maßgabe der Verträge (Art. 16 I EUV).

773 So besteht gem. Art. 289 I AEUV das ordentliche Gesetzgebungsverfahren in der **gemeinsamen Annahme** (Verabschiedung) einer Verordnung, einer Richtlinie oder eines Beschlusses durch das **Europäische Parlament und den Rat** auf Vorschlag der Kommission (Art. 17 II EUV). Dieses Verfahren ist in Art. 294 AEUV festgelegt (vgl. auch Rn 343 ff.).

774 Je nachdem, in welchen Politikbereich die Vorlagen fallen, über die der Rat entscheidet, sieht Art. 238 AEUV verschiedene Abstimmungsverfahren vor. In reinen verfahrensrechtlichen und administrativen Angelegenheiten beschließt der Rat mit **einfacher Mehrheit** (Art. 240 III AEUV). Bei Fragen der Gemeinsamen Außen- und Sicherheitspolitik und anderen wichtigen Angelegenheiten, z.B. bei der Steuerpolitik oder beim Beihilfenrecht, beschließt der Rat **einstimmig** (vgl. z.B. Art. 19 I, 21 III, 22 I, 25 II, 65 IV, 86 I, 108 II, 252 I, 257 IV, 262, 292, 294 IX, 301 II, 305 II, 308 III, 311 III, 312 II, 329 II a.E., 333 II, 342, 352 I AEUV).

775 Soweit die Verträge aber weder die einfache Mehrheit noch Einstimmigkeit verlangen, ist zur Beschlussfassung eine **qualifizierte Mehrheit** erforderlich (Art. 16 III EUV), d.h. eine qualifizierte Mehrheit von Stimmen und die Vertretung einer qualifizierten Mehrheit der EU-Bevölkerung (so etwa für das ordentliche Gesetzgebungsverfahren, das in den meisten EU-Politikfeldern gilt). Als „qualifiziert" gilt eine Mehrheit von

- mindestens 55 % der Mitglieder des Rates (was bei 27 Ratsmitgliedern 15 Mitglieder bedeutet),
- sofern die von diesen vertretenen Mitgliedstaaten zusammen mindestens 65 % der Bevölkerung der Union ausmachen (Art. 16 IV EUV).

776 Dieses Verfahren der doppelten Mehrheit wird seit dem 1.4.2017 angewendet. Inwieweit sich seit dem Austritt des Vereinigten Königreichs aus der EU bei der Frage, ab welcher Mehrheit diese als „qualifiziert" gilt, etwas geändert hat, bleibt abzuwarten. Der Beschluss des EP v. 7.2.2018 betraf lediglich die Reduzierung der Zahl der EP-Abgeordneten von 750 auf 704 (jeweils zuzüglich des Präsidenten/der Präsidentin).

777 Eine **Sperrminorität** muss mindestens vier Mitglieder, die mindestens 35 % der EU-Gesamtbevölkerung stellen, umfassen. Bei einer geringeren Zahl ablehnender Mitglieder kommt ein Mehrheitsbeschluss zustande. Die übrigen Modalitäten für die Abstimmung mit qualifizierter Mehrheit sind in Art. 238 II AEUV festgelegt, vgl. Art. 16 IV EUV.

Bis zum Vertrag von Lissabon waren die Ratssitzungen grundsätzlich nichtöffentlich. 778
Dies hat zu erheblicher Kritik geführt, weil es für die Öffentlichkeit nicht nachvollziehbar war, wie eine bestimmte Regierung in einer Frage abgestimmt hatte. Seit Inkrafttreten des Vertrags von Lissabon und der Neuregelung der Verträge sind die Sitzungen nunmehr gem. Art. 16 VIII S. 1 EUV grundsätzlich **öffentlich**, wenn der Rat über Entwürfe zu Gesetzgebungsakten berät und abstimmt. Sitzungen, bei denen keine Gesetzgebungsentscheidungen getroffen werden – also etwa vorbereitende Sitzungen oder auch die Treffen des Rates für Auswärtige Angelegenheiten –, finden jedoch weiterhin unter Ausschluss der Öffentlichkeit statt. Zu diesem Zweck wird jede Ratstagung in zwei Teile unterteilt, von denen der eine den Beratungen über die Gesetzgebungsakte der Union und der andere den nicht die Gesetzgebung betreffenden Tätigkeiten gewidmet ist (Art. 16 VIII S. 2 EUV).

E. Die Kommission

Zusammensetzung und Aufgaben der Kommission sind in Art. 17 EUV, Art. 244 ff. 779
AEUV beschrieben: Die Kommission, die zwischen dem Zeitpunkt des Inkrafttretens des Vertrags von Lissabon (also dem 1.12.2009) und dem 31.10.2014 ernannt wurde, bestand einschließlich ihres Präsidenten und des Hohen Vertreters der Union für Außen- und Sicherheitspolitik, der einer der Vizepräsidenten der Kommission ist, aus je einem Staatsangehörigen jedes Mitgliedstaats (Art. 17 IV EUV). Seit dem 1.11.2014 besteht die Kommission, einschließlich ihres Präsidenten/ihrer Präsidentin und des Hohen Vertreters der Union für Außen- und Sicherheitspolitik, aus einer **Anzahl von Mitgliedern, die zwei Dritteln der Zahl der Mitgliedstaaten entspricht**, sofern der Europäische Rat nicht einstimmig eine Änderung dieser Anzahl beschließt (Art. 17 V Unterabsatz 1 EUV). Die Mitgliedstaaten haben jedoch bereits vereinbart, auf Basis der Ausnahmemöglichkeit des Art. 17 V EUV weiterhin die Regel „**ein Kommissionsmitglied aus jedem Mitgliedstaat**" beizubehalten.

Die Mitglieder der Kommission (die Kommissare) werden unter den Staatsangehörigen 780
der Mitgliedstaaten in einem System der strikt gleichberechtigten **Rotation** zwischen den Mitgliedstaaten so ausgewählt, dass das demografische und geografische Spektrum der Gesamtheit der Mitgliedstaaten zum Ausdruck kommt. Dieses System wird vom Europäischen Rat nach Art. 244 AEUV einstimmig festgelegt (Art. 17 V Unterabsatz 2 EUV). Die Amtszeit der Kommission beträgt **5 Jahre** (Art. 17 III EUV).

Der Präsident der Kommission wird vom Europäischen Parlament mit der Mehrheit 781
seiner Mitglieder gewählt. Hierzu schlägt der Europäische Rat dem Europäischen Parlament nach entsprechenden Konsultationen mit qualifizierter Mehrheit einen Kandidaten für das Amt des Präsidenten der Kommission vor; dabei berücksichtigt er das Ergebnis der Wahlen zum Europäischen Parlament. Erhält dieser Kandidat nicht die Mehrheit, so schlägt der Europäische Rat dem Europäischen Parlament innerhalb eines Monats mit qualifizierter Mehrheit einen neuen Kandidaten vor, für dessen Wahl das Europäische Parlament dasselbe Verfahren anwendet (Art. 17 VII EUV).

Der oder die vom Parlament bestätigte Kommissionspräsiden/in stellt dann die Kom- 782
mission zusammen, wobei die Mitglieder von den EU-Mitgliedstaaten nominiert werden (ein Mitglied je Mitgliedstaat, s.o.), freilich im Einvernehmen mit dem oder der gewählten Kommissionspräsiden/in. In der Bundesrepublik Deutschland erfolgt die Nominierung durch die Bundesregierung. Die so zusammengestellte Kommission (d.h. das gesamte Kollegium, einschließlich des Hohen Vertreters der Union für Außen- und Sicherheitspolitik/Vizepräsidenten der Europäischen Kommission) bedarf – nach Anhö-

rung der designierten Kommissionsmitglieder in den zuständigen parlamentarischen Ausschüssen nach Maßgabe der Geschäftsordnung des Parlaments – sodann der Zustimmung des Parlaments (Art. 17 VII EUV). Nach der Zustimmung des Parlaments wird die Kommission nach Art. 17 VII EUV vom Europäischen Rat förmlich ernannt.

782a Die Mitglieder der Kommission nehmen ihre Aufgaben in **völliger Unabhängigkeit** wahr; sie sind allein dem Wohl der Union verpflichtet (Art. 17 III EUV, Art. 245 AEUV). Die Mitglieder der Kommission dürfen daher während ihrer Amtszeit keine andere entgeltliche oder unentgeltliche Berufstätigkeit ausüben. Bei der Aufnahme ihrer Tätigkeit übernehmen sie die feierliche Verpflichtung, während der Ausübung und nach Ablauf ihrer Amtstätigkeit die sich aus ihrem Amt ergebenden Pflichten zu erfüllen, insbesondere die Pflicht, bei der Annahme gewisser Tätigkeiten oder Vorteile nach Ablauf dieser Tätigkeit ehrenhaft und zurückhaltend zu sein. Werden diese Pflichten verletzt, kann der EuGH auf Antrag des Rates, der mit einfacher Mehrheit beschließt, oder der Kommission das Mitglied je nach Lage des Falles gem. Art. 247 AEUV seines Amtes entheben oder ihm seine Ruhegehaltsansprüche oder andere an ihrer Stelle gewährte Vergünstigungen aberkennen (Art. 245 II AEUV).

782b Im Übrigen ist die Kommission **kollegial** organisiert und als Kollegium dem Europäischen Parlament verantwortlich. Das Europäische Parlament kann nach Art. 234 AEUV einen Misstrauensantrag gegen die Kommission annehmen. Wird ein solcher Antrag angenommen, müssen die Mitglieder der Kommission geschlossen ihr Amt niederlegen, und der Hohe Vertreter der Union für Außen- und Sicherheitspolitik muss sein im Rahmen der Kommission ausgeübtes Amt niederlegen (Art. 17 VIII EUV).

782c Die **Beschlüsse** der Kommission werden mit der **Mehrheit der Mitglieder** gefasst (qualifizierte Mehrheit, vgl. Art. 250 I AEUV). Nähere Bestimmungen trifft die von der Kommission zu erlassende Geschäftsordnung (Art. 249 I, 250 II AEUV). Die Kommissionsmitglieder sind zuständig für bestimmte Ressorts, die in Generaldirektionen, Direktionen und Referaten organisiert sind (Art. 17 VI, 18 IV EUV, Art. 248 AEUV). Auch in dieser Gliederung finden sich Anklänge an die Organisation einer nationalen Regierung. Der **Präsident/die Präsidentin** der Kommission hat zwar keine dem Bundeskanzler vergleichbaren Kompetenzen, übt aber dennoch herausragende Funktionen aus. So legt er/sie die Leitlinien fest, nach denen die Kommission ihre Aufgaben erfüllt (Art. 17 VI EUV, Art. 248 AEUV). Auch entscheidet er/sie über die Zuständigkeiten der einzelnen Kommissionsmitglieder. Diese Zuständigkeitsverteilung kann er/sie im Laufe der Amtszeit auch ändern. Auch üben die Mitglieder der Kommission die ihnen vom Präsidenten/von der Präsidentin übertragenen Aufgaben unter dessen/deren Leitung aus. Des Weiteren hat er/sie die Befugnis, von einem Mitglied den Rücktritt zu verlangen (Art. 17 VI EUV).

782d Die Kommission nimmt vor allem die Aufgaben einer „Exekutive" der EU wahr und ist sozusagen deren „**Regierung**". Da die Kommission aber nicht vom EU-Parlament gewählt wird, sondern sich ihre demokratische Legitimität nur indirekt über die Regierungen der Mitgliedstaaten und den Rat der Europäischen Union ergibt, wird hierin ein **Demokratiedefizit** gesehen. Dabei wird jedoch häufig übersehen, dass die Kommission nicht „völlig frei" vom Europäischen Parlament ist. Denn der Kommissionspräsident wird vom Parlament gewählt (Art. 17 VII EUV). Auch können Mitglieder des Parlaments jederzeit einen Misstrauensantrag stellen. Wird der Misstrauensantrag mit der Mehrheit von zwei Dritteln der abgegebenen Stimmen und mit der Mehrheit der Mitglieder des Europäischen Parlaments angenommen, müssen die Mitglieder der Kommission geschlossen ihr Amt niederlegen (Art. 234 II AEUV). Insoweit besteht also eine Abhängigkeit der Kommission vom Europäischen Parlament.

Die Aufgaben der Kommission beschränken sich nicht auf „Regierungstätigkeit", sondern erstrecken sich insbesondere auf die Mitgestaltung bei der **Rechtsetzung**. Für diese kommt ihr sogar ein **(alleiniges) Initiativrecht** zu; soweit in den Verträgen nichts anderes festgelegt ist, kann nur sie den formalen Vorschlag zu einem EU-Rechtsakt machen und diesen dem Rat und dem Europäischen Parlament unterbreiten (Art. 17 II EUV). 782e

Hierin wird die starke Stellung der Kommission deutlich. Rat und Parlament können die Vorschläge der Kommission zwar abändern und erweitern, ihnen steht aber kein Initiativrecht zu.

Neben der beschriebenen „Regierungs-" und Rechtsetzungsbefugnis kommt der Kommission die **Kontrolle** der Einhaltung des (primären und sekundären) EU-Rechts zu (Art. 17 I EUV). Insofern sagt man, sie fungiere als **„Hüterin des EU-Rechts"**. Sie überwacht, dass die Mitgliedstaaten die aus dem EU-Recht resultierenden Verpflichtungen einhalten. Besonders deutlich wird die Überwachungs- und Sanktionsbefugnis am Beispiel des EU-Beihilfenrechts. So überprüft sie im Rahmen der Beihilfenkontrolle, ob Subventionen der Mitgliedstaaten gegen das EU-Beihilfenrecht verstoßen (Art. 108 AEUV); i.d.R. besteht sogar eine Genehmigungspflicht für die Mitgliedstaaten. Die Kommission entscheidet, ob eine Beihilfe mit dem EU-Binnenmarkt unvereinbar ist (Art. 108 II AEUV). Zur Ahndung von Rechtsverstößen der Mitgliedstaaten kann die Kommission schließlich den EuGH anrufen (Art. 263 II AEUV i.V.m. Art. 108 II AEUV). 782f

Des Weiteren führt die Kommission den **Haushaltsplan** aus und verwaltet die Programme. Sie übt nach Maßgabe der Verträge Koordinierungs-, Exekutiv- und Verwaltungsfunktionen aus. Außer in der Gemeinsamen Außen- und Sicherheitspolitik und den übrigen in den Verträgen vorgesehenen Fällen nimmt sie die Vertretung der Union nach außen wahr. Sie leitet die jährliche und die mehrjährige Programmplanung der Union mit dem Ziel ein, interinstitutionelle Vereinbarungen zu erreichen (Art. 17 I EUV). Vor allem in den Bereichen Außenhandel und Entwicklungszusammenarbeit agiert die Kommission auch als Vertreterin der EU auf internationaler Ebene. So repräsentiert sie die EU-Mitgliedstaaten beispielsweise in der Welthandelsorganisation (WHO) und handelt die dort geschlossenen Übereinkommen aus. 782g

F. Der Gerichtshof der Europäischen Union

Auch der Gerichtshof der Europäischen Union ist ein Organ der EU (vgl. Art. 19 AEUV). Nach dem Vertrag von Lissabon besteht die Gerichtsbarkeit der EU aus dem **„Gerichtshof der Europäischen Union"**, der in drei Gerichte unterteilt ist: 783

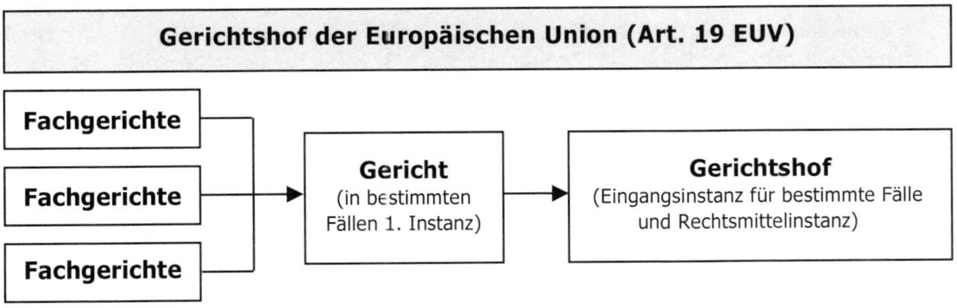

784 ▪ Oberstes Organ ist der **„Gerichtshof"** („EuGH"), der sich terminologisch vom übergeordneten Titel des „Gerichtshofs der Europäischen Union", welcher die Gesamtstruktur der Gerichtsbarkeit der Europäischen Union bezeichnet, abhebt.

Der **Gerichtshof** besteht gem. Art. 19 II S. 1 EUV aus einem Richter je Mitgliedstaat (also aus 27 Richtern). Er wird von 8 Generalanwälten unterstützt. Auf Antrag des Gerichtshofs kann der Rat einstimmig die Zahl der Generalanwälte erhöhen (Art. 19 II EUV, Art. 252 I AEUV); dies ist geschehen und die gegenwärtige Zahl an Generalanwälten beträgt 11. Der Generalanwalt hat öffentlich in völliger Unparteilichkeit und Unabhängigkeit begründete Schlussanträge zu den Rechtssachen zu stellen, in denen nach der Satzung des Gerichtshofs der Europäischen Union seine Mitwirkung erforderlich ist (Art. 252 II AEUV).

Zu Richtern und Generalanwälten des Gerichtshofs sind Persönlichkeiten auszuwählen, die jede Gewähr für Unabhängigkeit bieten und in ihrem Staat die für die höchsten richterlichen Ämter erforderlichen Voraussetzungen erfüllen oder Juristen von anerkannt hervorragender Befähigung sind; sie werden von den Regierungen der Mitgliedstaaten im gegenseitigen Einvernehmen nach Anhörung des in Art. 255 AEUV vorgesehenen Ausschusses auf sechs Jahre ernannt (Art. 19 II EUV, Art. 253 I AEUV).

Nach Maßgabe der Satzung des Gerichtshofs der Europäischen Union findet alle drei Jahre eine teilweise Neubesetzung der Stellen der Richter und Generalanwälte statt (Art. 253 II AEUV). Die Richter wählen aus ihrer Mitte den Präsidenten des Gerichtshofs für die Dauer von drei Jahren. Wiederwahl ist zulässig. Die Wiederernennung ausscheidender Richter und Generalanwälte ist zulässig (Art. 253 III-IV AEUV).

Zuständig ist der Gerichtshof für Klagen, die gem. der Satzung (Art. 251 I, 256 I AEUV) dem Gerichtshof vorbehalten sind. Darüber hinaus ist der Gerichtshof Rechtsmittelinstanz: Er ist zuständig für auf Rechtsfragen beschränkte Rechtsmittel, die gegen Entscheidungen des Gerichts (Rn 785) eingelegt werden (Art. 256 II AEUV). Die Formulierung „auf Rechtsfragen beschränkt" bedeutet, dass die Rechtsmittel nicht auf neue Tatsachen, sondern nur auf Rechtsfehler des angefochtenen Urteils, also auf Verletzung formellen oder materiellen Rechts gestützt werden können. Die Rechtsmittelinstanz ist also keine Tatsacheninstanz. Anders als bei einer Tatsacheninstanz werden daher grundsätzlich keine (neuen) Beweise erhoben.

785 ▪ Aus dem Gericht erster Instanz wurde mit dem Vertrag von Lissabon nunmehr das **„Gericht"** („EuG").

Das Gericht besteht aus mindestens einem Richter je Mitgliedstaat (Art. 19 II EUV). Es können also 27 Richter sein, aber auch eine größere Zahl ist möglich. Die genaue Zahl der Richter des Gerichts wird in der Satzung des Gerichtshofs der Europäischen Union festgelegt. In der Satzung kann vorgesehen werden, dass das Gericht (wie der Gerichtshof) von Generalanwälten unterstützt wird (Art. 254 I AEUV).

Richter kann gem. Art. 19 II EUV, Art. 254 II AEUV werden, wer die Gewähr für Unabhängigkeit bietet und über die Befähigung zur Ausübung hoher richterlicher Tätigkeiten verfügt. Die Richter werden von den Regierungen der Mitgliedstaaten im gegenseitigen Einvernehmen nach Anhörung des in Art. 255 AEUV vorgesehenen Ausschusses für sechs Jahre ernannt. Alle drei Jahre wird das Gericht teilweise neu besetzt. Die Wiederernennung ausscheidender Mitglieder ist zulässig (vgl. Art. 19 II EUV, Art. 254 II AEUV).

Zuständig ist das Gericht für Entscheidungen im ersten Rechtszug über die in den Art. 263, 265, 268, 270 und 272 AEUV genannten Klagen, mit Ausnahme derjenigen Klagen, die einem nach Art. 257 AEUV gebildeten Fachgericht übertragen werden, und der Klagen, die gem. der Satzung dem Gerichtshof vorbehalten sind. Das Gericht ist also grundsätzlich zuständig, wenn nicht die Zuständigkeit des übergeordneten Gerichtshofs oder den (beigeordneten) Fachgerichten begründet wird. Darüber hinaus kann in der Satzung kann vorgesehen werden, dass das Gericht für andere Kategorien von Klagen zuständig ist (Art. 256 I AEUV). Ansonsten ist das Gericht in besonderen in der Satzung festgelegten Sachgebieten für Vorabentscheidungen nach Art. 267 AEUV zuständig (Art. 256 III AEUV). Schließlich ist das Gericht für Entscheidungen über auf Rechtsfragen beschränkte Rechtsmittel gegen die Entscheidungen der Fachgerichte zuständig (Art. 256 II, 257 III Halbs. 1 AEUV). Wenn die Verordnung über die Bildung des Fachgerichts dies vorsieht, ist das Gericht auch zuständig für Sachfragen betreffende Rechtsmittel gegen die Entscheidungen der Fachgerichte (Art. 257 III Halbs. 2 AEUV).

- Aus den dem Gericht beigeordneten Kammern, die zur Bewältigung der zunehmenden Fülle von Klagen entwickelt wurden, sind mit dem Vertrag von Lissabon die „**Fachgerichte**" geworden. Diese sind aber institutionell dem Gericht beigeordnet. 786

  Zu beachten ist, dass Fachgerichte nicht zwingend bestehen, sondern nur dann, wenn das Europäische Parlament und der Rat sie mittels Verordnung gebildet haben. In dieser Verordnung über die Bildung von Fachgerichten beschließen das Europäische Parlament und der Rat die Regeln über die Zusammensetzung dieser Gerichte und legen die ihnen übertragenen Zuständigkeitsbereiche fest (Art. 257 I S. 2, II AEUV).

  Zu Mitgliedern der Fachgerichte sind Personen auszuwählen, die die Gewähr für Unabhängigkeit bieten und über die Befähigung zur Ausübung richterlicher Tätigkeiten verfügen. Sie werden einstimmig vom Rat ernannt (Art. 257 IV AEUV).

  Die Fachgerichte erlassen ihre Verfahrensordnung im Einvernehmen mit dem Gerichtshof. Diese Verfahrensordnung bedarf der Genehmigung des Rates (Art. 257 V AEUV).

  Zuständig sind die Fachgerichte für Entscheidungen im ersten Rechtszug über bestimmte Kategorien von Klagen, die auf besonderen Sachgebieten erhoben werden (Art. 257 I AEUV).

Aufgabe des Gerichtshofs der Europäischen Union ist gem. Art. 19 I S. 2 EUV die Gewährleistung der Wahrung des Rechts bei der Auslegung und Anwendung der Verträge (also des EUV und des AEUV). 787

Nach bisheriger Rechtslage, also nach Art. 220 EGV in der Fassung des Vertrags von Amsterdam, sicherte der Gerichtshof „die Wahrung des Rechts bei der Auslegung und Anwendung dieses Vertrags", also lediglich des EG-Vertrags, nicht auch des EU-Vertrags. Die im Rahmen des Vertrags von Lissabon erfolgte Ausweitung der Jurisdiktion auch auf die Auslegung und Anwendung des EU-Vertrags (mit den dort genannten Politiken) ist kritisiert worden. Denn der Gerichtshof der Europäischen Union, der sich als „Motor der Integration" versteht und in Kompetenzfragen praktisch immer zugunsten der EU entschieden hat, beansprucht die Kompetenz-Kompetenz für die Entscheidung über die Frage, welche Kompetenzen der Union zustehen. Nachdem die Europäische Union mit dem Vertrag von Lissabon nicht nur flächendeckende Rechtsetzungskompetenzen, sondern auch noch eine Kompetenz-Kompetenz zur Füllung aller verbliebenen Lücken erhalten hat („Flexibilitätsklausel", vgl. Art. 352 EUV und oben Rn 338), wird darauf hingewiesen, dass sich die bisherige Position des BVerfG, es habe die Befugnis, bei „ausbrechenden", also die Grenzen der Ermächtigung überschreitenden europäischen Rechtsakten die Unwirksamkeit dieser Akte für Deutschland festzustellen, nicht mehr aufrechterhalten lasse.[1724]

Das BVerfG hat in seinem Urteil zum Vertrag von Lissabon jedoch entschieden, dass die Ausweitung der Jurisdiktion des Gerichtshofs der Europäischen Union auf die Auslegung

[1724] So *Murswiek*, Rechtsgutachten über die Zulässigkeit und Begründetheit verfassungsgerichtlicher Rechtsbehelfe gegen das Zustimmungsgesetz zum Vertrag von Lissabon und die deutsche Begleitgesetzgebung, 2. „lediglich Tippfehler korrigierte" Aufl. 2008, S. 131, www.jura.uni-freiburg.de/institute/ioeffr3/forschung/papers/murswiek/vertr-lissabon-gutachten-2 – abgerufen am 4.3.2020.

und Anwendung auch des EU-Vertrags nichts an der Position des BVerfG geändert habe. Denn das Gericht prüfe, ob Rechtsakte der europäischen Organe und Einrichtungen sich unter Wahrung des unionsrechtlichen Subsidiaritätsprinzips (Art. 5 I S. 2, III des EU-Vertrags in der Fassung des Vertrags von Lissabon) in den Grenzen der ihnen im Wege der begrenzten Einzelermächtigung eingeräumten Hoheitsrechte halten. Darüber hinaus prüfe das BVerfG, ob der unantastbare Kerngehalt der Verfassungsidentität des Grundgesetzes nach Art. 23 I S. 3 i.V.m. Art. 79 III GG gewahrt ist. Die Ausübung dieser Prüfungskompetenz folge dem Grundsatz der Europarechtsfreundlichkeit des Grundgesetzes und widerspreche deshalb auch nicht dem Grundsatz der loyalen Zusammenarbeit (Art. 4 III EUV-Lissabon); anders könnten die von Art. 4 II S. 1 EUV-Lissabon anerkannten grundlegenden politischen und verfassungsmäßigen Strukturen souveräner Mitgliedstaaten bei fortschreitender Integration nicht gewahrt werden.[1725]

787a Unbeschadet von der Kontroverse über die Kompetenz der EU, dem Gerichtshof der Europäischen Union die Sicherstellung der Wahrung des Rechts auch bei der Auslegung und Anwendung des EUV zu übertragen, entscheidet dieser gem. Art. 19 III EUV nach Maßgabe der Verträge (insbesondere der Art. 263 ff. AEUV)

- über Klagen eines Mitgliedstaats, eines Organs oder natürlicher oder juristischer Personen (Vertragsverletzungsverfahren, Nichtigkeits-, Untätigkeits- und Schadensersatzklagen sowie Streitigkeiten in Beamtensachen und Klagen aufgrund von Schiedsklauseln),
- im Wege der Vorabentscheidung auf Antrag der einzelstaatlichen Gerichte über die Auslegung des Unionsrechts oder über die Gültigkeit der Handlungen der Organe,
- in allen anderen in den Verträgen vorgesehenen Fällen.[1726]

787b Keine Kompetenz hat der Gerichtshof der Europäischen Union im Rahmen der Außen- und Sicherheitspolitik (Art. 275 I AEUV; eine Ausnahme besteht bei Sanktionen, die gegen juristische und natürliche Personen gerichtet sind, Art. 275 II AEUV); im Rahmen des „Gemeinsamen Raums der Sicherheit, der Freiheit und des Rechts" hat er indes volle Befugnisse, wenn auch mit Ausnahme der Bewertung von Gültigkeit und Verhältnismäßigkeit nationalstaatlicher Handlungen (Art. 276 AEUV).

787c Eine weitere im Zuge des Vertrags von Lissabon in Kraft getretene Neuerung erfolgte bezüglich der Rechtsstellung der **Grundrechtecharta**, die wegen der Geltungsanordnung in Art. 6 I EUV den Verträgen rechtlich gleichgestellt ist. EU-Bürger können sich daher vor dem Gerichtshof der Europäischen Union auf dieses Dokument berufen.

[1725] BVerfGE 123, 267, 340 ff.
[1726] Zu den wichtigsten Verfahren vgl. die Aufbauschemata bei Rn 787d ff.

Bei der Prüfung von Klagen/Verfahren empfehlen sich folgende Aufbauschemata[1727]:

787d

Nichtigkeitsklage nach Art. 256, 263 AEUV

I. Zulässigkeit der Nichtigkeitsklage

1. Zuständigkeit des Gerichts

Die Zuständigkeit des Gerichts für die Nichtigkeitsklage im ersten Rechtszug ergibt sich aus Art. 256 I, 263 AEUV.

2. Parteifähigkeit des Klägers

Die Parteifähigkeit des Klägers ergibt sich aus Art. 263 II-IV AEUV (jeder Mitgliedstaat, das Europäische Parlament, der Rat, die Kommission, der Rechnungshof, die Europäische Zentralbank, der Ausschuss der Regionen sowie jede natürliche oder juristische Person). Die Parteifähigkeit des Beklagten ergibt sich aus Art. 263 I AEUV (die Gesetzgebungsorgane, der Rat, die Kommission, die Europäische Zentralbank, das Europäischen Parlament und der Europäische Rat).

3. Klagegegenstand und Klagegrund

Gegenstand einer Nichtigkeitsklage ist gem. Art. 263 I AEUV ein Rechtsakt der EU (Verordnung, Richtlinie oder Beschluss nach Art. 288 AEUV). Der Klagegrund ergibt sich aus Art. 263 I, II AEUV.

4. Klagebefugnis

Klagen das Europäische Parlament, der Rat, die Kommission oder ein Mitgliedstaat (Art. 263 II AEUV), müssen diese keine Verletzung eigener Rechte oder Befugnisse geltend machen. Der Rechnungshof, die EZB und der Ausschuss der Regionen können nur zur Wahrung ihrer Rechte klagen (Art. 263 III AEUV).

Klagen eine natürliche oder juristische Person (Art. 263 IV AEUV) gegen einen Rechtsakt i.S.v. Art. 289 AEUV (Gesetzgebungsakt), ist nach der Rspr. des EuGH die Klagebefugnis nicht schlicht von der Geltendmachung eines subjektiven Rechts abhängig. Erforderlich sei vielmehr eine qualifizierte individuelle Betroffenheit. Handelt es sich bei dem Klagegegenstand um eine Verordnung i.S.d. Art. 288 II AEUV, ist zudem die sog. Plaumann-Formel des EuGH zu beachten: Danach sind natürliche und juristische Personen durch eine Verordnung nur dann individuell betroffen, wenn diese sie „wegen bestimmter persönlicher Eigenschaften oder besonderer, sie aus dem Kreis aller übrigen Personen heraushebender Umstände berührt und sie daher in ähnlicher Weise individualisiert wie einen Adressaten".[1728]
Diesem Erfordernis qualifizierter Rechtsbetroffenheit stehe auch nicht die EU-Grundrechtecharta entgegen, da diese nicht verlange, dass ein Betroffener ohne jede Voraussetzung unmittelbar vor den Unionsgerichten eine Klage auf Nichtigerklärung von Gesetzgebungsakten der Union anstrengen könne.[1729] Weniger strenge Anforderungen an die Klagebefugnis gelten nach dem EuGH lediglich für sonstige Rechtsakte. Dazu zählen insbesondere Akte nach Art. 290, 291 AEUV („Durchführungsrechtsakte"). Für diese Kategorie dürfte genügen, wenn der Sachvortrag des Klägers die Verletzung oder die Gefährdung von durch das EU-Recht übertragenen Rechten als möglich erscheinen lässt (sog. Möglichkeitstheorie).

5. Frist

Gemäß Art. 263 VI AEUV ist die Klage binnen 2 Monaten zu erheben. Die Frist läuft je nach Lage des Falles von der Bekanntgabe der betreffenden Handlung, ihrer Mitteilung an den Kläger oder in Ermangelung dessen von dem Zeitpunkt an, zu dem der Kläger von dieser Handlung Kenntnis erlangt hat.

II. Begründetheit

Die Klage ist begründet, wenn der angegriffene Akt der EU mit höherrangigem Recht unvereinbar ist. Bei Klagen juristischer und natürlicher Personen muss der Rechtsakt auch das als verletzt gerügte subjektive Recht verletzen.

[1727] Alle im Folgenden genannten Aufbauschemata stellen nur Vorschläge dar; sie erheben nicht den Anspruch, die einzigen richtigen zu sein. Zum Individualrechtsschutz in der EU vgl. auch *Mächtle*, JuS 2015, 28 ff.

[1728] Vgl. nur EuGH Slg. 1963, 199; Slg. 2008, 6351; EuGH NVwZ 2014, 53, 54 ff. (Inuit).

[1729] EuGH NVwZ 2014, 53, 54 ff. (Inuit).

1. Formelle Rechtmäßigkeit

Die Verbandskompetenz (die **Zuständigkeit** der Union) ergibt sich gem. den völkerrechtlichen Verträgen (dem Primärrecht) aus der begrenzten Einzelermächtigung: Die Union ist nur dann für den Erlass eines Rechtsakts zuständig, wenn sie dazu enumerativ ermächtigt ist (vgl. Art. 5 I EUV). Darüber hinaus muss die Organkompetenz gewahrt sein: Der Akt ist nur dann rechtmäßig, wenn das erlassende Organ (Parlament oder Rat) nach den Bestimmungen der Art. 223 ff. AEUV zuständig war. Darüber hinaus müssen organinterne und organexterne **Form- und Verfahrensvorschriften** eingehalten worden sein (vgl. etwa Art. 238 AEUV und Art. 293, 294 AEUV).

2. Materielle Rechtmäßigkeit

Der angegriffene Akt ist rechtswidrig, wenn er im Widerspruch zum vorrangigen primären EU-Recht steht, insbesondere zu den

- im EUV und AEUV geregelten Grundfreiheiten,
- Grundrechten der GRC
- und rechtsstaatlichen Mindestgrundsätzen, die auch in den Mitgliedstaaten verbindlich gelten.

Gelangt das Gericht zu dem Ergebnis, dass der angegriffene Akt rechtswidrig ist, erklärt es diesen für nichtig (Art. 264 AEUV). Bei Teilnichtigkeit kommt eine Teilnichtigkeitserklärung in Betracht.

787e

Vertragsverletzungsverfahren nach Art. 258, 259 AEUV

I. Zulässigkeit des Verfahrens

1. Zuständigkeit des Gerichtshofs der EU

Der Gerichtshof der EU ist zuständig für die Entscheidung über Vertragsverletzungen, die von der Kommission oder einem Mitgliedstaat geltend gemacht werden (Art. 258 II, 259 I AEUV.

2. Parteifähigkeit der Beteiligten

Die Kommission ist parteifähig gem. Art. 258 II AEUV. Die Parteifähigkeit des betreffenden Mitgliedstaates ergibt sich aus Art. 258 I, II, 259 I, II AEUV.

3. Streitgegenstand

Streitgegenstand eines Vertragsverletzungsverfahrens ist gem. Art. 258 I, 259 I AEUV ein Verstoß gegen EU-Recht.

4. Erfolglose Durchführung eines Vorverfahrens

Bevor ein Vertragsverletzungsverfahren vor dem Gerichtshof der EU initiiert werden kann, bedarf es der erfolglosen Durchführung eines Vorverfahrens: Gemäß Art. 258, 259 AEUV sind ein erstes Mahnschreiben/eine erste Rüge, eine begründete Stellungnahme mit Fristsetzung und ein fruchtloser Fristablauf erforderlich.

5. Frist

Eine Frist ist nicht einzuhalten. Gibt die Kommission aber binnen drei Monaten nach dem Zeitpunkt, in dem ein entsprechender Antrag gestellt wurde, keine Stellungnahme ab, kann ungeachtet des Fehlens der Stellungnahme vor dem Gerichtshof geklagt werden (Art. 259 IV AEUV).

II. Begründetheit

Das Vertragsverletzungsverfahren ist begründet, wenn das angegriffene Verhalten gegen eine Verpflichtung aus den Verträgen (d.h. aus dem EUV oder dem AEUV) verstoßen hat (Art. 258 I, 259 I AEUV).

Stellt der Gerichtshof der EU einen Verstoß gegen eine Verpflichtung aus den Verträgen fest, ergibt sich die Rechtsfolge aus Art. 260 AEUV. Danach hat der Staat die Maßnahmen zu ergreifen, die sich aus dem Urteil des Gerichtshofs der EU ergeben. Tut er dies nicht, kann die Kommission, nachdem sie dem Staat nochmals Gelegenheit zur Stellungnahme gegeben hat, erneut den Gerichtshof der EU anrufen, der dann ggf. die Zahlung eines Pauschalbetrags oder Zwangsgelds verhängt.

787f

Vorabentscheidungsverfahren nach Art. 267 AEUV

Von besonderer Bedeutung ist das Vorabentscheidungsverfahren nach Art. 267 AEUV.

I. Zulässigkeit des Verfahrens

1. Zuständigkeit des Gerichts

Die Zuständigkeit des Gerichtshofs der EU für die Vorabentscheidung ergibt sich aus Art. 267 I AEUV.

2. Vorlageberechtigung

Vorlageberechtigt sind die Gerichte der Mitgliedstaaten (Art. 267 II, III AEUV).

3. Vorlagegegenstand

Vorlagegegenstand ist zunächst die Auslegung der Verträge, d.h. des EUV und des AEUV (Art. 267 I lit. a AEUV). Auch Fragen der Auslegung der GRC gehören dazu, da die GRC wegen Art. 6 I Halbs. 2 EUV rechtlich gleichrangig mit den Unionsverträgen ist. Des Weiteren können Gültigkeit und Auslegung von sekundärem EU-Recht (Verordnungen, Richtlinien, Beschlüsse gem. Art. 288 AEUV) sowie die Gültigkeit der (sonstigen) Handlungen der Organe, Einrichtungen oder sonstigen Stellen der EU zum Gegenstand der Vorabentscheidung gemacht werden (Art. 267 I lit. b AEUV).

4. Vorlageverfahren

Kommt es im Rahmen eines Gerichtsverfahrens vor einem Gericht eines Mitgliedstaates der EU zu einer entsprechenden Auslegungsfrage und hält das Gericht eine Entscheidung darüber zum Erlass seines Urteils für erforderlich (sog. **Entscheidungserheblichkeit**), *kann* dieses Gericht die Frage dem Gerichtshof der EU zur Entscheidung vorlegen (Art. 267 II AEUV).[1730] Stellt sich eine derartige Frage in einem Verfahren vor einem letztinstanzlich entscheidenden Gericht, *ist* dieses Gericht verpflichtet, den Gerichtshof der EU anzurufen (Art. 267 III AEUV).[1731] Letztinstanzliche Gerichte im Sinne der Anrufungspflicht sind nicht nur die obersten Gerichte der jeweiligen Gerichtsbarkeit, sondern alle Gerichte, deren Entscheidungen im konkreten Fall nicht mehr mit Rechtsmitteln angefochten werden können (also z.B. grundsätzlich auch ein Amtsgericht, wenn der Berufungsstreitwert von mehr als 600 Euro nicht erreicht wird, vgl. § 511 II Nr. 1 ZPO).

II. Beantwortung der Vorlagefrage

Die Beantwortung der Vorlagefrage hat zur Folge, dass das Gericht des Ausgangsverfahrens seine Entscheidung an der Antwort des Gerichtshofs der EU ausrichten muss. Auswirkungen hat die Antwort also an sich nur für das konkrete Verfahren. Faktisch besteht allerdings nicht nur eine Inter-partes-Wirkung (d.h. zwischen den Prozessparteien), sondern sogar eine Inter-omnes-Wirkung (d.h. eine Allgemeingültigkeit), da sich auch andere Gerichte bei der Entscheidung vergleichbarer Fälle an der Antwort des Gerichtshofs orientieren werden.

[1730] Das Modalverb „kann" deutet auf eine Vorlageberechtigung, nicht aber auf eine Vorlageverpflichtung hin, wie das bei Art. 267 III AEUV hinsichtlich letztinstanzlicher Gerichte der Fall ist. Gleichwohl geht der EuGH auch bei Art. 267 II AEUV von einer Vorlagepflicht jedenfalls dann aus, wenn das Gericht eine Vorschrift des Unionsrechts oder eine sonstige Handlung eines Unionsorgans für ungültig erachtet und nicht anwenden möchte (EuGH Slg. 1987, 4199 ff. – Foto-Frost). In einer jüngeren Entscheidung nimmt der EuGH unter bestimmten Voraussetzungen sogar generell eine Vorlagepflicht an, wenn die Vereinbarkeit nationaler Maßnahmen mit EU-Recht in Frage steht (EuGH Slg. I-2000, 1651 ff. – Greenpeace). Auch das BVerfG geht von einer Vorlagepflicht auch im Fall des Art. 267 II AEUV aus (BVerfG NJW 2012, 45, 46 f.).

[1731] Vgl. dazu EuGH NJW 1983, 1257; BVerfG NJW 2014, 2489, 2490.

7. Kapitel
Die Gesetzgebung nach dem Grundgesetz

788 Nach der Grundregel des Art. 30 GG sind die Ausübung der staatlichen Befugnisse und die Erfüllung der staatlichen Aufgaben Sache der Länder, soweit das Grundgesetz keine andere Regelung trifft oder zulässt. Für die Gesetzgebung konkretisiert Art. 70 I GG diese Grundregel. Danach haben die Länder das Recht der Gesetzgebung, soweit das Grundgesetz nicht dem Bund Gesetzgebungsbefugnisse verleiht. Inwieweit das Grundgesetz dem Bund Gesetzgebungsbefugnisse verleiht, bemisst sich gem. Art. 70 II GG nach den Vorschriften des Grundgesetzes über die ausschließliche und die konkurrierende Gesetzgebung. Das sind insbesondere die Art. 71-74 GG, im Rahmen der ausschließlichen Gesetzgebungskompetenz aber auch zahlreiche andere Normen des Grundgesetzes, die ausdrücklich auf ein „Bundesgesetz" oder auf ein „Gesetz mit Zustimmung des Bundesrats" verweisen (vgl. Rn 805 ff.).

789 Art. 70 I GG statuiert somit ein Regel-Ausnahme-Verhältnis: Der Bund hat nur die ihm zugewiesenen Gesetzgebungskompetenzen. Besteht also keine Bundesgesetzgebungskompetenz, liegt die Gesetzgebungskompetenz bei den Ländern. Aufgrund des Umfangs der dem Bund zugewiesenen Gesetzgebungskompetenzen (vgl. nur die in Art. 73 I und 74 I GG aufgelisteten Zuständigkeiten) war in der Praxis das Regel-Ausnahme-Verhältnis aber lange Zeit umgekehrt. Erst seit der am 1.9.2006 in Kraft getretenen Föderalismusreform, deren Zweck in der Verringerung der (zustimmungspflichtigen) Bundesgesetze und in der Wiederherstellung des föderalen Gleichgewichts bestand, liegt die Sachlage anders. Darauf wird im Folgenden ausführlich eingegangen.

Neben den geschriebenen existieren einige ungeschriebene Gesetzgebungskompetenzen des Bundes. So wird aus der Formulierung in Art. 30 GG („oder zulässt") gefolgert, dass der Bund nach entsprechender Auslegung des Grundgesetzes eine „Annexkompetenz", eine Gesetzgebungskompetenz „kraft Sachzusammenhangs" oder „aus der Natur der Sache" habe. Vgl. dazu im Einzelnen Rn 842 ff.

Kann eine Gesetzgebungskompetenz des Bundes nicht begründet werden, bleibt es bei der Grundregel der Art. 30, 70 I GG. Den Ländern verbleiben insbesondere das Landesverfassungsrecht, die Landesverwaltung (vor allem der Verwaltungsaufbau, vgl. aber Art. 84 I GG), die Kulturhoheit (d.h. das Schul- und Ausbildungswesen, Kunst, Rundfunk und Fernsehen), das Kommunalrecht und das allgemeine Polizei- und Ordnungsrecht.

Hat der Bund eine ausschließliche Gesetzgebungskompetenz, ergibt sich daraus eine absolute Sperrwirkung für die Landesgesetzgebung. Die Länder dürfen nicht tätig werden, es sei denn, sie wurden hierzu in einem Bundesgesetz ausdrücklich ermächtigt (Art. 71 GG). Anders verhält es sich bei der konkurrierenden Gesetzgebung: Bleibt hier der Bund untätig, ist die Landesgesetzgebung nicht von vornherein gesperrt (vgl. Art. 72 I, II GG – vgl. Rn 808 ff.). Dieses Phänomen ist im Zuge der Föderalismusreform durch die Neuregelung in Art. 72 III GG noch verstärkt worden (vgl. Rn 819 ff.).

790 Die Zuweisung einer Kompetenz begründet grds. keine Pflicht zum Tätigwerden.[1732] Ob der jeweilige Gesetzgeber tätig wird, steht grds. in seinem Ermessen. Eine Gesetzgebungspflicht kann sich ausnahmsweise aber ergeben, wenn eine Vorschrift des Grundgesetzes dies (nach entsprechender Auslegung) fordert. Eine solche Verpflichtung kann sich insbesondere aus Gesetzgebungsaufträgen (bei Grundgesetznormen, die bestimmen, dass das Nähere ein Bundesgesetz *regelt* bzw. *bestimmt*), Grundrechten (insb. Art. 2 II S. 1 GG) und bei der Umsetzung von EU-Recht (insb. bei der Umsetzung von Richtlinien) ergeben.

[1732] *Pieroth*, in: J/P, GG, Art. 70 Rn 22; *Sannwald*, in: Schmidt-Bleibtreu/Hofmann/Henneke, GG, Art. 70 Rn 10/24.

A. Die Verteilung der Gesetzgebungskompetenzen

Wichtige Entscheidungen: BVerfGE 1, 167 (Verdrängte Angehörige des öffentlichen Dienstes); 1, 264 (Schornsteinfeger); 2, 213 (Straffreiheitsgesetz); 3, 407 (Bundesbaugesetz); 4, 115 (Beamtenbesoldung); 7, 342 (Landesurlaubsgesetze); 8, 104 (Volksbefragung über Atomwaffen); 12, 205 (1. Rundfunkurteil); 13, 230 (Ladenschlussgesetz); 15, 1 (Wasserwirtschaft); 18, 305 (Niedersächsisches Landesjagdgesetz); 24, 367 (Hamburgisches Deichordnungsgesetz); 26, 246 (Ingenieurgesetz); 26, 281 (Gebührenpflicht der Deutschen Bundesbahn); 26, 338 (Eisenbahnkreuzungsgesetz); 28, 119 (Spielbankengesetz); 34, 9 (Hessisches Besoldungsgesetz); 38, 281 (Arbeitnehmerkammern); 41, 205 (Badische Gebäudeversicherungsanstalt); 42, 20 (Hamburgisches Wegegesetz); 45, 297 (Hamburgisches Enteignungsgesetz); 48, 367 (Hessisches Pressegesetz); 51, 43 (Bayrisches Personalvertretungsgesetz); 56, 298 (Lärmschutzbereiche für die Umgebung militärischer Flugplätze); 57, 43 (Hauptverwaltungsbeamte im Ruhestand); 58, 137 (Pflichtexemplar); 58, 177 (Wählbarkeit eines Leitenden Angestellten eines Landkreises in den Rat einer kreisangehörigen Gemeinde); 61, 149 (Staatshaftungsgesetz); 67, 299 (Parken auf öff. Verkehrsraum); 68, 319 (Ärztliche Gebührenvorschriften); 73, 118 (Niedersächsisches Landesrundfunkgesetz); 75, 108 (Künstlersozialversicherung); 77, 288 (Annexregelung zur Bauleitplanung); 78, 249 (Konkurrierende Gesetzgebung des Bundes); 80, 137 (Reiten im Wald); E 96, 345 (Landesverfassungsbeschwerde); 98, 106 (Unzulässigkeit kommunaler Verpackungssteuern); 98, 145 (Kompetenz des Landesgesetzgebers für das Landeswahlrecht); 98, 218 (Verfassungsmäßigkeit der Rechtschreibreform); 98, 265 (Bayerisches Schwangerenhilfeergänzungsgesetz); 106, 62 (Altenpflegegesetz); 110, 141 (Hunderecht des Bundes); 111, 10 (Ladenschluss); 111, 226 (Juniorprofessur); 112, 226 (Studiengebührenverbot); 113, 348 (Telekommunikationsüberwachung); 115, 118 (Luftsicherheitsgesetz); BVerfG NJW 1996, 2497 („Annexkompetenz kraft Sachzusammenhangs"); NVwZ 1998, 271 (Aufopferungsanspruch); NJW 1988, 1899 (Hessisches Bildungsurlaubsgesetz); NVwZ 2014, 646 (Filmförderungsgesetz); NJW 2015, 44 (HessSchulG); NJW 2015, 303 (Erbschaftsteuer); NVwZ 2015, 582 (Samstagsarbeit); NJW 2015, 2399 (Betreuungsgeldgesetz); BVerwGE 97, 12 (Rennwett- und Lotteriegesetz); BVerwG NJW 1999, 841 (Schwangerschaftsabbruch III)

I. Grundsätze der Verteilung der Gesetzgebungskompetenzen

Wie bereits bei Rn 21a ff. dargelegt, geht das Grundgesetz vom Grundsatz der Gesetzgebungskompetenz der Länder aus (vgl. Art. 30, 70 I GG). Um daher eine Bundesgesetzgebungskompetenz annehmen zu können, bedarf es einer Kompetenznorm im Grundgesetz, die diese Zuständigkeit begründet. Hinsichtlich der Gesetzgebung sind dies in erster Linie die Art. 71 ff. GG. Ob ein bestimmtes (geplantes oder bereits erlassenes) Bundesgesetz von einer Kompetenznorm umfasst ist, muss durch Interpretation der Art. 71 ff. GG festgestellt werden. Um aber den Grundsatz der Länderzuständigkeit zu wahren, ist im Zweifel eine restriktive Interpretation des in Betracht kommenden Kompetenztitels angezeigt.[1733] Abzustellen ist dabei nicht auf den Titel des Gesetzes oder gar auf das erklärte Ziel des Gesetzgebers, sondern allein auf den **materiellen Regelungsgehalt** des Gesetzes am Maßstab des in Betracht kommenden Kompetenztitels, der wiederum anhand des Wortlauts, historisch, systematisch und mit Blick auf den Normzweck auszulegen ist.[1734] 791

Beispiel: Der Bund hat gem. Art. 72 II i.V.m. 74 I Nr. 4 GG die konkurrierende Gesetzgebungskompetenz für das Aufenthalts- und Niederlassungsrecht der Ausländer. Durch den Erlass des Aufenthaltsgesetzes (früher: Ausländergesetz) hat er von dieser Gesetzgebungskompetenz Gebrauch gemacht. Fügte der Gesetzgeber nunmehr einen Abschnitt mit dem Titel „Gewährleistung von Sicherheit und Ordnung bei Versammlungen von Ausländern" in das Aufenthaltsgesetz ein, wonach es den Polizeibehörden gestattet wäre, aus Gründen der Gefahrenabwehr bestimmte auffällige Personen für die Dauer der Versammlung in Gewahrsam zu nehmen[1735], könnte diese Bestimmung aufgrund ihrer Benennung von dem Recht zur Regelung des Ausländerwesens umfasst

---

[1733] BVerfGE 61, 149, 174.

[1734] BVerfGE 68, 319, 327 f.; BVerfG NVwZ 2017, 1111, 1113 mit Verweis auf BVerfGE 109, 190, 212; 138, 261, 273. Vgl. aber auch BVerfGE 110, 141, 156 ff., wo das Gericht diesen Grundsatz weniger streng handhabt (vgl. dazu die Ausführungen zu Art. 74 I Nr. 20 GG).

[1735] Ingewahrsamnahme (Eingriffsobjekt: Art. 2 II S. 2, 104 II GG) ist eine kurzfristige polizei- und ordnungsbehördlich angeordnete Freiheitsentziehung, vgl. § 13 MePolG; Bund: § 39 BundesPolG; BW: § 28 PolG; Bay: Art. 17 PAG; Berl: § 30 ASOG; Brand: § 17 PolG; Brem: § 15 PolG; Hamb: § 13 SOG; Hess: § 32 SOG; MeckVor: § 55 SOG; Nds: § 18 POG; NRW: § 35 PolG; RhlPfl: § 14 POG; Saarl: § 13 PolG; Sachs: § 22 PVDG; SachsAnh: § 37 SOG; SchlHolst: § 204 LVwG; Thür: § 19 PAG.

sein und somit eine Bundeszuständigkeit nach Art. 72 II i.V.m. 74 I Nr. 4 GG begründen. Abzustellen ist aber nicht auf die Benennung der Bestimmung, sondern auf deren materiellen Regelungsgehalt. Dies ist vorliegend Gefahrenabwehr. Das Recht der Gefahrenabwehr im vorliegenden Zusammenhang ist aber von keiner Kompetenzbestimmung zugunsten des Bundes erfasst. Selbst wenn man auf das Versammlungswesen abstellte, fehlte dem Bund die Gesetzgebungskompetenz.[1736] Daher greift die Länderzuständigkeit. Die o.g. Bestimmung wäre somit wegen Unzuständigkeit des Bundes (formell) verfassungswidrig. Zur Gesetzgebungskompetenz in Bezug auf die Gefahrenabwehr vgl. auch Rn 800 und 807c.

792 Die Zuständigkeitsregelungen der Art. 70 ff. GG gelten allerdings prinzipiell **nicht** für die **Finanzverfassung**. Insoweit stellen die Sonderbestimmungen der Art. 104a ff. GG eine abschließende Regelung dar. Da sich diese Vorschriften aber nur auf die drei klassischen Abgabenarten Steuern, Gebühren und Beiträge beziehen, richtet sich die Gesetzgebungskompetenz für die sog. **Sonderabgaben** nach den Art. 70 ff. GG.[1737] Vgl. dazu Rn 952 ff.

II. Die Gesetzgebungskompetenz der Länder

793 Soweit das Grundgesetz keine Bundeszuständigkeit statuiert, bleibt es bei der Länderzuständigkeit (Art. 30, 70 I GG, s.o.). Das bedeutet, dass jedes Land alleine und für sich das Recht in Anspruch nehmen kann, für seinen Bereich Gesetze zu erlassen. Aus dem Prinzip der Bundestreue kann sich jedoch ergeben, dass eine gewisse Koordination und Homogenität erforderlich sind (vgl. Art. 28 I GG). So sind für die Bereiche des Bauordnungsrechts und des allgemeinen Gefahrenabwehrrechts Musterentwürfe entwickelt worden, die für eine weit reichende Übereinstimmung der Landesgesetze gesorgt haben, ohne dass jedoch eine verbindliche Wirkung bestünde.

794 Das Homogenitätsgebot des Art. 28 I GG verlangt aber keine Konformität oder Unitarisierung. Dies stünde schon mit dem Bundesstaatsprinzip in Widerspruch. Beschließen die Länder daher eine einheitliche Gesetzgebung bzw. betreiben konzertierte Aktionen, dann erfolgt dies aufgrund eines freiwilligen Beschlusses.

795 Einige Länderzuständigkeiten lassen sich ohne weiteres dem Grundgesetz entnehmen. Dazu zählen insbesondere die Regelungen über

- das öffentlich-rechtliche Versicherungswesen (Umkehrschluss aus Art. 74 I Nr. 11 GG) mit Ausnahme der Sozialversicherung nach Art. 74 I Nr. 12 GG[1738],
- die örtlichen Verbrauchs- und Aufwandssteuern, solange und soweit sie nicht bundesgesetzlich geregelten Steuern gleichartig sind (Art. 105 IIa S. 1 GG), sowie die Befugnis zur Bestimmung des Steuersatzes bei der Grunderwerbsteuer (Art. 105 IIa S. 2 GG)
- und die Religionsgemeinschaften (Art. 140 GG i.V.m. Art. 137 VIII, 138 I WRV)
- Darüber hinaus haben die Länder seit der Föderalismusreform 2006 die Kompetenz zur Regelung folgender Gebiete: Strafvollzug (einschließlich des Untersuchungshaftvollzugs), Versammlungsrecht, Wohnungs-, Siedlungs- und Heimrecht, Ladenschlussrecht, Gaststättenrecht, Spielhallenrecht[1739], Schaustellung von Personen, Messen, Ausstellungen und Märkte, landwirtschaftlicher (nicht städtebaulicher) Grundstücksverkehr, Sport, Freizeit und verhaltensbezogener Lärm sowie die Flurbereinigung. Das folgt aus

---

[1736] Wie noch ausgeführt wird, wurde im Zuge der Föderalismusreform 2006 aber auch das Versammlungsrecht aus Art. 74 I Nr. 3 GG gestrichen und damit in die Gesetzgebungskompetenz der Länder überführt (vgl. dazu im Einzelnen Rn 832b).
[1737] *Sannwald*, in: Schmidt-Bleibtreu/Hofmann/Henneke, GG, Art. 70 Rn 35; *Pieroth*, in: J/P, GG, Art. 105 Rn 9.
[1738] Vgl. dazu BVerfGE 41, 205, 218 f.
[1739] Vgl. dazu BVerfG NVwZ 2017, 1111, 1113.

den Streichungen von Kompetenztiteln bzw. aus Negativformulierungen in Art. 74 I Nr. 1, 3, 7, 11, 17 und 18 GG.[1740] Jedoch ist zu beachten, dass vor der Föderalismusreform 2006 erlassene Bundesgesetze (wie bspw. das VersG und das GastG) gem. Art. 125a I S. 1 GG nach der Föderalismusreform ihre Geltung behalten, solange die Länder keine eigenen Gesetze auf den betroffenen Gebieten erlassen. Fraglich ist aber, ob der Bund die Gesetze, die er vor der Föderalismusreform erlassen hat, nach der Föderalismusreform aufheben bzw. ändern darf oder ob ihm hierfür die Gesetzgebungskompetenz fehlt. Sachgerecht scheint es, dem Bund sowohl eine Aufhebungskompetenz als auch eine „Anpassungskompetenz" einzuräumen, d.h. das Recht, bestehende und nach Art. 125a I S. 1 GG fortgeltende Regelungen aufzuheben oder an sich ändernde gesellschaftliche Prozesse anzupassen. Ein Eingriff in die Gesetzgebungskompetenz der Länder besteht hierbei nicht, denn es steht den Ländern ja frei, jederzeit die bundesgesetzlichen Regelungen durch eigene zu ersetzen, Art. 125a I S. 2 GG. Vgl. dazu auch Rn 849a.

- Dagegen ist die Rahmengesetzgebungskompetenz des Bundes gem. Art. 75 GG (a.F.) im Zuge der Föderalismusreform komplett aufgehoben worden.[1741] Damit hat sich nicht nur der Streit erledigt, wieweit der Bund Einzelfragen regeln darf, damit noch von einem „Rahmen"gesetz gesprochen werden kann, sondern auch die Frage, ab wann die Länder den ihnen vorgegebenen Rahmen verlassen haben.[1742]

Die Kompetenzen des im Zuge der Föderalismusreform 2006 aufgehobenen Art. 75 GG sind jedoch nicht allesamt ersatzlos gestrichen (und damit nicht der originären Gesetzgebungskompetenz der Länder überführt) worden, sondern finden sich teilweise in den Katalogen der ausschließlichen und konkurrierenden Gesetzgebungskompetenz des Bundes wieder (vgl. dazu Rn 834). Für die Länder folgt daraus eine Gesetzgebungskompetenz auf den Gebieten der Beamtenbesoldung und -versorgung[1743], der allgemeinen Rechtsverhältnisse der Presse[1744], und des Hochschulwesens (mit Ausnahme der Hochschulzulassung und der Hochschulabschlüsse)[1745]. Dagegen hat der Bund nunmehr die konkurrierende Gesetzgebungskompetenz für das Jagdwesen (Art. 74 I Nr. 28 GG n.F.), den Naturschutz und die Landschaftspflege (vgl. Art. 74 I Nr. 29 GG n.F.), die Bodenverteilung, Raumordnung und den Wasserhaushalt (Art. 74 I Nr. 30-32 GG n.F.) sowie die ausschließliche Gesetzgebungskompetenz für das Melde- und Ausweiswesen (Art. 73 I Nr. 3 GG n.F.) und den Schutz deutschen Kulturguts gegen Abwanderung ins Ausland (Art. 73 I Nr. 5a GG n.F.). 796

Andere Zuständigkeiten der Länder hat die Rechtsprechung durch Verfassungsinterpretation im Wesentlichen auf den Gebieten des internen **Organisations- und Verfahrensrechts**, des **Kommunalrechts** und des (allgemeinen) **Gefahrenabwehr-** 797

[1740] Wegen der Studien- und Prüfungsrelevanz werden vor allem das Recht des Strafvollzugs bei Rn 832a, das Versammlungsrecht bei Rn 832b, das Ladenschlussrecht, das Gaststättenrecht, das Spielhallenrecht, das Recht der Schaustellung von Personen sowie das Recht der Messen, Ausstellungen und Märkte jeweils bei Rn 832c näher erläutert.

[1741] Die in Art. 75 I GG a.F. genannten, von den Ländern im Einzelnen auszugestaltenden Bereiche waren der öffentliche Dienst in den Ländern, Gemeinden und anderen Körperschaften (Art. 75 I Nr. 1 GG a.F.), das Hochschulwesen (Art. 75 Nr. 1 a GG a.F.), das Pressewesen (Art. 75 I Nr. 2 GG a.F.), das Jagdwesen, der Naturschutz und die Landschaftspflege (Art. 75 I Nr. 3 GG a.F.), die Bodenverteilung, der Wasserhaushalt (Art. 75 I Nr. 4 GG a.F.), das Melde- und Ausweiswesen (Art. 75 I Nr. 5 GG a.F.) und der Schutz deutschen Kulturguts (Art. 75 I Nr. 6 GG a.F.). In diesen Fällen war zu beachten, dass der Bund stets die Kompetenz hatte, Rahmengesetze zu erlassen. Die Gesetzgebungskompetenz der Länder beschränkte sich auf die Ausfüllung des jeweiligen Rahmens.

[1742] Vgl. zum Streitstand die Vorauflagen bis einschließlich der 6. Aufl. 2006, Rn 833 ff.

[1743] Vgl. Art. 75 I S. 1 Nr. 1 GG a.F., aber auch Art. 74 I Nr. 27 GG n.F., wonach der Bund die konkurrierende Gesetzgebungskompetenz für die Statusrechte und -pflichten der Beamten der Länder und Gemeinden sowie der Richter der Länder mit Ausnahme der Besoldung und Versorgung hat (ein diese Kompetenz ausfüllendes „Beamtenstatusgesetz" des Bundes ist am 2009 in Kraft getreten). Die Gesetzgebungskompetenz in Bezug auf die Regelung der Rechtsverhältnisse der Bundesbeamten und -richter ist von vornherein Sache des Bundes; Art. 73 I Nr. 8 GG stellt dies klar.

[1744] Vgl. Art. 75 I S. 1 Nr. 2 GG a.F.

[1745] Vgl. Art. 75 I S. 1 Nr. 1a GG a.F. sowie Art. 74 I Nr. 33 GG n.F. – dazu Rn 832k. Nicht zur Materie der Hochschulzulassung gehört die Erhebung von Studiengebühren; ihre Regelung unterfällt der Gesetzgebungskompetenz der Länder (vgl. BVerwGE 134, 1, 3; BVerwG NVwZ 2011, 1272, 1273; *Beaucamp*, JA 2012, 765, 767).

rechts[1746] anerkannt. Dazu zählen das Gemeinderecht[1747], das Landesparlamentsrecht[1748], das Denkmalschutzrecht[1749], die Festsetzung von Feiertagen[1750], das Rundfunkrecht[1751], die *Ausübung* des Ärzteberufs[1752], das Schulrecht einschließlich des Privatschulrechts[1753], die Regelung der Rechtsverhältnisse an Landesstraßen (Straßen- und Wegerecht)[1754], das Bauordnungsrecht als besonderes Gefahrenabwehrrecht, das Wasserrecht (nicht das Wasserhaushaltsrecht, vgl. Art. 74 I Nr. 32 GG) als besonderes Gefahrenabwehrrecht, die Wahlen in den Ländern[1755] und das Pflichtexemplarrecht[1756]. Auch sind nach h.M. die Länder für den Erlass sog. Nichtraucherschutzgesetze („Rauchverbot in Gaststätten") zuständig. Eine konkurrierende Bundesgesetzgebungszuständigkeit (etwa aus Art. 74 I Nr. 12 GG – gemeingefährliche Krankheiten, Gifte, Nr. 20 – Genussmittel und Nr. 24 – Luftreinhaltung) wurde hier abgelehnt, sodass eine Länderzuständigkeit besteht.

III. Die Gesetzgebungskompetenz des Bundes

798 Das Grundgesetz unterscheidet seit der Föderalismusreform 2006 nur noch drei Arten der geschriebenen Gesetzgebungskompetenz des Bundes, die **ausschließliche** Gesetzgebungskompetenz (vgl. Art. 71, 73 GG und andere, im Grundgesetz verstreute Bestimmungen), die **konkurrierende** Gesetzgebungskompetenz (vgl. 72, 74 GG) und die Kompetenz zur Regelung von Gemeinschaftsaufgaben bzw. zur **Grundsatzgesetzgebung** (Art. 109 IV, Art. 91a und Art. 140 GG i.V.m. Art. 138 I S. 2 WRV). Die bislang in Art. 75 und 98 III S. 2 GG genannte **Rahmengesetzgebung** ist **entfallen** (vgl. dazu bereits Rn 795 und 796, aber auch Rn 836). Ebenso ist die Befugnis nach Art. 74a GG entfallen (teilweise nunmehr in Art. 74 I Nr. 27 GG n.F. geregelt). Zur **Steuergesetzgebungskompetenz** (Art. 105 GG) vgl. Rn 962 ff.

799 Nichts hat die Föderalismusreform an der grundsätzlichen Anerkennung der ungeschriebenen Gesetzgebungskompetenzen („Kompetenzergänzungen"), namentlich der Kompetenz **kraft Sachzusammenhangs**, aus der **Natur der Sache** und der **Annexkompetenz** geändert. Mit Blick auf den Zweck der Reform, eine klare Aufteilung der Kompetenzen zwischen Bund und Ländern herbeizuführen und die Zuständigkeit der Länder auszuweiten, wird man jedoch diskutieren müssen, eine restriktivere Handhabung solcher ungeschriebener Bundeskompetenzen anzustreben, um nicht die Reform über die Hintertür wieder zu relativieren (vgl. dazu näher Rn 842 ff.).

800 Besonderer Erwähnung bedarf nach wie vor das **Polizei- und Ordnungsrecht**. Gelegentlich wird in der Literatur von einer „Polizeihoheit der Länder" gesprochen. An anderer Stelle liest man, dass polizeiliche Gefahrenabwehr allein Sache der Länder sei. Solche Behauptungen sind zu pauschal. Richtig ist vielmehr, dass auch in diesem Zusammenhang die für alle Materien geltenden grundgesetzlichen Bestimmungen über die Zuständigkeiten heranzuziehen sind. Danach hat der Bund immer, aber auch nur dann, eine Gesetzgebungskompetenz, wenn sie ihm zugewiesen ist. Das ist in vielen Spezialbereichen des Gefahrenabwehrrechts der Fall. So hat der Bund

---

[1746] Obwohl sich dies an sich schon aus Art. 30, 70 I GG ergibt; vgl. dazu *R. Schmidt*, POR, Rn 1 ff.
[1747] BVerfGE 1, 167, 176; 56, 298, 310; 57, 43, 59; 58, 177, 191 f.
[1748] BVerfGE 98, 145, 157.
[1749] BVerfGE 78, 205, 211; BVerwGE 102, 260, 265.
[1750] BayVerfGHE 35, 10, 18 f.; DÖV 1996, 558.
[1751] BVerfGE 12, 205, 209; 92, 203, 238. Vgl. auch BVerfG NVwZ 2008, 658, 659 f.
[1752] Demgegenüber gehört das *Zulassungs*recht zur konkurrierenden Gesetzgebungskompetenz des Bundes (Art. 74 I Nr. 19 GG).
[1753] BVerfGE 98, 218, 248; BVerwGE 104, 1, 6.
[1754] BVerfGE 67, 299, 314 f. Das Straßen- und Wegerecht darf nicht mit dem Straßenverkehrsrecht verwechselt werden, für das der Bund die Gesetzgebungskompetenz besitzt (Art. 74 I Nr. 22 GG).
[1755] BVerfGE 98, 145, 157.
[1756] BVerfGE 58, 137, 146.

- gestützt auf die **ausschließliche** Gesetzgebungskompetenz u.a. das Passgesetz (Art. 73 I Nr. 3 GG), das Bundespolizeigesetz (das den Grenzschutz einschließt) und das Zollverwaltungsgesetz (jeweils Art. 73 I Nr. 5 GG), das Waffengesetz und das Sprengstoffgesetz (jeweils Art. 73 I Nr. 12 GG), das Luftverkehrsgesetz (Art. 73 I Nr. 6 GG), das Bundeseisenbahngesetz (Art. 73 I Nr. 6a GG), das Luftsicherheitsgesetz (Art. 73 I Nr. 9a GG), das Bundeskriminalamtsgesetz (Art. 73 I Nr. 10a und c GG) und das Bundesverfassungsschutzgesetz (Art. 73 I Nr. 10b und 10c GG)[1757],

  Beispiel[1758]**:** Gemäß Art. 73 I Nr. 5 GG hat der Bund die ausschließliche Gesetzgebungskompetenz u.a. für den Grenzschutz. In diesem Zusammenhang hat der Bund das Bundespolizeigesetz (BPolG) erlassen, das gem. § 2 I BPolG auch den Grenzschutz umfasst. Für die Gesetzgebungsmaterien des Art. 73 GG haben die Länder die Befugnis zur Gesetzgebung nur, wenn und soweit sie hierzu in einem Bundesgesetz ausdrücklich ermächtigt werden. Erlaubt also ein Landesgesetz Kennzeichenkontrollen zur Verhütung oder Unterbindung der unerlaubten Überschreitung der Staatsgrenze, ist diese Befugnis nur dann mit Art. 73 I Nr. 5 GG i.V.m. Art. 71 GG vereinbar, wenn der Bund die Länder ausdrücklich ermächtigt hat. Gemäß § 2 I BPolG obliegt der Bundespolizei der Grenzschutz, soweit nicht ein Land im Einvernehmen mit dem Bund Aufgaben des grenzpolizeilichen Einzeldienstes mit eigenen Kräften wahrnimmt. Ein solches Einvernehmen besteht aber nicht. Daher verstößt die landesgesetzliche Regelung gegen Art. 73 I Nr. 5 GG i.V.m. Art. 71 GG. Kein Verstoß gegen die genannten Kompetenznormen liegt aber vor, wenn das Landesgesetz Kennzeichenkontrollen zur Verhütung oder Unterbindung des unerlaubten Aufenthalts und zur Bekämpfung der grenzüberschreitenden Kriminalität erlaubt. Zwar besteht auch hier ein Grenzbezug, nach Auffassung des BVerfG dient die Regelung jedoch nicht unmittelbar dem Schutz der Bundesgrenze.[1759]

- und gestützt auf die **konkurrierende** Gesetzgebungskompetenz das Versammlungsgesetz und das Vereinsgesetz (jeweils Art. 74 I Nr. 3 GG a.F.), das Aufenthaltsgesetz (Art. 74 I Nr. 4 GG), die Gewerbeordnung und das Gaststättengesetz (jeweils Art. 74 I Nr. 11 GG a.F.), das Bundesbodenschutzgesetz (Art. 74 Abs. 1 Nr. 18 GG), das Produktsicherheitsgesetz und das Lebensmittel- und Futtermittelgesetzbuch (jeweils Art. 74 I Nr. 20 GG), das Wasserstraßengesetz (Art. 74 I Nr. 21 GG), das Straßenverkehrsgesetz (mit den Rechtsverordnungen Straßenverkehrsordnung, Straßenverkehrs-Zulassungsordnung, Fahrerlaubnisverordnung und Fahrzeugzulassungsverordnung, jeweils Art. 74 I Nr. 22 GG) sowie das Bundesimmissionsschutzgesetz und Kreislaufwirtschaftsgesetz (jeweils Art. 74 I Nr. 24 GG) erlassen. Jedoch sind einige dieser Materien im Zuge der Föderalismusreform 2006 in die originäre Gesetzgebungskompetenz der Länder überführt worden. Das betrifft namentlich das Versammlungsrecht, das Gaststättenrecht und Teile des allgemeinen Gewerberechts.[1760]

1757 Im Zuge der am 1.9.2006 in Kraft getretenen Föderalismusreform (BGBl I S. 2034), in deren Rahmen insbesondere eine Neuverteilung der Gesetzgebungskompetenzen vorgenommen wurde, ist der Kompetenztitel *Abwehr von Gefahren des internationalen Terrorismus* in Art. 73 I GG aufgenommen worden (Nr. 9a). Anschließende Änderungen des BKAG und des BVerfSchG, in die weitere (auch präventivpolizeiliche) Befugnisse aufgenommen worden waren, wurden bereits mehrfach verlängert (dazu *Gnüchtel*, NVwZ 2016, 13 ff.). Zur Föderalismusreform vgl. i.Ü. *R. Schmidt*, Staatsorganisationsrecht, Rn 788 ff.

1758 Siehe BVerfG NJW 2019, 827 ff.

1759 BVerfG NJW 2019, 827, 831.

1760 Zu beachten ist, dass im Zuge der Föderalismusreform 2006 der verfassungsändernde Gesetzgeber das früher unter Art. 74 I GG gefasste Versammlungsrecht, Ladenschlussrecht, Gaststättenrecht, Spielhallenrecht sowie das Recht der Schaustellung von Personen, der Messen, der Ausstellungen und der Märkte in die Gesetzgebungskompetenz der Länder überführt hat. Damit sind diese Materien des sog. besonderen Gefahrenabwehrrechts nicht mehr bundesgesetzlich regelbar. Allerdings ist hier wiederum zu beachten, dass bisherige Bundesgesetze in Ländern, die noch keine eigenen Regelungen erlassen haben, fortgelten (vgl. Art. 125a I GG). Das betrifft in erster Linie das Versammlungsgesetz, da erst einige Länder eigene Versammlungsgesetze erlassen haben. Wenn also in den folgenden Beispielen das VersG genannt wird, ist damit das des Bundes gemeint, das gem. Art. 125a I GG fortgilt. Auch hinsichtlich des Gaststättenrechts haben erst einige Bundesländer eigene Landesgaststättengesetze erlassen. Daher wird auch diesbezüglich diesem Buch das GastG des Bundes zugrunde gelegt.

- Dagegen ist im Zuge der Föderalismusreform 2006 das früher auf die Rahmengesetzgebungskompetenz gestützte WHG (Art. 75 I S. 1 Nr. 4 GG a.F.) in die konkurrierende Gesetzgebungskompetenz des Bundes (Art. 74 I Nr. 32 GG n.F.) überführt worden und das Melde- und Ausweiswesen (Art. 75 I S. 1 Nr. 5 GG a.F.) ist nunmehr Bestandteil der ausschließlichen Gesetzgebungskompetenz des Bundes (Art. 73 I Nr. 3 GG n.F.). Das Waffengesetz und das Sprengstoffgesetz, die früher jeweils als Bestandteil der konkurrierenden Gesetzgebungskompetenz Art. 74 I Nr. 4a GG a.F. unterfielen, sind nunmehr ebenfalls der ausschließlichen Gesetzgebungskompetenz gem. Art. 73 I Nr. 12 GG n.F. unterstellt (s.o.).

801 Kann also eine Gesetzgebungskompetenz des Bundes nicht begründet werden, bleibt es bei der Grundregel der Art. 30, 70 I GG. Den **Ländern** verbleiben somit insbesondere das (Hoch-)Schulrecht, das Bauordnungsrecht und das **allgemeine Polizei- und Ordnungsrecht**. Gerade aber beim allgemeinen Polizei- und Ordnungsrecht ist die Gesetzgebungskompetenz zahlreichen Abgrenzungsproblemen unterworfen. So ist zum einen auch der Bund für einige Materien des Gefahrenabwehrrechts zuständig, und zum anderen kann die Abgrenzung zum Strafverfolgungsrecht problematisch sein, insbesondere bei Maßnahmen der Polizei, die nicht an eine bereits begangene Straftat oder einen Anfangsverdacht i.S.d. § 152 II StPO anknüpfen, sondern die auf „die Verfolgung noch nicht begangener, sondern in ungewisser Zukunft möglicherweise bevorstehender Straftaten" zielen[1761] (sog. **Strafverfolgungsvorsorge**).[1762] Das BVerfG und das BVerwG stehen auf dem Standpunkt, dass die Strafverfolgungsvorsorge zum gerichtlichen Verfahren i.S.d. Art. 74 I Nr. 1 GG (dazu Rn 832a) gehöre und gegenständlich das repressiv ausgerichtete Strafverfahren betreffe, da sie mit dem gerichtlichen Verfahren in einem untrennbaren funktionalen Zusammenhang stehe.[1763] Auf dem Gebiet der Strafverfolgungsvorsorge sind die Länder demnach also nur dann befugt, landeseigene Regelungen zu erlassen, wenn der Bund von seiner konkurrierenden Gesetzgebungskompetenz nicht abschließend Gebrauch gemacht hat.[1764] Dagegen kennzeichnet die **Straftatenverhinderung** (Straftatenverhütung), überwiegend auch als **vorbeugende Bekämpfung von Straftaten** bezeichnet, nach Auffassung des BVerfG Maßnahmen, die drohende Rechtsgutverletzungen von vornherein und in einem Stadium verhindern sollen, in dem es noch nicht zu strafwürdigem Unrecht gekommen ist. Diese seien präventiv-objektiv unmittelbar auf den Schutz der Integrität der Rechtsordnung und der durch sie geschützten Rechtsgüter gerichtet und daher der Gefahrenabwehr zuzuordnen.[1765] Klarer ist der Bezug zum Gefahrenabwehrrecht bei der **Gefahrenvorsorge**. Bei dieser wird der Staat bereits „im Vorfeld konkreter Gefahren aktiv, die zwar zum Zeitpunkt des Handelns noch nicht konkret drohen, aber später entstehen können".[1766] Durch das polizeiliche Handeln soll entweder das spätere Entstehen einer Gefahr verhindert oder zumindest deren wirksame Bekämpfung ermöglicht werden.[1767]

Wie man allein schon anhand der vorgenannten Problemkreise erkennt, sollte vermieden werden, undifferenziert von einer „Polizeihoheit der Länder" zu sprechen.

[1761] BVerfG NJW 2019, 827, 831. Zuvor schon BVerfGE 113, 348, 369 f.

[1762] Siehe dazu näher *R. Schmidt*, POR, Rn 22 ff.

[1763] BVerfG NJW 2019, 827, 831 mit Verweis auf BVerfGE 103, 21, 29; 113, 348, 370; BVerwG NVwZ 2012, 757, 760. Siehe dazu auch *R. Schmidt*, POR, Rn 93 ff.

[1764] Siehe auch dazu näher *R. Schmidt*, POR, Rn 22 ff.

[1765] BVerfGE 113, 348, 369.

[1766] Das BVerfG drückt sich hier m.E. sehr unklar aus. Denn gibt es nach dem BVerfG „konkrete Gefahren", die „zwar zum Zeitpunkt des Handelns noch nicht konkret drohen, aber später entstehen können" (BVerfG NJW 2019, 827, 832), müsste es also auch „noch nicht konkret drohende konkrete Gefahren" geben. Ähnlich auch die Formulierung des BVerwG (NVwZ 2012, 757, 759), das zwar zunächst zutreffend auf die Verhinderung der Entstehung von Gefahren abstellt, dann aber auch darauf, „eine wirksame Bekämpfung sich später realisierender, momentan aber noch nicht konkret drohender Gefahren zu ermöglichen".

[1767] BVerfG NJW 2019, 827, 832 mit Verweis auf BVerfGE 113, 348, 368.

Hinweis für die Fallbearbeitung: Bevor im Folgenden ausführlich Stellung zu den einzelnen Kompetenzkatalogen des Art. 73 I Nr. 1-14 GG und des Art. 74 I Nr. 1-33 GG genommen wird, sei darauf hingewiesen, dass auch im Rahmen einer Fallbearbeitung **stets von der Grundregel des Art. 70 I GG auszugehen ist**. 802

- Danach sind grds. die Länder zur Gesetzgebung befugt; der Bund hat nur dann eine Gesetzgebungskompetenz, wenn diese ihm positiv verliehen ist oder wenn eine anerkannte ungeschriebene Gesetzgebungskompetenz des Bundes vorliegt. Kompetenztitel sind v.a. in Art. 73 und 74 GG enthalten, darüber hinaus auch in weiteren Kompetenznormen des GG (z.B. Art. 21 V, 38 III, 84 I S. 3 u. S. 6; 84 V S. 1, 85 I S. 1, 87 I, III S. 2 GG - dazu näher Rn 805). Zu den ungeschriebenen Gesetzgebungskompetenzen vgl. Rn 842 ff.
- Sodann muss versucht werden, das fragliche Gesetz, um das es geht, unter den in Betracht kommenden Kompetenztitel zu subsumieren. Dabei ist im Wege der Auslegung der Kompetenznorm (insb. Wortlaut und Bedeutung) danach zu fragen, ob das fragliche Gesetz darunter subsumiert werden kann. Entscheidend ist dabei der materielle Regelungsgehalt des Gesetzes, nicht dessen (formale) Bezeichnung. Vgl. dazu bereits die Ausführungen bei Rn 791.
- Kann demnach keine Gesetzgebungskompetenz des Bundes begründet werden, bleibt es bei der Länderzuständigkeit gem. Art. 70 I GG.
- Ist aber ein Kompetenztitel einschlägig, sind in einem weiteren Prüfungsschritt sodann die allgemeinen Voraussetzungen zu prüfen, unter denen für den einschlägigen Kompetenztitel auch konkret Gebrauch gemacht werden darf. Diese Voraussetzungen sind in Art. 71 und 72 GG festgelegt.
- Liegen die Voraussetzungen des Art. 71 GG oder des Art. 72 GG nicht vor, kann trotz Vorliegens eines Kompetenztitels eine Gesetzgebungskompetenz des Bundes nicht begründet werden; es bleibt bei der Grundregel des Art. 70 I GG und damit bei der Gesetzgebungszuständigkeit der Länder.

1. Ausschließliche Zuständigkeit des Bundes

a. Sperrwirkung gegenüber der Landesgesetzgebung

Gemäß **Art. 71 GG** haben die Länder in Bereichen der ausschließlichen Gesetzgebungskompetenz des Bundes die Befugnis zur Gesetzgebung nur dann, wenn und soweit sie hierzu in einem Bundesgesetz ausdrücklich ermächtigt werden. Das führt zu einer **Sperrwirkung** gegenüber dem Erlass von Landesgesetzen: Ohne entsprechende Ermächtigung (die, so weit ersichtlich, bislang noch in keinem Fall erteilt wurde) dürfen die Länder nicht tätig werden in einem Gebiet, für das der Bund die ausschließliche Gesetzgebungskompetenz hat. Das gilt selbst dann, wenn der Bund untätig bleibt. Ein Verstoß hiergegen führt zur **Nichtigkeit** des Landesgesetzes. Einer **Zustimmung des Bundesrats** zu einem Bundesgesetz, das sich auf einen Kompetenztitel aus Art. 73 I GG stützt, bedarf es nur im Fall des Art. 73 I Nr. 9a GG (vgl. Art. 73 II GG – dazu Rn 807c). 803

Zum **Sonderfall** des **Art. 84 I GG**, der die dort genannten Bundesgesetze zwar der ausschließlichen Gesetzgebungskompetenz des Bundes zuordnet, gleichwohl aber die Länder ermächtigt, abweichende Regelungen zu erlassen, vgl. Rn 878 ff. 804

b. Gegenstände der ausschließlichen Gesetzgebungskompetenz

aa. Enumerationsprinzip

Die Gegenstände der ausschließlichen Gesetzgebungskompetenz des Bundes sind zum einen in **Art. 73 I GG** enumerativ aufgelistet, ergeben sich zum anderen aber 805 auch aus zahlreichen Normen des Grundgesetzes, die ausdrücklich auf ein „Bundesgesetz" oder auf ein „Gesetz mit Zustimmung des Bundesrats" verweisen. Beispielhaft seien Art. 21 III, 23 I S. 2, 24 I, 84 I, 85 I S. 1, 91c V, 108 IVa GG genannt.

806 Besteht eine ausschließliche Gesetzgebungskompetenz des Bundes, darf dieser, ohne dass weitere Voraussetzungen vorliegen müssten, tätig werden. Der Nachweis der Erforderlichkeit einer bundesgesetzlichen Regelung zur Herstellung gleichwertiger Lebensverhältnisse im Bundesgebiet oder zur Wahrung der Rechts- oder Wirtschaftseinheit im gesamtstaatlichen Interesse besteht – anders als bei den Bedarfskompetenzen der konkurrierenden Gesetzgebung gem. Art. 72 II GG – hier nicht.

bb. Katalog des Art. 73 I GG

807 Im Zuge der Föderalismusreform 2006 wurde der Kompetenzkatalog des Art. 73 I GG um sechs Materien erweitert. Fünf dieser Materien sind entweder aus der konkurrierenden Gesetzgebungskompetenz des Bundes oder aus der (abgeschafften) Rahmengesetzgebungskompetenz übergeleitet worden. Die sechste Materie ist dazugekommen. Das betrifft folgende Gegenstände:

807a
- Art. 73 I Nr. 3 GG: **Melde- und Ausweiswesen**

  Die bisherige Rahmengesetzgebungskompetenz für das Melde- und Ausweiswesen (vgl. Art. 75 I S. 1 Nr. 5 GG a.F.) steht in Zusammenhang mit anderen Gegenständen der Nr. 3 (Freizügigkeit und Passwesen) und wurde deshalb im Wege der Ergänzung dieser Nummer in die ausschließliche Bundeskompetenz überführt.

807b
- Art. 73 I Nr. 5a GG: **Schutz deutschen Kulturguts**

  Im Zuge der Föderalismusreform wurde auch die Rahmengesetzgebungskompetenz des Bundes für den Schutz deutschen Kulturgutes gegen Abwanderung ins Ausland (vgl. Art. 75 I S. 1 Nr. 6 GG a.F.) in die ausschließliche Bundeskompetenz überführt.

807c
- Art. 73 I Nr. 9a GG: **Abwehr von Gefahren des internationalen Terrorismus**

  Mit der Föderalismusreform 2006 in den Kanon des Art. 73 I GG aufgenommen wurde die ausschließliche Gesetzgebungskompetenz des Bundes für die **Abwehr von Gefahren des internationalen Terrorismus** durch das Bundeskriminalpolizeiamt (BKA) in Fällen, in denen eine länderübergreifende Gefahr vorliegt, die Zuständigkeit einer Landespolizeibehörde nicht erkennbar ist oder die oberste Landespolizeibehörde um eine Übernahme ersucht (Art. 73 I Nr. 9a GG n.F.).

  Die Aufnahme dieser Materie in den Zuständigkeitskatalog des Art. 73 I GG ermöglicht dem Bund, den neuen Bedrohungen des internationalen Terrorismus zu begegnen. Vor der Grundgesetzänderung war die Gefahrenabwehr auf diesem Gebiet mangels einer Bundesgesetzgebungskompetenz den Ländern zugewiesen. Zwar wurde nicht in Abrede gestellt, dass die Länder zur Gefahrenabwehr in der Lage sind, jedoch waren gerade bei grenzüberschreitenden Aktivitäten der Terroristen die Koordination und der Datenaustausch zwischen den Ländern mangelhaft. Eine effektive Gefahrenabwehr war nicht zu erreichen. Daher entschloss man sich, im Zuge der Föderalismusreform 2006 eine entsprechende Bundesgesetzgebungskompetenz zu begründen. Ein entsprechendes Bundesgesetz, das die Kompetenz des Bundes aus Art. 73 I Nr. 9a GG n.F. ausfüllt, ist in der Neufassung des BKA-Gesetzes zu sehen.[1768] Bei dieser Neufassung handelt es sich wegen Art. 73 II GG n.F. um ein zustimmungspflichtiges Gesetz, also um ein Gesetz, das nur mit **Zustimmung des Bundesrats zustande kommt**. Die Zustimmungsbedürftigkeit ist im Rahmen der ausschließlichen Gesetzgebungskompetenz des Bundes zwar ungewöhnlich, trägt allerdings dem Umstand Rechnung, dass eine Mate-

[1768] Das BVerfG hält das BKA-Gesetz insoweit für unproblematisch (vgl. BVerfG NJW 2016, 1781, 1783).

rie der Gefahrenabwehr, die an sich den Ländern unterstellt ist, nunmehr bundesgesetzlich geregelt wird. Dann sollen wenigstens die Länder bei dem Erlass von Bundesgesetzen mitwirken.[1769]

Der Begriff des **internationalen Terrorismus** ist durch das internationalen und nationalen Normen zugrunde liegende Verständnis vorgeprägt, aber zugleich für künftige Entwicklungen offen. Der Begriff des Terrorismus wird insbesondere auch in den Regelungen des EU-Vertrags (vgl. Art. 29 II und Art. 31 I lit. e EU sowie EU-Rahmenbeschluss v. 13.6.2002 – ABl. EU Nr. L 164 S. 3) näher ausgefüllt. Die im EU-Rahmenbeschluss enthaltene Definition greift das nationale Recht durch die terrorismusqualifizierenden Merkmale des **§ 129a II StGB** auf. Die **Beschränkung** auf den internationalen Terrorismus bedeutet, dass auf Deutschland begrenzte terroristische Phänomene keine ausschließliche Bundesgesetzgebungskompetenz begründen.[1770] Eine länderübergreifende Gefahr liegt regelmäßig vor, wenn sie nicht nur ein Land betrifft.

Eine **Zuständigkeit einer Landespolizeibehörde** ist **dann nicht erkennbar**, wenn die Betroffenheit eines bestimmten Landes durch sachliche Anhaltspunkte im Hinblick auf mögliche Straftaten noch nicht bestimmbar ist.

Da sich die neue Gesetzgebungskompetenz jedoch nur auf die von Nr. 9a vorausgesetzte mögliche Aufgabenwahrnehmung durch das BKA (vgl. den Wortlaut der Bestimmung: „durch das Bundeskriminalpolizeiamt") ergibt, lässt die Bestimmung somit die Gesetzgebungskompetenz der Länder zur allgemeinen Gefahrenabwehr unberührt; auch berührt die Inanspruchnahme der neuen Bundeskompetenz die Zuständigkeiten von Landesbehörden auf dem Gebiet der Gefahrenabwehr nicht. Daraus folgt: die **Sperrwirkung des Art. 73 I Nr. 9a GG gegenüber der landesrechtlichen Gefahrenabwehr** ist auf die **Abwehr von Gefahren des internationalen Terrorismus** und zugleich den **sachlichen Zuständigkeitsbereich des BKA begrenzt**. Die Einzelheiten des Zusammenwirkens zwischen dem BKA und den Landespolizeibehörden sind gemäß der Gesetzbegündung (BT-Drs. 16/813) einfach-gesetzlich zu regeln.

Hinweis für die Fallbearbeitung: Zu beachten ist, dass die drei Voraussetzungen *länderübergreifende Gefahr, Zuständigkeit einer Landespolizeibehörde nicht erkennbar, Ersuchen einer obersten Landespolizeibehörde um eine Übernahme* alternativ formuliert sind („oder"). Lediglich die Gefahr des internationalen Terrorismus ist stets erforderlich. Die in Art. 73 I Nr. 9a GG begründete Kompetenz des Bundes greift also dann (aber auch nur dann), wenn die Gefahr des internationalen Terrorismus gegeben ist und *eine* der drei genannten Voraussetzungen vorliegt. Ist bereits die Gefahr des internationalen Terrorismus nicht gegeben (was bei einer auf das Bundesgebiet begrenzten terroristischen Gefahr anzunehmen ist), kommt es auf das Vorliegen einer der drei genannten, alternativ erforderlichen, Voraussetzungen nicht an. In diesem Fall besteht von vornherein keine Bundeszuständigkeit; vielmehr bleibt es bei der Länderzuständigkeit.
Liegen aber die Voraussetzungen für eine Bundesgesetzgebungskompetenz gem. Art. 73 I Nr. 9a GG n.F. vor, dürfen die Länder keine eigenen diesbezüglichen Regelungen erlassen. Freilich unberührt bleibt davon die Kompetenz zur Regelung der allgemeinen Gefahrenabwehr.
Schließlich darf in der Fallbearbeitung nicht das (für eine Materie der ausschließlichen Gesetzgebungskompetenz an sich ungewöhnliche) Zustimmungserfordernis des Art. 73 II GG n.F. übersehen werden.

In diesem Zusammenhang ist auch der Frage nachzugehen, ob ein Einsatz der **Bundeswehr** im Inneren zur Terrorismusbekämpfung zulässig wäre, etwa um ein von Terroristen entführtes, mit Passagieren (voll-)besetztes Verkehrsflugzeug abzuschießen,

---

[1769] Zu den seitdem erfolgten Änderungen der „Sicherheitsgesetze" vgl. *Gnüchtel*, NVwZ 2016, 13 ff.
[1770] So bereits die Vorauflagen; später auch BVerfG NJW 2016, 1781, 1783.

das offenbar als „fliegende Bombe" eingesetzt werden soll. Die Zielsetzung eines solchen Einsatzes wäre klar: Es ginge darum, eine unüberschaubare Zahl von Menschen zu retten, die sich in der Nähe der vermeintlichen Absturzstelle aufhalten, um so eine noch größere Katastrophe abzuwenden. In formeller Hinsicht ist Ausgangspunkt der Überlegung Art. 87a I und II GG. Gemäß Art. 87a I S. 1 GG ist die Bundeswehr für die „Verteidigung" zuständig. Mit „Verteidigung" in diesem Sinne ist nach allgemeiner Auffassung allein die Landesverteidigung in Bezug auf militärische Angriffe von außen gemeint („äußerer Notstand"). Eine Lagebewältigung bei Anschlägen, ausgeführt durch Terroristen im Landesinneren, kann daher selbst dann nicht als Landesverteidigung i.S.d. Art. 87a I und II GG angesehen werden, wenn diese militärisch organisiert sind. Außer zur Verteidigung dürfen gem. Art. 87a II GG Streitkräfte nur eingesetzt werden, soweit das Grundgesetz dies ausdrücklich zulässt. Nach Maßgabe dieses Verfassungsvorbehalts denkbar wäre zunächst der Einsatz gem. Art. 87a IV GG i.V.m. Art. 91 II GG. Danach kann die Bundesregierung zur Abwehr einer drohenden Gefahr für den Bestand oder die freiheitliche demokratische Grundordnung des Bundes oder eines Landes Streitkräfte zur Unterstützung der Polizei und des Bundesgrenzschutzes (d.h. der Bundespolizei) u.a. bei der Bekämpfung organisierter und militärisch bewaffneter Aufständischer einsetzen („innerer Notstand"). Ob aber Terroristen als „Aufständische" bezeichnet werden können, ist zweifelhaft. Vielmehr ist bei Art. 87a IV GG die Abwehr von „bürgerkriegsähnlichen Zuständen" gemeint.[1771] Ernsthaft in Betracht kommt daher nur die dritte Variante des zulässigen Streitkräfteeinsatzes, die sonstige ausdrückliche Zulässigkeit gemäß einer grundgesetzlichen Bestimmung. Eine solche könnte zunächst Art. 35 I GG sein, wenn der Bundeswehreinsatz als Amtshilfe angesehen werden könnte. Allerdings kann beim Abschuss von Verkehrsflugzeugen von einer „unterstützenden Funktion", die bei Art. 35 I GG vorausgesetzt wird, nicht mehr die Rede sein.[1772] Möglicherweise greift aber Art. 35 II S. 2, III GG ein. Mit diesen Bestimmungen lässt das Grundgesetz den hilfeleistenden Einsatz der Bundeswehr bei Naturkatastrophen und besonders schweren Unglücksfällen zu. Bei einem Terrorangriff eine Naturkatastrophe anzunehmen ist eher abwegig. Möglicherweise ist aber ein besonders schwerer Unglücksfall zu bejahen. Der Annahme eines Unglücksfalls steht es jedenfalls nicht entgegen, wenn das Ereignis absichtlich herbeigeführt wird.[1773] Allerdings wäre ein solcher gerade noch nicht eingetreten, wenn der Befehl zum Abschuss eines Verkehrsflugzeugs erteilt würde, da der besonders schwere Unglücksfall gerade mit dem Abschuss des betreffenden Verkehrsflugzeugs verhindert werden soll. Daher kann die Zuständigkeit der Bundeswehr zur Terrorismusbekämpfung nur dann bejaht werden, wenn Art. 35 II S. 2, III GG den Streitkräfteeinsatz bereits für Präventivmaßnahmen zulässt. Der Wortlaut in Art. 35 II S. 2 GG „zur Hilfe bei einer ...." spricht jedenfalls nicht dafür. Jedoch könnte man argumentieren, der „Unglücksfall" sei bereits mit dem Abheben des Verkehrsflugzeugs eingetreten, weil dessen Flug nicht mehr kontrollierbar sei, wenn sich Terroristen an Bord befänden. Auch das BVerfG schließt auf der Basis des Art. 35 II S. 2, III GG einen Einsatz der Streitkräfte zur Abwehr eines bevorstehenden „Unglücksfalls" nicht grundsätzlich aus[1774], lässt ihn aber nur unter engen Voraussetzungen zu, die gewährleisten, dass nicht die strikten Begrenzungen unterlaufen werden, die einem bewaffneten Einsatz der Streitkräfte im Inneren durch Art. 87a IV GG gesetzt sind.[1775] Wäre also der Abschuss von Verkehrsflugzeugen nicht über Art. 87a IV GG zulässig, dürfte dieses Ergebnis nicht über Art. 35 II S. 2, III GG unterlaufen werden. Zudem kann eine „Hilfeleistung" immer nur Unterstützungsleistung sein und muss sich im Rahmen der Kompetenzordnung des Hilfeersuchenden bewegen. Das bedeutet, dass Streitkräfte, die nach Art. 35 II S. 2, III GG von einem Land oder der Bundesregierung „zur Hilfe" angefordert werden, zwar die Waffen verwenden dürfen, die das Recht des

---

[1771] *Krieger*, in: Schmidt-Bleibtreu/Hofmann/Henneke, GG, Art. 87a Rn 44.
[1772] Siehe dazu BVerfGE 132, 1, 17 f.
[1773] BVerfGE 115, 118, 143 f.; 132, 1, 18; 133, 141, 263.
[1774] BVerfGE 133, 141, 263.
[1775] BVerfGE 133, 141, 261 f.

betreffenden Landes oder des Bundes für dessen Polizeikräfte vorsieht. Militärische Kampfmittel, bspw. die Flugkörper eines Kampfflugzeugs der Bundeswehr, wie sie zum Abschuss von Verkehrsflugzeugen benötigt würden, dürfen dagegen nicht zum Einsatz gebracht werden.[1776]

Da im Übrigen (trotz mehrfacher Änderungen des Grundgesetzes) keine Änderung der wehrverfassungsrechtlichen Grundsatznorm des Art. 87a GG herbeigeführt wurde, dürfte damit zum Ausdruck gebracht worden sein, dass der verfassungsändernde Gesetzgeber keine Möglichkeit eröffnen wollte, zur Terrorabwehr die Bundeswehr im Inneren einzusetzen.[1777] Der Streit um die (Verwaltungs-)Kompetenz der Bundeswehr, von Terroristen entführte, als fliegende Bombe missbrauchte Verkehrsflugzeuge abzuschießen, dürfte sich damit endgültig erledigt haben.

Zur materiell-rechtlichen Seite des § 14 III LuftSiG a.F., der diese Möglichkeit vorsah, jedoch vom BVerfG am 15.2.2006[1778] einstimmig für verfassungswidrig erklärt und mit Gesetz v. 23.2.2017 aufgehoben wurde, vgl. *R. Schmidt*, Grundrechte, Rn 306.

- Art. 73 I Nrn. 12-14 GG: Weitere Materien **807d**

  In Gestalt der neuen Nrn. 12-14 wurden die bisherigen konkurrierenden Gesetzgebungskompetenzen für

  ⇨ das Waffen- und Sprengstoffrecht (bisher Art. 74 I Nr. 4a GG a.F.; nunmehr Art. 73 I Nr. 12 GG n.F.),

  ⇨ die Versorgung der Kriegsbeschädigten und Kriegshinterbliebenen und die Fürsorge für die ehemaligen Kriegsgefangenen (bisher Art. 74 I Nr. 10 GG a.F.; nunmehr Art. 73 I Nr. 13 GG n.F.)

  ⇨ sowie für die Erzeugung und Nutzung der friedlichen Kernenergie (bisher Art. 74 I Nr. 11a GG a.F., nunmehr Art. 73 I Nr. 14 GG n.F.)

  in die ausschließliche Bundeskompetenz verlagert.

c. Zustimmungserfordernis gem. Art. 73 II GG

Art. 73 II GG unterwirft Gesetze aufgrund der Bundeskompetenz nach Art. 73 I Nr. 9a GG der Zustimmung des Bundesrats (siehe Rn 807c); im Übrigen besteht ein Zustimmungserfordernis nicht. Zum Sonderfall des Art. 84 I S. 6 GG vgl. Rn 878 ff. **807e**

d. Zuständigkeit für Verfassungsänderungen

Die Zuständigkeit des Bundes für Verfassungsänderungen lässt sich zwar nicht Art. 73 GG entnehmen, ergibt sich aber aus einer Gesamtschau aus dem Bundesstaatsprinzip (vgl. Art. 20 I GG) und Art. 23 Ia, II S. 1, 24 I, 28 III, 79 II GG. Denn kann der Bund die dort genannten Kompetenzen wahrnehmen, muss er auch für eine Verfassungsänderung zuständig sein. **807f**

2. Konkurrierende Gesetzgebung

a. Kern-, Bedarfs- und Abweichungskompetenzen

Die systematisch tiefgreifendste Änderung, die die Föderalismusreform 2006 bewirkt hat, bezieht sich auf das Gebiet der konkurrierenden Gesetzgebung. Während **Art. 72 I GG** unverändert geblieben ist, unterscheidet **Art. 72 II GG** nunmehr Gebiete, bei denen die Erforderlichkeit einer bundesgesetzlichen Regelung nachgewiesen werden **808**

[1776] BVerfGE 115, 118, 146 f.

[1777] Vgl. auch *Thiele*, JA 2006, 714, 715 sowie *Wiefelspütz*, AöR 132 (2007), S. 44 ff. – jeweils in Bezug auf die Föderalismusreform 2006.

[1778] BVerfGE 115, 118, 140 ff.

muss, von Gebieten, bei denen dieses Erfordernis nicht (mehr) besteht.[1779] In **Art. 72 III GG** wurde zudem eine Abweichungsklausel eingeführt, d.h. den Ländern die Möglichkeit eingeräumt, auch dann eigene Regelungen zu erlassen, wenn der Bund von seinem Gesetzgebungsrecht Gebrauch gemacht hat. Eine solche Befugnis war dem Gesetzgebungsrecht bisher fremd.

809 Aufgrund der soeben genannten Neufassung des Art. 72 II und III GG lässt sich die konkurrierende Gesetzgebungskompetenz nunmehr in drei Kompetenzbereiche unterteilen, in Kernkompetenzen, Bedarfskompetenzen und Abweichungskompetenzen, bei denen das Verhältnis von Bundes- und Landesgesetzgebung jeweils unterschiedlich geregelt ist.[1780]

aa. Kernkompetenzen

810 Kernkompetenzen der konkurrierenden Gesetzgebung sind zunächst dadurch gekennzeichnet, dass sie sich auf einen Kompetenztitel aus Art. 74 I GG stützen.

811 Des Weiteren bedarf es bei den Kernkompetenzen einer besonderen Prüfung, ob gem. Art. 72 II GG eine bundesgesetzliche Regelung zur Herstellung gleichwertiger Lebensverhältnisse im Bundesgebiet oder zur Wahrung der Rechts- oder Wirtschaftseinheit im gesamtstaatlichen Interesse erforderlich ist, *nicht* (mehr), da der verfassungsändernde Gesetzgeber vielmehr davon ausgegangen ist, dass bei den Kompetenztiteln des Art. 74 I GG, die nicht in Art. 72 II GG aufgeführt sind, ebendiese Erforderlichkeit einer bundesgesetzlichen Regelung stets zu bejahen ist.[1781] Man kann von einer **unwiderleglichen Vermutung** des Bestehens der Erforderlichkeit bundesgesetzlicher Regelung bzw. von **Vorranggesetzgebung** sprechen.[1782] Das ergibt sich aus dem Umkehrschluss aus Art. 72 II GG und betrifft folgerichtig alle Gebiete des Art. 74 I GG mit Ausnahme der Nrn. 4, 7, 11, 13, 15, 19a, 20, 22, 25 und 26.

Aus diesen Ausführungen wird deutlich, dass der Unterschied zwischen der Kernkompetenz der konkurrierenden Gesetzgebungszuständigkeit und der ausschließlichen Bundesgesetzgebungskompetenz darin besteht, dass Letztere den Ländern prinzipiell verschlossen ist, wohingegen die Länder auf den Gebieten der konkurrierenden Kernkompetenz gesetzgeberisch tätig werden können, wenn und soweit keine Sperrwirkung durch den Erlass eines entsprechenden Bundesgesetzes eingetreten ist.

812 Schließlich liegt ein Fall der Kernkompetenz des Bundes nur dann vor, wenn keine Kompetenz der Länder besteht, von bestehenden Bundesgesetzen abzuweichen (vgl. Art. 72 III GG). Das betrifft die Materien des Art. 72 III S. 1 Nrn. 1-7 GG (das sind im Wesentlichen die in Art. 74 I Nrn. 28-33 GG Genannten sowie die Grundsteuer).

813 Besteht somit keine Abweichungskompetenz der Länder gem. Art. 72 III GG, greift die Grundregel des Art. 72 I GG, wonach die Bundesländer gesetzgeberisch nur dann tätig werden dürfen, wenn und soweit der Bund von seinem Gesetzgebungsrecht keinen Gebrauch gemacht hat. Das bedeutet umgekehrt, dass der Weg für eine Landesgesetzgebung versperrt ist, wenn der Bund von seiner Gesetzgebungskompetenz (abschließend) Gebrauch gemacht hat. Man spricht von einer sachlichen und

---

[1779] Nach der bis zur Föderalismusreform geltenden Fassung des Art. 72 II GG musste vom Bund die Erforderlichkeit einer bundesgesetzlichen Regelung *stets* nachgewiesen werden. Zur Erforderlichkeitsklausel vgl. ausführlich Rn 833 ff.

[1780] Vgl. *Ipsen*, NJW 2006, 2801, 2803, der – soweit ersichtlich – die Terminologie *Kernkompetenzen, Bedarfskompetenzen* und *Abweichungskompetenzen* entwickelt hat; vgl. später auch *Selmer*, JuS 2006, 1052, 1057.

[1781] Nach der bisherigen Rechtslage war es so, dass Art. 72 II GG a.F. stets, d.h. für sämtliche Bundesgesetze auf dem Gebiet der konkurrierenden Gesetzgebungskompetenz, die Erforderlichkeit einer bundesgesetzlichen Regelung verlangte.

[1782] Daher wäre es auch im Rahmen der Fallbearbeitung ein methodischer Fehler, bei einem auf die Kernkompetenz gestützten Bundesgesetz die Erforderlichkeit gem. Art. 72 II GG zu prüfen.

zeitlichen Sperrwirkung für die Landesgesetzgebung. Unter welchen genauen Voraussetzungen dies der Fall ist, wird bei Rn 827 ff. ausgeführt.

Zusammenfassung: Eine Kernkompetenz der konkurrierenden Gesetzgebung des Bundes besteht, wenn eine Kompetenz nach Art. 74 I GG mit Ausnahme der Nrn. 4, 7, 11, 13, 15, 19a, 20, 22, 25 und 26 vorliegt. Macht der Bund von seiner Kernkompetenz Gebrauch, entfaltet ein entsprechendes Bundesgesetz eine zeitliche und sachliche Sperrwirkung. Der Nachweis der Erforderlichkeit einer bundesgesetzlichen Regelung (Art. 72 II GG) muss nicht erbracht werden. 814

bb. Bedarfskompetenzen

Auch Bundesgesetze, die auf Bedarfskompetenzen gestützt werden, entfalten die genannte zeitliche und sachliche Sperrwirkung, weil Art. 72 I GG insoweit keine Unterscheidung vornimmt. Bedarfskompetenzen unterscheiden sich von den Kernkompetenzen jedoch dadurch, dass bei ihnen zusätzlich eine Prüfung stattfindet, ob die Herstellung gleichwertiger Lebensverhältnisse im Bundesgebiet oder die Wahrung der Rechts- oder Wirtschaftseinheit im gesamtstaatlichen Interesse eine bundesgesetzliche Regelung erforderlich machen (Art. 72 II GG). Das betrifft die bereits erwähnten Gebiete des Art. 74 I GG Nrn. 4, 7, 11, 13, 15, 19a, 20, 22, 25 und 26. Unter welchen Voraussetzungen die Erforderlichkeit einer bundesgesetzlichen Regelung gegeben ist, wird bei Rn 833 ff. ausgeführt. 815

Soweit die Erforderlichkeit für eine bundesgesetzliche Regelung nicht mehr besteht, kann durch Bundesgesetz bestimmt werden, dass die bundesgesetzliche Regelung durch Landesrecht ersetzt werden kann (Art. 72 IV GG). Diese sog. **Rückübertragungsbefugnis** trägt dem Umstand Rechnung, dass aufgrund gewandelter Verhältnisse die Voraussetzungen des Art. 72 II GG entfallen können und verhindert werden soll, dass eine einmal gegebene Bundeskompetenz auf Dauer erhalten bleibt.[1783] 816

Sofern es sich um ein Bundesgesetz handelt, das aufgrund des Art. 72 II GG in der bis zum 15.11.1994 geltenden Fassung erlassen worden ist, aber wegen Änderung des Art. 72 II GG nicht mehr als Bundesgesetz erlassen werden könnte, gilt es als Bundesrecht fort (Art. 125a II S. 1 GG). Durch Bundesgesetz kann jedoch bestimmt werden, dass es durch Landesrecht ersetzt werden kann (Art. 125a II S. 2 GG).

Ist der Bund trotz Wegfalls der Erforderlichkeit bundesgesetzlicher Regelung nicht bereit, ein entsprechendes Gesetz zu erlassen, das es gem. Art. 125a II S. 2 GG (bzw. Art. 72 IV GG) den Ländern ermöglicht, eigene Gesetze zu erlassen und so das Bundesgesetz zu ersetzen, hat der verfassungsändernde Gesetzgeber im Zuge der Föderalismusnovelle ein spezielles Kompetenzkontrollverfahren eingeführt, das auf die Feststellung abzielt, dass die Erforderlichkeit für eine bundesgesetzliche Regelung nicht mehr besteht. Der Antrag ist allerdings erst dann zulässig, wenn eine Gesetzesvorlage nach Art. 72 IV GG im Bundestag abgelehnt und/oder nicht beraten bzw. eine entsprechende Gesetzesvorlage im Bundesrat abgelehnt worden ist (Art. 93 II S. 3 GG). Die Feststellung des BVerfG, dass die Erforderlichkeit für eine bundesgesetzliche Regelung nicht mehr bestehe, ersetzt das nach Art. 72 IV GG erforderliche Gesetz (Art. 93 II S. 2 GG).[1784] Vgl. zu diesem Verfahren Rn 747 ff. Zum Übergangsrecht gem. Art. 125a GG vgl. des Weiteren Rn 846 ff. 817

[1783] *Ipsen*, NJW 2006, 2801, 2803; *Oeter*, in: v. Mangoldt/Klein/Starck, GG, Art. 72 Rn 117 f.
[1784] Vgl. auch hierzu *Ipsen*, NJW 2006, 2801, 2803 und nunmehr auch *Selmer*, JuS 2006, 1052, 1057.

818 **Zusammenfassung:** Eine Bedarfskompetenz der konkurrierenden Gesetzgebung des Bundes besteht, wenn einer der Kompetenztitel aus Art. 74 I Nrn. 4, 7, 11, 13, 15, 19a, 20, 22, 25 oder 26 GG vorliegt. Macht der Bund von seiner Bedarfskompetenz Gebrauch, entfaltet ein entsprechendes Bundesgesetz eine zeitliche und sachliche Sperrwirkung. Jedoch muss der Bund den Nachweis der Erforderlichkeit einer bundesgesetzlichen Regelung erbringen (Art. 72 II GG).

cc. Abweichungskompetenzen

819 Die im Rahmen der Föderalismusreform 2006 auf dem Gebiet der konkurrierenden Gesetzgebungskompetenz eingeführte Kategorie der Abweichungskompetenz (Art. 72 III GG) besagt: Hat der Bund auf den in Art. 72 III S. 1 Nrn. 1-7 GG genannten Gebieten von seiner konkurrierenden Gesetzgebungskompetenz Gebrauch gemacht, können die Länder hiervon abweichende Regelungen treffen.

Die in Art. 72 III S. 1 Nrn. 1-7 GG aufgeführten Gegenstände entsprechen im Groben den Kompetenztiteln der früheren Rahmengesetzgebung des Bundes gem. Art. 75 I GG a.F.[1785], die in die konkurrierende Gesetzgebungszuständigkeit überführt worden sind (vgl. Art. 74 I Nrn. 28-33 GG), zuzüglich der Grundsteuer[1786].

820 Hauptaussage des neuen Art. 72 III GG ist, dass von einem Bundesgesetz, das auf der Grundlage eines in Art. 72 III S. 1 Nrn. 1-7 GG aufgeführten Kompetenztitels erlassen worden ist, keine Sperrwirkung ausgeht. Die Bundesländer sind vielmehr ermächtigt, auf den in Art. 72 III S. 1 Nrn. 1-7 GG bezeichneten Gebieten von bestehenden bundesrechtlichen Regelungen „abzuweichen", wobei der Begriff der „Abweichung" nicht voraussetzt, dass sich die landesrechtlichen Regelungen inhaltlich von denen des Bundes unterscheiden. Um „abweichende Regelungen" handelt es sich auch dann, wenn überhaupt ein Landesgesetz auf dem betreffenden Rechtsgebiet erlassen wird. Denn der verfassungsändernde Gesetzgeber wollte mit Art. 72 III GG die Möglichkeit schaffen, dass der Bund „Mustergesetze" erlässt, den Ländern sozusagen eine einheitliche Regelung „vorschlägt", die Länder jedoch frei sein sollen, sich der Bundesregelung (durch Nichtstun) anzuschließen, oder (durch Erlass eigener Gesetze) abweichende oder inhaltsgleiche Regelungen zu treffen.[1787] Freilich wird der Fall, dass ein Landesparlament inhaltsgleiche Regelungen erlässt, wohl eher theoretischer Natur bleiben, weil in einem Fall, in dem sich ein Land zur Geltung der Bundesregelung entschließt, streng genommen überhaupt kein Handlungsbedarf besteht; das Bundesgesetz gilt ja gerade auf den Gebieten der Länder, die von dem Erlass eigener Regelungen absehen.

820a Weicht ein Landesgesetz von einem Bundesgesetz ab, gilt diese Abweichung selbstverständlich nur für das betreffende Land. Auch ist es möglich, dass ein Landesgesetzgeber ein Bundesgesetz übernimmt und dabei lediglich einen Paragraphen, der eine Begünstigung formuliert, streicht. Denn die Landesgesetzgeber dürfen im Rahmen ihrer Abweichungskompetenz aus Art. 72 III GG auch für den Bürger schlechtere Regelungen erlassen. Einen „Bestandsschutz" gibt es hier nicht. Die alte Bundesregelung verliert auf dem Gebiet des abweichenden Bundeslands insoweit ihre Anwendung (dazu Rn 822), der Bürger kann sich also nicht aussuchen, ob er lieber nach der alten Bundesregelung oder der neuen Landesregelung behandelt werden möchte. Allerdings gilt die alte Bundesregelung fort, soweit die neue Landesregelung den konkreten Sachverhalt nicht regelt, wobei durch Auslegung zu ermitteln ist, ob das Landes-

---

[1785] Zur früheren Rahmengesetzgebung vgl. Rn 834.
[1786] Die Grundsteuer (Nr. 7) ist mit Gesetz v. 15.11.2019 (BGBl I 2019, S. 1546) in die Abweichungskompetenz nach Art. 72 III S. 1 GG aufgenommen worden, die gem. Art. 125b III GG aber erst ab 1.1.2025 greift.
[1787] Vgl. die Gesetzesbegründung BT-Drs. 16/813, S. 11 ff.

gesetz wirklich lückenhaft ist. Ist die Lücke im abweichenden Landesgesetz planvoll, d.h. beabsichtigt, wird man davon ausgehen müssen, dass die alte Bundesregelung anwendbar bleiben soll. Ist die Lücke unbeabsichtigt, ist durch Auslegung zu ermitteln, ob die Lücke i.S. des abweichenden Gesetzes zu schließen ist oder ob auch hier (im Bereich der Lücke) die alte Bundesregelung Anwendung findet. Im Zweifel entscheidet das zuständige Verwaltungsgericht.

Die Abweichungskompetenz reicht aber nur so weit, wie sie Art. 72 III GG vorsieht. **820b** So können die Länder auf dem Gebiet des Jagdwesens (Art. 72 III S. 1 Nr. 1 GG) nicht vom Recht der Jagdscheine abweichen. Es leuchtet ein, dass dieses Gebiet nicht unterschiedlichen Landesregelungen zugänglich sein darf. Dasselbe gilt für den Naturschutz und die Landschaftspflege (Art. 72 III S. 1 Nr. 2 GG), bei denen die Länder nicht von den allgemeinen Grundsätzen des Naturschutzes sowie dem gesamten Recht des Meeresnaturschutzes und des Artenschutzes abweichen dürfen.[1788] In Bezug auf den Wasserhaushalt (Art. 72 III S. 1 Nr. 5 GG) dürfen die Länder nicht von den stoff- und anlagenbezogenen Regelungen der Bundesgesetze abweichen[1789] (sog. abweichungsfeste Kerne[1790]).

Fraglich ist, ob von einer Befugnis zur „Abweichung" auch gesprochen werden kann, **821** wenn ein Land sich darauf beschränkt, ein bestehendes Bundesgesetz schlicht außer Kraft zu setzen. Zwar dürfte eine derartige Befugnis vom verfassungsändernden Gesetzgeber kaum gewollt sein, sie steht aber im Einklang mit dem Wortlaut des Art. 72 III S. 1 GG, der von „abweichenden Regelungen" spricht. Setzt ein Land also ein bestehendes Bundesgesetz außer Kraft, trifft es eine „abweichende Regelung".

> **Beispiel:** Der Bund erlässt auf der Grundlage des Art. 74 I Nr. 28 GG ein neues Bundesjagdgesetz (BJagdG). Das Land L ist mit verschiedenen Regelungen des Gesetzes über Schonzeiten und Hege nicht einverstanden und beschließt per Gesetz, dass das BJagdG auf dem Gebiet von L nicht gelte.
>
> Auf dem Gebiet des Jagdwesens dürfen die Länder bis auf das Recht der Jagdscheine gem. Art. 72 III S. 1 Nr. 1 GG eigene Regelungen treffen, die von einem zuvor vom Bund erlassenen Gesetz abweichen. Indem das Land L das BJagdG außer Kraft gesetzt hat, hat es eine „abweichende Regelung" getroffen. Dass nunmehr auf dem Gebiet von L keine Jagdregeln bestehen, muss in Kauf genommen werden. Immerhin hätte es der Landtag ja in der Hand, entsprechende Regelungen zu treffen.

Soweit die Abweichungstitel des Art. 72 III S. 1 Nrn. 1-7 GG reichen, besteht also **822** eine **parallele Vollkompetenz von Bund und Ländern**.[1791] Dies kann zu einer Kollision der gesetzlichen Regelungen von Bund und Ländern führen. Damit jedoch nicht Art. 31 GG greift mit der Folge, dass das entgegenstehende Landesrecht ungültig wird (siehe dazu Rn 70), hat der verfassungsändernde Gesetzgeber mit Art. 72 III S. 3 GG gleichzeitig eine spezielle (und damit Art. 31 GG verdrängende) **Kollisionsregel** geschaffen. Danach geht im Verhältnis von Bundes- und Landesrecht das jeweils spätere Gesetz vor (sog. **Lex-posterior-Regel**). Anders als Art. 31 GG bedeutet die Kollisionsregel des Art. 72 III S. 3 GG auch keinen Geltungs-, sondern

---

[1788] Aufgrund der Formulierung in Art. 72 III S. 1 Nr. 2 GG beziehen sich die „allgemeinen Grundsätze" nur auf den Naturschutz. Das Recht des Meeresnaturschutzes und das Recht des Artenschutzes unterfallen generell nicht der Abweichungskompetenz, sind also in ihrer Gesamtheit „abweichungsfest" (zur Bestimmung der „allgemeinen Grundsätze" vgl. etwa *Krause*, JA 2011, 768, 769).

[1789] Siehe dazu Landesverfassungsgericht Schleswig-Holstein SchlHA 2020, 29 ff. (§ 7a Landeswassergesetz) – dazu unten Rn 830.

[1790] Vgl. zum Begriff BT-Drs. 13/813, S. 11.

[1791] *Ipsen*, NJW 2006, 2801, 2803. Vgl. auch *Kotulla*, NVwZ 2007, 489, 491.

einen **Anwendungsvorrang.**[1792] Macht also ein Bundesland von seiner Abweichungskompetenz auf den Gebieten des Art. 72 III S. 1 Nr. 1-7 GG Gebrauch, werden die entsprechenden bundesgesetzlichen Regelungen in ihrer Geltung nicht beeinträchtigt; sie finden lediglich keine Anwendung auf dem Gebiet des insoweit abweichenden Bundeslandes.[1793] Umgekehrt ist der Bund, da ihm weiterhin eine Vollkompetenz auf den betreffenden Gebieten zusteht, an der Gesetzgebung nicht gehindert, sodass die Posterioritätsregelung folgerichtig auch zu seinen Gunsten Anwendung finden kann.[1794] Freilich können dann wiederum die Länder von dem Bundesgesetz abweichen usw.

Beispiel 1 (fiktiv): Erlässt der Bund ein Gesetz über den Erwerb von Bachelor- und Master-Studienabschlüssen an deutschen Hochschulen, hat er von seinem Gesetzgebungsrecht gem. Art. 74 I Nr. 33 GG Gebrauch gemacht. Die Erforderlichkeit bundesgesetzlicher Regelung ist nicht nachzuweisen (vgl. den Umkehrschluss aus Art. 72 II GG, wo Art. 74 I Nr. 33 GG nicht genannt ist). Jedoch ist es den Ländern unbenommen, auf ihren jeweiligen Gebieten abweichende Regelungen zu treffen (Art. 72 III GG), wobei mit „Abweichung" nicht gemeint ist, dass das Landesgesetz inhaltlich eine andere Regelung enthalten muss. Macht das Bundesland X von seinem Abweichungsrecht Gebrauch und erlässt ein Gesetz über den Erwerb von Bachelor- und Master-Studienabschlüssen an den Hochschulen von X, gilt auf dem Gebiet von X das Landesgesetz unabhängig davon, ob es vom zeitlich früher erlassenen Bundesgesetz „abweicht". Wird das Landesgesetz jedoch dann wieder aufgehoben, lebt aufgrund der Posterioritätsregel das ursprüngliche Bundesgesetz wieder auf.

Beispiel 2 (fiktiv): Macht der Bund von seinem Gesetzgebungsrecht gem. Art. 74 I Nr. 33 GG keinen Gebrauch, stellt sich die Frage nach der Abweichungskompetenz der Länder nicht, da Art. 72 III S. 3 GG von einem zuvor erlassenen Bundesgesetz ausgeht, von dem die Länder abweichende Regelungen treffen können. Erlässt daher das Bundesland X ein Gesetz über den Erwerb von Bachelor- und Master-Studienabschlüssen an den Hochschulen von X, hat es von seinem Gesetzgebungsrecht Gebrauch gemacht, da noch keine Bundesregelung bestand (vgl. Art. 72 I GG). Jedoch ist es dem Bund unbenommen, nunmehr eigene (inhaltsgleiche oder abweichende) Regelungen zu treffen (Art. 74 I Nr. 33 GG) – etwa um europarechtliche Vorgaben umzusetzen. Macht der Bund von seinem Gesetzgebungsrecht Gebrauch, gilt dieses Bundesgesetz auch auf dem Gebiet des Landes X und sperrt das Landesgesetz in seiner Anwendung (das gilt selbst dann, wenn die Bundesregelung inhaltsgleich ist, weil sich die „Abweichung" zum einen nur auf Landesgesetze bezieht und zum anderen selbst inhaltsgleiche Regelungen erfasst). Freilich kann dann das Land X anschließend wiederum gem. Art. 72 III S. 3 i.V.m. Art. 72 III S. 1 Nr. 6 GG vom Bundesgesetz abweichen (freilich unter Berücksichtigung der europarechtlichen Vorgaben, soweit vorhanden).

823 Die in das Grundgesetz eingefügte Karenzzeit von sechs Monaten (Art. 72 III S. 2 GG) für das In-Kraft-Treten von Bundesgesetzen soll der Gesetzesbegründung zufolge den Bundesländern ermöglichen, auf die Bundesgesetzgebung zu reagieren und zu prüfen, ob sie es bei der Anwendung des Bundesgesetzes auf ihren jeweiligen Gebieten belassen oder erneut von ihrer Abweichungsmöglichkeit Gebrauch machen wollen, was wiederum die Anwendung der Posterioritätsregel zu ihren Gunsten bedeuten würde (vgl. die Gesetzesbegründung BT-Drs. 16/813 S. 11).

[1792] So ausdrücklich die Gesetzesbegründung BT-Drs. 16/813, S. 11. Damit übernimmt der verfassungsändernde Gesetzgeber das aus dem europäischen Recht bekannte Prinzip des Anwendungsvorrangs, wonach das untergeordnete Recht bei einer Kollision mit höherrangigem Recht nicht seine Gültigkeit verliert, sondern lediglich in seiner Anwendung gesperrt wird (vgl. dazu Rn 354 ff.). Zu Art. 31 GG vgl. Rn 70/233 f.

[1793] Wobei anzumerken ist, dass Art. 31 GG ohnehin nur dem Bundesrecht entgegenstehendes Landesrecht, nicht dem Landesrecht entgegenstehendes Bundesrecht suspendieren könnte.

[1794] *Ipsen*, NJW 2006, 2801, 2804. Vgl. später auch *Selmer*, JuS 2006, 1052, 1057.

Zusammenfassung: Eine Abweichungskompetenz der Länder besteht auf den in Art. 72 III S. 1 Nrn. 1-7 GG genannten Gebieten. Macht ein Land von seiner Abweichungskompetenz Gebrauch, wird ein zuvor erlassenes Bundesgesetz auf dem Territorium des betreffenden Landes in seiner Anwendung gesperrt. 824

Von der Gefahr eines „Gesetzgebungswettbewerbs" zwischen Bund und Ländern durch ständige Anwendung der Posterioritätsregel, der eine erhebliche Rechtsunsicherheit zur Folge hätte, kann gleichwohl nicht ausgegangen werden, weil die Gesetzgebungsverfahren i.d.R. doch sehr zeitaufwändig sind und die Stelle, die eine abweichende Regelung erlassen möchte, schon deutlich bessere Alternativen aufzeigen muss[1795], um die abweichende Regelung vor ihrem Parlament zu begründen.

b. Rückführungsklausel, Art. 72 IV GG

Wie bereits bei Rn 816 ausgeführt, kann gem. Art. 72 IV GG (= Art. 72 III GG a.F.) 825
durch Bundesgesetz bestimmt werden, dass eine bundesgesetzliche Regelung, für die eine Erforderlichkeit i.S.d. Art. 72 II GG nicht mehr besteht, durch Landesrecht ersetzt werden kann. Von dieser Möglichkeit hat der Bund bisher keinen Gebrauch gemacht, und durch die Verfassungsreform 2006 dürfte Art. 72 IV GG noch mehr an Bedeutung verloren haben, weil durch die Verkleinerung des Anwendungsbereichs des Art. 72 II GG gleichzeitig auch der Anwendungsbereich des Art. 72 IV GG verringert wurde. Daher dürfte auch das im Zuge der Verfassungsreform 2006 geschaffene Kompetenzkontrollverfahren gem. Art. 93 II GG (vgl. dazu Rn 747) in der Praxis keine allzu große Bedeutung erlangen (anders verhält es sich möglicherweise im juristischen Studium). Zum Übergangsrecht gem. Art. 125a GG vgl. Rn 846 ff.

Übersicht über die Kompetenzen nach Art. 72 i.V.m. 74 GG 826

Kernkompetenzen	Bedarfskompetenzen	Abweichungskompetenzen
▪ Bundeskompetenz nach Art. 74 I GG außer Nr. 4, 7, 11, 13, 15, 19a, 20, 22, 25 und 26	▪ Bundeskompetenz aus Art. 74 I Nr. 4, 7, 11, 13, 15, 19a, 20, 22, 25 oder 26 GG	▪ Länderkompetenz aus Art. 72 III S. 1 Nrn. 1-7 GG
▪ Nachweis der Erforderlichkeit einer bundesgesetzlichen Regelung muss nicht erbracht werden (Umkehrschluss aus Art. 72 II GG)	▪ Erforderlichkeit einer bundesgesetzlichen Regelung muss nachgewiesen werden (Art. 72 II GG)	▪ zuvor erlassenes Bundesgesetz bedarf keines Nachweises der Erforderlichkeit einer bundesgesetzlichen Regelung (Umkehrschluss aus Art. 72 II GG)
▪ sachliche und zeitliche Sperrwirkung für die Landesgesetzgebung (vgl. Art. 72 I GG)	▪ sachliche und zeitliche Sperrwirkung für die Landesgesetzgebung (vgl. Art. 72 I GG)	▪ zuvor erlassenes Bundesgesetz entfaltet keine sachliche und zeitliche Sperrwirkung für die Landesgesetzgebung (vgl. Art. 72 III GG). Das jeweils später erlassene Gesetz genießt Anwendungsvorrang (vgl. Art. 72 III S. 3 GG – sog. Lex-posterior-Regel).

[1795] Vgl. *Thiele*, JA 2006, 714, 717.

826a Unklar ist die rechtliche Behandlung des Falls, dass sich ein Bundesgesetz auf **mehrere der soeben genannten Kompetenztitel** stützen lässt.

> **Beispiel:** Ein Bundesgesetz lässt sich sowohl auf eine der Kernkompetenzen des Bundes als auch auf eine der Bedarfskompetenzen des Bundes stützen, etwa weil es Materien regelt, die jeweils einem Kern- und einem Bedarfskompetenztitel unterfallen.

Die Frage, die sich hierbei stellt, ist, ob das Gesetz als Ganzes der Erforderlichkeitsklausel des Art. 72 II GG unterfällt oder nur derjenige Teil des Gesetzes, der sich auf einen Bedarfskompetenztitel stützt. Nach der hier vertretenen Auffassung genügt es, wenn der Erforderlichkeitsnachweis hinsichtlich desjenigen Teils des Gesetzes erbracht wird, der sich auf die Bedarfskompetenz stützt. Kann dieser Nachweis nicht erbracht werden, ist die betreffende Regelung des Gesetzes formell verfassungswidrig; im Übrigen ist das Gesetz verfassungsmäßig (d.h. jedenfalls nicht wegen eines Verstoßes gegen die Gesetzgebungskompetenz verfassungswidrig). Von einer Verfassungswidrigkeit des *gesamten* Gesetzes sollte nur dann ausgegangen werden, wenn der verbleibende (verfassungsmäßige) Teil ohne den wegen Verstoßes gegen die Gesetzgebungskompetenz verfassungswidrigen Teil sinnentstellt ist, sozusagen lediglich einen Gesetzestorso darstellt.[1796]

c. Eingeschränkte Sperrwirkung für die Landesgesetzgebung

827 Im Bereich der konkurrierenden Gesetzgebung sind Bund und Länder grundsätzlich gleichermaßen zur Gesetzgebung befugt. Allerdings dürfen die Länder nur dann tätig werden, solange und soweit der Bund von seiner Gesetzgebungszuständigkeit keinen Gebrauch gemacht hat (**Art. 72 I GG**). Ähnlich wie bei Art. 73 GG führt auch diese Regelung zu einer grundsätzlichen **Sperrwirkung** gegenüber dem Erlass von Landesgesetzen: Hat der Bund von seiner Gesetzgebungskompetenz durch Erlass eines entsprechenden Gesetzes (abschließend) Gebrauch gemacht, dürfen die Länder nicht tätig werden. Im Zuge der Föderalismusreform 2006 wurde diese Sperrwirkung allerdings relativiert. Sie gilt **nicht** für die Fälle des **Art. 72 III GG** n.F., weil dort der verfassungsändernde Gesetzgeber Abweichungsbefugnisse der Länder begründet hat (s.o.). In den dort genannten Fällen (Art. 72 III S. 1 Nrn. 1-7 GG) dürfen die Länder auch dann gesetzgeberisch tätig werden, wenn der Bund zuvor ein entsprechendes Gesetz erlassen hat (Art. 72 III S. 1 GG). Demzufolge kann auch keine Sperrwirkung gegenüber der Landesgesetzgebung eintreten (vgl. dazu Rn 819 f.).

828 Liegt aber eine Abweichungskompetenz nicht vor, besteht die Sperrwirkung nach wie vor. Demzufolge bleibt bei den **Kern- und Bedarfskompetenzen** der konkurrierenden Gesetzgebung die Frage, wann von einem Gebrauchmachen von der Gesetzgebungskompetenz des Bundes und somit von einer Sperrwirkung gegenüber der Landesgesetzgebung gesprochen werden kann, aktuell. Auf den Gebieten der Kern- und Bedarfskompetenz ist also nach wie vor zwischen der zeitlichen und inhaltlichen Sperrwirkung zu unterscheiden.

aa. Zeitliche Sperrwirkung

829 Die zeitliche Sperrwirkung folgt aus der gesetzlichen Formulierung in Art. 72 I GG: „*Solange* ... der Bund ... nicht von seiner Gesetzgebungskompetenz *Gebrauch gemacht hat*". In zeitlicher Hinsicht Gebrauch gemacht hat der Bund von seiner Gesetzgebungskompetenz, wenn er das Gesetzgebungsverfahren abgeschlossen hat, wobei

---

[1796] Insofern besteht dieselbe Wertung wie beim „Aufspalten" von Gesetzen in einen zustimmungs- und einen nicht zustimmungspflichtigen Teil – vgl. dazu Rn 899 ff.

bei formellen Gesetzen auf den letzten erforderlichen Staatsakt abzustellen ist. Das ist die Verkündung durch den Bundespräsidenten (Art. 82 GG).[1797] Das bedeutet umgekehrt, dass die zeitliche Sperrwirkung entfällt, wenn das betreffende Bundesgesetz aufgehoben wird.

bb. Inhaltliche Sperrwirkung

Aus inhaltlicher Sicht liegt ein Gebrauchmachen vor, wenn ein Bundesgesetz eine bestimmte Frage ausdrücklich – auch negativ, insbesondere durch **absichtsvollen Regelungsverzicht** – und abschließend (d.h. **erschöpfend**) geregelt hat. Ob das der Fall ist, muss anhand des Gesamtkonzepts der Regelung bzw. durch „Gesamtwürdigung des betreffenden Normenbereichs" ermittelt werden.[1798] 830

Beispiele:

(1) Gemäß § 182 I des Hessischen Schulgesetzes (HessSchulG) wird mit Freiheitsstrafe bis zu sechs Monaten oder mit Geldstrafe bis zu 180 Tagessätzen bestraft, wer einen anderen der Schulpflicht dauernd oder hartnäckig wiederholt entzieht. Da aber bereits der Bundesgesetzgeber von seiner konkurrierenden Gesetzgebungszuständigkeit aus Art. 74 I Nr. 1 GG für das Strafrecht Gebrauch gemacht und (in der 7. Wahlperiode) die Strafnorm des § 171 StGB (Strafbarkeit wegen gröblicher Verletzung der Fürsorge- oder Erziehungspflicht gegenüber einer Person unter 16 Jahren) erlassen hat, stellt sich die Frage, ob er das Strafrecht diesbezüglich abschließend geregelt hat. Nach Auffassung des BVerfG ist das nicht der Fall. Der Wortlaut des § 171 StGB sei zu indifferent, um darin ein absichtsvolles Unterlassen des Bundesgesetzgebers zu sehen und zusätzliche und konkrete Regelungen seitens des Landesgesetzgebers auszuschließen. Nichts anderes folge aus dem Schutzzweck des § 171 StGB. Nach einhelliger Meinung bezwecke er den Schutz der gesunden körperlichen und psychischen Entwicklung von Jugendlichen unter 16 Jahren. Demgegenüber sei § 182 I HessSchulG eingeführt worden, um besonders schwere Schulpflichtverstöße angemessen und wirkungsvoll ahnden zu können. Er bezwecke allein die Durchsetzung der – landesrechtlich geregelten – allgemeinen Schulpflicht und des in Art. 7 I GG normierten staatlichen Erziehungsauftrags. Damit dienten die jeweiligen Strafvorschriften dem Schutz weitgehend unterschiedlicher Rechtsgüter, sodass § 171 StGB keine Sperrwirkung für den Landesgesetzgeber entfalte. Gegen den abschließenden Regelungscharakter des § 171 StGB spreche ferner, dass es dem Bundesgesetzgeber mit Schaffung des § 171 StGB vornehmlich darauf angekommen sei, Kinder in ihrer körperlichen und psychischen Integrität zu schützen. Den Materialien könne nicht entnommen werden, dass er die allgemeine Schulpflicht strafrechtlich zu flankieren beabsichtigte, zumal es zweifelhaft sei, ob die von ihm vorausgesetzte und in § 171 StGB angelegte Erheblichkeitsschwelle in Fällen der Schulpflichtverletzung überhaupt erreicht werde.[1799]

(2) Der Wasserhaushalt unterfällt gem. Art. 74 I Nr. 32 GG der konkurrierenden Gesetzgebungskompetenz. Wie ausgeführt, haben auf dem Gebiet der konkurrierenden Gesetzgebung die Länder die Befugnis zur Gesetzgebung, solange und soweit der Bund von seiner Gesetzgebungszuständigkeit nicht durch Gesetz Gebrauch gemacht hat (Art. 72 I GG). Der Bund hat ein Wasserhaushaltsgesetz (WHG) erlassen und damit von seiner Gesetzgebungskompetenz nach Art. 74 I Nr. 32 GG Gebrauch gemacht. Das Wasserhaushaltsrecht umfasst auch die Materie des Frackings, d.h. des Aufbrechens des Gesteins von unterirdischen Lagerstätten von Erdöl und Erd-

---

[1797] *Degenhart*, in: Sachs, GG, Art. 72 Rn 27; *Pieroth*, in: J/P, GG, Art. 72 Rn 13 f.; *Kunig*, in: v. Münch/Kunig, GG, Art. 72 Rn 9; a.A. *Sannwald*, in: Schmidt-Bleibtreu/Hofmann/Henneke, GG, Art. 72 Rn 17: Gesetzesbeschluss; *Stern*, StaatsR II, 595 ff.: Inkrafttreten.

[1798] BVerfGE 113, 348, 375 ff.; 98, 265, 300; 67, 299, 324; BVerwG NVwZ 2000, 1179, 1180 f.; BVerfG NJW 2015, 44, 45 ff.; *Pieroth*, in: J/P, GG, Art. 72 Rn 6; *Sannwald*, in: Schmidt-Bleibtreu/Hofmann/Henneke, GG, Art. 72 Rn 23 ff.

[1799] BVerfG NJW 2015, 44, 46.

gas. Mittels Tiefbohrungen wird das Gestein mit hohem Wasserdruck aufgebrochen („gefrackt") und die fossilen Rohstoffe werden gefördert („hydraulisches Fracking"). Aufgrund der damit verbundenen Umweltrisiken (Gefahr u.a. der Verunreinigung des Grundwassers, was zugleich den Kompetenztitel des Art. 74 I Nr. 32 GG ausfüllt) sah sich der Bundesgesetzgeber im Jahre 2016 veranlasst, das WHG durch „Gesetz zur Änderung wasser- und naturschutzrechtlicher Vorschriften zur Untersagung und zur Risikominimierung bei den Verfahren der Fracking-Technologie"[1800] zu ändern und das Recht des Frackings neu zu regeln (siehe insbesondere § 9 II Nr. 3 und 4 und § 13a WHG). Danach kann Fracking (lediglich) zu wissenschaftlichen Zwecken erlaubt werden. Erlässt nun das Bundesland X ein Gesetz, das ein absolutes Frackingverbot vorsieht, weicht es damit von den differenzierenden Regelungen des WHG ab, was die Frage aufwirft, ob diese Landesgesetzgebung von der Abweichungsgesetzgebungskompetenz nach Art. 72 III S. 1 Nr. 5 GG gedeckt ist. Geht man davon aus, dass die Regelungen des § 9 II Nr. 3 und 4 und des § 13a WHG stoffbezogene Regelungen darstellen und der Bund mit diesen Vorschriften umfassend und abschließend das Recht des Frackings geregelt hat, greift nicht die Abweichungsgesetzgebungskompetenz nach Art. 72 III S. 1 Nr. 5 GG („ohne stoff- oder anlagenbezogene Regelungen"), sondern die inhaltliche Sperrwirkung des Art. 74 I Nr. 32 GG. Das Land X hatte somit keine Gesetzgebungskompetenz.[1801]

(3) Hinsichtlich der **offenen Videoüberwachung** von öffentlichen Plätzen oder Straßenabschnitten, an denen vermehrt Straftaten begangen werden (Beispiele: Bahnhofsplätze, Hamburger Reeperbahn), hat zwar auch das BVerwG entschieden, dass Maßnahmen der Strafverfolgungsvorsorge, also der Vorsorge für die Verfolgung künftiger Straftaten, dem gerichtlichen Verfahren i.S.d. Art. 74 I Nr. 1 GG zuzuordnen seien. Allerdings habe der Bundesgesetzgeber keine allgemeine abschließende Regelung hinsichtlich der Strafverfolgungsvorsorge getroffen, sodass die Landesgesetzgeber nicht generell gehindert seien, Befugnisse zum Zwecke der Strafverfolgungsvorsorge zu treffen, selbst wenn der Bundesgesetzgeber parallel dazu Regelungen zur Strafverfolgungsvorsorge (vgl. etwa § 81b Var. 2 StPO) getroffen habe. Daher sei § 8 III HmbPolDVG (jetzt: § 18 III HmbPolDVG), der die offene Videoüberwachung bspw. der Reeperbahn zulasse, kompetenzmäßig zustande gekommen.[1802]

(4) Dagegen hat das BVerfG in seiner Entscheidung zur präventiven Telekommunikationsüberwachung[1803] entschieden, dass die Aufnahme der verdachtsunabhängigen vorbeugenden Telefonüberwachung zum Zweck der Strafverfolgungsvorsorge in das niedersächsische SOG (jetzt: POG) u.a. gegen die Gesetzgebungskompetenzvorschriften des Grundgesetzes verstoßen habe, weil die Strafverfolgungsvorsorge dem Strafprozessrecht und damit der konkurrierenden Gesetzgebungskompetenz des Bundes unterfalle. Von dieser Gesetzgebungskompetenz habe der Bund mit der Regelung der Telekommunikationsüberwachung in der Strafprozessordnung abschließend Gebrauch gemacht.[1804] Auch das BVerwG hat sich zu diesem Thema geäußert. Es hat entschieden, dass Maßnahmen der Strafverfolgungsvorsorge zwar gefahrenabwehrrechtlicher Natur seien, dies jedoch nicht bedeute, dass sie zwingend der Gesetzgebungskompetenz der Länder unterfielen. Vielmehr sei die Gesetzgebungskompetenz des Bundes zur Vorsorge für die Verfolgung von Straftaten unmittelbar der Befugnis für die konkurrierende Gesetzgebung in Art. 74 I Nr. 1 GG zu entnehmen. Denn die dortige Zuständigkeitsbeschreibung für das Strafrecht und das gerichtliche Verfahren enthalte keine Einschränkung dahingehend, dass Maß-

[1800] BGBl I 2016, S. 1972.
[1801] Siehe dazu Landesverfassungsgericht Schleswig-Holstein SchlHA 2020, 29 ff. (§ 7a Landeswassergesetz).
[1802] BVerwG NVwZ 2012, 757, 760 f. – siehe bereits Rn 70 a.E.
[1803] BVerfGE 113, 348, 369.
[1804] BVerfGE 113, 348, 372.

nahmen, die sich auf zukünftige Strafverfahren bezögen, von der Zuweisung der konkurrierenden Gesetzgebungskompetenz nicht erfasst sein sollten.[1805]

> **Hinweis für die Fallbearbeitung:** Die Frage, ob der Bund eine Materie abschließend geregelt bzw. nicht geregelt hat, ist durch methodisch einwandfreie Auslegung anhand der anerkannten Auslegungsmethoden zu beantworten. Insofern überzeugt die Vorgehensweise des BVerfG in Beispiel (1).

Zusammenfassend lässt sich sagen, dass – sofern eine konkurrierende Gesetzgebungskompetenz des Bundes auf den Gebieten der Kern- und Bedarfskompetenz besteht und der Bund auf dem betreffenden Gebiet keine (abschließende) Regelung statuieren wollte – die Länder gleichwohl nicht tätig werden dürfen. Denn dann hat der Bund von seiner Gesetzgebungskompetenz Gebrauch gemacht, indem er gerade keine (abschließende) Regelung treffen wollte (sog. absichtsvoller Regelungsverzicht). Erlässt ein Land gleichwohl ein Gesetz, ist dieses nichtig. Etwas anderes gilt aber dann, wenn der Bund ohne eine entsprechende Intention von seiner Gesetzgebungskompetenz keinen Gebrauch gemacht hat. In diesem Fall besteht keine Sperrwirkung gegenüber der Gesetzgebungskompetenz der Länder. Von vornherein keine Sperrwirkung besteht auf den Gebieten der Abweichungskompetenz der Länder, da Art. 72 III GG gerade die Möglichkeit schaffen wollte, dass die Länder von Bundesgesetzen abweichende Regelungen treffen dürfen. **831**

d. Der Zuständigkeitskatalog des Art. 74 I GG

Allein das Vorliegen der Voraussetzungen des Art. 72 GG genügt nicht, um eine konkurrierende Bundesgesetzgebungskompetenz zu begründen. Die konkurrierende Gesetzgebungszuständigkeit des Bundes erfordert vielmehr auch einen **Kompetenztitel**, der im Katalog des Art. 74 I GG aufgelistet ist. Zu Art. 72 II GG vgl. Rn 833 ff. **832**

> **Hinweis für die Fallbearbeitung:** Gerade bei umfangreichen Gesetzeswerken, die unterschiedliche Gegenstände regeln, ist es gängige – und verfassungsrechtlich nicht zu beanstandende – Staatspraxis, dass sie sich auf mehrere Kompetenztitel stützen (sog. **Kompetenzkombination**).[1806] Im Übrigen ist zu beachten, dass es bei der Abgrenzung der Gesetzgebungskompetenz von Bund und Ländern stets auf den **objektiven Regelungsgegenstand** des Gesetzes ankommt[1807], nicht auf die Bezeichnung oder den Willen des Gesetzgebers.

Für das juristische Studium sind vor allem von Bedeutung[1808]:

- Art. 74 I Nr. 1 GG: **Bürgerliches Recht**, **Strafrecht** und **Prozessrecht** (ohne den Strafvollzug und das Recht des Untersuchungshaftvollzugs) **832a**

  Das Bürgerliche Recht umfasst die Ordnung der Individualverhältnisse, wie sie im BGB und in den herkömmlich zum Bürgerlichen Recht gerechneten Nebengesetzen normiert ist.[1809] Von Studienrelevanz sind v.a. der allgemeine Teil des BGB, das Schuldrecht (einschließlich des Schadensersatzrechts und der Amtshaftung[1810]), das Erb- und Familienrecht und das Sachenrecht. Zum Straf- und Strafprozessrecht vgl. bereits Rn 795

[1805] BVerwG NJW 2006, 1225, 1226 f. Vgl. auch OVG Lüneburg NVwZ 2010, 69, 70 f.; VGH Mannheim NVwZ-RR 2015, 26, 28.
[1806] Vgl. *Jarass*, NVwZ 2000, 1089, 1090; *Stern*, StaatsR II, S. 607 f.
[1807] BVerfGE 68, 319, 327 f.; BVerfG NVwZ 2014, 646, 647 ff. – dazu Rn 832c.
[1808] Von aktueller Bedeutung ist zwar auch Art. 74 I Nr. 7 GG (öffentliche Fürsorge) in Bezug auf das Betreuungsgeldgesetz. Da das BVerfG aber keine Zweifel am Vorliegen des Kompetenztitels hatte, sondern das Gesetz für mit Art. 72 II GG unvereinbar erklärt hat (vgl. BVerfG NJW 2015, 2399 ff.), soll darauf bei Rn 833a eingegangen werden.
[1809] BVerfGE 42, 20, 31.
[1810] Vgl. dazu BVerfGE 61, 149, 176. Nicht auf Art. 74 I Nr. 1 GG gestützt werden kann das Staatshaftungsrecht im umfassenden Sinn, vgl. aber Art. 74 I Nr. 25 GG (dazu *R. Schmidt*, AllgVerwR, Rn 1062 ff.).

und Rn 830. Zu beachten ist, dass im Zuge der Föderalismusreform am 1.9.2006 der Strafvollzug und das Recht des Untersuchungshaftvollzugs in die Gesetzgebungskompetenz der Länder überführt worden sind. Demgegenüber ist das Notariat (einschließlich des Beurkundungswesens und des Gebührenrechts der Notare) entgegen dem Gesetzentwurf vom 7.3.2006 (BT-Drs. 16/813) vollständig in Art. 74 I Nr. 1 GG erhalten geblieben. Nicht von Nr. 1 erfasst ist nach wie vor das Straßen- und Wegerecht. Hier besteht eine Länderzuständigkeit.

832b ▪ Art. 74 I Nr. 3 GG: **Vereinsrecht**

Für das Vereinsrecht ist das Vereinsgesetz (VereinsG) von großer Bedeutung. Nicht selten sind vereinsrechtliche Fragen (insbesondere Vereinsverbote) Gegenstand der Untersuchung. Demgegenüber ist das **Versammlungsrecht** im Zuge der Föderalismusreform 2006 aus Art. 74 I Nr. 3 GG **gestrichen** und in die Gesetzgebungskompetenz der Länder überführt worden. Nunmehr sind die Länder befugt, eigene Regelungen zu erlassen. Theoretisch bestehen drei Möglichkeiten: Die Länder können eigene Versammlungsgesetze erlassen, sie können versammlungsspezifische Regelungen in die bestehenden Polizei- und Ordnungsbehördengesetze einfügen oder sie können schlicht untätig bleiben. Bleibt ein Land untätig, gilt auf dessen Gebiet das bisherige VersG des Bundes fort (vgl. Art. 125a I GG).[1811] Es kann aber jederzeit durch ein eigenes Regelwerk ersetzt werden. Unberührt von der genannten Kompetenzübertragung bleibt das auf einer Kompetenz kraft Natur der Sache beruhende Gesetz über befriedete Bezirke für Verfassungsorgane des Bundes.

832c ▪ Art. 74 I Nr. 11 GG: **Recht der Wirtschaft**

Der Begriff des Rechts der Wirtschaft wird vom BVerfG in ständiger Rechtsprechung weit ausgelegt.[1812] Danach gehören zu dem Recht der Wirtschaft alle Normen, die das wirtschaftliche Leben und die wirtschaftliche Betätigung regeln[1813], insbesondere solche, die sich in irgendeiner Form auf die Erzeugung, Herstellung und Verbreitung von Gütern des wirtschaftlichen Bedarfs beziehen[1814].

Beispiele: Neben den in der Klammer der Nr. 11 aufgezählten Bereichen (Bergbau, Industrie, Energiewirtschaft, Handwerk, Gewerbe (mit Einschränkungen, siehe sogleich), Handel, Bank- und Börsenwesen, privatrechtliches Versicherungswesen[1815]) gehören zum Recht der Wirtschaft: ärztliche Gebührenordnung, Apothekenerrichtung und -betrieb, Investitionshilfe, Konzessionsabgaben, Stromeinspeisung, Teledienste, Verbraucherschutz, Wirtschaftsprüfung, Konjunkturzuschlag.[1816] Auch Abgaben können unter Nr. 11 fallen, sofern sie keine Steuern darstellen und die Voraussetzungen für nichtsteuerliche Abgaben vorliegen.[1817]

Werden mit Normen, die das wirtschaftliche Leben und die wirtschaftliche Betätigung regeln, zugleich andere Materien berührt, für die der Bund keine Gesetzgebungskompetenz hat (etwa der Kulturbereich), ist dies unschädlich, solange der maßgebliche objektive Regelungsgegenstand und -gehalt schwerpunktmäßig im Wirtschaftsrecht liegt.[1818]

Beispiel: Die weit reichende Gesetzgebungskompetenz des Bundes entfällt nicht schon dann, wenn der Gesetzgeber mit wirtschaftsbezogenen Regelungen zugleich kulturelle Zwecke (etwa die Filmförderung) verfolgt. Voraussetzung ist aber, dass der gesetzliche

[1811] Zum Versammlungsrecht vgl. ausführlich *R. Schmidt*, Grundrechte, Rn 603 ff.
[1812] BVerfGE 5, 25, 28 f.; 116, 202, 215; BVerfG NVwZ 2014, 646, 647 ff.
[1813] BVerfGE 68, 319, 330; BVerwGE 97, 12, 14 ff.
[1814] BVerfGE 8, 143, 148.; 116, 202, 215; BVerfG NVwZ 2014, 646, 647 ff.
[1815] Im Umkehrschluss bedeutet das, dass das öffentlich-rechtliche Versicherungswesen nicht von Nr. 11 erfasst ist, vgl. dazu BVerfGE 41, 205, 220 ff.
[1816] Vgl. die Nachweise bei *Pieroth*, in: J/P, GG, Art. 74 Rn 25 ff.
[1817] *Pieroth*, in: J/P, GG, Art. 74 Rn 23; *Sannwald*, in: Schmidt-Bleibtreu/Hofmann/Henneke, GG, Art. 74 Rn 85.
[1818] BVerfG NVwZ 2014, 646, 647 ff. mit Verweis auf BVerfGE 4, 60, 69 f.; 58, 137, 145; 68, 319, 327 f.; 70, 251, 264; 97, 228, 251 f.; 106, 62, 149; 116, 202, 216; 121, 317, 348; 121, 30, 47.

Regelungsgegenstand seinen Schwerpunkt im Wirtschaftsrecht hat[1819], was nach objektiven Kriterien zu ermitteln ist.

Eine Grenze besteht aber dort, wo rein ordnungsrechtliche Aspekte im Vordergrund stehen. Daher gehört eine Materie nicht schon deshalb zu dem Recht der Wirtschaft, weil in irgendeiner Weise Gewinn angestrebt wird oder es sich überhaupt um die Erzielung von Einnahmen handelt.[1820]

Im Zuge der Föderalismusreform 2006 hat der verfassungsändernde Gesetzgeber Art. 74 I Nr. 11 GG um eine Negativformulierung ergänzt und damit das früher unter diesen Kompetenztitel gefasste **Ladenschlussrecht**, **Gaststättenrecht**, Spielhallenrecht sowie das Recht der Schaustellung von Personen, der Messen, der Ausstellungen und der Märkte in die Gesetzgebungskompetenz der Länder überführt. Damit sind diese Materien des sog. besonderen Gefahrenabwehrrechts nicht mehr bundesgesetzlich regelbar. Allerdings ist auch hier zu beachten, dass bisherige Bundesgesetze in Ländern, die keine eigenen Regelungen erlassen (haben), fortgelten (vgl. Art. 125a I GG).[1821] Das betrifft in erster Linie das GastG und die sogleich zu behandelnden Teile der GewO. Dagegen haben die meisten Länder mittlerweile eigene Ladenschlussgesetze erlassen.

Einen Sonderfall bildet die GewO, weil die Rechte der Spielhallen, der Schaustellung von Personen, der Messen, Ausstellungen und der Märkte bislang in diesem Bundesgesetz geregelt waren (vgl. §§ 33a ff., 64 ff. GewO), nunmehr jedoch, wie gesehen, ausdrücklich aus Art. 74 I Nr. 11 GG herausgenommen wurden. Da das Gewerberecht im Übrigen jedoch weiterhin der Bundesgesetzgebungskompetenz unterstellt bleibt, kann die Neuregelung für den Fall, dass die Länder von ihrem neuen Gesetzgebungsrecht Gebrauch machen, zu einer erheblichen Rechtszersplitterung führen. Das gilt insbesondere dann, wenn sich die Länder nicht koordinieren und inhaltlich abweichende Regelungen auf ihren Gebieten erlassen. Damit besteht (trotz der Homogenitätsklausel des Art. 28 I S. 1 GG, die zudem nur für die Landesverfassungen gilt – dazu Rn 70) die Gefahr, dass höchst unterschiedliche Regelungen in den einzelnen Bundesländern erlassen werden.

Von der vorstehenden Problematik einmal abgesehen, tritt Art. 74 I Nr. 11 GG gegenüber speziellen Regelungen und Regelungen, deren Schwerpunkt in einem anderen Bereich liegt, ohnehin zurück. So ist der Übergang des Rechts der Wirtschaft zum allgemeinen Gefahrenabwehrrecht, für das ja gerade keine Bundeszuständigkeit besteht, fließend. Ist die Aufrechterhaltung der öffentlichen Sicherheit und Ordnung alleiniger oder überwiegender Gesetzeszweck oder hat nur Auswirkungen auf die wirtschaftliche Tätigkeit, besteht für das betreffende Gesetz keine Gesetzgebungszuständigkeit nach Art. 74 I Nr. 11 GG.

Beispiel: Der Bund erlässt ein Spielbankengesetz[1822], um das Spielbankenrecht (insbesondere die Zulassungsbedingungen für Spielbanken) bundesweit einheitlich zu gestalten. Das Land X sieht darin einen Verstoß gegen die Gesetzgebungskompetenz.

Der Bund wäre zuständig, wenn der Erlass des Spielbankengesetzes von Art. 74 I Nr. 11 GG umfasst wäre. Art. 74 I Nr. 11 GG umfasst auch das Gewerberecht (außer dem Ladenschlussrecht, Gaststättenrecht, Spielhallenrecht sowie dem Recht der Schaustellung von Personen, der Messen, der Ausstellungen und der Märkte). Zählte das Spielbankenrecht somit zum Gewerberecht, wäre eine Bundeszuständigkeit gegeben. Steht aber die Gefahrenabwehr im Vordergrund, besteht dafür keine Gesetzgebungskompetenz des Bundes, da für das Recht der öffentlichen Sicherheit und Ordnung die Länder gem. Art. 70 I GG die originäre Gesetzgebungskompetenz haben. Vorliegend geht es

[1819] BVerfG NVwZ 2014, 646, 647 ff.
[1820] BVerfGE 28, 119, 147.
[1821] Zur Frage, ob der Bund ehemals erlassene, gem. Art. 125a I S. 1 GG fortbestehende Bundesgesetze „anpassen" oder aufheben könnte, vgl. Rn 795 und Rn 849a.
[1822] Anders als die Spielhallen sind die Spielbanken nicht von der Föderalismusreform betroffen (zur Unterscheidung zwischen Spielhallen und Spielbanken vgl. auch § 33h und § 33i GewO).

dem Bund zwar um die Vereinheitlichung der Zulassungsbedingungen. Die Frage der Zulassung einer Spielbank kann aber nur gefahrenabwehrrechtlich motiviert sein, sodass im Ergebnis das gesamte Spielbankenrecht der Länderzuständigkeit untersteht (davon geht auch § 33h GewO offenbar aus).[1823]

832d ▪ Art. 74 I Nr. 12 GG: **Arbeitsrecht** und **Sozialversicherung**

Arbeitsrecht ist das Sonderrecht der unselbstständigen Arbeitnehmer, und zwar das individuelle und das kollektive, private und öffentliche Arbeitsrecht[1824] (für das Dienstrecht der Beamten und Soldaten sind aber die Art. 73 I Nr. 8, 74 I Nr. 27 GG sowie die originäre Länderzuständigkeit für Landesbedienstete zu beachten, sodass für Art. 74 I Nr. 12 GG die Rechtsverhältnisse der Angestellten und Arbeiter des öffentlichen Dienstes im Bereich der Länder verbleiben; für Bundesbedienstete gilt von vornherein Art. 73 I Nr. 8 GG). Zum Arbeitsrecht gehören bspw.[1825]: Arbeitsvertragsrecht einschließlich der Kündigungsschutzbestimmungen; Arbeitnehmerweiterbildung[1826] und Bildungsurlaub, Arbeitskampfrecht und Tarifvertragsrecht[1827], Beschäftigungsverbote an Sonn- und Feiertagen im Handelsgewerbe; betriebliche Altersversorgung; Entgeltfortzahlung im Krankheitsfall; Mutterschutz; Urlaubsgesetzgebung einschließlich des Erziehungsurlaubs; Betriebsverfassungsrecht; Arbeitsschutzrecht; Arbeitsvermittlung einschließlich der Arbeitnehmerüberlassung. Zu beachten ist aber, dass der Bund nicht in allen Aspekten des Arbeitsrechts und des Sozialversicherungsrechts von seiner diesbezüglichen Gesetzgebungskompetenz Gebrauch gemacht hat, sodass auf den betreffenden Gebieten die Länderkompetenz aus Art. 70 I GG greift. So hat der Bundesgesetzgeber für die Bereiche der Qualitätsentwicklung und -sicherung sowie der Fortbildung in Ausübung der sozialversicherungsrechtlichen Gesetzgebungskompetenz verbindliche Regelungen im SGB V und XI getroffen[1828], nicht aber Regelungen über die Errichtung einer Kammer für Pflegeberufe, sodass es diesbezüglich (unabhängig von der Frage, ob man das Kammerrecht der Heil- und Pflegeberufe überhaupt unter Nr. 12 subsumieren kann) bei der Gesetzgebungskompetenz der Länder gem. Art. 70 I GG verbleibt. Daher verstieß der Erlass des niedersächsischen Kammergesetzes für die Heilberufe in der Pflege (PflegeKG) auch nicht gegen die Kompetenzordnung des Grundgesetzes.[1829]

832e ▪ Art. 74 I Nr. 18 GG: **städtebaulicher Grundstücksverkehr; Bodenrecht**

Mit der im Zuge der Föderalismusreform 2006 geänderten Fassung der Nr. 18 wird die bisherige konkurrierende Gesetzgebungskompetenz für das Grundstücksverkehrsrecht, also für das Recht, den Erwerb, die Veräußerung, die Belastung und die Verpachtung von Grundstücken zu regeln, auf das **städtebauliche Grundstücksverkehrsrecht** beschränkt; damit fällt die Befugnis zur Regelung des landwirtschaftlichen Grundstücksverkehrs in die Gesetzgebungskompetenz der Länder. Insbesondere haben die Länder nunmehr die Kompetenz für das landwirtschaftliche Pachtwesen und das Siedlungs- und Heimstättenwesen.

Die bisherige konkurrierende Gesetzgebungskompetenz für das **Wohnungswesen** wurde **erheblich eingeschränkt**. Es bleibt nur die Kompetenz zur Regelung des Wohngeldrechts (Miete), des Altschuldenhilferechts, des Wohnungsbauprämienrechts, des Bergarbeiterwohnungsbaurechts und des Bergmannssiedlungsrechts erhalten. Die übrigen Bereiche des Wohnungswesens, d.h. das Recht der sozialen Wohnraumförderung, der Abbau von Fehlsubventionierung im Wohnungswesen, das Wohnungs-

---

[1823] So ausdrücklich BVerfGE 102, 197, 199 mit Bespr. v. *Muckel*, JA 2001, 460 ff.
[1824] BVerfGE 7, 342, 351; 38, 281, 299; *Pieroth*, in: J/P, GG, Art, 74 Rn 38.
[1825] Vgl. zu den Nachweisen *Pieroth*, in: J/P, GG, Art. 74 Rn 29; *Sannwald*, in: Schmidt-Bleibtreu/Hofmann/Henneke, GG, Art. 74 Rn 108.
[1826] BVerfGE 77, 308, 329 ff.
[1827] Daher hatte der Bund auch die Gesetzgebungskompetenz für den Erlass des Tarifeinheitsgesetzes (dazu BVerfG NJW 2017, 2523, 2524).
[1828] Siehe VG Hannover NdsVBl 2019, 157 ff. Zur materiell-rechtlichen Seite siehe *R. Schmidt*, Grundrechte, Rn 680 ff.
[1829] Siehe dazu VG Hannover NdsVBl 2019, 157 ff.

bindungsrecht, das Zweckentfremdungsrecht im Wohnungswesen sowie das Wohnungsgenossenschaftsvermögensrecht sind nunmehr der Gesetzgebungskompetenz der Länder unterstellt.

Beispiel: § 556 I BGB (Vereinbarungen über Betriebskosten) in der bisherigen Fassung verwies hinsichtlich der Möglichkeit, die Betriebskosten auf den Mieter abzuwälzen, auf das Wohnraumförderungsgesetz des Bundes. Durch die Änderung des Art. 74 I Nr. 18 GG ist dieser Verweis nun nicht mehr zulässig, da der Bund die Kompetenz zur Regelung der Wohnraumförderung verloren hat. Daher hat der Bundesgesetzgeber die Vorschrift des § 556 I BGB geändert (vgl. Art. 9 des Föderalismus-Begleitgesetzes v. 5.9.2006 – BGBl I 2006, S. 2098) und den Begriff der Betriebskosten in § 556 I BGB n.F. definiert.

Bodenrecht sind die öffentlich-rechtlichen Normen, die Beziehungen des Menschen zum Grund und Boden regeln[1830], d.h. das Recht der Bodenbeschaffenheit und der Bodenbenutzbarkeit. Dazu gehören insbesondere das Bauplanungsrecht[1831] und das Bodenschutzrecht einschließlich der Altlastenregelung[1832]. Daher durfte der Bund z.B. das **BauGB** (und die BauNVO) sowie das **BBodenSchG** erlassen. Nicht zum Bodenrecht gehört das als besonderes Gefahrenabwehrrecht einzustufende Bauordnungsrecht, welches folgerichtig der Gesetzgebungskompetenz der Länder untersteht.[1833]

- Art. 74 I Nr. 19 GG: **Gesundheitswesen** **832f**

Das von Nr. 19 gemeinte Gesundheitswesen betrifft Maßnahmen gegen Krankheiten, die gemeingefährlich, d.h. schwer und verbreitet oder übertragbar sind (wie etwa Wundstarrkrampf). Auch das Berufs*zulassungs*recht zu ärztlichen und anderen Heilberufen (auch zum Altenpfleger[1834]) ist erfasst. Auf Nr. 19 stützen lassen sich daher Vorschriften, die sich auf die Erteilung, Zurücknahme und den Verlust der Approbation und auf die Befugnis zur Ausübung des ärztlichen Berufs beziehen[1835] (auch Regelungen, die die Berufsausbildung betreffen, sind erfasst). Von der Gesetzgebungskompetenz des Bundes jedoch *nicht* erfasst ist das Recht der Berufs*ausübung* in Bezug auf ärztliche und andere Heilberufe.[1836] Dazu gehört die ärztliche Berufsgerichtsbarkeit, die ärztliche Weiterbildung, der Berufsbezeichnungsschutz, das Facharztwesen, Gebührenfragen, die Vertragsarztzulassung (früher: Kassenarzt), Werbeverbote und die Zulassung von Einrichtungen zu ambulanten Schwangerschaftsabbrüchen.[1837] Auch Regelungen zur Errichtung einer Kammer für Pflegeberufe gehören nicht zur Berufszulassung, sondern lediglich zur Berufsausübung, sodass sie nicht von der konkurrierenden Gesetzgebungskompetenz nach Art. 74 I Nr. 19 GG erfasst sind, sondern in die Gesetzgebungszuständigkeit der Länder fallen. Daher verstieß der Erlass des niedersächsischen Kammergesetzes für die Heilberufe in der Pflege (PflegeKG) auch nicht in diesem Zusammenhang gegen die Kompetenzordnung des Grundgesetzes.[1838] Schließlich fallen auch hochschulrechtliche Fragen nicht unter Nr. 19, obwohl sie im weiteren Sinne auch das Berufszulassungsrecht betreffen. Hier ist das Hochschulrecht maßgeblich, wofür der Bund eine konkurrierende Gesetzgebungskompetenz zur Regelung der Hochschulzulassung und der Hochschulabschlüsse hat (vgl. Art. 74 I Nr. 33 GG), wobei die Länder allerdings hiervon abweichende Regelungen treffen können (vgl. Art. 72 III S. 1 Nr. 6 GG).

[1830] BVerfGE 3, 407, 424; 34, 139, 144.
[1831] BVerfGE 3, 407, 424; 65, 283, 288; 77, 288, 299.
[1832] BVerwG NVwZ 2000, 1181.
[1833] Vgl. BVerfGE 3, 407, 433; 40, 261, 266.
[1834] BVerfGE 106, 62, 104 ff. (Altenpflegegesetz); vgl. auch Rn 833 ff.
[1835] BVerfGE 33, 125, 154 (Facharzt); VG Hannover NdsVBl 2019, 157 ff.; *Sannwald*, in: Schmidt-Bleibtreu/Hofmann/Henneke, GG, Art. 74 Rn 188.
[1836] Dies ergibt sich aus dem Umkehrschluss der Formulierung in Nr. 19: *„Zulassung* zu ...". Siehe auch BVerfGE 33, 125, 154; VG Hannover NdsVBl 2019, 157 ff.
[1837] Zu den Nachweisen vgl. *Pieroth*, in: J/P, GG, Art. 74 Rn 50a; *Sannwald*, in: Schmidt-Bleibtreu/Hofmann/Henneke, GG, Art. 74 Rn 190.
[1838] Siehe dazu VG Hannover NdsVBl 2019, 157 ff.

Hinsichtlich des **Apothekenwesens, der Arzneien und Medizinprodukte** hat der verfassungsändernde Gesetzgeber im Zuge der Föderalismusreform 2006 den bisherigen Kompetenztitel, der lediglich die Kompetenz für den Verkehr mit Arzneien, Heil- und Betäubungsmitteln und Giften erfasste, erweitert. Nach der Neuregelung wird das Recht dieser Gegenstände insgesamt erfasst. Bisher konnte nach Nr. 19 nicht die Herstellung solcher Arzneimittel geregelt werden, die von Ärzten, Zahnärzten und Heilpraktikern zur unmittelbaren Anwendung bei eigenen Patienten hergestellt werden.[1839] Eine Gesetzgebungsbefugnis des Bundes auch für solche Arzneimittel ist sachgerecht, um im Interesse der Patienten ein bundesweit einheitliches Sicherheits- und Schutzniveau zu gewährleisten. So stellt denn nun die ausdrückliche Erwähnung des Rechts des Apothekenwesens klar, dass eine umfassende, nicht auf die Zulassung oder heilende Aspekte beschränkte Regelung dieses Rechtsgebiets möglich ist. Daher dürfte das Apothekenkammerrecht, das vor der Grundgesetzänderung 2006 der Berufs*ausübung* zugerechnet wurde und somit der Länderzuständigkeit unterfiel, nunmehr Bestandteil der konkurrierenden Gesetzgebungskompetenz des Bundes aus Art. 74 I Nr. 19 GG sein. Da Nr. 19 nicht im Katalog des Art. 72 II GG aufgeführt ist, braucht der Bund noch nicht einmal das Erfordernis einer bundesgesetzlichen Regelung nachzuweisen.

832g ▪ Art. 74 I Nr. 20 GG: **Lebensmittel, Genussmittel, Bedarfsgegenstände, Futtermittel, Saat- und Pflanzgut, Tierschutz**

Die Kompetenz nach Art. 74 I Nr. 20 GG erfasste bisher nur den Schutz beim „Verkehr" mit Lebens- und Genussmitteln, womit etwa Hausschlachtungen nicht erfasst waren. Die Neufassung der Vorschrift erstreckt sich auf das gesamte Recht der Lebens- und Genussmittel. Zudem erfasst sie das Recht „der ihrer Gewinnung dienenden Tiere" und damit etwa die Regelung der amtlichen Untersuchung von Tieren auch in zeitlichem Abstand vor der Schlachtung, also vor der eigentlichen Lebensmittelgewinnung.

Der auch schon bisher in Nr. 20 genannte **Tierschutz** beinhaltet Regelungen über die Haltung, Pflege, Unterbringung und Beförderung von Tieren, über Versuche an lebenden Tieren und die Tierschlachtung[1840], einschließlich organisatorischer Regelungen zur Überwachung und Förderung des Tierschutzes[1841].

Nicht von Nr. 20 umfasst ist die Regelung der Tierpflegeberufe und der Tierhege wilder Tiere. Diese Gegenstände sind von Art. 74 I Nr. 11 GG bzw. Art. 74 I Nr. 28 GG („Jagdwesen") erfasst, wobei hinsichtlich Art. 74 I Nr. 28 GG eine Abweichungskompetenz der Länder besteht (Art. 72 III GG).

Fraglich ist, ob der in Nr. 20 GG genannte Tierschutz eine Gesetzgebungskompetenz des Bundes enthält, Regelungen zum **Schutz vor sog. Kampfhunden** zu erlassen. Wenn man bedenkt, dass der Zweck des Tierschutzes darin besteht, Tiere vor unnötigen Schmerzen, Leiden oder Schäden zu bewahren (vgl. auch § 1 TierSchG), es bei den Regelungen zum Schutz vor Kampfhunden aber darum geht, andere Tiere und vor allem Menschen vor Angriffen und Schäden zu schützen, kann es sich bei den Regelungen bezüglich der Haltung und des Umgangs gefährlicher Hunde nur um gefahrenabwehrrechtliche Regelungen handeln. Gefahrenabwehrrecht ist in Ermangelung eines Kompetenztitels Sache der Länder. Entsprechende Kampfhundegesetze bzw. -verordnungen stützen sich daher auf die originäre Gesetzgebungskompetenz der Länder bzw. auf die in den Landespolizeigesetzen vorgesehene Ermächtigung zum Erlass von Rechtsverordnungen. Etwas anderes gilt aber hinsichtlich *Zuchtverbote*, *Einfuhrverbote* und *strafrechtlicher Sanktionen*. Zucht- und Einfuhrverbote könnten sich scheinbar durchaus auf Art. 74 I Nr. 20 GG stützen lassen, die Androhung von Strafe auf Art. 74 I

[1839] Vgl. BVerfGE 102, 26, 32 ff.

[1840] *Sannwald*, in: Schmidt-Bleibtreu/Hofmann/Henneke, GG, Art. 74 Rn 209; *Pieroth*, in: J/P, GG, Art. 74 Rn 56; *Kunig*, in v. Münch/Kunig, GG, Art. 74 Rn 103.

[1841] BVerfGE 110, 141, 171; *Pieroth*, in: J/P, GG, Art. 74 Rn 56; *Maunz*, in Maunz/Dürig, GG, Art. 74 Rn 231.

Nr. 1 GG. Der Bund hat von diesem vermeintlichen Recht durch den Erlass des Hundeverbringungs- und -einfuhrbeschränkungsgesetzes[1842] Gebrauch gemacht, ist jedoch vor dem BVerfG damit gescheitert.[1843]

- Art. 74 I Nr. 22 GG: **Straßenverkehrsrecht** 832h

  Das Straßenverkehrsrecht regelt die **Sicherheit und Leichtigkeit des Straßenverkehrs**. Es stellt **besonderes Gefahrenabwehrrecht** dar. Die wichtigsten Bestimmungen über den Straßenverkehr enthalten das Straßenverkehrsgesetz (StVG) und die auf seiner Grundlage erlassenen Rechtsverordnungen wie insbesondere die Straßenverkehrs-Ordnung (StVO), die Straßenverkehrs-Zulassungsordnung (StVZO), die Fahrerlaubnisverordnung (FeV), die Fahrzeugzulassungsverordnung (FZV) und die EG-Fahrzeuggenehmigungsverordnung (EG-FGV). Auch das Personenbeförderungsgesetz (PBefG) und das Güterkraftverkehrsgesetz (GüKG) gehören zum Straßenverkehr i.S.d. Art. 74 I Nr. 22 GG. Ebenso sind die Erhebung und Verteilung von **Gebühren** für die Benutzung öffentlicher Straßen mit Fahrzeugen („Maut") erfasst. Im Zuge der Föderalismusreform 2006 wurde Nr. 22 dahingehend präzisiert, dass nicht nur öffentlich-rechtliche Gebühren, sondern auch privatrechtliche Entgelte für die Benutzung öffentlicher Straßen mit Fahrzeugen erhoben und verteilt werden können. Denn die Anlastung von Wegekosten als Alternative zur Steuerfinanzierung von Straßenverkehrsinfrastruktur kann nicht nur durch Gebühren, sondern auch durch Entgelte erreicht werden. Ebenso wie die öffentlich-rechtliche Gebühr stellt auch das privatrechtliche Entgelt für die Nutzung einer öffentlichen Straße eine Geldleistung dar, die als Gegenleistung für die Inanspruchnahme der öffentlichen Straße erbracht werden kann.

  Nicht zum Straßenverkehrsrecht gehört das **Straßen- und Wegerecht**. Dieses regelt die Rechtsverhältnisse an den Straßen und Wegen und befasst sich mit der Entstehung, Ein- und Umstufung sowie Einziehung öffentlicher Straßen, der Bestimmung des Trägers und des Umfangs der Straßenbaulast sowie mit der Nutzung im Rahmen des Gemeingebrauchs oder der Sondernutzung (vgl. nur §§ 15 und 18 BremLStrG). Bezüglich der Gesetzgebungskompetenz ist folgendermaßen zu unterscheiden: Der Bund hat gem. Art. 74 I Nr. 22 GG die Gesetzgebungskompetenz für den Bau und die Unterhaltung von Landstraßen für den Fernverkehr. Damit sind Bundesautobahnen und sonstige Bundes(fern-)straßen gemeint. Im Übrigen ist das Straßen- und Wegerecht in Ermangelung einer Bundeszuständigkeit Sache der Länder. Vgl. dazu die Landesstraßengesetze.

  Beispiele: Zum landesrechtlichen Straßenrecht gehören im Einzelnen[1844]: Enteignung für den Bau von Landes- und Gemeindestraßen, Bau und Unterhaltung von Landes- und Gemeindestraßen, Errichtung und Betreibung von Fußgängerzonen, Leinenzwang für Hunde zu allgemeinen Ordnungszwecken, Straßenwerbung, Verkehrssicherungspflicht bezüglich Landes- und Gemeindestraßen.

- Art. 74 I Nr. 24 GG: die **Abfallwirtschaft** 832i

  Der in Nr. 24 bisher verwendete Begriff „Abfallbeseitigung" als Teilbereich des Umweltschutzes wurde im Zuge der Föderalismusreform 2006 durch den Begriff „Abfallwirtschaft" ersetzt. Damit hat der verfassungsändernde Gesetzgeber die insoweit einschlägige Rechtsprechung des BVerfG[1845] und des BVerwG[1846] aufgegriffen und klar-

---

[1842] BGBl I 2001, S. 530.

[1843] BVerfGE 110, 141, 156 ff.

[1844] Vgl. zu den Nachweisen *Pieroth*, in: J/P, GG, Art. 74 Rn 62 ff.; *Sannwald*, in: Schmidt-Bleibtreu/Hofmann/Henneke, GG, Art. 74 Rn 221 ff.

[1845] BVerfGE 98, 106, 120 (Unzulässigkeit kommunaler Verpackungssteuern): Das Land Hessen führte eine Verpackungsteuer ein und stützte sich dabei auf die Gesetzgebungskompetenz der Länder nach Art. 105 IIa GG. Insbesondere war die Verpackungssteuer nicht gleichartig zu bundesgesetzlich geregelten Steuern. Als die Stadt Kassel daraufhin aufgrund einer entsprechenden Satzungsbestimmung eine Verpackungssteuer erhob, legten einige Betriebe nach Erschöpfung des Rechtswegs Verfassungsbeschwerden ein. Diese waren begründet. Nach Auffassung des BVerfG verstieß der Landesgesetzgeber gegen Art. 74 I Nr. 24 GG, da die Verpackungssteuer zu sehr auf das Abfallrecht der abfallwirt-

gestellt, dass sich in diesem Sachbereich die konkurrierende Gesetzgebungskompetenz des Bundes auf alle Phasen der Abfallentsorgung bezieht sowie auf alle damit im Zusammenhang stehenden Tätigkeiten und Maßnahmen, insbesondere auf die Vermeidung (z.B. durch Erhebung von Abfallabgaben), Einsammlung, Lagerung, Beförderung und Behandlung (insbesondere durch Verwertung wie z.B. die Altautoentsorgung) von Abfällen.

Wichtigstes kompetenzausfüllendes Gesetz ist das **Kreislaufwirtschaftsgesetz**, in dem der einfache Gesetzgeber auch den Abfallbegriff definiert hat. Danach sind Abfälle alle Stoffe oder Gegenstände, derer sich der Besitzer entledigt, entledigen will oder entledigen muss (§ 3 I KrWG). Im Vordergrund stehen aber nicht die Abfallerzeugung oder -beseitigung, sondern die Verwertung und die Rückführung in den Wirtschaftskreislauf.

Dagegen umfasst die konkurrierende Gesetzgebungskompetenz des Bundes für die **Lärmbekämpfung** seit dem 1.9.2006 nicht mehr den Lärm von Sportanlagen und anderen Einrichtungen, die der Freizeitgestaltung dienen oder eine soziale Zweckbestimmung haben (sog. verhaltensbezogener oder „sozialer" Lärm). Regelungen zur Bekämpfung des Lärms von sozialen Einrichtungen, Sport- und Freizeitanlagen wie Kindergärten, Jugendheimen, Spielplätzen, Sportstätten und -stadien, Theatern und Aufführungsorten sowie Veranstaltungs- und Festplätzen, Hotels und Gaststätten unterstehen als Anlagen mit überwiegend lokaler Bedeutung numehr der ausschließlichen Gesetzgebungskompetenz der Länder.[1847]

832j ▪ Art. 74 I Nr. 25 GG: die **Staatshaftung**

Das Staatshaftungsrecht umfasst die verschiedenen Schadensersatz-, Ausgleichs- und Wiederherstellungsansprüche des Bürgers wegen **Beeinträchtigung seiner** Rechte durch **staatliches Verhalten.**[1848] Die Gesetzgebungskompetenz des Bundes besteht gem. Art. 74 I Nr. 25 GG. Der Bund hat von dieser aber bislang keinen Gebrauch gemacht. Machte er davon Gebrauch und erließe ein Staatshaftungsgesetz, bedürfte dies der Zustimmung des Bundesrats (Art. 74 II GG).

832k ▪ Art. 74 I Nrn. 27-33 GG: **frühere Rahmengesetzgebungskompetenz**

Mit der im Zuge der Föderalismusreform 2006 erfolgten Anfügung der Nrn. 27-33 in den Katalog des Art. 74 I GG werden im Wesentlichen Materien geregelt, die zuvor der Rahmengesetzgebungskompetenz (Art. 75 I GG a.F.) unterfielen. Wie sich aus dem Umkehrschluss aus Art. 72 II GG (Erforderlichklausel) ergibt, gilt für die Wahrnehmung dieser Kompetenzen durch den Bund die Erforderlichkeitsklausel nicht. Den Ländern steht aber für den größten Teil der Regelungskompetenzen nach den Nrn. 28-33 ein Abweichungsrecht gem. Art. 72 III GG zu.

Gemäß der Gesetzesbegründung zur Föderalismusreform war Hauptanliegen der diesbezüglichen Änderung die Stärkung der Personalhoheit der Länder durch weitgehende Übertragung der Kompetenzen im öffentlichen Dienstrecht. Eingeschränkt werde diese allein durch die Zuweisung der Befugnis zur Regelung der grundlegenden Statusangelegenheiten an den Bundesgesetzgeber. Die geschaffene Bundeskompetenz zur Regelung der Statusrechte und -pflichten der Landesbeamten und -richter in Art. 74 I Nr. 27 GG sei an die Stelle der früheren Kompetenzen nach Art. 75 I S. 1 Nr. 1 GG, Art. 74a GG und Art. 98 III S. 2 GG getreten. Die konkurrierende Gesetzgebungskompetenz in diesem Bereich erfasse nunmehr nur noch die **beamtenrechtlichen**

---

schaftlichen Konzeption des Bundesgesetzgebers eingewirkt und ihr widersprochen habe. Mit der Erhebung der Verpackungsteuer habe der Landesgesetzgeber die an sich zulässige Steuerkompetenz nach Art. 105 IIa GG überschritten. Die darauf basierende kommunale Satzung sei daher ebenfalls nichtig.

[1846] BVerwG DVBl 1991, 400.

[1847] Vgl. zur Gesetzgebungskompetenz in Bezug auf den Umweltschutz *Schulze-Fielitz*, NVwZ 2007, 249 ff. und *Kotulla*, NVwZ 2007, 489 ff.

[1848] *Maurer/Waldhoff*, AllgVerwR, § 25 Rn 1.

Statusrechte und -pflichten. Diese seien in der Koalitionsvereinbarung vom 18.11. 2005, Anlage 2 Rn 33, wie folgt formuliert (angepasst im Hinblick auf die Dienstverhältnisse der Landesrichter):

- ⇨ Wesen, Voraussetzungen, Rechtsform der Begründung, Arten, Dauer sowie Nichtigkeits- und Rücknahmegründe des Dienstverhältnisses,
- ⇨ Abordnungen und Versetzungen der Beamten zwischen den Ländern und zwischen Bund und Ländern oder entsprechende Veränderungen des Richterdienstverhältnisses,
- ⇨ Voraussetzungen und Formen der Beendigung des Dienstverhältnisses (vor allem Tod, Entlassung, Verlust der Beamten- und Richterrechte, Entfernung aus dem Dienst nach dem Disziplinarrecht),
- ⇨ statusprägende Pflichten und Folgen der Nichterfüllung,
- ⇨ wesentliche Rechte,
- ⇨ Bestimmung der Dienstherrenfähigkeit,
- ⇨ Spannungs- und Verteidigungsfall
- ⇨ und Verwendungen im Ausland.

Diese von **Art. 74 I Nr. 27 GG** erfassten bundeseinheitlichen Statusregelungen dienen gemäß der Gesetzesbegründung insbesondere der Sicherung der länderübergreifenden Mobilität der Bediensteten. Weiter heißt es in der BT-Ducksache: „Nicht erfasst sind Regelungsbereiche, die bereits bisher in der Kompetenz der Länder liegen und auch nicht lediglich statusberührende dienstrechtliche Gebiete oder aus dem Beamten- oder Richterdienstverhältnis abgeleitete Rechte. Ausdrücklich ausgenommen von der konkurrierenden Gesetzgebungskompetenz werden Besoldung, Versorgung und die Laufbahnen der Beamten und die entsprechenden Regelungen für die Richter. Zum Laufbahnrecht der Beamten gehört auch die Regelung des Zugangs zur Laufbahn. Art. 108 II GG bleibt unberührt."[1849]

Ein wichtiges Gesetz, das auf der Grundlage der früheren Rahmengesetzgebung des Bundes erlassen wurde, ist das Beamtenrechtsrahmengesetz (**BRRG**). Im Zuge der Föderalismusreform ist es zum 1.4.2009 durch das für Landesbeamte geltende Beamtenstatusgesetz (**BeamtStG**), welches sich auf **Art. 74 I Nr. 27 GG** n.F. stützt, weitgehend ersetzt worden. Im Übrigen ist das **Zustimmungserfordernis** gem. **Art. 74 II GG** zu beachten.

Im **Hochschulrecht** wurde der Großteil der Regelungsbefugnisse aus der bisherigen Rahmenkompetenz (Art. 75 I Nr. 1a GG a.F.) auf die Länder übertragen; die konkurrierende Gesetzgebung erfasst nunmehr ausschließlich die **„Hochschulzulassung und die Hochschulabschlüsse"** (Art. 74 I Nr. 33 GG). Die Kompetenz für die Hochschulzulassung gibt dem Bund die Möglichkeit, insbesondere bei bundesweit zulassungsbeschränkten Studiengängen Vorgaben für die Ermittlung und vollständige Ausschöpfung der vorhandenen Ausbildungskapazitäten der Hochschulen sowie für die Vergabe der Studienplätze und Auswahlverfahren einheitlich zu regeln. Damit kann der Bund gewährleisten, dass entsprechend den verfassungsrechtlichen Anforderungen die Einheitlichkeit eines transparenten und fairen Vergabeverfahrens gewährleistet wird. Weiterhin gibt die Kompetenz für die Hochschulabschlüsse dem Bund die Möglichkeit, im Interesse der Gleichwertigkeit einander entsprechender Studienleistungen und -abschlüsse die Abschlussniveaus und die Regelstudienzeiten zu regeln. Der Bund kann damit einen Beitrag zur Verwirklichung des einheitlichen europäischen Hochschulraums und zur internationalen Akzeptanz deutscher Hochschulabschlüsse leisten.[1850]

Eine Regelung von **Studiengebühren** ist von der Bundeskompetenz **nicht** erfasst. **Nicht** erfasst werden von dieser Kompetenz auch Regelungen bezüglich des **Hochschulzugangs**, die aufgrund ihres engen Bezugs zum Schulwesen zur Zuständigkeit der Länder gehören.[1851]

[1849] So die Begründung BT-Drs. 16/813 S. 15. Vgl. auch Rn 846.
[1850] Zum ehemaligen Hochschulgesetz vgl. auch Rn 846.
[1851] Vgl. dazu die Begründung BT-Drs. 16/813 S. 15.

e. Das Erfordernis einer bundesgesetzlichen Regelung

833 Auch wenn ein entsprechender Kompetenztitel aus Art. 74 I GG besteht, heißt das noch nicht, dass der Bund stets tätig werden darf. Vielmehr muss er für die Bereiche der **Bedarfskompetenz**, also auf den Gebieten des Art. 74 I Nrn. 4, 7, 11, 13, 15, 19a, 20, 22, 25 und 26 GG (dazu Rn 815), gem. Art. 72 II GG den Nachweis erbringen, dass die bundesgesetzliche Regelung *zur Herstellung gleichwertiger Lebensverhältnisse* oder *zur Wahrung der Rechts- oder Wirtschaftseinheit* im gesamtstaatlichen Interesse erforderlich ist.

aa. Herstellung gleichwertiger Lebensverhältnisse

833a Unter „Lebensverhältnissen" sind das „Sozialleben" und das „Sozialgefüge" (wozu auch die wirtschaftlichen Lebensbedingungen zählen) der Bevölkerung zu verstehen, wobei auf die Lebensverhältnisse eines abgrenzbaren Teils der Bevölkerung abzustellen ist.[1852] Geht es z.B. um die Frage, ob die gesetzliche Gewährung von Betreuungsgeld, die sich ggf. auf Art. 74 I Nr. 7 GG („öffentliche Fürsorge") stützen könnte, erforderlich i.S.d. Art. 72 II GG ist, muss auf den Bevölkerungsteil „Familien mit Kindern" abgestellt werden.[1853] Die „Gleichwertigkeit" von deren „Sozialleben" bzw. das „Sozialgefüge" müsste im gesamten Bundesgebiet durch das Gesetz hergestellt werden. Fraglich ist, was unter „gleichwertigen" Lebensverhältnissen zu verstehen ist. Schon aus dem Wortlaut des Art. 72 II GG ergibt sich, dass jedenfalls *einheitliche* Lebensverhältnisse nicht gewollt sind.[1854] Eine solche Annahme widerspräche auch dem Bundesstaatsprinzip. Die Gleichwertigkeit der Lebensverhältnisse ist aber dann bedroht und der Bund zum Eingreifen ermächtigt, wenn sich die Lebensverhältnisse in den Bundesländern in erheblicher, das bundesstaatliche Sozialgefüge beeinträchtigender Weise auseinanderentwickelt haben oder sich eine derartige Entwicklung konkret abzeichnet.[1855] §§ 4a-4d Bundeselterngeld- und Elternzeitgesetz (BEEG) i.d.F. des Gesetzes zur Einführung eines Betreuungsgeldes („Betreuungsgeldgesetz") genügen nach Auffassung des BVerfG diesen Voraussetzungen nicht, weil der Ausbau der Kindertagesbetreuung von Bund und Ländern seit Jahren gefördert und damit diese Form der frühkindlichen Betreuung bereits durch finanzielle Leistung unterstützt werde, sodass die Gewährung von Betreuungsgeld zur Herstellung gleichwertiger Lebensverhältnisse nicht erforderlich sei.[1856] Diese Entscheidung hat (noch einmal) verdeutlicht, dass der Bund die Herstellung gleichwertiger Lebensverhältnisse nur dann in Erwägung ziehen sollte, wenn die Länder nicht in der Lage sind, „gleichwertige" Lebensverhältnisse zu gewährleisten.

bb. Wahrung der Rechts- und Wirtschaftseinheit

833b Rechtseinheit bedeutet Geltung gleichen Rechts (für die gleiche Regelungsmaterie) aus einer Quelle[1857], Wirtschaftseinheit den Bestand der Bundesrepublik Deutschland als einheitliches Wirtschaftsgebiet. Für die Wahrung der Rechts- und Wirtschaftseinheit muss ein gesamtstaatliches Interesse bestehen. Das gesamtstaatliche Interesse wird für die Wahrung der Rechts- und Wirtschaftseinheit in weitem Umfang begründbar sein, sodass der Bund die Voraussetzungen des Art. 72 II GG i.d.R. hierüber erfüllt.

[1852] *Ewer*, NJW 2012, 2251, 2253.
[1853] *Ewer* a.a.O.
[1854] BVerfGE 106, 62, 135 ff. (Altenpflege).
[1855] BVerfG NJW 2015, 2399, 2400 f. mit Verweis auf BVerfGE 106, 62, 144; 111, 226, 253; 112, 226, 244.
[1856] BVerfG NJW 2015, 2399, 2400 f. – Urteil ist einstimmig ergangen.
[1857] *Conradt*, JuS 2000, L 52, 53.

cc. Erforderlichkeit der Regelung

Die betreffende bundesgesetzliche Regelung muss zur Herstellung gleichwertiger Lebensverhältnisse oder zur Wahrung der Rechts- oder Wirtschaftseinheit im gesamtstaatlichen Interesse **erforderlich** sein. 833c

„**Zur Herstellung gleichwertiger Lebensverhältnisse**" ist eine bundesgesetzliche Regelung erforderlich, wenn durch unterschiedliches Recht in den Ländern eine Gefahrenlage entstünde, etwa wenn sich die Lebensverhältnisse in verschiedenen Ländern in einer **unerträglichen Weise auseinanderentwickelten**.[1858] 833d

Zur **Wahrung der Rechtseinheit** ist eine bundeseinheitliche Regelung erforderlich, „wenn und soweit die mit ihr erzielbare Einheitlichkeit der rechtlichen Rahmenbedingungen Voraussetzung für die Vermeidung einer Rechtszersplitterung mit problematischen Folgen ist, die im Interesse sowohl des Bundes als auch der Länder nicht hingenommen werden kann"[1859]. Zur **Wahrung der Wirtschaftseinheit** ist eine bundeseinheitliche Regelung erforderlich, „wenn und soweit sie Voraussetzung für die Funktionsfähigkeit des Wirtschaftsraums der Bundesrepublik ist, wenn also unterschiedliche Landesregelungen oder das Untätigbleiben der Länder erhebliche Nachteile für die Gesamtwirtschaft mit sich brächten"[1860]. 833e

Wie sich aus Art. 93 I Nr. 2a GG ergibt, eröffnet die Erforderlichkeitsklausel zwar keinen Beurteilungsspielraum, der lediglich auf Beurteilungsfehler (Verlassen der Bandbreite möglicher Entscheidungen) hin überprüft werden könnte[1861], sie gewährt nach Auffassung des BVerfG dem Gesetzgeber allerdings eine **Einschätzungsprärogative**[1862]. Dem ist zuzustimmen. Dem Gesetzgeber kommt ein (politischer) Entscheidungsspielraum zu, der (auch und gerade mit Blick auf die Wahrung des Gewaltenteilungsprinzips) bundesverfassungsgerichtlich nur eingeschränkt darauf hin überprüfbar ist, ob der Gesetzgeber seine Einschätzung in vertretbarer Weise auf nachvollziehbare Umstände gestützt hat. Beim BEEG hat der Gesetzgeber nach Auffassung des BVerfG seine Einschätzungsprärogative überschritten.[1863] 833f

Unbeschadet der vom BVerfG eingeräumten Einschätzungsprärogative des Gesetzgebers wird man aber sagen müssen, dass eine einengende Auslegung des Erforderlichkeitskriteriums geboten ist. Dafür spricht der Umstand, dass Art. 72 II GG mit der enumerativen Nennung einiger Materien den Ausnahmecharakter einer Bundesgesetzgebung auf den Gebieten des Art. 74 I Nrn. 4, 7, 11, 13, 15, 19a, 20, 22, 25 und 26 GG unterstreicht. 834

> **Hinweis für die Fallbearbeitung:** Bei der Frage, ob der Bundesgesetzgeber für den Erlass eines Bundesgesetzes nach den Grundsätzen der konkurrierenden Gesetzgebungskompetenz zuständig ist, muss in der Fallbearbeitung nicht nur nach 835

[1858] BVerfGE 112, 226, 244 (Studiengebührenverbot); 111, 226, 246 ff. (Juniorprofessur). Vgl. aber auch BVerfGE 106, 62, 144 (Altenpflegegesetz), wonach eine „Erforderlichkeit" vorliegt, wenn sich die Lebensverhältnisse in den Ländern der Bundesrepublik in erheblicher, das bundesstaatliche Sozialgefüge beeinträchtigender Weise auseinanderentwickelt hätten oder sich eine derartige Entwicklung konkret abzeichne.

[1859] BVerfG NJW 2015, 2399, 2400 f. (Betreuungsgeld) mit Verweis auf BVerfGE 125, 141, 155 (Gewerbesteuer). Zuvor schon BVerfG NJW 2015, 303, 305 (Erbschaftsteuer) mit Verweis auf BVerfGE 125, 141, 155; 106, 62, 145 (Altenpflegegesetz); 111, 226, 234. Vgl. auch *Beaucamp*, JA 2014, 682, 684.

[1860] BVerfG NJW 2015, 2399, 2400 f. mit Verweis auf BVerfGE 106, 62, 146 f. und 112, 226, 248 f.; BVerfG NJW 2015, 303, 305 mit Verweis auf BVerfGE 106, 62, 146 und BVerfGE 112, 226, 248 f. (Studiengebührenverbot). Vgl. auch hierzu *Beaucamp*, JA 2014, 682, 684.

[1861] Klarstellend BVerfG NJW 2015, 2399, 2400 f.; BVerfGE 106, 62, 135 ff. (Altenpflegegesetz). Zum Beurteilungsspielraum vgl. ausführlich *R. Schmidt*, AllgVerwR, Rn 283 ff.

[1862] BVerfG NJW 2015, 2399, 2400 f.; NJW 2015, 303, 305 (Erbschaftsteuer); vgl. zuvor bereits BVerfG NVwZ 2014, 646, 650 ff. (Filmabgabe); BVerfGE 106, 62, 135 (Altenpflegegesetz); 110, 141, 174 f. (Hunderecht des Bundes); 111, 226, 255 (Juniorprofessur); 111, 10, 26 ff. (Ladenschluss); 112, 226, 242 ff. (Studiengebührenverbot); 125, 141, 154 (Gewerbesteuer); 128, 1, 34 (Gentechnikgesetz).

[1863] BVerfG NJW 2015, 2399, 2400 f.

einem entsprechenden Kompetenztitel nach Art. 74 I GG gesucht werden, sondern es ist auch die Regelung des Art. 72 II GG zu beachten. Danach ist auf den Gebieten des Art. 74 I Nrn. 4, 7, 11, 13, 15, 19a, 20, 22, 25 und 26 GG die Erforderlichkeit bundesgesetzlicher Regelung zu prüfen.[1864] Bei der Frage, ob das Gesetz zur Herstellung gleichwertiger Lebensverhältnisse oder zur Wahrung der Rechts- oder Wirtschaftseinheit „erforderlich" ist, sollte man darauf hinweisen, dass nach der bis 1994 geltenden „Bedürfnisklausel" ein Beurteilungsspielraum bestand, der nicht weiter gerichtlich überprüfbar gewesen war, nach der Verfassungsänderung 1994 jedoch das Erforderlichkeitskriterium stärker überprüfbar sein müsse, weil die Verfassungsänderung sonst ohne jede Auswirkung geblieben wäre. Sodann sollte man auf die Urteile des BVerfG zur Altenpflege, zum Hunderecht, zum Ladenschluss, zur Juniorprofessur und zur Erbschaftsteuer hinweisen, in denen das Gericht bei der Frage nach dem Vorliegen der Voraussetzungen des Art. 72 II GG dem Gesetzgeber zwar keinen (gerichtlich nicht weiter überprüfbarer) Beurteilungsspielraum, aber eine Einschätzungsprärogative zugesprochen hat, was zur Folge habe, dass das Vorliegen der Voraussetzungen des Art. 72 II GG bundesverfassungsgerichtlich nur eingeschränkt daraufhin überprüfbar sei, ob der Gesetzgeber seine Einschätzung in vertretbarer Weise auf nachvollziehbare Umstände gestützt habe.

Sodann sollte man die o.g. Definitionen heranziehen und untersuchen, ob das zu prüfende Gesetz unter diese Definitionen subsumiert werden kann, es also „erforderlich" ist.

Wenn es um die Änderung einer bereits bestehenden (d.h. vor der Reform 1994 erlassenen) Regelung geht, ohne dass die Änderung eine grundlegende Neukonzeption bedeutet, ist die **Übergangsregelung** nach Art. 125 a II GG zu beachten.

Hinsichtlich der **prozessualen** Überprüfung der Voraussetzungen des Art. 72 II GG sieht das Grundgesetz das Verfahren nach Art. 93 I Nr. 2a GG; §§ 13 Nr. 6a, 76 ff. BVerfGG vor. Bezüglich des nachträglichen Wegfalls der Voraussetzungen der Erforderlichkeit i.S.v. Art. 72 IV GG i.V.m. Art. 72 II GG vgl. das im Zuge der Föderalismusreform 2006 eingeführte Kompetenzkontrollverfahren gem. Art. 93 II GG, §§ 13 Nr. 6b, 96 BVerfGG.

3. Keine Rahmengesetzgebungskompetenz des Bundes

836 Nach Art. 75 GG a.F. konnte der Bund für bestimmte Bereiche Rahmenvorschriften erlassen, die dann von den Landesgesetzgebern auszufüllen waren (siehe bereits Rn 800). Dabei war zum einen unklar, wie detailliert die bundesgesetzlichen Regelungen sein durften, damit noch von „Rahmen"gesetzgebung gesprochen werden konnte, und zum anderen, ob das Rahmengesetz in Ausnahmefällen in Einzelheiten gehende oder unmittelbar geltende Regelungen enthalten durfte. Daher, aber auch wegen der Schwerfälligkeit eines auf Bund und Länder verteilten Gesetzgebungsverfahrens, hat sich die Rahmengesetzgebung nicht bewährt und wurde als Kompetenztypus im Zuge der Föderalismusreform 2006 abgeschafft. Folglich sind die in diesem Bereich aufgetretenen Rechtsfragen ebenfalls obsolet. Die Gebiete, für die eine Rahmenzuständigkeit bestand, wurden überwiegend in ausschließliche oder konkurrierende Bundeszuständigkeit überführt.

837 So ist das früher auf die Rahmengesetzgebungskompetenz gestützte **WHG** (Art. 75 I S. 1 Nr. 4 GG a.F.) ebenso in die konkurrierende Gesetzgebungskompetenz des Bundes (Art. 74 I Nr. 32 GG n.F.) überführt worden wie das **Jagdwesen** (Art. 75 I S. 1 Nr. 3 GG a.F.; Art. 74 I Nr. 28 GG n.F.). Das **Melde- und Ausweiswesen** (Art. 75 I S. 1 Nr. 5 GG a.F.) ist

[1864] Es wäre also verfehlt, bei den anderen Gebieten des Art. 74 I GG nach der Erforderlichkeit einer bundesgesetzlichen Regelung zu fragen; denn bei diesen Gebieten ergibt sich die Bundesgesetzgebungskompetenz allein aus dem Umstand, dass ein Kompetenztitel nach Art. 74 I GG vorliegt.

nunmehr Bestandteil der ausschließlichen Gesetzgebungskompetenz des Bundes (Art. 73 I Nr. 3 GG n.F.). Diesem ist schließlich auch der **Schutz deutschen Kulturgutes gegen Abwanderung ins Ausland** zugeordnet (Art. 75 I S. 1 Nr. 6 GG a.F.; Art. 73 I Nr. 5a GG n.F.). Das früher in Art. 75 I S. 1 Nr. 1 GG enthaltene Recht zur Regelung der Rechtsverhältnisse der im **öffentlichen Dienst** der Länder, Gemeinden und anderen Körperschaften des öffentlichen Rechts stehenden Personen[1865] ist auf die verbleibenden Gesetzgebungskompetenzen verteilt worden. So hat der Bund nunmehr die konkurrierende Gesetzgebungskompetenz, die Statusrechte und -pflichten der Beamten der Länder, Gemeinden und anderen Körperschaften des öffentlichen Rechts sowie der Richter in den Ländern mit Ausnahme der Laufbahnen, Besoldung und Versorgung zu regeln (Art. 74 I Nr. 27 GG n.F.). Das Recht zur Regelung der Laufbahnen, Besoldung und Versorgung der Landesbeamten und -richtern ist der originären Gesetzgebungskompetenz der Länder überführt. Zum **Hochschulrahmengesetz**, das sich auf Art. 75 I S. 1 Nr. 1a GG a.F. stützte, vgl. Rn 846.

4. Grundsatzgesetzgebung/Gemeinschaftsaufgaben

Unter einer Grundsatzgesetzgebung versteht man vom Bund erlassene Gesetze, die sich i.d.R. auf allgemeine, richtlinienartige Regelungen („Grundsätze") beschränken und nur ausnahmsweise Vollregelungen enthalten. Die Grundsatzgesetzgebung ist sozusagen auf Vervollständigung der Grundsätze durch weitere (Bundes- oder Landes-)Gesetze angelegt. In der Bundesrepublik Deutschland besteht eine Grundsatzgesetzgebungskompetenz des Bundes für Gemeinschaftsaufgaben (Art. 91a GG) und für bestimmte haushaltsrechtliche und finanzwirtschaftliche Fragen (Art. 109 III GG: Haushaltsgrundsätzegesetz). **838**

Beispiel: Von Bedeutung ist das auf Art. 109 III GG gestützte und mit Zustimmung des Bundesrats ergangene **Haushaltsgrundsätzegesetz**. Dieses enthält in den §§ 2-7a allgemeine Vorschriften zum Haushaltsplan, in den §§ 8-31 Bestimmungen über seine Aufstellung und Ausführung, in den §§ 32-47 Bestimmungen über Zahlungen, Buchführung und Rechnungslegung sowie in den §§ 50 ff. Bestimmungen über die Finanzplanung. Ergänzend gelten die Bundeshaushaltsordnung und die Haushaltsordnungen der Länder. Zweck des Haushaltsgrundsätzegesetzes ist die Sicherung der Konjunkturgerechtigkeit, also des wirtschaftlichen Gleichgewichts.[1866]

Zu beachten ist, dass die bisherige, in Art. 91a I Nr. 1 GG a.F. genannte Gemeinschaftsaufgabe „Ausbau und Neubau von Hochschulen einschließlich Hochschulkliniken" im Hinblick auf die notwendige Entflechtung von Zuständigkeiten entfallen ist. Damit soll nach Auffassung des verfassungsändernden Gesetzgebers ein Beitrag zum Abbau von Fehlentwicklungen im Bereich der Mischfinanzierungstatbestände und zur Stärkung der Länder geleistet werden. Die teilweise an dieser Regelung geübte Kritik, dass die Länder nunmehr auf sich alleine gestellt wären und insbesondere die finanzschwachen Länder vor große Probleme stellen könne[1867], ist unbegründet, da die durch die Abschaffung dieser Gemeinschaftsaufgabe frei werdenden Finanzierungsanteile des Bundes nach Maßgabe des Art. 143c GG ohnehin den Ländern zustehen. Diese haben gegenüber dem Bund einen Anspruch (jedenfalls bis zum 31.12.2019) auf Zahlung von jährlichen Finanzhilfen aus dem Bundeshaushalt (vgl. Art. 143c IV GG i.V.m. mit Art. 13 des Föderalismus-Begleitsgesetzes, das mit Zustimmung des Bundesrats ergangen ist, vgl. BGBl I 2006, S. 2098). **839**

[1865] Die Gesetzgebungskompetenz in Bezug auf die Regelung der Rechtsverhältnisse der Bundesbeamten und -richter ist naturgemäß eine Angelegenheit des Bundes; Art. 73 I Nr. 8 GG stellt dies klar.
[1866] *Jarass*, in: J/P, GG, Art. 109 Rn 12 ff.
[1867] So *Thiele*, JA 2006, 714, 717.

840 Die Neufassung des **Art. 91a II GG** erweitert für die gem. Art. 91a I GG fortbestehenden Gemeinschaftsaufgaben „Verbesserung der regionalen Wirtschaftsstruktur" sowie „Verbesserung der Agrarstruktur und des Küstenschutzes" den Regelungsspielraum für die Ausführungsgesetzgebung, indem die Vorschrift bestimmt, dass das Zustimmungsgesetz „Einzelheiten der Koordination" vorschreibt. Die Bundeskompetenz nach Art. 91a II GG ist also nunmehr der *ausschließlichen Gesetzgebungskompetenz des Bundes* zugeordnet. Recht, das auf der Grundlage des Art. 91a II GG i.V.m. Art. 91a I Nr. 1 GG in der bis zum 1.9.2006 geltenden Fassung erlassen wurde, verlor am 31.12.2006 seine Gültigkeit (Art. 125c I GG).

841 Eine erneute Änderung i.S.e. Erweiterung hat auch **Art. 91b I GG** erfahren.[1868] Nunmehr können Bund und Länder aufgrund von Vereinbarungen in Fällen überregionaler Bedeutung bei der Förderung von Wissenschaft, Forschung und Lehre zusammenwirken. Vereinbarungen, die im Schwerpunkt Hochschulen betreffen, bedürfen aber der Zustimmung aller Länder. Dies gilt nicht für Vereinbarungen über Forschungsbauten einschließlich Großgeräten.

5. Ungeschriebene Gesetzgebungskompetenzen des Bundes

842 Wie bereits hinlänglich ausgeführt, legt das Grundgesetz die Gesetzgebungszuständigkeit des Bundes enumerativ fest. Eine darüber hinausgehende Gesetzgebungskompetenz des Bundes kann daher – wenn überhaupt – nur in Ausnahmefällen in Betracht kommen. Als solche Ausnahmetatbestände sind die Zuständigkeit „kraft Sachzusammenhangs", die „Annexkompetenz" und die „Zuständigkeit aus der Natur der Sache" anerkannt.

> **Hinweis für die Fallbearbeitung:** Bevor eine ungeschriebene Gesetzgebungskompetenz des Bundes in Betracht gezogen wird, sollte zuvor stets sorgfältig geprüft werden, ob nicht doch eine geschriebene Bundeszuständigkeit oder eine Länderkompetenz besteht. Insbesondere darf nicht schon deshalb eine ungeschriebene Bundeszuständigkeit angenommen werden, weil die in den Art. 73 I und 74 I GG aufgeführten Zuständigkeitskataloge nicht einschlägig sind. Denn das Grundgesetz enthält an vielen Stellen ausdrückliche Kompetenzzuweisungen.[1869]

a. Zuständigkeit kraft Sachzusammenhangs

843 Nach der Rechtsprechung des BVerfG besteht eine Gesetzgebungskompetenz „kraft Sachzusammenhangs", „wenn eine dem Bund ausdrücklich zugewiesene Materie verständlicherweise nicht geregelt werden kann, ohne dass zugleich eine nicht ausdrücklich zugewiesene andere Materie mitgeregelt wird, wenn also ein Übergreifen in nicht zugewiesene Materien unerlässliche Voraussetzung für die Regelung einer der Bundesgesetzgebung ausdrücklich zugewiesenen Materie ist"[1870]. Das bedeutet Folgendes: Der Bund besitzt für die zu regelnde Materie zwar keine ihm zugewiesene Gesetzgebungskompetenz, die zu regelnde Materie steht aber in einem notwendigen und untrennbaren Sachzusammenhang mit einer ihm ausdrücklich zugewiesenen Materie. In der Sache geht es somit um eine Ausdehnung der (ausschließlichen oder konkurrierenden) Gesetzgebungskompetenz des Bundes.

[1868] Vgl. BGBl I 2014, 2438.
[1869] Zu den Gegenständen der dem Bund ausdrücklich zugewiesenen Materien vgl. Rn 805.
[1870] BVerfGE 3, 407, 423 (Bundesbaugesetz); 98, 265, 299 (Bayerisches Schwangerenhilfeergänzungsgesetz); BVerfG NJW 2010, 833, 834 f. (Vorratsdatenspeicherung).

Beispiele:

(1) § 218a I Nr. 1 StGB bestimmt, dass der Schwangerschaftsabbruch straflos ist, wenn die Schwangere eine Beratung gem. § 219 StGB nachgewiesen hat. Hier hat das BVerfG entschieden, dass die Beratungslösung im Sachzusammenhang mit der Strafverfolgung (Art. 74 I Nr. 1 GG) steht.[1871]

(2) Die Altersversorgung der Bezirksschornsteinfeger steht im Sachzusammenhang mit dem Recht des Handwerks (Art. 74 I Nr. 11 GG).[1872]

(3) Die Regelung der Sendezeiten für politische Parteien im Rundfunk steht im Sachzusammenhang mit dem Parteiwesen (Art. 21 V GG).[1873]

(4) Verneint hat das BVerfG eine Gesetzgebungskompetenz „kraft Sachzusammenhangs" im Bereich des Bauordnungsrechts. Die „bloße Erwägung, es sei zweckmäßig, mit einer dem Bund ausdrücklich zugewiesenen Materie gleichzeitig auch eine verwandte Materie zu regeln" genüge nicht zur Begründung einer Gesetzgebungskompetenz „kraft Sachzusammenhangs".[1874]

(5) Art. 73 I Nr. 7 GG berechtigt unmittelbar nur zur Regelung der technischen Seite der Telekommunikation, nicht aber zur Verkehrsdatenspeicherung.[1875] Daher fällt mangels ausdrücklicher Kompetenzzuweisung das Recht des Datenschutzes grds. in die Zuständigkeit der Länder (Art. 30, 70 I GG). Jedoch ist die gesetzliche Pflicht zur Verkehrsdatenspeicherung gem. §§ 113a ff. TKG von der Bundeskompetenz zur Regelung des Telekommunikationsrechts als Bestandteil der hiermit zu verbindenden datenschutzrechtlichen Bestimmungen kraft Sachzusammenhangs mit erfasst. Denn der Bund kann die ihm zur Gesetzgebung zugewiesene Materie der Telekommunikation verständigerweise nicht regeln, ohne dass die datenschutzrechtlichen Bestimmungen mitgeregelt werden.[1876]

(6) Geht es um Maßnahmen der Polizei, die nicht an eine bereits begangene Straftat oder einen Anfangsverdacht i.S.d. § 152 II StPO anknüpfen, sondern die auf „die Verfolgung noch nicht begangener, sondern in ungewisser Zukunft möglicherweise bevorstehender Straftaten" zielen (sog. Strafverfolgungsvorsorge)[1877], steht damit die Verhinderung von „möglicherweise bevorstehenden Straftaten" im Fokus und es geht der Sache nach um Gefahrenabwehr, die sich gerade durch die Verhinderung der Verletzung von Schutzgütern der öffentlichen Sicherheit kennzeichnet, wozu wiederum die objektive Rechtsordnung und damit die Normen des StGB gehören. Gleichwohl steht das BVerfG auf dem Standpunkt, die Strafverfolgungsvorsorge gehöre zum gerichtlichen Verfahren i.S.d. Art. 74 I Nr. 1 GG und betreffe gegenständlich das repressiv ausgerichtete Strafverfahren, da sie mit dem gerichtlichen Verfahren in einem „untrennbaren funktionalen Zusammenhang" stehe.[1878] Folgt man dem und hat in diesem Zusammenhang der Bundesgesetzgeber von seiner Gesetzgebungskompetenz abschließend Gebrauch gemacht, ist gem. Art. 72 I GG die Gesetzgebungskompetenz der Länder gesperrt. Für die Strafverfolgungsvorsorge besteht dann „kraft Sachzusammenhangs" mit dem in Art. 74 I Nr. 1 GG genannten „gerichtlichen Verfahren" eine (ungeschriebene) Gesetzgebungskompetenz des Bundes.

[1871] BVerfGE 98, 265, 302.
[1872] BVerfGE 1, 264, 272.
[1873] BVerfGE 12, 205, 237.
[1874] BVerfGE 3, 407, 421; BVerfGE 15, 1, 20; 26, 246, 256; 26, 281, 300.
[1875] Zur Frage nach der Verfassungsmäßigkeit der Verkehrsdatenspeicherung vgl. *Hartmann/Schmidt*, StrafProzR, 7. Aufl. 2018, Rn 303a.
[1876] BVerfG NJW 2010, 833, 834 ff. (mit Bespr. v. *Sachs*, JuS 2010, 747 ff.). Zur materiell-rechtlichen Seite siehe *R. Schmidt*, Grundrechte, Rn 734, 738 und 747.
[1877] BVerfG NJW 2019, 827, 831. Zuvor schon BVerfGE 113, 348, 369 f. Siehe dazu ausführlich *R. Schmidt*, POR, Rn 22.
[1878] BVerfG NJW 2019, 827, 831 mit Verweis auf BVerfGE 103, 21, 29; 113, 348, 370. Siehe dazu auch *R. Schmidt*, POR, Rn 93 ff.

843a Ein spezielles Problem besteht hinsichtlich der Regelung des § 81b StPO (= Bundesgesetz). Da diese Problematik jedoch umfassend bei *R. Schmidt*, POR, Rn 93a ff. dargestellt wird, sei darauf verwiesen.

Hinweis für die Fallbearbeitung: Trotz der Vielzahl der Beispiele darf nicht verkannt werden, dass es dem Grunde nach um eine Ausdehnung der Bundeszuständigkeit in die Zuständigkeit der Länder geht, also um einen Übergriff in eine materiell andersartige Materie, für die an sich kein Kompetenztitel besteht. In der Fallbearbeitung sollte daher die Anerkennung einer Bundeszuständigkeit kraft Sachzusammenhangs im Zweifel abgelehnt werden, auch wenn dies die Verfassungswidrigkeit des zu untersuchenden Gesetzes zur Folge hat.

b. Annexkompetenz

844 Bei der Annexkompetenz geht es (nach nicht unumstrittener Auffassung) nicht – wie bei der Gesetzgebungskompetenz „kraft Sachzusammenhangs“ – um eine Ausdehnung des Bundesrechts in den Bereich der Länderzuständigkeit (Ausdehnung in einen materiell anderen Bereich), sondern lediglich um eine Ausdehnung einer ausdrücklich zugewiesenen Kompetenz in das Stadium der **Vorbereitung** und **Durchführung** von Vorschriften[1879] (= Ausdehnung in die Tiefe *desselben* Bereichs). In der Sache geht es also um die Zuständigkeit zur Schaffung von ergänzenden Regelungen („Annexregelungen“) auf Gebieten, die zur (ausschließlichen oder konkurrierenden) Gesetzgebungskompetenz des Bundes gehören.

Beispiele:

(1) Annexregelungen sind etwa Regelungen der Vollstreckung oder der Gebühren für einen Bereich, für den der Bund die Gesetzgebungskompetenz hat. So hat das BVerfG die Festsetzung der bei dem gerichtlichen Beurkundungswesen anfallenden Gebühren als Annexkompetenz betrachtet.[1880]

(2) Die Gesetzgebungskompetenz des Bundes zur Regelung der Sachmaterie „Bundesnachrichtendienst“ (Art. 73 I Nr. 1 GG) schließt als Annex die Befugnis ein, Voraussetzungen und Grenzen zu regeln, unter denen der Öffentlichkeit einschließlich der Presse Informationen zu erteilen sind. Die Länder können demzufolge Informationsansprüche von Bürgern und Pressevertretern gegenüber Bundesbehörden nicht (etwa in ihren Landespressegesetzen) regeln.[1881]

(3) Des Weiteren wurde die Errichtung der Bahnpolizei als Annexkompetenz zu Art. 73 I Nr. 6a GG angesehen (heute werden die bahnpolizeilichen Aufgaben von der Bundespolizei wahrgenommen).

(4) Als von der Annexkompetenz zu der Zuständigkeit nach Art. 74 I Nr. 22 GG (hier: Straßenverkehr) erfasst wurden auch Regelungen über den Straßenverkehr behindernde Werbeanlagen.[1882]

(5) Das Recht zur Errichtung und Betreibung von Bundeswehrhochschulen wurde – obwohl das Hochschulrecht als solches den Ländern zusteht – als Annex zu Art. 73 I Nr. 1 GG (Verteidigung) qualifiziert.

Hinweis für die Fallbearbeitung: Teilweise wird die Annexkompetenz nicht als eigenständiger Fall der Ausweitung der Gesetzgebungskompetenz gesehen, son-

---

[1879] *Sannwald*, in: Schmidt-Bleibtreu/Hofmann/Henneke, GG, Vorb. v. Art. 70 Rn 6; *Stern*, StaatsR I, § 19 III 3a-ß.
[1880] BVerfGE 11, 192, 199.
[1881] BVerwGE 146, 56 ff. (mit Bespr. v. *Sachs*, JuS 2014, 91). Bleibt der zuständige Gesetzgeber (hier: der Bund) untätig, kann sich ein Informationsanspruch aus Art. 5 I GG (Informations- bzw. Pressefreiheit) ergeben (BVerwG a.a.O.; BVerwG K&R 2015, 529; siehe dazu *R. Schmidt*, Grundrechte, Rn 466 f.
[1882] BVerfG NJW 1976, 556.

dern lediglich als Unterfall der Gesetzgebungskompetenz „kraft Sachzusammenhangs".[1883] Auch das BVerfG geht offenbar von einer weitgehenden Identität der beiden Figuren aus, indem es sie nicht nur einheitlich definiert, sondern sie auch an die gleichen Voraussetzungen bindet.[1884] Dem dürfte die Überlegung zugrunde liegen, dass die Differenzierung der beiden Figuren in der Tat zu keinem nennenswerten Erkenntnisgewinn führt, gleichzeitig aber nicht unerhebliche Abgrenzungsschwierigkeiten in sich birgt. In der Fallbearbeitung kann es daher durchaus angebracht sein, beide Figuren einheitlich zu benennen und zu prüfen.

c. Bundeszuständigkeit kraft Natur der Sache

Eine Bundeszuständigkeit kraft Natur der Sache kommt in Betracht, wenn eine Materie bereits von den begrifflichen Voraussetzungen (BVerfGE 11, 89, 96 f.; „begriffsnotwendig") her nur durch Bundesgesetz geregelt werden kann.[1885] Da bereits der Zuständigkeitskatalog des Art. 73 I GG (etwa Nr. 2: die Staatsangehörigkeit im Bund oder Nr. 8: die Rechtsverhältnisse der im Dienste der bundesunmittelbaren Körperschaften des öffentlichen Rechts stehenden Personen) derartige Materien regelt, somit bereits eine geschriebene Bundeszuständigkeit kraft Natur der Sache statuiert, muss sich die ungeschriebene Bundeszuständigkeit kraft Natur der Sache ebenfalls auf einen Bereich beziehen, der mit dem des Art. 73 I GG vergleichbar ist. Eine Gesetzgebungskompetenz des Bundes aus der Natur der Sache ist der Art nach also stets eine ausschließliche.[1886] **845**

Damit wird der Unterschied zur ungeschriebenen Bundeszuständigkeit kraft Sachzusammenhangs und der Annexkompetenz deutlich. Diese können auch im Zusammenhang mit Sachgebieten stehen, für die der Bund keine ausschließliche, sondern eine konkurrierende Gesetzgebungskompetenz hat. **845a**

Beispiele:

(1) Bei dem Gesetz über den Sitz der Verfassungsorgane des Bundes („Berlin-Bonn-Gesetz" vom 26.4.1994 = BGBl I 1994, S. 918) wurde die Bundeszuständigkeit kraft Natur der Sache bejaht. Sie ergebe sich unmittelbar aus dem Wesen und der verfassungsmäßigen Organisation des Bundes.[1887] Daran ändert auch die Übertragung der Gesetzgebungskompetenz bzgl. des Versammlungsrechts auf die Länder nichts.

(2) Gleiches gilt für die Regelung der Einzelheiten der Bundesflagge (Natur der Sache zu Art. 22 II GG), der Bundessymbole und der Nationalhymne.[1888] Dagegen ist die Hauptstadtfrage nunmehr grundgesetzlich entschieden, vgl. Art. 22 I GG.

(3) Auch für die mit der Wiedervereinigung verbundenen unaufschiebbaren Aufgaben wie die Regelung der Beschäftigungsverhältnisse der Arbeitnehmer im öffentlichen Dienst besteht eine Bundeszuständigkeit kraft Natur der Sache.[1889]

(4) Ferner werden Regelungen über Nationalfeiertage[1890], Bannmeilen[1891] und die Raumplanung für den Gesamtstaat[1892] ebenso erfasst wie das Stasi-Unterlagen-Gesetz[1893].

[1883] *Pieroth*, in: J/P, GG, Art. 70 Rn 12; *Rengeling*, in: HdbStR IV, S. 746.
[1884] BVerfGE 98, 265, 299. Vgl. auch BVerfG NJW 1996, 2497: „Annexkompetenz kraft Sachzusammenhangs".
[1885] Vgl. *Gusy*, NJW 2000, 977, 981.
[1886] BVerwGE 146, 56 ff.; BVerwG K&R 2015, 529; *Pieroth*, in: J/P, GG, Art. 70 Rn 13; *Maunz*, in: Maunz/Dürig, GG, Art. 71 Rn 6; *Kunig*, in: v. Münch/Kunig, GG, Art. 70 Rn 27.
[1887] Vgl. *Kunig*, Jura 1996, 254, 257; *Hufen*, NJW 1991, 1321 ff.; *Ipsen/Epping*, Jura 1994, 605, 608; *Scholz*, NVwZ 1995, 35 ff.
[1888] Sofern der Bundesgesetzgeber hierzu keine Regelung getroffen hat, steht die Zuständigkeit kraft Natur der Sache dem Bundespräsidenten zu (*Pieroth*, in: J/P, GG, Art. 54 Rn 2). Vgl. dazu Rn 583/622.
[1889] BVerfGE 84, 133, 148.
[1890] Vgl. etwa die Einführung des Nationalfeiertags „Tag der Deutschen Einheit" am 3. Oktober.

(5) Das BVerwG hat eine Gesetzgebungskompetenz des Bundes kraft Natur der Sache hinsichtlich der Regelung von presserechtlichen Auskunftsansprüchen gegen Bundesbehörden angenommen.[1894]

(6) **Abgelehnt** wurde eine Bundeszuständigkeit kraft Natur der Sache für Rundfunkveranstaltungen[1895], für die Festlegung von Standorten für Atomkraftwerke[1896] und für die Wasserwirtschaft[1897].

> **Hinweis für die Fallbearbeitung:** Auch bei der Annahme einer Bundeszuständigkeit kraft Natur der Sache ist im Zweifel Zurückhaltung geboten. Lediglich, wenn ureigene Bundesangelegenheiten betroffen sind und eine zwingende Notwendigkeit für eine bundeseinheitliche Regelung besteht, sollte eine Bundeszuständigkeit kraft Natur der Sache bejaht werden.

6. Übergangsregelungen

846 Die im Zuge der Föderalismusreform umfassend erfolgte Neuverteilung der Gesetzgebungskompetenzen zwischen Bund und Ländern hat eine Übergangsregelung erforderlich gemacht. Der verfassungsändernde Gesetzgeber hat dementsprechend die Übergangsvorschriften der Art. 125a und 125b GG an die neue Rechtslage angepasst. So wurden in **Art. 125a I GG** die ins Grundgesetz eingefügten Art. 84 I S. 7, Art. 85 I S. 2, des Weiteren die Vorschrift des Art. 105 IIa S. 2 GG sowie die aufgehobenen Art. 74a, 75 und 98 III S. 2 GG aufgenommen. Regelungsgehalt des Art. 125a I GG ist, dass bereits erlassenes Bundesrecht, das jedoch aufgrund der Grundgesetzänderung 2006 nicht mehr als Bundesrecht erlassen werden könnte, zunächst fortgilt, es jedoch jederzeit durch Landesrecht ersetzt werden kann, ohne dass es einer Ermächtigung durch den Bundesgesetzgeber bedarf. Der Bundesgesetzgeber bleibt also nur zur *Änderung* einzelner Vorschriften i.S.d. Ladenschluss-Entscheidung des BVerfG[1898] sowie dazu befugt, das von ihm erlassene Recht wieder *aufzuheben*, um ein dauerhaftes Nebeneinander von Landes- und partiellem Bundesrecht zu vermeiden. Dabei hat er den Ländern durch entsprechende Inkrafttretensvorschriften einen angemessen langen Zeitraum für die eigene Gesetzgebung einzuräumen.[1899]

Beispiele: Zu dem Bundesrecht, das wegen Streichung des Art. 75 GG (frühere Rahmengesetzgebung) nicht mehr als Bundesrecht erlassen werden könnte und nach Art. 125a I GG zwar als Bundesrecht fortgilt, aber durch Landesrecht ersetzt werden kann, gehören die **„allgemeinen Grundsätze des Hochschulwesens"** nach dem bisherigen Art. 75 I S. 1 Nr. 1a GG bis auf die nunmehr in Art. 74 I Nr. 33 GG enthaltenen Bereiche „Hochschulzulassung und -abschlüsse", für letztere Bestandteile des Hochschulrechts enthält Art. 125b I GG eine eigene Übergangsregelung.

Dieselbe Folge gilt für das **Versammlungsgesetz**. Dieses dürfte aufgrund der Streichung des Kompetenztitels *Versammlungsrecht* aus Art. 74 I Nr. 3 GG nicht mehr erlassen werden; es gilt jedoch in denjenigen Ländern so lange fort, wie diese keine

---

[1891] Durch das Gesetz zur Neuregelung des Schutzes von Verfassungsorganen des Bundes vom 11.8.1999 (BGBl I 1999, S. 1818) hat der Deutsche Bundestag das BannmG vom 6.8.1955 aufgehoben und durch das Gesetz über befriedete Bezirke für Verfassungsorgane des Bundes (BefBezG - Sartorius Nr. 434) ersetzt.

[1892] BVerfGE 3, 407, 425; 15, 1, 16.

[1893] Vgl. dazu BR-Drs. 729/91.

[1894] BVerwGE 146, 56 ff.; BVerwG K&R 2015, 529.

[1895] BVerfGE 12, 205, 242. Das gilt auch dann, wenn das Rundfunkprogramm über einen Satelliten ausgestrahlt wird und länderübergreifend empfangen werden kann. Vgl. auch BVerfGE 73, 118, 196.

[1896] Zwar könnte hier aufgrund der länderübergreifenden Auswirkungen an eine Bundeszuständigkeit gedacht werden. Vom Gegenstand her ist aber eine Regelung durch Landesgesetz genauso möglich. Infolge des Ausstiegs aus der friedlichen Nutzung der Kernenergie hat sich diese Frage aber erledigt.

[1897] BVerfGE 15, 1, 24.

[1898] BVerfGE 111, 10 ff. (dazu oben Rn 833j). Zur Änderungskompetenz vgl. auch Rn 795.

[1899] Vgl. die Begründung BT-Drs. 16/813 S. 11 ff.

eigenen Vorschriften erlassen. Zu den Möglichkeiten der Länder vgl. Rn 832b. Und die Gesetzgebungskompetenz des Bundes auf dem Gebiet des **Gaststättenrechts** und des **Ladenschlussrechts** ist durch ausdrückliche Herausnahme dieser Materien aus Art. 74 I Nr. 11 GG entfallen. Es gilt aber auch hier die Übergangsregelung des Art. 125a I GG.

Art. 125a I GG findet auch Anwendung auf wesentliche Teile des **Hochschulrahmengesetzes** (HRG). Mit Gesetz vom 12.4.2007 (BGBl I 2007, S. 506) hat der Bundesgesetzgeber viele Vorschriften (insbesondere die des Dienstrechts) aufgehoben. Die Regelung des beamten-, besoldungs- und versorgungsrechtlichen Besitzstands insbesondere für emeritierungsberechtigte Professorinnen und Professoren sowie deren Hinterbliebene wurde im Zuge der genannten partiellen Aufhebung des HRG ohne inhaltliche Änderungen in das Beamtenversorgungsgesetz (BeamtVG) verlagert. Auf diese Weise wurde der bisherige Besitzstand auch weiterhin bundesrechtlich gewährleistet.

In **Art. 125a III GG** ist der umgekehrte Fall geregelt: Recht, das als Landesrecht erlassen worden ist, jedoch wegen Änderung des Art. 73 GG nicht mehr als Landesrecht erlassen werden könnte, gilt als Landesrecht fort. Es kann durch Bundesrecht ersetzt werden. **846a**

Beispiel: Ein Gesetz des Bundeslandes L, welches die Eingriffsgrundlagen der Sicherheitsbehörden zur Abwehr von Gefahren des internationalen Terrorismus normierte, könnte aufgrund der neuen Regelung in Art. 73 I Nr. 9a GG nicht mehr erlassen werden. Dieser Umstand führt jedoch nicht zur Ungültigkeit des Gesetzes, sondern dieses gilt gem. Art. 125a III GG als Landesrecht fort. Gültigkeit verliert das Gesetz erst dann, wenn der Bund von seinem neuen Gesetzgebungsrecht Gebrauch macht und ein entsprechendes Bundesgesetz erlässt.

Schließlich enthält **Art. 125a II GG** die Regelung, dass Bundesrecht, das wegen der Änderung des Art. 72 II GG nicht mehr erlassen werden könnte, fortgilt. Jedoch kann durch Bundesgesetz bestimmt werden, dass es durch Landesgesetz ersetzt werden kann. Anders als im Fall des Art. 125a I GG bedarf es im Fall des Art. 125a II GG also einer bundesgesetzlichen Ermächtigung, damit das Bundesgesetz, dass nicht mehr erlassen werden könnte, durch Landesgesetz ersetzt werden kann. Dies birgt die Gefahr einer Blockadehaltung des Bundes in sich. Damit der Bund ein an sich angezeigtes Landesgesetz nicht blockieren kann, sieht Art. 93 II GG vor, dass der Bundesrat, eine Landesregierung oder ein Landesparlament das BVerfG anrufen können, damit dieses entscheidet, dass im Fall des Art. 72 IV GG die Erforderlichkeit einer bundesgesetzlichen Regelung i.S.v. Art. 72 II GG nicht mehr bestehe bzw. ob im Fall des Art. 125a II S. 1 GG Bundesrecht nicht mehr erlassen werden könne.[1900] **846b**

Ob es zu einem solchen Verfahren vor dem BVerfG einmal kommen wird, bleibt abzuwarten. Immerhin hat das Gericht bereits entschieden, dass sich bei fehlender Erforderlichkeit das in Art. 125a II S. 2 GG dem Bund eingeräumte Ermessen in den Fällen, in denen der Bund eine Neukonzeption aus sachlichen oder politischen Gründen für erforderlich halte, dahingehend verenge, dass er die Länder zur Neuregelung zu ermächtigen habe.[1901]

Die Übergangsvorschrift des **Art. 125b I GG** bezieht sich auf die im Zuge der Föderalismusreform aufgehobene Rahmengesetzgebung des Art. 75 GG a.F., deren Materien im Wesentlichen in die ausschließliche und konkurrierende Gesetzgebungskompetenz des Bundes überführt wurden (siehe dazu Rn 835). Soweit der Bund sachlich weiterhin zuständig ist (nach Art. 73 I Nr. 5a GG bzw. nach Art. 74 I Nrn. 27- **847**

[1900] Zu diesem sog. Kompetenzkontrollverfahren vgl. Rn 747 ff.
[1901] BVerfGE 111, 10, 31.

33 GG), gelten die nach Art. 75 GG a.F. erlassenen Bundesgesetze als Bundesrecht fort (Art. 125b GG). Gelten demnach die früher auf Art. 75 I GG gestützten Bundesgesetze als Bundesrecht fort, bedeutet das gleichzeitig, dass für die Länder die Pflicht, innerhalb einer angemessenen Frist den bundesrechtlich gezogenen Rahmen dann auch tatsächlich auszufüllen, also die hierfür erforderlichen Landesgesetze zu erlassen, fortbesteht (Art. 125b I S. 2 GG).

848 **Art. 125b II GG** bezieht sich auf bundesgesetzliche Regelungen, die aufgrund des Art. 84 I GG in der vor dem 1.9.2006 geltenden Fassung erlassen wurden. Für sie bestimmt die Übergangsvorschrift, dass die Länder unter bestimmten Voraussetzungen abweichende Regelungen treffen können.

848a Recht, das auf der Grundlage des Art. 91a II GG i.V.m. Art. 91a I Nr. 1 GG in der bis zum 1.9.2006 geltenden Fassung erlassen wurde, verlor gem. Art. 125c I GG am 31.12.2006 seine Gültigkeit.

849 Eine weitere Übergangsregelung hat der verfassungsändernde Gesetzgeber mit Grundgesetzänderung v. 15.11.2019[1902] geschaffen: Gemäß Art. 125b III GG sind die Länder ab dem 1.1.2025 befugt, (vom Grundsteuergesetz des Bundes[1903]) abweichende Grundsteuergesetze zu erlassen. Diese Regelung erschien notwendig, damit die Länder erst nach Ablauf einer bestimmten Zeit von der dem Bund nunmehr zustehenden **konkurrierenden** Gesetzgebungskompetenz gem. **Art. 105 II S. 1 GG** für die **Grundsteuer**, die gem. Art. 72 III S. 1 Nr. 7 GG der Abweichungskompetenz der Länder unterfällt, Gebrauch machen können.

7. Aufhebung von Gesetzen, die nicht mehr erlassen werden dürften

849a Hat der Bundesgesetzgeber vor dem 1.9.2006 Gesetze erlassen, die er infolge der Föderalismusreform nunmehr nicht mehr erlassen darf (Beispiele: HRG, BRRG, aber auch LadSchG, GastG und VersG), stellt sich die Frage, ob er solche Gesetze wenigstens **aufheben** darf. Dass ein grundsätzliches Bedürfnis zur Aufhebung solcher Gesetze besteht, leuchtet ein, denn anderenfalls bestünden diese Gesetze auf Ewigkeit ggf. als „entkernte Ruinen des kooperativen Föderalismus"[1904] fort. Fraglich ist nur, ob sich die Aufhebung auf eine rechtliche Grundlage stützen ließe. Art. 70 ff., 125a und b GG sehen keine Möglichkeit des Bundes vor, Gesetze, die im Zuge der Föderalismusreform in die Gesetzgebungskompetenz der Länder überführt worden sind, aufzuheben. Im Gegenteil sieht Art. 125a I S. 2 GG vor, dass Bundesgesetze (d.h. auch einzelne gesetzliche Bestimmungen), die nach dem 1.9.2006 nicht mehr erlassen werden dürfen, so lange fortgelten, bis die Länder abweichende Regelungen erlassen. Damit scheint das GG anzuordnen, dass eine (partielle) Aufhebungskompetenz eher bei den Ländern zu liegen und eine solche des Bundes auszuscheiden scheint. Demnach müssten die Bundesgesetze bzw. Teile davon, die nicht von den Ländern durch abweichende Gesetzgebung aufgehoben worden sind, auf ewige Zeit fortbestehen und entweder wenigstens noch die Funktion auf wenige Länder beschränkten partiellen Bundesrechts erfüllen oder als völlig leere Hülse weiter bestehen. Insbesondere dürfte der Bund sie nicht ändern. Dies ist ein inakzeptabler Zustand. Daher muss dem Bund zumindest die Möglichkeit eingeräumt sein, Gesetze, die nach dem 1.9.2006 nicht mehr als Bundesgesetze erlassen werden dürfen, aufzuheben. Rechtsdogmatisch lässt sich dies auf zwei Wegen erreichen:

[1902] BGBl I 2019, S. 1546.

[1903] BGBl I 1973, S. 965, zuletzt geändert durch Art. 1 des Gesetzes vom 30.11.2019 (BGBl I 2019, S. 1875).

[1904] So die Formulierung von *Linder*, NVwZ 2007, 180, 181.

- Gemäß dem Actus-contrarius-Gedanken könnte man sich auf den Standpunkt stellen, dass der Bund, der seinerzeit kompetenzrechtlich ein Bundesgesetz erlassen durfte, das Recht behalten muss, das Gesetz auch wieder aufzuheben.
- Es ist aber auch denkbar, die weggefallene Kompetenznorm (z.B. Art. 75 GG) zeitlich als Kompetenznorm über den Zeitpunkt des Wegfalls (1.9.2006) hinaus insoweit weiter gelten zu lassen, als es um die Aufhebung eines auf der wegfallenden Kompetenzgrundlage erlassenen Gesetzes geht. Die wegfallende Gebungskompetenz (z.B. Art. 75 GG) wirkt dann über den Zeitpunkt ihres Wegfalls insoweit als ungeschriebene Kompetenz hinaus, als der Bund zwar nicht zur Änderung oder zum materiellen Neuerlass entsprechender Vorschriften befugt ist, wohl aber zu deren Beseitigung. Diese Lösung wird als ungeschriebene Aufhebungskompetenz kraft zeitlichen Annexes bezeichnet.[1905] Man kann auch sagen, es handele sich um eine zeitliche Nachwirkung einer ehemals bestehenden Gesetzgebungskompetenz. Gegen eines solche Annahme spricht auch nicht ein etwaiges Schutzbedürfnis der Länder an dem Erhalt der Bundesgesetze. Denn sie sind gerade aufgrund der Föderalismusreform frei, jederzeit eigene Regelungen (und damit auch inhaltsgleiches Recht) zu erlassen.

Davon zu unterscheiden ist die Aufhebungskompetenz für Materien, die nach der Föderalismusreform beim Bund verblieben sind, jedoch nunmehr auf anderen Kompetenztiteln fußen. So ist die Gesetzgebungskompetenz des Bundes zur Aufhebung von Regelungen in den Bereichen des hochschulspezifischen Arbeitsrechts (§§ 57a ff. HRG a.F.) sowie in den Bereichen der Hochschulzulassung und der Hochschulabschlüsse auf Art. 70 I, 72 I, 74 I Nr. 12 bzw. Art. 33 GG zu stützen; Statusrechte und -pflichten der Beamten sind von Art. 74 I Nr. 27 GG erfasst. Für eine Aufhebungskompetenz des Bundes kraft zeitlichen Annexes ist in diesen Fällen kein Raum. Zur Kompetenz zur **Anpassung** von ehemals erlassenen Bundesgesetzen vgl. Rn 795.

8. Prüfungsschema zu den Gesetzgebungskompetenzen

Ein Gesetz ist nur dann verfassungsgemäß, wenn es formell und materiell mit der Verfassung vereinbar ist. Vgl. dazu das Prüfungsschema bei Rn 181. In formeller Hinsicht sind neben der Einhaltung des vorgeschriebenen Gesetzgebungsverfahrens (Rn 852 ff.) vor allem die Zuständigkeitsregelungen zu beachten. Bezüglich der Zuständigkeit empfiehlt sich folgendes Schema: **850**

851

Prüfung der Gesetzgebungskompetenzen

- Auszugehen ist von dem **Grundsatz der Länderzuständigkeit** (Art. 30, 70 I GG).
- Die Länder sind aber grundsätzlich unzuständig, wenn das GG dem Bund eine Gesetzgebungskompetenz verleiht. Es ist zwischen **ausschließlicher** Gesetzgebung, **konkurrierender** Gesetzgebung und **Grundsatzgesetzgebung** zu unterscheiden. Darüber hinaus sind die ungeschriebenen Gesetzgebungskompetenzen „**kraft Sachzusammenhangs**", „**kraft Natur der Sache**" und die „**Annexkompetenz**" anerkannt.
  - **Ausschließliche Gesetzgebung**
    Die ausschließliche Gesetzgebung ist im Grundgesetz enumerativ aufgezählt, zum einen in Art. 73 I GG (vgl. auch Art. 105 I GG) und zum anderen in zahlreichen anderen Vorschriften, die auf ein Bundesgesetz verweisen (z.B. Art. 4 III S. 2 GG oder Art. 84 I GG). Liegt eine ausschließende Gesetzgebungskompetenz vor, kann der Bund, ohne dass weitere Voraussetzungen vorliegen müssten, tätig werden. Lediglich das Zustimmungserfordernis gem. Art. 73 II GG im Fall des Art. 73 I Nr. 9a GG ist zu beachten. Die Länder sind zur Gesetzgebung nur dann befugt, wenn der Bund sie dazu ermächtigt hat (Art. 71 GG – vgl. aber den Sonderfall des Art. 84 I GG).

[1905] *Linder*, NVwZ 2007, 180, 182.

- **Konkurrierende Gesetzgebung**
  Im Bereich der konkurrierenden Gesetzgebung ist der Bund zuständig, wenn ein Kompetenztitel aus Art. 74 I GG greift. In den Fällen des Art. 74 I Nr. 4, 7, 11, 13, 15, 19a, 20, 22, 25 und 26 GG muss zudem der Erforderlichkeitsnachweis gem. Art. 72 II GG erbracht werden. Hat der Bund von seinem Gesetzgebungsrecht gem. Art. 72 I GG i.V.m. Art. 74 I GG Gebrauch gemacht, besteht eine grundsätzliche Sperrwirkung für die Landesgesetzgebung. Die Länder sind in diesem Fall nur dann zuständig, wenn der Bund die betreffende Materie nicht abschließend geregelt hat und auch nicht abschließend regeln wollte. Davon unabhängig können die Länder tätig werden, wenn ein Fall des Art. 72 III GG (Abweichungsklausel) vorliegt.
- **Bundeskompetenz kraft Sachzusammenhangs**
  Die Bundeskompetenz kraft Sachzusammenhangs kommt sowohl bei der ausschließlichen als auch bei der konkurrierenden Gesetzgebungskompetenz des Bundes in Betracht. Sie liegt vor, wenn eine dem Bund ausdrücklich zugewiesene Materie nur dann geregelt werden kann, wenn eine andere Materie, für die keine geschriebene Gesetzgebungskompetenz besteht, mitgeregelt wird („Ausdehnung in die Breite").
- **Annexkompetenz des Bundes**
  Auch die Annexkompetenz kommt sowohl für den Bereich der ausschließlichen als auch der konkurrierenden Gesetzgebung in Betracht. Hier geht es um eine Ausdehnung einer ausdrücklich zugeteilten Kompetenz in das Stadium der **Vorbereitung** und **Durchführung** von Vorschriften („Ausdehnung in die Tiefe" desselben Bereichs). In der Sache geht es also um die Zuständigkeit zur Schaffung von ergänzenden Regelungen („Annexregelungen") auf Gebieten, die zur Gesetzgebungskompetenz des Bundes gehören.
- **Bundeskompetenz kraft der Natur der Sache**
  Diese Figur kommt lediglich für den Bereich der ausschließlichen Gesetzgebung in Betracht. Sie liegt vor, wenn eine Regelung zwingend nur bundeseinheitlich erfolgen kann.

- Ist nach diesen Prüfungsschritten der Bund nicht zuständig, greift die Länderzuständigkeit. Ein gleichwohl erlassenes Bundesgesetz ist nichtig. Dasselbe gilt, wenn zwar ein Bundeskompetenztitel besteht, aber die weiteren Voraussetzungen für die Ausübung der Kompetenz (etwa die Voraussetzungen des Art. 72 GG) nicht vorliegen.

B. Das Gesetzgebungsverfahren nach den Art. 76 ff. GG

Wichtige Entscheidungen: BVerfGE 1, 144 (Geschäftsordnung des Deutschen Bundestags); 2, 143 (EG-Vertrag); 7, 244 (Reblausbekämpfung); 10, 20 (Stiftung „Preußischer Kulturbesitz"); 10, 221 (Entgelt für die Benutzung von Kleingartengelände); 29, 221 (Jahresarbeitsverdienstgrenze); 30, 1 (Verfassungsmäßigkeit des Gesetzes zur Beschränkung des Brief-, Post- und Fernmeldegeheimnisses; Abhörurteil); 32, 98 (Gesundbeter); 37, 363 (Änderungsgesetz zu Zustimmungsgesetz; Rentenversicherungsänderungsgesetz); 44, 308 (Beschlussfähigkeit des Bundestags); 37, 363 (Änderungsgesetz zu Zustimmungsgesetz; Rentenversicherungsänderungsgesetz); 48, 1 (Milch- und Fettgesetz; Umsatzsteuergesetz); 48, 127 (Änderungsgesetze zu Zustimmungsgesetz); 50, 166 (Ausweisung eines straffälligen Ausländers); 54, 341 (Asylgewährung); 55, 274 (Zustimmungsgesetz; Ausbildungsplatzförderungsgesetz); 75, 108 (Künstlersozialabgabe); 80, 1 (Verordnungsermächtigung in der Bundesärzteordnung); 84, 90 (DDR-Enteignung); 87, 181 (Finanzierung von Rundfunkanstalten); 91, 148 (Umlaufverfahren); E 94, 12 (Verfassungsmäßigkeit des Restitutionsausschusses); 101, 1 (Käfighaltung von Legehennen); 106, 253 (Zusammensetzung des Vermittlungsausschusses); 112, 118 (Sitzverteilung im Vermittlungsausschuss); BVerfG NVwZ 1998, 169 (Rechtsschutz gegen Bundesrechtsverordnungen); BVerfG NJW 2002, 2543 (Verfassungsmäßigkeit des LPartG); BVerfG NVwZ 2010, 634 (Vermittlungsausschuss); BVerfG NVwZ 2019, 875 (Mängel im Gesetzgebungsverfahren); im Übrigen vgl. die vor Rn 791 genannten Entscheidungen.

Das Gesetzgebungsverfahren durchläuft mehrere Stadien. Nach der Systematik der Art. 76 ff. GG kann man von der *Einleitung des Gesetzgebungsverfahrens* (Einbringen von Gesetzesinitiativen in den Bundestag gem. Art. 76 I GG und Vorverfahren gem. Art. 76 II, III GG), dem *Hauptverfahren* (Beschlussfassung, Art. 77-79 GG) und dem *Abschlussverfahren* (Ausfertigung und Verkündung, Art. 82 GG) sprechen. **852**

Hinweis für die Fallbearbeitung: Das Gesetzgebungsverfahren nach den Art. 76 ff. GG eignet sich hervorragend für Klausuren im ersten juristischen Staatsexamen. Regelmäßig sind Verstöße gegen die Geschäftsordnungen zu würdigen. Fundierte Kenntnisse und ein geschultes Judiz sind daher unabdingbar. Im Folgenden sollen alle gängigen Probleme aufgezeigt und in einer gutachtlichen Darstellungsweise verdeutlicht werden. Dazu zählen: **853**

- ⇨ die Gesetzesinitiative durch einen einzelnen Abgeordneten (Rn 857).
- ⇨ Einbringen der Gesetzesvorlage durch die Bundesregierung direkt in den Bundestag, ohne sie gem. Art. 76 II S. 1 GG zuvor dem Bundesrat zuzuleiten (Rn 860).
- ⇨ Einbringen der Gesetzesvorlage durch die Regierungsfraktion, um das Verfahren nach Art. 76 II S. 1 GG zu umgehen (Rn 861).
- ⇨ Behandlung einer Gesetzesvorlage ohne Durchführung von drei Lesungen (Rn 865).
- ⇨ Gesetzesbeschluss bei nur wenigen anwesenden Abgeordneten (Rn 868).
- ⇨ Nichtbefolgen von Weisungen der Landesregierung (Rn 893).
- ⇨ Uneinheitliche Stimmabgabe im Bundesrat (Rn 894 ff.).
- ⇨ Umdeutung einer verweigerten Zustimmung in einen Einspruch (Rn 891).
- ⇨ Zustimmungsbedürftigkeit von Änderungsgesetzen zu Zustimmungsgesetzen (Rn 898).
- ⇨ Materielles Prüfungsrecht des Bundespräsidenten (Rn 591 ff.).

I. Die Einleitung des Gesetzgebungsverfahrens

1. Das Initiativrecht (Art. 76 I GG)

a. Bundesregierung, Bundesrat, Mitte des Bundestags

854 Gesetzesvorlagen werden gem. Art. 76 I GG durch die *Bundesregierung*, aus der *Mitte des Bundestags* oder durch den *Bundesrat* in den Bundestag eingebracht.[1906] Eine Gesetzesinitiative des Volkes (vgl. Volksbegehren, Volksbefragung und Volksentscheid) kennt das Grundgesetz – anders als die Weimarer Reichsverfassung – nicht.

855 In der Staatspraxis stammen die meisten Gesetzesvorlagen von der Bundesregierung. Das ist weder überraschend noch kann es als Zeichen etwa dafür angesehen werden, dass die Abgeordneten selbst zu wenig Gesetzesinitiative entwickeln oder sich von der Regierung alles vorschreiben ließen. Vielmehr ist die Dominanz der Bundesregierung bei den Gesetzesinitiativen typisch für das parlamentarische Regierungssystem, welches das Grundgesetz vorschreibt. Denn danach wird der Bundeskanzler vom Bundestag gewählt, d.h. nach der Bundestagswahl bildet sich hier eine Mehrheit entsprechend dem Wahlergebnis, die die Regierung stellt. Weil die Regierung durch die Mehrheit des Bundestags gebildet wird, bleibt sie mit dieser politisch identisch und deshalb ist es naheliegend, dass die Gesetzentwürfe, die diese Parlamentsmehrheit beschließen will, inhaltlich, technisch und redaktionell durch die Regierung und ihre Beamten erarbeitet und vorbereitet werden. Dies wird insbesondere klar, wenn man bedenkt, dass die zuständigen Fachminister durch ihre Sachverständigen und Ministerialbeamten den besseren Apparat haben, um Gesetze vorzubereiten. Darüber hinaus ist ein Referentenentwurf in einem Ministerium schon durch den Filter der Interessenverbände gelaufen, deren Einwirken durch die §§ 22 ff. GGO (= überwiegend auf Art. 65 S. 4 GG gestützte Gemeinsame Geschäftsordnung der Bundesministerien)[1907] ausdrücklich erlaubt ist.[1908] Die Arbeit des Bundestags bezieht sich dann vor allem darauf, zu prüfen, welchen dieser Gesetzesvorschläge letztlich zugestimmt werden soll und welchen nicht und an welchen der Bundestag Änderungen anbringen soll.

Allerdings kommt es nicht selten vor, dass die Bundesregierung die Gesetzesvorlage über die sie tragende(n) Fraktion(en) einbringen lässt. Das hat den Hintergrund, dass gem. Art. 76 II S. 1 GG Gesetzesvorlagen der Bundesregierung, bevor sie beim Bundestag eingebracht werden, zunächst dem Bundesrat zur Stellungnahme überreicht werden müssen. Dieser hat dann sechs bzw. neun Wochen Zeit, Stellung zu nehmen. Das ist stets mit Zeitverlust verbunden. Für Gesetzesvorlagen, die aus der Mitte des Bundestags stammen, gilt dieser „Umweg" nicht. Um daher die Regelung des Art. 76 II S. 1 GG zu umgehen, kommen insbesondere eilige Gesetzesvorlagen formal von den Regierungsfraktionen, also aus der Mitte des Bundestags. Verfassungsrechtlich ist diese Vorgehensweise zwar bedenklich, sie ist aber gängige Staatspraxis, vgl. dazu Rn 861.

Unabhängig von der vorstehenden Kontroverse gilt aber, dass die genannten Initiativberechtigten das Recht, nicht aber die Pflicht haben, Gesetzesvorlagen einzubringen. Insofern ist die Formulierung in Art. 76 I GG: „werden ... eingebracht" als Befugnis zu verstehen. Im Übrigen ist die Initiativberechtigung abschließend, wie sich aus Art. 76 I GG ergibt.

856 Vorlagen der Bundesregierung müssen von der Bundesregierung als Kollegialorgan beschlossen werden (vgl. § 15 GO BReg). Auch Gesetzesvorlagen des Bundesrats setzen einen vorherigen Beschluss voraus (vgl. Art. 52 III S. 1 GG). Fraglich ist, was unter der „**Mitte des Bundestags**" zu verstehen ist. Diese Frage wird insbesondere

---

[1906] Freilich setzt die Einbringung der Gesetzesvorlagen durch die Bundesregierung und den Bundesrat jeweils einen ordnungsgemäßen Beschluss voraus, was sich wiederum aus dem Grundgesetz und der jeweiligen Satzung ergibt, siehe dazu BVerfG NVwZ 2019, 875, 876. Wird die Gesetzesvorlage „aus der Mitte des Bundestags" eingebracht (dazu Rn 857), wird man ebenfalls einen förmlichen Beschluss (der Fraktion oder der Gruppe) fordern müssen.
[1907] Vgl. dazu ausführlich *Schenke*, in: Bonner Kommentar, Art. 65 Rn 141.
[1908] Vgl. bereits die 1. Aufl. 2000; so nun auch *Frenzel*, JuS 2010, 119.

dann relevant, wenn die Gesetzesvorlage nur von einem einzelnen Bundestagsabgeordneten eingebracht wird.

b. Gesetzesinitiative durch einen einzelnen Abgeordneten

Die Frage, ob eine Gesetzesinitiative von einem einzelnen Bundestagsabgeordneten ausgehen kann, beantwortet die Verfassung nicht. Dort ist in Art. 76 I GG nur von der „Mitte des Bundestags" die Rede. Auch aus dem natürlichen Sprachgebrauch des Begriffs „Mitte" folgt nicht die Festlegung auf eine Mindestzahl. Von Verfassungs wegen ist daher grundsätzlich jeder einzelne Bundestagsabgeordnete berechtigt, Gesetzentwürfe einzubringen.[1909] Etwas anderes statuiert die GO BT. Gemäß § 76 GO BT müssen Vorlagen von Mitgliedern des Bundestags (zu denen auch Gesetzentwürfe gehören, vgl. § 75 I lit. a GO BT) von einer Fraktion oder von fünf vom Hundert der Mitglieder des Bundestags unterzeichnet werden. Ist das nicht der Fall, stellt sich die Frage nach den Auswirkungen, die ein Verstoß gegen diese Regelung mit sich bringt. Diese Frage beantwortet Art. 82 GG: Danach werden die nach den Vorschriften *dieses* Grundgesetzes zustande gekommenen Gesetze vom Bundespräsidenten ausgefertigt. Zu den Vorschriften *dieses* Grundgesetzes gehören eben nicht die Vorschriften der Geschäftsordnung. Es lässt sich daher sagen, dass **Verstöße gegen die Geschäftsordnung grundsätzlich nicht zur Verfassungswidrigkeit von Gesetzen führen**. Allerdings ist unbestritten, dass ein Verstoß gegen die Geschäftsordnung in *Ausnahmefällen* auch die Verfassungswidrigkeit zur Folge haben kann. Für einen gleichzeitigen Verfassungsverstoß wird aber vorausgesetzt, dass die verletzte Vorschrift der Geschäftsordnung einen „verfassungsrelevanten" Inhalt besitzt, indem sie etwa eine Bestimmung des Grundgesetzes wiederholt oder einen wesentlichen Verfassungsinhalt konkretisiert.[1910] 857

Da das Grundgesetz die „Mitte des Bundestags" nicht definiert, die in der Geschäftsordnung etwa hätte wiederholt werden können, kommt es folglich darauf an, ob § 76 I GO BT einen wesentlichen Verfassungsinhalt konkretisiert. Dies ist nach der hier vertretenen Auffassung zu bejahen. Durch das Erfordernis der Unterzeichnung einer Gesetzesvorlage eines Parlamentariers durch eine Fraktion oder durch 5% der Mitglieder des Bundestags wird der Begriff der „Mitte des Bundestags" konkretisiert.[1911] Gesetzesvorlagen, die aus der Mitte des Bundestags stammen, müssen demnach also von einer Fraktion oder von 5% der Mitglieder des Bundestags unterzeichnet sein; anderenfalls ist an eine (mittelbare) Verfassungsverletzung zu denken.

Hierzu gilt wiederum eine Ausnahme: Wird eine aus der Mitte des Bundestags stammende Gesetzesvorlage nicht von der erforderlichen Zahl von Abgeordneten unterschrieben, ist ein gleichwohl beschlossenes Gesetz nicht nichtig. Denn durch die Beschlussfassung des Bundestags hat sich dieser die Vorlage mehrheitlich zu eigen gemacht, sodass der ursprüngliche Formmangel durch den Beschluss des Gesetzes „geheilt" wird.

Hinweis für die Fallbearbeitung: Die obige Darstellung hat das Verhältnis von Regel-Ausnahme-Gegenausnahme gezeigt. Sie hat gezeigt, dass Verstöße gegen die Geschäftsordnung grundsätzlich nicht zur Verfassungswidrigkeit von Gesetzen füh- 858

[1909] BVerfGE 1, 144, 153; *Nolte/Tams*, Jura 2000, 158, 159; *Conradt*, JuS 2000, L 52, 55. Vgl. nun auch *Elicker*, JA 2005, 513.

[1910] Vgl. *Nolte/Tams*, Jura 2000, 158, 159; *Conradt*, JuS 2000, L 52, 54.

[1911] Diese Regelung wird allgemein als verfassungsgemäß betrachtet, da sie von der Geschäftsordnungsautonomie umfasst und diese durch Art. 40 I S. 2 GG garantiert ist, vgl. BVerfGE 1, 144, 153; *Pieroth*, in: J/P, GG, Art. 76 Rn 2; *Sannwald*, in: Schmidt-Bleibtreu/Hofmann/Henneke, GG, Art. 76 Rn 31; *Brosius-Gersdorf*, in: Dreier, GG, Art. 76 Rn 57; *Kersten*, in: Maunz/Dürig, GG, Art. 76 Rn 48.

ren, da eine Satzung im Rang unterhalb der Verfassung steht. Das belegt bereits der Wortlaut des Art. 82 GG: „Die nach den Vorschriften *dieses* Grundgesetzes zustande gekommenen Gesetze". Zu *diesem* Grundgesetz gehören eben nicht die Vorschriften der Geschäftsordnung. Besteht also eine Gesetzesinitiative durch einen einzelnen Parlamentarier, ist die Frage aufzuwerfen, ob diese Gesetzesinitiative „aus der Mitte" des Bundestags eingebracht wurde. Sodann ist darzulegen, dass das Grundgesetz hierzu offen ist, § 76 I GO BT aber vorschreibt, dass Vorlagen von Mitgliedern des Bundestags (zu denen auch Gesetzentwürfe gehören, vgl. § 75 I lit. a) von einer Fraktion oder von 5% der Mitglieder des Bundestags unterzeichnet werden müssen. Schließlich ist darzulegen, dass die Vorschrift des § 76 GO BT eine verfassungsmäßige Konkretisierung des Art. 76 I GG darstellt und dass somit eine Gesetzesvorlage eines einzelnen Abgeordneten von einer Fraktion oder von 5 % der Mitglieder des Bundestags unterschrieben werden muss. Ist das nicht der Fall, ist zwar an eine Verfassungswidrigkeit des Gesetzes zu denken, aber dadurch, dass der Bundestag die Gesetzesinitiative weiterverfolgt und diese sich somit zu eigen macht, ist der Verstoß gegen § 76 GO BT geheilt.

2. Das Vorverfahren (Art. 76 II, III GG)

a. Vorlagen der Bundesregierung (Art. 76 II GG)

859 Gemäß Art. 76 II S. 1 GG sind Vorlagen der Bundesregierung, bevor sie beim Bundestag eingebracht werden, zunächst dem Bundesrat zuzuleiten, damit dieser eine Stellungnahme abgeben kann. Gibt der Bundesrat eine Stellungnahme ab, ist dies für das weitere Gesetzgebungsverfahren nicht bindend (arg. e Art. 77 II, III GG). Der Sinn der Regelung besteht darin, dass der Bundestag bei seinen Beratungen bereits die Auffassung des Bundesrats kennt und ggf. das Gesetz so beschließt, dass anschließend im Bundesrat keine größeren Konflikte entstehen. In der **Fallbearbeitung** können vor allem zwei Problemkreise relevant werden:

860 **aa.** Zunächst ist es möglich, dass die **Bundesregierung die Gesetzesvorlage, ohne sie zuvor dem Bundesrat zuzuleiten, direkt beim Bundestag einbringt**, damit dieser über die Vorlage beschließt. Beschließt der Bundestag dann das Gesetz, stellt sich die Frage nach der Verfassungsmäßigkeit dieses Gesetzes.

Beispiel: Die Bundesregierung berät die Einbringung eines neuen Biotechnologiegesetzes. Da sie aufgrund der politischen Mehrheitsverhältnisse keine Einwände des Bundesrats befürchtet, hält sie das Verfahren nach Art. 76 II S. 1 GG für überflüssig und bringt ihre Gesetzesvorlage direkt beim Bundestag ein. Dieser beschließt das Gesetz wie von der Bundesregierung vorgesehen.

Wegen der Missachtung der Vorschrift des Art. 76 II S. 1 GG und der damit verbundenen Missachtung des Mitwirkungsrechts des Bundesrats im Gesetzesinitiativverfahren könnte das Biotechnologiegesetz verfassungswidrig sein. Unter welchen Voraussetzungen ein Verstoß gegen Art. 76 II S. 1 GG beachtlich ist und somit zur Verfassungswidrigkeit des Gesetzes führt, wird unterschiedlich gesehen.

⇨ Nach *überwiegender Auffassung* ist ein Verstoß gegen Art. 76 II S. 1 GG beachtlich und das Gesetz verfassungswidrig, wenn die Vorschrift des Art. 76 II S. 1 GG eine **materiell-rechtliche** Vorschrift darstellt. Handele es sich bei Art. 76 II S. 1 GG lediglich um eine Ordnungsvorschrift, führe ein Verstoß hiergegen nicht notwendigerweise zur Nichtigkeit.[1912]
Für das Vorliegen einer bloßen Ordnungsvorschrift spricht, dass Stellungnahmen des Bundesrats im Gesetzesinitiativverfahren nicht bindend sind.[1913] Bindende Stel-

[1912] Vgl. BVerfGE 44, 308, 313.
[1913] Vgl. dazu *Pieroth*, in: J/P, GG, Art. 76 Rn 6; *Sannwald*, in: Schmidt-Bleibtreu/Hofmann/Henneke, GG, Art. 76 Rn 41.

lungnahmen kann der Bundesrat immer noch im eigentlichen Gesetzgebungsverfahren nach Art. 77-79 GG abgeben. Dort ist ohnehin die Mitwirkung des Bundesrats zumindest bei Zustimmungsgesetzen konstitutiv. Andererseits spricht der Wortlaut des Art. 76 II S. 1 GG von einer Verpflichtung: „Gesetzesvorlagen der Bundesregierung *sind* zunächst dem Bundesrat zuzuleiten". Der Sinn dieser Regelung besteht darin, dass der Bundestag frühzeitig über die Auffassung des Bundesrats informiert ist und daher das Gesetz bereits so gestalten kann, dass es den Bundesrat ohne große Einwände „passieren" wird.

Vorliegend lassen die politischen Mehrheitsverhältnisse im Bundesrat keine Einwände desselben im späteren Gesetzgebungsverfahren befürchten. Gleichwohl ist der Wortlaut des Art. 76 II S. 1 GG eindeutig, wonach Gesetzesvorlagen der Bundesregierung zunächst dem Bundesrat zuzuleiten *sind*. Unterbleibt diese Zuleitung, ist ein gleichwohl vom Bundestag beschlossenes Gesetz nicht nach den Vorschriften *dieses* Grundgesetzes zustande gekommen (vgl. Art. 82 GG). Ist ein Gesetz nicht nach den Vorschriften *dieses* Grundgesetzes zustande gekommen, führt das zur Verfassungswidrigkeit des Gesetzes.[1914]

⇨ Teilweise wird nicht darauf abgestellt, ob Art. 76 II S. 1 GG eine materiell-rechtliche Vorschrift darstellt, sondern generell darauf, ob Verstöße gegen Verfahrensbestimmungen mit Rücksicht auf das Gebot der Rechtssicherheit **evident** waren.[1915] Nur bei evidenten Verstößen gegen grundgesetzliche Verfahrensbestimmungen sei eine Verfassungswidrigkeit des Gesetzes anzunehmen. Vorliegend war das Umgehen des Bundesrats evident, sodass auch dieser Ansatz zur Verfassungswidrigkeit des Biotechnologiegesetzes führt. Eine Entscheidung, welcher Auffassung zu folgen ist, bedarf es somit nicht.

Ergebnis: Da es sich bei der Verfahrensvorschrift des Art. 76 II S. 1 GG zum einen nicht um eine bloße Ordnungsvorschrift, sondern um eine materiell-rechtliche Verfassungsbestimmung handelt und zum anderen der Fehler evident war, führt die Nichtbeachtung der Vorschrift des Art. 76 II S. 1 GG zur Verfassungswidrigkeit des Biotechnologiegesetzes.

Hinweis für die Fallbearbeitung: Es ist kaum eine Fallgestaltung denkbar, bei der die beiden dargestellten Ansätze zu unterschiedlichen Ergebnissen kommen. Daher sollte in der Fallbearbeitung das Problem wie oben dargestellt behandelt werden.

bb. In der zweiten Fallgestaltung **bringt die Bundesregierung nicht selbst Gesetzesvorlagen ein, sondern lässt diese über die sie tragende(n) Bundestagsfraktion(en) beim Bundestag einbringen**, um das Verfahren nach Art. 76 II S. 1 GG zu umgehen. Ob auch diese (bereits in der Einführung genannte) Fallgestaltung verfassungswidrig ist, soll folgendes Beispiel zeigen: 861

Beispiel: Da die Bundesregierung immer noch an der Verabschiedung des Biotechnologiegesetzes festhält, nun aber einsieht, dass sie die Gesetzesvorlage zunächst dem Bundesrat zuleiten muss, kommt sie auf folgende Idee: Da die vorherige Zuleitung der Gesetzesvorlage an den Bundesrat nicht erforderlich ist, wenn die Gesetzesvorlage aus der Mitte des Bundestags kommt, lässt sie die Vorlage zum Biotechnologiegesetz über die sie tragende Koalition beim Bundestag einbringen.

1. Verstoß gegen Art. 76 II S. 1 GG?
Auch hier liegt letztlich eine Umgehung der Regelung des Art. 76 II S. 1 GG vor. Da aber Gesetzesvorlagen ohne weiteres aus der Mitte des Bundestags beim Bundestag

---

[1914] Für Rechtswidrigkeit auch *Pieroth*, in: J/P, GG, Art. 76 Rn 5.
[1915] Vgl. BVerfGE 91, 148, 175.

eingebracht werden können, ohne dass sie zunächst dem Bundesrat zuzuleiten wären, ist die Vorgehensweise der Bundesregierung verfassungsrechtlich nicht zu beanstanden, wenn die Gesetzesvorlage zum Biotechnologiegesetz als aus der Mitte des Bundestags stammend eingestuft werden kann. Dies ist vorliegend der Fall: Formal-juristisch stammt die Gesetzesvorlage von der Regierungskoalition, also aus der Mitte des Bundestags. Dass die eigentliche Initiative von der Bundesregierung ausging, ist unschädlich.[1916] Die Regierungskoalition hat sich die Gesetzesvorlage zu eigen gemacht. Diese Vorgehensweise entspricht der Staatspraxis.

2. Verstoß gegen den Grundsatz der Organtreue?

Möglicherweise ergibt sich aber die Unzulässigkeit der Vorgehensweise aus dem Grundsatz der Organtreue. Dieser Grundsatz besagt, dass Staatsorgane untereinander zu rücksichtsvollem Umgang und einem Mindestmaß an Kooperation verpflichtet sind.[1917] Gerade für den Fall, dass die Bundesregierung durch gezielte Umgehung der Vorschrift des Art. 76 II S. 1 GG das Mitwirkungsrecht des Bundesrats verkürzt, könnte sie gegen den Grundsatz der Organtreue verstoßen haben. Allerdings ist fraglich, ob der Grundsatz der Organtreue von solch hohem Verfassungsrang ist, dass seine Missachtung zur formellen Verfassungswidrigkeit des Gesetzes führen kann. Die Frage kann aber dahinstehen, weil die Bundesregierung formal-juristisch korrekt gehandelt hat. Die sie stützende Regierungskoalition hat sich den Gesetzentwurf zu eigen gemacht und beim Bundestag eingebracht. Daher kann im Ergebnis nichts anderes gelten als hinsichtlich des Ergebnisses der unter 1. behandelten Frage nach einem Verstoß gegen Art. 76 II S. 1 GG.

3. Ergebnis

Insgesamt hat sich die Bundesregierung mit der Umgehung der Verfahrensvorschrift des Art. 76 II S. 1 GG nicht rechtsmissbräuchlich verhalten. Eine Verfassungswidrigkeit des Gesetzes kann somit nicht festgestellt werden.[1918]

b. Vorlagen des Bundesrats (Art. 76 III GG)

862 Gesetzesvorlagen des Bundesrats sind gem. Art. 76 III S. 1 GG dem Bundestag durch die Bundesregierung innerhalb von sechs Wochen zuzuleiten. Die Bundesregierung soll hierbei ihre Auffassung darlegen (Art. 76 III S. 2 GG). Das Modalverb „soll" bedeutet, dass die Bundesregierung zwar im Regelfall, nicht aber in begründeten Ausnahmefällen hierzu verpflichtet ist.

II. Das Hauptverfahren

863 Ist die Gesetzesinitiative nach den o.g. Grundsätzen beim Bundestag eingebracht worden, muss der Bundestag sich mit ihr befassen. Er muss darüber beraten und Beschluss fassen.[1919]

1. Der Gesetzesbeschluss des Bundestags

a. Die Gesetzesberatungen nach §§ 78 ff. GO BT

864 Im Bundestag wird über die Gesetzesvorlage grundsätzlich in **drei Lesungen** beraten, §§ 78 ff. GO BT („Beratungen"). In der **ersten Lesung** findet eine allgemeine Aussprache i.d.R. nicht statt. Vielmehr werden die Gesetzesvorlagen durch Beschluss

---

[1916] So auch *Ipsen*, Rn 226 und *Stern*, StaatsR II, § 37 III 4b. Vgl. auch *Otto/Sauer*, JuS 2011, 235, 238.

[1917] *Stern*, StaatsR I, § 4 III 8 c.

[1918] Ein ähnliches Problem stellt sich, wenn z.B. ein Bundesminister eine Rechtsanwaltskanzlei beauftragt, einen Gesetzentwurf zu erarbeiten, der von der Kanzlei erarbeitete Entwurf unverändert in den Bundestag eingebracht wird, der Bundestag diesen Entwurf unverändert übernimmt und als Gesetz verabschiedet. Auch hier hat sich der Bundestag den Gesetzentwurf zu eigen gemacht. Ein Verstoß gegen Art. 76 II S. 1 GG oder das Demokratieprinzip liegt jedenfalls dann nicht vor, wenn dieses Verfahren offen und transparent erfolgt (vgl. auch *Otto/Sauer*, JuS 2011, 235, 238; *Kersten*, in: Maunz/Dürig, Art. 76 Rn 41; kritisch *Kloepfer*, NJW 2011, 131 ff.).

[1919] BVerfGE 1, 144, 153; 2, 143, 173; 84, 304, 329.

an die zuständigen Ausschüsse überwiesen (§ 80 GO BT). Die **zweite Lesung** findet nach Abschluss der Ausschussberatungen und aufgrund der Empfehlung der beteiligten Ausschüsse statt. Die zweite Lesung dient der Detailberatung der Ausschussberichte. In ihr findet also die eigentliche demokratische Willensbildung des Plenums statt. Es können auch noch Änderungen des Gesetzentwurfs beantragt werden (§ 82 GO BT). Sofern keine Änderungen des Gesetzentwurfs beschlossen wurden, folgt die **dritte Lesung** (§ 84 S. 1 lit. a GO BT), im Übrigen am zweiten Tag nach Verteilung der Drucksachen mit den beschlossenen Änderungen (§ 84 S. 1 lit. b GO BT). Die dritte Lesung dient der Vorbereitung der Schlussabstimmung nach § 86 GO BT. Diese Schlussabstimmung bedeutet – sofern der Bundestag der Gesetzesvorlage zustimmt – den Gesetzesbeschluss nach Art. 77 I S. 1 GG. Für diesen Gesetzesbeschluss genügt im Regelfall die **Mehrheit der abgegebenen Stimmen** (Art. 42 II GG). Eine qualifizierte Mehrheit ist nur bei Verfassungsänderungen (2/3-Mehrheit) und sonst im Grundgesetz vorgesehenen Fällen erforderlich, vgl. dazu Rn 441 ff.

In der **Fallbearbeitung** stellen sich regelmäßig zwei Probleme: Das erste besteht darin, dass der Bundestag ein Gesetz beschlossen hat, ohne es zuvor in drei Lesungen beraten zu haben (Rn 865). Das andere Problem besteht darin, dass bei dem Gesetzesbeschluss nur so wenige Abgeordnete im Bundestag anwesend waren, dass die Beschlussfähigkeit angezweifelt wird (Rn 868).

b. Gesetzesbeschluss ohne Durchführung von drei Beratungen

Eine Beratung von Gesetzentwürfen in drei Lesungen fordert die Verfassung nicht ausdrücklich. Vielmehr überlässt sie die Ordnung des Gesetzgebungsverfahrens insoweit der autonomen Satzungsgewalt des Bundestags (vgl. Art. 40 I S. 2 GG). Beschließt der Bundestag daher ein Gesetz, ohne drei Lesungen eingehalten zu haben, ist fraglich, ob überhaupt ein Verfassungsverstoß angenommen werden kann. Allerdings ist – wie bereits bei Rn 857 gesagt – unbestritten, dass bestimmte Verstöße gegen die Geschäftsordnung in Ausnahmefällen auch die Verfassungswidrigkeit des Gesetzes zur Folge haben können. Um einen Verfassungsverstoß annehmen zu können, wird aber vorausgesetzt, dass die verletzte Vorschrift der Geschäftsordnung einen „verfassungsrelevanten" Inhalt besitzt, indem sie etwa eine Bestimmung des Grundgesetzes wiederholt oder einen wesentlichen Verfassungsinhalt konkretisiert.[1920] Da das Grundgesetz die Zahl der Lesungen nicht vorschreibt, die in der Geschäftsordnung etwa hätten wiederholt werden können, kommt es folglich darauf an, ob die §§ 78 ff. GO BT einen wesentlichen Verfassungsinhalt konkretisieren. Dies ist nach der hier vertretenen Auffassung zu verneinen. Zwar wird durch die Zahl der vorgeschriebenen Lesungen die Parlamentsarbeit wesentlich bestimmt, das Erfordernis von drei Lesungen gehört jedoch nicht zu den unabdingbaren Grundsätzen demokratischer rechtsstaatlicher Ordnung.[1921] **Daher führt ein Verstoß gegen die §§ 78 ff. GO BT nicht zur Verfassungswidrigkeit des Gesetzes**. 865

Eine andere Frage ist es, ob ein Verstoß gegen die §§ 78 ff. GO BT ein Verstoß gegen die GO BT selbst bedeutet. Aber auch ein Verstoß gegen die GO BT selbst liegt nicht vor, wenn die Abweichung von der betreffenden Bestimmung der Geschäftsordnung durch 2/3 der anwesenden Mitglieder beschlossen wird und das Grundgesetz dem nicht entgegensteht (§ 126 GO BT). 866

Beispiel: Der Bundestag behandelt eine Gesetzesnovelle zum Gentechnikgesetz. Da breiter Konsens über die künftige Gesetzesfassung besteht, beschließt der Bundestag

[1920] Vgl. Rn 857 m. Nachw.
[1921] BVerfGE 1, 144, 151-153; 29, 221, 234; *Conradt*, JuS 2000, L 52, 53, 55; später auch *Hebeler*, JA 2017, 484, 485.

mit 300 von 450 anwesenden Abgeordneten, das Gesetz in nur einer Lesung zu verabschieden. Nachdem das Gesetz auf diese Weise verabschiedet wurde, macht der oppositionelle Abgeordnete A geltend, das Gesetz sei nicht rechtmäßig beschlossen worden. Zu Recht?
Nach den oben gemachten Ausführungen liegt ein Verfassungsverstoß nicht vor, da die Zahl von drei Lesungen von Verfassungs wegen nicht gefordert wird. Die Verabschiedung des Gesetzes nach nur einer Lesung widerspricht aber § 78 I S. 1 GO BT. Gleichwohl liegt auch ein Verstoß gegen die Geschäftsordnung nicht vor, wenn die Abweichung von der betreffenden Bestimmung der Geschäftsordnung durch 2/3 der anwesenden Mitglieder beschlossen wurde und das Grundgesetz dem nicht entgegensteht (§ 126 GO BT). Da vorliegend 300 von 450 anwesenden Abgeordneten für die Verfahrensverkürzung stimmten, kann auch ein Verstoß gegen die Geschäftsordnung nicht festgestellt werden.

867 **Hinweis für die Fallbearbeitung:** In einer Staatsorganisationsrechtsklausur, die die Gesetzgebung nach Art. 76 ff. GG zum Gegenstand hat, kommt es nicht selten vor, dass gegen Vorschriften der GO BT (insbesondere gegen die Zahl der Beratungen, § 78 ff. GO BT) verstoßen worden ist. Bei der Frage, ob das zu untersuchende Gesetz deswegen verfassungswidrig ist, muss das Problem erörtert werden, ob Verstöße gegen die GO BT zur formellen Verfassungswidrigkeit von Gesetzen führen. Da die Zahl der erforderlichen Beratungen nicht im Grundgesetz vorgeschrieben ist, das Zustandekommen von Bundesgesetzen sich aber nach den Art. 70 ff. GG richtet, kann ein Verstoß gegen die §§ 78 ff. GO BT auch nicht zur formellen Verfassungswidrigkeit des Gesetzes führen. Selbstverständlich kann ein Verstoß gegen die GO BT vorliegen, der aber keinen Einfluss auf die Verfassungsmäßigkeit des Gesetzes hat.
Für die **Fallbearbeitung** empfiehlt sich folgende Vorgehensweise: Hat der Bundestag ein Gesetz beschlossen, ohne zuvor drei Lesungen durchgeführt zu haben, muss die Frage aufgeworfen werden, ob das Gesetz überhaupt wirksam zustande gekommen ist. Das Grundgesetz selbst enthält keine Vorschriften darüber, ob und wie oft Gesetzesvorlagen zu beraten sind, bevor darüber Beschluss gefasst wird. Vielmehr verlangt das Grundgesetz gem. Art. 82 GG lediglich, dass das Gesetz den Vorschriften *dieses* Grundgesetzes entspricht. Zu diesen Vorschriften des Grundgesetzes gehören eben nicht die Vorschriften der GO BT. **Verstöße gegen die §§ 78 ff. GO BT führen also nicht zur Verfassungswidrigkeit von Gesetzen**. Ein Verfassungsverstoß kann demnach nicht festgestellt werden. Sodann ist (bei entsprechender Fallfrage) auf die Frage einzugehen, ob wenigstens ein Verstoß gegen die Geschäftsordnung selbst vorliegt. Hier sind die Vorschriften der §§ 78 ff. GO BT zu benennen, wonach drei Lesungen vorgeschrieben sind. Der Bundestag kann aber von dieser Regelung abweichen, wenn dies durch 2/3 der anwesenden Mitglieder beschlossen wird und das Grundgesetz dem nicht entgegensteht (§ 126 GO BT). Sodann ist darzulegen, ob die erforderliche Zahl von Abgeordneten anwesend war und die Abweichung von den §§ 78 ff. GO BT beschlossen hat. Ist dies der Fall, verstößt das Gesetz auch nicht gegen die Geschäftsordnung. Aber auch wenn die Abweichung von den §§ 78 ff. GO BT nicht durch 2/3-Mehrheit festgestellt werden konnte, ist das Gesetz nicht unwirksam, denn wie bereits erwähnt, ist die Zahl der erforderlichen Gesetzesberatungen nicht im Grundgesetz vorgeschrieben.[1922]

[1922] Vgl. aber das sogleich dargestellte Problem, bei dem so wenige Abgeordnete anwesend sind, dass die Beschlussfähigkeit des Bundestags bezweifelt werden muss.

c. Gesetzesbeschluss bei nur wenigen anwesenden Abgeordneten

Wie bereits mehrfach ausgeführt, genügt für den Gesetzesbeschluss nach Art. 77 I S. 1 GG im Regelfall die **Mehrheit der abgegebenen Stimmen** (Art. 42 II GG).[1923] Selbstverständlich setzt ein Gesetzesbeschluss die Beschlussfähigkeit des Bundestags voraus. Ein Problem stellt sich also dann, wenn so wenige Parlamentsabgeordnete anwesend sind, dass die Beschlussfähigkeit des Bundestags bezweifelt werden muss. **868**

Beispiel: Der Bundestag beschließt ein Gesetz, wonach bestimmte biotechnologische Verfahren künftig der behördlichen Genehmigung bedürfen. Bei der Beschlussfassung waren nur 60 Abgeordnete anwesend. Biotechnologiekonzern B, der sich auf das Klonen von Menschen spezialisiert hat, ist der Auffassung, das Gesetz sei wegen Beschlussunfähigkeit des Bundestags nicht wirksam zustande gekommen und geht weiterhin von der Genehmigungsfreiheit seiner Tätigkeit aus. Zu Recht?

Ebenso wenig wie das Grundgesetz die Zahl der Gesetzesberatungen vorschreibt, enthält es Regelungen über die Beschlussfähigkeit. Dass der Bundestag bei der Beschlussfassung aber beschlussfähig sein muss, liegt in der Natur der Sache. Das Grundgesetz überlässt diese Frage der Geschäftsordnungsautonomie des Bundestags (vgl. Art. 40 I S. 2 GG). Dieser hat die Beschlussfähigkeit in § 45 GO BT geregelt. Danach ist der Bundestag beschlussfähig, wenn mehr als die Hälfte seiner Mitglieder anwesend ist (§ 45 I GO BT). Da die Anwesenheit der Hälfte der Mitglieder des Bundestags aber nicht der Staatspraxis entspricht, sieht die GO BT vor, dass der Bundestag so lange beschlussfähig ist, bis die Beschlussfähigkeit bezweifelt und die Beschluss<u>un</u>fähigkeit festgestellt wurde (§ 45 II GO BT). Das Bezweifeln der Beschlussfähigkeit muss von einer Fraktion oder von anwesenden 5% der Mitglieder des Bundestags ausgehen. Mit dieser Regelung wird die Beschlussfähigkeit also fingiert, obwohl sie tatsächlich nicht besteht.[1924] **869**

Im **Beispiel** von Rn 868 ist die Beschlussfähigkeit nicht bezweifelt worden. Daher war der Bundestag gem. § 45 I, II GO BT grundsätzlich als beschlussfähig anzusehen.

Schwierigkeiten bestehen aber dort, wo noch nicht einmal so viele Abgeordnete anwesend sind, dass die Beschlussfähigkeit bezweifelt und die Beschlussunfähigkeit festgestellt werden kann. Hier wird man trotz fehlender Feststellung der Beschlussunfähigkeit davon ausgehen müssen, dass der Bundestag nicht beschlussfähig ist. Denn sind nur so wenige Abgeordnete anwesend, dass noch nicht einmal die Beschluss*un*fähigkeit festgestellt werden kann, wäre es mit dem Prinzip der repräsentativen Demokratie (Art. 20 II, 38 I GG) kaum vereinbar, wenn der Bundestag in diesem Zustand Gesetze beschließen könnte.[1925] **870**

Geht man im **Beispiel** von Rn 868 von einer gesetzlichen Mitgliederzahl von 709 (vgl. Rn 136) aus, hätten mindestens 36 Abgeordnete anwesend sein müssen. Das war der Fall. Vorliegend waren 60 Mitglieder anwesend. Da auch niemand die Beschlussfähigkeit angezweifelt hat, war der Bundestag beschlussfähig. Das Gesetz ist daher nicht wegen Beschlussunfähigkeit verfassungswidrig.

Hinweis für die Fallbearbeitung: Dass der Bundestag im beschlussunfähigen Zustand einen Gesetzesbeschluss gefasst hat, die Beschlussunfähigkeit aber nicht durch Abstimmung positiv festgestellt wurde, ist ein sehr beliebtes Klausurthema. **871**

1923 Siehe dazu Rn 441 ff.

1924 Das BVerfG hat diese Regelung in E 44, 308, 320 (Beschlussfähigkeit des Bundestags) für verfassungsgemäß gehalten. Vgl. dazu auch *Nolte/Tams*, Jura 2000, 158, 161; *Huber*, JuS 2012, 140, 144.

1925 A.A. vertretbar, etwa mit dem Argument, dass die wesentliche parlamentarische Arbeit in den Ausschüssen stattfindet und zur Abstimmung nur noch Vertreter der Parteien entsendet werden (vgl. dazu BVerfGE 44, 308, 315).

Bei der zu behandelnden Frage, ob der zu prüfende Beschluss formell ordnungsgemäß zustande gekommen ist, muss zunächst die Beschlussfähigkeit des Bundestags geprüft werden. Gemäß § 45 I GO BT ist der Bundestag beschlussfähig, wenn mehr als die Hälfte seiner Mitglieder im Sitzungssaal anwesend ist. Ist also nicht mehr als die Hälfte der Mitglieder des Bundestags anwesend, ist der Bundestag an sich nicht beschlussfähig. Damit ist der fragliche Beschluss aber (noch) nicht formell rechtswidrig, denn die Beschlussunfähigkeit liegt nicht automatisch vor. Diese muss vielmehr positiv festgestellt werden (§ 45 II und III GO BT). Bis zu der positiven Feststellung der Beschlussunfähigkeit sind Beschlüsse trotz materiellen Vorliegens der Beschlussunfähigkeit zumindest formell rechtmäßig.
Zur Feststellung der Beschlussunfähigkeit sind aber eine Fraktion oder 5% der gesetzlichen Mitgliederzahl des Bundestags erforderlich (§ 45 II S. 1 GO BT). Sind weniger als 5% der gesetzlichen Mitglieder anwesend, wird man davon ausgehen müssen, dass der Bundestag keinesfalls beschlussfähig ist, auch wenn seine Beschlussunfähigkeit nicht positiv festgestellt wurde. Würde man hier eine Beschlussfähigkeit annehmen, wäre dies mit dem Prinzip der repräsentativen Demokratie (Art. 20 II GG) kaum vereinbar.

2. Die Mitwirkung des Bundesrats im Gesetzgebungsverfahren

872 Die Mitwirkung des Bundesrats bei der Gesetzgebung des Bundes ist ein entscheidendes Kriterium für das Funktionieren des Bundesstaates. Art. 77 I S. 2 GG stellt dies insoweit klar, indem er festschreibt, dass vom Bundestag beschlossene Gesetze nach ihrer Annahme durch den Bundestagspräsidenten von diesem unverzüglich (d.h. ohne schuldhaftes Zögern) dem Bundesrat zuzuleiten sind. Der Grad der Mitwirkung des Bundesrats bemisst sich nach der Art des Gesetzes, d.h. danach, ob es sich um ein Einspruchsgesetz oder um ein Zustimmungsgesetz handelt.

a. Einspruchs- und Zustimmungsgesetze

873 Wie sich aus Art. 77 III S. 1 GG ergibt, handelt es sich bei einem **Einspruchsgesetz** um ein Gesetz, gegen das der Bundesrat Einspruch einlegen kann. Tut er das nicht, kommt das Bundesgesetz ohne weiteres zustande. Demgegenüber ist ein **Zustimmungsgesetz** dadurch gekennzeichnet, dass es zu seinem Zustandekommen der Zustimmung des Bundesrats bedarf (vgl. Art. 77 II S. 4 GG und Art. 77 IIa GG). Der Zustimmungsakt ist hier also konstitutiv. Grundsätzlich sind Gesetze Einspruchsgesetze. Ein Zustimmungsgesetz liegt nur dann vor, wenn das Grundgesetz von einer „Zustimmung des Bundesrats" spricht (Enumerationsprinzip). Das sind Fälle, in denen die Länderinteressen nachhaltig berührt werden[1926] und die im Wesentlichen die Bereiche **Verfassung**, **Finanzen** und **Verwaltung** betreffen.

874 Das Grundgesetz nennt u.a. Art. 16a II, 23 I S. 2, 23 VII, 29 VII, 72 III S. 2, 73 II, 74 II, 79 II, 84 I S. 6, 84 V S. 1, 85 I S. 1, 87 III S. 2, 87b I S. 3 u. 4, 87b II S. 1 u. 2, 87c, 87d II, 91a II, 91c V, 104a IV, 104a VI S. 4, 104b II S. 1, 105 III, 106 III S. 3, 106 IV S. 2, 106 V S. 2, 106 Va S. 2, 106 VI S. 5, 106a, 107 I S. 2 u. 4, 108 II S. 2, 108 IV S. 1, 108 IVa S. 1, 108 V S. 2, 109 III, IV, V S. 4, 115a ff., 120a I S. 1, 134 IV, 135 V, 143d IV S. 3 GG. Fehlt eine entsprechende Formulierung, handelt es sich um Einspruchsgesetze.

875 Allein dieser Katalog lässt vermuten, dass der Anteil der Zustimmungsgesetze an der Bundesgesetzgebung weitaus höher ist als derjenige der Einspruchsgesetze. Immerhin ist der Regelungsbereich des Art. 84 I GG, dem „Haupteinfallstor" für eine Zustimmungsbedürftigkeit von Bundesgesetzen, durch die Verfassungsänderung 2006 verengt worden (vgl. dazu Rn 878 ff.).

1926 BVerfGE 37, 363, 381. Vgl. auch *Beck*, NJW 2001, 1894, 1896.

Davon unabhängig ist ein Gesetz insgesamt zustimmungspflichtig, wenn es auch nur eine einzige zustimmungspflichtige Vorschrift enthält (sog. **Einheitstheorie**).[1927] Das ergibt sich ohne weiteres aus Art. 78 GG[1928] und wird insbesondere beim erstmaligen Erlass eines umfangreichen Gesetzeswerkes relevant. Kann auf den ersten Blick nicht zwischen zustimmungspflichtigen Teilen und solchen, die nicht der Zustimmungspflicht unterfallen, unterschieden werden, ist daher (mit Blick auf Art. 78 GG) auf das Gesetz als Einheit abzustellen. Folge der Einheitstheorie ist, dass der Bundesrat durch die Zustimmung die Mitverantwortung für das *gesamte* Gesetz übernimmt. Dementsprechend führt die fehlende Zustimmung des Bundesrats zur Nichtigkeit des gesamten Gesetzes, auch wenn nur Teile desselben von der Zustimmungspflicht betroffen waren. Etwas anderes gilt hinsichtlich **späterer Änderungen von Zustimmungsgesetzen**. Zustimmungspflichtig sind Änderungsgesetze zu Zustimmungsgesetzen nach der h.M. nur dann, wenn das Änderungsgesetz selbst zustimmungsbedürftige Teile enthält, wenn es Vorschriften ändert, die die Zustimmungsbedürftigkeit des zu ändernden Zustimmungsgesetzes ausgelöst haben, oder wenn es dazu führt, dass die zustimmungsbedürftigen Vorschriften eine wesentlich andere Bedeutung und Tragweite erhalten.[1929] Vgl. dazu im Einzelnen Rn 898. **876**

Fraglich ist schließlich, ob die **Aufhebung eines Zustimmungsgesetzes** zustimmungspflichtig ist. Dagegen spricht, dass die Zustimmung des Bundesrats beim Erlass des ursprünglichen Gesetzes nur als Ausgleich dafür diente, dass der Bund in die Organisationshoheit der Länder eingegriffen hat. Hebt der Bund daher dieses (die Länder belastende) Gesetz wieder auf, entfällt die Belastung, was darauf schließen lassen könnte, dass eine Zustimmung des Bundesrats nicht erforderlich ist.[1930] Für eine Zustimmungspflicht auch bei Gesetzen, die ein zustimmungspflichtiges Gesetz aufheben, spricht allerdings, dass der Bundesrat ursprünglich eine Mitverantwortung für das Bundesgesetz übernommen hat. Daher ist es nur konsequent, wenn der Bundesrat auch bei der Aufhebung des Bundesgesetzes konstitutiv mitwirkt. **876a**

Hinweis für die Fallbearbeitung: In der Fallbearbeitung ist die Einordnung des fraglichen Gesetzes als Einspruchs- oder Zustimmungsgesetz oft von entscheidender Bedeutung, da ein Einspruchsgesetz bereits dann zustande kommt, wenn der Bundesrat entweder keinen Einspruch einlegt, den Einspruch nicht fristgerecht einlegt oder er vom Bundestag überstimmt wird. Ein Zustimmungsgesetz kommt demgegenüber auf jeden Fall nur dann zustande, wenn der Bundesrat ausdrücklich zustimmt. Bleibt der Bundesrat also untätig bzw. lässt die in Art. 77 GG genannte Drei-Wochen-Frist verstreichen, ohne Einspruch einzulegen (bzw. das Vermittlungsverfahren einzuleiten), kommt das fragliche Gesetz nur dann zustande, wenn es sich bei diesem um ein Einspruchsgesetz handelt. In der Fallbearbeitung muss daher geprüft werden, ob es sich bei dem fraglichen Gesetz um ein Einspruchs- oder Zustimmungsgesetz handelt. Wie bereits gesagt, sind Zustimmungsgesetze nur die im Grundgesetz ausdrücklich so bezeichneten Gesetze („Bundesgesetz mit Zustimmung des Bundesrats"). Das betrifft vier Fallgruppen: **Verfassung**, **Finanzen**, **Verwaltung** und **Sonderbeziehungen** zwischen Bund und Ländern. Alle übrigen Gesetze sind Einspruchsgesetze. **877**

1927 St. Rspr., vgl. BVerfGE 8, 274, 294; 24, 184, 195; 48, 127, 177 f.; 55, 274, 319; offengelassen aber in BVerfGE 105, 313, 339. Aus der Lit. vgl. *Sannwald*, in: Schmidt-Bleibtreu/Hofmann/Henneke, GG, Art. 78 Rn 11; *Beck*, NJW 2001, 1894, 1896; *Scholz/Uhle*, NJW 2001, 393, 394 f. Das führt zu der Versuchung, dass der Bundestag Gesetze in einen nicht zustimmungspflichtigen und einen zustimmungspflichtigen Teil „**aufspaltet**", um ein Scheitern im Bundesrat zu umgehen (vgl. zu diesem Verfahren Rn 899).

1928 Der Formulierung: „ein vom Bundestage beschlossenes Gesetz" in Art. 78 GG entnimmt das BVerfG, dass es sich bei den vom Bundestag beschlossenen Gesetzen stets um solche handelt, die zu einer Einheit zusammengefasst sind (BVerfGE 8, 274, 295).

1929 BVerfGE 37, 363, 382 f.; 48, 127, 180; 77, 105, 108; *Pieroth*, in: J/P, GG, Art. 77 Rn 5.

1930 Davon geht *Pieroth*, in: J/P, GG, Art. 77 Rn 5 aus.

878 Die bedeutsamste Vorschrift, die eine Zustimmungspflicht anordnete, war der (im Zuge der Föderalismusreform 2006 stark „entschärfte") **Art. 84 I GG**. Danach waren Gesetze zustimmungspflichtig, soweit sie **die Einrichtung der Behörden und das Verwaltungsverfahren** der Länder regelten.

879 Die Vorschrift des Art. 84 I GG a.F. verlieh dem Bund ohne weiteres das Recht, die Einrichtung der Behörden und das Verwaltungsverfahren der Länder (und ausnahmsweise auch der Kommunen) zu regeln. Da aber die Einrichtung der Behörden und das Verwaltungsverfahren der Länder aufgrund des Bundesstaatsprinzips und der Staatsqualität der Länder eigentlich Sache der Länder ist (vgl. insbesondere Art. 30, 83 GG), führte das Recht des Bundes, die Einrichtung der Behörden und das Verwaltungsverfahren der Länder zu regeln, zu einem Übergriff des Bundes in die Organisationshoheit der Länder. Dieser Übergriff sollte wenigstens durch das Zustimmungserfordernis bei der Gesetzgebung ausgeglichen werden. Aufgabe des Zustimmungserfordernisses des Art. 84 I GG a.F. war es also, „die Grundentscheidung der Verfassung, wonach die Länder die umfassende Verwaltungszuständigkeit haben, soweit das Grundgesetz nichts anderes bestimmt oder zulässt (Art. 30 GG), zugunsten des föderativen Staatsaufbaus mit abzusichern und zu verhindern, dass insoweit Verschiebungen im bundesstaatlichen Gefüge im Wege der einfachen Gesetzgebung über Bedenken des Bundesstaates hinweg herbeigeführt werden können."[1931]

880 Freilich änderte das Zustimmungsbedürfnis nichts an dem Umstand, dass die Zahl der zustimmungsbedürftigen Bundesgesetze zu hoch war. Daher entschloss sich der verfassungsändernde Gesetzgeber, im Zuge der Föderalismusreform 2006 die die Zustimmungspflicht auslösende Vorschrift des Art. 84 I GG grundlegend zu ändern.

880a Zunächst bleibt es auch nach der Verfassungsänderung dabei, dass die Länder die Einrichtung der Behörden und das Verwaltungsverfahren regeln, sofern sie die Bundesgesetze als eigene Angelegenheit ausführen (Art. 84 I S. 1 GG i.V.m. Art. 83 GG). Jedoch wird in Art. 84 I S. 2 GG nunmehr bestimmt, dass der Bund – ohne dass eine Zustimmung des Bundesrats erforderlich wäre – die Behördeneinrichtung und das Verwaltungsverfahren der Länder regeln darf. Als Ausgleich für die weggefallene Zustimmungsbedürftigkeit können die Länder aber davon abweichende Regelungen treffen (vgl. ebenfalls Art. 84 I S. 2 GG). Da es um eine Abweichung von gesetzlichen Regelungen des Bundes geht, können die Länder auch nur *durch Gesetz* von ihrer Abweichungsbefugnis Gebrauch machen („**Abweichungsgesetzgebung**").[1932] Übergangsfragen werden im neuen Art. 125b II GG geregelt.

880b Weichen die Länder von der bundesgesetzlichen Regelung ab (Art. 84 I S. 2 GG), gilt gem. Art. 84 I S. 4 GG die für die Abweichungsgesetzgebung eingeführte Posterioritätsregel des Art. 72 III S. 3 GG entsprechend, der zufolge das zeitlich nachfolgende Gesetz das vorangehende in seiner Anwendung sperrt (vgl. dazu Rn 819 f.). Der Bund ist seinerseits aber nicht gehindert, von seiner Kompetenz nach Art. 84 I S. 1 GG erneut Gebrauch zu machen, was zur Folge hat, dass die Posterioritätsregel erneut greift, diesmal zu seinen Gunsten. Derartige Gesetze treten in dem betreffenden Bundesland aber frühestens sechs Monate nach ihrer Verkündung in Kraft, sodass dem Land die Möglichkeit verbleibt, von der bundesgesetzlichen Regelung erneut abzuweichen (Art. 84 I S. 3 GG). Die Karenzzeit für das In-Kraft-Treten kann jedoch mit

---

[1931] BVerfGE 75, 108, 150 unter Verweis auf BVerfGE 55, 274, 318 ff.

[1932] Für das Erfordernis eines formellen Gesetzes auch ausdrücklich die Gesetzesbegründung BT-Drs. 16/813, S. 15. Gleichwohl wird das Erfordernis eines formellen Gesetzes von einem Teil der Literatur in Frage gestellt. Mit Blick auf die nicht eindeutige Formulierung in Art. 84 I S. 2 GG, wo lediglich von „Regelungen", und nicht von „Gesetz" gesprochen werde, sowie die Organisationshoheit der Länder sei bspw. auch eine Landesrechtsverordnung ausreichend (vgl. etwa *Dittmann*, in: Sachs, GG, Art. 84 Rn 16; *Kahl*, NVwZ 2008, 712 f.). Dem steht aber nicht nur der Wille des Gesetzgebers, sondern auch das Prinzip der Rechtssicherheit und Rechtsklarheit entgegen (wie hier *Franzius*, NVwZ 2008, 492 ff.; *Mauer*, JuS 2010, 945, 949 f.).

Zustimmung des Bundesrats ausgeschlossen werden (Art. 84 I S. 3 Halbs. 2 GG). Nicht ausgeschlossen wird damit freilich die Abweichungskompetenz als solche, sodass die Bundesländer auch nach In-Kraft-Treten bundesgesetzlicher Regelungen ohne Karenzfrist befugt sind, erneut abweichende Regelungen über Verwaltungsverfahren und Behördeneinrichtung zu erlassen.

Ob diese einem „Pingpong-Spiel" gleichende Regelungstechnik des Art. 84 I GG in der Staatspraxis jemals Bedeutung erlangen wird, darf bezweifelt werden. Denn die Länder müssen schon überzeugende Alternativen vorbringen, um nicht zu riskieren, erneut vom Bund „ausgestochen" zu werden. **880c**

Keinesfalls auszuschließen ist aber die Wahrscheinlichkeit, dass die Regelungstechnik des Art. 84 I GG in Prüfungen des juristischen Studiums bzw. Examens thematisiert wird. Daher soll die Regelungstechnik anhand eines Beispiels veranschaulicht werden. **880d**

Beispiel: Der Bund erlässt ein Gentechnikgesetz und bestimmt darin die Einrichtung der Behörden und das Verwaltungsverfahren (vgl. Art. 84 I S. 2 GG) bei der Ausführung dieses Gesetzes. Bundesland L ist mit den Bestimmungen über die Einrichtung der Landesbehörden und des Verwaltungsverfahrens nicht einverstanden und beschließt daher ein Landesgesetz, in dem es abweichende Regelungen begründet.

An sich ist ein solches Landesgesetz nicht erforderlich, sofern die Länder die Bundesgesetze als eigene Angelegenheiten ausführen (Art. 83 GG) und in diesem Fall auch über die Einrichtung der Behörden entscheiden. Vorliegend besteht aber die Besonderheit, dass der Bund von seiner Befugnis gem. Art. 84 I S. 2 GG Gebrauch gemacht hat. Will ein Bundesland hiervon abweichen und eigene Regelungen über die Behördeneinrichtung und das Verwaltungsverfahren in Bezug auf die Ausführung des konkreten Bundesgesetzes erlassen, kann es dies nur über das Instrument eines Landesgesetzes (Art. 84 I S. 2 GG). Folge eines solchen Gesetzes ist, dass die ursprüngliche bundesgesetzliche Regelung in ihrer Anwendung gesperrt wird (wobei sich die Anwendungssperre freilich nur auf die Bestimmungen bzgl. der Behördeneinrichtung und des Verwaltungsverfahrens bezieht, keinesfalls auf den materiell-rechtlichen Gehalt).

Ist nunmehr der Bund mit der Abweichungsregel nicht einverstanden, kann er erneut von seiner Kompetenz nach Art. 84 I S. 1 GG Gebrauch machen und seinerseits wiederum von der Landesregelung abweichen (vgl. Art. 84 I S. 1 i.V.m. S. 4 GG i.V.m. Art. 72 III S. 3 GG).

Jedoch tritt ein solches Bundesgesetz frühestens sechs Monate nach seiner Verkündung in Kraft, soweit nicht mit Zustimmung des Bundesrats anderes bestimmt wird (Art. 84 I S. 3 und S. 4 GG). Sinn dieser Sechs-Monats-Frist ist, dass dem Land genügend Zeit verbleibt, um sich auf die neuen bundesgesetzlichen Regelungen einzustellen bzw. um seinerseits wiederum von der Bundesregelung abzuweichen.

Schließlich bestimmt Art. 84 I S. 5 GG, dass in Ausnahmefällen wegen eines **besonderen Bedürfnisses nach bundeseinheitlicher Regelung** der Bund die Abweichungsmöglichkeit der Bundesländer für das Verwaltungsverfahren – nicht aber für die Behördeneinrichtung! – ausschließen kann. Ein solches Gesetz bedarf der Zustimmung des Bundesrats (Art. 84 I S. 6 GG), sodass es wenigstens insoweit bei der bisherigen Verfassungslage geblieben ist. **880e**
Die Entstehungsgeschichte zeigt, dass das Umweltverfahrensrecht als ein Ausnahmefall i.S.v. Art. 84 I S. 5 GG vom Gesetzgeber vorgesehen wurde (BT-Drs. 16/813, S. 15 unter Bezugnahme auf die Koalitionsvereinbarung vom 18.11.2005, Anlage 2, Rn 31). Welche Fälle ansonsten als „Ausnahmefälle" angesehen werden, wird sich zeigen. Entscheidend wird v.a. aber sein, unter welchen Voraussetzungen ein besonderes Bedürfnis nach bundeseinheitlicher Regelung vorliegt.

- Nimmt man eine Vergleichbarkeit mit der bisherigen Regelung des Art. 72 II GG (in der Fassung vom 15.11.1994 bis zum 31.8.2006) an, der die Erforderlichkeit einer bundesgesetzlichen Regelung verlangte, kann auf die diesbezügliche Rechtsprechung des BVerfG zurückgegriffen werden, bei der das Gericht bei der Frage nach der Erforderlichkeit eine äußerst restriktive Auslegung vorgenommen hat (vgl. dazu Rn 833 ff.). Demnach müsste der Bund also schon gewichtige Gründe vorbringen, warum er ein besonderes Bedürfnis nach bundeseinheitlicher Regelung i.S.v. Art. 84 I S. 5 GG annimmt.

- Es ist jedoch auch möglich, darauf abzustellen, dass der verfassungsändernde Gesetzgeber in Art. 84 I S. 5 GG nicht von „Erforderlichkeit", sondern von „Bedürfnis" nach bundeseinheitlicher Regelung spricht. So wird denn auch vertreten, dem Bund in dieser Frage einen „relativ weiten" Beurteilungsspielraum zuzubilligen, wie dies auch für die alte Bedürfnisklausel des Art. 72 II GG (Ergänze: in der bis zum 15.11.1994 geltenden Fassung) angenommen worden sei.[1933] Zwar kann dieser Standpunkt für sich in Anspruch nehmen, dass ein etwaiger Spielraum des Bundes durch das anschließende Zustimmungserfordernis in gewisser Weise kompensiert würde und zudem der verfassungsändernde Gesetzgeber wohl bewusst den Begriff der „Erforderlichkeit", der – wie in Art. 72 II GG – für eine volle Überprüfbarkeit durch das BVerfG gesprochen hätte, vermieden hat.[1934] Allerdings verkennt diese Auffassung, dass der verfassungsändernde Gesetzgeber nicht von einem Bedürfnis, sondern von einem „besonderen" Bedürfnis spricht, was eindeutig den Ausnahmecharakter eines Gesetzes i.S.v. Art. 84 I S. 5 GG hervorhebt.[1935] Die Annahme eines (nicht weiter nachprüfbaren) Beurteilungsspielraums liefe dieser Grundgesetzbestimmung zuwider.[1936] Vgl. dazu auch Rn 899.

880f **Fazit:** Die Änderung des Art. 84 I GG hat dazu geführt, dass die Zustimmungsbedürftigkeit von Bundesgesetzen erheblich an Bedeutung verloren hat, denn die meisten die Zustimmungspflicht auslösenden Vorschriften betrafen die Organisationshoheit der Länder. Nunmehr wird den Belangen der Länder dadurch Rechnung getragen, dass sie das Recht zur Abweichungsgesetzgebung haben. Nur noch im Fall des Art. 84 I S. 5 GG, wenn der Bund also das Abweichungsrecht der Länder ausschließen möchte, besteht weiterhin eine Zustimmungsbedürftigkeit für das Gesetz (als Ganzes).

881 Im Bereich der **Bundesauftragsverwaltung** (etwa nach Art. 87d GG oder allgemein nach Art. 85 GG) bleibt es dabei, dass bundesgesetzliche Regelungen über die **„Einrichtung der Behörden"** der Zustimmung des Bundesrats bedürfen (Art. 85 I S. 1 GG). „Einrichtung der Behörden" umfasst dabei die Errichtung (d.h. die Gründung) und Einrichtung (d.h. Ausgestaltung, innere Organisation) der Behörden, gemäß der Entscheidung des BVerfG zur Luftverkehrsverwaltung aber *nicht* die Übertragung von bestimmten Aufgaben und Befugnissen.[1937] Erst recht stelle es keine Regelung der Behördeneinrichtung dar, wenn das Bundesgesetz mittelbar auf die Tätigkeit von Landesbehörden einwirke, indem es die den Landesbehörden zufallenden (und bereits wahrgenommenen) Tätigkeiten lediglich quantitativ vermehre.[1938] Bundesgesetzliche **Regelungen des Verwaltungsverfahrens**, also Bestimmungen, „die die Tätigkeit der Verwaltungsbehörden im Blick auf die Art und Weise der Ausführung der Gesetze einschließlich ihrer Handlungsformen, die Form der behördlichen Willensbildung, die Art der Prüfung und Vorbereitung der Entscheidung, deren Zustandekommen und Durchsetzung sowie verwaltungsinterne Mitwirkungs- und Kontrollvorgänge in ihrem

---

[1933] *Thiele*, JA 2006, 714, 718.
[1934] So die Argumentation von *Thiele* a.a.O.
[1935] Vgl. bereits die 7. Aufl.; später auch *Dittmann*, in: Sachs, GG, Art. 84 Rn 21 a.E.
[1936] A.A. *Dittmann*, in: Sachs, GG, Art. 84 Rn 21, der der Auffassung ist, dass aus dem Umstand, dass ein „besonderes" Bedürfnis vorliegen müsse, der Ermessensspielraum des Gesetzgebers nicht eingeschränkt werde, sondern dass dem Gesetzgeber lediglich erhöhte Begründungslasten auferlegt würden.
[1937] BVerfG NVwZ 2010, 1146 ff.; (mit Bespr. v. *Sachs*, JuS 2010, 939).
[1938] BVerfG NVwZ 2010, 1146 ff.

Ablauf regeln"[1939], bedürfen gemäß der Entscheidung des BVerfG zur Luftverkehrsverwaltung ebenfalls *nicht* (mehr) der Zustimmung des Bundesrats. Denn Art. 85 I GG n.F. sehe für die bundesgesetzliche Regelung des Verwaltungsverfahrens ein Erfordernis der Zustimmung des Bundesrats nicht vor. Auch aus systematischer Sicht ergebe sich nichts anderes: Die Bundesauftragsverwaltung zeichne sich dadurch aus, dass den Ländern schon nach der Ausgestaltung dieses Verwaltungstyps in Art. 85 GG nur die Wahrnehmungskompetenz uneingeschränkt zustehe, während die Sachkompetenz ihnen von vornherein nur unter dem Vorbehalt zugewiesen sei, dass der Bund die konkurrierende Sachkompetenz, die ihm nach Art. 85 III GG in Gestalt einer umfassenden Weisungsbefugnis zustehe, nicht in Anspruch nehme." Daher stelle es keine Systemwidrigkeit dar, die darauf hindeuten könnte, dass der Verfassungsgeber eine andere als die formulierte Regelung gewollt habe.[1940]

aa. Gesetzgebungsverfahren bei Einspruchsgesetzen

Beabsichtigt der Bundesrat, gegen ein Gesetz Einspruch einzulegen, muss er zunächst den **Vermittlungsausschuss** (VermA) anrufen (Art. 77 III i.V.m. II GG). Dies muss innerhalb einer Frist von drei Wochen nach Eingang des Gesetzesbeschlusses geschehen (Art. 77 II S. 1 GG), anderenfalls kommt das Gesetz zustande. Die Anrufung des Vermittlungsausschusses erfolgt durch Mehrheitsbeschluss, d.h. mit mindestens 35 Stimmen (vgl. Art. 52 III S. 1 GG). 882

Der **Vermittlungsausschuss** ist ein aus Bundestag und Bundesrat paritätisch zusammengesetztes Gremium. Ihm steht von Verfassungs wegen **kein eigenes Gesetzesinitiativrecht** zu (vgl. Art. 76 I GG)[1941]; er soll lediglich in Fällen unterschiedlicher Meinungen zwischen Bundestag und Bundesrat über eine Gesetzesvorlage vermitteln und einen Einigungsvorschlag unterbreiten, d.h. eine Fassung finden, der beide Körperschaften zustimmen können.[1942] Hierzu darf er in gewissen Grenzen Ergänzungs- oder Änderungsvorschläge machen[1943] (dazu sogleich). Personell umfasst er **je 16** Mitglieder des Bundestags und des Bundesrats (Art. 77 II GG, § 1 GO VermA[1944]). 883

- Der **Bundestag**, der seine Vertreter im Vermittlungsausschuss gem. Art. 42 II GG mit einfacher Mehrheit wählt, hat bei dieser Wahl den **Grundsatz der Spiegelbildlichkeit von Parlament und Ausschüssen** zu beachten.[1945] Der Ausschuss muss sozusagen „ein **verkleinertes Abbild** des Bundestags darstellen". Die Zusammensetzung der Bundestagsabgeordneten im Vermittlungsausschuss richtet sich demnach nach der Stärke der Fraktionen im Bundestag (vgl. auch § 12 GO BT). Welches Zählsystem dabei zur Anwendung kommt, fällt grundsätzlich in die Geschäftsordnungsautonomie des Bundestags. Dieser kann also frei wählen, ob er das Verfahren nach Hare/Niemeyer, d´Hondt oder nach Sainte-Laguë/Schepers anwendet, solange sich auf der Bundestagsbank im Vermittlungsausschuss im Ergebnis nur das Stärkeverhältnis der Fraktionen im Bundestag wiederspiegelt. Da aber nur „16 aus derzeit 709[1946]" gewählt werden, kann es bei knappen Mehrheitsverhältnissen im Bundestag zu dem misslichen Ergebnis kommen, dass es zu einer Pattsituation bei den 16 zu wählenden Abgeordneten kommt. Eine solche war Ende 2002 nach der Wahl der 16 Mitglieder des 15. Bundestags zu verzeichnen. Nach allen der genannten Zählverfahren kam es zu einer Vertei-

---

[1939] BVerfGE 55, 274, 320 f.; *Schmidt*, JuS 1999, 861, 863.
[1940] BVerfG NVwZ 2010, 1146 ff.
[1941] Vgl. auch BVerfGE 101, 297, 306; 120, 56, 73 ff.; 125, 104, 122; 140, 115, 150 ff.; BVerfG NVwZ 2019, 875, 876.
[1942] Siehe dazu nur BVerfG NVwZ 2019, 875, 876.
[1943] Vgl. dazu etwa BVerfGE 112, 118, 137; *Kersten*, in: Maunz/Dürig, GG, Art. 77 Rn 32.
[1944] Die GO VermA (Sartorius Nr. 36) ist eine Satzung, die vom Bundestag erlassen wird und der Zustimmung des Bundesrats bedarf (Art. 77 II S. 2 GG).
[1945] BVerfG NVwZ 2015, 1751, 1752 ff.; BVerfGE 135, 317, 399 ff.; 131, 230, 235; 130, 318, 354; 112, 118, 133 ff.; 106, 253, 268; 96, 264, 282 f.; 84, 304, 323 f.; 80, 188, 221 f.
[1946] Vgl. Rn 136.

lung von sieben Sitzen für die SPD-Fraktion, sieben Sitzen für die CDU-/CSU-Fraktion, einem Sitz für die FDP-Fraktion und einem Sitz für die Fraktion Bündnis 90/DIE GRÜNEN (7:7:1:1). Der Bundestag fasste daraufhin mit den Stimmen der Koalition den Beschluss, das Wahlverfahren zu korrigieren, um die Mehrheit von SPD und Bündnis 90/DIE GRÜNEN auch auf der Bundestagsbank des Vermittlungsausschusses wiederherzustellen. Danach sollte die zu verteilende Anzahl der Sitze um einen reduziert und der unberücksichtigte Platz der stärksten Fraktion (also der SPD-Fraktion) zugewiesen werden. Die Opposition beantragte daraufhin den Erlass einer einstweiligen Anordnung nach § 32 BVerfGG wegen Verletzung ihrer Rechte aus Art. 38 I S. 2 GG i.V.m. Art. 40 I S. 2, Art. 21 I S. 1, Art. 20 II und Art. 77 II GG, unterlag aber, weil das BVerfG keine offensichtliche Rechtsverletzung annahm. Das Gericht war der Auffassung, dass die Wiederherstellung der Mehrheitsverhältnisse des Plenums auf der Bundestagsbank des Vermittlungsausschusses **keine missbräuchliche Handhabung** der Geschäftsordnungsautonomie darstelle und daher verfassungsrechtlich unbedenklich sei.[1947] Nach der abw. Meinung des Richters *Broß*[1948] hat die Korrektur des Wahlverfahrens durchaus den **Grundsatz der Spiegelbildlichkeit**[1949] und die **Gleichheit der Wahl** (Art. 38 I S. 1 GG) **verletzt**. Zum einen werde die SPD-Fraktion im Vergleich zur CDU-/CSU-Fraktion überproportional (8:6) berücksichtigt und zum anderen werde der Stärke der CDU-/CSU-Fraktion bei der Zuteilung von Sitzen im Vermittlungsausschuss nicht derselbe Erfolgswert wie der SPD-Fraktion beigemessen.

Nun hat der *2. Senat* des BVerfG im Hauptsacheverfahren mit einer Mehrheit von 5:3 Stimmen entschieden, dass die Entscheidung des Bundestags, in einer Pattsituation die zu verteilende Anzahl der Bundestagssitze im Vermittlungsausschuss um einen zu reduzieren und den unberücksichtigten Platz der stärksten Fraktion zuzuordnen, mit dem Grundsatz der Spiegelbildlichkeit nicht vereinbar sei. Denn dadurch, dass die stärkste Bundestagsfraktion (die SPD) gegenüber der zweitstärksten CDU-/CSU-Fraktion nur über einen sehr geringen Stimmenvorschuss verfüge (41,63% gegenüber 41,13%), im Vermittlungsausschuss jedoch durch die modifizierte Sitzverteilung ein ungleich höheres Gewicht erhalte (8:6), sei eine erhebliche Ungleichheit im Erfolgswert bei der Umrechnung von Mitgliederzahlen der Fraktionen bei der Besetzung des Vermittlungsausschusses gegeben.[1950]

Stellungnahme: Die Kritik des BVerfG an der Sitzverteilung des Vermittlungsausschusses ist zwar nicht ganz unberechtigt, allerdings ist das Bedürfnis der Bundestagsmehrheit an der Mehrheit auch in den Ausschüssen und damit auch auf der Bundestagsbank im Vermittlungsausschuss ebenfalls legitim. Nach der hier vertretenen Auffassung bietet sich für den Fall der Pattsituation auf der Bundestagsbank des Vermittlungsausschusses eine Verdoppelung der Mitgliederzahl des Vermittlungsausschusses (je 2 Mitglieder pro Bundesland auf der Bundesratsbank und ebenfalls 32 Mitglieder auf der Bundestagsbank) an. Dann wären die Mehrheitsverhältnisse des Bundestags auch auf der Bundestagsbank des Vermittlungsausschusses gewahrt. Dagegen wäre es nicht zulässig, das Prinzip der doppelten Mehrheit einzuführen. Denn könnte ein Beschluss des Vermittlungsausschusses nur dann ergehen, wenn sowohl auf der Bundesratsbank als auch auf der Bundestagsbank jeweils eine Stimmenmehrheit bestünde, würde sich bei unterschiedlichen Mehrheitsverhältnissen in Bundestag und Bundesrat erst recht nicht die Bundestagsmehrheit durchsetzen. Nach der Verfassung ist aber allein der Bundestag das von Verfassungs wegen berufene Gesetzgebungsorgan des Bundes. Der Bundesrat wirkt lediglich an der Gesetzgebung mit und vertritt die Länderinteressen.

Schließlich ist im Zusammenhang mit dem Vermittlungsausschuss zu beachten, dass der Grundsatz der Spiegelbildlichkeit von Parlament und Ausschüssen nach Auffassung

---

[1947] BVerfGE 106, 253, 262 unter Berufung auf BVerfGE 96, 264, 283.
[1948] BVerfGE 106, 253, 265 ff.; zustimmend *Stein*, NVwZ 2003, 557 ff.
[1949] BVerfGE 96, 264, 282; 84, 304, 323 f.
[1950] BVerfGE 112, 118 ff.

des BVerfG nicht für die *Besetzung von Arbeitsgruppen innerhalb des Vermittlungsausschusses* gilt.[1951] Das BVerfG begründet seine Auffassung mit der „spezifischen Arbeitsweise" der Arbeitsgruppen, die nicht der des Vermittlungsausschusses selbst oder der des Bundestags entspreche. Das überzeugt nicht. Denn stehen Arbeitsgruppen nicht spiegelbildlich zum Vermittlungsausschuss, finden sich in ihm nicht die parlamentarischen Mehrheitsverhältnisse des Vermittlungsausschusses wieder. Beschlüsse der Arbeitsgruppen könnten somit nicht hinreichend Minderheitsauffassungen berücksichtigen. Entgegen der Auffassung des BVerfG sind daher auch die Arbeitsgruppen des Vermittlungsausschusses spiegelbildlich zu den Mehrheitsverhältnissen im Vermittlungsausschuss zu besetzen.[1952]

- Unabhängig von diesen Kontroversen entsendet jedes Bundesland einen Vertreter (§ 11 II GO BR). Dabei besteht – anders als im Bundesrat selbst – **kein imperatives Mandat** (Art. 77 II S. 3 GG – im Übrigen auch nicht für die Ausschussmitglieder, die vom Bundestag gewählt worden sind), weil anderenfalls die Ausarbeitung eines Kompromisses nicht möglich wäre. Wird ein Kompromiss ausgearbeitet, wird über diesen dann gem. §§ 90 GO BT und 10 II GO VermA im Bundestag beschlossen.

  Die Beschlussfähigkeit des Vermittlungsausschusses bestimmt sich nach § 7 GO VermA. Beschlüsse ergehen mit **einfacher Mehrheit** (§ 8 GO VermA).

  Neben dem Vorteil, dass im Vermittlungsausschuss das betreffende Gesetz so umgearbeitet wird, dass es von Bundestag und Bundesrat gleichermaßen akzeptiert werden kann, birgt das Vermittlungsverfahren aber auch einige Gefahren in sich: So besteht zunächst **keine Pflicht** des Vermittlungsausschusses, seine Debatten öffentlich durchzuführen. Dies stellt eine **Gefahr für die Transparenz** parlamentarischer Entscheidung dar.

Von zentraler Frage ist weiterhin, in **welchem Umfang der Vermittlungsausschuss Ergänzungs- oder Änderungsvorschläge** machen darf. Das Grundgesetz enthält hierzu keine expliziten Aussagen. Offenkundig wird diese Frage, wenn der Vermittlungsausschuss Ergänzungen oder Änderungen vorschlägt, die inhaltlich und rechtlich über dasjenige hinausgehen, was zuvor im Bundestag beraten worden ist. Ließe man derartige Vorschläge zu, käme das Vorschlagsrecht des Vermittlungsausschusses einem Gesetzesinitiativrecht gleich.[1953] Ein solches steht dem Vermittlungsausschuss von Verfassungs wegen aber gerade nicht zu; dieser soll lediglich vermitteln und einen Einigungs- bzw. Kompromissvorschlag unterbreiten, dem beide Körperschaften zustimmen können (s.o.). Hinzukommt, dass nur parlamentarische Debatten der Öffentlichkeit Gelegenheit bieten, ihre Auffassungen auszubilden und zu vertreten. Gerade der Grundsatz der Parlamentsöffentlichkeit hält die Volksvertretung dazu an, Notwendigkeit und Umfang der zu beschließenden Maßnahmen in öffentlicher Debatte zu klären.[1954] Könnte sich der Vermittlungsausschuss von der Grundlage des Gesetzesbeschlusses und des vorherigen Gesetzgebungsverfahrens lösen, würde – so das BVerfG – der von Verfassungs wegen gebotene Zusammenhang zwischen der öffentlichen Debatte im Parlament und der späteren Schlichtung zwischen den an der Gesetzgebung beteiligten Verfassungsorganen zulasten der öffentlichen Beobachtung des Gesetzgebungsverfahrens aufgelöst. Denn der Vermittlungsausschuss tage im Interesse der Effizienz seiner Arbeit unter Ausschluss der Öffentlichkeit und müsse seine Empfehlungen nicht unmittelbar vor der Öffentlichkeit (d.h. in öffentlicher Debatte) verantworten.[1955]

Folgerichtig entscheidet das BVerfG daher, dass der vom Vermittlungsausschuss auszuarbeitende Vermittlungsvorschlag deshalb inhaltlich und formal an den durch den Deutschen

[1951] BVerfG NVwZ 2015, 1751, 1752 ff. (Zusammensetzung von Arbeitsgruppen des Vermittlungsausschusses).
[1952] Kritisch auch *Lenz*, NVwZ 2015, 1755 und *Hillgruber*, JA 2016, 156.
[1953] Siehe auch BVerfG NVwZ 2019, 875, 876.
[1954] BVerfG NVwZ 2019, 875, 877 mit Verweis auf BVerfGE 85, 386, 403 f.; 95, 267, 307 f.; 108, 282, 312; 130, 318, 344.
[1955] BVerfG NVwZ 2019, 875, 877 mit Verweis auf BVerfGE 120, 56, 74; 125, 104, 124.

Bundestag vorgegebenen Rahmen gebunden sei.[1956] Es dürften nur diejenigen Umstände berücksichtigt werden, die im maßgeblichen Gesetzgebungsverfahren selbst lägen; die Reichweite eines Vermittlungsvorschlags sei deshalb durch diejenigen Gegenstände begrenzt, die bis zur letzten Lesung im Bundestag in das jeweilige Gesetzgebungsverfahren eingeführt waren.[1957] Der Vermittlungsausschuss dürfe daher – um einen zustimmungsfähigen Einigungs- bzw. Kompromissvorschlag überhaupt unterbreiten zu können – zwar Änderungen, Ergänzungen oder Streichungen aller vom Bundestag und Bundesrat förmlich beratenen Materien vorschlagen, müsse sich mit seinem Kompromissvorschlag aber in den Grenzen des Anrufungsbegehrens und des diesem zugrunde liegenden Gesetzgebungsverfahrens bewegen.[1958] Allerdings fordert das Gericht bei weit gefassten Artikelgesetzen eine deutliche Begrenzung des Anrufungsbeschlusses. Auch müsse die Zielsetzung der Gesetzesvorlage deutlich zum Ausdruck kommen. Komme in der Gesetzesvorlage bzw. den Gesetzesmaterialien lediglich eine allgemeinpolitische Zielsetzung zum Ausdruck (etwa „Steuervergünstigungen abzubauen" oder „Maßnahmen zum Subventionsabbau" zu beschließen), dürfe das nicht dazu führen, dass Konkretisierungen von erheblicher Tragweite dem Vermittlungsausschuss überlassen würden.[1959] Entscheidungen von erheblicher Tragweite seien den gesetzgebenden Körperschaften, insbesondere dem Parlament vorbehalten. Nur das Parlament gewährleiste durch das Instrument der öffentlichen Debatte ein Verfahren, das der Öffentlichkeit Gelegenheit biete, ihre Auffassungen auszubilden und zu vertreten, und das die Volksvertretung dazu anhalte, Notwendigkeit und Umfang der zu beschließenden Maßnahmen in öffentlicher Debatte zu klären (s.o.).

884 Für die Fortsetzung des Gesetzgebungsverfahrens sind sodann zwei Konstellationen zu unterscheiden:

- Schlägt der Vermittlungsausschuss die Bestätigung des Gesetzentwurfs vor oder hat er das Vermittlungsverfahren ohne Vermittlungsvorschlag beendet, dann kann der Bundesrat innerhalb von zwei Wochen über den **Einspruch** entscheiden (vgl. Art. 77 III S. 1 GG). Zum Fristbeginn vgl. Art. 77 III S. 2 GG.
- Schlägt der Vermittlungsausschuss dagegen eine (zulässige, s.o.) Änderung des Gesetzesbeschlusses vor, hat der Bundestag erneut zu beschließen (Art. 77 II S. 5 GG); hierauf erfolgt eine erneute Behandlung im Bundesrat (gleichgültig, ob der Bundestag das Gesetz geändert hat oder nicht). Nun kann der Bundesrat innerhalb von zwei Wochen **Einspruch** einlegen (Art. 77 III S. 1 GG). Zum Fristbeginn vgl. Art. 77 III S. 2 GG.

885 In beiden Konstellationen gilt: Legt der Bundesrat innerhalb der Zwei-Wochen-Frist keinen Einspruch ein, ist das Gesetz zustande gekommen (Art. 78 Var. 3 GG). Das Gleiche gilt, wenn der Bundesrat seinen Einspruch zurücknimmt (Art. 78 Var. 4 GG). Legt der Bundesrat dagegen fristgemäß Einspruch ein, kann dieser vom Bundestag überstimmt werden. Je nach der Mehrheit, mit der der Einspruch vom Bundesrat beschlossen wurde, ist für die Zurückweisung des Einspruchs durch den Bundestag eine unterschiedliche Mehrheit erforderlich:

- Hat der Bundesrat den Einspruch mit einfacher Mehrheit (d.h. mit der Mehrheit seiner Stimmen, Art. 52 III S. 1 GG) beschlossen, kann der Bundestag den Einspruch durch Beschluss der Mehrheit seiner Mitglieder (d.h. mit der absoluten Mehrheit)[1960] zurückweisen, Art. 77 IV S. 1 GG.

[1956] BVerfG NVwZ 2019, 875, 876 mit Verweis auf BVerfGE 101, 297, 307; 125, 104, 122.
[1957] BVerfG NVwZ 2019, 875, 876 mit Verweis auf BVerfGE 101, 297, 307; 120, 56, 75.
[1958] BVerfG NVwZ 2019, 875, 876.
[1959] BVerfGE 101, 297, 307. Vgl. auch BVerfGE 120, 56, 73 ff. und BVerfG NVwZ 2019, 875, 876, wo jeweils das BVerfG Änderungsvorschläge des VermA nur insoweit zulässt, wie sie sich im Rahmen der parlamentarischen (und erkennbaren) Zielsetzung des Gesetzgebungsverfahrens bewegen.
[1960] Zum Begriff der Mehrheit siehe Rn 441 ff.

- Hat der Bundesrat dagegen den Einspruch mit einer Mehrheit von mindestens 2/3 seiner Stimmen beschlossen, bedarf die Zurückweisung durch den Bundestag einer 2/3-Mehrheit (der abgegebenen Stimmen), mindestens der Mehrheit der Mitglieder des Bundestags (d.h. der absoluten Mehrheit), Art. 77 IV S. 2 GG.[1961]

  Beispiel: Der Bundestag besteht aus derzeit 709 Abgeordneten (vgl. dazu Rn 136), der Bundesrat hat 69 Stimmen. Bei dem Beschluss über die Zurückweisung des Einspruchs sind im Bundestag 400 Abgeordnete anwesend.

  Hat der Bundesrat nun mit 35 Stimmen (einfache und zugleich absolute Mehrheit) Einspruch eingelegt, bedarf die Zurückweisung des Einspruchs 355 Stimmen (absolute Mehrheit) seitens des Bundestags.

  Hat der Bundesrat dagegen mit 46 Stimmen (2/3-Mehrheit) Einspruch eingelegt, bedarf die Zurückweisung an sich nur 267 Bundestagsstimmen (2/3-Mehrheit von 400 abgegebenen Stimmen), aufgrund der Regelung des Art. 77 IV S. 2 GG aber mindestens der Mehrheit der gesetzlichen Mitgliederzahl. Das sind 355.

Weist der Bundestag den Einspruch mit der erforderlichen Mehrheit zurück, kommt **886** das Gesetz zustande. Anderenfalls ist das Gesetzesvorhaben gescheitert.

bb. Gesetzgebungsverfahren bei Zustimmungsgesetzen

Trotz der infolge der Änderung des Art. 84 I GG stark verringerten Zahl an Bundesge- **887** setzen, die der Zustimmung des Bundesrats bedürfen (vgl. dazu Rn 878 ff.), ist das Gesetzgebungsverfahren bei Zustimmungsgesetzen von besonderer rechtsstaatlicher Bedeutung, weil die Normen des Grundgesetzes, die Zustimmungsgesetze vorschreiben, Fragen der Verfassung, der Verwaltung und/oder der Finanzen betreffen; zudem ist der Zustimmungsakt für das Zustandekommen des Gesetzes konstitutiv. Im Einzelnen gilt: Bedarf auch nur eine Norm innerhalb eines Gesetzes der Zustimmung des Bundesrats, ist das Gesetz insgesamt zustimmungspflichtig. Ohne die Zustimmung des Bundesrats (Art. 78 Var. 1 GG) kommt das Gesetz als Ganzes nicht zustande (sog. Einheitsthese). Die Anrufung des Vermittlungsausschusses ist, wie sich aus Art. 77 IIa GG ergibt, nicht erforderlich. Der Bundesrat hat lediglich in angemessener Frist darüber Beschluss zu fassen, ob er dem Gesetz zustimmt oder nicht (Art. 77 IIa GG). Verweigert der Bundesrat die Zustimmung, ist das Gesetzesvorhaben zunächst gescheitert. Das Gleiche gilt, wenn der Bundesrat untätig bleibt.

Verweigert der Bundesrat die Zustimmung, können (anders als bei Einspruchsgesetzen) **888** auch der Bundestag und die Bundesregierung den Vermittlungsausschuss anrufen (Art. 77 II S. 4 i.V.m. S. 1 GG). Für die Anrufung des Vermittlungsausschusses durch diese beiden Staatsorgane gilt grundsätzlich keine Ausschlussfrist.[1962] Jedoch muss der Antrag auf Einberufung des Vermittlungsausschusses aus Gründen der Rechtsklarheit innerhalb einer angemessenen Frist nach Verweigerung der Zustimmung erfolgen. Ruft dagegen der *Bundesrat* den Vermittlungsausschuss an, ist fraglich, innerhalb welcher Frist dies geschehen muss. Legt man die Vorschrift des Art. 77 II S. 1 GG zugrunde, gilt die Ausschlussfrist von drei Wochen.[1963] Stellt man sich dagegen auf den Standpunkt, dass sich die Vorschrift des Art. 77 II S. 1 GG lediglich auf Einspruchsgesetze, nicht auf Zustimmungsgesetze beziehe, gilt die Drei-Wochen-Frist nicht.[1964] Im Übrigen muss der Bundesrat selbstverständlich in

---

[1961] Zu beachten ist, dass Stimmenthaltungen traditionell als nicht abgegebene Stimmen gelten.

[1962] Wie hier *Hömig*, in: Hömig/Wolff, GG, Art. 77 Rn 8, *Sannwald*, in: Schmidt-Bleibtreu/Hofmann/Henneke, GG, Art. 77 Rn 26 und die Staatspraxis (vgl. BR-Drs. 791/75 i.V.m. BR-Drs. 182/75); a.A. *Stern*, StaatsR II, § 37 III 7 b) α: 3-Wochen-Frist.

[1963] So *Sannwald*, in: Schmidt-Bleibtreu/Hofmann/Henneke, GG, Art. 77 Rn 25; *Jekewitz*, in: Alternativkommentar, Art. 77 Rn 19; *Mann*, in: Sachs, GG, Art. 77 Rn 9.

[1964] So *Bryde*, in: v. Münch/Kunig, GG, Art. 77 Rn 10; *Pieroth*, in: J/P, GG, Art. 77 Rn 12.

form- und verfahrenskonformer Weise den Beschluss über die Erteilung bzw. Nichterteilung der Zustimmung fassen.

889 Wird der Vermittlungsausschuss angerufen (gleichgültig von welchem Organ), sind – wie bei Einspruchsgesetzen – auch hier für die Fortsetzung des Gesetzgebungsverfahrens sodann zwei Konstellationen zu unterscheiden:

- Schlägt der Vermittlungsausschuss die Bestätigung des Gesetzentwurfs vor oder hat er das Vermittlungsverfahren ohne Vermittlungsvorschlag beendet, dann hat der Bundesrat innerhalb einer angemessenen Frist über die Zustimmung zu entscheiden (vgl. Art. 77 II a GG).
- Schlägt der Vermittlungsausschuss dagegen eine Änderung des Gesetzesbeschlusses vor, hat der Bundestag erneut Beschluss zu fassen (Art. 77 II S. 5 GG); hierauf erfolgt eine erneute Behandlung im Bundesrat (gleichgültig, ob der Bundestag das Gesetz geändert hat oder nicht). Nun hat der Bundesrat innerhalb einer angemessenen Frist über die Zustimmung zu entscheiden (Art. 77 II a GG).

890 Verweigert der Bundesrat dann immer noch die Zustimmung, ist das Gesetzesvorhaben endgültig gescheitert. Stimmt er indes zu, ist das Gesetz zustande gekommen.

Beispiel: Das Steuerreformgesetz 2000 war aufgrund seines finanzverfassungsrechtlich relevanten Inhalts zustimmungspflichtig (vgl. nur Art. 104a III-V, 106 III-VI, 107 I GG). Da sich der Bundesrat ursprünglich weigerte, seine Zustimmung zu erteilen, konnte die Steuerreform zunächst nicht ergehen. Um dennoch die Steuerreform (in modifizierter Form) herbeizuführen, rief die Bundesregierung gem. Art. 77 II S. 4 GG den Vermittlungsausschuss an. In diesem Verfahren kam es zu keinem Kompromiss. Daraufhin hatte der Bundesrat innerhalb einer angemessenen Frist über die Zustimmung zu entscheiden (vgl. Art. 77 IIa GG). Als sich der Bundesrat am 14.7.2000 mit 41 zu 28 Stimmen entschloss, dieser Steuerreform zuzustimmen, konnte die Steuerreform ergehen.

cc. Umdeutung einer verweigerten Zustimmung als Einspruch

891 Ist die Zustimmungsbedürftigkeit eines Gesetzes unklar, wird der Bundesrat vorsorglich bzw. hilfsweise den Vermittlungsausschuss anrufen[1965], damit, falls es sich doch um ein Einspruchsgesetz handeln sollte, er die Frist des Art. 77 II S. 1 GG beachtet und somit das Zustandekommen des Gesetzes vorerst verhindert hat. Darüber hinaus erzwingt er dadurch eine erneute Beschlussfassung durch den Bundestag (Art. 77 IV GG).[1966] Fraglich ist, wie es sich verhält, wenn der Bundesrat von einem Zustimmungsgesetz ausgeht und durch Beschluss die Zustimmung verweigert, es sich tatsächlich aber um ein Einspruchsgesetz handelt und der Bundesrat nicht vorsorglich den Vermittlungsausschuss angerufen hat. Teilweise wird vertreten, der Beschluss des Bundesrats über die Zustimmungsverweigerung könne möglicherweise als Beschluss über die Einberufung des Vermittlungsausschusses zu deuten sein. Die h.M. hält diesen Ansatz für mit dem Grundsatz der Formstrenge, dem der Bundesrat gem. § 30 I GO BR unterliegt, unvereinbar und lehnt ihn folgerichtig ab.

Beispiel: Nachdem das Biotechnologiegesetz vom Bundestag beschlossen und dem Bundesrat zugeleitet wurde, ist dieser der Auffassung, es handele sich um ein Zustimmungsgesetz. Da er mit dem Inhalt der Regelung nicht einverstanden ist, verweigert er

[1965] Bei Einspruchsgesetzen kann der Bundesrat nicht einfach Einspruch einlegen. Aus Art. 77 II, III GG ergibt sich, dass er zunächst den Vermittlungsausschuss anrufen muss. Erst wenn das Vermittlungsverfahren beendet ist, kann er Einspruch gegen das vom Bundestag beschlossene Gesetz einlegen (Art. 77 III S. 1 GG). Anders verhält es sich bei Zustimmungsgesetzen. Bei diesen *kann* der Vermittlungsausschuss angerufen werden, *muss* aber nicht (das ergibt sich aus Art. 77 II a GG).

[1966] Vgl. dazu BVerfGE 37, 363, 396; *Stern*, StaatsR II, § 37 III 7 c, S. 630.

(innerhalb der Frist des Art. 77 II GG) durch Beschluss die Zustimmung. Den Vermittlungsausschuss beruft er nicht ein.

Geht man davon aus, dass es sich bei dem Biotechnologiegesetz lediglich um ein Einspruchsgesetz handelt, hätte der Bundesrat den Vermittlungsausschuss anrufen müssen. Ausdrücklich hat der Bundesrat den Vermittlungsausschuss nicht angerufen, da er von einem Zustimmungserfordernis ausgegangen ist. Möglicherweise kann aber der Beschluss über die Zustimmungsverweigerung als Beschluss über die Einberufung des Vermittlungsausschusses umgedeutet werden. Teilweise wird eine Umdeutung zugelassen.[1967] Die h.M. folgt dem jedoch nicht. Aufgrund der Verpflichtung des Bundesrats zur Formstrenge nach § 30 I GO BR, wonach dieser nur eindeutig zu qualifizierende Beschlüsse fassen dürfe, sei es nicht zulässig, eine Zustimmungsverweigerung in einen Beschluss über die Einberufung des Vermittlungsausschusses umzudeuten. Bei Uneinigkeit über die (fehlende) Zustimmungsbedürftigkeit eines Gesetzes sei der Bundesrat nicht auf die Erteilung oder Verweigerung der Zustimmung beschränkt, sondern dürfe bzw. müsse ausnahmsweise eine vorsorgliche Einberufung des Vermittlungsausschusses beschließen.[1968]

Fraglich ist, welcher Auffassung zu folgen ist. Jedenfalls überzeugt der Hinweis auf § 30 I GO BR nicht, da es sich lediglich um Geschäftsordnungsrecht handelt, das zudem keine verfassungsrechtlichen Grundsätze konkretisiert. Auch sonst ist in der Rechtsordnung eine Umdeutung allgemein anerkannt. Wenn man davon ausgeht, dass es sich bei einem Einberufungsbeschluss um ein „Minus" einer verweigerten Zustimmung handelt, sprechen keine verfassungsrechtlichen Gesichtspunkte dagegen, die Verweigerung der Zustimmung als Einberufungsbeschluss umzudeuten.[1969]

Im Ergebnis kann daher der Beschluss des Bundesrats über die Verweigerung der Zustimmung als Einberufungsbeschluss umgedeutet werden. Selbstverständlich muss dieser im Übrigen in form- und verfahrenskonformer Weise ergangen sein.

Bei Unklarheit über die Zustimmungsbedürftigkeit und verweigerter Zustimmung kann auch der Bundestag einen unkonventionellen Weg einschlagen. Er kann von einem Einspruchsgesetz ausgehen und nach verstrichener Einspruchsfrist das Gesetz (über die Bundesregierung) dem Bundespräsidenten zwecks Ausfertigung vorlegen. Dieser wird dann prüfen, ob es sich um ein Einspruchs- oder Zustimmungsgesetz handelt. Kommt der Bundespräsident zu dem Ergebnis, es handele sich um ein Einspruchsgesetz, wird er das Gesetz verkünden. Geht er indes von der Zustimmungsbedürftigkeit aus, wird er sich weigern, das Gesetz auszufertigen. **892**

Hinweis für die Fallbearbeitung: Die Entscheidung des Bundespräsidenten kann dann im Wege eines Organstreitverfahrens überprüft werden. In diesem Verfahren wird dann das BVerfG inzident die Frage klären, ob es sich um ein Einspruchs- oder Zustimmungsgesetz handelt.
Aber auch nachdem das Gesetz zustande gekommen ist, kann es (nachträglich) im Wege einer abstrakten Normenkontrolle darauf hin überprüft werden, ob es sich um ein Einspruchs- oder Zustimmungsgesetz handelt. Dieses Verfahren wird insbesondere eine Landesregierung in Erwägung ziehen, die von der Zustimmungsbedürftigkeit eines als Einspruchsgesetz behandelten Gesetzes ausgeht.

1967 So *Nolte/Tams*, Jura 2000, 158, 162.

1968 *Sannwald*, in: Schmidt-Bleibtreu/Hofmann/Henneke, GG, Art. 77 Rn 38 u. 40; *Pieroth*, in: J/P, GG, Art. 77 Rn 12; *Bryde*, in: v. Münch/Kunig, GG, Art. 77 Rn 8; *Rubel*, in: Umbach/Clemens, GG, Art. 77 Rn 30, 37; *Tappe*, JuS 2003, 887, 890; BVerfGE 37, 363, 396.

1969 Vgl. *Nolte/Tams*, Jura 2000, 158, 162 f.

dd. Nichtbefolgung von Weisungen der Landesregierung

893 Weisungen der Landesregierung gelten nur im Innenverhältnis, d.h. nur im Verhältnis zwischen ihr und den von ihnen in den Bundesrat entsandten Mitgliedern. Hält sich das betreffende Mitglied nicht an die Weisungen seiner ihn entsendenden Landesregierung und stimmt gegen die Weisung, ist die **Abstimmung dennoch gültig**[1970] (allgemeiner stellvertretungsrechtlicher Grundsatz). Das betreffende Mitglied riskiert lediglich die Abberufung aus dem Bundesrat (Art. 51 I S. 1 GG).

ee. Uneinheitliche Stimmabgabe im Bundesrat

894 Dagegen müssen die Stimmen eines Landes stets **einheitlich** abgegeben werden (Art. 51 III S. 2 GG). Wie allerdings im Fall einer uneinheitlichen Stimmabgabe zu verfahren ist, lässt das Grundgesetz offen. Daher verwundert es nicht, dass die Frage nach der Rechtsfolge eines Verstoßes gegen das Einstimmigkeitspostulat unterschiedlich beantwortet wird. Auch im Anschluss an die Abstimmung des Bundesrats vom 22.3.2002 über das **Zuwanderungsgesetz** wurde eine vehemente öffentliche Debatte entfacht. Das am 20.6.2002 vom Bundespräsidenten ausgefertigte und verkündete Zuwanderungsgesetz konnte – wegen Missbilligung durch das BVerfG (Urteil v. 18.12.2002 – BVerfGE 106, 310 ff.) nicht am 1.1.2003 in Kraft treten.

895 **Beispiel**[1971]**:** Das neue Zuwanderungsgesetz bedarf zu seiner Verabschiedung der Zustimmung des Bundesrats. Dazu sind – wie gesehen – 35 Stimmen erforderlich. Diese können jedoch nur durch eine positive Stimmabgabe des Landes Brandenburg mit seinen vier Stimmen erreicht werden. Geben die entsandten Vertreter des Landes Brandenburg ihre Stimmen uneinheitlich ab (indem etwa der Innenminister entgegen der Weisung des Ministerpräsidenten mit „Nein" stimmt und der Ministerpräsident aufgrund einer nochmaligen Aufforderung des Bundesratspräsidenten zur Stimmabgabe erklärt, als Ministerpräsident stimme er einheitlich mit „Ja") und wertet der Bundesratspräsident die vier Stimmen des Landes Brandenburgs einheitlich als Ja-Stimmen, stellt sich die Frage, ob das Zuwanderungsgesetz verfassungsmäßig zustande gekommen ist.

⇨ Teilweise wird mit Blick auf die Richtlinienkompetenz des Ministerpräsidenten vertreten, dass bei uneinheitlicher Stimmabgabe eines Landes die Stimme des „Stimmführers" (also die des Ministerpräsidenten) entscheide.[1972] Das hat zur Konsequenz, dass die anderen, abweichenden Stimmen zwar mitgezählt werden, aber im Sinne der Stimme des Stimmführers, sodass letztlich eine Einheitlichkeit der Stimmen fingiert wird.

⇨ Nach einer anderen Auffassung ist die Bundesratsabstimmung insgesamt unwirksam und muss wiederholt werden.[1973]

⇨ Nach der h.M. führt die unterschiedliche Stimmabgabe lediglich zur Ungültigkeit aller Stimmen des Landes.[1974]

Stellungnahme: Vorzugswürdig scheint die Auffassung der h.M., da die Vorrangigkeit der Stimme des „Stimmführers" keine Stütze im Grundgesetz findet. Dort ist nur von „Einheitlichkeit" der Stimmabgabe die Rede. Auch für die Annahme einer Unwirksamkeit der gesamten Abstimmung des Bundesrats finden sich im Grundgesetz keine Anhaltspunkte. Mit dem Wortlaut des Art. 51 III S. 2 GG vereinbar ist aber die h.M. Denn

---

[1970] *Hofmann*, in: Schmidt-Bleibtreu/Hofmann/Henneke, GG, Art. 51 Rn 14; *Stern*, StaatsR II, § 31 IV 2a.
[1971] In Anlehnung an BVerfGE 106, 310 ff.
[1972] So *Stern*, StaatsR II, § 27 III 2a, b, S. 137; *Blumenwitz*, in: Bonner Kommentar, Art. 51 Rn 29.
[1973] *Klein*, in: v. Mangoldt/Klein/Starck, GG, Art. 51, Anm. III 4b.
[1974] Vgl. nur BVerfGE 106, 310, 329 ff.; *Pieroth*, in: J/P, GG, Art. 51 Rn 6; *Krebs*, in: v. Münch/Kunig, GG, Art. 51 Rn 13; *Kramer*, JuS 2003, 645, 647; *Ipsen*, DVBl 2002, 653, 655 f.; *Hoppe*, DVBl 2002, 725; *Schenke*, NJW 2002, 1318; *Becker*, NVwZ 2002, 569, 571; *Gröschner*, JZ 2002, 621, 623 ff.; *Dörr/Wilms*, ZRP 2002, 265, 268 (Plädoyer *Wilms*). Vgl. auch *Burkiczak*, JA 2003, 463 ff.

wenn die Stimmen nur einheitlich abgegeben werden können, bedeutet dies eben, dass eine uneinheitliche Stimmabgabe unwirksam ist.[1975] Folgt man daher der h.M., führt die Ungültigkeit aller Stimmen des betreffenden Bundeslandes dazu, dass die Entscheidung des Bundesrats insgesamt wirksam ist, aber lediglich aus den Stimmen der übrigen Bundesländer hervorgeht. Problematisch wird dies aber dann, wenn dadurch bei der Abstimmung keine absolute Mehrheit erreicht wird. Denn gem. Art. 52 II S. 1 GG fasst der Bundesrat seine Beschlüsse mit mindestens der Mehrheit seiner Stimmen. Damit ist die absolute Mehrheit gemeint. Ungültige Stimmen wirken also genauso wie Stimmenthaltungen im Ergebnis wie Nein-Stimmen. Kommt es also vor, dass die Stimmen eines Bundeslandes ungültig sind, ändert das nichts an dem Erfordernis, dass mindestens 35 Ja-Stimmen vorhanden sein müssen, damit der Bundesrat einen bestimmten Beschluss fassen kann.

Nach zutreffender h.M. führt die uneinheitliche Stimmabgabe des Landes Brandenburg zur Ungültigkeit aller seiner Stimmen. Da der Bundesratspräsident die Stimmen des Landes Brandenburgs gleichwohl als gültige Ja-Stimmen gewertet hat, ist das Einwanderungsgesetz formell verfassungswidrig zustande gekommen. Allerdings gelangt man zu demselben Ergebnis, wenn man der zweiten Auffassung folgt.

Zusammenfassend lässt sich sagen, dass die Stimme eines Bundesratsmitglieds auch dann gültig ist, wenn sie nicht der Weisung der Landesregierung entspricht. Allerdings müssen alle Stimmen eines Landes einheitlich abgegeben werden. Die unterschiedliche Stimmabgabe führt nach h.M. zur Ungültigkeit aller Stimmen des Landes. Der Bundesrat muss dann ohne die Stimmen des betreffenden Landes abstimmen. Sofern gleichwohl die absolute Mehrheit erreicht wird (also 35 Ja-Stimmen abgegeben werden), kann ein Beschluss ergehen. **896**

Zur prozessualen Lage: Wertet der Bundesratspräsident die uneinheitlichen Stimmen des fraglichen Landes gleichwohl einheitlich mit „Ja" und weigert sich der **Bundespräsident**, das Gesetz auszufertigen, können die Gesetzgebungsorgane (Bundestag und Bundesrat) ein **Organstreitverfahren** (Art. 93 I Nr. 1 GG, §§ 13 Nr. 5, 63 ff. BVerfGG) herbeiführen. Streitgegenstand ist dann die Verpflichtung des Bundespräsidenten zur Ausfertigung des fraglichen Gesetzes. Begründet wäre der Organstreit, wenn die Verfassung dem Bundespräsidenten im konkreten Fall die Verpflichtung auferlege, das in Rede stehende Gesetz auszufertigen, der Bundespräsident mit der Weigerung der Ausfertigung also gegen das Grundgesetz verstieße. Das BVerfG würde dann im Erfolgsfalle in seiner Entscheidung feststellen, dass die Unterlassung des Bundespräsidenten gegen das Grundgesetz verstoßen habe, § 67 BVerfGG. Würde sich der Bundespräsident dann immer noch weigern, das Gesetz auszufertigen, käme die **Präsidentenanklage** (Art. 61 GG, §§ 13 Nr. 4, 49 ff. BVerfGG) in Betracht. In diesem Verfahren kann das BVerfG auch durch eine **einstweilige Anordnung** (vgl. § 53 BVerfGG) bestimmen, dass der Bundespräsident an der Ausübung seines Amtes verhindert ist. In diesem Fall gelangt die Vertretungsregel des Art. 57 GG zur Anwendung mit der Folge, dass das Gesetz vom Bundesratspräsidenten ausgefertigt wird. **897**

Fertigt der Bundespräsident das fragliche Gesetz aus, ist ebenfalls ein **Organstreitverfahren** statthaft. Daneben ist eine **abstrakte Normenkontrolle** gem. Art. 93 I Nr. 2 GG, §§ 13 Nr. 6, 76 ff. BVerfGG in Betracht zu ziehen.[1976] Antragsberechtigt wären hier gem. Art. 93 I Nr. 2 GG, § 76 I BVerfGG nur die Bundesregierung, eine Landesregierung oder ein Drittel der Mitglieder des Bundestags.

[1975] So ausdrücklich BVerfGE 310, 330.
[1976] So lag auch der Entscheidung BVerfGE 106, 310 ff. eine abstrakte Normenkontrolle zugrunde.

b. Zustimmungsbedürftigkeit von Änderungsgesetzen

898 Besonders problematisch ist die **Zustimmungsbedürftigkeit von Änderungsgesetzen zu Zustimmungsgesetzen**. Als Ausgangspunkt soll folgende Überlegung gelten: Ein Zustimmungsgesetz liegt bereits dann vor, wenn auch nur einzelne Teile des Gesetzes die Zustimmungspflicht auslösen. Denn das Gesetz ist als gesetzgeberische Einheit zu betrachten (sog. Einheitstheorie – Rn 876). Wird dieses Zustimmungsgesetz nachträglich durch ein Änderungsgesetz geändert, stellt sich die Frage nach der Zustimmungsbedürftigkeit auch des Änderungsgesetzes. Es sind zwei Konstellationen zu unterscheiden:

- In der ersten Konstellation werden Passagen des Gesetzes geändert, *die* die Zustimmungspflicht ausgelöst haben. Hier ist zwangsläufig auch das Änderungsgesetz (als Ganzes) zustimmungspflichtig.[1977]
- In der zweiten Konstellation werden Passagen des Gesetzes geändert, die *nicht* die Zustimmungspflicht ausgelöst haben (etwa rein materiell-rechtliche Regelungen). Hier ist die Zustimmungsbedürftigkeit des Änderungsgesetzes fraglich.

  ⇨ *Für* die Zustimmungspflicht spricht, dass der Bundesrat mit der Zustimmung zum ursprünglichen Gesetz, das nach der Einheitstheorie (Rn 876) ja ein einheitliches Ganzes darstellt, Verantwortung übernommen hat und nun auch über die Änderung, gleich welcher Art, mitbestimmen soll (sog. **Mitverantwortungstheorie**).[1978]

  ⇨ *Gegen* die Zustimmungspflicht spricht, dass jedes Gesetz, somit auch ein Änderungsgesetz, für sich betrachtet den verfahrensmäßigen Voraussetzungen entsprechen muss. Betrifft demnach ein Änderungsgesetz nur Passagen des zu ändernden Gesetzes, die ihrerseits zuvor die Zustimmungsbedürftigkeit *nicht* ausgelöst haben, ist es folgerichtig, zumindest im Grundsatz *keine* Zustimmung des Bundesrats zu fordern. Das dürfte etwa der Fall sein, wenn einzelne rein materiell-rechtliche Regelungen geändert werden.[1979] Etwas anderes gilt aber dann, wenn das Änderungsgesetz dazu führt, dass das ursprüngliche Gesetz gerade durch das Änderungsgesetz eine wesentlich andere Bedeutung und Tragweite erfährt, wenn also das Änderungsgesetz zu einer „**Systemverschiebung**" des ursprünglichen Gesetzes führt[1980], etwa wenn das ursprüngliche Gesetz in materiell-rechtlicher Hinsicht umfassend geändert wird.

> **Zusammenfassung:** Ein Änderungsgesetz zu einem Zustimmungsgesetz ist nur dann zustimmungspflichtig ist, wenn es
>
> (1) selbst neue Vorschriften enthält, die eine Zustimmungsbedürftigkeit auslösen,
> (2) Passagen ändert, die die Zustimmungsbedürftigkeit des geänderten Gesetzes ausgelöst haben, *oder*
> (3) dazu führt, dass das ursprüngliche Gesetz eine wesentlich andere Bedeutung und Tragweite erhält („Systemverschiebung" des ursprünglichen Gesetzes).

[1977] Ganz h.M., vgl. nur BVerfGE 37, 363, 382 f.; *Ipsen*, Rn 370; *Degenhart*, Rn 714 f.; *Sannwald*, in: Schmidt-Bleibtreu/Hofmann/Henneke, GG, Art. 78 Rn 12.

[1978] Vgl. *Degenhart*, Rn 715 f. Für eine generelle Zustimmungsbedürftigkeit die *abw.M.* BVerfGE 37, 401, 406; *Maunz*, in: Maunz/Dürig, GG, Art. 77 Rn 10 sowie *Mann*, in: Sachs, GG, Art. 77 Rn 16.

[1979] *Gegen* eine generelle Zustimmungsbedürftigkeit die h.M., vgl. nur BVerfGE 37, 363, 382 (zu Art. 84 GG a.F.); *Ipsen*, Rn 371 f.; *Degenhart*, Rn 715 f.; *Sannwald*, in: Schmidt-Bleibtreu/Hofmann/Henneke, GG, Art. 78 Rn 12; *Pieroth*, in: J/P, GG, Art. 77 Rn 5.

[1980] BVerfGE 37, 363, 382 f.; 48, 127, 180 f.; 126, 77, 100; *Ipsen*, Rn 371; *Degenhart*, Rn 716; *Sannwald*, in: Schmidt-Bleibtreu/Hofmann/Henneke, GG, Art. 78 Rn 12; *Rubel*, in: Umbach/Clemens, GG, Art. 77 Rn 23 f.; *Tappe*, JuS 2003, 887, 889 f. Kritisch *Bryde*, in: v. Münch/Kunig, GG, Art. 77 Rn 22.

Hinweis für die Fallbearbeitung: Ist die Frage nach der Zustimmungsbedürftigkeit von Änderungsgesetzen zu Zustimmungsgesetzen zu beantworten, sollte im Rahmen der Falllösung wie folgt vorgegangen werden:

⇨ Zunächst ist zu prüfen, ob das Änderungsgesetz selbst zustimmungsbedürftige Vorschriften enthält. Ist dies der Fall, ergibt sich allein aus diesem Gesichtspunkt heraus die Zustimmungsbedürftigkeit; jede weitere Prüfung hinsichtlich der Zustimmungsbedürftigkeit ist entbehrlich. Enthält das Änderungsgesetz selbst jedoch keine zustimmungsbedürftigen Vorschriften, ist die Prüfung fortzusetzen:

⇨ Sodann ist danach zu fragen, ob das Änderungsgesetz, das selbst nicht die Zustimmungsbedürftigkeit auslöst, zumindest solche Vorschriften des zu ändernden Gesetzes betrifft, die bei diesem seinerzeit (d.h. bei Erlass) die Zustimmungspflichtigkeit ausgelöst haben. Ist dies der Fall, ist auch das Änderungsgesetz zustimmungspflichtig. Die Prüfung ist zu Ende. Ist die Frage dagegen zu verneinen, ist die Prüfung wiederum fortzusetzen:

⇨ Schließlich ist danach zu fragen, ob das Änderungsgesetz bei dem zu ändernden Gesetz eine „Systemverschiebung" bewirkt, diesem also materiell eine andere Bedeutung gibt, die von der ursprünglichen Zustimmung des Bundesrats als nicht gedeckt angesehen werden kann. Nur wenn diese Frage bejaht wird, ist das Änderungsgesetz zustimmungspflichtig.

c. „Aufspalten" von Gesetzen

Je höher der Anteil an zustimmungspflichtigen Gesetzen ist, desto häufiger kommt es **899** vor, dass Gesetze im Bundesrat aufgrund unterschiedlicher Mehrheitsverhältnisse scheitern bzw. in das Vermittlungsverfahren eingebracht werden müssen. So war es denn auch nicht unüblich, dass der Bundestag (besonders im Fall des Art. 84 I GG a.F.) Gesetze in einen nicht zustimmungspflichtigen (materiell-rechtlichen) und einen zustimmungspflichtigen (verfahrensrechtlichen) Teil **„aufgespalten"** hat, um ein Scheitern im Bundesrat zu umgehen.[1981] Zwar ist diese Problematik aufgrund der Änderung des Art. 84 I GG[1982] und der damit verbundenen drastischen Reduzierung der Zahl zustimmungsbedürftiger Gesetze in der Praxis weitgehend entschärft, dennoch kann nicht ausgeschlossen werden, dass sie in juristischen Prüfungsarbeiten auch künftig aufgegriffen wird. Daher ist eine Auseinandersetzung mit ihr erforderlich.

Beispiel (fiktiv): Der Bundestag beschließt ein Gesetz zur Förderung der Biotechnologie und des Klonens von Menschen. Da er zur Überprüfung der Förderungsvoraussetzungen die Landratsämter für zuständig erklären möchte, beschließt er – damit der materiell-rechtliche Teil des Gesetzesvorhabens nicht im Bundesrat blockiert werden kann – gleichzeitig ein Biotechnologie-Ergänzungsgesetz, in dem er die Landratsämter als zuständige Behörden bestimmt. Gleichzeitig trifft er in diesem Ergänzungsgesetz die Regelung, dass aufgrund eines besonderen Bedürfnisses das Abweichungsrecht der Länder ausgeschlossen sei.

Bei dem eigentlichen Biotechnologiegesetz handelt es sich um ein Einspruchsgesetz, weil in ihm lediglich materiell-rechtliche Regelungen getroffen werden. Demgegenüber handelt es sich bei dem Ergänzungsgesetz um ein Zustimmungsgesetz, allerdings nicht, weil der Bund in die Organisationshoheit der Länder eingreift, sondern, weil der Bund das Abweichungsrecht ausgeschlossen hat (vgl. Art. 84 I S. 2, 5 und 6 GG).

Grundsätzlich wird man eine solche Aufspaltung von Gesetzen verfassungsrechtlich nicht beanstanden können, weil es im Ermessen des Gesetzgebers steht, welche Rege-

---

[1981] Vgl. dazu bereits Rn 875.
[1982] Zu Art. 84 I GG n.F. vgl. Rn 878 ff.

lungstechnik er wählt.[1983] Eine Teilung ist nur dann unzulässig, wenn sie willkürlich bzw. rechtsmissbräuchlich erfolgt oder wenn als deren Folge Gesetze entstehen, die sinnentstellt sind, die sozusagen nur noch einen „Torso" darstellen, oder wenn die Mitwirkung der Länder an der Gesetzgebung des Bundes in nicht vertretbarer Weise eingeschränkt wird. Das war nach Auffassung des BVerfG jedenfalls beim Lebenspartnerschaftsgesetz (LPartG) nicht der Fall.[1984]

Der vorliegende Fall kennzeichnet sich aber dadurch, dass er nach der neuen Rechtslage, die sich durch die Föderalismusreform 2006 ergeben hat, zu beurteilen ist. So ist nunmehr ein Abweichungsrecht der Länder vorgesehen, um „Übergriffe" des Bundes in die Organisationshoheit nicht zustimmungspflichtig werden zu lassen, sondern den Ländern die Möglichkeit einzuräumen, eigene, vom Bundesgesetz abweichende Regelungen hinsichtlich der Behördenzuständigkeit und des Verwaltungsverfahren zu treffen. Eine Zustimmungspflicht besteht gem. Art. 84 I S. 6 GG aber dann, wenn der Bund das Abweichungsrecht der Länder ausschließt. Materiell-rechtlich setzt das Ausschlussrecht aber ein besonderes Bedürfnis nach bundeseinheitlicher Regelung voraus. Ob im vorliegenden Fall ein solches angenommen werden kann, darf bezweifelt werden (vgl. zu den Voraussetzungen Rn 880e). Verneint man das besondere Bedürfnis nach bundeseinheitlicher Regelung, ist das Ergänzungsgesetz nicht nur materiell-rechtlich fehlerhaft, sondern es schränkt auch die Länder in unvertretbarer Weise in ihrem Mitwirkungsrecht an der Gesetzgebung des Bundes ein. Dann ist die vom Bundestag vorgenommene Aufspaltung verfassungswidrig.

3. Das Zustandekommen von Bundesgesetzen (Art. 78 GG)

900 Wegen der auf den ersten Blick als kompliziert empfundenen Regelung des Art. 77 GG stellt Art. 78 GG noch einmal die Fälle zusammen, unter denen ein Gesetz zustande kommt.

901 **a. Einspruchsgesetze** kommen zustande, wenn

- der Bundesrat nicht innerhalb einer Frist von drei Wochen den Vermittlungsausschuss anruft (Art. 78 Var. 2, Art. 77 II GG).
- der Bundesrat den Vermittlungsausschuss anruft, dieser das Vermittlungsverfahren abgeschlossen hat und der Bundesrat nicht innerhalb einer Frist von zwei Wochen Einspruch einlegt (Art. 78 Var. 3, Art. 77 III S. 1 GG).
- der Bundesrat seinen Einspruch zurücknimmt (Art. 78 Var. 4 GG).
- der Bundesrat nach Abschluss des Vermittlungsverfahrens zwar Einspruch einlegt, dieser aber vom Bundestag erfolgreich zurückgewiesen wird (Art. 78 Var. 5, Art. 77 IV GG).

902 **b.** Demgegenüber kommen **Zustimmungsgesetze** nur dann zustande, wenn der Bundesrat ausdrücklich zustimmt (Art. 78 Var. 1 GG).

903 **c.** Endgültig **nicht zustande gekommen** sind Gesetzesvorlagen, bei denen

- bei der Schlussabstimmung des Bundestags (Art. 77 I S. 1 GG) nicht die erforderliche Mehrheit erreicht wurde.
- der Vorschlag des Vermittlungsausschusses auf Aufhebung des Gesetzesbeschlusses durch den Bundestag von diesem angenommen wurde.

[1983] Vgl. BVerfGE 37, 363, 382; 105, 313, 342 ff.; 114, 196, 230; *Bryde*, in: v. Münch/Kunig, GG, Art. 77 Rn 23; *Groß*, in: Friauf/Höfling, Berliner Kommentar zum GG, Art. 84 Rn 29; *Rubel*, in: Umbach/Clemens, GG, Art. 77 Rn 22; *Beck*, NJW 2001, 1894, 1896; *Scholz/Uhle*, NJW 2001, 393, 394.

[1984] BVerfGE 105, 313, 342 ff. (Verfassungsmäßigkeit des LPartG). Vgl. dazu Rn 920.

- bei Zustimmungsgesetzen die Zustimmung durch den Bundesrat (ggf. nach Abschluss des Vermittlungsverfahrens) nicht erteilt wurde.
- bei Einspruchsgesetzen die Zurückweisung durch den Bundestag (Art. 77 IV GG) gescheitert ist.

III. Das Abschlussverfahren

905 Sofern ein Gesetz nach den Vorschriften des Grundgesetzes zustande gekommen ist, wird es vom Bundespräsidenten nach Gegenzeichnung durch den Bundeskanzler oder durch den zuständigen Bundesminister (vgl. Art. 58 GG)[1985] ausgefertigt und im Bundesgesetzblatt verkündet (vgl. Art. 82 I S. 1 GG). Ausfertigen von Gesetzen bedeutet, dass der Bundespräsident die Urschrift des Gesetzes herstellt, indem er die Gesetzesurkunde mit seinem vollen Namen unterzeichnet.[1986] Dabei darf er keine inhaltlichen Änderungen vornehmen. Das ist selbstverständlich, immerhin ist es Aufgabe des Gesetzgebers, dem Gesetzeswortlaut eine bestimmte Fassung zu geben. Lediglich Druckfehler oder offensichtliche Unrichtigkeiten dürfen berichtigt werden.[1987] Zum **Prüfungsrecht des Bundespräsidenten** vgl. Rn 591 ff.

906 Jedes Gesetz und jede Rechtsverordnung sollen den Tag des Inkrafttretens bestimmen. Fehlt eine solche Bestimmung, treten sie mit dem 14. Tag nach Ablauf des Tages in Kraft, an dem das Bundesgesetzblatt ausgegeben ist (Art. 82 II GG).

[1985] Demgegenüber bestimmt § 29 I S. 1 GO BReg, dass Bundeskanzler *und* zuständiger Bundesminister unterschreiben müssen, was jedoch angesichts der Formulierung in Art. 58 GG unbeachtlich ist.

[1986] *Pieroth*, in: J/P, GG, Art. 82 Rn 2; *Bryde*, in: v. Münch/Kunig, GG, Art. 82 Rn 9; *Maurer*, in: Bonner Kommentar, Art. 82 Rn 19; *Ramsauer*, in: Alternativkommentar, Art. 82 Rn 11.

[1987] BVerfGE 48, 1, 18; *Pieroth*, in: J/P, GG, Art. 82 Rn 2; *Butzer*, in: Maunz/Dürig, Art. 82 Rn 251 ff.

Übersicht: Das Gesetzgebungsverfahren im Überblick

1. Initiative, Vorverfahren und Verfahren im Bundestag

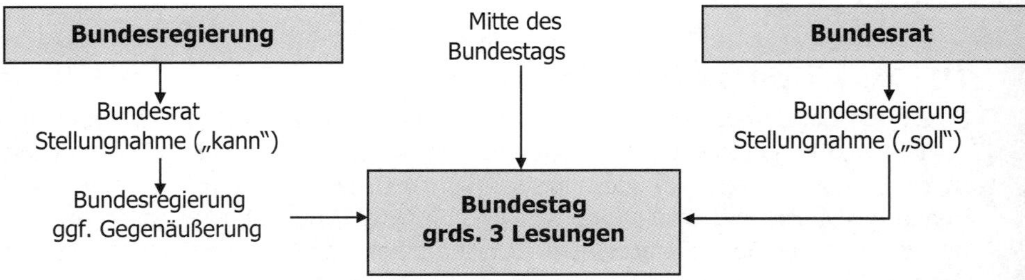

2. Mitwirkung des Bundesrats (Art. 77 II-IV GG)

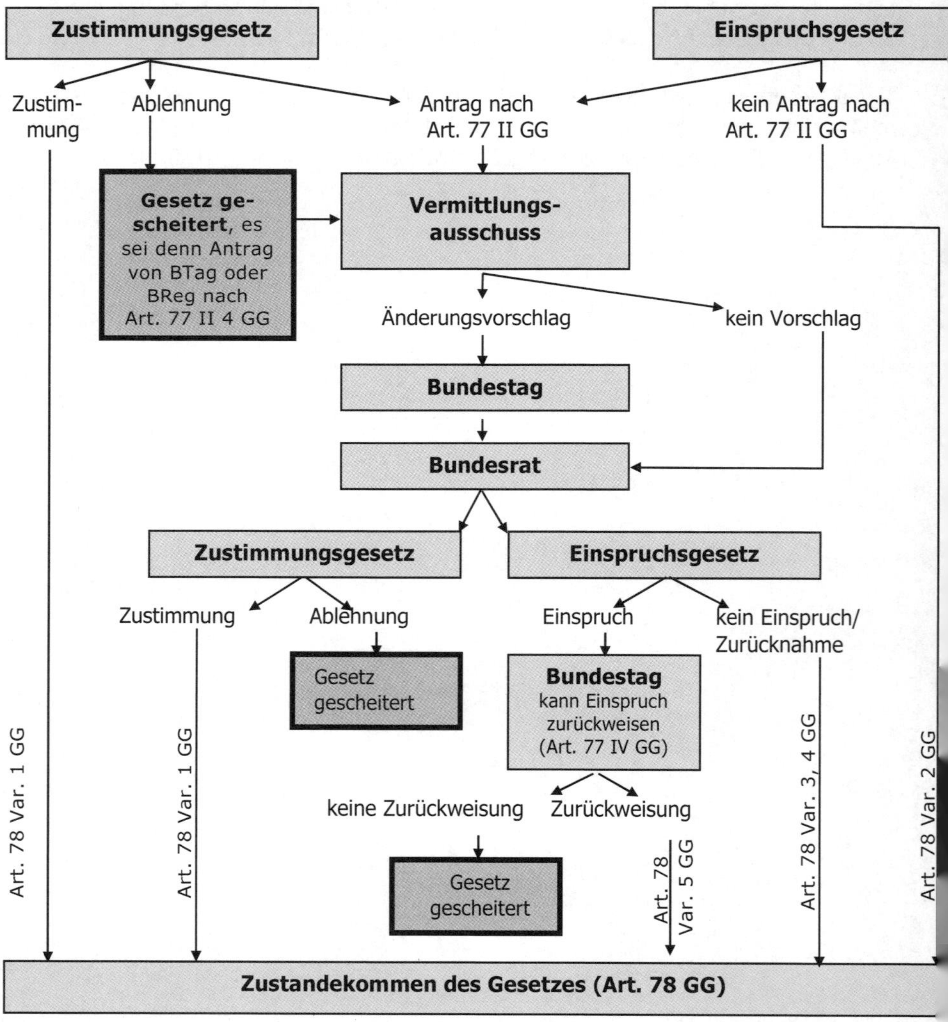

3. Abschlussverfahren (Art. 82 GG)

IV. Folgen eines Verstoßes gegen Verfahrensvorschriften

1. Verstöße gegen die Geschäftsordnung

Verstößt ein Gesetzgebungsorgan gegen seine Geschäftsordnung, ist fraglich, ob das Gesetz gleichwohl wirksam zustande gekommen ist. 907

Beispiele: Der Bundestag beschließt ein Gesetz im beschlussunfähigen Zustand (Verstoß gegen § 45 I GO BT); der Bundestag beschließt ein Gesetz, ohne zuvor drei Lesungen abgehalten zu haben (Verstoß gegen §§ 78 ff. GO BT)[1988]; im Gesetzgebungsverfahren beginnt im Deutschen Bundestag die Beratung der Beschlussempfehlung des Vermittlungsausschusses entgegen § 90 II S. 1 GO BT nicht erst am zweiten Tag nach der Verteilung der Drucksache[1989].

Wie bereits mehrfach erläutert, führen **Verstöße gegen die Geschäftsordnung grundsätzlich nicht zur Verfassungswidrigkeit des Gesetzes**. Das folgt bereits aus dem Wortlaut des Art. 82 GG, wonach es nur auf die Kompetenz- und Verfahrensvorschriften *dieses* Grundgesetzes ankommt. Zu *diesem* Grundgesetz gehören eben nicht die Vorschriften der Geschäftsordnung. Allerdings ist unbestritten, dass bestimmte Verstöße gegen die Geschäftsordnung in Ausnahmefällen auch die Verfassungswidrigkeit des Gesetzes zur Folge haben können. Für einen Verfassungsverstoß wird aber vorausgesetzt, dass die verletzte Vorschrift der Geschäftsordnung einen „verfassungsrelevanten" Inhalt besitzt, indem sie etwa eine Bestimmung des Grundgesetzes wiederholt oder einen wesentlichen Verfassungsinhalt konkretisiert.[1990] Ob das der Fall ist, wurde im Rahmen der Darstellung der einzelnen Problemkreise ausführlich behandelt.

2. Verstöße gegen Verfahrensvorschriften des Grundgesetzes

Verstößt ein Gesetzgebungsorgan gegen Verfahrensvorschriften des Grundgesetzes, ist eine differenzierende Betrachtung angezeigt: Zu unterscheiden ist zwischen Verstößen gegen zwingende Verfahrensvorschriften und bloße Ordnungsvorschriften. 908

Beispiele: Zwingende Verfahrensvorschrift ist die Regelung des Art. 76 II S. 1 GG, wonach eine Gesetzesvorlage der Bundesregierung zunächst dem Bundesrat zuzuleiten ist. Unterbleibt diese Zuleitung, ist ein gleichwohl vom Bundestag beschlossenes Gesetz nicht nach den Vorschriften dieses Grundgesetzes zustande gekommen (vgl. Art. 82 GG).[1991] Auch wenn der Vermittlungsausschuss Ergänzungs- oder Änderungsvorschläge macht, dabei jedoch die Grenzen des Anrufungsbegehrens verlässt, liegt ein Verstoß gegen eine zwingende Verfahrensvorschrift vor, da Art. 76 I GG dem Vermittlungsausschuss kein Initiativrecht einräumt.[1992] Bloße Ordnungsvorschrift ist etwa die Fristbestimmung des Art. 77 I S. 2 GG.

Ist ein Gesetz nicht nach den Vorschriften des Grundgesetzes zustande gekommen, führt die damit verbundene Verfassungswidrigkeit entweder zur Nichtigerklärung (in Bezug auf das Gesetz oder die betreffende Norm) durch das BVerfG (§ 82 I i.V.m. § 78 S. 1, § 95 III BVerfGG) oder lediglich zur Feststellung der Unvereinbarkeit der Norm mit dem Grundgesetz (vgl. § 31 II, § 79 I BVerfGG).[1993] Verstöße gegen bloße Ordnungsvorschriften führen demgegenüber nicht zur Verfassungswidrigkeit, da die Folgen außer Verhältnis zur Schwere des Verstoßes lägen. 909

[1988] BVerfGE 1, 144, 150 ff.
[1989] BVerfG NVwZ 2019, 875, 880 mit Verweis auf BVerfGE 125, 104, 132.
[1990] Vgl. *Nolte/Tams*, Jura 2000, 158, 159, sowie BVerfGE 1, 144, 151 f.; 29, 221, 234; 44, 308, 321.
[1991] Vgl. dazu und zu der Konstellation, dass die Bundesregierung ihre Gesetzesvorlage über die sie stützende(n) Fraktion(en) beim Bundestag einbringen lässt, um die vorherige Zuleitung an den Bundesrat zu umgehen, Rn 861.
[1992] BVerfG NVwZ 2019, 875, 876 – dazu Rn 883.
[1993] BVerfG NVwZ 2019, 875, 880.

C. Verfassungsändernde Gesetze

I. Verfassungsänderndes Gesetzgebungsverfahren

910 Art. 79 GG ermöglicht die Änderung des Grundgesetzes und zeigt zugleich die Schranken der Änderung auf. Erforderlich ist zunächst ein **förmliches Bundesgesetz**, für das das normale Gesetzgebungsverfahren nach den Art. 76 ff. GG gilt. Allerdings ist eine Zweidrittelmehrheit erforderlich: Dem verfassungsändernden Gesetz müssen zwei Drittel der Mitglieder des Bundestags und zwei Drittel der Stimmen des Bundesrats zustimmen (Art. 79 II GG). Weitere Voraussetzung ist, dass das verfassungsändernde Gesetz den **Wortlaut des Grundgesetzes ausdrücklich ändert oder ergänzt**.

911 Mit dieser zuletzt genannten Vorgabe sollen **Verfassungsdurchbrechungen**, wie sie in der Weimarer Republik üblich waren, verhindert werden. Verfassungsdurchbrechungen sind Verfassungsänderungen, die zwar mit der erforderlichen Mehrheit beschlossen wurden, nicht aber den Verfassungstext ausdrücklich ändern oder ergänzen. Dadurch kann es vorkommen, dass mehrere Verfassungsurkunden nebeneinander bestehen, was nicht gerade zur Übersichtlichkeit und Rechtssicherheit beiträgt. Zur Ausnahme bei bestimmten völkerrechtlichen Verträgen vgl. Art. 79 I S. 2 GG.

II. Materielle Schranken für Verfassungsänderungen

912 Neben diesen genannten formalen Schranken sind einer Verfassungsänderung auch materielle Grenzen gesetzt. So ist eine Änderung des Grundgesetzes, durch welche die Gliederung des Bundes in Länder, die grundsätzliche Mitwirkung der Länder bei der Gesetzgebung oder die in den Artikeln 1 und 20 GG niedergelegten Grundsätze berührt werden, unzulässig (sog. Ewigkeitsgarantie").[1994] Verfassungsändernde Gesetze, die gegen Art. 79 III GG verstoßen, sind nichtig.[1995]

913 **1.** Zunächst ist eine **Änderung des Grundgesetzes, durch welche die Gliederung des Bundes in Länder** berührt wird, unzulässig.

Gliederung des Bundes in Länder bedeutet nicht die Bestandsgarantie eines einzelnen Bundeslandes. Entscheidend ist nur, dass überhaupt Bundesländer bestehen. Wie viele Bundesländer bestehen müssen, wird unterschiedlich gesehen. Teilweise werden zwei für erforderlich gehalten[1996], teilweise mindestens drei[1997], teilweise aber noch mehr[1998]. Darüber hinaus muss den bestehenden Ländern ein Mindestmaß an Eigenständigkeit verbleiben. Dazu gehört ein „Kernbestand eigener Aufgaben und eigenständige Aufgabenerfüllung"[1999].

914 **2.** Des Weiteren ist die **grundsätzliche Mitwirkung der Länder bei der Gesetzgebung** von jeglicher Verfassungsänderung ausgenommen.

Grundsätzliche Mitwirkung der Länder bei der Gesetzgebung bedeutet, dass die Länder von der Bundesgesetzgebung, die die föderative Struktur der Bundesrepublik berührt, nicht ausgeschlossen werden dürfen. Eine Bestandsgarantie des Bundesrats ist aus dieser Vorschrift nicht abzuleiten. Allerdings bedarf es stets eines föderativen Organs und eines entsprechend ausgestalteten Verfahrens, das die Möglichkeit eröffnet, den Willen der Länder in die Bundesgesetzgebung effektiv einzubringen.[2000]

[1994] Diese aufgezählten Einrichtungen und Normen sind abschließend (vgl. BVerfGE 94, 12, 34).
[1995] BVerfGE 30, 1, 24.
[1996] *Maunz*, in: Maunz/Dürig, GG, Art. 79 Rn 34.
[1997] *Evers*, in: Bonner Kommentar, Art. 79 Rn 212; *Bryde*, in: v. Münch/Kunig, GG, Art. 79 Rn 30.
[1998] *Isensee*, in: HdbStR IV 671; *Sannwald*, in: Schmidt-Bleibtreu/Hofmann/Henneke, GG, Art. 79 Rn 41.
[1999] BVerfGE 87, 181, 196 f.; *Sannwald*, in: Schmidt-Bleibtreu/Hofmann/Henneke, GG, Art. 79 Rn 42.
[2000] *Sannwald*, in: Schmidt-Bleibtreu/Hofmann/Henneke, GG, Art. 79 Rn 44.

3. Schließlich sind Änderungen des Grundgesetzes unzulässig, die die **in den Artikeln 1 und 20 GG niedergelegten Grundsätze** berühren. 915

Ein in Art. 1 GG niedergelegter Grundsatz ist vor allem die Achtung der Menschenwürde. Diese ist oberstes Leitprinzip der Verfassung und jeglicher Disposition entzogen.[2001] Ebenso sind die grundlegenden Elemente des Rechts- und Sozialstaatsprinzips sowie der Grundsatz der Rechtsgleichheit und des Willkürverbots unantastbar.[2002]

Auch ist ein Mindestbestand an Grundrechten[2003] in den Bereichen personaler Autonomie, demokratischer Willensbildung und justizstaatlicher Garantien gewährleistet.[2004] Zwar wird durch die Formulierung „in den Artikeln 1 *und* 20" nicht generell Bezug auf die einzelnen Grundrechte genommen. Da aber Art. 1 III GG den Gesetzgeber an die Grundrechte bindet, sind die Grundrechte indirekt einbezogen. Unabänderlich ist aber nur der jeweilige Kernbereich, der den Menschenwürdegehalt widerspiegelt.[2005]

Die in Art. 20 GG niedergelegten Grundsätze betreffen die republikanische Staatsform, den Bundesstaat, das Demokratieprinzip, das Rechtsstaatsprinzip und das Sozialstaatsprinzip, vgl. dazu im Einzelnen das 3. Kapitel. Eine Verfassungsänderung, die diese Grundsätze berührt, ist unzulässig.

Diese Grundsätze dürfen nicht „berührt" werden. Grundsätze werden als „Grundsätze" von vornherein nicht „berührt", wenn ihnen im allgemeinen Rechnung getragen wird und sie nur für eine Sonderlage entsprechend deren Eigenart aus evident sachgerechten Gründen modifiziert werden.[2006] Damit nimmt das BVerfG ein „Berühren" lediglich bei prinzipieller Preisgabe an.[2007] 916

4. Selbstverständlich ist eine **Änderung des Art. 79 III GG ausgeschlossen**. Der Gesetzgeber darf nicht die Schranken, die er ja gerade zu wahren hat, aufheben.[2008] Würde man eine Abschaffung des Art. 79 III GG zulassen, bedürfte es wiederum einer anderen Vorschrift, die den Bestand des Art. 79 III GG garantiert. Die Bestandsgarantie des Art. 79 III GG umfasst daher nicht nur die Grundsätze der Art. 1 und 20 GG, sondern auch Art. 79 III GG selbst. 917

D. Der Erlass von Rechtsverordnungen

Auf das Institut der Rechtsverordnung wurde bereits bei Rn 206 eingegangen. Da Begriff, Rechtsnatur und Wesen der Rechtsverordnung sowie der dreistufige Prüfungsaufbau und die Fehlerfolgen zudem ausführlich bei *R. Schmidt*, AllgVerwR, Rn 831 ff. dargestellt sind, wird jeweils darauf verwiesen. 918-941

2001 Vgl. BVerfGE 32, 98, 108; 50, 166, 175; 54, 341, 357. Vgl. auch *Hintz/Winterberg*, ZRP 2001, 293.
2002 BVerfGE 84, 90, 121; 94, 12, 34; 95, 48, 62.
2003 Zu Art. 14 GG vgl. BVerfGE 84, 90 ff.
2004 *Pieroth*, in: J/P, GG, Art. 79 Rn 10.
2005 Vgl. dazu etwa BVerfGE 109, 279, 311 ff.
2006 BVerfGE 30, 1, 24; wiederholt in BVerfGE 84, 90, 121; 94, 12, 34.
2007 *Pieroth*, in: J/P, GG, Art. 79 Rn 7; *Sannwald*, in: Schmidt-Bleibtreu/Hofmann/Henneke, GG, Art. 79 Rn 39.
2008 Vgl. *Hesse*, Grundzüge des VerfR, Rn 707; *Stern*, StaatsR I, § 4 II 24; *Ipsen*, Rn 1037; *Ridder*, Alternativkommentar, Art. 79 Rn 29; *Pieroth*, in: J/P, GG, Art. 79 Rn 13.

8. Kapitel
Die Ausführung der Gesetze durch die Verwaltung

Wichtige Entscheidungen: BVerfGE 12, 205 (1. Rundfunkurteil; Deutschland-Fernsehen GmbH); 14, 197 (Bundesaufsichtsamt für das Kreditwesen); 21, 312 (Anwendung von Landesrecht durch Bundesbehörden); 31, 113 (Bundesprüfstelle für jugendgefährdende Schriften); 63, 1 (SchornsteinfegerG); 75, 108 (Errichtung der Behörde i.S.v. Art. 84 I GG); 81, 310 (Weisungsrecht bei Bundesauftragsverwaltung; atomrechtliches Genehmigungsverfahren „Schneller Brüter"; Kalkar II); 84, 25 (Weisungsrecht bei Bundesauftragsverwaltung; atomrechtliches Genehmigungsverfahren „Schacht Konrad"); BVerfG DVBl 1999, 976 (Allg. Verwaltungsvorschriften der Bundesregierung im Rahmen der Bundesauftragsverwaltung nach Art. 84 II GG); NVwZ 2002, 585 (Bundesauftragsverwaltung im Atomrecht und „Atomkonsens")

942 **I.** Dem Föderalismus, wie er in der Bundesrepublik Deutschland besteht, ist es eigen, dass nicht nur die Gesetzgebungskompetenzen, sondern auch die Verwaltungskompetenzen einer Verbandszuständigkeitsregelung unterfallen müssen. Denn der Vollzug eines Gesetzes bringt einen großen Auslegungs- und Handhabungsspielraum mit sich, sodass dem Gesetzesanwender (der Verwaltung) eine erhebliche Machtposition zukommt. Würden also die Bundesgesetze ausschließlich und ohne Ausführungsbeschränkung durch die Landesbehörden ausgeführt, hätte dies eine Ausweitung der Machtposition der Länder zur Folge. Würden umgekehrt die Bundesgesetze in erster Linie durch Bundesbehörden ausgeführt, hätte dies eine Unitarisierung des Bundesstaates zur Folge. Aus Gründen der Machtbalance hat der Verfassungsgeber daher in den Art. 83 ff. GG ein differenziertes, dem Bundesstaat verpflichtetes System entwickelt. Zugrunde gelegt wird dabei, dass die Länder (und Gemeinden) bereits eigene Verwaltungsbehörden besitzen, die das Landesrecht (und das Gemeinderecht) ausführen. Der Bund kann sich diese Behörden also zunutze machen. Es wäre unökonomisch, wenn der Bund für alle Bereiche eigene Behörden schaffen würde. **Art. 83 GG** bestimmt daher, dass – soweit das Grundgesetz nichts anderes bestimmt oder zulässt – die Länder (neben ihren Gesetzen) die Bundesgesetze als **eigene Angelegenheiten** ausführen. Es besteht daher, wie in den Art. 30, 70 I GG bezüglich der Gesetzgebung, eine Zuständigkeitsvermutung zugunsten der Länder. Daher ist es selbstverständlich, dass die Länder die Einrichtung der Behörden und das Verwaltungsverfahren grundsätzlich selbst regeln. **Art. 84 I S. 1 GG** garantiert dies verfassungsrechtlich. Eine Abweichung von diesem Grundsatz ist nur unter den Voraussetzungen des Art. 84 I S. 2-6 GG zulässig (dazu Rn 878 ff.).

943 **II.** Eine Ausnahmebestimmung zu Art. 83 GG ist in **Art. 85 GG** zu finden. Dort wird von **Bundesauftragsverwaltung** gesprochen. Gemeint ist, dass es sich um eine Angelegenheit des Bundes handelt, der Bund aber, anstatt eigene Behörden zu errichten, die Landesbehörden heranzieht. Die Länder führen die Bundesgesetze also nicht als eigene Angelegenheiten, sondern lediglich im Auftrage des Bundes aus. Die Gegenstände der Auftragsverwaltung sind im Grundgesetz erschöpfend aufgezählt (vgl. Art. 87b II S. 2, Art. 87c, Art. 87d II, Art. 89 II sowie Art. 90 III GG; Erweiterungsmöglichkeiten bieten Art. 90 IV GG und Art. 104a III S. 2 GG). Da es sich um eine Angelegenheit des Bundes handelt, übt der Bund hier nicht nur eine Rechtsaufsicht, sondern eine volle Zweckmäßigkeitskontrolle aus, d.h. er darf gegenüber den obersten Landesbehörden (Landesministerien) gem. Art. 85 III GG **Weisungen** erteilen. Man spricht von **Fachaufsicht**.[2009]

944 Im Bereich der Bundesauftragsverwaltung kann die Bundesregierung mit Zustimmung des Bundesrats **allgemeine Verwaltungsvorschriften** erlassen (Art. 85 II S. 1

[2009] Vgl. dazu näher *R. Schmidt*, AllgVerwR, Rn 8.

GG). Mit „Bundesregierung" ist die Bundesregierung als Kollegialorgan gemeint. Der Erlass von allgemeinen Verwaltungsvorschriften durch einen *einzelnen Bundesminister* kommt also – auch sofern dieser zuvor dazu ermächtigt wurde – nicht in Betracht.[2010]

III. Im Zuge der Föderalismusreform 2006 wurde die Bestimmung ins Grundgesetz eingefügt, dass durch Bundesgesetz Aufgaben den Gemeinden und Gemeindeverbänden nicht übertragen werden dürfen (vgl. Art. 84 I S. 7 und Art. 85 I S. 2 GG). Damit hat der verfassungsändernde Gesetzgeber auf den Umstand reagiert, dass der Bund sehr häufig auf die kommunale Ebene durchgegriffen hat. Die vielfach erörterte und beklagte Fehlentwicklung lag darin, dass der Bund unmittelbar auf die kommunale Ebene durchgreifen und die Zuständigkeit für Aufgaben begründen konnte, ohne die zur Aufgabenerfüllung notwendigen Mittel erstatten oder hierüber eine Regelung treffen zu müssen. Denn die bundesgesetzlich begründeten Pflichtaufgaben der Gemeinden und Kreise fielen nicht unter die Erstattungsregelung nach Art. 104a II GG, weil es sich nicht um Gegenstände der Auftragsverwaltung handelte. Insofern wird in dem nunmehr in Art. 84 I S. 7 und Art. 85 I S. 2 GG niedergelegten Durchgriffsverbot ein wesentlicher Fortschritt in den föderalen Beziehungen gesehen.[2011] Zwar gelten die früheren Bundesgesetze, die diesen unerwünschten Durchgriff ermöglichen, gem. Art. 125a I S. 1 GG fort, allerdings kann das Art. 84 I S. 7 und Art. 85 I S. 2 GG entgegenstehende Recht jederzeit durch Landesrecht ersetzt werden (Art. 125a I S. 2 GG). Ob dies den Kommunen wirklich hilft, bleibt abzuwarten. Denn dürfen die Bundesländer auf die kommunale Ebene durchgreifen, müssen sie ihrerseits die Kostenfolgen jedenfalls dann berücksichtigen, wenn in den entsprechenden Ländern das Konnexitätsprinzip auch für Pflichtaufgaben gilt.[2012] Daher kann davon ausgegangen werden, dass die Länder zunächst untätig bleiben.[2013] **944a**

IV. Von der Ausführung der Bundesgesetze durch die Länder ist die Ausführung der Bundesgesetze durch **bundeseigene Verwaltung** zu unterscheiden. Diese ist nach der Regelungstechnik der Art. 83 ff. GG nur zulässig, wenn das Grundgesetz sie ausdrücklich vorsieht oder zulässt, Art. 86 f. GG. Das hat das bereits erwähnte Erfordernis der Machtbalance zwischen Bund und Länder zum Hintergrund, sowie die Tatsache, dass die Länder neben ihren eigenen Gesetzen grundsätzlich auch die Bundesgesetze (als eigene Angelegenheiten oder im Auftrage) vollziehen (Art. 83-85 GG) und über entsprechend gegliederte Verwaltungsbehörden verfügen, die sich der Bund zunutze machen kann. Folgerichtig ist die Ausdehnung des zentralstaatlichen Verwaltungsapparats (Bundesverwaltung) zunächst besonders beschränkt worden (Art. 87 I bis 89 II GG) mit der Folge, dass relativ wenige Bundesbehörden vorzufinden waren. Mit Grundgesetzänderung v. 13.7.2017 (BGBl I 2017, S. 2347) ist die bundeseigene Verwaltung dann aber wieder erweitert worden (siehe Art. 90 II GG: bundeseigene Verwaltung der Bundesautobahnen mit der Möglichkeit, sich zur Erledigung der damit verbundenen Aufgaben einer im Eigentum des Bundes stehenden, privatrechtlich organisierten Gesellschaft zu bedienen[2014]). **945**

Der Bund hat daraufhin am 14.8.2017 ein „Gesetz zur Errichtung eines Fernstraßen-Bundesamts" (FStrBAG) erlassen (BGBl I 2017, S. 3122). Gemäß § 1 I FStrBAG wird das Fernstraßen-Bundesamt als Bundesoberbehörde im Geschäftsbereich des Bundesministeriums für Verkehr und digitale Infrastruktur seine Tätigkeit zum 1.1.2021 aufnehmen. In Ausfor-

---

[2010] So ausdrücklich BVerfGE 100, 249, 259, 261 unter Aufgabe der bisherigen Rechtsprechung (vgl. BVerfGE 26, 338, 339).
[2011] *Ipsen*, NJW 2006, 2801, 2805.
[2012] Vgl. etwa Art. 57 IV NdsVerf.
[2013] Vgl. dazu näher *Burgi*, DVBl 2007, 70, 76 f.; *Schoch*, DVBl 2007, 261, 262 ff.
[2014] Eine Überleitungsvorschrift findet sich in Art. 143e GG. Zur Bewertung der Privatisierungstendenz vgl. *R. Schmidt*, AllgVerwR, Rn 118 ff.

mung des Art. 90 II S. 2 GG, wonach sich der Bund zur Erledigung seiner Aufgaben einer Gesellschaft privaten Rechts bedienen kann, sieht § 2 FStrBAG u.a. eine Fachaufsicht des Fernstraßen-Bundesamts über die „Infrastrukturgesellschaft" vor. Mit Blick auf den eindeutigen Wortlaut des Art. 90 II S. 1 GG, wonach die Bundesautobahnverwaltung in Bundesverwaltung geführt wird, was eine Landesverwaltung damit ausschließt, problematisch ist die Regelung in § 3 III S. 1 FStrBAG. Diese Regelung sieht vor, dass – nach Antrag des Landes beim Fernstraßen-Bundesamt – eine nach Landesrecht zuständige Behörde Anhörungs- und Planfeststellungsbehörde bzw. Plangenehmigungsbehörde ist. Zu Recht wird diese Regelung daher wegen Verstoßes gegen Art. 90 II S. 1 GG, der ausdrücklich keine Länderöffnungsklausel enthält, für verfassungswidrig erachtet.[2015] Richtigerweise wird auch betont, dass die Regelung in Art. 90 II S. 1 GG nicht zur Disposition des einfachen Bundesgesetzgebers stehe.[2016] Der Verfassungsverstoß ist damit sogar so evident, dass sich die Frage stellt, warum der Bundespräsident das Gesetz gleichwohl ausfertigte. Sollte das BVerfG darüber zu entscheiden haben, ist davon auszugehen, dass es die Verfassungswidrigkeit der Regelung feststellt.

946 **V.** Die Ausführung der Gesetze wird aber nicht nur von Bundes- und Landesbehörden, sondern auch von Kommunalbehörden vorgenommen. Das hat den Hintergrund, dass die Gemeinden und Landkreise nicht nur „ihre" Angelegenheiten zu verwalten haben, sondern darüber hinaus die ihnen durch Gesetz übertragenen *staatlichen* Aufgaben im Wege der mittelbaren Staatsverwaltung („**Kommunalisierung der unteren Staatsverwaltung**"). Es wäre ineffizient, wenn sich der Staat nicht die vorhandenen Kommunalbehörden zunutze machen würde. Man spricht insoweit von Auftragsangelegenheiten.

947 Auftragsangelegenheiten sind also staatliche Aufgaben, die den Gemeinden zur Erledigung übertragen worden sind. Zu den Auftragsangelegenheiten gehören beispielsweise das Pass- und Meldewesen, das Personenstandswesen, die Bauaufsicht und die Wehrerfassung. Generell lässt sich sagen, dass die obrigkeitlichen Aufgaben Staatsaufgaben sind, während die Daseinsvorsorge sowie die Wirtschaftsförderung in erster Linie Sache der kommunalen Selbstverwaltung sind. Es bleibt aber bei dem Grundsatz, dass Kommunalbehörden Behörden der kommunalen Selbstverwaltungsträger (Gemeinden, Landkreise) sind.

948 Soweit Kommunalbehörden aber als untere **Staatsbehörde** (untere Verwaltungsbehörde) mit der Wahrnehmung unmittelbarer staatlicher Aufgaben betraut sind, sind sie *staatliche* Behörden (**Doppelfunktion in der Verwaltung**).[2017] Es findet eine **Organleihe** statt: Das Land „leiht" sich die Kommunalbehörde. Das sind je nach Bundesland das Landratsamt, der Landrat oder der Oberkreisdirektor.

949 Die Verknüpfung von Staatsverwaltung und Kommunalverwaltung (Kreisverwaltung) gewährleistet eine effektive Verwaltung, weil sie zugleich staatliche und kommunale Aufgaben und Interessen miteinander verbindet. Der Landrat ist kommunaler Wahlbeamter, d.h. Beamter, der von den Bürgern des Landkreises (oder vom Kreistag) gewählt wird. Will das Bundesland staatliche Verwaltungsaufgaben durch den Landrat wahrnehmen, „leiht" sie sich diesen von dem Landkreis. Er fungiert dann als untere Verwaltungsbehörde des Landes. Zur Rechtsfigur der Organleihe vgl. ausführlich *R. Schmidt*, AllgVerwR, Kap. 1.

950 **VI.** Auf den Vollzug des Rechts der **Europäischen Union** sind die Art. 83 ff. GG nicht direkt anwendbar, da sich diese Vorschriften nur auf den Vollzug des nationalen Rechts und die Kompetenzverteilung zwischen Bund und Ländern beziehen. Gleichwohl bestehen keine Bedenken, die Art. 83 ff. GG analog anzuwenden. Es bleibt also auch in diesem Zusammenhang bei dem Grundsatz der Länderexekutive. Das Recht

[2015] So von *Schoch*, NVwZ 2018, 17 ff.
[2016] *Schoch*, NVwZ 2018, 17, 19.
[2017] Vgl. ausführlich *R. Schmidt*, AllgVerwR, Kap. 1.

der Europäischen Union ist also grds. von den Ländern auszuführen. Der Bund hat aber im Bereich der Art. 84 f. GG Aufsichts- und Einwirkungsrechte. Des Weiteren kann und muss er im Rahmen seiner Zuständigkeit gem. Art. 87 ff., 108 I S. 1 GG selbst den Vollzug übernehmen.

Hiervon zu unterscheiden ist der Fall, in dem nationales Recht vollzogen wird, das aufgrund des EU-Rechts, insbesondere aufgrund von Richtlinien gem. Art. 288 III AEUV ergangen ist. Hier sind die Art. 83 ff. GG wiederum unmittelbar anwendbar.

VII. Aus diesen verfassungsrechtlichen Vorgaben erklären sich die bestehende Verwaltungsorganisation und der Behördenaufbau in der Bundesrepublik Deutschland. Sofern der Behördenaufbau für die Fallbearbeitung eine Rolle spielt, wird dies im Bereich des Verwaltungsrechts der Fall sein. So sind Grundkenntnisse bspw. für die richtige Bestimmung der **nächsthöheren Behörde als Widerspruchsbehörde** (§ 73 I VwGO), der **Behördenzuständigkeit bei der formellen Rechtmäßigkeitsprüfung** (eines Verwaltungsakts) sowie bei der **Bestimmung des richtigen Klagegegners** nach § 78 VwGO unabdingbar. Einzelheiten würden den Rahmen dieser Darstellung sprengen. Sie sind *R. Schmidt*, AllgVerwR und VerwProzR zu entnehmen. **951**

9. Kapitel
Die Finanzverfassung

Wichtige Entscheidungen: BVerfGE 20, 257 (Begriff der Gebühren); 38, 281 (Begriff der Beiträge); 49, 343 (Kommunalabgaben); 55, 274 (AusbildungsplatzförderungsG); 65, 325 (Zweitwohnungssteuern); 67, 256 (Investitionshilfegesetz); 72, 330 (ZerlegungsG und FinanzausgleichsG); 75, 108 (Künstlersozialabgabe); 78, 249 (Subventionen); 81, 156 (Erstattung von Arbeitslosengeld); 86, 148 (Finanzausgleich); 91, 186 (Kohlepfennig); 93, 319 (Wasserpfennig); 98, 106 (Kommunale Verpackungssteuer); 101, 158 (Finanzausgleich); 122, 316 (Sonderabgabe Absatzfonds); BVerfG NJW 1995, 1733, 1735 (Feuerwehrabgabe); BVerwGE 96, 45 (BAföG); 100, 56 (Erstattungsanspruch, Auftragsverwaltung); 104, 29 (Finanzwesen; Länder/Haftung); BVerfG NVwZ 2009, 641 (Agrarabgabe)

952 Die Verteilung des Steueraufkommens zwischen Bund, Ländern und Gemeinden stellt den „tragenden Pfeiler der bundesstaatlichen Ordnung"[2018] dar. Art. 104a bis 109 GG betreffen diese Verteilung. Sie enthalten einen Verteilermodus, bei dem der Gesamtstaat, die Gliedstaaten und die Kommunen am Ertrag der Volkswirtschaft sachgerecht beteiligt werden.[2019] Im Einzelnen gilt:

- Art. 104a GG regelt die Ausgabenlast (Ausgabentragung),
- Art. 105 GG regelt die Gesetzgebungskompetenzen,
- Art. 106-107 GG regeln die Steuerertragshoheit und den Finanzausgleich,
- Art. 108 GG regelt die Finanzverwaltung und die Finanzgerichtsbarkeit,
- Art. 109 GG regelt die Haushaltswirtschaft in Bund und Ländern.

A. Ausgabenlast (Ausgabentragung), Art. 104a GG

953 Gemäß **Art. 104a I GG** tragen der Bund und die Länder gesondert die Ausgaben, die sich aus der Wahrnehmung ihrer Aufgaben ergeben, soweit das Grundgesetz nichts anderes bestimmt (Grundsatz der **gesonderten Ausgabentragung** oder **Konnexitätsgrundsatz**). Das bedeutet, dass derjenige Verwaltungsträger, der eine Aufgabe gem. Art. 83 ff. GG wahrnimmt, grundsätzlich auch die damit verbundenen Kosten trägt („Die Ausgaben folgen den Aufgaben"). Das gilt sowohl im Verhältnis zwischen Bund und Ländern als auch im Verhältnis zwischen Bund und Gemeinden.[2020]

> **Beispiel:** Für die Ausführung des Passgesetzes (PassG) sind gem. § 19 I, III PassG die von den Ländern bestimmten örtlichen Behörden zuständig. Das sind i.d.R. die Gemeindebehörden, da die Unterstufe des Behördenaufbaus von diesen gebildet wird („Kommunalisierung der unteren Staatsverwaltung"). Die Kosten für die Erstellung von Personalausweisen und Reisepässen trägt daher grundsätzlich die Gemeinde, in der der Passinhaber seinen ersten Wohnsitz hat. Eine andere Sache ist es, dass sich die Behörde von dem Passinhaber die Kosten erstatten lässt. Denn gem. § 20 I PassG kann die Behörde Gebühren und Auslagen von demjenigen erheben, der die Amtshandlung veranlasst hat oder zu dessen Gunsten sie vorgenommen wurde.

954 Etwas anderes gilt gem. **Art. 104a II GG** für den Bereich der **Auftragsverwaltung** (Art. 85 GG). Gemäß Art. 85 III GG sind die Länder in den Bereichen der Auftragsverwaltung den Weisungen der zuständigen obersten Bundesbehörden unterworfen. Folglich können sie daher auch nicht ihr Ausgabenverhalten in Bezug auf die Gesetzesausführung eigenständig wahrnehmen. Daher ist es nur richtig, dass auch der Bund, der von seinem Weisungsrecht Gebrauch macht, die hierbei entstehenden Kosten tragen muss.

[2018] BVerfGE 55, 274, 300.
[2019] BVerfGE 55, 274, 300; 72, 330, 388; 86, 148, 264.
[2020] BVerfGE 86, 148, 215; BVerwGE 44, 351, 364; 98, 18, 21; 100, 56, 59.

Eine weitere Ausnahme zu Art. 104a I GG findet sich in **Art. 104a III GG**. Nach **S. 1** dieser Vorschrift können Bundesgesetze, die Geldleistungen gewähren und von den Ländern ausgeführt werden, bestimmen, dass die Geldleistungen ganz oder teilweise vom Bund getragen werden. 955

Geldleistungen sind geldliche, einmalige oder fortlaufende Zuwendungen aus öffentlichen Mitteln an Dritte, denen keine Gegenleistung korrespondiert.

Unter Bundesgesetzen, die Geldleistungen gewähren, dürften solche Gesetze zu verstehen sein, die einem fest umrissenen Kreis von Empfängern beim Vorliegen bestimmter, im Gesetz festgelegter Voraussetzungen öffentlich-rechtliche Geldleistungen gewähren (sog. **Geldleistungsgesetze**).[2021]

Gewähren bedeutet, dass die Geldleistung freiwillig und nicht aufgrund bestehender vertraglicher, deliktischer oder sonstiger (z.B. Erstattungsansprüche) Verpflichtungen erbracht wird.[2022]

Es kommt auch nicht darauf an, ob dem Empfangsberechtigten (etwa durch die gesetzliche Formulierung: „... *ist* zu gewähren") ein Anspruch eingeräumt ist; allerdings darf die Gewährung der Geldleistung nicht dem freien Ermessen der Verwaltungsbehörde überlassen bleiben.[2023] 956

Beispiele von öffentlich-rechtlichen Geldleistungen: Wohngeld, Wohnungsbauprämien, Sparprämien, Berufsausbildungsförderung, Entschädigung für Opfer von Gewalttaten, Kindergeld, Subventionen[2024] etc.

Reine Genehmigungen, Erlaubnisse oder sonstige Verwaltungsakte, die keine darüber hinausgehenden Leistungen bestimmen, sondern nur die Vereinbarkeit mit materiellen Vorschriften feststellen, fallen **nicht** unter den Begriff der Geldleistung. Daher sind auch Gesetze, die der Verwaltung die Befugnis zum Erlass solcher Verwaltungsakte verleihen, keine Geldleistungsgesetze, weil die Einzelakte, zu deren Erlass die Gesetze ermächtigen, keine geldwerten Leistungen gewähren.

Fehlt eine gesetzliche Bestimmung i.S.v. Art. 104a III S. 1 GG, bleibt es bei der Grundregel des Art. 104a I GG (Kostenlast der Länder). 957

Von den Kosten für den Gesetzesvollzug zu trennen sind die **Verwaltungsausgaben**. Diese gehen gem. **Art. 104a V GG** zulasten des jeweiligen Verwaltungsträgers, da die Organisation und die Ausstattung der Behörden dessen Sache ist. 958

Verwaltungsausgaben sind die Kosten für die Unterhaltung und den Betrieb des Verwaltungsapparats (hierzu gehören etwa die Personal- und Sachkosten).

Nach Art. **104a VI GG** tragen Bund und Länder nach der innerstaatlichen Zuständigkeits- und Aufgabenverteilung (also nach den Art. 30, 70 ff., 83 ff. GG) die Lasten einer Verletzung von supranationalen oder völkerrechtlichen Verpflichtungen Deutschlands – etwa bei Vertragsverletzungen in Bezug auf den EU- und den AEU-Vertrag, bei der Verhängung von Zwangsgeldern oder Pauschalbeträgen durch die EU, bei Finanzkorrekturen durch die EU aufgrund fehlerhafter Ausgaben von EU-Mitteln oder bei Verurteilungen durch den EGMR. 958a

---

2021 *Henneke*, in: Schmidt-Bleibtreu/Hofmann/Henneke, GG, Art. 104a Rn 22 ff.
2022 *Heintzen*, in: v. Münch/Kunig, GG, Art. 104a Rn 44; *Maunz*, in: Maunz/Dürig, GG, Art. 104a Rn 34.
2023 *Pieroth*, in: J/P, GG, Art. 104a Rn 11; *Heun*, in: Dreier, GG, Art. 104a Rn 26.
2024 Allerdings sind Subventionen durch Steuerermäßigung (sog. Verschonungssubventionen) nicht nach Art. 104a III GG, sondern nach Art. 105 GG zu beurteilen.

Mit dieser Regelung soll grundsätzlich *die* Körperschaft (Bund oder Land) die Folgen einer Pflichtverletzung tragen, in deren Verantwortungsbereich diese sich ereignet hat. Eine Ausnahme bilden die Fälle länderübergreifender Finanzkorrekturen der EU (vgl. Art. 126 AEUV). Eine länderübergreifende Finanzkorrektur liegt gem. Art. 104a VI S. 4 GG i.V.m. § 2 I LastG vor, wenn die Europäische Kommission entscheidet, dass Ausgaben der Union von der gemeinschaftlichen Finanzierung auszuschließen sind, weil diese nicht in Übereinstimmung mit den Unionsvorschriften durch den Mitgliedstaat getätigt worden sind (fehlerhafte Ausgaben). Liegt der Entscheidung über die Finanzkorrektur die Feststellung der Europäischen Kommission zugrunde, dass die in einem Land oder in mehreren Ländern festgestellte fehlerhafte Verausgabung von Unionsmitteln gleichermaßen in den übrigen Ländern aufgetreten ist (länderübergreifende Finanzkorrektur), werden gem. Art. 104a VI S. 2-4 GG i.V.m. § 2 II LastG die Lasten als Ausnahme vom Verursacherprinzip nach den in § 2 II LastG genannten Anteilen verteilt.

959 Schließlich sind die **Finanzhilfen** nach **Art. 104b GG** zu nennen. Nach Art. 104b I S. 1 GG kann der Bund den Ländern für besonders bedeutsame Investitionen der Länder und Gemeinden (Gemeindeverbänden) Finanzhilfen gewähren. Allerdings besteht eine strenge Zweckbestimmung. Erlaubt sind Finanzhilfen nur zu den in der Vorschrift genannten Zwecken, namentlich

- zur Abwehr einer Störung des gesamtwirtschaftlichen Gleichgewichts,
- zum Ausgleich unterschiedlicher Wirtschaftskraft im Bundesgebiet
- oder zur Förderung des wirtschaftlichen Wachstums.

960 Die Finanzhilfe muss zudem zur Erreichung des in Betracht kommenden Ziels **erforderlich** sein. Eine pauschale Zuschussgewährung ist daher ausgeschlossen, denn die Finanzhilfen sind kein Instrument direkter oder indirekter Investitionssteuerung zur Durchsetzung allgemeiner währungs-, raumordnungs- oder strukturpolitischer Ziele des Bundes in den Ländern und dürfen den Finanzausgleich nicht ersetzen.[2025] Allerdings sind die in Art. 104b I S. 1 GG genannten Förderungsziele als Rechtsbegriffe recht unbestimmt, was die Frage aufwirft, ob dem Bund damit ein verfassungsgerichtlich nicht näher überprüfbarer Beurteilungsspielraum eröffnet ist. In Anlehnung an die Rspr. des BVerfG zu Art. 72 II GG (in der bis zum 31.8.2006 geltenden Fassung) muss aber davon ausgegangen werden, dass das Gericht, sollte es über die Erforderlichkeitsklausel des Art. 104b I S. 1 GG zu entscheiden haben, einen verfassungsgerichtlich voll überprüfbaren unbestimmten Rechtsbegriff annehmen würde.[2026]

960a Oben genannte Finanzhilfen des Bundes werden aufgrund der Formulierung in Art. 104b I S. 1 GG „soweit dieses Grundgesetz ihm (dem Bund) Gesetzgebungsbefugnisse verleiht" jedoch ausgeschlossen bei Gegenständen, die in die Gesetzgebungskompetenz der Länder fallen. Danach wäre z.B. ein neues Ganztagsschul-Investitionsprogramm nicht mehr zulässig, weil das Schulwesen Gegenstand der Landesgesetzgebungskompetenz ist.

960b Art. 104b II S. 1 GG verleiht dem Bund aber die Befugnis, das Nähere, insbesondere die Arten der zu fördernden Investitionen, durch Zustimmungsgesetz zu regeln. Keine Gesetzgebungsbefugnisse indes benötigt der Bund, wenn er bei Naturkatastrophen oder außergewöhnlichen Notsituationen, die sich der Kontrolle des Staates entziehen und die staatliche Finanzlage erheblich beeinträchtigen, Finanzhilfen gewähren möchte (Art. 104b I S. 2 GG). Die nach Art. 104b I GG gewährten Finanzhilfen des Bundes werden gem. Art. 104b II S. 5 GG in der Fassung der Grundgesetzänderung 2019

[2025] BVerfGE 39, 96, 111.
[2026] Zur Kontrolldichte in Bezug auf Art. 72 II GG (a.F.) vgl. Rn 819 ff.

(dazu bereits Rn 21l, aber auch sogleich Rn 960d) zusätzlich zu eigenen Mitteln der Länder bereitgestellt.

Im Zuge der bereits bei Rn 21k und Rn 945 erwähnten Grundgesetzänderung v. 13.7. 2017 (BGBl I 2017, S. 2347) wurden die Förderungsmöglichkeiten des Bundes wiederum erweitert. So kann gem. Art. 104b II S. 2 GG das Bundesgesetz oder die Verwaltungsvereinbarung Bestimmungen über die Ausgestaltung der jeweiligen Länderprogramme zur Verwendung der Finanzhilfen vorsehen. Die Festlegung der Kriterien für die Ausgestaltung der Länderprogramme erfolgt gem. Art. 104b II S. 3 GG im Einvernehmen mit den betroffenen Ländern. Zur Gewährleistung der zweckentsprechenden Mittelverwendung kann gem. Art. 104b II S. 4 GG die Bundesregierung Bericht und Vorlage der Akten verlangen und Erhebungen bei allen Behörden durchführen. Die Mittel sind gem. Art. 104b II S. 5 GG befristet zu gewähren und hinsichtlich ihrer Verwendung in regelmäßigen Zeitabständen zu überprüfen. Schließlich sind gem. Art. 104b II S. 6 GG die Finanzhilfen im Zeitablauf mit fallenden Jahresbeträgen zu gestalten. **960c**

Und gemäß dem bei Rn 21l genannten „Gesetz zur Änderung des Grundgesetzes (Artikel 104c, 104d, 125c, 143e)" v. 21.2.2019 ist es dem Bund ermöglicht, den Ländern Finanzhilfen für gesamtstaatlich bedeutsame Investitionen sowie besondere, mit diesen unmittelbar verbundene, befristete Ausgaben der Länder und Gemeinden (Gemeindeverbände) zur Steigerung der Leistungsfähigkeit der kommunalen Bildungsinfrastruktur zu gewähren („Digitalpakt Schule"), Art. 104c GG n.F. Damit kann der Bund den Schulen Finanzhilfen zur besseren digitalen Ausstattung gewähren, aber auch die Finanzierung damit unmittelbar verbundener befristeter Aufgaben der Länder und Gemeinden wird ermöglicht. Nach Art. 104b II S. 5 GG n.F. werden die Mittel des Bundes zusätzlich zu eigenen Mitteln der Länder bereitgestellt. Zudem ermöglicht Art. 104d GG n.F. es dem Bund, den Ländern Finanzhilfen für gesamtstaatlich bedeutsame Investitionen der Länder und Gemeinden (Gemeindeverbände) im Bereich des sozialen Wohnungsbaus zu gewähren. Art. 104b II S. 1-3, 5, 6 und III GG gilt gem. Art. 104c S. 2 GG entsprechend. **960d**

Liegen die Voraussetzungen der Art. 104b und 104c GG nicht vor und sind Finanzhilfen auch nicht als Gemeinschaftsaufgabe gem. Art. 91a, 91b GG zulässig, verbleibt es beim Konnexitätsgrundsatz gem. Art. 104a I GG, wonach die Länder die Ausgaben für ihre Aufgaben tragen. **961**

B. Steuergesetzgebungskompetenzen (Art. 105 GG)

Die Gesetzgebungskompetenzen für die Steuergesetzgebung richten sich ausschließlich nach Art. 105 GG.[2027] Die Kompetenztitel der Art. 73 I und 74 I GG werden verdrängt.[2028] Bei der Lösung juristischer Fälle ist bei der Frage nach der Gesetzgebungskompetenz daher zunächst danach zu fragen, ob es sich bei dem Streitgegenstand um eine **Steuer** handelt. Liegt demnach eine Steuer vor, findet ausschließlich Art. 105 GG Anwendung. Bei allen anderen Abgaben (Gebühren, Beiträge, Sonderabgaben) gelten die allgemeinen Kompetenztitel der Art. 73 I und 74 I GG.[2029] Innerhalb des Art. 105 GG ist wiederum zu unterscheiden: Für **Zölle und Finanzmonopole** hat der Bund die **ausschließliche** Gesetzgebungskompetenz (Art. 105 I GG), für die **962**

[2027] In Bezug auf die Grundsteuer kommt die mit Gesetz v. 15.11.2019 (BGBl I 2019, S. 1546) eingeführte Abweichungskompetenzregelung des Art. 72 III S. 1 Nr. 7 GG hinzu, die gem. Art. 125b III GG aber erst ab 1.1.2025 greift.
[2028] Dagegen bleibt es bei Abgaben, die keine Steuern sind (etwa Gebühren), bei den allgemeinen Regeln der Art. 70 ff. GG über die Gesetzgebungskompetenz (siehe nur OVG Bremen NVwZ 2018, 913, 914).
[2029] Vgl. BVerfGE 81, 156, 187; OVG Schleswig NVwZ-RR 2001, 532 und *Kloepfer/Bröcker*, DÖV 2001, 1, 4.

übrigen Steuern gelten dagegen die **konkurrierende** Gesetzgebungskompetenz des Bundes (Art. 105 II, IIa S. 1 GG) bzw. die **ausschließliche Gesetzgebungskompetenz der Länder** (Art. 105 IIa S. 2 GG). Um daher die Art der Gesetzgebungskompetenz bestimmen zu können, bedarf es entsprechender Definitionen der einzelnen Abgabenarten.

I. Steuern, Zölle und Finanzmonopole

963 **Steuern** sind öffentlich-rechtliche (einmalige oder fortlaufende) Geldleistungen, die dem Bürger auferlegt werden, *ohne* dass sie eine Gegenleistung für eine bestimmte Leistung des öffentlichen Gemeinwesens darstellen.[2030]

964 Zweck der Steuererhebung ist vor allem die Erzielung von öffentlichen Einnahmen insbesondere zur Deckung der Betriebskosten der öffentlichen Hand.

Beispiele: Einkommensteuer, Körperschaftsteuer, Umsatzsteuer, Grunderwerbsteuer, Getränkesteuer, Investitionssteuer, Jagdsteuer, Schankerlaubnissteuer, Solidaritätszuschlag[2031], Spielbankabgabe, Stabilitätszuschlag, Straßengüterverkehrssteuer, Vergnügungssteuer, Verpackungssteuer, Hundesteuer, Pferdesteuer[2032], Fischereisteuer, Zweitwohnungssteuer[2033]

Gerade die örtlichen Aufwandssteuern (insbesondere die Zweitwohnungssteuern in Feriengebieten) unterliegen allerdings regelmäßig einer engen Zweckbindung (z.B. Unterhaltung von öffentlichen Einrichtungen für Kurzwecke etc.), was in den einschlägigen Satzungen nicht immer detailliert bezeichnet ist. Diese Zweckbindung des Aufkommens der Abgabe steht dem Steuercharakter aber nicht entgegen. **Zwecksteuern** stehen zwar im Gegensatz zu den allgemeinen Steuern zu bestimmten Leistungen und Verwaltungszwecken des Abgabeberechtigten in Beziehung. Die Erfüllung der öffentlichen Aufgaben, zu deren Finanzierung Zwecksteuern dienen, hat aber nicht den Charakter einer Gegenleistung des Abgabeberechtigten zugunsten des Abgabepflichtigen. Der Kreis der Abgabepflichtigen ist darum bei den Zwecksteuern auch nicht auf solche Personen begrenzt, die einen wirtschaftlichen Vorteil aus dem öffentlichen Vorhaben ziehen.[2034] Daneben erstreckt sich die Abgabepflicht auch regelmäßig auf *alle* Zweitwohnungsinhaber, soweit die Tatbestandsvoraussetzungen für die Abgabenerhebung im Übrigen vorliegen.

965 **Zölle** sind „Abgaben, die nach Maßgabe des Zolltarifs von der Warenbewegung über die Zollgrenze erhoben werden".[2035] Sie sind gem. Art. 106 I GG ein Unterfall der Steuern.

966 Von **Finanzmonopolen** spricht man bei dem ausschließlichen Recht des Staates, aus dem Verkauf bestimmter Waren oder Dienstleistungen Einnahmen zu erzielen.[2036] Das Recht kann auch im Wege der Beleihung auf Private übertragen werden. In der Bundesrepublik Deutschland gab es bis zum 31.12.2017 nur noch ein Finanzmonopol, und zwar das für die Produktion und den Vertrieb von Branntwein.[2037]

[2030] BVerfGE 49, 343, 353; 67, 256, 282; BVerwGE 93, 319, 346; BFHE 141, 369, 372; *v. Danwitz*, NVwZ 2000, 615, 616. Vgl. auch die Legaldefinition in § 3 AO, die auch bei der Auslegung des verfassungsrechtlichen Begriffs herangezogen werden kann.
[2031] Vgl. dazu BVerfG NJW 2011, 441.
[2032] Vgl. dazu BVerwG LKRZ 2015, 458.
[2033] Zur Zweitwohnungssteuer vgl. OVG Schleswig NVwZ-RR 2001, 532 f.
[2034] BVerfGE 49, 343, 353 f. Zu den vom BVerfG entwickelten Kriterien für die Zulässigkeit von Zweitwohnungssteuern als Zwecksteuern vgl. E 65, 325, 343 ff.
[2035] BVerfGE 8, 260, 269.
[2036] BVerwGE 114, 92, 99.
[2037] Aufgrund von EU-Vorgaben wurde es durch Gesetz v. 21.6.2013 (BGBl I 2013, S. 1650) abgeschafft.

II. Gebühren und Beiträge

Auch **Gebühren** und **Beiträge** sind öffentlich-rechtliche Geldleistungen. Sie sind allerdings bei entsprechender *Gegenleistung* des Staates oder einer anderen juristischen Person des öffentlichen Rechts (**Äquivalenzprinzip**) zu entrichten. Daher werden sie nicht von § 3 I AO erfasst. Hier richtet sich die Gesetzgebungskompetenz nach den allgemeinen Regeln der Art. 70 ff. GG. **967**

Gebühren sind gesetzlich geregelte einseitig auferlegte Entgelte für eine **besondere Inanspruchnahme** der Verwaltung oder öffentlicher Einrichtungen [z.B. für eine Unterschriftsbeglaubigung, für die Ausstellung eines Personalausweises oder Reisepasses, für die Erteilung einer Baugenehmigung oder für einen Einsatz von Polizei-[2038] und Rettungskräften[2039] (Verwaltungsgebühren) oder für den Anschluss an ein gemeindliches Kanalisationsnetz (Benutzungsgebühren)].[2040] *Gemeindegebühren* (sog. Sporteln) sind Verwaltungsgebühren, z.B. für Lagepläne, oder Benutzungsgebühren, z.B. für Müllabfuhr, Gas, Wasser, Strom oder Verleihungen (Konzessionen). **968**

Beiträge unterscheiden sich von den Gebühren dadurch, dass der Bürger die Gegenleistung nicht wirklich in Anspruch genommen haben muss. Vielmehr genügt die bloße **Möglichkeit** (potentielle Inanspruchnahme).[2041] Beiträge sind insbesondere für die Möglichkeit der Benutzung besonderer öffentlicher Einrichtungen zu entrichten (sog. Vorzugslasten wie Sozialversicherungsbeiträge oder Versorgungsbeiträge öffentlich-rechtlicher Versorgungseinrichtungen). *Gemeindebeiträge* sind z.B. Kurtaxen, Kurförderungsabgaben, Kindergartenbeiträge oder Erschließungsbeiträge nach §§ 127 ff. BauGB.[2042] **969**

III. Sonderabgaben

Nach der Rechtsprechung des BVerfG zählen zu den öffentlichen Abgaben auch die **Sonderabgaben**, denen häufig eine **Ausgleichsfunktion** zukommt:

Sonderabgaben sind hoheitlich auferlegte Geldleistungspflichten meist wirtschaftspolitischer Natur, die dem Ausgleich von Vor- und Nachteilen zwischen den Bürgern dienen sollen und denen keine unmittelbare Gegenleistung gegenübersteht.[2043] Sie unterscheiden sich von der Steuer dadurch, dass sie nur von bestimmten Gruppen erhoben werden.[2044] **970**

Das BVerfG hat die Zulässigkeit von Sonderabgaben eingeschränkt.[2045] Insbesondere verlangt das Gericht bei den Sonderabgaben - aus kompetenzrechtlichen Gründen - eine materielle Begrenzung, um die detaillierten Regelungen des Grundgesetzes zur Besteuerungskompetenz und der bundesstaatlichen Finanzverfassung (Art. 104a ff. GG) vor einer Aushöhlung zu bewahren. Die Gefahr einer Aushöhlung besteht insbesondere dann, wenn die Sonderabgaben unter Berufung auf Sachgesetzgebungskompetenz von Bund und Ländern ausgedehnt und so ausgestaltet werden, dass sie an die Stelle von Steuern treten können. Deshalb ist es nach der Rechtsprechung des **971**

[2038] Siehe OVG Bremen NVwZ 2018, 913 ff. (Gebühren für zusätzliche Polizeikontingente zur Sicherung eines Fußballspiels).
[2039] Vgl. OVG Münster NJW 2001, 1152 ff. bzgl. der Gebühr für einen Fehlalarm.
[2040] *v. Münch*, NJW 2000, 634, 635.
[2041] BVerfG NJW 1995, 1733, 1735 (Feuerwehrabgabe).
[2042] *Schmitt Glaeser/Horn*, VerwProzR, Rn 262. Zu den Gebühren vgl. BVerfGE 20, 257, 269 und zu den Beiträgen BVerfGE 38, 281, 311.
[2043] Vgl. BVerfGE 81, 156, 186 f.; 78, 249, 267; 75, 108, 147.
[2044] *v. Danwitz*, NVwZ 2000, 615, 616.
[2045] Vgl. dazu BVerfGE 55, 274 ff. zum AusbildungsplatzförderungsG; BVerfGE 67, 256 ff. zum InvestitionshilfeG; BVerfGE 91, 186 ff. zum Kohlepfennig; BVerfGE 98, 83 ff. zur Abfallabgabe; BVerfG NVwZ 2009, 641 zur Agrarabgabe.

BVerfG dem Gesetzgeber untersagt, Sonderabgaben zur Erzielung von Einnahmen für den allgemeinen Finanzbedarf eines öffentlichen Gemeinwesens zu erheben und das Aufkommen derartiger Abgaben zur Finanzierung allgemeiner Staatsaufgaben zu verwenden. Sonderabgaben seien insbesondere nur dann zulässig, wenn

(1) die Pflichtigen eine **homogene Gruppe** darstellten,
(2) eine **Sachnähe** zwischen Abgabepflichten und Abgabezweck zu erkennen sei,
(3) eine **Gruppenverantwortung** für die Erfüllung der zu finanzierenden Aufgabe bestehe, und
(4) eine sachgerechte Verknüpfung durch **„gruppennützige" Verwendung** des Abgabenaufkommens gewährleistet sei.[2046]

Das BVerfG legt dabei dem Gesetzgeber die Pflicht auf, die Überprüfung dieser Voraussetzungen ständig vorzunehmen.

Beispiele[2047]**: Zulässige** Sonderabgaben sind die Abwasserabgabe, die Berufsausbildungsabgabe, die Filmförderungsabgabe[2048], die Hebammenabgabe, die Insolvenzsicherungsabgabe, die Ausgleichsabgabe nach dem Milch- und FettG, die Notarabgabe, die Sonderabfallabgabe, die Ausgleichsabgabe für die Stellplatzpflicht und die Weinwirtschaftsabgabe. **Unzulässige** Sonderabgaben waren der Kohlepfennig, die Feuerwehrabgabe, der Solidarfonds Abfallrückführung und die Agrarabgabe.

IV. Verteilung der Steuergesetzgebungskompetenzen

972 Liegt demnach bei der fraglichen Abgabe eine **Steuer** vor, richtet sich die Gesetzgebungskompetenz nach Art. 105 GG. Bei der **ausschließlichen** Gesetzgebungskompetenz des Bundes für **Zölle und Finanzmonopole** (**Art. 105 I GG**) hat dieser die Befugnis, die Steuergesetzgebung abschließend zu regeln; jedoch ist es dem Bund nicht verwehrt, die Länder zur Gesetzgebung ausdrücklich zu ermächtigen (vgl. insoweit die Parallele zu Art. 71 GG). Die dem Bund ausschließlich zustehende Gesetzgebungskompetenz für Zölle ist wegen der umfassenden Kompetenzen der EU für Zölle jedoch kaum noch relevant. Das hinsichtlich der Finanzmonopole bislang existierende Branntweinmonopol ist zum 31.12.2017 ausgelaufen (s.o.).

973 Nach der Grundgesetzänderung v. 15.11.2019[2049] hat der Bund die **konkurrierende** Gesetzgebungskompetenz gem. **Art. 105 II S. 1 Nr. 7 GG** für die **Grundsteuer**, die aber gem. Art. 72 III S. 1 Nr. 7 GG der Abweichungskompetenz der Länder unterfällt, d.h. die Länder können (gem. Art. 125b III GG ab dem 1.1.2025) vom Grundsteuergesetz des Bundes[2050] abweichende Grundsteuergesetze erlassen. Über die **übrigen Steuern** (generell für das in der AO 1977 geregelte materielle Steuerrecht) hat der Bund die **konkurrierende** Gesetzgebungskompetenz gem. **Art. 105 II S. 2 Halbs. 1 GG**. Dies setzt jedoch gem. Art. 105 II S. 2 Halbs. 2 GG voraus, dass dem Bund das Aufkommen dieser Steuern ganz oder zum Teil zusteht[2051] oder gem. Art. 72 II GG eine bundesgesetzliche Regelung erforderlich ist.[2052] Soweit das Aufkommen der Steuern ganz oder zum Teil den Ländern oder den Gemeinden (Gemeindeverbänden) zufließt, sind die Bundesgesetze gem. **Art. 105 III GG** zustimmungsbedürftig. Die Sperrwirkung für die Landesgesetzgebung, die eintritt, wenn der Bund von seiner

---

[2046] Vgl. dazu auch BVerfG NVwZ 2014, 646, 647 ff.
[2047] Vgl. zu den Nachweisen *Pieroth*, in: J/P, GG, Art. 105 Rn 13.
[2048] BVerfG NVwZ 2014, 646, 647 ff.
[2049] BGBl I 2019, S. 1546.
[2050] BGBl I 1973, S. 965, zuletzt geändert durch Art. 1 des Gesetzes vom 30.11.2019 (BGBl I 2019, S. 1875).
[2051] Die Verteilung der Steuererträge bzw. des Steueraufkommens richtet sich nach Art. 106 ff. GG.
[2052] Klarstellend BVerfG NJW 2015, 303, 305 mit Verweis auf BVerfGE 125, 141, 154. Siehe auch BVerfG NVwZ 2018, 795, 796 f. (Einheitswertbesteuerung bei Grundsteuer).

konkurrierenden Gesetzgebungskompetenz abschließend Gebrauch macht, tritt im Bereich der Steuergesetzgebung nur ein, wenn zwischen einer bundesrechtlich und einer landesrechtlich geregelten Steuer **Gleichartigkeit** besteht. Dafür müssen Steuern in ihren wesentlichen Merkmalen übereinstimmen. Dazu gehören Steuergegenstand, Steuermaßstab, Art der Steuererhebung und die wirtschaftlichen Auswirkungen. In erster Linie ist darauf abzustellen, ob die zu vergleichenden Steuern dieselbe Quelle wirtschaftlicher Leistungsfähigkeit beanspruchen.[2053] Keine Gleichartigkeit besteht z.B. bei der Abgabe zur Deckung kommunaler Wohnungsbaufolgekosten mit der Grundsteuer[2054] und bei der Schankerlaubnissteuer mit der Gewerbe- und der Umsatzsteuer[2055].

Für die **Sonderabgaben** steht dem Bund regelmäßig die Kompetenz nach Art. 74 I Nr. 11 oder 12 GG zu. Zusätzlich muss es sich aber um eine *zulässige* Sonderabgabe handeln, denn nur darauf kann sich wegen der restriktiven Zulässigkeit durch das BVerfG die Gesetzgebungskompetenz beziehen. Bei der Bearbeitung eines juristischen Falls muss also bei der Frage nach der Gesetzgebungskompetenz inzident die Rechtmäßigkeit der Sonderabgabe geprüft werden.[2056] **974**

Art. 105 IIa S. 1 GG regelt die ausschließliche Gesetzgebungskompetenz der **Länder** für die örtlichen **Verbrauch- und Aufwandsteuern**, solange und soweit sie nicht mit bundesgesetzlich geregelten Steuern gleichartig sind. Verbrauchsteuern knüpfen die Belastung an den Verbrauch von konsumierbaren Gütern[2057]; sie werden regelmäßig nicht vom Steuerschuldner, sondern im Wege der Überwälzung vom Verbraucher getragen.[2058] Aufwandsteuern belasten die Aufwendungen für das Halten von Ge- und Verbrauchsgegenständen; sie können als direkte oder indirekte Steuern ausgestaltet sein.[2059] In beiden Fällen ist Anknüpfungspunkt die im Ge- und Verbrauch und Aufwand zum Ausdruck kommende Einkommensverwendung für den persönlichen Lebensbedarf und damit die besondere wirtschaftliche Leistungsfähigkeit.[2060] **Örtlich** sind Verbrauch- und Aufwandsteuern, „die an örtliche Gegebenheiten, v.a. an die Belegenheit einer Sache oder an einen Vorgang im Gebiet der steuererhebenden Gemeinde anknüpfen und wegen der Begrenzung ihrer unmittelbaren Wirkungen auf das Gemeindegebiet nicht zu einem die Wirtschaftseinheit berührenden Steuergefälle führen können"[2061]. Dies ist bei einer Steuer, die in einem ganzen Land erhoben wird, nicht der Fall. Die auch bei Art. 105 IIa S. 1 GG geforderte **Gleichartigkeit** ist enger als die bei Art. 105 II GG zu verstehen, um den Ländern einen substantiellen, über Art. 105 IIa GG hinausgehenden Kompetenzbereich zu erhalten.[2062] Die Länder dürfen die Erhebung einzelner örtlicher Verbrauch- und Aufwandsteuern verbieten oder zur Pflicht machen. **975**

[2053] BVerfGE 40, 56, 62 f.; 65, 325, 351; 98, 106, 125; BVerwGE 58, 230, 240; BVerwG NVwZ 1989, 566.
[2054] BVerfGE 49, 343, 355 ff.; BVerwGE 44, 202, 206 ff., a.A. BVerfGE abw.M. 49, 363, 370 f.
[2055] BVerfGE 13, 181, 192 f.
[2056] Vgl. dazu BVerfG NVwZ 2014, 646, 647 ff.
[2057] BVerfGE 98, 106, 123 f.; BFHE 57, 473, 489; *Schneider*, in: AK, Art. 105 Rn 34; *Heintzen*, in: v. Münch/Kunig, GG, Art. 105 Rn 56 f; a.A. BFHE 141, 369, 373; vgl. dazu und zu den folgenden Nachweisen *Pieroth*, in: J/P, GG, Art. 105 Rn 37 ff.
[2058] BVerfGE 14, 76, 96; 27, 375, 384; 98, 106, 124; BVerwGE 96, 272, 281.
[2059] BVerwG NVwZ 2001, 440. Vgl. auch BVerwG NVwZ 2013, 1426 (Hundesteuer als örtliche Aufwandsteuer); BVerwG LKRZ 2015, 458 (Pferdesteuer als örtliche Aufwandsteuer).
[2060] BVerfGE 49, 343, 354; 65, 325, 346 ff.; BVerwGE 99, 303, 304 f., 111, 122, 125; 115, 165, 168 f.
[2061] BVerfGE 65, 325, 349; vgl. auch BVerfGE 16, 306, 327; 40, 56, 61; 98, 106, 124; BVerwGE 45, 264, 274; 58, 230, 237.
[2062] BVerfGE 40, 56, 63; 65, 325, 350 f.

Beispiele von örtlichen Verbrauch- und Aufwandsteuern[2063]**:** Einwohnersteuer, Fischereisteuer, Getränkesteuer, Hundesteuer, Pferdesteuer[2064], Jagdsteuer, Speiseeissteuer, Spielgerätesteuer, Vergnügungssteuer, Verpackungssteuer, soweit sie nur Waren zum Verzehr an Ort und Stelle erfasst, Wohnraumsteuer, Zweitwohnungsteuer[2065]

976 Gemäß Art. 105 IIa S. 2 GG haben die Länder jedoch die (ausschließliche) Befugnis, bei der Grunderwerbsteuer den Steuersatz festzulegen.

Hinweis für die Fallbearbeitung: Bei der Prüfung der Gesetzgebungszuständigkeit nach Art. 105 GG empfiehlt es sich, zunächst von der Regelung des **Art. 105 I GG** auszugehen. Danach hat der Bund die ausschließliche Gesetzgebung über **Zölle und Finanzmonopole**. Bei den Zöllen spiegelt sich der Gedanke aus Art. 73 GG wider, dass bestimmte Gegenstände nur vom Bund geregelt werden können. Da die Bundesrepublik gegenüber dem Ausland als Wirtschaftseinheit auftritt, wäre es widersinnig, das Zollwesen den Bundesländern zu überlassen. Bei den Finanzmonopolen war bislang nur noch das Branntweinmonopol zu nennen, was aber seit dem 1.1.2018 nicht mehr existiert.

Sodann ist bzgl. der **Grundsteuer** und der **übrigen Steuern Art. 105 II GG** zu prüfen. Hinsichtlich der Grundsteuer hat der Bund die konkurrierende Gesetzgebung, ohne dass weitere Voraussetzungen vorliegen müssten (Art. 105 II S. 1 GG), jedoch können gem. Art. 125b III GG die Länder ab dem 1.1.2025 hiervon abweichende Gesetze erlassen. Hinsichtlich der übrigen Steuern gem. Art. 105 II S. 2 GG hat der Bund die konkurrierende Gesetzgebung, wenn ihm das Aufkommen dieser Steuern ganz oder zum Teil zusteht (Var. 1) oder die Voraussetzungen des Art. 72 II GG vorliegen (Var. 2). In ihrer ersten Variante verweist die Vorschrift damit also auf die Voraussetzungen der Art. 106 ff. GG, die dann bei der Frage nach der Gesetzgebungskompetenz inzident zu prüfen sind. Kann die in einer Klausur zu untersuchende „übrige Steuer" hinsichtlich ihres Ertrags oder Aufkommens etwa unter Art. 106 I oder III GG subsumiert werden, liegt eine konkurrierende Steuergesetzgebungskompetenz des Bundes vor. Der Bund hat aber auch eine konkurrierende Steuergesetzgebungskompetenz für die sog. Ländersteuern (Art. 106 II GG), wenn die Erforderlichkeit nach bundesgesetzlicher Regelung vorliegt (Art. 105 II S. 2 Var. 2 i.V.m. Art. 72 II GG). Liegt dagegen ein Fall des **Art. 105 IIa GG** ohne konkurrierende Gesetzgebungskompetenz des Bundes vor, steht den **Ländern** die ausschließliche Gesetzgebung zu. Für die Bestimmung des Steuersatzes bzgl. der Grunderwerbsteuer gewährt ihnen Art. 105 IIa S. 2 GG sogar ausdrücklich diese Befugnis.

Für Abgaben, die **keine Steuern** sind, richtet sich die Gesetzgebungskompetenz nach den allgemeinen Regeln der **Art. 70 ff. GG**.

C. Verteilung des Steueraufkommens (Art. 106 und 107 GG)

I. Überblick

977 Kennzeichen der verfassungsrechtlichen Eigenständigkeit von Bund und Ländern ist auch das Bestehen eines realen wirtschaftlichen Fundaments.[2066] Der Verteilung des Steueraufkommens kommt daher eine staatstragende Bedeutung zu. Art. 106 und 107 GG, die im engen Zusammenhang mit Art. 105 GG stehen, regeln die Verteilung des Steueraufkommens und damit die Finanzausstattung von Bund, Ländern und Gemeinden. Während Art. 106 GG die vertikale (auf Bund, Länder und Gemeinden verteilende) Steuerertragsaufteilung betrifft, regelt Art. 107 I GG die horizontale (im

[2063] Vgl. die Nachweise bei *Pieroth*, in: J/P, GG, Art. 105 Rn 37 ff.
[2064] Vgl. dazu BVerwG LKRZ 2015, 458.
[2065] Vgl. zur Zweitwohnungssteuer BVerfGE 65, 325, 352; 114, 316, 333 ff.
[2066] BVerfGE 32, 333, 338; 39, 96, 108.

Verhältnis der Länder untereinander verteilende) Steuerertragsaufteilung und Art. 107 II GG vor allem den horizontalen Finanzausgleich, also den Finanzausgleich zwischen den Ländern. Im Einzelnen nehmen Art. 106 und 107 GG folgende Verteilung vor:

- Art. 106 I GG beschreibt die vollständige Ertragshoheit des Bundes (**Bundessteuern**),
- Art. 106 II GG regelt die Gebiete der vollständigen Ertragshoheit der Länder (**Landessteuern**),
- Art. 106 III S. 1 GG erfasst die gemeinsame Ertragshoheit von Bund und Ländern (**Gemeinschaftssteuern** – Einkommensteuer, Körperschaftsteuer, Umsatzsteuer),
- Am Aufkommen der Einkommensteuer und der Körperschaftsteuer sind der Bund und die Länder je zur Hälfte beteiligt, Art. 116 II S. 2 GG,
- Art. 106 III S. 3 und 4, IV S. 1, V, Va GG regelt die Verteilung der **Umsatzsteuer** zwischen Bund, Ländern und Gemeinden,
- Art. 106 V-VII GG regelt die Ertragshoheit der Gemeinden (**Gemeindesteuern**),
- Art. 107 GG regelt die horizontale **Steuerertragsaufteilung** (Abs. 1) und den **Finanzausgleich** (Abs. 2) **unter den Ländern**. Bzgl. der **Umsatzsteuer** regelt Art. 107 I S. 4 GG, dass der Länderanteil am Aufkommen den einzelnen Ländern, vorbehaltlich der Regelungen nach Art. 107 II GG, nach Maßgabe ihrer Einwohnerzahl zusteht.

II. Bundessteuern (Art. 106 I GG)

Der Ertrag der in Art. 106 I Nr. 1-7 GG abschließend aufgezählten Steuern steht allein **978** dem Bund zu (sog. Bundessteuern). Das gilt auch bei der Ermächtigung der Länder zur Gesetzgebung, da die in diesem Zusammmenhang erhobenen Steuern auf bundesrechtlicher Regelung beruhen. Zu den Finanzmonopolen und Zöllen (Nr. 1) vgl. Rn 963, zu den Verbrauchsteuern (Nr. 2) Rn 975. Zu ihnen gehören die *Branntwein-, Kaffee-, Mineralöl-, Schaumwein-, Strom- und Tabaksteuer* sowie die *Aufwandsteuern*. Ausgenommen sind die *Biersteuer*, die *Einfuhrumsatzsteuer* und die *örtlichen Verbrauch- und Aufwandsteuern*, die allesamt entweder Art. 106 II oder III GG zugeordnet sind. Die in Art. 106 I Nr. 3 und 4 GG genannten *Verkehrsteuern* knüpfen an Akte oder Vorgänge des Rechtsverkehrs, an einen rechtlichen oder wirtschaftlichen Akt, an die Vornahme eines Rechtsgeschäfts, einen wirtschaftlichen oder Verkehrsvorgang an. Auch die *Kraftfahrzeugsteuer* ist von Nr. 3 erfasst. Die *Kapitalverkehrsteuer*, die *Wechselsteuer*, die *Börsenumsatzsteuer* und die *Gesellschaftsteuer* wurden 1990 abgeschafft. Heute fällt hierunter die *Versicherungsteuer*. Nr. 5 enthält die einmaligen *Vermögensabgaben* und die zur Durchführung des Lastenausgleichs (vgl. Art. 120 GG) erhobenen *Ausgleichsabgaben*. Die Ergänzungsabgabe zur Einkommensteuer und zur Körperschaftsteuer (Nr. 6), wie der *Solidaritätszuschlag* zur Finanzierung der deutschen Einheit seit dem 1.1.1995, darf die Einkommen- und Körperschaftsteuer, die Art. 106 II, III GG unterfällt, nicht aushöhlen; sie ist in der Höhe begrenzt, wobei die Grenze mit den gegenwärtig festgesetzten 5,5 % von der Einkommen- bzw. Körperschaftsteuer nicht überschritten ist; unschädlich ist, dass sie nicht von vornherein befristet wurde.[2067]

III. Landessteuern (Art. 106 II GG)

Der Ertrag der in Art. 106 II GG abschließend aufgezählten Steuern steht vollständig **979** den Ländern zu (sog. Landessteuern); sie können auf bundes- oder landesrechtlicher Regelung beruhen (vgl. dazu bereits Rn 972). Die *Vermögensteuer* (Nr. 1) ist eine Personalsteuer, die das Vermögen zum Gegenstand hat.[2068] Die *Erbschaftsteuer* (Nr. 2) erfasst den Erwerb auf Erbschaft, Vermächtnis und Schenkung. Die Verkehrsteuer

[2067] Vgl. *Pieroth*, in: J/P, GG, Art. 106 Rn 4 ff. m.w.Nachw.
[2068] Zur Verfassungsmäßigkeit, wenn sie als Sollertragsteuer ausgeformt ist, vgl. BVerfGE 93, 121, 137.

ist eine Steuer, die auf die Teilnahme am Rechts- und Wirtschaftsverkehr erhoben wird und Nr. 3 erfasst, soweit sie nicht nach Abs. I dem Bund oder nach Abs. III Bund und Ländern gemeinsam zustehen. Die Ertragshoheit der Länder an den *sonstigen Verkehrsteuern* ist also beschränkt durch die speziellen Zuweisungen an den Bund (Rn 972/978) sowie bzgl. der *Umsatzsteuer*, die mit Ausnahme der *Einfuhrumsatzsteuer* (Rn 978) verfassungsrechtlich als Verkehrsteuer gilt (siehe Art. 108 I GG), an den Bund und die Länder gemeinsam (Rn 980 ff.). Danach stehen den Ländern die Erträge der *Feuerschutz-, Grunderwerb-, Lotterie- und Rennwettsteuer* zu. Die *Biersteuer* (Nr. 4) ist die einzige den Ländern aus Tradition zustehende Verbrauchsteuer. Schließlich ist die *Spielbankenabgabe* (Nr. 5) eine Steuer.[2069]

IV. Gemeinschaftsteuern (Art. 106 III, IV GG)

980 Während für die bisher genannten Steuern ein Trennsystem gilt, das Aufkommen also jeweils entweder dem Bund (Art. 106 I GG) *oder* den Ländern (Art. 106 II GG) zusteht, gilt für die wichtigsten Steuern das **Verbundsystem** des Art. 106 III GG.

981 Die Gemeinschaftsteuern umfassen die *Einkommen-, Körperschaft- und Umsatzsteuer*. Zur *Einkommensteuer* zählen auch die Besteuerung von Veräußerungsgewinnen[2070] und der Stabilitätszuschlag[2071], nicht aber die Ergänzungsabgabe (Rn 978). Die *Körperschaftsteuer* ist die Einkommensteuer juristischer Personen (siehe § 1 KStG). Die *Umsatzsteuer* (landläufig auch als *Mehrwertsteuer* bezeichnet) ist teilweise Verbrauch- und teilweise Verkehrsteuer. Die Gemeinschaftsteuern machen rund 75% des gesamten Steueraufkommens aus.

V. Verteilung der Einkommen- und Körperschaftsteuer (Art. 106 III S. 1 und 2, 107 II GG)

982 Das Aufkommen der *Körperschaftsteuer* und der *Einkommensteuer* steht dem Bund und der Ländergemeinschaft je zur Hälfte zu (Art. 106 III S. 2 GG). Gemäß Art. 106 V S. 1 GG erhalten die Gemeinden einen Anteil an dem Aufkommen der Einkommensteuer, der von den Ländern an ihre Gemeinden auf der Grundlage der Einkommensteuerleistungen ihrer Einwohner weiterzuleiten ist. Das Nähere bestimmt ein Bundesgesetz, das der Zustimmung des Bundesrats bedarf (Art. 106 V S. 2 GG). Es kann bestimmen, dass die Gemeinden Hebesätze für den Gemeindeanteil festsetzen (Art. 106 V S. 3 GG). Art. 107 II S. 1 GG bestimmt, dass bei der Verteilung (der in Art. 107 I GG genannten Steuerarten) die unterschiedliche Finanzkraft der Länder angemessen ausgeglichen wird und dass hierbei die Finanzkraft und der Finanzbedarf der Gemeinden (Gemeindeverbände) zu berücksichtigen sind. Weitere Aspekte sind in Art. 107 II S. 2-6 GG genannt.

VI. Verteilung der Umsatzsteuer (Art. 106 III S. 1, S. 3, IV S. 1, Va, 107 I S. 4, II GG)

983 Nicht nur das Aufkommen der Einkommensteuer und der Körperschaftsteuer, sondern auch das Aufkommen der Umsatzsteuer steht dem Bund und den Ländern gemeinsam zu (Gemeinschaftsteuern), soweit das Aufkommen der Umsatzsteuer nicht nach Art. 106 Va GG den Gemeinden zugewiesen wird (Art. 106 III S. 1 GG). Die Anteile von Bund und Ländern an der Umsatzsteuer werden durch Bundesgesetz, das der Zustimmung des Bundesrats bedarf, festgesetzt (Art. 106 III S. 3 GG). Eine Verteilungsregel auf Landesebene enthält Art. 107 I S. 4 GG. Danach steht der Länderanteil am

[2069] Vgl. dazu insgesamt *Pieroth*, in: J/P, GG, Art. 106 Rn 5a m.w.Nachw.
[2070] BVerfGE 26, 302, 309; 27, 111, 126.
[2071] BVerfGE 36, 66, 70.

Aufkommen der Umsatzsteuer den einzelnen Ländern, vorbehaltlich der Regelungen nach Art. 107 II GG, nach Maßgabe ihrer Einwohnerzahl zu.

Gesetz i.S.d. Art. 106 III S. 3 und 107 I S. 4, II GG ist das **Finanzausgleichsgesetz**. Die konkreten Quoten und Berechnungen ergeben sich aus §§ 1 und 2 FAG.

VII. Finanzzuweisung des Bundes an die Länder (Art. 106 IV S. 2, 3 GG)

Werden den Ländern durch Bundesgesetz zusätzliche Aufgaben auferlegt oder Einnahmen entzogen, können gem. Art. 106 IV S. 2 und 3 GG durch Zustimmungsgesetz die Mehrbelastungen durch Finanzzuweisungen des Bundes an die Länder ausgeglichen werden, wenn sie auf einen kurzen Zeitraum[2072] begrenzt werden (sog. **Mehrbelastungsausgleich**). Das Ermessen des Gesetzgebers kann sich in Fällen unzumutbarer Belastung der Länder unter Berücksichtigung des Grundsatzes des bundesfreundlichen Verhaltens zu einer gesetzlichen Ausgleichspflicht verdichten. **984**

VIII. Ertragshoheit der Gemeinden (Art. 106 V-VII GG)

Da die Gemeinden nicht nur ihre eigenen Aufgaben wahrnehmen, sondern auch Bundes- und Landesgesetze durch ihre Behörden ausführen müssen[2073], ist eine angemessene Finanzausstattung unabdingbar. Allerdings garantiert Art. 106 V-VII GG weder, dass der gemeindliche Finanzbedarf durch kommunale Steuern und Finanzausgleichsleistungen vollständig abgedeckt wird, noch, dass alle derzeitigen Steuern erhalten bleiben. Soweit in einem Land keine Gemeinden bestehen (Berlin und Hamburg), steht die Ertragshoheit den Ländern zu. Die Verwaltung der Steuern in der Ertragshoheit der Gemeinden erfolgt regelmäßig durch die Länder; für diese handelt es sich um „durchlaufende Posten".[2074] **985**

Zunächst steht den Gemeinden ein Anteil an der *Einkommensteuer* zu (Art. 106 V, III S. 1 GG, vgl. Rn 977). Die Länder sind verpflichtet, den Anteil an die Gemeinden auf der Grundlage der Einkommensteuerleistungen ihrer Einwohner weiterzuleiten (Art. 106 V S. 1 GG). Für die Festlegung der Höhe des Gemeindeanteils und die Einzelheiten der Verteilung besteht eine ausschließliche Bundesgesetzgebungskompetenz mit Zustimmungspflicht des Bundesrats (Art. 106 V S. 2 GG). Der Bund hat hiervon mit Erlass des Gemeindefinanzreformgesetzes Gebrauch gemacht. Von der Möglichkeit, den Gemeinden ein Hebesatzrecht (ähnlich wie bei der Gewerbesteuer, siehe Rn 989) für ihren Anteil auch an der Einkommensteuer einzuräumen (Art. 106 V S. 3 GG), ist bisher nicht Gebrauch gemacht worden. **986**

Gemäß Art. 106 V a GG steht den Gemeinden auch ein Ertragsanteil an der *Umsatzsteuer* zu. Die Länder sind verpflichtet[2075], den Anteil an die Gemeinden auf der Grundlage eines orts- und wirtschaftsbezogenen Schlüssels weiterzuleiten (Art. 106 Va S. 2 GG). Die Höhe des Gemeindeanteils und die Einzelheiten der Verteilung sind zustimmungsbedürftigen Bundesgesetzen, d.h. dem FAG und dem GemeindefinanzreformG (s.o.), überlassen (Art. 106 Va S. 3 GG). **987**

Über die *Grundsteuer*, die *Gewerbesteuer* und die *örtlichen Verbrauch- und Aufwandsteuern* haben die Gemeinden die vollständige Ertragshoheit (Art. 106 VI GG). Grundsteuer und Gewerbesteuer sind „Realsteuern" (vgl. auch § 3 II AO). Diese stellen im **988**

[2072] Bis zu zwei Haushaltsjahren (*Heintzen*, in: v. Münch/Kunig, GG, Art. 106 Rn 41).
[2073] Zur „Kommunalisierung" der unteren Staatsverwaltung vgl. Rn 946.
[2074] BGHZ 106, 134, 140.
[2075] Vgl. BT-Drs. 13/8348, S. 15: „obligatorisch".

Gegensatz zu Personalsteuern nicht auf die persönlichen Verhältnisse des Steuersubjekts ab, sondern erfassen das Objekt.[2076] Zu den örtlichen Verbrauch- und Aufwandsteuern vgl. bereits Rn 975. Sie können, anders als die Grundsteuer und Gewerbesteuer, durch Landesgesetze auch den Gemeindeverbänden zugewiesen werden (Art. 106 VI S. 1 GG).

989 Für die *Grundsteuer* und *Gewerbesteuer* ist den Gemeinden das Recht gewährleistet, im Rahmen der Gesetze **Hebesätze** festzulegen (Art. 106 VI S. 2 GG).

Zur Verdeutlichung: Zur Ermittlung des (an die Gemeinde abzuführenden) Gewerbesteuerbetrags setzt das Finanzamt den sog. Messbetrag in EUR fest, der sich aus dem Gewerbeertrag ergibt. Dieser Messbetrag wird mit dem sog. Gewerbesteuerhebesatz, den die Gemeinde festlegt (Art. 106 VI S. 2 GG, § 16 I GewStG), multipliziert.

Beispiel: Beträgt der Jahresgewinn eines Unternehmens 35.000 € und wird von der Finanzverwaltung daher ein Messbetrag von 2.000,- € festgesetzt, ergibt sich unter Zugrundelegung eines Hebesatzes der Gemeinde von 420% eine Gewerbesteuer von 8.400,- €.

Weil sich einige Gemeinden im Wettbewerb um Gewerbeansiedlungen zu „Gewerbesteueroasen" entwickelt hatten, hat der (Bundes-)Gesetzgeber von seiner Befugnis, einen gesetzlichen Rahmen zu bestimmen[2077], Gebrauch gemacht und ab 2004 einen Mindesthebesatz von 200% bestimmt (§ 16 IV S. 2 GewStG). Wegen der fraglichen Gesetzgebungskompetenz des Bundes für die Anordnung gemeindlicher Mindesthebesätze war eine Verfassungsbeschwerde einer betroffenen Gemeinde erhoben worden, die jedoch erfolglos blieb.[2078]

990 Zu beachten ist jedoch, dass Bund und Länder von den Gemeinden eine **Umlage** der Gewerbesteuer verlangen können (Art. 106 VI S. 4 GG). Umlage ist ein Beitrag von Gebietskörperschaften zur Finanzausstattung von Gebietskörperschaften höherer Ordnung. Die Umlage der Gewerbesteuer ändert nichts an der Ertragshoheit der Gemeinden, sondern gibt Bund und Ländern nur einen Anspruch gegen die Gemeinden. Die Gewerbesteuerumlage ist durch zustimmungspflichtiges Bundesgesetz eingeführt und näher geregelt worden, vgl. Art. 106 VI S. 4 und 5 GG i.V.m. dem GemeindefinanzreformG. Auf Art. 106 VI S. 6 GG stützt sich z.B. die Kreisumlage.

991 Gemäß Art. 105 IIa S. 2 GG haben die Länder auch die (ausschließliche) Befugnis, bei der *Grunderwerbsteuer* den Steuersatz festzulegen.

992 Gemäß Art. 106 VII S. 1 GG steht den Gemeinden schließlich ein Anteil an dem Ertrag der *Gemeinschaftsteuern* (vgl. dazu bereits Rn 980) zu. Die Höhe des Anteils ist von der Landesgesetzgebung als bestimmter Prozentsatz vom Länderanteil am Gesamtaufkommen der Gemeinschaftsteuern festzusetzen. Dieser Betrag darf nicht um die nach Art. 107 II GG zu leistenden Ausgleichsbeträge gekürzt werden. Ob und inwieweit das Aufkommen der Landessteuern (Art. 106 II GG – oben Rn 979) den Gemeinden und Gemeindeverbänden zufließt, steht im Ermessen der Landesgesetzgebung (Art. 106 VII S. 2 GG).[2079]

[2076] BVerfGE 13, 331, 345; 25, 28, 38; 46, 224, 237.
[2077] Vgl. Art. 106 VI S. 2 GG, wonach den Gemeinden die Hebesatzrechtsetzung nur „im Rahmen der Gesetze" zusteht; als ein solches Gesetz kann das GewStG angesehen werden. Allerdings ist die Gesetzgebungskompetenz des Bundes fraglich, weil nicht ohne weiteres ein Kompetenztitel gem. Art. 73 I oder 74 I GG ersichtlich ist.
[2078] Siehe BVerfGE 125, 141 ff.
[2079] *Pieroth*, in: J/P, GG, Art. 106 Rn 15 ff.

IX. Sonderlastenausgleich (Art. 106 VIII GG)

Weiteres wichtiges Kennzeichen des Bundesstaatsprinzips ist der Sonderlastenausgleich nach Art. 106 VIII GG. Diese Verfassungsbestimmung gewährt einzelnen Ländern, Gemeinden oder Gemeindeverbänden einen Anspruch gegen den Bund auf Ausgleich von Sonderbelastungen, die typischerweise von der Steuerertragsaufteilung gem. Art. 106 I-VII GG nicht erfasst und wegen ihrer Höhe unzumutbar sind (Art. 106 VIII S. 1 GG). Dabei verringert sich der Anspruch um Entschädigungsleistungen Dritter und sonstige finanzielle Vorteile (Art. 106 VIII S. 2 GG). Als Voraussetzung für den Sonderlastenausgleich fordert Art. 106 VIII GG, dass Einrichtungen in einzelnen Ländern oder Gemeinden (Gemeindeverbänden) vom Bund veranlasst worden sein müssen. Es muss sich um besondere Einrichtungen handeln. Es kommen Einrichtungen des Bundes, aber auch Einrichtungen der Länder und Gemeinden in Betracht, z.B. Kasernen, Behörden und Forschungseinrichtungen. Soweit im Fall des Art. 104a IV GG überhaupt eine Veranlassung gegeben ist, ist die dortige Ausgleichsregelungen lex specialis.[2080] Mehrausgaben oder Mindereinnahmen (Sonderbelastungen) sind im Wesentlichen einmalig auftretende Investitionslasten sowie Einbußen künftiger Erträge, mit denen ohne die Einrichtung hinreichend gewiss gerechnet werden konnte. 993

X. Horizontale Steuerertragsaufteilung (Art. 107 I GG)

Auch der horizontale Finanzausgleich gem. Art. 107 I GG kennzeichnet das Bundesstaatsprinzip. Dessen Zweck es ist, in der Spannungslage, die zwischen den einzelnen Verbänden besteht, einen adäquaten Ausgleich zu finden zwischen der Selbstständigkeit, Eigenverantwortlichkeit und Bewahrung der Individualität der Länder auf der einen und der solidargemeinschaftlichen Mitverantwortung für die Existenz und Eigenständigkeit der Bundesgenossen auf der anderen Seite.[2081] 994

Als maßgebliches Kriterium für die Aufteilung des Ertrags an *Einkommen- und Körperschaftsteuer* formuliert Art. 107 I S. 1 GG das Prinzip des **örtlichen Aufkommens**: Der Länderanteil an der Einkommen- und Körperschaftsteuer steht dem Land zu, in dem die Steuern vereinnahmt werden. Da dies jedoch Unbilligkeiten verursachen kann (nicht alle Regionen verfügen über eine vergleichbare Industrieansiedelung), sind gemäß dem nach Art. 107 I S. 2 GG geforderten „Zerlegungsgesetz", das der Zustimmung des Bundesrats bedarf, Korrekturen vorgenommen worden. „Zerlegung" bedeutet, dass Steuern unter verschiedenen Ländern verteilt werden. 995

Die Verteilung des *Umsatzsteueraufkommens* regelt Art. 107 I S. 4 GG. So steht der Länderanteil am Aufkommen der Umsatzsteuer den einzelnen Ländern, vorbehaltlich der Regelungen nach Art. 107 II GG, nach Maßgabe ihrer Einwohnerzahl zu. Da die Ausgestaltung des gesamten Art. 107 GG Zustimmungsgesetzen vorbehalten ist und der Bund von dieser Befugnis mit dem Finanzausgleichsgesetz Gebrauch gemacht hat, finden sich ausgestaltende Regelungen in diesem Gesetz (siehe zur Umsatzsteuer § 2 FAG). 996

XI. Horizontaler Finanzausgleich (Art. 107 II GG)

Die gem. Art. 107 I GG im Grundsatz garantierte eigene Finanzausstattung der Länder kann zu höchst unterschiedlicher Finanzkraft der einzelnen Länder führen. Daher sieht Art. 107 II GG eine Korrektur vor. So bestimmt Art. 107 II S. 1 GG, dass bei der Verteilung (der in Art. 107 I GG genannten Steuerarten) die unterschiedliche Finanzkraft 997

[2080] *Maunz*, in: Maunz/Dürig, GG, Art. 106 Rn 103; *Heun*, in: Dreier, GG, Art. 106 Rn 43; *Pieroth*, in: J/P, GG, Art. 106 Rn 19 ff.
[2081] BVerfGE 72, 330, 398.

der Länder angemessen ausgeglichen wird und dass hierbei die Finanzkraft und der Finanzbedarf der Gemeinden (Gemeindeverbände) zu berücksichtigen sind. Weitere Aspekte sind in Art. 107 II S. 2-6 GG genannt.

998 Die Kriterien eines angemessenen Ausgleichs sind gem. Art. 107 II S. 1 GG durch ein Bundesgesetz, das der Zustimmung des Bundesrats bedarf, festzulegen. Der Bund ist dem mit Erlass des **Maßstäbegesetzes** (MaßStG) nachgekommen. Der Länderfinanzausgleich ist in §§ 6 ff. MaßStG geregelt.

D. Finanzverwaltung und Finanzgerichtsbarkeit (Art. 108 GG)

999 Die Zuständigkeit der Finanzbehörden ist ausführlich in Art. 108 GG beschrieben. Gemäß Art. 108 I S. 1 GG werden Zölle, Finanzmonopole, die bundesgesetzlich geregelten Verbrauchsteuern einschließlich der Einfuhrumsatzsteuer, die Kraftfahrzeugsteuer und sonstige auf motorisierte Verkehrsmittel bezogene Verkehrsteuern sowie die Abgaben im Rahmen der Europäischen Union durch Bundesfinanzbehörden verwaltet. Der Aufbau dieser Behörden wird gem. Art. 108 I S. 2 GG durch Bundesgesetz geregelt. Es handelt sich um unmittelbare Bundesverwaltung; an der Spitze der Behörden steht der Bundesfinanzminister.

1000 Die übrigen Steuern werden gem. Art. 108 II S. 1 GG durch Landesfinanzbehörden verwaltet. Der Aufbau dieser Behörden und die einheitliche Ausbildung der Beamten werden gem. Art. 108 II S. 2 GG durch Bundesgesetz mit Zustimmung des Bundesrats geregelt. Es besteht also eine Ermächtigung für den Bundesgesetzgeber, Organisations- und Verfahrensregelungen zu treffen. Ferner besteht eine Ermächtigung für die Bundesregierung, mit Zustimmung des Bundesrats allgemeine Verwaltungsvorschriften zu erlassen (Art. 108 VII GG); soweit hiervon kein Gebrauch gemacht wird, sind die Länder zuständig. Darüber hinaus unterscheidet Art. 108 III-VI GG wie folgt:

- Verwalten die Landesfinanzbehörden Steuern, die ganz oder zum Teil dem Bund zufließen, so werden sie im **Auftrag des Bundes** tätig (Art. 108 III S. 1 GG).
- Art. 108 IV GG enthält eine Ermächtigung des Bundesgesetzgebers, durch Zustimmungsgesetz ein Zusammenwirken mit den Länder- und Kommunalbehörden auf dem Gebiet der Steuerverwaltung zu regeln, wenn und soweit dadurch der Vollzug der Steuergesetze erheblich verbessert oder erleichtert wird. Das Bundesgesetz kann gem. Art. 108 IV S. 3 GG hinsichtlich des Zusammenwirkens von Bund und Ländern bestimmen, dass bei Zustimmung einer im Gesetz genannten Mehrheit Regelungen für den Vollzug von Steuergesetzen für alle Länder verbindlich werden.[2082]
- Die im Zuge der am 20.7.2017 in Kraft getretenen Verfassungsänderung eingefügte Bestimmung des Art. 108 IVa S. 1 GG schafft eine verfassungsrechtliche Grundlage, die es hinsichtlich unter Art. 108 II GG fallender Steuern ermöglicht, im Einvernehmen mit den betroffenen Ländern durch Zustimmungsgesetz ein Zusammenwirken ihrer Landesfinanzbehörden und eine Übertragung von Zuständigkeiten einer Landesfinanzbehörde auf Landesfinanzbehörden eines oder mehrerer Länder zu regeln. Voraussetzung ist, dass der Vollzug der Steuergesetze dadurch erheblich verbessert oder erleichtert wird. Da das Einvernehmen mit den betroffenen Ländern erforderlich ist, wird gem. der Gesetzesbegründung der Verwaltungshoheit der Länder Rechnung getragen.[2083] Art. 108 IVa S. 2 GG sieht vor, dass das Bundesgesetz auch die infolge des Zusammenwirkens oder der Aufgabenübertragung auftretende Frage der Kostentragung regeln kann.

[2082] Vgl. dazu BT-Drs. 18/11131 v. 13.2.2017, S. 18 f. bzgl. der am 20.7.2017 in Kraft getretenen Grundgesetzänderung (BGBl I 2017, S. 2347 – dazu Rn 21k).
[2083] BT-Drs. 18/11131 v. 13.2.2017, S. 19.

Aufgrund der ausschließlichen Bundesgesetzgebungskompetenz gem. Art. 108 VI GG ist die **Finanzgerichtsordnung** (FGO) ergangen. Die Finanzgerichtsbarkeit wird in den Ländern durch die Finanzgerichte als obere Landesgerichte, im Bund durch den Bundesfinanzhof (BFH) ausgeübt (§ 2 FGO). Die Finanzgerichte sind zuständig für Abgabenangelegenheiten und für berufsrechtliche Streitigkeiten (§ 33 FGO). Wie bei den Verwaltungsgerichten können Anfechtungs-, Verpflichtungs-, allgemeine Leistungs- und Feststellungsklagen erhoben werden (§§ 40, 41 FGO). Regelmäßig muss aber ein Einspruchsverfahren (§§ 347 ff. AO) der Klage vorangehen (§ 44 FGO). **1001**

An dieser Stelle möchte ich hinweisen auf die auf meiner Internetseite verlag-rolf-schmidt.de präsentierten aktuellen Entwicklungen in Form von Gesetzesnovellen und Urteilsanmerkungen. Dort ist bspw. folgende Entscheidung aufbereitet:

24.08.2019: Ausweitung der Figur der unmittelbaren Drittwirkung der Grundrechte?

BVerfG, Beschluss v. 22.05.2019 – 1 BvQ 42/19 (NJW 2019, 1935)

Mit Beschluss v. 22.05.2019 hat das BVerfG (1 BvQ 49/19) im Rahmen einer einstweiligen Anordnung, bei der es um die Entsperrung eines Facebook-Accounts ging, möglicherweise die bisherige Grundrechtsdogmatik in Bezug auf die Privatrechtsgeltung in Frage gestellt. Im Mittelpunkt steht ein Rechtsstreit zwischen dem Betreiber eines sozialen Netzwerks, das (auch) innerhalb der Bundesrepublik Deutschland über erhebliche Marktmacht verfügt, und einem Nutzer dieses Netzwerkes. Das BVerfG macht zunächst deutlich, dass nach ständiger Rechtsprechung des BVerfG die Grundrechte in solchen Streitigkeiten im Wege der mittelbaren Drittwirkung Wirksamkeit entfalten können (BVerfG NJW 2019, 1935, 1936 mit zahlreichen Nachweisen, u.a. auf das Lüth-Urteil BVerfGE 7, 198, 205 f.). Das ist insoweit nichts Neues. Dann aber formuliert es, dass sich dabei aus Art. 3 I GG jedenfalls in spezifischen Konstellationen auch gleichheitsrechtliche Anforderungen für das Verhältnis zwischen Privaten ergeben können, und verweist dabei auf seinen Stadionverbots-Beschluss (BVerfGE 148, 267, 283 f.). Ob und gegebenenfalls welche rechtlichen Forderungen sich insoweit auch für Betreiber sozialer Netzwerke im Internet – etwa in Abhängigkeit vom Grad ihrer marktbeherrschenden Stellung, der Ausrichtung der Plattform, des Grads der Angewiesenheit auf ebenjene Plattform und von den betroffenen Interessen der Plattformbetreiber und sonstiger Dritter – ergäben, sei jedoch weder in der Rechtsprechung der Zivilgerichte noch in der Rechtsprechung des BVerfG abschließend geklärt. Die verfassungsrechtlichen Rechtsbeziehungen seien insoweit noch ungeklärt (BVerfG NJW 2019, 1935, 1936). Ob der Beschluss überzeugt, soll im Folgenden untersucht werden.

Ausgangslage: Wie bei R. Schmidt, Grundrechte, 24. Aufl. 2019, Rn. 105 ff. dargestellt, stellen die Grundrechte im klassischen Sinne Abwehr-, Leistungs- und Teilhaberechte im Verhältnis zwischen Bürger und Staat dar. Art. 1 III GG stellt dies verfassungsrechtlich klar, indem er die Grundrechtsgeltung nur auf Gesetzgebung, Verwaltung und Rechtsprechung bezieht. Private Rechtssubjekte können (von dem Sonderfall der Beleihung einmal abgesehen) danach keine unmittelbaren Grundrechtsadressaten sein und folgerichtig auch nicht (jedenfalls nicht unmittelbar) Grundrechte anderer Privater verletzen. Gleichwohl können einzelne Grundrechte kraft grundgesetzlicher Anordnung unmittelbar Einfluss auch auf die Rechtsbeziehungen der Bürger untereinander haben. So ordnet Art. 9 III S. 2 GG an, dass Abreden, die das Grundrecht der Koalitionsfreiheit einschränken oder behindern, nichtig sind. Hierauf gerichtete Maßnahmen sind rechtswidrig. Dieser Effekt wird als unmittelbare Drittwirkung der Grundrechte bezeichnet (BVerfGE 93, 352, 360 f.; Löwer, in: v. Münch/Kunig, Art. 9 Rn. 56 ff.; vgl. dazu auch R. Schmidt, Grundrechte, 24. Aufl. 2019, Rn. 700 ff.). In der Sache wird durch Art. 9 III S. 2 GG klargestellt, dass der Koalitionsfreiheit Vorrang vor der Vertragsfreiheit beigemessen wird.

Aber auch über den Fall der unmittelbaren Grundrechtsgeltung hinaus üben die Grundrechte, die ja nicht nur subjektive Rechte gegenüber dem Staat begründen, sondern auch eine objektive Wertordnung verkörpern (R. Schmidt, Grundrechte, 24. Aufl. 2019, Rn. 106 mit Verweis auf Rn. 21 ff. mit Verweis auf BVerfGE 7, 198, 203 ff.), Einfluss auf die gesamte (Zivil-)Rechtsordnung aus. Sie gelten daher für alle Bereiche des Rechts als Richtlinie und Impuls und damit auch mittelbar im Verhältnis der Bürger untereinander (allgemeine Ansicht, vgl. etwa BVerfG NJW 2018, 1667, 1668 - Stadionverbot; BGH NJW 2015, 489, 491; BGH NJW 2018, 1884, 1886 - jeweils jameda.de; vgl. auch BVerfG NJW 2015, 2485 f.; grundlegend BVerfGE 7, 198, 203 ff. - Lüth). Diesbezüglich hat sich der Begriff „mittelbare Drittwirkung der Grundrechte" etabliert. Möglich ist es aber auch, von „mittelbarer Horizontalwirkung der Grundrechte" zu sprechen, was sogar zutreffender ist, gerade weil man davon ausgeht, dass die Grundrechte nicht nur im „vertikalen" Über- und Unterordnungsverhältnis zwischen Bürger und Staat gelten, sondern wegen der objektiven Wertordnung, die die Grundrechte entfalten, auch im „horizontalen"

Verhältnis der Bürger untereinander. In der jüngeren Rechtsprechung des BVerfG ist indes zu beobachten, dass das Gericht bei der Prüfung, ob die Fachgerichte die Bedeutung der Grundrechte im Verhältnis zwischen Privaten in verfassungsrechtlich nicht zu beanstandender Weise berücksichtigt haben, teilweise nicht (mehr) explizit den Begriff der „mittelbaren Drittwirkung der Grundrechte" verwendet (so die Analyse von Kulick, NJW 2016, 2236 ff. im Hinblick insbesondere auf BVerfGE 142, 74, 101 ff.; 129, 78, 101; siehe aber auch BVerfG NJW 2018, 1667, 1668 - Stadionverbot und den vorliegend zu besprechenden Beschluss BVerfG NJW 2019, 1935, 1936 - Sperrung eines Facebook-Accounts, in dem das Gericht hinsichtlich der Geltung des Art. 3 I GG zwischen Privaten ausdrücklich von „mittelbarer Drittwirkung" spricht), sondern zunächst die streitentscheidende Norm verfassungskonform (d.h. am Maßstab der einschlägigen Grundrechte) auslegt, um sodann festzustellen, ob die zu überprüfenden Urteile der Fachgerichte dieser verfassungskonformen Auslegung entsprechen (R. Schmidt, Grundrechte, 24. Aufl. 2019, Rn. 106).

Gleichgültig, welcher Terminologie (expliziter Verweis auf die Figur der „mittelbaren Drittwirkung der Grundrechte" oder „zweistufige verfassungskonforme Auslegung") man sich anschließt, entfalten die Grundrechte eine Doppelfunktion (Abwehrrechte einerseits und Statuierung objektiver Wertvorgaben andererseits). Ein Gericht, das über einen Rechtsstreit zwischen Privaten entscheidet, muss daher bei jeder Entscheidung prüfen, ob und inwieweit das anzuwendende Gesetz (insbesondere dort normierte Generalklauseln und unbestimmte Rechtsbegriffe) grundrechtlich beeinflusst ist (R. Schmidt, Grundrechte, 24. Aufl. 2019, Rn. 107).

Diese Grundrechtsdogmatik könnte durch den vorliegend zu besprechenden Beschluss des BVerfG, der mehrmals Bezug nimmt auf den Stadionverbots-Beschluss BVerfG NJW 2018, 1667, ins Wanken geraten sein. Dem Beschluss lag folgender (vereinfachter) **Sachverhalt** zugrunde: Die politische P-Partei greift zum Zweck der Stellungnahme zum aktuellen politischen Tagesgeschehen und der Berichterstattung über ihre Parteiarbeit auf das in Deutschland weit verbreitete soziale Netzwerk „Facebook" zurück. Sie veröffentlichte unter dem in ihrem Namen betriebenen Nutzeraccount einen Link zu einem Artikel auf ihrer Internetseite, auf der es u.a. heißt:

„Im Zwickauer Stadtteil Neuplanitz gibt es zahlreiche Menschen, die man landläufig wohl als sozial und finanziell abgehängt bezeichnen würde. Während nach und nach immer mehr art- und kulturfremde Asylanten in Wohnungen in den dortigen Plattenbauten einquartiert wurden, die mitunter ihrer Dankbarkeit mit Gewalt und Kriminalität Ausdruck verleihen, haben nicht wenige Deutsche im Viertel kaum Perspektiven (...)."

Unmittelbar nach der Veröffentlichung teilte der Betreiber des Netzwerkes der P mit, dass der Beitrag als „Hassrede" gegen die Gemeinschaftsstandards verstoße. Die Sichtbarkeit des Beitrags sei daher eingeschränkt und das Veröffentlichen von Beiträgen für 30 Tage gesperrt worden. Auf Einspruch der P, der unter Verweis auf die Meinungsfreiheit der P begründet wurde, erfolgte sodann die Löschung des Nutzerkontos, dessen Inhalt seitdem nicht mehr verfügbar ist. Nach erfolglosen Bemühungen um zivilrechtlichen Rechtsschutz beantragte die P daher beim BVerfG den Erlass einer einstweiligen Anordnung. Sie rügte eine Verletzung ihrer Grundrechte und grundrechtsgleichen Rechte aus Art. 5 I, 21 I S. 1 i.V.m. Art. 3, 2 I, 38 und 19 IV GG.

Analyse: Bemerkenswert sind einige Formulierungen des Beschlusses, auf die im Folgenden näher eingegangen werden soll. Denn sie betreffen (wie schon einige Formulierungen im Stadionverbots-Beschluss) das Verhältnis zwischen unmittelbarer und mittelbarer Grundrechtsgeltung bzw. -wirkung und scheinen dieses aufzuweichen. Das zumindest legt die Formulierung, es könnten sich „jedenfalls in spezifischen Konstellationen auch gleichheitsrechtliche Anforderungen für das Verhältnis zwischen Privaten ergeben" (siehe BVerfG NJW 2018, 1667, 1669 - Stadionverbot und BVerfG NJW 2019, 1935, 1936 - Sperrung eines Facebook-Accounts), nahe. Dadurch, dass das BVerfG diese Formulierung jenseits seiner Ausführungen zur mittelbaren Drittwirkung der Grundrechte verwendet, wird klar, dass etwas anderes gemeint sein muss. Die Formulierung kann man so interpretieren, dass das BVerfG im Bereich der Gleichheitsrechte eine unmittelbare Drittwirkung andeutet (siehe auch Muckel, JA 2019, 710, 711 ff.). In seinem Beschluss über die Verfassungsmäßigkeit von Stadionverboten scheint sich das BVerfG dem jedenfalls nicht zu verschließen, wenn es formuliert: „Ein allgemeiner Grundsatz, wonach private

Vertragsbeziehungen jeweils den Rechtfertigungsanforderungen des Gleichbehandlungsgebots unterlägen, folgt demgegenüber aus Art. 3 I GG auch im Wege der mittelbaren Drittwirkung nicht. Über eventuell weitergehende Anforderungen aus speziellen Gleichheitsrechten wie Art. 3 II und III GG ist hier nicht zu entscheiden." (BVerfG NJW 2018, 1667, 1669). Man wird dieser Formulierung durchaus entnehmen können, dass das BVerfG jedenfalls dann, wenn auf der einen Seite des Privatrechtsverhältnisses eine „sozial mächtige" („marktbeherrschende") Partei steht und es sich um eine für die andere Partei (grundrechts-)wesentliche Angelegenheit handelt, nicht abgeneigt ist, den speziellen Gleichheitsrechten aus Art. 3 II und III GG eine unmittelbare Wirkung zwischen Privaten beizumessen. So kann man auch BVerfG NJW 2019, 1935, 1936 (Sperrung eines Facebook-Accounts) interpretieren, zumal das BVerfG dort ausdrücklich auf BVerfG NJW 2018, 1667, 1669 verweist. Im Beschluss über die Sperrung eines Facebook-Accounts heißt es zudem: „Dabei können sich aus Art. 3 I GG jedenfalls in spezifischen Konstellationen auch gleichheitsrechtliche Anforderungen für das Verhältnis zwischen Privaten ergeben. Ob und gegebenenfalls welche rechtlichen Forderungen sich insoweit auch für Betreiber sozialer Netzwerke im Internet – etwa in Abhängigkeit vom Grad deren marktbeherrschender Stellung, der Ausrichtung der Plattform, des Grads der Angewiesenheit auf eben jene Plattform und den betroffenen Interessen der Plattformbetreiber und sonstiger Dritter – ergeben, ist jedoch weder in der Rechtsprechung der Zivilgerichte noch in der Rechtsprechung des BVerfG abschließend geklärt. Die verfassungsrechtlichen Rechtsbeziehungen sind insoweit noch ungeklärt" (BVerfG NJW 2019, 1935, 1936).

Damit dürfte klar sein, dass es das BVerfG jedenfalls in Konstellationen, in denen auf der einen Seite des Privatrechtsverhältnisses eine „sozial mächtige" („marktbeherrschende") Partei steht und es sich um eine für die andere Partei (grundrechts-)wesentliche Angelegenheit handelt, nicht bei der mittelbaren Drittwirkung der Gleichheitsrechte bewenden lassen möchte. Anderenfalls hätte es die Aussagen, dass sich „jedenfalls in spezifischen Konstellationen auch gleichheitsrechtliche Anforderungen für das Verhältnis zwischen Privaten ergeben", „...noch nicht abschließend geklärt" und „Die verfassungsrechtlichen Rechtsbeziehungen sind insoweit noch ungeklärt" nicht getätigt. Diese Aussagen geben Anlass zu der bereits genannten Einschätzung, dass das BVerfG in den genannten Konstellationen eine unmittelbare Drittwirkung der Grundrechte jedenfalls auf dem Gebiet der Gleichheitsrechte favorisiert (siehe auch Muckel, JA 2019, 710, 711 ff.). Folge wäre, dass sich einer gleichheitswidrigen Verwehrung von z.B. Zugangs- und Teilhabeansprüchen, die an das Geschlecht, die Abstammung, die ethnische Herkunft, die Sprache, die Heimat, den Glauben und/oder die religiösen oder politischen Anschauungen oder an eine Behinderung anknüpft, unmittelbar mit Art. 3 II und III GG begegnen ließe. Und selbst Art. 3 I GG wäre unmittelbar anwendbar und führte zu einer Beschränkung der Vertragsfreiheit. **Es bestünde also ein unmittelbarer verfassungsrechtlicher Zugangs- und Teilhabeanspruch zu privaten Einrichtungen und Veranstaltungen** (jedenfalls in den genannten Konstellationen, insbesondere, wenn es um kommunikative Grundrechtsentfaltung geht wie in Internetforen und sozialen Netzwerken), wenn eine Verwehrung des Zugangs bzw. der Teilhabe einen Verstoß gegen Art. 3 I, II, III GG bedeutete. Die Betreiber der genannten Einrichtungen wären - (zunächst) bezogen auf Gleichheitsgrundrechte - unmittelbar grundrechtsverpflichtet (in der Literatur wird von „situativer staatsgleicher Grundrechtsbindung privater Akteure" gesprochen, Michl, JZ 2018, JZ 2018, 910; siehe auch Seyderhelm NVwZ 2019, 962; Muckel, JA 2019, 710, 713). Es stellt sich aber die Frage, ob sich dadurch im Vergleich zur mittelbaren Drittwirkung der Grundrechte wirklich ein höheres Schutzniveau für Kunden, Gäste, Internetnutzer etc. ergibt und sich nur auf diese Weise ein Zulassungs- bzw. Zugangsanspruch herleiten lässt. Das darf bezweifelt werden. Denn auch unter Anwendung der Figur der mittelbaren Drittwirkung der Grundrechte findet eine umfassende Abwägung der widerstreitenden Grundrechtsgüter statt: Der Gewährleistungsgehalt der Grundrechte wirkt über das Medium der Vorschriften, die das einzelne Rechtsgebiet betreffen (also über das bereichsspezifische einfache Recht). Das gilt insbesondere für die Generalklauseln und sonstigen auslegungsfähigen und auslegungsbedürftigen Begriffe (siehe dazu die Übersicht bei R. Schmidt, Grundrechte, 24. Aufl. 2019, Rn. 108). Im vorliegenden Zusammenhang wären die widerstreitenden Grundrechte im Rahmen des § 3 II Nr. 2 und Nr. 3 NetzDG (Sperrung bzw. Löschung von rechtswidrigen bzw. offensichtlich rechtswidrigen Inhalten) gegeneinander und untereinander abzuwägen. Wer ein Internetforum betreibt, dieses der breiten Öffentlichkeit zugänglich macht und dieser eine Diskussionsgrundlage schafft, ist aufgrund seiner „Marktmacht" und der mittelbaren Drittwirkung der Grundrechte daran gehindert, sachgrundlos den Zugang zu verwehren bzw. lediglich unerwünschte oder ihm nicht gelegene Einträge zu löschen. Zwar kann sich der Forumsbetreiber auf ein Art. 14 I GG zuzuordnendes „virtuelles Hausrecht" stützen, er muss andererseits aber auch unter Heranziehung der Figur der mittelbaren Drittwirkung der Grundrechte die Kommunikationsgrundrechte der Beitragsersteller aus Art. 5 I GG beachten. Zugangsverweigerungen, Sperrungen und Löschungen sind also unter Abwägung der widerstreitenden Grundrechtsgüter lediglich dann rechtmäßig, wenn Forumseinträge wiederum (mittelbar) Grundrechte anderer oder sonstige Verfassungsgüter verletzen. Die mittelbare Verletzung von Grundrechten anderer wird man insbesondere bei Vorliegen von Schmähkritik, also bei einer Äußerung, bei der nicht mehr die Auseinandersetzung in der Sache, sondern die Diffamierung der Person im Vordergrund steht, annehmen müssen. Denn in diesem Fall überwiegen die Persönlichkeitsrechte des von der Schmähkritik Betroffenen. Das gilt insbesondere dann, wenn der die Schmähkritik Übende unter einem Pseudonym auftritt und den Geschmähten unter dessen Klarnamen diskreditiert. Erst recht ist ein Einschreiten des Forumsbetreibers geboten, wenn Straftaten (insbesondere Ehrdelikte gem. §§ 185 ff. StGB; Straftaten nach §§ 130, 130a, 131, 86, 86a, 91 StGB) verwirklicht werden. Im Übrigen hat sich der Forumsbetreiber zurückzuhalten. Eine Verletzung anderer Verfassungsgüter, die ebenfalls zur Sperrung bzw. Löschung berechtigte, wird man insbesondere annehmen müssen, wenn sich die Äußerungen gegen die freiheitliche demokratische Grundordnung richten. Ist das alles nicht gegeben, bestehen bereits über die Figur der mittelbaren Drittwirkung der Grundrechte ein Zugangsanspruch und ein Recht, dass weder Postings gelöscht und Accounts gesperrt werden.

Es bleibt also bei der vom Verfasser aufgeworfenen Frage, ob sich durch den „Vorstoß" des BVerfG (wenngleich nur durch Kammerbeschluss) wirklich eine Ausdehnung der Grundrechtsverpflichtung privater Akteure (so Seyderhelm, NVwZ 2019, 962 f.) bzw. umgekehrt ein höheres Schutzniveau der Kunden, Gäste, Nutzer etc. ergibt. Nach der hier vertretenen Auffassung ist das nicht der Fall. Der Grundrechtsschutz lässt sich im Privatrechtsverhältnis hinreichend über die Figur der mittelbaren Drittwirkung der Grundrechte realisieren. Eine unmittelbare Grundrechtsgeltung im Privatrecht - wenn zunächst auch auf die Gleichheitsgrundrechte beschränkt - stellte jedenfalls grundrechtsdogmatisch eine Abweichung zur Regelung des Art. 1 III GG dar, die - mit Ausnahme des Art. 9 III S. 2 GG - lediglich die drei Staatsgewalten unmittelbar grundrechtsverpflichtet. Eine Aufnahme von Privatrechtssubjekten in den Kreis der unmittelbar Grundrechtsverpflichteten wäre mit Blick auf den klaren Wortlaut des Art. 1 III GG weder dogmatisch überzeugend noch inhaltlich erforderlich, da - wie aufgezeigt - die objektive Wertordnung der Grundrechte über die Figur der mittelbaren Drittwirkung einen vergleichbaren Grundrechtsschutz gewährleistet. Der „Vorstoß" des BVerfG, d.h. eine Ausdehnung der Grundrechtsverpflichtung privater Akteure, wäre allenfalls dann angezeigt, wenn die einfache Rechtsordnung keine Lösungen bereitstellte. Das aber ist nicht der Fall. Eine Analyse der ständigen Rechtsprechung (des BGH) zeigt, dass sich Zugangsansprüche bzw. gegen Rauswurf, Sperrung und Löschung gerichtete Schutzansprüche entweder aus dem bereichsspezifischen Recht oder - in Ermangelung spezieller Regelungen - aus §§ 823, 826, 249 BGB bzw. aus § 1004 BGB analog ergeben können. Bei Anwendung dieser Vorschriften lassen sich die Grundrechtsgewährleistungen hinreichend abbilden. Je größer die „Marktmacht" des verpflichteten Privatrechtssubjekts ist und je stärker sich der (kommunikative) Öffentlichkeitsbezug darstellt, desto stärker zwingen die mittelbar zu berücksichtigenden Grundrechte der Kunden, Gäste, Teilnehmer oder Nutzer zu einer Zulassung bzw. Duldung eines auch (rechtlich erlaubten, aber z.B. sozial) unerwünschten Verhaltens.

Rolf Schmidt (24.08.2019)